上海市志

人民政协分志
（1978—2010）

上海市地方志编纂委员会　编

上海人民出版社

1982年4月，市政协五届四次会议通过大会各项决议

1983年4月，市政协六届一次会议进行投票选举

1988年4月，市政协七届一次会议召开

1993年2月，市政协八届一次会议召开

2001年2月，市政协九届四次会议进行大会发言

2007年2月，市政协十届五次会议进行投票选举

2009年1月，市政协十一届二次会议召开

第五届市政协主席王一平

第六届市政协主席李国豪

第七届市政协主席谢希德

1997年6月，第八届市政协主席陈铁迪（前排右三）视察八万人体育场

1998年6月，第九届市政协主席王力平（前排右三）视察再就业工作情况

2006年11月，第十届市政协主席蒋以任（前排右一）赴上海振华港机集团调研

2008年11月，第十一届市政协主席冯国勤（前排右三）视察食品安全卫生管理情况

1982年3月,第五届市政协副主席张承宗(前排右二)主持五届四次会议

1994年2月,第八届市政协副主席毛经权(前排右二)陪同巴基斯坦参议院代表团参观杨浦大桥

1998年5月，第九届市政协副主席朱达人（前排右一）视察河道治理情况

2007年6月，第十届市政协副主席宋仪侨（前排右三）视察卢湾区地下建筑利用情况

2012年11月,第十一届市政协副主席吴志明(前排左二)在徐汇滨江调研黄浦江两岸开发工作

2003年,市政协举行"城市,让生活更美好"——城市精神论坛

2008年5月,第十一届市政协副主席朱晓明(前排左三)视察消防应急工作情况

2009年6月,第十一届市政协副主席周太彤(前排左四)调研上海城市客运交通适应世博及可持续发展情况

2004年4月,市政协举办上海郊区发展论坛

2005年8月,市政协委员对全市食品安全监管工作情况进行专项视察

2005年10月，由国际协会秘书处和全国政协主管的中国经社理事会主办、上海市政协协办的经社理事会和类似组织国际协会管委会会议在上海国际会议中心举行

2007年4月，市政协开展"加强本市郊区有线电视'户户通'工程、公共文化设施重点下移及从业人员队伍建设"专题工作视察

2007年7月，市政协召开"本市社会保障工作有关情况"专题议政会

2007年7月，市政协委员对市经委落实节能降耗指标工作情况进行专题视察

2008年6月,市政协委员视察郊区"三废"污染治理情况

2010年4—10月,市政协组织政协委员对世博园区运行情况开展民主监督

2012年2月，市政协在东视演播剧场举行上海市各界人士元宵联欢晚会

2012年10月，市政协委员视察公共文化服务设施建设、长兴岛开发建设和生态保护情况

《上海市志·人民政协分志(1978—2010)》
评议专家名单

组　长　邹逸麟
成　员　(以姓氏笔画为序)

王永鑑　尼银良　邢建榕　刘　建　孙　瑜　张立群　金光耀
陶人观　桑玉成　蔡建国

《上海市志·人民政协分志(1978—2010)》
审定专家名单

组　长　邹逸麟
成　员　(以姓氏笔画为序)

王永鑑　尼银良　邢建榕　刘　建　孙　瑜　杨仁雷　张立群
金光耀　陶人观　桑玉成　蔡建国

《上海市志·人民政协分志(1978—2010)》
验收单位和人员名单

验收单位　上海市地方志办公室
验收人员　洪民荣　王依群　黄晓明　王继杰　唐长国

业务编辑　杨军益

《上海市志·人民政协分志(1978—2010)》
编纂委员会及编修人员名录

编纂委员会组成人员(2013 年 5 月—2014 年 10 月)

主 任　周太彤

副主任　贝晓曦

委 员　（以姓氏笔画为序）

朱希尹　乔明华　齐全胜　张 丽　张培基　张喆人　徐海鹰

编纂委员会组成人员(2014 年 10 月—2016 年 3 月)

主 任　周太彤

副主任　贝晓曦

委 员　（以姓氏笔画为序）

朱希尹　朱 钢　乔明华　齐全胜　沙 怡　张 丽　张培基
张喆人　陆加平　孟荣强　徐海鹰　高小兰　唐桂鹤

编纂委员会组成人员(2016 年 3 月—2017 年 6 月)

主 任　姜 樑

副主任　贝晓曦

委 员　（以姓氏笔画为序）

王建华　朱希尹　朱 钢　朱 慧　齐全胜　汤立园　孙小双
杨 峥　张广仁　张 丽　张培基　张喆人　孟荣强　袁 鹰
徐海鹰　徐 梅　高小兰　唐桂鹤　黄 玮

编纂委员会组成人员(2017 年 6 月—)

主 任　姜 平

副主任　贝晓曦

委 员　（以姓氏笔画为序）

王建华　尹桂云　邢邦志　朱希尹　朱 钢　朱 慧　齐全胜
汤立园　孙小双　杨 峥　张培基　张喆人　孟荣强　袁 鹰
徐海鹰　徐 梅　高小兰　唐桂鹤

编修人员及编纂委员会办公室(2013 年 5 月—2014 年 10 月)

主　　　编　徐海鹰

副　主　编　齐全胜　朱希尹

办公室主任　朱希尹

办公室副主任　沈培端　张立群

编修人员及编纂委员会办公室(2014 年 10 月—2016 年 3 月)

主　　　编　徐海鹰

副　主　编　陆加平　朱希尹

办公室主任　陆加平

办公室副主任　张立群　沈培端

编修人员及编纂委员会办公室(2016 年 3 月—2017 年 6 月)

主　　　编　徐海鹰

副　主　编　徐梅　朱希尹　孟荣强

办公室主任　徐梅

办公室副主任　张立群　沈培端

编修人员及编纂委员会办公室(2017 年 6 月—)

主　　　编　徐海鹰

副　主　编　邢邦志　尹桂云　朱希尹　孟荣强

办公室主任　尹桂云

办公室副主任　张立群

专职编纂人员

（以姓氏笔画为序）

冯金生　朱希尹　孟荣强

资料收集和供稿人员

（以姓氏笔画为序）

马赛　王玉华　王永奇　王军玮　王志坚　王宏伟　王经伟　王茜

王振翼　王赢君　尤失建　方素琴　尹桂云　孔戎　石珮莹　包红英

包奇雄　冯博礫　宁克伍　师　宾　曲　冬　朱　翔　刘丽蓓　江　波
许安安　孙　岚　孙国富　李肖北　李品才　杨　红　束毅东　吴金雅
吴海怡　余辉庆　谷　翡　汪月虹　汪　明　沈　红　沈建新　迟松涛
张　丁　张春林　张维兴　陈怡华　陈　鹏　陈　磊　林　琛　全　黎
周丹丹　周文理　周　兰　郑桂芬　郑　琦　赵玉蓉　赵　康　赵鲁宁
胡　虹　胡　勤　胡　缨　侯永刚　俞海华　姜　赟　姚　杰　钱　波
钱　峰　钱帼婷　倪　方　徐雯静　郭　颖　涂美龙　陶昕怡　黄家平
龚煜敏　阎家深　斯　诺　董京磊　董晓波　韩　军　韩海鹰　谢　军
蒙建军　慈兴国　蔡正峰　潘建德　潘　娜　戴中洁　戴玉峰

提供照片资料或参与复制照片资料

申卫星　李显风

《上海市志·人民政协分志(1978—2010)》
咨询专家名单

（以姓氏笔画为序）

朱志诚　朱敏彦　刘晓明　孙钟炬　李　锐　杨军益　杨奇庆
吴申耀　陈　军　陈海刚　武重年　黄文雷　黄晓明　梁汉森

序

"治天下者以史为鉴,治郡国者以志为鉴"。习近平总书记多次强调,历史是最好的教科书,是最好的老师,可以把历史智慧告诉人们,可以启迪后人。《上海市志·人民政协分志(1978—2010)》作为上海地方志的重要组成部分,在存史资政方面无疑能发挥重要的作用。

人民政协已经走过了60多年的发展历程,特别是改革开放以来,人民政协迎来了新的发展时期。中共中央高度重视人民政协事业发展。以邓小平同志为核心的第二代中央领导集体明确提出新时期人民政协的性质和任务,确立中国共产党同各民主党派长期共存、互相监督、肝胆相照、荣辱与共的方针,推动人民政协性质和作用载入宪法。以江泽民同志为核心的第三代中央领导集体将中国共产党领导的多党合作和政治协商制度确立为我国的基本政治制度,通过修改宪法明确这一制度将长期存在和发展,进一步明确了人民政协的性质、主题、职能。以胡锦涛同志为总书记的党中央颁发了《关于加强人民政协工作的意见》等文件,为新世纪新阶段人民政协事业发展提供了理论基础、政策依据、制度保障。以习近平同志为核心的党中央对政协工作提出了一系列新思想新部署新要求,颁发了《关于加强社会主义协商民主建设的意见》、《关于加强人民政协协商民主建设的实施意见》、《关于加强和改进人民政协民主监督工作的意见》等文件,明确提出人民政协是社会主义协商民主的重要渠道和专门协商机构,是国家治理体系的重要组成部分。

按照中央部署,在中共上海市委领导下,新时期上海人民政协事业在继承中创新,在创新中发展,在发展中前进。《上海市志·人民政协分志(1978—2010)》详细记录了第五、六、七、八、九、十、十一届共7届市政协35年的发展历程和发展轨迹,系统完整梳理了新时期人民政协事业的发展历史和发展脉络,是一幅反映党加强对人民政协工作领导、人民政协在上海政治生活中发挥不可替代作用的历史画卷。

1977年12月市政协五届一次会议召开,标志着上海人民政协工作全面恢复。第五、六、七届市政协期间,人民政协主要职能是政治协商、民主监督。在市委的领导下,市政协70年代末协助开展冤假错案的平反工作,80年代重点推动"落政"("文化大革命"后的落实政策)工作,并积极探索参政议政的活动,在改革开放初引资引智方面等发挥了重要作用。1989年,中共上海市委首次召开政协工作会议,推动了政协履职的经常化、制度化。

第八、九届市政协工作拓展活跃,其主要职能拓展为政治协商、民主监督、参政议政。中共上海市委把政协工作纳入"总揽全局、协调各方"工作格局中,并再次召开政协工作会议,支持政协围绕团结和民主的主题履行职能。市政协围绕全市中心工作履行职能。八届市政协首创运用政协建议案的形式履行职能,探索开展社情民意信息工作。九届市政协履行职能最活跃、最集中的形式是专题调研、论坛,主动为破解上海改革发展难题凝聚共识、建言献策。

第十、十一届市政协工作继续开拓创新、深入发展。其间,中共上海市委先后两次召开政协工作会议,就发挥政协组织优势和政治优势为全市工作大局服务提出新要求,就营造关心支持政协工作良好氛围提出加强和改进意见,形成党委重视、政府支持、政协积极履职的良好局面,政协工作制度化、规范化、程序化水平不断提高,自身建设不断加强。十届市政协积极为更多委员建言献策搭建平台,推进各专委会广泛开展专题调研,加强政协理论研究,强化理论研究对实践创新的指导作用和促进作用。十一届市政协主动围绕全市中心工作履行职能,特别在办好2010年上海世博会,加强城市公共安全等方面发挥了政协的独特作用,并积极探索参与立法协商,开展预算协商,拓展了政协履职的广度和深度。

历史是人民政协事业发展的最好见证。改革开放以来,7届市政协,35年历程,我们从中可以看到上海市政协工作的不断发展、不断进步、不断创新。

《上海市志·人民政协分志(1978—2010)》的编修工作,时间跨度大,工作量浩繁。2006年国务院《地方志工作条例》颁布实施后,地方志工作走上了依法治志的轨道,为党立言、为国存史、为民修志的工作功在当代,利在千秋。不忘历史才能开辟未来,善于继承才能勇于创新。我相信,《上海市志·人民政协分志(1978—2010)》的编纂和出版,一定能为人民政协事业的继承发展、开拓创新发挥积极的作用。

2017年3月

《上海市志(1978—2010)》凡例

一、本志坚持以马克思主义为指导,遵循辩证唯物主义和历史唯物主义原理,实事求是记述上海市自然、政治、经济、文化和社会的历史与现状。

二、本志为上海市首轮社会主义新方志中《上海通志》《上海市级专志丛刊》之续,续义不续例,体例方面创新调整,并对首轮志书补缺正误。采用小篇平列体,分别编纂,陆续出版,汇为全志。

三、本志记述地域范围,以2010年底上海市行政区划为准。由上海市辐射至外地及国外、境外事物,兼及记述。

四、本志记述内容的时限,上起1978年,下讫2010年,以反映上海市改革开放全貌。首轮《上海市级专志丛刊》所缺或记述内容不够丰富的分志、分卷,上溯至事物发端。人民代表大会分志、政治协商会议分志、政府分志等,为保持同一届次内容记述的完整性,下延至2010年后的首个换届年份。

五、本志按自然、政治、经济、文化和社会为序设置分志、分卷,事以类从,类为一志,并兼顾当代社会分工的原则。全志除总述外,设置经济综述分志、工业综述卷、商贸综述卷、金融综述卷、口岸综述卷等,加强全志整体性。各分志、分卷采用篇章节体,卷首设概述、大事记,以专记、附录、索引殿后。

六、本志体述、记、志、传、图、表、录诸体各随其宜,力求内容与形式统一。

七、本志人物传遵循"生不立传"原则,入传人物排列先后以卒年为序。在世人物依例不立传,以人物简介、人物表(人物录)载之。

八、本志采用规范的语体文、记述体,行文按《〈上海市志〉行文规范》,力求严谨、朴实、简洁、流畅,以第三人称记述。

九、本志纪年,凡1949年5月27日上海市解放以前的用历史纪年,一般标示朝代、年号、年份,括注公元纪年;1949年5月27日上海市解放后,一律采用公元纪年。

十、本志所记述的地名、机构名称、职称及币种、计量单位,一般按当时称谓。

十一、本志所用统计资料,原则上根据统计部门公布的材料;未列入统计部门统计的,根据部门统计的材料。

十二、本志资料来源于国家档案馆、上海市及有关省市档案馆、部门档案馆(室),以及历史文献、口碑资料、社会调查、部门提供的材料等,均经考证核实,一般不注明出处。

编 纂 说 明

一、本志为保持各界市政协工作的完整性，记述时限从 1977 年 12 月上海市政协第五届委员会始至 2013 年 1 月第十一届委员会期满止。区县政协记述至 2011 年下半年到 2012 年初各区县政协换届止。

二、本志中人物篇收录为五至十一届市政协主席、副主席，分为人物传略和人物简介。

三、本志中凡未注明地点的场所均在市政协机关各会议室。

四、本志中凡未标明地名的"市"均指上海市。

五、本志中凡未标明名称的"党"均指中国共产党；"市委"指中共上海市委。

六、本志大事记中凡涉及人物职务，如无变动，一年内只标明职务名称一次，后直书人物姓名，换年相同。

七、本志区县排序参照 2013 年上海年鉴和以区域调整从近到远的时间顺序。

目　录

序 ……………………………………………………… 吴志明 1
《上海市志(1978—2010)》凡例 ……………………………… 1
编纂说明 ……………………………………………………… 1
概述 ………………………………………………………… 1
大事记 ……………………………………………………… 13

第一篇　组织 ……………………………… 65
　第一章　政协上海市委员会 …………… 67
　　第一节　第五届委员会 ……………… 67
　　　一、委员会组成 …………………… 67
　　　二、常委会组成 …………………… 67
　　　三、委组机构设置 ………………… 68
　　第二节　第六届委员会 ……………… 68
　　　一、委员会组成 …………………… 68
　　　二、常委会组成 …………………… 69
　　　三、委组机构设置 ………………… 69
　　第三节　第七届委员会 ……………… 70
　　　一、委员会组成 …………………… 70
　　　二、常委会组成 …………………… 70
　　　三、委组机构设置 ………………… 71
　　第四节　第八届委员会 ……………… 71
　　　一、委员会组成 …………………… 71
　　　二、常委会组成 …………………… 72
　　　三、委组机构设置 ………………… 72
　　第五节　第九届委员会 ……………… 72
　　　一、委员会组成 …………………… 72
　　　二、常委会组成 …………………… 73
　　　三、委组机构设置 ………………… 73
　　第六节　第十届委员会 ……………… 74
　　　一、委员会组成 …………………… 74

　　　二、常委会组成 …………………… 75
　　　三、委组机构设置 ………………… 75
　　第七节　第十一届委员会 …………… 75
　　　一、委员会组成 …………………… 75
　　　二、常委会组成 …………………… 76
　　　三、委组机构设置 ………………… 77
　　第八节　工作机构 …………………… 77
　　　一、机构与编制 …………………… 77
　　　二、办公厅 ………………………… 78
　　　三、研究室 ………………………… 81
　　　四、专门委员会办事机构 ………… 81
　　第九节　事业单位 …………………… 82
　　　一、文化俱乐部 …………………… 82
　　　二、机关服务中心 ………………… 83
　　　三、市政协会议培训中心 ………… 83
　　　四、联合时报社 …………………… 84
　　　五、信息中心 ……………………… 84
　第二章　区县政协 ……………………… 86
　　第一节　浦东新区政协 ……………… 86
　　　一、浦东新区政协工作联络处
　　　　　(1994.4—2000.8) ……………… 86
　　　二、浦东新区政协第一届委员会
　　　　　(2000.8—2003.3) ……………… 86
　　　三、第二届委员会(2003.3—2007.1) …… 86

四、第三届委员会(2007.1—2009.8)······ 87

五、第四届委员会(2009.8—2012.1)······ 87

第二节　徐汇区政协 ·················· 87

一、第五届委员会(1980.3—1984.3)······ 87

二、第六届委员会(1984.3—1987.4)······ 87

三、第七届委员会(1987.4—1990.4)······ 88

四、第八届委员会(1990.4—1993.4)······ 88

五、第九届委员会(1993.4—1998.3)······ 88

六、第十届委员会(1998.3—2003.3)······ 88

七、第十一届委员会(2003.3—2007.2)

································· 88

八、第十二届委员会(2007.2—2012.1)

································· 89

第三节　长宁区政协 ·················· 89

一、第五届委员会(1980.8—1984.4)······ 89

二、第六届委员会(1984.4—1987.4)······ 89

三、第七届委员会(1987.4—1990.4)······ 89

四、第八届委员会(1990.4—1993.4)······ 90

五、第九届委员会(1993.4—1998.3)······ 90

六、第十届委员会(1998.3—2003.3)······ 90

七、第十一届委员会(2003.3—2007.2)

································· 90

八、第十二届委员会(2007.2—2012.1)

································· 90

第四节　普陀区政协 ·················· 91

一、第五届委员会(1980.8—1984.3)······ 91

二、第六届委员会(1984.3—1987.5)······ 91

三、第七届委员会(1987.5—1990.4)······ 91

四、第八届委员会(1990.4—1993.4)······ 91

五、第九届委员会(1993.4—1998.3)······ 91

六、第十届委员会(1998.3—2003.3)······ 92

七、第十一届委员会(2003.3—2007.2)

································· 92

八、第十二届委员会(2007.2—2012.2)

································· 92

第五节　闸北区政协 ·················· 92

一、第五届委员会(1980.8—1984.3)······ 92

二、第六届委员会(1984.3—1987.4)······ 93

三、第七届委员会(1987.4—1990.4)······ 93

四、第八届委员会(1990.4—1993.4)······ 93

五、第九届委员会(1993.4—1998.3)······ 93

六、第十届委员会(1998.3—2003.3)······ 93

七、第十一届委员会(2003.3—2007.2)

································· 94

八、第十二届委员会(2007.2—2012.1)

································· 94

第六节　虹口区政协 ·················· 94

一、第五届委员会(1980.8—1984.3)······ 94

二、第六届委员会(1984.3—1987.5)······ 94

三、第七届委员会(1987.5—1990.4)······ 94

四、第八届委员会(1990.4—1993.3)······ 95

五、第九届委员会(1993.3—1998.3)······ 95

六、第十届委员会(1998.3—2003.3)······ 95

七、第十一届委员会(2003.3—2007.2)

································· 95

八、第十二届委员会(2007.2—2012.1)

································· 95

第七节　杨浦区政协 ·················· 96

一、第五届委员会(1980.8—1984.3)······ 96

二、第六届委员会(1984.3—1987.5)······ 96

三、第七届委员会(1987.5—1990.4)······ 96

四、第八届委员会(1990.4—1993.4)······ 96

五、第九届委员会(1993.4—1998.3)······ 97

六、第十届委员会(1998.3—2003.3)······ 97

七、第十一届委员会(2003.3—2007.2)

································· 97

八、第十二届委员会(2007.2—2012.1)

································· 97

第八节　黄浦区政协 ·················· 97

一、第五届委员会(1980.7—1984.3)······ 98

二、第六届委员会(1984.3—1987.5)······ 98

三、第七届委员会(1987.5—1990.4)······ 98

四、第八届委员会(1990.4—1993.4)······ 98

五、第九届委员会(1993.4—1998.3)······ 98

六、第十届委员会(1998.3—2000.4)······ 99

七、新黄浦区政协第一届委员会

(2000.7—2003.2) ·················· 99

八、第二届委员会(2003.2—2007.2)······ 99

九、第三届委员会(2007.2—2011.10)
　　　………………………… 99

第九节　静安区政协 ………… 99
　一、第五届委员会(1980.7—1984.2)
　　　………………………… 100
　二、第六届委员会(1984.2—1987.4)
　　　………………………… 100
　三、第七届委员会(1987.4—1990.4)
　　　………………………… 100
　四、第八届委员会(1990.4—1993.4)
　　　………………………… 100
　五、第九届委员会(1993.4—1998.3)
　　　………………………… 100
　六、第十届委员会(1998.3—2003.3)
　　　………………………… 101
　七、第十一届委员会(2003.3—2007.2)
　　　………………………… 101
　八、第十二届委员会(2007.2—2012.1)
　　　………………………… 101

第十节　宝山区政协 ………… 101
　一、第一届委员会(1988.9—1990.4)
　　　………………………… 101
　二、第二届委员会(1990.4—1993.4)
　　　………………………… 101
　三、第三届委员会(1993.4—1998.3)
　　　………………………… 102
　四、第四届委员会(1998.3—2003.3)
　　　………………………… 102
　五、第五届委员会(2003.3—2007.2)
　　　………………………… 102
　六、第六届委员会(2007.2—2012.1)
　　　………………………… 102

第十一节　闵行区政协 ……… 103
　一、第二届委员会(1982.12—1984.3)
　　　………………………… 103
　二、第三届委员会(1984.3—1987.5)
　　　………………………… 103
　三、第四届委员会(1987.5—1990.4)
　　　………………………… 103

　四、第五届委员会(1990.4—1993.3)
　　　………………………… 103
　五、新闵行区政协第一届委员会
　　　(1993.3—1998.3) ……… 103
　六、第二届委员会(1998.3—2003.3)
　　　………………………… 104
　七、第三届委员会(2003.3—2007.2)
　　　………………………… 104
　八、第四届委员会(2007.2—2012.1)
　　　………………………… 104

第十二节　嘉定区政协 ……… 104
　一、第一届委员会(1993.4—1998.3)
　　　………………………… 104
　二、第二届委员会(1998.3—2003.3)
　　　………………………… 105
　三、第三届委员会(2003.3—2007.1)
　　　………………………… 105
　四、第四届委员会(2007.1—2012.1)
　　　………………………… 105

第十三节　金山区政协 ……… 105
　一、第一届委员会(1997.5—1998.3)
　　　………………………… 105
　二、第二届委员会(1998.3—2003.3)
　　　………………………… 106
　三、第三届委员会(2003.3—2007.2)
　　　………………………… 106
　四、第四届委员会(2007.2—2012.1)
　　　………………………… 106

第十四节　松江区政协 ……… 106
　一、第一届委员会(1998.7—2003.3)
　　　………………………… 106
　二、第二届委员会(2003.3—2007.2)
　　　………………………… 107
　三、第三届委员会(2007.2—2012.1)
　　　………………………… 107

第十五节　青浦区政协 ……… 107
　一、第一届委员会(2000.1—2003.3)
　　　………………………… 107

二、第二届委员会(2003.3—2007.2)
………………………………… 107

三、第三届委员会(2007.2—2012.1)
………………………………… 108

第十六节　奉贤区政协 ……… 108

一、第一届委员会(2001.10—2003.3)
………………………………… 108

二、第二届委员会(2003.3—2007.2)
………………………………… 108

三、第三届委员会(2007.2—2012.1)
………………………………… 108

第十七节　崇明县政协 ……… 108

一、第五届委员会(1981.6—1984.4)
………………………………… 109

二、第六届委员会(1984.4—1987.4)
………………………………… 109

三、第七届委员会(1987.4—1990.4)
………………………………… 109

四、第八届委员会(1990.4—1993.4)
………………………………… 109

五、第九届委员会(1993.4—1998.3)
………………………………… 109

六、第十届委员会(1998.3—2003.3)
………………………………… 110

七、第十一届委员(2003.3—2007.2)
………………………………… 110

八、第十二届委员(2007.2—2012.1)
………………………………… 110

第十八节　卢湾区政协 ……… 110

一、第五届委员会(1980.8—1984.3)
………………………………… 110

二、第六届委员会(1984.3—1987.4)
………………………………… 111

三、第七届委员会(1987.4—1990.4)
………………………………… 111

四、第八届委员会(1990.4—1993.4)
………………………………… 111

五、第九届委员会(1993.4—1998.3)
………………………………… 111

六、第十届委员会(1998.3—2003.3)
………………………………… 111

七、第十一届委员会(2003.3—2007.2)
………………………………… 111

八、第十二届委员会(2007.2—2011.10)
………………………………… 112

第十九节　南汇区政协 ……… 112

一、第一届委员会(2001.10—2003.3)
………………………………… 112

二、第二届委员会(2003.3—2007.2)
………………………………… 112

三、第三届委员会(2007.2—2009.8)
………………………………… 112

第二十节　南汇县政协 ……… 113

一、第四届委员会(1981.9—1984.4)
………………………………… 113

二、第五届委员会(1984.4—1987.4)
………………………………… 113

三、第六届委员会(1987.4—1990.4)
………………………………… 113

四、第七届委员会(1990.4—1993.3)
………………………………… 113

五、第八届委员会(1993.3—1998.3)
………………………………… 113

六、第九届委员会(1998.3—2001.10)
………………………………… 114

第二十一节　奉贤县政协 …… 114

一、第四届委员会(1981.1—1984.4)
………………………………… 114

二、第五届委员会(1984.4—1987.5)
………………………………… 114

三、第六届委员会(1987.5—1990.4)
………………………………… 114

四、第七届委员会(1990.4—1993.3)
………………………………… 115

五、第八届委员会(1993.3—1998.3)
………………………………… 115

六、第九届委员会(1998.3—2001.10)
………………………………… 115

第二十二节 南市区政协 ……………… 115

　　一、第五届委员会(1980.8—1984.3)

　　　　…………………………… 115

　　二、第六届委员会(1984.3—1987.4)

　　　　…………………………… 115

　　三、第七届委员会(1987.4—1990.4)

　　　　…………………………… 116

　　四、第八届委员会(1990.4—1993.4)

　　　　…………………………… 116

　　五、第九届委员会(1993.4—1998.3)

　　　　…………………………… 116

　　六、第十届委员会(1998.3—2000.2)

　　　　…………………………… 116

第二十三节 青浦县政协 ……………… 116

　　一、第五届委员会(1981.9—1984.4)

　　　　…………………………… 117

　　二、第六届委员会(1984.4—1987.4)

　　　　…………………………… 117

　　三、第七届委员会(1987.4—1990.4)

　　　　…………………………… 117

　　四、第八届委员会(1990.4—1993.4)

　　　　…………………………… 117

　　五、第九届委员会(1993.4—1998.3)

　　　　…………………………… 117

　　六、第十届委员会(1998.3—2000.1)

　　　　…………………………… 118

第二十四节 松江县政协 ……………… 118

　　一、第五届委员会(1981.3—1984.3)

　　　　…………………………… 118

　　二、第六届委员会(1984.4—1987.5)

　　　　…………………………… 118

　　三、第七届委员会(1987.5—1990.4)

　　　　…………………………… 118

　　四、第八届委员会(1990.4—1993.4)

　　　　…………………………… 118

　　五、第九届委员会(1993.4—1998.3)

　　　　…………………………… 119

　　六、第十届委员会(1998.3—1998.7)

　　　　…………………………… 119

第二十五节 金山县政协 ……………… 119

　　一、第三届委员会(1981.4—1984.5)

　　　　…………………………… 119

　　二、第四届委员会(1984.5—1987.4)

　　　　…………………………… 119

　　三、第五届委员会(1987.4—1990.4)

　　　　…………………………… 120

　　四、第六届委员会(1990.4—1993.4)

　　　　…………………………… 120

　　五、第七届委员会(1993.4—1997.5)

　　　　…………………………… 120

第二十六节 上海县政协 ……………… 120

　　一、第四届委员会(1980.2—1984.4)

　　　　…………………………… 120

　　二、第五届委员会(1984.4—1987.4)

　　　　…………………………… 121

　　三、第六届委员会(1987.4—1990.4)

　　　　…………………………… 121

　　四、第七届委员会(1990.4—1993.3)

　　　　…………………………… 121

第二十七节 嘉定县政协 ……………… 121

　　一、第五届委员会(1981.7—1984.4)

　　　　…………………………… 121

　　二、第六届委员会(1984.4—1987.4)

　　　　…………………………… 122

　　三、第七届委员会(1987.4—1990.4)

　　　　…………………………… 122

　　四、第八届委员会(1990.4—1993.4)

　　　　…………………………… 122

第二十八节 川沙县政协 ……………… 122

　　一、第五届委员会(1980.12—1984.4)

　　　　…………………………… 122

　　二、第六届委员会(1984.4—1987.4)

　　　　…………………………… 123

　　三、第七届委员会(1987.4—1990.4)

　　　　…………………………… 123

　　四、第八届委员会(1990.4—1992.12)

　　　　…………………………… 123

第二十九节 吴淞区政协 ……………… 123

一、第一届委员会(1981.12—1984.3) ……………… 123
二、第二届委员会(1984.3—1987.4) ……………… 123
三、第三届委员会(1987.4—1988.9) ……………… 124
第三十节 宝山县政协 …………… 124
一、第五届委员会(1981.6—1984.4) ……………… 124
二、第六届委员会(1984.4—1987.5) ……………… 124
三、第七届委员会(1987.5—1988.9) ……………… 124

第二篇 会议 …………… 125
第一章 第五届市政协会议 …… 127
第一节 全体会议 …………… 127
第二节 常委会会议 …………… 128
第三节 主席会议 …………… 130
第二章 第六届市政协会议 …… 131
第一节 全体会议 …………… 131
第二节 常委会会议 …………… 132
第三节 主席会议 …………… 135
第三章 第七届市政协会议 …… 137
第一节 全体会议 …………… 137
第二节 常委会会议 …………… 138
第三节 主席会议 …………… 141
第四章 第八届市政协会议 …… 143
第一节 全体会议 …………… 143
第二节 常委会会议 …………… 145
第三节 主席会议 …………… 148
第五章 第九届市政协会议 …… 152
第一节 全体会议 …………… 152
第二节 常委会会议 …………… 153
第三节 主席会议 …………… 157
第六章 第十届市政协会议 …… 161
第一节 全体会议 …………… 161
第二节 常委会会议 …………… 163
第三节 主席会议 …………… 167

第七章 第十一届市政协会议 ………… 174
第一节 全体会议 …………… 174
第二节 常委会会议 …………… 176
第三节 主席会议 …………… 181

第三篇 学习 …………… 193
第一章 学习内容 …………… 195
第一节 中国特色社会主义基本理论 …………… 195
一、邓小平理论 …………… 195
二、"三个代表"重要思想 …… 196
三、科学发展观 …………… 197
第二节 中共中央有关会议精神 …………… 197
一、中共十一届三中全会及其他会议精神 …………… 197
二、中共十二大及其他会议精神 …… 198
三、中共十三大及其他会议精神 …… 198
四、中共十四大及其他会议精神 …… 199
五、中共十五大及其他会议精神 …… 200
六、中共十六大及其他会议精神 …… 200
七、中共十七大及其他会议精神 …… 201
八、中共十八大会议精神 …………… 201
第三节 推进人民政协工作发展的重要精神 …………… 201
一、中共中央关于人民政协的重要文件、重要讲话 …………… 201
二、《政协章程》和全国政协会议精神 …………… 202
三、中共上海市委对政协工作的要求 …………… 203
第四节 上海市经济社会改革发展情况 …………… 204
第五节 形势任务和现代科学知识 …………… 208
一、形势任务报告会 …………… 208
二、现代科学知识报告会 …………… 211
第二章 学习方式 …………… 214
第一节 中心组学习会 …………… 214

第二节 委员学习会 ·············· 214
一、暑期、春季专题学习会 ·········· 214
二、学习研讨会 ·················· 215
三、委员学习会 ·················· 215
四、学习培训班 ·················· 215
第三节 委员座谈会 ·············· 216
一、委员沙龙 ···················· 216
二、委员专题座谈会 ·············· 217
三、学习茶座 ···················· 217
第四节 委员学习活动日和知识讲座
···································· 218
一、委员学习活动日 ·············· 218
二、知识讲座 ···················· 219
第五节 委员自学 ················ 219

第四篇 协商议政 ·················· 221
第一章 有关经济社会发展大政方针的
协商议政 ················ 223
第一节 经济社会发展规划 ········ 223
一、长远规划 ···················· 223
二、专项规划 ···················· 226
第二节 改革发展重要措施 ········ 233
一、改革开放措施 ················ 233
二、促进发展措施 ················ 235
第三节 国家法律和地方性法规规章
···································· 240
一、国家法律法规 ················ 240
二、地方性法规规章 ·············· 242
第二章 有关群众切身利益问题的协商
议政 ···················· 248
第一节 劳动就业与社会保障 ······ 248
一、医疗保障方面 ················ 248
二、养老保障方面 ················ 251
三、劳动和就业方面 ·············· 251
第二节 住房与交通出行 ·········· 253
一、住房制度改革方面 ············ 253
二、旧区改造方面 ················ 256
三、交通出行方面 ················ 257
第三节 公用事业与食品安全 ······ 260

一、水、电、燃气、通信行业体制改革与
价格调整方面 ·············· 260
二、食品安全监管方面 ·········· 263
第四节 教育、文化和社会事业 ······ 264
一、教育与文化方面 ·············· 264
二、城市环境保护方面 ············ 266
三、社会建设和管理方面 ·········· 267

第五篇 视察监督 ·················· 271
第一章 委员视察 ·················· 273
第一节 第五届市政协委员视察 ······ 273
一、视察上海市少年犯管教所 ······ 273
二、视察医院的"财难"和"才难"问题
···································· 273
三、视察基层单位开展"五讲四美"活动
情况 ······················ 273
第二节 第六届市政协委员视察 ······ 274
一、视察上海发展合资合营企业情况
···································· 274
二、视察上海律师协会和律师事务所办
公用房问题 ················ 274
三、视察上海第三产业发展情况 ······ 274
四、视察上海技术引进的消化吸收工作
···································· 274
五、视察上海新办公司(中心)情况 ······ 275
六、视察白茅岭、军天湖劳改劳教农场
···································· 275
七、视察上海市高教体制改革情况 ······ 275
八、视察上海市精神文明建设情况 ······ 275
九、视察上海工业体制改革情况 ······ 275
十、视察中科院上海分院博士、硕士毕业
生使用情况 ················ 276
十一、视察文艺演出团体精神文明建设和
职业道德教育情况 ·········· 276
十二、视察上海行政性工业公司改革情况
···································· 276
十三、视察加快工业技术改造工作 ······ 276
十四、视察崇明县执行"星火计划"情况
···································· 277

十五、视察嘉定县科研生产联合体情况
　　……………………………… 277
　第三节　第七届市政协委员视察 …… 277
　　一、委员年终视察 ……………… 277
　　二、各专委会专题视察 ………… 279
　第四节　第八届市政协委员视察 …… 281
　　一、1993年委员年终视察 ……… 282
　　二、1994年委员年终视察 ……… 282
　　三、1995年委员年终视察 ……… 283
　　四、1996年委员年中视察 ……… 283
　　五、1996年委员年终视察 ……… 284
　　六、1997年委员年中视察 ……… 284
　　七、1997年委员年终视察 ……… 285
　第五节　第九届市政协委员视察 …… 285
　　一、1998年委员年中视察 ……… 285
　　二、1998年委员年终视察 ……… 286
　　三、1999年委员年中视察 ……… 287
　　四、1999年委员年终视察 ……… 287
　　五、2000年委员年中视察 ……… 287
　　六、2000年委员年终视察 ……… 288
　　七、2001年委员年中视察 ……… 288
　　八、2001年委员年终视察 ……… 289
　　九、2002年委员年中视察 ……… 289
　　十、2002年委员年终视察 ……… 290
　第六节　第十届市政协委员视察 …… 290
　　一、委员集中视察 ……………… 290
　　二、平时视察 …………………… 294
　　三、专项视察 …………………… 296
　　四、专题工作视察 ……………… 297
　　五、跨区视察 …………………… 298
　第七节　第十一届市政协委员视察
　　……………………………… 299
　　一、委员年终集中视察 ………… 299
　　二、专题视察活动 ……………… 302
第二章　主席会议（成员）赴基层视察
　　调研 ……………………… 305
　第一节　第九届市政协主席会议（成员）
　　赴基层调研 ……………… 305
　第二节　第十届市政协主席会议（成员）

赴基层调研 ……………… 312
　第三节　第十一届市政协主席会议
　　（成员）赴基层视察调研 …… 322
第三章　重点工作监督 ……………… 329
　第一节　落实政策工作 ……………… 329
　　一、组织检查上海查抄文物、图书和私房
　　落实政策情况 ………… 329
　　二、跟踪检查上海落实宗教房产政策情况
　　……………………………… 330
　　三、检查政协委员和民主人士落实政策
　　情况 …………………… 331
　　四、检查落实知识分子政策情况 ……… 331
　第二节　市场管理与市场规范 ……… 332
　　一、对上海物价问题进行检查 ……… 332
　　二、专项视察市工商行政管理工作 …… 332
　　三、专项视察全市食品安全监管工作
　　……………………………… 333
　第三节　发展公共交通 ……………… 334
　　一、专项视察全市公共交通工作情况
　　……………………………… 334
　　二、专题视察全市公共交通卡经营问题
　　……………………………… 335
　　三、专题视察全市新增机动车额度拍卖
　　资金使用情况 ………… 335
　第四节　世博安全运行 ……………… 336
　　一、视察迎世博600天行动计划执行情况
　　……………………………… 336
　　二、世博会运行准备工作情况专题视察
　　……………………………… 338
　　三、开展世博园区运行情况民主监督活动
　　……………………………… 339
　第五节　城市公共安全 ……………… 339
　　一、研讨如何应对自然灾害对上海城市
　　公共安全影响 ………… 339
　　二、开展"上海平安建设工作"专题调研
　　和视察 …………………… 340
　　三、开展"应对各类突发事件对城市公共
　　安全的影响"专题调研 ……… 340
　　四、开展"加强城市建设与运行安全以及

　　　安全生产对策研究"的专题调研 …… 341
　第四章　特邀监督员和行风评议 ……… 343
　　第一节　特邀监督员工作 ………… 343
　　　一、推荐特邀监督员 ……… 343
　　　二、特邀监督员会议 ……… 345
　　第二节　行风评议 ………… 347
　　　一、参加部门行风、政务公开评议活动
　　　　 ………… 348
　　　二、委员参加行风评议的总结、座谈、培训
　　　　工作 ………… 349

第六篇　建言献策 ……… 351
　第一章　建议案 ……… 353
　　第一节　常委会会议建议案 ……… 353
　　　一、第八届市政协常委会会议建议案 …… 353
　　　二、第九届市政协常委会会议建议案 …… 356
　　　三、第十届市政协常委会会议建议案 …… 363
　　　四、第十一届市政协常委会会议建议案
　　　　 ………… 374
　　第二节　主席会议建议案 ………… 376
　　　一、第八届市政协主席会议建议案 …… 376
　　　二、第九届市政协主席会议建议案 …… 378
　　　三、第十届市政协主席会议建议案 …… 378
　　　四、第十一届市政协主席会议建议案
　　　　 ………… 394
　第二章　专题调研 ……… 412
　　第一节　第五届市政协专题调研 …… 412
　　　一、关于减轻小学生学习负担问题的调研
　　　　 ………… 412
　　　二、关于上海第一家沪港合资企业"联毛"
　　　　经营问题的调研 ………… 412
　　第二节　第六届市政协专题调研 …… 413
　　　一、关于科技人才流动问题的调研 …… 413
　　　二、关于上海市轻纺系统部分企业经营
　　　　情况的调研 ………… 413
　　　三、关于上海积极吸引外商直接投资的
　　　　调研 ………… 413
　　　四、关于当前上海技术市场情况的调研
　　　　 ………… 414

　　　五、关于深化企业改革的调研 ………… 414
　　　六、关于切实改善企业对外经营机制,加快
　　　　发展上海外向型经济的调研 ……… 414
　　第三节　第七届市政协专题调研 …… 415
　　　一、关于深化企业改革,扩大股份制试点
　　　　的调研 ………… 415
　　　二、关于取缔伪劣商品,保护消费者合法
　　　　权益情况的调研 ………… 415
　　　三、关于加强高校教师队伍建设的调研
　　　　 ………… 416
　　　四、关于部分工业企业扩大出口和利用
　　　　外资情况的调研 ………… 416
　　　五、关于上海中医药管理体制问题的调研
　　　　 ………… 416
　　　六、关于发展上海高校科技产业的调研
　　　　 ………… 417
　　　七、关于增强上海国有企业活力的调研
　　　　 ………… 417
　　　八、关于部分"三资"企业发展情况的调研
　　　　 ………… 417
　　第四节　第八届市政协专题调研 …… 418
　　　一、关于促进上海私营经济加速发展的
　　　　调研 ………… 418
　　　二、关于进一步加强农村基层卫生工作的
　　　　调研 ………… 419
　　　三、关于房地产开发与城市基础设施、环境
　　　　建设协调发展的调研 ………… 419
　　　四、关于上海城市建设中中小学校地校舍
　　　　资源的优化配置和保护问题的调研
　　　　 ………… 419
　　　五、关于医疗费用实行"总量控制、结构
　　　　调整"情况的调研 ………… 420
　　　六、关于开发上海市老年科技人才资源的
　　　　调研 ………… 420
　　　七、关于房地产开发中加强安居工程建设
　　　　的调研 ………… 420
　　　八、关于发挥行业协会作用,推进经济体制
　　　　改革的调研 ………… 421
　　　九、关于上海市公共图书馆建设与发展的

调研 …………………………… 421

　十、关于推进企业股份合作制试点工作的
　　　调研 …………………………… 422

　十一、关于加大力度，推进国有企业改革的
　　　　调研 ………………………… 422

　十二、关于国有小企业改制情况的调研
　　　　………………………………… 423

第五节　第九届市政协专题调研 …… 424

　一、关于优化上海市产业结构的若干建议
　　　等调研 ………………………… 424

　二、关于上海文化产业与文化管理的调研
　　　………………………………… 427

　三、关于上海市社区卫生服务工作的调研
　　　………………………………… 427

　四、关于上海发展高等职业技术教育的
　　　调研 …………………………… 428

　五、关于进一步加快促进消费市场繁荣与
　　　发展的调研 …………………… 428

　六、关于上海市非公有制经济发展情况的
　　　调研 …………………………… 428

　七、关于促进上海老年事业发展的调研
　　　………………………………… 429

　八、关于对上海审判机关实现司法公正的
　　　调研 …………………………… 429

　九、关于"十五"期间上海市博物馆业
　　　发展情况的调研 ……………… 430

　十、关于进一步开发利用和保护上海水
　　　资源的调研 …………………… 430

　十一、关于海外留学人员回沪创业情况的
　　　　调研 ………………………… 430

　十二、关于上海市医疗保险改革方案实施
　　　　后制定的三大疾病患者减负、帮困、
　　　　救助政策的调研 …………… 431

　十三、关于上海市清真副食品供应情况及
　　　　发展思路的调研 …………… 431

　十四、关于上海市完善终身教育体系情况
　　　　的调研 ……………………… 432

第六节　第十届市政协专题调研 …… 434

　一、关于发挥教育在提升城市综合竞争力

中的作用的调研 ………………………… 434

　二、关于增强国有经济主导竞争力的调研
　　　………………………………… 435

　三、关于优化创新环境，提升上海企业
　　　核心技术竞争力的调研 ……… 435

　四、关于推进上海中药现代化发展的调研
　　　………………………………… 436

　五、关于上海市促进劳动就业工作的调研
　　　………………………………… 436

　六、关于推进上海博物馆事业发展的调研
　　　………………………………… 436

　七、关于推进上海国有控股集团股份制
　　　改革的调研 …………………… 437

　八、关于上海私营企业市场准入问题的
　　　调研 …………………………… 437

　九、关于上海发展先进装备制造业的调研
　　　………………………………… 438

　十、关于上海房地产（住宅）发展的调研
　　　………………………………… 438

　十一、关于进一步发展和规范上海私营
　　　　经济园区的调研 …………… 439

　十二、关于加快上海创意产业园区发展的
　　　　调研 ………………………… 439

　十三、关于土地向规模经营集中情况的
　　　　调研 ………………………… 439

　十四、关于在沪创业及工作的归国留学
　　　　人员现状和对策的调研 …… 440

　十五、关于推进上海现代农业经营制度
　　　　建设的调研 ………………… 440

　十六、关于促进上海房地产平稳健康发展
　　　　的调研 ……………………… 441

　十七、关于上海农村公共文化建设情况
　　　　的调研 ……………………… 441

　十八、关于促进水上旅游业发展的调研
　　　　………………………………… 442

　十九、关于推进上海国资管理体制改革的
　　　　调研 ………………………… 443

　二十、关于上海市工业园区淘汰落后产能
　　　　的调研 ……………………… 443

二十一、关于长江三角洲地区经济联动
　　　　发展系列专题调研 …………… 444
二十二、关于提高上海农业组织化水平的
　　　　调研 ………………………… 445
二十三、关于加强农村公共服务建设的
　　　　调研 ………………………… 446

第七节　第十一届市政协专题调研
　　　 ……………………………………… 451
一、关于郊区基督教活动场所权证情况的
　　调研 ………………………………… 451
二、关于新形势下提高提案质量对策措施
　　的调研 ……………………………… 451
三、关于区县政协完善民主监督机制实践
　　与探索的调研 ……………………… 451
四、关于加强民事执行法律监督的调研
　　 ……………………………………… 452
五、关于上海名人故居保护、开发、利用
　　情况的调研 ………………………… 452
六、关于上海少数民族工作情况的调研
　　 ……………………………………… 453
七、关于重视推进部分中等收入群体安居
　　工作的调研 ………………………… 453
八、关于进一步依法推进行政执法规范化
　　的调研 ……………………………… 454
九、关于持续发挥世博影响力,提升市民
　　文明素养的调研 …………………… 455
十、关于进一步做好上海援疆招商招工
　　招生工作的调研 …………………… 455
十一、关于加强上海宗教院校建设的调研
　　　 ………………………………… 456
十二、关于上海教育经费合理使用与有效
　　　监督的调研 …………………… 456

第三章　委员论坛　研讨会　专题座谈会
　　　 ……………………………………… 459
第一节　委员论坛 ……………………… 459
一、科技论坛 …………………………… 459
二、"二十一世纪上海高等教育"论坛 …… 459
三、"97 香港回归与上海经济发展"论坛
　　 ……………………………………… 460

四、"促进小企业发展"论坛 …………… 460
五、"人才高地与二十一世纪上海发展"
　　论坛　………………………………… 461
六、"WTO 与上海"论坛 ………………… 461
七、"二十一世纪创新教育"论坛 ……… 461
八、"上海实施'走出去'战略"论坛 …… 461
九、"增强上海城市综合竞争力"论坛
　　 ……………………………………… 462
十、"现代化进程中的青少年道德教育"
　　论坛 ………………………………… 462
十一、"干部道德建设"论坛 …………… 463
十二、"加强行业协会、中介机构建设"
　　　论坛 ……………………………… 463
十三、"人口与发展"论坛 ……………… 463
十四、"实施科教兴市战略"系列论坛
　　　 ………………………………… 463
十五、"加强城市软环境建设,培育和塑造
　　　城市精神"论坛 ………………… 464
十六、"上海郊区发展"论坛 …………… 464
十七、"上海教育综合改革试验情况"论坛
　　　 ………………………………… 464
十八、"城市精神"论坛(法治环境专题)
　　　 ………………………………… 465
十九、"融入长三角,加快上海现代服务业
　　　发展"论坛 ……………………… 465
二十、"第二届中国国际金融"论坛 …… 465
二十一、"实施科教兴市战略系列论坛
　　　　——自主创新与上海发展"论坛
　　　　 ……………………………… 465
二十二、"第三届中国国际金融"论坛
　　　　 ……………………………… 465
二十三、"关注民生"论坛 ……………… 466
二十四、"世博会与社会公众参与"论坛
　　　　 ……………………………… 466
二十五、"节约进社区"主题活动暨市民
　　　　论坛 …………………………… 466
二十六、"2007 上海教育"论坛 ………… 466
二十七、"第四届中国国际金融"论坛
　　　　 ……………………………… 466

二十八、"我与世博同行"系列讲坛 …… 467

二十九、"发展社会事业,扩大就业"论坛
　　…………………………………… 468

三十、"2010年沪台城市发展与合作"
　　论坛 ……………………………… 468

第二节　研讨会 ……………………………… 469

一、"上海金融体制改革"研讨会 ……… 469

二、"天目路商业网点规划布局"研讨会
　　…………………………………… 469

三、"静安区财贸系统如何建立现代企业
　　制度"研讨会 …………………… 469

四、"澳门回归展望"研讨会 …………… 469

五、长江流域十省市政协长江水环境保护
　　研讨会 …………………………… 470

六、长江三角洲区域经济互动发展研讨会
　　…………………………………… 470

七、"世博会与长江三角洲经济共同发展"
　　研讨会 …………………………… 470

八、"孵化器成果的辐射效应"研讨会
　　…………………………………… 470

九、"适应老龄化社会趋势,促进养老事业
　　发展"研讨会 …………………… 471

十、"培育发展住房租赁市场"研讨会
　　…………………………………… 471

十一、"上海能源形势发展和对策研究"
　　专题研讨会 …………………… 471

十二、沪港现代服务业发展研讨会 …… 471

十三、"上海房地产发展"研讨会 ……… 472

十四、"社会主义荣辱观与中国优秀传统
　　文化"研讨会 …………………… 472

十五、"长江三角洲地区经济联动发展"
　　专题研讨会 …………………… 472

十六、"深化收入分配制度改革"研讨会
　　…………………………………… 472

十七、"推进崇明发展"研讨会 ………… 473

十八、"临港新城产业发展战略"研讨会
　　…………………………………… 473

十九、"弘扬世博精神,推动转型发展"
　　研讨会 …………………………… 473

第三节　专题座谈会 ………………………… 473

一、"如何推进'科教兴市'战略"专题
　　座谈会 …………………………… 473

二、"进一步完善社会劳动就业保障体系"
　　专题座谈会 …………………… 474

三、"人口布局与老龄化对策措施"专题
　　座谈会 …………………………… 474

四、"上海各类紧缺人才需求及培养引进
　　对策"专题座谈会 ……………… 474

五、"构筑国际大都市一体化交通体系"
　　专题座谈会 …………………… 474

六、"上海'十一五'规划工作研讨"专题
　　座谈会 …………………………… 475

七、"构建社会主义和谐社会"专题座谈会
　　…………………………………… 475

八、"加快现代化基础设施体系建设"专题
　　座谈会 …………………………… 475

九、"促进各区域互动协调发展"专题
　　座谈会 …………………………… 476

十、"关于建设创新型国家"专题座谈会
　　…………………………………… 476

十一、"树立社会主义荣辱观,践行社会
　　道德"专题座谈会 ……………… 476

十二、"建设社会主义新农村"专题座谈会
　　…………………………………… 476

十三、"全力办好2010年上海世博会"
　　专题座谈会 …………………… 477

十四、"实施公交优先交通发展战略解决
　　市民出行难"专题座谈会 ……… 477

十五、"进一步完善社会保障体系"专题
　　座谈会 …………………………… 477

第七篇　提案和反映社情民意 ……… 483

第一章　提案 ………………………………… 486

第一节　提案的提出、审查立案和
　　分理交办 ……………………… 486

一、提案的提出 ……………………… 486

二、提案的审查和立案 ……………… 487

三、提案的分理交办 ………………… 487

第二节　提案的数量和类别 ………… 488
　　一、提案数量 ………………… 488
　　二、提案类别 ………………… 488
第三节　提案的办理和促进办理 …… 490
　　一、提案办理 ………………… 490
　　二、提案的促进(督促)办理 …… 492
第四节　工作会议和工作研讨 …… 497
　　一、工作会议 ………………… 497
　　二、工作研讨 ………………… 499
第五节　评选表彰 ……………… 500
　　一、优秀提案评选 …………… 500
　　二、评选表彰承办提案先进单位 … 502
第六节　优秀提案选录 ………… 503
　　一、经济建设类 ……………… 503
　　二、城市建设和管理类 ……… 507
　　三、教科文卫体类 …………… 509
　　四、综合类 …………………… 512
第二章　反映社情民意 ………… 515
第一节　社情民意信息的征集 … 515
　　一、信息的来源和主要内容 … 515
　　二、信息收集的渠道和方式 … 515
第二节　社情民意信息的处理 … 517
第三节　工作会议 ……………… 518
　　一、市政协反映社情民意工作座谈会
　　　…………………………… 518
　　二、市政协反映社情民意信息工作会议
　　　…………………………… 519
第四节　评选表彰 ……………… 519
　　一、评选优秀建言和优秀社情民意 … 520
　　二、评选反映社情民意工作先进单位和
　　　先进个人 ………………… 521
　　三、评选优秀社情民意信息 … 522

第八篇　文史资料和新闻宣传 …… 525
第一章　文史资料 ……………… 527
第一节　征集和编辑 …………… 527
　　一、征集 …………………… 527
　　二、编辑 …………………… 528
第二节　出版和发行 …………… 530

　　一、出版 …………………… 530
　　二、发行 …………………… 531
　　三、出版物首发式 …………… 537
第三节　编译工作 ……………… 540
第二章　新闻宣传 ……………… 542
第一节　措施与制度 …………… 542
　　一、措施 …………………… 542
　　二、制度 …………………… 544
第二节　主要媒体的专栏专题 … 545
　　一、《文汇报》"人民政协"专栏 … 545
　　二、东方广播电台"政协之声" … 545
　　三、上海人民广播电台新闻频率"市民与
　　　社会" ……………………… 546
第三节　报刊和网站 …………… 546
　　一、《联合时报》 ……………… 546
　　二、《浦江纵横》 ……………… 548
　　三、"上海政协"网站 ………… 550

第九篇　团结合作 ……………… 553
第一章　民族和宗教工作 ……… 555
第一节　民族工作 ……………… 555
　　一、促进民族团结和谐 ……… 555
　　二、维护在沪少数民族合法权益 … 556
　　三、促进民族教育发展 ……… 557
第二节　宗教工作 ……………… 559
　　一、巩固共同思想基础 ……… 559
　　二、支持和协助政府贯彻宗教政策，
　　　依法管理宗教事务 ………… 561
　　三、促进宗教与社会主义社会相适应
　　　…………………………… 562
第二章　港澳台侨工作 ………… 564
第一节　港澳委员工作 ………… 564
　　一、加强与港澳委员的联系 … 564
　　二、港澳委员视察考察 ……… 566
第二节　港澳侨工作 …………… 568
　　一、学习宣传和研讨活动 …… 568
　　二、合作交流 ………………… 571
第三节　对台工作 ……………… 572
　　一、学习宣传对台方针政策 … 572

二、促进两岸友好交往 ………… 574
三、加强与在沪台胞的联系 ………… 574

第三章　对外友好交流 ………… 576
　第一节　友好交流活动 ………… 576
　　一、协助承办国际性会议和活动 … 576
　　二、召开情况通报会 ………… 577
　　三、举办"上海 360°"图片展 … 578
　　四、加强与在沪外籍人士联系交流 … 579
　第二节　外事接待和出访 ………… 580
　　一、接待境外来访团组和知名人士 … 580
　　二、对外进行友好访问 ………… 580

第四章　合作交流 ………… 582
　第一节　工作交流 ………… 582
　　一、接待全国政协领导和考察团组 … 582
　　二、联络在沪全国政协委员 ………… 583
　　三、组团赴兄弟省市政协学习考察 … 584
　　四、承办政协工作交流会议 ………… 585
　第二节　对口联系 ………… 589
　　一、在沪全国政协委员考察贵州乌江
　　　流域经济开发情况 ………… 589
　　二、加强与西藏自治区政协暨日喀则
　　　地区政协的联系 ………… 590
　　三、参与上海与云南省对口帮扶工作
　　　………… 591
　　四、援建四川地震受灾地区都江堰市
　　　北街小学 ………… 591
　　五、加强与新疆维吾尔自治区政协暨喀
　　　什地区政协工作委员会的联系 … 592

第五章　重要纪念和节庆文化活动 … 594
　第一节　历史事件纪念活动 ………… 594
　　一、辛亥革命纪念活动 ………… 594
　　二、中国共产党成立纪念活动 ……… 595
　　三、抗日战争胜利纪念活动 ………… 596
　　四、中华人民共和国、人民政协成立纪念
　　　活动 ………… 597
　　五、改革开放纪念活动 ………… 598
　第二节　历史人物纪念活动 ………… 599
　　一、纪念金仲华活动 ………… 599
　　二、纪念黎照寰活动 ………… 599

三、悼念茅盾（沈雁冰）座谈会 ………… 600
四、纪念杜重远诞辰 85 周年座谈会 …… 600
五、纪念杨杏佛活动 ………… 600
六、纪念明代科学家徐光启逝世 350 周年
　座谈会 ………… 600
七、纪念邹韬奋逝世 40 周年座谈会 …… 601
八、纪念史量才殉难 50 周年座谈会 …… 601
九、纪念沈钧儒诞辰 110 周年座谈会
　………… 601
十、纪念邓演达诞辰 90 周年座谈会 … 601
十一、上海各界人士纪念孙中山诞辰
　　大会 ………… 601
十二、纪念陈望道诞辰 100 周年座谈会
　　………… 602
十三、纪念吴耀忠先生、张家树主教诞辰
　　100 周年，圆瑛法师诞辰 115 周年
　　大会 ………… 602
十四、纪念周恩来诞辰 100 周年座谈会
　　………… 602
十五、纪念邓小平诞辰 100 周年座谈会
　　………… 603
第三节　节庆文化活动 ………… 603
　一、迎新联谊活动 ………… 603
　二、元宵联谊活动 ………… 603
　三、上海各界人士中秋联欢晚会 ……… 604

第十篇　自身建设 ………… 605
第一章　界别活动和委员联络联谊工作
　………… 607
　第一节　界别活动 ………… 607
　　一、界别活动保障机制 ………… 607
　　二、界别活动的主要方式 ………… 609
　　三、界别活动召集人会议 ………… 610
　第二节　委员联络与服务工作 ……… 611
　　一、市政协领导联系委员 ………… 611
　　二、常委恳谈会 ………… 612
　　三、利用互联网络联系交流 ………… 612
　　四、委员履职管理 ………… 613
　　五、颁发"爱心奖" ………… 614

六、编辑《使命与责任——政协委员履职
　　百例》 ……………………… 614
第三节　委员艺术沙龙 ……………… 614
一、华夏画苑 …………………… 615
二、市政协艺术团 ……………… 617
三、委员沙龙 …………………… 617
四、市政协京昆与地方戏曲室 … 618
第二章　专门委员会建设 ……………… 619
第一节　机构与任务 ………………… 619
一、委组机构设置 ……………… 619
二、职责任务 …………………… 619
第二节　工作规则和活动方式 ……… 623
一、组织结构 …………………… 623
二、工作规则 …………………… 624
三、活动方式 …………………… 624
第三节　工作交流 …………………… 626
一、专门委员会工作会议 ……… 626
二、专门委员会主任例会 ……… 627
第三章　区县政协联络指导工作 ……… 631
第一节　学习交流 …………………… 631
一、学习邓小平理论、"三个代表"重要
　　思想和科学发展观 ………… 631
二、学习统一战线和人民政协理论 …… 631
三、学习政协章程和全国政协文件精神
　　……………………………… 632
四、学习《中共中央关于加强人民政协
　　工作的意见》 ……………… 632
第二节　工作探讨 …………………… 632
一、区县政协工作交流会和研讨会 …… 632
二、区县政协主席例会 ………… 634
第三节　联合调研 …………………… 636
一、调研贯彻落实《中共中央关于坚持和
　　完善中国共产党领导的多党合作和
　　政治协商制度的意见》情况 … 636
二、调研区县政协组织结构和机构设置
　　问题 ………………………… 636
三、调研区县政协履行政治协商、民主
　　监督、参政议政实施情况 …… 637
四、调研区县政协换届工作和加强政协

建设问题 ……………………… 637
第四章　工作总结和制度建设 ………… 638
第一节　工作研究与总结 …………… 638
一、第八届市政协工作研究和总结 …… 638
二、第九届市政协工作研究和总结 …… 639
三、第十届市政协工作研究和总结 …… 639
四、第十一届市政协工作研究和总结
　　……………………………… 640
第二节　工作制度 …………………… 641
一、履行政治协商、民主监督、参政议政
　　主要职能的相关制度 ……… 641
二、会议、议事制度 …………… 642
三、专项工作制度 ……………… 644
第五章　理论研究 ……………………… 649
第一节　研讨会 ……………………… 649
一、专题研讨会 ………………… 649
二、年度研讨会 ………………… 651
第二节　理论课题研究 ……………… 652
一、上海市人民政协理论与实践研究
　　咨询组历年研究课题 ……… 652
二、上海市人民政协理论研究会课题
　　研究 ………………………… 653
第三节　论文征集和评奖 …………… 654
一、上海市人民政协理论与实践研究
　　咨询组论文征集 …………… 654
二、上海市人民政协理论研究会的论文
　　征集和评奖 ………………… 656

第十一篇　社会团体 ………………… 661
第一章　上海政协之友社 ……………… 663
第一节　组织机构 …………………… 663
第二节　会议 ………………………… 665
一、政协之友社成立大会及一届社员大会
　　……………………………… 665
二、政协之友社第二届社员大会 … 665
三、政协之友社第三届社员大会 … 666
四、政协之友社第四届社员大会 … 666
五、政协之友社第五届社员大会 … 667
六、政协之友社第六届社员大会 …… 667

第三节　主要活动 …………… 667
　一、组织学习，增进共识 …… 668
　二、议政献策，反映民意 …… 668
　三、节庆活动，弘扬传统 …… 669
　四、敬老联谊，促进团结 …… 669
　五、奉献爱心，服务社会 …… 669
第二章　上海华夏文化经济促进会 …… 670
　第一节　组织机构 …………… 670
　第二节　会议 ………………… 672
　　一、上海华夏经济促进会成立大会 672
　　二、上海华夏文化经济促进会二届一次
　　　大会 …………………… 672
　　三、华夏文化经济促进会三届一次大会
　　　………………………… 672
　第三节　主要活动 …………… 672
　　一、推进经济合作 ………… 672
　　二、促进文化繁荣 ………… 673
　　三、开展对外交流 ………… 673
　　四、为会员提供信息服务 … 673
第三章　上海科技成果转化促进会 …… 675
　第一节　组织机构 …………… 676
　第二节　会议 ………………… 677
　　一、上海科技成果转化促进会成立大会
　　　………………………… 677
　　二、上海科技成果转化促进会第二届会员
　　　大会 …………………… 677
　第三节　主要活动 …………… 677
　　一、为市政协专题调研提供智力支持
　　　………………………… 677
　　二、为中小微企业解决科技难题 …… 677
　　三、为推进科技成果转化拓展渠道 …… 678
第四章　上海市人民政协理论研究会
　　　………………………… 679
　第一节　组织机构 …………… 679
　第二节　会议 ………………… 680
　　一、上海市人民政协理论研究会成立大会
　　　………………………… 680
　　二、上海市人民政协理论研究会一届二次
　　　会员大会 ……………… 680

三、上海市人民政协理论研究会一届三次
　会员大会 ……………… 680
四、上海市人民政协理论研究会一届四次
　会员大会 ……………… 680
五、上海市人民政协理论研究会一届五次
　会员大会 ……………… 681
　第三节　主要活动 …………… 681
　　一、搭建多学科理论研讨平台 …… 681
　　二、开展有关课题研究 …… 681
　　三、宣传和普及政协理论 … 681
第五章　上海公共外交协会 …… 683
　第一节　组织机构 …………… 683
　第二节　会议 ………………… 684
　　一、上海公共外交协会成立大会暨第一次
　　　会员大会 ……………… 684
　　二、上海公共外交协会一届二次会员大会
　　　………………………… 684
　第三节　主要活动 …………… 684
第六章　上海市文史资料研究会 … 685
　第一节　组织机构 …………… 685
　第二节　会议 ………………… 686
　　一、上海市文史资料研究会成立大会暨
　　　第一次会员大会 ……… 686
　　二、上海市文史资料研究会一届二次会员
　　　大会 …………………… 686
　第三节　主要活动 …………… 686

第十二篇　人物 ……………… 687
第一章　传略 ………………… 689
　第一节　主席 ………………… 689
　第二节　副主席 ……………… 691
第二章　简介 ………………… 706
　第一节　主席 ………………… 706
　第二节　副主席 ……………… 707
第三章　名录 ………………… 717
　第一节　市政协主席、副主席、秘书长、
　　　常务委员、委员名录 …… 717
　　一、第五届委员会 ………… 717
　　二、第六届委员会 ………… 721

三、第七届委员会 …………………… 726

四、第八届委员会 …………………… 730

五、第九届委员会 …………………… 735

六、第十届委员会 …………………… 741

七、第十一届委员会 ………………… 747

第二节　市政协副秘书长、专门委员会
　　　　（工作组、指导组）主任（组长）、
　　　　副主任（副组长）名录 ……… 754

一、第五届委员会 …………………… 754

二、第六届委员会 …………………… 756

三、第七届委员会 …………………… 758

四、第八届委员会 …………………… 760

五、第九届委员会 …………………… 761

六、第十届委员会 …………………… 764

七、第十一届委员会 ………………… 767

附录………………………………… 771

中共上海市委关于进一步加强人民政协
　工作的实施意见（摘要）………… 773

政协上海市委员会全体会议工作规则
　…………………………………… 777

政协上海市委员会常务委员会工作规则
　…………………………………… 781

政协上海市委员会主席会议工作规则
　…………………………………… 784

政协上海市委员会专门委员会工作条例
　…………………………………… 786

政协上海市委员会提案工作条例 …… 789

政协上海市委员会反映社情民意信息
　工作条例 ………………………… 794

政协上海市委员会关于加强和改进委员
　视察工作的意见 ………………… 797

市政协关于进一步发挥界别作用的意见
　…………………………………… 799

索引………………………………… 801

一、主题索引 ………………………… 801

二、人名索引 ………………………… 810

三、图表索引 ………………………… 838

编后记 …………………………… 842

CONTENTS

Preface ·· Wu Zhiming 1

Notes ·· 1

Compilation Instructions ··· 1

Overview ·· 1

Chronicle of Events ··· 13

Article One   Organization ··· 65

   Chapter 1   Shanghai Municipal Committee of the Chinese People's Political

   Consultative Conference (CPPCC) ·· 67

    1. 1. 1   The 5th Shanghai Municipal Committee of the CPPCC ·········· 67

    1. 1. 2   The 6th Shanghai Municipal Committee of the CPPCC ·········· 68

    1. 1. 3   The 7th Shanghai Municipal Committee of the CPPCC ·········· 70

    1. 1. 4   The 8th Shanghai Municipal Committee of the CPPCC ·········· 71

    1. 1. 5   The 9th Shanghai Municipal Committee of the CPPCC ·········· 72

    1. 1. 6   The 10th Shanghai Municipal Committee of the CPPCC ········· 74

    1. 1. 7   The 11th Shanghai Municipal Committee of the CPPCC ········· 75

    1. 1. 8   Work Agencies ··· 77

    1. 1. 9   Public Institutions ··· 82

   Chapter 2   District and County Committee of the CPPCC ················· 86

    1. 2. 1   Shanghai Pudong New Area Committee of the CPPCC ··········· 86

    1. 2. 2   Shanghai Xuhui District Committee of the CPPCC ·············· 87

    1. 2. 3   Shanghai Changning District Committee of the CPPCC ·········· 89

    1. 2. 4   Shanghai Putuo District Committee of the CPPCC ·············· 91

    1. 2. 5   Shanghai Zhabei District Committee of the CPPCC ············· 92

    1. 2. 6   Shanghai Hongkou District Committee of the CPPCC ············ 94

    1. 2. 7   Shanghai Yangpu District Committee of the CPPCC ············· 96

    1. 2. 8   Shanghai Huangpu District Committee of the CPPCC ············ 97

    1. 2. 9   Shanghai Jing'an District Committee of the CPPCC ············· 99

    1. 2. 10   Shanghai Baoshan District Committee of the CPPCC ·········· 101

    1. 2. 11   Shanghai Minhang District Committee of the CPPCC ·········· 103

1. 2. 12   Shanghai Jiading District Committee of the CPPCC ·············· 104

1. 2. 13   Shanghai Jinshan District Committee of the CPPCC ·············· 105

1. 2. 14   Shanghai Songjiang District Committee of the CPPCC ·············· 106

1. 2. 15   Shanghai Qingpu District Committee of the CPPCC ·············· 107

1. 2. 16   Shanghai Fengxian District Committee of the CPPCC ·············· 108

1. 2. 17   Shanghai Chongming County Committee of the CPPCC ·············· 108

1. 2. 18   Shanghai Luwan District Committee of the CPPCC ·············· 110

1. 2. 19   Shanghai Nanhui District Committee of the CPPCC ·············· 112

1. 2. 20   Shanghai Nanhui County Committee of the CPPCC ·············· 113

1. 2. 21   Shanghai Fengxian County Committee of the CPPCC ·············· 114

1. 2. 22   Shanghai Nanshi District Committee of the CPPCC ·············· 115

1. 2. 23   Shanghai Qingpu County Committee of the CPPCC ·············· 116

1. 2. 24   Shanghai Songjiang County Committee of the CPPCC ·············· 118

1. 2. 25   Shanghai Jinshan Committee of the CPPCC ·············· 119

1. 2. 26   Shanghai County Committee of the CPPCC ·············· 120

1. 2. 27   Shanghai Jiading County Committee of the CPPCC ·············· 121

1. 2. 28   Shanghai Chuansha County Committee of the CPPCC ·············· 122

1. 2. 29   Shanghai Wusong District Committee of the CPPCC ·············· 123

1. 2. 30   Shanghai Baoshan County Committee of the CPPCC ·············· 124

Article Two   Meeting ·············· 125

Chapter 1   The 5th Shanghai Municipal People's Political Consultative Conference ······ 127

2. 1. 1   Plenary Session ·············· 127

2. 1. 2   Standing Committee Meeting ·············· 128

2. 1. 3   Chair's Council Meeting ·············· 130

Chapter 2   The 6th Shanghai Municipal People's Political Consultative Conference ······ 131

2. 2. 1   Plenary Session ·············· 131

2. 2. 2   Standing Committee Meeting ·············· 132

2. 2. 3   Chair's Council Meeting ·············· 135

Chapter 3   The 7th Shanghai Municipal People's Political Consultative Conference ······ 137

2. 3. 1   Plenary Session ·············· 137

2. 3. 2   Standing Committee Meeting ·············· 138

2. 3. 3   Chair's Council Meeting ·············· 141

Chapter 4   The 8th Shanghai Municipal People's Political Consultative Conference ······ 143

2. 4. 1   Plenary Session ·············· 143

2. 4. 2   Standing Committee Meeting ·············· 145

2. 4. 3   Chair's Council Meeting ·············· 148

Chapte 5   The 9th Shanghai Municipal People's Political Consultative Conference ······ 152

2. 5. 1 *Plenary Session* ·· 152

2. 5. 2 *Standing Committee Meeting* ······················ 153

2. 5. 3 *Chair's Council Meetings* ·························· 157

Chapter 6 The 10th Shanghai Municipal People's Political Consultative Conference

··· 161

2. 6. 1 *Plenary Session* ·· 161

2. 6. 2 *Standing Committee Meeting* ······················ 163

2. 6. 3 *Chair's Council Meeting* ·························· 167

Chapter 7 The 11th Shanghai Municipal People's Political Consultative Conference

··· 174

2. 7. 1 *Plenary Session* ·· 174

2. 7. 2 *Standing Committee Meeting* ······················ 176

2. 7. 3 *Chair's Council Meeting* ·························· 181

Article Three Study ··· 193

Chapter 1 Learning Content ·· 195

3. 1. 1 *The Basic Theory of Socialism with Chinese Characteristics* ········· 195

3. 1. 2 *The Spirits of Conferences and Speeches of the CPC Central Committee* ··· 197

3. 1. 3 *The Important Spirit of Promoting the Work of the CPPCC* ········· 201

3. 1. 4 *The Development of Economic and Social Reform of Shanghai* ········· 204

3. 1. 5 *Situation, Tasks as well as Modern Scientific Knowledge* ········· 208

Chapter 2 Learning Methods ·· 214

3. 2. 1 *Group Study Meeting* ································ 214

3. 2. 2 *Member Study Meeting* ······························ 214

3. 2. 3 *Member Symposium* ································ 216

3. 2. 4 *Activity Day and Lectures* ·························· 218

3. 2. 5 *Member's Self-learning* ·························· 219

Article Four Consultation and Discussion ························ 221

Chapter 1 Consultation and Discussion on the Important Policy of Economic and Social Development ·· 223

4. 1. 1 *Economic and Social Development Strategy* ········· 223

4. 1. 2 *Important Measures for Reform and Development* ········· 233

4. 1. 3 *National and Local Laws and Regulations* ········· 240

Chapter 2 Consultation and Discussion on the Vital Interests of the People ·········· 248

4. 2. 1 *Labor Employment and Social Security* ········· 248

4. 2. 2 *Housing and Transportation* ······················ 253

    4.2.3   *Public Service and Food Safety* ·················· 260

    4.2.4   *Education, Culture and Society* ·················· 264

Article Five   Inspection and Supervision ·················· 271

  Chapter 1   Inspection of Members ·················· 273

    5.1.1   *Inspection of Members of the 5th Shanghai Municipal Committee of CPPCC* ·················· 273

    5.1.2   *Inspection of Members of the 6th Shanghai Municipal Committee of CPPCC* ·················· 274

    5.1.3   *Inspection of Members of the 7th Shanghai Municipal Committee of CPPCC* ·················· 277

    5.1.4   *Inspection of Members of the 8th Shanghai Municipal Committee of CPPCC* ·················· 281

    5.1.5   *Inspection of Members of the 9th Shanghai Municipal Committee of CPPCC* ·················· 285

    5.1.6   *Inspection of Members of the 10th Shanghai Municipal Committee of CPPCC* ·················· 290

    5.1.7   *Inspection of Members of the 11th Shanghai Municipal Committee of CPPCC* ·················· 299

  Chapter 2   Inspection and Survey of Chair's Council Meeting (Members) on Local and Grass-roots Agencies ·················· 305

    5.2.1   *Inspection and Survey of Chair's Council Meeting (Members) of the 9th Shanghai Municipal Committee of CPPCC on Local and Grass-roots Agencies* ·················· 305

    5.2.2   *Inspection and Survey of Chair's Council Meeting (Members) of the 10th Shanghai Municipal Committee of CPPCC on Local and Grass-roots Agencies* ·················· 312

    5.2.3   *Inspection and Survey of Chair's Council Meeting (Members) of the 11th Shanghai Municipal Committee of CPPCC on Local and Grass-roots Agencies* ·················· 322

  Chapter 3   Supervision on Important Work ·················· 329

    5.3.1   *Policy Implementing* ·················· 329

    5.3.2   *Market Management and Market Regulation* ·················· 332

    5.3.3   *Public Transportation Development* ·················· 334

    5.3.4   *Safe Operation of the Expo* ·················· 336

    5.3.5   *Public Security of the City* ·················· 339

  Chapter 4   Special Supervisor and Performance Appraisal ·················· 343

    5.4.1   *Work of Special Invited Supervisor* ·················· 343

5.4.2　*Performance Appraisal* ·· 347

Article Six　Advice and Suggestions ···································· 351

Chapter 1　Proposal ·· 353

6.1.1　*Proposals from Standing Committee Meeting* ··············· 353

6.1.2　*Proposals from Chair's Council Meeting* ··················· 376

Chapter 2　Special Survey ·· 412

6.2.1　*Special Survey of the 5th Shanghai Municipal Committee of CPPCC* ·· 412

6.2.2　*Special Survey of the 6th Shanghai Municipal Committee of CPPCC* ·· 413

6.2.3　*Special Survey of the 7th Shanghai Municipal Committee of CPPCC* ·· 415

6.2.4　*Special Survey of the 8th Shanghai Municipal Committee of CPPCC* ·· 418

6.2.5　*Special Survey of the 9th Shanghai Municipal Committee of CPPCC* ·· 424

6.2.6　*Special Survey of the 10th Shanghai Municipal Committee of CPPCC* ·· 434

6.2.7　*Special Survey of the 11th Shanghai Municipal Committee of CPPCC* ·· 451

Chapter 3　Forum, Seminar and Symposium ····························· 459

6.3.1　*Member Forum* ··· 459

6.3.2　*Seminar* ··· 469

6.3.3　*Symposium* ·· 473

Article Seven　Proposals and Public Opinions ························· 483

Chapter 1　Proposal ·· 486

7.1.1　*Proposal, Review and Implementation* ······················ 486

7.1.2　*Number and Types of Proposals* ·························· 488

7.1.3　*Handling of the Proposal and Promotion* ·················· 490

7.1.4　*Working Conference and Working Seminar* ················ 497

7.1.5　*Summation and Awarding* ································ 500

7.1.6　*Selection of Outstanding Proposals* ······················· 503

Chapter 2　Public Opinion Review ····································· 515

7.2.1　*Collection of Public Opinions* ···························· 515

7.2.2　*Handling of Public Opinions* ···························· 517

7.2.3　*Working Conference* ····································· 518

　　　　7.2.4　*Summation and Awarding* ································· 519

Article Eight　Cultural and Historical Resources and News Propaganda ········· 525
　　Chapter 1　Cultural and Historical Resources ··············· 527
　　　　8.1.1　*Compilation* ································· 527
　　　　8.1.2　*Publication and Issuance* ················· 530
　　　　8.1.3　*Edition and Translation* ·················· 540
　　Chapter 2　News Propaganda ·························· 542
　　　　8.2.1　*Measures and Institutions* ··············· 542
　　　　8.2.2　*Columns and Special Topics of Main News Agencies* ········ 545
　　　　8.2.3　*Newspapers and Websites* ··············· 546

Article Nine　Consolidation and Cooperation ····················· 553
　　Chapter 1　Ethnic and Religious Work ················· 555
　　　　9.1.1　*Ethnic Work* ·························· 555
　　　　9.1.2　*Religious Work* ······················· 559
　　Chapter 2　Hong Kong, Macao, Taiwan Affairs and Overseas Chinese Affairs ········· 564
　　　　9.2.1　*Member Work with Hong Kong and Macao* ········· 564
　　　　9.2.2　*Hong Kong, Macao and Overseas Chinese Affairs* ········· 568
　　　　9.2.3　*Taiwan Affairs* ························ 572
　　Chapter 3　Communication and Friendship with Foreign Countries ········· 576
　　　　9.3.1　*Activities for Communication and Friendship with Foreign*
　　　　　　　　Countries ····························· 576
　　　　9.3.2　*The Reception and Visiting of Foreign Affairs* ········· 580
　　Chapter 4　Cooperation and Communication ·············· 582
　　　　9.4.1　*Work Communication* ·················· 582
　　　　9.4.2　*Counterpart Communication* ·············· 589
　　Chapter 5　Important Cultural Activities for Memorials and Festivals ········· 594
　　　　9.5.1　*Commemorative Activities for Historical Events* ········· 594
　　　　9.5.2　*Commemorative Activities for Historical Figures* ········· 599
　　　　9.5.3　*Cultural Activities for Festival* ············· 603

Article Ten　Self-construction ····························· 605
　　Chapter 1　Activities among Different Organizations and Members' Liaison Work ······ 607
　　　　10.1.1　*Activities among Different Organizations* ········· 607
　　　　10.1.2　*Member's Liaison and Service Work* ·········· 611
　　　　10.1.3　*Member's Art Salon* ·················· 614
　　Chapter 2　The Building of Special Committees ············ 619

    10. 2. 1 Institution and Tasks ················· 619

    10. 2. 2 Working Rules and Activities ················· 623

    10. 2. 3 Communication ················· 626

  Chapter 3 Guidance for the Work of District and County Level Committees of

    CPPCC in Shanghai ················· 631

    10. 3. 1 Study and Communication ················· 631

    10. 3. 2 Research and Discussion ················· 632

    10. 3. 3 Joint Survey ················· 636

  Chapter 4 Work Summary and Institutional Building ················· 638

    10. 4. 1 Research and Summary ················· 638

    10. 4. 2 Work Institution ················· 641

  Chapter 5 Theory Studies ················· 649

    10. 5. 1 Seminar ················· 649

    10. 5. 2 Theoretical Research ················· 652

    10. 5. 3 Essay Selection and Awarding ················· 654

Article Eleven Social Groups ················· 661

  Chapter 1 Association of the CPPCC Shanghai Committee ················· 663

    11. 1. 1 Organizations ················· 663

    11. 1. 2 Meetings ················· 665

    11. 1. 3 Main Events ················· 667

  Chapter 2 Shanghai Huaxia Culture and Economic Promotion Association ············· 670

    11. 2. 1 Organizations ················· 670

    11. 2. 2 Meetings ················· 672

    11. 2. 3 Main Events ················· 672

  Chapter 3 SPAT ················· 675

    11. 3. 1 Organizations ················· 676

    11. 3. 2 Meetings ················· 677

    11. 3. 3 Main Events ················· 677

  Chapter 4 Theory Studies Association of the CPPCC Shanghai Committee ············· 679

    11. 4. 1 Organizations ················· 679

    11. 4. 2 Meetings ················· 680

    11. 4. 3 Main Events ················· 681

  Chapter 5 Shanghai Public Diplomacy Association ················· 683

    11. 5. 1 Organizations ················· 683

    11. 5. 2 Meetings ················· 684

    11. 5. 3 Main Events ················· 684

  Chapter 6 Shanghai Cultural and Historical Material Study Association ················· 685

    11. 6. 1 Organizations ················· 685

11. 6. 2 *Meetings* 686

11. 6. 3 *Main Events* 686

Article Twelve   People 687

   Chapter 1   Biography 689

      12. 1. 1 *Chairman* 689

      12. 1. 2 *Vice Chairman* 691

   Chapter 2   Introduction 706

      12. 2. 1 *Chairman* 706

      12. 2. 2 *Vice Chairman* 707

   Chapter 3   Directory 717

      12. 3. 1 *Chairman, Vice Chairman, Secretary-general, Standing Committee,*

               Lists of Members 717

      12. 3. 2 *Deputy Secretary-general, Special Committee (Working Group,*

               Steering Group) Director (Head), Deputy Director (Deputy

               Head) List 754

Appendix 771

   Opinions of the CPC Shanghai Municipal Committee on Further Strengthening of the

   Work of the CPPCC Shanghai Committee (Abstract) 773

   Working Rules of the Plenary Meeting of Shanghai Municipal Committee of the

   CPPCC 777

   Working Rules of the Standing Committee of Shanghai Municipal Committee of the

   CPPCC 781

   Working Rules of Chair's Council Meeting of Shanghai Municipal Committee of the

   CPPCC 784

   Working Regulations of Special Committee of Shanghai Municipal Committee of the

   CPPCC 786

   Working Regulations of Shanghai Municipal Committee of the CPPCC on Proposal 789

   Working Regulations of Shanghai Municipal Committee of the CPPCC on Public

   Opinions 794

   Opinions of Shanghai Municipal Committee of the CPPCC on Further Strengthening

   and Improving Inspection Work of Members 797

   Opinions of Shanghai Municipal Committee of the CPPCC on Further Strengthening

   of the Role of Different Organizations 799

Index 801

Afterwords 842

概　述

上海是中国工人阶级和民族资产阶级的发祥地,是中国共产党的诞生地,又是民族资产阶级代表人物、各民主党派和无党派人士以及中国文化、教育、医卫、科技界知名人士的荟萃之地,他们中的许多人和中国共产党早有交往与合作。这就为统战工作和人民政协工作创造了良好的条件。

中国人民政治协商会议上海市委员会(以下简称市政协)前身是上海市各界人民代表会议协商委员会(以下简称市协商委员会)。市协商委员会成立于1949年12月,是上海各界人民代表会议的常设机构。1950年6月,根据中国人民政治协商会议全国委员会(以下简称全国政协)《关于地方委员会的决定》,市协商委员会同时行使人民政协地方委员会的职权。1954年8月,上海市人民代表大会召开,市协商委员会不再具有各界人民代表会议常设机构的职能,但其机构根据全国政协和中央人民政府政务院《联合通知》的要求,继续保留至1955年5月市政协成立。市协商委员会共经历3届,作为各界人民代表会议常设机构和人民政协地方委员会机构,为保卫、巩固和建设人民政权的重要政策的协商和决策,为恢复国民经济的各种举措的协商和决策,为重要法规条例的制订和审议,为协调统一战线内部的各种关系及公私关系、劳资关系等方面,做了大量工作。

1955年5月,根据《中国人民政治协商会议章程》(以下简称《政协章程》)规定,在市协商委员会机构的基础上,经过广泛而充分的协商,成立市政协第一届委员会,至1966年共经历4届。其间,市政协为实行国民经济五年计划,为实施对农业、手工业、资本主义工商业社会主义改造,为贯彻知识分子工作纲要及"长期共存、互相监督"和"百花齐放、百家争鸣"方针等,开展了多种形式的协商活动,发挥了积极作用。1966年8月起,由于"文化大革命",市政协被迫中止活动。

一

1977年12月,市政协五届一次会议召开,标志着人民政协全面恢复活动。始起至1993年2月,是市政协第五、六、七届委员会的任期。其间,全国人民代表大会(以下简称全国人大)于1982年12月首次将人民政协载入修订后的《中华人民共和国宪法》,明确"中国人民政治协商会议是有广泛代表性的统一战线组织"。全国政协五届五次会议于1982年12月审议通过的《政协章程》也明确"中国人民政治协商会议是中国人民爱国统一战线的组织","对国家大政方针和群众生活的重要问题进行政治协商,并通过建议和批评发挥民主监督作用"。

随着人民政协全面恢复活动,中共上海市委加强了对政协工作的领导。1989年2月,市委首次召开上海市政协工作会议,要求全党重视政协工作,进一步发挥各级政协政治协商、民主监督的作用。1989年5月,市委转发《政协上海市委员会关于政治协商民主监督经常化、制度化的暂行规定》,要求全市各级党组织,在开展政治协商和民主监督的工作中参照执行。市委领导江泽民、朱镕基经常到市政协作报告、讲形势。市委还完善市政协人财物的管理体制,努力改善市政协工作条件。

第五届市政协从1977年12月—1983年4月,设界别28个,后增至30个,委员700人左右。第六届市政协从1983年4月—1988年4月,设界别30个,委员700人左右。第七届市政协从1988

年4月—1993年2月,设界别30个,后增至32个,委员700人左右。

市政协全体会议、常委会会议是履行政治协商职能的重要形式。市政协全体会议一般每年召开1次,主要内容有:听取和审议市政协常委会工作报告;听取和审议提案工作情况的报告;列席市人民代表大会(以下简称市人代会),听取和讨论市政府工作报告及其他专项报告,听取和讨论市高院、市检察院工作报告,协商和选举本届常委会组成人员等。委员们在讨论上述各项报告和事项时,可充分发表意见,提出批评和建议。第五届市政协任期内共召开全体会议5次,第六届市政协任期内共召开全体会议6次,第七届市政协任期内共召开全体会议5次。市政协常委会会议在五届、六届委员会期间,根据工作需要不定期召开。自第七届委员会起,基本上每季度召开1次,主要内容有:协商决定常委会的重大问题,协商讨论有关上海的重大方针、重要事项和人民群众中的重要问题,审议市政协重要的视察报告、调研报告和建议案,协商决定本届委员增补、调整名单和下一届政协的参加单位、委员名额和人选。第五届市政协共召开常委会会议26次,第六届市政协共召开常委会会议25次,第七届市政协共召开常委会会议25次。政协委员在全体会议、常委会会议上的意见建议,通过市政协简报或专题报告等形式报送市委、市政府。除了全体会议、常委会会议外,市政协还通过主席会议、各专门委员会会议、专题座谈会等形式开展协商活动。曾先后对《国籍法(草案)》《民法(草案)》《中外合资企业法(草案)》《婚姻法(修改草案)》《香港特别行政区基本法(草案)》《游行法(草案)》等国家法律,以及《上海市保护妇女儿童合法权益的若干规定(征求意见稿)》《上海市实施〈中华人民共和国归侨侨眷权益保护法〉办法(草案)》等地方性法规进行协商讨论。

自我学习、自我教育、自我提高是人民政协的优良传统,也是巩固履行职能思想基础的重要方面。1977年市政协恢复活动后,即把开展"实践是检验真理的唯一标准"的大学习、大讨论作为学习的重要内容,进一步解放思想,增进共识。1979年,市政协成立中心组学习会,发挥主席会议成员及学习骨干的指导和引领的作用。1989年起,每年举办若干次集中学习的暑期学习会、春季学习会。1990年起,开展每月1次的委员学习活动日等,以多种形式组织委员认真学习中国特色社会主义理论、中央及市委重要会议精神、中央和全国政协对政协工作的新要求以及形势任务、现代科学知识等。

视察是市政协组织政协委员深入实际巡视察看,并通过提出建议和批评开展民主监督的履职活动。从1980年起,市政协每年围绕市委、市政府的中心工作,人民群众关心的热点问题组织若干次视察活动。自第七届市政协起,基本形成了每年1—2次由市政协统一组织的委员集中视察和若干次专委会专题视察。政协委员在视察中提出的批评和建议,通过政协简报或专题报告报送市委、市政府及相关部门。第五届市政协,届内共组织3次专题视察。第六届市政协,届内共组织15次专题视察。第七届市政协,届内共组织4次集中视察和10多次专题视察。

提案是政协委员向政协全体会议或常委会提出的、经提案委员会或提案审查委员会审查立案后提交承办单位办理的书面意见和建议,既能建言献策,又能发挥民主监督作用。第五届市政协,提案仅限于政协全体会议期间提交。1985年4月,六届十一次常委会会议决定,增设常设机构提案工作委员会,固定时间提交提案改为随时提交,自此提案工作成为市政协一项经常性的工作。1990年后,提案者又扩大到参加市政协的党派、团体、界别以及市政协专门委员会范围。第五至七届市政协期间共收到并立案提案9 112件,是"文化大革命"前一至四届市政协提案总数的20多倍。

虽然参政议政被正式列为人民政协的一项职能是在1994年后,但在这一时期,政协委员通过座谈会、研讨会等形式积极为推进改革发展献计献策,如关于开发开放浦东、支持宝钢建设、筹建地方银行、有偿使用土地、发行建设公债、筹建上海证券交易所等，许多意见建议，都是委员较早地在参加市政协有关活动中提议的。

市政协文史资料工作具有统战性、史料性、可读性和亲历、亲见、亲闻的特色。1978年4月，市政协恢复文史资料工作，以爱国主义、实事求是为指导方针，面向统战系统，向具有丰富经历和历史知识的政协委员、代表性的爱国人士征集史料。第五、六、七届市政协共征集史料5 306篇、3 153万字，编辑出版文史资料选辑和专辑共63辑。

第五、六、七届市政协紧扣统一战线组织的性质、特点，在上海政治经济社会生活中发挥了积极作用，尤其在调动一切积极因素、团结一切可以团结的力量方面，独特作用明显。

20世纪70年代末，市政协协助市委、市政府推动冤假错案的平反工作，先后为"文化大革命"中迫害致死的第四届市政协副主席陈同生、金仲华、黎照寰等举行追悼会或骨灰安放仪式。为"文化大革命"中被破坏的宋教仁墓、邹容墓举行修葺竣工仪式。为缅怀沈钧儒、邹韬奋、杨杏佛、史量才、邓演达等曾经为国家独立、民族解放作出贡献的社会贤达，举办纪念座谈会。

20世纪80年代，市政协把推动落实政策工作(以下简称"落政")作为市政协的重点工作，连续数年，不懈努力。1980年11月，市政协组织部分政协委员分批视察全市清退查抄文物、工艺品、图书和退还被挤占私房等工作，委员们对清退工作缓慢的现象提出批评，对加快工作进度提出建议。1983年7月，市政协成立5个组，历时1个月，以"文化大革命"中各民主党派、工商联、宗教团体和各界代表性人士被挤占房产和被查抄文物、工艺品、图书的清退工作为重点，对全市"落政"情况进行检查，前后共安排35次检查活动，促进问题的有效解决。同年，市政协又组织2次视察，一次检查区县"落政"情况，第二次跟踪检查前一阶段发现问题的整改情况。从1984年起，市政协委员、在沪全国政协委员"落政"的推进工作，按人按事立项，逐人逐项落实，经过4年多努力，涉及218名市政协委员、58名在沪全国政协委员的572件"落政"问题全部得到解决。

市政协发挥联系广泛的优势，加强与港澳各界人士的联络合作，为推进沪港澳合作交流服务。1979年3月，由市政协两位副主席带队，部分在沪全国政协委员、市政协委员组成的上海工商界访问团前往香港访问，历时20余天，走访香港各界，广交朋友。1984年3月，市政协经过协商，增补了首位港澳地区的市政协委员，以后港澳地区市政协委员人数逐步增加。1989年，市政协又增设"港澳同胞"界界别。市政协还关心支持走访在沪港澳企业，及时协调解决难题，促进沪港澳经济文化交流合作。据不完全统计，至1992年底，在海外华人、港澳台胞投资上海的项目中，由各级政协委员直接参与或牵线搭桥成功的就占30％左右。通过市政协港澳委员还热心参与社会公益事业，捐建了一批图书馆、教学大楼等。

二

1993年2月—2003年1月是市政协第八、九届委员会的任期。其间，全国人大八届一次会议于1993年3月通过《中华人民共和国宪法(修正案)》，在序言中增加了"中国共产党领导的多党合作和政治协商制度将长期存在和发展"，以国家根本大法的形式确认了这项基本制度的法律地位。全国政协八届二次会议于1994年3月对政协章程作了部分修改，其中关于人民政协性质的界定，增加了"是中国共产党领导的多党合作和政治协商的重要机构"、"是我国政治生活中发扬社会主义民主的重要形式"；对人民政协的职能，增加了"组织参加本会的各党派、团体和各族各界人士参政议政"。中共中央于1995年1月转发《政协全国委员会关于政治协商、民主监督、参政议政的规定》,对人民政协履行职能作了全面阐述。

随着人民政协的性质和职能的深化,市委大力支持政协围绕团结民主的主题履行职能。1995年5月,市委下发《关于贯彻执行〈政协全国委员会关于政治协商、民主监督、参政议政的规定〉的通知》。1998年11月,市委召开上海市政协工作座谈会,要求各级党组织重视和支持政协工作。市委把政协工作纳入"总揽全局、协调各方"的工作格局,逐步形成市政协主席列席市委常委会会议、市委常委会定期听取讨论政协工作情况等制度。市委领导吴邦国、黄菊经常参加市政协常委会会议和其他会议,通报情况、听取意见、协商交流。

第八届市政协从1993年2月—1998年2月,设界别33个,委员700人左右。第九届市政协从1998年2月—2003年2月,设界别32个,委员700人左右。

第八、九届市政协任期内各召开全体会议5次。市政协不断改进政协全体会议组织方法,切实履行职能。1993年12月,在市政协八届二次全会召开前,市政协组织了历时1个月、有450多名委员参加的、分为11个专题的集中视察,考察了149家单位和部门,听取有关委办局介绍情况共23次,为委员参加全会履行职能作了知情准备。此后,各届政协即形成全会前组织集中视察的惯例。为充分发扬社会主义民主,市政协在全会分组讨论、大会发言、提案等原有议政形式的基础上,又增加了联组讨论、专题讨论的议政形式,选择若干改革发展的难点、群众关心的热点作为专题,邀请市党政领导与委员直接座谈讨论。这种议政形式,第八届市政协重点作了探索,第九届市政协加以完善,使之成为全体会议中一项重要的议政形式。其间,市政协在全会期间还组织委员开展现场咨询活动,由市委、市政府有关部委办局负责人及工作人员到现场办公,办理委员提案,接受委员咨询,解答问题,交流沟通。第八届市政协任期内共召开常委会会议32次,第九届市政协任期内共召开常委会会议33次。第八届市政协对常委会会议组织方法也作了改进,根据大城市政协委员居住比较集中、不安排住宿的实际情况,缩短常委会会议的会期,从2—3天缩短为1至半天,并适当增加常委会会议的次数。其间,正是上海全面深化改革之际,一些涉及民生改革的措施出台较多,市政协通过组织座谈会,多次对水、电、煤等公用事业费用调整、住房分配制度改革、医疗保障制度改革等方案进行协商讨论。

第八、九届市政协在继承学习传统的基础上,不断深化学习。2000年3月起,市政协举办由主席或副主席主持、委员10人左右参加的委员学习专题座谈会,会议一般不设主题,可以谈学习体会,可以反映社情民意,可以对政协工作提意见,不拘形式。营造宽松民主氛围,融学习讨论交流于一体,受到委员们的欢迎。至2002年底,市政协共召开学习专题座谈会80余次。

第八届市政协任期内共组织委员集中视察9次,涉及视察专题79个,2900余人次参加。第九届市政协任期内共组织委员集中视察10次,涉及视察专题99个,5200余人次参加。市政协不断改进视察办法,充分发挥委员视察参与面广、社会影响大的特点,从1993年起,每年年终组织委员集中视察,每次视察安排10多个专题,形成一定覆盖面。其中1995—2003年,每年还增加年中集中视察。市政协努力推进视察活动的规范化。视察前,做好与市政府相关委办局和区县政府的协调沟通,细化视察方案,召开新闻发布会,向全社会公布政协委员视察的情况。视察中,安排市政府相关部门及区县专题介绍和通报情况,让委员知情全局情况。视察后,及时形成视察报告报送市委、市政府或举行视察情况沟通会,直接向党政领导反馈信息。

第八、九届市政协任期,提案工作日益规范,在委员个人提案不断增加的基础上,各民主党派、人民团体和市政协专门委员会的集体提案逐年增加。第八届市政协收到并立案的提案5858件,其中党派团体和专门委员会的集体提案638件,占10.9%。第九届市政协收到并立案的提案5658

件。其中党派团体和专门委员会的集体提案 686 件,占 12.1％。1995 年 5 月,市政协修订《提案工作条例》,提出要在稳定数量的基础上,提高提案质量,要围绕中心、服务大局、注重实效,做到有情况、有分析、有具体建议。为提高提案办理效率,市政协开展了提案促办活动。1993 年 4 月,由市政协主席带队到提案承办单位促办"扶植上海核电设备制造企业,确立在国内外核电站建设竞争中的优势"的提案,收到良好效果。此后,市政协每年遴选若干个重要提案,由主席或副主席领衔促办,跟踪了解提案办理情况,并就办理中遇到的困难与办理单位沟通交流,促进问题的解决。

自参政议政列入人民政协的主要职能后,专题调研成为市政协最活跃、最丰富的履行职能的活动。第八届市政协任期内共开展专题调研 43 项。第九届市政协任期内共开展专题调研 72 项。市政协充分发挥"人才库"、"智囊团"的优势,主动为破解一些改革发展中的难题献计献策。针对上海国企改革任务重的情况,先后开展"关于率先建立现代企业制度"、"关于行业协会的作用"、"关于促进小企业发展"、"关于国有小企业改制"等专题调研。紧扣上海建设金融中心的目标,先后开展"人民币自由兑换和上海的金融地位"、"关于金融体制改革"、"关于风险投资和海外融资渠道"等专题调研。围绕涉及群众切身利益的问题,先后开展"加强农村基层卫生工作"、"关于医保改革大病患者的减负、帮困和救助"、"关于确保城市贫困群众生活"、"关于增加农民收入"等专题调研。1998年间,市委主要领导在市政协的座谈会上,就上海今后经济建设和改革发展的全局问题,提出了"关于产品结构优化"、"关于所有制结构调整"、"关于经济活动和组织协调机制及其效率"、"关于劳动力市场和人才市场建设"等 4 个课题,希望市政协组织力量调研。为此,市政协组织 4 个课题组,到各部门调研共 50 多次,召开座谈会、研讨会共 60 多次,历时 5 个月,形成 4 个调研报告和 7 个分报告,得到市领导的充分肯定和重视,并安排在市委常委会会议和市委务虚会上,由市政协专题汇报上述调研情况。

第八、九届市政协文史资料工作的征集对象更加广泛,从统战系统扩大到有长期革命经历的老干部、对国家和民族作出贡献的港澳台侨知名人士及新中国成立后一些重大事件的当事人、见证人。同时,按照全国政协文史工作会议的精神,认真做好库存文史资料的整理编辑工作,先后整理编辑出版了《二十世纪上海文史资料文库》、《上海文史资料存稿汇编》等。

第八、九届市政协根据中央对政协工作的新要求,按照新修订的《政协章程》和《全国政协关于政治协商、民主监督、参政议政的规定》,不断探索履行政协职能的新渠道,并在实践中不断完善政协工作,推进履行职能的规范化、制度化、程序化。

运用政协建议案形式履行职能,是第八届市政协的首创。1993 年 8 月,市政协主席会议审议通过《关于加快本市平价房建设的建议案》,这是一份由党派提案、经跟踪深化调研后形成的调研报告。报告分析了上海起步不久的房地产业市场,提出了房地产业越发展,政府越要重视平价房建设的观点,并对加快平价房建设提出了具体建议。主席会议经讨论认为,报告具有前瞻性。为使党政部门重视报告,决定按《政协章程》规定,以主席会议建议案形式提交市政府决策参考。此后,市政协对一些重要的调研报告,采取由常委会会议或主席会议讨论后,以市政协常委会会议建议案或主席会议建议案的形式报送市委、市政府。1993—1997 年底,第八届市政协共提交常委会会议建议案 6 件,主席会议建议案 4 件。1998—2002 年底,第九届市政协共提交常委会会议建议案 14 件,主席会议建议案 2 件。

特邀监督员工作在第八、九届市政协任期内也是一项活跃的工作。自 1993 年起,市纪委、市监委与市纠风办组织市人大代表、政协委员和各界人士对有关部门、行业的党风、政风、行风进行评议,并带动越来越多的政法、行政管理部门和行业聘请政协委员担任特邀监督员,对本部门、本单位的日常工作进行监督。市政协积极推荐政协委员担任特邀监督员,第八届市政协共推荐111名(151人次)市政协委员和在沪全国政协委员担任26个单位、部门的特邀监督员,第九届市政协共推荐179名(256人次)市政协委员和在沪全国政协委员担任42个单位、部门的特邀监督员。为加强与特邀监督员的经常性联系,及时总结经验,推动工作,市政协于1996年7月召开特邀监督员工作会议,交流做好特邀监督员的经验,加强与聘请单位的联系,并制定《上海市政协特邀监督员工作简则》,规范了特邀监督员工作内容,并将其工作纳入市政协民主监督职能。

从1995年起,根据全国政协办公厅信息工作会议的要求,第八届市政协探索开展以了解和反映社情民意为主要内容的信息工作,收集政协委员、政协各参加单位及各界人士对改革发展大政方针及人民群众关心问题的意见、建议和诉求,向党政领导及有关部门反映。1995—1997年底,共编发《政协委员意见建议》13期、《政协委员反映》75期。第九届市政协逐步完善由具体部门承担、专门人员负责的工作机制,创办了反映社情民意的专刊《社情民意》《建言》。2001年1月,制定了《上海市政协关于加强社情民意工作的意见》。就社情民意的收集、筛选、编辑、报送等进行规范,促进工作改进和发展。1998—2002年底,共编发报送《社情民意》441期、《建言》59期。社情民意信息成为党政领导了解基层真实情况的快速通道,不少关系群众切身利益的难题在各方面的关注支持下得到及时解决。

三

2003年2月—2013年1月是市政协第十、十一届委员会的任期。其间,中共中央办公厅于2004年3月印发通知,要求各级党委、政府、政协组织,各民主党派、人民团体和广大政协委员认真学习贯彻新修订的《政协章程》,广泛开展一次人民政协理论、政策和知识的宣传教育活动,把人民政协事业推向前进。中共中央于2006年2月印发《关于加强人民政协工作的意见》(以下简称中央5号文件),文件概括了中共中央对人民政协工作的新思路、新要求。文件强调,人民政协事业是中国特色社会主义事业的重要组成部分;文件指出,人民通过选举、投票行使权利和人民内部各方面在重大决策之前进行协商是中国社会主义民主的两种重要形式;文件要求,切实搞好人民政协的自身建设。

随着人民政协事业不断发展,市委重视发挥政协组织优势和特点为全市工作大局服务。2005年8月,市委召开上海市政协工作会议,下发《中共上海市委关于加强人民政协工作的意见》。2007年4月,习近平担任市委书记不久,就到市政协调研,对政协工作提要求、交任务。同年10月,市委书记俞正声任职后,多次参加市政协有关会议,共同研究政协的重要工作。2009年9月,市委召开庆祝人民政协成立60周年暨上海政协工作会议,下发《中共上海市委关于进一步加强人民政协工作的实施意见》,全面部署推进政协工作。市委还开展对中央5号文件贯彻落实情况的检查,积极营造全社会关心支持政协工作的氛围。支持政协与新闻媒体的合作,加强政协宣传工作;支持政协与党校行政学院的合作,推动人民政协理论纳入干部培训计划;支持政协与高校、社科院和社团的合作,深化人民政协理论研究。市委关心政协干部队伍建设,把政协干部的培养和选拔使用逐步纳入全市干部队伍总体规划之中。

第十届市政协从2003年2月—2008年1月,设界别32个,委员800人左右。第十一届市政协从2008年1月—2013年1月,设界别32个,委员800人左右。

第十、十一届市政协任期内各召开全体会议5次。市政协不断加强政协全体会议的新闻宣传,扩大会议的社会影响。2004 年 1 月 11 日,市政协首次通过东方网站对市政协十届二次会议开幕作了网络图文直播。2010 年 1 月 25 日,市政协首次通过上海电视台新闻频道对市政协十一届三次会议开幕作了实况转播,并形成惯例,让广大群众更为直接了解政协全会召开情况。2005 年 1 月,在市政协十届三次会议期间,市政协探索通过网络加强与市民群众的互动,组织了"市政协委员与市民网上交流"活动,由市政协领导和政协委员通过互联网直接与群众交流,介绍会议情况,解答群众关切的问题。此后,每次全会都安排类似面向社会的网上交流活动,受到市民群众欢迎。第十届市政协任期内共召开常委会会议 39 次,第十一届市政协任期内共召开常委会会议 41 次。市政协努力增强常委会会议协商议政的功能,2005 年起,第十届市政协基本上每次常委会会议都邀请一位党政领导通报有关情况,听取委员意见建议并交流互动。2009 年起,十一届市政协探索举行专题性的常委会会议,结合全市工作重点,确定常委会会议议题,各专门委员会根据议题进行前期调研。在常委会会议上,有关党政领导通报工作情况,常委们结合调研提出意见建议。第十一届市政协先后召开了"扩内需、调结构、保增长"、"保民生、促和谐"、"确保世博会筹办有序推进"、"自主创新和高新技术产业发展"、"'十二五'规划编制"等专题的常委会会议。市政协还通过专题协商会、专题议政会对一些改革发展的重要措施和事关民生的重要事项进行协商讨论。从 2002 年起,市政府的一些行政规章在起草修订过程中听取政协委员意见,基本形成一种征询协商的制度。至 2012 年,先后征询政协意见达 40 余次。

第十、十一届市政协按照中央 5 号文件"加强自身建设"的要求,注重抓好政协委员的学习培训,把学习和推进政协工作结合起来。第十届市政协先后举办委员学习会、专委会主任学习会、中共党员委员学习会。根据不同对象安排学习重点。2008 年 4 月,第十一届市政协换届 3 个月,就举办了市政协常委、专委会(指导组)负责人、界别活动召集人的学习培训班,请市委主要领导出席讲话提要求,请全国政协有关负责人和有关专家作人民政协发展和中国民主政治建设的报告,安排市政协有关部门负责人作政协委员履职技能的指导。

第十届市政协届内共组织委员集中视察 7 次,涉及专题 68 个,3 900 余人次参加。为推进视察活动的经常化,第十届市政协从 2004 年起,不再组织年中委员集中视察,增加由各专委会组织的平时专题视察,体现"小型、专项、节约、实效"的特点,届内各专委会组织的平时专题视察达 40 余次。为突出发挥民主监督的作用,第十届市政协探索组织以有关职能部门某一项工作为视察主题的专项视察或专题工作视察,先后对工商行政管理、食品安全、公共交通卡经营、新增机动车辆额度拍卖资金管理等进行专项视察或专题工作视察。专项视察或专题工作视察比一般视察时间要长、工作要深入,一般通过专访、座谈、问卷调查、网上交流和评议等多个环节,广泛听取意见,经过汇总分析,形成专题报告,向有关部门反馈,发挥好民主监督作用。第十一届市政协届内共组织委员集中视察 5 次,涉及专题 68 个,2 900 余人参加。第十一届市政协积极运用视察为全市重点工作服务,2008 年、2011 年围绕城市安全运行的主题,组织 2 次专题视察;2009 年、2010 年围绕世博会筹备工作主题,组织 4 次专题视察,都有力推进了工作。

第十届市政协收到并立案的提案 5 307 件。第十一届市政协收到并立案的提案 5 051 件。第十届市政协把提案工作上升为政协一项全局性工作,要求政协委员、党派团体和专委会不仅要写好提案,还要共同参与提案办理工作,促进提案办理取得实效。2005 年、2007 年,市政协 2 次对提案办理情况组织"回头看",对历年已办理的 1 689 件提案进行跟踪复查,其中 922 件由办理单位再次给予了答复。第十一届市政协进一步提出,做好提案工作是提案者、承办者、领导者、提案工作者的共同责任和目标,要形成合力,提好、办好提案。2010—2012 年,第十一届市政协连续三年梳理第五届至十一届提案共11 824件,进行跟踪复查,对其中386件给予了再次答复,促进积存问题的解决。

专题调研是第十、十一届市政协经常性的重要工作。第十届市政协倡导让更多委员参与,为建言献策搭建平台,积极推进各专委会结合本专业特长及工作领域广泛开展调研,任期内共开展专题调研150余项。为扩大调研成果的作用,每年年底还举行专题调研成果汇报会和成果展览,并邀请市政府主要领导参加。第十一届市政协注重发挥各专委会的综合优势,精心选题,对一些重点课题组织多个专委会联合开展调研,从多专业、多角度、多方位进行研讨交流。任期内开展专题调研共70余项。

第十、十一届文史工作积极探索文史资料征集、整理的新途径,在征集文字史料的基础上,同时征集整理摄影文史资料和音像文史资料,并充分发挥政协的整体优势,编辑出版了《上海360°》、《上海新时空》、《永不消失的马路》等摄影画册,展示上海改革发展新面貌及优秀的文化底蕴。

第十、十一届市政协更加自觉地在全市工作大局中找准政协工作定位,积极地在服务大局中履行职能,在推进全市重点工作中发挥作用。

市政协积极为改革发展的重大问题献计献策。2007年5月,市委书记习近平在市政协报送的长三角地区协调发展的委员专题座谈会简报上批示,"市委非常重视这项工作,希望市政协发挥人民政协智力密集的优势,把这篇文章做深、做实、做细,为市委决策提供有力参考"。对此,市政协组织力量开展关于长三角地区经济协调发展的系列调研,分14个专题,由市政协各专委会和相关民主党派市委共同参与调研。各课题组召开70余次调研座谈会,邀请30家市政府相关部门座谈,召开13次委员专题座谈会讨论,并赴苏浙两省考察,形成14份调研报告。同年8月,市政协召开"长江三角洲地区经济联动发展"专题研讨会,向出席研讨会的市委主要领导作了汇报。

市政协积极响应市委关于举全市之力办好2010年上海世博会的号召。2008年10月,由市政协常委会作出《上海市政协贯彻落实〈市委、市政府关于制定实施迎世博600天行动计划的指导意见〉决议》,号召广大政协委员及区县政协组织积极行动起来,关注、支持、参与世博会,发挥人才聚集的智力优势,为办好世博会献计献策。2008—2009年两年间,市政协共开展有关世博会调研11项,为办好世博会提供了许多意见建议。市政协又发挥联系广泛的渠道优势,为宣传推介世博会搭建平台,两次赴北京向全国政协领导汇报市政协服务世博会的情况,并得到全国政协的肯定和支持,全国政协于2009年、2010年全会期间组织了以世博会为主题的中外记者会,安排了4次有关世博会内容的大会发言。市政协还在全市部分机关、高校、图书馆举办"我与世博会同行"系列讲座,共15讲。为发挥政协民主监督的作用,为世博会安全运行保驾护航,市政协从2010年4月20日世博会试运行至10月31日世博园闭园,共组织53批、830人次的政协委员以普通参观者身份入园察看,查找薄弱环节和安全隐患,累计提出意见建议767条,上海世博会事务协调局采纳300余条。

市政协关注城市长远发展等综合性问题。2008年初的一场雨雪冰冻,给全市群众工作生活带来了极大的危害。市政协充分认识到城市公共安全的严峻性,开展了"应对各类突发事件对城市公共安全影响"的调研,组织200多人次的市政协委员,分12路对全市公共安全情况进行视察,召开常委专题议政会,商讨城市公共安全问题。经过4个多月的调研,形成《关于上海应对各类突发事件的若干建议》。2009年,市政协继续把关注城市公共安全列为重要工作,召开以世博会安保为重点的专题常委会议,开展"大型活动危机处置"的专题调研,为世博安全献计献策。2010年上海发生"11·15"特大火灾事故后,市政协连续召开委员专题座谈会,就加强城市公共安全的基层和基础工作提出意见,形成了《提升城市风险管理能力的若干建议》。2011年,市政协根据市委部署,联手各民主党派市委、区县政协,以"加强城市建设与运行安全及安全生产对策研究"为题,与党政部门平行开展调研。调研分 10 个专题展开,170 多位政协委员及有关人士参加。经 2 个月的调研,在形成 1 份总报告及 10 份分报告初稿的基础上,又召开了常委协商会,专题讨论城市运行安全和生产安全,并邀请市领导到会共同探讨交流。根据调研情况和常委协商会的意见,形成了《关于加强城市建设与运行及生产安全的若干意见》,为市政府制定有关文件提供了决策依据。当年底,为推动市政府有关城市安全的文件落实,市政协又组织了建筑市场管理、危险化学品管理、轨道交通运行、高层建筑玻璃幕墙安全、商贸及老旧社区消防安全、供水供气等专题视察。

四

35 年来,市政协工作不断探索和创新,取得了新进步、新进展。

坚持党的领导。市委历来重视对政协工作的领导,35 年中,市委先后印发 4 件有关政协工作的文件,召开 4 次政协工作会议。市委常委会每年 2 次听取政协工作的汇报。在市委总揽全局、协调各方的工作格局中,市政协党组积极发挥在政协工作中的领导核心作用,坚持坚定正确的政治方向,认真贯彻市委重大决策部署和对政协工作的要求,努力把市委的决策渗透到政协的各项工作之中,使之成为参加政协的各民主党派、无党派人士和各界人士的共同意愿和自觉行动,成为提高党的执政能力的重要途径。

坚持团结和民主两大主题。人民政协是大团结大联合的组织,市政协牢牢把握团结和民主两大主题,充分发挥社会主义民主,发挥中国政党制度的优势,支持各民主党派在政协开展政治协商、民主监督和参政议政,巩固发展和谐的政党关系;发扬民主,协商议事,扩大团结,求同存异,坚持履行政协职能和推进民主建设并重,履行政协职能和团结凝聚人心并重;在一致性引领下实现多样性发展,在多样性发展中维护一致性方向,形成团结民主、生动活泼的局面,巩固和扩大党的执政基础。

坚持围绕中心,服务大局。市政协谋全局、议大事,自觉地在全市工作大局中谋划政协工作;把全市工作的重点作为政协工作的聚焦点、着力点,努力做到同全市工作的方向一致、目标一致、工作一致;充分发挥政协人才智力密集、社会联系广泛、政治渠道畅通的优势,在服务大局中发挥政协不可替代的作用,为科学决策、民主决策和提高党的执政能力服务。

坚持履职为民。人民政协以人民性为基本属性,履行职能、发挥作用追求的是人民群众的根本利益。市政协坚持以人为本,将履行职能与增进群众福祉紧密结合;注重抓住群众最关心、最直接、最现实的利益问题,开展调查研究;反映社情民意,积极解疑释惑,协调各方关系;发挥桥梁纽带作用,协助党和政府做好暖人心、聚人心的工作,做到人民政协为人民。

坚持发挥委员的主体作用。政协委员是政协工作的主体,政协作用的发挥需要全体政协委员的共同努力。市政协加强委员队伍建设,强化委员培训,尊重委员的首创精神,维护委员的民主权利;拓展委员的履职渠道,完善委员的履职服务,协同党政有关部门、委员所在单位积极解决履职中的困难;用事业凝聚委员,用感情温暖委员,用机制激励委员,支持委员在报效祖国、服务人民、建设上海的实践中施展才华,建功立业。

坚持探索创新。人民政协事业是中国特色社会主义的重要组成部分,中国特色社会主义事业需要一代又一代人继往开来、接力奋斗,人民政协事业也需要随着中国特色社会主义事业发展而发展。市政协着眼于新实践、新发展,把优良传统与时代要求结合起来;在继承中创新,在创新中发展,使政协工作保持不竭的生机与动力。

大事记

1977 年

12 月 24—29 日　市政协举行五届一次全体会议,会议选举彭冲为市政协主席。

1978 年

4 月 1 日　市政协组织学习新时期总任务和新修订的《中华人民共和国宪法》,历时 2 个月。

7 月 29 日　市政协举行在"文化大革命"中被迫害致死的第四届市政协副主席陈同生骨灰安放仪式。

8 月 3 日　市政协调查研究工作委员会专题讨论《中华人民共和国环境保护法(讨论稿)》,历时 8 天。

8 月 12 日　市政协举行在"文化大革命"中被迫害致死的第四届市政协副主席金仲华骨灰安放仪式。

8 月 25 日　市委书记韩哲一在市政协五届三次常委会会议上通报经济工作情况。

11 月 9 日　市政协召开学习报告会,市哲学学会负责人周抗作关于真理标准问题的报告。

11 月 14 日　市政协调查研究工作委员会专题研讨上海城市建设规划。另一次于同月 30 日举行。市委书记严佑民参加,政协委员提出,上海发展必须开发浦东。

11 月 17 日　市政协分批组织委员参观上海宝山钢铁总厂工地、上海石油化工总厂等。

11 月 22 日　市政协举行在"文化大革命"中被迫害的第四届市政协副主席黎照寰追悼会。

11 月 28 日　市政协常委参加市委统战部召开的揭发批判江青反革命集团罪行大会。

12 月 12 日　市政协召开社会主义民主问题大型座谈会。

12 月 16 日　市政协召开中美建交问题座谈会。

12 月 25 日　市政协召开纪念毛泽东诞辰 85 周年和学习中共十一届三中全会公报座谈会。

1979 年

3 月 8 日　市政协国际问题研究委员会举行利用外资为宝钢建设服务的讨论会。另两次分别在同月 15 日和 22 日举行。

3 月 10—30 日　由市政协副主席张承宗为团长、副主席刘靖基为副团长,部分在沪全国政协委员、市政协委员组成的上海工商界代表团赴香港访问。

4 月 1 日　市委第一书记、市政协主席彭冲在市政协五届四次常委会会议上作"坚持四项基本原则,确保安定团结,开展增产节约运动,把生产搞上去"的报告。

5 月 25 日　市政协召开纪念上海解放 30 周年大型座谈会。

8月29日　市政协召开学习报告会,市委副书记陈沂传达市委宣传工作会议精神。

9月15日　市政协召开真理标准问题讨论思想交流大型座谈会,市委书记夏征农作"从真理标准问题的讨论回顾30年来的社会实践"的中心发言。

12月22—28日　市政协举行五届二次全体会议,会议补选王一平为市政协主席。

1980 年

1月13日　市政协法制研究委员会视察上海少年犯管教所。

3月20日　市政协经济工作研究委员会讨论上海经济发展长远规划问题。副市长陈锦华到会,政协委员再次建议开发浦东。

6月6日　市政协召开学习报告会,市委副书记陈沂作学习中共十一届五中全会精神的辅导报告。

7月4日　市委书记赵行志在市政协五届九次常委会会议上作国际形势报告。

1981 年

3月6日　市政协召开修改《政协章程》座谈会,前后共6次。

3月26日　市政协经济工作研究委员会举办经济问题系列讲座,共6讲。第一讲由副市长裴先白作"学习陈云同志经济思想"的报告。

4月4日　市政协五届十四次常委会会议决定,增加"中国致公党上海市支部"为市政协的组成界别。

4月9—17日　市政协举行五届三次全体会议。会议第一次印发大会简报,共60期。

4月25日　市政协与市作家协会联合召开悼念沈雁冰(茅盾)座谈会。

6月4日　市政协副主席巴金等参加国家名誉主席宋庆龄骨灰的迎接仪式和安葬典礼。

7月30日　市政协召开查抄文物清理工作座谈会,听取查抄文物清理情况介绍。

7月31日　市政协和市委统战部联合举行学习会,传达邓力群对《关于建国以来党的若干历史问题的决议》的说明。

8月20日　市政协在闸北公园举行宋教仁墓修葺竣工祭扫仪式。

9月19日　市政协在上海县华泾镇举行邹容墓修葺竣工祭扫仪式。

10月10日　市政协举行纪念辛亥革命70周年茶话会。

10月19—23日　市政协委员专题视察医院工作。

12月25—27日　市政协委员和部分区政协委员视察黄浦、卢湾、徐汇、杨浦区部分市场供应情况。

1982 年

2月6日　市政协经济工作研究委员会专题研讨建立闵行开发区问题,先后共5次。

3月6日　市政协经济工作研究委员会组织讨论《上海市国民经济和社会发展第六个五年计划(草案)》和《第七个五年计划设想纲要》,先后4次。

3月24日　市政协五届二十次常委会会议决定,增加"上海市台胞联谊会"为市政协的组成界别。

3月29日—4月4日　市政协举行五届四次全体会议。会议期间,组织300多名委员分组视察全市开展"文明礼貌月"活动的情况。

5月29日　市政协配合以全国政协副秘书长萨空了为组长的调查组在沪调研落实知识分子政策和文物保护问题。

7月13日　部分政协委员参加市高院对徐景贤、王秀珍等人的法庭调查和审讯工作,历时22天。

8月6日　市政协召开讨论《中华人民共和国宪法(修正草案)》座谈会。

9月5日　市政协文艺界委员发起筹募儿童福利基金文艺义演,先后共4场。

9月8日　市政协召开缅怀廖仲恺、何香凝座谈会。

12月5日　市政协召开学习《中华人民共和国宪法》座谈会。

12月23—31日　市政协举行五届五次全体会议。会议期间,政协委员分5路视察全市开展"五讲四美"活动的情况。

1983 年

4月12日　第六届市政协委员名单经五届二十六次常委会会议协商通过。

4月20—28日　市政协举行六届一次全体会议,会议选举李国豪为市政协主席。

4月29日　市政协召开纪念杜重远诞辰85周年座谈会。

6月14日　市政协召开区县政协工作座谈会,交流政协工作经验。

7月7日　市政协举办"上海市对台宣传展览"。

7月30日　市政协六届三次主席会议决定,成立市政协落实统战政策检查组。

9月10日　市政协召开纪念杨杏佛殉难50周年座谈会。

9月23日　市政协落实统战政策检查组向六届三次常委会会议汇报工作。

10月10日　市政协六届六次主席会议决定,对政协委员落实政策情况开展全面检查。

10月13日　市政协配合全国政协华东调查组在沪进行政协委员"知情、出力、落实政策"情况的调查。

11月4—9日　市政协常委和在沪全国政协委员中的民主党派、无党派人士,参加市委召开的关于整党和清除精神污染问题的座谈会。

11月8日　市政协召开纪念徐光启逝世350周年座谈会。

1984 年

1月19日　市政协宗教组召开上海宗教界人士参加"四化"建设经验交流会。

2月2日　市政协和市委、市人大常委会、市政府、上海警备区联合举行上海各界人士春节联欢会。

2月24日　市政协和市委统战部联合举行落实统战政策经验交流会。

2月27日　市政协组织视察在沪全国政协委员、市政协委员中的知识分子和非中共人士中的中青年知识分子政策落实情况，历时 15 天。

3 月 23—30 日　市政协举行六届二次全体会议。

4 月 15 日　市政协配合以全国政协常委钱伟长为组长的全国政协科技组留学生工作调查组在沪调研。

5 月 5 日　市政协和市委统战部、市委宣传部等联合召开纪念邹韬奋逝世 40 周年座谈会。

6 月 9 日　市政协和市委统战部联合召开纪念黄埔军校建校 60 周年座谈会。

7 月 1 日　市政协机关报《上海政协报》创刊。

9 月 19 日　市政协落实政策办公室首次组织市政协委员赴市文物图书清理小组大场仓库，认领"文化大革命"中被查抄的文物图书。

9 月 21 日　市政协和市委统战部联合举行庆祝中华人民共和国、人民政协成立 35 周年大会。

10 月 17 日　市政协组织委员讨论《关于上海经济发展战略的汇报提纲（草稿）》。

10 月 25 日　市政协在上海人民公园举办"统一祖国人人有责图片展览"，展期 30 天。

10 月 27 日　市政协在万国公墓名人墓区举行马相伯墓迁墓仪式。

11 月 17 日　市政协召开纪念史量才殉难 50 周年座谈会。

12 月 19 日　市政协和市委统战部联合召开会议，传达沿海开放城市和经济特区的统战、政协工作座谈会精神。

12 月 21 日　市政协召开祝贺中英两国政府《关于香港问题的联合声明》正式签署的座谈会。

1985 年

1 月 2 日　市政协和民盟市委联合召开纪念沈钧儒诞辰 110 周年座谈会。

2 月 16 日　市政协举行上海各界人士春节联欢对台广播大会。

3 月 1 日　市政协和农工党市委联合召开纪念邓演达诞辰 90 周年座谈会。

3 月 5 日　市政协分组视察经济体制改革、发展"三产"、落实统战政策等方面工作，历时 6 天。

3 月 20 日　副市长阮崇武、倪天增在市政协六届十次常委会会议上分别通报上海改革开放形势下出现的新问题和落实私房政策的情况。

4 月 15 日　市政协六届十一次常委会会议决定，设立提案工作委员会。

4 月 20—26 日　市政协举行六届三次全体会议。

6 月 10—16 日　市政协法制研究委员会视察安徽白茅岭和军天湖劳改劳教农场。

7 月 23 日　市政协举行六届四次全体会议。

8 月 13 日　市政协召开纪念抗日战争胜利 40 周年和"八一三"淞沪抗战 48 周年座谈会。

9 月 2 日　市政协召开首届教师节茶话会。

10 月 11—14 日　市政协组织部分委员调研副食品市场情况。

10 月 24 日　市政协召开纪念台湾光复 40 周年座谈会。

11 月 11 日　市政协配合全国政协副秘书长杨拯民为组长的全国政协调查组在沪调研。

11 月 15 日　市政协和市委统战部联合举行报告会，市委书记芮杏文作形势报告。

11 月 26 日　市政协文化研究委员会就海燕西菜社火灾一事视察上海图书馆的防火安全。

1986 年

3月1—16日　政协委员分组视察工业体制改革、精神文明建设、教育体制改革、出口创汇以及市政建设等方面工作。

4月22—29日　市政协举行六届五次全体会议。

5月13日　市政协配合以全国政协副主席杨成武为领队、全国政协提案委员会主任彭友今为组长的全国政协、中央统战部落实政策调查组在沪调研。

6月5日　市政协召开社会科学界知名人士座谈会,讨论贯彻"双百"方针,创造宽松的政治环境和学术环境等问题。

6月28日　市政协法制研究委员会考察南市区豫园、十六铺地区个体工商户经营管理的情况。

同日　市政协在万国公墓名人墓区举行杨度墓落成仪式。

7月19日　市政协在市工商联花园举行首次委员活动日——上海各界人士纳凉晚会。

9月25日　市政协法制研究委员会和教育卫生研究委员会联合调研监狱服刑人员教育工作。

10月9日　市政协市政建设研究委员会举行开发浦东报告会。

11月11日　市政协举行纪念孙中山诞辰120周年大会。

12月8日　市政协召开纪念"西安事变"50周年座谈会。

12月11日　市政协科技界委员和九三学社市委调研中国科学院上海分院博士生、硕士生工作情况。

12月27日　市长江泽民在市政协六届十九次常委会会议上通报部分高校学生上街集会游行的情况。

1987 年

1月1日　《上海政协报》改名为《联合时报》。

1月7日　政协委员分组视察国营企业股份制试点、行业性公司改革、职业道德教育及加快工业技术改造等方面工作,历时14天。

2月4日　上海市政协画室改名为华夏画苑。

2月5日　上海政协之友社成立。

3月14日　市政协成立市政协精神文明宣讲团,在上海社会科学院礼堂举行首场报告会。

3月19日　市政协召开专题座谈会,市长江泽民到会听取委员对市政府工作报告的意见。

4月20—27日　市政协举行六届六次全体会议。

5月11日　市政协召开民主党派、无党派人士整风座谈会,市纪委等有关单位负责人到会听取委员意见。

7月6日　市政协召开纪念"七七事变"50周年座谈会。

9月8日　市政协配合全国政协副主席费孝通在沪调研。

9月16—18日　市政协科学技术研究委员会视察崇明县执行"星火计划"的情况。

9月22日　市政协在万国公墓名人墓区举行杨杏佛墓落成仪式。

10月20日　市政协在万国公墓名人墓区举行王屏南墓落成仪式。

12月5日　市委书记江泽民在市政协六届二十四次常委会会议上与常委交流学习中共十三大精神的体会。

12月18日　市政协学习委员会和市社会主义学院联合举办中共十三大文件读书班。

1988 年

1月13日　市政协召开纪念黎照寰诞辰100周年座谈会。

1月28日　市政协举行优秀教师、优秀护士迎春联欢会。

2月11日　市政协科学技术研究委员会赴全国第一家民办科研机构——上海现代信息技术研究所调研。

2月25日—3月5日　政协委员分组视察企业由内向型向外向型发展和出口创汇等方面工作。

3月17日　第七届市政协委员名单经六届二十五次常委会会议协商通过。

4月2日　市政协和市委统战部联合召开纪念金仲华逝世20周年座谈会。

4月18—26日　市政协举行七届一次全体会议,会议选举谢希德为市政协主席。

7月6日　市长朱镕基在市政协七届二次常委会会议上介绍上海当前的形势和任务。

8月16日　市政协民族委员会讨论《中华人民共和国城市民族工作条例(草案)》。

8月19日　市政协副主席王兴等参加国务院港澳办公室副主任鲁平在沪召开讨论《香港特别行政区基本法(征求意见稿)》的座谈会。

9月29日　市政协经济委员会、法制与民主建设委员会召开清理公司专题座谈会。

10月20日　市政协配合全国政协妇青委员会视察组在沪视察上海少年儿童权益保障工作。

11月10—13日　市政协港澳地区委员首次回沪视察。

12月27日　全国政协主席李先念等来市政协视察。

12月27日—1989年1月中旬　政协委员分组视察医疗卫生体制改革、轻工行业原材料短缺、文艺体制改革、"菜篮子"工程建设等方面工作。

1989 年

1月5日　市政协和市委统战部联合举行会议,听取副市长黄菊通报市政府《关于1988年国民经济和社会发展计划》执行情况。

1月6日　黄菊在七届四次常委会会议上通报1989年上海经济工作安排情况。

1月10日　市政协召开纪念章太炎诞辰120周年座谈会。

2月22—23日　市委召开上海市政协工作会议,市委书记江泽民作"全党重视政协,进一步发挥各级政协政治协商、民主监督的作用"重要讲话。

3月28日　市政协召开专题座谈会,市长朱镕基到会听取委员对市政府工作报告的意见。

4月3日　市政协在万国公墓名人墓区举行金仲华墓落成仪式。

4月6日　市政协七届五次常委会会议决定,增加"港澳同胞"界别,"归国华侨"界别改名为"上海市侨联"界别。

4月15—22日　市政协举行七届二次全体会议。

4月　市政协提案委员会、法制与民主建设委员会、经济委员会和黄浦区政协联合开展对上海取缔伪劣商品、保护消费者合法权益等情况的调研,至7月结束。

5月23日　市政协举行上海各界人士庆祝上海解放40周年大型座谈会。

6月1日　市政协七届十四次主席会议发出号召,坚决拥护党中央、国务院为制止动乱、稳定局势作出的决策和采取的措施,坚决拥护市政府发出的《告全市人民书》和朱镕基发表的电视广播讲话。

6月7日　市政协七届十五次主席会议发出号召,各界人士行动起来,恢复交通,稳定上海,稳定大局。

7月5日　市政协七届八次常委会会议发出号召,全体委员认真学习中共十三届四中全会精神和邓小平在接见首都戒严部队军以上干部时的重要讲话精神;朱镕基到会介绍目前形势和任务。

7月25日　市政协法制与民主建设委员会讨论《中华人民共和国集会游行示威法(草案)》。

8月1日　市政协举办委员暑期学习会。

9月1日　市政协经济委员会讨论市政府《关于上海三年治理整顿计划的初步设想》。另两次分别于同月22日、26日进行。

9月21日　市政协举行上海各界人士庆祝人民政协成立40周年大会。

10月10—14日　华东地区政协文史资料工作协作会议在沪举行。

10月17—20日　京津沪鲁苏浙闽粤八省市政协海外联谊工作研讨会在沪举行。

10月18—28日　部分市政协委员和农工党市委专题调研上海医院治理整顿工作。

12月4日—1990年1月初　政协委员分组视察市政府12件实事工程、市政重大工程、港区建设及文化建设等方面工作。

1990年

3月12日　市政协和市美术家协会联合举办朱屺瞻百岁画展。

3月14日　市政协文化委员会召开推进市群众艺术馆建设专题座谈会。

4月19—26日　市政协举行七届三次全体会议。会议期间,首次举办现场协商咨询活动。

5月8日　市政协法制与民主建设委员会、经济委员会、市总工会、市企业管理协会、市企业家协会联合调研企业民主管理情况,至7月9日结束。

7月22日　市政协文化委员会和提案委员会联合召开"邮局提前早报送报时间"专题座谈会。

9月7日　政协委员分组视察华亭、新锦江等宾馆的"迎亚运、迎国庆、迎全国城市卫生评比"工作。

10月5日　市长朱镕基在市政协七届十四次常委会会议上作关于上海经济形势的报告。

10月8—15日　文化委员会、提案委员会视察上海历史文化名城规划工作。

10月22—26日　华东六省一市政协提案工作座谈会在沪举行。

12月14—16日　部分委员视察上海广播电视事业改革发展情况。

12月19—22日　部分委员视察巩固全国卫生城市评比检查成绩情况。

12月23—25日　部分委员视察上海重大工程和交通建设及上海证券市场发展情况。

1991 年

1月17日　市政协召开纪念陈望道诞辰100周年座谈会。

1月18日　副市长黄菊在市政协七届十五次常委会会议上通报"八五"计划纲要编制情况。

2月5日　市政协举行优秀提案表彰大会。

3月19日　市政协举行学习报告会,市委书记朱镕基作经济形势报告。

4月10日　市政协七届十六次常委会会议决定,恢复"上海市科学技术协会"界别。

4月20日　市政协文化委员会召开推进上海图书馆新馆建设专题座谈会。另两次分别于5月27日、6月8日召开。

4月20—26日　市政协举行市政协七届四次全体会议。

6月5日　市政协召开专题座谈会,市委书记吴邦国等到会听取委员对加强精神文明建设的意见,另一次于6月12日召开。

6月25日　市政协、市委统战部联合举行上海各界人士庆祝中国共产党成立70周年座谈会。

7月10日　市政协七届三十七次主席会议决定,向遭受洪涝灾害的青浦、松江、金山县捐赠。

同日　市政协教育委员会和九三学社市委联合调研上海高校科技产业问题。另一次于8月17日进行。

7月23—25日　市政协组织"七一"演讲团赴宝山、嘉定、杨浦、奉贤等区县政协进行巡回演讲。

7月23日　市政协主席谢希德率市政协慰问团赴遭受洪涝灾害的青浦县和松江县慰问。

7月30日　市政协法制与民主建设委员会、医卫体委员会和文化委员会联合调研取缔卖淫嫖娼和文化娱乐市场管理工作。

8月7日　谢希德会见英国驻华大使麦若彬夫妇。

8月23日　市政协学习委员会和市新四军历史研究会等单位联合召开纪念陈毅诞辰90周年座谈会。

10月10日　上海各界人士纪念辛亥革命80周年大会召开。

10月17—21日　华东六省一市政协工作交流会在沪举行。

11月6—9日　华东六省一市政协后勤工作会议在沪举行。

11月19日　市政协法制与民主建设委员会、市政建设委员会联合开展慰问"市十佳民警、十佳交通岗"活动。

12月20日—1992年1月30日　政协委员分组视察上海流通领域体制改革、浦东开发开放、郊区农业和农村工作、中小学教育体制改革、发挥民办科技机构作用、深化文艺体制改革等方面工作。

1992 年

1月1日　市政协首次举行上海各界人士新年茶话会。此后形成惯例,以下不再列出。

1月10日　市政协和市委统战部联合召开部分新委员和民主党派、无党派人士中的中科院学部委员座谈会。

1月28日　市政协召开上海各界人士纪念"一·二八"淞沪抗战60周年座谈会。

4月19—26日　市政协举行七届五次全体会议。

5月12日　市政协文化委员会召开纪念毛泽东《在延安文艺座谈会上的讲话》发表50周年座谈会。

5月20日　市政协主席谢希德率团赴江苏省苏州、无锡、常熟考察苏南地区发展集体经济的情况。

6月2日　市政协经济委员会联合民建市委、市工商联等赴华生电器总厂调研。另一次于同月18日进行。

7月2日　市政协七届二十三次常委会会议决定,增设市政协浦东开发专门委员会。

8月6日　谢希德率队赴沪南供电所和杨树浦水厂慰问。

8月25日　市政协医卫体委员会视察东亚运动会体育场馆。

9月11日　市政协首次举行上海各界人士中秋联欢会。此后形成惯例,以下不再列出。

9月24—25日　市政协浦东开发委员会专题调研浦东新区的土地使用情况。

10月13日　市政协召开部分民主党派市委和市工商联负责人座谈会,学习中共十四大会议精神。

10月18日　上海市政协艺术团成立,举行首场演出。

11月1—4日　应市政协邀请,香港中华厂商会会长梁钦荣率领会董来沪考察上海投资环境和浦东开发开放情况。

11月2日　市政协七届二十四次常委会会议决定,增加"经济界"界别。

11月19日　市政协宗教委员会、市宗教局、市民委、市宗教学会和上海社科院宗教研究所联合举行纪念中共中央《关于我国社会主义时期宗教问题的基本观点和基本政策》发布10周年研讨会。

12月8—18日　政协委员分组视察浦东新区的规划和开发、市政重点工程建设、市区土地批租和危房改造、国营大中型企业转换机制、深化科技体制改革、办学体制改革和民间办学等方面工作。

1993 年

2月4日　第八届市政协委员名单经七届二十五次常委会会议协商通过。

2月14—21日　市政协举行八届一次全体会议,会议选举陈铁迪为市政协主席。

3月12日　上海各界人士瞻仰中山故居,纪念孙中山先生逝世68周年。此后形成惯例,以下不再列出。

4月6日　市政协举行委员学习活动日,传达全国政协八届一次会议精神,副市长龚学平介绍东亚运动会筹备情况。

4月23—28日　陈铁迪等率队促办《关于重视上海核电工业的发展》的提案。至1997年底,八届市政协主席、副主席率队促办重点提案共9次。

5月6日　市政协举行委员学习活动日,市教卫办负责人到会通报上海医疗制度改革方案制定情况。

5月11—13日　市政协举行区县政协主席学习会,学习《中共中央关于坚持和完善中国共产党领导的多党合作和政治协商制度的意见》。

5月12日　市政协召开各专门委员会主任联席会议,副市长孟建柱到会通报上海物价调整情况。

5月15日　市政协举行报告会,海峡两岸关系协会会长汪道涵介绍与台湾海峡交流基金会董事长辜振甫会谈情况。

同日　陈铁迪等率队慰问"南京路上好八连"。

5月31日　市政协全国政协副主席赛福鼎·艾则孜来市政协视察。

6月3日　市政协台港澳侨联谊委员会讨论《上海市鼓励归侨侨眷投资的暂行规定(征求意见稿)》。

6月7—8日　市长黄菊在八届二次常委会会议上通报经济形势情况。

6月17—19日　市政协举行各专门委员会主任学习会。

7月15日　市政协召开情况通报会,市纪委书记张惠新到会通报上海反腐倡廉情况。

7月16日　市政协举行委员学习活动日,市政协副主席毛经权作上海经济形势报告。

7月28日　全国政协副主席丁光训来市政协视察。

8月13日　市政协召开王屏南先生诞辰100周年座谈会。

8月23日　陈铁迪等率队视察瑞金医院。

8月28日　市政协主席会议审议通过首件建议案《关于加快本市平价房建设的建议案》。

8月30日　市政协配合全国政协常委吴修平率队的全国政协新闻采访团在沪采访。

9月1日　市政协经济委员会、提案委员会、学习委员会联合举行关于中国"复关"对上海经济影响及应采取对策等情况报告会。

9月2日　市政协举行委员学习活动日。张惠新、市人民检察院检察长倪鸿福通报上海贯彻十四届中央纪委二次会议精神情况。

9月11日　市委书记吴邦国等来市政协听取政协工作汇报。

9月16—18日　市政协举行新委员中中共党员学习会。

10月7日　市政协召开新闻座谈会,与市委宣传部、各新闻单位负责人商讨政协宣传工作。

10月14日　市政协举行委员学习活动日,副市长赵启正介绍浦东开发情况。

10月18—19日　陈铁迪等率队视察《上海市老年人保护条例》实施情况。

10月29日　陈铁迪率队赴莘莘营养配膳公司、世界外国语学校和上海师范大学附属小学,调研中小学生营养午餐供应情况。

11月1—3日　市政协组织港澳地区委员回沪视察。基本每年一次,以下不再列出。

11月11日　市政协举行委员学习活动日,孟建柱介绍上海经济形势和养老保险的情况。

11月12日　上海各界人士瞻仰中山故居,纪念孙中山先生诞辰127周年。此后形成惯例,以下不再列出。

11月16—27日　陈铁迪率团访问香港、澳门。

12月3日　市政协召开纪念吴耀宗先生、张家树主教诞辰100周年和圆瑛法师诞辰115周年大会。

12月15—17日　市政协举办委员学习班,学习《邓小平文选》第三卷和中共十四届三中全会《决定》。

12月18日—1994年1月18日　市政协组织委员年终视察,分11个专题,400余名委员参加。

1994 年

1月8日　市政协召开情况通报会,副市长蒋以任到会通报上海转换企业经营机制、建立现代企业制度等情况。

1月12日　市政协召开优秀提案和先进承办单位表彰大会。

同日　召开情况通报会,市财政局负责人介绍上海财税体制改革情况。

1月21日　市政协召开专题座谈会,市政府副秘书长蔡来兴到会听取委员对市政府工作报告意见。

2月5日　市政协主席陈铁迪会见巴基斯坦参议院主席瓦西姆·萨贾德。

2月17—22日　市政协举行八届二次全体会议。

2月24日　市政协首次举行元宵联谊活动。此后形成惯例,以下不再列出。

3月23—31日　陈铁迪率上海市友好人士访问团访问日本。

3月28日　市政协宗教委员会与市宗教局联合举行《邓小平文选》第三卷学习报告会。

3月29日　市政协举行委员学习活动日,传达全国政协八届二次会议精神。

4月18—20日　市政协举行部分常委专题学习会。

4月23—27日　市政协民主法制社会事务委员会视察上海劳改局白茅岭、军天湖劳改农场。

4月28日　市政协举行委员学习活动日,上海国际问题研究所所长陈佩尧作国际形势的报告。

同日　浦东新区政协工作联络处成立。

5月26日　市政协举行委员学习活动日,市台办主任张志群传达全国对台经济工作会议精神,市物价局副局长林积昌通报上海物价大检查情况。

5月27日　陈铁迪会见泰国王姐甘拉娅妮·瓦塔娜。

6月2日　市政协举行中心组学习会,副市长徐匡迪作"发展是硬道理"的报告。

6月13日　陈铁迪等赴青浦县调研。

6月22—23日　陈铁迪率队赴张家港市学习考察。

6月28日　市政协举行委员学习活动日,市委副书记王力平、市纪委书记张惠新、市检察院检察长倪鸿福通报上海反腐倡廉工作情况。

6月30日　市政协提案委员会赴嘉定区跟踪"加强外来流动人口管理"提案落实情况。

7月12日　市政协召开情况通报会,副市长孟建柱及市物价局、财政局、劳动局和公用事业局负责人到会通报市场物价情况。

7月13日　陈铁迪等前往闵行区七宝镇慰问菜农。

7月16日　陈铁迪等率队赴市高院调研。

7月20—23日　市政协举办上海市政协工作研讨班。

7月26日　孙中山先生铜像安置揭幕仪式在中山故居举行。

9月12日　市政协民族委员会与市人大华侨民族宗教事务委员会联合召开座谈会,讨论《上海少数民族权益保障条例(草案)》。

9月16日　市政协召开庆祝人民政协成立45周年座谈会。

9月18日　市政协举行上海各界人士庆祝中华人民共和国成立45周年、人民政协成立45周年暨中秋联欢晚会。

9月27日　陈铁迪会见泰国上院文教委员会主席阁叻海军上将。

10月10日　陈铁迪会见泰中友协会长差猜·春哈旺。

10月13日　市政协举行委员学习活动日,传达全国政协八届八次常委会会议精神。

11月22日　市政协举行委员学习活动日,传达华东六省一市政协提案工作座谈会精神,介绍上海城市发展总体规划。

12月2—3日　市政协召开政协工作务虚会,讨论1995年工作思路。

12月13日　市政协召开委员年终视察动员大会,副市长华建敏介绍上海改革开放和经济建设情况。

12月15日—1995年1月11日　市政协组织委员年终视察,分15个专题,400余名委员参加。

1995 年

1月3日　市政协召开专题座谈会,市高院院长胡瑞邦到会听取委员对市高院工作报告的意见。

1月6日　市政协主席陈铁迪会见法国驻沪新任总领事皮埃尔·布雷。

1月12日　市政协召开专题座谈会,市委副书记王力平到会听取委员对上海政法工作的意见。

1月24日　市政协召开上海各界人士纪念"一·二八"淞沪抗战63周年座谈会。

2月6日　市政协台港澳侨联谊委员会与各民主党派市委、市工商联负责人学习中共中央总书记江泽民对台讲话《为促进祖国统一大业的完成而继续奋斗》。

2月15—22日　市政协举行八届三次全体会议。

3月24日　市政协召开专题协商会,副市长孟建柱到会听取委员对上海养老保险补贴的意见。

4月12日　市政协教育委员会举办教育论坛。

4月17日　市政协召开《马关条约》签订100周年座谈会。

4月20日　市政协举行委员学习活动日,市委副书记陈至立介绍上海新三年加强精神文明建设情况。

5月1日　全国政协副主席霍英东来市政协视察。

5月10日　市政协召开情况通报会,市委宣传部副部长尹继佐介绍《市民行为规范》制订情况。

5月19日　市政协经济委员会、城市建设委员会、民主法制与社会事务委员会参加上海市安全宣传周巡视活动。

6月6日　市政协举行委员学习活动日,市科委、市房管局负责人分别介绍全国科技大会和上海公房出售后物业管理及提高公有住房租金情况。

6月23日　市政协召开专题协商会,市政府副秘书长周慕尧到会听取委员对《上海市城镇职工医疗保险制度改革方案(草案)》的意见。

6月30日　市政协召开专题协商会,市委政法委秘书长史德保到会听取委员对《上海市政法工作三年规划(征求意见稿)》和《上海市社会治安综合治理三年规划(征求意见稿)》的意见。

7月19日　市政协科技委员会与市科协联合举办科技论坛,共5次,8月11日结束。

7月20日　市政协举行委员学习活动日,陈铁迪作学习贯彻《政协全国委员会关于政治协商、民主监督、参政议政的规定》的报告。

8月9日　陈铁迪会见加拿大蒙特利尔市原市长李琬若。

8月10日　市政协宗教委员会与市宗教局、市民委、上海宗教学会联合召开上海市宗教界纪念抗日战争和世界反法西斯战争胜利50周年大会。

8月16日　市政协与市委统战部联合召开上海各界人士纪念抗日战争和世界反法西斯战争胜利50周年座谈会。

8月17—18日　政协委员首次列席市人大常委会扩大会议,听取并讨论市政府上半年工作情况的报告。此后逐步形成惯例。

8月31日　市政协台港澳侨联谊委员会与市侨办联合邀请美籍华人赵浩生作中美关系报告。

同日　陈铁迪等赴上海体育场调研。

9月7日　市政协教育委员会举行"一流城市与师资队伍建设"论坛。

9月12日　市政协宗教委员会前往城隍庙视察宗教政策落实情况。

9月14日　市政协召开政协工作研讨会。

9月19日　陈铁迪会见美籍华人陈香梅。

9月22日　市政协举行委员学习活动日,市妇联主席章博华介绍第四次世界妇女大会情况。

9月27日　陈铁迪会见斯洛伐克民族议会主席伊万·加伏帕罗维奇。

9月28日　陈铁迪会见日中友好交流协会理事冈崎彬。

10月7日　陈铁迪会见旅美侨领饶何方明和旅法侨领郑辉华。

10月8日　全国政协副主席马万祺来市政协视察。

10月17—18日　市政协召开学习中共十四届五中全会精神讨论会,市政府副秘书长韩正介绍上海编制"九五"计划与2010年远景目标框架思路。

10月31日　市政协举行委员学习活动日,副市长沙麟介绍上海利用外资情况。

11月13—19日　市政协副主席石祝三率队参加上海执法执纪大检查。

11月14日　陈铁迪会见法国ARIL银行监理局主席贝尔纳·埃桑贝尔。

11月17日—12月26日　市政协组织委员年终视察,分15个专题,500余名委员参加。

11月19日　陈铁迪会见罗马尼亚民主党(救国阵线)主席、前总理彼得·罗曼。

11月21日　市政协召开情况通报会,副市长夏克强到会通报上海公交改革情况。

11月22日—12月7日　陈铁迪以上海市市长代表名义率上海市代表团访问法国马赛市和比利时安特卫普市。

11月29日　市政协教育委员会举行"一流城市与一流教育"论坛。

11月30日　市政协举行委员活动日,市委政法委、市劳动局负责人分别介绍上海社会治安综合治理和职工待岗再就业情况。

12月9日　上海华夏经济促进会成立。

1996 年

1月1日　市政协召开专题座谈会,市检察院副检察长李培龙到会听取委员对市检察院工作报告的意见。

1月17日　市政协召开提案工作表彰大会。

1月31日—2月7日　市政协举行八届四次全体会议。

2月13日　市政协主席陈铁迪会见泰国上议院议长米猜·立初攀。

3月26日　市政协召开专门委员会主任学习会。

3月28日　市政协举行委员学习活动日,市政协医卫体委员会主任黄荣魁介绍上海医疗保险制度改革方案,市台办主任张志群介绍台湾形势及对台政策情况,市政协副主席郑励志介绍沪台经贸活动问题。

3月31日　全国政协主席李瑞环来市政协视察。

4月2日　市政协台港澳侨联谊委员会参与指导的"爱我中华"唐诗宋词征曲大赛开幕。全国政协副主席安子介等出席。

4月9日　陈铁迪等视察浦东新区政协工作联络处。

4月11日　陈铁迪会见台湾霖园集团国泰人寿保险公司副总经理郑荣治。

同日　陈铁迪会见澳大利亚澳中集团董事长金凯平。

4月17日　市政协民族委员会、宗教委员会视察松江县民族宗教政策的落实情况。

同日　陈铁迪会见奥地利联邦议会议长约翰·派厄。

4月25日　市政协举行委员学习活动日,市政府经济发展研究中心主任王战作上海"九五"计划和2010年远景目标纲要的报告,上海国际问题研究所所长陈佩尧作国际形势报告。

5月2—4日　市政协召开民主监督专题研讨会。

5月14日　陈铁迪会见日本驻沪总领事小林二郎。

5月15日　市政协副主席陈正兴率队参加上海市"安全宣传周"活动。

5月20—25日　陈铁迪率提案委员会、城建委员会、教育委员会赴浙江宁波、舟山考察。

5月30日　市政协举行委员学习活动日,市委副书记王力平及有关部门负责人分别介绍加强社会治安综合治理、上海建立现代企业制度、中小学薄弱学校更新工程及公交改革等情况。

6月5—7日　市政协组织第一次委员年中视察,分3个专题,250余名委员参加。

6月10日　陈铁迪会见台湾长谷集团总裁钟正光。

6月11日　陈铁迪会见韩国新任驻沪总领事庆昌宪。

6月21日　市政协城市建设委员会召开座谈会,市政府副秘书长吴祥明到会介绍浦东国际机场建设方案。

6月22日　市政协、市委统战部与东方电视台联合举办庆祝中国共产党成立75周年专题节目"同一首歌"文艺演出。

6月25日　陈铁迪会见法国罗纳·阿尔卑斯大区秘书长万桑·马里诺。

同日　市政协召开视察情况交流会,副市长夏克强等到会听取委员视察"公交改革"的意见。

6月26日　市政协、市委统战部、解放日报社联合召开上海各界人士庆祝中国共产党成立75周年座谈会。

7月2日　市政协召开视察情况交流会,副市长蒋以任等到会听取委员视察"建立现代企业制度试点"的意见,副市长龚学平等到会听取委员视察"薄弱学校更新工程"的意见。

7月17—19日　市政协组织第二次委员年中视察,分3个专题,120余名委员参加。

7月18—19日　市政协民族委员会、宗教委员会与市新闻出版局联合举办民族、宗教政策知识讲座。

7月25日　市政协召开推进政协工作经验交流会。

7月26日　市政协提案委员会跟踪调研《关于推动浦东外高桥保税区进一步发展的若干建议》提案落实情况。

7月29日　市政协与市委统战部联合召开特邀监督员工作会议。

8月8日　市政协副主席陈正兴率队参加"平安在于行动——上海消防百日巡视活动"。

8月15日　市政协召开专题座谈会,市检察院检察长倪鸿福等到会听取委员对检察工作的意见。

8月16日　市政协召开社会主义精神文明建设理论研讨会。

8月16—20日　市政协文化委员会、华夏画苑与上海美术家协会、台北现代艺术家协会联合举办"台北现代画展"。

8月22日　政协委员列席市人大常委会扩大会议,听取并讨论市政府上半年工作情况的报告。

9月7—24日　陈铁迪率上海市代表团和上海市经贸代表团访问克罗地亚、波兰。

9月17日　市政协召开情况通报会,副市长左焕琛到会通报上海医卫工作情况。

9月25日　市政协提案委员会召开落实"加强公房售后物业管理"提案的座谈会。

10月7日　陈铁迪会见李逢悟理事长率领的菲律宾中华总商会国庆访华团。

10月21—25日　市政协组织第三次委员年中视察,分3个专题,近100名委员参加。

10月22日　市政协、市委统战部与市宗教局联合举办中国道教协会副会长、上海道教协会会长陈莲笙八十寿辰祝寿会。

10月23日　市政协举行委员学习活动日,市委宣传部副部长尹继佐作学习中共十四届六中全会精神辅导报告。

10月24日　市政协举行委员学习活动日,学习讨论中共十四届六中全会精神。

同日　陈铁迪会见泰国潮州会馆主席周鉴梅率领的泰国潮州会馆暨十县同乡会首长访问团。

10月30日—11月1日　华东、中南地区政协学习工作研讨会在沪举行。

11月1日　部分政协委员参加上海税收财务物价大检查。

11月8日　市政协与市委统战部等单位联合举行《孙中山》大型画册首发式。

11月11日　上海各界人士纪念孙中山先生诞辰130周年大会召开。

11月15日　市政协召开视察情况交流会,市精神文明建设办公室负责人到会听取委员视察精神文明建设的意见。

11月29日　市政协举行委员学习活动日,副市长龚学平介绍文化、体育、教育事业发展情况。

12月8日　市政协召开学习贯彻市委六届五次会议精神讨论会。

12月9日　市政协召开专题座谈会,王力平等到会听取委员对上海社会稳定工作的意见。

12月10日　市政协文史资料委员会与上海文史研究馆雕塑研究所等在张闻天故居举行张闻天塑像赠送仪式。

同日　市政协宗教委员会与市宗教局、市民委、上海社科院宗教研究所、市宗教学会联合召开宗教与社会主义精神文明研讨会。

12月12日　市政协与市委统战部联合召开纪念"西安事变"60周年座谈会。

12月20—27日　市政协组织委员年终视察,分10个专题,300余名委员参加。

12月20日　全国政协副主席阿沛·阿旺晋美来市政协视察。

1997 年

1月8日　市政协提案委员会、经济委员会、城市建设委员会联合召开座谈会,跟踪调研有关纯净水水质提案落实情况。

1月22日　市委书记黄菊等来市政协听取政协工作汇报。

1月27—29日　市政协主席陈铁迪率在沪全国政协委员先后视察金桥出口加工区生活园区、浦东国际机场工地、孙桥现代农业园区、上海图书馆、上海博物馆、上海大剧院工地和三枪集团公司等。

1月30日　市政协举行委员学习活动日,表彰优秀提案,组织现场协商咨询,听取市台办主任张志群关于台湾形势的报告。

2月7日　陈铁迪等通过可视电话与市政协港澳地区委员进行新年团拜。

2月17—22日　市政协举行八届五次全体会议。

3月25—26日　市政协教育委员会与市教委等单位联合举办"二十一世纪高等教育"论坛。

3月29日　陈铁迪会见印尼哈拉班集团主席陈子兴。

4月1日　市政协与市委统战部联合举行纪念金仲华诞辰90周年座谈会暨《金仲华纪念文集》首发式。

4月10日　陈铁迪会见香港中华厂商会会长梁钦荣。

4月15日　市政协召开专题座谈会,副市长左焕琛到会听取委员对上海医疗改革工作意见。

4月18日　市政协举行委员学习活动日,国务院港澳办副主任陈滋英作香港问题报告。

4月28日　市政协教育委员会、台港澳侨联谊委员会联合举办"回归杯"华东地区中小学生书法邀请赛。

5月7日　市政协召开专题座谈会,副市长夏克强到会听取委员对上海燃气行业体制改革方案的意见。

5月12日　市政协经济委员会与上海太平洋区域经济发展研究会联合举办"香港回归与上海经济发展"论坛。

5月19—27日　陈铁迪率团赴广西考察。

5月21日　提案委员会跟踪了解《关于建立劳动力供需双方与培训之间的信息网络和宏观管理机构的建议》提案办理情况。

5月29日　市政协举行委员学习活动日,市体委主任金永昌介绍上海筹备第八届全运会的情况。

5月29日—6月11日　市政协组织委员年中视察,分8个专题,近300名委员参加。

5月31日　市政协举行《香港回归祖国手册》首发式。

6月10日　市政协与解放日报社联合召开台港澳侨人士迎香港回归座谈会。

6月11—24日　陈铁迪以上海市市长代表名义率团访问阿根廷罗萨里奥市。

6月18日　市政协宗教委员会与市宗教局联合举行"爱我中华、知我香港——上海宗教界喜迎香港回归知识竞赛"。

6月25日　市政协与上海教育电视台联合举行"迎回归、跨世纪、沪港携手创未来"演讲会。

同日　陈铁迪会见美国新任驻沪总领事薄瑞光。

7月9日　市政协召开年中视察交流会,副市长龚学平到会听取委员意见。

8月14日　政协委员列席市人大常委会扩大会议,听取并讨论市政府上半年工作情况的报告。

8月16日　市政协召开政协工作研讨会。

8月21日　市政协"依靠科技进步,促进上海经济增长方式转变"课题组召开恳谈会,副市长蒋以任到会听取意见。

9月3日　陈铁迪等赴张江高科技园区调研。

9月9日　市政协召开政协工作经验交流会。

9月16日　市政协台港澳侨联谊委员会与市台办、市海外联谊会、东方电视台等单位联合举行在沪港澳人士中秋联谊活动。

10月16日　市政协教育委员会与中华职教社联合召开庆祝中华职教社成立80周年暨职业教育发展研讨会。

10月23日　市政协举行委员学习活动日,副市长冯国勤介绍上海秋粮收购、社会帮困及保障体制等情况。

11月4—7日　华东地区政协文史资料工作协作会议在沪举行。

11月7日　陈铁迪会见阿根廷罗萨里奥市市长比耐尔。

11月8日　陈铁迪会见波兰革但斯克省省长伏依杰霍夫斯基。

11月11日　陈铁迪会见香港峻岭集团董事长丁人峻。

11月12日　市政协召开情况通报会,市社保局负责人到会通报上海城镇职工养老保险制度向全国统一的养老保险制度并轨的情况。

同日　陈铁迪会见韩国新任驻沪总领事孙相贺。

11月13日　陈铁迪会见美国通用汽车公司副总裁杨雪兰。

11月21日　市政协召开情况通报会,市财政局负责人到会通报上海1997年税收财务物价大检查情况。

12月15—19日　市政协组织委员年终视察,分10个专题,近500名委员参加。

1998 年

1月7日　市政协召开八届市政协工作总结暨提案表彰大会。

1月8日　市政协召开专题座谈会,市检察院检察长倪鸿福等到会听取委员对市检察院工作报告的意见。

1月13日　第九届市政协委员名单经市政协八届三十二次常委会会议协商通过。

1月16日　市政协召开专题座谈会,市高院院长胡瑞邦等到会听取委员对市高院工作报告的意见。

1月20日　市政协召开专题座谈会,副市长左焕琛到会听取委员对市政府工作报告的意见。

1月20—21日　市政协举行九届市政协新委员学习会。

1月21日　市政协举行台港澳侨及海外人士在沪亲友迎春茶话会。

1月26日　市政协台港澳侨联谊委员会与市台办、市台盟、市台联联合召开纪念江泽民对台讲话发表3周年座谈会。

2月10—16日　市政协举行九届一次全体会议,会议选举王力平为市政协主席。

4月16日　市政协召开专题座谈会,副市长左焕琛到会听取委员对上海医疗保险制度改革方案的意见。

4月21日　市政协召开专题座谈会,市委书记黄菊到会听取委员对上海经济建设的意见,并提出关于"经济结构调整"等4个课题,建议政协组织调研。

4月24日　市政协召开专题座谈会,副市长韩正到会听取委员对住房制度改革的意见。

4月30日　市政协举行委员学习活动日,华东师范大学教授冯绍雷作国际形势报告。

5月7日　市政协召开专题座谈会,市高院院长滕一龙到会听取委员对法院系统执法执纪工作的意见。

5月8日　市政协港澳台侨委员会与上海东亚研究所联合召开澳门回归展望研讨会。

5月13日　市政协召开专题座谈会，副市长韩正到会听取委员对深化住房制度改革方案的意见。

5月21日—6月10日　市政协进行委员年中视察，分8个专题，500余名委员参加。

5月28日　市政协举行委员学习活动日，市科委、市劳动和社会保障局负责人分别介绍上海科教兴市、知识经济、发展信息产业和再就业情况。

同日　市政协港澳台侨委员会、科技委员会联合召开沪港发展高新技术讨论会。

6月25日　市政协举行委员学习活动日，副市长左焕琛、冯国勤分别介绍上海创建国家卫生城市和粮食流通体制改革情况。

7月8日　市政协召开视察情况交流会，韩正到会听取委员视察"治理黑臭河沟、护绿扩绿和居住小区基础设施建设"情况的意见。

同日　市政协召开视察情况交流会，左焕琛到会听取委员视察"食品卫生和消除药品浪费"情况的意见。

同日　市政协召开视察情况交流会，副市长冯国勤听取委员视察"打假治劣保护名牌产品、再就业工程、市郊接合部社会管理"情况的意见。

7月21日　市政协召开情况通报会，市房地局负责人通报1998年上海公有住房租金调整、可售公有住房上市出售、不可售公房差价交换及加强物业管理等情况。

7月28日　市政协召开邓小平人民政协理论学习研讨会。

7月29日　市政协科技委员会与九三学社市委联合举行知识经济与经济发展问题报告会。

8月6日　市政协召开情况通报会，韩正到会通报上海城市建设和管理情况。

8月12日　政协委员列席市人大常委会扩大会议，听取并讨论市政府上半年工作情况的报告。

同日　王力平率队慰问上海废弃物处置场职工。

8月27日　王力平等率队调研普陀区危旧房改造工作。至2003年1月，九届市政协领导下基层调研共86次。

9月3日　王力平率上海市代表团赴北欧访问。

9月7日　市政协召开专题协商会，听取并讨论自来水调价方案。

9月8日　市政协副主席谢丽娟率队促办"关于严禁秸秆焚烧污染大气"重点提案。至2002年底，九届市政协领导率队促办重点提案共4次。

9月14日　市政协召开专题协商会，听取并讨论公交、地铁调价方案。

9月22日　市政协配合以全国政协副主席王文元为团长的视察团在沪视察。

9月24日　市政协举行委员学习活动日，副市长蒋以任、周慕尧分别通报上海工业经济和开拓发展旅游业情况。

10月6日　最高人民法院院长肖扬来市政协召开座谈会，征求在沪全国政协委员对法院工作的意见。

10月19日　市政协举行委员学习活动日，学习传达中共十五届三中全会精神。

11月10日　市政协民族委员会、宗教委员会与市委统战部、市民委、市宗教局联合举行上海宗教界纪念中共十一届三中全会召开20周年演讲会。

11月16日　市政协召开专题座谈会，市人大常委会主任陈铁迪来市政协听取委员对《上海市燃气管理条例（草案）》的意见。

11月18—19日　市委召开上海市政协工作座谈会。市委书记黄菊作主题报告,市委副书记、市政协主席王力平主持。

11月23—26日　市政协配合全国政协澳门地区委员来沪视察。

11月27日　市政协举行委员学习活动日,市政协副主席王生洪传达上海市政协工作座谈会精神;"关于优化上海市产业结构"等4个课题组分别介绍专题调研情况。

11月30日—12月4日　市政协进行年终视察,分8个专题,近400名委员参加。

12月8日　市政协与市委统战部联合召开纪念中共十一届三中全会召开20周年座谈会。

12月29日　市政协举行委员学习活动日,市委政法委副书记华国万介绍加强社会综合治理情况,上海海关关长曹恒礼介绍上海口岸反走私的情况。

12月30日　市政协召开专题座谈会,副市长周慕尧到会听取委员对市政府工作报告的意见。

同日　市政协召开专题座谈会,滕一龙到会听取委员对市高院工作报告的意见。

1999 年

1月4日　市政协召开情况通报会,副市长韩正到会通报上海供水行业深化改革转换机制实现扭亏的方案。

1月8日　市政协召开专题座谈会,市检察院检察长吴光裕到会听取委员对市检察院工作报告的意见。

1月19日　全国人大常委会委员、原最高人民法院副院长谢安山率高院检查组来市政协听取在沪全国政协委员对法院审判工作和队伍建设情况的意见。

1月27日　部分政协委员应副市长周禹鹏邀请,视察上海通用汽车公司、孙桥现代农业开发区、国家人类基因组南方研究中心。

1月28日　市政协办公厅与市人大常委会办公厅、市台办、台盟市委、市台联联合召开纪念江泽民对台讲话发表4周年暨全国人大常委会《告台湾同胞书》发表20周年座谈会。

同日　市政协主席王力平会见韩国前总理李寿成。

1月29日　部分政协委员应副市长冯国勤邀请,到市政府座谈上海新农村建设、养老事业和社会保障工作。

2月1—5日　市政协举行九届二次全体会议。

2月9日　市政协召开专题协商会,听取并讨论上海电价、电话资费调整方案。

2月24日　市政协与市委统战部联合召开特邀监督员工作会议。

3月17日　市政协举行委员学习活动日,传达全国政协九届二次会议精神。

3月22日　市政协环境和城市建设委员会与市房地产科学研究院联合召开座谈会,讨论上海售后公房物业管理问题。

3月31日—4月7日　市政协港澳台侨委员会、学习委员会与市法学会联合举办澳门基本法系列讲座。

4月29日　市政协举行委员学习活动日,副市长蒋以任作上海工业经济形势报告。

5月7日　市政协文化委员会、上海音像制品批发市场、上海书刊交易市场、文庙旧书交易市场联合召开文化市场管理座谈会。

5月9日　市政协召开部分委员座谈会,强烈谴责以美国为首的北约袭击我驻南斯拉夫联盟大使馆暴行。

5月13日　市政协经济委员会、科技委员会、环境和城市建设委员会、社会和法制委员会参加上海"安全月"检查活动。

5月19日　市政协举行委员学习活动日，上海国际问题研究所美国室主任杨洁勉作关于科索沃危机与北约新战略的报告。

同日　市政协民族委员会与市民委联合召开上海少数民族庆祝上海解放50周年座谈会。

同日　市政协召开专题座谈会，市纠风办和市行风评议组负责人到会听取委员对上海医药购销行风评议意见。

5月24日　市政协与市委统战部联合召开上海各界人士纪念上海解放50周年座谈会。

6月1—11日　市政协进行年中视察，分8个专题，300余名委员参加。

6月4日　市政协召开专题座谈会，市政府副秘书长姜斯宪到会听取委员对《上海市促进高新技术成果转化的若干规定（草案）》的意见。

6月5日　市政协配合全国政协副主席张克辉为团长的全国政协视察团来沪视察。

6月16日　市政协举行"促进小企业发展"论坛。

6月21日　市政协科技委员会与市科协、上海科学院联合召开上海科研院所体制改革研讨会。

6月22日　市政协举行委员学习活动日，通报市政协1999年度委员视察情况。

同日　市政协召开专题协商会，冯国勤到会通报加强机动三轮车管理工作的情况，并听取委员意见。

7月13日　市政协召开提案工作会议。

7月16日　市政协召开专题协商会，韩正到会通报《上海加强环境保护与建设若干决定和实施意见（讨论稿）》的情况，并听取委员意见。

7月24日　市政协举行委员学习活动日，新华社澳门分社副社长宗光耀作澳门回归前形势与展望报告。

8月9日　市政协宗教委员会召开揭批"法轮功"座谈会。

8月11—12日　市政协举行"人才高地与二十一世纪上海发展"论坛。

8月18日　政协委员列席市人大常委会扩大会议，听取并讨论市政府上半年工作情况的报告。

8月24日　市政协举行委员学习活动日，市委宣传部副部长尹继佐作"从'法轮功'事件引发的思考"的报告。

8月31日　市政协召开情况通报会，听取有关机关、事业单位工资调整方案和完善医疗保险制度情况介绍。

9月7日　市政协召开专题协商会，听取并讨论排水价格调整方案。

9月9日　市政协配合全国政协副主席李贵鲜率领的全国政协"土地整理——土地资源与可持续发展"调研组在沪调研。

9月10日　市政协召开专题协商会，韩正到会听取委员对住房分配制度改革方案的意见。

9月12日　市政协举行上海各界人士庆祝人民政协成立50周年文艺晚会。

同日　"上海政协"网页在"上海热线"上正式开通。

9月28日　市政协与市委统战部联合召开庆祝中华人民共和国成立50周年座谈会。

9月29日　市政协举行委员学习活动日，市领导传达中共十五届四中全会精神，并介绍推进国企改革和发展的情况。

10 月 14 日　王力平会见西班牙新任驻华大使欧亨尼奥·布雷戈拉特。

同日　市政协配合全国政协副主席胡启立率领的全国政协"人口信息管理系统工程建设"调研组在沪调研。

10 月 28 日　市政协召开专题协商会,市委副书记孟建柱到会通报市政府机构改革情况,并听取委员意见。

10 月 29 日　市政协举行委员学习活动日,复旦大学世界经济系教授华民、市台办研究室主任仇长根分别作中国加入 WTO 情况和对台工作情况的报告。

11 月 4 日　市政协召开专题协商会,副市长左焕琛到会通报医疗保险改革情况,并听取委员意见。

11 月 17 日　市政协学习委员会、民族委员会、宗教委员会、区县政协联络委员会联合举行学习中共十五届四中全会精神报告会。

11 月 26 日　市政协召开情况通报会,市检察院检察长吴光裕到会通报上海检察机关巩固集中教育整顿成果的情况。

11 月 29 日　市政协召开情况通报会,市高院院长滕一龙到会通报上海法院工作情况。

11 月 30 日　市政协举行委员学习活动日,市规划局局长夏丽卿作上海城市总体规划情况报告。

12 月 10 日　市政协召开沪港澳台侨人士迎澳门回归座谈会。

12 月 13—15 日　市政协组织委员年终视察,分 8 个专题,近 400 名委员参加。

12 月 17 日　市政协港澳台侨委员会与市台办、市侨办联合举行在沪港澳台侨同胞"庆澳门回归,盼祖国统一"茶话会。

12 月 21 日　市政协召开专题座谈会,滕一龙到会听取委员对市高院工作报告的意见。

12 月 28 日　市政协召开参加市行风评议、政务公开和行风成果巩固检查总结汇报会暨优秀行风评议代表座谈会。

2000 年

1 月 1 日　市政协与市委、市人大常委会、市政府联合举行上海各界人士元旦迎新音乐会。此后形成惯例,以下不再列出。

1 月 10 日　市政协召开专题座谈会,市检察院检察长吴光裕到会听取委员对市检察院工作报告的意见。

1 月 21 日　市政协召开专题座谈会,副市长周慕尧到会听取委员对市政府工作报告的意见。

1 月 25 日　市政协举行委员学习活动日,华东政法学院《法学》杂志副主编傅鼎生、行政法教研室主任邹荣分别作学习《中华人民共和国合同法》辅导报告和"加强依法行政、促进行政管理法制化"的报告。

1 月 25—28 日　全国政协暨地方政协清理库存文史资料工作研讨会在沪举行。

1 月 28 日　市政协、市委统战部与市台办联合召开纪念江泽民对台讲话发表 5 周年大会。

2 月 14—18 日　市政协举行九届三次全体会议。

2 月 18 日　市政协在上海马戏城举行 2000 年元宵联欢活动,观赏大型杂技《东方夜谭》。

3 月 17 日　市政协举行委员学习活动日,传达全国政协九届三次会议精神。

3月24日 市政协主席王力平主持学习座谈会,学习"三个代表"重要思想。至当年12月底,以学习"三个代表"重要思想为专题的座谈会共召开18次。

4月11日 召开情况通报会,市委组织部部长罗世谦到会通报市政府机构改革情况。

5月16日 市政协副主席陈正兴率队参加上海"安全生产宣传周"检查活动。

5月22—25日 华东六省一市政协第八次提案工作座谈会在沪举行。

5月24日 市政协举行委员学习活动日,上海社科院欧亚所所长潘光作国际形势的报告。

6月1日 港澳台侨委员会召开"反分裂、反台独、促统一"座谈会。

6月5日 市政协与市委宣传部联合召开加强政协宣传工作座谈会。

6月9日—7月6日 市政协组织委员年中视察,分4个专题,500余名委员参加。

6月13日 市政协召开专题协商会,副市长韩正到会介绍苏州河综合整治情况,并听取委员意见。

6月26日 市政协文史资料委员会举行曹聚仁先生诞辰100周年座谈会暨《曹聚仁先生纪念集》首发式。

7月6日 市政协召开专题协商会,市政府副秘书长周太彤等到会介绍医疗保险制度改革方案情况,并听取委员意见。

7月11日 市政协举办"WTO与上海"论坛。

7月24日 市政协召开专题座谈会,市纪委、市监委负责人到会听取委员对特邀监督员工作的意见。

7月27日 市政协召开专题协商会,市政府副秘书长周太彤等到会听取委员对上海医疗保险制度改革方案的意见。

7月 市政协《浦江纵横》创刊。

8月7日 市政协召开专题协商会,市建委负责人到会介绍深化燃气行业改革方案,并听取委员意见。

8月8日 政协委员列席市人大常委会扩大会议,听取并讨论市政府2000年上半年工作情况的报告。

8月19—27日 王力平等率在沪全国政协委员赴青海、甘肃考察。

8月29日 市政协教科文卫体委员会举行"WTO与上海教育"报告会。

9月18—20日 华东六省一市政协工作座谈会在沪举行。

9月21日 市政协举行委员学习活动日。上海社科院研究员花建作"经济全球化对上海文化建设提出新课题"的报告。

9月22日 市政协召开纪念江泽民在庆祝人民政协成立50周年大会上讲话发表1周年的学习座谈会。

9月23日 市政协举行委员学习活动日,组织委员参观轻轨明珠线。

9月28日 市政协召开上海医保改革方案和医院卫生改革情况通报会。

10月9—10日 市政协举行"二十一世纪创新教育"论坛。

10月20日 市政协举行委员学习活动日,市发展计划委员会负责人介绍上海"十五"计划编制情况。

11月2日 市政协召开专题座谈会,市建委负责人到会听取委员对上海城市管理综合执法试点工作的意见。

11 月 10 日　部分市政协委员应市高院邀请,到市二中院听取市高院院长滕一龙关于全市法院审判工作改革情况的介绍。

11 月 22 日—12 月 8 日　市政协组织委员年终视察,分 15 个专题,600 余名委员参加。

12 月 15 日　市政协民族和宗教委员会向云南大理白族自治州中学捐赠电脑和打字机。

12 月 22 日　市政协举行委员学习活动日,市纪委书记张惠新通报上海反腐倡廉工作情况。

2001 年

1 月 2 日　市政协召开专题座谈会,市高院院长滕一龙到会听取委员对市高院工作报告的意见。

1 月 3 日　市政协召开专题座谈会,市检察院检察长吴光裕到会听取委员对市检察院工作报告的意见。

1 月 19 日　市政协举行委员学习活动日,副市长蒋以任作上海工业改革与发展形势的报告。

2 月 1 日　市政协召开情况通报会,副市长左焕琛到会通报上海医保制度改革的情况。

2 月 2 日　市政协召开情况通报会,市房地局负责人到会通报上海建立内外统一房地产市场及稳步推进廉租房试点工作的情况。

2 月 6—11 日　市政协举行九届四次全体会议。

2 月 14 日　市政协主席王力平会见加拿大蒙特利尔市市长皮埃尔·布克。

2 月 28 日　市政协举行委员学习活动日,副市长韩正通报上海城市建设发展战略规划的情况。

3 月 16 日　市政协举行委员学习活动日,传达全国政协九届四次会议精神。

3 月 28 日　王力平会见柬埔寨王国参议院主席谢辛亲王。

4 月 1 日　市政协召开专题协商会,副市长冯国勤到会介绍加强入室菜场管理工作情况,并听取委员意见。

4 月 3 日　王力平主持召开学习座谈会,学习江泽民在全国思想政治工作会议上提出的"如何认识社会主义发展的历史进程,如何认识资本主义发展的历史进程,如何认识我国社会主义改革实践过程对人们思想的影响,如何认识国际环境和国际政治斗争带来的影响"。至同年 6 月底,此专题座谈会共召开 17 次。

同日　部分政协委员应副市长周慕尧邀请,到市政府座谈"将环境保护纳入高校教学要求和中小学教材"工作。

4 月 11 日　部分政协委员应副市长蒋以任邀请,到市政府座谈"进一步整顿和规范市场秩序,加大打击假冒伪劣商品综合整治力度"工作。

同日　部分政协委员应副市长周禹鹏邀请,到市政府座谈"加强医保定点药房管理"工作。

4 月 12 日　市政协召开情况通报会,市委组织部部长罗世谦到会通报上海干部人事制度改革情况。

4 月 18 日　市政协举行委员学习活动日,复旦大学美国研究中心主任倪世雄作"国际格局多极化与中美关系"的报告。

4 月 19 日　部分政协委员应副市长韩正邀请,到市政府座谈"上海旧区改造"工作。

4 月 26 日　市政协副主席谢丽娟率委员视察市政府为民办实事工程落实情况。

5 月 15 日　王力平会见利比亚社会人民指挥部总协调员哈迪·米夫塔赫。

5月25日　市政协举行委员学习活动日,市政府副秘书长柴俊勇介绍上海社会治安形势的情况。

5月30日—6月22日　市政协组织委员年中视察,分13个组4个专题,500余名委员参加。

6月13—14日　长江流域十省市政协长江水环境保护研讨会在沪举行。

6月17日　市政协与市委统战部联合召开上海各界人士庆祝中国共产党成立80周年座谈会。

6月20日　市政协举行"上海实施'走出去'战略"论坛。

6月23日　市政协举行委员学习活动日,观摩中国共产党建党80周年献礼片《走出西柏坡》。

6月26日　市政协文史资料委员会与政协之友社联合举行庆祝中国共产党成立80周年座谈会暨《我与中国共产党》首发式。

7月4日　市政协教科文卫体委员会与市人大教科文卫委员会、上海中华职教社、上海教科院职教所联合召开上海职业教育研讨会。

7月20日　市政协举行委员学习活动日,上海社科院院长尹继佐作学习"江泽民2001年'七一'讲话"的辅导报告。

7月23日　市委副书记罗世谦来市政协听取政协工作汇报。

7月25日　市政协举行"增强上海城市综合竞争力"论坛。

7月31日　王力平主持召开学习座谈会,学习江泽民2001年"七一"讲话精神。至2002年5月,此专题座谈会共召开18次。

8月14—15日　市政协举行"现代化进程中的青少年道德教育"论坛。

8月29日　市政协召开情况通报会,副市长韩正到会通报上海水环境治理与保护规划暨"十五"行动计划的情况。

8月30日　市政协提案委员会就"关于尽快筹建上海佘山国家天文台科普公园的建议"提案落实情况举行专题座谈会。

9月11日　市政协举行委员学习活动日,市领导介绍关于上海应对加入WTO的情况。

9月13日　王力平会见澳门特别行政区立法会主席曹其真率领的澳门中华总商会妇女委员会代表团。

9月14日　市政协举行"干部道德建设"论坛。

9月21日　市政协举行委员学习活动日,市政府副秘书长黄奇帆、市知识产权局局长钱永铭分别作上海工业经济发展形势和关于WTO与知识产权的报告。

9月25日　王力平等在中山故居为孙中山铜像揭幕,并参观"孙中山先生与辛亥革命"展览。

9月29日　市政协召开情况通报会,市政府秘书长姜斯宪到会通报上海行政审批制度改革情况。

10月9日　市政协召开专题协商会,冯国勤到会通报上海农村集体土地使用权流转工作情况,并听取委员意见。

10月10日　上海各界人士纪念辛亥革命90周年大会召开。

10月16日　王力平等会见孙中山先生亲属孙穗英。

10月22日　市政协召开情况通报会,市物价局、市水务局负责人到会通报上海自来水价格调整预审和评审情况。

10月26日　市政协举行委员学习活动日,复旦大学世界经济研究所所长华民作世界经济格局变化的报告。

10月30日—11月8日　王力平率在沪全国政协委员赴湖南、湖北考察。

11月23日　市政协召开情况通报会,市物价局负责人到会通报上海房地产行业明码标价实施细则的情况。

11月23—25日　全国部分城市政协秘书工作研讨会在沪举行。

12月3—20日　市政协组织委员年终视察,分14个专题,500余名委员参加。

12月17日　市政协召开专题座谈会,市高院负责人听取委员对市高院工作报告的意见。

12月25日　市政协召开情况通报会,蒋以任到会通报2001年上海工业和外贸工作情况及2002年工作思路。

12月26—27日　王力平率团赴苏州考察。

2002 年

1月9日　市政协召开专题座谈会,市检察院检察长吴光裕到会听取委员对市检察院工作报告的意见。

1月24日　市政协召开专题座谈会,副市长杨晓渡到会听取委员对市政府工作报告的意见。

1月30日　市政协举行委员学习活动日,副市长韩正通报上海城市基础设施建设和绿化情况。

2月5日　市政协举行委员学习活动日,杨晓渡通报上海医疗卫生体制改革情况。

2月9日　市政协举行委员学习活动日,副市长周禹鹏通报上海整顿市场秩序情况。

2月21—26日　市政协举行九届五次全体会议。

3月20日　市政协举行委员学习活动日,传达全国政协九届五次会议精神。

4月3日　市政协举行委员学习活动日,副市长冯国勤通报上海"三农"工作情况。

4月7—22日　市政协主席王力平率上海"申博"代表团访问菲律宾、印度尼西亚、孟加拉国、越南。

4月19日　市政协召开情况通报会,市计委负责人到会通报《上海市城市交通白皮书》编制情况。

4月25日　王力平会见柬埔寨参议院第一副主席基万莫尼拉亲王。

5月11日　市政协配合香港特区全国政协委员视察团在沪视察。

6月10日—7月4日　市政协组织委员年中视察,分17个专题,700余名委员参加。

6月18日　王力平主持召开学习座谈会,学习江泽民在中央省部级干部进修班毕业典礼上的讲话精神。至同年8月底,此专题座谈会共召开8次。

6月20日　市政协召开专题协商会,杨晓渡到会通报上海医疗保险工作情况,并听取委员意见。

6月24日　市政协举行"崇明岛发展定位"论坛。

7月2日　市政协举行委员学习活动日,市政府经济发展研究中心主任王战作上海经济形势报告。

7月30日　市委副书记刘云耕等来市政协听取政协工作汇报。

8月28日　市政协与国家经贸委经济研究中心、上海社科院联合召开"长江三角洲区域经济互动发展"研讨会。

9月2日　市政协配合全国政协副主席陈锦华率领的全国政协常委视察团在沪视察。

9月6日　市政协举行委员学习活动日,上海国际问题研究所所长俞新天作国际形势报告。

9月10—11日　市政协举行"加强本市行业协会、中介机构建设"论坛。

10月14—17日　王力平等率在沪全国政协委员赴安徽学习考察。

10月19—23日　王力平等率在沪全国政协委员赴江西学习考察。

10月25日　市政协主办的"上海当代中国画优秀作品展"开幕。

10月29日　市政协人口资源环境建设委员会与市人口计划生育委员会联合举行"人口与发展"论坛。

10月30日　市政协举行委员学习活动日,市政协副主席黄跃金作"以'三个代表'重要思想为指导,进一步巩固和发展新世纪爱国统一战线"的报告。

11月15日　市政协召开专题协商会,杨晓渡到会通报上海医保支付费用试行"总额控制"情况,并听取委员意见。

12月3日　市政协与全国政协书画室联合举办的"上海当代国画优秀作品展"在北京开幕。

12月4日　市政协召开情况通报会,市物价局、市市政局负责人到会通报调整上海人工煤气销售价格情况。

12月5—20日　市政协组织委员年终视察,分13个专题,700余名委员参加。

12月17—19日　王力平率队赴温州考察。

12月18日　市政协召开专题座谈会,市高院院长滕一龙到会听取委员对市高院工作报告的意见。

12月25日　市政协举行委员学习活动日,市委宣传部副部长郝铁川作学习中共十六大精神的辅导报告。

12月26日　市政协召开专题座谈会,吴光裕到会听取委员对市检察院工作报告的意见。

2003 年

1月15日　市政协举行九届市政协工作回顾展揭幕式暨回顾摄影集首发式。

1月18日　市政协召开九届市政协工作总结表彰大会。

1月24日　第十届市政协委员名单经九届三十三次常委会会议协商通过。

2月14—19日　市政协举行十届一次全体会议,会议选举蒋以任为市政协主席。

3月1日　市政协举行各专门委员、指导组负责人学习会。

同日　蒋以任会见古巴国务委员会主席菲德尔·卡斯特罗·鲁斯一行。

3月18日　市政协举行委员学习活动日,传达全国"两会"精神。

3月20日　蒋以任等赴张江高科技园区调研实施"科教兴市"战略。至2008年1月,十届市政协领导下基层调研共141次。

3月21日　市政协召开专题协商会,副市长周太彤等到会通报上海职工医疗保险调整方案的情况,并听取委员意见。

3月25日　市政协举行委员学习活动日,世博会申办工作领导小组负责人作"世博会与上海新一轮发展"的报告。

4月1日　蒋以任主持召开委员专题座谈会。围绕"贯彻科教兴市战略,提高四个竞争力"进行座谈。至2007年底,十届市政协共召开委员专题座谈会150次。

4月23日　市政协召开首次市民反映社情民意座谈会。至2007年底，十届市政协共举行市民社情民意座谈会17次。

4月28日　市政协十届四次主席会议号召全体委员行动起来，为防治非典型肺炎（以下简称"非典"）工作作出贡献。

4月29日　蒋以任等慰问在抗击"非典"第一线的医务人员、职工等，共3次，另两次分别在5月8日、5月15日举办。

5月14日　市政协召开专题协商会，副市长冯国勤到会通报加强市级机关收入分配管理与纠风工作情况，并听取委员意见。

5月23日　市政协召开专题协商会，副市长周禹鹏到会通报有关物价调整情况，并听取委员意见。

6月4—19日　市政协组织委员年中视察，历时15天，分13个专题，500余名委员参加。

6月5日　蒋以任会见澳中集团董事局主席金凯平夫妇一行。

6月12日　市政协举行"世博会与长江三角洲经济共同发展"研讨会。

6月25日　市政协召开专题座谈会，市委宣传部部长王仲伟到会介绍"塑造城市精神"专题调研情况，并听取委员意见。

6月26日　市政协召开专题协商会，冯国勤到会通报建立社会诚信体系情况、小城镇社保试点情况，并听取委员意见。

7月4日　市政协举行委员学习活动日，周禹鹏介绍有关经济工作的情况。

7月17日　蒋以任等赴市电力公司和卢湾、静安公安分局交警支队，慰问电力职工和交巡警。

7月23日　市政协召开情况通报会，市委政法委书记吴志明到会通报市委政法委近期工作情况。

8月6—7日　政协委员列席市人大常委会扩大会议，听取并讨论市政府上半年工作情况的报告。

8月13日　蒋以任率队促办"发展经济和促进就业"方面的重点提案。至2007年底，十届市政协领导率队促办重点提案共51次。

8月18—19日　市政协召开十届四次常委会会议，中共中央文献研究室常务副主任冷溶到会作"兴起学习贯彻'三个代表'重要思想新高潮"的报告，会议还决定增设对外友好委员会。

8月30日　市政协举办实施"科教兴市"战略系列论坛——"关于创新人才的培养"。

9月3日　蒋以任会见香港嘉华集团主席吕志和先生一行。

9月13日　蒋以任会见中国驻墨尔本总领馆总领事田俊亭、澳大利亚澳中工商会会长金凯平夫妇。

9月18日　市政协举行"加强城市软环境建设，培育和塑造城市精神"论坛。

9月28日　上海市人民政协理论与实践咨询组成立。

9月29日　上海科技成果转化促进会成立。

10月21日　市政协召开专题协商会，周禹鹏到会通报市规划工作会议筹备情况，并听取委员意见。

10月23日　市政协提案委员会召开"降低本市商务成本"情况通报会暨提案协商会。

10月27日　全国政协教科文卫体委员会主办、上海市政协办公厅协办的"科技资源共享问题研讨会"在沪举行。

10月29日　市政协举行委员学习活动日,副市长严隽琪介绍上海实施"科教兴市"战略的情况。

同日　市政协举行知识讲座,全国政协外事委员会副主任、中国原驻法国大使吴建民作"国际形势与应对的思考"的报告。

11月4日　市政协举办实施"科教兴市"战略系列论坛——"科技创新与上海新一轮发展"。

11月10日　市政协召开学习贯彻中共十六大精神和"三个代表"重要思想交流会。

11月26日　市政协召开上海市人民政协理论与实践研究咨询组首次工作会议暨研讨会。

11月27日　市政协召开专题协商会,冯国勤到会通报机关事业单位工资调整情况,并听取委员意见。

12月4日　市政协召开专题协商会,副市长杨雄到会通报有关城市建设和管理情况,并听取委员意见。

同日　市政协召开专题座谈会,市高院院长滕一龙到会听取委员对市高院工作报告的意见。

12月8—15日　市政协组织委员年终视察,分13个专题,400余名委员参加。

12月19日　市政协召开2004年工作务虚会。

12月22日　市政协召开专题座谈会,副市长姜斯宪到会听取委员对市政府工作报告的意见。

12月23日　市政协召开专题调研成果通报会,市长韩正出席,听取汇报并讲话。

12月24日　新版"上海政协"门户网站在东方网开通。

2004 年

1月11—15日　市政协举行十届二次全体会议。

1月20日　市政协港澳台侨委员会与市台办、市台盟、市台联联合召开纪念江泽民对台重要讲话发表9周年座谈会。

2月11日　市政协召开专题协商会,市委政法委书记吴志明到会通报社会治安与社会管理情况,并听取委员意见。

2月12日　市政协举行委员学习活动日,中共中央政策研究室副主任郑新立作"学习中共十六届三中全会精神"的报告。

2月24日　市政协主席蒋以任与委员进行网上交流,开启了市政协领导与委员交流沟通的新途径。

3月23日　市政协召开专题协商会,副市长周太彤到会通报关于2004年医保年度个人医疗账户计入标准与"三项标准"调整事项的情况,并听取委员意见。

3月25日　市政协举行知识讲座,博鳌亚洲论坛秘书长、复旦大学国际关系与公共事务学院院长龙永图作"经济全球化背景下的亚洲经济合作"的报告。

3月29日　市政协举行委员学习活动日,上海社科院副院长沈国明作宪法修改情况报告,全国政协教科文卫体委员会办公室主任原冬平作政协章程修改情况的报告。

4月13日　市政协召开专题协商会,副市长周禹鹏到会通报上海世博会规划红线调整情况,并听取委员意见。

4月15日　市政协举行"上海郊区发展论坛"。

4月16日　市政协配合以全国政协副主席阿不来提·阿不都热西提为顾问的全国政协经济委

员会"统筹城乡发展"考察团在沪考察。

4月21日　市政协部分委员参加周太彤召开的"进一步完善镇保工作"人大代表书面意见和政协提案办理会。

4月22日　市政协召开专题协商会,周禹鹏到会通报有关排水费调整情况,并听取委员意见。

同日　蒋以任主持召开首次常委恳谈会。至2007年底,十届市政协共举办常委恳谈会13次。

5月12日　蒋以任等赴白茅岭、军天湖监狱调研。

5月14日　市政协召开情况通报会,市委副秘书长到会通报有关社区建设和社区党建工作调研情况。

5月19日　市政协举行委员学习活动日,国务院法制办副主任汪永清作学习《中华人民共和国行政许可法》的辅导报告。

5月21日　蒋以任会见由菲律宾参议院副议长李松年为团长的菲律宾参议院代表团一行。

5月24日　市政协配合以全国政协副主席张思卿为团长的全国政协"公益性文化设施建设和发挥作用情况"视察团在沪视察。

5月25日　市政协举行市区县政协主席学习贯彻政协章程座谈会。

6月9日　市政协配合全国政协民族和宗教委员会"落实宗教房产政策"考察组在沪调研。

6月14日　市委副书记王安顺到市政协调研。

6月16日　市政协召开情况通报会,市长韩正到会通报上海贯彻落实中央宏观调控措施情况。

6月17日　市政协召开专题协商会,市委副书记刘云耕率政法系统有关部门负责人到会通报政法工作情况,并听取委员意见。

6月18日　市政协召开纪念黄埔军校建校80周年座谈会。

6月21日　市政协召开专题协商会,周太彤到会通报劳动保障情况及近期将出台的若干政策,并听取委员意见。

6月23日　市政协举行知识讲座,国家信息化专家委员会副主任周宏仁作有关提升城市信息化水平的报告。

6月29日　市政协召开专题协商会,副市长杨雄到会通报城市交通排堵保畅工作情况,并听取委员意见。

7月7日　市政协召开专题协商会,王安顺到会通报上海区县政府机构改革方案及有关情况,并听取委员意见。

7月15日　蒋以任等赴南浦大桥公交枢纽站慰问公交职工。

7月16日　市政协召开专题协商会,市政府副秘书长薛沛建到会通报文化事业改革和发展的有关情况,并听取委员意见。

8月3日　市政协召开专题协商会,上海世博会事务协调局、市规划局负责人到会通报征集"2010年上海世博会"规划方案情况,并听取委员意见。

8月17日　市政协、市委统战部联合召开纪念邓小平诞辰100周年座谈会。

8月17—18日　市政协委员列席市人大常委会扩大会议,听取并讨论市政府上半年工作情况的报告。

8月25日　市政协举行委员学习活动日,上海国际问题研究所所长俞新天作"当前国际形势"的报告。

8月26日　市政协召开专题协商会,周禹鹏率市发展改革委、市劳动保障局负责人到会通报

《上海市居住证暂行规定》和调整退休人员养老金的情况,并听取委员意见。

同日　市政协主办、东方网协办的"电信杯"人民政协知识网上竞赛开赛,延续至9月8日进行决赛。

8月31日　市政协举行知识讲座,上海社会科学院世界经济研究所研究员徐明棋、金芳作"关于提升上海国际化水平的思考"的报告。

9月15日　市政协人口资源环境建设委员会和虹口区政协联合举行"航运中心建设与北外滩发展"论坛。

9月16日　市政协举行"城市精神"论坛。

9月22日　市政协举行庆祝中国人民政治协商会议成立55周年大会。

同日　市政协召开专题协商会,市发展改革委负责人到会介绍就医诊疗费调整方案,并听取委员意见。

9月23日　市政协举行"上海教育综合改革试验情况"论坛。

10月9日　蒋以任率队赴辽宁考察。

10月15日　市政协举行委员学习活动日,中央党校党建部主任卢先福作学习十六届四中全会精神的辅导报告。

10月27日　市政协召开专题协商会,市委组织部副部长、市人事局局长丁薛祥到会通报事业单位体制改革工作情况,并听取委员意见。

11月10日　市政协召开专题协商会,市发展改革委和市经委负责人到会通报《上海加速发展现代服务业实施纲要(草案)》、《上海优先发展先进制造业行动方案(草案)》编制情况,并听取委员意见。

同日　市政协举行委员学习活动日,全国政协研究室主任卞晋平作学习胡锦涛在庆祝人民政协成立55周年大会上讲话的辅导报告。

11月16—30日　市政协组织委员年终视察,分11个专题,近500名委员参加。

11月17日　市政协召开2004年提案工作会议暨优秀提案表彰会。

11月24日　市政协召开专题协商会,黄浦江两岸综合开发办公室负责人到会通报有关黄浦江两岸综合开发工作情况,并听取委员意见。

11月28日　蒋以任率在沪全国政协委员赴福建学习考察。

12月7日　蒋以任赴香港参加市政协全体港澳地区委员会议。

12月8日　市政协召开专题座谈会,副市长杨雄到会听取委员对市政府工作报告的意见。

12月14日　市政协召开专题座谈会,市高院院长滕一龙到会听取委员对市高院工作报告的意见。

12月15日　市政协召开市区县政协主席学习交流会,学习讨论胡锦涛在庆祝人民政协成立55周年大会上的讲话精神。

同日　市政协召开专题协商会。副市长杨晓渡、周太彤等到会通报全市食品安全监管职能调整情况,并听取委员意见。

12月23日　市政协举行委员学习活动日,国务院发展研究中心副主任谢伏瞻作"当前宏观经济形势及明年的政策走向"的报告。

12月27日　市政协召开专题座谈会,市检察院检察长吴光裕到会听取委员对市检察院工作报告的意见。

12月28日　市政协召开情况通报会,市建委、市科委负责人到会通报全市城市建设管理情况和实施"科教兴市"主战略情况。

2005 年

1月5日　市政协召开专题调研成果通报会,市长韩正出席并听取汇报。

1月7日　市政协举行全国政协第十三届好新闻奖和2004年度上海市政协好新闻奖揭晓颁奖仪式。

1月13日　市政协主席蒋以任等赴文广新闻传媒集团、文新报业集团等新闻单位考察,慰问新闻工作者。

1月17—22日　市政协举行十届三次全体会议。

1月28日　市政协港澳台侨委员会与市台办、市台盟、市台联会联合召开纪念江泽民对台重要讲话发表10周年座谈会。

1月31日　市政协举行委员学习活动日,中国科学院副院长江绵恒作"科学技术创新与经济社会发展"的报告。

2月25日　市政协召开专题协商会,副市长周太彤到会通报城镇养老保险制度改革等情况,并听取委员意见。

3月4日　市政协召开专题协商会,市政府副秘书长洪浩到会通报房屋动拆迁工作情况,并听取委员意见。

3月15日　市政协举行委员学习活动日,上海社科院经济研究所副所长周振华作"现代服务业与上海的发展"的报告。

3月17日　市政协港澳台侨委员会与市台办、市台盟、市台联会、市台湾研究会联合召开"拥护全国人大通过《反分裂国家法》"座谈会。

3月30日　市政协召开专题协商会,周太彤到会通报2005年医保年度转换有关事项,并听取委员意见。

3月31日　市政协和九三学社市委、市民政局联合举行"适应老龄化社会趋势,促进养老事业发展"研讨会。

4月4日　市政协召开专题协商会,副市长周禹鹏等到会通报关于贯彻国务院《关于鼓励支持和引导个体私营等非公有制经济发展的若干意见》的实施情况,并听取委员意见。

4月23日　蒋以任率上海市政协学习考察团赴云南省学习考察。

4月26日　市政协举行委员学习活动日,上海社科院副院长黄仁伟作学习《反分裂国家法》的辅导报告。

4月27日　市政协举行专题座谈会,与会委员呼吁上海社会各界自觉维护社会稳定,理性表达爱国热情,珍惜来之不易的大好形势。

4月29日　市政协举行"发展循环经济"研讨会。

5月12日　市政协举行"融入长三角,加快上海现代服务业发展"论坛。

5月13日　蒋以任在市委党校为局级干部培训班学员作人民政协基础知识和基本理论专题报告。

5月18日　市政协召开专题协商会,副市长冯国勤、周禹鹏等到会通报实施个人所得税代扣代缴明细申报暂行办法和价格工作情况，并听取委员意见。

5月30日　市政协举行委员学习活动日，国务院台湾事务办公室研究局副局长黄文涛作"邀请连、宋来访有关情况及当前对台工作情况"的报告。

同日　市政协召开情况通报会，市政府副秘书长刘红薇到会通报关于贯彻《国务院办公厅转发建设部等部门关于做好稳定住房价格若干意见的通知》的情况。

6月3日　市政协举行知识讲座，中国气象局局长秦大河作"中国气候与环境演变"的报告。

6月11日　市政协配合由全国政协副主席张梅颖率领的全国政协科协、科技界委员视察团在沪视察。

6月13日　蒋以任在闸北区大宁街道召开市民反映社情民意座谈会。

6月15日　市政协召开情况通报会，世博局负责人到会通报世博会园区建设中有关历史建筑的保留和保护情况。

6月23日　市政协和九三学社市委联合举行"培育发展住房租赁市场"研讨会。

6月27日　市政协举行学习贯彻《中共中央关于进一步加强中国共产党领导的多党合作和政治协商制度建设的意见》研讨会。

7月12日　市政协召开"提高提案工作质量，完善提案工作机制"研讨会。

7月22日　全国政协副主席董建华来市政协听取工作汇报。

7月29日　韩正在十届十九次常委会会议上通报市政府有关工作情况。

8月2日　市政协召开专题协商会，市委副书记殷一璀、副市长严隽琪到会通报实施教育综合改革情况，并听取委员意见。

8月9—10日　市政协委员列席市人大常委会扩大会议，听取和讨论市政府上半年工作情况的报告。

8月11日　市政协港澳台侨委员会、市侨联、致公党市委宣传部、上海侨报社联合举行"共赴国难见侨心——纪念反法西斯战争暨抗日战争胜利60周年"报告会。

8月12日　市政协、上海社科院、市社联联合举行"纪念抗日战争胜利60周年"研讨会。

8月30日　市委召开政协工作会议，市委领导作主题报告，市长韩正主持会议，市政协主席蒋以任、市委副书记王安顺讲话。

9月1日　市政协首次召开上海市政协工作情况通报会，向各国驻沪领馆官员通报市政协工作情况。

9月2日　市政协召开学习贯彻政协工作会议精神座谈会。

9月5日　市政协召开市区县政协学习贯彻政协工作会议精神专题交流会。

9月7日　市政协举行委员学习活动日，学习政协工作会议精神。

9月11日　全国政协主席贾庆林来市政协视察。

9月19日　蒋以任率在沪全国政协委员赴湖南省学习考察。

9月20日　市政协召开专题协商会，市政府副秘书长柴俊勇到会通报"上海城镇养老保险'虚账实记'实施方案"，并听取委员意见。

9月28日　市政协召开情况通报会，市市政局负责人到会通报城市道路、公路和燃气"十一五"规划编制情况。

10月18日　市政协根据全国政协、中国经社理事会要求承办的经社理事会和类似组织国际协会上海会议在沪举行。

10月19日　市政协召开情况通报会,浦东新区区长张学兵等到会通报浦东开展综合配套改革试点工作的有关情况。

10月26日　蒋以任为浦东新区党政干部作"人民政协基础知识和基本理论"的报告。此后,蒋以任陆续为各区县作类似报告。

10月28日　蒋以任会见日中协会会长野田毅一行。

11月2日　市政协召开专题报告会,中国人民银行副行长兼上海总部主任项俊波作"关于上海国际金融中心建设和央行上海总部的设立"的报告。

11月14日　市政协召开情况通报会,市政府副秘书长柴俊勇到会通报上海市城镇养老保险新计发办法的有关情况。

11月16日　市政协举办中共党员政协委员学习班,共3期,另两期分别在11月26日、11月30日举办。

11月25日—12月12日　市政协组织委员年终视察,分13个专题,600余名委员参加。

11月29日　市政协经济委员会与市工业合作联社、民建市委联合举办"集体经济发展"论坛。

12月6日　市政协召开专题座谈会,市高院负责人到会听取委员对市高院工作报告的意见。

同日　召开专题座谈会,市检察院负责人到会听取委员对市检察院工作报告的意见。

12月13日　市政协召开学习贯彻市委八届八次全会精神座谈会。

12月14日　市政协召开情况通报会,周禹鹏到会通报"十一五"规划编制情况。

12月15日　市政协与中国贸促会联合举办"第二届中国国际金融"论坛。

12月17日　市政协召开政协工作务虚会。

12月27日　市政协召开专题情况通报会,市建设交通委负责人到会通报城市建设和管理情况。

12月29日　市政协举行专题调研成果通报会,韩正出席并听取汇报。

2006年

1月6日　市政协举行委员学习活动日,全国政协外事委员会副主任赵启正作"建设良好的国际舆论环境"的报告。

1月11日　市政协举行委员"爱心奖"颁奖仪式。

1月14—19日　市政协举行十届四次全体会议。

2月9日　市政协主席蒋以任会见韩中亲善协会会长李世基一行。

2月20日　市政协举行委员学习活动日,国务院参事石定环作"实施国家长期科技规划纲要、增强自主创新能力,为建设创新型国家而努力奋斗"的报告。

2月24日　蒋以任在上海图书馆"东方讲坛"作"我国基本政治制度和人民政协"的报告。

3月4日　市政协召开专题协商会,副市长周禹鹏到会通报贯彻《国家中长期科技发展规划纲要》有关工作情况和重点价格改革工作情况,并听取委员意见。

3月11日　市政协人口资源环境建设委员会和团市委合办的"我与节约同行"活动在人民广场启动。

3月20日　市政协举行委员学习活动日,传达全国"两会"精神。

3月24日　市政协召开专题协商会,市物价局负责人到会通报建立出租汽车油价运价联运机制方案,并听取委员意见。

3月27日　市政协召开市区县政协主席学习会。

3月28日　市政协举办委员学习班,共3期,另两期分别安排在4月11日、4月22日。

3月29日　市政协举办市民反映社情民意座谈会暨欢迎市民来政协做客活动。

4月11日　市政协召开情况通报会,市规划局负责人到会通报上海市域"1966"城镇体系规划情况。

4月12日　市政协召开情况通报会,市发展改革委、市经委负责人等到会通报全市能源形势的情况。

4月13日　蒋以任会见埃及驻沪总领事拉哈曼先生。

4月19日　市政协召开专题协商会,市发展改革委等部门负责人到会介绍上海建立出租汽车油价运价联动机制的情况,并听取委员意见。

4月26日　市政协召开情况通报会,市建设交通委负责人通报上海400千米轨道交通建设情况。

5月25日　市政协召开专题协商会,市政府副秘书长洪浩到会通报"十一五"旧区改造工作情况,并听取委员意见。

5月27日　由市政协主办、香港沪港经济发展协会协办的沪港现代服务业发展研讨会在深圳举行。

5月31日　市政协配合以全国政协副主席阿不来提·阿不都热西提为团长的全国政协"农民工子女义务教育工作"视察团在沪视察。

6月12日　市政协举行委员学习活动日,上海国际问题研究中心主任潘光作"上海合作组织的成就、意义和前景"的报告。

6月20日　市政协召开情况通报会,市卫生局负责人到会通报社区卫生工作情况。

6月22日　市政协和九三学社市委联合举办"上海房地产发展"研讨会。

6月26日　市政协副主席黄关从率部分委员参加全市安全生产工作检查。

6月29日　市委副书记王安顺来市政协听取政协工作汇报。

6月30日　市政协举行中心组学习会,复旦大学党委宣传部部长石磊作"坚持改革方向,坚定改革决心和信心"的报告。

7月13日　市政协经济委员会与上海德国商会、上海现代管理研究中心联合举办"节能,让生活更美好"研讨会。

7月18日　市政协举行"贯彻中央5号文件,在政协工作中落实科学发展观"研讨会。

7月19日　市长韩正在十届二十七次常委会会议上通报市政府工作。

7月20日　市政协举行"实施科教兴市战略——自主创新与上海发展"系列论坛。

7月26日　市政协召开专题协商会,副市长周太彤等到会通报关于建立中小学生和婴幼儿基本医疗保障制度方案及关于增加养老金和其他收入分配等情况,并听取意见建议。

8月9—10日　市政协委员列席市人大常委会扩大会议,听取和讨论市政府上半年工作情况的报告。

8月15日　市政协召开专题协商会,市发展改革委等部门负责人到会介绍"关于推进水价改革及今年调价方案"和"关于推进燃气价格改革及今年调价方案"情况,并听取委员意见。

8月18日　市政协举行委员学习活动日,上海国际问题研究所副所长杨洁勉作"台湾问题和两岸关系中的国际因素"的报告。

8月28日　蒋以任会见智利新任驻沪总领事范瑞德。

9月1日　市政协副主席宋仪侨率"社区卫生服务中心工作"专项视察组领导成员赴市政府反馈专项视察情况。

同日　市政协与中国贸促会联合举办"第三届中国国际金融"论坛。

9月7日　蒋以任会见加拿大新任驻沪总领事葛淑珊女士。

9月12—14日　华东地区政协第21次文史资料工作协作会议在沪举行。

9月25日　市政协召开2006年上海市政协情况通报会。

9月27日　市委副书记罗世谦在十届二十八次常委会会议上通报对台工作情况。

10月8日　市政协举行委员学习活动日,全国政协外事委员会副主任武韬作"当前国际形势和我国外交工作"的报告。

10月9日　市政协举行"关注民生"论坛。

10月18日　市政协召开专题协商会,市人事局局长丁薛祥到会介绍机关事业单位工资制度改革的情况,并听取委员意见。

同日　市政协与上海世博局联合举行"世博会与社会公众参与"论坛。

10月25日　"华东六省一市政协书画精品巡回展"在沪开幕。

同日　市政协召开专题协商会,市政府副秘书长吉晓辉到会通报社会保险基金财务管理办法有关情况,并听取委员意见。

11月3日　市政协民族和宗教委员会、市民族和宗教事务委员会、市少数民族联合会联合举办"民族工作与构建和谐社会"研讨会。

11月4日　市政协、民革市委、市文管委、市档案局联合举办"孙中山与上海——文物文献档案展"在市档案馆开幕。

11月7日　市政协召开专题协商会,市政府副秘书长李良园到会通报关于进一步加强居委会建设的情况,并听取委员意见。

11月12日　上海各界人士纪念孙中山先生诞辰140周年大会召开。

同日　举行瞻仰孙中山故居暨孙中山文物馆开馆仪式。

11月15日　蒋以任会见法国新任驻沪总领事马捷利先生。

11月22日　上海市政协京昆与地方戏曲室成立。

11月24日—12月4日　市政协组织委员年终视察,分7个专题,400余名委员参加。

12月13日　市政协召开专题座谈会,市高院副院长齐奇到会听取委员对市高院工作报告的意见。

12月15日　蒋以任率队赴贵州省学习考察。

12月21日　市政协召开2006年提案、社情民意信息工作会议。

12月30日　市政协召开专题座谈会,副市长冯国勤到会听取委员对市政府工作报告的意见。

2007 年

1月4日　市政协召开专题座谈会,市检察院检察长吴光裕到会听取委员对检察院工作报告的意见。

1月9日　市政协举行市区县政协学习交流会。

1月10日　市政协举行2006年课题调研成果通报会,市长韩正出席并听取汇报。

1月15日　市委副书记王安顺来市政协听取政协工作汇报。

1月16日　市政协召开情况通报会,市委宣传部、市科委、市卫生局负责人等到会通报科技工作、文化事业和文化产业发展、卫生工作等情况。

1月19日　市政协主席蒋以任率队赴江苏南京、淮安、连云港、盐城、泰州等地学习考察。

同日　市政协召开十届五次会议新闻发布会暨市政协好新闻表彰会。

1月27日—2月1日　市政协举行十届五次全体会议。

2月13日　市政协召开专题协商会,副市长周太彤到会通报城镇职工基本医疗保险办法的有关情况,并听取委员意见。

2月15日　蒋以任在市委党校为区县政协新任领导班子成员作有关人民政协工作的报告。

3月23日　市政协举行委员学习活动日,华东政法学院经济法学院副院长傅鼎生作"物权法与社会主义市场经济体制之构建"的报告。

3月28日　蒋以任会见乌克兰最高苏维埃主席莫罗兹一行。

4月2日　市委书记习近平到市政协调研。

4月9日　市政协举行市区县政协主席学习交流会。

4月17日　市政协召开专题协商会,市教委负责人到会通报"本市义务教育均衡发展"情况。

4月18日　市政协召开专题协商会,周太彤通报关于"进一步做好支援外地建设退休（职）回沪定居人员帮困补助工作"情况,并听取委员意见。

5月14日　蒋以任会见俄罗斯联邦委员会议员拉巴特尼科夫。

5月17日　市政协举行知识讲座,全国政协文史和学习委员会主任王蒙作"中华传统文化与和谐文化建设"的报告。

5月21日　市政协召开专题协商会,市交通局负责人到会通报公共交通发展情况,并听取委员意见。

6月1日　市政协港澳台侨委员会和上海社会科学院港澳中心联合举办"庆香港回归十周年,推动沪港两地合作"论坛。

6月6日　市政协召开"公共交通卡经营"专题工作视察和"新增机动车额度拍卖资金使用"专题工作视察情况交流会,副市长杨雄听取汇报并与委员交流。

6月13日　蒋以任会见荷兰TNT公司董事监理局主席霍曼。

同日　市政协召开专题协商会,市食品药品监管局负责人到会通报全市食品安全监督管理工作情况,并听取委员意见。

6月15日　蒋以任率"长江三角洲地区经济协调发展"系列专题调研课题组赴江苏学习考察。

6月18日　蒋以任率"长江三角洲地区经济协调发展"系列专题调研课题组赴浙江学习考察。

6月21日　市委副书记殷一璀到市政协调研。

6月25日　蒋以任会见经社理事会和类似组织国际协会秘书长迪吕弗勒夫妇一行。

6月27日　市政协举行"2007上海教育"论坛。

6月28日　市政协举行委员学习活动日,清华大学教授倪维斗作"中国能源现状与对策"的报告。

7月18日　市政协召开专题协商会,周太彤到会通报有关社会保障工作情况,并听取委员意见。

7月19日　市政协举行委员学习活动日,同济大学海洋与地球科学学院教授汪品先作"海洋开发的前景与上海的机遇"的报告。

7月31日　韩正在十届三十五次常委会会议上通报市政府上半年工作情况。

8月2日　市政协召开专题协商会,市政府副秘书长姜平到会通报浦东综合配套改革试点工作情况,并听取委员意见。

8月6日　市政协举行"长江三角洲地区经济联动发展"专题研讨会,习近平出席听取14个调研课题的汇报并讲话。

8月15—16日　政协委员列席市人大常委会会议,听取和讨论市政府上半年工作情况的报告。

8月30—31日　全国政协加强和改进新闻宣传工作、加强和改进反映社情民意工作及地方政协工作座谈会在沪举行。

9月6日　市政协召开专题协商会,市发展改革委负责人等到会通报"本市推进水价改革暨水价调整方案"并听取委员意见。

9月9—13日　蒋以任率队赴吉林学习考察。

9月13日　市政协举行提案办理情况专题工作视察通报会。

9月21日　市政协与中国贸促会联合举办"第四届中国国际金融"论坛。

10月24日　市政协举行2007年上海市政协情况通报会。

10月25日　市政协提案委员会、市政协人口资源环境建设委员会、市交通学会、中国自行车协会联合举办"构建上海和谐交通"座谈会。

10月26日　中共中央政治局常委、市委书记习近平来市政协视察。

10月31日　中共中央政治局委员、市委书记俞正声来市政协调研。

11月6日　市政协举行委员学习活动日,学习传达全国政协十届十九次常委会会议精神。

同日　市政协召开专题协商会,周太彤到会通报"建立本市城镇居民基本医疗保险制度"有关情况,并听取委员意见。

11月8日　上海市人民政协理论研究会成立。

11月13日　市政协和崇明县政府等联合举办"推进崇明发展"研讨会。

11月14日　市政协经济委员会和虹口区政协、市旅游委、上海海事大学联合举办"邮轮经济发展"研讨会。

11月21日　市政协与临港新城管委会、南汇区政协等联合举办"上海临港新城产业发展战略"研讨会。

11月26日—12月3日　市政协组织委员年终视察,分8个专题,500余名委员参加。

12月7日　市政协召开市区县政协主席学习中共十七大会议精神交流会。

12月9日　蒋以任率团访问香港、澳门特别行政区。

12月13日　市政协召开提案办理专题视察情况交流会,副市长冯国勤听取汇报并参与交流。

12月18日　蒋以任率上海市政协友好代表团出访圣彼得堡。

12月25日　市政协召开专题座谈会,市高院副院长张海棠听取委员对市高院工作报告的意见。

同日　市政协召开专题座谈会,市检察院副检察长邹传纪听取委员对市检察院工作报告的意见。

12月26日　第十一届市政协委员名单经十届三十八次常委会会议协商通过。

同日　市政协召开专题座谈会,冯国勤听取委员对市政府工作报告的意见。

2008 年

1月8日　第十一届市政协委员增补名单经十届三十九次常委会会议协商通过。

1月9日　市政协举行2007年课题调研成果通报会,市长韩正出席听取汇报。

1月10日　市政协举行十届市政协工作总结大会。

1月15日　市政协召开情况通报会,市发展改革委、市财政局、市委宣传部负责人到会通报经济社会发展、财政工作、文化事业和文化产业发展情况。

1月16日　市政协召开情况通报会,市劳动和社会保障局、市医疗保险局、市建交委负责人到会通报社会保障、医保、重大工程建设和公共交通发展情况。

1月23—28日　市政协举行十一届一次全体会议,会议选举冯国勤为市政协主席。

2月15日　市政协召开"应对灾害性天气对城市公共安全的影响"专题座谈会。

2月26日　市政协与市外办在锦江小礼堂联合举办"2008年新春外国驻沪机构及外资企业情况通报会"。

2月27日　市政协与市委宣传部联合召开政协新闻宣传工作座谈会。

同日　市政协举行中心组学习会,复旦大学经济学院教授石磊作2008年中国经济趋势的报告。

3月10日　市政协召开专题协商会,市政府副秘书长范希平到会通报有关民生保障工作情况,并听取委员意见。

3月24日　市政协召开传达全国政协十一届一次会议精神大会。

3月26日　市政协召开专题协商会,市金融办负责人到会通报实施交强险双挂钩保险新方案情况,并听取委员意见。

4月4日　冯国勤会见加纳共和国议长塞基·休斯一行。

4月8日　市政协召开市区县政协主席会议。

4月10日　冯国勤赴闵行区政协调研政协工作情况。至2012年12月,十一届市政协领导下基层调研共66次。

同日　冯国勤会见香港四洲集团主席戴德丰先生一行。

4月15—19日　冯国勤赴香港、澳门特别行政区访问。

4月21—23日　市政协举办政协常委、专委会负责人和界别活动召集人学习培训班,市委书记俞正声出席并讲话。

4月29日　冯国勤召开提案办理协商座谈会,促办"关于提升上海经济贸易仲裁服务的建议"重点提案。至2012年底,十一届市政协领导督办重点提案共53次。

5月4日　市政协、市委统战部、市统战理论研究会联合举办"纪念中共中央发布'五一口号'60周年"理论研讨会。

5月8日　冯国勤等赴松江区召开部分区委书记座谈会,听取并交流贯彻落实中央5号文件的情况。

5月13日　市政协港澳台侨委员会、对外友好委员会与市侨办联合举办"华侨华人经理人座谈会"。

5月14日　市政协举行向四川地震受灾地区捐款活动,并动员广大政协委员积极投入抗灾救灾的各项活动。

5月19日　市政协举行委员学习会,经济学家吴敬琏作"上海经济转型的机遇与挑战"的报告。

5月22—26日　市政协组织"应对各类突发事件对城市公共安全影响"专题视察。

5月25日　市政协台联界别组织在沪台胞爱心募捐活动。

5月28日　冯国勤主持召开部分大口工作党委负责人座谈会,听取并交流贯彻落实中央5号文件的情况。

6月2日　市政协召开"应对各类突发事件对城市公共安全影响"专题协商会,韩正出席会议并讲话。

6月5日　冯国勤主持召开民主党派市委和市工商联负责人、无党派人士座谈会,听取并交流贯彻落实中央5号文件的情况。

6月6—7日　市政协举办新委员学习培训班,共3期,另两期分别安排在6月20日、7月9日。

6月11日　市政协配合全国政协副主席张梅颖带队的全国政协"医学教育改革与基层卫生人才培养"专题调研组在沪调研。

同日　冯国勤等赴静安区召开部分区委书记座谈会,听取并交流贯彻落实中央5号文件精神的情况。

6月18日　市政协召开专题会议,市委副书记殷一璀到会听取贯彻落实中央5号文件专题调研的情况汇报。

6月19日　冯国勤会见加拿大蒙特利尔银行集团总裁兼首席执行官邓伟信一行。

同日　市政协副主席钱景林率民族和宗教委员会部分委员就"宗教代理经租房产大修资金使用情况"进行专题视察。

6月20日　召开专题视察交流会,市环保局负责人到会介绍郊区"三废"污染治理情况,并听取委员在专题视察中的意见建议。

6月26日　冯国勤会见罗马尼亚参议长沃克罗尤率领的参议院代表团。

6月27日　冯国勤会见澳洲和大洋洲和平统一促进会主席、香港金晖国际集团董事长邱维廉夫妇。

7月2日　市政协召开情况通报会,分管市领导到会通报《关于进一步推进上海国资国企改革发展的若干意见》的编制情况,并听取委员意见。

7月3日　市政协副主席周太彤带队进行"上海航空枢纽港应对世博会期间客流高峰的举措"专题视察。

7月12日　市政协在深圳举办市政协港澳地区常委和新任委员学习培训班。

8月13日　冯国勤等赴市疾控中心、上海消防局慰问赴川抗震救灾的上海医疗队成员和武警消防官兵。

8月14日　市政协召开专题协商会,市委政法委书记吴志明及市公安局、市综治办负责人到会通报上海实有人口管理工作情况,并听取委员意见。

8月19—20日　政协委员列席市人大常委会扩大会议,听取和讨论市政府上半年工作情况的报告。

8月28日　市政协和上海社科院联合举办纪念改革开放30周年系列讲座。共两讲,另一讲在9月8日。

9月9—11日　华东六省一市政协提案工作座谈会在沪举行。

9月17日　市政协召开纪念改革开放30周年外籍人士座谈会。

9月21—23日　华东六省一市政协接待工作座谈会在沪举行。

9月22日　市政协举行委员学习会,全国人大财经委副主任吴晓灵作"科学总结经验,更新观念,促进中国经济和金融业的发展"的报告。

同日　冯国勤会见新任美国驻沪总领事康碧翠女士。

9月24日　市政协召开情况通报会,韩正到会通报市政府机构改革方案。

9月25日　冯国勤率上海市政协代表团赴都江堰市参加捐赠援建活动。

10月8日　冯国勤率上海代表团访问柬埔寨、毛里求斯、南非。

10月21日　市政协举行以"上海世博会与中国科技进步"为主题的委员与市民网上交流活动。

10月23日　市政协配合全国政协副主席阿不来提·阿不都热西提为团长的全国政协考察团在沪考察。

10月24日　市政协召开专题议政会,副市长沈晓明到会听取关于"着力推进科技世博"调研情况的汇报,并与委员交流。

10月29日　市纪委书记董君舒在十一届五次常委会会议上通报党风廉政建设工作情况。

10月30日　市政协举行贯彻落实迎世博600天行动实施方案启动仪式暨"我与世博同行"讲坛首讲。至2010年4月,先后在上海图书馆、上海政法学院、上海工程技术大学及浦东新区、虹口、长宁、闵行、嘉定、黄浦区等共举行15讲。

11月4日　冯国勤等在北京向全国政协主席贾庆林,全国政协副主席王刚、钱运录汇报市政协工作及请全国政协支持上海世博会的有关事宜。

11月7日　市政协举行学习贯彻中共十七届三中全会精神专题座谈会。

11月13日　市政协召开市区县政协主席会议,学习贾庆林听取上海市政协工作汇报时的讲话精神。

11月20—21日　市政协召开"学习实践科学发展观,开创政协工作新局面"学习交流会,俞正声出席并讲话。

11月24日　市政协召开2008年提案工作会议。

11月25日—12月5日　市政协组织委员年终视察,分18个专题,700余名委员参加。

11月26日　市政协人口资源环境建设委员会和虹口区政协联合举办"创业促进就业"论坛。

12月4日　市政协民族和宗教委员会与市民族宗教事务委员会联合召开民族宗教界纪念改革开放30周年座谈会。

12月8日　"风雨同舟　肝胆相照——上海政协与改革开放30年"展览会开幕。

12月9日　市政协举行2008年上海市政协情况通报会。

12月16日　市政协召开专题议政会,副市长沈骏到会听取关于上海探索多模式旧区改造专题调研情况的汇报,并与委员交流。

12月17日　韩正在市政协十一届六次常委会会议上通报上海经济发展情况。

12月18日　市政协举行上海各界人士纪念改革开放30周年座谈会。

12月19日　市政协港澳台侨委员会、上海社会科学院港澳研究中心、香港明天更好基金联合举办"金融危机、经济转型、沪港发展"研讨会。

12月22日　市政协召开专题座谈会,市高院负责人到会听取委员对市高院工作报告的意见。

12月23日　市政协召开专题座谈会,市检察院负责人到会听取委员对市检察院工作报告的意见。

12月25日　市政协召开专题座谈会,副市长屠光绍到会听取委员对市政府工作报告的意见。

12月26日　冯国勤会见南部非洲上海世博会推广组织委员会执行主席曹行知一行。

同日　冯国勤会见以恩德贝莱省省长为团长的上海友城南非夸祖鲁—纳塔尔省代表团一行。

同日　市政协召开情况通报会,市发展改革委、市财政局、市文广影视局负责人到会分别通报经济社会发展、财政工作和文化发展的情况。

12月30日　市政协召开情况通报会,市经信委、市人保局、市医保办负责人到会分别通报产业经济发展、促进就业和社会保障以及医保重点工作的情况。

2009 年

1月12—16日　市政协举行十一届二次全体会议。

2月24日　市政协对外友好委员会举行在沪部分日籍人士代表恳谈联谊会。

3月8日　市政协副主席周汉民出席全国政协十一届二次会议举行的"政协委员谈上海世博会"专题记者会,并回答记者提问。

3月9日　安徽省政协主席杨多良代表皖苏浙沪政协主席联名在全国政协十一届二次会议作"以办好世博会为契机,推动泛长三角区域联动发展"的大会口头发言。

3月17日　市政协举行委员学习会,传达全国政协十一届二次会议精神。

3月25日　市政协人口资源环境建设委员会、九三学社市委、上海财经大学联合举办"保增长,重民生,促进房地产市场健康发展"论坛。

3月28日　市政协举行"推动融资租赁市场发展,促进上海经济平稳增长"论坛。

4月4日　市政协主席冯国勤会见奥地利联邦议会议长哈拉德·莱森贝格率领的奥中友协高级代表团一行。

4月9日　市政协召开市区县政协主席会议。

4月11日　冯国勤率在沪全国政协委员赴贵州考察。

4月20日　市政协配合全国政协外事委员会"2010 年上海世博会公共外交"课题组在沪调研。

4月21日　市政协召开"关于加强本市劳动争议仲裁工作的建议"重点提案办理协商座谈会。

4月23日　市政协举行委员学习会,中国国际战略学会会长熊光楷作"学习与修养"的报告。

4月30日　市政协召开情况通报会,市人力资源社会保障局负责人到会通报逐步扩大全市城镇养老保险覆盖范围有关情况。

5月8日　市政协召开情况通报会,副市长胡延照到会通报关于调整浦东新区与南汇区行政区划工作的情况。

同日　市政协举行委员学习会,中国原驻法国大使吴建民作"当前全球金融危机下的世博会对上海的意义、机遇和挑战"的报告。

5月20日　市政协举行委员学习会,著名国际刑事鉴识专家李昌钰博士作"世界名案探析"的报告。

5月21日 市政协召开"多渠道解决中小企业融资困难"重点提案办理协商会。

6月3日 市政协港澳台侨委员会和市侨办联合召开"华侨华人经理人座谈会"。

6月9日 市政协召开"加快推进上海国际金融中心建设"常委恳谈会。

6月10日 冯国勤会见英国劳合社主席列文勋爵。

6月16日 市政协人口资源环境建设委员会与复旦大学社会发展与公共政策学院联合举行"发展社会事业,扩大就业"论坛。

6月25日 市政协召开"突破上海生物医药产业化发展瓶颈的对策建议"专题协商会,市委副书记殷一璀、副市长沈晓明到会听取课题调研情况汇报并互动交流。

同日 市政协组织委员分组视察"迎世博窗口服务行业工作情况"、"迎世博社会宣传动员情况"和"迎世博市容环境建设和管理情况"。

7月10日 冯国勤会见巴基斯坦参议院主席奈克一行。

7月16日 市政协召开"确保社会和谐稳定"委员专题议政会,市委政法委书记吴志明到会通报全市维稳工作情况,并听取委员意见。

7月23日 市政协经济委员会和宝山区政协联合举办"邮轮经济与宝山"论坛。

8月4日 市政协经济委员会和虹口区政协联合举办"北外滩国际航运与国际贸易融合发展"研讨会。

8月5日 冯国勤会见波兰参议院副议长马列克·奇奥科夫斯基。

8月11日 市政协召开"加快推进上海国际航运中心建设"常委恳谈会。

8月14日 市政协召开专题协商会,分管市领导到会通报全市产业形势和推进高新技术产业化情况,并听取委员意见。

8月15日 "庆祝人民政协成立60周年委员摄影展"开幕。

8月17日 市政协举行委员学习会,全国政协副主席郑万通作"人民政协60年光辉历程和重要启示"的报告。

8月18—19日 政协委员列席市人大常委会扩大会议,听取和讨论市政府上半年工作的报告。

8月18日 市政协召开专题议政会,市交通港口局负责人到会介绍《上海市人民政府关于进一步促进出租汽车行业健康持续发展的意见》有关情况,并听取委员意见。

8月21日 市政协举行"风雨同舟颂华章——纪念人民政协成立60周年诗歌朗诵会"。

同日 市政协港澳台侨委员会、上海社会科学院港澳研究中心和香港明天更好基金联合举办"沪港国际贸易中心互动发展"研讨会。

8月24日 市政协民族和宗教委员会组织视察上海世博会宗教活动接待场所。

8月31日 冯国勤等率上海市政协代表团赴都江堰市参加捐助活动。

9月8日 市政协配合以全国政协副主席孙家正为团长的全国政协委员视察团在沪视察上海世博会筹备情况。

同日 市政协召开专题协商会,市发展改革委负责人到会通报"本市启动出租汽车运价油价联动机制的方案"情况,并听取委员意见。

9月15日 市政协民族和宗教委员会、市民族和宗教事务委员会联合举办上海民族宗教界庆祝新中国成立60周年、人民政协成立60周年文艺汇演。

9月17日 市政协和市委统战部联合召开上海各界人士庆祝人民政协成立60周年暨纪念中国共产党领导的多党合作和政治协商制度确立60周年座谈会。

9月24日 "团结民主 传承创新——上海市政协60年展"开幕。

9月25日 市政协召开胡锦涛在庆祝人民政协成立60周年大会上重要讲话专题学习会。

9月27—28日 市委召开庆祝人民政协成立60周年暨上海市政协工作会议,市委书记俞正声作主题讲话,市长韩正主持会议,市委副书记殷一璀作《中共上海市委关于进一步加强人民政协工作的实施意见》的说明,市政协主席冯国勤就贯彻会议精神讲话。

10月13日 市政协部分委员分组视察迎世博社会动员工作情况和迎世博倒计时200天市容环境建设和管理情况。

10月15日 市政协举行贯彻胡锦涛重要讲话和上海市政协工作会议精神学习交流会。

10月22日 市政协举行人民政协成立60周年理论研讨会暨市政协中心组学习会,中国人民政协理论研究会秘书长原冬平介绍人民政协理论研究动态。

10月23日 市政协召开"加快推进上海国际贸易中心建设"常委恳谈会。

11月2日 市政协召开专题协商会,市交通港口局负责人到会介绍交通行政执法及处置情况,并听取委员意见。

11月3日 市政协、市委统战部和市社会主义学院联合举办"2009年上海市党外人士统一战线理论与实践"研讨班。

11月11日 市政协经济委员会和奉贤区委、区政府、区政协联合举办"建设南桥新城,推进城乡一体化发展"专题研讨会。

11月12日 市政协经济委员会和徐汇区政协联合举办"上海'四个中心'建设与徐家汇商圈发展"专题讨论会。

11月20日 市政协举行委员学习会,上海世博局副局长黄健之介绍上海世博会参展布展情况。

11月24日 市政协召开情况通报会,市检察院负责人到会通报检察工作情况。

12月9—10日 市政协召开工作务虚会。

12月10日 市政协召开情况通报会,副市长沈晓明到会通报《上海市中长期教育改革和发展规划纲要》等有关情况。

12月16日 市政协召开情况通报会,市政府副秘书长范希平到会通报《崇明生态岛建设纲要》编制工作情况。

12月18日 冯国勤会见英国劳合社主席列文勋爵一行。

12月22—29日 市政协组织委员年终视察,分13个专题,近600名委员参加。

12月23日 市长韩正在十一届十四次常委会会议上通报上海经济社会发展情况。

12月24日 冯国勤等在北京向全国政协副主席王刚汇报市政协工作及请全国政协支持上海世博会宣传工作的有关事宜。

12月29日 市政协召开专题座谈会,市检察院负责人到会听取委员对市检察院工作报告的意见。

2010 年

1月5日 市政协召开专题座谈会,副市长杨雄到会听取委员对市政府工作报告的意见。

1月13日 市政协主席冯国勤会见意大利农业部部长卢卡·泽亚一行。

1月15日　市政协与市委宣传部联合召开加强人民政协新闻宣传工作座谈会。

1月25—30日　市政协举行十一届三次全体会议。

2月25日　市政协召开情况通报会，市卫生局负责人到会通报深化医药卫生体制改革工作情况。

3月8日　市政协副主席周汉民出席全国政协十一届三次会议举行的"走进世博，共享世博"主题记者会，并回答记者提问。

3月9日　市政协召开情况通报会，市绿化市容局负责人到会通报加强生活垃圾管理情况。

3月11日　市政协召开情况通报会，市住房保障局负责人到会通报上海住房保障体系建设和房改情况。

3月16日　市政协举行委员学习会，外交部气候变化谈判特别代表于庆泰介绍国际应对气候变化形势与中国的气候外交工作等情况。

3月17日　市政协召开情况通报会，市发展改革委主任周波到会通报上海"十二五"规划编制情况。

3月26日　市政协举办首次"委员在线法律咨询"活动，法律界委员为市民提供法律咨询。

4月2日　市政协与市委党校（行政学院）签署合作协议。

4月7日　市政协召开"十二五"规划大讨论委员专题座谈会。

4月11日　市政协民族和宗教委员会协助中国宗教界和平委员会举办"城市，让生活更美好——祈祷世博会圆满成功"活动。

4月13日　市政协召开"进一步完善住房体系"常委专题协商会，副市长沈骏到会听取委员意见。

4月15日　部分委员分组视察"世博专线运行"、"窗口服务行业工作"、"市容整治"和"食品安全"情况。

4月21日　市政协组织政协委员第一次入园察看世博园区试运行情况。至10月31日，先后组织53批次、830人次的政协委员入园进行民主监督。

5月12日　市政协召开专题座谈会，副市长屠光绍到会听取委员对全市贯彻落实《国务院关于坚决遏制部分城市房价过快上涨的通知》的意见。

5月20日　冯国勤会见英国劳合社主席列文勋爵及伦敦市高级代表团一行。

5月26日　市政协教科文卫体委员会、九三学社市委联合举办"建立罕见遗传病基本医疗保障机制"专题研讨会。

5月27日　市政协举行委员学习会，国家发改委对外经济研究所副所长毕吉耀作"大力推进经济结构调整，加快经济发展方式转变"的报告。

6月2—4日　京津沪渝苏浙皖川政协研究室工作交流会在沪举行。

6月4日　市政协召开专题协商会，副市长沈骏到会介绍"廉租房、经适房申请准入标准调整"的情况，并听取委员意见。

6月7—9日　京津沪渝政协人口资源环境建设委员会工作研讨会在沪举行。

6月17日　市政协港澳台侨委员会和市政府侨办联合召开"华侨华人经理人座谈会"。

6月21日　冯国勤会见意大利米兰省省长圭多·波戴斯达一行。

7月8日　市政协副主席高小玫率队视察全市检察机关反渎职侵权工作。

7月9日　市政协召开"进一步推动上海文化发展繁荣"专题议政会，市委宣传部部长杨振武到会听取委员意见。

7月15日　冯国勤会见南非夸祖鲁—纳塔尔省省长茨威利·姆基泽一行。

7月16日　市政协举行委员学习会,中国佛教协会副会长学诚作"全球视野下的中国佛教文化走向"的报告。

7月20日　市政协召开"加快实施'走出去'战略"专题议政会,市商务委主任沙海林到会听取委员意见。

7月21日　市政协教科文卫体委员会和黄浦区政协联合召开"集聚文化优势,打造海派百老汇"专题研讨会。

同日　市人民政协理论研究会、市政治学学会、市社会学学会与市法学会联合举办"扩大公民有序政治参与"理论研讨会。

7月22—24日　市政协根据全国政协要求承办的中欧经贸问题联合研究小组研讨会在沪举行。

7月22日　市政协召开市区县政协主席会议。

7月27—28日　政协委员列席市十三届人大常委会扩大会议,听取和讨论市政府上半年工作情况报告。

8月8日　全国政协京昆室、市政协教科文卫体委员会联合主办庆祝上海世博会"中华神韵"国粹京剧经典演唱会。

8月24日　市政协召开"'十二五'规划与依法行政的重大举措"专题座谈会。

同日　市政协教科文卫体委员会、农工党市委、市卫生局联合主办"上海'十二五'医疗服务体系建设和发展"论坛。

8月27日　市政协召开专题报告会,全国政协外事委员会主任赵启正作"开拓公共外交的意义"的报告。

9月1—4日　全国部分省市政协第三次地方政协联络工作研讨会在沪举行。

9月8日　市人民政协理论研究会、市政治学学会、市社会学学会和市法学会联合举办"人民政协与扩大公民有序政治参与"理论研讨会。

9月9日　冯国勤会见俄罗斯前总理普利马科夫一行。

9月19日　市政协、市委党校联合举办人民政协理论专题研讨班。

同日　市政协经济委员会和上海财经大学、虹口区政协联合举办"彰显特色街区魅力,共享美好城市生活——四川北路发展"论坛。

10月9日　冯国勤会见德国参议院议长伯恩森率领的代表团一行。

10月10日　市政协配合全国政协副主席陈奎元率领的全国政协海外侨胞考察团在沪考察。

10月15日　市政协召开专题学习会,围绕"提高政协科学化水平"展开讨论。

10月18—20日　"'江浙沪'政协保护和扶持地方戏曲艺术座谈会"在沪举行。

11月3日　市政协召开专题协商会,屠光绍等到会通报进一步完善市与区县财税管理体制的情况,并听取委员意见。

11月12日　市人民政协理论研究会与复旦大学国际关系和公共事务学院联合举办以"人民政协与我国社会主义民主政治发展"为主题的首次"政协委员与大学生面对面"沙龙活动。

11月18日　市政协召开学习讨论会,围绕"贯彻中共十七届五中全会及市委九届十三次全会精神,推动人民政协事业实现新发展"进行讨论交流,市委书记俞正声出席并讲话。

11月23日—12月2日　市政协组织委员进行年终视察，分14个专题，500余名委员参加。

11月24—27日　冯国勤率队赴香港、澳门特别行政区访问。

11月29日　市人民政协理论研究会、市政治学学会、市社会学学会、市法学会联合召开"扩大公民有序政治参与，推进社会主义民主政治建设"理论研讨会。

11月30日　市政协召开"增强'共同意识'，提升提案工作科学化水平"座谈会。

12月6日　市政协召开专题座谈会，市高院院长应勇到会听取委员对市高院工作报告的意见。

12月9日　市政协举行上海市政协2010年情况通报会。

12月10日　市政协召开专题座谈会，市检察院负责人到会听取委员对市检察院工作报告的意见。

同日　市政协召开专题协商会，市政府副秘书长薛潮到会通报《关于加快旅游业发展，建设世界著名旅游城市的意见》的编制情况，并听取委员意见。

12月16日　市政协教科文卫体委员会、九三学社市委联合举办"建立上海市罕见遗传病基本医疗保障机制"专题研讨会。

12月22日　市长韩正在十一届二十二次常委会会议上通报上海经济社会发展情况。

12月24日　市政协举行委员学习会，国防大学战略研究室孟祥青作"我国安全环境与国家安全战略"的报告。

2011 年

1月6日　市政协召开专题座谈会，市领导到会听取委员对市政府工作报告的意见。

1月15—20日　市政协举行十一届四次全体会议。

2月25日　上海公共外交协会成立。

3月16日　市政协举行委员学习会，中国社会科学院社会学所所长李培林作"加强和创新社会管理"的报告。

3月22日　市政协主席冯国勤会见英国劳合社主席列文勋爵。

3月25日　市政协召开"关注价格走势，谋划有效应对"常委专题座谈会。

3月30日　市政协召开情况通报会，市人力资源社会保障局负责人到会通报《上海市就业和社会保障"十二五"规划》和《上海市"十二五"人才发展规划纲要》等情况。

4月2—13日　冯国勤随同全国政协主席贾庆林出访缅甸、澳大利亚和萨摩亚。

4月14日　市政协举行学习报告会，外交部原部长李肇星作"国际形势与对外工作体会"的报告。

5月5—9日　冯国勤率上海市政协学习考察团赴广西学习考察。

5月17日　全国政协外事委员会、市政协、上海公共外交协会联合举办"延续世博效应，拓展公共外交"座谈会。

5月19日　市政协召开"积极稳妥推进医药卫生体制改革"常委专题议政会，副市长沈晓明到会听取常委意见。

5月20日　市政协和市委宣传部、虹口区政府、市文广影视局、市文联、市文史研究馆联合主办《大道存真》——朱屺瞻先生诞辰120周年纪念活动。

5月24日—6月4日　冯国勤率上海市政协友好访问团访问意大利、西班牙、克罗地亚。

5月30日　市人民政协理论研究会、市法学会、市政治学学会、市社会学学会和市中共党史学会联合召开纪念中国共产党成立90周年理论研讨会。

5月31日　市政协举行委员学习会,全国政协外事委员会副主任武大伟作"当前国际形势与我国外交工作"的报告。

6月7日　市政协召开情况通报会,副市长姜平到会通报调整部分行政区划工作情况及"11·15"特别重大火灾事故有关责任人员处理和善后处置工作的情况。

6月10日　市政协召开"加强城市运行安全和生产安全"常委协商会,副市长张学兵到会听取常委的意见。

6月28日　市政协举行"中国特色社会主义政党制度与政治发展道路——纪念中国共产党成立90周年"理论研讨会。

7月13日　市政协举行委员学习会,中国第二历史档案馆副馆长马振犊作"辛亥革命百年启示"的报告。

7月15—16日　京津沪渝直辖市政协提案工作座谈会在沪举行。

7月16日　京津沪渝直辖市政协主席工作研讨会在沪举行。

7月23日　市政协召开"建设上海国际城市交流中心和国际友城雕塑公园"提案促进办理座谈会。

7月26日　冯国勤等率队赴华山医院和漕溪路、零陵路交警执勤点慰问医护人员和公安干警。

7月26—27日　市政协委员列席市人大常委会扩大会议,听取和讨论市政府上半年工作情况报告。

7月28日—8月3日　冯国勤率在沪全国政协委员赴新疆学习考察。

8月17—18日　市政协、市委统战部、市委宣传部、市委组织部联合举办人民政协理论专题研讨班。

8月21日　市政协经济委员会、港澳台侨委员会联合举办"沪台租赁业合作与发展"研讨会。

8月24日　市政协社会和法制委员会与团市委联合举办"牵手面对面暨走进政协"活动。

8月25—27日　冯国勤率市政协港澳委员赴内蒙古学习考察。

8月31日　市政协召开"推进长三角一体化发展"常委专题座谈会。

9月16日　市政协举行委员学习会,海军信息化专家咨询委员会主任尹卓少将作"我国海洋安全形势及南海问题"的报告。

9月22日　市政协召开情况通报会,上海援疆前方指挥部总指挥陈靖通报上海对口支援新疆工作情况。

同日　冯国勤会见斯洛文尼亚国民委员会主席卡弗契奇一行。

10月9日　上海各界人士纪念辛亥革命100周年大会召开,市委书记俞正声出席并讲话。

同日　市政协、民革市委等单位联合举办的"辛亥革命在上海"文献文物展、辛亥百年美术作品展开幕。

10月10—11日　市政协组织委员"城市运行安全和生产安全"专项视察。

10月17日　市政协对外友好委员会、上海公共外交协会联合举办"弘扬世博精神,推动转型发展"研讨会。

10月19日　市政协举办"百年回望,振兴中华——纪念辛亥革命100周年大型图片展"。

同日　召开"进一步规范劳务派遣用工制度"常委协商会,市人力资源和社会保障局负责人到会听取常委意见。

10月25日　市政协召开市区县政协工作经验交流会。

10月28日　华东六省一市第十七次政协工作座谈会在沪举行。

11月1—3日　市政协配合澳门特别行政区全国政协委员考察团在沪考察。

11月2日　市政协召开情况通报会，市长韩正到会通报"十二五"开局工作情况。

11月7日　市政协举行委员学习会，中央社会主义学院副院长叶小文作"中国文化与文化中国"的报告。

11月8日　市政协召开"苏州河两岸综合开发"常委协商会，沈骏到会听取委员的意见建议。

11月8—17日　市政协组织委员年终视察，分12个专题，400余名委员参加。

11月12日　上海市政协和新疆维吾尔自治区政协签署友好合作协议暨新疆政协在沪学习培训考察班开班。

11月15日　市政协港澳台侨委员会、上海社科院港澳研究中心和香港明天更好基金联合举办"'十二五'和2015年的沪港发展"研讨会。

11月17日　市政协举行工作学习讨论会，俞正声出席并讲话。

11月21日　上海市文史资料研究会成立。

11月24日　市政协召开情况通报会，姜平到会通报贯彻国务院《关于开展城镇居民社会养老保险试点的指导意见》实施意见的情况。

12月7日　市政协召开专题座谈会，市高院院长应勇到会听取委员对市高院工作报告的意见。

12月13日　冯国勤会见英国劳合社主席约翰·纳尔逊和原主席列文勋爵。

12月14日　市政协召开专题座谈会，市检察院负责人到会听取委员对市检察院工作报告的意见。

12月21日　韩正在十一届三十一次常委会会议上通报经济社会发展情况。

12月23日　市政协召开专题座谈会，副市长杨雄到会听取委员对市政府工作报告的意见。

2012 年

1月6日　市政协召开专题协商会，副市长沈晓明到会通报《关于完善本市城镇职工基本医疗保险办法的工作方案》的情况，并听取委员意见。

1月9日　举办新委员学习培训班。

1月10—15日　市政协举行十一届五次全体会议。

2月15日　市政协举办"走出去"与转型发展——大使和企业家对话会。

2月23—24日　市政协和市委组织部、市委党校联合举办人民政协理论专题研讨班。

3月19日　市政协举行委员学习会，全国政协经济委员会副主任李德水作"当前国际国内经济形势"的报告。

3月27日　市政协教科文卫体委员会、市科协、市广播电视协会、上海广播电视台联合举办"情怀的力量——纪实频道《大师》研讨会。

4月1日　市政协召开"积极推进文化改革发展"常委协商会，市委宣传部负责人到会听取常委意见。

4月23日　市政协文史资料委员会和市文物局、市地方志办公室、徐汇区政府等联合举办"忆上海先贤,明爱国之志——明末爱国科学家徐光启诞辰 450 周年纪念会"。

4 月 27 日　市政协主席冯国勤会见中美俄大国关系研讨会代表一行。

5 月 14 日　市政协举办委员学习会,中国战略文化促进会常务副会长兼秘书长罗援少将作"国防现代化与周边安全环境"的报告。

5 月 16 日　市政协召开情况通报会,市检察院负责人到会通报检察机关加强法律监督工作情况,并听取委员意见。

5 月 22—24 日　京津沪渝直辖市政协社会和法制委员会工作交流会在沪举行。

6 月 8 日　市政协召开学习报告会,外交部边海司副司长易先良作国家海洋政策报告。

6 月 11—13 日　冯国勤率市政协港澳委员赴山西学习考察。

6 月 14 日　市政协召开"加快推进临港地区产城融合"常委协商会暨重点提案督办专题座谈会,浦东新区区委书记徐麟到会听取常委意见。

6 月 20 日　市政协港澳台侨委员会和市政府侨办联合举办"华侨华人经理人座谈会"。

7 月 6 日　市政协举行委员学习会,上海航天技术研究院科研四部部长叶勋作"中国载人航天发展历程及展望"的报告。

7 月 10 日　市政协召开情况通报会,市高院院长应勇到会通报法院民事执行工作情况,并听取委员意见。

7 月 17 日　市政协召开情况通报会,市发展改革委、市人力资源社会保障局等负责人到会通报关于居住证积分制管理相关情况。

7 月 18 日　召开"加快推进上海社会信用体系建设"常委协商会,副市长杨雄到会听取常委意见。

7 月 19 日　市政协市人民政协理论研究会、市统一战线理论研究会、市法学会、市政治学学会、市社会学学会联合召开"拓展协商民主,促进创新转型"理论研讨会。

7 月 23 日　冯国勤会见家乐福集团副总裁、家乐福大中华区总裁唐嘉年。

7 月 25—26 日　市政协委员列席市人大常委会扩大会议,听取和讨论市政府上半年工作情况报告。

8 月 21 日　冯国勤会见美国休斯敦市政府首席发展官伊肯一行。

9 月 16—22 日　市政协根据全国政协要求承办的第二届国际协会"夏季学校"培训班活动在沪举行。

9 月 17—22 日　冯国勤率在沪全国政协委员赴湖南学习考察。

9 月 25 日　市政协召开"上海国际友好城市公园"提案跟踪办理专题座谈会,浦东新区区委书记徐麟到会听取委员意见。

9 月 27 日　市政协召开提案工作会议。

9 月 28 日　市政协举行委员学习活动日,中国社会科学院当代中国研究所文化和社会史研究室主任刘国新作"十六大以来我国文化建设与经济社会协调发展"的报告。

10 月 11 日　市政协人口资源环境建设委员会、港澳台侨委员会联合举办"创新发展与城市治理"沪港发展论坛。

10 月 20—24 日　冯国勤率队赴香港、澳门特别行政区访问。

10 月 25 日—11 月 2 日　市政协组织委员年终视察,分 11 个专题,600 余名委员参加。

11 月 20 日　中共中央政治局常委俞正声到市政协视察。

11 月 28 日 市政协举行第十一届委员会总结大会。

12 月 5 日 市政协举行委员学习会,中共中央党校辛鸣教授作"中共十八大的历史方位与精神实质"的报告。

12 月 6 日 市政协召开 2012 年市政协情况通报会。

12 月 11 日 市政协召开市区县政协学习贯彻中共十八大精神专题座谈会。

12 月 19 日 市政协召开专题座谈会,市检察院负责人到会听取委员对市检察院工作报告的意见。

12 月 24 日 市政协召开专题座谈会,应勇到会听取委员对市高院工作报告的意见。

12 月 26 日 第十二届市政协委员名单经十一届四十次常委会会议协商通过。

2013 年

1 月 9 日 市政协召开专题座谈会,代市长杨雄到会听取委员对市政府工作报告的意见。

1 月 11 日 市政协召开情况通报会,杨雄到会通报经济社会发展情况。

1 月 16 日 第十二届市政协委员增补名单经市政协十一届四十一次常委会会议协商通过。

第一篇
组　织

组织机构和组成人员是人民政协开展工作、履行职能的基本保证。1977年12月召开的市政协五届一次会议,以及1980—1982年陆续召开的各区县新一届政协全会,标志着上海市、区两级政协在"文化大革命"中被迫中断的组织体制重新构建完成。

政协上海市委员会每届任期5年,1977年12月—2013年1月共历经7届委员会。市政协委员会的构成,由中共上海市委、市各民主党派组织、市各人民团体组织、少数民族和社会各界的代表、归国华侨和港澳同胞的代表以及特别邀请人士组成。每届市政协的参加单位、委员名额和人选由上届市政协常委会协商决定,当届任期内如需增加或变更,由常委会决定。市政协设常委会主持会务,由主席、副主席、秘书长和常务委员组成,其人选经全体会议选举产生。20世纪80年代起,市政协设主席会议,由主席、副主席、秘书长组成,处理常委会重要日常工作。按照需要,每届设副秘书长若干人,协助秘书长进行工作,人选由秘书长提名,常委会审议任免。为体现政协作为中国共产党领导的多党合作和政治协商制度重要组织的特点,在每届市政协委员、常委、副主席中,民主党派和无党派人士占一定比例。

市政协根据工作需要,按专业或界别设置若干专门委员会(包括第五、六届市政协的工作组;第九、十、十一届市政协的指导组,下同),是市政协的重要工作机构。各专门委员会成员以市政协委员为主,在沪全国政协委员自愿参加,同时视工作需要吸收少数非政协委员参加,并设主任(组长)1人,副主任(副组长)若干人。专门委员会的设置、变动或撤销,以及主任(组长)的任免,由常委会审议决定;副主任(副组长)的任免,由主席会议决定。

1977年市政协恢复活动后,设秘书处负责机关日常工作。1981年8月,市政协秘书处改设为市政协办公厅。2001年2月,市政协增设研究室。2001年7月,市政协完成定职能、定内设机构、定人员编制(以下简称"三定")工作,设置办公厅、研究室、专门委员会办事机构等3个日常工作机构。

文化俱乐部是市政协下属事业单位,成立于1954年,是政协委员团结联谊的活动场所,"文化大革命"后于1981年10月恢复建制。为适应政协工作的发展,1985年,市政协新增上海政协报社(1987年改为联合时报社);1987年成立市政协大楼管理服务部(1996年改名为机关服务中心,2006年撤销);2000年成立市政协办公厅信息中心;2003年成立市政协会议培训中心,均为事业单位建制。

1980—1982年,上海市黄浦、南市、卢湾、徐汇、长宁、静安、普陀、闸北、虹口、杨浦、吴淞、闵行等12个区,上海、川沙、宝山、嘉定、青浦、松江、金山、奉贤、南汇、崇明等10个县的政协相继恢复活动,召开了新一届政协一次会议,选举产生新一届政协领导成员,组建工作委员会或工作组,开展各项工作。区县政协每届任期3年,1993年开始延长至5年。自1988年起,因上海新建浦东新区、部分区县行政区划调整、撤县建区等原因,相关区县政协组织也相应终止、调整和新建。截至2012年底,上海共有黄浦、徐汇、长宁、静安、普陀、闸北、虹口、杨浦、闵行、浦东新区、宝山、嘉定、青浦、松江、金山、奉贤、崇明等17个区县政协。

第一章　政协上海市委员会

第一节　第五届委员会

市政协第五届委员会从 1977 年 12 月至 1983 年 4 月,任期为 5 年 4 个月。

一、委员会组成

1977 年 12 月 22 日,市政协四届七次常委会会议协商通过 627 名第五届委员会委员名单。

市政协第五届委员会由 28 个界别、627 名委员组成。其中,中国共产党(以下简称中共)上海市委 19 名,中国国民党革命委员会(以下简称民革)上海市委 13 名,中国民主同盟(以下简称民盟)上海市委 13 名,中国民主建国会(以下简称民建)上海市委 13 名,无党派爱国人士 13 名,中国民主促进会(以下简称民进)上海市委 9 名,中国农工民主党(以下简称农工党)上海市委 9 名,九三学社上海分社 9 名,台湾民主自治同盟(以下简称台盟)上海市支部 2 名,共青团市委 9 名,市总工会 27 名,市妇联 10 名,农民 10 名,市青联 6 名,市工商联 53 名,文学艺术界 50 名,科学技术界 55 名,社会科学界 18 名,教育界 43 名,体育界 10 名,新闻出版界 11 名,医药卫生界 30 名,对外和平友好团体 3 名,社会救济福利团体 3 名,少数民族 6 名,归国华侨 6 名,宗教界 11 名,特邀人士 166 名。委员中,中共党员 239 名,占 38.1%;非中共人士 388 名,占 61.9%。女委员 80 名,占 12.7%。

1979 年 12 月 18 日,市政协五届六次常委会会议增补宋日昌等 95 人为第五届市政协委员。

1980 年 7 月 4 日,市政协五届九次常委会会议增补任国常等 4 人为第五届市政协委员,其中程元等 2 人增补为常委,待五届三次会议追认。

1981 年 4 月 4 日,市政协五届十四次常委会会议协商决定增加"中国致公党(以下简称致公党)上海市支部"为市政协的组成界别。至此,市政协的组成界别为 29 个。会议增补李广等 14 人为第五届市政协委员,并通过取消 1 人第五届市政协委员职务的决定。

1982 年 3 月 24 日,市政协五届二十次常委会会议协商决定增加"上海市台胞联谊会"(以下简称市台联会)为市政协的组成界别。至此,市政协的组成界别为 30 个。会议增补范征夫等 26 人为第五届市政协委员。

二、常委会组成

1977 年 12 月 29 日,市政协五届一次会议选举产生市政协第五届常务委员会,由主席彭冲(中共),副主席赵行志(中共)、张承宗(中共)、梁国斌(中共)、苏步青(民盟)、巴金(无党派)、李干成(中共)、赵祖康(民革)、黄赤波(中共)、冯德培(无党派)、刘靖基(民建)、吴若安(女,民进)、王致中(中共)、周谷城(农工党)、卢于道(九三学社),秘书长吴若岩(中共)及马人斌等 114 名常委共 130 人组成。其中,中共党员 59 名,占 45.3%;非中共人士 71 名,占 54.7%。

1979 年 5 月 9 日,市政协五届五次常委会会议增补宋日昌(中共)、靖任秋(中共)、龙跃(中共)、杨宣武（中共）4人为第五届市政协副主席。

1979年12月28日,在市政协五届二次会议上,为减少市政协领导与市人大常委会和市政府领导的交叉兼职,对市政协常委会组成人员作部分调整:因主席彭冲已提名为上海市市长候选人,不再兼任市政协主席职务;副主席梁国斌、苏步青、刘靖基、吴若安、周谷城等5人已提名为第七届市人大常委会副主任候选人,不再兼任市政协副主席职务,仍留任市政协常委;秘书长吴若岩因工作调动,不再担任秘书长职务,仍留任常委。经会议协商,采用举手表决办法选举王一平（中共）为第五届市政协主席;谈家桢（民盟）、刘良模（宗教）、许文思（台盟）、唐君远（工商联）为第五届市政协副主席;经大会选举,增补于伶等30人为常委;秘书长由副主席靖任秋兼任。

1981年4月17日,市政协五届三次会议增补李广等5人为第五届市政协常委。

1982年4月4日,市政协五届四次会议增补范征夫等2人为第五届市政协常委。

三、委组机构设置

1978年3月,市政协五届二次常委会会议决定成立7个工作委员会,即学习委员会、调查研究工作委员会、文史资料工作委员会、编译工作委员会、对台宣传工作委员会、国际问题研究委员会、信访接待工作委员会。

1980年1月,市政协五届七次常委会会议通过《关于市政协工作机构调整和增设的意见》,决定撤销调查研究工作委员会;增设3个工作委员会和8个工作组,即市政建设研究委员会、经济工作研究委员会、法制研究委员会和文艺组、高教组、中小教组、科学技术组、医药卫生组、新闻出版组、民族宗教华侨组、妇女组。调整和增设后,市政协设置9个工作委员会和8个工作组。

1982年2月26日,市政协五届十九次常委会会议决定撤销信访接待工作委员会。

1982年6月8日,市政协五届二十一次常委会会议（扩大）决定增设体育组。

第二节 第六届委员会

市政协第六届委员会从1983年4月至1988年4月,任期为5年。

一、委员会组成

1983年4月12日,市政协五届二十六次常委会会议协商通过694名第六届委员会委员名单。

市政协第六届委员会由30个界别、694名委员组成。其中,中共上海市委23名,民革上海市委14名,民盟上海市委14名,民建上海市委14名,无党派爱国人士14名,民进上海市委10名,农工党上海市委10名,致公党上海市支部3名,九三学社上海分社10名,台盟上海市支部3名,共青团市委9名,市总工会24名,市妇联11名,农民10名,市青联6名,市工商联53名,市台联会3名,文学艺术界57名,科学技术界90名,社会科学界30名,教育界60名,体育界11名,新闻出版界15名,医药卫生界45名,对外和平友好团体3名,社会救济福利团体4名,少数民族8名,归国华侨9名,宗教界15名,特邀人士116名。委员中,中共党员238名,占34.3%;非中共人士456名,占65.7%。女委员91名,占13%。

1984年3月17日,市政协六届五次常委会会议（扩大）增补乐嘉基等8人为第六届市政协委员。其中,刘浩清为首位港澳地区的委员。

1985年7月17日,市政协六届十三次常委会会议审议《关于5位副主席和14位常务委员请求辞职的决议(草案)》,同意上述人员辞去政协委员职务[①],提请市政协六届四次会议审议,并增补毛经权等14人为第六届市政协委员。

1986年4月15日,市政协六届十六次常委会会议同意26名中共党员委员因年龄超过70周岁或离休、或退休而辞去委员职务的请求,并增补裴静之等42人为第六届市政协委员。

1987年4月14日,市政协六届二十一次常委会会议增补严东生等9人为第六届市政协委员。

二、常委会组成

1983年4月28日,市政协六届一次会议选举产生第六届常务委员会,由主席李国豪(中共),副主席张承宗(中共)、宋日昌(中共)、梅嘉生(中共)、杨士法(中共)、靖任秋(中共)、卢于道(九三学社)[②]、赵超构(民盟)、徐以枋(民革)、龙跃(中共)、叶叔华(女,无党派)、刘良模(宗教)、唐君远(工商联)、董寅初(致公党),秘书长范征夫(中共)及丁忱等137名常委共152人组成。其中,中共党员55人,占35%;非中共人士97人,占65%。

1983年7月9日,市政协六届二次常委会会议(扩大)增补吴文祺(农工党)为第六届市政协副主席。

1984年3月30日,市政协六届二次会议增补王正屏为第六届市政协常委。

1985年7月23日,市政协六届四次会议审议通过《关于5位副主席和14位常务委员请求辞职的决议》,并增补毛经权(中共)、杨恺(中共)、周璧(中共)、张瑞芳(女,中共)4人为第六届市政协副主席,戈悦宽等12人为常委。

1986年4月29日,市政协六届五次会议审议通过《关于同意8位常务委员请求辞职的决议》和《关于同意范征夫同志请求辞去秘书长职务的决议》[③]。会议增补杨槱(九三学社)为第六届市政协副主席,王乃粒等14人为常委,陈福根(中共)为秘书长。

1987年4月27日,市政协六届六次会议增补严东生(中共)为第六届市政协副主席。

三、委组机构设置

1983年4月28日,六届一次常委会会议审议通过《关于调整市政协各委、组机构和负责人名单的建议》,决定设立10委5组,即学习委员会、经济研究委员会、市政建设研究委员会、法制研究委员会、对台宣传工作委员会、文史资料工作委员会、咨询工作委员会、科学技术研究委员会、文化研究委员会、教育卫生研究委员会;体育工作组、民族工作组、宗教工作组、华侨工作组、区县政协联络组。

---

① 1984年12月,中共中央办公厅中办发〔1984〕第43号文件规定,凡是担任市政协正副主席、常务委员职务,年满70周岁的中共党员,未到政协换届时间的,应先辞去担任的职务。个别需要留任的,须报经中央批准。市政协有5名中共党员副主席和14名中共党员常委因年事已高,提出辞去市政协副主席、常委和委员职务。

② 卢于道于1985年8月逝世。

③ 同意范征夫辞去秘书长职务,继续留任常委。

1985年4月15日,市政协六届十一次常委会会议决定设置提案工作委员会。[①]

1985年10月19日,经市政协六届十四次常委会会议(扩大)审议通过,对台宣传工作委员会改名为祖国统一工作委员会,撤销咨询工作委员会。

1987年9月14日,市政协六届二十三次常委会会议决定,体育组、民族组、华侨组、宗教组、区县政协联络组分别改名为体育工作委员会、民族工作委员会、华侨工作委员会、宗教工作委员会、区县政协联络委员会。

第三节　第七届委员会

市政协第七届委员会从1988年4月至1993年2月,任期为4年10个月。

一、委员会组成

1988年3月18日,市政协六届二十五次常委会会议协商通过685名第七届委员会委员名单。

市政协第七届委员会由30个界别、685名委员组成。其中,中共上海市委23名,民革上海市委14名,民盟上海市委14名,民建上海市委14名,无党派民主人士14名,民进上海市委10名,农工党上海市委8名,致公党上海市委4名,九三学社上海市委10名,台盟上海市委4名,共青团市委9名,市总工会24名,市妇联10名,农民10名,市青联6名,市工商联49名,市台联3名,文学艺术界57名,科学技术界90名,社会科学界25名,教育界60名,体育界9名,新闻出版界15名,医药卫生界39名,对外和平友好团体3名,社会救济福利团体4名,少数民族8名,归国华侨9名,宗教界15名,特邀人士125名。委员中,中共党员245名,占35.8%;非中共人士440名,占64.2%。女委员116名,占16.9%。

1989年4月6日,市政协七届五次常委会会议协商决定增加"港澳同胞"界别,并将原来的"归国华侨"界别改名为"上海市归国华侨联合会"。至此,市政协的组成界别为31个。会议增补蔡琰等26人为第七届市政协委员。

1989年4月14日,市政协七届六次常委会会议增补港澳同胞叶仲午为第七届市政协委员。

1990年4月4日,市政协七届十一次常委会会议增补孙金富等4人为第七届市政协委员。

1991年4月11日,市政协七届十六次常委会会议增补梁泰平等30人为第七届市政协委员,并决定恢复"上海市科学技术协会"为市政协的组成界别。至此,市政协的组成界别为32个。

二、常委会组成

1988年4月26日,市政协七届一次全体会议选举产生市政协第七届常务委员会,由主席谢希德(女,中共),副主席毛经权(中共)、王兴(中共)、赵超构(民盟)、徐以桦(民革)、唐君远(工商联)、董寅初(致公党)、张瑞芳(女,中共)、杨楥(九三学社)、严东生(中共)、吴增亮(中共)、陈铭珊(民建)、郑励志(台盟)、赵宪初(民进),秘书长陈福根(中共)及马克烈等133名常委共148人组成。其

[①] 市政协历次全体会议时都设立提案审查委员会,负责对大会期间提案的审查工作,但未设立常设的提案审查委员会。这次根据全国政协提案工作会议精神,决定设立常设的提案工作委员会。

中,中共党员 55 人,占 37%;非中共人士 93 人,占 63%。

1989 年 4 月 22 日,市政协七届二次会议增补陈灏珠(农工党)为第七届市政协副主席。

1990 年 4 月 26 日,市政协七届三次会议同意 2 名中共党员常委因离休和工作调动辞去常委职务,增补孙金富等 3 人为第七届市政协常委。

1991 年 4 月 26 日,市政协七届四次会议同意 1 名中共党员常委因离休辞去常委职务,增补沈国雄等 2 人为第七届市政协常委。

三、委组机构设置

1988 年 4 月 27 日,市政协七届一次常委会会议审议通过关于设置 14 个专门委员会的决定,即学习委员会、提案委员会、文史资料委员会、经济委员会、科学技术委员会、市政建设委员会、教育委员会、文化委员会、法制与民主建设委员会、医卫体委员会、民族委员会、宗教委员会、祖国统一联谊委员会、区县政协联络委员会。

1992 年 7 月 4 日,市政协七届二十三次常委会会议决定增设市政协浦东开发专门委员会。

第四节　第八届委员会

市政协第八届委员会从 1993 年 2 月至 1998 年 2 月,任期为 5 年。

一、委员会组成

1993 年 2 月 4 日,市政协七届二十五次常委会会议协商通过 681 名第八届委员会委员名单。

市政协第八届委员会由 33 个界别、681 名委员组成。其中,中共上海市委 23 名,民革上海市委 14 名,民盟上海市委 14 名,民建上海市委 14 名,无党派民主人士 14 名,民进上海市委 10 名,农工党上海市委 10 名,致公党上海市委 4 名,九三学社上海市委 10 名,台盟上海市委 4 名,共青团上海市委 9 名,市总工会 24 名,市妇联 10 名,农民 12 名,市青联 6 名,市工商联 32 名,市科协 21 名,市侨联 9 名,市台联 3 名,经济界 50 名,文学艺术界 40 名,科学技术界 80 名,社会科学界 30 名,教育界 55 名,体育界 9 名,新闻出版界 15 名,医药卫生界 30 名,对外友好团体 3 名,社会救济福利 4 名,少数民族 8 名,宗教界 14 名,港澳同胞 22 名,特别邀请人士 78 名。委员中,中共党员 237 名,占 34.8%;非中共人士 444 名,占 65.2%。女委员 115 名,占 17%。

1993 年 6 月 7—8 日,市政协八届二次常委会会议增补叶连均等 22 人为第八届市政协委员。

1994 年 1 月 4—5 日,市政协八届四次常委会会议增补瞿钧等 5 人为第八届市政协委员。

1994 年 1 月 26 日,市政协八届五次常委会会议增补王绪亮等 6 人为第八届市政协委员,决定王剑伟不再担任第八届市政协委员。

1994 年 8 月 19 日,市政协八届九次常委会会议增补程晓顺为第八届市政协委员,决定胡德才不再担任第八届市政协委员。

1995 年 1 月 26 日,市政协八届十二次常委会会议增补王生洪等 10 人为第八届市政协委员。

1995 年 3 月 22 日,市政协八届十四次常委会(扩大)会议增补杨振玉为第八届市政协委员。

1996 年 1 月 15 日,市政协八届十九次常委会会议增补陈正兴等 20 人为第八届市政协委员。

1996年11月12日,市政协八届二十四次常委会会议增补陈恒平为第八届市政协委员。

1997年1月24日,市政协八届二十五次常委会会议增补范滇元等3人为第八届市政协委员。

二、常委会组成

1993年2月21日,市政协八届一次会议选举产生市政协第八届常务委员会,由主席陈铁迪(女,中共),副主席毛经权(中共)、石祝三(中共)、刘靖基(民建)、徐以枋(民革)、杨楣(九三学社)、郑励志(台盟)、陈灏珠(农工党)、赵定玉(中共)、刘恒椽(民进)、郭秀珍(女,工商联),秘书长马松山(中共)及丁法章等98名常委共110人组成。其中,中共党员39名,占35%;非中共人士71名,占65%。

1994年2月22日,市政协八届二次会议增补瞿钧等3人为第八届市政协常委。

1995年2月22日,市政协八届三次会议增补王生洪(中共)为第八届市政协副主席,叶仲午等2人为第八届市政协常委。

1996年1月31日—2月7日,市政协八届四次会议期间,全会及八届二十次常委会会议同意毛经权、石祝三、徐以枋、杨楣辞去第八届市政协副主席、委员职务,马松山辞去秘书长职务,李懋欢等3人辞去常委、委员职务。会议增补谢丽娟(女,九三学社)、陈正兴(中共)、厉无畏(民革)为第八届市政协副主席,吴汉民(中共)为秘书长,马松山等10人为常委。

1997年2月22日,市政协八届五次会议增补明旸等2人为第八届委员会常委。

三、委组机构设置

1993年3月6日,市政协八届一次常委会会议审议通过市政协专门委员会机构设置及主任、副主任名单,决定设置14个专门委员会,即学习委员会、提案委员会、文史资料委员会、经济委员会、城市建设委员会、科技委员会、教育委员会、文化委员会、医卫体委员会、民主法制社会事务委员会、台港澳侨联谊委员会、民族委员会、宗教委员会、区县政协联络委员会。

第五节　第九届委员会

市政协第九届委员会从1998年2月至2003年2月,任期为5年。

一、委员会组成

1998年1月13日,市政协八届三十二次常委会会议协商通过686名第九届委员会委员名单。

第九届市政协由32个界别、686名委员组成。其中,中共上海市委25名,民革上海市委15名,民盟上海市委15名,民建上海市委14名,无党派民主人士14名,民进上海市委11名,农工党上海市委11名,致公党上海市委5名,九三学社上海市委10名,台盟上海市委5名,共青团上海市委9名,市总工会24名,市妇联12名,市青联9名,市工商联32名,市科协21名,市侨联9名,市台联3名,农业界12名,经济界72名,文学艺术界40名,科学技术界80名,社会科学界31名,教育界57名,体育界9名,新闻出版界15名,医药卫生界30名,对外友好团体3名,社会福利团体4名,少数民族 8 名,宗教界 14 名,特别邀请人士 67 名。委员中,中共党员 237 名,占 34.5%;非中共人士 449 名,占 65.5%。女委员 109 名,占 15.9%。

1998 年 6 月 24 日,市政协九届二次常委会会议增补王昌等 27 人为第九届委员会委员,决定张祥等 2 人不再担任第九届市政协委员。

1998 年 12 月 30 日,市政协九届四次常委会会议增补陈龙武等 6 人为第九届市政协委员。

1999 年 12 月 29 日,市政协九届十次常委会会议增补王良全等 9 人为第九届市政协委员。

2000 年 1 月 31 日,市政协九届十一次常委会会议增补黄跃金为第九届市政协委员。

2000 年 7 月 13 日,市政协九届十五次常委会会议增补沈善初为第九届市政协委员。

2000 年 10 月 31 日,市政协九届十六次常委会会议增补葛剑雄等 11 人为第九届市政协委员,决定陈先国不再担任第九届市政协委员。

2001 年 1 月 15 日,市政协九届十七次常委会会议增补乔志刚等 40 人为第九届市政协委员,决定李明轩等 3 人不再担任第九届市政协委员。

2002 年 1 月 18 日,市政协九届二十四次常委会会议增补王汝宽等 8 人为第九届市政协委员。

2002 年 4 月 28 日,市政协九届二十七次常委会会议增补屠海鸣等 2 人为第九届市政协委员。

二、常委会组成

1998 年 2 月 16 日,市政协九届一次会议选举产生市政协第九届常务委员会,由主席王力平(中共),副主席朱达人(中共)、王生洪(中共)、谢丽娟(女,九三学社)、郑励志(台盟)、陈灏珠(农工党)、刘恒椽(民进)、陈正兴(中共)、俞云波(致公党)、黄关从(民建),秘书长吴汉民(中共)及丁法章等 102 名常委共 113 人组成。其中,中共党员 40 人,占 35.4%;非中共人士 73 名,占 64.6%。

1999 年 2 月 5 日,市政协九届二次会议增补徐佩莉等 5 人为第九届市政协常委。

2000 年 2 月 18 日,市政协九届三次会议增补黄跃金(中共)为第九届市政协副主席,陈竺等 3 人为常委。

2001 年 2 月 11 日,市政协九届四次会议接受郑励志、陈灏珠辞去第九届市政协副主席、委员职务,茅志琼等 2 人辞去第九届市政协常委、委员职务,增补左焕琛(女,农工党)、石四箴(女,台盟)为第九届市政协副主席,王安忆等 8 人为常委。

2002 年 2 月 26 日,市政协九届五次会议增补宋仪侨(中共)为第九届市政协副主席,李俊谦等 3 人为常委。

三、委组机构设置

1998 年 3 月 27 日,市政协九届一次常委会会议审议通过市政协专门委员会机构设置及主任、副主任名单,决定设置 14 个专门委员会,即学习委员会、提案委员会、经济委员会、环境和城市建设委员会、科技委员会、教育委员会、文化委员会、人口和健康委员会、社会和法制委员会、民族委员会、宗教委员会、文史资料委员会、港澳台侨委员会、区县政协联络委员会。

1999 年 12 月 29 日,市政协九届十次常委会会议审议通过关于调整部分专门委员会机构和部分专门委员会主任、常务副主任人选的决定,14 个专门委员会调整为 8 个专门委员会和 2 个指导组,具体为:

提案委员会、经济委员会、社会和法制委员会、文史资料委员会和港澳台侨委员会不作变动。

原环境和城市建设委员会改为人口资源环境建设委员会，原人口和健康委员会（部分）并入人口资源环境建设委员会。

原教育委员会、科技委员会、文化委员会、人口和健康委员会（部分）合并为教科文卫体委员会。原民族委员会和宗教委员会合并为民族和宗教委员会。

撤销原学习委员会和区县政协联络委员会，建立学习指导组和区县政协联络指导组。

第六节　第十届委员会

市政协第十届委员会从2003年2月至2008年1月，任期为5年。

一、委员会组成

2003年1月24日，市政协九届三十三次常委会会议协商通过785名第十届委员会委员名单。

第十届市政协由32个界别、785名委员组成。其中，中共上海市委30名，民革上海市委17名，民盟上海市委17名，民建上海市委16名，无党派民主人士15名，民进上海市委13名，农工党上海市委13名，致公党上海市委7名，九三学社上海市委13名，台盟上海市委7名，共青团上海市委9名，市总工会26名，市妇联14名，市青联11名，市工商联38名，市科协23名，市侨联10名，市台联5名，农业界12名。经济界78名，文学艺术界43名，科学技术界81名，社会科学界35名，教育界62名，体育界9名，新闻出版界15名，医药卫生界30名，对外友好界3名，社会福利与社会保障界6名，少数民族8名，宗教界14名，特别邀请人士105名。委员中，中共党员300名，占38.22%；非中共人士485名，占61.78%。女委员140名，占17.83%。

2003年12月22日，市政协十届六次常委会会议增补沈红光等11人为第十届市政协委员，决定黄跃金等5人不再担任第十届市政协委员，陈燮阳的委员界别由特别邀请人士调整到文艺界。

2004年1月10日，市政协十届七次常委会会议增补杨奇庆为第十届市政协委员，同意曹一丁辞去第十届市政协委员职务，吴汉民的委员界别由中共上海市委调整至特别邀请人士。

2005年3月23日，市政协十届十六次常委会会议增补吴柏铭为第十届市政协委员，决定丁善华不再担任第十届市政协委员。

2005年12月28日，市政协十届二十二次常委会会议增补乔野生等37人为第十届市政协委员，决定龙启虎等4人不再担任第十届市政协常委、委员；张家品等29人不再担任第十届市政协委员。

2007年1月10日，市政协十届三十次常委会会议增补马银芳等28人为第十届市政协委员，决定陈文泉等4人不再担任第十届市政协常委、委员；黄玉凤等19人不再担任第十届市政协委员。会议决定撤销李松坚、唐海根第十届市政协委员资格。会议还决定将"无党派民主人士"界别更名为"无党派人士"界别，将于晨的委员界别由市科协调整至体育界，孙正心的委员界别由科学技术界调整至市科协，高韵斐的委员界别由特别邀请人士调整至新闻出版界，晏小宝的界别由特别邀请人士调整至社会科学界。

2007年7月31日，市政协十届三十五次常委会会议决定撤销孙宝贵第十届市政协委员资格。

2007年12月26日，市政协十届三十八次常委会会议决定撤销周小弟第十届市政协委员资格。

2008年1月8日,市政协十届三十九次常委会会议决定撤销兰先德第十届市政协委员资格。

二、常委会组成

2003年2月19日,市政协十届一次会议选举产生市政协第十届常务委员会,由主席蒋以任(中共)、副主席宋仪侨(中共)、黄跃金(中共)、王生洪(中共)、谢丽娟(女,九三学社)、左焕琛(女,农工党)、俞云波(致公党)、黄关从(民建)、石四箴(女,台盟)、王荣华(中共)、王新奎(无党派),秘书长吴汉民(中共)及于晨等120名常委共132人组成。其中,中共党员47人,占35.6%;非中共人士85名,占64.4%。

2004年1月15日,市政协十届二次会议同意吴汉民因工作调动辞去秘书长职务,增补沈红光(中共)为第十届市政协副主席,杨奇庆(中共)为秘书长,王禄宁等2人为常委。

2006年1月19日,市政协十届四次会议增补董浩林等3人为第十届市政协常委。

2007年1月26日,市政协十届三十一次常委会会议同意沈红光辞去第十届市政协副主席、委员职务。

2007年2月1日,市政协十届五次会议增补乐景彭等4人为第十届市政协常委。

三、委组机构设置

2003年2月26日,市政协十届一次常委会会议审议通过市政协专门委员会机构设置及主任、副主任名单,决定设置8个专门委员会及2个指导组,即提案委员会、经济委员会、人口资源环境建设委员会、教科文卫体委员会、社会和法制委员会、民族和宗教委员会、文史资料委员会、港澳台侨委员会、学习指导组、区县政协联络指导组。

2003年8月18日,市政协十届四次常委会会议决定增设对外友好委员会。

2005年9月28日,市政协十届二十次常委会会议决定学习指导组更名为学习委员会。

第七节　第十一届委员会

市政协第十一届委员会从2008年1月至2013年1月,任期为5年。

一、委员会组成

2008年1月8日,市政协十届三十九次常委会会议协商通过808名第十一届委员会委员名单。

第十一届市政协由32个界别、808名委员组成。其中,中共上海市委29名,民革上海市委17名,民盟上海市委17名,民建上海市委17名,无党派人士15名,民进上海市委14名,农工党上海市委14名,致公党上海市委8名,九三学社上海市委14名,台盟上海市委7名,共青团上海市委9名,市总工会26名,市妇联14名,市青联13名,市工商联39名,市科协23名,市侨联10名,市台联5名,农业界12名,经济界92名,文学艺术界45名,科学技术界77名,社会科学界44名,教育界62名,体育界9名,新闻出版界17名,医药卫生界32名,对外友好界12名,社会福利与社会保障界8名,少数民族8名,宗教界16名,特别邀请人士83名。委员中,中共党员314名,占38.86%;非中共人士 494 名,占 61.14%。女委员 169 名,占 20.92%。

2008 年 2 月 20 日,市政协十一届一次常委会会议增补成作民等 3 人为第十一届市政协委员,决定戎光道等 2 人不再担任第十一届市政协委员。

2008 年 12 月 17 日,市政协十一届六次常委会会议增补张长东等 9 人为第十一届市政协委员,决定徐枫等 3 人不再担任第十一届市政协常委、委员;孟德恕等 2 人不再担任第十一届市政协委员。会议决定撤销何序新第十一届市政协委员资格。

2009 年 1 月 11 日,市政协十一届七次常委会会议决定毛佳樑的委员界别由社会科学界调整至特别邀请人士,许培星的委员界别由经济界调整至特别邀请人士。

2009 年 8 月 26 日,市政协十一届十二次常委会会议决定撤销周跃进第十一届市政协委员资格。

2009 年 12 月 23 日,市政协十一届十四次常委会会议增补朱志诚等 15 人为第十一届市政协委员,决定夏兴华等 2 人不再担任第十一届市政协常委、委员;李桂生等 8 人不再担任第十一届市政协委员。会议决定欧阳英鹏的委员界别由中共上海市委调整至经济界,沈懋兴的委员界别由特别邀请人士调整至科学技术界。

2010 年 1 月 24 日,市政协十一届十五次常委会会议决定蒋健的委员界别由民革上海市委调整至特别邀请人士,陈益樑的委员界别由科学技术界调整至民革上海市委,曹耘的委员界别由特别邀请人士调整至科学技术界,黄文的委员界别由无党派人士调整至特别邀请人士,汪孝安的委员界别由特别邀请人士调整至无党派人士。

2010 年 4 月 28 日,市政协十一届十八次常委会会议决定撤销焦自纯第十一届市政协委员资格。

2010 年 6 月 29 日,市政协十一届十九次常委会会议同意郁为泽辞去第十一届市政协委员职务。

2010 年 12 月 22 日,市政协十一届二十二次常委会会议增补马云安等 33 人为第十一届市政协委员,并决定于晨等 8 人不再担任第十一届市政协常委、委员,丁晓枚等 22 人不再担任第十一届市政协委员。

2011 年 1 月 14 日,市政协十一届二十三次常委会会议增补姜樑(中共)为第十一届市政协委员。

2011 年 6 月 27 日,市政协十一届二十八次常委会会议决定撤销金卫国第十一届市政协委员资格。

2011 年 12 月 21 日,市政协十一届三十一次常委会会议增补吴志明(中共)等 40 人为第十一届市政协委员,决定周箴等 30 人不再担任第十一届市政协委员。

2012 年 1 月 15 日,市政协十一届三十四次常委会会议决定史丽雯等 7 人不再担任第十一届市政协委员。

2012 年 2 月 22 日,市政协十一届三十五次常委会会议审议并同意邢文之辞去第十一届市政协常委、委员职务。

2012 年 8 月 29 日,市政协十一届三十八次常委会会议同意陈茂波辞去第十一届市政协委员职务。

2012 年 12 月 26 日,市政协十一届四十次常委会会议决定撤销许晓鸣第十一届市政协委员资格。

二、常委会组成

2008 年 1 月 28 日,市政协十一届一次会议选举产生市政协第十一届常务委员会,由主席冯国勤(中共)、副主席朱晓明(中共)、周太彤(中共)、王新奎(工商联)、李良园(中共)、钱景林(中共)、吴幼英(女,致公党)、周汉民(民建)、蔡威(农工党)、高小玫(女,民革),秘书长陈海刚(中共)及丁志坚等137名常委共148人组成。其中,中共党员52人,占35.1%;非中共人士96名,占64.9%。

2009年1月16日,市政协十一届二次会议增补马伊里等5人为第十一届市政协常委。

2010年1月30日,市政协十一届三次会议增补李文辉等4人为第十一届市政协常委。

2011年1月18日,市政协十一届二十四次常委会会议同意朱晓明辞去第十一届市政协副主席、委员职务。

2011年1月20日,市政协十一届四次会议增补姜樑为第十一届市政协副主席;增补严胜雄等11人为第十一届市政协常委。

2012年1月14日,市政协十一届三十三次常委会会议决定史丽雯等9人不再担任第十一届市政协常委。

2012年1月15日,市政协十一届五次会议增补吴志明为第十一届市政协副主席,增补吴建中等7人为第十一届市政协常委。

三、委组机构设置

2008年2月20日,市政协十一届一次常委会会议审议通过市政协专门委员会机构设置及主任、副主任名单。第十一届市政协设置10个专门委员会及1个指导组,即学习委员会、提案委员会、经济委员会、人口资源环境建设委员会、教科文卫体委员会、社会和法制委员会、民族和宗教委员会、文史资料委员会、港澳台侨委员会、对外友好委员会及区县政协联络指导组。

第八节　工　作　机　构

市政协办公厅、研究室、专门委员会办事机构承担机关日常工作,是市政协重要工作机构,统称市政协机关。

一、机构与编制

【机构】

1977年市政协恢复工作后,机关设秘书处负责日常工作。1981年8月,经市委办公厅批复同意,市政协秘书处改设为市政协办公厅。

2001年2月,经市委同意,市政协增设研究室,机构级别定为局级。市编制委员会(以下简称市编委)明确其人员编制在市政协机关编制中统筹。

2001年7月,按照《中共上海市委办公厅印发〈政协上海市委员会机关机构改革方案〉的通知》的要求,市政协机关完成了"三定"工作。市政协机关设置办公厅、研究室及专门委员会办事机构,并按有关规定设立机关党委和工会。

【编制】

1978年,市机构编制委员会办公室(以下简称市编办)核定市政协机关编制为50名;1981年增加为 82 名;1984 年增加为 110 人;1992 年增加为 128 名。

1993 年,市编委正式核定市政协机关编制为 128 名,1995 年增加为 138 名。

2001 年,市政协机关完成"三定"工作,市编委核定市政协机关行政编制 133 名,正副处级领导职数 40 名。同时,根据《关于深化上海市机关后勤体制改革的意见》,市政协机关车队及工勤人员编制转入市政协办公厅所属事业单位机关服务中心。

2003 年 4 月,经市编委同意,市政协机关行政编制由 133 名调整为 140 名;2004 年 7 月,经市编委同意,市政协机关的行政编制由 140 名调整为 147 名,正副处级领导职数由 40 名调整为 42 名。

截至 2012 年底,市政协机关编制为 147 名,实际在编人员 140 名。

二、办公厅

【主要职责】

市政协办公厅是在秘书长领导下处理市政协日常会务的工作机构。其主要职责为:承担市政协全体会议、常委会会议、主席会议以及其他重要会议的组织会务工作;承办或协办以市政协名义举办或参与举办的重大活动;加强与市政协委员和在沪全国政协委员的联系,为委员履行政协职能提供服务;审定以办公厅名义印发的通知、报告、简报等各类文件、文稿;负责与市委办公厅、市人大常委会办公厅、市政府办公厅的联系,互通信息,互相配合,做好相关工作;负责全国政协、兄弟省市政协访沪团组以及外国来宾的接待工作;负责市政协履行职能日常工作的后勤保障等。

【沿革】

1977 年市政协恢复工作后,政协机关设秘书处负责日常工作。

1981 年 8 月,经市委办公厅批复同意,市政协秘书处改设为市政协办公厅。经市编委同意,办公厅下设秘书处、联络处、行政处,1981 年 10 月增设人事科。

1983 年 4 月,增设文史资料工作委员会编辑室,负责处理文史资料工作委员会日常工作和编辑事务,行政关系隶属于办公厅。

1984 年,增设落实政策办公室。同时,为筹建市政协办公活动大楼,在大楼筹建领导小组下设立大楼基建办公室。以上两个办公室行政关系隶属于办公厅。至 1984 年底,连同原有处室,市政协办公厅下共设 3 处 3 室 1 科。

1985 年 4 月,增设提案工作委员会办公室,并在同月召开的市政协六届十一次常委会会议后与落实政策办公室合并为提案落政办公室。同年 12 月,办公厅设置人事处,撤销人事科。

1986 年 8 月,办公厅对所属机构的设置、名称进行调整,将联络处改名为委组工作办公室;提案落政办公室改名为提案、落政、信访办公室,同时增设祖国统一工作委员会办公室。调整后,市政协办公厅内设机构为:秘书处,人事处,行政处,委组工作办公室,祖国统一工作委员会办公室,提案、落政、信访办公室,文史资料工作委员会编辑室,基建办公室,共 3 处 5 室。

1988 年 8 月,市政协办公厅增设保卫科。

1989 年 11 月,因市政协办公活动大楼已经建成,撤销基建办公室,增设综合处,负责学习委员会、宗教委员会、民族委员会的秘书工作和区县政协联络工作,调查研究政治协商制度等。同时,对办公厅部分处室的名称和职能作适当变更:原委组工作办公室改名为专门委员会办公室;原祖国统一工作委员会办公室改名为祖国统一联谊委员会办公室;原提案、落政、信访办公室,因大量落实政策工作已告段落,信访工作划归秘书处,改名为提案委员会办公室。调整后,市政协办公厅下设4处4室1科,即秘书处、人事处、行政处、综合处、专门委员会办公室、提案委员会办公室、祖国统一联谊委员会办公室、文史资料委员会编辑室、保卫科。

1992年9月,原祖国统一联谊委员会办公室改名为办公厅联络处,负责市政协祖国统一联谊委员会的秘书工作和处理市政协对内对外交往中各项联络接待事宜。

1993年3月,经市政协秘书长会议决定,并报市编委备案,办公厅综合处更名为专门委员会第一办公室,具体负责学习、民族、宗教和区县政协联络委员会4个专门委员会的秘书工作;专门委员会办公室更名为专门委员会第二办公室,具体负责经济、科技、城市建设、民主法制社会事务、文化、教育、医卫体7个专门委员会的秘书工作;联络处更名为台港澳侨联谊委员会办公室;文史资料委员会编辑室更名为文史资料委员会办公室。调整后,市政协办公厅下设3处5室1科,即秘书处、人事处、行政处、专门委员会第一办公室、专门委员会第二办公室、提案委员会办公室、台港澳侨联谊委员会办公室、文史资料委员会办公室和保卫科。

1993年7月,根据市政协八届三次主席会议《关于做好台港澳侨和外事接待工作的意见》,并报市编委备案,办公厅增设外事处,外事处与台港澳侨联谊委员会办公室实行一个机构、两块牌子。

1995年2月,经驻会秘书长、厅主任办公会议讨论,并报市编办备案,将专门委员会第一办公室更名为专委会综合一室,工作范围不变;专门委员会第二办公室更名为专委会综合二室,负责经济、城建、科技3个专门委员会的秘书工作;增设专委会综合三室,负责文化、教育、医卫体、民主法制社会事务4个专门委员会的秘书工作。

1995年3月,为了从理论和实践的结合上研究人民政协工作,推进市政协工作的规范化、制度化建设,经驻会秘书长办公会议讨论,成立研究室(筹),为非常设机构。

1999年12月,第九届市政协在调整专门委员会机构后,对办公厅内部处室作出相应调整,经市编委同意,撤销专委会综合一室、专委会综合二室、专委会综合三室,增设专委会综合办公室、经济委员会办公室、人口资源环境建设委员会办公室、科教文卫体委员会办公室、社会与法制委员会办公室、民族和宗教委员会办公室。

2000年4月,市编委同意研究室(筹)为办公厅下属的正式机构。

2000年6月,为适应接待工作的需要,根据党组意见,决定在行政处增挂接待办公室标牌。

2001年7月,根据"三定"方案,市政协机关明确设置办公厅、研究室及专门委员会办事机构,办公厅下设5个处室:秘书处、人事处(老干部工作处,一个机构、两块牌子)、行政处、接待办公室(外事处,一个机构、两块牌子)、保卫处。

2003年4月,经市编办同意,成立办公厅外事处。

2003年7月,经市编委同意,市政协办公厅增设信息技术处;11月,增设联络处;2004年8月,增设委员工作处。2006年6月,委员工作处更名为区县政协和委员联络办公室。至此,办公厅设7处1室:秘书处、人事处(老干部工作处)、行政处、联络处、外事处、信息技术处、保卫处、区县政协和委员联络办公室。

2008年8月,经市编委同意,市政协机关内设机构作如下调整:(1)办公厅秘书处和原专委会办事机构中的专门委员会综合办公室合并,组建新的办公厅秘书处;(2)区县政协和委员联络办公室更名为区县政协联络指导组办公室,划入专委会办事机构序列,办公厅增设委员工作服务办公室;(3)办公厅信息技术处更名为办公厅综合信息处。调整后,市政协办公厅设7处2室:秘书处、人事处(老干部工作处)、行政处、联络处、外事处、综合信息处、保卫处、委员工作服务办公室、接待办公室,另设有机关党委和工会。

表 1 - 1 - 1   1981—2012 年上海市政协办公厅正副主任一览

姓　名	性　别	职　务	任　职　年　月
范征夫	男	主　任	1981.10—1983.4
罗冠宗	男	主　任	1983.4—1994.1
蒋澄澜	男	主　任	1994.1—2002.7
龙启虎	男	主　任	2002.7—2005.2
管维镛	男	主　任	2006.9—2011.12
张培基	男	主　任	2012.1—
陶敏之	女	副主任	1983.4—1988.4
潘承嘉	男	副主任	1984.7—1986.9
闵孝思	男	副主任	1986.2—1992.7
李铁玖	男	副主任	1986.9—1993.12
糜欣祥	男	副主任	1986.9—1990.10
项伟民	男	副主任	1990.3—1992.7
蒋澄澜	男	副主任	1992.7—1994.1
李德铭	男	副主任	1992.7—1999.4
梁国扬	男	副主任	1993.12—1995.12
黄汉文	男	副主任	1993.12—1996.8
孔长松	男	副主任	1994.1—1998.3
曹海红	男	副主任	1997.12—2000.6
刘毓海	男	副主任	1997.12—2000.10
张　丽	女	副主任	2001.2—2005.10
朱志诚	男	副主任	2001.2—2008.9
龙启虎	男	副主任	2001.12—2002.6
管维镛	男	副主任	2003.5—2006.8
杨智敏	男	副主任	2005.10—2010.7
张培基	男	副主任	2006.3—2012.1
孙小双	女	副主任	2009.4—2012.2
乔明华	男	副主任	2010.11—
杨　峥	女	副主任	2012.4—

说明:正、副主任的任免职年月以市政协常委会会议或主席会议通过之日为准。排列次序以任职先后为序。

三、研究室

【主要职责】

市政协研究室主要职责是：负责起草市政协重要文件、领导重要讲话稿、市政协有关大型会议的文稿；负责编发市政协的各类简报以及政协年鉴；负责开展以了解和反映社情民意为主要内容的信息工作(2003年6月后，简报与社情民意信息工作分别划归办公厅及专委会办事机构)；负责开展理论研究，包括政协理论研究及市政协工作研究；负责新闻宣传，市政协重要会议重大活动的新闻发布，联系各有关新闻单位等。

【沿革】

1995年3月，市政协秘书长办公会议讨论通过《关于市政协研究室(筹)工作的几点意见》，经报请党组同意决定成立市政协研究室(筹)，为办公厅非常设机构。

2000年4月，市编委同意研究室(筹)为办公厅下属正式机构。

2001年2月，经市委同意，市政协增设研究室，下设信息综合处、调查研究处、学习宣传处。

2003年5月，经市编委同意，市政协研究室所属的信息综合处、学习宣传处分别更名为综合处、理论宣传处。

2005年12月，经市编委同意，研究室调查研究处更名为理论处，理论宣传处更名为宣传处。至此，市政协研究室下设综合处、理论处、宣传处。

表1-1-2 2002—2012年上海市政协研究室正副主任一览

姓 名	性 别	职 务	任 职 年 月
刘毓海	男	主 任	2002.7—2004.4
李 锐	男	主 任	2004.4—2008.5
徐海鹰	男	主 任	2008.5—2011.12
齐全胜	男	主 任	2012.10—
李 锐	男	副主任	2001.6—2004.4
孟荣强	男	副主任	2006.9—2012.4
齐全胜	男	副主任	2008.8—2012.10
陆加平	男	副主任	2012.10—
徐 梅	女	副主任	2012.10—

说明：正、副主任的任免职年月以市政协主席会议通过之日为准，排列次序以任职先后为序。

四、专门委员会办事机构

【主要职责】

专门委员会办事机构主要为各专门委员会办公室和专门委员会综合办公室。各专门委员会办公室带有共性的主要职责是：协助专委会拟定年度工作计划，并组织实施；负责专委会主任会议、全体会议，以及履行职能各项活动的联系、组织、秘书和会务工作；收集和整理专委会的各类活动材料，整理有关活动中委员提出的意见和建议，起草所属委员会各类简报和调研报告等。同时，各专委会办公室根据各专委会的自身专业特点，根据专委会领导的要求完成相应的工作任务。专委会综合办公室主要负责专委会主任联席会议等会务组织工作；承担协调各专门委员会及其办公室相互间需配合或联合开展的相关活动，并做好服务工作等。

【沿革】

市政协专门委员会办事机构 2001 年前隶属办公厅管理。2001 年 7 月，市政协"三定"工作完成后，原隶属于办公厅的专委会综合办公室、提案委员会办公室、经济委员会办公室、人口资源环境建设委员会办公室、教科文卫体委员会办公室、社会和法制委员会办公室、民族和宗教委员会办公室、文史资料委员会办公室、港澳台侨委员会办公室等正式明确为专委会办事机构，各办公室业务工作接受各专委会领导，干部人事关系隶属于办公厅。

2003 年 8 月，市政协机关成立对外友好委员会办公室，与办公厅外事处合署办公。

2007 年 11 月，经市编委同意，市政协机关设立学习委员会办公室。

2008 年 7 月，经市编委同意，市政协机关内设机构调整，原专委会综合办公室与秘书处合并，综合办公室职能划入秘书处；原办公厅区县政协和委员联络办公室更名为区县政协联络指导组办公室，划入专委会办事机构序列。至此，市政协专委会办事机构设 11 个办公室，分别为：学习委员会办公室、提案委员会办公室、经济委员会办公室、人口资源环境建设委员会办公室、教科文卫体委员会办公室、社会和法制委员会办公室、民族和宗教委员会办公室、文史资料委员会办公室、港澳台侨委员会办公室、对外友好委员会办公室、区县政协联络指导组办公室。

第九节 事 业 单 位

市政协及其办公厅所属的事业单位有市政协文化俱乐部、市政协机关服务中心、市政协办公厅会议培训中心、联合时报社、市政协办公厅信息中心。

一、文化俱乐部

市政协文化俱乐部成立于 1954 年，"文化大革命"期间停止活动，于 1981 年 10 月恢复建制。市政协文化俱乐部是市政协所属事业单位，日常管理工作接受办公厅领导。

【工作职责】

文化俱乐部是市政协领导的具有统一战线性质的文化事业单位，是市政协委员、在沪全国政协委员和各民主党派、工商联及各界人士联谊交友、开展活动的重要场所，长期以来本着"为政协工作服务、为政协委员服务、为政协机关服务"的"三服务"宗旨，配合政协开展工作，为政协工作和政协委员履行职责提供服务和保障。2003 年 1 月市政协会议培训中心成立后，文化俱乐部与会议培训中心实行一套班子、两块牌子。

【机构与编制】

文化俱乐部 1981 年恢复建制时,市编办核定差额预算事业编制 25 名。随着事业的发展,1985 年 11 月,市编办同意增加编制 20 名,调整为 45 名。1986 年 12 月起,俱乐部内设办公室、餐饮部、文体部、广告部等工作部门。1988 年 8 月,因业务扩展、活动范围和规模日益扩大,市编办同意再次增加编制 80 名,共为 125 名。

2006 年 6 月,根据《关于推进市级机关后勤服务社会化改革的实施意见》(沪府机管字〔2006〕第 45 号)的精神,市政协机关服务中心撤销。其全部职能、资产整体并入文化俱乐部。市编办核定文化俱乐部事业编制 81 名,其中 69 名专用于挂靠原机关服务中心人员关系,锁定人员,只出不进,逐年核减。

截至 2012 年底,市政协文化俱乐部编制 81 名,实际在编 50 人。

二、机关服务中心

市政协机关服务中心的前身是 1987 年 12 月成立的市政协大楼管理服务部,为市政协办公厅所属事业单位。1996 年 7 月,因政协行政后勤体制改革,大楼管理服务部工作范围扩大,经市编办同意,更名为市政协机关服务中心。

【工作职责】

市政协机关服务中心的主要工作职责是:承担市政协机关大楼的水、电、煤、冷暖气供应及设备维修、保养、操作等后勤保障工作;保证市政协各类会议的会场管理、服务;负责环境保洁和机关工作人员就餐等服务工作;保障市政协领导和机关的公务用车;管好用好有关国有资产,不断提高后勤保障与服务水平。

【机构与编制】

1987 年 12 月,经市编办核定,市政协大楼管理服务部编制为 54 名。1998 年 10 月,经市编办核定编制为 70 名。2002 年 3 月,市政协机关车队及工勤人员编制转入机关服务中心,核定编制为 115 名。

2006 年 6 月,市政协机关服务中心撤销,其全部职能、资产及人员整体并入文化俱乐部。

三、市政协会议培训中心

2003 年 1 月,市政协会议活动中心大楼竣工,经市编办同意,成立市政协会议培训中心,为市政协办公厅下属事业单位。

【工作职责】

市政协会议培训中心的主要工作职责是:为市政协领导接待重要来宾的拜会、来访,各委员会开展专题论坛、各项培训活动,主席会议、常委会会议、各界别各类会议及机关和各区县政协干部的业务培训,各类会议活动等提供场所和服务保障;对各类会议活动场所和各种硬件设施进行操作和维护。

【机构与编制】

2003 年 1 月，经市编办核定，市政协会议培训中心编制为 15 名，2004 年 2 月调整为 20 名。截至 2012 年底，市政协会议培训中心编制为 20 名，实际在编 20 人。

市政协会议培训中心与文化俱乐部实行一套班子、两块牌子。

四、联合时报社

联合时报社是市政协所属事业单位，其前身是上海政协报社，1985 年 1 月经市编办同意成立，1987 年 1 月改名为联合时报社。

【工作职责与管理】

联合时报社的主要工作职责是出版发行市政协机关报《联合时报》（1987 年前为《上海政协报》）。

1984 年 8 月，经市政协六届十五次主席会议（扩大）讨论通过，成立《上海政协报》编委会，成员大都是在沪全国政协委员和市政协委员中的新闻出版界知名人士，以及全市民主党派组织的领导成员。1985 年 5 月，市政协六届二十三次主席会议决定，编委会改设为社务委员会，编委会成员改任社务委员会委员。另由副社长、正副主编、编辑部和经理部正副主任组成编委会。1986 年 6 月，市政协六届三十七次主席会议决定报社实行社务委员会领导下的总编辑负责制。1993 年 4 月，市政协主席会议决定联合时报社实行主席会议领导下的总编辑负责制，不再设立社务委员会和正副社长。

2007 年 6 月起，联合时报社再次设社长、副社长。

【机构与编制】

1985 年 1 月，市编办同意成立上海政协报社，核定事业编制 22 名。同年 3 月，报社内设编辑部、经理部。

1986 年，报社调整内部机构，设立总编办公室、编辑部、经理部，后改名为总编办公室、新闻部、副刊部。同年，经市编办同意，增加事业编制 6 名，编制数共 28 名。

1992 年 9 月，为有利于加强对外联系，发展广告业务，增设经理部；因《联合时报》由每周出版 1 报扩版为每周 2 报，经市编办同意，增加事业编制 31 名，共 59 名。

1995 年 5 月，内设机构调整为总编办公室、新闻部、副刊部、广告发行部、公共关系部。

2003 年 8 月，根据国务院办公厅有关文件精神和市政协办公厅的要求，内设机构由原 5 个部门精简为 3 个部门，即总编办公室、新闻部、广告发行部。

2006 年，上海对各事业单位实行"三定"，市编办核定联合时报社人员编制为事业编制 40 名。

截至 2012 年底，联合时报社事业编制为 40 名，实际在编 17 人。

五、信息中心

2000 年 5 月，经市编办同意，市政协成立办公厅信息中心，为市政协办公厅所属的事业单位。

【工作职责】

信息中心是市政协机关信息化建设的职能部门,其工作职责是：负责机关信息化建设项目的实施与保障;计算机硬件设备的日常维护;应用软件的开发、调试、升级和维护;市政协网站的版面、栏目设计,以及信息的汇编、传递和发布;市政协重要会议、重要活动中多媒体演示资料的制作、电子签到和会议操控;市政协机关计算机网络的信息安全及防病毒软件的升级;机关大屏显示内容的及时更新和设备的日常维护;机关电化教室教学设备的操作和维护;计算机操作技能和应用软件的使用培训;信封打印和各类证件、胸卡、席卡、请柬的制作及各类文件的打(复)印和装订等。

【机构与编制】

2000年5月,市编办核定信息中心为财政全额拨款事业单位,人员编制15名。截至2012年底,共有事业编制15名,实际在编12人。

第二章 区县政协

第一节 浦东新区政协

1993年1月,经国务院批准,上海成立浦东新区。辖区包括原黄浦、南市、杨浦3区的浦东部分,川沙县全境及上海县的三林乡。1994年4月,浦东新区政协工作联络处正式挂牌成立。2000年6月,市委决定正式建立浦东新区政协,同年8月,浦东新区政协成立并召开一届一次会议,至2012年1月第四届政协届满,共历经4届委员会。

一、浦东新区政协工作联络处(1994.4—2000.8)

1994年4月,浦东新区政协工作联络处正式挂牌成立,历时6年,至2000年8月浦东新区政协成立后完成工作任务。

浦东新区政协工作联络处主任为王洪泉(1997年1月离任)、华国万(1997年1月担任,1998年4月离任)、李佳能(1998年4月担任),副主任为李铁玖(1998年10月离任)、徐通方、梁玉书(1998年10月担任)。

浦东新区政协工作联络处先后分4批聘任政协联络员164名,分成中共组、民主党派组、教育组、科技组、经济一组、经济二组、医卫组、港澳台侨组、工青妇组、民族宗教组等10个组开展活动。

二、浦东新区政协第一届委员会(2000.8—2003.3)

浦东新区政协一届一次会议于2000年8月召开,会议选举李佳能为主席,邵煜栋、陈炳辉、王以忠、蔡威、王志雄为副主席,唐国良为秘书长。

第一届委员会设提案、经济、教科文卫体、人口资源环境建设、社会和法制、民族宗教和港澳台侨6个专门委员会和学习指导小组。

三、第二届委员会(2003.3—2007.1)

浦东新区政协二届一次会议于2003年3月召开,会议选举林泉璋为主席,邵煜栋、陈炳辉、陈南岗(女)、李忠湧、张显平、解放(女)、陈志龙为副主席,唐国良为秘书长(2003年8月离任)。2003年8月,区政协全体委员会议增补方柏华为秘书长。

第二届委员会设提案、经济和科技、人口资源环境建设、教文卫体、社会和法制、民族和宗教、港澳台侨、文史资料8个专门委员会和学习指导小组。

四、第三届委员会(2007.1—2009.8)

浦东新区政协三届一次会议于 2007 年 1 月召开,会议选举林泉璋为主席,张静(女)、李忠湧、陈志龙、谢毓敏(女)为副主席,方柏华为秘书长。2008 年 8 月,区政协全体委员会议增选方柏华为副主席。

第三届委员会设提案、经济和科技、人口资源环境建设、教文卫体、社会和法制、民族和宗教、港澳台侨、文史和学习 8 个专门委员会和学习指导小组。

五、第四届委员会(2009.8—2012.1)

2009 年 4 月,国务院批复同意将南汇区并入浦东新区。浦东新区政协四届一次会议提前于 2009 年 8 月召开,本次全体会议是两区合并后的政协换届大会,会议选举林泉璋为主席,戴群华(女)、张静(女)、张兆田、方柏华、谢毓敏(女)、李忠湧、邵自红(女)、杨德妹(女,2010 年 4 月离任)、陈志龙、胡松春为副主席,刘英(女)为秘书长。

第四届委员会设学习和文史、提案、经济和科技、农村和农业、人口资源环境建设、教文卫体、社会和法制、民族和宗教、港澳台侨 9 个专门委员会。

第二节　徐汇区政协

徐汇区政协于 1980 年 3 月召开五届一次会议,至 2012 年 1 月第十二届政协届满,共历经 8 届委员会。

一、第五届委员会(1980.3—1984.3)

徐汇区政协五届一次会议于 1980 年 3 月召开,会议选举姚天珍(女)为主席,郑梅欣、朱保洪、姚诵尧、沈堃、张家惠(女)、马德修(女)、黎重光为副主席,朱联书为秘书长。1981 年 5 月,经五届二次会议选举,增补王建吾为副主席。

第五届委员会设学习、对台宣传、文史资料、法制研究、科学技术、经济研究、医务卫生、教育、体育、文艺、宗教民族、侨务、妇女 13 个专门委员会或工作组。

二、第六届委员会(1984.3—1987.4)

徐汇区政协六届一次会议于 1984 年 3 月召开,会议选举朱家泽为主席,沈堃、马德修(女)、寇华、陆泳德、史久华为副主席,张荣华为秘书长。

第六届委员会设学习、老年工作、经济研究、法制研究、对台宣传、文史资料、科学技术、教育、医药卫生、文体、宗教、民族、妇女、城建、华侨、提案信访 16 个专门委员会或工作组。

三、第七届委员会(1987.4—1990.4)

徐汇区政协七届一次会议于1987年4月召开,会议选举胡蔚英为主席,寇华、唐寿千、徐琪、史久华、马德修(女)、陆泳德为副主席,陈绍经为秘书长。

第七届委员会设学习、提案信访、"三胞"联谊、经济、教育、宗教、法制、医卫、文体、民族、妇女、科技、城建、文史资料14个专门委员会。

四、第八届委员会(1990.4—1993.4)

徐汇区政协八届一次会议于1990年4月召开,会议选举胡蔚英为主席,徐琪、唐寿千、史久华、马德修(女)、陈绍经、郑荣贵为副主席,陈力群为秘书长。

第八届委员会设学习、提案、教育、科技、经济、城建、医卫、地区、法制、青年、妇女、文体、民族宗教、"三胞"联谊、文史15个专门委员会。

五、第九届委员会(1993.4—1998.3)

徐汇区政协九届一次会议于1993年4月召开,会议选举董健为主席,杜子炎、郑荣贵、胡宗正、陈汝作为副主席,陈力群为秘书长。

第九届委员会设学习、提案、教育、科技、经济、城建、文体、地区、医卫、社会法制、"三胞"联谊、民族宗教12个专门委员会。

六、第十届委员会(1998.3—2003.3)

徐汇区政协十届一次会议于1998年3月召开,会议选举董健为主席(2002年2月离任),杜子炎(2001年9月离任)、刘奕民、胡宗正、邹德礼为副主席,顾锡铃为秘书长。2002年2月,经十届四次会议选举,增补张旗为主席,黄霄鹰(女)为副主席。

第十届委员会设学习、提案、教育、科技、经济、城建、医卫、文体、社会法制、地区、港澳台侨、民族宗教12个专门委员会。

七、第十一届委员会(2003.3—2007.2)

徐汇区政协十一届一次会议于2003年3月召开,会议选举张旗为主席,黄霄鹰(女)、刘奕民(2006年8月离任)、邹德礼、李忠铮为副主席,戴志伟为秘书长。2003年7月,经十一届二次会议选举,增补苏玉芳(女)为副主席。

第十一届委员会设学习提案、经济科技、教卫文体、社会和法制、人口资源环境建设、爱国联谊6个专门委员会。

八、第十二届委员会（2007. 2—2012. 1）

徐汇区政协十二届一次会议于 2007 年 2 月召开，会议选举李俊民为主席，黄霄鹰（女，2010 年 9 月离任）、冷旭生（2009 年 12 月离任）、李忠铮（2009 年 12 月离任）、刘幸偕、杨逢珉（女）为副主席，徐识为秘书长。2010 年 1 月，经十二届四次会议选举，增补黄承刚、朱建民为副主席。

第十二届委员会设学习、提案、经济科技、教卫文体、社会和法制、人口资源环境建设、爱国联谊 7 个专门委员会。

第三节　长宁区政协

长宁区政协于 1980 年 8 月召开五届一次会议，至 2012 年 1 月第十二届政协届满，共历经 8 届委员会。

一、第五届委员会（1980. 8—1984. 4）

长宁区政协五届一次会议于 1980 年 8 月召开，会议选举诸詠芬（女）为主席，朱洪希（1983 年 11 月离任）、胡华清、吉一鸣、唐慎斋、陈济琳、荣宝椿（1982 年 9 月离任）、王师俊为副主席，郑荣柏为秘书长。1981 年 8 月，经五届二次会议选举，增补袁玮（女）为副主席（1983 年 5 月离任）。1983 年 3 月，经五届四次会议选举，增补张公绰、郑昌明为副主席。

第五届委员会设学习委员会，以及科技、教育、卫生、工商经济、对台宣传 5 个工作组和书画、翻译 2 个组。

二、第六届委员会（1984. 4—1987. 4）

长宁区政协六届一次会议于 1984 年 4 月召开，会议选举诸詠芬（女）为主席，张公绰、吉一鸣（1985 年 12 月离任）、魏君玉（女，1985 年 12 月离任）、陈济琳、王师俊、郑昌明、张家惠（女）、林静（女，1986 年 12 月离任）为副主席，郑荣柏为秘书长。

第六届委员会设学习和文史资料、祖国统一、提案 3 个专门委员会，及经济、科学技术、教育、医药卫生、法制、文化体育、妇女、民族宗教、华侨 9 个工作组。

1984 年 11 月，区政协成立咨询服务部。1987 年 1 月，增设经济技术咨询委员会。

三、第七届委员会（1987. 4—1990. 4）

长宁区政协七届一次会议于 1987 年 4 月召开，会议选举诸詠芬（女）为主席，张公绰、陈济琳、张新宇（女）、王师俊、郑昌明、张尔柏、王文璧（女）为副主席，郑荣柏为秘书长。

第七届委员会设学习和文史资料、提案、"三胞"联络 3 个工作委员会，经济、科技、教育、医卫、文体、法制、妇女、青年、宗教民族 9 个工作组，以及经济技术咨询委员会。

四、第八届委员会(1990.4—1993.4)

长宁区政协八届一次会议于 1990 年 4 月召开,会议选举李仁杰为主席,曹月建、张尔柏、张新宇(女)、王文璧(女)、顾丽苹(女)为副主席,郑荣柏为秘书长。

第八届委员会设学习、提案、文史资料、祖国统一联谊、经济、科技、市政建设、教育、医药卫生、文化体育、民主与法制、宗教民族、工会青年妇女 13 个专门委员会。

五、第九届委员会(1993.4—1998.3)

长宁区政协九届一次会议于 1993 年 4 月召开,会议选举李仁杰为主席(1997 年 2 月离任),陈观法(1996 年 6 月离任)、张尔柏、张新宇(女)、王文璧(女)、乐嘉基为副主席,陈观法为秘书长(兼,1995 年 3 月离任)。1995 年 3 月,经九届三次会议选举,增补顾迪光为秘书长。1996 年 8 月,经九届五次会议选举,增补黄企洲为副主席。1997 年 2 月,经九届六次会议选举,增补齐允海为主席。

第九届委员会设学习、提案、文史资料、海外联谊、经济、科技、市政建设、教育、医药卫生、文化体育、民主法制与社会事务、工青妇、宗教民族 13 个专门委员会。

六、第十届委员会(1998.3—2003.3)

长宁区政协十届一次会议于 1998 年 3 月召开,会议选举齐允海为主席,黄企洲、王廷弼、乐嘉基、郭立为副主席,仪靖远为秘书长。

第十届委员会设提案、经济、科学技术、城市建设和环境、教育和体育、医药卫生、社会和法制、港澳台侨、文化和文史资料、民族和宗教委员会 10 个专门委员会。

七、第十一届委员会(2003.3—2007.2)

长宁区政协十一届一次会议于 2003 年 3 月召开,会议选举齐允海为主席,王雅萍(女)、徐剑萍(2005 年 4 月离任)、金亮、徐伟人、王跃林为副主席,仪靖远为秘书长。

第十一届委员会设提案、经济、科学技术、城市建设和管理、社会和法制、教育文化和体育、医药卫生、港澳台侨、民族和宗教 9 个专门委员会。

八、第十二届委员会(2007.2—2012.1)

长宁区政协十二届一次会议于 2007 年 2 月召开,会议选举陈建兴为主席,刘春景、张连城(2010 年 8 月离任)、徐伟人、王跃林、王训国为副主席,仪靖远为秘书长(2007 年 12 月离任)。2011 年 1 月,经十二届五次会议选举,增补吴文娟(女)为副主席(2011 年 6 月离任)。2008 年 1 月,经十二届二次会议选举,增补陶昌琪为秘书长。

第十二届委员会设提案、经济、科学技术、城市建设和资源环境、社会和法制、教育文化和体育、医药卫生、港澳台侨、民族和宗教委员会 9 个专门委员会。

第四节 普陀区政协

普陀区政协于 1980 年 8 月召开五届一次会议,至 2012 年 1 月第十二届政协届满,共历经 8 届委员会。

一、第五届委员会(1980.8—1984.3)

普陀区政协五届一次会议于 1980 年 8 月召开,会议选举谭西三为主席,刘大樾、须敬、段玉祥、梅公毅、林嘉钰、荣漱仁(女)、戴焕禧为副主席,李伯强为秘书长。

第五届委员会设学习委员会,以及医务、工商、对台、信访 4 个工作组。

二、第六届委员会(1984.3—1987.5)

普陀区政协六届一次会议于 1984 年 3 月召开,会议选举谭西三为主席(1986 年 9 月离任),朱繁泉、毛霞舲(女)、李亚伟(1986 年 9 月离任)、戴焕禧、梅公毅、荣漱仁(女)、林嘉钰(1987 年 2 月离任)为副主席,赵淑君为秘书长(1986 年 9 月离任)。

第六届委员会设学习委员会、落实政策检查组和经济、科技、市政、教育、医卫、民族宗教、法制、对台宣传、文艺体育、侨务 10 个工作组。

三、第七届委员会(1987.5—1990.4)

普陀区政协七届一次会议于 1987 年 5 月召开,会议选举樊明章为主席,胡天盛、戴焕禧、朱繁泉、荣漱仁(女,1987 年 12 月离任)、钱洪、吴志高为副主席,沈原梓为秘书长。

第七届委员会设学习、青年妇女、文体、教育、医卫、经济、科技、市政建设、法制、民族宗教、"三胞"祖国统一、提案、落实政策、文史资料 14 个工作委员会。

四、第八届委员会(1990.4—1993.4)

普陀区政协八届一次会议于 1990 年 4 月召开,会议选举王新生为主席,张效良、胡天盛、陈炳生、钱洪、吴志高、陈维德为副主席,沈原梓为秘书长。

第八届委员会设学习、提案、文史资料、经济、市政建设、科技、文体、教育、医卫、法制地区、祖统联谊、民族宗教、职工、青年、妇女 15 个专门委员会。

五、第九届委员会(1993.4—1998.3)

普陀区政协九届一次会议于 1993 年 4 月召开,会议选举王新生为主席,严振超(1996 年 6 月离任)、沈原梓、钱洪、盛金山、周燮鹏为副主席,王金福为秘书长(1996 年 6 月离任)。1996 年 8 月,经九届五次会议选举,增补高雪春为副主席。

第九届委员会设学习、提案、经济、科技、教育、医卫、文体、市政建设、法制地区、职工青年妇女、祖国统一、民族宗教、文史资料13个专门委员会。

六、第十届委员会(1998.3—2003.3)

普陀区政协十届一次会议于1998年3月召开,会议选举陈先国为主席(2000年10月离任),苏文贵(2000年7月离任)、沈原梓、高雪春、钱洪、周燮鹏、廖骏德(2000年7月离任)为副主席,浦雨龙(女)为秘书长。2001年2月,经十届四次会议选举,增补叶维华为主席。

第十届委员会设学习和文史、经济、科技、提案、教育、人口和健康、社会和法制、文化和体育、环境和城区建设、民族和宗教、祖国统一联谊11个专门委员会。

七、第十一届委员会(2003.3—2007.2)

普陀区政协十一届一次会议于2003年3月召开,会议选举叶维华为主席(2003年7月离任),夏斯德、叶红(女)、周燮鹏、陈琦(女)、陈坚为副主席,浦雨龙(女)为秘书长(2005年12月离任)。2003年7月,经十一届二次会议选举,增补林爱娟(女)为主席。2006年1月,经十一届五次会议选举,增补包昌华为秘书长。

第十一届委员会设学习和文史、经济、科技、提案、教育、人口和健康、社会和法制、文化和体育、环境和城区建设、民族和宗教、港澳台侨11个专门委员会。

八、第十二届委员会(2007.2—2012.2)

普陀区政协十二届一次全体会议于2007年2月召开,会议选举林爱娟(女)为主席(2011年2月离任),夏斯德、柴晓苗(女)、谢筠(女)、周旭东、梁立群为副主席,包昌华为秘书长。2011年2月,经十二届五次会议选举,增补许伟国为主席。

第十二届委员会设学习和文史、经济、科技、提案、教育、人口和健康、社会和法制、文化和体育、环境和城区建设、民族和宗教、港澳台侨11个专门委员会。

第五节　闸北区政协

闸北区政协于1980年8月召开五届一次会议,至2012年1月第十二届政协届满,共历经8届委员会。

一、第五届委员会(1980.8—1984.3)

闸北区政协五届一次会议于1980年8月召开,会议选举钟正斋为主席,李敦贤、于忠、薛俊英、成祖荫、沈瑛(女)、周启章、黄耀忠为副主席,李敦贤为秘书长(兼)。

第五届委员会设学习委员会,以及法制研究、科技、教育、医卫、文艺、工商研究、对外联络、文史资料、侨务、民族宗教、对台宣传11个工作组。

二、第六届委员会(1984.3—1987.4)

闸北区政协六届一次会议于 1984 年 3 月召开,会议选举马秀升为主席(1986 年 6 月离任),李敦贤、成祖荫、王振中、丁正淦、包燕春、沈瑛(女)、王治平为副主席,李敦贤为秘书长(兼)。1986 年 6 月,经六届三次会议选举,增补马作云为主席。

第六届委员会设学习委员会,以及科技、医卫、教育、文体、文史资料、"三胞"联谊、民族宗教 7 个工作组。

三、第七届委员会(1987.4—1990.4)

闸北区政协七届一次会议于 1987 年 4 月召开,会议选举马作云为主席,李敦贤、成祖荫、丁正淦、王治平、包燕春、朱正谊为副主席,李敦贤为秘书长(兼)。

第七届委员会设学习、经济咨询、提案工作 3 个委员会,以及法制、城建、妇女、文体、文史资料、医卫、侨务、科技、祖国统一、民族宗教 10 个工作组。

四、第八届委员会(1990.4—1993.4)

闸北区政协八届一次会议于 1990 年 4 月召开,会议选举郭祖禄为主席,宋基栋、左茂松、朱正谊、陆家溪、屠旅南、刘志伟为副主席,王述惕为秘书长。

第八届委员会设学习、经济、教育、提案、文史、科技、医卫文体、法制、妇女、青年、"三胞"联谊、民族宗教 12 个工作委员会。

五、第九届委员会(1993.4—1998.3)

闸北区政协九届一次会议于 1993 年 4 月召开,会议选举郭祖禄为主席,王昌、陆家溪、刘志伟、朱正谊为副主席,高向东为秘书长(1996 年 4 月离任)。1997 年 3 月,经九届五次会议选举,增补黄军龙为秘书长。

第九届委员会设学习、提案、文史资料、经济、城建、科学、教育、医卫文体、民主法制和社会事务、海外联谊和祖国统一 10 个专门委员会。

六、第十届委员会(1998.3—2003.3)

闸北区政协十届一次会议于 1998 年 3 月召开,会议选举张家品为主席,王昌、陆家溪(2001 年 3 月离任)、屠旅南、刘志伟为副主席,黄军龙为秘书长。2000 年 7 月,经十届四次会议选举,增补许佩琴(女)为副主席。

第十届委员会设提案、学习、经济、科技、教育、医卫文体、城市建设和管理、社会法制和民族宗教、文史、港澳台侨 10 个专门委员会。

七、第十一届委员会(2003.3—2007.2)

闸北区政协十一届一次会议于2003年3月召开,会议选举张丽丽(女)为主席,卢志强、严定邦、张广仁、季铭为副主席,黄军龙为秘书长。2003年7月,经十一届二次会议选举,增补毛乾龙为副主席(2006年10月离任)。

第十一届委员会设提案、经济、城市建设和管理、科技、教育和文史、医卫文体、社会和法制、民族宗教和港澳台侨8个专门委员会。

八、第十二届委员会(2007.2—2012.1)

闸北区政协十二届一次会议于2007年2月召开,会议选举张宝妮(女)为主席,石宝珍(女)、卢志强、严定邦、张广仁、季铭为副主席,金伟(女)为秘书长。

第十二届委员会设提案、经济、城市建设和管理、科技、教育和文史、医卫文体、社会和法制、民族宗教和港澳台侨8个专门委员会。

第六节 虹口区政协

虹口区政协1980年8月召开五届一次会议,至2012年1月第十二届政协届满,共历经8届委员会。

一、第五届委员会(1980.8—1984.3)

虹口区政协五届一次会议于1980年8月召开,会议选举沈敏康为主席,王子华(1982年8月离任)、刘邦云(1982年8月离任)、孙葵君、陈宝善、张士德、洪百年为副主席,苏惠俊为秘书长。1982年8月,经五届三次会议选举,增补陈霖、毛智凤(女)为副主席。

第五届委员会设学习委员会,以及对台、文史资料、法制研究、经济研究、四化服务、科技、教育、医药卫生、华侨、民族宗教、妇女11个工作组。

二、第六届委员会(1984.3—1987.5)

虹口区政协六届一次会议于1984年3月召开,会议选举李小鲁为主席(1986年3月离任),姜其昌、陈霖、侯克忠、陈宝善、洪百年、毛智凤(女)、张兴国、于运联为副主席,骆令瞻为秘书长。

第六届委员会设学习、祖国统一、教育文艺体育、经济研究4个专门委员会及文史资料、法制研究、科技组、医药卫生、华侨、民族宗教、妇女、市政建设8个工作组。

三、第七届委员会(1987.5—1990.4)

虹口区政协七届一次会议于1987年5月召开,会议选举卢丽娟(女)为主席,姜其昌、毛智凤

（女）、蔡祖康、黄崇武、徐国杰为副主席,骆令瞻为秘书长。

第七届委员会设学习、祖国统一、经济、教育、文化体育、医药卫生、科技、市政建设、政法、华侨、民族宗教、文史资料、提案、妇女、青年 15 个专门委员会。

四、第八届委员会(1990.4—1993.3)

虹口区政协八届一次会议于 1990 年 4 月召开,会议选举卢丽娟(女)为主席,彭淑妥(女)、毛智凤(女)、黄崇武为副主席,骆令瞻为秘书长(1991 年 7 月离任)。1991 年 3 月,经八届二次会议选举,增补汪云山为副主席。1992 年 3 月,经八届三次会议选举,增补姜守品为秘书长。

第八届委员会设学习、祖国统一联谊、经济、教育、文化体育、医药卫生、市政建设、法制、华侨、提案、文史资料、民族宗教、妇女、青年、职工、科技 16 个专门委员会。

五、第九届委员会(1993.3—1998.3)

虹口区政协九届一次会议于 1993 年 3 月召开,会议选举刘新昌为主席,彭淑妥(女)、吴慧娟(女)、毛智凤(女)、汪云山、黄雅才为副主席,姜守品为秘书长(1995 年 1 月离任)。1995 年 3 月,经九届三次会议选举,增补黄美如(女)为秘书长。

第九届委员会设学习、提案、文史资料、经济、市政建设、科技、教育、文化体育、医药卫生、法制、台港澳侨、民族宗教、职工妇女青年 13 个专门委员会。

六、第十届委员会(1998.3—2003.3)

虹口区政协十届一次会议于 1998 年 3 月召开,会议选举葛文卿为主席,彭淑妥(女,2001 年 1 月离任)、吴慧娟(女,2001 年 11 月离任)、汪云山、马骁、杜善金为副主席,黄美如(女)为秘书长。2001 年 2 月,经十届四次会议选举,增补梁城涛为副主席。

第十届委员会设提案、科技与经济、环境和城市建设、教育、职工妇女青年、医药卫生、港澳台侨、文史资料、文化体育、法制、民族宗教 11 个专门委员会。

七、第十一届委员会(2003.3—2007.2)

虹口区政协十一届一次会议于 2003 年 3 月召开,会议选举葛文卿为主席,刘瀛萍(女)、热木吐拉·尼牙孜(2003 年 11 月离任)、杜善金、张志恩、叶国梁为副主席,王四妹(女)为秘书长。2004 年 2 月,经十一届二次会议选举,增补李维屏为副主席。

第十一届委员会设提案、科技与经济、环境与城市建设、教育、文化体育、医药卫生、社会与法制、港澳台侨、民族宗教 9 个专门委员会。

八、第十二届委员会(2007.2—2012.1)

虹口区政协十二届一次全体会议于 2007 年 2 月召开,会议选举许虎清为主席,刘瀛萍(女,

2010 年 12 月离任)、吴根明、杜善金、张志恩、叶国梁为副主席,华剑林为秘书长。

第十二届委员会设提案、科技与经济、人口资源环境建设、教育、文化体育、医药卫生、社会与法制、港澳台侨、民族宗教 9 个专门委员会。

第七节 杨 浦 区 政 协

杨浦区政协于 1980 年 8 月召开区政协五届一次会议,至 2012 年 1 月第十二届政协届满,共历经 8 届委员会。

一、第五届委员会(1980.8—1984.3)

杨浦区政协五届一次会议于 1980 年 8 月召开,会议选举王雁秋为主席,何秀凤(女)、史兴华(1983 年 1 月离任)、唐星、许士骐、朱华谷、宋若侠、刘仁麟、包迪生、俞蕴乾为副主席,唐星兼任秘书长(1981 年 4 月离任)。1981 年 4 月,经五届二次会议选举,增补王伯昌为秘书长。

第五届委员会设学习工作委员会,以及对台宣传、文史资料、科学技术、文化教育、医药卫生、工商经济、提案信访、民族宗教、侨务 9 个工作组。

二、第六届委员会(1984.3—1987.5)

杨浦区政协六届一次会议于 1984 年 3 月召开,会议选举王雁秋为主席(1986 年 9 月离任),唐星(1984 年 10 月离任)、王伯昌、许士骐、朱华谷、刘仁麟、包迪生、俞蕴乾为副主席,李季孚为秘书长(1985 年 4 月离任)。1985 年 4 月,经六届二次会议选举,增补张语民为副主席,潘晓明为秘书长。

第六届委员会设学习工作、祖国统一、提案、教育、工商经济、科学技术、医药卫生 7 个工作委员会,以及法制、城市建设、妇女、文艺、体育、书画、青年、文史资料、民族宗教、侨务 10 个工作组。

三、第七届委员会(1987.5—1990.4)

杨浦区政协七届一次会议于 1987 年 5 月召开,会议选举施叔华为主席,张语民、王伯昌、常泽民、谢继民、桂祖光、徐孝礼为副主席,方春申为秘书长。

第七届委员会设学习工作、经济技术咨询、"三胞"工作、提案、教育、工商经济、科学技术、医药卫生、文史资料 9 个工作委员会及法制、城市建设、妇女、文艺、体育、书画、青年、民族宗教 8 个工作组。

四、第八届委员会(1990.4—1993.4)

杨浦区政协八届一次会议于 1990 年 4 月召开,会议选举施叔华为主席,王伯昌、常泽民、徐琴珠(女)、桂祖光、金麟孙、张人凤为副主席,毛均高为秘书长。

第八届委员会设学习、提案、文史资料、经济、教育、科学技术、文化、体育、医药卫生、市政建设、法制、宗教民族、"三胞"联谊、职工、青年、妇女工作 16 个工作委员会。

五、第九届委员会(1993.4—1998.3)

杨浦区政协九届一次会议于 1993 年 4 月召开,会议选举施叔华为主席,李保庆(1996 年 3 月离任)、桂祖光、徐方瞿、钱世勤(女)为副主席,毛均高为秘书长(1995 年 7 月离任)。1996 年 3 月,经九届四次会议选举,增补丛日升为副主席,林天泗为秘书长。

第九届委员会设学习、提案、文史资料、经济、科技、城市建设、教育、医药卫生、文化体育、民族宗教、台港澳侨联谊、民主法制与社会事务 12 个专门委员会。

六、第十届委员会(1998.3—2003.3)

杨浦区政协十届一次会议于 1998 年 3 月召开,会议选举孙登龙为主席,刘瀛萍(女,2003 年 2 月离任)、丛日升(2002 年 1 月离任)、徐方瞿、陈怡(女)、张一尘为副主席,林天泗为秘书长(2000 年 2 月离任)。2000 年 3 月,经十届三次会议选举,增补裘筱卿为秘书长。

第十届委员会设经济、学习和文史、提案、教育、科技、环境和城市建设、医药卫生、文化和体育、民族和宗教、港澳台侨、社会和法制 11 个专门委员会。

七、第十一届委员会(2003.3—2007.2)

杨浦区政协十一届一次会议于 2003 年 3 月召开,会议选举曹一丁为主席(2004 年 1 月离任)、张慧珠(女)、金以镭(女)、徐方瞿、张一尘、周文彪为副主席,裘筱卿为秘书长(2005 年 6 月离任)。2004 年 2 月,经十一届二次会议选举,增补李文连为主席。2006 年 2 月,经十一届四次会议选举,增补杨文渊为秘书长。

第十一届委员会设学习指导组,以及提案、经济和科技、环境和城建、教育和文化、医卫和体育、社会和法制、港澳台侨、民族和宗教 8 个专门委员会。

八、第十二届委员会(2007.2—2012.1)

杨浦区政协十二届一次会议于 2007 年 2 月召开,会议选举李文连为主席,张慧珠(女)、方伦贵(2010 年 7 月离任)、姚秀平、邵志勇、李国华为副主席,杨文渊为秘书长(2011 年 9 月离任)。2010 年 8 月,经十二届四次会议选举,增补吴伟国为副主席。

第十二届委员会设学习和文史、提案、经济、科技、环境和城市建设、教育和文化、医卫和体育、社会和法制、民族和宗教、港澳台侨 10 个专门委员会。

第八节　黄浦区政协

黄浦区政协于 1980 年 7 月召开区政协五届一次会议,至 2000 年 4 月,市委、市政府撤销黄浦、南市两区,建立新黄浦区止,共历经 6 届委员会。2000 年 7 月,新成立的黄浦区政协召开一届一次会议,至 2011 年 6 月市委、市政府再次撤销黄浦、卢湾两区,建立新的黄浦区止,共历经 3 届委员会。

一、第五届委员会(1980.7—1984.3)

黄浦区政协五届一次会议于 1980 年 7 月召开,会议选举关百胜为主席,俞毅伯、袁丕烈、许练沙(女)、李柏华、王雅琴(女)、黄云飞、马龙发、王南群、张慧珍(女)为副主席,陈民权为秘书长。

第五届委员会设经济、法制、科技、教育、医卫、祖国统一、民族宗教、文史、文体、翻译 10 个工作组及咨询服务部。

二、第六届委员会(1984.3—1987.5)

黄浦区政协六届一次会议于 1984 年 3 月召开,会议选举汪铭昌为主席,王海涛、袁丕烈、马龙发、王南群、金久恒、钱绍忠、曾美娇(女)为副主席,金久恒为秘书长(兼)。

第六届委员会设学习委员会,以及经济、对台宣传、法制研究、教育、医卫、侨务、民族宗教、文史资料、文体、翻译 10 个工作组。

三、第七届委员会(1987.5—1990.4)

黄浦区政协七届一次会议于 1987 年 5 月召开,会议选举汪铭昌为主席,金久恒、钱绍忠、张祖诒、石仰山、周丹枫、张友隽为副主席,周瑞良为秘书长。

第七届委员会设学习、提案、"三胞"联谊、经济、科技市政、教育、医疗卫生、文化体育、政法地区妇女、民族宗教、青年联谊、文史资料 12 个专门委员会。

四、第八届委员会(1990.4—1993.4)

黄浦区政协八届一次会议于 1990 年 4 月召开,会议选举汪铭昌为主席,曹绳武、张宗德、石仰山、周丹枫、张友隽、马鸿南为副主席,凌嘉瑞为秘书长。

第八届委员会设学习、提案、文史资料、经济、科技市政、教育、医疗卫生、文化体育、政法地区妇女、民族宗教、"三胞"联谊、青年 12 个专门委员会和工会、经济、科技市政、教育、医疗卫生、文化体育、政法地区妇女、民族宗教、"三胞"9 个委员大组。

五、第九届委员会(1993.4—1998.3)

黄浦区政协九届一次会议于 1993 年 4 月召开,会议选举陈志荣为主席,顾家宁(女)、张宗德、石仰山、马鸿南、郑谷兰为副主席,凌嘉瑞为秘书长。

第九届委员会设学习、提案、经济、科技与市政、教育、医卫、文体、民主法制与社会事务、"三胞"联谊、民族与宗教 10 个专门委员会。

六、第十届委员会(1998.3—2000.4)

黄浦区政协十届一次会议于 1998 年 3 月召开,会议选举陈震雷为主席,蒋一鸿、郑谷兰、石鉴玉、谭妙全为副主席,凌嘉瑞为秘书长。

第十届委员会设学习、提案、经济、科教、健康和文化、市政和社区、台侨民族宗教 7 个专门委员会。

七、新黄浦区政协第一届委员会(2000.7—2003.2)

原黄浦、南市两区"撤二建一",建立新的黄浦区后,新的黄浦区政协一届一次会议于 2000 年 7 月召开,会议选举沈善初为主席,蒋一鸿、陈剑华、孔耀洲、章念祖、石鉴玉、谭妙全、桂秋白为副主席,凌嘉瑞为秘书长。

第一届委员会设学习指导组,以及提案、经济与科技(1)、经济与科技(2)、经济和科技(3)、环境和城市建设、教育、医药卫生、文化和体育、社区和法制、港澳台侨、民族和宗教 11 个专门委员会。

八、第二届委员会(2003.2—2007.2)

黄浦区政协二届一次会议于 2003 年 2 月召开,会议选举李俊民为主席(2003 年 7 月离任),蒋一鸿、孔耀洲、芮爱娣(女)、谭妙全、桂秋白为副主席,凌嘉瑞为秘书长。2003 年 7 月,经二届二次会议选举,增补赵矛为主席。

第二届委员会设学习指导组,以及提案、经济(1)、经济(2)、科学技术、环境和城市建设、教育、医药卫生、文化和体育、社会和法制、港澳台侨、民族和宗教 11 个专门委员会。

九、第三届委员会(2007.2—2011.10)

黄浦区政协三届一次会议于 2007 年 2 月召开,会议选举赵矛为主席,王雅萍(女)、芮爱娣(女)、刘仲苓、桂秋白、程霄玉(女)(2009 年 7 月离任)为副主席,尹柏炎为秘书长。2009 年 7 月,经三届四次会议选举,增补吴力坚为副主席。

第三届委员会设学习与文史、提案、经济、科学技术、环境和城市建设、教育和卫生、文化和体育、社会和法制、港澳台侨、民族和宗教 10 个专门委员会。

2011 年 6 月,经国务院批准,上海决定撤销黄浦、卢湾两区,建立新的黄浦区,黄浦、卢湾两区政协的当届委员会工作随之结束。2011 年 10 月,新的黄浦区政协成立并召开一届一次会议。

第九节 静 安 区 政 协

静安区政协于 1980 年 7 月召开五届一次会议,至 2012 年 1 月第十二届政协届满,共历经 8 届委员会。

一、第五届委员会(1980.7—1984.2)

静安区政协五届一次会议于1980年7月召开,会议选举单意基为主席,钱正心、许维清、段力佩、江芷千(女)、吴明然、钱潮、吴阳刚、王洪昌、曾光叔为副主席,李峻为秘书长。1981年8月,经五届二次会议选举,增补顾卫丞为副主席。

第五届委员会设学习、信访、工商经济、科技、教育、医学卫生、对台、侨务8个工作组。

二、第六届委员会(1984.2—1987.4)

静安区政协六届一次会议于1984年2月召开,会议选举鲍士用为主席,钱正心、段力佩、陈通、曾光叔、顾卫丞、荣毅珍(女)、马腾达、吴厚成为副主席,蔡一鸣为秘书长。1985年3月,经六届二次会议选举,增补石培钧为副主席。

第六届委员会设学习、咨询、提案信访、文史资料、工商经济、科学技术、教育、医学卫生、文化艺术、法制、妇女、祖国统一、华侨、少数民族、宗教、各界人士之家管理16个工作组。

三、第七届委员会(1987.4—1990.4)

静安区政协七届一次会议于1987年4月召开,会议选举陈玉焘为主席,徐美玉(女)、荣毅珍(女)、吴厚成、石培钧、李传祐、马永明为副主席,蔡一鸣为秘书长(1988年3月离任)。1988年3月,经八届二次会议选举,增补何仁初为秘书长。

第七届委员会设学习、提案工作、文史资料、"三胞"、工商经济、教育、科技、医药卫生、文化艺术、政法、市政建设、宗教民族、青年、妇女、各界人士之家管理15个专门委员会。

四、第八届委员会(1990.4—1993.4)

静安区政协八届一次会议于1990年4月召开,会议选举陈玉焘为主席,刘明模、荣毅珍(女)、吴厚成、石培钧、李传祐、江上昭为副主席,何仁初为秘书长。

第八届委员会设提案、文史资料、经济、市政、科技、教育、文化体育、医药卫生、法制、祖国统一、侨务、青年、妇女、宗教民族、学习15个专门委员会。

五、第九届委员会(1993.4—1998.3)

静安区政协九届一次会议于1993年4月召开,会议选举梁光璧(女)为主席,丁志坚(女)、荣毅珍(女,1997年9月因病去世)、刘明模(1996年11月离任)、涂克仁、朱丽瑛(女)为副主席,魏荣成为秘书长。1996年11月,经九届五次会议选举,增补王国青为副主席。

第九届委员会设提案、学习、文史资料、经济、市政建设、教育、医药卫生、文化体育、台港澳侨联络、民族宗教、民主法制和社会事务、妇女12个专门委员会。

六、第十届委员会（1998. 3—2003. 3）

静安区政协十届一次会议于 1998 年 3 月召开,会议选举王韵兰(女)为主席,黄森林、王国青、周国瑾、沈沅、顾维民为副主席,陶德发为秘书长。

第十届委员会设学习和文史资料、提案、经济科技、城市建设和管理、教育、医药卫生、文化体育、社会和法制、港澳台侨联络、民族宗教 10 个专门委员会。

七、第十一届委员会（2003. 3—2007. 2）

静安区政协十一届一次会议于 2003 年 3 月召开,会议选举施耀新为主席,黄森林、徐礼满(2005 年 11 月离任)、周国瑾、沈沅、刘桂香(女)为副主席,陶德发为秘书长。

第十一届委员会设学习指导组,以及提案、经济科技、城市建设和管理、教育、文化卫生体育、社会和法制、港澳台侨、民族宗教 8 个专门委员会。

八、第十二届委员会（2007. 2—2012. 1）

静安区政协十二届一次会议于 2007 年 2 月召开,会议选举刘晓明为主席,李关德、黄森林(2011 年 2 月离任)、罗华荣(女)、刘桂香(女)、沃伟东为副主席,阚光曜为秘书长。2011 年 2 月,经十二届五次会议选举,增补赵达为副主席。

第十二届委员会设学习、提案、经济科技、城市建设和管理、教育、文化卫生体育、社会和法制、港澳台侨、民族宗教 9 个专门委员会。

第十节　宝山区政协

1988 年 6 月,吴淞区与宝山县"撤二建一",建立宝山区。同年 9 月,宝山区政协成立并召开一届一次会议,至 2012 年 1 月第六届政协结束,共历经 6 届委员会。

一、第一届委员会（1988. 9—1990. 4）

宝山区政协一届一次会议于 1988 年 9 月召开。会议选举蔡子强为主席,刘守祥、朱宝渊、王德仁、丁乐伦、韩世耀、田长荫、朱权为副主席,卢学谨为秘书长。

第一届委员会设学习、提案、文史资料、经济、城乡建设、科学技术、文化体育、教育、医药卫生、法制、祖国统一、宗教民族、侨务、妇女青年 14 个专门委员会及科技咨询服务部。

二、第二届委员会（1990. 4—1993. 4）

宝山区政协二届一次会议于 1990 年 4 月召开。会议选举蔡子强为主席,刘守祥、刘效琨、严根泉、王德仁、韩世耀、田长荫为副主席,王企璋为秘书长(1993 年 3 月离任)。

第二届委员会设学习、提案、文史资料、经济、城乡建设、科学技术、文化体育、教育、医药卫生、法制、祖国统一、宗教民族、侨务、工青妇14个专门委员会。

三、第三届委员会(1993.4—1998.3)

宝山区政协三届一次会议于1993年4月召开。会议选举刘明生为主席,张慧珠(女)、严根泉(1996年3月离任)、戴庆武、王德仁、韩世耀为副主席,戴金辉为秘书长。1994年3月,三届二次会议增补忻伟明为副主席。1996年7月,区政协全体委员会议增补石庆明为副主席。

第三届委员会设学习文史、提案、经济、科技、城乡建设、教育、医卫体、民主法制社会事务、宗教少数民族与"三胞"联谊9个专门委员会。

四、第四届委员会(1998.3—2003.3)

宝山区政协四届一次会议于1998年3月召开。会议选举刘明生为主席,李新福、石庆明、戴庆武(2002年10月离任)、忻伟明、曾文忠(2001年3月离任)为副主席,戴金辉为秘书长(2001年11月离任)。2002年2月,四届五次会议增补冯海林为秘书长。

第四届委员会设学习文史、提案、经济、科学技术、教育、城乡建设管理、民主法制、社会事务、文卫体、宗民侨祖统10个专门委员会。2001年12月,四届二十五次常委会会议决定调整为提案、经济、科学技术、人口资源环境建设、教育文化卫生体育、法制、社会事务、民族宗教港澳台侨8个专门委员会。

五、第五届委员会(2003.3—2007.2)

宝山区政协五届一次会议于2003年3月召开。会议选举沈秋余为主席(2003年7月离任),张浩亮、石庆明(2005年12月离任)、厉家俊、徐静琳(女)、叶建英为副主席,冯海林为秘书长(2005年5月离任)。2003年7月,五届二次会议增补杜玉英(女)为主席。2005年5月,五届十三次常委会会议决定由朱亮任代秘书长。2006年1月,五届五次会议增补朱亮为秘书长。

第五届委员会设提案、经济、科学技术、人口资源环境建设、法制、社会事务、教育文化卫生体育、民族宗教港澳台侨8个专门委员会。2003年12月,五届五次常委会会议决定撤销经济委员会,分设第一经济委员会及第二经济委员会。

六、第六届委员会(2007.2—2012.1)

宝山区政协六届一次会议于2007年2月召开。会议选举康大华为主席,周德勋(女)、顾佳德(2011年1月离任)、徐静琳(女)、叶建英、刘伟国为副主席,朱亮为秘书长。2011年1月,六届六次会议增补王兆钢为副主席。

第六届委员会设提案、第一经济、第二经济、科学技术、人口资源环境建设、法制、社会事务、教育、文化卫生体育、民族宗教港澳台侨10个专门委员会。

第十一节 闵 行 区 政 协

闵行区于1981年恢复建制。1982年12月,闵行区政协召开二届一次会议,至1993年2月上海县和闵行区"撤二建一",成立新的闵行区政协止,共历经4届委员会。1993年3月,新成立的闵行区政协召开一届一次会议,至2012年1月第四届政协届满,共历经4届委员会。

一、第二届委员会(1982.12—1984.3)

闵行区政协二届一次会议于1982年12月召开,会议选举唐文洲为主席,曹黎、吴元康、南登峰为副主席,潘孝伟为秘书长。

第二届委员会设学习委员会及科学技术、经济、城市建设、教育、文化体育、医药卫生、法制、文史资料、对台宣传侨务民族宗教9个工作组。

二、第三届委员会(1984.3—1987.5)

闵行区政协三届一次会议于1984年3月召开,会议选举唐文洲为主席,曹黎、吴元康、南登峰、郝立志为副主席,潘孝伟为秘书长(1986年6月离任)。1986年6月,经三届四次会议选举,增补丁德兴为秘书长。

第三届委员会设学习委员会及科学技术、经济、城市建设、教育、医药卫生、文化体育、法制、文史资料、对台宣传侨务民族宗教、妇女10个工作组。

三、第四届委员会(1987.5—1990.4)

闵行区政协四届一次会议于1987年5月召开,会议选举唐文洲为主席,郝立志、吴学范、王孟浩为副主席,丁德兴为秘书长。1988年3月,经四届二次会议选举,增补王瑚为副主席。

第四届委员会设学习、委组联络、提案、科学技术、经济、教育、城市建设、医药卫生、对台宣传侨务民族宗教、三资企业、文化体育、妇女、青年、政法、文史资料、经济技术咨询16个专门委员会。

四、第五届委员会(1990.4—1993.3)

闵行区政协五届一次会议于1990年4月召开,会议选举凌志俭为主席,王瑚、童炳坤、王孟浩、金文华为副主席,丁德兴为秘书长。

第五届委员会设学习、提案、文史资料、科学技术、经济、城市建设、教育、医药卫生、祖国统一联谊、三资企业、法制、文体、妇女、青年、吴泾地区15个专门委员会。

五、新闵行区政协第一届委员会(1993.3—1998.3)

闵行区政协一届一次会议于1993年3月召开,会议选举凌志俭为主席,屠惠秋(1996年3月离任）、王孟浩、金文华、吴文丽（女）为副主席，王志高为秘书长。1996 年 2 月，经一届四次会议选举，增补毛荣发为副主席。

第一届委员会设学习、提案、文史资料、经济建设、城乡建设、科技、农业、"三资"企业、财贸金融、文化体育、教育、医药卫生、法制、祖国统一联谊、宗教民族 15 个专门委员会。1995 年 3 月，一届十二次常委会调整为学习、提案、经济科技、城镇建设、财贸金融、文化体育、教育、医药卫生、法制、爱国联谊等 10 个专门委员会。

六、第二届委员会（1998.3—2003.3）

闵行区政协二届一次会议于 1998 年 3 月召开，会议选举黄玉凤（女）为主席，毛荣发、吴文丽（女）、邹蜜蜂（女）、刘祖荣为副主席，胡剑雄为秘书长。

第二届委员会设学习、提案、经济、科技、环境和城市建设、教育、人口和健康、文化体育、社会和法制、爱国联谊 10 个专门委员会。2000 年 1 月起撤销学习委员会，设立学习指导组。

七、第三届委员会（2003.3—2007.2）

闵行区政协三届一次会议于 2003 年 3 月召开，会议选举罗云芳（女）为主席，毛荣发、王胜扬、邹蜜蜂（女）、刘祖荣、姚俭建为副主席，胡剑雄为秘书长。

第三届委员会设学习指导组及提案、经济、科技、环境和城市建设、教育、人口和健康、文化体育、社会和法制、爱国联谊 9 个专门委员会。

八、第四届委员会（2007.2—2012.1）

闵行区政协四届一次会议于 2007 年 2 月召开，会议选举吴申耀为主席，李梦麟、毛荣发（2009 年 10 月离任）、邹蜜蜂（女）、尹文明、汪小帆为副主席，梅建高为秘书长。2010 年 1 月，经四届四次会议选举，增补夏根福为副主席。

第四届委员会设学习、提案、经济、科技、环境和城市建设、教育、人口和健康、文化体育、社会和法制、爱国联谊 10 个专门委员会。

第十二节　嘉定区政协

1992 年 10 月，经国务院批准，上海撤销嘉定县，设立嘉定区。1993 年 4 月，嘉定区政协召开一届一次会议，至 2012 年 1 月第四届政协届满，共经历 4 届委员会。

一、第一届委员会（1993.4—1998.3）

嘉定区政协一届一次会议于 1993 年 4 月召开，会议选举何慧娟（女）为主席，童清仁、马尔奉（女）、邓国坤、阚敏为副主席，葛曰刚为秘书长（1994 年 3 月离任）。1994 年 3 月，一届二次会议增补汤洪良为秘书长。

第一届委员会设学习、提案工作、文史资料、经济、科学技术、城市建设和管理、教育、医药卫生、文化体育、祖国统一联谊、社会和法制 11 个专门委员会。

二、第二届委员会(1998.3—2003.3)

嘉定区政协二届一次会议于 1998 年 3 月召开,会议选举陆象娟(女)为主席,张德昌(2001 年 2 月离任)、陈龙法(2002 年 12 月离任)、马尔奉(女,2002 年 12 月离任)、邓国坤、沈云娟(女)为副主席,何根法为秘书长。2001 年 2 月,经二届四次会议选举,增补姚顺兴为副主席。

第二届委员会设学习和文史、提案、工业农业经济、财经财贸、科学技术、教育、医药卫生、文化体育、环境和城市建设、社会和法制、港澳台侨 11 个专门委员会。

三、第三届委员会(2003.3—2007.1)

嘉定区政协三届一次会议于 2003 年 3 月召开,会议选举周关东为主席,张敏、邓国坤、沈云娟(女)、赵剑萍(女)为副主席,秦定杰为秘书长(2005 年 7 月离任)。2003 年 8 月,经三届二次会议选举,增补陆圣乃为副主席(2006 年 12 月离任)。2005 年 7 月,经三届五次会议选举,增补陶维平为秘书长。

第三届委员会设提案、经济、科技教育、环境和城建、文体医卫、社会与法制、港澳台侨 7 个专门委员会。

四、第四届委员会(2007.1—2012.1)

嘉定区政协四届一次会议于 2007 年 1 月召开,会议选举周关东为主席(2011 年 1 月离任),张敏、章宇慧(女)、王漪、朱琴芬(女)、高雷平为副主席,陶维平为秘书长(2008 年 12 月离任)。2009 年 1 月,经四届三次会议选举,增补陈建平为秘书长。2011 年 1 月,经四届五次会议选举,增补吴辰为主席。

第四届委员会设提案、经济、科技教育、环境与城建、文体医卫、社会与法制、民宗港澳台侨 7 个专门委员会。2009 年 10 月,增设学习和文史资料委员会。

第十三节　金山区政协

1997 年,经国务院批准,金山县和中石化上海金山实业公司联合建政,撤县建区。同年 5 月,金山区政协召开一届一次会议,至 2012 年 1 月第四届政协届满,共历经 4 届委员会。其中第一届任期 1 年,第二至四届每届任期 5 年。

一、第一届委员会(1997.5—1998.3)

金山区政协一届一次会议于 1997 年 5 月召开,会议选举沈效良为主席,叶连均、顾汉贻、唐恩余、许经武为副主席,诸连观为秘书长。

第一届委员会设学习文史、提案、教卫文体、经济科技、社会法制、祖国统一民族宗教、财贸交通建设7个专门委员会。

二、第二届委员会(1998.3—2003.3)

金山区政协二届一次会议于1998年3月召开,会议选举沈效良为主席,叶连均(2001年11月离任)、顾汉贻、唐恩余、徐虹(女)为副主席,诸连观为秘书长(2001年11月离任)。2002年1月,经二届五次会议选举,增补邵本权为秘书长。

第二届委员会设学习文史、提案、教科文卫体、经济、社会法制、祖国统一民族宗教、交通建设7个专门委员会。

三、第三届委员会(2003.3—2007.2)

金山区政协三届一次会议于2003年3月召开,会议选举沈效良为主席,王美新(女)、唐恩余、徐虹(女)、杨延辉为副主席,邵本权为秘书长(2006年3月离任)。2006年3月,经三届十五次常委会会议审议通过,蔡又新为代秘书长。

第三届委员会设经济、提案、人口资源环境建设、教科文卫体、社会法制、祖国统一民族宗教6个专门委员会。

四、第四届委员会(2007.2—2012.1)

金山区政协四届一次会议于2007年2月召开,会议选举沈文弟为主席,刘其龙、吴新超(2009年12月离任)、徐虹(女)、杨延辉、倪向军(女)为副主席,蔡又新为秘书长(2011年8月离任)。2011年2月,经四届六次会议选举,增补曹云辉为副主席。2011年8月,经四届二十九次常委会会议审议通过,陈永超为代秘书长。

第四届委员会设经济、提案、人口资源环境建设、教科文卫体、社会法制、祖国统一民族宗教6个专门委员会。

第十四节　松江区政协

1998年,经国务院批准,上海撤销松江县,建立松江区。同年7月,松江区政协一届一次会议召开,至2012年1月第三届政协届满,共历经3届委员会。

一、第一届委员会(1998.7—2003.3)

松江区政协一届一次会议于1998年7月召开,会议选举池洪臣为主席,陈盛余、倪映文、王仪、陈庭贤为副主席,陈良保为秘书长(2001年2月离任)。2001年2月,经一届四次会议选举,增补黄康源为秘书长。2001年7月,经一届五次会议选举,增补王美新(女)为副主席。

第一届委员会设学习、提案、经济、科技、财贸、环境和城乡建设、教育、医卫人口、"三胞"联谊、文体文史、宗教民族和社会法制 12 个专门委员会。

二、第二届委员会(2003.3—2007.2)

松江区政协二届一次会议于 2003 年 3 月召开,会议选举曹伟达为主席,张汝皋、顾德福、陈庭贤、杨云珠(女)为副主席,黄康源为秘书长。2004 年 2 月,经二届二次会议选举,增补郭大华(女)为副主席。

第二届委员会设提案、经济、科技和教育、社会和法制、民族和宗教、文卫体史、城乡建设管理、"三胞"联谊、劳动和社会保障 9 个专门委员会。

三、第三届委员会(2007.2—2012.1)

松江区政协三届一次会议于 2007 年 2 月召开,会议选举陈先国为主席,房剑森、张汝皋(2009 年 9 月离任)、杨云珠(女)、杨怀志、南存飞为副主席,张泰昌为秘书长。2009 年 9 月,经三届三次会议选举,增补顾建中为副主席。

第三届委员会设提案、经济、建设管理、社会事业 4 个专门委员会。

第十五节　青浦区政协

1999 年 12 月,经国务院批准,上海撤销青浦县,建立青浦区。2000 年 1 月,青浦区政协一届一次会议召开,至 2012 年 1 月第三届政协届满,共历经 3 届委员会。

一、第一届委员会(2000.1—2003.3)

青浦区政协一届一次会议于 2000 年 1 月召开,会议选举钟燕群(女)为主席(2002 年 3 月离任)、陈志清、宋秀英(女)、张健民、翁志勋、叶肇恺为副主席,张菊林为秘书长(2002 年 3 月离任)。2002 年 3 月,经一届四次会议选举,增补周德海为主席,王强为秘书长。

第一届委员会设学习文史、提案、经济科技、教育文化、人口和健康、资源环境和建设、财经商贸、社会和法制、港澳台侨、宗教民族 10 个专门委员会。

二、第二届委员会(2003.3—2007.2)

青浦区政协二届一次会议于 2003 年 3 月召开,会议选举周德海为主席,陆建铭、宋秀英(女,2005 年 7 月离任)、翁志勋、叶肇恺、沈红慧(女)为副主席,王强为秘书长(2005 年 1 月离任)。2006 年 1 月,经二届四次会议选举,增补管云昌为秘书长。

第二届委员会设提案、经济、人口资源环境建设、教科文卫体、社会和法制、民族和宗教、文史资料、港澳台侨 8 个专门委员会。

三、第三届委员会(2007.2—2012.1)

青浦区政协三届一次会议于 2007 年 2 月召开,会议选举张布尔为主席,陆建铭、顾峰、沈红慧(女)、张正翔、龙婉丽(女,2011 年 10 月离任)为副主席,管云昌为秘书长。

第三届委员会设提案、经济、人口资源环境建设、教科文卫体、社会和法制、民族和宗教、文史资料、港澳台侨 8 个专门委员会。

第十六节 奉 贤 区 政 协

2001 年,经国务院批准,上海撤销奉贤县,建立奉贤区。同年 10 月,奉贤区政协一届一次会议召开,至 2012 年 1 月第三届政协届满,共历经 3 届委员会。

一、第一届委员会(2001.10—2003.3)

奉贤区政协一届一次会议于 2001 年 10 月召开,会议选举胡镇寰为主席,程云华(女)、叶连均、许璇黎、姚龙涛、张琪为副主席,杨林才为秘书长。

第一届委员会设提案、工业和农业、财经贸易、人口资源环境建设、教科文卫体、社会和法制、海外联谊、民族和宗教 8 个专门委员会。

二、第二届委员会(2003.3—2007.2)

奉贤区政协二届一次会议于 2003 年 3 月召开,会议选举胡镇寰为主席,程云华(女)、许璇黎、张琪、朱全忠为副主席,杨林才为秘书长。

第二届委员会设提案、经济、人口资源环境建设、科技教育、文化卫生体育、社会和法制、港澳台侨、民族和宗教 8 个专门委员会。

三、第三届委员会(2007.2—2012.1)

奉贤区政协三届一次会议于 2007 年 2 月召开,会议选举韦源为主席,程云华(女)、崔卫中(2008 年 6 月离任)、张琪、张开明、顾德平为副主席,杨林才为秘书长(2011 年 2 月离任)。2009 年 1 月,经三届三次会议选举,增补迟岳峰为副主席。2011 年 2 月,经三届五次会议选举,增补金国强为秘书长。

第三届委员会设提案、经济、人口资源环境建设、科技教育、文化卫生体育、社会和法制、港澳台侨、民族和宗教 8 个专门委员会。

第十七节 崇 明 县 政 协

崇明县政协于 1981 年 6 月召开五届一次会议,至 2012 年 1 月第十二届政协届满,共历经 8 届委员会。

一、第五届委员会(1981.6—1984.4)

崇明县政协五届一次会议于1981年6月召开,会议选举陈继明为主席,刘蔚、施文德、施桂馨、顾青、黄冠球、龚镜澄、蔡宗锷为副主席,黄冠球为秘书长(兼)。

第五届委员会设教育、医卫、文体新闻、科技、工商、侨务对台、农村、经济研究、法制研究、宗教民族10个工作组。

二、第六届委员会(1984.4—1987.4)

崇明县政协六届一次会议于1984年4月召开,会议选举施群为主席(1986年4月离任),顾青(1986年4月离任)、黄冠球、施桂馨(1986年4月离任)、施文德、唐丽光、黄茂生为副主席,吴庆培为秘书长(1986年9月离任)。1986年4月,经六届三次会议选举,增补宋斌为副主席。1986年9月,经六届四次会议选举,增补薛以廷为秘书长。

第六届委员会设工交财贸、农村、工商、文体新闻、科技、教育、医卫、侨务对台、宗教民族9个工作组。

三、第七届委员会(1987.4—1990.4)

崇明县政协七届一次会议于1987年4月召开,会议选举张彪为主席,宋斌、黄和招(女)、徐正林、咎泰昌、施兆发、罗永祥为副主席,薛以廷为秘书长。

第七届委员会设对外经济联络、海外联谊、市政工交财贸、科学技术、教育、医卫妇幼、文体新闻7个专门委员会和宗教民族、农村经济、文史资料3个工作组。

四、第八届委员会(1990.4—1993.4)

崇明县政协八届一次会议于1990年4月召开,会议选举陆瑾(女)为主席,徐正林、黄和招(女)、施兆发、姚振尧为副主席,顾建新为秘书长。

第八届委员会设学习、提案、文史资料、市政工交、农村经济、科学技术、教育文化、医卫体、法制、民族宗教、海外联谊11个专门委员会。

五、第九届委员会(1993.4—1998.3)

崇明县政协九届一次会议于1993年4月召开,会议选举陆瑾(女)为主席,黄振兴、仇永鸣、施兆发、姚振尧、罗永祥为副主席,顾建新为秘书长(1994年3月离任)。1994年3月,经九届二次会议选举,增补刘亚池(女)为秘书长。

第九届委员会设学习、提案、文史资料、市政工交、农贸经济、科学技术、教育、医卫、文体新闻、民族宗教、法制、海外联谊12个专门委员会。

六、第十届委员会(1998.3—2003.3)

崇明县政协十届一次会议于 1998 年 3 月召开,会议选举黄振兴为主席(2002 年 3 月离任),周祖安(女)、黄雄、罗永祥、仇永鸣(2001 年 1 月离任)、姚振尧(2001 年 1 月离任)为副主席,刘亚池(女,2001 年 9 月离任)为秘书长。2002 年 3 月,经十届五次会议选举,增补陈汉刚为秘书长。2002 年 9 月,经十届六次会议选举,增补邵礼达为主席。

第十届委员会设学习、提案、文史资料、经济、科技、教育、医卫、文体、社会法制、海外联谊 10 个专门委员会。2002 年 1 月,调整为提案、文史资料、经济、科技、教文体、社会和法制、人口和健康、港澳台侨 8 个专门委员会。

七、第十一届委员(2003.3—2007.2)

崇明县政协十一届一次会议于 2003 年 3 月召开,会议选举范陈杰为主席,袁佳平、罗永祥、王菁(女)、吴复安为副主席,陈汉刚为秘书长。

第十一届委员会设提案、文史资料、经济、科技、教文体、社会和法制、人口和健康、港澳台侨 8 个专门委员会。

八、第十二届委员(2007.2—2012.1)

崇明县政协十二届一次会议于 2007 年 2 月召开,会议选举范陈杰为主席(2011 年 1 月离任),王为群(女)、袁佳平、施俭、王菁(女,2009 年 8 月离任)、周新卫为副主席,陈汉刚为秘书长。2009 年 8 月,经十二届四次会议选举,增补褚以琳(女)为副主席。2011 年 1 月,经十二届六次会议选举,增补施建华为主席。

第十二届委员会设提案、文史资料、经济、科技、教文体、社会和法制、人口和健康、港澳台侨 8 个专门委员会。

第十八节　卢湾区政协

卢湾区政协于 1980 年 8 月召开五届一次会议,至 2011 年 6 月第十二届政协,共历经 8 届委员会。2011 年 6 月,因上海撤销黄浦、卢湾两区,建立新黄浦区,卢湾区政协第十二届委员会工作相应结束。

一、第五届委员会(1980.8—1984.3)

卢湾区政协五届一次会议于 1980 年 8 月召开,会议选举王新华为主席,刘炳先(1982 年 5 月离任)、周起渭、方冶华(1982 年 12 月离任)、侯砚圃、刘成义、杨宗儒、茅洪源、袁雅芬(女)、费振翼为副主席,王立君为秘书长(1982 年 7 月离任)。1982 年 8 月五届三次会议起,由周起渭兼任秘书长。

第五届委员会设学习委员会和教育、医务、工商经济、法制研究、对台宣传、侨务、民族宗教、书画、外文翻译、提案处理、业余教育、文史资料 12 个工作组。

二、第六届委员会(1984.3—1987.4)

卢湾区政协六届一次会议于 1984 年 3 月召开,会议选举方克为主席,周起渭、侯砚圃、刘成义、茅洪源、袁雅芬(女)、费振翼、奚宗沂为副主席,王立君为秘书长。

第六届委员会设会务咨询、学习、祖国统一、教育、卫生、工商经济 6 个委员会,法制研究、文史资料、科技、文化艺术、宗教、民族、侨务、妇女、外文翻译 9 个工作组。

三、第七届委员会(1987.4—1990.4)

卢湾区政协七届一次会议于 1987 年 4 月召开,会议选举方克为主席,周起渭、奚宗沂、袁雅芬(女)、费振翼、李赣骥、傅烈成为副主席,袁雅芬(女)为秘书长(兼)。

第七届委员会设提案工作、会务咨询、学习、"三胞"工作、教育、卫生、工商经济、法制研究、科技、文史资料 10 个委员会,以及文化艺术、市政建设、体育、宗教、民族、妇女、青年、外文翻译 8 个工作组。

四、第八届委员会(1990.4—1993.4)

卢湾区政协八届一次会议于 1990 年 4 月召开,会议选举刘德懋为主席,洪永清、傅烈成、吴幼英(女)、王嘉康为副主席,庄德润为秘书长。

第八届委员会设学习、"三胞"工作、提案、工业经济、商业经济、教育、卫生、市政、法制研究、科技、文史资料、文化体育、宗教民族、妇女、青年 15 个专门委员会。

五、第九届委员会(1993.4—1998.3)

卢湾区政协九届一次全体会议于 1993 年 4 月召开,会议选举谢如方为主席,徐澄宇、金因及(女)、傅烈成、王嘉康为副主席,龚德庆为秘书长。

第九届委员会设学习、提案、文史资料、经济、工业科技、城市建设、教卫文体、民主法制与社会事务、台港澳侨、宗教民族 10 个专门委员会。

六、第十届委员会(1998.3—2003.3)

卢湾区政协十届一次会议于 1998 年 3 月召开,会议选举翁蕴珍(女)为主席,李葳萍(女)、金因及(女)、王嘉康、邬露露(女)为副主席,吴炳煌为秘书长。

第十届委员会设提案、经济与科技、城市建设、教卫文体、民主法制与社会事务、台港澳侨、宗教民族、社区 8 个专门委员会。

七、第十一届委员会(2003.3—2007.2)

卢湾区政协十一届一次会议于 2003 年 3 月召开,会议选举翁蕴珍(女)为主席,李玉华(女)、张学聪、邬露露(女)、朱德华、金如颖(女)为副主席,乔保庆为秘书长。

第十一届委员会设提案、经济与科技、城市建设与管理、教卫文体、社会与法制、社区、港澳台侨、民族宗教8个专门委员会。

八、第十二届委员会(2007. 2—2011. 10)

卢湾区政协十二届一次会议于2007年2月召开,会议选举潘介生为主席,李玉华(女,2010年3月离任)、胡毅平、陈濂、陈永亮、马进为副主席,姜舒亚(女)为秘书长(2009年12月离任)。2010年1月,经十二届四次会议选举,增补庄利平为秘书长。2010年7月,经十二届五次会议选举,增补张浩亮为副主席。

第十二届委员会设学习与文史、提案、经济与科技、人口资源环境建设、教卫文体、社会与法制、社区、港澳台侨、民族宗教9个专门委员会。

第十九节　南　汇　区　政　协

2001年8月,经国务院批准,上海撤销南汇县,设立南汇区。2001年10月,南汇区政协一届一次会议召开,至2009年8月南汇区并入浦东新区,共历经3届委员会。

一、第一届委员会(2001. 10—2003. 3)

南汇区政协一届一次会议于2001年10月召开,会议选举吴岭(女)为主席,顾建中、唐金官、方厚贤、华原、汪欣为副主席,潘正华为秘书长。

第一届委员会设提案、经济、环境和城乡建设、科学技术、农业、教育、文化体育、医药卫生、社会和法制、港澳台侨、宗教民族11个专门委员会及学习中心组。

二、第二届委员会(2003. 3—2007. 2)

南汇区政协二届一次会议于2003年3月召开,会议选举吴岭(女)为主席,顾建中、方厚贤、杨德妹(女)、胡松春为副主席,潘正华为秘书长。2003年7月,经二届二次会议选举,增补任善根为副主席(2004年8月离任)。

第二届委员会设提案、经济、人口资源环境建设、科学技术、农业、教育、文化体育、医药卫生、社会和法制、港澳台侨、民族宗教11个专门委员会及学习指导中心组。

三、第三届委员会(2007. 2—2009. 8)

南汇区政协三届一次会议于2007年2月召开,会议选举戴群华(女)为主席,顾建中、胡松春、邵永飞、邵自红(女)为副主席,潘正华为秘书长。2008年8月,经三届三次会议选举,增补张兆田为副主席。

第三届委员会设文史和学习、提案、经济、人口资源环境建设、科学技术、农业、教育、文化体育、医药卫生、社会和法制、港澳台侨、民族宗教 12 个专门委员会。

第二十节 南汇县政协

南汇县政协于 1981 年 9 月召开四届一次会议,至 2001 年 8 月南汇撤县建区,共历经 6 届委员会。

一、第四届委员会(1981.9—1984.4)

南汇县政协四届一次会议于 1981 年 9 月召开,会议选举金家如为主席(1984 年 2 月离任),张森、史蒂(1982 年 8 月离任)、朱学毓、刘敏(1983 年 10 月离任)、杜林、杨润民、徐可式为副主席,徐可式为秘书长(兼)。

第四届委员会设文教、卫生、工业、农业、工商 5 个工作组。

二、第五届委员会(1984.4—1987.4)

南汇县政协五届一次会议于 1984 年 4 月召开,会议选举吕健民为主席,徐可式、陈凤楼、陈爱群(女)、朱学毓、毛坤澜为副主席,徐可式为秘书长(兼,1985 年 5 月离任)。1985 年 5 月,经五届二次会议选举,增补陆士杰为秘书长。

第五届委员会设学习、提案、文史资料等委员会和教育、科技、农业、工交、民族宗教、祖国统一、财贸、卫生文体等工作组。

三、第六届委员会(1987.4—1990.4)

南汇县政协六届一次会议于 1987 年 4 月召开,会议选举管仁欣为主席,徐可式、陈爱群(女)、王汇、毛坤澜、方厚贤、华原为副主席,陆士杰为秘书长。

第六届委员会设学习、提案、文史资料 3 个委员会及农副业、教育、统一祖国、文体、民族宗教、科技、工交、财贸、卫生 9 个工作组。同年,将 9 个工作组改为工作委员会。

四、第七届委员会(1990.4—1993.3)

南汇县政协七届一次会议于 1990 年 4 月召开,会议选举周关根为主席,徐可式、陈爱群(女)、季义军、方厚贤、华原、汪欣为副主席,陆士杰为秘书长。

第七届委员会设学习、提案、文史资料、经济、城乡建设、科技、农业、教育、文化体育、医卫、民主法制建设、祖国统一联谊、侨务、宗教民族 14 个专门委员会。

五、第八届委员会(1993.3—1998.3)

南汇县政协八届一次会议于 1993 年 3 月召开,会议选举吴岭(女)为主席,徐可式、陈爱群(女)、季义军、方厚贤、华原、汪欣为副主席,陆士杰为秘书长(1994 年 6 月离任)。1994 年 6 月,经县政协全体委员会议选举,增补钱正平为秘书长。1996 年 3 月,经八届四次会议选举,增补唐金官为副主席。

第八届委员会设提案、学习、文史资料、经济、城乡建设、科技、农业、教育、文化体育、医卫、民主法制建设、祖国统一联谊、侨务、宗教民族 14 个专门委员会。

六、第九届委员会(1998.3—2001.10)

南汇县政协九届一次会议于 1998 年 3 月召开,会议选举吴岭(女)为主席,唐金官、陈爱群(女,2001 年 2 月离任)、方厚贤、华原、汪欣为副主席,潘正华为秘书长。

第九届委员会设学习、提案、经济、环境和城乡建设、科学技术、农业、教育、文化体育、医药卫生、社会和法制、港澳台侨、宗教民族 12 个专门委员会。

第二十一节　奉贤县政协

奉贤县政协于 1981 年 1 月召开四届一次会议,至 2001 年 10 月奉贤撤县建区,共经历 6 届委员会。

一、第四届委员会(1981.1—1984.4)

奉贤县政协四届一次会议于 1981 年 1 月召开,会议选举陆嘉书为主席,郭震东、曹黎(1982 年 7 月离任)、李明、孙福运、滕瑞政、张晋臣(1982 年 12 月离任)为副主席,曹黎为秘书长(兼,1982 年 7 月离任)。

第四届委员会设学习委员会及农村、工业交通、财政贸易、教育、医药卫生、文化体育 6 个工作组。

二、第五届委员会(1984.4—1987.5)

奉贤县政协五届一次会议于 1984 年 4 月召开,会议选举尹传和为主席(1986 年 3 月离任),吴木君、程和、黄蓬能、华大勋为副主席,吴木君为秘书长(兼,1986 年 3 月离任)。1986 年 3 月,经五届三次会议选举,增补王能宰为主席,顾秋葵为副主席,吴哨为秘书长。

第五届委员会设咨询、学习、文史 3 个工作委员会及工交建设、农副业科技、财政贸易、教育、医疗卫生、文化体育、侨务宗教民族、祖国统一、法制、妇女 10 个工作组。

三、第六届委员会(1987.5—1990.4)

奉贤县政协六届一次会议于 1987 年 5 月召开,会议选举王能宰为主席,苏新泉、顾秋葵、沈彬如、华大勋、江淑仙(女)为副主席,吴哨为秘书长。

第六届委员会设学习、提案、文史、科技、农副业、工业、交通建设、财经贸易、教育、文化体育、医疗卫生、法制、"三胞"联谊、宗教民族 14 个工作委员会及奉城地区组。

四、第七届委员会(1990.4—1993.3)

奉贤县政协七届一次会议于 1990 年 4 月召开,会议选举苏新泉为主席,周兆熊、沈彬如、江淑仙(女)、华大勋(1992 年 10 月离任)为副主席,王洪权为秘书长。

第七届委员会设学习、提案、文史资料、科技、农副业、工业、交通建设、财经贸易、教育、文化体育、医疗卫生、法制、"三胞"联谊、宗教民族 14 个工作委员会及南桥、奉城 2 个地区组。

五、第八届委员会(1993.3—1998.3)

奉贤县政协八届一次会议于 1993 年 3 月召开,会议选举周关根为主席,周兆熊、薛德初、许璇黎、庄解(女)、张同英(女)为副主席,王洪权为秘书长。

第八届委员会设学习、提案、文史资料、经济科技、农副业、工业、交通建设、财经贸易、教育、文化体育、医疗卫生、民主法制和社会事务、海外联谊、宗教民族 14 个专门委员会及南桥、奉城 2 个地区组。

六、第九届委员会(1998.3—2001.10)

奉贤县政协九届一次会议于 1998 年 3 月召开,会议选举姜金余为主席,叶菁权、方群平、许璇黎、庄解(女)、张同英(女,2001 年 1 月离任)为副主席,王洪权为秘书长(1998 年 8 月离任)。1999 年 3 月,经九届二次会议选举,增补杨林才为秘书长。

第九届委员会设学习和文史资料、提案、农业、科技和工业、环境和城乡建设、财经贸易、教育、文化体育、人口和健康、社会和法制、海外联谊、民族和宗教 12 个专门委员会。

第二十二节　南市区政协

南市区政协于 1980 年 8 月召开五届一次会议,至 2000 年 4 月,上海撤销南市区,共历经 6 届委员会。

一、第五届委员会(1980.8—1984.3)

南市区政协五届一次会议于 1980 年 8 月召开,会议选举刘峰为主席,沈孝锟、陈惠琴(女)、张永昌、王佩贞、王正公、吴仲信、张兰祺为副主席,杨道骧为秘书长。

第五届委员会设学习委员会,以及城建、科技、经济、民族宗教、文史、台湾事务、侨务、教育、医卫、妇女 10 个工作组。

二、第六届委员会(1984.3—1987.4)

南市区政协六届一次会议于 1984 年 3 月召开,会议选举朱理为主席,戎洁、陈惠琴(女)、王佩贞、王正公、张兰祺为副主席,杨道骧为秘书长。

第六届委员会设学习委员会,以及教育体育、城建、科技、经济研究、医卫、法制、民族宗教、侨务、妇女、祖国统一、文史11个工作组。

三、第七届委员会(1987.4—1990.4)

南市区政协七届一次会议于1987年4月召开,会议选举张仁瑞为主席,王宏杰、陈惠琴(女)、吴仲信、石宏藏、盛士琰、李浚洲为副主席,杨道骧为秘书长。

第七届委员会设学习、提案、经济研究、教育体育、城建、科技、民族宗教、法制、妇女、侨务、祖国统一、医卫、文史13个工作委员会。

四、第八届委员会(1990.4—1993.4)

南市区政协八届一次会议于1990年4月召开,会议选举徐宜尔(女)为主席,王宏杰、戴殿科、石宏藏、盛士琰、李根渊、李浚洲为副主席,杨道骧为秘书长。

第八届委员会设学习、提案、经济、法制、城建、科技、医卫、工会、青年、妇女、教育体育、侨务、祖国统一联谊、民族宗教、文史15个专门委员会。

五、第九届委员会(1993.4—1998.3)

南市区政协九届一次会议于1993年4月召开,会议选举徐宜尔(女)为主席,李国荣、章念祖、李根渊、万国森为副主席,张国栋为秘书长(1995年3月离任)。1995年3月,经九届三次会议选举,增补胡育诚为秘书长。1996年3月,经九届四次会议选举,增补钱德敏(女)为副主席。

第九届委员会设学习、提案、文史资料、经济、市政建设、科技、教育、文化体育、医药卫生、法制、台港澳侨、民族宗教、职工妇女青年13个专门委员会。

六、第十届委员会(1998.3—2000.2)

南市区政协十届一次会议于1998年3月召开,会议选举林荫亚(女)为主席,钱德敏(女)、陈剑华、章念祖、桂秋白、熊衍元为副主席,胡育诚为秘书长。

第十届委员会设学习、提案、文化史料、经济、科技、人口环境和城市建设、教育体育、卫生健康、社会和法制、港澳台侨、民族宗教11个专门委员会。

第二十三节　青浦县政协

青浦县政协于1981年9月召开五届一次会议,至1999年12月青浦撤县建区,共历经6届委员会。

一、第五届委员会(1981. 9—1984. 4)

青浦县政协五届一次会议于 1981 年 9 月召开,会议选举邢连珠为主席,冯志新、孙季奇、吴仁山、张心端、施永兴、谢宏兴为副主席,施永兴为秘书长(兼)。

第五届委员会设学习委员会及文化教育、医药卫生、科学技术、工业财贸、民主法制、文史资料、民族宗教、侨务对台宣传 8 个工作组。

二、第六届委员会(1984. 4—1987. 4)

青浦县政协六届一次会议于 1984 年 4 月召开,会议选举徐新为主席,冯志新(1986 年 4 月离任)、牟曙光、张瑞钟、孙季奇、吴仁山为副主席,吴大千为秘书长。

第六届委员会设学习、提案信访 2 个专门委员会及科技咨询、文化教育、医药卫生、侨务对台、文史资料、农村工作、宗教民族 7 个工作组。

三、第七届委员会(1987. 4—1990. 4)

青浦县政协七届一次会议于 1987 年 4 月召开,会议选举徐新为主席,康裕敏、牟曙光、孙季奇、吴仁山、邱佩玲(女)、周曰庠为副主席,吴大千为秘书长。

第七届委员会设学习、提案工作、祖国统一工作、文史资料研究 4 个专门委员会以及城乡建设、经济、财贸、科技、教育、医药卫生、文化体育、法制、妇女青年、宗教民族 10 个工作组。1988 年 7 月,工作组改名为专门委员会。

四、第八届委员会(1990. 4—1993. 4)

青浦县政协八届一次会议于 1990 年 4 月召开,会议选举沈蕴新(女)为主席,沈纪忠、邱佩玲(女)、周曰庠、张应魁、张健民为副主席,吴大千为秘书长。

第八届委员会设学习、提案工作、文史资料、"三胞"联谊、经济科技、教育文化、医药卫生、城建财贸、宗教民族、社会工作 10 个专门委员会。

五、第九届委员会(1993. 4—1998. 3)

青浦县政协九届一次会议于 1993 年 4 月召开,会议选举于根生为主席,宋秀英(女)、邱佩玲(女)、张健民、翁志勋为副主席,张菊林为秘书长。1994 年 3 月,经九届二次会议,增补袁国梁为副主席。1996 年 4 月,经九届四次会议选举,增补陈志清为副主席。

第九届委员会设学习文史、提案、经济科技、教育文化、医卫体育、城建交通、工商财贸、"三胞"联谊、宗教民族、社会工作 10 个专门委员会。

六、第十届委员会(1998.3—2000.1)

青浦县政协十届一次会议于 1998 年 3 月召开,会议选举陈志清为主席,宋秀英(女)、张健民、翁志勋、康涛、叶肇恺为副主席,张菊林为秘书长。

第十届委员会设学习文史、提案、经济科技、教育文化、人口和健康、资源环境和建设、财经商贸、社会和法制、港澳台侨、宗教民族 10 个专门委员会。

第二十四节 松 江 县 政 协

松江县政协于 1981 年 3 月召开县政协五届一次会议,至 1998 年 7 月松江撤县建区时止,共历经 6 届委员会。

一、第五届委员会(1981.3—1984.3)

松江县政协五届一次会议于 1981 年 3 月召开,会议选举佘厚方为主席,曲里征(女)、米朋杰、李明、陈锷、项志新、徐恒兴、韩佃运为副主席,米朋杰为秘书长(兼)。

第五届委员会设学习委员会及文化教育、医药卫生、工商、科技体育、民族宗教、侨务对台、文史法制 7 个工作组。

二、第六届委员会(1984.4—1987.5)

松江县政协六届一次会议于 1984 年 4 月召开,会议选举陈玉成为主席(1985 年 4 月离任),陈雄(1986 年 4 月离任)、米朋杰(1986 年 4 月离任)、陈锷、王宣为副主席,米朋杰为秘书长(兼,1986 年 4 月离任)。1985 年 4 月,经六届二次会议选举,增补孙鲁朗为主席。

第六届委员会设学习、祖国统一、提案工作 3 个委员会及侨务、市政建设、科技、文化体育、教育、医药卫生、民族宗教、工商经济、文史、农村 10 个工作组。

三、第七届委员会(1987.5—1990.4)

松江县政协七届一次会议于 1987 年 5 月召开,会议选举徐汉良为主席,柴肇安、沈海山、姜云生、顾震沧为副主席,倪振雄为秘书长。

第七届委员会设学习、祖国统一、提案工作 3 个委员会及教育、文化体育、医药卫生、文史资料、侨务、民族宗教、财贸、科技、市政建设、农村、工业经济 11 个工作组。1988 年 3 月,11 个工作组调整为专门委员会,并新设技术咨询服务部。

四、第八届委员会(1990.4—1993.4)

松江县政协八届一次会议于 1990 年 4 月召开,会议选举尹逢德为主席,柴肇安、张永生、沈海山、陈志诚、姜云生、顾震沧为副主席,倪振雄为秘书长。

第八届委员会设学习、提案、法制、"三胞"、工业经济、财贸、农业、城乡建设、教育、医药卫生、文化体育、民族宗教、文史资料13个专门委员会和松江镇、泗泾镇2个联络组。

五、第九届委员会(1993.4—1998.3)

松江县政协九届一次会议于1993年4月召开,会议选举尹逢德为主席,施新土(1997年6月离任)、倪映文、姜云生、陈志诚为副主席,陈会龙为秘书长。1997年2月,经九届五次会议选举,增补陈盛余为副主席。

第九届委员会设学习、提案、经济、科技、财贸、教育、城乡建设、医卫、"三胞"联谊、文体文史、宗教民族、社会法制12个专门委员会。

六、第十届委员会(1998.3—1998.7)

松江县政协十届一次会议于1998年3月召开,会议选举蔡铮为主席,王美新(女)、倪映文、陈盛余、王仪、陈庭贤为副主席,陈良保为秘书长。

第十届委员会设学习、提案、经济、科技、财贸、环境和城乡建设、教育、医卫人口、"三胞"联谊、文体文史、宗教民族、社会法制12个专门委员会。

因撤县建区,松江县政协第十届委员会提前于1998年7月终止,历经4个月。

第二十五节　金 山 县 政 协

金山县政协于1981年4月召开县政协三届一次会议,至1997年5月金山县和中石化上海金山实业公司联合建政,撤县建区时止,共历经5届委员会。

一、第三届委员会(1981.4—1984.5)

金山县政协三届一次会议于1981年4月召开,会议选举唐士良为主席,杨忠、林寿堂(1982年6月离任)、吴肇基、王文济、石汉为副主席,林寿堂为秘书长(兼,1982年6月离任)。1982年8月,经三届八次常委会会议审议通过,毛长生为代秘书长。

第三届委员会设学习委员会及文教、科学技术、医药卫生、工商财贸、侨务5个工作组。

二、第四届委员会(1984.5—1987.4)

金山县政协四届一次会议于1984年5月召开,会议选举王泉生为主席,王相臣(1986年4月离任)、王文济、庄礼彬、徐永生(女)、吴彤章为副主席,陆汉生为秘书长。1986年4月,经四届三次会议选举,增补侯瑞(女)为副主席。

第四届委员会设学习委员会及工业科技、财贸、教育、医药卫生、农业科技、祖国统一工作、文体、文史资料8个工作组。1986年5月,调整为学习委员会及农业科技和工业科技、财贸教育文体和文史、医药卫生、祖国统一4个工作组。

三、第五届委员会(1987.4—1990.4)

金山县政协五届一次会议于1987年4月召开,会议选举徐其华为主席,朱慰良、沈杰、侯瑞(女)、史淑霞(女)、顾汉贻、吴彤章、邹治平为副主席,张汝良为秘书长。

第五届委员会设学习、文史资料、提案工作、祖国统一工作4个专门委员会和农业科技、工业科技、财贸、文体、教育、医药卫生、妇女青年、宗教民族8个工作组。1988年8月,调整为提案工作、学习、文史资料工作、祖国统一联谊、农业、工业、财贸、文体、教育、医药卫生、妇女青年、宗教民族、城建13个专门委员会。

四、第六届委员会(1990.4—1993.4)

金山县政协六届一次会议于1990年4月召开,会议选举陆志伟为主席,杨文保(1990年10月离任)、姚引书(女)、史淑霞(女)、吴彤章、邹治平、唐恩余为副主席,张汝良为秘书长。

第六届委员会设学习、提案、文史资料、经济科技、工交建设、教卫文体、祖国统一民族宗教、妇女青年法制8个专门委员会。

五、第七届委员会(1993.4—1997.5)

金山县政协七届一次会议于1993年4月召开,会议选举叶连均为主席,姚永靖、唐恩余、王祥秀(女)、沈懋为副主席,诸连观为秘书长。1994年3月,经七届二次会议选举,增补陈金龙为副主席。

第七届委员会设学习、提案、文史资料、经济科技、农业、工业、交通建设、财经贸易、教育、医药卫生、文化体育、社会法制、"三胞"联谊、宗教民族14个专门委员会。1994年11月,调整为学习文史、提案、教卫文体、经济科技、财贸交建、社会法制、祖国统一民族宗教7个专门委员会。

第二十六节　上海县政协

上海县政协于1980年2月召开县政协四届一次会议,至1993年3月上海县和闵行区"撤二建一",成立新的闵行区止,共历经4届委员会。

一、第四届委员会(1980.2—1984.4)

上海县政协四届一次会议于1980年2月召开,会议选举陆道南为主席,夏省书、刘少林、朱秀章、夏迈群、郭健吾、顾兆清、张磊为副主席,夏省书为秘书长(兼)。

第四届委员会设学习委员会及教育、卫生、工交、农业、文体、妇女、对台宣传、侨务、民族宗教、工商、文史资料11个工作组。

二、第五届委员会(1984.4—1987.4)

上海县政协五届一次会议于 1984 年 4 月召开,会议选举唐士良为主席,夏省书(1985 年 5 月离任)、顾兆清、李若清、何存化、陆炳歧为副主席,夏省书为秘书长(兼,1985 年 5 月离任)。1985 年 5 月,经五届二次会议选举,增补刘树印为副主席并兼任秘书长。

第五届委员会设学习、对台宣传工作(后改为祖国统一工作委员会)2 个专门委员会及教育、卫生、农业、工交、财贸、文体、妇女、法制 8 个工作组。

三、第六届委员会(1987.4—1990.4)

上海县政协六届一次会议于 1987 年 4 月召开,会议选举王士彬为主席,王美瑶、刘树印、李若清、吴文丽(女)、陆炳歧、梅凤池为副主席,王美瑶为秘书长(兼)。

第六届委员会设学习、祖国统一、提案工作、文史资料工作 4 个专门委员会及教育、农业、卫生、文体、财贸、宗教民族、经济建设、法制 8 个工作组。1989 年 4 月,六届十四次常委会会议决定调整为学习、提案工作、祖国统一联谊、科技、经济建设、农业、财贸、文体、医药卫生、教育、法制、宗教民族 12 个专门委员会。

四、第七届委员会(1990.4—1993.3)

上海县政协七届一次会议于 1990 年 4 月召开,会议选举黄玉凤(女)为主席,王志高、李若清、梅凤池、吴文丽(女)为副主席,夏一鸣为秘书长。

第七届委员会设学习、提案工作、祖国统一联谊、科技、工业、农业、财贸、城乡建设、文化体育、医药卫生、教育、法制、宗教民族 13 个专门委员会。

第二十七节　嘉 定 县 政 协

嘉定县政协于 1981 年 7 月召开五届一次会议,至 1993 年 4 月第八届政协届满,嘉定撤县建区,共历经 4 届委员会。

一、第五届委员会(1981.7—1984.4)

嘉定县政协五届一次会议于 1981 年 7 月召开,会议选举李学广为主席(1981 年 10 月离任),徐乃霖(女,1983 年 12 月离任)、黄长兴(1983 年 12 月离任)、廖有猷、陈龙、浦泳、王尧章、林春明(1983 年 12 月离任)为副主席,黄长兴为秘书长(兼)。1981 年 10 月,市委任命王琳为县政协主席。

第五届委员会设学习委员会和文化教育、卫生体育、科学技术、工商经济、文史资料 5 个工作组。

二、第六届委员会(1984.4—1987.4)

嘉定县政协六届一次会议于1984年4月召开,会议选举惠印林为主席,陈龙、廖有猷、马克烈、毛仁涓(女)、朱鹏程为副主席。1985年3月,经六届二次会议选举,增补陆建新为副主席兼秘书长。

第六届委员会设学习委员会和城乡建设、工业交通、医药卫生、文化体育、教育、科技、财经经济、文史资料、侨务9个工作组。1985年10月,成立技术咨询工作组。1986年1月,文史资料组改为文史资料委员会,学习委员会改为学习组。1986年9月,技术咨询工作组改为经济技术咨询委员会。

三、第七届委员会(1987.4—1990.4)

嘉定县政协七届一次会议于1987年4月召开,会议选举孟宪晋为主席,陆建新、孙镇、毛仁涓(女)、廖有猷、马尔奉(女)、梁天博(女)为副主席,葛德涵为秘书长。

第七届委员会设学习、文史资料、经济技术咨询、提案4个专门委员会和教育、文体、医卫、工业、农业、交通建设、财经、法制、祖国统一、宗教民族10个工作组。1987年7月,经济技术咨询委员会改名为咨询服务委员会。1989年2月,各工作组均改为专门委员会。

四、第八届委员会(1990.4—1993.4)

嘉定县政协八届一次会议于1990年4月召开,会议选举陆建新为主席,孙镇、毛仁涓(女)、马尔奉(女)、朱鹏程、邓国坤为副主席,方进元为秘书长。

第八届委员会设学习、提案、文史资料、农业、工业、城乡建设、教育、文体、医药卫生、财贸经济、宗教民族和祖国统一联谊12个专门委员会。1991年5月,增设民主与法制建设委员会。

第二十八节   川 沙 县 政 协

川沙县政协于1980年12月召开五届一次会议,至1992年12月川沙县行政建制撤销,共历经4届委员会。

一、第五届委员会(1980.12—1984.4)

川沙县政协五届一次会议于1980年12月召开,会议选举倪鸿福为主席(1983年3月离任),张震言、徐振明、汪解民、戴华、陈林祥、王家杰、周宏培、丁国华为副主席,颜文郁为秘书长。1983年3月,经五届三次会议选举,增补夏德润为主席。

第五届委员会设学习委员会,以及教育、卫生、文体、科技、经济、对台、法制、侨务、工商、宗教民族、文史资料11个工作组。

二、第六届委员会(1984.4—1987.4)

川沙县政协六届一次会议于 1984 年 4 月召开,会议选举种衍仁为主席(1986 年 4 月离任),丁国华、陈林祥、顾元龙、王家杰、沈友声、邹雪君为副主席,傅锡昌为秘书长。1986 年 4 月,经六届三次会议选举,增补李方为主席,邹秀珍(女)为副主席。

第六届委员会设学习委员会、提案委员会,以及农业、经济建设、医学、科技、教育文体、法制、祖国统一、宗教民族、华侨、妇幼、文史资料 11 个工作组。

三、第七届委员会(1987.4—1990.4)

川沙县政协七届一次会议于 1987 年 4 月召开,会议选举任国璋为主席,丁国华、陈林祥、沈友声、姚金梧、洪家淳、王祖扬为副主席,傅锡昌为秘书长。

第七届委员会设学习、提案、文史资料、经济建设、工业、农业、教育、文化体育、科学技术、医学卫生、妇女青年、法制、华侨、祖国统一联谊、宗教民族、咨询 16 个专门委员会。

四、第八届委员会(1990.4—1992.12)

川沙县政协八届一次会议于 1990 年 3 月召开,会议选举徐通方为主席,丁国华、洪家淳、王祖扬、陶石鑫、龚金祥为副主席,傅锡昌为秘书长。

第八届委员会设学习、提案工作、文史资料、财贸建设、工业科技、农业科技、教育文体、医学卫生、妇女青年、社会法制、华侨、祖国统一联谊、宗教民族 13 个专门委员会。

第二十九节　吴淞区政协

1980 年 10 月,国务院批准上海恢复吴淞区行政建制。1981 年 12 月,吴淞区政协第一届委员会成立,至 1988 年 9 月吴淞区与宝山县"撤二建一",建立宝山区,共历经 3 届委员会。

一、第一届委员会(1981.12—1984.3)

吴淞区政协一届一次会议于 1981 年 12 月召开。会议选举殷恕(女)为主席,干戈、汪宝礼、汪显为副主席,石奇学为秘书长。

第一届委员会设学习委员会及科技、工商经济、对台宣传、文化、青少年教育、卫生、法制宣传、提案信访、宗教民族侨务 9 个工作组。

二、第二届委员会(1984.3—1987.4)

吴淞区政协二届一次会议于 1984 年 3 月召开。会议选举郝恩为主席(1986 年 3 月离任),石奇学、汪显、汪宝礼、孙堃镕、张尔柏为副主席,石奇学为秘书长(兼)。1986 年 3 月,经二届三次会议选举,增补蔡子强为主席。

第二届委员会设学习委员会及市政建设、教育、科技、工商经济、医卫体育、对台宣传、文化史料、法制宣传、宗教民族侨务 9 个工作组。

三、第三届委员会(1987. 4—1988. 9)

吴淞区政协三届一次会议于 1987 年 4 月召开。会议选举蔡子强为主席,石奇学、王德仁、汪宝礼、丁乐伦、田长荫为副主席,黄锦林为秘书长。

第三届委员会设祖国统一、学习、科技、市政建设、工商经济、教育、医药卫生、宗教民族、侨务、提案、文史资料、法制宣传、教育、青年工作 14 个专门委员会。

第三十节　宝山县政协

宝山县政协于 1981 年 6 月召开五届一次会议,至 1988 年 9 月吴淞区与宝山县"撤二建一",建立宝山区,共历经 3 届委员会。

一、第五届委员会(1981. 6—1984. 4)

宝山县政协五届一次会议于 1981 年 6 月召开。会议选举任凤文为主席(1983 年 10 月离任),王鹏飞、孙喜官(1983 年 10 月离任)、朱权、朱保和(1983 年 10 月离任)、刘亚平(1983 年 10 月离任)、沈增善、秦秉忠为副主席,沈增善为秘书长(兼)。

第五届委员会设学习、对台宣传、提案审查 3 个专门委员会和市政建设、工商经济、中小学教育、医药卫生、科学技术、宗教民族华侨、文史编辑 7 个工作组。

二、第六届委员会(1984. 4—1987. 5)

宝山县政协六届一次会议于 1984 年 4 月召开。会议选举李继山为主席(1985 年 12 月离任),周文海(1986 年 3 月离任)、朱权、傅家驹、金伯勤、施慧丽(女)为副主席,周文海为秘书长(兼,1986 年 3 月离任)。1986 年 3 月,经六届三次会议选举,增补郭健为主席、刘守祥为副主席、傅家驹为秘书长。

第六届委员会设提案审查、学习、对台宣传、教育体育、医药卫生、科技研究、经济、妇女 8 个专门委员会和咨询服务部,并设农副业、市政建设、侨务、宗教民族、文化艺术、文史资料、提案信访法制研究 7 个工作组。

三、第七届委员会(1987. 5—1988. 9)

宝山县政协七届一次会议于 1987 年 5 月召开。会议选举刘守祥为主席,傅家驹、朱权、葛佛祥、金伯勤、韩世耀、徐守如为副主席,汤宪洪为秘书长。

第七届委员会设学习、提案法制、文史资料、祖国统一、侨务工作、经济、教育、科技、医药卫生、体育文化艺术、城乡建设、宗教民族、青少年、妇女 14 个专门委员会。

第二篇

会 议

召开全体会议、常务委员会会议（以下简称常委会会议）、主席会议，是人民政协的重要工作和履行职能的重要形式。

市政协每年至少举行1次全体会议。每届政协第一次全体会议由大会预备会议选举的大会主席团主持，届内其他各次会议由本届常委会召集和主持。市政协全体会议主要行使下列职权：选举市政协主席、副主席、秘书长和常务委员；听取和审议常务委员会工作报告和其他有关报告；讨论并通过有关决议；参与对国家及上海经济和社会发展重要问题的讨论，提出意见建议。市政协第五、七、八、九、十、十一届委员会任期内举行全体会议各5次，第六届委员会任期内举行全体会议6次。

市政协常委会会议由市政协主席或主席委托的副主席主持。常委会会议的主要任务包括：召集并主持全体会议，执行全体会议的决议，审议市政协及常委会工作中的重大事项；协商讨论上海重大方针政策及社会生活中的重要问题，提出意见和建议；审议提交市政协全体会议的文件；审议重要的建议案、调研报告、视察报告和其他报告；决定市政协工作机构的设置与变动，任命其领导成员，听取相关工作汇报。1988年前，市政协常委会会议按工作需要不定期召开。1988年5月第七届市政协起，常委会会议一般每季度召开1次。第十、十一届市政协期间改为一般2个月召开1次。

市政协主席会议由政协主席或主席委托的副主席主持，处理常委会的日常工作。1977年第五届市政协成立初期，主席、秘书长办公（工作）会议不定期合并召开。1980年1月后，主席会议根据工作需要单独召开。第七届市政协起，主席会议一般每月举行1次，第十、十一届市政协期间一般每月举行1—2次。

第一章　第五届市政协会议

第五届市政协任期内共召开全体会议 5 次、常委会会议 26 次、主席会议 28 次。主席会议选录其中 8 次。

第一节　全 体 会 议

上海市政协五届一次至五届四次全体会议均由大会选举产生的主席团主持会务,五届五次全体会议根据新修订的《政协章程》的规定,由常委会召集和主持。

五届一次全体会议于 1977 年 12 月 24—29 日在市政协大礼堂举行。大会先举行预备会议,酝酿并通过大会主席团、秘书长、副秘书长名单和大会议程;分组学习中共中央主席华国锋在中共十一大的政治报告和在四届全国人大四次常委会会议上的讲话。全体委员听取市委常委赵行志的讲话,列席市七届人大一次会议,听取并讨论市委第三书记、市革委会第二副主任彭冲作的市革委会工作报告。会议选举市政协第五届委员会主席、副主席、秘书长和常委共 130 人,组成第五届常委会,通过市政协五届一次会议决议。新当选的市政协主席彭冲致闭幕辞。

五届二次全体会议于 1979 年 12 月 22—28 日在市政协大礼堂举行。会议听取并审议市政协副主席赵行志作的常委会工作报告。全体委员列席市七届人大二次会议,听取并讨论市革委会主任彭冲作的政府工作报告和其他专项报告。会议选举增补部分常委会组成人员,通过市政协五届二次会议决议和提案审查情况的报告。新当选的市政协主席王一平致闭幕辞。

五届三次全体会议于 1981 年 4 月 9—17 日在市政协大礼堂举行。会议听取并审议市政协副主席张承宗作的常委会工作报告。全体委员列席市七届人大三次会议,听取并讨论代理市长汪道涵作的政府工作报告和其他专项报告。会议选举增补部分常委会组成人员,通过市政协五届三次会议决议和大会提案审查情况的报告。会议首次印发大会简报,共 60 期。

五届四次全体会议于 1982 年 3 月 29 日—4 月 4 日在市政协大礼堂举行。会议听取并审议市政协副主席张承宗作的常委会工作报告,审议市政协提案工作情况的书面报告。全体委员列席市七届人大四次会议,听取并讨论市长汪道涵作的政府工作报告和其他专项报告。会议选举增补部分常委会组成人员,通过大会政治决议、关于常委会工作报告的决议和提案审查报告的决议。会议期间,会议主席团审议通过《关于改进提案工作的意见》,组织委员视察上海开展文明礼貌月活动情况。

五届五次全体会议于 1982 年 12 月 23—31 日在北京影剧院①举行。会议听取并审议市政协副主席张承宗作的常委会工作报告,审议市政协提案工作情况的书面报告,听取副主席刘良模关于全国政协五届五次会议精神的传达。全体委员列席市七届人大五次会议,听取并讨论市人大常委会主任胡立教关于五届全国人大五次会议精神的传达和市长汪道涵关于当前上海经济和社会发展中几项主要工作的报告。会议通过大会政治决议和关于常委会工作报告的决议,听取并通过副主席

---

① 现为美琪大戏院,下同。

宋日昌关于大会提案审查情况的报告。会议期间,组织委员视察上海开展"五讲四美"活动的情况。

第二节 常委会会议

五届一次常委会会议于1978年2月18日召开,市政协副主席赵行志主持。会议听取并通过秘书长吴若岩关于市政协1、2月开展各项工作情况的汇报和对《政协上海市委员会当前工作要点(草案)》的说明,协商通过市政协副秘书长名单。

五届二次常委会会议于1978年3月18日召开,市政协主席彭冲主持。会议讨论并决定成立学习等7个工作委员会,并通过各委员会组成人员名单。彭冲就实现四个现代化和解除"心有余悸"等问题讲话。

五届三次常委会会议于1978年8月25日召开,市政协副主席赵行志主持。会议听取市委书记韩哲一关于经济工作问题的报告,协商通过增补市政协副秘书长名单,审议通过《市政协1978年下半年工作要点》。

五届四次常委会会议于1979年4月1—2日与市革委会七届四次全体会议同时召开。市委第一书记、市政协主席彭冲主持会议并作"坚持四项基本原则,确保安定团结,开展增产节约运动,把生产搞上去"的讲话。会议听取并讨论市革委会副主任兼市公安局局长王鉴"关于维护社会秩序,保卫社会主义现代化建设"的报告,市革委会副主任兼市计划委员会主任陈锦华"关于广泛深入地开展增产节约运动,夺取1979年国民经济新胜利"的报告。会议期间,与会常委们参观上海城市现状和规划设想展览会。

五届五次常委会会议于1979年5月9日召开,市政协副主席赵行志主持。会议听取副主席张承宗关于中共中央副主席邓小平在中央理论工作务虚会上的重要讲话的传达,并决定集中两周时间学习邓小平讲话。会议协商通过增补部分常委会组成人员名单,审议通过增补副秘书长名单。

五届六次常委会会议于1979年12月18日召开,市政协主席彭冲主持。会议审议通过关于召开市政协五届二次会议的有关事项,协商通过增补市政协委员名单。

五届七次常委会会议于1980年1月11日召开,市政协主席王一平主持。会议通过《政协上海市第五届委员会工作机构调整和增设的意见》,决定市政协设8个工作委员会和9个工作组。会议协商通过各专门委员会正副主任、各工作组正副组长名单,并对副主席的分工作出决定。

五届八次常委会会议于1980年5月9日召开,市政协副主席张承宗主持。会议交流各界委员学习中共十一届五中全会文件的体会,张承宗作总结讲话。会议协商通过增补市政协副秘书长名单。

五届九次常委会会议于1980年7月4日召开,市政协副主席张承宗主持。会议听取市委书记、市政协副主席赵行志关于当前国际形势的报告,协商通过增补市政协委员名单。

五届十次常委会会议于1980年8月23日召开,市政协副主席张承宗主持。会议听取部分在沪全国政协委员介绍视察上海市工业、文化、教育、图书等方面工作的情况和提出的意见建议。

五届十一次常委会会议于1980年11月1日召开,市政协副主席赵行志主持。会议听取副主席张承宗关于上海纪念辛亥革命70周年有关事宜的说明,讨论通过《政协上海市委员会关于隆重纪念辛亥革命70周年的决定》和上海市纪念辛亥革命70周年筹备委员会名单;听取副主席靖任秋关于召开市政协五届三次会议有关事项的说明,审议通过关于召开市政协五届三次会议的决定和关于组织政协委员进行参观视察工作的计划。

五届十二次常委会会议于 1980 年 12 月 18—20 日与市七届人大常委会第十次会议同时召开。会议听取并讨论代理市长汪道涵关于市政府今冬明春工作的报告；副市长韩哲一关于市政府代表团访问日本国大阪府的情况报告；市财贸办公室副主任陆慕云关于贯彻《国务院关于严格控制物价、整顿议价的通知》的情况汇报。会议还听取 5 个委员视察组关于开展环境保护、落实政策、中小学生健康及物价问题视察工作情况的汇报和意见建议。副市长韩哲一、赵行志、赵祖康、陈宗烈到会听取汇报。韩哲一代表市政府就委员视察工作汇报中涉及的有关问题讲话。由于市人代会推迟召开，会议审议通过关于推迟召开市政协五届三次全体会议的决定。

五届十三次常委会会议于 1981 年 3 月 9 日召开，市政协副主席赵行志主持。会议听取并审议市政协各工作委员会和工作组关于 1980 年工作总结和 1981 年工作打算的汇报。

五届十四次常委会会议于 1981 年 4 月 4 日召开，市政协副主席赵行志主持。会议审议通过关于召开市政协五届三次会议的有关事项，决定增加"中国致公党上海市支部"为市政协的组成界别，协商通过增补市政协委员名单。

五届十五次常委会会议于 1981 年 6 月 20 日召开，市政协副主席张承宗主持。会议听取并讨论副主席刘良模关于部分委员视察上海爱国卫生工作情况的汇报和副秘书长曹舜琴关于部分委员检查上海计划生育工作和妇幼保健工作情况的汇报，决定将上述汇报中相关的意见和建议报送市政府及有关单位研究处理。会议还听取市委书记、副主席赵行志关于国际形势的报告。

五届十六次常委会会议（扩大）于 1981 年 8 月 11 日召开，市政协副主席赵行志主持。会议听取并讨论副市长陈锦华关于上海经济调整和技术改造问题的报告。

五届十七次常委会会议于 1981 年 11 月 16—17 日召开，本次会议重要议程是参加市委召开的全市党员干部会议，听取市长汪道涵关于上海贯彻执行《国务院关于调整涤棉布和烟酒价格的通知》的报告和市委书记赵行志关于国际形势与中国外交政策的报告。会议协商通过增补市政协副秘书长名单。

五届十八次常委会会议于 1981 年 12 月 29 日与市七届人大常委会第十七次会议同时召开。会议传达五届全国人大四次会议精神。

五届十九次常委会会议于 1982 年 2 月 26 日召开，市政协副主席赵行志主持。会议听取副主席张承宗关于召开市政协五届四次会议有关事项的说明和副主席宋日昌关于提案处理情况的汇报，审议通过《关于组织部分委员参观视察的意见》和副主席靖任秋关于撤销个别专门委员会、调整部分委组负责人的说明。

五届二十次常委会会议于 1982 年 3 月 24 日召开，市政协副主席赵行志主持。会议审议通过关于召开市政协五届四次会议的有关事项，决定增加"上海市台胞联谊会"为市政协的组成界别，并协商通过增补市政协委员名单。会议审议通过《坚决拥护〈全国人大常委会关于严惩严重破坏经济的罪犯的决定〉的决议》。

五届二十一次常委会会议（扩大）于 1982 年 6 月 8 日召开，市政协副主席张承宗主持。会议听取学习委员会关于组织各界人士讨论《中华人民共和国宪法（修改草案）》情况的汇报，听取市政协赴四川、福建 2 省和南京市 3 个学习参观访问团学习参观情况的汇报。会议决定增设市政协体育工作组，并通过正、副组长名单。

五届二十二次常委会会议（扩大）于 1982 年 7 月 24 日召开，市政协副主席张承宗主持。会议听取全国政协常委周谷城关于全国政协五届十九次常委会会议精神的传达，讨论通过《关于贯彻执行全国政协常委会决议，组织委员讨论〈政协章程（修改草案）〉的意见》。

五届二十三次常委会会议(扩大)于 1982 年 10 月 13 日召开,市政协副主席张承宗、赵行志先后主持。会议审议通过《市政协关于组织各界人士学习中共十二大文件的安排》,听取在沪全国政协委员和部分市政协委员视察上海经济、人民生活、农村等方面工作的情况汇报。副市长韩哲一应邀出席会议。会议还审议通过《关于召开市政协第五届委员会第五次全体会议的决定》。

五届二十四次常委会会议于 1982 年 12 月 20 日召开,市政协副主席赵行志主持。会议审议通过关于召开市政协五届五次会议的有关事项。会议决定,根据新修订的《政协章程》,市政协五届五次会议由常委会召集和主持,不再另选大会主席团。

五届二十五次常委会会议于 1982 年 12 月 29 日上午和 31 日上午在五届五次全体会议期间召开,市政协副主席赵祖康、靖任秋分别主持。会议听取大会秘书处关于分组讨论情况的汇报,通过组织委员视察上海开展"五讲四美"活动的计划,审议通过大会各项决议草案。

五届二十六次常委会会议于 1983 年 4 月 12 日召开,市政协副主席张承宗主持。会议审议通过关于召开市政协六届一次会议的有关事项,协商通过市政协第六届委员会委员名单。

第三节　主席会议

五届一次主席会议于 1980 年 1 月 9 日召开。会议讨论通过市政协的会议制度,决定将市政协主席办公会议和秘书长办公会议分开举行。这是市政协举行单一的主席会议的开始,由此形成市政协的主席会议制度。

五届三次主席会议于 1980 年 5 月 5 日召开。会议决定召开为周而复创作的小说《上海的早晨》平反的专题座谈会。

五届十一次主席会议于 1981 年 6 月 15 日召开。会议在研究市政协"画室"工作时,决定定几条规矩作为画室的守则。其中一条是"个人不能向画家要画讨画"。

五届十六次主席会议于 1982 年 2 月 20 日召开。会议建议撤销市政协信访接待委员会,提请常委会会议审议。

五届十八次主席会议于 1982 年 4 月 27 日举行。会议建议增设市政协体育工作组,并通过组成人员名单草案,提请常委会会议审议。会议决定组织各界人士讨论《中华人民共和国宪法(修正草案)》。

五届二十二次主席会议于 1982 年 8 月 26 日召开。会议决定成立由祝希娟、王丹凤、周柏春、黄歌等委员倡议的市政协筹募儿童福利基金文艺义演筹备委员会。

五届二十六次主席会议于 1983 年 1 月 22 日召开。会议决定举办上海市对台宣传展览会,并成立筹备委员会。

五届二十七次主席会议于 1983 年 3 月 8 日召开。会议听取关于全国政协召开的各省市自治区政协秘书长座谈会的情况汇报,决定向市政协委员发放委员证。

第二章　第六届市政协会议

第六届市政协任期内共召开全体会议 6 次、常委会会议 25 次、主席会议 53 次。主席会议选录其中 21 次。

第一节　全　体　会　议

六届一次全体会议于 1983 年 4 月 20—28 日在北京影剧院举行。会议听取并审议第五届市政协副主席张承宗作的第五届常委会工作报告。全体委员列席市八届人大一次会议,听取并讨论市长汪道涵作的政府工作报告和其他专项报告。会议选举市政协第六届委员会主席、副主席、秘书长和常委共 152 人,组成第六届常委会。会议通过大会的政治决议、关于第五届常委会工作报告的决议和关于提案审查情况报告的决议。

六届二次全体会议于 1984 年 3 月 23—30 日在北京影剧院举行。会议听取并审议市政协副主席张承宗作的常委会工作报告、市政协提案处理情况的报告(书面)。全体委员列席市八届人大二次会议,听取并讨论市长汪道涵作的政府工作报告和其他专项报告。会议选举增补部分常委会组成人员,通过大会的政治决议、关于市政协常委会工作报告的决议;听取并审议副主席宋日昌关于大会提案审查情况的报告,通过关于提案审查报告的决议。

六届三次全体会议于 1985 年 4 月 20—26 日在沪西工人影剧院举行。全国政协副主席刘靖基、市委第一书记陈国栋、市委第二书记胡立教、市长汪道涵等党政领导出席开、闭幕会议。会议听取并审议市政协副主席徐以枋作的常委会工作报告,听取副主席张承宗关于全国政协六届三次会议精神的传达。全体委员列席市八届人大三次会议,听取并讨论市长汪道涵作的政府工作报告和其他专项报告。会议除进行小组讨论外,首次进行联组讨论。会议通过大会的政治决议、关于常委会工作报告的决议和关于大会提案审查情况的报告。

六届四次全体会议于 1985 年 7 月 23 日在美琪电影院举行。市委书记芮杏文、市长江泽民等党政领导出席开、闭幕会议。市政协主席李国豪致开幕辞。市委书记芮杏文代表市委讲话,对 5 位辞去副主席职务和 14 位辞去常委职务的老同志给予高度评价,对进一步做好政协工作提出要求。会议通过《关于同意 5 位副主席和 14 位常务委员请求辞职的决议》,选举增补部分常委会组成人员。

六届五次全体会议于 1986 年 4 月 22—29 日在沪西工人影剧院举行。全国政协副主席刘靖基、市委书记芮杏文、市长江泽民等党政领导出席开、闭幕会议。会议听取并审议市政协副主席叶叔华作的常委会工作报告,副主席杨恺关于市政协六届三次会议以来提案工作情况的报告;听取副主席张瑞芳关于全国政协六届四次会议精神的传达。全体委员列席市八届人大五次会议,听取并讨论市长江泽民作的政府工作报告和其他专项报告。会议进行小组讨论、联组讨论和大会发言。会议通过《关于同意 8 位常务委员请求辞职的决议》和《同意市政协秘书长辞去职务的决议》,选举增补部分常委会组成人员。会议通过大会的政治决议和关于市政协常委会工作报告的决议,并宣读大会期间提案工作情况的报告。市委书记芮杏文在闭幕会议上讲话。

六届六次全体会议于1987年4月20—27日在沪西工人影剧院举行。全国政协副主席刘靖基、市委书记芮杏文、市长江泽民等党政领导出席开、闭幕会议，全国政协副主席钱伟长出席闭幕会议。会议听取并审议市政协副主席叶叔华作的常委会工作报告，副主席周璧关于市政协六届五次会议以来提案工作情况的报告；听取副主席董寅初关于全国政协六届五次会议精神的传达。全体委员列席市八届人大六次会议，听取并讨论市长江泽民作的政府工作报告和其他专项报告。会议期间，首次有市政府领导和有关委办局的负责人到会参加讨论。会议选举增补部分常委会组成人员，通过大会政治决议和关于市政协常委会工作报告的决议，并听取副主席徐以枋关于大会提案审查工作情况的报告。市委书记芮杏文在闭幕会议上讲话。

第二节 常委会会议

六届一次常委会会议于1983年4月28日召开，市政协主席李国豪主持。会议协商通过市政协第六届委员会副秘书长名单和《关于调整市政协各委组机构和负责人名单的建议》，通过各委组正副主任、正副组长和市政协办公厅正副主任名单。

六届二次常委会会议（扩大）于1983年7月8日上午和9日上午召开，市政协副主席宋日昌、杨士法先后主持。会议听取副主席张承宗关于全国政协六届一次常委会会议精神的传达和部分在沪全国政协委员的大会发言。会议讨论通过《市政协5—6月工作的情况汇报和第三季度工作安排》，协商通过增补市政协副主席名单，并决定在下一次全体会议上予以追认。

六届三次常委会会议于1983年9月23日召开，市政协副主席张承宗主持。全国政协委员郭秀珍、汤蒂因、孙廷芳分别传达全国政协六届二次常委会会议精神和邓颖超主席在全国政协常委会会议上的重要讲话。会议听取市政协5个落实统战政策检查组检查全市落实清退查抄私房、文物图书、宗教团体房产等政策情况的汇报。副市长倪天增到会听取汇报并就落实私房政策问题讲话。会议还讨论通过《关于市政协第三季度工作情况汇报和第四季度工作安排意见》。

六届四次常委会会议（扩大）于1983年12月14日召开，市政协副主席宋日昌主持。为纪念毛泽东诞辰90周年，副主席张承宗作题为"继承和发扬毛泽东同志统一战线的光辉思想，进一步开创人民政协工作的新局面"的报告。各民主党派负责人和各界人士相继发言，缅怀毛泽东的丰功伟绩。会议讨论并通过《市政协关于第四季度工作情况汇报和1984年第一季度工作安排意见》。

六届五次常委会会议（扩大）于1984年3月17日召开，市政协副主席张承宗主持。会议审议通过关于召开市政协六届二次会议的有关事项，协商通过增补市政协委员名单，其中首次增补香港知名人士1名。会议讨论通过部分专门委员会和工作组负责人调整、增补名单。会议还听取市政协组织的6个视察组视察科技、教育、文化等部门落实知识分子政策情况的汇报，市委书记、副市长阮崇武到会听取汇报并讲话。

六届六次常委会会议于1984年3月27日和29日在六届二次全体会议期间召开，市政协主席李国豪和副主席张承宗先后主持。27日，会议听取大会秘书处关于分组讨论情况的汇报，听取副主席徐以枋关于全国政协六届四次常委会会议情况的汇报，讨论起草大会各项决议草案，协商通过增补市政协委员名单和常委名单草案。29日，会议根据全体会议委员分组讨论的反馈情况，再次讨论并通过大会各项决议草案，提交全体会议审议。

六届七次常委会会议（扩大）于1984年6月12—13日召开，市政协主席李国豪主持。会议听取副主席张承宗关于全国政协六届二次会议精神的传达，部分在沪全国政协委员交流参加全国政协会议的体会。会议进行分组讨论,并审议通过《市政协关于第二季度工作情况汇报和第三季度工作打算》。副市长倪天增应邀出席会议,并通报全市落实私房政策的有关情况。

六届八次常委会会议(扩大)于1984年10月12日召开,市政协主席李国豪主持。会议听取市私房落实政策办公室、市查抄文物图书清理小组、市政协落实政策办公室的负责人分别作的有关落实政策情况的汇报,讨论通过《市政协第三季度工作情况汇报和第四季度工作要点》。

六届九次常委会会议于1984年12月29日召开,市政协主席李国豪主持。会议听取并分组讨论市委书记、副市长阮崇武关于上海对外开放情况和今后任务的报告,讨论通过《市政协1984年第四季度工作情况汇报和1985年第一季度工作要点》。

六届十次常委会会议(扩大)于1985年3月20日召开,市政协主席李国豪和副主席张承宗先后主持。会议听取副主席张承宗关于当前经济工作的讲话,秘书长范征夫关于市政协各委、组工作情况的综合汇报,副秘书长罗冠宗关于政协委员参观视察情况的汇报。副市长阮崇武和倪天增应邀到会听取汇报,并分别就上海改革开放形势下的一些新问题和落实私房政策问题讲话。

六届十一次常委会会议于1985年4月15日召开,市政协副主席张承宗主持。会议审议通过关于召开市政协六届三次会议的有关事项,决定全体会议除小组讨论会外,增设联组讨论会;邀请市委、市人大常委会、市政府、市顾委、市纪委和解放军驻沪部队的领导出席全体会议的开、闭幕式。会议还决定在常委会下设立常设的提案工作委员会,并通过组成人员名单。

六届十二次常委会会议于1985年4月26日在六届三次全体会议期间召开,市政协主席李国豪主持。会议听取大会秘书处关于分组讨论情况的汇报、决议起草委员会关于政治决议和常委会工作报告决议起草情况的汇报、提案工作委员会关于大会提案审查情况的汇报。会议原则通过以上各项决议和报告草案,并决定提交全体会议审议。

六届十三次常委会会议于1985年7月17日召开,市政协主席李国豪主持。会议审议通过关于召开市政协六届四次会议的有关事项,通过《关于市政协张承宗等5位副主席和方行等14位常务委员请求辞职的决议》,协商通过增补市政协委员名单和常委会组成人员候选人的名单草案。

六届十四次常委会会议(扩大)于1985年10月18—19日召开,市政协主席李国豪主持。会议听取并讨论副主席徐以枋关于全国政协六届十次常委会会议精神的传达、副市长叶公琦关于上海市场物价情况的报告。会议通过《市政协关于深入学习和全面贯彻中国共产党全国代表会议文件精神的决议》和市政协部分专门委员会、工作组正副主任、正副组长的任免名单,《上海政协报》正副社长名单,以及部分副主席的分工分管等事项。会议决定撤销市政协咨询工作委员会。

六届十五次常委会会议(扩大)于1986年2月25日召开,市政协主席李国豪和副主席毛经权先后主持。会议听取市计划委员会副主任王崇基关于上海市1986年度计划安排情况的报告、市经济委员会副主任裴静之关于上海经济体制改革情况的报告、市检察院副检察长王树泉关于上海打击经济领域犯罪情况的报告,以及市委宣传部关于精神文明建设和上海文化发展战略情况的报告。会议还审议通过《关于组织在沪全国政协委员和部分市政协委员参观视察的打算》和部分市政协委组负责人的任免名单。

六届十六次常委会会议于1986年4月15日召开,市政协主席李国豪和副主席毛经权先后主持。会议审议通过关于召开市政协六届五次全体会议的有关事项,协商通过《关于同意26位同志请求辞去委员职务的决议》,并协商通过增补市政协委员名单。会议还听取副主席徐以枋关于全国政协地方工作座谈会精神的传达报告。

六届十七次常委会会议于1986年4月27日在六届五次全体会议期间召开,市政协主席李国豪主持。会议听取大会秘书处关于分组讨论情况的汇报,协商通过增补市政协副主席、常委,改选秘书长的候选人名单草案。会议讨论通过市政协副秘书长的任免事项、大会各项决议草案及大会提案工作情况的报告。会议还通过《市政协关于举行孙中山先生诞辰120周年纪念活动的办法》。

六届十八次常委会会议于1986年9月11日召开,市政协主席李国豪主持。会议听取市计划委员会副主任李功豪关于上海市1986年国民经济和社会发展计划上半年执行情况和下半年工作的报告、市对外经济贸易委员会副主任陆国贤关于利用外资情况的报告、市财政局局长鲍友德关于上海市1986年上半年财政收支完成情况的报告。会议审议通过《市政协六届五次会议以来四个月工作情况汇报和明年第一季度的工作打算》,协商通过部分专门委员会正副主任、办公厅副主任任免名单。

六届十九次常委会会议(扩大)于1986年12月27日召开,市政协主席李国豪主持。会议听取市长江泽民关于部分高校学生上街集会游行的情况通报,呼吁社会各界珍惜和维护安定团结的政治局面。会议听取副主席毛经权关于全国统战工作会议精神的传达,讨论《市政协关于贯彻〈中共中央关于社会主义精神文明建设指导方针的决议〉的意见(草案)》,要求作进一步修改,并授权主席会议审定后实施。

六届二十次常委会会议(扩大)于1987年3月14日召开,市政协副主席杨士法主持。会议听取10个委员考察组对上海改革开放、两个文明建设、落实知识分子政策等考察情况的汇报,听取市经济委员会、财贸办公室和文化局负责人通报上海开展"双增双节"①运动和文化系统精神文明建设的情况通报。

六届二十一次常委会会议于1987年4月14日、17日上午召开,市政协副主席毛经权主持。会议审议通过关于召开市政协六届六次全体会议的有关事项,协商通过增补市政协委员名单(其中包括6名香港知名人士)。17日上午,市长江泽民到会,以谈心的方式向常委通报上海的形势和任务。

六届二十二次常委会会议于1987年4月25日在六届六次全体会议期间召开,市政协主席李国豪主持。会议听取大会秘书处关于分组讨论情况的汇报,协商通过增选市政协副主席候选人名单,原则通过大会政治决议草案和关于市政协常委会工作报告决议草案,决定提请全体会议审议。会议听取并通过大会期间提案工作情况的报告,同意在全体会议上报告。

六届二十三次常委会会议于1987年9月14—15日上午召开,市政协主席李国豪主持。会议听取副主席杨士法关于全国政协召开的地方政协委组工作会议精神的传达,讨论通过《市政协各委员会工作简则(试行)》、《市政协今冬明春工作要点》和《关于市政协五个工作组改为工作委员会的决定》。会议还听取中国驻联合国原副代表梁于藩关于国际形势的报告和市委对台办公室主任季挺关于对台工作情况的介绍。

六届二十四次常委会会议(扩大)于1987年12月5日召开,市政协主席李国豪主持。会议收听中共中央主要领导在非中共人士茶话会上的讲话录音,并进行分组讨论和大会发言。市委书记、市长江泽民到会作"学习中共十三大文件精神,把上海经济进一步搞活"的报告。

六届二十五次常委会会议于1988年3月17—18日召开,会议审议通过召开市政协七届一次全体会议的有关事项,协商通过第七届市政协委员名单。

---

① "双增双节"是指增加生产,厉行节约;增加收入,节约支出。

第三节 主 席 会 议

六届三次主席会议(扩大)于 1983 年 7 月 30 日召开。会议决定成立市政协落实统战政策检查组,分设 5 个小组,由副主席担任正、副组长,对"文化大革命"中被占用的私房、党派房产、宗教房产、"三侨"房产和被查抄文物图书工艺品的落实政策情况进行检查,并将检查情况分送市委、市政府研处。

六届四次主席会议于 1983 年 8 月 24 日召开。会议决定筹备召开纪念杨杏佛殉难 50 周年座谈会;应福建省政协和民盟福建省委邀请,组织上海市政协赴闽学习演出代表团。

六届五次主席会议(扩大)于 1983 年 9 月 21 日召开。会议决定筹备召开上海各界人士纪念徐光启逝世 350 周年大会。

六届六次主席会议于 1983 年 10 月 10 日召开。会议决定组织 10 个市政协落实政策检查小组,对政协委员的落实政策情况进行全面检查。

六届七次主席会议于 1983 年 11 月 28 日召开。会议决定组织 11 个落实政策检查组,对在沪全国政协委员、市政协委员、区县政协委员的落实政策情况进行大检查,并成立市政协落实政策办公室。

六届九次主席会议(扩大)于 1984 年 1 月 11 日召开。会议学习传达全国政协、中央统战部联合召开的落实政策座谈会精神和中央领导同志有关落实政策的重要讲话,决定把落实政策工作列为市政协 1984 年的重要任务之一,在上半年再组织一次落实政策大检查。

六届十次主席会议(扩大)于 1984 年 2 月 22 日召开。会议决定用两个月的时间,组织百名政协委员,对文化、教育、自然科学和社会科学等知识分子集中的部门和单位,就落实非中共党员知识分子政策进行视察检查。

六届十二次主席会议(扩大)于 1984 年 4 月 25 日召开。会议决定成立上海市社会主义学院筹备工作组;于 5 月初举行纪念邹韬奋逝世 40 周年纪念活动。

六届十三次主席会议于 1984 年 6 月 6 日召开。会议讨论改进常委会会议的开法,决定将常委会的会期从半天改为 1 天至 1 天半,让常委们能充分发表意见。

六届十四次主席会议(扩大)于 1984 年 7 月 11 日召开。会议决定成立建造市政协办公活动大楼的筹建领导小组,由副主席徐以枋兼任组长。

六届十五次主席会议(扩大)于 1984 年 8 月 11 日召开。会议商讨召开庆祝中华人民共和国和中国人民政治协商会议成立 35 周年大会的有关事宜。会议确定上海政协报社编委会的组成人员。

六届十八次主席会议(扩大)于 1984 年 12 月 13 日召开。会议决定副主席赵超构兼任上海政协报社社长,秘书长范征夫兼任副社长,并决定《上海政协报》每周 1 期,公开发行。

六届十九次主席会议(扩大)于 1985 年 1 月 26 日召开。会议决定举行上海各界人士春节联欢对台湾广播大会。会议听取全国政协华东落实政策调查组召开的杭州会议精神的传达,决定加快全市政协委员落实政策工作的进度,促进有关部门逐人逐件地解决问题,并在春节后进一步组织落实政策检查。

六届二十一次主席会议(扩大)于 1985 年 4 月 12 日召开。会议建议市政协六届三次全体会议作出几点改进:(1)除分组讨论外,增加大会发言。(2)设立常设的提案工作委员会。(3)决议起草工作由大会秘书处负责,不再设立决议起草委员会。(4)减少大会列席人员。(5)邀请市级党政领导参加大会的开、闭幕式。此建议提请常委会会议审议。

六届二十三次主席会议于 1985 年 5 月 22 日召开。会议决定:(1)上海政协报社设置社长领导下的社务委员会,以及由副社长、正副主编、编辑部和经理部正副主任组成的编委会。(2)对台宣传工作委员会改名为祖国统一工作委员会,副主席张承宗兼委员会主任。(3)原则通过《上海市政协文化俱乐部章程》。

六届三十三次主席会议于 1986 年 2 月 22 日召开。会议通过《关于成立市政协精神文明建设巡回宣讲团的初步意见》。

六届三十七次主席会议于 1986 年 6 月 27 日召开。会议决定:(1)成立纪念孙中山诞辰 120 周年筹备工作办公室,副主席徐以枋兼办公室主任。(2)建立委员活动日制度。(3)《上海政协报》改名为《联合时报》。

六届四十次主席会议于 1986 年 11 月 26 日召开。会议决定在 1987 年 2 月成立上海政协之友社,并决定成立筹备小组,即日起受理历届市政协委员报名事宜。

六届四十二次主席会议于 1987 年 1 月 14 日召开。会议根据常委会授权,审议通过《政协上海市委员会关于贯彻〈中共中央关于社会主义精神文明建设指导方针的决议〉的意见》。会议讨论通过《上海政协之友社章程(草案)》,并协商通过上海政协之友社理事会组成人员和总干事、副总干事建议人选。

六届四十三次主席会议于 1987 年 2 月 27 日召开。会议讨论并通过《市政协关于学习贯彻中共中央(87)第 4 号、6 号文件的意见》[①]。

六届五十二次主席会议于 1988 年 3 月 14 日召开。会议建议市政协七届委员会将港澳地区市政协委员从特别邀请人士中分出,单列为市政协的"港澳同胞"界别。

---

① 中共中央(87)第 4 号文件为《关于当前反对资产阶级自由化若干问题的通知》,第 6 号文件为《关于贯彻全国人大常委会关于加强法制教育维护安定团结的决定的通知》。

第三章　第七届市政协会议

第七届市政协任期内共召开全体会议 5 次、常委会会议 25 次、主席会议 52 次。主席会议选录其中 22 次。

第一节　全　体　会　议

七届一次全体会议于 1988 年 4 月 18—26 日在上海展览中心中央大厅和市政协大楼举行。中共中央政治局委员、市委书记江泽民,全国政协副主席刘靖基、苏步青,市长朱镕基等党政领导出席开、闭幕会议。会议听取并审议第六届市政协副主席毛经权作的第六届市政协常委会工作报告;听取第六届市政协副主席张瑞芳关于全国政协七届一次会议精神的传达;审阅第六届市政协提案工作情况的书面报告。全体委员列席市九届人大一次会议,听取并讨论市长江泽民作的政府工作报告和其他专项报告。会议进行小组讨论和大会发言,选举市政协第七届委员会主席、副主席、秘书长和常委共 148 人,组成第七届常委会。会议通过大会政治决议和大会提案审查情况的报告。市委书记江泽民在闭幕会议上讲话。

七届二次全体会议于 1989 年 4 月 15—22 日在上海展览中心中央大厅和市政协大楼举行。中共中央政治局委员、市委书记江泽民,市长朱镕基等党政领导出席开、闭幕会议。会议听取并审议副主席杨楣作的市政协常委会工作报告和副主席王兴关于市政协七届一次会议以来提案工作情况的报告;听取副主席陈铭珊关于全国政协七届二次会议精神的传达。全体委员列席市九届人大二次会议,听取并讨论市长朱镕基作的政府工作报告和其他专项报告。会议进行小组讨论和大会发言,并安排 2 个半天,由市长朱镕基和副市长黄菊、刘振元、倪天增、谢丽娟等分别与委员进行座谈。会议选举增补部分常委会组成人员,通过市政协七届二次会议决议和大会提案审查情况的报告。市委书记江泽民在闭幕会议上讲话。

七届三次全体会议于 1990 年 4 月 19—26 日在上海展览中心中央大厅和市政协大楼召开。全国政协副主席刘靖基、苏步青,市委书记、市长朱镕基等党政领导出席开、闭幕会议。会议听取并审议副主席董寅初作的市政协常委会工作报告和副主席王兴关于市政协七届二次会议以来提案工作情况的报告;听取副主席陈灏珠关于全国政协七届三次会议精神的传达。全体委员列席市九届人大三次会议,听取并讨论市长朱镕基作的政府工作报告,副市长黄菊关于开发开放浦东的专题报告和其他专项报告。会议举行小组讨论和大会发言,并首次举行联组讨论和现场咨询活动,陈至立、刘振元、倪天增、庄晓天、谢丽娟等市党政领导到会参加联组专题座谈,市委、市政府相关部委办局的负责人到会现场办公,进行协商咨询、办理提案和解答问题。会议选举增补部分常委会组成人员,审议通过市政协七届三次会议决议和大会提案审查情况的报告。市委副书记吴邦国在闭幕会议上讲话。

七届四次全体会议于 1991 年 4 月 20—26 日在上海展览中心中央大厅和市政协大楼举行。市委书记吴邦国等党政领导出席开、闭幕会议。会议听取并审议副主席陈铭珊作的市政协常委会工作报告和副主席王兴关于市政协七届三次会议以来提案工作情况的报告;听取副主席郑励志关于全国政协七届四次会议精神的传达。全体委员列席市九届人大四次会议，听取并讨论副市长黄菊作的《关于上海市国民经济和社会发展十年规划及第八个五年计划纲要的报告》和其他专项报告。会议举行小组讨论、联组讨论、现场咨询和大会发言，黄菊、陈至立、刘振元、倪天增、谢丽娟等市党政领导到会参加联组专题座谈。市委、市政府相关部委办局负责人到会参加现场咨询协商活动。会议同意1名常委辞去常委、委员职务。会议选举增补部分常委会组成人员，审议通过市政协七届四次会议决议和大会提案审查情况的报告。市委书记吴邦国在闭幕会议上讲话。

七届五次全体会议于1992年4月19—26日在上海展览中心中央大厅和市政协大楼举行。市委书记吴邦国、市长黄菊等党政领导出席开、闭幕会议，部分大中型企业负责人和各省市驻沪办事处负责人首次应邀参加开幕会议。会议听取并审议副主席吴增亮作的市政协常委会工作报告和副主席王兴关于市政协七届四次会议以来提案工作情况的报告；听取副主席严东生关于全国政协七届五次会议精神的传达。全体委员列席市九届人大五次会议，听取并讨论市委书记吴邦国作的形势报告、市长黄菊作的政府工作报告及其他专项报告。会议举行小组讨论、联组讨论和现场咨询，陈至立、顾传训、刘振元、谢丽娟、庄晓天、赵启正等市党政领导及有关委办局的负责人到会参加联组专题座谈。市委、市政府相关部委办局负责人到会参加现场咨询活动。会议审议通过市政协七届五次会议决议和大会提案审查情况的报告。市委常委陈铁迪在闭幕会议式上讲话，市政协主席谢希德致闭幕辞。

第二节　常委会会议

七届一次常委会会议于1988年4月27日召开，市政协主席谢希德主持。会议协商通过市政协第七届委员会副秘书长名单和《关于设置14个专门委员会的决定》。会议讨论并原则通过《市政协今后一年的工作要点（草案）》，责成办公厅根据讨论意见修改，授权主席会议审定。

七届二次常委会会议（扩大）于1988年7月6—7日召开，市政协主席谢希德主持。会议协商通过市政协14个专门委员会正、副主任名单，审议通过《市政协各委员会工作简则（试行）》《上海市政协委员视察简则》。会议听取副主席徐以枋关于全国政协七届二次常委会会议精神的传达和市长朱镕基关于上海当前形势和任务的报告，并进行分组讨论和大会发言。

七届三次常委会会议（扩大）于1988年10月17—18日召开，市政协副主席毛经权主持。会议讨论并通过《市政协关于学习贯彻中共十三届三中全会精神的决议》《政协上海市委员会提案工作条例（试行）》。会议还听取副主席陈铭珊关于全国政协七届三次常委会会议精神和参加中共中央召开的非中共人士座谈会的情况介绍，并听取各专门委员会的工作汇报（书面）。

七届四次常委会会议于1989年1月6日召开，市政协主席谢希德和副主席毛经权先后主持。会议听取并讨论副市长黄菊传达全国计划工作会议精神和安排1989年上海各项经济工作的报告，决定将常委们讨论中提出的意见和建议整理报送市委和市政府。会议协商通过增补市政协副秘书长名单。

七届五次常委会会议于1989年4月6—7日召开，市政协副主席毛经权主持。会议审议通过《市政协关于政治协商、民主监督经常化、制度化的暂行规定》，审议通过关于召开市政协七届二次全体会议的有关事项。会议决定增加"港澳同胞"界别，"归国华侨"界别改为"上海市侨联"。会议协商通过增补市政协委员名单。会议期间，常委们讨论市政府工作报告（讨论稿）并提出修改意见。

七届六次常委会会议于1989年4月14日召开，市政协主席谢希德主持。会议协商通过增补市政协副主席候选人名单草案和增补市政协委员名单。会议讨论通过市政协七届二次会议议程和日程草案,决定在全会期间安排两个半天,由市政府领导与委员进行专题座谈。

七届七次常委会会议于1989年4月19日在七届二次会议期间召开,市政协主席谢希德主持。会议听取大会秘书处关于分组讨论情况的汇报,协商通过增补副主席候选人名单,听取并通过市政协七届二次会议决议(草案)和大会期间提案审查情况的报告,并决定将上述文件提交全体会议选举和审议。

七届八次常委会会议(扩大)于1989年7月5—6日召开,市政协副主席毛经权主持。会议学习中共十三届四中全会文件和邓小平重要讲话精神,听取和讨论市委副书记、市长朱镕基关于学习中共十三届四中全会精神的报告。主席谢希德在会上谈了参加四中全会的体会和市政协贯彻四中全会精神做好各项工作的意见。会议讨论并通过《市政协关于认真学习中共十三届四中全会文件和邓小平同志重要讲话的意见》和《市政协1989年度工作要点》。

七届九次常委会会议于1989年11月22—24日上午召开,市政协主席谢希德主持。会议学习中共十三届五中全会精神和邓小平9月4日讲话要点。会上,主席谢希德谈了参加五中全会的体会,副主席陈铭珊传达全国政协七届八次常委会会议的精神。会议进行分组讨论和大会发言。市委书记、市长朱镕基到会听取大会发言,并就上海贯彻五中全会精神讲话。

七届十次常委会会议(扩大)于1990年3月1—2日召开,市政协副主席王兴、毛经权先后主持。会议听取市委副书记、副市长黄菊关于上海经济情况和市政府要抓好的几项工作的通报,并进行分组讨论。会议听取副主席毛经权关于学习"中共中央关于坚持和完善中国共产党领导的多党合作和政治协商制度的意见"的讲话,审议通过《政协上海市委员会提案工作条例》,协商通过增补部分专门委员会副主任及办公厅副主任名单。

七届十一次常委会会议于1990年4月4—5日召开,市政协主席谢希德和副主席毛经权先后主持。会议审议通过关于召开市政协七届三次全体会议的有关事项,决定在会议中安排半天时间,由市委、市政府有关委办局到会场设点,进行现场协商咨询和办理提案。会议协商通过增补市政协委员名单;同意部分常委辞去委员和常委职务;协商通过增补常委候选人名单(草案)。会议还分组讨论市政府工作报告(征求意见稿)并提出修改意见。

七届十二次常委会会议于1990年4月25日在七届三次全体会议期间召开,市政协主席谢希德主持。会议听取大会秘书处关于分组讨论情况的汇报,审议通过市政协七届三次会议大会决议草案和大会提案审查情况的报告,协商通过增补市政协常委候选人名单。

七届十三次常委会会议(扩大)于1990年7月6—7日召开,市政协副主席毛经权主持。会议听取毛经权关于学习贯彻全国统战工作会议精神的报告、副主席陈铭珊关于全国政协七届十一次常委会会议精神的传达、副秘书长罗冠宗关于全国政协七届十一次常委会会议上有关祖国统一联谊工作情况的传达、副主席王兴关于全国政协召开地方政协主席座谈会精神的传达,以及市对外经济贸易委员会主任沈被章关于上海经济代表团访问中国香港地区和新加坡情况的报告,并进行分组讨论和大会发言。

七届十四次常委会会议(扩大)于1990年10月5—6日召开,市政协主席谢希德主持。会议听取市长朱镕基作的经济形势报告,副主席吴增亮关于市政协经济委员会关于部分工业企业扩大出口和利用外资情况的调研情况的报告,并对上述报告进行分组讨论和大会发言。会议还印发市政协法制与民主建设委员会、经济委员会和有关单位共同调查提出的《关于上海31家企业民主建设状况的调查报告》。

七届十五次常委会会议(扩大)于1991年1月18—19日召开,市政协副主席毛经权主持。会议学习《中共中央关于制定国民经济和社会发展十年规划和"八五"计划的建议》,听取副市长黄菊关于《上海市国民经济和社会发展十年规划和"八五"计划纲要(草案)》的说明,并进行分组讨论,对规划和纲要草案提出意见建议。会议还听取副主席陈铭珊关于全国政协七届十二次常委会会议精神的传达。

七届十六次常委会会议于1991年4月10—11日上午召开,市政协副主席毛经权主持。会议审议通过关于召开市政协七届四次会议的有关事项;协商通过增补市政协委员名单;同意部分市政协委员辞去委员职务。会议决定恢复"上海市科学技术协会"为市政协的组成界别。会议再次讨论市政府《上海市国民经济和社会发展十年规划和"八五"计划纲要的报告(修订稿)》,并提出意见建议。

七届十七次常委会会议于1991年4月25日在七届四次会议期间召开,市政协副主席毛经权主持。会议听取大会秘书处关于分组讨论情况的汇报;协商通过增选常委候选人名单和选举办法;同意部分常委和副秘书长辞去相应职务。会议审议通过大会决议草案和大会期间提案审查情况的报告。

七届十八次常委会会议(扩大)于1991年7月17—18日上午召开,市政协主席谢希德主持。会议学习中共中央总书记江泽民在庆祝中国共产党成立70周年大会上的讲话,并进行大会交流发言。会议听取副主席吴增亮关于全国政协七届十五次常委会会议精神的传达。会上,副主席毛经权宣读中共中央关于抗灾救灾的电报;主席谢希德宣布市政协14名港澳委员为江苏、安徽和上海市郊发生的洪涝灾害捐款34.7万元港币。毛经权代表市政协赴港访问团向大会作出访情况的汇报。

七届十九次常委会会议于1991年10月24—25日召开,市政协主席谢希德主持。会议学习中央工作会议精神和市委书记吴邦国、市长黄菊10月16日在全市干部大会上的讲话精神,听取副市长赵启正关于浦东开发开放情况的报告、市公安局局长朱达人关于上海市开展反盗窃斗争和打击取缔卖淫嫖娼活动情况的报告。会议审议通过《政协上海市委员会常务委员会会议事规则(试行)》和部分专门委员会副主任任免名单。

七届二十次常委会会议(扩大)于1992年2月26—27日召开,市政协主席谢希德和副主席毛经权先后主持。会议听取副市长庄晓天关于上海经济形势的报告,听取毛经权关于市政协11个委员视察组进行视察情况的综合汇报,并进行分组讨论。市政府相关委办局负责人参加讨论、听取意见并进行双向交流。

七届二十一次常委会会议于1992年4月3日召开,市政协主席谢希德主持。会议审议通过关于召开市政协七届五次会议的有关事项,分组讨论市政府的《政府工作报告(讨论稿)》,并提出修改意见。

七届二十二次常委会会议于1992年4月25日在七届五次全体会议期间召开,市政协主席谢希德主持。会议听取大会秘书处关于分组讨论情况的汇报;审议通过大会决议草案和大会提案审查情况的报告,同意提请大会审议。

七届二十三次常委会会议(扩大)于1992年7月2—4日召开,市政协主席谢希德主持。会议学习邓小平南方讲话精神,学习《中共中央关于加快改革,扩大开放,使经济更好更快地上一个新台阶》,以及江泽民总书记在中央党校的重要讲话精神。会议还听取市计划委员会主任徐匡迪关于上海经济形势、浦东开发办公室副主任华国万关于浦东新区政府规划方案、副市长庄晓天关于上海改革的情况介绍。会议决定增设市政协浦东开发专门委员会,并通过该委员会主任、副主任名单。

七届二十四次常委会会议(扩大)于 1992 年 11 月 2—3 日召开,市政协主席谢希德和副主席毛经权先后主持。会议学习中共十四大精神,听取副市长徐匡迪关于上海经济建设和改革开放形势的报告。会议商定市政协第八届委员会的界别、委员人数和常委会名额分配的初步意见,决定增设"经济界"为市政协的组成界别。

七届二十五次常委会会议于 1993 年 2 月 4—5 日召开,市政协主席谢希德主持。会议审议通过关于召开市政协八届一次全体会议的有关事项,协商通过八届市政协委员名单。

第三节 主 席 会 议

七届一次主席会议于 1988 年 5 月 18 日召开。会议商定副主席的分工和第二届上海政协之友社理事会建议人选,并通过修改后的《政协上海市委员会会议制度》。

七届三次主席会议于 1988 年 7 月 29 日召开。会议审议市政协 14 个专门委员会的组成人员名单和联合时报社增补社务委员会委员的名单。

七届六次主席会议于 1988 年 12 月 27 日召开。会议主题是迎新座谈。全国政协主席李先念、副主席王任重莅会参加座谈。会上,市政协部分副主席分别就市政协工作、两个文明建设、治理整顿、深化改革等问题发言,李先念和王任重作重要讲话。市长朱镕基和市委副书记杨堤也参加座谈。

七届八次主席会议(扩大)于 1989 年 2 月 18 日召开。会上有 21 名政协委员建议市政协组织上海各级政协学习《政协全国委员会关于政治协商、民主监督的暂行规定》,得到会议的一致赞同。

七届九次主席会议于 1989 年 3 月 8 日召开。会议学习讨论市委书记江泽民在上海市政协工作会议上的报告,审议《关于贯彻上海市政协工作会议精神的意见(草案)》。会议还讨论国务院《政府工作报告(征求意见稿)》,并决定将修改意见由市政协办公厅整理上报。

七届十次主席会议于 1989 年 4 月 4 日召开。会议在商讨召开市政协七届二次全体会议有关事宜时,提议将"归国华侨"界改为"上海市侨联"界,并增加"港澳同胞"界,提请常委会会议审议。在讨论《政协上海市委员会关于政治协商、民主监督的暂行规定(草案)》时,决定将文件题目改为《政协上海市委员会关于政治协商、民主监督经常化、制度化的暂行规定(草案)》。

七届十一次主席会议于 1989 年 4 月 14 日召开。会议审议关于召开市政协七届二次全体会议的有关事宜,将邀请市长朱镕基来会作报告改为与政协委员们座谈;增加黄菊等 4 名副市长出席市政协联组讨论会,分 4 个专题与政协委员们进行座谈。

七届十三次主席会议于 1989 年 5 月 17 日召开。会上,对当前形势交换意见,并决定要加强学习,关注形势。

七届十四次主席会议(扩大)于 1989 年 6 月 1 日召开。会议学习中央领导同志关于稳定局势的讲话。各民主党派、人民团体和无党派人士 20 多人在会上发言,表示拥护党中央、国务院为稳定局势作出的决策和采取的措施;拥护市政府发布的《告全市人民书》和市长朱镕基发表的电视广播讲话。会议决定分工做好学生的思想政治工作,并以苏步青、李国豪、谢希德等 8 名校长、学者的名义发表《给本市高校学生和家长的公开信》,呼吁学生们冷静思考,明辨是非,尽快复课。

七届十五次主席会议(扩大)于 1989 年 6 月 7 日召开。会议决定向上海报社、电台发出《上海市政协主席扩大会议致全市人民的紧急呼吁书》,呼吁全市人民行动起来,坚决制止极少数别有用心的人破坏交通、搞乱上海的阴谋。

七届十六次主席会议于 1989 年 6 月 29 日召开。会议学习中共十三届四中全会公报精神和邓小平的重要讲话,并决定市政协要发挥政协的优势和协商监督的作用,支持市委、市政府抓好中共十三届四中全会提出的 4 件大事①。

七届十七次主席会议于 1989 年 7 月 11 日召开。会议决定组织政协委员暑期学习会,集中学习中共十三届四中全会文件和邓小平的重要讲话。

七届二十九次主席会议于 1990 年 10 月 24 日召开。会议决定将市政协经济委员会的《关于部分工业企业扩大出口和利用外资情况的调查报告》和市政协法制与民主建设委员会、民建上海市委、市总工会、市工商联联合调查的《依靠工人阶级,加强民主建设,是社会主义企业发展的必由之路——关于上海 31 家企业民主建设状况的调查报告》,报送市政府调研处。

七届三十二次主席会议于 1991 年 1 月 16 日召开。会议审议通过《市政协关于进一步加强知识分子工作的意见》,同意市政协提案委员会关于开展评选优秀提案活动的报告。

七届三十七次主席会议于 1991 年 7 月 10 日召开。会议决定:(1)对市郊受洪涝灾害较重的青浦等 3 县发出慰问信,并捐赠 1.5 万元物资给抗灾第一线。(2)取消当年正副主席赴北戴河疗养的安排。

七届四十一次主席会议于 1991 年 12 月 27 日召开。会议学习中共十三届八中全会和中共上海市委五届十二次全会精神,讨论通过《关于表彰市政协七届四次会议以来优秀提案和承办提案先进单位的决定》。

七届四十三次主席会议于 1992 年 3 月 9 日举行。会议审议关于召开市政协七届五次会议的有关事项,决定邀请上海市部分大中型企业负责人和外省市驻沪办事处负责人出席会议的开幕式和闭幕式。

七届四十六次主席会议于 1992 年 6 月 17 日召开。会议在讨论《市政协 1992 年度工作要点》时,提议增设市政协浦东开发专门委员会,并提请常委会审议。会议决定成立市政协艺术团。

七届四十七次主席会议于 1992 年 8 月 7 日召开。会议商定市政协联合时报社新的领导班子,同意由陈沂任社长,范征夫、陈福根、李德铭任副社长,李德铭兼总编辑。

七届四十八次主席会议于 1992 年 9 月 16 日召开。会议在商讨市政协换届问题时,提议增设"经济界"为市政协的组成界别。

七届四十九次主席会议于 1992 年 11 月 18 日召开。会议审议《上海市政协提案工作条例(修订草案)》,决定进行修改后留待市政协第八届委员会审定。

七届五十次主席会议于 1992 年 12 月 23 日召开。会议审议通过评选市政协七届五次会议以来优秀提案和承办提案先进单位的获奖名单。

---

① 4 件大事是惩治贪污受贿和投机倒把,清理公司,整顿市场,加强廉政建设。

第四章　第八届市政协会议

第八届市政协任期内共召开全体会议 5 次、常委会会议 32 次、主席会议 60 次。主席会议选录其中 40 次。

第一节　全　体　会　议

八届一次全体会议于 1993 年 2 月 14—21 日在上海展览中心中央大厅和市政协大楼举行。中共中央政治局委员、市委书记吴邦国，全国政协副主席苏步青，市长黄菊等党政领导，老同志、市政协老领导出席开、闭幕会议。会议听取并审议七届市政协副主席毛经权作的第七届市政协常委会工作报告和七届市政协副主席杨楣关于第七届市政协提案工作情况的报告。全体委员列席市十届人大一次会议，听取并讨论市长黄菊作的市政府工作报告及其他专项报告。会议安排小组讨论和大会发言，吴邦国、陈至立等市党政领导分别到会听取意见。大会秘书处收到大会发言稿 57 篇，28 名委员代表党派、团体或个人在大会上发言。会议举行现场咨询活动，市委、市政府相关部委办局负责人到会现场办理提案，接受委员咨询。会议选举八届市政协主席、副主席、秘书长、常务委员共 110 人，组成第八届常务委员会。会议审议通过市政协八届一次会议决议和大会提案审查情况的报告，大会期间共收到提案 843 件。市委书记吴邦国在闭幕会议上讲话，市政协主席陈铁迪致闭幕辞。

八届二次全体会议于 1994 年 2 月 17—22 日在上海展览中心中央大厅和市政协大楼举行。中共中央政治局委员、市委书记吴邦国，全国政协副主席苏步青、董寅初，市长黄菊等党政领导，老同志、市政协老领导出席开、闭幕会议。会议听取并审议副主席郑励志作的市政协常委会工作报告和副主席石祝三关于市政协八届一次会议以来提案工作情况的报告。全体委员列席市十届人大二次会议，听取并讨论市长黄菊作的市政府工作报告和副市长徐匡迪作的上海市 1993 年国民经济和社会发展计划执行情况与 1994 年国民经济和社会发展计划（草案）的报告及其他专项报告。会议安排小组讨论、联组讨论和大会发言。联组讨论分为"率先建立社会主义市场经济运行机制的措施"、"市场供应、物价和社会保障制度"、"加强社会主义精神文明建设"、"城市建设规划和道路交通管理"、"上海教育、卫生系统的改革和发展"5 个专题，徐匡迪等市党政领导分别参加讨论，听取意见建议。大会秘书处收到大会发言稿 99 篇，15 名委员代表党派、团体或个人在大会上发言。会议举行现场咨询活动，市委、市政府相关部委办局负责人到会现场办理提案，接受委员咨询。会议选举增补部分常委会组成人员，审议通过市政协八届二次会议决议和大会提案审查情况的报告，会议期间共收到提案 894 件。市委领导在闭幕会议上讲话，市政协主席陈铁迪致闭幕辞。

八届三次全体会议于 1995 年 2 月 15—22 日在上海展览中心中央大厅和市政协大楼举行。中共中央政治局委员、市委书记、市长黄菊，全国政协副主席苏步青、董寅初及党政领导，老同志、市政协老领导出席开、闭幕会议。会议听取并审议副主席陈灏珠作的市政协常委会工作报告和副主席石祝三关于市政协八届二次会议以来提案工作情况的报告。全体委员列席市十届人大三次会议，听取并讨论市长黄菊作的市政府工作报告、副市长徐匡迪关于上海市 1994 年国民经济和社会发展计划执行情况与 1995 年国民经济和社会发展计划(草案)的报告及其他专项报告。会议安排小组讨论、联组讨论和大会发言。联组讨论分为"抓紧菜篮子工程建设及加强物价管理,控制物价上涨的措施"、"加强城市基础设施建设,提高城市管理水平,进一步缓解市区交通难"、"上海贯彻中央经济工作会议精神和率先建立社会主义市场经济运行机制"、"新一年上海外贸出口、吸引外资面临的新情况及其对策"、"新三年浦东开创新局面的构想"、"如何提高上海市民思想道德水准,推进精神文明建设"、"上海继续开展反腐倡廉工作的情况和措施"、"上海教卫系统深化改革的设想和措施"、"科技工作"、"文艺工作"10 个专题,黄菊、徐匡迪等市党政领导分别参加讨论,听取意见建议。大会秘书处收到大会发言稿 75 篇,27 位委员代表党派、团体或个人在大会上发言。会议举行现场咨询活动,市委、市政府相关部委办局负责人到会现场办理提案,接受委员咨询。会议选举增补部分常委会组成人员,审议通过市政协八届三次会议决议和大会提案审查情况的报告,大会期间共收到提案 1 094 件。市委领导在闭幕会议上讲话,市政协主席陈铁迪致闭幕辞。

八届四次全体会议于 1996 年 1 月 31 日—2 月 7 日在上海展览中心中央大厅和市政协大楼举行。中共中央政治局委员、市委书记黄菊,全国政协副主席董寅初,市长徐匡迪等党政领导,老同志,市政协老领导出席开、闭幕会议。会议听取并审议副主席赵定玉作的市政协常委会工作报告和副主席石祝三关于市政协八届三次会议以来提案工作情况的报告。全体委员列席市十届人大四次会议,听取并讨论市长徐匡迪关于上海市国民经济和社会发展"九五"计划与 2010 年远景目标纲要(草案)的报告、副市长华建敏关于上海市 1995 年国民经济和社会发展计划执行情况与 1996 年国民经济和社会发展计划(草案)的报告及其他专项报告。会议安排小组讨论、联组讨论和大会发言。联组讨论分为"经济发展的两个根本性转变"、"城市建设和管理"、"关于科教兴市问题"、"农业、社区建设和人民生活"、"加强精神文明建设"、"反腐倡廉和社会治安综合治理"6 个专题,黄菊、徐匡迪等市党政领导分别参加讨论,听取意见建议。大会秘书处收到大会发言稿 78 篇,44 名委员代表党派、团体或个人在全体委员会议上发言。会议举行现场咨询活动,市委、市政府相关部委办局负责人到会现场办理提案,接受委员咨询。会议选举增补部分常委会组成人员,审议通过市政协八届四次会议决议和大会提案审查情况的报告,大会期间共收到提案 1 257 件。市委领导在闭幕会上讲话,市政协主席陈铁迪致闭幕辞。

八届五次全体会议于 1997 年 2 月 17—22 日在上海展览中心中央大厅和市政协大楼举行。中共中央政治局委员、市委书记黄菊,全国政协副主席董寅初,市长徐匡迪等市党政领导,老同志,市政协老领导出席开、闭幕会议。会议听取并审议副主席刘恒椽作的市政协常委会工作报告和副主席陈正兴关于市政协八届四次会议以来提案工作情况的报告。全体委员列席市十届人大五次会议,听取并讨论市长徐匡迪作的市政府工作报告及关于上海市 1996 年国民经济和社会发展计划执行情况与 1997 年国民经济和社会发展计划(草案)的报告及其他专项报告。会议安排小组讨论、联组讨论和大会发言。联组讨论分为"精神文明建设"、"结构调整,企业改革,市场开拓"、"吸纳外资、浦东开发"、"社区建设,再就业工程,社会稳定"、"经济和环境协调发展"、"科教兴市"6 个专题,徐匡迪等市党政领导分别参加讨论,听取意见建议。会议秘书处收到大会发言稿 71 篇,18 名委员代表党派、团体或个人在大会上发言。会议举行现场咨询活动,市委、市政府相关部委办局负责人到会现场办理提案,接受委员咨询。会议选举增补部分常委会组成人员,审议通过市政协八届五次会议决议和大会提案审查情况的报告,大会期间共收到提案 1 068 件。市委副书记孟建柱在闭幕会议上讲话,市政协主席陈铁迪致闭幕辞。

第二节 常委会会议

八届一次常委会会议于 1993 年 3 月 6 日召开,市政协主席陈铁迪、副主席毛经权分别主持。会议审议通过市政协 1993 年工作要点、《政协上海市委员会常务委员会议事规则(试行)》和《政协上海市委员会提案工作条例(修订草案)》,审议通过八届市政协专门委员会机构设置及主任、副主任名单和市政协副秘书长名单。

八届二次常委会会议(扩大)于 1993 年 6 月 7—8 日召开,市政协主席陈铁迪、副主席毛经权分别主持。会议听取市长黄菊关于上海经济形势的报告,听取陈铁迪关于全国政协八届二次常委会会议精神传达。会议协商通过调整增补市政协委员名单。

八届三次常委会会议(扩大)于 1993 年 8 月 24—25 日召开,与会常委列席市第十届人大常委会第四次会议,听取并讨论市长黄菊关于深入贯彻中央 6 号文件精神,继续保持上海改革开放和经济发展好势头的报告,副主席赵定玉主持讨论会,主席陈铁迪在讨论会上讲话,副市长龚学平到会听取意见建议。

八届四次常委会会议于 1994 年 1 月 4—5 日召开,市政协主席陈铁迪、副主席毛经权分别主持。会议学习中共十四届三中全会文件和中共上海市委六届二次全会精神,传达全国政协八届四次会议精神;听取副市长徐匡迪关于上海经济形势的报告;审议通过关于召开市政协八届二次会议的决定和市政协八届二次会议列席范围;协商通过增补市政协委员名单,审议通过办公厅主任的任免名单。

八届五次常委会会议于 1994 年 1 月 26 日召开,市政协主席陈铁迪主持。会议审议通过市政协八届二次会议分组及召集人名单和议程(草案)、日程(草案);审议通过常委会工作报告(草案)、提案工作报告(草案),同意将这两份报告提交市政协八届二次会议讨论。会议协商通过调整增补市政协委员名单。

八届六次常委会会议于 1994 年 2 月 22 日在八届二次会议期间召开,市政协主席陈铁迪主持。会议听取市政协提案委员会关于市政协八届二次会议期间提案审查情况的报告,协商通过增补八届市政协常委候选人名单;审议通过常委选举办法(草案)和市政协八届二次会议决议(草案)。

八届七次常委会会议于 1994 年 3 月 22 日召开,市政协主席陈铁迪主持。会议主题为传达全国政协八届二次会议精神。

八届八次常委会会议于 1994 年 6 月 8 日召开,市政协主席陈铁迪主持。陈铁迪和副市长孟建柱分别传达中共中央领导同志的讲话精神、近期粮油调价会议精神。会议还听取并讨论医疗制度改革方案和住房制度改革方案。

八届九次常委会会议于 1994 年 8 月 19 日召开,市政协主席陈铁迪、副主席赵定玉分别主持。会议听取副市长蒋以任关于上海国有大中型企业经济形势、改革情况和上海率先建立现代企业制度的报告,审议通过市政协常委会《关于上海率先建立现代企业制度的若干建议》建议案。会议协商通过调整增补市政协委员名单。

八届十次常委会会议于 1994 年 10 月 11 日召开,市政协主席陈铁迪主持。会议传达中共十四届四中全会精神和全国政协八届八次常委会会议精神。

八届十一次常委会会议于 1994 年 12 月 30 日召开,市政协主席陈铁迪主持。会议传达并讨论市委六届三次会议精神,审议通过关于召开市政协八届三次会议的决定和会议列席人员范围;审议通过市政协八届三次会议议程（草案）、日程（草案）。会议听取市政协八届十九次主席会议审议通过的《关于本市房地产开发中动迁安置工作的若干建议》主要内容的情况汇报。

八届十二次常委会会议于1995年1月26日召开，市政协主席陈铁迪、副主席毛经权分别主持。会议审议通过市政协八届三次会议议程（草案）、日程（草案）、全会分组及召集人名单；审议通过市政协常委会工作报告（草案）和提案工作报告（草案），同意将上述两份报告提交市政协八届三次会议讨论。会议协商通过增补市政协委员名单。

八届十三次常委会会议于1995年2月21日在八届三次会议期间召开，市政协主席陈铁迪主持。会议协商通过增补市政协副主席、常委候选人名单；审议通过选举办法（草案）、市政协八届三次会议决议（草案）和市政协提案委员会关于市政协八届三次会议期间提案审查情况的报告（草案）。

八届十四次常委会会议（扩大）于1995年3月22日召开，市政协副主席赵定玉、石祝三分别主持，主席陈铁迪出席并讲话。会议传达全国政协八届三次会议精神，审议通过市政协1995年工作要点，协商通过增补八届市政协委员名单。

八届十五次常委会会议于1995年5月26日召开，市政协主席陈铁迪、副主席毛经权分别主持。市委领导到会作浦东开发开放形势报告及市委、市政府机构改革情况介绍；副市长蒋以任通报上海建立现代企业制度情况。会议审议通过《政协上海市委员会常务委员会工作条例》、《政协上海市委员会专门委员会工作简则》、《政协上海市委员会提案工作条例（修订稿）》。

八届十六次常委会会议于1995年9月29日召开，市政协主席陈铁迪主持。会议审议通过《关于改善上海外商投资环境若干问题的建议》，决定作为常委会会议建议案报送市委、市政府。会议还听取提案委员会关于市政协八届三次会议以来提案工作情况的汇报。

八届十七次常委会会议（扩大）于1995年11月15日召开，市政协主席陈铁迪主持。会议听取并讨论市委领导关于编制"九五"计划与2010年远景规划思路和设想的介绍。

八届十八次常委会会议于1995年12月19日召开，市政协主席陈铁迪主持。会议审议通过关于召开市政协八届四次会议的决定；审议通过市政协八届四次会议议程（草案）、日程（草案）及列席人员范围。会议审议并原则通过《关于进一步提高市民素质（思想道德）的几点建议》，同意进一步修改后，授权主席会议审定并作为常委会会议建议案报送市委、市政府。会议审议通过增补市政协副秘书长名单。

八届十九次常委会会议于1996年1月15日召开，市政协主席陈铁迪主持。会议审议通过市政协常委会工作报告（草案）和提案工作报告（草案），同意将上述两个报告提交八届四次全体会议审议；审议通过市政协八届四次会议分组办法及分组召集人名单，协商通过增补八届市政协委员名单。会议还通报了市外资委关于落实八届市政协常委会"关于改善上海投资环境若干问题的建议"若干措施的情况。

八届二十次常委会会议于1996年2月5日在八届四次会议期间召开，市政协主席陈铁迪主持。会议协商通过增补八届市政协常委候选人名单，审议通过选举办法（草案）、市政协八届四次会议决议（草案）和市政协提案委员会关于市政协八届四次会议期间提案审查情况的报告（草案）。

八届二十一次常委会会议（扩大）于1996年3月20日召开，市政协主席陈铁迪、副主席赵定玉分别主持。会议传达全国政协八届四次会议精神，审议通过《市政协1996年工作要点》、市政协部分专门委员会主任任免名单。副市长左焕琛到会介绍医疗保险制度改革情况并听取意见。

八届二十二次常委会会议于1996年7月3日召开，市政协主席陈铁迪主持。会议传达全国政协八届十七次常委会会议精神,审议通过《关于增强流通功能,拓展国内市场的建议》,决定作为常委会建议案报送市委、市政府。会议听取市政协 1996 年委员年中视察的情况汇报,审议通过《关于举行孙中山先生诞辰 130 周年纪念活动的决定》。市委常委、副市长孟建柱应邀出席。

八届二十三次常委会会议于 1996 年 10 月 16—17 日由市委和市政协共同召开。市政协主席陈铁迪主持。市委副书记陈至立传达中共中央总书记江泽民在中共十四届六中全会小组召集人会议上的讲话;陈铁迪传达江泽民在中共十四届六中全会闭幕式上的讲话。会议审议通过《市政协八届四次会议以来提案工作情况的报告》。

八届二十四次常委会会议于 1996 年 11 月 12 日召开,市政协主席陈铁迪主持。会议听取市委宣传部副部长尹继佐关于《中共上海市委关于加强社会主义精神文明建设的意见(征求意见稿)》起草过程的说明,并进行分组讨论。会议协商通过增补市政协委员名单。

八届二十五次常委会会议于 1997 年 1 月 24 日召开,市政协主席陈铁迪主持。会议审议通过关于召开市政协八届五次会议的决定和会议议程(草案)、日程(草案)、会议分组及召集人名单;审议通过市政协常委会工作报告(征求意见稿)和提案工作报告(征求意见稿),同意将上述两份报告提交八届五次会议审议。会议协商通过增补市政协委员名单。

八届二十六次常委会会议于 1997 年 2 月 21 日八届五次会议期间召开,市政协主席陈铁迪主持。会议协商通过增补八届市政协常委候选人名单;审议通过选举办法(草案),总监票人、监票人建议名单(草案),市政协八届五次会议决议(草案)和市政协八届五次会议期间提案审查情况报告(草案)。

八届二十七次常委会会议于 1997 年 3 月 21 日召开,市政协主席陈铁迪主持。会议传达全国政协八届五次会议精神;审议通过《市政协 1997 年工作要点》。

八届二十八次常委会会议于 1997 年 7 月 11 日召开,市政协主席陈铁迪主持。会议审议通过《关于对我市实施可持续发展战略的若干意见和建议》,决定作为常委会会议建议案报市委、市政府。会议听取《关于加大力度推进本市国有企业改革的若干建议》的调研汇报;传达全国政协八届二十一次常委会会议精神;听取八届市政协五年总结工作的进展情况及下一步打算的汇报、市政协1997 年委员年中视察情况的汇报和市政协组团赴外省市学习考察情况的汇报。

八届二十九次常委会会议于 1997 年 8 月 13 日召开,市政协主席陈铁迪主持。市委常委、市委政法委副书记朱达人到会通报上海社会治安情况。会议审议通过《关于加快本市工业技术进步的若干建议》,决定作为常委会会议建议案报送市委、市政府。会议还听取提案委员会关于市政协八届五次会议以来提案工作情况的汇报。

八届三十次常委会会议(扩大)于 1997 年 9 月 26 日召开,市政协主席陈铁迪主持。会议传达中国共产党第十五次全国代表大会主要精神;听取市政协"社会保障"课题组《关于完善民间帮困救助工作的建议》调研情况介绍;审议通过《八届市政协工作总结报告》。在沪全国政协委员、市政协委员、区县政协和各民主党派市委负责人列席会议。

八届三十一次常委会会议于 1997 年 10 月 7 日召开,市政协主席陈铁迪主持。会议协商九届市政协党派界别比例、名额分配(草案)。

八届三十二次常委会会议于 1998 年 1 月 13 日召开,市政协主席陈铁迪主持。会议审议通过关于召开市政协九届一次会议的决定、会议出列席人员范围和邀请人员范围;审议通过市政协九届一次会议议程(草案)、日程(草案)、会议主席团组成办法(草案)、主席团建议名单(草案)、提案审查委员会委员建议名单(草案)、会议分组讨论编组办法(草案)、分组召集人名单(草案)、大会秘书长副秘书长和秘书处各组负责人名单(草案),同意将上述事项提交市政协九届一次会议预备会议审议;审议通过八届市政协常委会工作报告(草案)和提案工作报告(草案),同意将上述两份报告提交市政协九届一次会议审议。会议协商通过九届市政协委员名单。

第三节　主 席 会 议

八届一次主席会议于1993年3月5日召开。会议审议通过市政协1993年工作要点(草案),八届市政协专门委员会机构设置及主任、副主任名单(草案),八届市政协副秘书长人选(草案);讨论市政协《常委会议事规则(草案)》、《提案工作条例(修订草案)》,同意提请常委会会议审议。

八届二次主席会议于1993年4月13日召开。会议商定上海政协之友社换届事宜,听取市政协各专门委员会组建情况的汇报。

八届三次主席会议于1993年5月27日召开。会议传达全国政协八届二次常委会会议精神,审议通过《市政协领导约见委员制度》、《市政协领导参加会议、活动和接待工作的规定》;审议通过市政协经济委员会、区县政协联络委员会组成人员名单。

八届四次主席会议于1993年7月14日召开。会议通报市政协举办的3次委员学习会情况,审议通过《办好〈联合时报〉和加强市政协宣传工作的意见》;审议通过市政协部分专门委员会增补副主任、委员名单和政协之友社理事(港澳地区)人选建议名单。

八届五次主席会议于1993年8月9日召开。会议审议通过召开市政协八届三次常委会会议日程(草案)和议程(草案);审议通过《关于成立市政协〈上海政协志〉修志领导机构的意见(草案)》。

八届六次主席会议于1993年9月22日召开。会议审议通过《关于年底前市政协在反腐败斗争中加强民主监督的实施意见》,听取关于中秋联欢会准备工作的汇报、关于市政协组团出访计划安排的说明、关于政协之友社增补理事的说明。

八届九次主席会议于1993年12月30日召开。会议传达全国政协八届四次常委会会议精神,审议通过市政协评选八届一次会议优秀提案的获奖名单,协商增补八届市政协委员名单。

八届十二次主席会议于1994年3月14日举行。会议听取在沪全国政协委员赴京参加全国政协八届二次会议参政议政情况汇报,审议传达全国政协八届二次会议精神提纲;审议通过市政协1994年工作要点(草案)。

八届十三次主席会议于1994年4月13日召开。会议传达市委、市政府关于当前工作的部署,审议建立浦东新区政协工作联络处有关事宜(草案),审议通过市政协中心组学习计划。

八届十四次主席会议于1994年5月11日召开。会议听取"关于建立现代企业制度"调研计划汇报,通报市政协上半年工作情况。

八届十五次主席会议于1994年6月24日召开。会议听取参加全国政协工作研讨班情况汇报,审议通过增补部分专委会副主任名单、市政协艺术团组成人员名单。

八届十六次主席会议于1994年7月21日召开。会议听取"关于建立现代企业制度"、"动迁安置工作"2个专题调研组工作汇报和市政协文化俱乐部整修工程工作汇报。

八届十七次主席会议于1994年9月10日召开。会议听取华东六省一市政协工作交流会暨提案工作座谈会情况汇报、人民政协成立45周年纪念活动和宣传报道计划汇报;讨论通过组织市政协常委学习的内容和时间安排。

八届十八次主席会议(扩大)于1994年10月27日召开。会议审议通过市政协关于学习贯彻中共十四届四中全会精神的打算;听取全国政协提案工作会议精神传达、"动迁安置工作"专题调研组情况汇报、港澳委员回沪视察准备工作汇报。

八届十九次主席会议于 1994 年 11 月 23 日召开。会议审议通过市政协委员集中视察计划;讨论通过《房地产开发中动迁安置的若干建议(草案)》调研报告、赴京参加地方政协工作座谈会的发言稿;听取市政协经济界委员赴港澳地区考察情况汇报和市政协港澳地区委员在沪视察情况汇报。

八届二十三次主席会议于 1995 年 3 月 11 日召开。会议听取在沪全国政协委员赴京参加全国政协八届三次会议准备情况的汇报。

八届二十五次主席会议于 1995 年 4 月 21 日召开。会议听取办公厅关于起草《政协上海市委员会关于政治协商、民主监督、参政议政的规定》的思路和到全国政协、北京政协、江苏政协学习交流情况汇报;听取拟提请八届十五次常委会会议审议的相关文件的安排情况;审议《政协上海市委员会提案工作条例(送审稿)》;协商增补八届市政协委员名单(草案)。

八届二十六次主席会议于 1995 年 5 月 24 日召开。会议审议《政协上海市委员会常务委员会工作条例(草案)》、《政协上海市委员会专门委员会工作简则(草案)》、《政协上海市委员会关于建议案及办理程序的规定(草案)》;审议通过市政协举行抗日战争和世界反法西斯战争胜利 50 周年纪念活动安排。

八届二十七次主席会议于 1995 年 6 月 20 日召开。会议学习市委《通知》(沪委发〔1995〕168号);审议《政协上海市委员会常务委员会工作条例(修订草案)》、《政协上海市委员会提案工作条例(修订草案)》、《政协上海市委员会专门委员会工作简则(修订草案)》,同意将上述文件提交常委会会议审议。

八届二十八次主席会议于 1995 年 7 月 26 日召开。会议听取关于建立华夏经济促进会的情况汇报;听取"改善投资环境"和"提高市民素质"课题调研进展情况汇报。

八届二十九次主席会议于 1995 年 9 月 1 日召开。会议审议通过《政协上海市委员会会议制度》和《委员视察简则》,听取市政协 1995 年上半年提案工作情况汇报。

八届三十次主席会议于 1995 年 9 月 20 日召开。会议审议《市政协常委会关于改善上海外商投资环境若干问题的建议》,同意提交常委会会议审议。

八届三十一次主席会议(扩大)于 1995 年 10 月 12 日召开。会议传达全国政协八届十四次常委会会议精神、中共上海市委学习会主要精神;听取市政协组团赴贵州、新疆学习考察情况汇报(书面)。

八届三十二次主席会议于 1995 年 11 月 16 日召开。会议审议通过市政协委员集中视察工作计划;听取市政协参加华东六省一市政协工作交流会情况汇报、市政协八届四次会议前主要工作安排汇报;市政协各专门委员会 1996 年工作打算(书面)、市政协文化委员会赴黑龙江学习考察情况汇报(书面)。

八届三十四次主席会议于 1996 年 1 月 9 日召开。会议讨论市政府 1996 年实事项目并提出建议;根据常委会提出的修改意见,审定《关于进一步提高市民思想道德素质的几点建议》修改稿,作为常委会会议建议案报市委、市政府;听取市政协八届四次会议准备情况汇报,同意将有关事宜提请常委会会议审议。会议通报"关于改善投资环境建议案"反馈情况(书面);听取关于市政协 1995 年度委员视察情况汇报(书面)。

八届三十七次主席会议于 1996 年 3 月 12 日召开。会议审议通过市政协 1996 年工作要点(草案);讨论全国政协八届四次会议传达提纲和传达形式;审议市政协部分专门委员会主任调整增补名单(草案);审议通过部分专委会副主任调整增补名单和上海政协之友社增补副理事长建议名单。

八届三十八次主席会议于 1996 年 4 月 24 日召开。会议审议通过《一流城市要有一流教育》,同意作为主席会议建议案报市委、市政府;审议通过市政协 1996 年常委会会议建议案选题方案、市政协 1996 年委员年中视察方案;听取市、区政协提案委员会组团赴广东考察情况汇报(书面)。

八届三十九次主席会议于 1996 年 5 月 29 日召开。会议听取"增强流通领域功能,拓展国内市场"、"加强社区服务,拓展再就业渠道"课题组调研工作汇报;讨论通过关于举行孙中山诞辰 130 周年纪念活动安排;听取市、区政协组团赴云南学习考察情况汇报(书面)。

八届四十次主席会议于 1996 年 6 月 23 日召开。会议传达全国政协八届十七次常委会会议精神;通报市政协 1996 年委员第一次年中视察情况;审议通过《增强流通领域功能,拓展国内市场的建议》、《加强社区服务,拓展再就业渠道建议案》,同意作为市政协主席会议建议案报市委、市政府。

八届四十一次主席会议于 1996 年 7 月 23 日召开。会议讨论市政协 1996 年度下半年重点工作安排意见;听取召开"贯彻市委《通知》精神,推动政协工作经验交流会"会务准备工作情况汇报、召开"特邀监督员工作会议"会务准备工作情况汇报、关于社会主义精神文明建设专题研讨工作进度情况汇报。

八届四十二次主席会议于 1996 年 8 月 23 日召开。会议听取并讨论关于"1996 年上海各界人士中秋联欢晚会"筹备情况汇报、关于精神文明建设研讨情况汇报;听取关于市政协全体委员讨论市长徐匡迪关于市政府 1996 年上半年工作情况和下半年工作打算报告情况的汇报。

八届四十四次主席会议于 1996 年 10 月 24 日召开。会议讨论《关于进一步提高上海市城市文明程度的建议案(提纲)》。

八届四十五次主席会议于 1996 年 12 月 30 日召开。会议协商和审议关于召开市政协八届五次会议的有关事宜;听取 1996 年委员年终视察情况汇报;审议通过关于市政协八届四次会议以来优秀提案评选的决定;听取市政协组团赴广西、海南学习考察情况汇报(书面)。

八届五十次主席会议于 1997 年 4 月 16 日召开。会议审议"深化国有企业改革"、"可持续发展"、"进一步完善社会保障机制"3 个课题组调研工作计划、市八届政协总结经验的工作计划;审议通过市政协 1997 年工作要点、增补部分专委会副主任名单;通报市政协 1997 年主要工作实施计划。

八届五十一次主席会议于 1997 年 5 月 28 日召开。会议审议通过市政协 1997 年委员年中视察方案;听取"深化国有企业改革"、"可持续发展"2 个课题组调研进度的汇报;审议香港回归祖国系列庆祝活动安排(草案)。

八届五十二次主席会议于 1997 年 7 月 8 日召开。会议审议《关于我市实施可持续发展战略建议案(修改稿)》,同意提请常委会会议审议;听取"深化国有企业改革"调研组汇报、市政协 1997 年委员年中视察情况汇报、全国政协八届二十一次常委会会议精神传达;听取市政协组团赴外省市学习考察情况汇报(书面)。

八届五十三次主席会议于 1997 年 8 月 6 日召开。会议审议《加快本市工业技术进步的若干建议(草案)》,同意报请常委会会议审议;讨论通过中秋活动安排;听取提案委员会关于市政协八届五次会议以来提案工作情况汇报。

八届五十四次主席会议于 1997 年 9 月 4 日召开。会议审议《关于完善民间帮困救助工作的建议(草案)》,同意提交常委会会议审议;听取"关于总结政协工作经验的综合报告"汇报、中秋活动方案说明;听取市政协组团赴外省市学习考察情况汇报(书面)。

八届五十六次主席会议于 1997 年 12 月 1 日召开。会议传达全国政协召开的地方政协主席会议精神；审议通过市政协 1997 年委员年终视察安排、市政协 1997 年度优秀提案评选名单；讨论市政协常委会工作报告起草提纲；听取《前进中的上海政协》画册编辑情况汇报；听取市政协文史资料委员会、学习委员会联合组团赴山东学习考察情况汇报（书面）。

八届五十七次主席会议于 1997 年 12 月 30 日召开。会议传达中国共产党上海市第七次代表大会精神；审议召开市政协九届一次会议有关事宜；听取市政协"社会保障"课题组赴江西学习考察情况汇报（书面）。

第五章 第九届市政协会议

第九届市政协任期内共召开全体会议 5 次、常委会会议 33 次、主席会议 55 次。主席会议选录其中 37 次。

第一节 全 体 会 议

九届一次全体会议于 1998 年 2 月 10—16 日在上海展览中心中央大厅和市政协大楼举行。中共中央政治局委员、市委书记黄菊，全国政协副主席董寅初，市长徐匡迪等党政领导，老同志，市政协老领导出席开、闭幕会议。会议听取并审议八届市政协副主席王生洪作的八届市政协常委会工作报告和八届市政协副主席陈正兴关于八届市政协提案工作情况的报告。全体委员列席市十一届人大一次会议，听取并讨论市长徐匡迪作的市政府工作报告及关于上海市 1997 年国民经济和社会发展计划执行情况与 1998 年国民经济和社会发展计划（草案）的报告及其他专项报告。会议安排小组讨论、联组讨论和大会发言。联组讨论分为"加强上海的社会主义精神文明建设"、"加强科技促进经济发展和城市管理"、"加强反腐倡廉和维护社会稳定"、"加快建立面向新世纪的工业新高地"、"健全和完善社会保障体系"、"发展上海的教育卫生事业" 6 个专题，黄菊、徐匡迪等市党政领导分别参加讨论，听取意见建议。会议秘书处共收到大会发言稿 76 篇，21 名委员代表党派、团体或个人在大会上发言。会议举行现场咨询活动，市委、市政府相关部委办局负责人到会现场办理提案，接受委员咨询。会议选举九届市政协主席、副主席、秘书长、常务委员共 113 人，组成第九届市政协常委会。会议审议通过市政协九届一次会议决议和大会提案审查情况的报告，大会期间共收到提案 884 件。市委副书记、市政协主席王力平在闭幕会议上讲话。

九届二次全体会议于 1999 年 2 月 1—5 日在上海展览中心中央大厅和市政协大楼举行。中共中央政治局委员、市委书记黄菊，市长徐匡迪等党政领导，老同志，市政协老领导等出席开、闭幕会议。会议听取并审议副主席朱达人作的常委会工作报告和副主席陈正兴关于市政协九届一次会议以来提案工作情况的报告。全体委员列席市十一届人大二次会议，听取并讨论市长徐匡迪作的市政府工作报告及关于上海市 1998 年国民经济和社会发展计划执行情况与 1999 年国民经济和社会发展计划（草案）的报告及其他专项报告。会议安排小组讨论、联组讨论和大会发言。联组讨论分为"社会稳定、社会保障和城市管理"、"经济建设和科技事业发展"、"精神文明建设和教育文化卫生体育事业发展" 3 个专题，黄菊、徐匡迪等市党政领导分别参加讨论，听取意见建议。会议秘书处共收到大会发言稿 85 篇，36 名委员代表党派、团体或个人在大会上发言。会议选举增补部分常委会组成人员，审议通过市政协九届二次会议决议和大会提案审查情况的报告，大会期间共收到提案 874 件。市委副书记、市政协主席王力平在闭幕会议上讲话。

九届三次全体会议于 2000 年 2 月 14—18 日在上海展览中心中央大厅、市政协大楼和文新大厦举行。中共中央政治局委员、市委书记黄菊，市长徐匡迪等党政领导，老同志，市政协老领导出席开、闭幕会议。会议听取并审议副主席朱达人作的常委会工作报告和副主席陈正兴关于市政协九届二次会议以来提案工作情况的报告。全体委员列席市十一届人大三次会议，听取并讨论市长徐匡迪作的市政府工作报告、市计划委员会主任李良园关于上海市 1999 年国民经济和社会发展计划执行情况与 2000 年国民经济和社会发展计划(草案)的报告及其他专项报告。会议安排小组讨论、联组讨论和大会发言。联组讨论分为"精神文明建设和教育文化卫生体育事业的发展"、"经济建设和科技创新"、"城市建设管理和环境保护"、"维护社会稳定和完善社会保障事业"4 个专题,黄菊、徐匡迪等市党政领导分别参加讨论,听取意见建议。会议秘书处共收到大会发言稿 100 篇,18 名委员代表党派、团体或个人在大会上发言。会议选举增补部分常委会组成人员,审议通过市政协九届三次会议决议,提案委员会提交关于大会提案审查情况的书面报告,大会期间共收到提案 995 件。市委副书记、市政协主席王力平在闭幕会议上讲话。

九届四次全体会议于 2001 年 2 月 6—11 日在上海展览中心中央大厅和市委党校举行。中共中央政治局委员、市委书记黄菊,市长徐匡迪等党政领导,老同志,市政协老领导出席开、闭幕会议。会议听取并审议副主席朱达人作的常委会工作报告和副主席陈正兴关于市政协九届三次会议以来提案工作情况的报告。全体委员列席市十一届人大四次会议,听取并讨论市长徐匡迪关于上海市国民经济和社会发展第十个五年计划纲要(草案)的报告、市发展计划委员会主任李良园关于上海市 2000 年国民经济和社会发展计划执行情况与 2001 年国民经济和社会发展计划(草案)的报告、市人大常委会副主任漆世贵关于《上海市制定地方性法规条例(草案)》的说明及其他专项报告。会议安排小组讨论、联组讨论和大会发言。联组讨论分为"精神文明建设和教育发展"、"提高城市综合竞争力"、"科技进步,社会保障和社会稳定"、"城市建设和管理"4 个专题,黄菊、徐匡迪等市党政领导分别参加讨论,听取意见建议。会议秘书处共收到大会发言稿 107 篇,16 名委员代表党派、团体或个人在大会上发言。会议接受 2 位市政协副主席辞去副主席、委员职务,2 位常委辞去常委、委员职务。会议选举增补部分常委会组成人员,审议通过市政协九届四次会议决议,提案委员会提交关于大会提案审查情况的书面报告,大会期间共收到提案 1 034 件,市政协主席王力平在闭幕会议上讲话。

九届五次全体会议于 2002 年 2 月 21—26 日在上海展览中心中央大厅和市委党校举行。市人大常委会主任陈铁迪、市委副书记罗世谦及市党政领导,老同志,市政协老领导出席开、闭幕会议。会议听取并审议副主席朱达人作的常委会工作报告和副主席刘恒椽关于市政协九届四次会议以来提案工作情况的报告。全体委员列席市十一届人大五次会议,听取并讨论代市长作的市政府工作报告、市发展计划委员会主任李良园关于上海市 2001 年国民经济和社会发展计划执行情况与 2002 年国民经济和社会发展计划(草案)的报告及其他专项报告。会议安排小组讨论、专题讨论和大会发言。专题讨论分为"上海经济发展,城市建设和管理"、"精神文明建设和教科文卫体事业发展"、"社会稳定和社会保障"、"干部队伍建设和统战工作"4 个专题,龚学平、刘云耕、罗世谦等市党政领导分别参加讨论,听取意见建议。会议秘书处共收到大会发言稿 103 篇,18 名委员代表党派、团体或个人在大会上发言。会议选举增补部分常委会组成人员,审议通过市政协九届五次会议决议,提案委员会提交关于大会提案审查情况的书面报告,大会期间共收到提案 914 件,市政协主席王力平在闭幕会议上讲话。

第二节 常 委 会 会 议

九届一次常委会会议于 1998 年 3 月 27 日召开,市政协主席王力平主持,并就新一届政协主席分工情况、充分发挥常委会作用和加强专门委员会工作等讲话。会议审议通过市政协 1998 年工作要点、关于设置专门委员会的决定和各专门委员会主任名单,协商通过九届市政协副秘书长名单。

九届二次常委会会议(扩大)于1998年6月24日召开,市政协主席王力平主持。会议传达全国政协九届二次常委会会议和市委常委会会议有关精神,听取市政协1998年委员年中视察情况汇报,回顾市政协上半年工作情况。会议审议通过《政协上海市委员会关于政治协商、民主监督、参政议政的规定(修正案)》《政协上海市委员会常务委员会工作条例(修正案)》《政协上海市委员会提案工作条例(修正案)》《政协上海市委员会专门委员会工作条例(修正案)》;协商通过调整增补九届市政协委员名单。

九届三次常委会会议(扩大)于1998年8月31日召开,市政协主席王力平主持。会议审议通过《关于实现上海优美环境、优美秩序和优质服务的若干建议》和《关于促进本市传统产业高新技术改造的若干建议》,同意作为常委会会议建议案报送市委、市政府。会议通报市政协九届一次会议以来提案工作情况,听取关于"优化产业结构"、"调整所有制结构"、"转变经济活动组织形式、协调机制及增强快速反应能力"、"完善本市劳动力市场与人才市场"4个课题组调研情况的汇报。

九届四次常委会会议于1998年12月30日召开,市政协主席王力平主持。会议审议通过市政协九届二次会议议程(草案)、日程(草案),会议出列席范围及邀请范围,会议分组及召集人名单,大会秘书长、副秘书长和大会秘书处各组组长名单;审议通过九届市政协常委会工作报告(草案)和提案工作报告(草案),同意将两份报告提请市政协九届二次会议审议。会议协商通过增补九届市政协委员名单。

九届五次常委会会议于1999年2月3日在九届二次会议期间召开,市政协主席王力平主持。会议审议增补九届市政协常委候选人名单(草案),选举办法(草案),总监票人、监票人候选人名单(草案),同意将上述文件提请市政协九届二次会议委员小组讨论。

九届六次常委会会议于1999年2月4日在九届二次会议期间召开,市政协主席王力平主持。会议听取大会秘书处关于分组讨论情况的汇报、提案委员会关于提案审查情况的报告(草案);审议通过市政协九届二次会议决议(草案),增补九届市政协常委候选人名单以及选举办法(草案),总监票人、监票人建议名单(草案),同意将上述文件提请市政协九届二次会议审议通过和选举。

九届七次常委会会议(扩大)于1999年4月14日召开,市政协主席王力平主持。会议听取市委领导关于修编上海市城市总体规划问题的情况通报。办公厅在会上书面汇报市政协九届二次会议期间委员们对政协工作意见建议的办理情况。

九届八次常委会会议(扩大)于1999年7月14日召开,市政协主席王力平主持。会议传达市委七届四次会议和全国政协九届六次常委会会议精神,回顾总结市政协1999年上半年工作情况,提出下半年具体工作计划。副市长周慕尧在会上作关于上海教育改革和发展情况的报告。

九届九次常委会会议于1999年9月17日召开,市政协主席王力平主持。会议审议通过《关于构筑上海人才高地的若干建议》《关于正确理解国有经济控制力问题的若干建议》《关于上海多元化办学的若干建议》《为中小学实施素质教育营造良好外部环境的若干建议》4份调研报告,同意作为常委会会议建议案报送市委、市政府。会议要求有关部门对《关于"法轮功"事件的思考和建议》作进一步修改,并授权主席会议再行审定。

九届十次常委会会议于1999年12月29日召开,市政协主席王力平主持。会议审议通过关于举行市政协九届三次会议的决定、市政协九届三次会议议程(草案)、日程(草案);审议通过会议出列席范围及邀请范围、会议分组及召集人名单,会议秘书长、副秘书长名单和大会秘书处各组组长名单;审议通过市政协常委会工作报告(草案)和提案工作报告(草案),同意将上述两份报告提请市政协九届三次会议审议。会议审议通过《关于调整部分专门委员会机构和部分专门委员会主任、常务副主任人选的决定》,协商通过增补九届市政协委员名单。

九届十一次常委会会议于2000年1月31日召开,市政协主席王力平主持。会议传达市委七届六次会议精神,审议通过修正后的市政协九届三次会议议程(草案)、日程(草案),协商通过增补九届市政协委员名单。

九届十二次常委会会议于2000年2月16日在九届三次会议期间召开,市政协主席王力平主持。会议审议通过增补市政协副主席、常委候选人名单(草案),选举办法(草案)和总监票人、监票人名单(草案),同意将上述文件提请市政协九届三次分组会议审议。

九届十三次常委会会议于2000年2月17日在九届三次会议期间召开,市政协主席王力平主持。会议审议通过市政协九届三次会议决议(草案),选举办法(草案)和总监票人、监票人名单(草案),同意将上述文件提请市政协九届三次会议通过;审议通过增补九届市政协副主席、常委候选人名单,决定提交大会选举。

九届十四次常委会会议于2000年4月19日召开,市政协主席王力平主持。会议听取市委领导关于上海"十五"规划编制工作的专题报告。

九届十五次常委会会议于2000年7月13日召开,市政协主席王力平主持。会议通报市委常委会议听取市政协党组工作汇报后的有关意见;审议通过市政协2000年上半年工作情况和下半年主要工作安排;审议通过《对上海迎接"加入WTO"所取对策的若干建议》和《关于上海积极参与西部大开发的若干建议》,决定作为常委会会议建议案报送市委、市政府。会议传达全国政协九届十次常委会会议精神,通报市政协参与上海市"十五"规划编制工作情况和市政协2000年委员年中视察情况。会议协商通过增补九届市政协委员名单。

九届十六次常委会会议于2000年10月31日召开,市政协主席王力平主持。会议传达全国政协九届十一次常委会会议精神;审议通过《政协上海市委员会提案工作条例(修订稿)》;审议《关于推进上海市政协工作的若干意见》,同意在进一步听取常委意见后授权主席会议审定;会议协商通过调整增补九届市政协委员名单;审议通过增补九届市政协副秘书长名单。

九届十七次常委会会议于2001年1月15日召开,市政协主席王力平主持。会议传达市委七届八次会议精神,审议通过关于召开市政协九届四次会议的决定、市政协九届四次会议议程(草案)、日程(草案)和会议秘书长、副秘书长名单;审议通过市政协常委会工作报告(草案)和提案工作报告(草案),以及2001年工作要点(草案),同意将上述文件提请市政协九届四次会议审议。会议协商通过调整增补九届市政协委员名单。

九届十八次常委会会议于2001年2月9日在九届四次会议期间召开,市政协主席王力平主持。会议审议通过市政协九届四次会议决议(草案),关于接受市政协部分常委辞去常委职务请求的决议(草案),补选市政协常委候选人名单(草案)、选举办法(草案)及总监票人、监票人名单(草案),同意将上述文件及事项提请市政协九届四次会议分组会议审议。

九届十九次常委会会议于2001年2月10日在九届四次会议期间召开,市政协主席王力平主持。会议听取大会秘书处关于分组讨论情况的汇报;审议通过市政协九届四次会议决议(草案),关于接受部分副主席、常委辞去职务请求的决议,补选市政协常委会组成人员候选人名单,选举办法(草案)及总监票人、监票人名单(草案),同意将上述文件和事项提请九届四次会议审议和选举。

九届二十次常委会会议于2001年4月4日召开,市政协主席王力平主持。会议听取市委领导关于增强上海城市综合竞争力的情况通报,审议通过调整增补部分专门委员会主任名单。

九届二十一次常委会会议(扩大)于 2001 年 8 月 16 日、17 日、20 日召开,市政协主席王力平主持。会议听取中国社会科学院原副院长刘吉关于学习中共中央总书记江泽民"七一"重要讲话辅导报告和市政协学习"七一"讲话的安排;听取并讨论市长徐匡迪关于市政府上半年工作情况的报告;通报市委常委会会议听取市政协党组工作汇报后的指示、市政协 2001 年上半年工作情况和下半年工作打算以及市政协 2001 年委员年中视察情况;审议通过《关于上海实施"走出去"战略的若干建议》,同意作为常委会会议建议案报送市委、市政府。会议还传达了全国政协九届十四次常委会会议精神。

九届二十二次常委会会议于 2001 年 10 月 10 日召开,市政协主席王力平主持。会议传达江泽民总书记在中共十五届六中全会上的讲话和全国政协九届十五次常委会会议精神;审议通过《关于进一步转变上海政府职能的若干建议》,同意作为常委会会议建议案报送市委、市政府;审议通过《政协上海市委员会关于加强和改进提案工作的意见》。

九届二十三次常委会会议于 2001 年 12 月 12 日召开,市政协主席王力平主持。会议传达全国地方政协工作经验座谈会精神;审议通过《关于加强公务员道德建设的若干思考和建议》、《关于加强本市城镇社会救济工作的若干建议》,同意上述两份报告作为常委会会议建议案报送市委、市政府。

九届二十四次常委会会议于 2002 年 1 月 18 日召开,市政协主席王力平主持。会议传达市委常委会会议听取市政协党组工作汇报后的指示精神;审议通过关于召开市政协九届五次会议的决定、会议议程(草案)、日程(草案)和改进九届五次会议部分举行方式的意见;审议通过九届市政协常委会工作报告(草案)和提案工作报告(草案),同意提请市政协九届五次会议审议。会议协商通过增补九届市政协委员名单。

九届二十五次常委会会议于 2002 年 2 月 23 日在九届五次会议期间召开,市政协主席王力平主持。会议审议通过市政协九届五次会议决议(草案),增补市政协常委候选人名单(草案),选举办法(草案)及总监票人、监票人名单(草案),同意提交市政协九届五次会议分组会议审议。

九届二十六次常委会会议于 2002 年 2 月 25 日在九届五次会议期间召开,市政协主席王力平主持。会议听取大会秘书处关于分组讨论情况的汇报,审议通过增选市政协常委候选人名单、选举办法(草案),总监票人、监票人名单(草案),市政协九届五次会议决议(草案),同意提请市政协九届五次会议审议和选举。

九届二十七次常委会会议于 2002 年 4 月 28 日召开,市政协主席王力平主持。会议听取和讨论副市长严隽琪关于加入 WTO 后上海科技和知识产权情况的通报;听取"加强行业协会、中介机构建设"、"崇明岛的发展定位"课题组调研工作汇报和"长江三角洲区域经济互动发展"专题研讨会以及设立"委员接待日"等工作方案的汇报,会议协商通过增补九届市政协委员名单。

九届二十八次常委会会议(扩大)于 2002 年 5 月 29 日召开,市政协主席王力平主持。会议传达中共上海市第八次代表大会精神。

九届二十九次常委会会议(扩大)于 2002 年 8 月 14—16 日召开,市政协主席王力平主持。与会委员列席市十一届人大常委会第四十二次扩大会议,听取并分专题讨论市政府领导关于上海 2002 年上半年经济运行情况和下半年政府工作重点的报告、市人事局关于上海市开发人力资源情况的通报。会议传达全国政协九届十八次常委会会议精神,审议通过《市政协 2002 年上半年工作情况和下半年工作安排》、《市政协各专门委员会 2002 年上半年工作情况和下半年工作安排》、《市政协 2002 年委员年中视察工作总结》、《市政协优秀建议案评选办法》。会议审议通过部分市政协副秘书长任免名单。

九届三十次常委会会议于 2002 年 10 月 24 日召开,市政协主席王力平主持。会议审议通过《关于加强本市行业协会、中介机构的若干建议》、《关于崇明岛发展定位的若干建议》、《关于推动长江三角洲区域经济互动发展的若干建议》,同意作为常委会会议建议案报送市委、市政府。

九届三十一次常委会会议(扩大)于 2002 年 11 月 19 日召开,市政协主席王力平主持。会议传达中国共产党第十六次全国代表大会精神。

九届三十二次常委会会议于 2002 年 12 月 26 日召开,市政协主席王力平主持。会议听取关于 2003 年市政协换届工作若干问题的说明,审议通过关于召开市政协十届一次会议的决定。会议审议通过九届市政协常委会工作报告(草案)、九届市政协关于五年来提案工作情况报告(草案),同意将上述两个报告提请市政协十届一次会议审议。

九届三十三次常委会会议于 2003 年 1 月 24 日召开,市政协主席王力平主持。会议协商通过十届市政协委员名单,审议通过市政协十届一次会议议程(草案)、日程(草案),决定提交市政协十届一次会议预备会议审议。会议协商通过九届市政协常委会工作报告和提案工作报告报告人;审议通过市政协十届一次会议出席、列席及邀请范围。会议决定授权主席会议继续审议市政协九届三十三次常委会会议未尽事项。

第三节　主　席　会　议

九届一次主席会议于 1998 年 3 月 24 日召开。会议传达全国政协九届一次会议精神,审议通过九届市政协副主席分工、市政协 1998 年工作要点和市政协有关会议(活动)的若干规定;审议九届市政协专门委员会的设置和主任、副主任建议名单(草案),九届市政协副秘书长建议名单(草案)。

九届二次主席会议于 1998 年 4 月 29 日召开。会议听取市政协各专门委员会组建工作汇报,审议通过市政协 1998 年委员年中视察方案;审议市政协"邓小平人民政协理论学习研讨会"工作计划,以及关于"落实上海高新技术发展战略,促进科技与产业结合"、"进一步提高上海城市文明程度的若干建议"2 个课题组调研工作计划。

九届三次主席会议于 1998 年 5 月 29 日召开。会议传达市委常委会会议精神,听取对市委书记黄菊提出的几个课题的调研情况汇报,审议通过市政协专门委员会副主任增补名单。

九届四次主席会议于 1998 年 6 月 22 日召开。会议协商调整九届市政协委员名单(草案);审议《政协上海市委员会关于政治协商民主监督参政议政的规定(修正案草案)》、《政协上海市委员会提案工作条例(修正案草案)》、《政协上海市委员会专门委员会工作条例(修正案草案)》,同意提请常委会会议审议;听取市政协 1998 年委员年中视察情况汇报。

九届五次主席会议于 1998 年 7 月 22 日召开。会议通报市政协党组提出的《认真学习中共中央〈通知〉精神,进一步推进邓小平理论的学习和运用的意见》,讨论市政协主席王力平在"邓小平人民政协理论学习研讨会"上讲话提纲,审议通过关于在沪全国政协委员参加市政协有关会议和活动的意见。

九届六次主席会议于 1998 年 8 月 26 日召开。会议审议《关于提高城市文明程度的若干建议(草案)》、《关于促进本市传统产业高新技术改造的若干建议(草案)》,同意将上述两份报告提交常委会会议审议;审议通过《政协上海市委员会提案审查办法》、《政协上海市委员会重要提案产生办法》、《政协上海市委员会优秀提案产生办法》;审议通过增补部分专门委员会副主任名单;听取提案委员会关于市政协九届一次会议以来提案工作情况的汇报（书面）。

九届七次主席会议于1998年9月29日召开。会议听取"关于本市优化产业结构的若干建议"、"关于本市优化所有制结构的若干建议"、"关于本市转变组织协调机制，增强快速反应能力的思考和建议"、"关于本市完善劳动力市场与人才市场的若干思考和建议"4个调研课题组汇报；审议通过关于市政协领导定期下基层调查视察的意见、市政协中心学习会第四季度学习计划、市政协办公厅关于节约费用，制止浪费的意见；听取"上海市各界人士中秋联欢会"准备工作的汇报。

九届八次主席会议于1998年11月4日召开。会议传达全国政协九届三次常委会会议精神、市委常委会会议精神，审议通过市政协认真学习贯彻中共十五届三中全会精神的决定、市政协1998年委员年终视察安排和市政协领导11月视察活动安排。

九届十次主席会议于1999年1月20日召开。会议听取市政协组团赴外省市政协学习交流情况汇报、关于召开市政协九届二次会议组织工作的意见，审议通过市政协三年工作纲要和1999年重要会议、活动的安排，协商增补九届市政协常委候选人名单（草案）。

九届十三次主席会议于1999年3月24日召开。会议听取市政协九届二次会议期间委员们对政协工作意见建议的办理情况汇报、部分论坛和课题组调研工作方案的汇报，审议通过增补部分专门委员会副主任名单。

九届十四次主席会议于1999年5月12日召开。会议审议通过市政协1999年委员年中视察方案、召开市政协专门委员会工作会议方案和市政协提案工作会议方案。

九届十五次主席会议于1999年9月11日召开。会议审议《关于构筑上海人才高地的若干建议（草案）》、《关于上海多元化办学的若干建议（草案）》，同意将上述两份报告提请常委会会议审议；审议《关于国有经济控制力问题的若干建议（草案）》、《正确处理人民内部矛盾，维护社会稳定——关于"法轮功"事件引起的思考和我们的建议（草案）》、《关于完善上海城镇发展和建设的若干建议（草案）》；听取提案委员会关于市政协九届二次会议以来提案工作情况汇报（书面）。

九届十六次主席会议于1999年10月27日召开。会议审议《关于加快上海郊区城镇建设的若干建议（草案）》，同意将报告提请常委会会议审议；审议通过市政协1999年委员年终视察安排和市政协专门委员会机构调整意见（草案）；听取市政协"关于本市技术创新工作的若干建议"系列论坛安排情况汇报。

九届十八次主席会议于1999年12月22日召开。会议审议通过关于召开市政协九届三次会议的有关事宜，以及市政协部分专门委员会机构调整后主任、常务副主任人选的建议（草案），同意报请常委会会议审议。

九届二十二次主席会议于2000年4月28日召开。会议审议《关于上海参与西部大开发的若干建议（草案）》、《上海市政协提案工作条例（修订草案）》，同意报请常委会会议审议；审议通过《上海市政协优秀提案评选办法（修订稿）》。

九届二十三次主席会议于2000年5月31日召开。会议学习讨论中共中央总书记江泽民关于"三个代表"重要讲话精神，听取市政协2000年委员年中视察准备工作情况汇报、"WTO与上海"、"西部开发"、"编制上海'十五'规划的意见建议"专题调研情况汇报和市政协宣传工作座谈会筹备工作汇报。

九届二十四次主席会议于2000年6月28日召开。会议传达全国政协九届十次常委会会议精神、市委常委会会议听取市政协党组工作汇报后主要领导讲话精神，听取市政协各专门委员会工作汇报，审议通过增补部分专门委员会副主任名单。

九届二十五次主席会议于2000年7月26日召开。会议审议《上海迎接加入WTO所取对策的若干建议(草案)》、《关于上海积极参与西部大开发的若干建议(草案)》,同意将上述两份报告提请常委会会议审议;会议审议通过《关于撤销浦东新区政协工作联络处的请示》。

九届二十六次主席会议于2000年10月25日召开。会议协商调整九届市政协委员名单和增补九届市政协副秘书长名单,审议《关于推进上海市政协工作的若干意见(草案)》。

九届三十次主席会议于2001年3月21日召开。会议听取"上海实施'走出去'战略"、"社会主义道德建设的若干思考和建议"、"增强上海城市综合竞争力"3个课题组调研工作方案汇报,审议通过调整增补部分专门委员会主任名单(草案)和副主任人选名单。

九届三十一次主席会议于2001年4月25日召开。会议听取市政协提案委员会工作汇报、"上海实施'走出去'战略"课题组调研工作汇报,审议通过"现代化进程中的青少年道德教育论坛"工作方案和增补部分专门委员会副主任名单。

九届三十二次主席会议于2001年5月23日召开。会议审议通过市政协2001年委员年中视察方案、"上海实施'走出去'战略论坛"工作方案、市政协纪念中国共产党成立80周年活动方案,听取市政协人口资源环境建设委员会工作汇报。

九届三十三次主席会议于2001年6月18日召开。会议听取市政协民族和宗教委员会工作汇报、"上海实施'走出去'战略"课题组赴国外考察情况汇报、市政协组织区县政协主席赴广西学习考察情况汇报(书面)。

九届三十四次主席会议于2001年7月26日召开。会议传达全国政协九届十四次常委会会议精神,审议《关于上海有效实施"走出去"战略的若干思考和建议(草案)》,同意将报告提请常委会会议审议;审议通过市政协2001年上半年工作情况和下半年工作打算;听取市政协社会和法制委员会工作汇报、市政协学习"七一"讲话情况汇报和下阶段学习安排的意见;通报市政协2001年委员年中视察情况。

九届三十五次主席会议于2001年8月29日召开。会议审议《关于进一步转变上海政府职能的若干建议(草案)》,同意将报告提请常委会会议审议;听取市政协经济委员会工作汇报。

九届三十六次主席会议于2001年9月30日召开。会议座谈学习中共十五届六中全会精神;审议《政协上海市委员会加强和改进提案工作的意见(草案)》,同意提请常委会会议审议;审议同意市政协教科文卫体委员会增补委员名单(书面);听取市政协文史资料委员会工作汇报、辛亥革命90周年纪念大会准备工作汇报、上海市政协赴吉林学习考察团考察情况汇报(书面)。

九届三十七次主席会议于2001年10月24日召开。会议审议《关于加强公务员道德建设的若干思考和建议(草案)》,同意将报告提请常委会会议审议;审议通过市政协2001年委员年终视察方案;听取市政协教科文卫体委员会工作汇报、市政协人口资源环境建设委员会赴重庆、宜昌学习考察以及赴新疆学习考察情况汇报(书面)、市政协代表团赴澳大利亚、新西兰学习考察情况汇报(书面)。

九届三十八次主席会议于2001年11月28日召开。会议审议《关于加强本市社会救济工作的若干建议(草案)》,同意将报告提请常委会会议审议;审议通过《市政协关于加强民主监督的若干意见》、《市政协关于加强反映社情民意工作的若干意见》。会议听取港澳台侨委员会工作汇报、市政协社会和法制委员会赴陕西学习考察情况汇报(书面)、市政协学习指导组赴福建学习考察情况汇报(书面)。

九届三十九次主席会议于2002年1月4日召开。会议传达全国宗教工作会议精神;通报市委常委会会议听取市政协党组汇报后的指示;审议关于召开市政协九届五次会议的有关事宜、市政协九届五次会议改进部分举行方式的意见,决定提交常委会会议审议。会议听取2001年委员年终视察情况汇报(书面),市政协提案委员会赴广西、海南学习考察情况汇报(书面),市政协赴安徽学习考察情况汇报(书面)。

九届四十三次主席会议于2002年3月27日召开。会议审议通过"长江三角洲区域经济合作问题"、"关于加强上海行业协会、中介机构建设"、"关于崇明岛的发展定位"3个课题组调研方案,以及"上海人口与发展论坛"筹备方案;听取市政协赴江苏学习考察情况汇报(书面)。

九届四十四次主席会议于2002年4月26日召开。会议审议通过关于开展评选表彰优秀提案工作的意见、市政协开展委员接待日工作方案、增补市政协部分专门委员会副主任名单,协商增补九届市政协委员名单(草案),听取"加强上海行业协会、中介机构建设"、"崇明岛的发展定位"2个课题组调研工作汇报和"长江三角洲区域经济互动发展"专题研讨会筹备工作汇报。

九届四十五次主席会议于2002年5月30日召开。会议学习讨论中共上海市第八次代表大会会议精神,审议通过市政协2002年委员年中视察方案,以及增补经济委员会委员名单(书面)。

九届四十六次主席会议于2002年7月29日召开。会议传达全国政协九届十八次常委会会议精神(书面),审议通过市政协2002年上半年工作情况汇报及下半年工作安排计划和市政协优秀提案、建议案等评选办法;听取市政协2002年委员年中视察工作总结(书面),提案委员会、经济委员会、人口资源环境建设委员会、教科文卫体委员会、社会和法制委员会、民族和宗教委员会、文史资料委员会、港澳台侨委员会上半年工作情况及下半年工作安排汇报(书面),市政协学习考察团赴内蒙古、黑龙江学习考察情况汇报(书面),赴宁夏、青海学习考察情况汇报(书面)。

九届四十七次主席会议于2002年9月27日召开。会议审议《关于加强本市行业协会、中介机构建设的若干建议(草案)》《关于崇明岛发展定位的若干建议(草案)》,同意将上述两份报告提请常委会会议审议。会议审议同意港澳台侨委员会增补委员名单(书面);听取提案委员会、港澳台侨委员会五年工作总结,教科文卫体委员会赴贵州考察情况汇报(书面)、文史资料委员会赴新疆考察情况汇报(书面)。

九届四十八次主席会议于2002年10月11日召开。会议审议《关于推进长江三角洲区域经济互动发展的若干建议(草案)》,同意将报告提请常委会会议审议;审议通过第八届市政协优秀提案名单。会议听取社会和法制委员会、民族和宗教委员会、文史资料委员会五年工作总结,教科文卫体委员会赴新疆考察情况汇报(书面)、社会和法制委员会赴内蒙古考察情况汇报(书面)。

九届五十次主席会议于2002年11月27日召开。会议审议通过市政协2002年委员年终视察方案、九届市政协常委会五年工作总结(草案);听取关于市政协换届工作若干问题的说明,听取经济委员会、人口资源环境建设委员会、教科文卫体委员会五年工作总结;市政协赴北欧四国关于中介机构现状的考察情况汇报(书面)、港澳委员赴鄂滇考察情况汇报(书面)。

九届五十二次主席会议于2003年1月15日召开。会议协商十届市政协委员名单(草案),审议召开市政协十届一次会议有关事宜,听取2002年委员年终视察工作总结、九届市政协优秀大会发言评选情况汇报(书面)。

第六章　第十届市政协会议

第十届市政协任期内共召开全体会议 5 次、常委会会议 39 次、主席会议 86 次。主席会议选录其中 66 次。

第一节　全　体　会　议

十届一次全体会议于 2003 年 2 月 14—19 日在上海展览中心中央大厅和市委党校举行。全国政协副主席钱伟长等党政领导,老同志,市政协老领导出席开、闭幕会议。会议听取并审议九届市政协副主席宋仪侨作的第九届市政协常委会工作报告和九届市政协副主席谢丽娟关于第九届市政协提案工作情况的报告。全体委员列席市十二届人大一次会议,听取并讨论市政府工作报告、关于上海市 2002 年国民经济和社会发展计划执行情况与 2003 年国民经济和社会发展计划(草案)的报告及其他专项报告。会议安排分组讨论、专题讨论和大会发言。专题讨论分为"关于以塑造上海城市精神为重点的精神文明建设和实施'科教兴市'战略"、"关于执政党的建设和社会稳定工作"、"关于统战工作和干部廉政建设"、"关于增强上海城市综合竞争力和优化城市布局与功能"4 个专题,市党政领导韩正等分别参加讨论,听取意见建议。会议秘书处共收到大会发言稿 77 篇,17 名委员代表党派、团体、专委会或个人在大会上发言。会议选举十届市政协主席、副主席、秘书长、常务委员共 132 人,组成十届市政协常委会。会议审议通过市政协十届一次会议决议,市政协十届一次会议提案审查委员会书面报告大会提案审查情况,大会期间共收到提案 905 件。市政协主席蒋以任致闭幕辞。

十届二次全体会议于 2004 年 1 月 11—15 日在上海展览中心中央大厅和市委党校举行。市长韩正、市人大常委会主任龚学平等党政领导,老同志,市政协老领导出席开、闭幕会议。会议听取并审议主席蒋以任作的常委会工作报告和副主席王荣华关于市政协十届一次会议以来提案工作情况的报告。全体委员列席市十二届人大二次会议,听取并讨论市长韩正作的市政府工作报告、市发展和改革委员会主任蒋应时关于上海市 2003 年国民经济和社会发展计划执行情况与 2004 年国民经济和社会发展计划草案的报告及其他专项报告。会议安排小组讨论、专题会议和大会发言。专题会议分为"'科教兴市'主战略与上海新发展"、"经济发展与国企改革"、"社会治安与社会稳定"、"政治文明与精神文明建设"、"国际金融中心建设"、"利用外资与实施'走出去'战略"、"就业、再就业与社会保障"、"城市建设与管理"8 个专题,市党政领导韩正等分别参加专题会议,听取意见建议。会议秘书处共收到大会发言稿 59 篇,13 名委员代表党派、团体、专委会或个人在大会上发言。会议选举增补部分常委会组成人员,审议通过市政协十届二次会议决议,提案委员会提交关于大会提案审查情况的书面报告,大会期间共收到提案 946 件。市委副书记王安顺在闭幕会上讲话。

十届三次全体会议于 2005 年 1 月 16—21 日在上海展览中心中央大厅和市委党校举行。市长韩正、市人大常委会主任龚学平等党政领导,老同志,市政协老领导出席开、闭幕会议。会议听取并审议主席蒋以任作的常委会工作报告和副主席王荣华关于市政协十届二次会议以来提案工作情况的报告。全体委员列席市十二届人大三次会议，听取并讨论市长韩正作的政府工作报告、市发展和改革委员会主任蒋应时关于上海市 2004 年国民经济和社会发展计划执行情况与 2005 年国民经济和社会发展计划草案的报告及其他专项报告。会议安排小组讨论、专题会议和大会发言。专题会议分为"实施'科教兴市'主战略"、"经济发展与产业结构调整"、"城市建设与管理"、"政治文明建设与构建和谐社会"、"精神文明建设与文化事业发展"、"对外开放与世博会"、"就业、再就业与社会保障"7 个专题，市党政领导分别参加专题会议，听取意见建议。会议秘书处共收到大会发言稿 56 篇，14 名委员代表党派、团体、专委会或个人在大会上发言。会议审议通过市政协十届三次会议决议，提案委员会提交关于大会提案审查情况的书面报告，大会期间共收到提案 974 件。市委副书记王安顺在闭幕会议上讲话。

十届四次全体会议于 2006 年 1 月 13—19 日在上海展览中心中央大厅和市委党校举行。市长韩正、市人大常委会主任龚学平等党政领导，老同志，市政协老领导出席开、闭幕会议。会议听取并审议主席蒋以任作的常委会工作报告和副主席王荣华关于市政协十届三次会议以来提案工作情况的报告。全体委员列席市十二届人大四次会议，听取并讨论市长韩正作的关于上海市国民经济和社会发展第十一个五年规划纲要草案的报告及其他专项报告。会议安排小组讨论、专题会议和大会发言。专题会议分为"贯彻科学发展观与增强国际竞争力"、"关于'十一五'规划"、"社会保障与社会稳定"、"城市建设与管理"、"科教兴市主战略与科技创新"、"发展文化事业与培育城市精神"、"浦东综合配套改革和世博会"7 个专题，市党政领导韩正等分别参加专题会议，听取意见建议。会议秘书处共收到大会发言稿 57 篇，16 名委员代表党派、团体、界别、专委会或个人在大会上发言。会议举行现场咨询活动，市政府有关委办局和市高院、市检察院等负责人到会现场办理提案，接受委员咨询，与政协委员直接沟通交流。会议选举增补部分常委会组成人员，审议通过市政协十届四次会议决议，提案委员会提交关于大会提案审查情况的书面报告，大会期间共收到提案 1 025 件。市委副书记王安顺在闭幕会议上讲话。

十届五次全体会议于 2007 年 1 月 26 日—2 月 1 日在上海展览中心中央大厅和市委党校举行。市委代理书记、市长韩正，市人大常委会主任龚学平等党政领导，老同志，市政协老领导出席开、闭幕会议。会议听取并审议主席蒋以任作的常委会工作报告和副主席王荣华关于市政协十届四次会议以来提案工作情况的报告。全体委员列席市十二届人大五次会议，听取并讨论市长韩正作的政府工作报告和其他专项报告。会议安排小组讨论、专题会议和大会发言。专题会议分为"落实科学发展观，加快经济增长方式转变"、"构建社会主义和谐社会"、"城市建设与管理"、"文化和教育事业发展"、"科教兴市和自主创新"、"加快郊区农村经济社会发展"、"改革开放和浦东综合配套改革"7 个专题，市党政领导韩正、刘云耕等分别参加专题会议，听取意见建议。会议秘书处共收到大会发言稿 49 篇，14 名委员代表党派、团体、界别、专委会或个人在大会上发言。会议首次在大会期间安排 1 次界别会议，以界别为单位组织讨论市政协和市政府的报告。会议首次开展委员与市民网上交流活动，主席蒋以任等分别围绕"发挥政协优势，构建和谐社会"、"加强民主法制建设，构建和谐劳动关系"、"坚持公交公益性，降低市民出行成本"、"进一步加强食品卫生安全监管"4 个专题，利用 4 个中午与市民通过互联网进行交流。会议选举增补部分常委会组成人员，审议通过市政协十届五次会议决议，提案委员会提交关于大会提案审查情况的书面报告，大会期间共收到提案 985 件。市委副书记王安顺在闭幕会议上讲话。

第二节　常委会会议

十届一次常委会会议于 2003 年 2 月 26 日召开,市政协主席蒋以任主持。会议审议通过《政协上海市委员会常务委员会工作条例》、《上海市政协 2003 年工作要点》,确定本届市政协主席、副主席、秘书长侧重联系有关工作的安排;审议通过十届市政协专门委员会(指导组)设置和各专委会(指导组)主任名单。会议还通报了出席全国政协十届一次会议的有关准备情况。

十届二次常委会会议于 2003 年 4 月 11 日召开,市政协主席蒋以任主持。会议通报市政协十届一次会议闭幕以来重要工作情况、十届市政协特邀监督员推荐情况,讨论确定市政协重点调研课题方案,协商通过十届市政协副秘书长名单。

十届三次常委会会议于 2003 年 7 月 5 日召开,市政协主席蒋以任主持。会议传达市委八届三次全会精神和市委主要领导到市政协调研时的讲话精神;通报市政协上半年工作情况,部署市政协下半年工作任务。会议审议通过《政协上海市委员会专门委员会工作条例》;审议通过《关于世博会与长江三角洲经济共同发展的若干建议》,同意作为常委会会议建议案报送市委、市政府。会议还通报了市政协 2003 年委员年中视察主要情况和第二批市政协特邀监督员推荐情况。

十届四次常委会会议于 2003 年 8 月 18—19 日召开,市政协主席蒋以任主持。会议听取中共中央文献研究室常务副主任冷溶关于"认真学习胡锦涛同志'七一'讲话精神,兴起学习贯彻'三个代表'重要思想新高潮"的辅导报告,并就贯彻"三个代表"重要思想,进一步发挥市政协常委会作用进行讨论。会议传达全国政协主席贾庆林在全国政协十届二次常委会会议闭幕会上的讲话,审议通过《关于进一步发挥上海市政协常务委员会作用的若干意见》,决定增设市政协对外友好委员会并通过主任人选名单。

十届五次常委会会议于 2003 年 10 月 22 日召开,市政协主席蒋以任主持。会议传达全国政协十届三次常委会会议精神,对市政协学习贯彻中共十六届三中全会精神作出部署。会议审议通过《政协上海市委员会关于进一步加强提案工作的意见》;审议通过《关于上海郊区规划布局与发展战略的若干建议》、《促进科技、教育、经济互动,形成"科教兴市"合力》调研报告,同意将上述两份报告作为常委会会议建议案报送市委、市政府。

十届六次常委会会议于 2003 年 12 月 22 日召开,市政协主席蒋以任主持。会议传达学习市委八届四次全会精神,审议通过关于召开市政协十届二次会议的决定。会议审议通过市政协十届二次会议议程(草案)、日程(草案)和大会秘书长、副秘书长名单,决定提请市政协十届二次会议预备会议审议。会议审议通过常委会工作报告(草案)和提案工作报告(草案),同意将两个报告提请十届二次会议审议。会议审议通过《关于加强城市软环境建设,培育和塑造城市精神的若干建议》,同意作为常委会会议建议案报送市委、市政府。会议协商通过调整增补市政协委员名单。

十届七次常委会会议于 2004 年 1 月 10 日召开,市政协主席蒋以任主持。会议审议通过补选市政协常委会组成人员候选人名单(草案)、选举办法(草案)及总监票人、监票人名单(草案),并决定将上述事项提请市政协十届二次会议分组会议讨论。会议协商通过调整增补市政协委员名单,同意个别市政协委员辞去委员职务。

十届八次常委会会议于 2004 年 1 月 14 日在十届二次会议期间召开,市政协主席蒋以任主持。会议听取大会秘书处关于分组讨论情况的汇报,审议通过补选市政协常务委员会组成人员候选人名单,决定提请市全体会议选举;审议通过选举办法(草案)和总监票人、监票人名单(草案)、市政协十届二次会议决议(草案),决定将上述文件提请全体会议审议通过。

十届九次常委会会议(扩大)于2004年3月19日召开,市政协主席蒋以任主持。会议传达全国政协十届二次会议精神,通报2004年市政协专题调研工作安排。

十届十次常委会会议于2004年5月26日召开,市政协主席蒋以任主持。市委副书记殷一璀到会通报上海文化事业发展和改革情况。会议审议通过《政协上海市委员会关于学习贯彻〈中国人民政治协商会议章程〉的意见》、《政协上海市委员会关于进一步加强反映社情民意工作的试行意见》。会议通报2004年市政协重点调研课题进展情况,主席、副主席促进办理十届二次会议部分重点提案情况和市政协领导与委员网上交流情况。

十届十一次常委会会议于2004年7月21日召开,市政协主席蒋以任主持。会议传达市委常委会在听取市政协2004年上半年工作情况和下半年工作安排后,市委主要领导的讲话精神。副市长周禹鹏到会作关于全市当前经济形势报告并听取意见建议。会议审议通过《关于上海加快建设资源节约型城市的思考和建议》,同意作为常委会会议建议案报送市委、市政府。会议协商通过增补十届市政协副秘书长名单。

十届十二次常委会会议于2004年9月29日召开,市政协主席蒋以任主持。会议学习中共十六届四中全会精神和胡锦涛总书记在庆祝人民政协成立55周年大会上的重要讲话精神。市委副书记罗世谦到会通报全市党风廉政建设和统一战线工作情况。会议审议通过《关于城市化进程中落实本市离土农民社会保障的若干建议》、《关于促进上海公共交通发展的若干建议》,同意分别作为常委会会议建议案报送市委、市政府。

十届十三次常委会会议于2004年11月24日召开,市政协主席蒋以任主持。市委副书记王安顺到会通报全市党建工作情况。会议审议《关于推进上海市高等教育综合改革试验的若干建议》,并决定会后修改后再次提请常委会会议审议。

十届十四次常委会会议于2004年12月22日召开,市政协主席蒋以任主持。会议传达市委八届六次全会精神,审议通过关于召开市政协十届三次会议的决定。会议审议通过市政协十届三次会议议程(草案)、日程(草案)以及大会秘书长、副秘书长名单,决定将上述文件提请市政协十届三次会议预备会议审议通过。会议审议通过常委会工作报告(草案)和提案工作报告(草案),决定将上述报告提请市政协十届三次会议审议。会议审议通过《关于推进上海市高等教育体制机制和投资三位一体联动改革的若干建议》,同意作为常委会会议建议案报送市委、市政府。

十届十五次常委会会议于2005年1月20日在十届三次会议期间召开,市政协主席蒋以任主持。会议听取大会秘书处关于分组讨论情况的汇报;审议通过市政协十届三次会议决议(草案),决定提请市政协十届三次会议审议通过。

十届十六次常委会会议于2005年3月23日召开,市政协主席蒋以任主持。会议传达全国政协十届三次会议精神、胡锦涛总书记在"两会"党员负责人会议上的讲话精神和黄菊副总理在上海代表团全团会议上的讲话精神。市委副书记刘云耕到会通报全市社会稳定工作情况。会议审议通过《关于融入长三角,加快上海现代化服务业发展的若干建议》,同意作为市政协常委会会议建议案报送市委、市政府。会议协商通过调整增补十届市政协委员名单,同意免去部分十届市政协副秘书长职务。

十届十七次常委会会议于2005年5月18日召开,市政协主席蒋以任主持。会议审议通过《关于适应老龄化社会趋势,促进本市养老事业发展的若干建议》,同意作为常委会会议建议案报市委、市政府;审议通过《政协上海市委员会全体会议工作规则》、《政协上海市委员会常务委员会工作规则(修订稿)》;审议《政协上海市委员会提案工作条例(修订草案)》,决定会后修改后,再次提请常委会会议审议。

十届十八次常委会会议于2005年7月16日召开,市政协主席蒋以任主持。会议传达全国政协十届十次常委会会议精神,市委副书记王安顺到会通报《中共上海市委关于深入贯彻〈中共中央关于加强党的执政能力建设的决定〉的意见》的相关情况。

十届十九次常委会会议于2005年7月29日召开,市政协主席蒋以任主持。市长韩正到会通报全市加快转变经济增长方式的情况。会议审议通过《政协上海市委员会提案工作条例(修订稿)》。

十届二十次常委会会议于2005年9月28日召开,市政协主席蒋以任主持。市委副书记殷一璀到会通报全市实施"科教兴市"主战略和上海社会事业发展情况。会议审议通过《关于市政协学习指导组更名的请示》、《政协上海市委员会专门委员会工作条例(修订稿)》;审议通过《关于进一步完善本市城镇"低保"制度的若干建议》,同意作为常委会会议建议案报市委、市政府。

十届二十一次常委会会议于2005年11月23日召开,市政协主席蒋以任主持。市委副书记罗世谦到会通报全市统战与对台工作情况。会议审议通过《关于舞台艺术精品创作生产的若干建议和对策》,同意作为常委会会议建议案报市委、市政府。会议还听取市政协专项视察组关于对全市食品安全监督工作专项视察的情况通报。

十届二十二次常委会会议于2005年12月28日召开,市政协主席蒋以任主持。会议审议通过关于召开政协十届四次会议的决定;审议通过市政协十届四次会议议程(草案)、日程(草案)以及大会秘书长、副秘书长建议名单,决定将上述文件提请市政协十届四次会议预备会议审议通过。会议审议通过常委会工作报告(送审稿)和提案工作报告(送审稿),同意将上述报告提请市政协十届四次会议审议。会议协商通过调整增补市政协委员名单。

十届二十三次常委会会议于2006年1月13日在十届四次会议期间召开,市政协主席蒋以任主持会议。会议审议通过补选十届市政协常委会部分组成人员候选人名单(草案),市政协十届四次会议选举办法(草案)和总监票人、监票人名单(草案),决定将上述文件提请十届四次会议分组会议讨论。

十届二十四次常委会会议于2006年1月18日在十届四次会议期间召开,市政协主席蒋以任主持。会议听取大会秘书处关于分组讨论情况的汇报,审议通过补选政协上海市第十届委员会常务委员会组成人员候选人名单,选举办法(草案)和总监票人、监票人名单(草案),市政协十届四次会议决议(草案),同意将上述文件和事项提请市政协十届四次会议审议和选举。

十届二十五次常委会会议于2006年3月22日召开,市政协主席蒋以任主持。市委副书记刘云耕到会通报上海平安建设工作情况。会议审议通过十届市政协部分专门委员会主任任免名单;审议通过《关于提升中国2010年上海世博会文化内涵的若干建议》,同意作为常委会会议建议案报市委、市政府。

十届二十六次常委会会议于2006年5月31日召开,市政协主席蒋以任主持。市委副书记殷一璀到会作关于上海深化文化体制改革工作情况的通报并听取常委的意见。会议审议通过《关于上海市能源发展形势分析和若干建议》,同意作为常委会会议建议案报市委、市政府;审议《关于本市郊区新农村建设若干问题的建议》,决定会后修改后,请主席会议再次审议,并作为主席会议建议案报市委、市政府。

十届二十七次常委会会议于2006年7月19日召开,市政协主席蒋以任主持。市长韩正到会通报上海上半年经济社会发展的情况及下半年经济工作的总体设想,并听取常委的意见建议。

十届二十八次常委会会议于2006年9月27日召开,市政协主席蒋以任主持并通报当前有关形势;市委副书记罗世谦到会通报上海对台工作情况,市政府办公厅副主任王伟到会通报上海举办特奥会筹备工作情况。会议审议通过《关于完善本市社会救助机制,促进和谐社会建设的若干建议》,同意作为常委会会议建议案报市委、市政府。会议还听取市政协关于十届四次会议以来提案办理情况的汇报、关于全市公共交通工作情况专项视察的汇报、关于全市中心城区社区卫生服务中心工作情况专项视察的汇报,以及市政协委员视察情况的汇报。

十届二十九次常委会会议于2006年11月29日召开,市政协主席蒋以任主持。市委副书记王安顺到会通报关于进一步加强党的建设,推进民间组织发展和管理工作的情况。会议审议通过《关于进一步加强上海社区平安建设的若干建议》,同意作为常委会会议建议案报市委、市政府。会议还听取关于全市小城镇社会保险和农村养老保险工作专项视察情况的汇报。

十届三十次常委会会议于2007年1月10日召开,市政协主席蒋以任主持。会议审议通过关于召开市政协十届五次会议的决定;审议通过市政协十届五次会议议程(草案)、日程(草案)以及大会秘书长、副秘书长建议名单,决定将上述文件提请市政协十届五次会议预备会议审议。会议审议通过常委会工作报告(送审稿)和提案工作报告(送审稿),同意将上述报告提请市政协十届五次会议审议。会议协商通过调整增补十届市政协委员名单;审议通过撤销2名十届市政协委员的委员资格。会议还听取关于市政协2006年委员年终视察情况的汇报(书面)。

十届三十一次常委会会议于2007年1月26日在十届五次会议期间召开,市政协主席蒋以任主持。会议审议通过选举市政协十届常务委员会部分组成人员候选人名单(草案)、选举办法(草案)和总监票人、监票人名单(草案),决定将上述文件提请市政协十届五次会议分组会议讨论。

十届三十二次常委会会议于2007年1月31日在十届五次会议期间召开,主席蒋以任主持。会议听取大会秘书处关于分组讨论情况的汇报,审议通过选举十届市政协常委会部分组成人员候选人名单,选举办法(草案),总监票人、监票人名单(草案),市政协十届五次会议决议(草案),同意将上述文件和事项提请交市政协十届五次会议审议和选举。

十届三十三次常委会会议于2007年3月21日召开,市政协主席蒋以任主持。上午举行常委(扩大)会议,全体市政协委员列席。会议传达胡锦涛总书记在全国"两会"党员负责人会议上的讲话精神,吴邦国委员长、黄菊副总理在上海代表团全团会议上的讲话精神,以及全国政协十届五次会议精神。下午,市委副书记刘云耕到会通报全市社会救助工作的有关情况,并听取常委专题建言。会议审议通过《关于进一步保障来沪务工人员有关权益的若干建议》,同意作为常委会会议建议案报市委、市政府。

十届三十四次常委会会议于2007年5月30日召开,市政协主席蒋以任主持。会议传达市第九次党代会精神,市委常委、宣传部部长王仲伟到会通报全市文化建设情况。会议审议通过《关于在长江流域经济合作发展中加快长江三角洲区域经济一体化建设的建议》,同意作为常委会会议建议案报市委、市政府。会议协商通过增补十届市政协副秘书长名单,审议通过撤销1名十届市政协委员的委员资格。

十届三十五次常委会会议于2007年7月31召开,市政协主席蒋以任主持。市委副书记、市长韩正到会通报市政府上半年工作情况。会议审议通过《关于积极发展本市服务外包的若干建议》,同意作为常委会会议建议案报市委、市政府。会议听取"本市公共交通卡经营问题"、"本市新增机动车额度拍卖资金使用情况"、"加强本市郊区有线电视'户户通'工程、公共文化设施重点下移及从业人员队伍建设"、"推进廉租房制度建设"4个专题工作视察情况的汇报。

十届三十六次常委会会议于2007年9月26日召开,市政协主席蒋以任主持。市委常委、市纪委书记沈德咏到会通报全市纪检工作情况。会议审议通过《关于推进本市青年就业工作的若干建议》,同意作为常委会会议建议案报市委、市政府;审议通过《政协上海市委员会提案工作条例(修订稿)》。会议还听取关于市政协十届五次会议以来提案办理情况的汇报。

十届三十七次常委会会议于2007年11月28日召开,市政协主席蒋以任主持。会议审议通过《关于探索上海新农村建设形态模式的调研报告》《关于推进崇明发展的若干建议》,同意分别作为常委会会议建议案报市委、市政府。会议还听取"关于市经委落实节能降耗指标工作情况"、"关于市教委等政府部门提案办理情况"和"关于本市社会救助工作情况"3个专题工作视察情况的汇报(书面)。

十届三十八次常委会会议于2007年12月26日召开,市政协主席蒋以任主持。会议审议通过关于召开政协上海市第十一届委员会第一次会议的决定;市政协十一届一次会议列席范围及开、闭幕会议邀请范围,协商通过十一届市政协委员名单。会议审议通过市政协十一届一次会议议程(草案)、日程(草案),同意提请市政协十一届一次会议主席团审议。会议审议通过十届市政协常委会工作报告(送审稿)、十届市政协提案工作情况的报告(送审稿),同意将上述报告提交市政协十一届一次会议审议,并确定常委会工作报告和提案工作报告的报告人。会议还审议通过撤销1名十届市政协委员的委员资格,听取关于十届市政协委员视察工作总结的汇报(书面)。

十届三十九次常委会会议于2008年1月8日召开,市政协主席蒋以任主持。会议协商通过增补市十一届政协委员名单,审议通过撤销1名十届市政协委员的委员资格。会议授权主席会议审议十届三十九次常委会会议未尽事宜。

第三节　主　席　会　议

十届一次主席会议于2003年2月24日召开,会议讨论做好十届市政协工作的有关问题,审议《上海市政协2003年工作要点(草案)》、《政协上海市委员会常务委员会工作条例(草案)》、《十届市政协各专门委员会主任、副主任和指导组组长、副组长名单(草案)》。

十届二次主席会议于2003年3月26日召开。会议通报市政协十届一次会议闭幕以来有关重要工作情况,听取各专门委员会工作计划、4个重点课题调研方案的汇报。

十届三次主席会议于2003年4月4日召开。会议审议通过十届市政协副秘书长建议人选名单,决定提请市政协十届二次常委会会议审议通过。

十届四次主席会议于2003年4月28日召开。会议学习《中共上海市委办公厅、上海市人民政府办公厅关于贯彻落实中办、国办(关于切实加强领导,进一步做好非典型肺炎防治工作的通知)的通知》精神并部署有关工作。会议审议通过《关于进一步改进和加强市政协宣传工作的意见》;审议《政协上海市委员会专门委员会工作条例(修订草案)》。会议还通报其他有关情况。

十届五次主席会议于2003年5月14日召开,会议听取"关于本市深化党政机构改革的意见"的通报,学习讨论中共上海市委主要领导到市政协调研座谈时的讲话精神。会议审议通过市政协2003年委员年中视察方案和市政协关于开设"委员接待日"的工作方案。会议还通报市政协各专门委员会、指导组特聘委员(组员)名单。

十届六次主席会议于2003年6月18日召开。会议学习《中共中央关于学习〈"三个代表"重要思想学习纲要〉的通知》精神,传达市委主要领导在市委常委会上的讲话精神。会议审议通过《关于上海加强孵化器建设和促进科技成果转化为现实生产力的若干建议》,同意作为主席会议建议案报市委、市政府。会议还通报其他有关情况。

十届七次主席会议于2003年6月27日召开。会议审议《关于世博会与长江三角洲经济共同发展的若干建议(草案)》,同意提请常委会会议审议。会议还通报第二批特邀监督员推荐情况和市政协主席、副主席促办部分重点提案的实施方案。

十届八次主席会议于2003年8月15日召开。会议学习传达中共中央纪律检查委员会《关于党员干部严格遵守党的政治纪律,不准听信、传播政治谣言的通知》、中共中央宣传部《关于加强政治把关严肃宣传纪律确保正确舆论导向的通知》。会议审议通过市政协"三个代表"重要思想学习会暨十届四次常委会会议议程;审议《关于进一步发挥上海市政协常务委员会作用的若干意见(讨论稿)》、《政协上海市委员会专门委员会工作条例(修订草案)》、《关于增设市政协对外友好委员会的决定(草案)》、《市政协对外友好委员会主任人选(草案)》,并决定将上述文件提交常委会会议审议。

十届九次主席会议于2003年9月5日召开。会议传达学习温家宝总理在上海考察时的讲话精神,传达全国政协章程修改工作座谈会的主要精神,听取当前上海宗教工作的有关情况介绍。会议审议通过关于成立上海市人民政协理论与实践研究咨询组的建议及咨询组成员名单。会议还审议《关于上海郊区规划布局与发展战略的若干建议(草案)》,听取关于召开上海市各界人士中秋联欢晚会有关情况的汇报。

十届十次主席会议于2003年9月19日召开。会议传达市委常委会会议精神,审议《关于上海郊区规划布局与发展战略的若干建议(草案)》、《政协上海市委员会关于进一步加强提案工作的意见(草案)》,同意提请常委会会议审议。会议审议通过《政协上海市委员会提案审查工作实施细则》和关于开展政协工作调研的方案,并决定于同年11月召开政协工作调研成果交流会。

十届十一次主席会议于2003年10月16日召开。会议学习传达中共十六届三中全会和市委常委扩大会议精神,并就学习贯彻中共十六届三中全会精神作出部署。会议审议《促进科技、教育、经济互动,形成"科教兴市"合力(草案)》,同意提请常委会会议审议。会议审议通过《政协上海市委员会关于积极开展对外友好工作的若干意见》。会议讨论《推动"人人运动"计划实施,提高上海市民健康素质的调研报告》、《关于上海市高校在校少数民族学生情况的调研报告》,同意分别以市政协专委会调研课题报告形式报送市政府。

十届十二次主席会议于2003年10月24日召开。会议讨论《关于上海新一轮发展中的产业政策》、《关于本市郊区卫生工作情况的调研报告》,同意分别以市政协专委会调研课题报告形式报送市政府。

十届十四次主席会议于2003年11月21日召开。会议审议《关于加强城市软环境建设,培育和塑造城市精神的若干建议(草案)》,同意提交常委会会议审议。会议审议通过《关于积极调控本市商务成本的若干建议》,同意作为主席会议建议案报送市委、市政府。会议审议通过市政协2003年委员年终视察方案,酝酿提出2004年度市政协调研选题,并要求将调研选题征求全体委员意见。

十届十六次主席会议于2003年12月27日召开。会议审议市政协2004年工作要点(草案)和市政协2004年调研参考题目,同意将市政协2004年工作要点(草案)提交市政协十届二次会议讨论。会议同意将市政协讨论《中国人民政治协商会议章程(修正案)征求意见稿》的修改建议报送全国政协。会议听取2003年市政协委员年终视察情况的汇报,通报市政协十届二次会议的筹备情况,通报全国宣传工作会议、全国政法工作会议、全国人才工作会议的有关精神。

十届十九次主席会议于 2004 年 2 月 5 日召开。会议听取市政协十届二次会议情况汇报,讨论确定 2004 年调研课题。会议听取提案委员会关于市政协十届二次会议提案工作情况汇报,决定十届市政协主席、副主席每人每年促办 1—2 件重点提案。

十届二十次主席会议于 2004 年 2 月 20 日召开。会议审议通过市政协专题议政会实施办法、市政协经常性视察实施办法。会议听取在沪全国政协委员赴京出席全国政协十届二次会议工作方案汇报,并通报赴京前的有关工作安排。

十届二十二次主席会议于 2004 年 4 月 19 日召开。会议审议通过《关于对本市流动人口管理若干问题的建议》,决定作为主席会议建议案报送市委、市政府;审议通过《政协上海市委员会关于主席、副主席促进办理重点提案实施办法(试行)》《关于主席、副主席促进办理市政协十届二次会议部分重点提案的建议》和市政协 2004 年 3—10 月委员视察安排。会议审议《政协上海市委员会关于进一步加强反映社情民意工作的试行意见(草案)》,同意提交常委会会议审议。

十届二十三次主席会议于 2004 年 5 月 11 日召开。会议审议《政协上海市委员会关于学习贯彻〈中国人民政治协商会议章程〉的意见(送审稿)》,同意提交常委会会议审议;审议通过《关于当前上海开展资源节约型城市建设的六点建议》,同意作为主席会议建议案报送市委、市政府。会议审议通过《市政协领导与委员网上交流暂行办法》,听取关于市政协常委会重点调研课题进展情况和全国政协来沪视察团有关情况的汇报。

十届二十四次主席会议于 2004 年 6 月 11 日召开。会议学习讨论市委关于学习贯彻《中国人民政治协商会议章程》座谈会精神,听取提案委员会关于市政协十届二次会议提案办理情况的汇报,决定将提案办理情况在常委会会议上通报。会议审议通过《关于上海儿童文化建设的若干建议》,同意作为主席会议建议案报送市委、市政府。

十届二十五次主席会议于 2004 年 7 月 1 日召开。会议传达市委八届五次全会精神,就部分市政协委员、专家对《崇明岛域总体规划》的意见建议开展讨论,并要求形成参阅材料报送市委、市政府参考。

十届二十六次主席会议于 2004 年 7 月 16 日召开。会议传达市委常委会会议有关精神,审议《关于上海加快建设资源节约型城市的思考和建议(草案)》,同意提交常委会会议审议。会议审议通过《上海市中小学生午餐现状调研及对策思考》,决定报送市政府及有关部门参考。会议还审议通过关于庆祝人民政协成立 55 周年有关活动安排方案和关于评选市政协十届一次、二次会议优秀提案的工作方案。

十届二十七次主席会议于 2004 年 8 月 16 日召开。会议学习传达胡锦涛在上海考察工作时的重要讲话精神,审议《关于城市化进程中落实本市离土农民社会保障的若干建议(草案)》,同意提交常委会会议审议。会议审议通过关于对市工商行政管理局开展视察评议的实施方案,听取关于平时视察工作的情况汇报。

十届二十八次主席会议于 2004 年 8 月 27 日召开。市信息化委员会主任范希平到会通报全市社会诚信体系建设情况。会议审议通过《关于加强上海市中心城区人口规模调控的若干建议》,同意作为主席会议建议案报送市委、市政府;审议通过增补部分专门委员会副主任名单。

十届二十九次主席会议于 2004 年 9 月 15 日召开。会议审议《关于促进上海公共交通发展的若干建议(草案)》,同意提请市政协常委会会议审议;审议通过《关于促进本市科技型小企业发展的若干建议》,同意作为主席会议建议案报送市委、市政府;审议通过 2004 年 9 月至 2005 年春节前后市政协主要工作安排。

十届三十次主席会议于 2004 年 9 月 27 日召开。会议学习传达中共十六届四中全会精神和胡锦涛在庆祝中国人民政治协商会议成立 55 周年大会上的重要讲话精神。

十届三十一次主席会议于 2004 年 10 月 22 日召开。会议审议《关于推进上海市高等教育综合改革试验的若干建议(草案)》,同意提请常委会会议审议;审议通过《关于上海改善外籍人士生活工作环境的若干建议》,同意作为主席会议建议案报送市委、市政府;审议通过市政协 2004 年终委员视察方案。

十届三十二次主席会议于 2004 年 11 月 12 日召开。会议审议通过《关于本市公共卫生体系建设的若干建议》《关于上海竞技体育后备人才队伍建设的若干建议》,同意分别作为主席会议建议案报送市委、市政府;审议通过市政协十届一次、二次会议优秀提案评选获奖名单。

十届三十三次主席会议于 2004 年 11 月 26 日召开。会议审议通过《关于应对自然灾害对上海城市公共安全影响的若干建议》《关于在沪台资企业发展的若干建议》,同意作为主席会议建议案报送市委、市政府。

十届三十七次主席会议于 2005 年 2 月 18 日召开。会议审议《关于融入长三角,加快上海现代服务业发展的若干建议(草案)》,同意提请常委会会议审议;审议通过市政协 2005 年调研题目和增补部分专委会副主任名单、办公厅主任的任免建议。会议还听取在沪全国政协委员赴京出席全国政协十届三次会议工作方案汇报。

十届三十八次主席会议于 2005 年 3 月 18 日召开。会议讨论关于全国政协十届三次会议精神的传达提纲,审议通过市政协十届三次会议重点提案遴选方案、增补部分专门委员会副主任名单;协商通过调整增补市政协委员名单(草案),同意提请常委会会议审议。

十届三十九次主席会议于 2005 年 4 月 21 日召开。会议审议《关于本市适应老龄化社会趋势,促进养老事业发展的若干建议(草案)》《政协上海市委员会全体会议工作规则(草案)》《政协上海市委员会常务委员会工作规则(草案)》,同意将上述文件提请常委会会议审议;审议通过《政协上海市委员会主席会议工作规则》和市政协 2005 年委员平时视察安排。

十届四十次主席会议于 2005 年 5 月 11 日召开。会议审议《政协上海市委员会专门委员会工作条例(修订草案)》《政协上海市委员会提案工作条例(修订草案)》,同意将上述文件提请常委会会议审议;审议通过《政协上海市委员会反映社情民意工作条例》。

十届四十二次主席会议于 2005 年 6 月 24 日召开。会议审议通过《关于进一步提高政协学习工作实效性的调研报告》,要求尽快贯彻落实;审议通过《关于应对“长三角”气候及生态环境变化影响的若干建议》,同意作为主席会议建议案报市委、市政府。

十届四十三次主席会议于 2005 年 7 月 13 日召开。市发展和改革委员会副主任蔡晓虹到会通报全市投资与重大项目进展情况。会议审议通过《关于本市积极推进发展循环经济,提高资源利用效率的若干建议》,同意作为主席会议建议案报市委、市政府。

十届四十四次主席会议于 2005 年 8 月 5 日召开。会议审议通过《关于进一步提高提案办理质量的建议》《关于上海“两地婚姻”状况的分析及对策建议》,同意作为主席会议建议案报市委、市政府。会议还听取 2005 年市政协情况通报会筹备工作情况汇报。

十届四十五次主席会议于 2005 年 8 月 26 日召开。会议审议《关于进一步完善本市城镇“低保”制度的若干建议(草案)》,同意提请常委会会议审议;审议通过《关于进一步加强专门委员会学习的意见》和增补部分专委会副主任名单。会议听取关于对全市食品安全监督管理工作开展专项视察有关情况的汇报。

十届四十七次主席会议于 2005 年 9 月 26 日召开。会议学习传达全国政协主席贾庆林在上海视察工作时的重要讲话精神；审议通过《关于促进本市体育服务业发展的若干建议》、《关于提升上海企业自主创新能力的若干建议》，同意分别作为主席会议建议案报市委、市政府；审议关于市政协学习指导组更名为学习委员会的请示，同意提请常委会会议审议。

十届四十八次主席会议于 2005 年 10 月 21 日召开。市外经贸委主任周波到会通报全市外经贸形势与变化情况，并听取意见建议。会议审议通过《关于本市进一步维护公民权益，构建和谐社会的若干建议》，同意作为主席会议建议案报市委、市政府。

十届四十九次主席会议于 2005 年 11 月 4 日召开。会议审议通过上海市政协 2005 年委员年终视察方案和市政协十届三次会议优秀提案名单；审议《关于舞台艺术精品创作生产的若干建议和对策（草案）》，同意提请常委会会议审议。会议听取关于市政协专项视察组工作情况的汇报。

十届五十次主席会议于 2005 年 11 月 18 日召开。会议审议通过《关于进一步加强上海水系建设的若干建议》、《本市卫生系统人才队伍建设情况的调研报告》，同意分别作为主席会议建议案报市委、市政府；审议《本市宗教房产代理经租情况的建议（草案）》，建议有关部门提炼修改后，以提案形式报送。

十届五十二次主席会议于 2005 年 12 月 21 日上午召开。会议协商调整增补市政协委员建议名单，同意提请常委会会议审议；审议市政协常委会工作报告（送审稿），同意提请常委会会议审议。会议审议通过《改善城乡二元结构推进城乡一体化进程的调研报告》，同意作为主席会议建议案报市委、市政府。

十届五十五次主席会议于 2006 年 2 月 17 日召开。会议学习《中共中央关于加强人民政协工作的意见》；审议《关于提升中国 2010 年上海世博会文化内涵的若干建议（草案）》，同意提请常委会会议审议。

十届五十六次主席会议于 2006 年 3 月 17 日召开。市农委主任袁以星到会通报关于加快国际大都市郊区建设，促进城乡统筹协调发展的情况。会议审议通过举办市政协委员学习班计划和市政协主席、副主席促进办理十届四次会议部分重点提案选题，并决定将重点提案促办工作与主席调研、专题议政会、委员专题座谈会或研讨会、课题调研、视察等相结合，发挥政协工作的整体合力，提高提案办理的实效；审议通过调整增补部分专门委员会主任、常务副主任、副主任名单（草案），同意提请常委会会议审议。

十届五十八次主席会议于 2006 年 4 月 7 日召开。世博会执委会专职副主任、浦东新区区长张学兵到会通报关于浦东新区综合配套改革试点工作情况。会议审议通过《关于发挥界别作用的意见（试行）》，决定作为市政协文件下发。

十届五十九次主席会议于 2006 年 5 月 12 日召开。市经委副主任呆云到会通报关于全市企业自主创新工作情况。会议审议通过 2006 年市政协专项视察工作方案和市政协界别活动召集人名单。

十届六十次主席会议于 2006 年 5 月 19 日召开。会议审议《上海市能源发展形势分析和若干建议（草案）》、《关于本市新农村建设若干问题的建议（草案）》，同意将两份报告提请常委会会议审议；审议通过增补部分专门委员会副主任名单。会议通报关于全国政协"农民工子女教育问题"视察团接待方案和市政协举办 3 期委员学习班的情况（书面）。

十届六十一次主席会议于 2006 年 6 月 12 日召开。会议受常委会会议委托，审议通过《关于本市郊区新农村建设若干问题的建议》，决定作为常委会会议建议案报市委、市政府。会议审议通过《关于抓住浦东综合配套改革试点契机，推动政府经济管理职能转变的建议》，同意作为主席会议建议案报市委、市政府。会议还审议通过部分专门委员会副主任增补名单。

十届六十二次主席会议于 2006 年 6 月 27 日召开。市发展改革委副主任陈寅到会通报关于实施《上海中长期科学和技术发展规划纲要》若干配套政策的情况。会议审议通过《政协上海市委员会反映社情民意信息工作先进单位、先进个人评选表彰办法〈试行〉》,书面下发《关于进一步发挥政协常委会会议作用的调研报告》。

十届六十三次主席会议于 2006 年 7 月 10 日召开。会议学习传达市委八届九次全会精神,审议通过《发挥长三角港口群作用,加快实现上海国际航运中心建设国家战略的若干建议》,同意作为主席会议建议案报市委、市政府。会议审议通过 2006 年"自主创新与上海发展"论坛工作方案。会议还听取市政协网页改版情况汇报,并要求在 7 月底前完成本次改版的试运行工作。

十届六十四次主席会议于 2006 年 8 月 11 日召开。会议审议通过《关于提高上海郊区农民综合素质的调研报告》,同意作为主席会议建议案报市委、市政府;审议通过《政协上海市委员会秘书长会议工作规则》,决定作为市政协文件下发;审议《关于改进提案办理结果分类标准的建议(草案)》,听取市政协提案委员会关于十届四次会议以来提案办理情况的汇报,并对下阶段提案工作提出要求。会议还听取市政协委员视察情况的汇报。

十届六十五次主席会议于 2006 年 8 月 31 日召开。会议审议通过《关于上海产业梯度发展与自主创新路径选择的建议》,同意作为主席会议建议案报市委、市政府;审议《关于完善社会救助机制,促进和谐社会建设的若干建议(草案)》,同意提请常委会会议审议。会议讨论通过"关注民生——劳动就业专题"论坛方案、关于筹建上海市政协京剧昆曲与地方戏曲室的方案,并决定将"京剧昆曲与地方戏曲室"设在教科文卫体委员会,暂不列入机构编制序列。

十届六十六次主席会议于 2006 年 9 月 16 日召开。会议审议通过《关于本市重大建设与人口布局协调发展的若干建议》、《关于积极促进上海现代物流业发展的建议》,同意将上述两份报告作为主席会议建议案报市委、市政府;审议通过"世博会与社会公众参与"论坛工作方案。

十届六十七次主席会议于 2006 年 10 月 20 日召开。会议审议《关于进一步发挥社区作用,加强上海平安建设的若干建议(草案)》,同意提请常委会会议审议。会议听取关于提高政协视察工作实效性研究课题的汇报,决定修改后作为市政协常委会会议书面材料发放。

十届六十八次主席会议于 2006 年 11 月 13 日召开。会议审议通过《关于发挥上海综合优势,积极为 2008 年奥运会作贡献的若干建议》、《关于在沪港澳台侨人士居住社区情况的调研报告》,同意将上述两份报告作为主席会议建议案报市委、市政府。会议还审议通过上海市政协 2006 年委员年终视察方案。

十届六十九次主席会议于 2006 年 12 月 7 日召开。会议审议通过《关于努力营造社会环境,促进创新人才培养的若干意见》,同意作为主席会议建议案报市委、市政府;审议通过市政协十届四次会议优秀提案名单和市政协关于开展专项视察工作的若干意见。会议听取市政协 2006 年工作情况和 2007 年主要工作初步设想的汇报、关于全国政协提案工作座谈会精神的汇报。

十届七十四次主席会议于 2007 年 2 月 12 日召开。会议审议通过上海市政协 2007 年调研题目、2007 年开展民主监督工作方案和部分专门委员会副主任调整增补名单。十届市政协部分专门委员会增补特聘成员名单在会上备案。

十届七十五次主席会议于 2007 年 3 月 16 日召开。会议学习传达全国政协十届五次会议精神,审议《关于进一步保障来沪务工人员基本权益的若干建议(草案)》,同意提请常委会会议审议;审议通过市政协主席、副主席促进办理政协十届五次部分重点提案选题。会议听取提案委员会关于十届五次会议提案情况和近期工作设想的汇报。

十届七十六次主席会议于 2007 年 4 月 20 日召开。市政府副秘书长、市建设交通委主任熊建平到会通报全市重大工程建设情况,会议围绕切实做好与 2010 年上海世博会相关的工程建设工作等提出意见建议。会议审议通过《关于推进本市建筑节能工作的若干建议》,同意作为主席会议建议案报市委、市政府。

十届七十七次主席会议于 2007 年 5 月 18 日召开。会议审议《关于在长江流域经济合作发展中加快长三角一体化建设的建议(草案)》,同意提请常委会会议审议。会议听取关于开展"本市公共交通卡经营问题"、"本市新增机动车额度拍卖资金使用情况"2 个专题工作视察情况汇报,审议通过部分专门委员会副主任增补名单。

十届七十八次主席会议于 2007 年 6 月 22 日召开。会议审议《关于积极发展本市服务外包的若干建议(草案)》,同意提请常委会会议审议。会议听取"关于进一步加强和完善上海郊区农村文化工作"和"关于解决中低收入住房和扩大廉租房覆盖面问题"2 个专题工作视察情况汇报,要求将上述两份报告修改后送交有关部门,并在市政协常委会会议上通报。会议还听取市政协"长江三角洲地区经济协调发展"专题调研课题组赴苏、浙两省学习考察情况汇报、关于武警进驻市政协机关执勤有关情况的汇报。

十届七十九次主席会议于 2007 年 7 月 12 日召开。会议听取"关于上海市公共卫生临床中心"专题工作视察情况汇报,决定将意见建议反馈给有关部门。会议审议通过《关于推进本市保障性租赁住房工作的若干建议》,同意作为主席会议建议案报市委、市政府。

十届八十一次主席会议于 2007 年 8 月 31 日召开。会议审议通过《关于加快开发崇明生态旅游业和会展业的建议》,同意作为主席会议建议案报市委、市政府;审议通过关于评选表彰市政协十届五次会议以来优秀提案的工作方案,并要求精心组织好提案表彰大会。会议听取提案委员会关于十届五次会议以来提案办理情况的汇报,决定在常委会会议上通报。

十届八十二次主席会议于 2007 年 9 月 17 日召开。会议审议《关于促进上海青年就业的若干建议(草案)》,同意提请市政协常委会会议审议;审议《政协上海市委员会提案工作条例(修订草案)》和有关人事事项,同意提请常委会会议审议。

十届八十三次主席会议于 2007 年 10 月 12 日召开。会议审议通过《关于积极推进本市体育民间组织枢纽式管理的若干建议(草案)》、《关于推进法律服务进社区工作的若干建议(草案)》、《关于推进上海国际金融中心建设的若干建议》,同意将上述三份报告作为主席会议建议案报市委、市政府;审议通过市政协 2007 年委员年终视察方案。会议听取"关于市经委落实节能降耗指标工作情况"专项视察情况的汇报(书面)。

十届八十四次主席会议于 2007 年 10 月 31 日召开。会议审议《关于上海新农村建设形态模式的若干建议(草案)》、《关于推进崇明发展的若干建议(草案)》,同意将上述两份报告提请常委会会议审议;审议通过《关于积极推进洋山深水港产业链建设的若干建议》,同意作为主席会议建议案报市委、市政府。

十届八十五次主席会议于 2007 年 11 月 22 日召开。会议审议通过《关于加快发展上海高端服务业的若干建议》、《关于本市老年护理医院情况的调研报告》,同意将上述两份报告作为主席会议建议案报市委、市政府;审议通过《关于市政协对外友好工作地位和作用的调研报告》和市政协十届五次会议优秀提案名单。会议听取关于"市教委等政府部门提案办理情况"、"本市社会救助工作情况"专题工作视察情况汇报,并要求将视察情况向常委会会议作书面汇报。

第七章　第十一届市政协会议

第十一届市政协任期内共召开全体会议 5 次、常委会会议 41 次、主席会议 117 次。主席会议选录其中 78 次。

第一节　全　体　会　议

十一届一次全体会议于 2008 年 1 月 22—28 日在上海展览中心中央大厅和市委党校举行。中共中央政治局委员、市委书记俞正声,市长韩正等党政领导,老同志,市政协老领导出席开、闭幕会议。会议听取并审议十届市政协主席蒋以任作的十届市政协常委会工作报告和十届市政协副主席王荣华关于十届市政协提案工作情况的报告。全体委员列席市十三届人大一次会议,听取并讨论市长韩正作的政府工作报告及其他专项报告。会议安排小组讨论、专题会议和大会发言。专题会议分为"推进改革开放,加快完善社会主义市场经济体制"、"转变经济发展方式,提高经济发展质量和效益"、"提升城市发展软实力,建设上海文化大都市"、"加强党的建设和反腐倡廉工作"、"加强城市建设、管理和社会管理"、"保障和改善民生,建设社会主义和谐社会"以及"深化浦东综合配套改革试点和办好 2010 年上海世博会"7 个专题,市党政领导俞正声、韩正等分别参加各专题会议,听取意见建议。会议秘书处共收到大会发言稿 43 篇,14 名委员代表党派、团体、界别、专委会或个人在大会上发言。会议举行现场咨询活动,市政府办公厅等相关部委办局有关负责人到会现场办理提案,接受委员咨询。会议期间开展委员与市民网上系列交流活动,市政协十一届一次会议大会主席团常务主席冯国勤等分别围绕"多党合作·政治文明"、"联动港澳·共谋发展"主题与市民通过网络进行沟通与探讨。会议选举十一届市政协主席、副主席、秘书长、常务委员共 148 人,组成十一届市政协常委会。会议审议通过市政协十一届一次会议决议,市政协十一届一次会议提案审查委员会书面报告大会提案审查情况,大会期间共收到提案 883 件。市委副书记殷一璀在闭幕会议上讲话,市政协主席冯国勤致闭幕辞。

十一届二次全体会议于 2009 年 1 月 11—16 日在上海展览中心中央大厅和市委党校举行。中共中央政治局委员、市委书记俞正声,市长韩正,市人大常委会主任刘云耕等党政领导,老同志,市政协老领导出席开、闭幕会议。会议听取并审议副主席朱晓明作的常委会工作报告和副主席吴幼英关于市政协十一届一次会议以来提案工作情况的报告。全体委员列席市十三届人大二次会议,听取并讨论市长韩正作的政府工作报告及其他专项报告。会议安排分组讨论、专题会议和大会发言。专题会议分为"坚持科学发展,推进'四个率先'"、"确保经济平稳较快发展,确保民生持续得到改善"、"推进社会和文化建设,加强社会服务和管理"、"深化郊区农村改革,推动城乡统筹发展"、"加强党风廉政建设,建立健全'惩防'体系"、"依靠人才强市,推进科技创新"、"发挥世博带动效应,促进城市科学发展"7 个专题,市党政领导俞正声、韩正等分别参加各专题会议,听取意见建议。会议秘书处共收到大会发言稿 48 篇,12 名委员代表党派、团体、界别、专委会或个人在大会上发言。会议举行现场咨询活动,市政府办公厅及有关部委办局、市高级人民法院、市人民检察院等相关部门负责人到会现场办理提案,接受委员咨询。会议选举增补部分常委会组成人员,审议通过市政协十一届二次会议决议,提案委员会提交关于大会提案审查情况的书面报告,大会期间共收到提案903件。市委副书记殷一璀在闭幕会议上讲话。

十一届三次全体会议于2010年1月25—30日在上海展览中心中央大厅和市委党校举行。中共中央政治局委员、市委书记俞正声,市长韩正,市人大常委会主任刘云耕等党政领导,老同志,市政协老领导出席开、闭幕会议。会议听取并审议副主席周太彤作的常委会工作报告和副主席周汉民关于市政协十一届二次会议以来提案工作情况的报告。全体委员列席市十三届人大三次会议,听取并讨论市长韩正作的政府工作报告及其他专项报告。会议安排分组讨论、专题会议和大会发言。专题会议分为"聚焦世博安全有序运行,确保世博成功精彩难忘"、"着力调整经济结构,转变经济发展方式"、"突破城乡和人口二元结构,促进社会和谐稳定"、"深化政府管理体制改革,加快政府管理方式创新"、"切实抓好民生工作,共享改革发展成果"、"加快文化产业发展,提升城市软实力"、"优化城市空间布局,统筹协调城乡建设"7个专题,市党政领导俞正声、韩正等分别参加各专题会议,听取意见建议。会议秘书处共收到大会发言稿80篇,34名委员代表党派、团体、界别、专委会或个人作大会发言。会议举行现场咨询活动,市政府办公厅及有关部委办局、市高级人民法院、市人民检察院等相关部门负责人到会现场办理提案,接受委员咨询。会议期间开展委员与市民网络交流活动,市政协主席冯国勤等分别围绕"迎世博"、"保障民生得到改善"等主题通过网络与市民进行沟通和交流。会议选举增补部分常委会组成人员,审议通过市政协十一届三次会议决议,提案委员会提交关于大会提案审查情况的书面报告,大会期间共收到提案881件。市委副书记殷一璀在闭幕会议上讲话。

十一届四次全体会议于2011年1月15—20日在上海世博中心和市委党校举行。中共中央政治局委员、市委书记俞正声,市长韩正,市人大常委会主任刘云耕等党政领导,老同志,市政协老领导出席开、闭幕会议。会议听取并审议副主席李良园作的常委会工作报告和副主席蔡威关于市政协十一届三次会议以来提案工作情况的报告。全体委员列席市十三届人大四次会议,听取并讨论市长韩正作的政府工作报告及其他专项报告。会议安排分组讨论、专题会议和大会发言。专题会议分为"着力加强世博后城市管理,保障城市运行安全和生产安全"、"创新驱动,着力推进浦东改革和城市转型发展"、"着力创新社会管理,做好新形势下群众工作"、"着力推进信息化,建设'智慧城市'"、"着力建设法治政府和服务型政府"、"着力推进文化发展繁荣,加快建设国际文化大都市"、"着力完善基本公共服务,持续改善民生"7个专题,市党政领导俞正声、韩正等分别参加各专题会议,听取意见建议。会议秘书处共收到大会发言稿81篇,28名委员代表党派、团体、界别、专委会或个人在大会上发言。会议举行现场咨询活动,市政府办公厅及有关部委办局、市高级人民法院、市人民检察院等相关部门负责人到会现场办理提案,接受委员咨询。会议期间开展委员与市民网络交流活动,市政协主席冯国勤等分别围绕"抓住机遇,推进'十二五'期间上海转型发展"、"推动文化大发展大繁荣,加快建设国际文化大都市"等主题通过网络与市民进行沟通和交流。会议选举增补部分常委会组成人员,审议通过市政协十一届四次会议决议,提案委员会提交关于大会提案审查情况的书面报告,大会期间共收到提案868件。

十一届五次全体会议于2012年1月10—15日在上海世博中心和市委党校举行。中共中央政治局委员、市委书记俞正声,市长韩正,市人大常委会主任刘云耕等党政领导,老同志,市政协老领导出席开、闭幕会议。会议听取并审议副主席钱景林作的常委会工作报告和副主席高小玫关于市政协十一届四次会议以来提案工作情况的报告。全体委员列席市十三届人大五次会议,听取并讨论市长韩正作的政府工作报告及其他专项报告。会议安排分组讨论、专题会议和大会发言。专题会议分为"主动应对挑战,不断推进创新,加快转型发展"、"力推新举措,力求新突破,保持经济平稳健康发展"、"推进文化改革发展,建设国际文化大都市"、"提升城市建设和管理水平,确保城市运行和生产安全"、"发挥社会力量作用,创新和谐社会建设"、"加强人口管理和生态文明建设,确保城市可持续发展"、"促进社会事业均衡发展,着力保障和改善民生"7个专题,市党政领导俞正声、韩正等分别参加各专题会议,听取意见建议。会议秘书处共收到大会发言稿74篇,29名委员代表党派、团体、界别、专委会或个人在大会上发言。会议举行现场咨询活动,市政府办公厅及有关部委办局、市高级人民法院、市人民检察院等相关部门负责人到会现场办理提案,接受委员咨询。会议期间开展委员与市民网络交流活动,市政协主席冯国勤等分别围绕"汇聚各界智慧,共推文化繁荣"、"深化改革开放,率先转型发展"、"创新社会管理,促进社会和谐"等主题通过网络与市民进行沟通和交流。会议选举增补部分常委会组成人员,审议通过市政协十一届五次会议决议,提案委员会提交关于大会提案审查情况的书面报告,大会期间共收到提案755件。中共中央政治局委员、市委书记俞正声在闭幕会议上讲话。

第二节　常委会会议

十一届一次常委会会议于2008年2月20日召开,市政协主席冯国勤主持。全国政协研究室常务副主任原冬平到会作关于政协基本理论的辅导报告。会议审议通过十一届市政协专门委员会(指导组)设置方案和专门委员会主任、指导组组长名单和十一届市政协副秘书长名单;协商通过调整增补十一届市政协委员名单。会议审议通过《政协上海市委员会常务委员会工作规则(修订稿)》和《上海市政协2008年工作要点》,并要求以市政协文件形式下发。

十一届二次常委会会议于2008年4月23日召开,市政协主席冯国勤主持。会议听取副主席朱晓明关于"提高服务业国际竞争力"的专题报告,审议通过市政协2008年重点工作安排。

十一届三次常委会会议于2008年6月25日召开,市政协主席冯国勤主持。副市长赵雯到会通报北京奥运会上海赛区筹办工作情况。会议审议通过《关于上海应对各类突发事件的若干建议》,同意作为常委会会议建议案报市委、市政府。会议书面通报关于全市开展救灾援助和对口支援都江堰市灾后重建工作的有关情况。

十一届四次常委会会议于2008年8月27日召开,市政协主席冯国勤主持。市委常委、市委宣传部部长王仲伟到会通报上海新兴媒体发展和管理情况。会议审议通过《关于进一步加强城市新一代中来沪未成年人权益保护的若干建议》,同意作为常委会会议建议案报市委、市政府。会议听取并决定调整市政协常委会会议建议案的工作安排,审议通过增补十一届市政协副秘书长名单。

十一届五次常委会会议于2008年10月29日召开,市政协主席冯国勤主持。市委常委、市纪委书记董君舒到会通报全市党风廉政建设工作情况。会议审议通过《着力推进"科技世博"的若干建议》,同意作为常委会会议建议案报市委、市政府。会议审议通过《政协上海市委员会贯彻落实〈市委、市政府关于制定实施迎世博600天行动计划的指导意见〉的决议》,听取提案委员会关于十一届一次会议以来提案办理情况的汇报(书面)。

十一届六次常委会会议于2008年12月17日召开,市政协主席冯国勤主持会议。市委副书记、市长韩正到会通报全市经济发展情况。会议审议通过关于召开市政协十一届二次会议的决定;审议通过市政协十一届二次会议议程(草案)和日程(草案),以及会议秘书长、副秘书长建议名单,决定将上述文件提请十一届二次会议预备会议审议。会议审议通过常委会工作报告(送审稿)、提案工作报告(送审稿),同意提请十一届二次会议审议。会议协商通过调整增补十一届市政协委员名单;审议通过撤销1名市政协委员的委员资格。会议还听取市政协2008年委员年终视察情况的汇报(书面)。

十一届七次常委会会议于2009年1月11日在十一届二次会议期间召开,市政协主席冯国勤主持。会议审议通过增补市政协十一届常务委员候选人名单(草案),选举办法(草案)和总监票人、监票人名单(草案),决定将上述文件提请市政协十一届二次会议分组会议审议。

十一届八次常委会会议于2009年1月15日在十一届二次会议期间召开,市政协主席冯国勤主持。会议听取大会秘书处关于分组讨论情况的汇报,审议通过增补市政协十一届常务委员候选人名单,同意提请市政协十一届二次会议全体会议选举;审议通过增补常务委员选举办法(草案)和总监票人、监票人名单(草案),市政协十一届二次会议决议(草案),决定将上述文件提请市政协十一届二次会议全体会议审议通过。

十一届九次常委会会议于2009年2月23日召开,市政协主席冯国勤主持。市委常委、市委组织部部长沈红光到会通报全市深入开展学习实践科学发展观活动情况。会议通报市政协党组深入开展学习实践科学发展观活动情况,审议通过2009年市政协工作要点和重点工作安排。

十一届十次常委会会议于2009年4月29日召开,市政协副主席朱晓明主持,主席冯国勤出席并讲话。本次会议的主要议程是就"扩内需、调结构、保增长"专题协商议政,副市长唐登杰到会通报全市扩大消费及商务运行工作情况,与会常委围绕主题提出意见建议,副主席周太彤总结常委专题议政情况。

十一届十一次常委会会议于2009年6月24日召开,市政协主席冯国勤主持。本次会议的主要议程是就"保民生、促和谐"专题协商议政,副市长胡延照到会通报全市保民生(以就业为主)工作情况,常委们围绕主题提出意见建议,副主席周汉民总结常委专题议政情况。会议还审议通过《政协上海市委员会常务委员会工作规则(修订稿)》。

十一届十二次常委会会议于2009年8月26日召开,市政协主席冯国勤主持。本次会议的主要议程是就"加强社会建设和社会管理"专题协商议政,市委副书记殷一璀到会通报全市社会建设和社会管理工作情况,与会常委围绕主题提出意见建议,副主席朱晓明总结常委专题议政情况。会议审议通过撤销1名市政协委员的委员资格。会议还听取提案委员会关于市政协十一届二次会议以来提案办理情况的汇报(书面)。

十一届十三次常委会会议于2009年10月21日召开,市政协主席冯国勤主持。本次会议的主要议程是就"确保世博会筹办有序推进"专题协商议政,市委常委、常务副市长杨雄到会听取意见建议并讲话,李良园副主席总结常委专题议政情况。会议期间,常委们还听取市政府副秘书长、上海世博局局长洪浩关于上海世博会筹办工作进展情况的汇报,参观"走进世博会——中国2010年上海世博会暨世博会历史回顾展览",并赴世博园区考察世博公园、主题馆、中国馆等。

十一届十四次常委会会议于2009年12月23日召开,市政协主席冯国勤主持。会议听取市委副书记、市长韩正关于全市经济社会发展情况的通报,并进行分组讨论。会议审议通过关于召开市政协十一届三次会议的决定;审议通过市政协十一届三次会议议程(草案)、日程(草案)和会议秘书长、副秘书长建议名单,决定将上述文件提请十一届三次会议预备会议审议通过。会议协商通过调整增补十一届市政协委员名单。

十一届十五次常委会会议于2010年1月24日召开,市政协主席冯国勤主持。会议审议通过增补部分十一届市政协常务委员候选人建议人选名单(草案),选举办法(草案)和总监票人、监票人名单(草案),决定将上述文件提请市政协十一届三次会议分组会议审议。

十一届十六次常委会会议于 2010 年 1 月 29 日在十一届三次会议期间召开,市政协主席冯国勤主持。会议听取大会秘书处关于分组讨论情况的汇报;审议通过增补常务委员候选人名单,决定提请市政协十一届三次会议全体会议选举;审议通过增补常务委员选举办法(草案)和总监票人、监票人名单(草案),决定将上述文件提请市政协十一届三次会议全体会议通过。会议审议通过市政协十一届三次会议决议(草案),同意提请市政协十一届三次会议审议。

十一届十七次常委会会议于 2010 年 2 月 23 召开,市政协主席冯国勤主持。市委常委、市委统战部部长杨晓渡出席并就学习中共中央政治局常委、全国政协主席贾庆林在庆祝中国人民政治协商会议成立 60 周年理论研讨会上的讲话精神作专题发言。会议审议通过市政协 2010 年工作要点和 2010 年重点工作安排,听取人口资源环境建设委员会、教科文卫体委员会、文史资料委员会关于本届以来主要工作情况和 2010 年工作安排的汇报;听取学习委员会、提案委员会、经济委员会、社会和法制委员会、民族和宗教委员会、港澳台侨委员会、对外友好委员会关于本届以来主要工作情况和 2010 年工作安排的汇报(书面)。

十一届十八次常委会会议于 2010 年 4 月 28 日召开,市政协主席冯国勤主持。本次会议的主要议程是就"加快推进医药卫生体制改革"专题协商议政,副市长沈晓明到会通报推进医药卫生体制改革情况并听取常委意见建议,副主席钱景林介绍本次协商议政活动筹备过程。经会议审议,决定撤销 1 名市政协委员的委员资格。

十一届十九次常委会会议于 2010 年 6 月 29 日召开,市政协主席冯国勤主持。本次会议的主要议程是就"自主创新和高新技术产业发展"专题协商议政,市政府领导到会通报自主创新和高新技术产业发展情况并听取与会常委意见建议,副主席周太彤介绍本次会议协商议政活动的筹备过程。经会议审议,同意 1 名市政协委员辞去委员职务。

十一届二十次常委会会议于 2010 年 8 月 25 日召开,市政协主席冯国勤主持。本次会议的主要议程是就"加快文化发展,提升城市软实力"专题协商议政,市委副书记殷一璀到会介绍市委在加快文化发展方面的思考,市委常委、市委宣传部部长杨振武介绍上海文化发展的思路和对策,与会常委围绕主题提出意见建议,副主席李良园介绍本次会议协商议政活动的筹备过程。会议还听取提案委员会关于十一届三次会议以来提案办理情况的汇报(书面)。

十一届二十一次常委会会议于 2010 年 10 月 27 日召开,市政协主席冯国勤主持。本次会议的主要议程是协商"十二五"规划编制工作,市委常委、常务副市长杨雄到会介绍上海市"十二五"规划编制工作进展情况,并就常委关心的问题和常委们进行交流。与会常委围绕学习贯彻中共十七届五中全会精神,为上海市编制"十二五"规划建言献策。副主席周太彤通报市政协围绕上海市编制"十二五"规划工作开展调研、建言献策的情况。会议审议通过《政协上海市委员会关于学习贯彻中共十七届五中全会精神,继续为编制上海市"十二五"规划建言献策的决议》。

十一届二十二次常委会会议于 2010 年 12 月 22 日召开,市政协主席冯国勤主持。市委副书记、市长韩正到会通报全市经济社会发展情况。会议审议通过关于召开市政协十一届四次会议的决定,协商通过调整增补十一届市政协委员名单。会议审议通过市政协十一届四次会议议程(草案)、日程(草案),会议秘书长、副秘书长建议名单,决定将上述文件提请市政协十一届四次会议预备会议审议;审议通过常委会工作报告(送审稿)和提案工作报告(送审稿),同意提请市政协十一届四次会议审议。会议审议通过《政协上海市委员会专门委员会工作条例(修订稿)》和《政协上海市委员会反映社情民意信息工作条例(修订稿)》。

十一届二十三次常委会会议于 2011 年 1 月 14 日召开,市政协主席冯国勤主持。会议协商通过增补第十一届市政协委员名单,审议通过增选第十一届市政协常务委员候选人名单(草案),会议选举办法(草案)和总监票人、监票人名单(草案),决定提请市政协十一届四次会议分组会议审议。

十一届二十四次常委会会议于 2011 年 1 月 18 日在十一届四次会议期间召开,市政协主席冯国勤主持。经审议,会议决定将调整市政协副主席事项提请市政协十一届四次会议分组会议审议。会议审议通过市政协十一届四次会议关于增补副主席、常务委员的选举办法(草案)和总监票人、监票人名单(草案),决定提请市政协十一届四次会议分组会议审议。

十一届二十五次常委会会议于 2011 年 1 月 19 日在十一届四次会议期间召开,市政协主席冯国勤主持。会议听取大会秘书处关于分组讨论情况的汇报,审议通过增补市政协十一届委员会副主席、常务委员候选人名单,决定提请市政协十一届四次会议全体会议选举。会议审议通过选举办法(草案)和总监票人、监票人名单(草案),决定提请市政协十一届四次会议全体会议通过。会议审议通过十一届四次会议决议(草案),同意提请市政协十一届四次会议全体会议审议。

十一届二十六次常委会会议于 2011 年 2 月 23 日召开,市政协主席冯国勤主持。市委常委、市纪委书记董君舒到会通报全市党风廉政建设和反腐败工作情况。会议审议通过市政协 2011 年工作要点和 2011 年重点工作安排、十一届市政协部分专门委员会主任职务任免人选名单。会议听取学习委员会、经济委员会、港澳台侨委员会关于本委员会 2010 年工作情况和 2011 年工作要点的汇报;听取提案委员会、人口资源环境建设委员会、教科文卫体委员会、社会和法制委员会、民族和宗教委员会、文史资料委员会、对外友好委员会、区县政协联络指导组关于 2010 年工作情况和 2011 年工作要点的汇报(书面)。

十一届二十七次常委会会议于 2011 年 4 月 27 日召开,市政协副主席周太彤主持。本次会议的主要议程是就"深化浦东改革,推进城市转型发展"专题协商议政,市政协主席冯国勤,市委常委、常务副市长杨雄,市委常委、浦东新区区委书记徐麟出席并讲话。与会常委围绕建设"四个中心"、推进行政体制改革等建言献策,副主席高小玫通报本次常委专题议政会筹备情况。

十一届二十八次常委会会议于 2011 年 6 月 27 日召开,市政协副主席李良园主持。本次会议的主要议程是就"加快提升传统产业"专题协商议政,市政协主席冯国勤、市政府有关领导出席会议并讲话。与会常委围绕全市制造业、农业、商业等不同领域的产业改造提升所涉及的提升核心竞争力问题等建言献策。副主席王新奎通报本次常委专题议政会筹备情况。经会议审议,决定撤销 1 名市政协委员的委员资格。

十一届二十九次常委会会议于 2011 年 8 月 24 日召开,市政协副主席周太彤主持。本次会议的主要议程是就"进一步改善民生保障"专题协商议政,市政协主席冯国勤、副市长姜平出席并讲话。与会常委围绕加强食品安全、关注城市发展中的人口战略、改善民生、稳定物价、增加职工收入、保障城市农民工权益以及儿童保护、残疾人保护、社会养老、住房保障等民生问题建言献策,副主席周汉民通报本次常委专题议政会筹备情况。会议讨论通过举办纪念辛亥革命 100 周年活动等市政协下阶段的工作安排,听取提案委员会关于十一届四次会议以来提案办理情况的汇报(书面)。

十一届三十次常委会会议于 2011 年 10 月 26 日召开,市政协副主席周太彤主持。本次会议的主要议程是就"城市安全"专题协商议政,市政协主席冯国勤、副市长张学兵出席会议并讲话。与会常委围绕加强人流高度集聚点安全、建筑市场管理、危险化学品管理、高层建筑安全和城市安全法制建设等工作建言献策,副主席蔡威通报本次常委专题议政会筹备情况。会议审议通过关于学习委员会主任人选的任命。

十一届三十一次常委会会议于 2011 年 12 月 21 日召开,市政协副主席周太彤主持。市委副书记、市长韩正到会通报全市经济社会发展情况,市政协主席冯国勤出席并讲话。会议审议通过关于召开市政协十一届五次会议的决定,听取市委常委、市委统战部部长杨晓渡关于十一届市政协委员调整增补建议人选名单的说明,协商通过十一届市政协委员调整增补人选名单。会议审议通过市政协十一届五次会议议程(草案)、日程(草案)和会议秘书长、副秘书长建议名单,决定将上述文件提请市政协十一届五次会议预备会议审议。会议审议通过常委会工作报告(送审稿)和提案工作报告(送审稿),同意提请市政协十一届五次会议审议。会议还审议通过部分市政协副秘书长任免名单,审议通过《政协上海市委员会提案工作条例(修订稿)》。

十一届三十二次常委会会议于 2012 年 1 月 12 日在十一届五次会议期间召开,市政协主席冯国勤主持。会议听取市委常委、市委统战部部长杨晓渡关于十一届市政协常务委员拟调整人员名单和增选副主席、常务委员候选人建议人选名单的说明,协商通过上述名单(草案),决定提请市政协十一届五次会议分组会议审议。会议审议通过关于增选副主席、常务委员选举办法(草案)和总监票人、监票人名单(草案),决定提交十一届五次会议分组会议审议。

十一届三十三次常委会会议于 2012 年 1 月 14 日在十一届五次会议期间召开,市政协主席冯国勤主持。会议听取大会秘书处关于分组讨论情况的汇报,协商通过部分市政协常务委员不再任职和增选副主席、常务委员候选人名单,决定提请市政协十一届五次会议全体会议审议和选举。会议审议通过关于增选副主席、常务委员选举办法(草案)和总监票人、监票人名单(草案),决定提请十一届五次会议全体会议通过。会议审议通过市政协十一届五次会议决议(草案),同意提请十一届五次会议全体会议审议。

十一届三十四次常委会会议于 2012 年 1 月 15 日召开,市政协主席冯国勤主持。会议协商通过部分市政协委员不再担任委员职务,审议通过市政协部分专门委员会主任职务任免名单。

十一届三十五次常委会会议于 2012 年 2 月 22 日召开,市政协副主席周太彤主持,市政协主席冯国勤出席并讲话。市委常委、市委宣传部部长杨振武到会通报全市贯彻落实中共十七届六中全会精神,推进上海文化改革发展的情况。与会常委围绕建设社会主义核心价值体系、创新文化改革发展思维、建设公共文化服务体系、弘扬上海本土文化特色、繁荣文艺创作、提升市民文化素养等专题建言。会议审议通过市政协 2012 年工作要点和 2012 年重点工作安排,听取社会和法制委员会、民族和宗教委员会、对外友好委员会关于本委员会 2011 年工作情况和 2012 年工作要点的汇报;听取学习委员会、提案委员会、经济委员会、人口资源环境建设委员会、教科文卫体委员会、文史资料委员会、港澳台侨委员会及区县政协联络指导组关于 2011 年工作情况和 2012 年工作要点的汇报(书面)。

十一届三十六次常委会会议于 2012 年 4 月 25 日召开,市政协副主席周太彤主持。本次会议的主要议程是就“推进上海文化发展”专题协商议政,市政协主席冯国勤,市委常委、副市长屠光绍出席并讲话。与会常委围绕加深对文化和文化发展的再认识,践行社会主义核心价值观,改善文化生态,繁荣文化事业,提升上海文化包容力,推动文化多元化发展,推进文化创意产业发展,充分借鉴港澳台文化发展经验,遏制不良文化,以及发挥宗教和顺文化作用,促进文教结合,推动历史文化保护,发展体育文化、法治文化、品牌文化、红色文化、“慢生活”文化等建言献策,副主席周汉民通报本次常委专题议政会筹备情况。

十一届三十七次常委会会议于 2012 年 6 月 27 日召开,市政协副主席周太彤主持。本次会议的主要议程是就“稳增长,调结构,促转型”专题协商议政,市政协主席冯国勤出席会议并讲话。常务副市长杨雄到会听取常委建言并从总体经济形势、投资进度、扩大需求、结构调整、企业布局、民生保障等六个方面介绍当前全市经济运行情况。与会常委围绕激发改革创新活力、加快产业结构调整、促进上海经济平稳较快发展主题提出意见和建议,副主席王新奎通报本次常委专题议政会筹备情况。

十一届三十八次常委会会议于 2012 年 8 月 29 日召开,市政协副主席周太彤主持。本次会议的主要议程是就"城市人口发展和经济转型"专题协商议政,市政协主席冯国勤、常务副市长杨雄出席并讲话。与会常委围绕创新研究人口发展问题的思维方式、加强人口发展规划,优化人力资源结构、重视社会综合管理作用,借鉴国际大都市人口管理经验、协调人口发展与资源环境的关系等发表意见建议,副主席蔡威通报本次常委专题议政会筹备情况。会议审议同意 1 名市政协委员辞去委员职务,审议通过部分市政协副秘书长任免名单。

十一届三十九次常委会会议于 2012 年 11 月 23 日召开,市政协副主席周太彤主持。市政协主席冯国勤、市委副书记殷一璀出席并讲话。会议听取市政协副主席吴志明关于中共十八大精神的传达,审议通过《市政协关于深入学习和贯彻落实中共十八大精神的决议》。与会常委、部分民主党派市委的代表围绕贯彻落实科学发展观、转变经济发展方式、加强社会主义民主政治建设等进行交流发言,提出意见和建议。

十一届四十次常委会会议于 2012 年 12 月 26 日召开,市政协副主席吴志明主持,市政协主席冯国勤出席并讲话,副主席周太彤传达十届市委三次全会精神。会议审议通过关于召开市政协十二届一次会议的决定;审议通过市政协十二届一次会议议程(草案)、日程(草案),决定将议程(草案)、日程(草案)提交市政协十二届一次会议预备会议审议。会议审议通过十一届市政协常委会工作报告(送审稿)和十一届市政协常委会关于提案工作情况的报告(送审稿),并通过常委会工作报告和提案工作报告报告人人选,同意将上述报告提请市政协十二届一次会议审议。会议听取市委常委、市委统战部部长沙海林关于撤销个别十一届市政协委员资格决定的说明和关于十二届上海市政协委员建议人选名单的说明,审议通过撤销 1 名市政协委员的委员资格,协商通过十二届市政协委员人选名单。会议还总结 2012 年市政协主要工作情况。

十一届四十一次常委会会议于 2013 年 1 月 21 日召开,市政协副主席吴志明主持,主席冯国勤出席。会议听取市委常委、市委统战部部长沙海林关于增补第十二届市政协委员建议人选情况的说明,协商通过增补第十二届市政协委员人选名单。

第三节　主　席　会　议

十一届一次主席会议于 2008 年 1 月 31 日召开。会议听取市政协研究室主任李锐关于学习政协基本理论的发言,通过十一届市政协主席会议成员侧重联系有关工作的安排。会议审议关于组建十一届市政协专门委员会(指导组)的工作方案(草案)、关于十一届市政协专门委员会(指导组)主任(组长)人选方案(草案)、市政协 2008 年工作要点(草案)、市政协常委会工作规则(草案),决定将上述文件提请常委会会议审议。会议审议通过市政协主席会议工作规则,决定形成文件下发,讨论同意市政协 2008 年调研课题选题工作方案,要求交各专门委员会(指导组)参考。

十一届二次主席会议于 2008 年 2 月 18 日召开。会议协商调整增补十一届市政协委员、十一届市政协副秘书长人选建议名单,同意提请常委会会议审议。会议审议通过市政协港澳委员召集人建议名单,听取市政协十一届一次会议提案情况汇报和市政协专门委员会工作情况汇报。

十一届三次主席会议于 2008 年 3 月 19 日召开。会议学习传达胡锦涛总书记在全国"两会"期间的重要讲话和全国政协十一届一次会议精神，审议通过十一届市政协副秘书长分工安排、十一届市政协专门委员会副主任（指导组副组长）名单、十一届市政协界别活动召集人名单。会议听取学习委员会、港澳台侨委员会的工作情况汇报，审议通过关于在 4 月下旬举办十一届市政协常委、专委会（指导组）负责人和界别活动召集人学习培训班方案。

十一届四次主席会议于 2008 年 4 月 7 日召开。会议审议通过关于开展贯彻落实《中共中央关于加强人民政协工作的意见》情况的专题调研方案、市政协关于纪念改革开放 30 周年工作方案；审议通过市政协 2008 年重点工作安排（草案），同意提请常委会会议审议。会议听取提案委员会关于贯彻《全国政协关于加强和改进提案工作的意见》精神，进一步加强市政协提案工作和主席、副主席促进办理部分重点提案的工作情况汇报；听取关于市政协委员工作情况，经济委员会、教科文卫体委员会工作情况的汇报。

十一届六次主席会议于 2008 年 5 月 5 日召开。会议听取"应对各类突发事件对城市公共安全影响"专题调研下一阶段工作安排、市政协对外友好委员会工作情况和进一步做好市政协委员工作情况的汇报；听取关于加强和改进市政协新闻宣传工作情况的汇报，要求注重发挥《联合时报》、《浦江纵横》和"上海政协"门户网站作用，切实抓好市政协新闻宣传工作。会议审议通过举办十一届市政协新任委员学习培训班方案。

十一届八次主席会议于 2008 年 5 月 29 日召开。会议听取市委常委、副市长屠光绍关于上海开展救灾援助工作情况的通报，听取上海政协系统援助四川抗震救灾情况的通报、市卫生局和《东方早报》关于卫生系统赴四川地震灾区开展医疗救护情况和抗震救灾新闻报道情况的介绍。会议要求，当前市政协要着力抓好四方面的工作：一要动员组织广大政协委员和政协机关继续做好救灾援助各项工作；二要积极为经济社会发展、为地震灾区灾后重建献计出力；三要全力维护社会和谐稳定，促进社会和谐；四要全力做好本职工作。

十一届九次主席会议于 2008 年 6 月 3 日召开。会议审议《关于上海应对各类突发公共事件的若干建议（草案）》，同意提请常委会会议审议。会议听取关于筹备召开市政协界别召集人会议工作方案的情况汇报。

十一届十次主席会议于 2008 年 6 月 16 日召开。会议听取关于市政协履行民主监督职能的工作情况、十一届市政协各专门委员会聘任特聘成员工作及备案名单、十一届市政协新任委员学习培训班情况的汇报。会议听取并讨论向市委常委会汇报市政协党组上半年工作和下半年工作安排准备情况的汇报。

十一届十一次主席会议于 2008 年 7 月 7 日召开。会议传达市委领导在市委常委会听取市政协党组工作汇报时的讲话精神、温家宝总理在上海调研时的讲话精神和全国政协十一届二次常委会议精神。会议听取关于市政协十一届一次会议提案办理情况、关于举办市十一届政协港澳地区常委和新任委员学习培训班方案的汇报。会议还通报市政协机关机构调整的有关情况。

十一届十三次主席会议于 2008 年 8 月 4 日召开。会议审议通过《沪港及新加坡吸引人才环境比较的调研报告》、《在上海"四个中心"建设中为中央企业新一轮发展创造更好环境的建议》，同意将上述报告作为主席会议建议案报市委、市政府。会议听取贯彻落实中央 5 号文件精神调研情况及相关意见建议的汇报，要求修改完善后，适时向市委领导汇报。会议听取关于"长三角联动发展及泛长三角合作"课题调研情况汇报；听取市政协学习委员会赴广东省学习考察情况的汇报（书面）。

十一届十四次主席会议于 2008 年 8 月 18 日召开。会议学习传达市委领导在听取市政协党组汇报时关于进一步贯彻落实中央 5 号文件的讲话精神,审议《关于进一步加强城市新一代中来沪未成年人权益保护的若干建议(草案)》,同意提请常委会会议审议。会议听取"上海体育与世博同行"课题调研情况汇报,同意此调研报告作为主席会议建议案报市委、市政府;听取"关于在沪农民工子女社会融入问题"课题调研情况汇报,提议作为专委会调研报告报送。会议听取并同意关于对部分拟形成市政协常委会会议建议案的调研报告以专题报告形式报送的说明,要求将此事宜在常委会会议上报告。

十一届十五次主席会议于 2008 年 9 月 8 日召开。会议听取"肝胆相照 30 年——上海政协与改革开放"展览会筹办情况、市政协参与对口支援都江堰市灾后重建有关项目的情况汇报,审议通过关于市政协特邀监督员工作情况及召开专题会议的方案,决定 9 月下旬召开市政协特邀监督员专题会议。会议听取全国政协"加强政协委员队伍建设工作座谈会"情况介绍,要求贯彻落实会议精神,加强委员队伍建设,争取在本届政协任期内召开一次加强委员队伍建设的座谈会。

十一届十六次主席会议于 2008 年 9 月 22 日召开。会议听取提案委员会关于课题调研情况及筹备召开市政协 2008 年提案工作会议的情况汇报,审议通过评选表彰市政协十一届一次会议以来优秀提案工作方案,审议通过关于开展 2008 年度上海市政协好新闻评选活动的工作方案。会议听取关于加强市政协综合信息工作的情况汇报,要求有关部门对《挚友诤言》、《社情民意》、《建言》3 份刊物作适当调整,并进行试刊。会议通过十一届市政协副秘书长分工安排,并通报市政协秘书长、部分专职副秘书长、办公厅主任、巡视员、办公厅副主任协助联系工作和分管部门。会议审议通过部分专门委员会增补副主任名单和有关人事事项。听取关于华东六省一市政协第十五次提案工作座谈会和市政协人口资源环境建设委员会赴新疆学习考察情况汇报(书面)。

十一届十七次主席会议于 2008 年 10 月 5 日召开。会议审议《着力推进"科技世博"的若干建议(草案)》,要求适时与市政府领导和有关职能部门进行专题协商,在征求各方意见建议修改后提请常委会会议审议。会议审议《政协上海市委员会贯彻落实〈市委市政府关于制定实施迎世博 600 天行动计划的指导意见〉的决议(草案)》,同意提请常委会会议审议。会议讨论并原则同意关于召开"学习实践科学发展观,开创政协工作新局面"学习研讨会的工作方案,听取关于市政协代表团赴都江堰市举行援建北街小学奠基仪式有关情况的汇报。

十一届十八次主席会议于 2008 年 10 月 27 日召开。会议审议《关于优化世博会期间境外来宾接待工作的若干建议》、《上海体育与世博同行的若干建议》、《关于抓住世博重大机遇,加快上海"创意城市"建设的若干建议》,同意将上述三份报告作为主席会议建议案报市委、市政府。会议审议通过上海市政协 2008 年委员年终视察方案。

十一届十九次主席会议于 2008 年 11 月 10 日召开。会议学习传达全国政协主席贾庆林重要讲话精神,审议通过市政协十一届一次会议优秀提案名单。会议审议通过《关于加强本市社区卫生服务中心建设的若干建议》,同意作为主席会议建议案报市委、市政府;审议通过"学习实践科学发展观,开创政协工作新局面"学习研讨会工作方案。会议还听取教科文卫体委员会赴陕西省学习考察的情况汇报(书面)。

十一届二十次主席会议于 2008 年 11 月 24 日召开。会议审议关于召开市政协十一届二次会议的方案(草案)。会议审议通过《运用社会管理的理念与方法,加快推进社区矫正工作的调研与对策建议》,同意作为主席会议建议案报市委、市政府。

十一届二十一次主席会议于 2008 年 12 月 8 日召开。会议协商审议调整增补部分十一届市政协委员建议名单、关于撤销个别市政协委员委员资格的决定,同意提请常委会会议审议。会议审议常委会工作报告(讨论稿)和提案工作的报告(讨论稿),要求在更大的范围内听取意见建议,修改后提请常委会会议审议。会议审议《关于进一步促进上海义务教育公平的若干建议(草案)》,要求进一步修改完善后再次提请主席会议审议。会议听取市政协2008年委员年终视察主要情况汇报,决定将视察情况向常委会会议作书面汇报。会议听取教科文卫体委员会(体育)赴云南省学习考察情况(书面)、人口资源环境建设委员会赴重庆参加"长江流域十四省市政协长江水环境保护第八次研讨会"情况汇报(书面)。《上海市政协专门委员会提案工作联席会议规则(试行)》向会议作备案。

十一届二十二次主席会议于2008年12月22日召开。会议学习讨论全国政协主席贾庆林重要讲话精神,审议通过《财富与职业取向——上海市民价值观演变情况调研之一:财富观、职业观》《关于进一步促进上海义务教育公平的若干建议》,同意将上述两份报告作为主席会议建议案报市委、市政府。

十一届二十五次主席会议于2009年2月16日召开。会议审议通过2009年市政协工作要点(草案)、2009年市政协重点工作安排(草案),同意将上述两份文件提请常委会会议审议。会议审议通过关于增补十一届市政协部分专门委员会副主任名单、关于调整十一届市政协部分界别活动召集人名单,听取学习委员会、经济委员会、人口资源环境建设委员会、文史资料委员会关于2009年工作安排的情况汇报。

十一届二十七次主席会议于2009年2月23日召开。会议听取部分市政协委员参加市委企业调研组有关工作情况介绍,要求各专门委员会结合年度工作积极思考,关注关心当前宏观经济走势和态势,主动参与配合,维护全市改革发展稳定大局,团结联合社会各界人士,在市委领导下坚定共渡时艰、攻克难关的信心和决心。

十一届三十次主席会议于2009年4月27日召开。会议审议通过《关于在"两个中心"建设中大力发展上海融资租赁业的建议》,同意作为主席会议建议案报市委、市政府。会议听取关于市政协十一届十次常委会会议常委建言主要内容的汇报,审议通过关于专委会领导办公室的调整方案、部分市政协委员受聘担任特邀监督员名单。

十一届三十一次主席会议于2009年5月11日召开。会议审议通过《关于加强培训见习,促进大学生就业——关于发放就业培训券的建议》,同意作为主席会议建议案报市委、市政府;审议通过部分专门委员会增补副主任名单。会议听取关于"上海市政协纪念人民政协成立60周年展览会"筹办工作的情况汇报、《上海360°》摄影画册进行改版的设想、关于政协理论研究及相关工作的情况汇报;听取市政协组织部分委员赴都江堰市考察对口援建北街小学情况的汇报(书面),市政协港澳台侨委员会赴广东省、福建省学习考察情况的汇报(书面)。

十一届三十二次主席会议于2009年6月1日召开。会议审议通过关于开展迎世博行动计划视察工作方案,审议通过关于市政协若干重要工作制度修订草案的汇报,决定将修订后的《政协上海市委员会主席会议工作规则》《政协上海市委员会秘书长会议议事要则》《政协上海市委员会专职秘书长办公会议议事要则》作为市政协文件下发,《政协上海市委员会常委会工作规则(修订草案)》提请常委会会议审议。会议听取关于市政协特邀监督员工作情况的汇报,要求启动修订《政协上海市委员会特邀监督员工作简则》,并提请主席会议审议。会议还听取市政协社会和法制委员会赴河南省学习考察情况的汇报(书面)。

十一届三十三次主席会议于2009年6月15日召开。会议审议通过《关于立足长远,着眼当前,积极扩大与促进上海居民消费的若干建议》《关于发展社区服务、培育社会组织、创造更多就业机会的若干建议》,同意将上述两份报告作为主席会议建议案报市委、市政府。会议听取关于迎世博 600 天行动计划视察工作进展情况的说明;听取驻沪全国政协委员出席十一届全国政协第三期委员学习研讨班情况、市政协民族和宗教委员会赴山西省学习考察情况的汇报(书面)。

十一届三十四次主席会议于 2009 年 6 月 29 日召开。会议审议通过《关于突破上海生物医药产业化发展瓶颈的对策建议》,同意作为主席会议建议案报市委、市政府。会议审议通过关于庆祝人民政协成立 60 周年暨 2009 年上海市各界人士中秋联欢晚会工作方案。会议听取市政协迎世博倒计时 300 天委员视察主要情况、关于协助做好董寅初同志治丧工作情况和十一届市政协秘书长、副秘书长和办公厅巡视员、副主任、副巡视员的分工安排情况的汇报;听取市政协区县政协联络指导组赴广西壮族自治区学习考察情况的汇报(书面)。

十一届三十五次主席会议于 2009 年 7 月 13 日召开。会议审议通过《政协上海市委员会关于加强和改进委员视察工作的意见》,听取关于市政协 2009 年上半年工作情况和下半年工作安排、关于组织都江堰市北街小学学生来沪活动方案的汇报。

十一届三十六次主席会议于 2009 年 7 月 14 日召开。会议听取市委常委、浦东新区区委书记徐麟关于浦东新区近阶段主要工作情况、浦东新区发展定位和今后一个时期奋斗目标的情况通报。会议指出,市政协要继续尽心尽力尽责,关心支持浦东新区工作,为浦东发展凝聚力量、协调关系、献计出力。

十一届三十七次主席会议于 2009 年 8 月 3 日召开。市政协主席冯国勤通报市政协纪念人民政协成立 60 周年系列活动的有关工作情况。会议审议通过《关于世博会等大型活动危机处置借鉴及上海世博会风险评估对策建议》《关于中国 2010 上海世博会的公共外交、完善规划、深化主题和优化运营的若干建议》,同意将上述两份报告作为主席会议建议案报市委、市政府。会议审议通过关于列席市十三届人大常委会第十三次(扩大)会议工作方案。会议听取市政协港澳台委员会赴陕西省学习考察情况的汇报(书面)。

十一届三十八次主席会议于 2009 年 8 月 17 日召开。会议学习传达市委领导听取市政协党组工作汇报后的讲话精神,听取关于起草《中共上海市委关于进一步加强政协工作的实施意见(代拟稿)》有关工作的汇报。会议审议通过《关于加强两岸三地金融合作的建议》,同意作为主席会议建议案报市委、市政府。会议听取提案委员会关于市政协十一届二次会议以来提案办理情况、市政协反映社情民意信息工作情况、市政协代表团赴都江堰市举行北街小学纪念标志和体育馆揭幕仪式方案的汇报。会议审议通过免去部分专门委员会副主任的职务;审议关于撤销 1 名市政协委员委员资格的汇报,同意将该事宜提请常委会会议审议。会议听取市政协提案委员会赴江西省学习考察情况的汇报(书面)。

十一届三十九次主席会议于 2009 年 9 月 7 日召开。会议审议通过《关于进一步加强本市基层维稳工作的若干建议》,同意作为主席会议建议案报市委、市政府;审议通过关于市政协组织学习胡锦涛在庆祝人民政协成立 60 周年大会上的讲话的工作方案、上海各界人士庆祝人民政协成立 60 周年暨纪念中国共产党领导的多党合作和政治协商制度确立 60 周年座谈会方案、关于全国政协"中国 2010 年上海世博会筹备情况"视察团接待工作方案,并就做好上述工作提出要求。会议还听取关于市政协委员服务工作情况的汇报。

十一届四十一次主席会议于 2009 年 10 月 12 日召开。会议交流学习胡锦涛总书记讲话和贯彻市委政协工作会议精神的体会。会议审议通过《关于加快推进上海社会诚信体系建设的调查和建议》《关于迎世博城市建筑整治长效化常态化的若干建议》,同意将上述两份报告作为主席会议建议案报市委、市政府;审议通过《关于上海经济领域"十二五"规划编制工作若干重要问题的思考和建议》,决定以专题报告形式报市委、市政府。会议研究市政协为上海"十二五"规划编制工作建言献策的有关工作,还听取市政协学习考察团赴江苏省学习考察情况、市政协代表团赴都江堰市举行北街小学纪念石和体育馆揭幕仪式情况、出席2009年全国各省区市政协外事工作座谈会情况、市政协人口资源环境建设委员会赴宁夏回族自治区学习考察情况和全国部分省市第二次地方政协联络工作研讨会情况的汇报(书面)。

十一届四十二次主席会议于2009年10月26日召开。会议审议通过《关于进一步加强城市规划和产业规划结合的建议》,决定以专题报告形式报市委、市政府;审议通过《关于上海城市客运交通适应世博及可持续发展的若干建议》,同意作为主席会议建议案报市委、市政府;审议通过《政协上海市委员会优秀提案评选办法(修订稿)》和评选表彰市政协十一届二次会议以来优秀提案奖的工作方案;审议通过《政协上海市委员会特邀监督员工作规则(修订稿)》。会议听取市政协教科文卫体委员会赴河南省学习考察情况、市政协迎世博倒计时200天委员视察主要情况的汇报(书面)。

十一届四十三次主席会议于2009年11月9日召开。会议审议通过《关于上海中医药临床领军人才培养的对策研究报告》、《关于加强民事执行法律监督的若干建议》、《关于上海宗教代经租(非居住)房产及相关情况的调研报告》,同意将上述三份报告作为专委会调研报告报市委、市政府。会议听取市政协学习考察团赴浙江省学习考察情况、人民政协知识网上竞答活动情况、赴昆明参加"长江流域十四省市政协长江水环境保护第九次研讨会"情况的汇报(书面)。

十一届四十四次主席会议于2009年11月23日召开。会议审议关于召开市政协十一届三次会议的有关事宜,同意提请常委会会议审议。会议审议通过《关于金融危机时期上海市民生活观、幸福观调研报告》,同意作为主席会议建议案报市委、市政府;审议《关于进一步推进上海民间外交工作的建议》、《关于加快上海数字内容产业发展的调研报告》,同意上述两份报告作为专委会调研报告报市委、市政府;审议通过关于上海市政协2009年委员年终视察活动方案。会议听取市政协社会和法制委员会赴四川省学习考察情况的汇报(书面)。

十一届四十六次主席会议于2009年12月28日召开。会议听取关于向全国政协副主席王刚汇报上海市政协工作及在全国政协全会期间宣传世博会情况的汇报。会议审议通过市政协2009年优秀提案名单,并决定在市政协十一届三次会议预备会议上进行表彰;审议通过关于制发市政协委员履职工作手册工作方案。会议审议《上海竞技体育发展定位的若干建议》、《关于留学回国人员来沪工作和创业情况课题总报告》,同意将上述两份报告作为专委会调研报告报市委、市政府。会议听取市政协社会和法制委员会考察瑞士和希腊金融及航运发展情况的汇报(书面)。

十一届五十次主席会议于2010年2月8日召开。会议审议通过市政协2010年重点工作安排(草案),同意提请常委会会议审议;讨论同意市政协与市委党校(行政学院)合作开展人民政协理论教育培训工作的意见。会议听取2010年上海市各界人士元宵联欢晚会筹备工作情况的汇报。

十一届五十一次主席会议于2010年3月15日召开。会议学习传达胡锦涛总书记在全国"两会"党员负责人会议上的讲话精神。听取市政协2010年制度建设安排和梳理落实全会期间委员意见建议工作情况的汇报。会议审议通过关于组织政协委员对世博园区运行情况开展监督评议工作方案;审议并原则同意市政协人口资源环境建设委员会、经济委员会、社会和法制委员会、教科文卫体委员会、文史资料委员会的重点课题调研方案;审议通过关于调整十一届市政协部分界别活动召集人名单和增补部分专门委员会副主任名单。增补部分专门委员会特聘成员名单向会议作备案。

十一届五十三次主席会议于 2010 年 4 月 19 日召开。会议审议《关于完善中等收入群体安居政策的若干建议》《促进国有股权有序流动,推动产业结构优化升级的若干建议》,同意将上述两份报告报市委、市政府;审议并原则同意对《关于加快促进上海非公有制经济发展的若干意见》和《关于上海加快推进高新技术产业化的实施意见》两份报告的落实情况开展民主监督的工作方案,要求进一步修改方案,抓紧组织实施。会议听取提案委员会关于市政协十一届三次会议以来提案工作主要情况的汇报,听取市政协区县政协联络指导组赴福建省学习考察情况的汇报(书面)。

十一届五十五次主席会议于 2010 年 5 月 10 日召开。会议听取关于市政协围绕"十二五"规划开展大讨论情况的汇报,要求作为专题报告报市委、市政府。会议审议通过市政协主席会议成员促办十一届三次会议重点提案选题。增补市政协部分专门委员会特聘成员名单向会议作备案。

十一届五十六次主席会议于 2010 年 5 月 24 日召开。会议听取关于市委有关会议精神的通报,审议《关于上海"十二五"规划编制方法的建议》,同意作为专委会调研报告报市委、市政府。会议听取市政协人口资源环境建设委员会赴厦门市学习考察情况的汇报(书面)。

十一届五十七次主席会议于 2010 年 6 月 7 日召开。会议听取关于市政协围绕"十二五"规划编制建言献策第二阶段主要工作安排的汇报,审议《关于美欧日外籍商务人士在沪生活满意度调查报告》,同意作为专委会调研报告报市委、市政府。会议听取关于组织政协委员开展世博园区运行情况民主监督工作的小结,决定以市政协名义报市委;听取关于近期市政协世博会接待服务工作情况汇报。

十一届六十次主席会议于 2010 年 7 月 19 日召开。会议传达市委常委会听取市政协党组工作汇报后市委领导的讲话精神,听取 2010 年上半年度市政协委员履职情况的报告、反映社情民意信息工作汇报以及关于对《中共中央关于加强人民政协工作的意见》和《中共上海市委关于进一步加强人民政协工作的实施意见》贯彻落实情况开展调研的工作方案的汇报。

十一届六十一次主席会议于 2010 年 8 月 2 日召开。会议审议《政协上海市委员会反映社情民意信息工作条例(修改草案)》,同意提请常委会会议审议;审议通过召开市政协十一届二十次常委会会议有关事宜,提议适当调整会议形式,重点关注委员建言。

十一届六十二次主席会议于 2010 年 8 月 16 日召开。会议审议通过《关于世博后上海文化发展的若干问题调研报告》《关于完善人口政策适应经济发展方式转变的若干建议》,同意将上述两份报告作为主席会议建议案报市委、市政府。会议听取在沪全国政协委员学习考察团赴西藏自治区学习考察情况、关于协助做好钱伟长治丧工作情况的汇报(书面)。

十一届六十三次主席会议于 2010 年 8 月 31 日召开。会议审议通过《关于上海发展低碳经济的实施路径和对策建议》,同意作为主席会议建议案报市委、市政府。会议听取关于全国政协第六次提案工作座谈会有关情况、关于 2010 年上海市各界人士中秋联欢晚会工作方案(草案)的汇报。会议听取市政协经济委员会赴新疆维吾尔自治区学习考察情况、市政协民族和宗教委员会赴内蒙古自治区学习考察情况的汇报(书面),并就规范市政协赴外省市学习考察工作提出要求。

十一届六十四次主席会议于 2010 年 9 月 13 日召开。会议审议通过《关于上海城区基层社会管理创新的若干建议》《关于发挥世博后续效应,提升上海国际化大都市发展水平的若干建议》,同意将上述两份报告作为主席会议建议案报市委、市政府。会议听取关于开展对《关于加快促进上海非公有制经济发展的若干意见》落实情况开展民主监督情况的汇报,要求以专题报告形式报市委、市政府。会议审议通过"2010 年沪台城市发展与合作论坛"筹办工作方案。会议听取市政协教科文卫体委员会赴贵州省学习考察及市政协社会和法制委员会赴宁夏回族自治区学习考察情况的汇报(书面)。

十一届六十五次主席会议于 2010 年 9 月 27 日召开。会议学习传达习近平在听取上海工作汇报后的重要讲话精神。听取并同意《上海市政协贯彻落实〈中共中央关于加强人民政协工作的意见〉情况的报告》,要求报经市委同意后书面报送全国政协。会议审议《关于进一步依法推进本市行政执法规范化若干建议的调研报告》,同意作为专委会调研报告报市委、市政府;审议《关于区县政协提高参政议政实效的探索与思考的调研报告》,同意作为指导组调研报告报市委、市政府,同时发各区县政协。

十一届六十六次主席会议于 2010 年 10 月 18 日召开。会议审议市政协《关于编制"十二五"规划需要关注的若干问题的建议(草案)》,要求经常委会会议讨论后报市委;审议通过《政协上海市委员会关于学习贯彻中共十七届五中全会精神,继续为编制上海市"十二五"规划建言献策的决议(草案)》,同意提请常委会会议审议;审议通过市政协 2010 年委员年终视察活动方案、评选表彰 2010年优秀提案工作方案和市政协提案工作座谈会筹备工作方案。

十一届六十七次主席会议于 2010 年 11 月 1 日召开。会议听取就《关于加快推进上海高新技术产业化的实施意见》落实情况开展民主监督的情况汇报,要求以专题报告形式报市委、市政府;审议通过市政协纪念辛亥革命 100 周年的工作方案、关于召开市政协工作务虚会的初步方案。

十一届六十八次主席会议于 2010 年 11 月 22 日召开。会议学习市委书记俞正声在市政协工作学习讨论会上的重要讲话精神。会议审议通过关于市政协十一届四次会议筹备工作方案;审议《政协上海市委员会专门委员会工作条例(修订草案)》,要求修改后再次提请主席会议审议。会议听取关于组织政协委员开展世博园区运行情况民主监督活动的汇报;听取市政协世博接待服务工作情况、市政协学习委员会赴浙江省学习考察情况、市政协教科文卫体委员会赴四川省学习考察情况的汇报(书面)。

十一届七十次主席会议于 2010 年 12 月 16 日召开。会议审议《市政协 2011 年工作要点(讨论稿)》;审议通过 2010 年优秀提案奖和优秀提案特别奖名单、旁听市政协十一届四次全会各界代表人士名单。会议协商十一届市政协委员调整、增补建议人选名单,同意将该建议人选名单提请常委会会议审议。会议听取市政协 2010 年委员视察工作情况和 2011 年委员视察工作初步安排、市政协 2010 年反映社情民意信息工作情况和 2011 年工作初步安排的汇报。

十一届七十六次主席会议于 2011 年 2 月 14 日召开。会议审议通过市政协 2011 年重点工作安排(草案),市政协部分专门委员会主任、副主任(副组长)职务任免和调整界别活动召集人名单(草案),决定将上述文件提请常委会会议审议。会议听取"关于加强城市建设与运行安全及安全生产对策研究"平行调研方案(草案)的汇报;听取关于修改《政协上海市委员会专门委员会工作条例》和《政协上海市委员会反映社情民意信息工作条例》情况的汇报(书面)。

十一届七十七次主席会议于 2011 年 2 月 21 日召开。会议审议通过市政协 2011 年委员视察工作方案(草案),决定在常委会会议上进一步征求意见;审议通过关于增补十一届市政协部分专门委员会副主任(常务)名单、十一届市政协部分界别活动召集人人选名单以及新增补委员参加专委会的安排。会议听取教科文卫体委员会、文史资料委员会、对外友好委员会、区县政协联络指导组关于本委员会(指导组)2010 年工作情况和 2011 年工作要点的汇报。

十一届七十八次主席会议于 2011 年 3 月 17 日召开。会议分别听取人口资源环境建设委员会、教科文卫体委员会、社会和法制委员会、民族和宗教委员会、经济委员会、港澳台侨委员会和对外友好委员会关于"加强城市建设、运行及生产安全"调研总课题下"轨交和大型交通枢纽安全"、

"建设管理和高层建筑安全"、"大型文体娱乐场所安全"、"学校、医院安全"、"大型商场、社区安全"、"宗教场所安全"、"易燃易爆和危险化学品管理"、"境内外城市安全比较(港澳地区)"和"国外城市公共安全和应急管理"等分课题调研情况的汇报,要求进一步修改各分课题报告,充实完善调研总报告,提请党组会议和主席会议审议后报市委、市政府。会议听取经济委员会赴海南省学习考察情况的汇报(书面)。

十一届七十九次主席会议于 2011 年 3 月 28 日召开。会议审议通过《关于加强城市建设、运行及生产安全的若干建议》调研报告,决定将此报告报市委、市政府。会议还审议通过主席会议成员重点促办十一届四次会议的提案选题。

十一届八十次主席会议于 2011 年 4 月 25 日召开。会议传达市委关于做好维护集装箱运输行业稳定工作专题会议精神,审议通过市政协十一届二十八次常委会会议筹备工作暨"提升传统产业能级,促进上海产业结构优化"重点课题调研工作方案。会议听取关于完善市政协常委会会议主持方式建议的汇报,要求根据常委会会议试行新的主持方式的情况,进一步完善《政协上海市委员会常委会工作规则》及落实相关事项。

十一届八十二次主席会议于 2011 年 6 月 13 日召开。会议学习传达《全国政协党组关于〈中共中央关于加强人民政协工作的意见〉贯彻落实情况的报告》,听取市委换届工作领导小组关于区县政协换届工作有关精神和市政协关于区县政协换届工作调研报告、文史资料委员会关于纪念辛亥革命 100 周年联展的筹备工作进展情况、市政协编撰《政协委员履职百例(暂名)》工作情况、《浦江纵横》公开发行有关筹备工作情况的汇报。会议还听取市委统战部关于有关人事事项的说明,协商有关人事事项,同意将此提请常委会会议审议;听取市政协区县政协联络指导组赴重庆市学习考察情况的汇报(书面)。

十一届八十三次主席会议于 2011 年 7 月 18 日召开。会议审议通过《关于本市宗教活动场所布局情况的调研报告》,同意作为专委会调研报告报市委、市政府;审议通过 2011 年上海市各界人士中秋联欢晚会工作方案。会议听取提案委员会关于市政协十一届四次会议以来提案办理情况、关于"媒介视野中的政协履职与协商民主"课题成果、关于进一步发挥市政协界别作用的工作方案、关于第二期人民政协理论专题研讨班筹备工作情况的汇报;听取市政协港澳台侨委员会赴广东省、湖南省学习考察情况的汇报(书面)。

十一届八十四次主席会议于 2011 年 8 月 8 日召开。会议传达市委常委会听取市人大常委会党组、市政协党组工作汇报后市委领导的讲话精神。会议审议《关于提升传统产业能级,促进上海产业结构优化的若干建议》,同意将此报告报市委、市政府;听取上海公共外交协会 2011 年上半年工作小结和下半年工作安排、2011 年上半年度市政协委员履职情况、上海市地方性法规和政府规章(草案)在市政协征求意见的情况汇报。

十一届八十五次主席会议于 2011 年 8 月 22 日召开。会议审议通过《关于发挥产业园区在上海转型发展中的引领作用》调研报告,同意将此报告报市委、市政府。会议听取关于签订上海市政协和新疆维吾尔自治区政协友好合作协议(草案)的汇报;听取在沪全国政协委员学习考察团赴新疆维吾尔自治区学习考察情况、市政协提案委员会赴黑龙江省学习考察情况的汇报(书面)。

十一届八十六次主席会议于 2011 年 9 月 5 日召开。会议听取关于市政协十一届五次会议常委会工作报告及提案工作报告起草工作的建议方案、关于抓早做好市政协十一届五次会议筹备工作的建议方案、关于第二期人民政协理论专题研讨班工作情况的汇报;审议通过《关于加强本市公安派出所刑事执法法律监督的若干建议》,同意将此报告报市委、市政府;听取经济委员会赴西藏自治区学习考察情况、区县政协联络指导组赴青海省学习考察情况的汇报(书面)。

十一届八十七次主席会议于2011年9月19日召开。会议听取文史资料委员会关于纪念辛亥革命100周年各项活动筹备工作情况的汇报,审议通过市政协2011年委员年终视察活动方案。会议审议通过《关于上海生活垃圾减量化、资源化、无害化处理的调研报告》、《上海智慧城市建设发展共识研究》,同意将上述两份报告报市委、市政府。会议听取港澳委员赴内蒙古自治区学习考察情况、社会和法制委员会赴陕西省学习考察情况、民族和宗教委员会赴山西省学习考察情况、对外友好委员会赴天津市和河北省学习考察情况、全国部分省市第四次地方政协联络工作座谈会情况的汇报(书面)。

十一届八十八次主席会议于2011年10月12日召开。会议审议通过《关于上海民营文艺表演团体可持续健康发展的调研报告》、《关于推进在沪港台资生产性服务企业发展的若干建议》,同意将上述两份报告报市委、市政府。会议听取关于接待新疆政协和喀什地区及四县政协学习培训考察团工作方案的汇报。

十一届八十九次主席会议于2011年10月24日召开。会议审议通过《关于新形势下加强群众工作的若干建议》,同意将此报告报市委、市政府;听取市政协学习贯彻落实中共中央十七届六中全会精神工作方案、筹建上海市文史资料研究会工作方案、澳门特别行政区全国政协委员赴上海考察接待工作方案等汇报;听取港澳台侨委员会赴宁夏回族自治区学习考察情况汇报(书面)。

十一届九十二次主席会议于2011年12月12日召开。会议审议常委会工作报告(讨论稿)、提案工作情况报告(讨论稿)和《政协上海市委员会提案工作条例(修订草案)》,同意将上述报告和文件提请常委会会议审议;审议通过市政协2011年优秀提案奖获奖名单和有关人事事项。会议听取关于接待新疆政协考察团和新疆政协、喀什地区政协工委及四县政协学习培训考察团有关情况的汇报(书面)。

十一届九十四次主席会议于2011年12月26日召开。会议审议通过市政协2012年工作要点(草案),同意提请市政协十一届五次会议审议;审议通过《关于贯彻落实中共中央办公厅、国务院办公厅〈关于进一步加强人民政协提案办理工作的意见〉的报告》,同意将此报告报全国政协办公厅和市委办公厅。会议听取关于2011年市政协界别专题调研工作情况的汇报;听取港澳台侨委员会参加全国政协港澳台侨委员会召开的关于"政协组织为港澳委员发挥'双重积极作用'创造条件"座谈会情况、学习委员会赴广西壮族自治区学习考察情况的汇报(书面)。

十一届九十九次主席会议于2012年2月20日召开。会议听取市政协2011年反映社情民意信息工作情况和2012年工作安排的汇报;审议通过《政协上海市委员会反映社情民意信息工作评选表彰办法(修订稿)》和关于评选表彰2010—2011年度反映社情民意信息工作先进单位、先进个人方案;审议通过十一届市政协部分专委会(指导组)副主任(副组长)职务任免名单和有关人事事项。会议分别听取教科文卫体委员会、文史资料委员会、港澳台侨委员会和区县政协联络指导组关于2011年工作情况和2012年工作要点的汇报。

十一届一〇一次主席会议于2012年4月16日召开。会议听取教科文卫体委员会、经济委员会等关于《上海文化发展繁荣中若干重大问题的思考和对策》的主报告及分报告起草情况的汇报,审议各份调研报告,同意将此报告报市委、市政府。会议审议通过关于市政协协同落实"澳门特别行政区青年人才上海学习实践计划"的工作方案、关于增补十一届市政协部分专门委员会副主任名单和有关人事事项。关于增补十一届市政协部分专门委员会特聘成员名单向会议作备案。

十一届一〇二次主席会议于2012年5月14日召开。会议听取关于做好十一届市政协总结工作的初步方案,提案委员会关于学习贯彻中共中央办公厅、国务院办公厅印发的《关于进一步加强人民政协提案办理工作的意见》和市委领导批示的初步工作情况,区县政协联络指导组关于走访部分区委、区县政协情况的汇报;听取学习委员会赴湖南省学习考察情况,人口资源环境建设委员会赴重庆市出席"京津沪渝市政协人口资源环境建设委员会第四次工作研讨会"情况,市政协代表团访问奥地利、希腊、波兰情况的汇报(书面)。

十一届一〇四次主席会议于 2012 年 6 月 25 日召开。会议审议通过民族和宗教委员会《关于加强本市宗教院校建设的若干建议》,同意将此报告报市委、市政府。会议听取关于十一届市政协工作总结报告(初稿)起草情况、人口资源环境建设委员会关于经济社会转型中上海人口发展问题的调研报告提纲(草案)、对外友好委员会关于 2012 年经社理事会及类似组织国际协会"夏季学校"工作方案的汇报;听取港澳委员赴山西省学习考察情况的汇报(书面)。

十一届一〇五次主席会议于 2012 年 7 月 9 日召开。会议审议通过社会和法制委员会《关于进一步加强预防职务犯罪工作的思考与建议》,同意将此报告报市委、市政府。会议听取关于《浦江纵横》杂志公开发行以来工作的情况汇报。

十一届一〇六次主席会议于 2012 年 8 月 6 日召开。会议审议通过人口资源环境建设委员会《关于建设"四个中心"和社会主义现代化国际大都市进程中上海人口发展问题的调研报告》,建议将调研报告中有关内容在 2013 年全国"两会"期间作为提案提交全国政协;审议通过关于评选表彰十一届市政协优秀提案的工作方案、关于评选表彰市政协十一届一次会议以来提案办理工作先进单位的工作方案;听取经济委员会关于对全市财政预算工作开展民主监督工作方案的汇报。

十一届一〇八次主席会议于 2012 年 9 月 10 日召开。会议听取关于全国地方政协工作经验交流会和人民政协理论研究工作座谈会情况、关于制作十一届市政协履职电视专题片工作情况的汇报;审议通过十一届市政协提案办理工作先进单位名单、评选表彰十一届市政协优秀社情民意信息工作方案。会议听取全国和地方政协外事委员会工作暨公共外交座谈会情况,市政协赴台参访团考察情况,市政协友好访问团赴荷兰、瑞士出访情况,经济委员会赴内蒙古自治区学习考察情况,对外友好委员会赴新疆维吾尔自治区学习考察情况的汇报(书面)。

十一届一〇九次主席会议于 2012 年 9 月 24 日召开。会议审议通过市政协学习贯彻中共十八大精神近期工作方案、市政协 2012 年委员年终视察活动方案;审议通过《关于进一步推进上海法院诉调对接工作的思考与建议》,同意将此报告报市委、市高级法院。会议听取关于市政协(援疆)园区经济专家顾问组赴新疆喀什、霍尔果斯经济开发区调研考察情况的汇报,要求将有关建议报市委、市政府主要领导和新疆自治区党委、政府主要领导;听取学习委员会赴黑龙江省学习考察情况、人口资源环境建设委员会赴四川省学习考察情况的汇报(书面)。

十一届一一〇次主席会议于 2012 年 10 月 15 日召开。会议听取关于十一届市政协特邀监督员工作情况的汇报,要求将此报告报市委;听取关于十一届市政协各专门委员会(指导组)五年工作总结汇报方案的说明、十一届市政协委员大会暨有关活动工作方案的汇报;听取全国政协文史工作座谈会情况、全国部分省市第五次地方政协联络工作座谈会情况、提案委员会及社会和法制委员会赴新疆维吾尔自治区学习考察情况的汇报(书面)。

十一届一一一次主席会议于 2012 年 10 月 29 日召开。会议开展关于严肃换届纪律专题学习,审议通过十一届市政协 2012 年优秀提案奖和优秀提案特别奖名单、十一届市政协优秀社情民意信息表彰名单。会议听取关于十一届市政协常委会工作报告和提案工作报告起草工作建议方案、关于 2013 年上海市各界人士新年音乐会节目方案(草案)的汇报;听取关于"市政协深入学习和贯彻落实中共十八大精神的决议(草案)"的汇报,决定提请常委会会议审议;听取提案委员会关于市政协十一届五次会议以来提案办理情况的汇报(书面)。

十一届——四次主席会议于 2012 年 12 月 10 日召开。会议听取经济委员会关于组织委员围绕全市财政预算开展履职建言活动情况的汇报,审议通过市政协十二届一次会议筹备工作方案以及有关事宜。会议审议关于撤销 1 名市政协委员委员资格的事项,同意提交常委会会议审议。

第三篇
学 习

学习是人民政协成立初期就确定的五大任务之一,也是增进履行职能共同思想基础的重要方面。历届市政协都把学习工作放在重要位置,紧扣国内外形势的变化和经济社会的发展组织有针对性的学习活动,并不断丰富学习形式,提高学习成效。改革开放以来,政协学习随着人民政协性质、地位、作用的变化,从提高认识、改造思想、跟上形势提升为知情明政、凝心聚力,增进对党和国家的路线方针政策的共识,并不断提高履行政协职能的能力和水平,更好地服务大局。

学习委员会是市政协最早成立的专门委员会之一,具体承担市政协各项学习活动的组织、策划、实施等方面工作。1999 年 12 月,市政协九届十次常委会会议调整专门委员会设置时,学习委员会改为学习指导组,但其性质、职责未变。2005 年 9 月,市政协十届二十次常委会会议决定恢复学习委员会。无论是学习委员会还是学习指导组,历届市政协都由 1 位副主席兼任主任(组长),以加强对学习工作的领导,发挥好示范、指导、组织和推动作用。

第一章 学习内容

　　市政协坚持理论联系实际的方针,学习内容重点安排为：中国特色社会主义基本理论,中共中央、中共上海市委重要会议精神,中共中央和全国政协对政协工作的新要求、新部署,国家和上海经济社会发展形势任务以及现代科学知识等。

第一节　中国特色社会主义基本理论

一、邓小平理论

　　1978年5月11日,《光明日报》发表特约评论员文章《实践是检验真理的唯一标准》,掀起了真理标准问题的大讨论。市政协立即参与这次思想解放运动,学习《光明日报》特约评论员文章和《解放军报》特约评论员文章《马克思主义的一个最基本的原则》。1978年11月9日,市政协举行真理标准问题的报告会。12月12日,举行"实践是检验真理的唯一标准"大型学习座谈会。1979年下半年,按照市委的布置,市政协再次组织学习"实践是检验真理的唯一标准"。8月29日,市政协举行大型报告会,市委副书记、宣传部部长陈沂传达市委宣传工作会议关于真理标准问题补课的精神,会议动员参加政协的各民主党派、无党派人士、各人民团体、各族各界人士,继续深入开展学习讨论实践是检验真理唯一标准的问题。9月15日,市政协举行大型学习交流座谈会,市委书记夏征农作《从真理标准问题的讨论,回顾30年来的社会实践》的中心发言,一些政协委员也作了交流发言。通过学习,广大政协委员普遍认识到,这是一次树立马克思主义、毛泽东思想的思想路线运动,真理标准的讨论,打开了眼界,解放了思想。

　　从1983年7月起,市政协组织学习《邓小平文选》(1951—1982年),采取自学为主、定期交流、联系实际、精学深议的学习方法,并就坚持实事求是的思想路线,新时期统一战线和人民政协工作,坚持四项基础原则与解放思想、实事求是的辩证关系,社会主义精神文明与民主法制的关系等专题,重点学习研讨。9月9日,市政协举行大型学习座谈会,交流学习《邓小平文选》的体会;9月23日,市政协六届三次常委会会议发出通知,要求全体政协委员继续开展学习《邓小平文选》的活动,并着重围绕思想路线问题及新时期统一战线和人民政协的性质、地位、任务等问题深入学习讨论。1986年,市政协结合对台工作,认真学习邓小平提出的"一个国家、两种制度"的构想,多次举办研讨会,以加深理解党和政府处理台湾问题的方针政策,发挥政协联系广泛的人脉优势,自觉为促进祖国统一献计出力。1992年,市政协组织学习《邓小平在武昌、深圳、珠海、上海等地的讲话要点》(简称南方讲话)。2月20日、3月2日连续两次举办市政协常委、专委会主任学习务虚会,传达学习邓小平在上海视察工作时的讲话精神。5月,市政协又举办为期2天的学习南方讲话委员学习会。7月2日,市政协召开七届二十三次常委会会议,深入学习讨论南方讲话,深刻理解加快改革发展"思想再解放一点,胆子更大一点,步子更快一点"的重要指导思想。1993年《邓小平文选》(第三卷)发行后,市政协再次掀起学习邓小平理论高潮。11月5日,市政协主席会议成员和部分民主党派成员、无党派人士学习《中共中央关于学习〈邓小平文选〉(第三卷)的决定》。12月,市政协举办为期3天的专委会主任学习会,研读《邓小平文选》(第三卷)。1993年底至1994年初,市政协举办2期《邓小平文选》(第三卷)委员学习会。此后,市政协把学习邓小平理论纳入日常的学习内容之中,主要在深入理解、推动工作上下功夫。1995年7月,市政协邀请市委宣传部部长金炳华作"以《纲要》为重要辅助材料,深入学习《邓小平文选》"的辅导报告。

1997年4月,市政协举行委员学习会,学习中共中央《告全党全国各族人民书》、中共中央总书记江泽民《在邓小平同志追悼大会上的悼词》、《邓小平伟大光辉的一生》等文献,深切缅怀伟人的丰功伟绩。1998年7月,市政协举行"邓小平关于人民政协的重要论坛"的研讨会,以邓小平理论为指导,推动政协工作发展。

图3-1-1　1998年7月,市政协举行邓小平理论研讨会

二、"三个代表"重要思想

2000年2月,中共中央总书记江泽民在广东考察工作时作"三个代表"重要讲话,市政协在各专委会及广大政协委员中就学习"三个代表"重要讲话精神作了动员布置,并采用座谈讨论和辅导解读的方法深化学习。2000年3—12月,共召开18次学习讨论"三个代表"重要讲话委员座谈会,并结合学习讨论的重点难点安排学习辅导:7月9日,邀请市委宣传部副部长、上海社会科学院院长尹继佐和市社会主义学院原副院长刘凤瑞作辅导报告;9月6日,邀请市委党校副校长奚洁人和复旦大学哲学系教授余源培作学习辅导报告,帮助领会讲话的深刻内涵和重要意义。2001年3月—2002年6月,市政协以学习江泽民在中央思想政治工作会议上的讲话和在庆祝中国共产党成立80周年大会上的讲话为重点,深入学习"三个代表"重要思想,并继续运用座谈讨论和辅导解读的方法深化学习,共举办1次研读班、1次交流会,以及以学习讨论江泽民在思想政治工作会议上提出的"四个如何认识"为主题的委员座谈36次,并于2001年7月20日,邀请市社科院院长尹继佐作辅导报告。2002年下半年,组织学习江泽民5月31日在中央党校省部级干部进修班结业典礼上讲话,共召开委员学习座谈会8次。9月25日,邀请中央党校副校长李君如作相关辅导报告。《江泽

民论有中国特色社会主义》(专题摘编)、《江泽民文选》、《"三个代表"重要思想学习纲要》发表后,市政协先后邀请中央党校校委会委员、科技部主任李忠杰,市委宣传部副巡视员周锦蔚,中共中央文献研究室常务副主任冷溶,上海社会科学界联合会副主席潘世伟,复旦大学党委宣传部部长王磊作辅导报告。通过学习,广大政协委员深刻认识到,"三个代表"重要思想不仅是建设党的重要指导思想,也是走中国特色社会主义道路的重要指导思想。

三、科学发展观

2004 年 4 月,中共中央总书记胡锦涛在中央党校省部级领导干部专题研讨班提出树立科学发展观的要求后,市政协把学习科学发展观列为学习重点：4 月 26 日,邀请同济大学可持续发展研究中心副主任褚大建作"可持续发展与中国"辅导报告；5 月 24 日,邀请复旦大学世界经济研究所所长华民作"变革世界中的新发展观"辅导报告。2005 年 1 月 31 日,邀请中国科学院副院长江绵恒作"科学技术创新与经济社会发展"辅导报告；6 月 17 日,市政协召开树立和落实科学发展观大型学习交流会,交流学习体会,并动员深入学习；12 月 2 日,邀请南京大学历史系教授钱乘旦作"15 世纪以来世界主要国家发展历史考察"辅导报告。2006 年 4 月 14 日,邀请中国浦东干部学院副院长王金定作"科学发展观与国家发展战略"辅导报告；8 月 9 日,邀请中科院院士、同济大学海洋与地球科学学院教授汪品先作"海洋开发的前景与上海的机遇"辅导报告。2007 年,在中共十七大召开前后,市政协再次掀起学习科学发展观的新高潮：6 月 1 日,邀请国际诺贝尔物理学奖获得者、著名科学家杨振宁博士作"21 世纪的科技"辅导报告；6 月 2 日,邀请中国工程院院士、清华大学倪维斗教授作"中国能源现状与对策"辅导报告；7 月 11 日,市政协专题学习讨论胡锦涛 6 月 25 日在中央党校省部级进修班上的重要讲话。2008 年 8 月 21 日,邀请市委宣传部副部长潘世伟作"最新理论成果、重大战略思想——深入贯彻落实科学发展观"辅导报告。2010 年 12 月 24 日,邀请国防大学战略教研部孟祥青教授作"我国安全环境与国家战略"辅导报告。2011 年 7 月 8 日,市政协召开委员座谈会,学习讨论胡锦涛总书记在庆祝中国共产党成立 90 周年大会上的重要讲话。2012 年 10 月 11 日,市政协召开委员座谈会,学习胡锦涛总书记 7 月 23 日在中央党校省部级领导干部进修班上的重要讲话。通过学习,广大委员表示,政协工作贯彻科学发展观,就要多想科学发展大事,多谋科学发展大计,努力为实现以人为本、全面协调可持续科学发展建睿智之言、献务实之策。

第二节　中共中央有关会议精神

一、中共十一届三中全会及其他会议精神

【学习中共十一届三中、五中全会精神】

1978 年 12 月,中共十一届三中全会确定了把全党工作中心转移到现代化建设上来,广大政协委员倍受鼓舞。1978 年 12 月 25 日,市政协举行学习中央十一届三中全会精神座谈会,各界人士纷纷表示,坚决拥护工作中心转移的决策。1980 年 3 月 1 日,市政协举行各民主党派市委负责人的学习座谈会,学习讨论当天发表的中共十一届五中全会公报；5 月 9 日,市政协举行五届八次常委会会议,委员刘良模等汇报学习中共十一届五中全会文件的收获和体会；6 月 6 日,市政协举行报告会,邀请市委副书记陈沂作学习全会精神的辅导报告。1981 年 1 月 6 日,市政协举行各界人士会议,传

达中央工作会议精神和邓小平关于《贯彻调整方针，改善党的领导，保证安定团结》的讲话，并组织市政协常委、各民主党派市委负责人和市工商联负责人分 7 个小组进行学习讨论。

【学习中共十一届六中全会精神】

1981 年 6 月 27 日中共十一届六中全会闭幕后，市委第二书记胡立教向各民主党派和各界人士传达全会精神和全会通过的《关于建国以来党的若干历史问题的决议》的基本内容。7 月 31 日，市政协举行大会，传达邓力群在六中全会上作的《关于建国以来党的若干历史问题的决议》的说明；9 月 9 日，市政协举行学习十一届六中全会和《决议》大型学习交流会，广大委员联系思想，结合实际，交流学习体会。

二、中共十二大及其他会议精神

【学习中共十二大精神】

1982 年 9 月 1 日，中共十二大召开后，9 月 28 日，市政协常委参加了市委第一书记陈国栋、第二书记胡立教向各界人士宣讲十二大精神的大会。10 月 13 日，市政协五届二十三次常委会会议作出《市政协关于组织各界人士学习中共十二大文件的安排》，要求以邓小平作的开幕辞为学习的指导思想，分 6 个部分研读中共中央总书记胡耀邦所作的十二大报告。

【学习中共十二届二中全会精神】

1983 年 11 月 4 日，市政协常委参加中共上海市委召开的座谈会，听取市委第一书记陈国栋、第二书记胡立教传达中共十二届二中全会精神，会后市政协进行分组讨论。11 月 9 日，市政协举行大组学习交流会，陈国栋、胡立教参加会议，直接听取政协委员和各界人士的意见，并希望各民主党派成员、无党派人士开诚布公、推心置腹地帮助中共进行整党。12 月 9 日，市政协举行大型报告会，邀请市委宣传部副部长丁锡满作学习十二届二中全会精神辅导报告。

【学习贯彻中共十二届三中、六中全会精神】

1984 年 12 月 5 日，市政协发出《关于学习中共十二届三中全会文件的意见》，这次学习以全会通过的《中共中央关于经济体制改革的决定》为重点，并和调研考察相结合，先后组织 500 多位政协委员到宝钢、大众汽车及青浦县等基层调研，加深领会经济体制改革的重大意义。1986 年 12 月 27 日，市政协举行六届十九次常委会会议，学习中共十二届六中全会《关于社会主义精神文明建设指导方针的决议》，并通过《市政协关于贯彻〈中共中央关于社会主义精神文明建设指导方针的决议〉的意见》。决定成立市政协"精神文明建设巡回宣讲团"，深入社会各界宣传社会主义新思想、新道德、新风尚。

三、中共十三大及其他会议精神

【学习中共十三大精神】

1987 年 10 月 25 日，市政协组织各民主党派、市工商联负责人收看中共十三大开幕式电视直播，听取《沿着有中国特色社会主义道路前进》的大会报告。12 月 5 日，市政协举行六届二十四次常委会会议,收听中共中央主要领导在中央召开的各民主党派、无党派人士茶话会上的讲话录音,并进行分组讨论和大会发言,10名市政协常委发言。市委书记江泽民出席会议,并作"认真学习贯彻中共十三大文件,进一步搞活上海经济"的讲话。

【学习中共十三届三中、四中全会精神】

1988年10月17—18日,市政协举行七届三次常委会会议(扩大),学习讨论中共十三届三中全会作出的《关于进行治理整顿和深化改革的决定》,会议进行分组讨论和大会发言,并作出《市政协关于学习贯彻中共十三届三中全会精神的决定》,对深入学习进行了安排。1989年6月29日和7月5—6日,市政协先后举行七届十六次主席会议和七届八次常委会会议(扩大),学习中共十三届四中全会文件和邓小平在接见首都戒严部队军以上干部时的重要讲话精神。会上,中共中央委员、市政协主席谢希德谈参加四中全会的体会,要求广大政协委员认真学习,提高认识,明辨是非,统一思想。广大政协委员表示坚决拥护四中全会的各项决定,表示经历了两个多月的风风雨雨,更加感到只有坚持中国共产党领导,坚持社会主义道路,中国才有光明前途。

【学习中共十三届五中、七中全会精神】

1989年11月22日,市政协举行七届九次常委会会议,学习中共十三届五中全会公报和《中共中央关于进一步治理整顿和深化改革的决定》,以及邓小平、中共中央总书记江泽民、国务院总理李鹏在五中全会上的讲话精神。会上,中共中央委员、市政协主席谢希德谈参加五中全会的体会,市委书记、市长朱镕基就上海如何贯彻落实五中全会精神作了讲话。1991年3月11—14日,市政协举办为期4天的委员春季学习会,分4个学习小组重点学习中共十三届七中全会公报和《中共中央关于制定国民经济和社会发展十年规划和"八五"计划的建议》。

四、中共十四大及其他会议精神

【学习中共十四大精神】

1992年10月12日,市政协组织各民主党派市委、市工商联负责人等收看中共十四大开幕式电视直播,听取中共中央总书记江泽民作的《加快改革开放和现代化建设步伐,夺取有中国特色社会主义事业的更大胜利》的报告。13日,组织讨论会学习十四大精神。11月2—3日,市政协召开七届二十四次常委会会议(扩大),专题学习讨论中共十四大精神,并邀请副市长徐匡迪作上海经济建设和改革开放形势报告。

【学习中共十四届四中、六中全会精神】

1994年11月2—4日,市政协举办各专门委员会正副主任中的中共党员、中共界别委员及机关处以上党员干部学习班,学习中共十四届四中全会通过的《中共中央关于加强党的建设几个重大问题的决定》,并结合政协实际,就加强政协党组织建设、发挥党员委员的作用等问题进行研讨。11月28—30日,市政协举办由各民主党派成员参加的政协委员学习班,学习中共十四届四中全会精神,就民主党派和各界人士如何围绕团结民主主题积极履行政协职能,发挥"诤友"作用等问题进行研讨。1996年10月11日,市政协召开委员座谈会,学习中共十四届六中全会通过的《中共中央关于加强社会主义精神文明建设若干重要问题的决议》精神。10月23—24日,市政协举办中共十四届六中全会精神学习专题会,邀请市委宣传部副部长尹继佐作学习全会精神辅导报告。

五、中共十五大及其他会议精神

【学习中共十五大精神】

1997年9月中共十五大召开后,9月23日、24日,市政协两次召开学习会,学习讨论中共十五大精神。10月15日,市政协中心学习组召开会议,学习中共十五大精神,讨论市政协如何贯彻会议精神做好年内工作。10月24日,市政协召开学习交流会,交流各专门委员会学习贯彻中共十五大精神,做好年内工作的安排。10月30日,市政协再次召开学习讨论会,各专门委员会交流研讨政协工作如何贯彻落实十五大精神。

【学习中共十五届三中、四中、五中、六中等会议精神】

1998年10月15日,市政协举行委员学习活动日,学习中共十五届三中全会通过的《中共中央关于农业和农村工作若干问题的决议》精神。11月4日,市政协召开九届八次主席会议,学习讨论中共十五届三中全会精神,并作出《关于认真学习贯彻中共十五届三中全会精神的决定》,要求广大委员深刻领会精神实质,指导各项工作。1999年9月29日,市政协举行委员学习活动日,学习中共十五届四中全会通过的《中共中央关于国有企业改革和发展若干重大问题的决议》精神。2000年中共十五届五中全会召开后,11月2日,邀请上海社会科学院经济研究所副所长杨建文作关于制定第十个五年计划的辅导报告。2001年7月1日,市政协组织收看中共中央庆祝中国共产党成立80周年大会电视直播并召开委员学习座谈会。在中共十五届六中全会召开后,10月4日,邀请中共中央党校学术委员会副主任邢贲思作关于加强和改进党的作风建设的辅导报告。

六、中共十六大及其他会议精神

【学习中共十六大精神】

2002年11月8日,市政协组织收看中共十六大开幕式电视直播,听取中共中央总书记江泽民作的《全面建设小康社会,开创中国特色社会主义事业新局面》报告。11月25—26日,市政协举办为期2天的研读班,采取自学和集中讨论相结合的形式,深入学习中共十六大会议精神。2002年11月—2003年1月,市政协围绕学习领会中共十六大精神,分别组织3次委员学习讨论会,2002年12月15日,邀请市委宣传部副部长郝铁川作学习中共十六大精神的辅导报告。

【学习中共十六届三中全会及其他重要文件精神】

2004年2月12日,市政协邀请中共中央政策研究室副主任郑新立作"学习十六届三中全会精神,完善社会主义市场经济体制"的辅导报告。3月29日,邀请上海社科院副院长沈国明作《中华人民共和国宪法修正案》学习辅导报告。5月19日,邀请国务院法制办副主任汪永清作《中华人民共和国行政许可法》学习辅导报告。10月15日,邀请中央党校党建部主任卢先福作《中共中央关于加强党的执政能力建设的决定》学习辅导报告。12月23日,邀请国务院发展研究中心副主任谢伏瞻解读中央经济工作会议精神。2006年2月20日,邀请国务院参事石定环解读《国家中长期科技规划纲要》。

七、中共十七大及其他会议精神

【学习中共十七大精神】

2007年10月15日,市政协组织收看中共十七大开幕式电视直播,听取中共中央总书记胡锦涛作《高举中国特色社会主义伟大旗帜,为夺取全面建设小康社会新胜利而奋斗》的报告。12月7日,市政协召开委员学习会,传达学习胡锦涛在中共十六届六中全会和中共十七届一中全会上的讲话。

【学习中共十七届二中、三中、六中全会精神】

2008年6月28日,市政协邀请中央编译局副局长俞可平作"学习十七届二中全会精神,深化行为管理体制改革"的辅导报告。11月7日,市政协召开学习座谈会,学习中共十七届三中全会通过的《中共中央关于推进农村改革发展若干重大问题的决议》精神。2011年10月27日,市政协邀请全国政协教科文卫体委员会副主任张秋俭作专题报告,解读中共十七届六中全会精神,介绍人民政协发挥文化建设生力军作用的理论与实践。11月3日,市政协召开学习座谈会,讨论政协工作如何贯彻十七届六中全会精神,在文化建设中发挥有益作用。12月7日,邀请中央社会主义学院党组书记、第一副院长叶小文作"中国文化与文化中国"的辅导报告。

八、中共十八大会议精神

2012年11月8日,市政协组织收看中共十八大开幕式电视直播,听取中共中央总书记胡锦涛作《坚定不移沿着中国特色社会主义道路前进,为全面建成小康社会而奋斗》的报告。10月27日,市政协召开主席会议成员、市政协常委等参加的学习会,学习讨论中共十八大精神。11月23日,市政协召开常委会会议,听取十八大代表、市政协副主席吴志明传达中共十八大会议精神及参加十八大的体会,审议通过《市政协关于深入学习和贯彻中共十八大精神的决议》,决议要求认真学习贯彻中共十八大精神,推动政协工作在开创上海工作新局面中更加奋发有为。12月5日,市政协邀请中共中央党校教授辛鸣作"中共十八大的历史方位与精神实质"的辅导报告。

第三节　推进人民政协工作发展的重要精神

一、中共中央关于人民政协的重要文件、重要讲话

【学习《中共中央关于坚持和完善中国共产党领导的多党合作和政治协商制度的意见》】

1990年2月,市政协举办2期委员学习会,学习《中共中央关于坚持和完善中国共产党领导的多党合作和政治协商制度的意见》(以下简称中共14号文件),两期学员共180多人,历时8天。3月1日,市政协举行七届十次常委会会议(扩大),市政协副主席毛经权作学习中共14号文件的辅导,并分组学习讨论。1993年5月11日,市政协举办学习会,学习中共14号文件等有关政协工作的文件。9月26日,市政协举行中共党员委员学习会,学习中共14号文件,并重点学习讨论政协委员中的中共党员如何在政协工作中更好地发挥作用。

【学习《中共中央关于加强人民政协工作的意见》】

2006年2月17日,市政协召开主席会议,学习讨论《中共中央关于加强政协工作的意见》(以下简称中央5号文件),会议要求市政协各专门委员会、各区县政协对照文件内容,联系实际、深化学习、推动工作。2月27日,市政协召开各专委会工作会议,学习中央5号文件,联系实际,讨论一年开局工作。3月27日,市政协召开各区县政协的中共党员负责人会议,交流学习贯彻中央5号文件精神的体会。3月28日、4月11日、4月22日,市政协举办3期委员学习会,学习中央5号文件精神,先后有300余名委员参加。6月11日,市政协召开学习会,学习传达全国政协秘书长郑万通在中共上海市委常委学习会上作的"关于学习贯彻《中共中央关于加强人民政协工作的意见》"专题辅导报告内容。7月18日,市政协召开学习贯彻中央5号文件研讨会,部分专委会、区县政协作研讨发言。9月12日,市政协举行委员学习研讨会,邀请全国政协常委、副秘书长李昌鉴作学习贯彻中央5号文件的辅导报告,全国政协研究室副主任原冬平作"关于人民政协经常性工作"的辅导报告。此后,市政协把学习贯彻中央5号文件精神作为工作指南,联系实际,常学常新,推动工作。

【学习中共中央办公厅转发《中共政协全国委员会党组关于〈中共中央关于加强人民政协工作的意见〉贯彻落实情况的报告》的通知】

2011年5月12日,中共中央办公厅转发《中共政协全国委员会党组关于〈中共中央关于加强人民政协工作的意见〉贯彻落实情况的报告》。6月13日,市政协召开主席会议,专题学习中办通知及全国政协党组的报告,并要求各专门委员会周密安排,组织学习,紧密联系实践,在指导实践、推动工作上见成效。市政协还根据通知的要求,积极推动将宣传人民政协列入各级党委宣传部门的工作范围;将人民政协理论列入各级党校、行政学院、社会主义学院的教学计划,努力形成政协工作的良好氛围和社会环境。

【学习中央领导在人民政协重大节庆大会上的讲话】

1999年9月22日,中共中央总书记江泽民在庆祝人民政协成立50周年大会上发表重要讲话,市政协组织部分政协委员收看电视实况转播,并组织学习讨论。2004年9月21日,中共中央总书记胡锦涛在庆祝人民政协成立55周年大会上发表重要讲话。市政协组织部分政协委员收看电视实况转播。9月27日、29日,市政协召开主席会议和常委会会议,专题学习讲话精神。2009年9月20日,中共中央总书记胡锦涛在庆祝人民政协成立60周年大会上发表重要讲话。市政协组织部分政协委员收看电视实况转播。9月22日、25日,市政协分别举行专题研讨会和专题学习会,认真学习讲话精神。

二、《政协章程》和全国政协会议精神

【学习《政协章程》】

为使政协工作与新时期发展要求相适应,全国政协于1982—2004年间,多次修订《政协章程》,市政协注意在每次《政协章程》修订后及时组织学习、贯彻。1982年12月,全国政协五届五次会议通过修订的《政协章程》后,市政协及时召开部分政协常委和全市各民主党派负责人学习会,认真学习,提高认识。1994年3月,全国政协八届二次会议修订的《政协章程》,将人民政协的职能由政治协商、民主监督修改为政治协商、民主监督、参政议政。4月18日,市政协举办为期2天的常委学习

会;8月20日,举办为期4天的委员学习会。这两次学习会都围绕学习新修订的章程,讨论在新形势下如何发挥好人民政协履行职能的作用。2004年3月,全国政协十届二次会议审议通过修订后的《政协章程》,3月23日,中共中央办公厅下发《关于学习贯彻〈中国人民政治协商会议章程〉的通知》。市政协认真开展学习《政协章程》的各项活动;3月29日,举办委员学习活动日,邀请全国政协教科文卫体委员会办公室主任原冬平作政协章程修订情况的报告;3月31日,市政协召开专委会主任会议,学习讨论《政协章程》,准确领会团结民主两大主题的深刻内涵;4月21日,市政协召开"学习政协章程,充分发挥社会各阶层作用"的专题研讨会;5月26日,市政协常委会会议审议通过《关于学习贯彻〈中国人民政治协商会议章程〉的意见》;6月11日,市政协主席会议学习传达市委常委会《政协章程》学习座谈会精神,充分认识人民政协在中国政治生活中的重要地位;9月9日,市政协举行市、区、县政协学习贯彻《政协章程》交流会,市、区、县政协交流深入学习贯彻政协章程的做法和经验。

【学习全国政协会议文件的精神】

历届市政协都以主席会议、常委会会议、委员学习活动日、学习会、培训班等形式,组织学习全国"两会"精神及全国政协重要会议、重要文件精神,并结合实际认真贯彻。主要内容有:历任全国政协主席邓小平、邓颖超、李先念、李瑞环、贾庆林在全国政协历次全会开、闭幕式上和其他重要会议上的讲话,中共中央总书记在全国"两会"中共党员负责人会议上的讲话等,以及全国政协制定的一些重要文件:《全国政协关于政治协商、民主监督的暂行规定》、《全国政协关于政治协商、民主监督、参政议政的规定》、《中共政协全国委员会党组关于〈中共中央关于加强人民政协工作的意见〉贯彻落实情况的报告》等。

三、中共上海市委对政协工作的要求

【学习市委第一次政协工作会议精神】

1989年2月22—23日,市政协委员中的中共党员参加市委首次召开的上海市政协工作会议。市委书记江泽民在会上作"全党重视政协工作,进一步发挥各级政协政治协商、民主监督的作用"的重要讲话。在分组讨论报告的基础上,中共市政协党组书记谢希德在会上作"充分发挥政协优势,为上海治理、整顿、深化改革和民主政治建设献计出力"的发言,市政协副主席吴增亮作"对新时期政协工作的重要性和如何开展政协工作的一些认识"的发言。会后,市政协立即组织学习传达,并结合工作实际,贯彻落实会议精神。

【学习市委第二次政协工作会议精神】

1998年11月18日,部分在沪全国政协委员和市政协委员参加市委召开的上海市政协工作座谈会。市委书记黄菊在会上作主题报告,指出要加强市委及各级党委对政协工作的领导,推动政协工作规范化、制度化建设,研究新形势下政协工作的规律和方式,在上海跨世纪发展的征途中更好地发挥政协的作用。市委副书记、市政协主席王力平主持会议,并就贯彻会议精神作了讲话,要求各级党委结合实际,突出重点,把会议精神落到实处。市政协副主席朱达人和市委宣传部、市委统战部、市政府办公厅、市教育党委及黄浦、松江、南汇等区县负责人作交流发言。会后,市政协认真组织学习贯彻会议精神。

【学习市委第三次政协工作会议精神】

2005 年 8 月 30 日,部分在沪全国政协委员和市政协委员参加市委召开的政协工作会议。市委领导在会上作主题报告,要求从时代和战略的高度深刻认识新时期人民政协工作的重要性,进一步加强党对政协工作的领导,思想认识上达到新高度、制度建设上形成新规范、工作探索上形成新实践,谱写人民政协事业的新篇章。市委副书记、市长韩正主持会议。市委副书记王安顺就会议下发的《中共上海市委关于加强政协工作的意见》的主要精神作了说明,并就贯彻落实好《意见》和会议精神提出要求。市政协主席蒋以任在会上作了讲话,要求各级政协以贯彻落实会议精神为契机,顺势而谋、因势而动,全面推进政协各项工作。会后,市政协在主席会议、专委会主任会议认真学习讨论《意见》和会议精神,市政协主席蒋以任还运用信息网络和政协委员畅谈学习体会。

【学习市委第四次政协工作会议精神】

2009 年 9 月 27 日,部分在沪全国政协委员和市政协委员参加市委召开的庆祝人民政协成立60 周年暨上海市政协工作会议。市委书记俞正声在会上作主题报告,指出各级党委和政府要充分发挥人民政协的制度优势和重要作用,切实把政治协商纳入决策程序,不断完善民主监督机制,努力提高参政议政实效。各级政协组织要切实加强自身建设,努力把政协建设成为交流、交锋、交融的平台。市委副书记、市长韩正主持会议。市委副书记殷一璀就会议下发的《中共上海市委关于进一步加强人民政协工作的实施意见》的主要精神作了说明,并就贯彻落实《实施意见》和会议精神提出要求。市政协主席冯国勤在会上作了讲话,要求各级政协组织深化学习、统一认识、立足全局、贯彻落实,使政协成为政治协商的重要场所、民主监督的重要渠道、参政议政的重要平台,推动政协事业的新发展。会后,市政协通过主席会议,深入学习讨论,并举行专题学习交流会。

第四节　上海市经济社会改革发展情况

知情明政是政协工作服务大局的基础,也是政协委员履职的关键环节。历届市政协都积极安排党政领导及有关部门负责人到政协通报全市经济社会各领域改革发展的情况。据不完全统计,从 1978—2012 年,市党政领导到政协通报情况介绍工作达 120 余次。[①]

表 3-1-1　1978—2012 年市党政领导到政协通报情况一览

时　间	报　告　人	通　报　内　容
1978.8.25	中共上海市委(以下简称市委)书记韩哲一	上海经济工作情况
1979.4.1	市委第三书记　彭冲	开展增产节约运动情况
1979.4.1	市革会副主任　陈锦华	开展增产节约运动情况
1979.4.1	市革会副主任　王鉴	维护社会秩序情况
1980.8.11	副市长　陈锦华	经济调整和技术改造
1982.12.23	市　长　汪道涵	经济社会发展中几项主要工作
1984.12.29	副市长　阮崇武	上海对外开放情况

①　不包含其他工作原因来政协的市党政领导及来政协通报情况的部门负责人。

（续表）

时　间	报　告　人	通　报　内　容
1985.3.20	副市长　阮崇武	改革开放形势下的一些新问题
1985.3.20	副市长　倪天增	上海落实私房政策情况
1985.10.18	副市长　叶公琦	上海市场物价情况
1985.11.15	市委书记　芮杏文	国内外形势
1986.12.27	市　长　江泽民	上海部分高校毕业生上街集会游行情况
1988.7.6	市　长　朱镕基	目前上海形势和任务
1989.1.5	副市长　黄菊	1988 年上海经济社会发展计划执行情况
1989.1.6	副市长　黄菊	1989 年上海各项经济工作安排情况
1989.7.5	市　长　朱镕基	当前上海形势和任务
1990.4.19	副市长　黄菊	浦东开发开放情况
1990.10.5	市　长　朱镕基	上海经济形势发展情况
1991.1.18	副市长　黄菊	上海十年规划和"八五"计划纲要编制
1991.3.19	市　长　朱镕基	上海经济形势
1991.6.4	副市长　刘振元	上海科技发展前景
1991.10.24	副市长　赵启正	浦东开发开放情况
1992.2.26	副市长　庄晓天	上海下一步深化改革情况
1992.4.19	市委书记　吴邦国	当前上海形势和任务
1992.7.2	副市长　庄晓天	上海深化改革情况
1992.11.2	副市长　徐匡迪	上海经济建设和改革开放形势
1993.4.6	副市长　龚学平	东亚运动会筹备情况
1993.6.7	市　长　黄菊	上海经济形势发展情况
1993.7.15	市纪委书记　张惠新	上海反腐倡廉情况
1993.9.2	市纪委书记　张惠新	上海纪检工作情况
1993.11.11	副市长　孟建柱	上海养老保险改革情况
1994.1.4	副市长　徐匡迪	上海经济形势发展
1994.6.8	副市长　孟建柱	上海粮油调价情况
1994.6.28	市委副书记　王力平	上海反腐倡廉情况
1994.8.19	副市长　蒋以任	上海国企改革情况
1994.12.13	副市长　华建敏	上海改革开放经济建设
1995.4.20	市委副书记　陈至立	上海精神文明建设
1995.5.26	市委分管领导	上海机构改革情况
1995.5.26	副市长　蒋以任	上海建立现代企业制度情况

(续表)

时　间	报　告　人	通　报　内　容
1995.10.31	副市长　沙麟	上海利用外资情况
1995.11.15	市委领导	上海十五年远景规划和"九五"计划编制
1995.11.21	副市长　夏克强	上海公交改革情况
1996.5.30	市委副书记　王力平	上海开展"严打"和社会治安综合治理情况
1996.11.29	副市长　龚学平	上海教育文化体育事业发展
1997.8.6	分管副市长	上海经济形势发展情况
1997.10.23	副市长　冯国勤	上海秋粮收购、社会保障情况
1998.6.25	副市长　冯国勤	上海粮食流通体制改革情况
1998.6.25	副市长　左焕琛	上海创建国家卫生城市情况
1998.8.6	副市长　韩正	上海城市建设和管理情况
1998.9.24	副市长　周慕尧	上海发展旅游业情况
1998.9.24	副市长　蒋以任	上海工业经济情况
1999.4.14	分管副市长	上海城市总体规划情况
1999.4.29	副市长　蒋以任	上海工业经济形势及发展趋势
1999.9.29	分管副市长	上海推进国企改革和发展情况
2000.4.19	分管副市长	上海"十五"规划编制情况
2000.12.22	市纪委书记　张惠新	上海反腐倡廉工作情况
2001.1.19	副市长　蒋以任	上海工业改革与发展情况
2001.2.1	副市长　左焕琛	上海医疗保险制度改革情况
2001.4.1	副市长　冯国勤	上海菜场入室管理情况
2001.4.12	市委组织部部长　罗世谦	上海干部人事制度改革情况
2001.8.29	副市长　韩正	上海水环境治理与保护
2001.9.11	分管副市长	上海应对加入 WTO 情况
2001.12.25	副市长　蒋以任	上海工业和外贸工作
2002.1.30	副市长　韩正	上海城市基础设施建设和绿化
2002.2.5	副市长　杨晓渡	上海医疗卫生体制改革
2002.2.9	副市长　周禹鹏	上海整顿市场秩序情况
2002.4.3	副市长　冯国勤	上海"三农"工作
2002.6.20	副市长　杨晓渡	上海医疗保险改革工作
2002.11.15	副市长　杨晓渡	医保支付费用试行"总额控制"情况
2003.3.21	副市长　周太彤	医疗保险调整方案
2003.5.23	副市长　周禹鹏	物价调整情况

（续表）

时　间	报　告　人	通　报　内　容
2003.6.26	副市长　冯国勤	上海社会诚信体系建设
2003.7.4	副市长　周禹鹏	上海经济发展和外贸外资
2003.10.21	副市长　周禹鹏	上海规划工作会议筹备情况
2003.10.29	副市长　严隽琪	上海实施"科教兴市"战略情况
2004.5.26	市委副书记　殷一璀	上海文化事业发展和改革情况
2004.6.29	副市长　杨雄	交通排堵保畅工作情况
2004.7.21	副市长　周禹鹏	上海经济形势发展
2004.9.29	市委副书记　罗世谦	上海党风廉政建设情况
2005.3.23	市委副书记　刘云耕	上海社会稳定工作情况
2005.4.4	副市长　周禹鹏	上海鼓励支持引导非公有制经济发展情况
2005.7.16	市委副书记　王安顺	加强党的执政能力建设
2005.7.29	市　长　韩正	上海转变经济增长方式的情况
2005.9.28	市委副书记　殷一璀	上海实施科教兴市战略和文化事业发展情况
2005.11.23	市委副书记　罗世谦	统战和对台工作
2006.3.22	市委副书记　刘云耕	上海平安建设
2006.5.31	市委副书记　殷一璀	上海文化体制改革
2006.7.19	市　长　韩正	市政府工作情况
2006.9.27	市委副书记　罗世谦	对台工作情况
2006.11.29	市委副书记　王安顺	上海民间组织发展和管理工作
2007.3.21	市委副书记　刘云耕	上海社会救助工作情况
2007.5.30	市委宣传部部长　王仲伟	上海文化建设情况
2007.7.31	市　长　韩正	市政府工作情况
2007.9.26	市纪委书记　沈德咏	上海纪检工作情况
2008.5.29	副市长　屠光绍	上海救灾援助工作
2008.6.25	副市长　赵雯	北京奥运会上海赛区筹办情况
2008.7.2	分管副市长	上海国企改革发展
2008.7.30	市政协副主席　周汉民	上海世贸会筹备情况
2008.8.27	市委宣传部部长　王仲伟	上海新兴媒体发展管理工作
2008.9.24	市　长　韩正	上海政府机构改革情况
2008.10.29	市纪委书记　董君舒	上海党风廉政建设情况
2008.12.17	市　长　韩正	上海经济发展情况
2009.2.23	市委组织部部长　沈红光	学习实践科学发展观活动情况

（续表）

时　间	报　告　人	通　报　内　容
2009.4.29	副市长　唐登杰	上海扩大消费及商务运作
2009.5.8	副市长　胡延照	调整浦东新区与南汇区行政区划工作情况
2009.6.24	副市长　胡延照	上海保民生工作情况
2009.7.14	市委常委　徐麟	浦东新区发展的若干问题
2009.8.26	市委副书记　殷一璀	上海社会建设和社会管理工作情况
2009.12.10	副市长　沈晓明	上海中长期教育改革和发展情况
2009.12.23	市　长　韩正	上海今年经济运行情况及明年工作安排
2010.4.28	副市长　沈晓明	上海医药卫生体制改革工作情况
2010.6.29	分管副市长	上海自主创新和高新技术产业发展
2010.12.22	市　长　韩正	上海经济社会发展情况
2011.2.23	市纪委书记　董君舒	上海反腐倡廉建设情况
2011.6.7	副市长　姜平	上海调整部分行政区域工作
2011.11.9	副市长　姜平	通报市政府有关工作
2011.12.21	市　长　韩正	市政府工作情况
2012.1.6	副市长　沈晓明	上海完善城镇职工医疗保险办法的工作
2012.2.22	市委宣传部部长　杨振武	上海文化事业改革发展情况

第五节　形势任务和现代科学知识

及时了解经济社会发展的形势和任务,掌握现代科学知识,是增强政协委员履职能力的重要环节。历届市政协都不定期邀请有关领导和专家学者作有关辅导报告,以拓展视野,开阔思路。

一、形势任务报告会

从 1978—2012 年,市政协举办形势任务报告会 70 余次。

表 3-1-2　1978—2012 年市政协形势任务报告会一览

时　间	报　告　人	通　报　内　容
1979.2.17	市外办主任　李储文	国际形势
1981.2.26	市外办主任　李储文	国际形势
1987.9.14	中国驻联合国原副代表　梁于藩	国际形势
1993.4.20	华师大国际研究中心副主任　倪家泰	俄罗斯政局分析
1993.5.15	海协会会长　汪道涵	"汪辜会谈"情况

（续表）

时　间	报　告　人	通　报　内　容
1994.4.28	上海国际问题研究所所长　陈佩尧	国际形势
1995.8.9	市台办主任　张志群	李登辉访美和台湾形势
1995.9.22	市妇联主任　章博华	中国举办第四次世界妇女大会情况
1996.3.28	市台办主任　张志群	台湾地区形势
1997.4.18	国务院港澳办副主任　陈滋英	香港问题
1997.6.5	市高院副院长　李昌道	迎接香港回归
1997.7.7	副市长　赵启正	香港回归交接仪式和庆典盛况
1998.4.30	华师大人文学院院长　冯绍雷	国际形势中的几个问题
1998.6.4	上海国际问题研究所所长　陈佩尧	中美关系
1998.6.23	香港特区行政长官特别顾问　叶国华	香港回归一周年回顾展望
1999.3.26	上海国际问题研究所所长　陈佩尧	中美关系
1999.5.26	上海国际问题研究所美国研究室主任　杨洁勉	科索沃危机与北约新战略
1999.7.24	新华社澳门分社副社长　宋光耀	澳门回归前的形势与展望
2000.3.23	东亚研究所所长　章念驰	台湾地区情况
2000.10.20	中国原驻法大使　吴建民	国际形势与应对思考
2001.4.18	复旦大学美国研究中心主任　倪世雄	国际格局多样化与中美关系
2001.10.26	复旦大学经济研究所所长　华民	世界经济格局变化
2002.9.6	上海国际问题研究所所长　俞新天	海峡两岸关系
2004.3.25	博鳌论坛秘书长　龙永图	经济全球化下的亚洲经济合作
2004.7.28	复旦大学美国研究中心主任　倪世雄	台湾问题中的美国因素
2004.8.25	上海国际问题研究所所长　俞新天	国际形势
2005.3.15	上海社科院经济所副所长　周振华	现代服务业与上海
2005.5.30	国务院台办研究局副局长　黄文涛	连、宋访问大陆和中央对台工作情况
2005.6.17	上海国际问题研究所日本室主任　吴寄楠;南亚室主任　赵干城	中日、中印关系及发展前景
2006.1.6	中国人大新闻学院院长　赵启正	建设良好的国际舆论环境
2006.6.12	市社科院上合组织研究中心主任　潘光	上海合作组织的成就、意义和前景
2006.8.18	上海国际问题研究所副所长　杨洁勉	台湾问题和两岸关系中的国际因素
2006.10.17	东亚研究所所长　章念驰	当前海峡两岸关系
2007.4.24	市政府发展研究中心副主任　周振华	上海航运中心建设
2007.9.29	上海社科院副院长　左学金	上海经济形势与发展趋势
2008.2.27	复旦大学经济学院教授　石磊	中国经济形势分析

(续表)

时　间	报　告　人	通　报　内　容
2008.3.26	全国台联会会长　梁国扬	台湾选情与两岸关系展望
2008.4.30	上海国际问题研究所所长　杨洁勉	当前国际形势和中国外交战略
2008.12.26	上海社科院世界经济研究所所长　张幼文	世界经济发展趋势及对中国和上海经济发展的影响
2009.3.19	中共中央党校教授　徐平华	国际金融危机下的中国就业形势与对策
2009.5.6	中国人民银行副行长　苏宁	上海国际金融中心建设
2009.5.8	中国原驻法大使　吴建民	世博会对上海的机遇和挑战
2009.6.26	市决策咨询委员会专职委员　江上舟	上海高新技术产业发展的回顾与前瞻
2009.7.22	上海大学副校长　李友梅	上海当前社会建设的战略分析与理论思考
2009.12.24	复旦大学美国研究中心　沈丁立	中美关系和国际安全
2010.1.8	中央党校研究室副主任　周天勇	"十二五"促进公平与富裕百姓的思路和对策
2010.3.30	全国政协港澳台侨委主任　陈云林	当前台湾局势与对台工作
2010.5.12	复旦大学经济学院教授　张晖明;上海财经大学科研处处长　干春晖	社会建构多维性与社会治理优化;中国经济转型与产业升级
2010.5.18	人民日报社原副总编辑　周瑞金	中国改革路线图
2010.5.27	国家发改委对外经济研究所副所长　毕吉耀	大力推进经济结构调整,加快经济发展方式转变
2010.6.22	复旦大学新闻学院副院长、博士生导师　孟建	新媒体发展对社会主义民主政治建设进程的影响
2010.7.29	中国人才研究会副会长、上海公共行政与人力资源研究所名誉所长　沈荣华	国家中长期人才发展规划纲要精神解读
2010.8.19	中国社会科学院农村发展研究所社会问题研究中心主任　于建嵘	当前中国的社会稳定与公共安全问题
2010.9.26	中国社会学会副会长、上海社会学学会常务副会长　卢汉龙	"十二五"期间上海社会组织的改革与发展
2010.10.11	中国人民解放军原副总参谋长　熊光楷	大国关系与中国的国际战略
2010.10.14	市高级人民法院副院长　张海棠;上海社科院法学研究所副所长　殷啸虎	进一步推进依法行政,加快建设法治政府
2010.12.8	中央党校党建部教授　高新民	加强新形势下的群众工作
2010.12.24	国防大学教授　孟祥青	中国安全环境与国家安全战略
2011.2.24	国务院应急管理专家组成员　刘铁民	城市发展中面临的公共安全问题
2011.3.23	中共中央党史研究室副主任　李忠杰	学习《中国共产党历史》第二卷专题
2011.5.12	中国科技战略研究院副院长　王元	下一个科技发展战略
2011.5.31	全国政协外事委副主任　武大伟	当前国际形势与中国外交工作

（续表）

时　间	报　告　人	通　报　内　容
2011.8.30	中国人大社会与人口学院院长　翟振武	人口结构变化对中国经济社会发展的影响
2011.9.16	海军信息化专家咨询委员会主任　尹卓	中国安全形势及南海问题
2012.1.6	国务院发展研究中心副主任　韩俊	中央经济和农村工作会议精神
2012.3.19	全国政协经济委员会副主任　李德水	国际国内经济形势
2012.4.20	上海社科院副院长　左学金 复旦大学发展与公共政策学院院长　彭希哲	经济社会转型中上海人口发展面临的问题及对策
2012.5.14	中国战略文化促进会常务副会长　罗援	国防现代化及周边安全环境
2012.5.30	市政府发展研究中心主任　周振华	创新驱动、转型发展的进程及前景展望
2012.6.19	复旦大学经济学院副院长　孙立坚	完善金融体系建设，加快上海经济转型
2012.7.26	中国社会科学院政治学所所长助理、研究员　陈红太	十六大以来中国改革发展历程评述与展望
2012.9.28	中国社会科学院当代中国研究所文化和社会史研究室主任　刘国新	十六大以来中国文化建设与经济社会协调发展的回顾

二、现代科学知识报告会

从 1978—2012 年，市政协举办各种形式的现代科学知识方面的报告会 60 余次。

表 3-1-3　1978—2012 年市政协现代科学知识报告会一览

时　间	报　告　人	通　报　内　容
1979.1.13	上海科技情报组电子组组长　须一平	大规模集成电路在"四化"中的作用
1979.3.3	上海计算机研究所　涂克仁	电子计算机的研究和运用
1979.3.24	市社联秘书长　徐助秋	社会主义民主和法制
1980.11.27	华东政法学院副院长　曹漫之	依法治国
1981.3.9	市科学学研究会秘书长　冯之浚	科学学——关于科学技术管理教育的关系
1981.5.23	上海机械学院轻工学院　顾锦清	未来学
1982.2.13	中科院生化所研究院　王德宝	人工合成核糖核酸的重大意义
1982.2.13	上海二医大副教授　陆道炎	中西医院合治疗白内障
1982.2.13	上海硅酸盐研究所研究员　殷之文	无机材料当前的科研动向
1982.2.13	第九棉纺厂副工程师　丁力	加速纺织工业现代化
1982.5.8	上海计算机研究所副研究员　涂克仁	计算机运用的今天和未来
1984.1.10	上海战略对策研究组成员　冯之浚、朱南如、夏禹龙、王新华、沈峻波	新产业革命与对策
1984.3.13	复旦大学教授　鲍振东	微电子技术及应用

（续表）

时 间	报 告 人	通 报 内 容
1984.4.12	复旦大学教授　谈家桢	遗传工程和世界新技术革命
1984.5.30	上海计算机研究所所长　涂克仁	微型机和信息革命
1984.5.30	副市长　刘振元	加强科研工作迎接挑战
1984.6.27	评弹演员　蒋月泉	评弹艺术的特点和艺术流派
1984.12.27	市律师协会副会长　李树棠	律师工作现状及发展
1985.12.28	华东政法学院副教授　苏惠渔	法学理论研究动向
1986.8.26	上海科学学研究所所长　冯之浚	决策现代化和软科学
1986.12.18	上海科学学研究所所长　冯之浚	决策民主化和观念变革
1987.5.15	上海交响乐团指挥　陈燮阳	交响乐知识普及
1988.1.15	芭蕾舞演员　凌桂明	芭蕾舞知识普及
1988.9.26	上海歌剧院院长　施鸿鄂	歌剧知识普及
1989.3.23	上海京剧一团副团长　施雪怀	京剧知识普及
1992.5.15	上海画院院长　程十发	图画发展的理论和未来及图画欣赏
1995.9.22	上海历史博物馆馆长　潘君祥	历史博物馆情况
1997.6.25	华东政法学院教授　余子清	修改《宪法》情况
1999.4.21	华东政法学院院长　曹建明	金融安全与法制建设
2000.1.25	华东政法学院法学杂志社副主任　傅鼎生	《合同法》的新内容新特点
2000.1.25	华东政法学院教研室主任　邹容	依法行政、促进行政管理法制化
2001.11.21	上海WTO事务咨询中心总裁　王新奎	WTO规则及应对措施
2003.3.25	世博会申办工作领导小组负责人　汪均益、周汉民	世博会对国民经济的影响和意义
2003.9.24	市社科院宗教研究所所长　业露华	宗教与社会主义社会相适合
2004.3.24	复旦大学历史地理研究中心主任　葛剑雄	上海移民的兴起和发展
2004.6.23	上海互联网经济咨询中心主任　周宏仁	提升城市信息化水平的思考
2004.8.31	市社科院世界经济研究所研究员　徐明祺、金芳	提升国际化水平的思考
2005.4.21	中国乒乓球协会主席　徐寅生	第48届世乒赛情况
2005.6.3	中国气象局局长　秦大河	中国气象与环境变化
2005.7.20	市信息委副主任　陈跃华;东方网络股份公司总经理　李智平;市科教党委宣传处副处长卢天林;团市委副书记　陈凯;市公安局公共信息安全监监察处处长　陈超	网络群体情况及管理
2006.4.20	复旦大学医学院教授　杨秉辉	健康从何而来

（续表）

时　间	报　告　人	通　报　内　容
2006.8.9	同济大学海洋与地球科学学院教授　汪品先	海洋开发前景与上海机遇
2007.3.23	华东政法学院法学院副院长　傅鼎生	物权法
2007.5.17	全国政协文史和学习委员会主任　王蒙	中华传统文化、和谐文化之建设
2008.5.19	经济学家　吴敬琏	上海经济转型的机遇和挑战
2008.9.22	中国人民银行原副行长　吴晓灵	促进中国经济和金融业发展
2009.4.23	中国国际战略学会会长　熊光楷	学习与修养
2009.5.20	国际刑事鉴别专家　李昌钰	世界名案探析
2009.8.28	清华大学新媒体传播中心主任　熊澄宇	信息时代新媒体的格局与走向
2009.11.20	上海世博局副局长　黄健之	世博会参展布展情况
2010.7.8	中国科学院微系统与信息技术研究所研究员　刘海涛	中国物联网发展
2010.7.16	中国佛教协会副会长　学诚	全球视野下的中国佛教文化走向
2011.4.20	同济大学教授　汪品先	海洋经济与未来
2011.7.13	中国第二历史档案馆副馆长　马振犊	辛亥革命百年启示
2011.7.22	市科院上海生命科学研究院院长　陈晓亚	转基因技术与食品安全
2011.9.22	华东师范大学党委书记　童世骏	迎接中华民族的文化复兴
2012.3.15	中国人民大学舆论研究所所长　喻国明	社会化媒体崛起背景下的传播之道和舆情危机应对
2012.4.20	上海社科院副院长　左学金；复旦大学社会发展与公共政策学院院长　彭希哲	经济社会转型中的上海人口发展问题
2012.6.8	外交部边海司副司长　易先良	国家海洋政策
2012.7.6	上海航天技术研究院科技四部部长　叶勋	中国载人航天发展历程及展望
2012.9.13	中欧国际工商学院名誉院长　刘吉	当前若干理论热点问题
2012.9.28	当代中国研究所文化和社会史研究室主任　刘国新	十六大以来中国文化建设与经济社会协调发展

第二章 学 习 方 式

自我学习、自我教育、自我提高是人民政协的主要学习方式。在委员自我学习的基础上,历届市政协都采用一些方式来推动和深化学习活动。从五届至十一届期间,市政协组织的学习方式种类较多,有的是延续性的,有的是有变化调整的,主要分为四类:一是由常委会核心成员及主要学习骨干组成的中心组学习会;二是由特定对象参加,以学为主的委员学习会;三是由部分委员参加,以谈为主的委员座谈会;四是由全体委员或部分委员参加,以听为主的委员学习活动日(委员学习会)和知识讲座。

第一节 中心组学习会

市政协中心组学习会成立于 1979 年,五届市政协为加强对学习工作指导,进一步推动学习活动,决定成立中心组学习会,主要学习中共中央重要会议和重要文件精神,学习市委重要会议精神及全市经济发展的大政方针,并组织讨论交流,学早一步,学深一些,对市政协各专委会的学习及委员自学进行指导和引导。1979 年 3 月 15 日,市政协举行第一次中心组学习会。

市政协中心组组成人员由各届市政协根据情况确定。五届市政协中心组学习会由副主席、秘书长、副秘书长组成,并邀请 12 名代表性人士参加。六届市政协中心组学习会由主席、副主席、秘书长、副秘书长组成,邀请 11 名代表性人士参加。1988 年,七届市政协扩大中心组学习会,由主席、副主席、正副秘书长组成,邀请 34 名代表性人士参加。1991 年 7 月,七届市政协对中心学习组成员作了调整,由主席、副主席、正副秘书长组成,邀请 10 名代表性人士参加。八届市政协中心组学习会由主席、副主席、正副秘书长组成。1994 年 4 月,邀请 8 位代表人士参加。1996 年,中心组学习会参加范围扩大到市政协专委会主任、市政协办公厅正副主任。九届市政协中心组学习会由主席、副主席、正副秘书长、专委会主任、办公厅正副主任、研究室正副主任、专委会专职副主任及机关局级干部组成。十届市政协中心组学习会成员延续九届政协的参加范围,但经常运用中心组学习会扩大会形式,放大学习效应。十一届政协中心组学习会从 2010 年 4 月扩大到市政协常委、各区县政协主席参加。

第二节 委 员 学 习 会

委员学习会是市政协根据国内外形势发展变化和政协工作实际情况,就某个专题进行集中学习的形式,每期一般 2—3 天。参加的委员有的是特定范围,如常委、专委会主任,有的是全体委员分期学习。一般安排学习中国特色社会主义基本理论及人民政协基本知识和理论,有的也安排专题学习中共中央重要文件。

一、暑期、春季专题学习会

1989 年 8 月,七届市政协根据形势发展需要,举行委员专题学习会,为兼顾委员本职工作,学习会主要集中在暑假和寒假举办,也叫暑期班、春季班。学习会每次安排1个学习专题,每个假期举办2—4期,每期2—4天,由委员自己报名,统筹安排参加。学习会采用小组讨论、大组辅导、交流等方式,在讨论交流中充分发扬民主,不扣帽子、不打棍子,互相启发,增进共识,共同提高。七届市政协从1989—1992年,就学习中共十三届四中全会和邓小平重要讲话、《中共中央关于坚持和完善中国共产党领导的多党合作和政治协商制度的意见》、江泽民在全国统战工作会议讲话及统一战线和人民政协基本理论等专题,先后举办16期专题学习会,有1 300人次参加,委员人均参与1.5次。至少参加过1次专题学习会的委员占七届市政协委员总数的70%以上。

二、学习研讨会

学习研讨会是七届市政协采用的一种学习方式,是将学习和研讨两者密切结合起来,通过专题研讨,进一步提升深化学习效果。研讨会针对委员学习中的疑点和难点问题,广泛征集议题,组织部分委员或邀请有关专家事先作充分准备,并撰写文章,再进行共同研讨,深化课题,解惑释疑。在此基础上,将论文编印成册,或选登于《学习参考资料》上,供委员们参考。1988—1992年,市政协举办东欧问题、中国国情、人民政协工作等专题研讨班5次。

三、委员学习会

在七届市政协委员专题学习会的基础上,八、九、十届委员学习会更注重针对性、实效性。一般都是以新委员、中共党员委员、专委会主任、常委、区县政协领导等为参加对象,并根据不同的对象安排不同的学习重点。委员学习会以学习《政协章程》等政协基本知识及履行委员职责基本技能为重点;专委会主任学习会以学习中共中央重要文件和中央及市委对政协工作的新要求以及如何推进履行政协职能的制度化、规范化为重点;中共党员委员学习会以学习中共中央及市委对政协委员中的中共党员要求及如何增加"委派"意识,当好"合作共事的模范、发扬民主的模范、廉洁的模范"为重点。1993—2007年,市政协举办委员学习会共26次,其中专委会主任学习会8次,中共党员委员学习会4次,新委员学习会4次,区县政协主席学习会4次,常委学习会2次,委员专题学习会4次。

四、学习培训班

从2008年起,按照新修订的《政协章程》中提出的加强对政协委员的学习培训的要求,十一届市政协举办的学习会注重抓好委员的任职培训。2008年4月22—23日,市政协按照近期中共中央及市委对政协工作提出的新要求、新任务,为使政协常委、专委会负责人、界别活动召集人更深刻地理解人民政协的性质、地位和作用,全面准确把握政协工作的规律和特点,更好地发挥在履行政协职能和经常性工作中的骨干和表率作用,举办为期2天的市政协常委、专委会(组)负责人、界别活动召集人学习培训班。此次培训得到市委高度重视,市委书记俞正声出席开班式并作讲话,市委副书记殷一璀在总结会上讲话。培训班邀请有关专家学者作人民政协发展及中国民主政治建设等专题报告,市政协有关部门负责人作政协委员履行职责技能的指导,还安排分组讨论和大会交流。2008年6—7月,市政协首次与市委组织部、市委统战部联合举办3期新任市政协委员学习培训班。市委组织部、市委统战部部长都在培训班上讲话,要求新任委员深刻领会中共中央关于加强新形势

图 3-2-1　2002 年 11 月,市政协组织学习中共十六大精神

下加强人民政协工作重要文件的精神,学习掌握人民政协基础理论、基本知识,提高认识,明确责任,增强能力,发挥作用。为做到委员任职培训全覆盖,2008 年 7 月 12—13 日,市政协在深圳举办港澳地区市政协常委和新任委员学习培训班。此外,根据委员届中调整的实际情况,举办 2 期届中调整的新委员学习班。

第三节　委员座谈会

委员座谈会是市政协领导与委员或委员之间加强联系、互相交流的学习形式,每次参加的委员 10 人左右。座谈会以谈为主,可以有专题,但又不受题目的拘束,气氛宽松,漫谈交流,可以插话,也可以讨论。在交流讨论中提高认识,形成共识,加强沟通,促进团结。

一、委员沙龙

委员沙龙是六届市政协早期委员座谈会的一种形式。1986 年下半年起,根据委员建议,借用沙龙形式举行宽松的委员座谈活动。具体做法是,由各专门委员会邀请部分委员和有关人士,利用晚上业余时间,文化俱乐部提供相应服务,围绕某个议题,无拘束地发表各自见解,畅所欲言,沟通信息,加强联系,增进了解。1986 年第三季度,市政协举办 3 次社会科学沙龙,就贯彻"百家争鸣,百花齐放"方针、政治体制改革和发扬社会主义民主、决策民主化和科学化等议题进行座谈探讨。七届市政协延续这一形式,1989 年 2 月 3 日,市政协举办社会热点的沙龙,就治理整顿等问题进行讨论并提出问题。2 月 11 日,市政协组织教育界高校系统委员的沙龙,对发展上海高教等进行讨论并提出建议。5 月 23 日、24 日,市政协连续举办文艺、经济、科技界委员沙龙,委员们为稳定上海、稳定大局建言献策。1986—1989 年,共举办委员沙龙 7 次。

二、委员专题座谈会

2000 年 3 月,九届市政协为深入学习贯彻"三个代表"重要思想,每周召开 1 次委员专题座谈会。会议由市政协领导主持,参加会议的政协委员为 10 人左右,专题座谈会可以谈学习体会,可以反映社情民意,也可以对政协工作提出意见建议。发言不拘形式,可以补充,也可以插话讨论,是一个学习、讨论、交流的过程。2000 年 3—12 月,市政协围绕学习讨论"三个代表"重要思想,召开专题座谈会 18 次。2001 年 3 月 6 日,市政协围绕学习讨论江泽民在全国思想政治工作会议提出的"如何认识社会主义发展的历史进程、如何认识资本主义发展的历史进程、如何认识我国社会主义改革实践过程对人们思想的影响、如何认识国际环境和国际政治斗争带来的影响",召开专题座谈会 17 次。2001 年 7 月—2002 年 5 月,市政协围绕学习讨论江泽民在庆祝中国共产党成立 80 周年大会上的讲话,召开专题座谈会 18 次。2002 年 6—8 月,市政协围绕江泽民在中央党校省部级干部进修班毕业典礼上的讲话,召开专题座谈会 8 次。2000 年 11 月—2003 年 1 月,市政协围绕学习讨论中共十六大精神,召开学习座谈会 3 次。

三、学习茶座

从 2009 年下半年开始,十一届市政协学习委员会以学习茶座形式,不定期组织委员学习讨论,每次茶座有 1—2 个专题,交流思想,探讨问题,并将委员在讨论中形成的意见建议以社情民意形式转达有关部门。学习茶座也是市政协主席会议成员联系委员的一种形式,市政协领导适时参加。

图 3-2-2　2010 年 4 月,市政协举办学习茶座

学习茶座时间半天,由学习委员会负责人主持,一般安排在市政协文化俱乐部咖啡厅,以形成宽松交友的氛围,大家畅抒直言,实话实说,受到委员欢迎。有的学习茶座还邀请有关专家学者主持辅导。第一次"学习茶座"于 2009 年 7 月 3 日开座,主题是"为办好 2010 年上海世博会,如何做好当前的社会治理与社会稳定工作或其他社会关注的热点"。2009—2012 年,就上海"十二五"规划编制、社会建构多维性与社会治理优化、新媒体发展对社会主义民主政治建设进程的影响、中国互联网发展、城市发展面临的公共安全问题及对策、推进经济发展的思路和对策等专题,共举办 17 次学习茶座。

第四节　委员学习活动日和知识讲座

一、委员学习活动日

委员学习活动日是七届市政协为加强对国内外形势的学习宣传,扩大学习面,提高学习质量,吸引更多委员参加政协学习活动而开创的学习方式。经过 1990 年 3 月、4 月 2 次试办后,向 300 名委员发出征询表,广泛征求意见,根据多数委员的意见和试办经验,从 1990 年 7 月起,每月举办 1 次政协委员学习活动日,日期一般定为每月的第一个星期二,时间一般为 1 天。委员学习活动日结合形势,组织各类报告会,每次安排 1—2 个报告,内容涉及国内外政治经济形势、国家大政方针、有关群众生活重大问题和国情、市情的通报,并组织讨论,为委员学习和知情创造条件。委员学习活动日同时开放资料阅览室,有的学习活动日还安排参观、观摩电影等活动。从 1999 年起,委员学习活动日改为半天,以学习报告会为主,从第十一届市政协起,委员学习活动日改名为委员学习会。委员学习活动日(委员学习会)除全体市政协委员参加外,还邀请在沪全国政协委员、政协之友社社员、办公厅专员和区县政协负责人参加。从 1990 年 3 月 6 日第一次试办至 2012 年 12 月,委员学习活动日(委员学习会)共举办 157 次。

图 3-2-3　2002 年 1 月,市政协举办委员学习活动日

二、知识讲座

知识讲座是 2003 年十届市政协探索新形势下开展学习活动的一种尝试。根据现代科技迅猛发展的特点,为了让广大委员更多了解各领域的新技术、新知识,知识讲座以学习专业知识、开阔思路、拓展视野、增强履职能力和水平为目的,紧扣经济社会各领域发展的新趋势,突出讲座的知识性和时代性。知识讲座自愿参加,通知对象为全体市政协委员、在沪全国政协委员、政协之友社社员、区县政协负责人等。2003—2008 年,就加入 WTO 以来的中国经济、城市信息化、15 世纪以来世界主要国家发展历史考察、中国气象与环境变化、中国传统文化与和谐文化之建设,共举办知识讲座 10 次。

第五节　委员自学

政协学习以委员自学为主,为了使委员更好地学习知情,市政协通过编印发放《学习参考资料》,为委员学习创造条件和提供服务。《学习参考资料》的内容主要根据各界人士学习的需要,收集一阶段有关报告文件和《人民日报》社论,以及其他有关的重要文件,《学习参考资料》自 1981 年 5 月编印,从不定期编发逐步发展为双月刊,至 2012 年 12 月共编印 256 期,每期印发 5 000 份,按期分发至全体市政协委员、在沪全国政协委员、政协之友社社员、各民主党派和参加政协的人民团体、各区县政协,供学习参考。《学习参考资料》设置的主要栏目有:重要精神、政治社会、政协工作、观察思考、他山之石、读书知史、政协知识等。主要内容是:党和国家的重要政策文件;论述政策方针、重大事件的有关社论、专论文章;中共中央和上海党政领导人关于经济建设和社会发展的重要报告和情况通报;关于人民政协理论和知识、论述文章以及领导讲话;国际国内形势报告和资料;政协委员相关学习体会文章的选录等。

第四篇

协商议政

组织委员对党和政府的大政方针以及经济、政治、文化和社会生活中的重要问题,在决策之前和决策执行过程中开展协商议政,是政协履行职能的重要方面。协商议政既有利于党政部门集思广益,推进民主决策、科学决策,也有利于政协委员在协商中贡献才智,完善决策,在协商中增进共识,推动实施。

　　1978年市政协恢复活动后,继承历届政协的传统,继续将全体会议、常委会会议、主席会议作为协商议政的重要形式。在上述会议闭幕期间,组织情况通报会,邀请市委、市政府领导及有关部门负责人就上海贯彻执行中央方针政策的有关情况、上海经济社会发展规划的制订情况、全市某项重要工作开展情况等进行通报介绍,并听取委员的意见和建议。同时,由专委会(工作组)就相关领域的重要问题举行专题会议,邀请党政部门领导参会交流协商。1988年后,随着人民政协事业的发展,市政协经常性的协商议政活动日趋增多,协商议政的形式在继续保留情况通报会、专委会专题会议的同时,根据活动内容、参加范围等有了新的拓展,主要包括:1988年起形成的委员专题座谈会;1990年起开始举行的专题议政会;2009年起探索进行的常委协商会等。

　　委员专题座谈会由市政协结合上海经济社会发展中出现的情况和问题,选择市内某项重要工作、人民群众关心的某社会热点问题,组织部分政协委员进行分析探讨,建言献策,会议由主席会议成员主持,邀请市党政领导或相关部门负责人参加,与委员进行双向探讨交流。专题议政会主要是市委、市政府在重大改革方案、重要公共政策制订过程或即将出台时,由市相关领导及职能部门负责人到政协进行通报协商,听取委员意见建议的活动形式,包括部分由市政协根据委员意见,提请市委、市政府领导来政协通报协商的议题。常委协商会是市政协常委会组成人员选择涉及经济社会发展以及事关群众切身利益的重要工作或专题,在充分调查研究的基础上,召开专门会议,邀请市党政领导到会与常委会组成人员进行协商交流的议政活动。

　　市政协营造和谐民主的氛围,在上述各类协商议政活动中,遵循民主协商、平等议事、求同存异、体谅包容的原则,鼓励和支持政协委员、各党派团体及其成员敞开心扉,畅所欲言,围绕议题集思广益,提出意见和建议,包括不同意见或反对意见。活动中提出的意见建议,除在现场与党政部门领导当面交流外,会后由市政协办公厅视情况以专题报告、政协简报、社情民意信息刊物等报送。

第一章　有关经济社会发展大政方针的协商议政

通过每年召开的市政协全体会议、列席市人大常委会扩大会议及其他形式,组织委员听取并讨论市政府工作报告及其他相关报告,是市政协就全市经济社会发展大政方针协商议政的重要方面。此外,市政协还对经济社会发展规划、重大改革措施、国家和地方的法律法规规章的修改制订等开展协商议政。

第一节　经济社会发展规划

一、长远规划

【协商上海市经济发展长远规划】

1980年3月13日,市计委负责人到市政协作上海远景规划问题的报告。3月20日、4月4日,市政协经济研究委员会召开扩大会议,讨论市经济发展长远规划问题,市委副书记、副市长陈锦华到会听取意见。会议认为,上海城市规划主要是改造市中心、开发浦东、扩建新市区和建设卫星城镇。浦东是处女地,同市中心隔江相望,易于按现代化城市的要求来建设。上海要发展外贸,需要扩建港口设施,向浦东发展是最有利、最合理的选择。浦东沿江地带市政建设已有基础,发展也有条件,可建成经济特区,增强对外商的吸引力。浦东与浦西之间可建造隧道和大桥。市区地界可适当扩展,改善目前过于拥挤的现状。会议建议:(1)卫星城镇建设要办成独立的社会单元,结合疏散人口、政策配套、工业结构调整等多方面通盘考虑,不能搞单一性工业。(2)从浦东建设高速公路直通金山,上海的发展趋势应向南直通杭州湾、西北向嘉定发展。会议还就规划中涉及的人口问题和市政建设、工业、外贸、金融体制改革等进行了讨论。委员们提出的意见建议经整理后刊入市计委《长远规划参阅资料》,许多建议被《上海市城市总体规划纲要》吸纳。

【协商上海市"六五"计划和"七五"设想】

1982年3月6日、9日、20日、23日,市政协经济研究委员会先后召开4次大型座谈会,讨论《上海市国民经济和社会发展第六个五年计划(草案)》和《上海市国民经济和社会发展第七个五年计划设想纲要》。市计委负责人到会听取意见建议。会议建议:(1)编制"六五"计划的指导思想应考虑上海在世界所处地位和影响,上海今后的发展,是中国的工业和外贸中心。上海应依靠长江三角洲,建立经济区域。从长远考虑,上海要从经济改组、技术改造、体制改革、城市改建等方面一一着手。(2)上海工业要以发展机械、冶金、造船、化工、建材、电子等工业为主体。(3)抓紧港口、通讯、高架道路等基础设施建设。座谈会讨论还涉及技术改造、外扩内联、资金筹措、住房建设、人口控制等问题,会议中提出的意见建议许多被吸收进上海市"六五"计划。

【讨论《上海城市发展总体规划(送审稿)》】

1983年12月8—10日,市政协市政建设研究委员会应邀参加市人大常委会举办的城市发展总体规划座谈会,讨论修改《上海城市总体规划(送审搞)》。委员建议:(1)上海作为重要港口城市,规划中有关港口规划的内容列入很少,近期建设港口的措施也没有得到体现。(2)规划中没有把中国第三大岛崇明的开发列入。(3)一定要控制城市规模,规划提出中心城区人口控制在650万左右,建议改为人口控制在650万之内,同时中心城区的用地、工业发展也要严格控制。(4)工业布局调整时,企业不宜停产。(5)开发浦东要发展越江交通,建议改建隧道为造大桥。(6)发展卫星城镇,市政设施要配套。要制订相关政策,鼓励居民迁往卫星城。(7)环境保护必须列入规划,保护黄浦江水源要有措施。

【讨论《关于上海经济发展战略的汇报提纲(草案)》】

1984年10月17日,市政协主席李国豪主持召开委员座谈会,专题讨论由市委、市政府和国务院改造振兴上海调研组草拟的《关于上海经济发展战略的汇报提纲(草案)》(以下简称《汇报提纲》)。会议建议:(1)现在国际上的竞争,主要是科技和人才的竞争,上海的发展要强调教育和科技的发展,希望《汇报提纲》把发展上海的教育、科技事业放到重要地位。(2)上海经济要充分发挥外贸优势,加强出口,出口的重点是机电产品和化工产品,并以此带动基础工业。(3)上海的经济咨询应和全国联网,目前各地竞相引进又互相封锁,会造成宏观失控。(4)要把上海经济搞活,先要把上海的金融搞活,建议允许上海直接和国外低息贷款银行联系,争取低息贷款;上海应向外商银行适当开放,允许适当进行外汇买卖。(5)建议将《汇报提纲》中"采取逐步改造老市区和积极建设新市区相结合"改为"积极改造老市区和积极建设新市区相结合"。会议还讨论了利用外资改变上海城市基础设施严重落后等问题。会后,《汇报提纲》吸收了委员们提出的部分意见建议。

【讨论《上海市国民经济和社会发展十年规划和"八五"计划纲要(草案)》】

1991年1月18日和4月11日,市政协七届十五次、十六次常委会会议两次讨论《上海市国民经济和社会发展十年规划和"八五"计划纲要(草案)》(以下简称《纲要(草案)》)。会议建议:(1)十年规划要和年度计划同时拟订,以体现长远规划与近期打算相结合。(2)要考虑到2000年时上海工业发展在国际上将达到什么水平。(3)要总结过去的经验教训,避免失误,尽快制订产业政策。(4)搞好大中型企业重点要解决五大问题,即原料、产销、资金、企业负担、劳动纪律。(5)要增加对商业的投资,政策上要有倾斜。(6)实现战略目标要有切实有效的措施,必须广泛培养人才。(7)技改经费投放要有规划,分清轻重缓急。(8)对发展交通运输业这一涉及上海经济发展的重大问题应有战略性的规划。(9)要正确把握和处理好改革与社会稳定的关系。(10)《纲要(草案)》在对上海十年改革开放成就的估价上,应体现出上海的特色,用词要准确,分寸要恰当。上述意见建议经综合整理,分送市委、市政府领导,其中部分建议在市九届人大四次会议通过的《上海市国民经济和社会发展十年规划和"八五"计划纲要》中被采纳。

【协商《上海城市总体规划(征求意见稿)》】

1997年5月14日,市政协举行座谈会,市规划局及城市规划设计院有关负责人到会通报《上海城市总体规划(征求意见稿)》并听取意见建议。委员建议:(1)总体规划要有上海特色,起点要高,体现国际大都市的形象。(2)总体规划要体现可持续发展,要体现"跨越式"的发展,不能按部就班地走其他国家的发展老路。(3)上海是资源贫乏的城市,也是一个沿海城市,对海洋的综合开发利用在规划中要有所体现。(4)规划应将环保产业作为一个新的经济增长点。(5)规划中"科学技术与社会发展"内容应有必要的数据、指标。(6)应认真研究规划中制定的指标,使其更合理,更具可操作性。(7)要开发利用优质地下水,并逐步实现分质供水,提高市民用水质量。

【协商上海市"十五"规划编制工作】

1999年1月19日,市政协举行座谈会,市计划委员会负责人到会通报"上海市'十五'规划编制工作"并听取意见建议。委员建议:(1)编制市"十五"规划应详尽研究国际环境对上海的影响,考虑周边省市快速发展中上海应保持什么特色,如何较好地解决城市发展与企业发展之间关系等问题;上海在成套设备和装备工业上有优势,规划编制中应重点考虑;要构筑优质资产和优秀人才进入上海的投资环境。(2)教育和科技指标应作为刚性指标予以突出;要考虑如何迎接知识经济的挑战,在引进专家队伍问题上规划应要更开放一点。(3)科技研究开发成果产业化工作要制定得更规范,制定解决高科技产业投资的政策,加强高技术企业的管理;加强职业教育,改变目前上海技术工人断层的状况。(4)均衡处置旧区改造、城市绿化、房产建设等方面的问题,降低房地产业中的空置率。(5)应重点研究共同富裕问题,提高上海人民生活质量;对上海进入老龄社会问题要有所设想,妥善处理改革开放过程中出现的一些阶段性社会问题。

【讨论上海"十一五"规划编制工作】

2004年底—2005年9月,市政协组织委员围绕上海"十一五"规划的编制工作,共召开13次专题座谈会。委员围绕主题提出意见建议,主要包括:(1)编制上海"十一五"规划的思路,一要全面落实科学发展观,推动上海产业向纵深发展;二要对各项指标体系进行修订,并在不同指标体系的构建关系及指标考核方式上有所创新,全面、客观、动态地反映经济社会发展情况。(2)经济工作,一要加大引进国际高新技术产业研发中心工作力度,加快创业产业群的建设;二要优化产业布局,巩固上海的战略优势地位;三要积极开发高新技术,培育新的经济增长点;四要围绕提高国际竞争力,增强城市综合服务功能,分层次、有重点地发展上海的现代服务业;五要打破因行政体制而造成的区域分割,利用信息和网络技术推动传统产业结构的优化升级。(3)紧密结合国家重大战略需求,重视能源、水资源的开发利用和资源节约型科技项目的研发工作,争取承接较多的国家能源项目,在利用核电和煤的能源开发工作方面有所突破。(4)城市建设的设计规划要体现前瞻性、系统性和科学性,坚持"建管并举",加强市、区在市政基础设施规划方面的协调。(5)上海应利用教育综合改革试验的有利条件,尽快引进混合型办学体制,更多吸引民资投入教育和办学中来。(6)增强自主创新能力,加快建设数字城市。(7)要明确上海文化发展的目标和适合上海城市发展的文化模式。(8)整合资源,把上海建设成为国内医疗器械制造基地。

2005年12月14日,市政协召开专题议政会,常务副市长周禹鹏到会通报制定《上海市国民经济和社会发展第十一个五年规划纲要(草案)》情况,并进一步听取委员的意见建议。

【协商上海"十二五"规划编制工作】

2010年,市政协组织参加政协的各党派团体和政协委员为编制上海"十二五"规划建言献策,并于10月27日召开"十二五"规划编制工作常委协商会,请常务副市长杨雄到会通报上海市"十二五"规划编制工作进展情况并听取常委意见。经多次调研、协商,形成《市政协关于编制"十二五"规划需要关注的若干问题的建议》的专题报告。报告建议:(1)深刻认识"十二五"时期上海转型发展的紧迫性和重要性,推动实现可持续增长、包容性增长和平衡性增长。要充分学习借鉴世博理念和经验,立足于长三角地区谋篇布局。(2)应明确"四个中心"建设的重点和突破口,明确产业结构升级的途径和主要内容,对发展具有国际竞争力的现代产业体系进行全面部署,强化上海的中心城市综合服务功能和集聚辐射功能。(3)应将社会建设摆在更加突出的位置,推动社会公平和城市文明实现重大进步,充分体现以人为本,促进人的全面发展,增强市民的满意度和幸福感。(4)将生态文明建设和环境保护作为经济社会发展全局的重要方面进行研究和部署,采取有力措施,大力推进资源节约和资源循环利用,促进环境效益、经济效益和社会效益有机统一,以尽可能小的环境代价支撑经济社会可持续发展。(5)大力弘扬城市精神,着力建设以多元文化交汇、中外文化交流为特征的国际文化大都市,切实提升城市文化软实力。(6)充分发挥浦东综合配套改革的示范和带动作用,在更大领域和范围扩大开放;要完善科学决策、民主决策、依法决策的机制,推进政府转型,并建立社会评价体系。(7)要统筹协调好服务国家战略和推进上海自身发展、长三角共同建设世界级城市群和推进上海发展、上海改革开放和发展稳定等各方面的关系,着力提高发展的全面性、协调性和可持续性,并为规划实施提供必要的财力保障。

图4-1-1 2010年3月,市政协就"十二五"规划进行专题讨论

二、专项规划

【协商上海城市建设规划】

1978年11月14日、30日,市政协调查研究工作委员会两次召开上海城市建设专题座谈会,研讨上海近期和长期的城市建设规划。市委书记严佑民参加讨论。会上,上海市民用建筑设计院院长陈植、吴泾化工厂副总工程师孙增在首先提出上海必须开发浦东的建议。两位委员认为,国外城市利用河流两岸建设的经验值得借鉴,黄浦江东岸径深达3 000米,如果加建隧道,上海完全可向浦东发展;先改造市区外围的浦东,再改造老市区,上海的城市建设才会有发展的余地。上述建议得

到很多与会者的认同。会议建议：（1）市中心人口非常集中,应鼓励向郊区分散,向外围发展。（2）上海的城市建设必须有一个总体规划。（3）新建住宅要向外围发展,向高层多层发展。（4）要加快住宅建设,必须抓好材料工业化、设计标准化、施工机械化。座谈会上,委员们还对城市道路交通、"三废"治理、邮电通讯、煤气规划、旅游事业等提出意见和建议。严佑民在听取委员意见后发言提出,同意建设浦东,在浦东搞个新外滩,遥遥相对,很好。上海城市建设规划是件大事,规划的讨论刚开始,一些问题还要搞得深些,从实际出发,搞出近期的、长期的总体规划。

【讨论《关于上海三年治理整顿计划的初步设想》】

1989 年 9 月 1 日、22 日和 26 日,市政协经济委员会先后三次组织讨论《关于上海三年治理整顿计划的初步设想》,市政府顾问汪道涵、全国政协经济委员会副主任韩哲一参加讨论。经反复研讨,撰写出《对〈关于上海三年治理整顿计划的初步设想〉的意见和建议》,报送市委、市政府。报告建议：（1）继续控制总量。上海应压缩固定资产投资规模,严格控制消费基金;压缩预算外投资,集中审批权限,控制投资规模过快增长。（2）调整产业结构。上海应进一步推广农业新技术并逐步发展规模经营;解决工业内部的比例失衡问题,发展能源、交通和基础工业,并研究制订切实有效的产业政策。（3）改善现行经济体制。在强化中央调控能力的同时,上海应努力改善地区经济结构,克服产业结构趋同化的倾向。（4）搞好、搞活国营大中型企业。深化体制改革,为国营大中型企业创造平等竞争的条件;加强技术改造和科学管理;大力发展紧密型的企业集团,发展规模效益。（5）发展外向型经济。上海应加强对国际市场发展趋势的研究,制订外贸扩大出口的全面规划,进一步降低出口换汇成本,加强外贸队伍建设。（6）降低物价上涨幅度,理顺价格关系。

【讨论上海三年治理整顿计划中的城市基建问题】

1989 年 9 月、10 月间,市政协市政建设委员会开展对《上海三年治理整顿计划初步设想》的专题讨论,并着重就上海基本建设方面的问题提出建议：（1）在上海三年调整期间,必须压缩投资规模,调整投资结构,把有限资金用到最急需的工程上去。（2）利用治理整顿的有利时机,对重大项目开展前期论证,抓紧开展上海城市发展方向和发展规模、江湾机场的合理使用和搬迁、南北快速交通规划方案、城市二环线规划、南北交通干道建设、上海第二水源的开辟和建设、中港污水管线、合流污水总管的截流、外高桥港区的建设、上海城市煤气发展和石洞口煤气厂建设等 10 个方面的研究。上述建议形成报告送市政府后,副市长倪天增批示：报告所提问题很重要,请市计委、建委会签后交有关单位落实。

【讨论市政府 1990 年经济计划】

1989 年 11 月 21 日、27 日,市政协经济委员会分别召开专题座谈会,讨论市政府制订的 1990 年经济计划（草案）。委员建议：（1）市委、市政府应在领导力量上分两线来安排,一线抓产业结构调整,二线抓当前生产,着重研究如何加强管理、提高效益、解决具体困难和待业职工的安排等问题。（2）要尽力提高农产品特别是粮棉油等主要农产品的自给量。（3）上海经济发展要同整个国内外市场和行业发展趋势联系起来,尽量避免或减少被动。（4）进一步加强企业经济效益的考核,鼓励技术革新和推广新技术。（5）取缔和限制非法或不合理的高收入,反对奢侈浪费,取缔一切小金库;采取果断有效措施,制止补贴商品的倒卖外流,制止偷税漏税,制止各种非法侵吞国家利益和坑害消费者的行为。(6)加强思想教育,提高党员和干部队伍的素质。讨论结果形成《对市政府 1990 年经济计划的几点建议》,报送市政府。市长朱镕基批示:意见很好,请市政府落实。

【协商加强社会主义精神文明建设工作】

1991 年 6 月 5 日、12 日,市委书记吴邦国、副书记陈至立两次到市政协参加座谈会,就加强精神文明建设工作与委员协商讨论。委员建议:(1)制定全市的精神文明建设规划,每年抓几件实事,把党员教育好,带动全社会的精神文明建设,并加强立法和执法。(2)加强意识形态领域的思想领导,正确处理社会效益和经济效益的关系,意识形态领域一定要重视社会效益。(3)下决心花大力气纠正不正之风,严厉惩治社会丑恶现象。(4)爱国主义教育是精神文明建设的重要组成部分,要在各级学校开展爱国主义传统教育,让学生真正了解历史。(5)采取综合性措施,抑制经济过热、消费过热现象。(6)重视德育工作,对不同阶段的学生分别提出不同要求。(7)精神文明建设要渗透到物质文明建设的各个领域。(8)坚持正面宣传,宣传部门和社科院要加强理论研究和理论宣传。

【讨论"上海市五年立法规划编制工作"】

1998 年 6 月 25 日,市政协举行专题座谈会,上海市立法规划编制工作组到会通报"上海市五年立法规划编制工作情况"并听取意见建议。委员建议:(1)上海市立法规划要全面体现中共十五大和市第七次党代会精神,立法要有利于改革、发展、稳定,有利于转变政府职能,有利于政府机构改革。立法操作性要强,要能解决实际问题,成熟的、急需的、重要的相关法规规章应先立。(2)要用长远的观点、宏观的角度考虑怎样立法,立些什么法。(3)适时修订现有法规。有些条例要尽快修订,如噪声污染防治条例等。(4)要使高新技术产业化,关键是人才,特别是高级人才的吸纳和稳定,因此,立法对人才流动既要有鼓励,也应有限制。(5)要加快教育法规立法工作,如教育资源保护、教育经费投入、中小学生伤亡事故处理等。在国家高教法出台后,上海应制定全市高等教育实施办法。此外,有关流动人员、外来人员子女的就学问题等也要制定相应的法规。(6)涉及规范国企在海外企业的法规应该进一步健全和完善。(7)上海文化方面的立法工作比较薄弱,要制定城市标志性和公益性文化保护条例,如交响乐、京剧、芭蕾、图书馆、文化站等。(8)上海应尽快制定科技档案管理法规。(9)法规制定后,要明确有关方面的职责,做好法规执行工作。

【协商上海世博会规划范围方案】

2004 年 4 月 13 日,市政协举行专题通报会,市委常委、副市长周禹鹏及市世博局、规划局负责人到会通报"中国 2010 年上海世博会规划红线调整情况"并听取意见建议。与会委员对调整后的世博会规划范围表示赞同,并建议:(1)世博园区作为自然资源保护示范区、绿色建筑示范区,所有建筑都应节能、节水、节电。(2)世博局与黄浦江综合开发办的工作要互相衔接,加强协调,避免各自为政。(3)园区内留下的老建筑如何与园区内景观相统一的问题应有所考虑;园区浦东进口处上钢新村等老公房不能简单地予以保留,要通过合理改造,使这些老房子的外观与世博园区的景观相协调。(4)世博园区规划范围要与该地区今后的规划发展相衔接,不仅要考虑地面建筑,在地下管线方面也应有所规划。

【协商上海城市道路、公路和燃气"十一五"规划编制工作】

2005 年 9 月 28 日，市政协召开情况通报会，市市政局负责人到会通报上海市城市道路、公路和燃气"十一五"规划编制情况并听取意见建议。委员建议：(1) 规划要统筹考虑上海经济社会发展对城市基础设施的需要。(2) 在规划编制过程中要加强调查研究和科学论证，项目布局要科学合理，与上海城市的未来发展布局相适应。(3) 要进一步改革体制，创新思路，强化管理，提高道路交通、燃气等行业的管理水平。(4) 采取切实措施，鼓励优先发展城市公共交通。(5) 加快推进燃气电器及燃气汽车的研发步伐。(6) 建立燃气应急和救灾系统。

【协商上海市住房建设规划】

2006 年 9 月 22 日，市政协人口资源环境建设委员会召开情况通报会，市房地资源局有关负责人到会通报《上海市住房建设规划》编制情况并听取委员意见建议。委员建议：(1) 住房建设应以人为本，充分考虑各种因素。(2) 全面落实科学发展观，以可持续发展的理念部署和规划上海的住房建设。(3) 进一步完善政策环境，注重规划协调配合。(4) 区别普通商品房与非普通商品房，体现优先发展普通商品房的政策倾向。(5) 对于低收入人群的住房保障应该进一步加强。(6) 房屋租赁市场应该建设与管理并重。

【协商《上海循环经济白皮书》编制工作】

2006 年 11 月 13 日，市政协人口资源环境建设委员会会同经济委员会，召开《上海市循环经济白皮书》(以下简称《白皮书》)编制情况通报会。市发展改革委有关负责人到会通报《白皮书》编制的有关情况，市经委、市建设交通委、市科委、市水务局、市环保局、市市容环卫局等政府相关部门参加。委员们认为，编制《白皮书》是上海实践科学发展观的必由之路，《白皮书》的框架清晰，内容基本完善。委员建议：(1) 编制《白皮书》要重视内容的可实施性，突出近期工作重点，注重推进落实，突破当前的制约瓶颈。(2) 有关部门在编制过程中应站得更高一点，考虑得更全面一点。(3)《白皮书》付诸实施后，要加强宣传，提高社会的参与意识。

【协商上海海洋经济发展"十一五"规划】

2006 年 12 月 1 日，市政协人口资源环境建设委员会召开《上海海洋经济发展"十一五"规划》(以下简称《规划》)情况通报会，市海洋局负责人到会通报《规划》编制情况并听取委员意见建议。委员建议：(1)《规划》应简述全国海洋经济发展"十一五"规划主要内容，明确上海在全国海洋经济发展中的定位。(2) 上海海洋经济发展的重心在远洋、深海，应积极培育发展远洋、深海产业及装备。(3) 上海海洋经济的发展内涵广泛，不应局限于上海海域，还应包括相近海域。(4) 对污染物的类型应进行详细调查，并明确减少 10% 的具体措施。(5) 要加强长江上游排污量的监测，实现与兄弟省市的信息共享与合作，并上报国家发改委备案。(6) 加强海洋经济的生态评估，各海洋产业要经过严格的科学民主决策程序才可立项，从可持续发展的角度实现海洋资源的节约利用。(7) 发挥上海涉海洋大学院所多、海洋科技人才多的优势，设立专门的海洋经济研究机构，为上海海洋经济的发展提供智力支撑。(8) 建立协调机制，防止制订、执行法律法规的部门利益化。(9) 应加强海洋警力建设，改革现有警种编制，并实现与其他警种的资源共享。(10) 在《规划》中应明确"十一五"期间发展海洋经济的资金预算。

【协商上海人口发展战略和人口政策】

2008年9月3日,市政协召开"人口发展战略和人口政策课题调研情况"专题议政会,市政府副秘书长、市发展改革委主任周波到会通报《关于人口发展战略和人口政策课题调研有关情况》并听取委员意见建议。委员建议:(1)上海的人口发展战略应放在国家对上海的定位和要求的高度上考虑;要根据上海经济社会发展情况,加强政策引导,强化配套立法,制定操作细则,以确保人口发展战略和人口政策的实施。(2)上海常住人口规模的控制应从全市资源环境、基础设施、产业结构调整等方面进行综合论证。(3)调研报告应增加上海总体人口素质发展目标内容;应对各类人口设定分类目标。(4)上海人口结构的优化,在依赖外来劳动力输入的同时,更应立足于全市户籍人口结构的调整;要加大力度,扶持、鼓励各类社会组织参与养老服务事业。(5)要开放一定数量的职位吸引国际人才,并给予企业部分接纳人才的自主权,对本科以上学历人才落户需在沪居住工作满7年的年限应适当缩减;居住证与户籍制度的衔接要做到政策清晰、条款明确、公平公开、操作规范。(6)鼓励就业人口向郊区新城、新市镇分散,推进人口就业与居住就地平衡,实现人口合理布局。(7)加强人口管理服务的基础性数据建设,根据上海实际情况,对居住管理进行科学分类,界定时点人口、实有人口、常住人口、户籍人口等统计指标,以加强住房行政管理为抓手,依托社区管理,切实解决"居改非"、"群租"等问题;强化来沪人员计划生育利益导向机制,对超生子女在享受义务教育、免疫保健服务等方面要有制约措施。

【协商上海市第四轮环保三年行动计划】

2008年12月23日,市政协召开"上海市第四轮环保三年行动计划"专题议政会,市环保局负责人到会通报上海前三轮环保三年行动计划的实施情况、面临的问题和挑战以及《上海市第四轮环保三年行动计划》(征求意见稿)(以下简称《计划》)编制情况和主要内容。委员建议:(1)在加大力度建设环保工程设施的同时,应综合考虑环保设施的配套、后期维护以及环保工程的生态效益等问题。(2)借鉴新加坡、中国台湾等国家和地区的先进经验,提高上海废旧物资回收处置企业的技术含量,为企业营造良好的发展环境和氛围。(3)《计划》中部分环保项目完成时间应作相应调整,争取在2010年上海世博会之前或期间完成。《计划》中提出三年累计推广有机肥45万吨的目标,是否切合实际需进一步研究。(4)《计划》中提出2010年COD排放总量控制在25.9万吨以内,但上海水环境的总体承载能力为17.22万吨,两者差距比较大,应加强研究,明确上海水质改善的目标。(5)既要防止污染入境,也要防止污染出境。建立在线监测和动态监察相结合的监管体系,在全市范围内全天候监控企业违规排污等行为。(6)在上游来水减少,咸潮入侵日益频繁的情况下,需进一步研究如何保护青草沙水库水质问题。在客观评估的基础上提出较为明确的全市各个水功能区治理的分阶段目标。(7)实行河道的系统化治理,并将污染源的削减明确到各个水功能区治理的阶段目标当中。同时,《计划》中对长江口水源地的保护措施涉及较少,应引起重视。(8)加大环保工作宣传力度,增加社会知情度。

【协商"自主创新和高新技术产业发展"工作】

2010年6月29日,市政协召开"自主创新和高新技术产业发展"常委协商会,分管副市长到会通报自主创新和高新技术产业发展情况并听取常委意见。常委建议:(1)制定差别化产业政策,用市场机制选择、扶持重点项目和企业。(2)完善法制和政策环境,加大对新能源、智能电网、物联网等关键技术和重点项目的扶持力度。(3)发挥多种所有制企业、市内外企业、内资企业和外资企业、民营科技企业及中小科技企业积极性,通过商业银行科技信贷、风险投资支持民营科技企业规模化发展。(4)制定吸引高层次人才和紧缺人才的专项政策,形成符合高新技术产业特点的分配和管理制度。

【协商"加快文化发展,提升城市软实力"问题】

2010年8月25日,市政协召开"加快文化发展,提升城市软实力"常委协商会,市委副书记殷一璀到会通报市委在加快文化发展方面的思考,市委常委、市委宣传部部长杨振武介绍上海文化发展的思路和对策。常委建议:(1)建设以中外文化交流为鲜明特色,为"四个中心"建设提供强大支撑的文化大都市。(2)将塑造人的灵魂、构筑以社会主义核心价值为内核的精神支柱放在上海文化发展的首位。(3)重视人文社会科学,为上海发展提供思想资源。(4)加大对公共文化服务、文化人才培养、现实题材创作的投入并评估绩效。(5)专业创作与群体创作相结合,提供大众传播平台,促进文化原创能力提高。(6)文教结合,各类学校应加强高雅艺术教育。(7)正确对待并改进电视收视率评价指标。(8)采用优惠政策,鼓励企业支持并参与文化建设。(9)依托国际金融中心建设,率先推进金融与文化连通。(10)抓住数字出版等新兴产业发展机遇,促进科技与文化相结合,培育文化骨干龙头企业,打造文化品牌。(11)降低门槛,扶持青年人开展文化创业。(12)充分发挥老年文化人才作用。

【协商《上海市农业布局规划(草案)》】

2011年2月22日,市政协经济委员会召开委员座谈会,市农委负责人到会通报《上海市农业布局规划(草案)》制定情况并听取意见建议。委员们基本赞同规划的内容,并就规划制定后的贯彻实施提出建议:(1)分段实施规划,尽快出台细则。(2)注重协调匹配,融入整体发展。一是要处理好农业发展规划与全市整体发展规划的关系;二是要处理好农业、农村、农民发展的关系。(3)创新组织方式,发展农业新兴业态。(4)发挥企业能动性,重视域外布局。(5)完善利益补偿机制,保证农民受益。(6)加强科技兴农,提升农业产业能级。(7)保留"预发展"区域,优化空间布局。(8)重视粮库建设,确保粮食安全。(9)倡导绿色GDP,保障城市安全。

【协商《浦东综合配套改革试点三年行动计划(2011—2013年)》】

2011年8月26日,市政协召开委员专题座谈会,市发展改革委负责人到会通报《浦东综合配套改革试点三年行动计划(2011—2013年)》(以下简称《行动计划》)制定情况并听取意见建议。委员建议:(1)《行动计划》应进一步突出加快推进浦东综合配套改革的紧迫性。(2)关于"加大金融创新力度",一要探索建立人民币回流机制;二要探索建立"场外交易市场";三要扩大融资融券规模。(3)关于"健全贸易便利化制度和贸易市场体系",建议借综合配套改革契机,在浦东打造一个具有较强服务能力、较广服务范围且具备一定国际影响力的民间检验鉴定机构。(4)关于"破除新兴服务业发展体制障碍",建议加大对企业登记注册制度的改革力度,尝试将市场准入与工商登记分开,先登记后管理,同时要完善法律监管,严格处罚措施,促使已登记注册企业自觉遵守经营规范。(5)关于"大力推进张江国家自主创新示范区改革试点",建议立足建设国家自主创新示范区目标,按照宏观性和长远性的要求实施改革,一是要关注张江发展面临的管理体制瓶颈;二是《行动计划》中的相关目标要求和推进措施,应与目前正在制定的张江国家自主创新示范区中长期发展规划相衔接。(6)关于"集聚和培育紧缺急需型人才",建议学习借鉴深圳、天津经验,组织强有力的人才引进专业工作团队,进一步做好吸引国内外高端人才落户浦东的工作。同时要重视加强浦东新区公务员队伍建设。(7)建议《行动计划》增加推进智慧城市建设的内容和增加支持临港装备产业区发展的表述。(8)进一步完善《行动计划》中的"任务分工表",对相关内容再作斟酌,为工作推进留下余地,并在"任务分工表"中增设"基本目标"栏。

【协商"推进长三角一体化发展"工作】

2011年8月31日,市政协召开"推进长三角一体化发展"常委协商会。市发展改革委、市商务委、市人力资源社会保障局、市建设交通委、市农委、市旅游局和市政府法制办负责人到会通报有关情况,并就进一步深化长三角地区航运、旅游、农业、社保、法规协调及市场建设等重点领域的一体化进程问题等听取意见建议。常委建议:(1)以完善体制机制为切入口,推进长三角航运一体化。一要提升洋山港战略地位,完善航运一体化推进机制;二要实施市场运作,推进区域港口合作发展;三要整合内河资源,构建区域三大运输系统;四要完善相关运作平台,促进区域航运服务一体化。(2)以优化法制环境为目的,推进长三角地方法规协调与市场一体化。一要探索创新性举措,推动区域立法协调合作;二要完善立法沟通机制,建立区域内相对统一的法制环境;三要进一步促进资本要素流动,实现区域资源优化配置。(3)以共同实现农业现代化为目标,推进长三角农业一体化。一要构建区域农产品市场体系;二要搭建农业科技合作攻关平台;三要强化长三角农业人才的培训、交流和管理。(4)以社会管理创新为方向,推进长三角社会保障一体化。一要率先试点社会养老保险的区域性统筹;二要探索长三角社会管理一体化。(5)以观念转变为引领,推进长三角旅游休闲一体化。一要由供给式服务向需求主导型服务转变;二要由同质竞争向错位发展转变。

【协商"城市人口发展和经济转型"】

2012年8月29日,市政协召开"城市人口发展和经济转型"常委协商会,常务副市长杨雄出席并听取常委建言。与会常委建议:(1)研究人口发展,要站在到2020年上海基本建成"四个中心"和社会主义现代化国际大都市目标这一国家战略来认识和把握,将其摆在现代化建设的突出位置加以研究,使人口发展目标与城市发展战略相适应。(2)以正确的理念科学调控人口发展,树立正确的价值追求,坚持开放包容与科学调控人口相统一。人口发展要与资源、环境、生态相协调,与基本公共服务配置相均衡,与经济结构调整相适应,与城市管理水平相统一。(3)将市场机制作用与政策法规引导相结合,提高科学调控城市人口的水平。

表4-1-1　1978—2012年上海市政协有关经济社会发展规划的其他协商议政活动一览

序号	时　间	协商议政形式	协　商　内　容	党政部门出席人员
1	1998.8.6	情况通报会	1998—2000年上海城市建设和管理工作	副市长　韩正
2	2001.12.25	情况通报会	上海工业、外贸工作情况和发展思路、2001年上海工业的总体情况及2002年工业工作的调控目标和主要任务	常务副市长　蒋以任;市经委主任　唐登杰
3	2003.7.2	情况通报会	与时俱进,适度调整上海发展战略、上海制造业战略升级行动纲要	市委副秘书长　张志群
4	2003.10.21	情况通报会	城市规划工作会议筹备情况	副市长　周禹鹏

（续表）

序号	时　间	协商议政形式	协　商　内　容	党政部门出席人员
5	2004.8.3	专题议政会	上海世博会规划方案情况	上海世博会事务协调局副局长　汪均益等
6	2004.12.28	情况通报会	本市实施科教兴市主战略情况	市科委主任李逸平
7	2005.4.4	专题议政会	"本市贯彻国务院《关于鼓励支持和引导非公有制经济发展的若干意见》的实施意见"有关情况	副市长　周禹鹏
8	2006.4.11	专题议政会	"1966"城镇体系规划情况	市规划局负责人
9	2006.5.25	专题议政会	本市400万平方米旧里改造情况等	市政府副秘书长　洪浩
10	2007.1.9	情况通报会	2006年本市经济社会发展总体情况和明年工作设想、本市重大工程建设情况等	市发展改革委、市建设交通委等有关部门负责人

第二节　改革发展重要措施

一、改革开放措施

【讨论上海扩大出口问题】

1987年6月上旬,市政协经济研究委员会和市财政学会、上海外贸学院联合举行上海扩大出口问题座谈会。与会人员建议:(1)尽快制定上海外贸发展战略,并作为上海经济发展战略的重要组成部分。(2)加紧技术改造,开辟原材料新渠道,尽力增加出口货源。(3)改善外贸资金营运环境。建议人民银行总行在审批上海外贸信贷指标时留有余地,对政策性占用的资金列作专项贷款。(4)采取合理措施尽量减少出口亏损,如实行分商品的全国统一换汇成本,形成公平竞争、优存劣汰的机制;加快税制改革,实行出口部分免税或全部退税等。(5)理顺中央与地方、口岸与内地、外贸与生产等几方面的关系,加快外贸体制改革。会议还对开发新产品、开拓国际市场、改革价格体系等问题进行了讨论。

【讨论中国重返关贸总协定问题】

1992年9月、10月间,市政协经济委员会多次召开专题座谈会,组织部分委员对"入关"问题的利弊得失进行分析。委员建议:(1)市政府有关部门要敦促各个行业以至广大企业,对中国重返关贸总协定预作准备。尤其是一些处于困境的企业,"入关"以后面临的困难将有增无减,要及早研究,找出对策。(2)政府和企业都要全面分析不同行业的处境和需要,采取应变方案。如轿车作为上海的支柱产业之一,应加速换型改造和零部件的专业化与协作,降低生产成本,提高竞争能力。又如作为上海外贸支柱的纺织业,取消配额限制后,虽然增加了参与国际竞争的有利一面,但受到品种、质量、价格等不适应国际市场需求的严峻挑战。其他行业如电子、机械、化工、医药等都存在各种需要解决的问题,必须一一加以研究。(3)要把挑战转化为发展的大好机遇,转化为加速上海产业结构向合理化、高级化方向发展的契机。要结合国际、国内市场需求的调查预测,技术进步程度的分析比较和上海已有的基础及发展方向,制订相应的产业技术政策、产业布局政策等,来指导和促进产业结构与产品结构的调整和完善。(4)企业要从提高质量、扩大品种、降低成本等方面采取有效措施,不断实现技术进步,增强竞争能力。

【协商市政府机构改革工作】

1999年10月28日,市政协召开专题座谈会,市委副书记孟建柱到会通报上海市政府机构改革的进行情况并听取意见建议。委员们认为,上海市政府机构从80多个部门改为45个部门,编制数减少50%的方案很好,应本着因地制宜的原则,科学地归并和设置机构,不应强求和北京、天津一致。建议:(1)借机构改革的机会梳理政府职能,执行职能的机构可少设一点,监督职能的机构可多设一点。(2)明确中央在上海机构的管理责权。不设交通办后,航空、铁路、航运等行业的管理关系也应厘清;机构归并后,城市建设应做到管理和建设并重。(3)在机构改革过程中进一步理顺关系,如土地和房产的管理关系、规划局和房地局的关系等,建议把城市建设和土地管理统一起来。(4)行业协会必须与政府部门脱钩,并加强管理,领导干部不允许在中介机构兼职。(5)文化局、广电局与新闻出版局合并,从文化角度看似乎问题不大,但从实际职能考虑显得不妥,建议成立文化委员会。

2000年4月11日,市政协举行情况通报会,市委常委、市委组织部部长罗世谦到会再次通报市政府机构改革情况并听取意见建议。委员们认为,市政府机构改革方案符合上海实际,适应特大型城市经济和社会发展的要求,把转变政府职能放在首位,既着眼于适应和发展,又兼顾现实和可能,是一个在当前条件下比较稳妥的改革方案。

【协商上海市行政审批制度改革工作】

2001年9月29日,市政协举行情况通报会,市政府秘书长姜斯宪到会通报"上海市行政审批制度改革工作进展情况"并听取意见建议。委员建议:(1)行政审批制度改革的关键是要让政府各级部门都能依法依章办事,要提高公务员和市民的法律意识,了解和掌握行政的范围、内容和程序。应抓紧讨论哪些事项属审批的范围,并防止将中介机构作为政府部门的附属。(2)研究审批资格和责任,应有严格的法律鉴定,防止不讲信誉。(3)现政府部门法规文件都附有解释权,而解释权在相关部门后患无穷,因此有关法规文件出台应同时公布实施细则,取消解释权。(4)建立监督检举信箱,监察委和法律部门建立双联制度,使老百姓敢于举报暗箱操作和擅用职权的情况。(5)行政审批制度要开门改革,分门别类听意见;试点经验要公开,要评议;上下联动很重要,要推动中央有关部门,促使审批制度改革能上下联动,提高效率。(6)行政审批制度改革要与研究现行法律法规的不足和缺陷结合起来。(7)行政审批制度改革要与加强行业协会和中介机构建设结合起来,强化行业协会和中介机构自律自管。

【协商"完善社会主义市场经济体制"问题】

2004年2月26日,市政协举行专题议政会,市委常委、副市长周禹鹏带队到会通报《上海市贯彻〈中共中央关于完善社会主义市场经济体制若干问题的决定〉实施意见(征求意见稿)》有关情况并听取意见建议。委员建议:(1)要在进一步规范市场经济秩序上下功夫,加强对经济违法的处罚力度,改善投资环境,让在上海的国外投资者放心、安心。(2)转变政府职能不光是审批制度的改革,办事制度、办事方式的改革也很重要,"重审批、轻管理;重发展、轻规范"的现象必须有所改观。(3)要提高创新力、增强抗风险力,既要通过相关措施激活创新力,更要下力气培育创新力;加强经济危机防御体系建设,做好经济发展预测,增强上海经济的抗风险能力。(4)注重构建合理的产业生态,有些工作政府不仅仅是"抓",更重要的是运作,有了合理的产业生态和产业发展空间,产业集群自然就会形成,可持续发展才可能实现。

【协商上海市区县机构改革方案】

2004 年 7 月 7 日,市政协举行专题议政会,市委副书记王安顺到会通报"上海区县机构改革方案及有关情况"并听取意见建议。委员建议:(1)市与区的机构改革应同步进行,以便市、区机构相衔接。(2)在人员分流上不能"一刀切",要通过机构改革进一步优化人才结构和干部队伍。(3)机构要精简,但党外干部的培养和使用不能忽视,在机构改革中更应有所考虑。

【协商上海市事业单位体制改革工作】

2004 年 10 月 27 日,市政协举行专题议政会,市人事局局长丁薛祥到会通报"上海事业单位体制改革工作"有关情况并听取意见建议。委员建议:(1)要注重总体规划,将事业单位体制改革与全市经济和社会发展实际相协调,从全局出发,促进全社会资源优化整合。(2)坚持以人为本的科学发展观,注意兼顾各方面的利益要求,积极推进各项配套改革,做好必要的保障工作,避免造成和激化各种社会矛盾。(3)把事业单位体制改革与上海实施"科教兴市"战略相结合,提高基础教育、科技、文化、卫生等公共事业的服务质量。(4)将事业单位体制改革与加快推进全市分配制度改革和实施人才强市战略相结合。

【协商推进文化改革发展工作】

2012 年 4 月 1 日,市政协召开"积极推进文化改革发展"常委协商会。市委宣传部负责人到会通报上海文化改革发展情况并听取意见建议。与会常委建议:(1)加快筹建中国近现代出版博物馆。(2)保护商船会馆、书隐楼等一批上海优秀历史建筑。(3)重振上海艺术品拍卖业。(4)发挥高校在文化领域服务社会的功能。(5)遏制"高票价",让普通百姓能欣赏到高雅文化。(6)制定金融扶持政策,促进非公文化企业发展。(7)抓住"营改增"机遇,大力发展上海文化创意产业。(8)推进文化体制改革,解决文化发展难题。

二、促进发展措施

【讨论上海港口建设问题】

1981 年 9 月 3 日,市政协经济工作研究委员会召开上海港口建设座谈会,讨论改造老港区、规划新港区的建设问题。委员建议:(1)港口问题不解决,上海难以实现"外挤内联"。(2)港口建设缓慢,关键是体制。港口属交通部领导,靠中央财力来解决问题有难度,上海应与交通部共同发挥作用。(3)港务局已有改造老港区和建设新港区的具体规划,新港区的选址建议已得到交通部和市里的同意,希望早日付诸实施。(4)黄浦江岸线使用不合理,应予调整。

【讨论上海工业结构调整方案】

1989 年 3 月 6 日、21 日、30 日,市政协经济委员会分别举行专题座谈会,就市政府提出的上海工业结构调整方案进行协商研讨。委员建议:(1)上海工业结构调整方案应以国家的产业政策为依据,部分工业局将国家明确规定限制生产的高能耗产品作为优先发展产业的情况应该纠正。(2)在市场需求、能源及原材料消耗、生产成本和劳动力配置等方面进行可行性研究,并制订优先或限制生产产品的目录。(3)以节约原材料、能源,优化资源配置为重点,把"双增双节"与工业结构调整方案相结合。提高原材料和能源的有效利用率。(4)市政府应会同外贸部门和各驻外机构加强商业情报工作,认真分析国际商情和上海的生产条件,使出口计划适应国际市场的需求变化。(5)要重视对集体、乡镇企业的管理,控制和降低这些企业在能源、原材料方面的消耗。

【讨论贯彻《计算机软件保护条例》】

1991年6月27日、9月6日、11月1日,市政协科学技术委员会组织部分委员,对作为《著作权法》重要组成部分的《计算机软件保护条例》(以下简称《条例》)举行专题座谈,委员建议:(1)大力加强对《条例》的宣传,举办各类计算机人员的短期培训班,使每个计算机工作人员能学法、知法、守法。(2)请市政府与国务院机电部协商,在上海设立登记分支机构。(3)《条例》中规定的软件仲裁机构建议由市科委为主筹建,待全国仲裁机构成立后,再考虑设分支机构。(4)请市政府有关部门组织专家小组制订发展上海软件产业的"八五"和"九五"计划,以及关于计算机软件保护的注意事项。(5)市物价局应制定软件产品的指导性价格,以促进软件的流通。

【讨论上海经济如何上新台阶】

1992年上半年,市政协组织委员和各界人士多次就上海经济如何上新台阶问题开展讨论。委员建议:(1)有关部门应进一步具体测算上海在经济、技术和社会发展中第一、二、三产业所占的比重,适时修订"八五"计划和十年规划。(2)对已拟定的高新技术产业化的方案作适当调整,技术进步在国民经济增长中所占比重应有所提高。(3)加快建立全国性和区域性的专业批发市场(包括现货和期货),使上海逐步成为全国的贸易中心。(4)开拓和发展金融市场,促进资金流动。继续发展和开放同业拆借市场、票据贴现市场、外汇调剂市场和证券交易市场,并进一步向全国开放。(5)切实落实企业经营自主权,使企业更好地适应社会主义市场经济。(6)上海经济发展,关键是要培养人才和吸引人才,要加快教育体制改革并健全完善必要的法规和政策。委员们在讨论中还对当时比较突出的土地批租问题、股份制试点和股票市场问题、改革和发挥专业外贸公司作用问题等提出意见建议。

【协商《上海农村集体土地使用权流转试点意见》】

2001年10月9日,市政协举行情况通报会,副市长冯国勤、市政府副秘书长周太彤、市发展计划委员会负责人到会通报《关于上海农村集体土地使用权流转试点意见》(以下简称《试点意见》)并听取意见建议。委员建议:(1)《试点意见》中"土地确权、三权分离、价值显化、市场运作、利益共享"的20字方针,其中"利益共享"的提法拟改为"利益兼顾"。(2)应深入研究利益中的货币折现问题,充分考虑和兼顾农民的眼前和长远利益。(3)在土地流转过程中,要处理好"国家、农民、中间操作者"的利益关系,建立资金管理机制,加强监督,防止资金流失;注意在政策引导和农民自愿的前提下,实行农业土地集约化经营的探索。(4)正确处理土地流转与农民利益的矛盾,确保社会稳定,对部分特困农民可采取适当补贴的办法解决其困难。(5)建议将土地流转与农民生活小区规划、与绿化建设合理结合。(6)《试点意见》的实施须有相关法律规定的有力保障。

【协商"在沪台资企业的现状及前景"】

2004 年 7 月 6 日,市政协港澳台侨委员会召开"在沪台资企业的现状及前景"专题座谈会。在听取市外经贸委、市台办、市科委的情况介绍后,委员们认为,台商投资上海,扩大沪台两地的经济合作与交流,符合两地人民的共同利益。目前大多数台资企业能在上海比较健康地发展,并对在沪的发展前景充满信心,但也存在一些亟待解决的问题,如因上海城市发展规划的调整,使部分台资企业搬迁造成一定的经济损失,而赔偿措施不够到位;常年在沪工作生活的台胞呼吁解决的在沪就医、子女就学、身份认定等问题,政府有关部门解决的力度还不够大。委员建议:(1)采取不同的补偿方式,减少因实施城市规划给在沪台资企业造成的损失。(2)利用经济手段,调整台资企业在上海乃至长三角地区的产业布局和区域布局。(3)加大工作力度,为在沪工作生活的台胞排忧解难。

【协商黄浦江两岸综合开发工作】

2004 年 11 月 24 日,市政协举行专题议政会,市黄浦江两岸综合开发办公室负责人到会通报"黄浦江两岸综合开发工作"有关情况并听取意见建议。委员建议:(1)黄浦江两岸开发要重视前期规划,强调规划编制的科学性和规划实施的严格性,坚持突出世博主题,使举办世博会和两岸开发相得益彰;要突出以人为本,重视沿江两岸基础设施和公益性项目的建设。(2)做好开发过程中的动拆迁工作,合理规划和利用有限的城市土地资源。(3)要处理好开发与保护历史建筑之间的关系,继承、保护和利用好北外滩地区特有的记录上海城市发展的历史文脉。(4)加强和完善相关立法,确保规划和综合开发依法推进。(5)搞好交通等基础设施的规划和建设。(6)建立多元化的投融资管理体制,降低开发建设成本。

【协商科技自主创新"36 条"配套政策问题】

2007 年 3 月 20 日,市政协教科文卫体委员会召开"关于本市科技自主创新'36 条'配套政策落实情况"界别议政会,市发展改革委、市科委有关负责人到会通报"36 条"配套政策的主要内容和配套政策推进落实情况并听取意见建议。委员建议:(1)加大对"36 条"相关政策的宣传力度。(2)加强服务,为推进企业自主创新提供各种支持和保障。(3)整合各种资源,发扬产学研联合攻关的优势。(4)建立评估机制,加强跟踪调研,促进"36 条"配套政策的贯彻落实。

【协商上海加强人才培育与引进工作】

2008 年 9 月 4 日,市政协召开"关于上海加强人才培育与引进课题调研情况"专题议政会,市政府副秘书长蒋卓庆及市委组织部、市人事局负责人到会通报有关情况并听取意见建议。委员建议:(1)鼓励缺乏实践经验的高校教师到企业、科研机构及政府等实际部门工作,推动产学研合作。(2)整合各高校和社会上现有教学资源,搭建培训资源的信息共享平台。(3)根据上海产业发展特点,采取自上而下的方式调整优化高校学科结构,建立符合产业导向和相关产业链的学科群。(4)对现有人员加强培训,不断进行知识更新,使其符合社会发展的需要。(5)尽早出台人才居住证与常住户籍的并行、衔接办法。(6)人才引进要倡导公平竞争、按劳分配,使物质优惠与劳动成果成正比,并处理好本地人才与外地引进人才、新进人才与已有人才的关系。(7)设立统一推介机构,宣传上海优势和发展机遇,简化人才引进的办事流程,大力吸引高端人才。(8)建立高端人才沙龙或交流平台,完善人才流动机制,加强高校、科研院所、企事业单位人事部门之间的交流。(9)做好各项人才政策的配套、衔接、细化和系统化工作,并加快地方立法。(10)不断完善人才标准,注重政策导向,鼓励培养和引进金融、航运等重点领域和能把国有资产"盘活"的高端人才。(11)为人才发展提供更为宽松、开放的创业环境,有些政策可先行先试。

【协商"扩内需、调结构、保增长"工作】

2009年4月29日,市政协召开"扩内需、调结构、保增长"常委协商会,副市长唐登杰到会通报全市扩大消费及商务运行工作情况并听取意见建议。与会常委建议:(1)促进资本、技术和劳动密集型等多层次产业调整,促进产业、地区、城乡和所有制结构等系统性调整,发展农村经济,发挥民营经济作用,发展现代知识服务业,开发新能源,明确产业结构调整具体方案。(2)加大民生工程、公共服务事业的投入,根据不同群体特点制定消费和税收政策,提供多样化产品,满足个性化、差异化需求,最大程度释放消费潜能。(3)房屋维修涉及建筑、设计、施工、材料、服务等相关产业,政府应引导各方投入资金,对售后公房进行管线综合改造,以带动相关产业的发展和劳动就业需求。(4)教育培训业有广阔的消费需求,各级部门应打破条块分割的管理现状,尽快修订教育培训机构管理法规,规范市场秩序,以拉动市场消费。(5)电信业对国民经济增长的直接贡献率一般在3%左右,而且在经济危机中,信息产业往往能起到明显的刺激消费的作用,拉动经济增长。建议对通信基站实现共享共用,既能节约建设成本,又能节约物理空间,提高资源的利用率。

【协商"深化浦东改革,推进城市转型发展"工作】

2011年4月27日,市政协召开"深化浦东改革,推进城市转型发展"常委协商会,市委常委、常务副市长杨雄,市委常委、浦东新区区委书记徐麟出席会议并与委员进行交流。与会常委建议:(1)成立"浦东实验室",以金融为抓手,科技为实体,科技加金融交叉突破,加快城市转型发展。(2)在浦东新区设立培育社会组织枢纽化管理的实验区,将加快培育群团组织的枢纽性功能列为浦东深化综合配套改革的重要议程。(3)在新一轮改革中,浦东新区应以实现农业现代化为牵引,率先打破城乡二元体制,实现城乡经济社会统筹发展。(4)下放管理权限,突破现有体制障碍,让浦东可以根据自己独有的金融、科技、现代制造业和海空两港优势,在国家政策范围内,更多地采取自主决定的方法,进一步激发浦东的创新精神和试验信心。(5)浦东新区应是国际航运建设的主战场,要正确处理好市与浦东新区、浦东新区与其他区县在建设国际航运中心中的关系问题。(6)加快推进政府转型,突破浦东社会公共服务领域的制度瓶颈。(7)营造浦东法制环境,推动上海金融中心建设。(8)发展贸易是浦东推进建设"四个中心"、促进经济结构转型的战略工程,应在贸易主体培育、市场体系建设、贸易方式创新和贸易制度创新等方面取得突破性进展。

【协商"加快提升传统产业"工作】

2011年6月27日,市政协召开"加快提升传统产业"常委协商会,分管副市长出席会议听取常委建言并交流。与会常委建议:(1)促进新兴技术产业化和传统制造业高技术化,实现产业升级换代。(2)发挥制造业、服务业联动效应,创新商业模式。(3)加快新能源汽车产业化、电动化步伐,对关键技术集中力量进行攻关。(4)支持传统产业参与高端产业产业链分工,与现代服务业融合互动,提高产品附加值。(5)加大对金融信息、电子商务等产业的扶持力度,适当放宽新业态高新技术认定和许可范围,探索长三角电子商务区域合作。(6)把握智慧城市建设契机,提高都市型产业信息化、智能化、时尚化程度。

【协商"稳增长,调结构,促转型"工作】

2012 年 6 月 27 日,市政协召开"稳增长,调结构,促转型"常委协商会,常务副市长杨雄到会听取常委建言并从总体经济形势、投资进度、扩大需求、结构调整、企业布局、民生保障等六个方面介绍当前全市经济运行情况。与会常委建议:(1)要保持重大项目和重点地区开发的投资力度,落实促进消费、扩大内需的各项政策措施。(2)进一步推进创新驱动、转型发展,抓好调结构、促转型的关键领域和关键环节,夯实经济长期稳定增长的基础。(3)调结构、促转型是一项系统工程,需加强四方面的工作:一要发挥科技对经济发展的支撑和引领作用;二要推动产业结构调整升级;三要推动体制机制改革创新;四要推动城乡一体化发展。

图 4-1-2　2011 年 3 月,市政协召开"关注价格走势,谋划有效应对"常委专题协商会

表 4-1-2　1978—2012 年上海市政协有关改革发展重要措施的其他协商议政活动一览

序号	时　间	协商议政形式	协　商　内　容	党政部门出席人员
1	2003.5.14	情况通报会	加强市级机关收入分配管理与本市纠风工作有关情况	市委常委、副市长　冯国勤
2	2004.6.16	情况通报会	上海贯彻落实中央宏观调控措施情况	市长　韩正
3	2004.7.16	专题议政会	推进上海城市文化事业改革和发展有关情况	市政府副秘书长　薛沛建
4	2004.9.23	专题议政会	上海市实施人才强市战略行动纲要有关情况	市委组织部、市人事局负责人
5	2004.11.10	专题议政会	关于上海现代服务业发展和上海优先发展先进制造业行动方案有关情况	市发展改革委、市经委负责人
6	2005.1.6	情况通报会	2004 年上海经济运行情况和 2005 年上海经济发展工作思路、2004 年上海财税工作情况	市发展改革委、市财税局负责人

（续表）

序号	时 间	协商议政形式	协 商 内 容	党政部门出席人员
7	2006.3.4	专题议政会	上海贯彻落实国家中长期科技发展规划纲要若干配套政策工作情况和2006年重点价格改革工作情况	市委常委、副市长　周禹鹏
8	2007.8.2	专题议政会	浦东综合配套改革试点情况	市政府副秘书长　姜平等

第三节　国家法律和地方性法规规章

一、国家法律法规

【讨论《中华人民共和国环境保护法(讨论稿)》】

1978年8月3日、10日,市政协调查研究工作委员会召开座谈会,讨论《中华人民共和国环境保护法(讨论稿)》(以下简称《环保法》)。委员建议:(1)《环保法》有些措辞的法律性不强,与法律用语不合。(2)对严重违反环保法,并造成严重后果的,应写明要依法追究责任者的刑事责任。(3)《环保法》应加上围湖围海造地应防止破坏生态系统的内容。(4)对开采地下水,要强调合理开采、强化管理,不能毫无节制;对开采地下水引起地面下沉要有相应措施。(5)要加上城市饮用水水源必须符合生活饮用水标准和严格保护饮用水水源的内容。

【讨论《中华人民共和国国籍法(草案)》】

1980年3月25日,市政协民族组、宗教组、华侨组联合组织委员讨论《中华人民共和国国籍法(草案)》。委员建议:(1)中国的国籍法应该既不是单纯的血统主义,也不是单纯的出生地主义,而是两者的结合。(2)第五条关于凡在中国出生的婴儿即为中国籍的表述,考虑不够周到。(3)第五条规定父母都是中国人,不论出生在任何国家都具有中国籍的规定值得商榷。(4)第五条中关于出生在中国与出生在外国的应分别进行表述。(5)对本人出生在中国而父母无国籍的,如何定国籍也要有所规定。

【讨论《中华人民共和国婚姻法(修改草案)》】

1980年5月8日,市政协法制研究委员会和妇女组组织各界人士对《中华人民共和国婚姻法(修改草案)》进行专题讨论。委员建议:(1)将男满22周岁、女满20周岁作为法定结婚年龄是合适的,但一定要做好晚婚晚育的宣传工作。(2)把第七条"结婚的男女双方应当亲自到所在地的婚姻登记机关进行结婚登记"中的"应当"二字修改为"必须"。(3)第十条中关于"照顾老人"的表述应和后面条文相呼应,可改为"赡养老人"。此外,委员还就关于五代内旁系血亲间的结婚问题、患有不能结婚的疾病在病愈后的结婚问题和继承权问题等提出了一些意见和建议。

【讨论《中华人民共和国民法(草案)》】

1980年10月和1981年12月,市政协法制研究委员会先后组织委员和华东政法学院的专家学者,对《中华人民共和国民法(草案)》进行座谈讨论。委员建议:(1)民法涉及的范围很广泛,很复杂,草案容纳的内容太多,现在条件还不成熟,且有些内容不属于民法范畴,应去掉。(2)有些条文属于道德规范的范畴,哪些要写进去,哪些不必写进去,要很好研究。(3)条文体现了"规定",而对违反规定并没有明确的处罚办法。(4)草案里未提及外国人,而实际上中外之间也有民事关系,应有一章涉外的条文。

【讨论《中华人民共和国宪法(修改草案)》】

1982年4月28日,《中华人民共和国宪法(修改草案)》和全国人大常委会委员长彭真的相关说明公布后,市政协历时3个月,组织政协委员、各民主党派和各界人士共1200多人次进行了多次讨论。委员提出:(1)《序言》部分,一定要体现吸取"文化大革命"的历史教训,决不能一搞政治运动,就将国家根本大法撂在一边。(2)第一章《总纲》部分,建议增加"普及初等义务教育"、"发展学前教育"、"鼓励自学成才"以及"发挥知识分子在社会主义现代化建设中的作用"等内容。(3)第二章《公民的基本权利和义务》部分,建议增加"父母有教育未成年子女的义务"。(4)第三章《国家机构》部分,"全国人大常委会在全国人民代表大会闭会期间,对全国人民代表大会制定的基本法律,可以部分地修改和补充"的提法,使全国人大常委会与全国人民代表大会的权力并立,体现不出全国人民代表大会是最高权力机构,建议要有所区别。(5)第四章《国旗、国徽、首都》部分,建议将国歌确定下来,并建议用《义勇军进行曲》作为国歌。委员们提出的意见建议经市政协五届二十一次常委会会议讨论审议后,书面上报全国人大常委会。

【讨论《中华人民共和国中外合资经营企业法实施条例(草案)》】

1983年5月7日,市政协经济研究委员会组织委员,对《中华人民共和国中外合资经营企业法实施条例(草案)》(以下简称《实施条例》)进行专题讨论。委员建议:(1)将《实施条例》中关于合营企业注册资本的增加、转让要"向国家工商管理局办理变更登记手续"的规定,修改为"向原登记管理机构办理变更登记手续"。(2)《实施条例》多次使用"在中国注册的会计师"、"经中国注册的会计师",提法不一,建议统一为"中国注册的会计师"。

【讨论《中华人民共和国城市民族工作条例(草案)》】

1988年8月16日,市政协民族委员会组织委员对《中华人民共和国城市民族工作条例(草案)》(以下简称《条例》)进行专题讨论。委员建议:(1)《条例》第6条规定"在少数民族人口较多的城市,举办少数民族需要的经济、文化事业所需的资金,城市人民政府给予适当照顾"的提法不够妥当。上海人口中虽然只有4万多人是少数民族,在全市人口总数中占比不高,但也应当给予适当照顾。(2)《条例》第14条规定招收少数民族学生可以适当降低录取标准,是否包括考大专院校,如何降低,缺乏量化的标准。(3)《条例》应写明重视少数民族干部的培养、选拔和使用。(4)建议《条例》增加两条:一是各地区应根据自己的情况制订实施细则,二是明确《条例》的解释权归哪个部门。

【讨论《中华人民共和国集会游行示威法(草案)》】

1989年7月25日,市政协法制与民主建设委员会组织委员对《中华人民共和国集会游行示威法(草案)》(以下简称《游行示威法》)进行专题讨论。委员建议:(1)《游行示威法》既然是国家法律,就应明确集会、游行、示威的法律定义。(2)"现役军人、人民警察、国家公务人员未经单位负责人批准不得组织或参加集会游行示威"中的"公务人员"，因国家公务员法尚未制定，建议改为"国家机关工作人员"，且只要经单位负责人批准，即可组织或参加集会游行示威，随意性太大，欠妥。(3) 条文中的"国家重要机关"是指哪些机关，应该写明。

二、地方性法规规章

【讨论《上海市保护妇女儿童合法权益的若干规定（征求意见稿）》】

1984 年 9 月 11 日，市政协法制研究委员会组织委员对《上海市保护妇女儿童合法权益的若干规定（征求意见稿）》（以下简称《若干规定》）进行专题讨论。委员建议：(1) 条款内容中涉及的某些罪行的处罚在刑法和婚姻法中已有明确规定，《若干规定》更应针对够不上刑事处分的侵害妇女儿童合法权益问题的处罚作出规定。(2)《若干规定》应使用规范的法律术语，所涉及的概念不能与司法解释相矛盾。(3) 国家宪法已明文规定，在中国境内的外国人必须遵守中华人民共和国的法律，《若干规定》第五条中"本规定也适用在沪的外国人"就没有必要。(4) 制定法律条款要深入调查研究，如关于第三者插足的问题，情况复杂，不能笼统称之为"第三者"。(5)《若干规定》是地方性法规，是对宪法、刑法和民法等基本法的补充，条文中关于"国家有规定时按国家规定执行"否定了地方性法规的合法性和权威性。(6)《若干规定》执行部门不明确。建议成立上海市保护妇女儿童合法权益委员会，负责法规的贯彻执行。

【讨论《上海市计划生育条例（草案）》】

1989 年 9 月 2 日，市政协医卫体委员会组织委员对《上海市计划生育条例（草案）》（以下简称《条例》）进行专题讨论。委员建议：(1) 对农村人口中照顾生育第二胎的规定面太宽。(2) 对《条例》第六章相关的处罚内容中"违反计划生育规定出生的子女在参加工作前的医药费报销 25％"也规定过宽。(3) 条款中"医疗单位违反计划生育规定和有关取出宫内节育器规定进行手术的，没收手术单位或者手术者非法所得，并处以 500 元以下罚款"的规定，处罚太轻。(4)《条例》中应增加"实施细则由市计划生育委员会制订并报市政府批准后实施"。

【讨论《上海市实施〈中华人民共和国归侨侨眷权益保护法〉办法（草案）》】

1991 年 5 月 23 日，市政协组织部分归国华侨界委员和法制委员会委员对《上海市实施〈中华人民共和国归侨侨眷权益保护法〉办法（草案）》（以下简称《实施办法》）进行专题讨论。委员建议：(1)《实施办法》对如何认定归侨、侨眷的身份要有所规定。(2)《实施办法》第四条规定"各级人代会中应有适当名额的归侨代表，代表提名要征求政府侨务部门的意见"，这不符合人民代表产生的法定程序。(3) 第五条内容中将侨联与侨界知识分子联谊会并列不妥，因上海有不少侨界的群众组织，建议改为"归侨侨眷依法组织的社会团体"，不必具体写出某一个组织。

【协商《上海市青少年保护条例（征求意见稿）》】

1994 年 5 月，市政协民主法制社会委员会召开专题座谈会，共青团市委负责人到会就《上海市青少年保护条例（修正征求意见八稿）》（以下简称《条例》）征求委员意见建议。委员建议：(1)《中华人民共和国未成年人保护法》已于 1992 年 1 月颁布施行，其中第 55 条明确规定省、自治区、直辖市的人大常委会可以根据该法制定实施办法，因此上海应制订贯彻国家未成年人保护法的"实施办法"或"实施贯彻条例",不必再单独制订青少年保护条例。（2）《条例》中的部分条款与全国的《未成年人保护法》的规定不一致,需进一步修改完善。

【协商《上海市环境保护条例（草案）》】

1994年5月24日,市政协举行《上海市环境保护条例（草案）》（以下简称《条例》）征求意见座谈会,市环保局负责人到会通报《条例》制定情况并听取意见建议。委员建议：（1）《条例》有了原则规定,但需进一步细化。如无污染、少污染定性标准和监管、执法等方面均有待细化。同时,应注意与国际标准接轨。（2）加强宣传。定期公布上海城市环保质量,让老百姓了解污染的严重性,提高环保意识。

【协商《上海市居住物业管理条例（送审稿）》】

1997年4月24日,市政协举行专题座谈会,市房屋土地管理局负责人到会通报《上海市居住物业管理条例（送审稿）》（以下简称《条例》）的制定情况并听取意见建议。委员建议：（1）尽快制定《条例》实施细则。（2）制定非居住物业管理条例。（3）建立物业管理行业协会,协调、指导物业管理工作。（4）在房屋建造时,物业应提前介入,以切实解决因房屋质量而产生的物业管理矛盾。

【协商《上海市促进高新技术成果转化的若干规定》（草案）】

1999年6月4日,市政协举行委员座谈会,市政府副秘书长姜斯宪、市科委负责人到会通报《上海市促进高新技术成果转化的若干规定（草案）》（以下简称《规定》）并听取意见建议。委员建议：（1）《规定》第一条中"设立专门机构对在沪的国内外高新技术成果转化项目进行技术等级、市场前景、项目风险及知识产权等方面的认定",有些不妥。（2）《规定》第一条中关于"在沪注册的外商投资企业在本市新开发的具有自主知识产权的高新技术成果转化项目,经认定,也可享受本规定有关政策",新开发的"新"应有明确认定。（3）《规定》第二条中"市政府安排6亿元资金,建立创新投资专项资金,从事风险投资,优先支持经认定的高新技术成果转化项目",风险投资是商业行为,以政府出资的安排不妥当。（4）《规定》第八条"属孵化项目缴纳的各项税收的地方收入部分,由财政列支返还孵化基地",因孵化基地里的项目不一定是高新技术,因此孵化基地里的项目也应就是否高新技术进行认定。（5）《规定》第九条"凡政府资助的产品开发研究项目,在规定期限内未实施转化的,暂停对有关单位或个人的政府资助,不予受理市级科技奖励",建议应对此查明原因,根据具体情况区别对待。（6）《规定》第十条确定"成果价值占注册资本比例可达35％",建议同时确定一个下限比例。（7）《规定》中有些条文应有"实施细则",如发展资金的操作、知识产权的界定、外商投资企业是否包括独资企业等。

【讨论《上海市婚姻介绍机构管理办法（草案）》】

2000年11月3日,市政协社会和法制委员会召专题座谈会,就《上海市婚姻介绍机构管理办法（草案）》（以下简称《办法》）听取意见建议。委员建议：（1）《办法》的立法指导思想应进一步明确。（2）《办法》中诸如"有关"、"等"法律上的模糊词语太多,应提出具体规定和明确的阐述。（3）对婚姻介绍机构的性质规定不明确,"非营利性社会组织"概念文字表述不清楚。

【协商《上海市城市房屋拆迁管理实施细则》】

2001年8月31日,市政协举行专题座谈会,市房地资源局负责人到会通报《上海市城市房屋拆迁管理实施细则》(以下简称《细则》)修订情况并听取意见建议。委员建议:(1)《细则》的修订既要考虑政策的延续性,又要注意与其他法律的衔接。(2)不同性质的房屋拆迁要有不同的政策。(3)要规范房产评估机构。(4)适当提高房屋拆迁的补偿价格。(5)对特殊产权房应有特殊政策,如宗教房产等。(6)《细则》既要有对被拆迁方违反"细则"有关条款规定的处罚规定,也要有对拆迁方违反"细则"规定的有关操作行为的处罚规定。(7)《细则》的内容要通俗易懂,既让职能部门有法可依,还要让老百姓听得懂、看得明。

【讨论《上海市促进行业协会发展条例(草案)》】

2002年4月27日,市政协召开专题座谈会,就《上海市促进行业协会发展条例(草案)》(以下简称《条例》)征求意见建议。委员建议:(1)《条例》的名称似应改为《暂行条例》。(2)《条例》中的"发展会员"、"理事的产生和职能"、"法律监督和行政监督"等条款应进一步修改和完善。2002年6月12日和8月19日,市政府法制办、市人大常委会分别以书面形式就修改后的《上海市促进行业协会发展规定(草案)》再次征求市政协委员的意见。委员们认为该《规定》经几稿修改有很大进步,简明可行,有利于促进上海市行业协会的发展。

【协商上海贯彻《城市生活无着的流浪乞讨人员求助管理办法》情况】

2003年12月10日,市政协社会和法制委员会召开专题座谈会,市委政法委负责人到会通报上海贯彻国务院《城市生活无着的流浪乞讨人员求助管理办法》和《实施细则》实施情况并听取意见建议。委员建议:(1)要加大宣传《城市生活无着的流浪乞讨人员求助管理办法》的力度并公布求助站的具体位置,以方便求助工作。(2)在公共场所、商业繁华地段强索强要的流浪乞讨人员,不仅严重损害上海的形象,而且严重扰乱社会治安秩序,应依法加强管理。(3)对从事违法犯罪活动的流浪乞讨人员,教唆、纠集、利用未成年人、残疾人等进行乞讨活动的人员,应依照《中华人民共和国未成年人保护法》、《中华人民共和国治安管理处罚条例》等法规追究其法律责任,按情节予以刑事或行政处罚。

【协商《立法规划(征求意见稿)》】

2008年6月17日,市政协召开委员座谈会,市政府法制办负责人就《立法规划(征求意见稿)》听取意见建议。委员建议:(1)制订立法规划要坚持与经济社会发展形势相适应、与经济社会发展规划相衔接、与国家立法进程相协调的原则。(2)立法要有系统性、连贯性,法律框架和结构的设计要合理。(3)法律并不是越多越好,关键是各项法规的边界要清晰,既不重叠,又能有效覆盖各个方面。(4)提前审议和修订《防震减灾条例》、《饮用水源保护条例》等。(5)在立法正式项目中增加一些非常紧迫和重要的立法项目,如将《社会救助条例》、《上海市清真食品管理条例》等纳入五年立法规划项目。

【协商《上海市经济适用住房管理试行办法(征求意见稿)》】

2008年11月27日,市政协召开"上海市经济适用住房管理试行办法"专题议政会,市住房保障房屋管理局负责人到会通报《上海市经济适用住房管理试行办法(征求意见稿)》(以下简称《办法》)并听取意见建议。委员建议:(1)应坚持明确经济适用房供应对象为全市城镇低收入和中低收入住房困难家庭;明确经济适用房的户型和面积上限;有关经济适用房的转让条款应该分回购和转让两种情况分别进行阐述。(2)准入条件中家庭收入和居住条件标准等应进一步明确细节,以增强可操作性。(3)经济适用房应公布价格的组成部分和政府给予的包括土地、市政配套费等价格补贴。(4)为弥补房源不足的难题,可明确在市场上吸购二手房、单位集资合作建设房屋或社会企业投资建设房屋等来筹集房源。(5)距离市区较远的工厂企业和住房困难户较多的企业,有符合土地利用总体规划和城市规划的自用土地的,经批准后,可以申请利用自用土地建设经济适用房。(6)要考虑租售平衡点,在开始阶段应以租为主,根据实际效果,再进行调整,尽可能实现房源可持续循环。(7)应提供一部分经济租赁房供高校毕业生等群体租用。(8)夫妻双方或者家庭中具有完全民事行为能力的人应可共同作为经济适用房申请主体。此外,委员们还就虚假申请的处罚、准入审核、特殊对象的照顾和建立退出机制等提出意见建议。

表 4－1－3　1978—2012 年上海市政协对部分国家和地方法律法规进行的其他协商议政活动一览

序号	时　间	协商议政形式	协商内容 (征询制订修改法规、规章的意见)	党政部门 出席人员
1	1993.11.27	情况通报会	《关于反价格欺诈和牟取暴利的若干暂行规定(征求意见稿)》	市物价局负责人
2	1994.5.31	座谈会	《上海市城市规划条例(草案)》	市规划局负责人
3	1994	书面征询	《上海市工会条例(征求意见七稿)》	
4	1997	书面征询	《上海市地铁管理条例(草案)》	
5	1998.11.16	专题座谈会	《上海市燃气管理条例(草案)》	市人大常委会城建环保委负责人
6	2000.6.6	专题座谈会	《上海市遗体捐献条例(草案)》	
7	2000.9.7	专题座谈会	《著名商标认定和保护办法(草案)》	
8	2000.11.20	座谈会	《上海市社会保障和市民服务信息系统管理办法(草案)》	
9	2000	书面征询	《上海市国有资产委托管理监管暂行办法(草案)》	
10	2000	书面征询	《上海市制定地方性法规条例(草案)》	
11	2001	书面征询	《上海市劳动合同条例(草案)》	
12	2001	书面征询	《上海市实施〈中华人民共和国大气污染防治法〉办法(草案)》、《上海市道路交通管理条例修正案(草案)》	
13	2001	书面征询	《上海市见义勇为人员奖励和保护办法(草案)》	
14	2001	书面征询	《上海市市级预算审查监督规定(草案)》	
15	2001	书面征询	《上海市轨道交通管理条例(草案)》	
16	2001	书面征询	《上海市排水管理条例修正案(草案)》	
17	2001	书面征询	《上海市精神卫生条例(草案)》	
18	2001	书面征询	《上海市劳动合同条例(草案)》	
19	2001	书面征询	《上海市城镇生育保险办法(草案)》	
20	2001	书面征询	《上海市历史风貌区和历史保护建筑管理条例(草案)》	

(续表)

序号	时 间	协商议政形式	协商内容 (征询制订修改法规、规章的意见)	党政部门 出席人员
21	2001	书面征询	《上海市内河航道管理条例(草案)》	
22	2001	书面征询	《上海市标准化条例(草案)》	
23	2001	书面征询	《上海市专利保护条例(草案)》	
24	2002.3.26	座谈会	《柔性流动人才实行〈上海市居住证〉制度暂行规定》	市人事局等部门负责人
25	2002	书面征询	《上海市个人信用征信管理办法(草案)》、《上海市企业信用征信管理办法(草案)》	
26	2002	书面征询	《上海市古树名木保护管理条例(草案)》	
27	2002	书面征询	《上海市行政机关规范性文件制定程序规定(草案)》	
28	2002	书面征询	《上海市外来从业人员综合保险暂行办法(草案)》	
29	2002	书面征询	《上海市消费者权益保护条例(修订草案)》	
30	2002	书面征询	《上海市房地产登记条例(修订草案)》	
31	2002	书面征询	《上海市出版物发行管理条例(草案)》	
32	2004	书面征询	《上海市行政许可办理规定(草案)》、《上海市临时性行政许可设定程序规定(草案)》、《上海市监督检查从事行政许可事项的规定(草案)》	
33	2004	书面征询	《上海市企业信用征信管理办法(草案)》	
34	2004	书面征询	《中华人民共和国治安管理处罚法(草案)》	
35	2006	书面征询	《中华人民共和国劳动合同法(草案)》	
36	2006	书面征询	《上海市集体合同若干规定(草案)》	
37	2008	书面征询	《突发事件应对法(草案)》	
38	2008	书面征询	《上海市促进电子商务发展规定(草案)》	
39	2008	书面征询	《上海市市容环境卫生管理条例修正案(草案)》	
40	2008	书面征询	《上海港口客站管理办法(修订草案)》	
41	2008	书面征询	《上海市行政规范性文件制定和备案规定(修订草案征求意见稿)》	
42	2008	书面征询	《上海市社会综合治理条例(征求意见稿)》	
43	2009	书面征询	《上海市志愿服务条例(草案)》	
44	2009	书面征询	《上海市建筑节能条例(草案)》	
45	2009	书面征询	《上海市社会治安综合治理条例(草案)》	
46	2010	网络征询	《上海市建筑节能条例(草案)》	
47	2010	网络征询	《上海市城乡规划条例(草案)》	
48	2010	网络征询	《关于进一步加强本市生活垃圾管理的若干规定(草案)》	

序号	时　间	协商议政形式	协商内容 （征询制订修改法规、规章的意见）	党政部门 出席人员
49	2010	网络征询	《进一步整顿交通市场秩序、规范交通执法工作的意见（草案）》	
50	2011	网络征询	《上海市再生资源回收管理办法（草案）》	
51	2011	网络征询	《上海市中小学校学生伤害事故处理条例修正案（草案）》	
52	2011	网络征询	《上海市安全生产条例（修订草案）》	
53	2011	网络征询	《上海市实施人民代表大会代表法办法（修订草案）》	
54	2011	网络征询	《上海市建筑消防设施管理规定（修订草案送审稿）》	
55	2011	网络征询	《上海市募捐条例（草案送审稿）》	
56	2011	网络征询	《上海市城市管理相对集中行政处罚权条例（草案）》	
57	2011	网络征询	《小学校学生伤害事故处理条例修正案（草案）》	
58	2011	网络征询	《上海市产品质量条例（草案）》	
59	2012	网络征询	《上海市实施〈中华人民共和国邮政法〉办法（草案）》	
60	2012	网络征询	《上海市国防教育条例（修订草案）》	
61	2012	网络征询	《上海市审计条例（草案）》	
62	2012	网络征询	《上海市实施〈中华人民共和国突发事件应对法〉办法（草案）》	
63	2012	网络征询	《上海市信访条例（修订草案）》	
64	2012	网络征询	《上海市饮用水卫生监督管理办法（草案）》	

第二章 有关群众切身利益问题的协商议政

围绕事关人民群众切身利益的重要问题开展协商讨论，提出意见建议，是市政协协商议政工作的重要内容。自1982年起，凡涉及群众切身利益的重大政策、措施出台，市政府有关部门会到市政协通报情况，并听取市政协委员的意见建议。市政协也注意选择群众关心的热点问题开展座谈讨论，并将意见建议归纳整理后反馈给市政府有关部门，以供决策参考。

第一节 劳动就业与社会保障

一、医疗保障方面

【讨论上海市职工医疗改革方案】

1994年4月26日，市政协医卫体委员会专题讨论《上海市职工医疗改革方案（征求意见稿）》。委员建议：（1）上海是特大型城市，医疗改革以稳妥推进为宜。（2）目前上海相当一部分国有企业的包袱很重，一步到位的方案会加重企业负担。（3）离退休职工住院医疗费自理部分以1‰为宜。（4）可考虑实行以一种形式为主、多种形式为辅的医疗保险制度，以适应不同所有制、不同经济效益的企业客观上存在的差别。

【协商上海市城镇企业职工住院医疗保险制度改革方案】

1995年6月23日，市政协召开专题座谈会，市政府副秘书长周慕尧到会通报《上海市城镇企业职工住院医疗保险制度改革方案（草案）》（以下简称《方案》）并听取意见建议。委员建议：（1）《方案》涉及千家万户，要通过宣传，使市民理解医改中关于个人需支付一定医疗费用的政策，对已经下岗或面临下岗，但未到退休年龄的职工，政策上应有所倾斜。（2）要提高医疗质量和服务水平，抓好医务人员的医德医风教育，做到合理用药，合理检查；指定医院就医要合理，要方便病人；对退休早的老年人应有更多的照顾；增加财政投入，减少医院对售药利润的依赖性。（3）《方案》在实施过程中如发现新情况、新问题要及时研究，不断完善。

【协商上海市医疗保险制度改革工作】

1996年3月20日，副市长左焕琛、市医疗保险局负责人出席市政协八届二十一次常委会会议，通报上海市医疗保险制度改革情况并听取意见建议。委员建议：（1）医疗保险制度改革涉及人民群众的切身利益，应慎重研究方案的可行性和适用性。方案出台前要大张旗鼓地宣传，出台后要加强跟踪调研，通过各方面的意见反馈，完善方案。（2）方案实施中应有配套细则，对统筹资金的规定在法律上要予以保证。（3）医疗费统筹分档次的数额要随着物价上涨幅度有所变动，不能一成不变。（4）现在住院都要预付一笔费用，实行个人账户卡后还是否需要预付，方案中应予以明确。（5）方案应分步推行，有些规定还得细化、具体。对传染病人、突发事故需住院的以及下岗待业人员住院等特殊情况要区别对待。

【协商《上海市城镇企业职工住院医疗保险暂行办法》实施情况】

1997年4月15日,市政协召开专题协商会,副市长左焕琛及有关部门负责人到会通报《上海市城镇企业职工住院医疗保险暂行办法》实施一年来的情况并听取意见建议。委员建议:(1)控股集团所属企业的医疗保险金应由控股集团统一缴纳,以便统筹兼顾。(2)进一步加强对医疗保险费用的监督、监察、监控。(3)规范医疗收费标准。(4)监察医疗行为。(5)设定病人能承受得起的大病、重病个人支付医疗费用控制线。

【协商《上海市医疗保险改革方案(草案)》】

1998年4月16日,市政协召开专题协商会,副市长左焕琛及有关部门负责人到会通报《上海市医疗保险改革方案(草案)》制定情况并听取意见建议。委员建议:(1)努力解决退休职工医疗费的报销问题。(2)尽快落实社会医疗捐助基金机制,对部分特困职工实施帮困。(3)各新闻媒体应加强宣传。(4)完善医疗费用合理开支机制,坚持合理用药。

1999年11月4日,市政协召开情况通报会,副市长左焕琛、市政府副秘书长殷一璀及有关部门负责人到会通报上海制定《贯彻〈国务院关于建立城镇职工基本医疗保险制度的决定〉的实施方案》并听取意见建议。委员建议:(1)医疗保险制度改革要和国民经济、社会发展同步进行,全面考虑。(2)要充分考虑退休职工的承受能力。医保方案所定个人账户所持费用离实际用额有较大差距,建议实行老人老办法、新人新办法,政策向老人倾斜。(3)要处理好特殊群体的医保问题,如部分

图4-2-1　2001年2月,市政协召开医疗保险制度改革协商会

破产企业职工、解除劳动关系职工、协议保留关系职工的12%医保费用征缴问题。(4)目前不宜拉开一、二、三级医疗机构的收费标准差距。(5)新的医保方案出台后,估计医院收入会明显下降,对此要早作准备。(6)政府要增加投入,要鼓励单位为职工参加商业医疗保险增加投资。(7)医疗保险改革宣传要避免不合适的提法,如"低水平、广覆盖"中"低水平"提法,容易使人产生误解。(8)医疗保险改革方案对领导干部特殊化及职务消费要有预防措施。

2000年7月6日,市政协召开专题协商会,市政府副秘书长周太彤及有关部门负责人到会通报《上海市医疗保险制度改革方案(征求意见稿)》(以下简称《方案》)并听取意见建议。委员建议:(1)《方案》中有关医保年龄段的划分依据不足。(2)每年医保费可否累计使用应有说明。(3)医疗管理需进一步完善。

2000年7月27日,市政协召开情况通报会,市政府副秘书长周太彤及有关部门负责人再次到会通报修改后的《上海市医疗保险制度改革方案(征求意见修改稿)》并听取意见建议。委员建议:(1)指导思想要明确,措施要具体,办法要可行。(2)卫生系统应实施政企分开,并加大行业管理力度。(3)要解决机制问题,医院要成为真正投资法人主体,自主办医院,加强医药管理。(4)引进竞争机制,改革医院后勤人事制度。(5)继续研究解决药费、检查费、诊疗费、手术费太高的问题。(6)制定相应的配套政策,如公民救助、救济政策等。(7)方案在实施一段时间后,应再作调研,并根据实际情况进一步修改。

【协商上海市"医疗、医保、医药"联动改革规划】

2002年6月20日,副市长杨晓渡及市医保局、市卫生局、市体改办负责人到市政协向政协委员通报"上海市医疗保险管理、医保改革中医疗费用控制和三医(即医疗、医保、医药)联动改革规划等情况"并听取意见建议。委员认为,上海实施医疗保险制度以来,运行状况总体平稳,特别是拖欠退休人员医疗费的问题得到妥善解决,受到社会各方面的肯定。建议采取积极有效措施,控制医保卡使用中的漏洞;进一步完善困难群体的医疗保险救助措施;加强医保费用的总量控制;适当调整收缴医疗保险金比例等。

【协商工伤保险等劳动保障工作】

2004年6月21日,市政协召开专题议政会,副市长周太彤及有关方面负责人到会通报"关于工伤保险等本市劳动保障近期将要出台的若干办法"并听取意见建议。委员建议:(1)生育保险的宣传力度不够,很多人不知情,企业也未减轻负担,有关部门应与新闻宣传部门联合,加大宣传力度,做到家喻户晓。(2)家政保险是件好事,越早建立越好,并通过实践逐步完善。(3)工伤保险的普及率高,现在有许多国家实行差别费率,应了解和借鉴国外的一些好的做法。(4)建立全市性的工伤保险数据库,对参保企业的情况进行长期跟踪,为政府决策提供参考和依据。(5)进一步提高外来劳动力的保险费用,对用人单位缴费低的情况要有制约措施。

【讨论防控甲型 H1N1 流感工作】

2009年5月6日,市政协召开医卫界委员和有关专家座谈会,听取对防控甲型 H1N1 流感,保障公共卫生安全的意见建议。委员建议:(1)市政府应建立疫情公告制度,及时发布信息,稳定市民情绪;加强对外宣传,让国际社会准确、及时了解上海疫病防范的信息。(2)要持续关注、高度警惕该流感疫情的发展。(3)制定上海市应对大范围疫情的中长期规划。加强相关部门间的协调配合,建立科学、高效的协调机制,进一步完善对突发性公共卫生事件的预警机制。(4)加强疫病快速检测力量和全市疫病防控的技术支撑体系建设,推进三级生物安全实验室的建设,对病毒、疫苗等开展中长期科研攻关。(5)建立重大突发性公共事件事后评估机制,以便更加科学有效地应对,避免因过度反应造成卫生和社会资源的浪费。

二、养老保障方面

【协商职工养老保险制度并轨工作】

1997年11月12日,市政协召开座谈会,市社会保障局负责人到会通报"上海市城镇职工养老保险制度向全国统一的养老保险制度并轨方案"并听取意见建议。委员认为,"并轨方案"比较周全,既贯彻了国务院的要求,又比较适合上海的具体情况,但目前企业与事业单位职工养老金的差距以及早退休与晚退休职工的养老金差距较大,建议采取措施缩小差距。

【协商上海城镇养老保险制度改革工作】

2005年2月25日,市政协召开专题议政会,副市长周太彤及市劳动和社会保障局负责人到会通报"本市城镇养老保险制度改革工作"情况并听取意见建议。委员建议:(1)制订改革方案时要以老百姓切身利益为出发点和立足点,处理好政府职能转变、社会经济发展和百姓利益等各方面的关系。(2)在制定方案过程中要平衡好老、中、新等不同群体之间的利益关系,缩小企业与机关事业单位职工在养老金方面的差距。(3)方案制订部门应通过工会召开部分老职工座谈会,听取意见建议。(4)养老保险制度改革的总体方案以及制订过程应及时向人大、政协通报,以便更好地听取来自各界的意见建议。

【协商上海支援外地建设退休(职)回沪定居人员帮困补助工作】

2007年4月18日,市政协召开专题议政会,副市长周太彤及市发展改革委负责人到会通报"进一步做好上海支援外地建设退休(职)回沪定居人员帮困补助工作"有关情况并听取意见建议。委员建议:(1)低收入群体帮困工作要全面、系统地加以整合,并建立长效机制。(2)要把好事做好,一是对上海市支援外地建设退休(职)回沪定居人员要给予尊重;二是做好宣传和解释工作;三是政策在实施过程中要做细做实。(3)从长远出发,以此为契机,考虑上海不同困难群体的帮困工作,形成扶贫帮困的良好社会氛围。

三、劳动和就业方面

【协商《上海市机关、事业单位职工工资调整方案》】

1999年8月31日,市政协召开情况通报会,市计划委员会、市劳动和社会保障局、市医疗保险局、市人事局、市民政局负责人到会通报《上海市机关、事业单位职工工资调整方案》和《完善上海市基本医疗保险制度若干意见》并听取意见建议。委员们对三条社会保障线(国有企业下岗职工基本生活保障、失业保障、城市居民最低生活保障)调整方案中所提及的"在国庆50周年前,作一次性补贴250元"的问题提出异议,建议在国庆50周年时,也应考虑为"三条保障线"人员增加工资,由地方进行调整。

【协商扶持创业带动就业工作】

2008年9月19日,市政协召开专题议政会,市政府副秘书长范希平及市劳动和社会保障局负责人到会通报"完善扶持创业带动就业的政策、办法与机制"和"建立健全保障资金可持续发展机制"情况并听取意见建议。委员建议:(1)建立中小企业发展协调机构,研究分析上海中小企业生存率不高的原因,处理好中小企业政策的"普惠性"和"特惠性"关系,促进中小企业发展。(2)加大宣传力度,改变创业观念,加强对大学生创业的调查研究,多渠道增加就业岗位。(3)规范小额贷款的发放和回收,加大创业服务和培训的力度。(4)建立健全社会保障资金可持续发展机制,稳定或降低缴费费率,提高缴费基数,加强对社保基金的监管,进一步拓宽社保基金的资金来源。

【协商"保民生、促和谐"工作】

2009年6月24日,市政协召开"保民生、促和谐"常委协商会,副市长胡延照到会通报全市保民生(以促进就业为主)工作情况并听取意见建议。委员建议:(1)制订社区人才培养规划,为失业青年提供志愿服务岗位。街道可设立若干大学生对口居委会见习基地及岗位,供在校大学生实习与就业;在一些新建高档小区,应当鼓励配备高学历、高素质管理人员。(2)支持社会中介组织承担公共服务项目,发挥中介机构对创业的专业服务作用;扩大社区服务范围,拓展就业岗位。(3)高校可向没有落实工作的研究生提供助研岗位,最长可留校1年跟着导师做项目;适当放宽科研经费中人头费管理口子,以此缓解就业压力。

表4-2-1 1978—2012年上海市政协有关劳动就业与社会保障方面的其他协商议政活动一览

序号	时 间	协商形式	协 商 内 容	党政部门出席人员
1	1999.3.29	情况通报会	1999年上海市基本社会保障标准调整以及再就业服务中心资金规模安排情况	市政府副秘书长 姜斯宪
2	2000.9.28	专题座谈会	上海城镇职工基本医疗保险制度改革情况和医院改革与医保改革情况	市发展计划委员会、市卫生局负责人
3	2001.2.1	专题座谈会	"上海市医疗保险制度改革方案"全面实施的基本情况	副市长 左焕琛;市政府副秘书长 周太彤
4	2003.11.27	情况通报会	全国机关事业单位工资调整工作会议精神及其上海贯彻意见	市委常委、副市长 冯国勤
5	2004.3.23	专题议政会	2004年医保年度个人医疗账户计入标准与"三项标准"调整有关情况	副市长 周太彤
6	2004.8.26	专题议政会	上海市居住证暂行规定有关情况和2004年调整本市退休人员养老金有关情况	市委常委、副市长 周禹鹏
7	2004.9.22	专题议政会	本市就医诊疗费调整方案有关情况	市发展改革委(市物价局)负责人
8	2005.1.11	情况通报会	本市医疗保险工作、本市促进就业和完善社会保障有关情况	市医保局、市劳动保障局负责人
9	2005.3.30	专题议政会	本市2005年医保年度转换有关事项	副市长 周太彤
10	2005.5.18	专题议政会	本市实施个人所得税代扣代缴明细申报暂行办法	市委常委、副市长 冯国勤

（续表）

序号	时　　间	协商形式	协　商　内　容	党政部门出席人员
11	2005.9.20	专题议政会	上海市城镇养老"虚账实记"实施方案及说明有关情况	市政府副秘书长　柴俊勇
12	2005.11.14	专题议政会	本市城镇养老保险新计发办法有关情况	市政府副秘书长　柴俊勇
13	2006.7.26	专题议政会	关于建立上海中小学生基本医疗保障制度(方案)有关工作情况、上海出台增加养老金及其他收入分配政策措施相关问题有关情况	副市长　周太彤;市发展改革委负责人
14	2006.10.18	专题议政会	上海贯彻实施国家机关事业单位工资制度改革具体方案有关情况	市委副秘书长、市人事局局长丁薛祥;市政府副秘书长　吉晓辉等
15	2006.10.25	专题议政会	上海市社会保险基金财务管理办法有关情况	市政府副秘书长　吉晓辉等
16	2007.2.13	专题议政会	关于修改城镇职工基本医疗保险办法有关情况	副市长　周太彤
17	2007.7.18	专题议政会	关于增加退休人员养老金等有关工作情况	副市长　周太彤
18	2007.11.6	专题议政会	上海建立城镇居民基本医疗保险制度有关情况	副市长　周太彤
19	2009.4.30	专题议政会	关于逐步扩大上海城镇养老保险覆盖范围有关情况	市人力资源社会保障局负责人
20	2009.5.26	专题座谈会	关于确保民生持续得到改善有关情况	市政府副秘书长　翁铁慧;相关职能部门负责人

第二节　住房与交通出行

一、住房制度改革方面

【讨论《关于加快本市住宅建设和改造若干问题的决定(征求意见稿)》】

1982 年 7 月 2 日,市政协市政建设研究委员会对《关于加快本市住宅建设和改造若干问题的决定(征求意见稿)》进行讨论。委员建议:(1)要整体考虑住宅新区建设的规划布局,结合工厂迁移,便于市民就近上下班;要研究简屋棚户改造"就地平衡、就地安置"是否有利于人口疏散和城市改造;住宅建设和改造要根据城市总体规划,注意市政配套、功能分区、人口密度和绿化比例,空出来的土地不一定都建造住宅,也可增加绿化。(2)住宅建设要减少征地,节约用地,适当增加高层。土地属国家所有,市区工厂迁出后,其原地应由规划部门统一安排,不能继续搞单位所有制。(3)基础设施应该先地下、后地上。(4)由开发公司负责征地拆迁会有困难,新加坡政府建立公共住房发展局的经验值得借鉴。

【协商上海市住房制度改革实施方案】

1990 年 12 月,《上海市住房制度改革实施方案(讨论稿)》出台后,市政协先后召开 5 次政协委员座谈会,讨论上海房改方案草案。市房改办公室负责人多次到市政协通报情况并听取意见建议。委员们提出的意见建议主要有:房改要与解决住房困难户相结合,要与加强住房分配管理相结合;要对微利、亏损企业的建房资金来源问题作好考虑。委员们还对与房改方案配套的13项实施细则提出修改意见和建议:(1)对容易引起纠纷、诉讼的房屋产权问题要明文规定。(2)对各项专用基金的使用要建立相应的监督体系。(3)对有贡献的老干部、老知识分子要有适当照顾。

【协商上海市住房制度改革工作】

1997年3月28日,市政协城市建设委员会召开专题座谈会,市住房委员会负责人到会通报上海市住房制度改革方案及其现状与发展并听取意见建议。委员建议:(1)全社会应积极支持住房改革,推进已租公有住房的出售。(2)加强住房制度改革的规范化管理。(3)平价房绝不能作为商品房出售。(4)通过房改,使租、售比价更加合理。

【协商上海住房公积金调整及建立补充住房公积金方案】

1997年5月21日,市政协城市建设委员会召开专题座谈会,市建委负责人到会通报《本市住房公积金调整及建立补充住房公积金方案》(以下简称《方案》)并听取意见建议。委员认为,《方案》对推进住房制度改革具有积极意义,建议:(1)《方案》实施过程中应妥善处理好非亏损企业中的困难职工、下岗职工的增加缴纳公积金的问题。(2)建立补充公积金的条件可以更加灵活,如企业中有70%的职工自愿参加,即可实行补充公积金。(3)公积金调整方案在7月实行,要加强宣传和说明,避免与近期正在实施的水、电、气价格调整相混淆。

【协商上海市进一步深化住房制度改革工作】

1998年4月24日,市政协召开住房制度改革专题座谈会,5月13日再次召开进一步深化上海住房制度改革专题协商会,副市长韩正及有关部门负责人两次到会先后通报《上海市机关住房分配制度改革方案》《上海市机关住房分配制度改革实施办法(讨论稿)》和《关于上海市进一步深化住房制度改革的若干意见》(以下简称《若干意见》)并听取意见建议。委员建议:(1)住房实物分配转变为货币分配的改革,要从实际情况出发,提倡购房和租赁并重。(2)在住房制度改革过程中要防止形成新的分配不公。(3)集中精力搞好《若干意见》的修订,并制订实施细则。(4)通过实行机关住房分配制度改革,推动全市的住房制度改革。

【协商公有住房租金调整和出售工作】

1998年7月21日,市政协召开情况通报会,市房地局负责人到会通报1998年公有住房租金调整、可售公房上市出售、加强物业管理及不可售公房差价交换等情况并听取意见建议。委员建议:(1)进一步推动上海房地产交易二、三级市场的发展,简化交易手续,方便市民交易。(2)加强物业管理人员的职业培训,改善居民居住环境。(3)加快危棚简屋的改造。(4)区别单位房产交易和私人房产交易的税收比例,适当降低居民房产交易税费。

【协商扩大住房消费工作】

1999年9月10日,市政协召开专题协商会,副市长韩正及有关方面负责人到会通报《深化上海市住房分配制度改革,进一步扩大住房消费需求的方案》(以下简称《方案》)并听取意见建议。委员建议：(1)《方案》的重点是机关住房分配制度改革,企事业单位是指导意见,建议对部分事业单位,如学校、研究机构等的住房分配制度与企业性事业单位有所区别。(2)"廉租房"应是满足市民基本生活需要的救济性住房,因此租金标准不宜太高,现有的部分空置房可作"廉租房"房源。(3)在住房制度改革过程中,应发展中介机构或代理人,帮助市民购买住房。(4)对各类与市民密切相关问题的改革,应确定一个时间表,按轻重缓急逐步出台,如集中出台易造成市民的误解。

【协商廉租住房试点工作】

2001 年 2 月 2 日,市政协召开情况通报会,市房地资源局负责人到会通报"建立内外统一的房地产市场"和"推进上海廉租住房试点工作"的方案并听取意见建议。委员建议:(1)内外销商品住房统一市场后,应设置对境外人士购买内销商品住宅的门槛,允许境外人士购买高中档次的商品住宅,既维护市民购买中低价商品住房的房源,也不违反 WTO 原则。(2)享受"廉租房"的家庭应是生活困难的政府补贴对象,对这类家庭的认定应从严控制,要作出相关规定并通过细致的工作,制约和防止不符合条件的家庭享受"廉租房"政策。

【协商《关于房地产行业明码标价的实施细则》】

2001 年 11 月 23 日,市政协召开专题座谈会,市物价局负责人到会通报《关于房地产行业明码标价的实施细则》(以下简称《细则》)并听取意见建议。委员建议:(1)明码标价的概念应进一步清晰,面积计算问题的范围和内容应明确,如套内面积计算的依据、绿化面积和环境效益等都应予以细致的标明;在房地产广告中必须载明价格要素。(2)《细则》第九条中的标价有效期限拟以 1 个月为宜。(3)《细则》实施之前应设计一套示范格式和样本。(4)《细则》应同市建委、市房地局、住宅办、房地产商代表等共同研讨。(5)应研究和理顺物业管理的体制、机制及人员编制问题,并加强和完善监督机制。

【协商调整廉租住房收入和资产准入标准问题】

2008 年 9 月 9 日,市政协召开专题议政会,市房屋土地资源管理局负责人到会通报全市廉租住房任务目标完成情况、全市计划调整廉租住房收入和资产准入标准情况及下一步工作打算并听取意见建议。委员建议:(1)探索建立符合中央要求并与上海实际情况相符的动态准入标准调整机制,适当扩大廉租住房受益面;对于收入及资产状况略高于准入标准却又无力购买经济适用房的"边缘"人群,应完善相关政策。(2)部分采用货币配租的受益人所拿补贴在市场上因找不到相应的可租房源而将租金挪作他用,有关部门应对此类群体予以统计,并寻求解决的对策。(3)对实物配租的房源,应重视公共服务配套措施;统筹考虑地段、楼层、朝向等不同因素,既要调整好准入机制,也要设计好退出机制。(4)收入认定是拟出台政策实施的重要环节,应完善收入核对体系,使其具有权威性;金融资产认定时,需查阅个人相关资产状况等信息,应完善有关法规,明确当私人对公共财政有诉求时,应当让渡个人有关隐私权。(5)金融资产认定条款不能仅限于三口之家,条款应对少于或多于三口之家的情况有不同的政策设定。(6)对双困家庭、残疾人等特殊困难群体给予适当的政策倾斜。(7)政策出台后,应通过积极有效宣传,扩大政策在群众中的知晓度;要注重操作过程细节,确保操作过程的公开、公正。(8)充分发挥非政府机构、社会团体的作用,协助政府解决相关问题,减少社会矛盾。

二、旧区改造方面

【协商房屋拆迁工作】

2005年3月4日,市政协召开专题议政会,市政府副秘书长洪浩及有关方面负责人到会通报全市房屋拆迁工作情况并听取意见建议。委员建议:(1)要加强拆迁工作地方法规的制定,研究制订拆迁工作管理办法,规范并配套各类格式文本,邀请资深律师当拆迁公司法律顾问或法律监理,推行人大代表和政协委员的巡视制度等,加强对房屋拆迁工作全过程的监督。(2)要坚持依法动迁,既要规范动拆迁工作的标准和行为,也不能一味迁就无理要求。(3)政府应向动迁户提供一种由政府控制地价和房价、由房产开发商拿出30％—50％的利润建造起来的商品房,既能保证动迁户买到价格合适的住房,又能在一定程度上减轻政府的负担。(4)要坚持正确的舆论导向,加大动拆迁工作对于城市持续发展和改善居民生活环境重要性的宣传力度,树立一批先进典型,总结好的经验并加以推广,为拆迁工作和城市建设创造良好的舆论氛围。

【协商中心城区旧区改造工作】

2006年5月25日,市政协召开专题议政会,市政府副秘书长洪浩到会通报"十一五"期间全市旧区改造面临的任务和工作方案并听取意见建议。委员建议:(1)要坚持以科学发展观指导旧区改造工作,从解决居住条件最困难、居民改善愿望最迫切的旧区入手,科学制定全市旧区改造计划。(2)要量力而行,统筹兼顾,认真研究旧区改造的成本分担机制、人口导入机制和土地储备机制,充分重视改造中可能出现的房屋空置率增加、新的就业难等问题。(3)要积极稳妥地推进中心城区的旧区改造工作,加大政府投入,坚持依法动拆迁,整合各方资源,妥善解决动拆迁中出现的各类矛盾和问题。(4)要引导居民树立正确的住房消费观念。

【协商创新旧区改造机制问题】

2008年9月5日,市政协召开专题议政会,副市长沈骏及市房屋土地资源管理局负责人到会通报"创新旧区改造机制、完善旧区改造政策"课题调研情况并听取意见建议。委员建议:(1)旧区改造要实事求是,量力而行;调研报告中提出的"市区联手"拟改为"市区衔接、以区为主,区区联手"。(2)在旧区改造前期要充分协商、听取意见,了解居民的心理和需求;在推进旧区改造中应该仔细甄别待拆迁建筑的保护价值;在评估过程中应严格按照周边区域住宅平均价格来确定动迁补偿标准;在动迁过程中执行政策应有严肃性,坚持公开透明,做到早走晚走一个样。(3)探索新机制,制订新政策应该明确标准,注意与原有政策措施的衔接,要充分考虑诸如计算动迁补偿面积时如何认定违章搭建等历史遗留问题的处理;充分考虑减少对动迁居民的影响,要充分重视配套商品房基地中生活配套和公共服务设施滞后对动拆迁推进的影响。(4)上海旧区改造资金压力较大,可考虑探索以债券形式吸引社会资本;对旧区改造地块进行综合评估后,可成立信托公司,将居民产权通过评估,进行量化,动迁补偿金一部分给予现金,一部分给予信托股份,分享旧区改造后的收益。(5)旧区改造的税费标准应有别于市场开发的政策;旧区改造应该因地制宜多种模式并举。建议由快拆转为慢拆,从大规模的旧区成片改造,变为"蚕食性"、小规模的动迁。(6)尽快成立市级层面的旧区改造管理统筹机构。

三、交通出行方面

【协商上海市深化公交体制改革工作】

1995 年 11 月 21 日,市政协召开专题座谈会,副市长夏克强、市建委主任黄跃金等到会通报上海市深化公交体制改革的有关情况并听取意见建议。委员们赞成市政府关于深化公交体制改革的举措,认为上海公交体制改革势在必行,并提出公交票制的改革要与体制、机制改革相统一;要通过体制改革,进一步提高公交的服务质量,同时建议公交系统冗员的消化应考虑历史因素,谨慎行事。

【协商上海市公交、地铁票价调整方案】

1998 年 9 月 17 日,市政协召开上海市公交、地铁票价调整专题协商会,市物价局、市建委负责人到会通报全市公交、地铁票价调整方案并听取意见建议。委员建议:(1)公交、地铁票价调整在所难免,但要做好宣传工作。(2)公交、地铁各部门应加强管理与规范服务,在提高经济效益的同时,更要注重提高服务质量。

【协商加强机动三轮车管理工作】

1999 年 6 月 22 日,市政协召开专题座谈会,副市长冯国勤、市政府副秘书长周太彤到会通报上海市加强机动三轮车(残疾人专用车、以人力车擅自改装的货运机动三轮车、无证无牌机动三轮车)管理工作情况并听取意见建议。委员建议:(1)要充分考虑解决机动三轮车问题的复杂性,认真分析预测实施过程中可能出现的各种情况;要明确市、区两级政府的牵头部门,充分发挥社区、街道和企业的作用,共同推进相关工作。(2)要修改、充实、完善现有的相关法规,加强新闻舆论宣传,争取市民的理解和支持。(3)乡镇和农村中的残疾人机动三轮车管理应有具体的解决办法。(4)进一步明确对机动三轮车业主"暂扣或者予以没收"处罚条文的界定,以便于执行。

【协商上海市公交票价调整方案】

2001 年 2 月 27 日,市政协召开委员座谈会,市交通局、市物价局负责人到会通报《上海市公交票价调整方案》并听取意见建议。委员建议:(1)公交票价调整主要涉及对象是广大普通市民,动迁到市郊偏远地方的居民可能不易接受,要通过宣传做好工作。(2)市民对公用事业费的调价特别敏感,在医疗保险制度方案实施不久的情况下,紧接着公交票价上涨,时间上过于密集。会上,委员们还提出,到政协协商的时间安排不能太急促,应在决策前多听意见,多沟通,便于委员协助政府做好工作。

【协商《上海市城市交通白皮书》编制工作】

2002 年 4 月 19 日,市政协召开专题座谈会,市发展计划委员会及有关部门负责人到会通报《上海市城市交通白皮书》编制情况并听取意见建议。委员建议:(1)建立科学分析、注重论证调查的机制,引导交通规划进一步发挥在增强城市综合竞争力中的功能效益。(2)把交通管理人员队伍建设作为交通规划管理的重要内容。(3)加强交通管理设施建设和改造,信号灯应充分考虑行人穿马路的合理时间段。(4)将公交候车设施作为公共交通设施建设之一列入规划。

【协商上海中心城区道路完善工程方案】

2002年9月6日,市政协召开专题座谈会,市市政局负责人到会通报《上海中心城区道路完善工程方案》并听取意见建议。委员建议:(1)市市政局应加强与市规划、交通管理部门的联系沟通,不断观察上海交通流量的变化,及时调整修改道路完善工程计划。(2)升值的土地不能轻易流失,要加强中环线建设周边土地的控制。(3)交通改善更重要的是加强管理,要有效、充分地发挥交通道路的作用。

图4-2-2　2002年2月,市政协委员调研市政建设情况

【协商上海城市交通排堵保畅工作方案】

2004年6月29日,市政协召开专题议政会,副市长杨雄到会通报全市城市交通排堵保畅工作方案的情况并听取意见建议。委员建议:(1)城市交通排堵保畅工作要做到建设与管理相结合,与实现中心城区人口向郊区疏散的目标相结合。(2)交通排堵不仅要制定长期的目标和措施,还应着重落实公交优先、解决道路瓶颈等一些亟须解决而见效明显的措施。(3)要充分发挥轨道交通的优势,加大轨道交通的运行密度和运量。(4)要加强交通法规、交通常识的宣传教育,整合交通管理力量,逐步建立专门的交通管理部门。

【协商上海轨道交通票价调整方案】

2005年5月18日、8月19日,市政协两次召开专题议政会,副市长周禹鹏及有关部门负责人到会通报"本市轨道交通票价调整方案"并听取意见建议。委员建议:(1)要充分考虑方案制定动机与实际效果的一致性,对分时段调整票价的方案要考虑周全,避免在非高峰时段形成新的大客流量,从而带来新的安全隐患。(2)调整轨道交通票价涉及的面较广,对构建和谐社会有一定的影响,所以要统筹兼顾,注意从政治成本来考虑票价调整是否必要。(3)本次轨道交通票价调整幅度较大,将影响以轨道交通为主要出行工具的群体的切身利益,这一群体的人数不少,调价要考虑这部分人的承受力。(4)按里程计算价格的同时,最好能注明站与站之间的距离,便于调价方案出台后的宣传。

【协商上海出租汽车运价油价联动机制方案】

2006 年 4 月 19 日,市政协召开专题议政会,市发展改革委、市交通港口局、市物价局负责人到会通报全市建立出租汽车运价油价联动机制方案的有关情况并听取意见建议。委员建议:(1)出租汽车经营企业应该设立抵御风险保证基金,用于应对各类事件引起的变故;也应建立相应的机制,保障出租汽车驾驶员应有的权益。(2)出租汽车经营企业应从加强内部管理做起,通过提高企业效益来消化油价上涨的部分成本因素;要借鉴公交车运行管理做法,尽量减少出租车价格调整变动频率。(3)出租车行业在全市具有一定的垄断性,其行业利润高于社会平均水平,有关部门可采取降低出租汽车运营指标等方法,使其利润下降到公平合理的程度。(4)从维护社会公平与缓解劳资矛盾,保持社会稳定出发,制定相应的政策措施,解决出租汽车经营企业管理层与驾驶员收入差距过大的问题。

【协商上海公共交通建设和管理工作】

2007 年 5 月 21 日,市政协召开专题议政会,市政府副秘书长、市建设交通委主任熊建平到会通报关于公共交通建设和管理的情况并听取意见建议。委员建议:(1)进一步做好公共交通的统筹规划工作,努力向"公交首选"和"便捷换乘"靠拢。(2)公交系统应将工作重心从建设向管理转移,将人的因素放在公交管理理念的重要位置,加大公共交通管理力度。(3)控制机动车流量,鼓励市民搭乘公交或骑自行车出行。(4)建设公共交通信息化管理平台,方便市民出行。

【协商上海城市轨道交通发展工作】

2009 年 12 月 23 日,市长韩正出席市政协十一届十四次常委会会议,通报上海经济社会发展情况并听取意见建议。在分组讨论中,委员分别围绕城市轨道交通发展等提出意见建议:(1)上海用 20 年时间建成了其他国家需用 150 年时间才能建成的城市轨道交通网,但在管理方面危机四伏,需要专业化公司管理,并提前介入地铁建设。(2)上海的轨道交通设备技术先进、型号种类复杂、科技含量高,需要专业化程度极高的运营管理公司来确保其安全可靠性。(3)目前上海有约 500 千

表 4 - 2 - 2　1978—2012 年上海市政协有关住房与交通出行方面的其他协商议政活动一览

序号	时　间	协商形式	协　商　内　容	党政部门出席人员
1	2002.12.30	情况通报会	上海市机关住房分配制度改革情况	市计划委员会负责人
2	2005.3.4	专题议政会	关于房屋动拆迁工作的情况	市政府副秘书长　洪浩
3	2005.5.30	专题议政会	关于贯彻《国务院办公厅转发建设部等部门关于做好稳定住房价格若干意见的通知》有关情况	市政府副秘书长　洪浩
4	2006.3.24	专题议政会	建立出租汽车油价运价联动机制初步方案	市交通港口局、市物价局负责人
5	2006.4.26	专题议政会	上海建立 400 千米轨道交通基本网络的情况	市建设交通委负责人
6	2009.8.18	专题议政会	关于促进出租汽车行业健康持续发展意见的起草情况	市交通港口局负责人
7	2009.9.8	专题议政会	启动出租汽车运价油价联动机制方案的情况	市发改委负责人

米的轨道交通,由4家运营公司管理不同的线路,应成立一个牵头公司承担统筹协调的任务,做到系统管理。(4)制定"轨道营运危机处理应急预案",并向市民公开。(5)政府应设立专门机构对轨道交通实施监管,快速反应,及时处置相关突发事故。

第三节　公用事业与食品安全

一、水、电、燃气、通信行业体制改革与价格调整方面

【协商水、电价格调整工作】

1997年4月22日,市政协召开情况通报会,市物价局、市公用局、市电力局和市自来水公司的负责人到会通报将于5月开始实施的市民生活用水、生活用电调价情况并听取意见建议。委员认为,这次水、电调价是必要的,关键是要做好调价前的宣传工作。建议:(1)水、电涉及社会各行各业,调整水、电价格要采取措施,防止"搭车涨价"造成连锁性涨价。(2)每立方米水价涨幅超过40%,幅度过高,建议采取"小步快跑"的办法。(3)夏季即将来临,特别要确保市民的用水、用电,尽量避免停水、停电现象,以免引发市民对调价的不满情绪。(4)对社会帮困对象要落实一定的生活补贴。(5)调价政策来政协听取意见是好事,但应安排在决策之前,以利于科学、民主决策。

【协商燃气行业体制改革及调价方案】

1997年5月7日,市政协召开情况通报会,副市长夏克强、市政府副秘书长黄跃金和市建委、市物价局负责人到会通报即将出台的燃气行业体制改革方案并听取意见建议。委员认为,上海燃气

图4-2-3　1997年5月,市政协召开燃气业体制改革方案协商座谈会

行业体制、经营机制与市场经济不相适应,改革势在必行,但必须从宏观上考虑今后政府财政补贴究竟投放在哪些行业,补贴控制到什么程度,要统筹规划。建议:(1) 在燃气行业改革的六条基本原则中,应增加"有利于市民用气方便、用气安全"的内容。(2) 在煤气调价宣传中,不要提"新价格三年不变",要留有余地,与价格逐步到位的考虑相一致。(3) 实行"两步计价"办法有较大的合理性,但超过基数的那部分价格定为每立方米 1.50 元过高,不宜超过 1.30 元的单位用价。(4) 煤气调价与市民生活关系密切,对离退休老人家庭和人口多的家庭,特别是帮困对象影响更大,所以要分层次、有针对性地进行宣传,并落实帮困对象的相应补助。(5) 今年市民用水、用电价格从 5 月起刚刚调整,7 月 1 日即开始煤气逐户核表,8 月起调价,间隔太近,且正逢"七一"香港回归祖国喜庆日,不太妥当,建议适当推迟核表和调价日期。

【协商自来水价格调整方案】

1998 年 9 月 7 日,市政协召开专题协商会,市财政局、市自来水公司负责人到会通报年内即将实施的《上海市自来水价格调整方案》并听取意见建议。委员建议:(1) 市民生活用水属公益化,企业经营用水属市场化,应区别计价标准。(2) 自来水行业要加强企业内部管理,注重自身挖潜,努力降低自来水的产销差。(3) 公用事业费用的调价,涉及每家每户,政府有关部门要考虑和照顾特殊困难家庭的承受能力,不宜频繁调价,应适当拉开调价的间隔时间。(4) 加大政府对公益性事业特别是城市公用事业设施的投资力度。

【协商上海供水行业深化改革转换机制实现扭亏方案】

1999 年 1 月 4 日,市政协召开专题座谈会,副市长韩正,市建委、市公用事业局负责人到会通报《上海供水行业深化改革转换机制实现扭亏方案》(以下简称《方案》)并听取意见建议。委员认为,《方案》指导思想明确,从转换机制、改革体制着手,而不是从提价入手,达到提高水质和降低成本的目标,总体思路很好,体现了社会主义市场经济的要求。建议:(1) 上海的自来水行业要向国际水平看齐,依靠科技改进自来水生产工艺。(2) 上海的自来水管网比较陈旧,目前形成 10% 的漏失比例太高,要加强自来水管网的改造和管理。(3) 加大节约用水的宣传力度,制定适合上海大都市的用水规划。

【协商电价和电话资费调整方案】

1999 年 2 月 9 日,市政协召开专题协商会,市物价局、市电力局负责人到会通报全市 1999 年电价和电话资费(价格)调整方案并听取意见建议。委员建议:(1) 调价的必要性在方案中已经体现出来,关键是应该加强宣传,让市民理解。(2) 电力等行业要加强内部挖潜,努力降低成本。(3) 加强邮电行业管理,特别是要解决电话账单的不清晰和实施移动通讯单向收费问题,通过提高服务质量和工作水平,改善社会形象。

【协商上海市排水价格调整方案】

1999 年 9 月 7 日,市政协召开专题协商会,市建委、市物价局负责人到会通报《上海市排水价格调整方案》并听取意见建议。委员建议:(1) 在逐步提高排水价格的过程中,应考虑不同人群的承受能力,主动关心低收入者。(2) 非民用排水费和节水费适当拉开档次,与企业的效益挂钩。对已采取措施治理污染的企业与至今未采取措施的企业应区别收费。(3) 加强治理水污染的宣传工作,增强居民的环保意识、节水意识和排水及垃圾处理应付费的意识。(4) 统筹考虑排水价格调整的实施时间,公用事业费用的"调价"不宜过于密集。

2000 年 6 月 30 日下午,市建委、市物价局、市水务局负责人再次来市政协通报排水费价格调整方案并听取政协委员的意见。委员表示理解排水费价格调整方案,但调价频率和幅度可能难以让市民接受,建议细致科学地进行宣传,用具体数据和与其他城市的比较加以说明。

【协商燃气行业改革方案】

2000 年 8 月 7 日,市政协召开情况通报会,市建委、市市政局负责人到会通报《上海市燃气行业改革方案》(以下简称《改革方案》)并听取意见建议。委员建议:(1)加强走向市场化企业的监督管理与指导。(2)加强改革中广大职工的思想工作,做好因改革而岗位变动职工的稳定工作,安排好他们的生活和工作。(3)对因改革而隶属关系变更的企业及其职工,应给予必要的支持和帮助。(4)做好改革过程中档案资料的保存,确保延续性和档案资料的完整。

【协商上海市电信资费调整方案】

2001 年 3 月 8 日,市政协召开情况通报会,市物价局、市通信管理局负责人到会通报《上海市电信资费调整方案》(以下简称《调整方案》)并听取意见建议。委员建议:(1)中国电信收费不合理,既要初装费、月租费,还要通话费,是明显的行业垄断行为。(2)《调整方案》月租费提高了,市内免费通话的次数从 50 次减少到 30 次,等于两头都涨,不太合理,建议保留市内免费通话 50 次。(3)涨价不是"与国际接轨",中国的人均收入绝对值不能与国际发达国家相比。(4)"医保"刚推行,目前基本稳定,电信资费马上又调价,容易造成不稳定因素。(5)电信结构性调整,其中的成本不能全部由消费者承担。

【协商民用平价瓶装液化气价格调整工作】

2001 年 7 月 11 日,市政协召开情况通报会,市物价局负责人到会通报"适当提高上海民用平价瓶装液化气价格"情况并听取意见建议。委员认为,此次平价瓶装液化气调价的原因、幅度、影响都讲得比较清楚,应承认国际原油、天然气上涨使液化气成本提高的事实,随着市场经济的发展,燃气的定价应按国际油价和国内市场的规律,由市场调节,加入 WTO 后更应如此。建议:(1)使用瓶装液化气的市民绝大部分是居住条件差、生活比较贫困的群体,政府应该适当补贴,特别是原支付过初装费的用户应妥善处理。(2)政府有关部门应加强对液化气经营公司经营状况的整顿和监管,并对经营公司进行调价前的审计。(3)近年来已连续几次物价调整,建议暂缓调整液化气价格。

【协商自来水价格调整预审和评审工作】

2001 年 10 月 22 日,市政协召开情况通报会,市物价局负责人到会通报"上海市区自来水价格调整预审和评审情况"并听取意见建议。委员建议:(1)不能拿与其他国家或其他城市的情况简单比较作为调价理由,政府部门的意见也不应成为调价的理由,应从水价的构成成本加以宣传,按市场经济规律办事。(2)加强自来水行业的管理,提高服务质量,减少自来水"跑、冒、滴、漏",提高自来水行业在市民中的信誉度。(3)实行计划用水,保证基本计价,超量可提价计算,调价幅度要考虑市民的承受能力,25%的调价幅度过高,15%的幅度为妥。(4)努力在全社会形成保护水资源的奖励、污染者重罚的氛围。(5)自来水行业要提高水质,为老百姓提供健康的生活用水。(6)郊区的水价调整应与市区有所区别,并尽快解决郊区的水质问题。(7)市民们对"排污费"不太理解,应加强宣传。

【协商排水费调整工作】

2004 年 4 月 22 日，市政协召开专题议政会，副市长周禹鹏及市物价局、市水务局负责人到会通报全市排水费调整工作情况并听取意见建议。委员建议：（1）目前排水费按自来水消费量的九成计算，但实际上居民用水大多是进入雨水系统，而不是污水系统，这样的计算方法不太科学；工业用水和居民用水的污水处理成本完全不同，应加大工业污水的收费力度。（2）以居民、非居民来区分收费对象不太妥当，应按排污性质来分别收费，把"谁污染、谁付费"贯彻到底。（3）居民用水应参照电费、煤气费的收费标准，先设定一个基数，超出标准再提高收费标准，同时调价的频率不能太高，应有所控制。

【协商特种用水、非居民用户天然气价格调整工作】

2005 年 10 月 28 日，市政协召开情况通报会，市发展改革委、市物价局负责人到会通报关于特种用水、非居民用户天然气价格调整方案并听取意见建议。委员建议：（1）细化调价所增收入用途，并加强所增收入的监管。（2）纯净水宜作为居民用水暂不调价。（3）提高行政管理与执法能力，做好节能增效工作，尽可能降低企业生产成本。（4）宣传与研发并重，本次价格调整的宣传工作要做到位，以取得企业的认同和支持，自来水和燃气企业也要加强企业内部挖潜和技术创新研发工作。

【协商上海推进水价改革及调价方案和建立完善人工煤气、天然气价格机制方案】

2006 年 8 月 15 日，市政协召开专题议政会，市政府副秘书长洪浩及市发展改革委、市物价局、市水务局负责人到会通报"本市推进水价改革及调价方案"及"建立和完善本市人工煤气、天然气价格机制方案"情况并听取意见建议。委员建议：（1）供排水和燃气都是事关国计民生的公益性事业，应以公益为主，兼顾效率。这次调价虽有一定的合理性，但在实际操作过程中要非常谨慎，可借鉴"走小步、不停步、不走回头路"的渐进改革的思路。（2）实行阶梯式价格的做法很好，但方案需进一步细化和优化。目前公益性燃气用户只包括大专院校的食堂和浴室等，而不包括中小学校的食堂和浴室，在一定程度上加重了义务教育的负担，应予以纳入。（3）在调整价格的同时，要尽快出台相关的配套措施，如各项社会保障措施等，以保障低收入群体的基本生活。

【协商上海推进水价改革暨水价调整方案】

2007 年 9 月 6 日，市政协召开专题议政会，市发展改革委、市物价局负责人到会通报"本市推进水价改革暨水价调整方案"有关情况并听取意见建议。委员建议：（1）统筹考虑各种关系民生的物价调整的幅度和出台时机，从各种涨价因素对居民生活的综合影响出发，选择价格调整的时机。（2）加大宣传力度，树立正确的舆论导向，避免市民对价格改革产生误解。（3）加大对偷水、盗水的打击力度，切实减少路边洗车使用居民用水的现象，取缔无证洗车。（4）加强对供水行业的成本、员工收入的监管和调控，督促他们提高管理水平和服务质量。（5）统筹规划水资源保护、管网建设和雨水的综合治理，加大拖欠水费的征收力度。

二、食品安全监管方面

【协商食品安全监管职能调整工作】

2004 年 12 月 15 日，市政协召开专题议政会，副市长杨晓渡、周太彤到会通报"本市食品安全监管职能调整情况"并听取意见建议。委员建议：(1)上海的食品安全监管工作应走在全国前列,为全国的食品安全工作起到引导作用。(2)引入和推行 ISO 体系,将其作为从事食品流通的必备环节强制推行,并建立全市性的合格供应商名单。(3)食品安全监管是一个系统工程,在加强安全监管的同时,各职能部门要加强协调,建议成立公共卫生联席会议或成立一个专门的协调委员会。(4)此次职能调整后,食品安全交由食品药品监督管理局监管,立法要跟上,要树立食药监局的权威,让他们做到有法可依。

【协商上海食品安全监管工作】

2007 年 6 月 13 日,市政协召开专题议政会,市政府副秘书长姚明宝及市食品药品监督管理局负责人到会通报全市食品卫生安全监督管理工作情况并听取意见建议。委员建议：(1)要进一步完善食品安全监管体制,加快完善全市食品安全监管框架,建立食品安全评价体系,促进食品监管各个环节、各个部门的协调与合作,并进一步加大对食品企业的监管力度。(2)要进一步提高食品监测的针对性,食品监测的目标设定要明确,食品抽样检测的科学性要加强。(3)要进一步加强全市食品标准化建设,加快全市食品标准与发达国家接轨速度,今后通报食品合格率时也要通报食品标准。(4)进一步加大食品安全监管力度,加大对流动摊贩、小饮食店食品的安全监管和处罚力度,加大群众监督力度。(5)进一步加强食品安全宣传教育,定期向市民通报食品安全情况,重视办好"上海食品安全网",加强对市民食品安全行为的干预。

表 4-2-3　1978—2012 年上海市政协有关公用事业和食品安全方面的其他协商议政活动一览

序号	时　间	协商形式	协　商　内　容	党政部门出席人员
1	1993.5.14	情况通报会	水、电、煤气(含液化气)、公交、牛奶和部分医疗收费项目的调价方案	副市长　孟建柱;有关部门负责人
2	1994.7.12	情况通报会	水、电、煤、公交、通讯等公用事业费调价	副市长　孟建柱;有关部门负责人
3	2002.12.4	情况通报会	调整上海人工煤气销售价格的情况	市物价局、市市政局负责人
4	2005.5.18	专题议政会	今年上海价格工作有关情况	市委常委、副市长　周禹鹏
5	2007.11.15	情况通报会	关于调整上海民用液化气价格以及稳定出租车行业有关措施的情况	市发展改革委负责人

第四节　教育、文化和社会事业

一、教育与文化方面

【协商上海图书馆新馆筹建工作】

1991 年 5 月 16 日、27 日,6 月 8 日,市政协文化委员会三次召开专题座谈会,分别与市计委、市建委、市重大工程办公室和市农委、农场局、牛奶公司、乳品二厂,以及市文化局、上海图书馆等单位,就上海图书馆新馆筹建工作进行协商,并取得以下共识：(1)上海有必要建立一个适应现代化需要的新图书馆,各有关方面有责任协同配合,使市委、市政府关于筹建上图新馆的决定如期实现。(2)针对乳品二厂迁建进度较慢问题,市计委、市建委和市府重大工程办公室表示以相当于重点工程的方式支持搬迁。(3)市农委、农场局力争在1992年底完成全部搬迁任务,但涉及乳品二厂的二期工程和乳品机械厂的迁建工作,须在1993年中才能完成。市政协吁请市计委等有关方面尽快批准乳品二厂二期工程列入1991年投资计划,并落实迁建计划和资金。(4)建立一个统一的领导小组,统一领导上图新馆从动迁到建馆的整个筹建工作。(5)乳品二厂应尽快腾让部分房舍,供上图新馆筹建处和民用设计院进行现场勘探和设计使用。(6)将上图新馆的筹建工作,从设计、施工到建成开馆所需要解决的问题列出清单,向市委、市政府提出报告,争取各方支持。

【讨论市群众艺术馆筹建工作】

1992年3月14日,市政协文化委员会召开专题座谈会,就筹建上海市群众艺术馆问题开展讨论。委员认为:(1)现有的市群众艺术馆缺少必要的活动场地,房屋设施陈旧,工作人员工作条件极差,音响器材、群文史料长期处于阴暗、潮湿、拥挤的环境中,严重影响工作的开展。(2)市群众艺术馆多次搬迁,动荡不安,迄今无永久性馆址,已不能适应和满足开展全市群众文化工作的需要。(3)市文化局提出的《关于建造上海市群众艺术馆的项目建议书》是可行的,将新馆馆址选在浦东陆家嘴花木地区,既解决了上海市群众艺术馆的工作场所问题,又可为活跃浦东地区和全市人民的群众文化生活创造有利条件,建议市计委等有关部门尽快审批立项。

【协商邮局提早送报时间问题】

1992年7月23日和8月4日,市政协文化委员会在组织委员视察的基础上,会同提案委员会邀请市委宣传部、市邮电管理局和解放日报社、文汇报社、新民晚报社领导,对如何提早"三报"发送时间问题举行专题座谈。委员认为:(1)世界先进国家的日报,无不在每天早晨6时以前送到订户家中,上海在解放前和解放初期,邮局也总在早晨7时以前将日报送到。(2)群众对目前的信件投递情况较满意,但对每天送报时间较晚,有时甚至推迟到中午意见很大。(3)报纸的投递时间涉及千家万户,是上海精神文明建设中不可忽视的一个重要环节,希望有关部门重视,尽快落实相关提案建议,提早早报送达订户的时间。

【协商高中、大学学费等调整方案】

2000年4月19日,市物价局负责人来市政协通报关于调整高中与大学学费、轨道交通2号线票价、排水费调整方案并听取意见建议。委员赞成有关高中、大学学费的调整方案,认为建立高中、大学学费统一标准能遏制乱收费,有利于发展教育事业。建议:(1)加强对学校的监管,防止自费生、扩招生以新的形式出现。(2)对特困学生要制定相应的帮困措施。(3)对目前存在的赞助费问题,应有相应的管理方法。

【协商教育综合改革工作】

2005年8月2日,市政协召开专题座谈会,市委副书记殷一璀、副市长严隽琪及市教委负责人到会通报全市实施教育综合改革情况并听取意见建议。委员建议:(1)对目前教育综合改革面临的瓶颈问题应作专题研究,以明确教育综合改革的思路和目标,确定综合改革的试验区、试验学校和重大项目。(2)学生的思想道德修养问题,应作为各级教育机构和教育工作者优先考虑的问题。要创新政治思想教育方式方法,通过生动活泼的思想道德教育,培养学生对党和社会主义的感情,坚定理想信念。(3)结合"十一五"规划的制订,开展教育综合改革大讨论,统一思想和认识,并制订较为详细的实施细则和措施。

【协商上海义务教育均衡发展情况】

2007年4月17日,市政协召开专题议政会,市教委主任沈晓明到会通报全市义务教育均衡发展有关情况并听取意见建议。委员建议:(1)加强舆论宣传,转变教育理念,提高全社会对义务教育均衡发展的认识。(2)义务教育均衡发展是政府的重要职责,要加大市级财政对教育经费投入和使用的统筹力度,并保持市区两级财政转移机制的稳定性。(3)进一步明确义务教育均衡发展的具体内涵,努力实现教育资源的多元化。(4)建立健全对均衡教育的科学评价体系,加强师资队伍建设,重视发展特殊教育工作。

【协商上海文化事业改革发展工作】

2012年4月25日,市政协召开"推进上海文化发展"常委协商会,副市长屠光绍到会听取意见建议。委员建议:(1)在推进上海文化改革发展过程中,要把"公正、包容、责任、诚信"的价值取向融入文化事业繁荣、文化产业发展的全过程,贯穿国际文化大都市建设的各领域,体现到精神文化产品创作、生产、传播的各方面。(2)推进上海文化改革发展,必须坚持"二为方向"和"双百方针"[①],为文化的发展繁荣创造一个多元竞争、平等发展的文化生态环境。(3)要坚持开放包容、海纳百川的广阔胸怀,广泛集聚文化人才,创造公平市场环境,营造和谐文化生态。(4)要坚持以人为本、以民为重,着力创新文化管理和服务理念,激发文化工作者是文化建设主力军的内在动力,大力推进公共文化服务体系建设,切实优化上海文化发展环境。

二、城市环境保护方面

【协商环境保护工作】

1999年7月16日,市政协举行委员专题座谈会,副市长韩正、市政府副秘书长吴念祖到会通报《上海市加强环境保护和建设的若干决定》,并就《上海市加强环境保护和建设的实施意见(讨论稿)》征求意见建议。委员建议:(1)不仅要加强对环境的保护,更应突出环境的管理,要做到"建"与"管"分开,杜绝出现"管"参与"建"的现象。(2)城市的环境整治应与城市总体规划结合起来,如城市绿地的建设,市和区要统一规划,并加强实施力度。(3)随着社会经济的发展,对环境保护的要求将会越来越高,因此在环保项目及设施的规划、设计上应力求做到高起点、高标准,避免将来重复建设造成浪费。(4)尽快将绿色助动车推向市场,逐步替换燃油助动车。(5)在执法管理上,应有简、繁两种执法方式,以便收到实效;在宣传教育上,要有策划、成系统、分阶段,讲究实施艺术。(6)政府应在政策上加强对环保、环卫行业的扶持。

【协商苏州河综合治理工作】

2000年6月13日,市政协召开专题座谈会,副市长韩正到会通报苏州河综合治理情况并听取意见建议。委员建议:(1)苏州河经过几年的综合治理,水体质量、沿岸环境和水域环境有了明显的改善,要继续推进这项造福社会和市民的工程,以取得更明显的实效。(2)苏州河治理是一项长

---

① "二为方向"即为人民服务、为社会主义服务;"双百方针"即百花齐放、百家争鸣。

期、复杂的系统工程,除了继续加大力度进行综合治理外,更要提高市民的环境保护意识,使爱护苏州河成为全社会的自觉行动。

【协商水环境治理与保护工作】

2001 年 8 月 29 日,市政协召开情况通报会,副市长韩正及市环保局有关负责人到会通报上海市"十五"期间水环境治理与保护工作情况并听取意见建议。委员建议:(1)加大环境整治和管理力度,尤其要重视对医院诊疗室、化验室、病房、洗衣房、透视室、动物实验房、手术室等成分复杂的污水排放的监管。(2)上海是水质型缺水城市,但一些高档浴场娱乐用水居多,过量清水付诸东流,应适当提高高档浴场的用水价格。(3)加强全局观念和节约用水的宣传。

三、社会建设和管理方面

【协商上海市城市管理综合执法试点工作】

2000 年 11 月 2 日,市政协召开专题座谈会,市建委负责人到会通报上海市城市管理综合执法试点前期有关准备工作情况并听取意见建议。委员建议:(1)作为执法队伍,必须持证执法、依法执法。(2)制定城市管理综合执法法规并加强宣传,让市民了解有关法规。(3)加强执法队伍的职业道德培训,做到为民不扰民,文明执法。(4)执法过程中要做到纪律严明、政务公开、工作内容明确。

【协商政法系统工作】

2004 年 6 月 17 日,市政协召开专题议政会,市委副书记刘云耕,市委政法委、市高级人民法院、市人民检察院、市公安局、市司法局、市国家安全局、市政治文明办负责人到会通报全市政法工作情况并听取意见建议。委员建议:(1)在社会转型期间,对社会稳定工作的长期性、艰巨性、复杂性要有充分的思想准备。(2)在维护社会秩序、保障社会稳定方面,公安部门不仅要做好防范和排摸工作,还要做好农民转化为市民后的宣传引导工作。(3)法官判决应从引用"法条"向"法理"逐步转化;从一般规则向规律转化;从基本情况向基本事实依据转化。(4)司法院所与社会院校联合召开"上海法制论坛",共同探索法制在上海现代化建设中的重要作用。(5)做好调查研究工作,为政治体制改革和政治文明建设服务;政治文明办的工作应和统战工作相结合,充分调动党外人士力量。(6)信访工作人员要进一步重视和做好"上访"、"信访"者的疏导工作,提高疏导水平,统一口径,统一思想。

【协商进一步加强居委会建设工作】

2006 年 11 月 7 日,市政协召开专题议政会,市政府副秘书长李良园、市民政局局长徐麟到会通报"关于进一步加强本市居委会建设"情况并听取意见建议。委员建议:(1)居委会的性质是群众自治组织,但整体上来看行政色彩较浓,居委会的职责和工作任务太重。(2)对相关的街道工作条例进行修改,重视处理好业委会和居委会之间的关系问题,明确两者之间的职责和关系,当前要重点研究如何加强业委会建设的问题。(3)居委会应该尽量做到"直选",上海有这样的条件,只有完全"直选",居民才能真正关心居委会的工作。(4)目前 1 000 户左右设 1 个居委会的规模太大,而定在 300 户左右则较适宜。同时,应努力实现社区网络化管理。

【协商社会和谐稳定工作】

2009 年 7 月 16 日,市政协召开"确保社会和谐稳定"专题座谈会。市委常委、市委政法委书记吴志明到会听取意见建议。委员建议:(1)要以科学的方法、民主的程序和具有前瞻性的正确决策来保证社会的稳定。(2)决策中要充分注意合法性,不能感情用事。(3)要理性对待网民的意见,不能被网民意见裹挟。(4)通过加强社会保障体系建设,进一步构建和完善社会稳定的内在机制。(5)把社会保障制度当作社会收入转移的一个系统,通过社会保障强制性地实现收入转移,让社会所有的人都能够共享共赢。(6)将目前的普惠性保障措施向针对性的方式转变,让低收入人群更得益。(7)要加大民族团结的宣传力度,构建"平等、团结、互助、和谐"的新型民族关系。(8)建立公安等有关部门与民族、宗教团体日常的信息沟通制度,重视发挥民族和宗教团体在维护社会稳定中的作用,及时、妥善地解决涉及少数民族群众和信教群众的有关问题。(9)执法人员在执法中应注意人性化和柔性化,避免过度使用警力和不公平执法。

【协商社会建设和管理工作】

2009 年 8 月 26 日,市政协召开"加强社会建设和社会管理"常委协商会,市委副书记殷一璀到会通报全市社会建设和社会管理工作情况并听取意见建议。委员建议:(1)在新城镇建设过程中要注重培育社会组织,使现代小城镇成为知识型企业及其从业人员的乐土。(2)从重点行业、机构和企业的信用建设入手,完善相关法规,形成"守信得益,失信受罚"的机制。(3)制度设计从集中于对社会组织进行管理扩展为对社会组织功能开发、社会组织成长给予必要的资源支持。(4)在基础公共服务领域引进市场机制,加大优质公共资源辐射力度,满足群众差异化、多样化需求。(5)设立一门式信访中心,在基层建立信访、调解、帮困及心理咨询站,引进社会精英至信访一线。(6)对在群众中引起普遍关注的重要社会热点和事件,要及时介入,引导舆情。

表 4-2-4　1978—2012 年上海市政协有关教育、文化与社会事业方面的其他协商议政活动一览

序号	时　间	协商形式	协　商　内　容	党政部门出席人员
1	1980.5.8	专题座谈会	为小说《上海的早晨》平反	
2	2003.6.25	情况通报会	上海"塑造城市精神"专题调研有关情况	市委常委、宣传部部长　王仲伟
3	2003.7.2	情况通报会	上海教育新一轮发展行动纲要	市委副秘书长　张志群
4	2003.7.23	情况通报会	市委政法委近期工作有关情况	市委常委、市公安局局长　吴志明
5	2003.7.30	情况通报会	上海居民委员会选举工作有关情况	市民政局负责人
6	2003.10.14	情况通报会	上海市个人信用征信管理试行办法	市政府法制办负责人
7	2004.2.11	专题议政会	上海社会治安与城市管理有关情况	市委常委、市公安局局长　吴志明
8	2004.4.7	专题议政会	上海外环绿化带拆违整治工作有关情况	市规划局负责人
9	2004.5.14	情况通报会	上海社区建设和社区党建工作有关情况	市委有关部门
10	2004.6.17	专题议政会	上海政法系统工作情况	市委副书记　刘云耕
11	2004.7.13	专题议政会	加强社区建设和社区党建工作情况	市委有关部门
12	2004.8.18	专题议政会	上海城市文化事业改革和发展工作情况	市委常委、宣传部部长　王仲伟

（续表）

序号	时　间	协商形式	协　商　内　容	党政部门出席人员
13	2005.6.15	专题议政会	在世博会园区建设中保留和保护江南造船厂等历史建筑情况	市建委、上海世博局负责人
14	2005.12.27	情况通报会	上海城市建设和管理情况	市建设交通委负责人
15	2012.4.1	常委协商会	积极推进文化改革发展	市委宣传部负责人

第五篇

视察监督

民主监督是人民政协的主要职能之一,就上海经济社会发展情况和党政部门工作情况组织视察活动、围绕党和政府重点工作开展监督检查,推荐政协委员应邀担任司法机关和政府部门特邀监督员等,都是市政协履行民主监督职能的重要形式。

　　从1980年起,市政协每年组织若干委员专题视察活动,1988年进一步明确委员视察主要分为每年市政协统一组织的集中视察和各专门委员会根据各自特点组织专题视察,并于1992年形成规范。1992—2012年,市政协每年组织1—2次集中视察,由全体委员根据意愿报名参加,视察后综合委员意见建议,以专题报告或简报形式报送市委、市政府及有关部门参考,并通过新闻媒体宣传和报道。同时,每年由专委会根据各自安排,结合调研课题组织专题视察。由于视察活动委员参与面广,社会影响力大,所提意见建议具有针对性和可操作性,得到市委、市政府领导和有关部门的重视,有关部门认真倾听来自政协视察后的批评和建议,切实改进工作,使视察取得实效。

　　1981—1987年,市政协根据市委要求,组织政协委员就全市“文化大革命”中查抄文物图书和没收私房的归还工作,以及落实知识分子政策、民族宗教政策等问题进行大检查,推动了问题的落实和解决。针对市场经济条件下群众关心的市场管理与市场规范问题,市政协始终关注如一,从1981年起,30多年来进行了多次监督检查活动。2006—2011年,又先后围绕发展公共交通、世博会安全运行、城市安全运行等重点工作实施监督,提出意见建议,协助党政部门做好工作。

　　从1993年起,市政协应邀推荐部分政协委员担任政府部门和司法部门的特邀监督员,组织委员参加市纪委、市监察委和市纠风办组织的对部分行政执法、综合管理部门和公共服务行业的党风、政风、行风进行评议的活动,发挥政协委员在履行民主监督职能,促进党风廉政建设和实现良好社会风气中的积极作用。

　　1998年8月,为响应市委、市政府关于星期四为领导赴基层调研日,一般不安排各类会议的意见,九届市政协将每周星期四上午定为主席会议(成员)赴基层视察调研日,由主席、副主席、秘书长及相关人员赴基层视察调研。第十、十一届市政协延续了上述制度性安排,并将参加范围扩大至主席、副主席、秘书长、副秘书长及部分专门委员会负责人,视情邀请常委中相关专家参加。1998年8月—2012年9月,市政协主席会议(成员)赴基层视察调研共294次。

第一章 委员视察

视察是市政协组织政协委员围绕市委、市政府的中心工作、人民群众关心的热点和难点问题深入实际进行巡视察看、咨政建言的履职活动。视察通过听取有关部门汇报、深入现场实地考察和座谈交流,肯定成绩,发现和分析问题,提出意见、批评或建议。市政协主席、副主席每年分别参加委员集中视察中各视察组的活动。

第一节 第五届市政协委员视察

第五届市政协成立后,从 1980 年起开始组织开展委员专题视察活动,届内共组织 3 次。

一、视察上海市少年犯管教所

1980 年 3 月 13 日,市政协法制研究委员会组织 45 名委员视察市少教所。委员们在听取所负责人汇报青少年犯罪和接受管教的情况时,了解到一些失足青少年出所后,在招工、招生方面受到歧视和排斥的情况。委员们认为对曾失足过的青少年,只要改过自新,就要按政策给予出路,鼓励进步。法制研究委员会抓住典型事例,向市委、市政府领导作了反映,新闻媒体也作了报道,引起了领导和社会的重视。

二、视察医院的"财难"和"才难"问题

1981 年 10 月 19—23 日,市政协委员和在沪全国政协委员 20 人组成视察组,就如何解决医疗机构经费困难和人才紧缺问题进行视察。在听取市卫生局负责人对上海医院卫生工作情况的介绍,实地视察市儿童医院、第一人民医院和闸北区中心医院后,视察组经研究形成《关于如何改变目前医院"财难"和"才难"的报告》专题视察报告。报告针对上海医疗系统存在的卫生事业经费不足、医院病床床位不足、医疗设备不足等问题,提出加强人才培养、改善设备条件、加速医院的基建和改建工作、实行两种收费标准、保障医院正常秩序和医生人身安全、改善住院病人饮食等建议。报告受到中央卫生部的重视,认为"对解决上海市医院工作方面存在的问题,起到了一定促进作用",并由卫生部转发各省、市、自治区卫生厅局,作为改进医院工作的参考。

三、视察基层单位开展"五讲四美"活动情况

1982 年 12 月 30 日,出席市政协五届五次全体会议的市政协委员 246 人,分成 5 组,前往华东师范大学、公交汽车二场、市第四人民医院、南市影剧院和黄浦区金陵菜场等单位,视察开展"五讲四美"活动的情况。通过视察,委员们认为,全市的"五讲四美"活动自 1982 年 3 月开展以来,取得可喜的成效,正在逐步深入。同时希望各被视察单位继续努力,持续深入开展"五讲四美"活动,提

高职工、学生思想素质,进一步提高教学质量和服务质量。

第二节 第六届市政协委员视察

第六届市政协期间,市政协及其专门委员会共组织委员专题视察 15 次。

一、视察上海发展合资合营企业情况

1984 年 5 月,市政协经济研究委员会组织部分委员视察上海联合毛纺织公司、福克斯波罗公司、中国迅达电梯厂等 3 家合资合营企业,根据 3 家企业的发展情况和存在的问题,经多次研讨,写出专题视察报告。报告建议:要从理论上、政策上宣传发展中外合营企业的重要性;统筹规划利用外资项目,努力改善投资环境;努力做好引进技术的消化、吸收、创新和推广工作;切实解决外汇平衡问题。

二、视察上海律师协会和律师事务所办公用房问题

1985 年 1 月,市政协法制研究委员会组织部分委员视察上海的律师工作,实地察看上海律师协会和第一、二、三律师事务所的工作办公场所,了解到市律师协会 1979 年恢复成立后,迄今没有固定的办公用房,虽市计划委员会已同意其建房申请,但经费尚未解决。为此,市政协法制研究委员会写出专题视察报告,建议对市律师协会建造办公用房所需的资金,原则上应由国家投资,并拨给建房基地,列入国家基建计划。报告送市领导和有关部门后,副市长倪天增对报告批示并转交市计委和规划局具体落实建房资金和建房基地。

三、视察上海第三产业发展情况

1985 年 3 月 5—9 日,市政协组织部分政协委员视察上海电话局、电报局、上海宾馆、北站快餐店、宜宾饭店等单位。经过研讨,写出专题视察报告。报告针对上海发展第三产业面临困难和不足,提出加强领导,提高第三产业的地位;发展旅游业要统筹安排,合理布局;加强对旅游接待和服务人员的思想教育和业务培训;加快引进和改造电讯行业;减免第三产业部分行业的税额等建议。

四、视察上海技术引进的消化吸收工作

1985 年 3 月 5—13 日,市政协组织部分政协委员视察上海技术引进工作。先后视察泰康食品厂、上无三厂和上塑制品一厂引进的流水线,同有关局、公司和工厂干部进行座谈。经研究,写出专题视察报告。报告建议:(1)要明确技术引进的目的是为了消化、吸收、创新、推广,今后凡确定引进重要项目和关键设备,应同时考虑引进之后的国产化问题。(2)对技术引进有较大效益的企业在财政税收等方面给予支持。(3)重视技术引进的信息和国外经济情报工作。

五、视察上海新办公司(中心)情况

1985年4月上旬,市政协组织部分政协委员,针对上海出现"公司(中心)热"的情况进行专题视察,听取了市、区有关部门情况汇报,视察了长江测试技术开发公司等6家单位,并与部分公司(中心)负责人座谈。经过研讨,写出专题视察报告。报告提出了"公司(中心)热"中值得注意的问题,建议坚决清理党政机关、党政干部办的公司(中心),吊销"三无"公司执照;对新成立公司(中心)的申请进行严格审查和必要辅导,新公司的经营内容要有范围,且不能随意变更。

六、视察白茅岭、军天湖劳改劳教农场

1985年6月10—16日,市政协法制研究委员会视察了地处安徽的上海白茅岭农场和军天湖农场,在了解农场工作情况及一些亟待解决的问题后,写出专题报告。报告认为,应重视并解决在皖劳改农场干部职工的培训教育、户口归属等农场自身难以解决的问题。专题报告经市委副书记吴邦国,市委常委、市委政法委员会书记石祝三批示后,得到市公安、司法等部门重视,使长期不能解决的农场干部回沪问题、户籍问题得到妥善的解决。

七、视察上海市高教体制改革情况

1986年3月3—12日,市政协组织部分委员视察高校教育体制改革情况。委员们视察了中国纺织大学、同济大学,听取了两校负责人及师生对教改的意见,经研究形成视察报告。报告认为,上海高校要深入贯彻《中共中央关于教育体制改革的决定》,加强思想政治工作是当务之急,这是实行教改的保证。报告建议,要把评定职称的权下放给学校,适当增拨教育经费,稳定高校的师资队伍,加强对自费出国留学人员的管理。

八、视察上海市精神文明建设情况

1986年3月6—11日,市政协组织部分委员视察黄浦区长沙街道、徐汇区田林新村和上海电视台等单位,了解社会主义精神文明建设情况。在听取情况汇报、同基层单位干部群众座谈交流的基础上,写出专题视察报告。报告建议:(1)在全市宣传推广长沙街道建立的群众性的社会治安综合治理网络的经验。(2)要重视新建住宅区中公共设施的配套建设。(3)上海电视台要不断提高电视节目的质量,更好地适应两个文明建设的需要。

九、视察上海工业体制改革情况

1986年3月7—10日,市政协组织部分政协委员组成视察组,就上海工业体制改革情况进行视察调查,先后听取市经委负责人的情况介绍,考察上海机床厂、上海电焊机厂,经研究形成专题视察报告。报告针对工业体改中亟须解决的问题建议:(1)加强对各级干部进行搞活企业必要性和重要性的教育,全面落实国务院有关对企业扩权的精神。(2)加快局和公司的体制改革步伐,减少中

间层次,赋予企业更多活力。（3）财政、银行等部门应主动帮助企业排忧解难。（4）企业要立志改革,提高现代化管理水平。

十、视察中科院上海分院博士、硕士毕业生使用情况

1986 年 12 月 11—26 日,市政协组织科技界委员和市九三学社社员组成视察组,对中科院上海分院的博士生和硕士生安排、使用和培养情况进行视察,形成视察报告。报告建议：（1）在博士、硕士中进行有理想、有道德、有文化、有纪律的政治思想教育。（2）稳定出国留学的各项政策,对出国留学生要加以关心和加强管理,对留学生家属出国探亲要有所控制。（3）促进人才合理流动,为中青年科技人员的成长创造条件。（4）尽可能帮助归国留学生和国内的博士及硕士毕业生解决住房困难、夫妻分居、工资较低等问题。

十一、视察文艺演出团体精神文明建设和职业道德教育情况

1987 年 1 月 5—17 日,市政协组织部分委员对上海人民艺术剧院、上海淮剧团、上海交响乐团加强精神文明建设情况进行视察。视察后形成专题报告。报告认为,现行的财政、经济、人事政策束缚了文化系统加强精神文明建设的手脚,应采取相应的调整措施,建议将剧场与演出团体有机地结合起来,使每个演出团体有自己的专用剧场;希望市委宣传部和市文化局制订规划,每年重点扶持 1—2 个剧种。

十二、视察上海行政性工业公司改革情况

1987 年 1 月 7—12 日,市政协组织部分政协委员就上海行政性工业公司改革问题进行视察,就理顺各工业局的职能、综合管理部门的配套改革、组建新的联合体等问题提出意见建议。委员们建议：（1）在行政性公司撤销后,要考虑相应局机构设置的改革。（2）工商、财政等综合管理部门的配套改革应围绕搞活企业做文章。（3）组建新的联合体必须坚持自愿互利的原则,建立和发展行业协会要明确其性质、任务、职责以及同各方面的关系。

十三、视察加快工业技术改造工作

1987 年 1 月中旬,市政协组织部分政协委员,对中央给予上海用于工业技术改造的 7 亿美元扩权外汇贷款及部分地方留成外汇的使用情况进行视察。视察组听取了有关使用外汇引进技术的情况汇报,考察了一些引进技术的工厂,经研究形成视察报告。报告认为,上海使用有限外汇进行工业技术改造的效益较高,速度较快,也存在一些亟待改进的问题。建议：（1）市经委成立技术引进中心,承担对技术引进的具体管理、协调和组织工作,加快引进设备、原配件的国产化进程。（2）财税部门对引进技术的老企业制定相应的鼓励政策。（3）妥善处理"九四"专项中技改项目与基础项目的捆绑问题,重视国内基础材料和新兴工业的开发。

十四、视察崇明县执行"星火计划"情况

1987年9月16—18日,市政协科学技术研究委员会部分委员视察崇明县执行"星火计划"的情况。委员们听取了有关情况汇报,视察了申福电器厂豪华系列吊扇开发、新河羊毛衫厂编织横机技术改造等星火项目。围绕崇明发展现状,委员们就改善崇明交通、处理好执行"星火计划"中条与块之间的关系、加紧培训和引进人才、给予政策支持等方面提出了意见建议。

十五、视察嘉定县科研生产联合体情况

1987年10月28—29日,市政协科学技术研究委员会部分委员视察嘉定县科研生产联合体情况。委员们听取了有关部门的情况汇报,视察了上海科技大学、上海原子核研究所、上海硅酸盐研究所和东陈村三家联办的企业,以及上海光学机械研究所与嘉定县联办的晶体材料厂。委员们认为,科研生产联合体是科技体制改革的有益尝试,但还不很成熟,需要有关部门从政策上予以扶持,使之日趋完善。建议嘉定县科委要对全县的科研生产联合体发展作出规划,并为科研所、高校的科研成果提供中试基地;市科委要对科研生产联合体的收益分配作深入调查,尽快制订出有关政策。

第三节　第七届市政协委员视察

1988年7月,市政协七届二次常委会会议审议通过《政协上海市委员会视察工作简则》,明确市政协每年组织1—2次委员集中视察,各专门委员会可根据各自特点组织专题视察。根据文件要求,第七届市政协在每年年终(除1989年外)组织委员集中视察活动,各专委会则在平时选择议题进行专题视察。

一、委员年终视察

【1988年委员年终视察】

1988年12月下旬—1989年1月中旬,市政协组织市政协委员、在沪全国政协委员150余人,就"上海文化事业在改革开放中生产更多更好的精神产品情况"、"上海卫生改革工作情况"、"解决上海轻工行业原材料短缺问题"、"上海'菜篮子工程'建设情况"4个专题进行视察,涉及政府部门和基层单位共16个。委员们听取情况汇报,实地考察了解情况,针对视察中了解的情况和发现的问题提出意见建议:尽快制订地方性的文艺活动法规,成立社会性的文化事业奖励基金,扶助、奖励优秀的精神产品;有关部门应尽快拿出上海医疗卫生部门改革的蓝图,总结分析各类医院的承包方案,纠正"一切向钱看"的偏向;解决上海轻工行业原材料短缺,应重视调整产品结构,优化资源配置,利用科技优势,促使产品更新换代;理顺价格,稳定生产,重视科技支农,推动"菜篮子工程"向高效益、高水平发展等,共计意见建议21条,市政协办公厅编发专题视察报告4份。

【1990年委员年终视察】

1990年12月23—25日,市政协组织市政协委员、在沪全国政协委员、政协之友社社员近200

人组成 2 个视察组,分别视察上海重大工程和交通设施建设情况、上海证券市场的发展情况。委员们听取市建委、上海证券交易所负责人的情况汇报,实地视察全市地铁、漕溪北路立交桥、内环线工程、杨浦大桥工地、虹桥机场国际候机楼和上海港区高阳路码头等市政工程建设工地,上海证券交易所和上海申银证券公司。针对视察中了解的情况和发现的问题,委员们建议:市政工程建设要提高施工质量,加强各施工单位间的协调,加强市政交通建设进展情况的宣传;证券交易要完善和健全法规体系,加强市场管理,改革现行管理体制,加速培养专业人才,普及证券基本知识,增建交易网点,方便证券交易等,共计意见建议 13 条,市政协办公厅编发专题视察报告 2 份。

【1991 年委员年终视察】

1991 年 12 月 23 日—1992 年 1 月 30 日,市政协组织市政协委员和在沪全国政协委员共 360 人,分"浦东新区开发开放情况"、"上海郊县农业和农村工作情况"、"上海流通领域廉政建设和纠风工作情况"、"上海中小学内部管理体制改革情况"、"关于发挥民办科技机构的作用情况"、"进一步深化文艺体制改革,繁荣文艺创作情况"6 个专题进行委员视察,涉及政府部门和基层单位 30 余个。视察中,委员们听取情况汇报,实地考察并召开座谈会听取各方面的意见,针对视察中了解的情况和发现的问题,委员们建议:浦东开发要科学规划,保证政策的稳定性、连续性,资金筹集要广开渠道;重视解决农村村级干部老龄化、后继乏人的问题,对郊县经济薄弱乡村在资金和税收方面予以政策倾斜;努力解决执法部门力量与市场发展不相适应的状况,严格执纪执法,对商品经营活动中各种不正当竞争手段要采取有力的处置措施;教育行政部门要简政放权,使学校有充分的办学自主权,增收的教育费附加可用于学校内部管理改革;对民办科技机构税收起征要分档次,给予一定的优惠;繁荣文艺、扶持高雅艺术,各文艺剧团要恢复送戏上门的传统,开辟工矿、农村、学校的演出市场,通过剧团和演出单位的体制改革,解决文艺团体的"消肿"问题等,共计意见建议 28 条,市政协办公厅根据专题编发视察报告 6 份。

【1992 年委员年终视察】

1992 年 12 月 8—18 日,市政协组织市政协委员和在沪全国政协委员近 450 人组成视察组,分别就"上海市市政重点工程建设和交通难问题"、"上海外贸工作情况"、"市区土地批租和危房改造工作情况"、"浦东新区规划和开发情况"、"上海国有企业转换经营机制情况"、"上海市办学体制改革和民间办学情况"、"上海广播电视事业改革发展情况"、"深化科技体制改革,建立科技与经济有效结合机制"、"发展上海社区服务事业"9 个专题进行视察,涉及政府部门和基层单位共 37 个。委员们经听取汇报和实地考察后建议:上海要把解决"交通难"作为重点工作,制订具体措施,地铁工程和道路施工要严格监控,保证工程质量;进一步改变外贸经营思想、经营机制和管理体制,树立大外贸、大口岸观念,发挥上海的口岸潜力和外高桥保税区功能,拓展进出口贸易和转口贸易;土地批租要提高公开性,引进市场机制,公开招标,公开拍卖,并与城市建设总体规划,与旧区改造、改善市容市貌相结合;企业改革要培养一批具有社会主义市场经济观念的经营者,并在企业内部形成激励机制、竞争机制、制约机制、发展机制,企业产权管理要规范化,国家股权应由国家的国有资产管理部门专管;政府和社会要关心、支持、引导民办学校,从政策上、经费上予以扶持;利用卫星电视,扩大上海广播电视的覆盖面,加强对外宣传,参加国际竞争;努力建立科技与经济有效结合机制,真正做到经济依靠科技,科技面向经济,推动上海产业结构、经济结构以至社会结构的调整;尽快制订《上海市社区服务工作条例》,使之走上正常有序的轨道,市、区多渠道筹集资金,扶持社区服务项目等,共计意见建议48条,市政协办公厅根据专题编发视察报告9份。视察报告得到市政府领导和有关部门重视,1993年1月,副市长谢丽娟和民政局负责人与参加"发展上海社区服务事业"视察组的委员座谈,听取视察情况的汇报,进一步就相关情况与委员沟通交流,表示社区服务工作要在实践、总结中前进,希望得到市政协的支持和帮助。

二、各专委会专题视察

【视察上海扩大机电产品出口问题】

1988年6月下旬,市政协经济委员会组织委员视察跃进电机厂、协昌缝纫机厂等机电企业,了解上海机电产品出口问题,经过调研座谈,形成专题视察报告。报告认为,上海扩大机电产品出口潜力很大,但由于经济体制没有理顺,政策不配套,企业对扩大机电产品出口缺乏内在动力。建议加快改革,改变出口的收购制,推行代理制;组织企业集团,加强联合出口能力;建立海外销售机构,开拓国际市场。

【视察上海大专院校学生思想教育工作】

1988年10—11月,市政协教育界委员就高校学生思想教育问题视察上海旅游专科学校、上海师范大学等6所高等院校。通过视察和召开座谈会,写出专题视察报告送中央和上海市有关部门。报告分析了在校学生思想状况,建议各高校要加强理想教育和爱国主义教育,引导学生增强使命感和责任感;整顿教风,讲究师德,创造教学相长的育人环境;完善学校管理规章制度,严格管理,综合治理。中央宣传部、教育部函复市政协办公厅,认为该视察报告所提出的问题以及意见建议都很好。上海市委副书记曾庆红批示要求教卫党委认真研究视察报告并在工作中予以采纳,以改进工作。

【视察上海贯彻执行《中华人民共和国全民所有制工业企业法》情况】

1988年11月,市政协法制与民主建设委员会、经济委员会组织部分委员,专题视察上海部分国有企业贯彻《中华人民共和国全民所有制工业企业法》(以下简称《企业法》)的情况,历时1个多月。视察组视察了宝山钢铁总厂、上海卷烟厂等国有企业,听取有关委办局及相关企业领导和工会干部的情况介绍,同职工代表座谈,经研讨,提出《关于视察本市部分国营企业贯彻〈企业法〉情况的报告》。报告提出,自1988年8月1日实施《企业法》以来,经各方努力,上海国有企业的干部职工已初步了解《企业法》的精神,但总的情况是基层热、上面冷,工会热、行政冷。报告建议:(1)将学习贯彻《企业法》与深化企业改革结合起来,使两方面都能取得较好的成果。(2)明确分管副市长和主管的部门。(3)成立由市经委牵头、有关部门参加的协调小组,协调在实施《企业法》过程中出现的矛盾和问题。(4)正在开展的企业上等级工作,要与贯彻《企业法》紧密配合。(5)加强贯彻《企业法》的宣传和舆论监督。(6)转请国务院早日颁布《企业法》实施细则,以便各方遵循。

【视察上海轻工行业原材料短缺问题】

1989年1月4—12日,市政协经济委员会组织委员就上海轻工行业原材料短缺问题进行视察,听取市轻工业局和有关部门的情况介绍,视察了上海自行车厂、上海合成洗涤剂厂等轻工企业,经研究提出意见建议:(1)调整产品结构,优化资源配置。政府部门要加强宏观调控,对国内已饱和、重复和低水平生产的项目要从严控制,对效益低、质量差、生产水平低下、原材料和能源耗用大的企业要实行关停并转,对名优产品实行专业协作化生产。(2)深化双增双节,加强物资管理,提高企业消化能力。(3)利用科技优势,促使产品更新换代。鉴于当前资金困难,技术改造应采取保证重点,在提高部分重点企业的生产能力和部分关键设备的技术性能上下功夫。(4)实行扩大出口和替代进口并举的方针,改变目前出口商品结构不合理的状况,通过"三来一补"(指来料加工、来样加工、来件组装和补偿贸易)的方式,既有利于轻工产品适应国际市场竞争需要,也缓和原材料的短缺。(5)治理经济环境,实行原材料最高限价。

【视察《上海市保护妇女、儿童合法权益的若干规定》实施情况】

1989年9月19日、25日,市政协法制与民主建设委员会组织委员视察上海实施《上海市保护妇女、儿童合法权益的若干规定》(以下简称《若干规定》)的情况。委员们听取市妇联的情况介绍,实地考察上棉四厂、上海县新泾乡,经讨论后写出专题视察报告,送市人大常委会。报告建议:进一步宣传《若干规定》,重点对象是执法机关和各企事业单位的负责人;成立实施《若干规定》的市级领导机构或明确主管部门,制订政策措施,保护妇女在受教育、就业、参政等方面的权益,保障妇女享有同男子平等的权利。报告还对《若干规定》中部分具体条款提出修改意见。1990年2月,市人大常委会通过的《上海市妇女儿童保护条例》中,吸纳了视察报告的部分建议。

【视察上海企业民主建设状况】

1990年5月8日—7月9日,市政协法制与民主建设委员会、经济委员会组织部分委员,会同市总工会、市企业管理协会和市企业家协会,就全民所有制企业加强民主建设问题进行专题视察调查,共视察31家企业。9月18日,法制与民主建设委员会邀请市经委等10多个有关委、办、局的负责人座谈,对企业民主建设现状和问题进行分析后,于同年10月写出《依靠工人阶级,加强民主建设,是社会主义企业发展的必由之路——关于本市31家企业民主建设状况的调查报告》。报告建议:加强对各级领导干部的培训和教育,提高全心全意依靠工人阶级的观念和搞好企业民主建设的自觉性。企业民主建设状况,应作为企业升级考核和评选文明单位的重要条件之一。

【视察上海儿童文艺创作、演出、制作情况】

1990年9月7—18日,市政协文化委员会组织委员视察上海美术电影制片厂、中国福利会儿童艺术剧院和上海木偶剧团,了解上海儿童文艺创作、演出、制作的情况,在听取视察单位情况汇报和实地考察后,经讨论形成专题视察报告。报告建议市领导与有关部门关心和支持儿童文化事业,通过政策优惠等措施,努力创造条件,鼓励和支持剧场接待儿艺等剧团,让更多的少年儿童能看到儿童剧演出,提出对社会出现的"以商养文"、"以副养文"现象要防止"喧宾夺主"。

【视察上海历史文化名城规划工作】

1990年10月8—15日,市政协提案委员会和文化委员会组织委员视察青浦、松江县的青龙塔、福泉山文物遗址、方塔、西林寺等处,通过视察和座谈,形成专题视察报告。报告建议:(1)上海要尽快制订《上海历史文化名城规划纲要》,大力宣传历史文化名城,提高市民文化素养。(2)改变文物保护单位被居民和单位长期占用的状况,使文物保护建筑得到修葺和管理,明确居民和单位在尚未迁出文物保护建筑前,不得随意改变、破坏原建筑的式样和结构。(3)警惕文物保护单位中商业化的倾向。同年12月8日,市建委、市文管会等有关单位举行《上海历史文化名城规划纲要(草案)》研讨会,参加视察的部分委员应邀参加研讨。

【视察国营农场发展情况】

1990年11月下旬,市政协提案委员会组织委员视察地处崇明的上海国营农场,经听取情况汇报和实地考察,委员们认为,上海国营农场具有人才、科技、管理的优势,建议市有关部门制订有利于调动国营农场积极性的配套政策,把国营农场建成上海"菜篮子工程"的骨干基地,为上海市民的菜篮子多作贡献。上述建议,市政协办公厅以《政协简报》形式报送。

【视察华生电器总厂】

1991年8月,市政协经济委员会组织委员视察华生电器总厂,发现该厂已陷入亏损绝境,为此委员们提出了深化改革、扭亏增盈等建议。然后,经济委员会又会同民建上海市委、市工商联等多次讨论,对华生总厂复活问题进行会诊,提出了理顺体制、划小核算、挂账免息、财政免税、扶植救活的建议及相关具体措施。建议得到市领导的重视。1992年6月,副市长顾传训召集市经委、财政、银行等有关部门,协调华生电器总厂的解困问题,基本采纳了委员的建议。

【视察老年护理院建设情况】

1992年3月20日,市政协医卫体委员会组织医卫、教育界部分委员视察上海老年护理院建设情况,听取有关部门负责人情况汇报,实地视察江桥护理院、市退休职工嘉定公寓并进行座谈讨论,形成专题视察报告。报告建议:(1)上海应制订规划,建造不同层次的护理院,在每个区、县筹建1所老年护理院。(2)护理院要多渠道集资创办,根据不同层次需要建立不同病室,按档次收费。(3)政府要在政策上给予支持,使护理院具有自我生存和发展的能力。

【视察上海法院系统司法建议工作情况】

1991年11月25—30日,市政协法制与民主建设委员会、提案委员会、教育委员会部分委员对市、区各级法院开展司法建议工作的情况进行视察,经听取情况汇报,进行座谈研讨后写出专题视察报告,送市政府和市高级人民法院。报告认为,上海开展司法建议工作,是具有中国特色社会主义司法工作的新事物,应予以积极扶持。建议市高级法院加强对全市法院系统开展司法建议工作的监督、指导;建议市人大常委会对上海司法建议工作的法律地位和法律效力予以立法。

第四节　第八届市政协委员视察

第八届市政协每年举行1次委员年终集中视察活动,同时根据八届三十八次主席会议关于增加委员年中集中视察的决定,于1996年增加了3次委员年中视察;1997年增加1次委员年中视察,届内共组织委员集中视察活动9次,市政协委员和在沪全国政协委员约2 900人次参加,涉及专题79个。视察活动由市政协主席、副主席分别率队,视察中委员们提出的意见建议,由市政协办公厅以专题报告或《政协简报》形式报送。

一、1993 年委员年终视察

1993 年 12 月 18 日—1994 年 1 月 18 日,市政协委员和在沪全国政协委员 450 余人分 11 个专题组进行视察,即关于现代企业制度试行情况;浦东新区开发和管理情况;关于科研成果开发及其产业化情况;关于发展农业政策和"菜篮子工程"建设情况;关于交通整治情况;关于上海廉政建设阶段性目标完成情况;关于商业系统、海陆空港、文化市场精神文明建设情况;落实民族、宗教政策情况;关于旧区改造和平价房建设情况;上海中小学课程教材改革试点工作情况;市消防安全工作情况。各视察组听取了市政府有关委、办、局及区县政府的情况汇报,视察涉及政府部门和二纺机股份有限公司、华东计算研究所等单位约 140 个。委员们建议:推进上海率先建立现代企业制度,要努力培养、造就一大批企业家;加快制订和健全浦东新区吸引内外资投资的政策措施,保持政策的稳定性和实现内外资待遇的同等性;物质文明建设和精神文明建设要同步发展;重视农业、支持农业,确保农业各项改革措施顺利出台,促进"菜篮子工程"建设;加强法制建设,强化监督机制,加强党风廉政建设,健全社会主义民主政治;加强城市建设、旧区改造,保障市民生活安全、社会稳定等,共计意见建议 95 条,市政协办公厅编发视察报告 11 份。视察后,"关于现代企业制度试行情况"专题视察组召开会议,邀请副市长蒋以任到会听取委员的意见和建议,与委员直接沟通交流,以增强视察效果。

二、1994 年委员年终视察

1994 年 12 月 15 日—1995 年 1 月 11 日,市政协组织市政协委员和在沪全国政协委员共 440 余人,分 15 个专题组进行视察,即国有企业改革和企业解困的情况;上海爱国主义和职业道德教育情况;浦东近期发展的情况;关于上海在三年大变样中市政建设情况;关于现代生物和医药产业发展情况;关于农业发展规划和"菜篮子工程"的情况;关于物价管理情况;社会治安综合治理和外来人口管理情况;上海音像、图书市场管理情况;关于城市环保绿化工作情况;上海市内交通和对外交通情况;关于贯彻执行"经济合同法"的情况;关于贯彻实施"中国教育改革发展纲要"情况;关于社会保障制度改革情况;关于反腐倡廉工作情况。委员们听取各相关部委办局以及区县政府和基层单位的情况介绍,实地视察了浦东新区金桥开发区、奉贤县、市公安局等近百个单位和部门,根据了解的情况和发现的问题,委员们建议:建立现代企业制度,要依靠中央各部门支持,要加快政府部门的改革,要有社会保险、医疗保险等配套措施作保证;发展农业和"菜篮子工程",要加大郊县农业规模经营的力度,推广"农场加农户"、"公司加农户"等作业方式;市人大应加紧研究制定浦东新区投资保护法规,保护投资者的利益;制订治理"三废"整体规划,重视废物利用的科研工作;利用旧区改造、土地批租、市政建设的契机,调整完善学校布局,优化教育资源;医疗保险体制改革涉及面广,应先试点再推广,对特殊病人(恶性肿瘤、精神病等)要有特殊政策;廉洁自律要从领导干部做起,一级抓一级,常抓不懈等,共计意见建议 71 条,市政协办公厅就此编发《政协简报》15 期。本次视察活动得到市委、市政府的重视,市委常委、副市长、浦东新区管委会主任赵启正向委员们介绍了浦东改革开放的情况及遇到的难点和问题,请委员多提意见和建议。市委办公厅、市委研究室分别召开会议,听取委员在视察中的意见建议,共同商讨解决问题的办法,以供市领导参考。

三、1995 年委员年终视察

1995 年 11 月 17 日—12 月 26 日,市政协组织市政协委员和在沪全国政协委员 410 余人,分 14 个专题组进行视察,即上海商业发展情况;关于国有大、中型企业状况及建立现代企业制度情况;关于精神文明建设的情况;关于加快开发崇明岛情况;关于落实宗教政策及贯彻实施《上海市少数民族权益保障条例》情况;关于科技事业发展和科技体制改革的情况;市郊康桥、嘉定、青浦等开发区情况;关于物价管理情况;关于教育体制改革和多元化办学的情况;市政协重点提案"关于在上海建造第三代同步辐射光源"的落实情况;关于社会治安综合治理和廉政建设情况;上海体育事业发展和全国第八届运动会准备情况;关于住宅小区建设管理情况;上海农村建设和现代化农业发展情况。委员们听取各相关部委办局的情况汇报,实地视察了宝山钢铁(集团)公司、上海港张家浜港务公司、八万人体育场建设工地等 60 多个单位和部门。针对了解的情况和发现的问题,委员们提出:推进科技进步,要以市场为导向,树立企业是科技进步主体的精神,依靠科技进步提高劳动生产率,搞活国有大中型企业;把遵守"七不"规范作为加强精神文明建设的重要抓手,常抓不懈;上海农业发展要重视教育和科技投入,走集约化、科技化生产道路,通过规模经营,吸引青壮年农民重回农村,改变农业生产后继无人现象;抓紧规划建设崇明岛越江工程,解决崇明岛的交通困难;社会治安综合治理工作的载体是社区,要加强安全社区的组织建设和制度建设;建立健全廉政监督机制和规章制度,认真清查干部以权谋房问题;推广运用科研成果促进体育训练,研究探讨体育事业产业化的途径;认真落实宗教政策,希望在上海图书馆新馆落成后,将宗教房产藏书楼和原主教楼归还天主教爱国会等,共计意见建议 76 条,市政协办公厅编发《政协简报(视察简报)》15 期。

四、1996 年委员年中视察

1996 年 6 月 5—7 日,市政协委员和在沪全国政协委员 250 多人分 3 个视察组,分别视察上海现代企业制度试点情况、薄弱学校更新工程实施情况和市公交改革情况。委员们听取情况汇报,实地考察上海轻工控股(集团)公司、贵州中学等 20 多个部门和单位。针对了解的情况和发现的问题,委员们建议:认真贯彻现代企业制度"产权清晰、权责明确、政企分开、管理科学"的 16 字方针,重点应在"权责明确"上下功夫;各级政府要对"薄弱学校更新工程"比对"示范学校建设工程"给予更多的支持,均衡教育资源,防止产生新的薄弱学校;将公交优先政策落到实处,改进公交线路,发挥公交车、公交 ZX 专线车、社会经营公交车的各自优势,规范客运市场等,共计意见建议 15 条,市政协办公厅编发《关于委员在年中视察中提出的意见和建议》的专题报告。

1996 年 7 月 17—24 日,市政协第二次委员年中集中视察与高温慰问同时进行,市政协委员 120 多人分 5 路慰问建设工地施工人员,钢铁厂、电厂、水厂职工,交警、刑警和巡警,医务人员和环卫工人等。

1996 年 10 月 8—25 日,市政协举行第三次委员年中集中视察,近 100 名市政协委员分 3 组视察上海"窗口"单位(机场、车站、码头等)精神文明建设情况、上海"扫黄打非"工作情况和上海社区精神文明建设情况。委员们视察了虹桥国际机场、上海新闻出版局、闸北区阳北小区等,围绕专题提出意见建议 16 条。11 月 15 日,市政协举行"本市精神文明建设情况"座谈会,市委宣传部副部长、市文明办主任许德明出席听取委员意见和建议。

图 5-1-1　1996 年 6 月,市政协委员视察学校

五、1996 年委员年终视察

1996 年 12 月 20—27 日,市政协委员和在沪全国政协委员 320 余人分 10 个专题组进行视察,即上海社区精神文明建设情况;浦东新区功能性开发情况;上海吸引外资情况;上海社会治安综合治理情况;关于区县经济工作情况;上海郊县经济社会发展情况;上海基础教育改革情况;上海环境保护治理情况;上海房地产二级市场情况;关于推进科技经济一体化情况。视察期间,委员们听取了有关部门的情况汇报,考察了陆家嘴金融贸易区、南汇县等 50 多个区县、单位和部门。在了解情况的基础上,委员们建议:浦东新区吸引投资的优惠政策应保持稳定性和内外资的同等性,吸引外资要加强信息服务工作,使"投资招商"公开化;进一步研究和寻找发展区(县)经济的融资渠道,提高农民素质,推广现代农业技术,积极培养新一代农民技术人才;基础教育改革应促使应试教育向素质教育转轨,借鉴国外经验,开设非金融性的环保基金、环保信用、环保保险等融资渠道;实现科技经济一体化的模式要多样化,要加大分配制度的改革力度,允许科研人员以干股等形式参与开发产品的投资、研制和利润分配等,共计意见建议 42 条,市政协办公厅编发《关于市政协 1996 年度年终集中视察的意见》的专题报告。

六、1997 年委员年中视察

1997 年 5 月 29 日—6 月 11 日,市政协委员和在沪全国政协委员近 300 人分 8 个专题组进行视察,即上海迎接全国第八届运动会工作情况;福州路文化街建设情况;市中小企业下放区县的情况;整治苏州河进展情况;上海贯彻执行《劳动法》情况;上海禁毒工作情况;上海城市绿化建设情况;上海金融业改革发展情况。委员们听取有关情况汇报,考察上海八万人体育场、上海古籍书店、苏州河岸静安区段等 38 个单位、部门或场所。经讨论研究,委员们建议:将迎接全国第八届运动会作为推动全市工作的契机,带动相关市政工程和配套设施的建设,体现上海国际大都市的风貌;充分运用市场经济的运作方式管理小企业,健全产权交易市场;研究制定苏州河航道和环境管理的有关法规,巩固苏州河整治成果等,共计意见建议 46 条,市政协办公厅就此编发《政协简报(年中视察增刊)》8 期。7 月 9 日,市政协召开视察情况交流会,副市长龚学平到会听取委员的意见建议。

七、1997 年委员年终视察

1997 年 12 月 15—19 日,市政协委员和在沪全国政协委员近 500 人分 10 个专题组进行视察,即下岗人员转岗与解困情况;市党风廉政建设和反腐败情况;上海支柱产业的拓展情况;上海文化新设施的社会效益和经济效益情况;上海发展股份合作制情况;上海改善投资环境情况;上海教育改革情况;市郊经济发展情况;关于社区文化设施建设情况;关于街道监察综合执法情况。委员们听取情况介绍,实地考察 28 个地区、单位和部门,围绕各视察专题,委员们建议:要增强科技开发功能,形成改造传统工业,培育新支柱产业的机制;改善外商投资的法律环境,按照国际惯例依法保护外商投资企业利益;面向新世纪,上海要重视文化发展规划与经济发展规划相协调、文化软件建设与文化硬件建设相协调、文化消费的引导与文化资源的筹措相协调;开发社区文化资源,发挥社区内现有文化设施的作用;从政策上引导和鼓励企业多渠道、多途径挖掘就业岗位,利用各方面办学力量,对失业、下岗职工以及下岗人员转岗的知识、技能进行培训,以利再上岗;加强对党员干部的教育和管理,把群众的满意度作为检验党风廉政建设和反腐败工作好坏的标尺等,共计意见建议 42 条,市政协办公厅编发《关于市政协 1997 年度年终集中视察的意见》的专题报告。

第五节　第九届市政协委员视察

第九届市政协每年组织委员年中视察和委员年终集中视察各 1 次,届内共组织集中视察活动 10 次,市政协委员和在沪全国政协委员约 5 250 人次分别参加集中视察活动,涉及视察专题共 99 个。第九届市政协集中视察活动由主席、副主席担任各视察组组长,视察中委员反映的意见和建议,由市政协办公厅以专题报告或《政协简报》形式报送市政府和有关部门。

一、1998 年委员年中视察

1998 年 5 月 21 日—6 月 10 日,市政协委员和在沪全国政协委员 500 余人分别参加 8 个专题组的视察,即关于治理黑臭河沟情况;关于护绿、扩绿情况;关于日常食品卫生管理情况;关于打假治劣和保护名牌产品情况;关于消除药品浪费情况;关于再就业工程实施情况;关于居民小区基础设施和公建配套设施情况;关于城郊接合部社会管理情况。委员们听取相关部门情况汇报,考察市就业服务中心、第一人民医院等 44 个单位、部门,针对了解的情况和问题,委员们建议:要高起点、高标准地制定治理水污染的总体规划,努力实现水环境污染治理"减量化、无害化、资源化"目标;增强监督执法队伍的素质和执法水平,减少偏于形式的检查和突击行动;重视商标保护立法工作,及时修订《商标法》;建立打假网络,维护社会经济秩序;加快形成就业培训与职业介绍的网络化、科学化、规范化,有计划地开发第三产业和生活服务业,为下岗职工提供再就业的机会;重视和制定落实城郊接合部社会管理的责任制等,共计意见建议 49 条,市政协办公厅编发《关于报送市政协 1998 年年中视察政协委员所提意见建议的函》的专题报告。7 月 8 日,市政协召开有关城市环境整治、社会管理、食品卫生的 3 个视察情况通报会,副市长韩正、冯国勤、左焕琛分别到会听取视察情况通报和委员的意见建议。

图 5‑1‑2 1998 年 6 月,市政协委员调研居民小区情况

二、1998 年委员年终视察

1998 年 11 月 30 日—12 月 4 日,市政协委员和在沪全国政协委员近 400 人分别参加 8 个专题组的视察,即浦东新区社会发展情况;上海高新技术产业化情况;上海市郊农业和农村工作情况;上海重大工程建设进展情况;上海薄弱学校更新工程情况;上海城市管理和环保情况;上海禁毒工作情况;上海企业改革情况。委员们听取近 20 个部门和单位的情况汇报,考察冠生园(集团)有限公司、农科院生物中心、上海戒毒所等 47 个基层单位。针对了解的情况和发现的问题,委员们建议:浦东新区要把握发展机遇,充分利用外资银行经营人民币业务和外高桥自由贸易区等特殊政策;以市场为目标,进行以优势企业资产扩张为主的战略性调整,加快培育发展新的优势产业;加大对科技的投入,增强创新力度,推动企业新产品开发,促进高新技术产业化;积极探索实现农业现代化的具体途径,把农业和农村经济增长转到依靠科技进步和提高劳动者素质的轨道上来;设立城市管理热线电话,以利市民进行投诉和提出建议等,共计意见建议 42 条,市政协办公厅编发《政协简报》8 期。

三、1999 年委员年中视察

1999 年 6 月 1—11 日，市政协委员和在沪全国政协委员 300 余人分别参加 8 个专题组的视察，即上海依法行政、政务公开情况；上海下岗职工和离退休人员基本生活保障情况；上海传统产业高新技术改造情况；上海国有企业改革情况；上海基层群众文化活动馆建设情况；上海危房简屋改造情况；上海环境保护和小城镇建设情况；上海民营企业、台资企业发展情况。视察中，委员们听取了 10 多个政府委办局的情况介绍，考察了老西门工商所、曲阳文化馆等 28 个单位和部门。委员们建议：加强政务公开工作的制度化、规范化建设，落实工作责任制；国有企业要狠抓产品开发机制和企业发展动力机制，把资金投入国有企业技术研究开发中；要以产品的高附加值以及产品和生产手段的升级换代为主要标准，推动传统工业产业的高新技术改造；应将文化设施建设的重点下移至区县街镇，新建住宅小区应有文化活动场所等配套设施；苏州河整治要全民参与、科学治理、标本兼治、严格管理，要加强苏州河环境综合整治的整体规划，对具有历史意义的诸如四行仓库等建筑应适当保留；危房改造要妥善处理政府政策优惠补贴和市场运作准则的关系，从上海可持续发展的要求出发，重视土地资源储备，积极慎重地确定新一轮旧城区改造方案等，共计意见建议 41 条，市政协办公厅编发《政协简报》8 期。

四、1999 年委员年终视察

1999 年 12 月 13—15 日，近 400 名市政协委员和在沪全国政协委员分别参加 8 个专题组的视察，即上海国有企业改革情况；上海港澳台投资企业发展情况；上海信息产业发展和管理情况；上海利用外资和对外贸易情况；上海城市建设和管理情况；上海高校教育改革和发展情况；上海激活商业市场促进消费情况；上海"三五"普法宣传教育情况。视察中，委员们听取相关委办局的情况介绍，实地考察了上海电气集团、英维电子有限公司等 31 个单位和部门。委员们建议：国有企业要实行总经理、厂长责任制，做到政企分开，真正把企业推向市场；要认真研究中国加入 WTO 后，上海将会面临的机遇、挑战和困难及应对措施，努力提高引进、利用外资和对外贸易工作的质量和水平；面对加入 WTO 后上海信息产业面临的挑战和机遇，应加强信息产业技术创新、技术开发和产业化，用信息技术改造传统产业；高校的办学模式、学科设置要有长远规划，防止一哄而起，以适应社会发展需要，要尽快完善产学研结合机制，提高高校科技成果的产业化率；普法宣传教育要注意提高实际效果，与加强物质文明和精神文明建设相结合等，共计意见建议 40 条，市政协办公厅编发《政协简报》8 期。

五、2000 年委员年中视察

2000 年 6 月 9 日—7 月 6 日，市政协委员和在沪全国政协委员 500 余人分别参加 4 个专题组的视察，即上海培育创新基地，加强高科技园区建设情况；上海社区建设情况；上海医疗保险制度改革情况；上海各类学校素质教育现状。为提高视察效果，各视察组分设若干小组，细化视察议题，并以小组为单位开展活动。视察中，委员们听取了近 20 个单位和部门的情况介绍，考察了交通大学慧谷科技园、华东政法学院、静安区医保办等 42 个基层单位。委员们建议：培育创新基地、加强高科技园区建设要更新观念,努力在机制体制创新上有所突破,要研究制定鼓励多渠道风险资金投入高科技产业的政策,要对上海支持科技创新发展制订的"十八条"政策的落实情况进行全面检查,进一步为科技创新创造良好的政策环境;社区工作要以人为本,想人民所想、急人民所急、行人民所需,要理顺居委会、物业管理、业主委员会之间的关系,加强社区环境建设,美化居民生活环境;医疗保险制度改革要严格管理医保基金,规范行政、加强监督,医疗机构要合理用药、合理检查、合理治疗,既确保病人康复,又控制医疗费用;要加强学生素质教育,在重视学生世界观、人生观教育的同时,还要重视学生的心理素质、美德方面的培养等,共计意见和建议33条,市政协办公厅就此编辑《政协简报》4期。

六、2000年委员年终视察

2000年11月22日—12月8日,市政协委员和在沪全国政协委员620余人分别参加15个专题组的视察,即上海国有经济调整发展情况;上海工业园区投资环境情况;上海农业产业结构调整和现代化农业发展情况;上海非公经济发展情况;进一步完善外商投资环境和2001年APEC会议上海筹备工作情况;上海IP宽带试验网应用实验和发展情况;上海新闻出版产业及产业集团的组建和运作情况;上海民族教育工作情况;上海农村普教的现状与发展前景;上海社区文化建设及发展趋势;上海旧区改造情况;上海加强对传统建筑、特色建筑、名人故居保护情况;上海社会治安和公安队伍建设情况;上海市灾害防御工作情况;上海备战全国第九届运动会情况。委员们听取了市、区政府有关部门的情况汇报,考察了虹桥临空经济园区、东方网、上海书城等71个单位。通过了解情况和分析问题,委员们建议:上海国有经济要有所为,有所不为,向支柱产业、高新技术产业等重点产业集聚;工业园区要加强产业政策导向,提高区内企业的能级,提升园区的综合竞争力;要把农业始终放在发展国民经济的首要地位,推进上海农业和农村经济结构的战略性调整,发展现代农业、生态农业;旧区改造要进一步完善动拆迁政策,落实"廉租房"政策,使旧区改造工作真正成为民心工程,改造过程中必须重视保护近代优秀建筑;要提高城市灾害防御的综合管理水平,建立一个能协调各灾种防救工作的应急指挥体系;要加大宣传,提高全民防灾意识等,共计意见建议66条,市政协办公厅编发《政协简报》15期。

七、2001年委员年中视察

2001年5月30日—6月22日,市政协委员和在沪全国政协委员500余人次分13组参加4个专题的视察,即上海贯彻全国治安工作会议精神,开展"严打"工作的情况(5个组);上海整顿和规范市场秩序情况(3个组);上海迎APEC会议和"上海合作组织"六国元首会晤的准备情况(3个组);上海市政府部分委办局办理政协提案情况(2个组)。视察中,委员们听取了近20个政府委办局的情况汇报,考察了40余个基层单位。委员们建议:继续加大对重大案件和人民生活相关案件的侦破力度;整顿和规范市场秩序,要进一步加大对重点产品、重点市场、重点区域的整治力度,强化市场准入,加强经营行为的自律,坚持打假治劣;要以良好的市容环境和行为秩序迎接APEC会议和"上海合作组织"六国元首会晤在沪举行等,共计意见建议11条,市政协办公厅编发《市政协2001年委员年中视察主要情况》的专题报告。

八、2001 年委员年终视察

2001 年 12 月 3—20 日,市政协委员和在沪全国政协委员 550 余人参加集中视察。视察分为两部分:一是巡视察看性的 14 个专题组的视察,即上海应对加入 WTO 的准备工作情况;上海商业对经济的拉动情况;上海农业发展情况;上海物业管理情况;关于在沪全国重点文物单位保护情况;上海市 20 世纪 90 年代紧缺人才工程培养实施情况;上海文广集团经营运作情况;上海医药卫生系统应对加入 WTO 的准备情况;上海城市垃圾的处置情况;上海居家养老情况;上海社会保障情况;上海实施《上海市清真食品管理条例》情况;海外留学人员回国在沪创业情况;上海市民道德建设情况。二是知情明政性的 3 个专题组的视察,即上海科技馆建设情况,上海青少年素质教育活动基地建设情况,上海外环线工程建设情况。视察共涉及市政府委、办、局及区县政府近 30 个,基层单位 68 个。委员们通过听取汇报,实地考察,针对 14 个巡视察看性专题提出意见建议:应对中国加入 WTO,要切实解决政府行政管理错位、越位和缺位的问题,重点培养一批熟悉 WTO 规则以及法律、金融、保险、中介等方面知识的高级人才,金融行业、文化市场要重视加入 WTO 后的冲击;尽快制订《上海市公民道德建设实施细则》、《行业职业道德建设基本规范》,整体规划和推进上海市民道德建设工作;上海城市历史发展应拥有自己的一块天地,应尽快新建一个"上海历史博物馆";尽快开发和研究福泉山、崧泽文化和广富林遗址,发挥其科学研究、文物保护、旅游开发的功能等,共计意见建议 36 条,市政协办公厅编发《2001 年市政协年终委员视察的主要情况》的专题报告。

九、2002 年委员年中视察

2002 年 6 月 10 日—7 月 4 日,市政协委员和在沪全国政协委员 730 余人分别参加 17 个专题组的视察,即上海社会治安综合治理情况;加入 WTO 后上海金融、服务业应对挑战的情况;上海老年人服务网络建设情况;上海科技创新情况;上海汽车城建设情况;上海整顿和规范文化市场情况;上海中小学教育情况;上海关心困难群体和完善医保、社保工作情况;上海整顿药品及医药器械市场情况;上海市容管理情况;上海防灾工作和水环境治理情况;上海诚信制度建立情况;上海"司法公正"执行情况;上海私营企业发展情况;上海食品安全与卫生情况;上海贯彻《台胞投资保护法》实施情况;上海"三农"工作情况,视察涉及市政府有关委办局 20 多个、基层单位 80 个。委员们通过听取汇报、实地考察(部分视察组还进行了突击抽查和暗访)。针对了解的情况和发现的问题,委员建议:加快上海金融资源的重组整合,通过与国际金融集团竞争与合作,不断发展壮大自己;抓紧修订和完善有关法规,对私营企业、非公经济要与国有企业一视同仁;上海的农业规划要逐步形成"经济功能—生态功能—服务示范功能"的框架,与上海国际大都市的发展相适应;完善社会诚信体系,资信管理要提高透明度,社会各方对作假行为要敢于揭露,坚决打击;食品安全要尽快制订和完善符合国际标准的有关法规,理顺监管体制,加强综合监管力量,提高检测水平;防灾和水环境治理要完善防御系统,提高信息采集、传输的时效性和指挥、调度的自动化;养老服务要探索多元化合作途径,逐步形成政府建、社会管、政府购买服务的模式,对非政府组织兴办养老机构应给予优惠政策;推进多渠道、多层次的医疗保障体系建设,利用多种资源,满足不同层次的医疗医保需求,重视贫困人员的医疗救助工作;各级领导要学法、懂法、守法,尊重司法机关办案的独立性,减少和限制同级政府对司法审判和执行的影响,维护司法公正等,共计意见建议 39 条,市政协办公厅编发《市政协 2002 年年中委员视察的主要情况》的专题报告。视察活动结束后,副市长杨晓渡到市政协听取委员对食品安全和卫生工作的意见;市工商局希望委员在视察后继续对他们的工作进行监督,并请参加视察的每位委员填写《征询意见表》,帮助他们改进工作。

十、2002 年委员年终视察

2002 年 12 月 5—20 日,市政协委员和在沪全国政协委员 750 余人次参加 13 个专题组的视察,即上海国有资产管理、国有资本调整情况;上海四大产业基地(东部微电子产业、西部汽车产业、南部化学工业区、北部精品钢材基地)建设情况;上海证券、外汇、期货、黄金、钻石交易市场发展和管理情况;上海增强经济持续发展动力,大力促进科技创新情况;上海市对外经贸发展情况;上海贯彻落实《上海交通发展白皮书》及重大市政工程建设情况;上海环境保护和黄浦江两岸开发情况;上海公用事业改革发展情况;上海基础教育与民办学校教育质量情况;上海电影市场发展情况;上海社会保障情况;上海社区公民道德建设情况;上海市郊县农业结构战略性调整和城镇化建设管理情况。视察涉及市政府有关委办局近 30 个,基层单位 69 个。委员们通过听取汇报、实地考察后提出建议:加强国有企业经营者持股改革,推进国有资本的退让问题;健全金融业法律、法规,规范市场行为,增加市场交易品种,完善以金融衍生品交易为主的综合性期货交易;要进一步实施人才战略、专利战略,建议政府拨款成立科技创新风险投资基金;城市交通规划要近、远期规划相结合,加强交通信息的采集、分析、共享和应用,提高规划水平;公交系统要按照现代企业制度的要求,进一步完善体制,理顺机制,提高服务水平;整合全市社会救助信息资源,推行"一口上下"(一个口子统管)运行机制,避免重复救助和遗漏;加大对社会救助基金的监管力度,加快制订鼓励慈善捐赠和规范捐赠款使用的法规和政策;加强道德教育,重视民族精神培育,抓住举办世博会的机遇,全面提升市民道德水准等,共计意见建议 54 条,市政协办公厅编发《市政协 2002 年委员年终视察主要情况》的专题报告。

第六节　第十届市政协委员视察

第十届市政协为进一步提高视察的时效性,充分发挥民主监督作用,对视察内容和形式进行了改进和探索,在保持每年年终组织委员集中视察的同时,决定从 2004 年起一般不再举行委员年中集中视察,而改为小型分散的平时视察,并增加了专项视察、专题视察、跨区视察等新的视察方式。

一、委员集中视察

第十届市政协每年组织 1 次委员年终视察,2003 年举行委员年中视察 1 次、2006 年组织重点工作视察 1 次,届内共组织委员集中视察 7 次,市政协委员和在沪全国政协委员 3 900 余人次参加,涉及专题 68 个。委员集中视察由各专委会主任或副主任担任视察组组长,主席、副主席分别参加各视察组活动。视察结束后,由市政协办公厅汇总各视察组提出的意见建议,形成专题报告报送市委、市政府及相关部门。

【2003 年委员年中视察】
2003 年 5 月 29 日—6 月 20 日,市政协委员和在沪全国政协委员 900 多人次分 13 个专题进行

视察,即上海今年经济运行情况;上海降低商务成本,扩大吸引外资情况;市郊试点城镇建设及工业园区建设情况;上海科研成果产业化情况;苏州河支流水环境整治的现状与问题;上海居民住宅小区物业管理情况;上海城市绿化养护情况;上海落实国务院关于高考按期举行的准备工作情况;在沪港澳台侨胞子女就读现状;上海近代历史特色建筑修缮、保护情况;上海处理社会突发事件的法规建设情况;上海中医中药事业的现状和展望;市建委、市文广影视局提案办理情况,视察共涉及市政府有关部门、区县政府及基层单位 45 个。委员们通过听取情况汇报,实地考察,座谈交流,在了解情况、分析问题后建议:重视"非典"疫情对经济发展的滞后影响,加强中长期影响的分析和研究,采取相应对策和措施;引导科技企业善于在市场竞争中扬长避短和寻找战略合作伙伴;集中优势资源,专攻附加值高的产品的开发和营销;物业管理要走市场化道路,收费标准要与服务质量挂钩;城市绿地建设要有绿、有鸟、有虫,种植适合上海地区气候的树种和花草,力求四季有花、时时见绿;重视解决城市现代化建设与历史文化遗产保护之间的矛盾,不但要保护优秀历史建筑本身,还要注意保持这些优秀历史建筑所形成的独特的周边历史文化氛围;加强中医中药高级实验室的建设,加快中药新药开发和成果转化,研究设立"上海中医药发展基金";组建统一的应对突发重大灾害、疫情事件的应急管理指挥系统,运用现代科技增强有效应急能力等,共计意见建议 35 条,市政协办公厅编发《市政协 2003 年年中委员视察主要情况》的专题报告。

【2003 年委员年终视察】

2003 年 12 月 8—15 日,市政协委员和在沪全国政协委员 800 余人次分别参加 13 个专题的集中视察,即上海现代装备业建设和发展情况;在沪台资企业发展情况;上海郊区"三个集中"和重点开发区情况;上海推进大气环境治理工作情况;上海房地产市场发展情况;关于改善上海交通秩序,缓解交通拥堵的情况;做好上海外来民工子女教育工作情况;上海公共卫生体系建设及农村卫生合作医疗工作情况;关于加强药品价格管理、规范药品价格秩序的情况;关于流浪乞讨人员救助管理情况;关于提升上海城市雕塑水平情况;上海全民健身运动情况;上海古镇风貌保护和建设开发情况。视察共涉及市政府有关部门和基层单位 38 个。委员们通过听取情况汇报、实地考察、座谈讨论,围绕各专题提出意见建议:抓住发展现代装备制造业的关键,选择部分长期依赖进口、有能力研发和生产的项目,"产、学、研"协作,集中力量攻关,形成自己的装备业发展特色;建立大气污染源自动监测系统,建设全市环保监测数据库;由市政府牵头,建立跨系统、跨部门、统一高效的交通管理委员会,实现交通战略研究、建设规划、信息反馈、效果评估一体化,交通规划、建设和管理的科学化;进一步加大对公共卫生事业的投入,强调经济建设与公共卫生统筹发展;完善体制、机制建设,加强药品价格审核,进一步降低药品价格;实施"体教结合",加强对市民健身指导,鼓励学校体育设施向社会开放;古镇开发要制订整体规划,保持古镇特色等,共计意见建议 65 条,市政协办公厅编发《市政协 2003 年年末委员视察主要情况》的专题报告。

【2004 年委员年终视察】

2004 年 11 月 16—30 日,市政协委员和在沪全国政协委员 500 余人次分别参加 11 个专题的集中视察,即上海交通设施建设情况;上海现代服务业发展情况;上海历史特色建筑保护情况;上海教育工作会议精神落实情况;上海"科教兴市"重大项目推进情况;上海文艺院团体制改革情况;上海社区卫生体系建设情况;上海"促进司法公正、维护司法权威"情况;上海建设资源节约型城市启动情况;上海规划工作会议精神落实情况;上海与香港、澳门和台湾地区经贸合作情况,视察共涉及政府委办局和基层单位 53 个。委员们通过听取情况汇报、实地考察、座谈讨论,围绕各专题提出意见建议:将金融、物流、会展、文化、教育、医疗、体育等市场需求潜力较大的行业作为上海现代服务业新的增长点,抓住 WTO 服务贸易承诺逐步兑现和举办 2010 年世博会的契机,为促进现代服务业发展争取政策突破;大胆引进港澳台等地区有经验的管理公司和优秀管理人才,推动上海现代服务业发展;从科学发展观的高度认识资源节约工作的重要意义,在全国率先建立资源节约评价体系,以资源节约和循环经济的共性和关键技术为重点,调整产业结构,改造传统的资源消耗型工业;加快世博会场馆周边公交枢纽站和停车场建设,加强长三角地区交通连接,满足世博会的交通需求;推进"科教兴市"重大项目,要整合现有的优势行业资源,解决核心技术和关键技术,形成更大的产业链;教育改革要注重对学校、校长和教师们改革经验的总结和提升,考试制度改革要与二期课改、素质教育相衔接;文艺院团改革要立足自身发展规律和特点,稳步推进,政府要重点扶持体现民族特色、国家水准和具有本土特点的文艺院团,引导、资助院团深入社区、学校、企业和农村演出等,共计意见建议 57 条,市政协办公厅编发《市政协 2004 年年末委员视察主要情况》的专题报告。

【2005 年委员年终视察】

2005 年 11 月 25 日—12 月 12 日,市政协委员和在沪全国政协委员 600 余人参加 13 个专题的视察活动,即上海金融中心建设情况;上海建设节约型社会情况;上海信息服务业发展情况;上海农业科技发展情况;苏州河综合整治二期及白龙港污水处理中心建设情况;"十五"期间上海公立医院建设情况;上海私营经济园区的发展与规范情况;上海大剧院艺术中心运作情况;上海青年志愿者工作情况;上海科普工作情况;上海区县体育场馆面向群众健身服务的情况;减轻上海中小学生课业负担情况;在沪港澳台侨大学生就学、生活情况,视察共涉及政府委办局和基层单位 45 个。委员们通过听取情况汇报、实地考察、座谈讨论,围绕各专题提出意见建议:应研究制定加快上海金融中心建设的政策措施,尽快健全金融法律体系,加强危机控制与风险防范;加快推进人口向城镇集中、产业向园区集中、土地向规模集中的进程,提高建设用地的集约化利用水平;加快志愿服务的地方立法,依法保障志愿服务事业的健康发展,整合志愿服务的社会资源,由统一的机构进行管理;树立正确的价值观和人才观,均衡发展义务教育,标本兼治,在全社会形成"减负"的合力和共识,从根本上"减负",切实推进素质教育;完善制度,规范管理,尽快制定《上海市高校港澳台侨学生就读管理条例》,努力为港澳台侨胞子女在沪就学提供方便,加快研究建立台胞子女学校等,共计意见建议 61 条,市政协办公厅编发《市政协 2005 年年末委员视察主要情况》的专题报告。

【2006 年重点工作视察】

2006 年 8 月 2—3 日,市政协结合当年参政议政的 3 个重点课题,组织了"上海新郊区新农村建设情况"、"上海节能工作情况"、"上海自主创新工作情况"专题的委员集中视察活动,205 名市政协委员参加,共视察了 13 个基层单位。通过听取情况汇报和实地考察了解,各视察组建议:全市新农村建设要尊重农民意愿,加强土地规划,引导土地合理有序开发,避免搞形式主义,避免搞形象工程,避免急于求成;要采取切实措施,保护农民利益,改善农民居住环境,提高农民收入水平;要发展郊区农村社会事业,医疗服务要完善村级卫生站,加紧培训农村全科医生,文化事业发展要注重增强农村文化内涵,重视地方方言和地方戏曲的传承和发展,切实解决农村的有线电视户户通问题。完善政策,加大既有建筑特别是既有公共建筑的节能改造,推进绿色建筑、节能建筑的发展,加强太阳能的开发与利用。推进自主创新,要进一步从增加科技投入、促进企业自主创新、加强产学研合作、规范政府采购等方面下功夫,并研究建立相关的评价体系和运行机制等,共计意见建议12条。本次视察中委员的意见建议,分别被吸纳在《关于本市郊区新农村建设若干问题的建议》《上海市能源发展形势分析和若干建议》常委会会议建议案和市政协举办的"科技自主创新论坛"的发言之中。

【2006年委员年终视察】

2006年11月28日—12月4日,市政协委员和在沪全国政协委员440余人分别参加了7个专题的视察,即上海重大科技项目进展情况;浦东综合配套改革试点推进情况;上海现代服务业发展情况;上海新郊区新农村建设情况——"崇明、长兴、横沙"三岛联动建设发展情况;上海劳动就业情况;上海职业教育工作会议精神落实情况;上海轨道交通建设情况,视察共涉及市政府有关部门、区县政府和基层单位26个。视察中,各视察组针对各自专题提出:努力提高重大科技项目科技增长力和附加值,尽快出台上海支持科技发展的"36条"的相关实施细则,加快首批29个科技攻关项目的实施速度;浦东综合配套改革试点要加强部市合作,争取更多的国家改革试点,要加强难点研究,吸纳国内外改革的成功经验,要加强改革评估,全力推进公共服务型政府建设;进一步细化崇明的总体规划,加大对崇明的公共财政转移力度,提高公共财政的补差标准,为提高崇明人民的生活水平创造条件;坚持正确的就业政策导向,制定有利于促进就业的"低保"政策,鼓励青年人自主创业,拓宽非正规就业的渠道;研究和探索校企合作发展职业教育的模式,努力形成政府搭台、社会参与、企业学校"联合唱戏"的局面,推行职业资格证书制度,建立技术人才职称序列等,共计意见建议44条,市政协办公厅编发《市政协2006年年末委员视察主要情况》的专题报告。

【2007年委员年终视察】

2007年11月26日—12月3日,市政协委员及在沪全国政协委员500余人分别参加8个专题的视察,即上海临港产业区建设情况;上海知识产权公共服务平台建设情况;上海轨道交通建设情况;2010年上海世博会筹备进展情况;上海新农村建设情况;上海副食品价格情况;浦东综合配套改革试点推进情况;上海社区"三个中心"(社区事务受理服务中心、社区文化活动中心、社区卫生中心)建设情况。视察共涉及市政府有关部门和基层单位28个。在视察中,各视察组针对各自专题提出:临港产业区要主动把握企业未来发展的趋势,通过产业导入,发展现代制造业和现代物流业,制造业要向"高、精、尖"发展,在制造关键零件的设备上有所突破,打破发达国家的技术垄断;要借鉴国外先进的经营模式和管理理念,打造现代物流业的"航空母舰";要推动企业在本地建设研发中心,支持和推动"以产业带动项目、以项目推动创新"的基地建设。轨道交通标识要清晰明了,可在原有车站名中文标识的基础上增设数字化标识;地铁安全要实时监控,应建立健全应急反应体系,普及地铁防灾逃生知识,定期进行反恐、防火、防爆演练。建立全市副食品价格预警与危机处理机制,进一步加强食品安全检测,尽快建立食品安全可追溯体系;加紧建立与社区事务受理服务中心业务相关的工作协调制度,形成由各相关职能部门共同参与的政策、业务、信息技术的沟通机制,推行"前台统一受理,后台分别办理"的业务流程;完善社区文化活动中心的管理机制和管理规范,在保障其公益性文化机构性质的同时,确保其可持续发展;社区卫生中心要从源头上解决全科医师短缺的问题,加紧建立家庭医生制度;上海世博会中国馆应将重点放在"让世界了解中国,让中国融入世界"上,更多地体现中国将如何面对未来;要进一步加强世博园区配套设施的建设,做好预案,确保世博会参观秩序等,共计意见建议49条,市政协办公厅编发《市政协2007年年末委员视察主要情况》的专题报告。

二、平时视察

从 2004 年起,为使视察活动经常化,市政协决定一般不再组织委员年中集中视察,而改为小型分散的平时视察,突出"小型、专项、节约、实效"的原则,由各专门委员会(指导组)在每年 3—10 月间,结合专委会重点工作和调研课题,分别组织委员进行视察,视察中委员们提出的意见建议,在专委会课题调研报告中予以体现,或以《政协简报》形式报送市有关部门。2004—2007 年,各专委会共组织本委员会开展视察活动 40 次,具体见表 5－1－1。

表 5－1－1　2004—2007 年第十届市政协平时视察一览

年份	时间	专委会	视察专题	视察单位
2004	3.15	民族和宗教委员会	上海宗教院校办学情况	中国天主教佘山修院及分院、上海佛学院、基督教华东神学院
	3.18	民族和宗教委员会	上海清真副食品市场供应情况	上海清真食品公司、上海龙泉副食品公司、上海食品(集团)公司
	3.18	经济委员会	上海实施"走出去"战略支持体系情况	上海克虏伯不锈钢有限公司
	4.27	教科文卫体委员会	上海竞技体育后备人才队伍建设情况	上海体育运动学院、浦东新区第一少年儿童体育学校
	4.27	人口资源环境建设委员会	上海苏州河两岸开发和环境综合整治情况	普陀区中远两湾城、半岛花园、梦清园
	4.28	教科文卫体委员会	上海儿童文化建设情况	中福会国际和平妇幼保健院、中福会幼儿园、市少年教养所
	4.29	社会和法制委员会	上海外来人口管理情况	宝山区庙行镇民工公寓、淞南镇外来人口管理服务中心
	5.17	港澳台侨委员会	上海国际学校情况	上海中学国际部、耀中上海国际学校
	5.27	人口资源环境建设委员会	上海危险废弃物集中处理和垃圾生化处理情况	市固体废物处置中心、美商生活高科技环保有限公司
	5.27—28	经济委员会	上海"老字号"名厂、名店的现状和发展情况	雷允上药业有限公司、恒源祥(集团)有限公司、上海三枪(集团)有限公司
	5.27—28	社会和法制委员会	上海实施《行政许可法》的准备工作情况	市建委、市工商局、市房屋土地资源管理局
	6.2	教科文卫体委员会	上海改制后的科研院所发展情况	上海电器科学研究所、上海化工研究院
	6.15	经济委员会	上海国有大企业集团实现股份制转变的情况	市农工商(集团)有限公司、锦江国际(集团)有限公司
	6.16	社会和法制委员会	适应老龄化趋势,促进上海养老事业健康发展	普陀区长寿街道敬老院、金秋老年活动中心
	6.22	教科文卫体委员会	上海教育综合改革试验情况	浦东新区建平中学、福山外国语小学
	7.14	对外友好委员会	上海国际医院、国际社区情况	上海瑞新医疗中心、金桥开发区碧云国际社区

（续表）

年份	时间	专委会	视察专题	视察单位
2005	3.11	提案委员会	世博会园区场地和动拆迁居民安置基地情况	上海第三钢铁厂、世博家园
	4.26	教科文卫体委员会	《上海市人口与计划生育条例》实施情况	松江区人口计生委、九亭镇生育生殖保健综合服务站、庄家居委计划生育生殖保健服务室
	4.27 5.16	教科文卫体委员会	上海体育产业发展情况	上海红双喜冠都体育用品有限公司红一厂、红双喜游艇有限公司
	5.9	对外友好委员会	慈善事业在上海经济社会发展中发挥作用的情况	市慈善基金会、卢湾区淮海社区卫生服务中心、黄陂社区服务店
	5.17	经济委员会	《上海市个人信用征信管理试行办法》实施情况	上海资信有限公司
	5.26	文史资料委员会	市档案馆在推进精神文明建设中的作用	市档案馆政府公开信息、档案文件查阅服务中心
	5.31	人口资源环境建设委员会	上海配套商品房建设情况	宝山区顾村镇菊泉新城、嘉定区江桥镇金鹤新城两个配套商品房基地
	6.29	教科文卫体委员会	上海知识产权公共服务平台建设情况	上海知识产权服务平台、上海知识产权园
	7.7	对外友好委员会	市红十字会在上海经济社会发展中的作用	上海红十字会备灾救灾中心
	7.12—13	社会和法制委员会	上海开展司法鉴定工作情况	复旦大学上海医学院法医学鉴定中心、司法部司法鉴定中心、上海司法会计鉴定中心
	7.26	教科文卫体委员会	上海文化体制改革及迎世博行动计划贯彻落实情况	上海文广新闻传媒集团、上海城市历史发展陈列馆
2006	3.10	人口资源环境建设委员会	上海固体废弃物无害化处理情况	老港第四期生活垃圾填埋场
	4.30	人口资源环境建设委员会	景观和交通枢纽地区的市容环境卫生情况	中山公园、人民广场、虹口足球场、上海火车站北广场
	5.29	文史资料委员会	上海网络游戏现状	上海盛大网络发展有限公司、第九城市计算机技术咨询（上海）有限公司
	6.9	对外友好委员会	世博会软环境建设情况	浦东国际机场
	7.13	民族和宗教委员会	上海城市建设中清真"三食"网店布局调整情况	静安区鸿宾楼清真饭店、闸北区新客站清真快餐店
	8.30	社会和法制委员会	上海平安建设工作情况	嘉定区江桥蔬菜批发市场、新梅妇女服务站、市公安局普陀分局万里派出所
	10.5	教科文卫体委员会	上海区县少体校标准化建设情况	徐汇区青少年体育学校、普陀区青少年体育学校、虹口区青少年体育运动学校

(续表)

年份	时间	专委会	视察专题	视察单位
2006	10.11	教科文卫体委员会	上海义务教育均衡化发展的情况	金山区廊下中学
	10.24	教科文卫体委员会	上海建设健康城市三年行动计划完成情况	青浦区任屯村、闸北区新梅共和城
	12.14	社会和法制委员会	社区养老体制建设情况	孙克仁老年福利院、静安寺街道"乐龄家园"、曹家渡社区老年学校
2007	5.21—22	教科文卫体委员会	"生育关怀行动"开展情况	慰问崇明县城桥镇独生子女困难家庭
	6.25	教科文卫体委员会	上海光源国家重大科学工程建设情况	上海光源工程建设工地
	10.16	教科文卫体委员会	上海义务教育均衡化发展的情况	南汇区逸夫小学、三灶学校

三、专项视察

专项视察是以市政府一个职能部门的一专项工作为视察对象,对该部门依法行政情况以及视察确定的专项工作的实施情况开展以民主监督为主要特点的履职活动。专项视察的主要方法是:通过走访、座谈、问卷调查、网上交流、网上评议等形式,广泛听取相关政府部门、社会团体和个人的意见建议,形成专题视察报告,向市政府领导和被视察部门作深入沟通和反馈。根据需要,有的还开展专项视察的回访活动。2004年9月,市政协首次开展了对上海工商行政管理工作的专项视察。[1] 2004—2007年,开展了上海食品安全监管[2]、上海公共交通管理[3]、中心城区社区卫生服务中心工作、郊区小城镇社会保险和农村养老保险(以下简称"镇保"、"农保")工作、市经委节能降耗指标落实情况等专题的专项视察。

【视察中心城区社区卫生服务中心工作情况】

2006年5—7月,市政协组成专项视察组,对上海市中心城区社区卫生工作开展了专项视察,先后听取了市卫生局领导的情况汇报,考察了部分中心城区的卫生服务中心,听取医学专家、社区卫生服务中心医护人员、街道干部、社区居民等共235人次的建议和意见,形成专项视察报告。报告建议:(1)加强社区卫生服务能力水平的建设,政府要在资源投入上向社区卫生服务中心倾斜,要加强二、三级医院对社区卫生服务的业务指导和支持,建立方便病患者的双向转诊"绿色通道"。(2)加强社区服务中心医疗队伍建设,建议医学院校设置全科专业,在社区卫生服务中心和二、三级医院中建立全科医生培训实习基地,鼓励二、三级医院中接近退休或已退休的医生下社区工作。(3)建立全市统一、动态更新、信息共享的网络平台,数据交换平台和系统应用平台,提高信息使用率等。

---

① 详见本篇第三章第二节"市场管理与市场规范"。
② 详见本篇第三章第二节"市场管理与市场规范"。
③ 详见本篇第三章第三节"发展公共交通"。

【视察小城镇社会保险和农村养老保险工作情况】

2006年5—6月,市政协组成专项视察组,对全市"镇保"、"农保"工作情况进行专项视察。视察组听取了市劳动和社会保障局的情况介绍,分四片召开全市郊县有关部门负责人、部分基层干部以及"镇保"、"农保"参保群众座谈会,依托政协召开的市民座谈会、委员与市民网上交流、问卷调查等听取意见建议。在综合各方意见并研讨后,形成专项视察报告。报告建议:(1)及时修订《上海市农村社会养老保险办法》,理顺"农保"管理机构,鼓励农民缴纳"农保"基金,加大公共财政投入力度,弥补"农保"基金缺口。(2)完善"镇保"医疗保险待遇,加强"镇保"的日常管理和配套服务。(3)着眼长远发展,加强政策研究,逐步完善农村"低保"和高龄无保障老人养老的办法,建立统一的"城保"、"镇保"、"农保"基础平台等。

【视察市经委落实节能降耗指标工作情况】

2007年7—9月,市政协组成专项视察组,对市经委落实节能降耗指标工作情况进行专项视察,通过实地视察、专题座谈等形式,广泛听取相关政府部门、企业、行业协会的情况介绍和学者专家的意见建议,经分析评议。在肯定成绩的基础上,视察组建议:(1)完善节能降耗指标考核体系,将节能降耗考核指标进一步细化分解到各具体项目中,进一步明确工作抓手。(2)大力开展技术创新,优化能源结构,发展清洁能源;加大对重点耗能单位、重点耗能设备的技术改造,提高中小企业节能降耗的能力和水平。(3)加快发展节能技术服务体系,继续扩大和加强合同能源管理,发展节能服务产业。(4)规范节能产品市场,严格实施产品的市场能耗准入制度,提高入市门槛。(5)制定十大节能工程专项推进和"节能示范项目"典型的推广计划。(6)发挥节能协会等中介机构的作用,鼓励与引导各行业协会尽快制定本行业能耗指标体系,公布能耗情况等。

四、专题工作视察

第十届市政协在专项视察的基础上,于2007年组织专题工作视察。专题工作视察的特点:一是视察内容主要针对政府某项工作而不只针对某个工作部门;二是视察范围和目的比较明确,形式上突出"短平快",强调高效和实效。2007年,市政协共组织5项专题视察,分别为:上海郊区农村文化工作情况、上海公共卫生临床中心可持续发展情况、上海社会救助工作情况、上海公共交通卡经营问题[①]、上海新增机动车额度拍卖资金使用情况[②]。

【视察上海郊区农村文化工作情况】

2007年4月,市政协组成视察组,就上海农村有线电视"户户通"工程、公共文化设施重点下移及文化从业人员队伍建设等文化工作情况开展专题工作视察,委员建议:(1)要达到农村有线电视"户户通",实现"村村通"是前提,要抓紧推进有线电视"村村通"工程,希望有关部门采取切实措施,对实现"村村通"工程有明确的时间安排,同时对一些家庭经济确有困难的农户,实行初装费减免政策,让他们共享改革开放的成果。(2)实现农村公共文化设施重点下移,应优先保证将村级公共文化设施作为郊区公共文化设施建设的重点,因此要保证用地指标,并在经费上给予重点扶持。

---

① 详见本篇第三章第三节"发展公共交通"。
② 详见本篇第三章第三节"发展公共交通"。

(3)加强郊区文化从业人员队伍建设,一方面制定鼓励政策,吸引高校毕业生和社会优秀人才到郊区从事群众文化工作,一方面应开展多渠道、多形式的培训活动,提高已有人员的知识业务水平。

【视察上海公共卫生临床中心可持续发展情况】

2007年4月,市政协组成视察组,就"上海市公共卫生临床中心"可持续发展问题进行专题工作视察。视察组听取了市发改委、市卫生局等的情况介绍,考察了"上海市公共卫生临床中心"(以下简称"市公卫中心"),召开了"市公卫中心"领导及医务人员代表座谈会,了解了"市公卫中心"投入使用3年来的总体运行情况、目前存在的困难与问题以及如何进一步充分发挥好"市公卫中心"作用等情况,经分析研究,委员建议:进一步理顺"市公卫中心"的管理体制,落实"市公卫中心"的办医主体;对"市公卫中心"项目实施后评估,根据评估结论,在明确"市公卫中心"实际运行的目标和定位后,制订今后发展的计划并确定相应的财政政策。

【视察社会救助工作情况】

2007年11月,市政协组成视察组,对上海社会救助工作开展专题工作视察。视察组听取了市民政局和部分区(县)民政局的情况汇报,与部分街道、镇、村、居委会的干部进行了座谈交流,重点了解社会救助工作各项法规、政策的落实情况,经讨论研究,委员建议:(1)健全完善社会救助法规政策,加紧修订《上海市社会救助办法》,加快《上海市社会募捐条例》《上海市志愿服务条例》的地方立法进程。(2)完善社会救助工作制度,包括建立制度性的社会救助财政投入增长机制,建立社会救助工作协调制度,建立社会救助申请人家庭收入情况核对制度等。(3)健全社会救助机构和加强专业队伍建设。(4)充分发挥民间组织参与社会救助的作用,营造全社会共同参与社会互助的良好氛围。

五、跨区视察

第十届市政协于2004年开始围绕区县工作组织委员开展跨区交流性专题视察,即以工作或居住在某个区的市政协委员为主体,相关区政协部分委员参加,由该区的政协主席带队前往其他区,就选定的专题进行视察,并邀请被视察区的政协主席和工作或居住在被视察区的市政协委员参加。视察通过听取情况介绍、实地考察和座谈讨论,达到交流经验、借鉴长处、启发思考、推动工作的目的,是市政协促进市、区、县各级政协协作互动,履行民主监督职能的新探索。2004年7月—2007年7月,共组织跨区交流性专题视察6次,工作或居住在闸北、徐汇、青浦、松江、嘉定、长宁、金山、卢湾、浦东、闵行、黄浦等区的市政协委员分别视察了徐汇、青浦、松江、嘉定、金山、浦东新区、黄浦、松江等区的相关工作情况。

表5-1-2 2004—2007年第十届市政协委员跨区视察情况

视察时间	参加视察委员	视察专题	带队人
2004.7.2	工作或居住在闸北区、徐汇区的市政协委员	徐汇区社区网格化管理运作情况	闸北区政协主席 张丽丽 徐汇区政协主席 张旗
2004.11.2—3	工作或居住在青浦区、松江区、嘉定区的市政协委员	青浦区、松江区、嘉定区的招商引资工作情况	青浦区政协主席 周德海 松江区政协主席 曹伟达 嘉定区政协主席 周关东

（续表）

视察时间	参加视察委员	视察专题	带队人
2005.4.14	工作或居住在长宁区、金山区的市政协委员	金山区推进城乡一体化建设情况	长宁区政协主席　齐允海 金山区政协主席　沈效良
2005.4.28	工作或居住在卢湾区、浦东新区的市政协委员	浦东新区推进城乡一体化建设情况	卢湾区政协主席　翁蕴珍 浦东新区政协主席　林泉璋
2006.5.30	工作或居住在闵行区、黄浦区的市政协委员	黄浦区推进社区医疗卫生服务中心建设情况	闵行区政协主席　罗云芳 黄浦区政协主席　赵矛
2007.6.22	工作或居住在徐汇区、松江区的市政协委员	松江区社区助残事业的发展情况	徐汇区政协主席　李俊民 松江区政协主席　陈先国

第七节　第十一届市政协委员视察

2008—2012年，第十一届市政协继续组织政协委员进行每年1次的年终集中视察，同时围绕全市经济社会发展重要工作和市政协重点课题，组织若干专题视察活动。

一、委员年终集中视察

第十一届市政协届内共组织委员年终集中视察活动5次，市政协委员和在沪全国政协委员2 900余人次参加，涉及视察专题（视察组）68个。其中2008年委员年终视察由各专门委员会（指导组）主任（组长）、常务副主任（副组长）任视察组组长，市政协主席、副主席分别参加各组活动。2009年起，由市政协主席、副主席分别担任各视察组组长。

【2008年委员年终视察】

2008年11月25日—12月5日，市政协委员及在沪全国政协委员共720余人次分别参加18个专题的视察活动，即关于支持中小企业搞活发展政策的落实情况；上海先进制造业发展情况；上海国际航运中心建设情况；上海国际金融中心建设情况；关于迎世博600天行动计划实施情况（市容环境整治）；世博园区主要场馆和基础设施建设情况；上海重大工程建设情况；上海新农村建设情况；深化浦东综合配套改革试点情况；上海人才培育与引进情况；上海政府行政审批管理制度改革情况；上海重大文化产业项目推进落实情况；上海创意产业发展情况；上海食品安全卫生管理情况；上海促进就业工作和社会保障工作情况；上海廉租房建设和旧房改造情况；上海社会综合治理和安全管理情况；上海科技创新工作和国家重大科技项目进展情况。视察共涉及市政府有关部门、浦东新区政府和基层单位72个。视察期间，委员们通过听取情况汇报、实地考察和座谈交流，结合各自专题提出意见建议：加快发展航运服务业，加快航运金融、咨询、经纪、保险等要素市场的集聚；统一设施、条件和标准，加强部门联动，打通长江黄金水道；浦东新区要进一步整合政策资源，力争使海关、检验检疫、公安、工商、税务、外汇等相关监管部门的政策统一、监管标准统一、工作流程协调，以功能创新推动政策突破，扩大区域的带动力和影响力；将世博会作为发展文化产业的重要战略机遇，世博期间的大型文艺活动，不仅要展示中华文化，也要展示中西方文化的交融；适当降低重大工程招投标门槛,让更多民营企业参与竞标,发挥施工方所聘请法律部门的法律监管作用,加大对施工中自主创新国家专利技术的保护;进一步清理和精简行政审批事项,重点清理非许可类行政审批事项;加快诚信体系法制建设,整合并共享政府各部门掌握的企业信用信息资源,实现合力监管;厘清创意产业概念、定义和范畴,建立健全创意产业的法律保护、市场交易、人才保护等机制,加大对创意产业品牌的关注;调整和完善文化体制中文艺团体的所有制结构,明确文化开放领域的市场准入标准、准入程序及管理监督办法等,共计意见建议 117 条,市政协办公厅整理编发《上海市政协 2008 年委员年终视察的主要情况》的专题报告。

【2009 年委员年终视察】

2009 年 12 月 22—29 日,市政协委员及在沪全国政协委员近 600 人分别参加了 13 个专题的视察活动,即上海国际金融中心建设情况;上海国际贸易中心建设情况;上海产业结构调整情况;上海政策支持中小企业发展情况;上海实有人口管理情况;上海促进就业工作情况;上海未成年人权益保护工作情况;上海社区卫生服务发展的基本情况;上海经济适用住房和廉租住房制度推进情况;加强对中央在沪企业服务工作情况;虹桥商务区和虹桥综合交通枢纽工程建设情况;长江隧桥工程建设和运营情况;外滩综合交通枢纽工程建设情况。视察共涉及市政府有关部门和基层单位 65 个。委员们通过听取情况汇报、实地考察和座谈交流,提出意见建议:上海要紧紧抓住重点领域与关键环节,编制好上海国际金融中心建设"十二五"规划,推进上海国际金融中心建设,积极推动沪、港、澳、台的金融交流合作;要体现贸易便利化的综合优势,延伸贸易便利化的内涵和覆盖面,进一步降低报关成本,简化检验检疫手续;有关部门要跟踪调查有关扶持中小企业发展政策的落实情况,督促已出台的政策落地,让中小企业真正享受到政策的实惠;完善就业监测制度,建立完整准确的评估指标体系,企业要在增进自身发展的同时带动更多人就业,劳动者要转变就业观念,增强吃苦耐劳的精神;社区卫生服务要进一步明确功能和定位,完善相关保障措施,加强内涵建设;制定经济适用住房长期规划,加快经济适用住房小区周边商业配套设施建设;加强小区物业管理,制定与经济适用住房相适应的装修规定,科学合理、认真细致做好入住主体的审核工作等,共计意见建议 52 条,市政协办公厅编发《政协简报》13 期。

【2010 年委员年终视察】

2010 年 11 月 23 日—12 月 2 日,市政协委员和在沪全国政协委员 550 余人分别参加了 14 个专题的视察,即积极打造上海国际化展示交易平台;健全国际金融中心功能,促进第三方支付市场健康发展;提升外高桥保税区贸易功能;世博科技成果后续利用;加强城市长效管理,推进上海垃圾分类和处理;推进上海中医药发展;优化上海涉外服务环境(涉外教育);发挥社会组织作用,推进基层社会管理创新;深化浦东综合配套改革;上海保障性住房建设推进情况;加快上海城乡一体化发展,推进郊区新城镇建设;促进文化繁荣,推进上海公共文化设施建设;进一步推进浦江两岸和苏州河两岸开发建设;提升开放型经济水平,扩大对外开放,视察共涉及市政府有关部门、区县政府和基层单位 64 个。视察期间,委员们通过听取情况汇报、实地考察和座谈交流,提出意见建议:上海西郊国际农产品交易中心和展示直销中心要以"服务全国"和"扩大开放"为要求,找准定位,强化功能融合,提升平台的集聚和辐射能力;大力发展第三方支付产业,推动第三方支付产业健康快速发展,完善对第三方支付市场的监管办法;实践世博会《上海宣言》,努力构建国际示范区和实验区,使园区成为科技成果的孵化区、创新创意的实验区和城市美好的示范区,珍惜和巩固世博科技成果,进一步发挥世博科技成果的后续作用;实现生活垃圾"减量化、资源化、无害化",要制定科学合理的分类标准,使其贯穿收集、运输、焚烧、填埋等各环节,并发动全社会共同参与,其中源头分类要简单,便于普通市民理解和操作;上海应在为外籍人士子女提供教育服务的同时,让外籍学生在学习过程中更多接触中国社会和文化,加深对中国历史和现实的认识;社区建设要抓紧做好年轻居委会干部的选拔和"传帮带"工作,通过加强社会建设,大力推进居民自治;城乡一体化建设要科学合理规划,保护农民利益,提高资源有效配置,注重历史文脉传承,保留乡村文化特色等,共计意见建议 64 条,市政协办公厅编发《政协简报》14 期。

【2011 年委员年终视察】

2011 年 11 月 8—17 日,市政协委员及在沪全国政协委员 400 余人分别参加了 12 个专题的视察,即上海推进智慧城市建设情况;上海推进生活垃圾"减量化、资源化、无害化"处理情况;浦东"三港三区"联动发展推进情况;上海新兴文化业态发展情况;上海社区管理和服务情况;推进黄浦江两岸功能开发情况;上海公共文化服务体系建设情况;上海保障性住房建设推进情况;上海食品安全卫生监管情况;崇启通道工程建设情况;青草沙工程建设情况;世博园区后续规划利用情况,视察共涉及市政府有关部门和基层单位 59 个。视察期间,委员们通过听取情况汇报、实地考察了解、座谈交流,提出意见建议:推进智慧城市建设,重点是信息化、智能化、智慧化,要以亲民、便民为主要原则推广智慧工程,从建设节约型社会角度提高信息资源的有效利用;浦东"三港三区"联动发展,要以政策联动实现业务有效联动发展,以功能创新推动政策突破,扩大区域的带动力和影响力,以城区联动增强港区的辐射功能;社区管理和服务要坚持"瘦身、减负、还本、增资、归属、家园"的发展方向,社区服务要多样化、便民化,切实满足不同群体的需求;公共文化产品的设计要贴近群众,适合不同文化层次、不同年龄结构市民的需求,活动内容要注重挖掘、扶持市民自发的文化活动,发挥市民群众的创造力,保护市民的参与热情;保障性住房建设要优化规划选址,加大公共租赁房比重,扩大限价房试点区域;食品安全卫生要健全相关法规、规章和标准,加强源头监管,建立健全覆盖面更广的食品追溯制度,推进食品安全诚信体系建设,并广泛动员社会力量,形成全社会共同支持参与的良好氛围;世博园区后续规划利用应结合上海市"十二五"规划的总体要求,借鉴国际先进理念,突出对世纪精品的要求,在规划上彰显民族特色等,共计意见建议 45 条,市政协办公厅编发《政协简报》12 期。

【2012 年委员年终视察】

2012 年 11 月 25 日—12 月 2 日,市政协委员和在沪全国政协委员近 650 人分别参加 11 个专题的视察,即上海生态文明建设——长兴岛开发建设和生态保护;临港地区的开发建设情况;来沪人员聚居区域的社会综合管理情况;上海加强食品安全监管情况;上海落实生活垃圾"三化"处理情况;上海有关文化政策落实情况;上海教育经费落实情况;上海科技创新情况——以企业为主体的科技创新;上海推进医药卫生体制改革情况;上海公共文化服务设施建设情况(中华艺术宫、上海当代艺术博物馆);关于黄浦江两岸开发建设情况。视察共涉及市政府有关部门、区县政府和基层单位 60 个。视察期间,委员们通过听取情况汇报、实地考察了解、座谈交流,提出意见建议:长兴岛开发建设要进一步落实和完善规划,提升科技创新能力,推进渔港码头建设,加快培育海洋文化;临港地区开发建设要突出发展重点,将工作重心放在加快推动产业集聚、配套集聚和人才集聚上,将之打造成为研发创新能力强、高端制造业集聚的战略性新兴产业引领区;中华艺术宫、上海当代艺术博物馆要积极邀请国内外知名博物馆,以及海内外收藏家和艺术家藏品来沪举办展览,适当购入有代表性、有影响力的中国近现代美术作品和中外艺术佳作,以扩大知名度和影响力;把来沪人员综合服务和管理工作纳入上海经济社会发展全局进行思考、谋划和布局,树立"综合管理,服务为本"理念,不断提升服务管理水平;推进教育体制改革要以上海建设"四个中心"为目标,不断加强基础教育优质均衡发展和高校教师队伍建设,提高市属高校生均公用经费标准,以多元投资为目标,加大对民办教育的财政扶持力度;医药卫生体制改革要采取切实措施改善医务人员执业环境,体现专业技术的劳动价值,让医务人员有稳定、安心的工作环境,进一步发挥基层医疗卫生机构"健康守门人"作用,加强全科医学人才队伍建设;黄浦江两岸开发建设要强化规划统筹,挖掘历史文化底蕴,延续城市文脉,为提升城市文化品位助力等,共计意见建议 42 条,市政协办公厅编发《政协简报》11 期。

二、专题视察活动

第十一届市政协每年根据工作重点开展若干专题视察活动,其选题一是结合市政府重点工作和市政协的重点协商议政专题;二是结合专委会的重点调研课题;三是结合委员关注的重点、难点问题,提案、社情民意信息中反映的突出问题。专题视察以市政协名义进行,由专委会具体组织,专委会主任或常务副主任任视察组组长,分工联系该委员会的副主席参加视察,专题视察中委员提出的意见建议,通过《政协简报》报送有关部门。

结合市政府重点工作,市政协于 2008 年、2011 年两次围绕城市安全运行议题,结合专题调研开展由部分专委会共同参加的专题视察;2009—2010 年,围绕迎接上海世博会倒计时 300 天、200 天、100 天,以及世博会即将试运行时,就世博会筹备工作情况组织 4 次专题视察,上述内容包含在本篇第三章第四、五节记述中,本节从略。

【视察上海文艺院团建设情况】
2008 年 6 月 23 日,市政协教科文卫体委员会组织部分委员赴上海交响乐团、上海沪剧院视察,了解院团建设情况。在听取有关情况汇报,座谈交流后,委员建议:(1)文艺院团的建设要根据不同团组的特点进行规划,明确各自的文化定位和发展重点。(2)改变重大文化设施建设的投入格局,文化企业改由政府财政投入。(3)争取使每个院团拥有能够常年使用、兼顾排练和演出的固定场所。(4)整合社会资源,成立专项发展基金。

【视察北京奥运会上海赛区筹备情况】
2008 年 6 月 26 日,市政协教科文卫体委员会组织部分政协委员视察"北京奥运会上海赛区筹备情况"。委员们察看了北京奥运会足球赛上海赛区比赛场馆,听取了相关情况汇报,针对上海赛区的筹备情况提出建议:(1)加强安全宣传教育,提高市民应对突发事件的承受能力,确保观众观赛安全有序。(2)借助奥运会的举办,将全民运动理念植入市民生活方式,推动体育产业健康发展。(3)关注部分参赛运动员、球迷的饮食习俗、宗教信仰问题等。

【视察上海航空枢纽港应对世博会期间客流高峰的举措】
2008 年 7 月 3 日,市政协人口资源环境建设委员会就"上海航空枢纽港应对世博会期间客流高峰的举措"专题,组织部分委员视察东方航空、上海航空公司运行控制中心和虹桥国际机场新航站楼的规划展示模型,与相关部门负责人进行座谈交流。围绕应对世博会期间客流高峰,委员建议:(1)合理调配资源,发挥上海航空枢纽港的中转优势,努力推动国内外航线落户上海并形成网络,改善机场航站楼相互之间的配套交通,使更多旅客选择上海作为其旅行中转地。(2)给予航空基地公司政策上的倾斜,推动资源整合,形成合力。

【视察构建和谐劳动关系情况】

2008 年 9 月 2 日,市政协社会和法制委员会组织部分政协委员视察全市构建和谐劳动关系情况。委员们视察了上海日立电器有限公司和上海贝尔阿尔卡特股份有限公司,了解企业贯彻实施《劳动合同法》、构建和谐劳动关系的情况。委员们认为,要从构建社会主义和谐社会的高度,充分认识构建和谐劳动关系的重要意义,注重营造法律、制度和政策环境,进一步巩固构建和谐劳动关系的制度保障。委员们建议,要研究在贯彻《劳动合同法》中涉及上海地方性特点的一些特殊情况,正确实施劳务派遣新型用工方式,完善企业高科技人才的使用和专利发明激励机制,将有利于员工稳定、企业发展、社会进步的法规政策真正落到实处。

【视察节能减排工作进展情况】

2008 年 9 月 16 日,市政协经济委员会组织部分委员视察节能减排工作进展情况。委员们实地考察了家乐福(中国)中央监控安全中心和上海造币有限公司,听取了相关情况汇报并进行座谈交流。委员建议:(1)节能减排工作要突出重点、政策聚焦、加大激励力度,要以节能降耗指标考核体系的改进完善为推动力量,以新能源、新理念的探索实践为根本出路,在努力提高节能降耗技术水平的同时,积极开发利用风能、太阳能等新型能源、清洁能源。(2)要加强舆论宣传,改变社会消费理念,提高社会节能意识,使节能减排从少数人的工作转变为多数人的责任。

【视察加快改造提升传统产业工作情况】

2011 年 6 月 8 日,市政协经济委员会组织部分政协委员,就"加快改造提升传统产业"专题视察上海市外高桥第三发电有限责任公司和外高桥造船有限公司,围绕完善上海产业优化升级的体制机制、政策环境等进行座谈讨论。委员建议:(1)积极协调传统产业和新兴产业的互动关系,积极推进产业空间集聚和对外拓展的有机结合,促进生产性服务业与制造业的融合发展,提升传统产业能级。(2)注重发挥人才作用,有效发挥在沪中央企业在传统产业改造提升中的引领作用,营造加快改造提升传统产业的良好环境。

【视察保护消费者权益情况】

2012 年 3 月 22 日,市政协经济委员会组织部分政协委员,就"以诚信建设为突破口,更好保护消费者权益"专题进行视察,实地察看了市 12315 投诉中心,听取了相关情况汇报并进行座谈。委员们建议:加大宣传力度,形成有利于诚信建设的强大舆论氛围;建立覆盖全社会的诚信体系,加大诚信建设的法律保障,严厉制止"霸王条款",加强专业维权人才队伍能力建设。

【视察医改实施情况】

2012 年 5 月 10 日,市政协教科文卫体委员会组织部分委员就全市医疗制度改革实施情况视察了闵行区古美社区卫生服务中心和闵行区中心医院，听取了市有关部门情况汇报并进行座谈交流。委员建议：（1）医疗制度改革要进一步明确医改管理职责，营造良好环境，充分体现医务人员劳动价值，综合考量医生的收入与承受的风险，调动医务人员，特别是一线医务人员的积极性。（2）在推进"医药分家"的同时，适当调整药事服务的收费。（3）加大医疗纠纷中相关责任的法律执行力度，充分发挥"第三方调解"的作用。（4）要针对社会需求，将老年医疗和老年护理、康复等问题列为医改的一项重点工作。

第二章　主席会议（成员）
赴基层视察调研

1998 年起,市政协主席会议(成员)开始赴基层视察调研,围绕上海改革发展的重要工作,涉及群众最关心、最迫切、最希望解决的热点问题,以及部分政协委员希望领导关心的内容,每次选定 1 个主题。通过视察调研,了解和反映基层工作情况、经验和需要解决的困难,提出希望和建议。视察后,对基层单位工作中的成功经验,及时予以支持和宣传;对反映的困难和问题,经研究交流,有的直接向市领导及有关部门报送转达,有的作为市政协调研的重要素材。

第一节　第九届市政协主席会议（成员）赴基层调研

1998 年 8 月 27 日,第九届市政协主席会议(成员)首次赴普陀区视察危旧房改造工作,至 2003 年 1 月 10 日,共赴基层视察或调研 86 次。内容主要包括:(1) 上海重大市政工程建设情况。(2) 上海经济跨世纪发展的重要项目建设情况。(3) 上海国企改革和高新技术产业化情况。(4) 人民群众关注的教育、文化、卫生、住房、就业和社会保障等方面的工作情况。(5) 区县经济社会发展情况。(6) 部分与群众利益密切相关,代表政府形象的工作机关的工作情况。

1998 年 8 月 27 日,市政协主席王力平、副主席陈正兴等至普陀区视察危旧房改造工作。听取市建设委员会、普陀区政府、西部集团关于旧区改造的情况介绍,随后视察普陀区桃浦动迁安置基地。视察认为,危棚简屋改造与消化空置房相结合,是从上海经济运行和城市发展的现状出发,提出的一项创造性的举措,是实实在在为老百姓办实事、办好事,充分体现共产党人为人民服务的宗旨,应予推广。

1998 年 10 月 15 日,市政协主席王力平、副主席朱达人、王生洪、谢丽娟、郑励志、刘恒椽、陈正兴等对上海信息化建设情况进行调研,听取市计划委员会、市信息办公室、市长途电信局负责人关于上海市信息产业建设情况的汇报,察看 EDI 市级中心机房、长途电信局网络管理中心和电信世界大厦,并就制定信息产业法规、广电和邮电系统的协调、继续抓好计算机 2000 年问题等提出意见和建议。

1998 年 11 月 26 日,市政协主席王力平、副主席谢丽娟、郑励志、刘恒椽、陈正兴、黄关从等视察市重大文化设施之一,即将竣工的上海书城,实地察看了将向读者开放的 6 个楼层,听取市新闻出版局负责人的情况介绍。王力平提出,要从资本构成、连锁经营等方面开拓思路,并建立一整套制度来保证落实"读者至上"宗旨,真正为读者服务。

1999 年 12 月 30 日,市政协主席王力平、副主席朱达人、郑励志、刘恒椽、陈正兴、俞云波等视察上海科技城(后定名"上海科技馆")建设工地,听取副市长左焕琛和上海科技城指挥部负责人关于科技城项目建设情况的介绍,察看正在兴建的工地现场。王力平指出,建设上海科技城是上海人民的期望,也是时代发展的要求,希望上海科技城真正做到"建好一个城,培养一批人,探索一条路,形成一个产业"。

2000 年 8 月 3 日,市政协主席王力平、副主席朱达人、黄跃金、谢丽娟、郑励志、刘恒椽、陈正兴、俞云波等调研郊区农业结构调整情况,听取副市长冯国勤情况介绍,视察山冈农艺有限公司、黄渡芦荟种植基地、市农科院重固良种繁育基地等,对通过结构调整提高经济效益,以及大力培养优质高产种子、种苗的做法加以肯定。

2000年10月26日,市政协主席王力平,副主席朱达人、刘恒椽、俞云波等前往上海职业培训中心,视察工业培训中心基地、服务培训中心基地,听取市劳动保障局负责人的情况介绍,希望培训指导中心不仅要为解决再就业服务,而且应逐步向终身教育方向发展,让新的生产技术尽快在现代化生产中发挥应有的作用。

2001年4月26日,市政协主席王力平,副主席朱达人、谢丽娟、陈正兴、黄关从等至市信访办调研,看望工作在第一线的机关干部,对他们在维护社会稳定、反映社情民意、沟通与人民群众的联系、解决协调具体问题等方面所作出的努力和贡献表示敬意。

2001年5月10日,市政协主席王力平,副主席黄跃金、谢丽娟、刘恒椽、左焕琛、黄关从等前往静安区,视察新福康里的成街坊旧区改造和苏州河沿岸绿化建设情况,对该区在旧区改造中探索形成的"政策聚焦、有偿回搬、企业参与、市场运作"的良性机制;商业商务区通过形态、功能开发,正在形成以设施形象、规模效应、品牌特色、现代业态为特征的商业格局表示肯定。

2002年4月4日,市政协主席王力平,副主席朱达人、谢丽娟、刘恒椽、陈正兴、黄关从等至上海城市规划展示馆参观上海申请举办2010年世界博览会大型展览。王力平指出,中国和上海需要世博会,世博会也需要中国和上海。这次申博得到上海市民和全国多方面的支持,其申办过程本身也是中国进一步融入经济全球化的过程,这将为国家和上海的发展带来巨大的推动。

2002年9月26日,市政协主席王力平,副主席朱达人、黄跃金、宋仪侨、谢丽娟、刘恒椽、左焕琛、陈正兴、俞云波等至上海实业(集团)有限公司调研。王力平指出,上实集团作为国有企业,多年来积极进取,锐意开拓,在贯彻党中央、国务院"走出去"战略中作了有益的探索,为推动沪港及内地的经济发展作出了贡献,值得好好总结。事实证明,国有企业只要解放思想,与时俱进,深化改革,是完全能够发展好的。

表5-2-1 1998—2002年第九届市政协主席会议(成员)赴基层视察调研一览

序号	调研时间	出 席 领 导	调 研 内 容
1	1998.8.27	主 席 王力平 副主席 陈正兴等	赴普陀区视察危旧房改造工作
2	1998.9.17	主 席 王力平 副主席 朱达人、俞云波、黄关从等	赴徐汇区调研河道整治情况
3	1998.10.8	主 席 王力平 副主席 朱达人、谢丽娟、郑励志、陈灏珠、陈正兴、俞云波、黄关从等	赴青浦县徐泾镇前名村、赵巷镇园艺场等调研郊区农业情况
4	1998.10.15	主 席 王力平 副主席 朱达人、王生洪、谢丽娟、郑励志、刘恒椽、陈正兴等	赴市计划委员会、市信息办公室等调研信息化建设情况
5	1998.10.22	主 席 王力平 副主席 朱达人、陈正兴等	赴上海高桥石油化工公司调研企业改革情况
6	1998.10.29	主 席 王力平 副主席 朱达人、郑励志、刘恒椽、陈正兴、俞云波等	赴上海天然气输配公司北蔡输配站、上海东海天然气总公司气体处理厂等视察上海市天然气建设工程进展情况

（续表）

序号	调研时间	出　席　领　导	调　研　内　容
7	1998.11.5	主　席　王力平 副主席　朱达人、谢丽娟、刘恒椽、陈正兴、俞云波等	赴崇明县绿华镇等调研高产农业示范区建设情况
8	1998.11.12	主　席　王力平 副主席　朱达人、王生洪、谢丽娟、郑励志、陈正兴、黄关从等	赴上海格尔软件有限公司调研民营科技企业发展情况
9	1998.11.26	主　席　王力平 副主席　谢丽娟、郑励志、刘恒椽、陈正兴、黄关从等	赴上海书城调研上海书城建设情况
10	1998.12.10	主　席　王力平 副主席　谢丽娟、陈正兴等	赴虹口区调研经济、教育、旧区改造工作
11	1998.12.24	主　席　王力平 副主席　谢丽娟、郑励志、刘恒椽、陈正兴、俞云波、黄关从等	赴闸北区调研建设和发展情况
12	1999.1.14	主　席　王力平 副主席　朱达人、郑励志、刘恒椽、黄关从等	赴市电话局视察上海电话通信事业发展情况
13	1999.1.21	主　席　王力平 副主席　朱达人、郑励志、陈正兴、俞云波等	赴轻轨明珠线指挥部等调研轨道交通建设情况
14	1999.2.25	主　席　王力平 副主席　朱达人、谢丽娟、郑励志、刘恒椽、陈正兴、俞云波、黄关从等	赴浦东新区世纪大道、国际会议中心等调研浦东新区建设情况
15	1999.3.18	主　席　王力平 副主席　朱达人、谢丽娟、陈正兴、俞云波、黄关从等	赴浦东陆家嘴贸易区中国上海人才市场调研人才市场建设情况
16	1999.4.1	主　席　王力平 副主席　朱达人、谢丽娟、郑励志、刘恒椽、俞云波、黄关从等	赴奉贤县江海镇等调研奉贤建设与发展情况
17	1999.4.15	主　席　王力平 副主席　朱达人、郑励志、陈正兴等	赴宝山区上海大学新校区等视察宝山区建设发展情况
18	1999.5.13	主　席　王力平 副主席　朱达人、俞云波等	赴华虹 NEC 有限公司调研"909 工程"建设情况
19	1999.5.20	主　席　王力平 副主席　朱达人、谢丽娟、郑励志、陈正兴、俞云波等	赴徐汇区、松江区调研环境保护与建设发展情况
20	1999.5.27	主　席　王力平 副主席　朱达人、谢丽娟、陈正兴等	赴上海第二医科大学附属瑞金医院调研血液学研究所工作情况
21	1999.6.10	主　席　王力平 副主席　朱达人、谢丽娟、陈正兴、黄关从等	赴浦东新区环境保护监测站等调研环境保护工作
22	1999.8.5	主　席　王力平 副主席　朱达人、陈正兴等	赴上海复星高科技（集团）公司调研高新技术成果产业化工作

(续表)

序号	调研时间	出　席　领　导	调　研　内　容
23	1999.8.12	主　席　王力平 副主席　朱达人、谢丽娟、刘恒椽、陈正兴、俞云波、黄关从等	赴上海广电(集团)有限公司调研新技术、新产品和企业发展战略情况
24	1999.8.19	主　席　王力平 副主席　朱达人、陈正兴等	赴上海仪电控股(集团)公司调研企业深化结构调整及发展战略情况
25	1999.8.26	主　席　王力平 副主席　朱达人、谢丽娟、郑励志、俞云波等	赴上海航天局运载火箭总装厂调研企业科研生产和发展思路
26	1999.9.2	主　席　王力平 副主席　朱达人、陈正兴、俞云波等	赴司法局、宝山监狱等调研上海监狱、劳教场所布局调整情况
27	1999.11.4	主　席　王力平 副主席　朱达人等	赴上海长江计算机集团公司调研企业发展情况
28	1999.11.13	主　席　王力平 副主席　朱达人、王生洪、谢丽娟、刘恒椽、陈正兴等	赴大小洋山视察深水港建设规划情况
29	1999.11.25	主　席　王力平 副主席　朱达人等	赴杨浦区高新技术园区等视察高新技术产业发展和"365"旧区改造与住宅建设情况
30	1999.12.30	主　席　王力平 副主席　朱达人、郑励志、刘恒椽、陈正兴、俞云波等	赴上海科技馆建设工地视察建设情况
31	2000.1.6	主　席　王力平 副主席　朱达人、谢丽娟、郑励志、刘恒椽、陈正兴、俞云波等	赴浦东发展银行调研银行业务发展情况、赴新亚大包有限公司调研企业发展情况
32	2000.1.13	主　席　王力平 副主席　朱达人、陈正兴等	赴黄浦区调研建设和发展情况
33	2000.1.20	主　席　王力平 副主席　朱达人、谢丽娟、郑励志、陈正兴、俞云波等	赴市人民检察院二分院调研检察工作情况
34	2000.2.24	主　席　王力平 副主席　朱达人、谢丽娟、刘恒椽、俞云波、黄关从等	赴东浩国际服务贸易(集团)有限公司调研对外服务人才培训工作
35	2000.3.16	主　席　王力平 副主席　朱达人、谢丽娟、郑励志、刘恒椽、陈正兴等	赴长宁区调研社区工作情况
36	2000.3.30	主　席　王力平 副主席　朱达人、谢丽娟、郑励志、刘恒椽、俞云波等	赴浦东新区视察张家浜地区综合整治(一期)工程情况
37	2000.5.11	副主席　朱达人、陈正兴等	赴南汇县政协调研
38	2000.6.29	主　席　王力平 副主席　朱达人、黄跃金、谢丽娟、郑励志、俞云波等	赴东方国际集团有限公司调研中国加入WTO后国际贸易发展等问题

（续表）

序号	调研时间	出　席　领　导	调　研　内　容
39	2000.7.20	主　席　王力平 副主席　朱达人、黄跃金、王生洪、谢丽娟、郑励志、刘恒椽、陈正兴、黄关从等	赴长江经济联合发展（集团）股份有限公司调研长江流域经济发展问题等
40	2000.7.27	主　席　王力平 副主席　朱达人、谢丽娟、郑励志、刘恒椽、陈正兴等	赴新华、段和段律师事务所调研如何应对加入WTO后将出现的新情况
41	2000.8.3	主　席　王力平 副主席　朱达人、黄跃金、谢丽娟、郑励志、刘恒椽、陈正兴、俞云波等	赴嘉定区山冈农艺有限公司、黄渡芦荟种植基地等调研郊区农业结构调整情况
42	2000.8.10	主　席　王力平 副主席　朱达人、黄跃金、刘恒椽、黄关从等	赴上海市第三劳教所等调研上海劳教工作情况
43	2000.8.31	主　席　王力平 副主席　朱达人、黄跃金、谢丽娟、郑励志、刘恒椽、陈正兴、俞云波、黄关从等	赴上海移动通讯公司和东方网股份有限公司调研信息通讯工作发展情况
44	2000.9.7	主　席　王力平 副主席　朱达人、谢丽娟、陈正兴、俞云波、黄关从等	赴市第二中级人民法院调研法院审判工作改革情况
45	2000.9.14	主　席　王力平 副主席　朱达人、王生洪等	赴上海高智科技发展公司调研计算机卫星通信产品研发和应用工作
46	2000.10.26	主　席　王力平 副主席　朱达人、刘恒椽、俞云波等	赴上海职业培训中心调研职业培训工作情况
47	2000.11.3	主　席　王力平 副主席　朱达人、谢丽娟、陈正兴等	赴沪东科技进修学院调研社会力量办学工作
48	2000.11.8	主　席　王力平 副主席　朱达人、刘恒椽、陈正兴、俞云波、黄关从等	赴上海航运交易所等调研长江口深水航道治理工程及航运交易所运行情况
49	2000.12.14	主　席　王力平 副主席　谢丽娟、陈正兴等	赴上海药品监督管理局调研药品监管改革工作
50	2000.12.21	主　席　王力平 副主席　朱达人、黄跃金、谢丽娟、刘恒椽、陈正兴等	赴上海市教育考试院调研考试制度改革工作
51	2000.12.28	主　席　王力平 副主席　朱达人、黄跃金、谢丽娟、刘恒椽、陈正兴、俞云波等	赴张江高科技园区浦东软件园调研园区集成电路产业发展情况
52	2001.3.22	主　席　王力平 副主席　朱达人、谢丽娟、刘恒椽、陈正兴等	赴上海置信集团有限公司调研非公有制经济企业发展情况
53	2001.3.29	主　席　王力平 副主席　朱达人、陈正兴等	赴上海磁悬浮快速列车工程指挥部视察磁悬浮交通发展情况
54	2001.4.26	主　席　王力平 副主席　朱达人、谢丽娟、陈正兴、黄关从等	赴市信访办调研信访和维稳工作

(续表)

序号	调研时间	出 席 领 导		调 研 内 容
55	2001.5.10	主 席	王力平	赴静安区视察成街坊旧区改造和苏州河沿岸绿化工作
		副主席	黄跃金、谢丽娟、刘恒椽、左焕琛、黄关从等	
56	2001.5.17	主 席	王力平	赴浦东新区建设局视察外环线浦东段建设情况
		副主席	朱达人、黄跃金、谢丽娟、刘恒椽、黄关从等	
57	2001.5.24	主 席	王力平	赴黄浦区调研与南市区合并后的新黄浦区建设发展情况
		副主席	朱达人、黄跃金、谢丽娟、刘恒椽等	
58	2001.5.31	主 席	王力平	赴上海化学工业区和金山区调研化工产品一体化和金山区建设发展情况
		副主席	朱达人、谢丽娟、刘恒椽、左焕琛等	
59	2001.6.7	主 席	王力平	赴松江区和松江大学城调研松江区建设发展情况
		副主席	朱达人、黄跃金、王生洪、刘恒椽、黄关从等	
60	2001.7.30	主 席	王力平	赴武警指挥学院调研学院建设情况
		副主席	朱达人、黄跃金、刘恒椽、左焕琛、陈正兴、俞云波等	
61	2001.8.22	主 席	王力平	赴上海科技馆调研科普工作开展情况
		副主席	朱达人、谢丽娟、左焕琛、俞云波、黄关从等	
62	2001.8.23	主 席	王力平	赴宝钢视察宝钢三期工程建设情况
		副主席	朱达人、黄跃金、王生洪、谢丽娟、刘恒椽、俞云波、黄关从等	
63	2001.8.28	主 席	王力平	赴普陀区视察中外合资欧倍德大型装潢建材连锁超市,参观玉佛寺
		副主席	朱达人、黄跃金等	
64	2001.9.6	主 席	王力平	赴松江区、青浦区视察太湖流域上海地区治理工程建设情况
		副主席	谢丽娟、刘恒椽、陈正兴等	
65	2001.9.13	主 席	王力平	赴南汇区调研建设发展情况
		副主席	朱达人、谢丽娟、左焕琛、陈正兴、俞云波等	
66	2001.10.11	主 席	王力平	赴青浦区调研经济和社会发展及小城镇建设情况
		副主席	朱达人、黄跃金、左焕琛、陈正兴等	
67	2001.10.25	主 席	王力平	赴外高桥英特尔科技(中国)有限公司调研
		副主席	朱达人、王生洪、谢丽娟、刘恒椽、左焕琛等	
68	2001.11.15	主 席	王力平	赴奉贤区调研建设发展情况
		副主席	朱达人、黄跃金、谢丽娟、左焕琛、俞云波等	
69	2001.11.22	主 席	王力平	赴嘉定区视察国际汽车城建设情况
		副主席	朱达人、黄跃金、谢丽娟、刘恒椽、陈正兴、俞云波等	

（续表）

序号	调研时间	出　席　领　导	调　研　内　容
70	2002.1.10	主　席　王力平 副主席　朱达人、刘恒椽、左焕琛、陈正兴、俞云波等	赴卢湾区调研建设发展情况
71	2002.1.31	主　席　王力平 副主席　朱达人、刘恒椽、左焕琛、陈正兴、俞云波等	赴闵行区调研建设发展情况
72	2002.3.21	主　席　王力平 副主席　朱达人、黄跃金、谢丽娟、刘恒椽、左焕琛、黄关从等	赴上海松下等离子显示器有限公司调研先进技术吸收和消化工作
73	2002.4.4	主　席　王力平 副主席　朱达人、谢丽娟、刘恒椽、陈正兴、黄关从等	赴上海城市规划展示馆参观上海申办2010年世界博览会大型展览
74	2002.4.25	主　席　王力平 副主席　朱达人、黄跃金、谢丽娟、刘恒椽、左焕琛、陈正兴等	赴长宁虹桥民营经济城调研民营经济发展情况
75	2002.5.9	主　席　王力平 副主席　朱达人、王生洪、谢丽娟、左焕琛、陈正兴等	赴上海市通信管理局调研通信产业发展情况
76	2002.7.4	主　席　王力平 副主席　朱达人、宋仪侨、刘恒椽、左焕琛等	赴上海石化股份有限公司、金山区调研建设发展情况
77	2002.7.11	主　席　王力平 副主席　黄跃金、宋仪侨、王生洪、刘恒椽、左焕琛、黄关从等	赴杨浦区调研建设发展情况
78	2002.7.18	主　席　王力平 副主席　朱达人、黄跃金、宋仪侨、谢丽娟、陈正兴、俞云波、黄关从等	赴闸北区调研建设发展情况
79	2002.7.25	主　席　王力平 副主席　朱达人、谢丽娟、陈正兴、俞云波等	赴宝山区视察沿江开发和吴淞客运中心开发情况、吴淞工业区环境综合整治工作
80	2002.8.22	主　席　王力平 副主席　朱达人、宋仪侨、谢丽娟、左焕琛、陈正兴、黄关从等	赴深水港工程建设指挥部调研上海深水港工程建设情况
81	2002.8.29	主　席　王力平 副主席　朱达人、谢丽娟、刘恒椽、左焕琛、俞云波、黄关从等	赴磁悬浮交通发展有限公司调研
82	2002.9.12	主　席　王力平 副主席　朱达人、宋仪侨等	赴徐汇区视察铁路上海南站、黄浦江沿岸徐汇段建设情况
83	2002.9.19	主　席　王力平 副主席　朱达人、黄跃金、谢丽娟、刘恒椽、左焕琛等	赴虹口区视察北外滩规划建设情况

(续表)

序号	调研时间	出 席 领 导	调 研 内 容
84	2002.9.26	主 席 王力平 副主席 朱达人、黄跃金、宋仪侨、谢丽娟、刘恒椽、左焕琛、陈正兴、俞云波等	赴上海实业(集团)有限公司调研
85	2002.10.10	主 席 王力平 副主席 朱达人、刘恒椽、陈正兴、俞云波等	赴浦东新区调研黄浦江沿岸浦东段开发工作
86	2003.1.10	主 席 王力平 副主席 黄跃金、宋仪侨、左焕琛、黄关从等	视察御桥生活垃圾发电厂建设和运行情况

第二节　第十届市政协主席会议(成员)赴基层调研

第十届市政协延续九届政协做法,继续在每周星期四的上午组织主席会议(成员)赴基层视察或调研,届内共组织活动142次,内容主要包括:(1)抗击"非典"后部分行业工作情况并慰问一线工作人员。(2)国企、外资、民企等多种所有制经济企业发展情况,包括部分政协委员创办经济实体的经营情况。(3)上海实施科技创新发展战略,促进高新科技产业化情况及科研院所发展情况。(4)市重大建设项目进展情况。(5)建设农业现代化、发展商业新业态以及环境保护的情况。(6)广大群众关注的教育、文化、卫生、住房、养老等工作的情况。(7)维护社会稳定,加强社区建设,促进社会和谐的有关工作情况。(8)区县经济社会发展情况。(9)部分政府工作部门和司法机关工作情况。

2003年3月20日,第十届市政协领导以"科教兴市"为主题首次开展赴基层调研活动,市政协

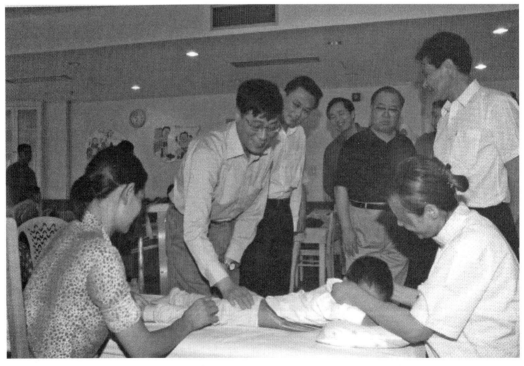

图5-2-1　2006年6月,市政协领导赴市残疾人联合会调研

主席蒋以任，副主席宋仪侨、谢丽娟、左焕琛、俞云波、黄关从、王荣华等赴张江高科技园区视察，听取副市长姜斯宪、张江集团负责人情况汇报，就园区如何进一步发挥孵化器作用以及落实"科教兴市"要抓住核心技术，提升科技含量等问题提出建议。

2003年4月29日，市政协主席蒋以任，副主席宋仪侨、左焕琛、王荣华等赴虹口区，视察广中社区卫生服务中心、闸北区恒丰路长途汽车高速客运站，了解基层单位抗击"非典"情况。蒋以任等实地了解卫生服务中心门诊情况，检查客运站红外线测温仪、车站医用留检室，慰问奋战在抗击非典第一线的客运站医护人员和乘务人员。蒋以任表示，此次抗击"非典"证明，上海两级政府、三级管理、四级网络的管理是有战斗力、可靠的，只要保持清醒头脑，提高警惕，采取严格的措施，就一定能打胜抗击"非典"这一仗。

8月21日上午，市政协主席蒋以任，副主席宋仪侨、左焕琛等视察城市交通管理情况，实地考察莘庄地铁站北广场公交枢纽站，听取司乘人员对公共交通设施的意见和建议，乘坐正在建设中的轨道交通5号线，了解工程建设情况。蒋以任等提出，上海推进交通建设和管理的现代化，应坚持科学规划，构筑具备人性化、捷运化、信息化、生态化的交通体系；采取多元投资，加快公共交通设施建设，尤其要搞好室内交通枢纽建设，并表示市政协近期将选择1—2个相关的热点、难点问题进行调研，提出意见和建议。

2004年2月5日，市政协主席蒋以任，副主席宋仪侨、谢丽娟、左焕琛、黄关从、王荣华等赴上海光明乳业集团有限公司和奉贤区现代农业园区，调研全市农业和农村发展情况，听取了有关情况汇报，视察光明乳业牛奶制品生产线、奉贤区现代农业园区的上海高榕食品公司、平川水产养殖科普中心和青长蔬菜有限公司。蒋以任指出，上海实现城乡一体化、农业现代化和农村城镇化方面推出了一些重要举措，取得了新进展，上海农业发展要走"科教兴农"之路，推动农业标准化、产业化，发展规模经济，提高农产品的高科技附加值；要从体制、机制上入手，抓好政策、人才、社会保障等各方面的协调发展。

2004年6月3日，市政协主席蒋以任，副主席宋仪侨、王生洪、谢丽娟、左焕琛、王荣华等赴浦东新区进行视察，在市委常委、浦东新区区委书记杜家豪的陪同下，视察了张江高科技园区。蒋以任等充分肯定新区取得的成绩，希望浦东新区新一届领导要高标准、高起点，用科学的思维、创新的举措推进改革，扩大开放，谋划发展；要进一步增强大局意识，责任意识和"窗口"意识，继续在制度创新和扩大开放等方面走在前列；要坚持统筹兼顾，以科学的发展观推动各项工作，努力把浦东新区建设成为"四个中心"的核心功能区。

2006年1月25日，市政协主席蒋以任，副主席宋仪侨、王生洪、谢丽娟、左焕琛、黄关从、王荣华等前往上海长途汽车客运总站，考察老百姓的出行问题，听取了市城市交通局及客运总站负责人的情况介绍，与乘客进行交流，听取了他们对上海长途客运的意见。蒋以任等希望从事长途客运工作的部门和人员在服务上要更人性化，在管理上要更科学细致，经营上要更灵活，为群众出行提供更多便利和周到舒适的服务。

2006年11月9日，正值全国第十六届"119消防日"，市政协主席蒋以任，副主席宋仪侨、石四箴等前往市消防局龙阳中队，慰问广大消防官兵，调研全市消防工作情况，听取了市消防局负责人情况汇报，参观了最新引进的消防车辆和器材装备、部分内务营区及荣誉室，观摩了特勤战士训练表演。蒋以任指出，消防战线是平安建设的重要方面，要针对上海国际大都市消防工作的特点，学习国际先进的管理经验，不断完善消防工作的长效管理机制，抓住重点、难点和弱点进行整治，形成社会各方协调，群防共管的合力。

2007年1月11日，市政协主席蒋以任，副主席宋仪侨、左焕琛、王荣华等视察食品药品检验所，了解成立上海食品药品监督管理局后的食品安全问题。蒋以任指出，市食品药品监督管理局是让上海百姓安

图5‑2‑2 2006年5月,市政协领导赴杨浦区调研旧区改造情况

全、健康、放心的卫士,自成立以来变化很大,无论是水平还是规模,都体现了国际化的高技术水准,今后要进一步加强对食品安全知识的宣传,完善监督网络的建设,通过制度形成合力,确保上海的食品安全、卫生。

2007年5月9日,市政协副主席宋仪侨、王荣华前往徐汇区视察社区群众文化建设工作,听取徐汇区政府的情况汇报,实地考察社区文化活动中心,对该区"100元看30场电影"、"15元上1年网"等服务表示赞赏。宋仪侨表示,市政协正在做一个关于上海市郊区文化发展和建设的课题,徐汇区的实践让人深受启发:以前总觉得社区文化中心就是"老年活动中心",这次看到不少学生和职工也能在休闲中学习,这就要求公共文化服务方式进一步创新。

2007年8月30日,市政协主席蒋以任,副主席宋仪侨、王生洪、黄关从、王新奎等视察临港产业园区,实地考察上汽自主品牌汽车基地、上海电气重装备生产基地、重装备专用码头、大型柴油机曲轴生产基地、中船船用柴油机生产车间等。蒋以任等对临港新城二、三产业联动发展取得的成绩表示赞赏,认为装备工业体现国家实力和水平,搞高端装备制造业,上海有优势,如充分发挥能促进长三角地区产业的合理分工,希望临港产业园区在未来有更大的作为。

表5‑2‑2 2003—2007年第十届市政协主席会议(成员)赴基层视察调研一览

序号	调研时间	出 席 领 导	调 研 内 容
1	2003.3.20	主 席 蒋以任 副主席 宋仪侨、谢丽娟、左焕琛、俞云波、黄关从、王荣华等	赴张江高科技园区调研科教兴市工作
2	2003.4.3	主 席 蒋以任 副主席 宋仪侨、黄跃金、谢丽娟、左焕琛、俞云波、黄关从、王荣华等	赴市市政局、市交巡警总队调研缓解交通拥堵问题

（续表）

序号	调研时间	出　席　领　导	调　研　内　容
3	2003.4.10	主　席　蒋以任 副主席　宋仪侨、黄跃金、谢丽娟、俞云波、黄关从、王荣华等	赴市劳动和社会保障局调研劳动和社会保障工作
4	2003.4.24	主　席　蒋以任 副主席　黄跃金、谢丽娟、左焕琛、黄关从、王荣华、王新奎等	赴上海中学调研全市实验性示范性高中建设情况
5	2003.4.29	主　席　蒋以任 副主席　宋仪侨、左焕琛、王荣华等	赴虹口区广中社区卫生中心、恒丰路客运站视察和慰问抗击"非典"一线工作人员
6	2003.5.22	主　席　蒋以任 副主席　宋仪侨、黄跃金、谢丽娟、左焕琛、王荣华、王新奎等	赴南汇区及深水港建设指挥部视察南汇区经济社会发展和洋山深水港一期工程建设情况
7	2003.5.29	主　席　蒋以任 副主席　黄跃金、左焕琛、黄关从、王荣华、王新奎等	赴市教育考试院调研"非典"后高考准备工作
8	2003.6.5	主　席　蒋以任 副主席　宋仪侨、黄跃金、王生洪、左焕琛、俞云波、黄关从、王荣华等	赴市副食品质量检验检测站调研全市食用农产品安全监管工作
9	2003.6.19	主　席　蒋以任 副主席　黄跃金、谢丽娟、左焕琛、俞云波、黄关从、王荣华等	赴携程旅行网总部和华亭宾馆等视察"非典"后旅游行业恢复发展工作
10	2003.6.26	主　席　蒋以任 副主席　黄跃金、谢丽娟、左焕琛、俞云波、黄关从、王荣华、王新奎等	赴市住宅发展局视察住宅小区物业管理工作
11	2003.7.7	主　席　蒋以任 副主席　宋仪侨、黄跃金、王荣华、王新奎等	赴市气象局调研全市气象工作情况
12	2003.8.14	主　席　蒋以任 副主席　宋仪侨、黄跃金、王生洪、谢丽娟、左焕琛、王荣华等	赴市工商联、上海复旦光华信息科技股份有限公司调研工商联工作及全市非公有制经济发展情况
13	2003.8.21	主　席　蒋以任 副主席　宋仪侨、左焕琛等	赴莘庄地铁站北广场公交枢纽站、轨道交通5号线调度指挥中心调研市内交通管理工作情况
14	2003.9.4	主　席　蒋以任 副主席　宋仪侨、谢丽娟、左焕琛、王荣华、王新奎等	赴松江区调研松江新城规划与建设工作
15	2003.9.18	主　席　蒋以任 副主席　王生洪、谢丽娟、左焕琛、黄关从、王荣华等	赴上海交通职业技术学院、上海海事职业技术学院调研全市高职教育情况
16	2003.10.9	主　席　蒋以任 副主席　宋仪侨、谢丽娟、黄关从、王荣华等	赴普陀区致达科技(集团)股份有限公司、华明电力设备制造有限公司调研民营企业发展情况

（续表）

序号	调研时间	出 席 领 导	调 研 内 容
17	2003.10.28	主 席 蒋以任 副主席 谢丽娟、左焕琛等	赴杨浦区调研杨浦区工业发展规划情况
18	2003.11.20	主 席 蒋以任 副主席 宋仪侨、谢丽娟、俞云波、王荣华等	赴浦东新区临沂八村小区、华尔兹花园小区等调研售后公房综合整治和物业管理工作
19	2003.12.25	主 席 蒋以任 副主席 黄关从、王荣华等	赴市环保局调研全市环境保护工作情况
20	2004.2.5	主 席 蒋以任 副主席 宋仪侨、谢丽娟、左焕琛、黄关从、王荣华等	赴上海光明乳业集团有限公司、奉贤区现代农业园区视察全市农业和农村发展情况
21	2004.2.12	主 席 蒋以任 副主席 宋仪侨、王生洪、左焕琛、黄关从	赴嘉定区调研经济建设发展情况
22	2004.2.18	主 席 蒋以任 副主席 宋仪侨、谢丽娟、左焕琛、黄关从、王荣华等	赴上海水产集团视察上海远洋渔业发展情况
23	2004.2.25	主 席 蒋以任 副主席 宋仪侨、黄关从、王荣华、王新奎	赴虹口区调研北外滩地区规划建设情况
24	2004.3.18	主 席 蒋以任 副主席 宋仪侨、谢丽娟、左焕琛、王荣华等	赴市劳动保障局调研全市推进小城镇社会保险工作情况
25	2004.4.22	主 席 蒋以任 副主席 左焕琛、黄关从等	赴金山区视察上海实施"幸福工程"情况
26	2004.4.28	主 席 蒋以任 副主席 宋仪侨等	赴淮海中路567弄"渔阳里"6号团中央旧址纪念馆视察
27	2004.4.29	主 席 蒋以任 副主席 宋仪侨、沈红光、谢丽娟、左焕琛、王荣华	赴东航飞行培训有限公司调研
28	2004.5.10	主 席 蒋以任等	赴上海日立电器有限公司,科达电子上海有限公司视察
29	2004.5.14	主 席 蒋以任 副主席 宋仪侨、王荣华等	赴上海浦东钢铁(集团)有限公司调研
30	2004.5.21	主 席 蒋以任 副主席 宋仪侨、黄关从等	赴白茅岭、军天湖监狱调研加快上海城市法治化进程工作情况
31	2004.5.27	主 席 蒋以任 副主席 宋仪侨、谢丽娟、左焕琛、黄关从等	赴市高级人民法院调研法院工作情况
32	2004.5.27	主 席 蒋以任 副主席 宋仪侨、王荣华等	赴静安区调研,参观明圭工业园区、中共上海地下组织斗争史陈列馆等
33	2004.6.3	主 席 蒋以任 副主席 宋仪侨、王生洪、谢丽娟、左焕琛、王荣华等	赴浦东新区视察中芯国际集成电路制造有限公司、中兴通讯股份有限公司研发中心
34	2004.6.10	主 席 蒋以任 副主席 宋仪侨、谢丽娟、左焕琛、王荣华等	赴宏源照明电器有限公司视察资源节约情况

（续表）

序号	调研时间	出　席　领　导	调　研　内　容
35	2004.7.8	主　席　蒋以任等	赴闵行区视察紫竹科学园区信息数码港建设情况
36	2004.7.23	主　席　蒋以任 副主席　谢丽娟、黄关从等	赴宝山区调研产业发展及农村小城镇规划建设情况
37	2004.7.27	主　席　蒋以任 副主席　俞云波、黄关从、石四箴等	赴上海市固体废物处置中心调研环保工作
38	2004.8.19	主　席　蒋以任 副主席　宋仪侨、谢丽娟等	赴轨道交通8号线人民广场站建设工地等视察全市轨道交通建设和运营情况
39	2004.8.26	主　席　蒋以任 副主席　宋仪侨、谢丽娟、黄关从、王荣华等	赴徐汇区调研社区建设情况
40	2004.9.7	主　席　蒋以任 副主席　王新奎等	赴闸北区调研经济社会发展情况
41	2004.9.16	主　席　蒋以任 副主席　宋仪侨、王生洪、谢丽娟、左焕琛、王荣华等	赴卢湾区调研经济建设发展情况
42	2004.10.20	主　席　蒋以任 副主席　黄关从等	赴上海广电NEC液晶显示器有限公司调研TFT-LCD产业发展情况
43	2004.10.22	主　席　蒋以任 副主席　宋仪侨、谢丽娟、王荣华等	赴上海汽轮机公司、阿尔斯通公司等调研全市先进装备制造业发展情况
44	2004.11.10	主　席　蒋以任 副主席　宋仪侨、谢丽娟、黄关从等	赴崇明县调研经济社会发展情况
45	2004.11.15	主　席　蒋以任 副主席　宋仪侨、黄关从等	赴市国资委调研
46	2004.12.2	主　席　蒋以任 副主席　宋仪侨、谢丽娟、左焕琛等	赴奉贤区视察神力科技有限公司、汉德食品有限公司等
47	2004.12.23	主　席　蒋以任 副主席　宋仪侨、谢丽娟、俞云波、王荣华等	赴黄浦区视察外滩3号楼、18号楼和旧区改造项目等
48	2004.12.30	主　席　蒋以任 副主席　宋仪侨、俞云波等	视察徐家汇天主教堂等宗教活动场所
49	2005.1.6	主　席　蒋以任 副主席　宋仪侨、黄关从、王荣华等	赴市高级人民法院调研法院工作
50	2005.2.3	主　席　蒋以任 副主席　宋仪侨、左焕琛、黄关从、王荣华等	赴黄浦区半淞园路菜市场、华联生鲜超市金汇店等视察春节市场供应和食品安全工作
51	2005.2.24	主　席　蒋以任 副主席　左焕琛、王荣华等	赴市卫生局调研全市防病工作,视察华山医院新门急诊大楼等
52	2005.3.17	主　席　蒋以任 副主席　谢丽娟、黄关从、王荣华等	赴世博集团调研世博会展示、大型活动策划、办博和经营工作
53	2005.3.24	主　席　蒋以任 副主席　宋仪侨、沈红光、谢丽娟、黄关从等	赴上海市应急联动中心调研全市应急联动中心建设和运作情况

(续表)

序号	调研时间	出 席 领 导	调 研 内 容
54	2005.4.7	主 席 蒋以任 副主席 谢丽娟、俞云波、王荣华等	赴南汇区调研,视察上海汇绿蛋品有限公司、上海鲜花港花卉生产基地等
55	2005.4.14	主 席 蒋以任等	赴上海通用汽车公司调研生产经营情况
56	2005.4.20	主 席 蒋以任 副主席 宋仪侨等	赴杨浦区殷行街道调研社区建设情况
57	2005.4.29	主 席 蒋以任等	赴上海大众汽车有限公司调研生产销售和新品研发情况
58	2005.5.12	主 席 蒋以任 副主席 宋仪侨、沈红光、谢丽娟、王荣华等	赴英业达集团所属英顺达科技有限公司上海迪比特有限公司调研在沪台资企业发展情况
59	2005.6.9	主 席 蒋以任 副主席 沈红光、左焕琛、王荣华等	赴金山区调研,视察恒信家园农民动迁安置点情况;赴上海化工区调研,视察公用工程配套项目情况
60	2005.6.21	主 席 蒋以任 副主席 宋仪侨等	赴上海国际问题研究所调研
61	2005.7.4	主 席 蒋以任 副主席 宋仪侨等	赴上海宝钢集团公司调研
62	2005.7.11	主 席 蒋以任 副主席 宋仪侨、黄关从等	赴上海市电力公司调研
63	2005.7.14	主 席 蒋以任 副主席 宋仪侨、谢丽娟、左焕琛、王荣华等	赴中环线工地视察中环线建设情况
64	2005.7.21	副主席 宋仪侨、左焕琛、王荣华等	赴市绿化管理局调研绿化建设和管理工作
65	2005.8.4	主 席 蒋以任 副主席 宋仪侨、谢丽娟、黄关从、王荣华等	赴百联集团上海现代物流长桥基地视察现代物流业发展情况
66	2005.8.11	主 席 蒋以任 副主席 宋仪侨、左焕琛、王荣华等	赴上海市慈善基金会调研
67	2005.9.1	主 席 蒋以任 副主席 谢丽娟、俞云波等	赴上海文艺出版总社调研全市出版业体制改革和发展情况
68	2005.9.29	主 席 蒋以任 副主席 宋仪侨、黄关从	视察老西门新苑建设工地、江南造船(集团)有限责任公司的安全生产监督工作
69	2005.10.20	主 席 蒋以任 副主席 谢丽娟等	赴闸北公安分局调研社区禁毒工作
70	2005.11.17	主 席 蒋以任 副主席 宋仪侨、左焕琛、俞云波、黄关从等	赴黄浦江两岸开发办公室视察黄浦江两岸综合开发情况
71	2005.12.14	主 席 蒋以任 副主席 黄关从等	赴青浦区调研经济社会发展情况
72	2005.12.22	主 席 蒋以任 副主席 宋仪侨、王新奎等	赴上海移动通信有限责任公司调研,考察上海移动公司浦东旗舰店、浦东1860客户服务中心等

（续表）

序号	调研时间	出　席　领　导	调　研　内　容
73	2006.1.5	主　席　蒋以任 副主席　宋仪侨、谢丽娟、黄关从等	赴市劳动保障局调研养老金"虚账实记"情况
74	2006.1.25	主　席　蒋以任 副主席　宋仪侨、王荣华等	赴中海集团和中远集装箱运输有限公司调研航运业发展情况
75	2006.1.25	主　席　蒋以任 副主席　宋仪侨、王生洪、谢丽娟、左焕琛、黄关从、王荣华等	赴上海长途汽车客运总站视察全市春运和汽车客运工作情况
76	2006.2.16	主　席　蒋以任 副主席　宋仪侨、沈红光、谢丽娟、左焕琛、俞云波、黄关从、王荣华等	赴上海市科学技术协会调研
77	2006.2.23	主　席　蒋以任 副主席　宋仪侨、沈红光、谢丽娟、左焕琛、王荣华等	赴金桥出口加工区和张江高科技园区调研，考察中微半导体设备(上海)有限公司、上海兰生国健药业有限公司
78	2006.3.16	主　席　蒋以任 副主席　宋仪侨、左焕琛、黄关从等	赴松江区调研新农村建设情况
79	2006.3.30	主　席　蒋以任 副主席　谢丽娟、左焕琛、王荣华等	赴上海电影集团公司和上海芭蕾舞团调研
80	2006.4.6	主　席　蒋以任 副主席　谢丽娟、黄关从等	赴闸北区调研社会救助情况
81	2006.4.10	主　席　蒋以任等	赴上海贝尔阿尔卡特股份有限公司调研
82	2006.4.13	主　席　蒋以任 副主席　左焕琛、俞云波、王荣华等	调研轨道交通建设情况，视察建设中的轨道交通7号线静安寺站与常熟路站
83	2006.5.11	主　席　蒋以任 副主席　宋仪侨、沈红光、谢丽娟、左焕琛等	赴上海南北种源渔业养殖合作社和上海鲜切花园艺合作社调研农民专业合作社发展情况
84	2006.5.18	主　席　蒋以任 副主席　俞云波等	视察老港垃圾填埋场四期项目总体设计、建设和运营情况
85	2006.5.24	主　席　蒋以任 副主席　宋仪侨、沈红光、谢丽娟、王荣华等	赴闸北区"北广场"基地、杨浦区平凉西块基地视察旧区改造工作情况
86	2006.6.8	主　席　蒋以任 副主席　宋仪侨、沈红光、王生洪、谢丽娟、王荣华等	赴市残联调研残疾人工作开展情况
87	2006.6.22	主　席　蒋以任 副主席　谢丽娟、王荣华	赴上海戏剧学院调研
88	2006.6.26	主　席　蒋以任 副主席　宋仪侨、左焕琛、黄关从、王荣华等	赴上海奥特莱斯品牌直销广场、上海恒隆广场等视察全市商业发展情况
89	2006.7.20	主　席　蒋以任 副主席　宋仪侨等	赴上海昆剧团和上海评弹团调研

(续表)

序号	调研时间	出 席 领 导	调 研 内 容
90	2006.7.27	主 席 蒋以任 副主席 谢丽娟、左焕琛等	赴临江水厂调研
91	2006.7.31	主 席 蒋以任 副主席 王荣华等	赴上海大众汽车有限公司调研新能源车及自主创新情况
92	2006.8.17	主 席 蒋以任 副主席 宋仪侨、左焕琛等	赴市残疾人体育训练中心调研2007年世界特殊奥林匹克运动会筹备工作情况
93	2006.8.24	主 席 蒋以任 副主席 谢丽娟、左焕琛、王荣华等	赴上海航天局调研
94	2006.8.30	主 席 蒋以任 副主席 宋仪侨、谢丽娟、左焕琛、黄关从、王荣华等	赴中国银联股份有限公司调研
95	2006.9.7	主 席 蒋以任 副主席 谢丽娟、王荣华等	赴黄浦区调研基础教育情况
96	2006.9.14	主 席 蒋以任 副主席 黄关从、王荣华等	赴世博园区建设现场视察世博园区建设情况
97	2006.9.21	主 席 蒋以任 副主席 宋仪侨、王生洪、谢丽娟、左焕琛等	赴金山区和上海石化公司调研现代农业园区和上海石化发展情况
98	2006.9.28	主 席 蒋以任 副主席 左焕琛、王荣华等	视察江桥蔬菜批发市场国庆节前市场供应和食品安全情况
99	2006.10.10	主 席 蒋以任等	赴仪征调研上海自主品牌汽车建设情况
100	2006.10.16	主 席 蒋以任等	赴上海市回民中学调研
101	2006.10.19	主 席 蒋以任 副主席 宋仪侨、谢丽娟、王荣华等	赴虹口区调研民生工作有关情况
102	2006.10.26	副主席 宋仪侨、左焕琛等	赴长江二中、精武体育馆调研"加强中小学体育教育,传承中华文化"情况
103	2006.11.2	副主席 宋仪侨、俞云波、王荣华等	赴银星停车场、上海滨江物资回收利用有限公司等调研"平安建设实事项目"进展情况
104	2006.11.9	主 席 蒋以任 副主席 宋仪侨、石四箴等	赴市消防局龙阳中队调研全市消防安全工作情况
105	2006.11.15	主 席 蒋以任等	赴闸北区第八中学、和田路小学调研
106	2006.11.16	主 席 蒋以任 副主席 俞云波、黄关从、王荣华等	赴市法律援助中心和市律师协会调研全市律师工作情况
107	2006.11.21	主 席 蒋以任 副主席 石四箴等	赴静安区调研旧房综合改造情况
108	2006.11.23	主 席 蒋以任 副主席 宋仪侨、谢丽娟等	赴上海越剧院调研
109	2006.12.7	主 席 蒋以任 副主席 黄关从等	赴上海国际汽车城调研

（续表）

序号	调研时间	出 席 领 导	调 研 内 容
110	2006.12.14	主　席　蒋以任 副主席　宋仪侨、王生洪等	赴杨浦区调研经济社会发展情况
111	2006.12.28	主　席　蒋以任 副主席　宋仪侨、黄关从等	赴上海航空工业局调研
112	2007.1.11	主　席　蒋以任 副主席　宋仪侨、谢丽娟、左焕琛、王荣华等	赴市食品药品检验所等视察全市食品药品监管工作情况
113	2007.1.18	主　席　蒋以任 副主席　俞云波、黄关从等	赴上海铁路局调研
114	2007.2.8	主　席　蒋以任 副主席　宋仪侨、黄关从等	赴上海五丰食品有限公司视察
115	2007.3.29	主　席　蒋以任 副主席　谢丽娟、左焕琛、王荣华等	赴南汇区调研新农村建设有关情况
116	2007.4.6	主　席　蒋以任 副主席　宋仪侨等	赴市质量技术监督局调研
117	2007.4.10	主　席　蒋以任 副主席　宋仪侨、王荣华等	赴梅山钢铁股份有限公司调研
118	2007.4.19	主　席　蒋以任 副主席　宋仪侨、左焕琛、黄关从、王荣华等	赴上海市邮政公司调研上海邮政改革发展和服务社会情况
119	2007.4.26	主　席　蒋以任 副主席　王荣华等	赴卢湾区调研城市管理和社区居民生活情况
120	2007.5.9	副主席　宋仪侨、王荣华等	赴徐汇艺术馆、漕河泾社区文化中心等调研社区群众文化建设情况
121	2007.5.17	主　席　蒋以任 副主席　宋仪侨、谢丽娟、俞云波、黄关从等	赴闵行区调研经济社会发展及社区建设情况
122	2007.5.31	主　席　蒋以任 副主席　王荣华等	赴吴泾化工有限公司、上海节能监察中心等调研全市产业结构调整有关情况
123	2007.6.7	主　席　蒋以任 副主席　宋仪侨、谢丽娟等	调研苏州河环境综合整治情况
124	2007.6.27	主　席　蒋以任等	赴长江隧道建设工地视察长江隧桥工程
125	2007.7.2	主　席　蒋以任 副主席　黄关从等	赴华东电网有限公司、上海电力公司调研电网迎峰度夏情况
126	2007.7.5	副主席　宋仪侨、王荣华等	赴延中三期地下车库等视察全市地下空间开发和利用情况
127	2007.7.12	主　席　蒋以任 副主席　宋仪侨等	赴市公安局、市交通局调研
128	2007.8.2	主　席　蒋以任 副主席　谢丽娟、王荣华等	赴市市容环卫局调研

(续表)

序号	调研时间	出 席 领 导	调 研 内 容
129	2007.8.9	主 席 蒋以任 副主席 宋仪侨、谢丽娟等	赴上海文广新闻传媒集团调研
130	2007.8.24	主 席 蒋以任 副主席 宋仪侨、王荣华等	赴虹口区调研民生及社会保障工作
131	2007.8.30	主 席 蒋以任 副主席 宋仪侨、王生洪、黄关从、王新奎等	赴临港产业园区视察
132	2007.9.5	主 席 蒋以任 副主席 石四箴、王荣华等	赴杨浦区调研基础教育工作
133	2007.9.20	主 席 蒋以任 副主席 王荣华等	赴松江区调研民生工作
134	2007.9.27	主 席 蒋以任 副主席 左焕琛、王荣华等	赴古美路菜场、世纪联华港汇店等视察节前市场供应和食品安全情况
135	2007.9.30	主 席 蒋以任等	赴江南造船(集团)公司调研
136	2007.10.9	主 席 蒋以任 副主席 宋仪侨、谢丽娟、左焕琛等	赴崇明县调研经济社会发展情况
137	2007.11.1	主 席 蒋以任 副主席 谢丽娟、王荣华等	赴宝山区调研经济社会发展情况并为"政协委员林"碑揭幕
138	2007.11.22	主 席 蒋以任 副主席 宋仪侨、谢丽娟、王荣华等	赴长宁区调研经济社会发展情况
139	2007.12.25	主 席 蒋以任 副主席 宋仪侨等	赴闵行区来沪人员就业服务中心等调研社会保障情况
140	2007.12.27	主 席 蒋以任 副主席 谢丽娟、左焕琛等	视察虹桥综合交通枢纽工程建设情况
141	2008.1.3	主 席 蒋以任 副主席 宋仪侨、王荣华等	赴金山区调研新农村建设情况
142	2008.1.7	主 席 蒋以任 副主席 王荣华等	赴静安区调研经济社会发展情况

第三节　第十一届市政协主席会议(成员)
赴基层视察调研

第十一届市政协延续第九、十届政协做法,于 2008 年 4 月 10 日启动首次主席会议(成员)赴基层视察调研活动,至 2012 年 9 月共组织活动 66 次。视察调研的重点:一是了解上海各区县及有关单位贯彻《中共中央关于加强人民政协工作的意见》,加强和支持政协工作的情况,共前往区县和市有关单位 23 次;二是结合市政协每年履职工作重点开展视察调研,专题涉及上海加强"四个中心"建设、"'十二五'规划"制订、促进经济转型发展、维护城市安全和促进社会和谐、上海世博会筹备与运行,以及上海宣传、文化、教育事业的发展等。

2008 年 4 月 10 日,市政协主席冯国勤,副主席周太彤、王新奎、钱景林、吴幼英、周汉民、蔡威、高小玫等来到闵行区政协,调研如何在新形势下做好政协工作,并与闵行、卢湾、杨浦、嘉定和崇明等区县的政协主席进行交流。冯国勤指出,2005 年以来,中央先后颁发了有关统一战线和人民政协工作的一系列重要文件,胡锦涛总书记也对政协工作提出了要求,这些都是开展政协工作的指导思想和行动指南,必须坚定不移地贯彻落实,继承人民政协的光荣传统和优良作风,形成有利于政协工作开展的良好氛围,着力开创政协工作的新局面。

2008 年 9 月 2 日,市政协主席冯国勤,副主席朱晓明、高小玫等视察了上海日立和贝尔阿尔卡特两家外资企业,了解经济调整期企业构建和谐劳动关系的情况。冯国勤表示,和谐的劳动关系是和谐社会的基础,《劳动合同法》出台、实施,需要各方的共同努力,因此要加大对新法的宣传力度,使社会各方达成共识,避免错误解读、盲目维权,政协应该成为新法实施的见证人、监督者和推动者。

2009 年 3 月 24 日,市政协主席冯国勤,副主席周太彤等视察了位于长兴岛的上海振华港口机械(集团)股份有限公司,实地考察了振华港机的美国新海大桥钢结构生产车间、环保型自动化集装箱码头示范区等。冯国勤一行充分肯定了公司创建以来产品不断创新及占领国际市场取得的骄人业绩,提出企业要把保持传统优势和增强创新优势相结合、抓好企业自身发展和积极履行社会责任相结合,为上海"保增长、扩内需、调结构"作出贡献。

2009 年 6 月 23 日,市政协主席冯国勤,副主席钱景林等赴崇明县调研,听取了县领导的情况汇报,实地考察了港西镇双津村和陈海公路。冯国勤一行表示,崇明空气好、环境好、生活好,有废物变资源的生态村,有太阳能村,有森林村等,应该成为国内最漂亮、最舒适、条件最优越的生态岛之一,成为人类最宜居之岛。

2010 年 4 月 19 日,市政协主席冯国勤,副主席王新奎、吴幼英等到上海广播电视台调研,参观电视新闻中心演播室,听取上海广播电视台发展及报道政协工作情况的汇报,就媒体进一步加强对政协工作的新闻宣传进行座谈交流。冯国勤希望上海广播电视台进一步提升政协新闻报道的深度、鲜活度、丰满度,形象生动地反映委员的真知灼见,反映委员履职成果背后的故事,反映委员履职为民的智慧风采。

2010 年 8 月 4 日,市政协主席冯国勤,副主席朱晓明、王新奎、李良园、周汉民、蔡威等赴浦东新区调研,深入了解新区发展和"十二五"规划编制情况,听取了市委常委、浦东新区区委书记徐麟的情况介绍,察看了浦东世博核心区配套工作指挥部和浦东展览馆,实地了解世博配套保障情况和新区发展历程。冯国勤表示,南汇区并入浦东新区后,新区党委、政府各项工作稳步推进、富有成效,抓住加快建设"两个中心"、筹办举办世博会、推进高新技术产业化、迪士尼项目落地等机遇,在调整产业结构、优化政府管理、保持社会和谐等方面创造了新经验。希望新区党委、政府再接再厉,进一步科学定位发展战略,深化综合配套改革,创新体制机制,继续在解放思想、科学发展中发挥引领作用。

2011 年 2 月 16 日,市政协主席冯国勤,副主席周太彤、李良园、钱景林、吴幼英、高小玫等视察辰山植物园,了解实施上海"十二五"规划纲要提出的"营造生态宜居的绿色家园"目标任务、促进上海生态建设可持续发展的情况。冯国勤在听取情况汇报后,希望植物园大力实践"城市,让生活更美好"的上海世博会主题,运用世博会管理运行经验,坚持以人为本,深入开发环保、科研、科普、旅游、休闲等功能,使植物园真正成为群众喜爱、集休闲游览与科普教育于一体的城市绿色新地标。

2011 年 3 月 29 日,市政协主席冯国勤,副主席周太彤、李良园、钱景林等视察了市公安局刑侦总队,就确保城市安全运行、深化平安建设与市公安局领导和公安干警交流座谈。冯国勤提出,希望公安部门坚持把群众满意不满意作为评价工作的根本标准,通过公安干警的辛勤工作,不断提升市民安全感和满意度,为上海的改革和发展提供良好社会治安环境。

2012年4月28日,市政协主席冯国勤,副主席王新奎、吴幼英、高小玫等赴虹口区,就虹口文化建设、旧区改造,以及进一步做好政协工作进行调研,听取了虹口区区委、政府、政协领导的情况汇报,考察了多伦路文化名人街、规划建设中的上海音乐谷、虹镇老街旧区改造情况。冯国勤希望虹口区在调结构、促转型上取得新共识;在推进文化改革发展上取得新突破;在推进旧区改造工作上取得新进展,要求新一届区政协坚持正确的政治方向,坚持改革创新精神,善于继承,勇于探索,推进人民政协的理论创新、制度创新、工作创新,不断提高政协工作科学化水平。

2012年7月30日,市政协主席冯国勤,副主席吴志明、钱景林、吴幼英等视察同济大学,了解学校发展和支持政协委员履职情况。听取了校领导的情况汇报,与该校的市政协委员进行座谈。冯国勤表示,同济大学践行"以服务为宗旨、在贡献中发展"的理念,形成了鲜明办学特色,为提高自主创新能力提供了科技和人才支撑;同济大学的政协委员在学校支持下,在教书育人、科研创新、履职建言等方面取得了成绩。希望委员们进一步在开拓创新中推动教学科研进步,在发挥优势中提高议政建言质量,在深入实际中联系界别群众,为上海创新驱动、转型发展作出新贡献。

表5-2-3 2008—2012年第十一届市政协主席会议(成员)赴基层视察调研一览

序号	调研时间	出席领导	调研内容
1	2008.4.10	主席 冯国勤 副主席 周太彤、王新奎、钱景林、吴幼英、周汉民、蔡威、高小玫等	赴闵行区政协调研新形势下的政协工作情况
2	2008.5.15	主席 冯国勤 副主席 钱景林、蔡威等	赴中国银联调研
3	2008.7.10	主席 冯国勤 副主席 朱晓明、高小玫等	赴上海社会科学院调研
4	2008.8.20	主席 冯国勤 副主席 周太彤、王新奎等	赴市电力公司电网调度、电网应急指挥部调研
5	2008.9.2	主席 冯国勤 副主席 朱晓明、高小玫等	赴市劳动和社会保障局、上海日立电器有限公司等调研构建和谐劳动关系情况
6	2008.9.3	主席 冯国勤 副主席 朱晓明、钱景林等	赴中欧国际工商学院调研
7	2008.11.5	主席 冯国勤 副主席 朱晓明、周太彤、李良园、吴幼英、高小玫等	赴浦东新区调研深化综合配套改革试点情况
8	2009.1.22	主席 冯国勤 副主席 周太彤、蔡威等	赴光明集团调研节前市场供应和食品安全工作
9	2009.2.4	主席 冯国勤 副主席 周太彤等	赴立信会计师事务所有限公司调研
10	2009.2.6	主席 冯国勤 副主席 周太彤、蔡威等	赴市出入境检验检疫局调研

（续表）

序号	调研时间	出 席 领 导	调 研 内 容
11	2009.2.11	主　席　冯国勤 副主席　周太彤、蔡威等	赴市工商行政管理局调研
12	2009.2.12	主　席　冯国勤 副主席　朱晓明、高小玫等	赴市公安局调研
13	2009.3.24	主　席　冯国勤 副主席　周太彤等	视察振华港口机械有限公司
14	2009.3.26	主　席　冯国勤 副主席　周太彤、蔡威等	赴市商务委调研当前全市商务工作情况
15	2009.3.30	主　席　冯国勤 副主席　李良园、吴幼英等	赴市档案馆外滩新馆调研发挥档案作用为民服务和依法加强档案管理情况
16	2009.4.2	主　席　冯国勤 副主席　周太彤、李良园、钱景林等	赴南汇区调研新农村建设及政协工作情况
17	2009.4.9	主　席　冯国勤 副主席　钱景林等	赴嘉定区政协调研并召开区县政协主席例会
18	2009.4.21	主　席　冯国勤 副主席　钱景林等	赴杨浦区调研经济社会发展及政协工作情况
19	2009.4.24	主　席　冯国勤 副主席　周太彤等	赴金山区调研经济社会发展及政协工作情况
20	2009.4.27	主　席　冯国勤 副主席　钱景林等	赴黄浦区调研经济社会发展及政协工作情况
21	2009.5.5	主　席　冯国勤 副主席　周太彤、钱景林等	赴宝山区调研经济社会发展及政协工作情况
22	2009.5.7	主　席　冯国勤 副主席　周太彤、钱景林等	赴闸北区调研经济社会发展及政协工作情况
23	2009.6.4	主　席　冯国勤 副主席　周太彤等	赴虹口区调研经济社会发展及政协工作情况
24	2009.6.12	主　席　冯国勤 副主席　周太彤、钱景林等	赴徐汇区调研经济社会发展及政协工作情况
25	2009.6.23	主　席　冯国勤 副主席　钱景林等	赴崇明县调研经济社会发展情况
26	2009.7.2	主　席　冯国勤 副主席　周太彤等	赴奉贤区调研经济社会发展及政协工作情况
27	2009.7.8	主　席　冯国勤 副主席　周太彤、钱景林等	赴静安区调研经济社会发展及政协工作情况
28	2009.7.9	主　席　冯国勤 副主席　周太彤、钱景林等	赴卢湾区调研经济社会发展及政协工作情况
29	2009.7.16	主　席　冯国勤 副主席　朱晓明、钱景林等	赴长宁区调研经济社会发展及政协工作情况

（续表）

序号	调研时间	出 席 领 导	调 研 内 容
30	2009.7.22	主 席　冯国勤 副主席　朱晓明、周太彤、钱景林、蔡威、高小玫等	视察普陀区长风生态商务区，并慰问市政养路职工
31	2009.8.6	主 席　冯国勤 副主席　朱晓明等	赴上海国际问题研究院调研
32	2009.8.13	主 席　冯国勤 副主席　周太彤、钱景林等	赴青浦区调研经济社会发展及政协工作情况
33	2009.8.20	主 席　冯国勤 副主席　周太彤、李良园等	视察上海紫竹科学园区
34	2009.8.29	主 席　冯国勤 副主席　李良园、周汉民等	视察华萃画廊
35	2009.9.7	主 席　冯国勤 副主席　王新奎、钱景林等	赴卢湾区调研基础教育工作情况
36	2010.5.26	主 席　冯国勤 副主席　周太彤等	赴中国金融期货交易所调研股指期货运行情况
37	2010.6.25	主 席　冯国勤 副主席　李良园、钱景林等	赴上海出入境检验检疫局世博园区办事处调研世博保障工作
38	2010.7.21	主 席　冯国勤 副主席　朱晓明、周太彤、李良园、钱景林等	赴宝山区调研住房保障体系建设及政协工作情况
39	2010.8.4	主 席　冯国勤 副主席　朱晓明、王新奎、李良园、周汉民、蔡威等	赴浦东新区调研新区发展和"十二五"规划编制情况
40	2010.8.26	主 席　冯国勤 副主席　朱晓明、周太彤、钱景林、吴幼英、周汉民等	赴花园坊节能环保园调研上海高新技术产业化和节能工作
41	2010.10.28	主 席　冯国勤 副主席　周太彤、李良园、吴幼英等	赴闸北区调研发挥区位优势、制定"十二五"规划工作
42	2010.12.23	主 席　冯国勤 副主席　李良园、钱景林、吴幼英等	赴上海歌剧院调研
43	2011.2.16	主 席　冯国勤 副主席　周太彤、李良园、钱景林、吴幼英、高小玫等	赴辰山植物园视察上海生态建设可持续发展工作
44	2011.3.1	主 席　冯国勤 副主席　李良园等	视察人民广场地铁站等轨交和大型交通枢纽运行安全情况
45	2011.3.18	主 席　冯国勤 副主席　周太彤、李良园、钱景林、吴幼英、蔡威、高小玫等	赴新华社上海分社调研

（续表）

序号	调研时间	出　席　领　导	调　研　内　容
46	2011.3.21	主　席　冯国勤 副主席　周太彤、李良园、钱景林等	赴上海实业（集团）有限公司调研加快上海企业"走出去"和转型发展工作
47	2011.3.24	主　席　冯国勤 副主席　周太彤、李良园、钱景林、吴幼英、高小玫等	赴上海铁路局视察沪杭高铁运营情况
48	2011.3.29	主　席　冯国勤 副主席　周太彤、李良园、钱景林等	赴市公安局刑警总队调研确保城市安全运行、深化平安建设工作
49	2011.4.26	主　席　冯国勤 副主席　周太彤、钱景林等	赴上海应用技术学院奉贤校区调研应用型创新人才培养工作
50	2011.6.9	主　席　冯国勤等	赴市台办调研
51	2011.6.23	主　席　冯国勤 副主席　周太彤、钱景林、吴幼英等	赴文化广场调研全市重点文化项目规划建设情况
52	2011.7.21	主　席　冯国勤 副主席　周太彤、高小玫等	视察"上海中心"建设工地
53	2011.7.21	主　席　冯国勤 副主席　钱景林等	赴上海师范大学天华学院调研民办高校发展情况
54	2011.12.27	主　席　冯国勤 副主席　周太彤、李良园、钱景林等	赴市规划国土资源局调研上海城市规划和土地管理情况
55	2012.2.9	主　席　冯国勤 副主席　周太彤、王新奎、高小玫等	赴上海海事法院调研上海海事领域法治建设情况
56	2012.2.28	主　席　冯国勤 副主席　李良园等	赴解放日报报业集团调研
57	2012.3.1	主　席　冯国勤 副主席　周汉民等	赴共青团上海市委调研如何做好新形势下的青年工作
58	2012.4.19	主　席　冯国勤 副主席　王新奎、吴幼英	赴上海广播电视台调研广播电视台发展及政协工作新闻报道情况
59	2012.4.28	主　席　冯国勤 副主席　王新奎、吴幼英、高小玫等	赴虹口区调研经济社会发展、旧区改造工作和新一届区政协开局工作
60	2012.5.4	主　席　冯国勤 副主席　周太彤、王新奎、高小玫等	赴上海安信农业保险公司调研
61	2012.7.5	主　席　冯国勤 副主席　周太彤、李良园、钱景林等	赴市人民检察院调研推进依法治市工作
62	2012.7.23	主　席　冯国勤 副主席　周太彤等	视察华东电网有限公司
63	2012.7.27	主　席　冯国勤 副主席　周太彤、李良园、钱景林、周汉民、蔡威等	赴松江区调研如何确保经济平稳健康增长问题

（续表）

序号	调研时间	出 席 领 导	调 研 内 容
64	2012.7.30	主　席　冯国勤 副主席　吴志明、钱景林、吴幼英等	赴同济大学调研学校发展情况和支持委员履职情况
65	2012.8.30	主　席　冯国勤 副主席　钱景林、周汉民等	赴上海师范大学调研学校发展情况
66	2012.9.6	主　席　冯国勤 副主席　周太彤等	赴市工商局调研全市工商部门推进社会信用体系建设情况

第三章　重点工作监督

第五届至十一届市政协围绕市委、市政府中心工作,加强与有关部门沟通,有重点地选择部分社会高度关注的重要问题和群众普遍关心的热点、难点问题,组织政协委员进行视察检查,开展专项监督,提出批评、意见和建议。

第一节　落实政策工作

20世纪80年代初,在市委的统一部署下,市政协认真履行民主监督职能,在全市落实政策工作中协助政府做了大量的工作。

一、组织检查上海查抄文物、图书和私房落实政策情况

1980年11月12—15日,市政协组织部分政协委员,分两路视察检查上海"文化大革命"中被查抄、占用的文物(工艺品)图书和私房的落实政策情况。委员们在听取有关部门情况汇报的基础上,查抄文物图书视察组检查了部分存放查抄文物工艺品、查抄图书的仓库,发现在落实政策工作上存在仓库保管不善使部分字画霉坏、出口物品中混有查抄物品、文物(工艺品)图书清理量大而投入人

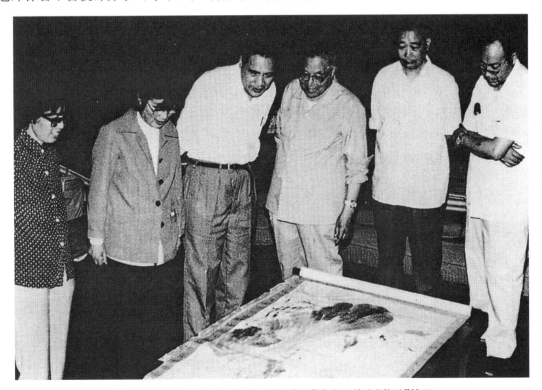

图 5 - 3 - 1　1983 年 7 月,市政协"落政"检查组检查"落政"情况

力少、清退发还进度慢等问题;私房落实政策视察组经讨论,认为当时私房落实政策工作进度缓慢,这既有房源因素,也有来自各方面的阻力,更有房管部门理不直、气不壮的问题。针对上述问题,市政协视察组写出视察报告,提出要进一步加强宣传,提高各级干部对落实政策工作重要性、必要性的认识,增强做好落实政策工作的自觉性;对查抄文物(工艺品)图书要加强清理力量,加速清退归还工作;对私房落实政策要有专门队伍,并且每年要有一批用于落实政策的专用房源,争取在 3 年内解决问题。报告建议,对政协委员和统战对象的落实政策问题要争取尽早予以解决。视察报告分送市委、市政府和有关主管部门,所提意见和建议均得到采纳。

1983 年 7 月 29 日,在市委召开统战工作会议,动员做好统战人士的落实政策工作后,市政协主席扩大会议决定成立 5 个检查组,对全市统战人士落实政策情况进行大检查,重点检查在"文化大革命"中各民主党派、工商联、宗教团体和代表性人士被占用的房产和被查抄的文物(工艺品)图书落实政策的情况。检查组采用听取汇报、现场视察、座谈协商等方法,先后进行 35 次活动,取得了较好效果。市工商联办公大楼被占用,经检查组与占用单位多次交流后,于同年 10 月得以归还;在对查抄文物图书清退工作进行检查时,检查组发现市工艺品进出口公司从市查抄文物工艺品清理小组接收的文物工艺品数与该公司处理数相差 25 万多件,检查组要求该公司进一步全面清理,并把这 25 万多件补上。检查组还就无法查明物主的文物工艺品,以及已经出口或卖出的文物工艺品的处理和落政补偿问题,向有关方面提出了要研究政策措施予以妥善解决的建议。

1983 年 10 月 18—21 日,根据主席会议决定,市政协组织 22 个检查小组,分赴 22 个区、县检查落实政策工作的情况。22 个检查小组到各区、县后,听取区县党委、政府领导的情况汇报,与区县政协委员座谈,听取意见和反映。在此基础上,分别抓住落实政策中的重点、难点问题,与有关部门座谈协商,帮助和推动相关问题的解决和落实。

1983 年 11 月 28 日,市政协主席会议决定在 12 月再次组织 11 个落实政策检查组,对上海落实政策工作中的重点、难点问题和区县落实政策的情况进行检查,进一步发现问题,提出意见建议。检查组在检查落实私房政策情况时,向主管部门提出务必要落实市委从新建住房中提取 15%—20%的房源用于落实政策的规定,同时要安排在适当的地段,以使动迁占住户的工作更顺利一些。在对查抄文物(工艺品)图书的清退工作重点检查时,再次深入存放查抄文物(工艺品)图书的仓库,强调要进一步加快进度,采取必要措施把清理和发还工作做得更快一些,更好一些。在对宗教房产归还问题进行检查时,再次同有关区、县、局的领导商议尚未落实归还日期的部分宗教房产归还问题,并取得归还期限的承诺。

二、跟踪检查上海落实宗教房产政策情况

1983 年 8—9 月,市政协组织宗教界委员和知名人士组成落实统战政策检查组,由市政协副主席带队,检查上海有关宗教场所落实政策情况。检查组先后视察了包括宗教房产全部或部分被占用仍未归还的天主教董家渡天主堂,基督教沐恩堂、怀恩堂,伊斯兰教清真女寺,佛教玉佛寺、龙华寺,道教白云观等 15 处宗教场所,在了解情况的基础上,写出视察报告报送市政府。在市政府的支持下,市政协宗教委员会同占用单位及其上级部门进行多次座谈协商,研究克服困难的措施,制定归还日程。经努力,龙华寺、玉佛寺、沐恩堂、怀恩堂、小桃园清真寺、董家渡天主堂、佘山天主堂等全部或部分被占用的宗教房产落实了归还计划并逐步得以兑现,在国内外宗教界中产生了良好的反响。随后,市政协宗教委员会继续协助有关部门落实党的宗教政策,使天主教邱家湾教堂、伯多

禄堂、土家湾堂,伊斯兰教清真女寺,佛教法藏寺,道教的城隍庙被占教产在20世纪80年代末至90年代初逐步得到归还。此外,针对社会上少数民族和宗教界人士十分关切,民族、宗教界政协委员多次提案要求的"归还'文化大革命'中被占用的上海回民公墓墓地"问题,经市政协与该地块使用单位多次协商研究,并经市领导批示,在南京军区、驻沪部队的支持下得到解决。

三、检查政协委员和民主人士落实政策情况

1983年底,市政协办公厅成立落实政策办公室,并向在沪全国政协委员和市政协委员中的非中共人士发出《知情、出力、落实政策情况调查表》,同时向上述委员的工作单位发出《政协委员落实政策情况调查表》。在此基础上,按人制卡,记录需要落实政策的问题,由市政协落实政策办公室逐人、逐项地与有关部门联系,促进问题的解决,对有疑难问题,则共同商讨解决办法。在市查抄文物工艺品清理小组、市私房落实政策办公室和各民主党派市委的支持配合下,采取一系列措施,如编印无主文物、图书、印章目录,供委员们查阅认领;将无主字画(工艺品)和图书,向委员们开仓开架认领等,发还了一大批文物(工艺品)和图书。对无法归还的查抄物资,采取协商的办法,按政策给予经济补偿。对私房落实政策中确实无法归还原房的采取协商换房的办法解决。在市委、市政府支持下,经市政协及社会各方的共同努力,至1987年,涉及218名市政协委员、58名在沪全国政协委员的572件落实政策问题全部得到解决。其中平反冤假错案31件,修改结论23件,归还"文化大革命"中被迫所写材料44件,归还私房56件,归还被查抄财物文物316件,归还被查抄钢琴22件,补发工资48件,解决被株连的问题8件,其他(身边无子女、公房被紧缩、夫妻分居两地和历史老案等)24件。其间,市政协还帮助在上海有落实政策问题的20多名外省市的全国政协委员和外省市政协委员,解决一批私房和查抄财物的落实政策问题。

四、检查落实知识分子政策情况

1984年2月27日—3月5日,市政协根据市委转发中央组织部、宣传部、统战部《关于认真检查一次落实知识分子政策情况的通知》精神,组织有140多名委员参加的6个视察组,由市政协副主席分别带队前往中科院上海分院、上海社科院、市纺织局、文化局、复旦大学、华东师范大学等6个单位,进行重点视察检查。视察组分别听取6个单位领导的情况汇报,并同部分中青年知识分子、业务骨干进行座谈,听取意见,接受知识分子来信来访。视察组根据中央提出的"政治上一视同仁、工作上放手使用、生活上关心照顾"的精神,在肯定各单位做了大量工作,取得一定成绩的同时,针对发现存在的问题提出9条意见建议:(1)提高认识,统一思想,克服"左"的影响,将落实知识分子政策真正摆上议事日程。(2)进行改革,不断解决在人才使用、人才流通、人才结构、人才培养方面存在的问题。(3)多方设法解决知识分子住房困难问题。(4)敞开党的大门,解决知识分子入党难问题。(5)切实做好后勤工作,解决知识分子的后顾之忧。(6)认真清查"文化大革命"中的"三种人"。(7)对"文化大革命"中的遗留问题要进一步落实政策。(8)职称评定要复查,要正常化。(9)做好知识分子的保健工作,尤其是中青年知识分子,更要多加关心。同年10月中旬,市政协再次组织6个视察组赴上述6个单位,了解自3月视察以来,各单位落实知识分子政策的情况。在肯定视察后各单位努力落实知识分子政策并取得成绩的同时,建议善始善终解决"文化大革命"遗留的落实政策问题,对部分所在单位难以解决的问题,表示将积极向市里反映。两次视察活动后,视

察组均写出视察报告,分送市委、市政府和有关部门。

第二节 市场管理与市场规范

加强市场管理,促进市场规范、有序运行,是社会主义市场经济体制下涉及民生的重要问题,是市政府加强经济宏观调控的一项常抓不懈的工作,也是市政协多年来始终关注,进行重点监督的内容之一。

一、对上海物价问题进行检查

1981 年 12 月 25—29 日,市政协组织委员和有关人士共 170 人分 4 组,在不事先通知被视察单位的情况下,深入黄浦、卢湾、徐汇、杨浦 4 个区的 6 个菜场和 9 个食品、服装、食品商店检查物价。通过检查,委员们认为,上海物价总体基本稳定,但少数商品确有价格调高现象,特别是变相涨价问题较多。针对上述问题,委员建议:(1) 端正指导思想,加强政治思想工作,大力开展物价政策的宣传教育。(2) 物价问题错综复杂,牵涉面广,必须各方协作,综合治理。要建立三级物价检查制度。市级物价检查组至少每季度检查 1 次,区级物价检查组每月检查 1 次,建立基层一级群众物价检查组织,配合商业部门经常检查执行物价政策的情况,发现问题,严肃处理。要进一步采取措施,健全物价管理体制,从市、区领导单位做起,杜绝不正之风,刹住歪风邪气。1982 年 1 月 20 日,市人大常委会听取市人民代表和市政协委员检查物价的情况汇报,市长汪道涵到会听取意见。

1985 年 10 月 11—14 日,市政协组织部分委员就人民群众关心的副食品物价问题进行调查。调查组听取有关部门的情况介绍,前往黄浦区山海关路菜场和宁海东路菜场实地调查。针对调查中发现的某些副食品专业公司服务方向不端正,紧俏商品不能直接投向市场;市场管理时紧时松,存在重经济效益、轻社会效益,重经济手段、轻思想工作等现象。委员建议:(1) 要端正业务指导思想,市专业公司要为区副食品公司和菜场服务,区副食品公司和菜场要千方百计为消费者服务。(2) 副食品供应部门要积极组织货源,发挥主渠道供应和平抑物价的作用。(3) 要加强市场管理,物价部门要协同工商行政部门对物价进行指导和管理,物价检查要经常化、制度化,对检查发现的问题要及时处理,奖罚分明。

1995 年 4—6 月,市政协组织政协委员对上海主副食品物价管理实施民主监督,对主副食品物价问题进行明察暗访,召开有关平抑物价座谈会;应邀出席国务院物价调查组的专题座谈会,听取市物价局负责人汇报上海物价大检查的情况等。委员们认为,全市主副食品供应存在流通环节过多,时鲜蔬菜从农民卖出,经过多次转手,到市民手上时价格已翻了几番;部分集市贸易管理不严,不按指导价格和提价申报规定而擅自提价;市场销售明码标价不够规范等问题。委员建议:(1) 要继续发挥国营菜场平抑物价的主渠道功能,进一步整治流通秩序,减少流通环节。(2) 要加强市场管理和物价管理监管的力量,着力形成监管网络。(3) 要研究市场经济条件下的价值规律和供求规律,改变单靠行政命令、政府补贴来控制物价的做法。

二、专项视察市工商行政管理工作

2004 年 9 月,市政协组织专项工作视察评议组,对市工商行政管理局在贯彻落实《行政许可法》、依法行政以及办理政协提案方面的情况进行为期 3 周的视察评议。视察评议组通过视察、走访、座谈、网上交流、问卷调查、网页评议等形式,共听取了 8 个不同所有制企业、7 个不同类型市场、13 个相关政府部门、10 个司法及法律服务机构、503 名政协委员对上海工商行政管理工作的意见建议,其中发放调查问卷 485 份(回收 436 份)。经综合研究分析,视察评议组既对市工商行政管理局所做的工作予以肯定,同时也提出了进一步改进工作的 31 条意见和 48 条建议,主要包括:(1)在依法行政方面,建议工商部门制定长期的、全局性的打假工作计划,进一步加大对市场的监管力度,坚决打击制假源头;要加大对虚假违法广告和小广告的整治力度,保护驰名、著名、知名商标,防止恶意仿冒,采取更加有力的措施支持上海名、特、优、新产品的生产和流通;加强对连锁加盟行业的市场监管和经营者资质审查,规范中介服务市场的力度,整顿各种中介机构,动态监管企业;加强对经纪人管理;进一步研究扶持民企发展方面的措施,争取在放宽市场准入、加快民企发展方面有更大作为,建议工商部门会同相关政府部门抓紧制定保障民营企业合法权益的地方性法规,真正使民营企业放心投资、合法经营、大胆发展;加强行政处罚的调查和研究,在行政处罚事实认定、违法所得计算和证据采集方面要谨慎。委员还建议工商行政管理部门要主动与媒体沟通,充分借助舆论监督的作用来规范市场秩序;充分调动群众参与市场秩序管理的积极性,为群众参与市场秩序管理创造便捷的途径和方式,如实行举报奖励制度等。(2)在贯彻落实《行政许可法》方面,建议加强对窗口工作人员的业务培训,提高业务能力;加快政务公开进程,尽快完善企业信息查询系统,及时更新补充有关信息,要处理好市局与区局的衔接,达到资料共享,并采取措施便于查询;要加强工商行政管理干部队伍建设,加强教育培训,不断提高工商行政管理干部的职业道德水准、行政执法能力和规范服务水平。视察活动结束后,视察评议组向市政府分管副市长和市工商行政管理局主要负责人反馈了视察评议结果,既提出了视察后对工商行政管理的意见建议,也提出了一些需要市政府协调解决的问题,受到市政府和市工商行政管理局领导的重视。市工商行政管理局领导表示将立即研究委员和各界人士的意见建议,落实相关措施,对能整改的及时整改;对一些不能立即整改的意见建议,列入 2005 年工作计划予以考虑;对于涉及宏观经济发展尚需长期努力才能解决的问题,将通过建立长效规范措施,纳入日常工作,并通过积极向立法部门建言献策,争取早日从机制、法制上解决问题。

三、专项视察全市食品安全监管工作

2005 年 8 月,市政协组建专项工作视察组,对属上海食品药品监管局依法行政,落实全市食品安全监管工作情况开展为期 3 个月的专项视察。专项视察组听取了市食品药品监管局的情况汇报,实地视察了 12 家食品生产企业,通过走访、座谈、网上交流和评议、问卷调查等形式,先后听取了 9 个相关政府部门、5 个行业协会、2 个司法及法律服务机构、近 200 名委员及 60 多名相关业主对全市食品安全监管工作的意见建议。在此基础上,经讨论研究,形成了《市政协对本市食品安全监管工作专项视察反馈意见》的报告。报告认为,上海食品安全监管工作总体良好,同时也存在监管职责尚须理顺、工作衔接不够紧密、外地入沪食品监管存在薄弱环节、乳品“冷链”监管不够严密、违法成本较低、处理问题程序不够简明等问题和不足。报告建议:(1)上海应加强地方食品安全立法工作,建立健全食品安全标准体系;借鉴发达国家的先进经验,尽快立项建设市食品安全评价预警中心,逐步建立和完善食品安全评价体系。(2)加强基层力量,在不断充实区县食品安全监管部门力量的同时,进一步明确各区县政府对辖区内食品安全的责任,将食品安全责任层层分解到基

层,落实到人。(3)食品安全监管部门应加强与企业的联系,帮助企业建立商品档案,建立定期抽查和新进产品的检测制度,做好指导、服务工作;制定绿色市场的标准,推动大型市场、超市、卖场增置现场检测检验设备,应用现代技术完善食品进货索证制度、商品台账制度和经营者商品卫生质量跟踪系统。(4)建立企业分类风险管理制度,对食品生产经营单位进行风险分级和食品卫生信誉分级,并将此作为决定企业能否生存或进行处罚的依据。(5)加大食品安全宣传力度,将有关食品安全法规列入上海市普法内容等。报告经市政协十届四十九次主席会议审议通过后,分别于11月22日和12月9日向分管副市长和市食品药品监管局作了反馈。

此次专项视察活动结束后,为增强上述专项视察的实效性,及时跟踪了解在专项视察中委员所提意见建议的整改情况,2006年4月下旬,市政协进行了专项视察回访活动,组织委员分3个视察回访小组,分别就2005年视察中曾提出意见建议的全市乳业源头整改工作、乳品安全"后冷链"建设、餐饮卫生等情况进行回访,先后回访视察了市牛奶集团下属宝山牧场(原光明乳业公司下属宝山牧场)、上海奶业行业协会和普陀区餐饮行业。视察中,委员们针对2005年提出的意见建议,逐条对照检查落实整改情况,肯定整改成效,提出部分仍未得到改进的问题,并再次提出改进意见,推动意见建议的进一步落实。

第三节　发展公共交通

2006—2007年,市政协围绕政协委员提案和社会民众关注的热点,选择事关百姓切身利益的全市公共交通问题,先后对全市公共交通工作情况、公共交通卡经营问题、新增机动车额度拍卖资金使用情况等进行视察,履行政协民主监督职能。

一、专项视察全市公共交通工作情况

2006年6月21日—8月23日,市政协组成专项工作视察组,开展对全市公共交通工作情况的专项视察。市政协委员和有关民主党派人士200多人次参加。视察组通过听取市有关部门专题工作汇报、实地考察、召开调研座谈会和工作会议、网上征求意见等方法了解情况,听取意见建议。其中参加座谈、现场调研被询问的部门和单位领导、公交从业人员、市民和媒体记者等各类人员共537人次;参与在线网上交流活动网民5 800余人次,视察组还面向社会进行了问卷调查,1 245人次参与网上"公交满意度"问卷调查答卷;1 018人参与"公交满意度"实地调查答卷,257名公交司售人员参加"公交司售人员调查"调查答卷。在此基础上,视察组经分析研究,提出专项视察报告,报送市委、市政府及有关部门。报告分析了上海公共交通发展状况,认为《上海市城市交通白皮书》对上海公共交通健康发展起到了一定的指导作用,有关部门认真落实"白皮书"提出的目标,积极编制交通发展规划并组织实施,相关法规与规范建设逐步推进,市区两级管理体制初见成效,行风建设得到重视,公共交通改革取得了一定成效。报告提出,全市公共交通工作还存在一些问题和不足:公交管理体制尚未理顺;公交发展规划相对滞后;郊区公交发展缓慢;部分区域公交营运环境较乱等,因此市民对公交满意度不高,公交行业的行风评议在全市排名靠后。报告建议:(1)加大公交公益性的财政投入,加强政策扶持。(2)加强交通主管部门的职能,完善公交管理体制,理顺各方关系。(3)完善公交综合规划,促进公交优先的规划落地,适时整合公交资源,优化公交线网,加快智能化公共交通系统建设。(4)加强行风建设,提高服务质量。(5)依法整治打击"黑车",严厉打击"车扒",创造良好的公交营运环境。(6)适当提高公交司售人员待遇,稳定公交职工队伍。(7)加快郊区公交发展,逐步实现城乡公交一体化等。视察完成后,视察组部分成员就视察情况向分管副市长及市建设交通委、市交通港口局领导进行了专题汇报。

二、专题视察全市公共交通卡经营问题

2007年3—6月,市政协经济委员会等组建视察组,就当时市民比较关注的"全市公共交通卡经营问题"开展专题视察。视察组先后走访市建设交通委、市消费者权益保护委员会、市工商局、上海公共交通卡股份有限公司(以下简称公交卡公司)等,了解全市公共交通卡"一卡通"系统运作模式及监管措施等相关情况;通过东方网就公交卡经营问题向全社会进行问卷调查;邀请部分企业、学校以及法律中介机构的专家学者,就进一步完善公共交通卡经营管理、加强政府审计监管等内容进行座谈讨论。在汇总各方面意见的基础上,视察组经认真研究讨论,提出了视察专题报告,送市政府及有关部门。报告肯定了公交卡使用给市民带来的便捷和相关工作部门所作出的努力,同时针对社会公众反映的押金过高、沉淀资金使用需要公开透明等问题提出:"一卡通"系统需要较高的建设成本,公交卡公司在运营之初制定较高的押金收取标准有一定的合理性,但目前系统已经建成,网络已铺就,制卡技术在不断进步,发卡规模也在不断扩张,公共交通卡的成本相应下降,逐步降低押金标准是适应市场价值规律的必然要求。报告建议:(1)公共交通卡运营企业在市场运作中,需要突出和强调"公益服务"原则。(2)积极完善服务措施,丰富服务项目,研究改进公共交通卡营销工作,如适当增加退卡、移资网点,合理调整退资手续费率和坏卡成本费用,同时建议通过购买服务等方式,增设销售、退资、修卡"一条龙"服务网点。(3)适当降低公共交通卡押金标准,行业主管部门需进一步加强对公共交通卡经营情况的监管,政府财政应给予公用事业性企业必要支持。上述建议得到市有关部门高度重视,采纳委员意见,全市公共交通卡押金从每张30元降低为20元,退卡网点不断增加,并向社会公布了公共交通卡押金的审计情况。

三、专题视察全市新增机动车额度拍卖资金使用情况

2007年,鉴于广大政协委员及市民群众十分关注全市新增机动车额度拍卖所得资金的使用情况,经市政协主席会议同意,4月17日,部分市政协委员和有关党派团体人士,就"全市新增机动车额度拍卖资金使用情况"开展了专题工作视察暨重点提案促办活动。委员们听取了市发展改革委等政府部门的情况汇报,进行了认真的讨论。委员们认为,新增机动车额度拍卖所得收入必须按法定程序严格监管,使用情况应进一步公开透明,并建议优化拍卖所得资金使用结构,学习北京大力推行公交优先的做法,将这部分资金主要用于补贴公共交通运营,以改善公交和地铁车况、优化公交线路、降低公交和地铁票价、提高公交车司机和售票员收入等,使大多数市民获得实惠。5月18日,市政协十届七十七次主席会议听取了"全市新增机动车额度拍卖资金使用情况"专题工作视察情况的汇报,会议肯定了视察的成果,要求在专题视察情况报告报送市政府及有关部门后继续跟踪相关结果,促进委员建议的落实。为此,视察组于6月中旬就此议题进行了跟踪,进一步了解有关部门采纳的情况。市政府及有关部门重视委员的建议,市政府进一步完善了机动车额度拍卖所得资金管理使用办法,将其重点用于实施公交优先的交通发展战略,用于降低市民的公交出行成本,

如用于实施统一城乡公交票价结构、扩大优惠换乘范围、70岁以上老年人免费乘车等政策的经费补贴,以及加快改善公共交通设施等。市发展改革委确定进一步强化新增机动车额度拍卖管理,完善拍卖收入使用规范,健全相关信息公开制度,将拍卖收入使用情况向社会公开,保障市民的知情权和监督权。

第四节 世博安全运行

2010年上海世界博览会筹备和展览期间,市政协倡导广大政协委员带头参与世博、服务世博、奉献世博,鼓励政协委员通过提案、社情民意信息等为筹办世博会建言献策。为响应全市开展"迎世博600天行动计划",2008—2010年,在迎世博倒计时600天、300天、200天、100天及世博会试运行前夕,市政协组织市政协委员和在沪全国政协委员400余人次分别围绕世博园区主要场馆和基础设施建设、窗口服务、市容环境建设和管理、社会动员工作、世博会专线运行、食品安全等开展视察检查,履行民主监督职能,发表意见建议近300条;世博会试运行和正式展览期间,组织政协委员以普通参观者身份进场,对世博园区运行情况开展监督评议,为世博会安全有序运行积极建言献策,为确保世博会成功、精彩、难忘贡献智慧和力量。

一、视察迎世博600天行动计划执行情况

【迎世博600天行动计划实施情况委员视察】

2008年11月,市政协组织2008年委员年终集中视察时,将"迎世博600天行动计划"实施情况列入委员年终视察议题。11月25日,市政协组织"世博园区主要场馆和基础设施建设"、"迎世博600天行动计划实施情况(市容环境整治)"两个视察组,分别视察了世博园区的世博中心、中国馆等场馆;黄浦区云南南路、长宁区北渔路新泾段、静安区雕塑公园等市容环境情况,并分别听取了相关部门的情况汇报。委员们围绕优化世博园区内场馆建设,注重建筑物质量和园区内细节设置;理顺管理体系,建立市容环境管理长效机制,将突击整治逐步转变为常态化管理,实现综合整治一体化;全民动员办世博,及早组建和扩大志愿者队伍,启动志愿者队伍全方位培训;为境外参展人员、参观人员提供便利等提出意见建议。

【迎世博倒计时300天委员专题视察】

2009年6月时值迎世博倒计时300天,市政协组织部分政协委员组成3个专题视察组,于6月25日分别就"迎世博窗口服务行业工作情况"、"迎世博市容环境建设和管理情况"、"迎世博社会动员工作情况"专题进行视察。委员们分别视察了仁济医院东院、工商银行上海分行、上海美术馆、上海长途客运南站等窗口服务情况;康定东路苏州河绿地整治,云南南路拆违、人行道整治,思南路建筑立面、架空线、市政道路整治,黄桦路户外广告整治、规范车辆停放,光复西路高层旧住房综合整治、清洁建筑立面工程;解放日报社、静安区静安寺街道社区文化活动中心开展迎世博宣传动员工作情况,并听取了迎世博600天行动各指挥部的情况汇报。本次视察采取明察与暗访相结合的方法,视察前有的组分成若干个小组进行个别走访;有的组采取有组织暗访与自行暗访相结合,在暗访活动中,拍摄存证照片300多张,视频近1个小时,发现了一些容易忽视的问题和不足。视察后,委员们与政府有关部门进行了交流座谈,反馈了发现的问题和不足,提出窗口服务要进一步完善硬

件设施,创新服务方式,拓展服务功能,加强技能培训,提高服务能力;市容环境整治要建立长效动态管理机制,努力消除各类死角、净化公共空间;要加大世博宣传动员的力度,进一步调动全社会参与迎世博的积极性等建议,得到市政府及相关委办局、各新闻单位及社会有关方面的重视和支持,25家新闻单位记者对视察进行跟踪报道,刊发新闻报道26篇。8月24日,市政协民族和宗教界部分委员又视察了上海市佰多禄天主堂、沐恩堂、法藏讲寺、崇福道院、小桃园清真寺等9个宗教活动场所,了解迎世博宗教活动接待场所准备工作情况,并就世博会接待有宗教信仰来客的工作提出建议。

【迎世博倒计时200天委员专题视察】

2009年10月13日迎世博倒计时200天之际,市政协组成视察组,继续就"迎世博窗口服务行业工作"、"迎世博市容环境建设和管理"、"迎世博社会动员工作"3个专题进行视察,分别视察了大众交通调度中心、国际航运总站等窗口服务工作情况;黄浦江、苏州河沿线两岸市容环境整治情况、黄浦区南苏州路沿线和闸北区苏州河沿岸部分绿化景观改造、旧小区综合整治情况;人民广场地铁站、复兴公园、长宁区市民巡访团、迎世博600天行动社会动员指挥部志愿者办公室等开展社会动员和宣传工作情况。视察中,委员们分别听取了上海市迎世博600天行动各指挥部的情况汇报,在肯定工作的基础上,就发现的问题和不足与有关部门进行了反馈和交流。委员们建议,要以改善精神面貌为重点,以强化细节为抓手,以优化管理制度为要求,以增强便民意识为先导,进一步提高窗口服务单位服务质量,更好地营造世博服务环境;要把环境整治与改善民生相结合,坚持长效常态,巩固市容环境的整治成果。委员们表示,政协委员更要关注世博,以自身的言行及社会影响,协助政府和有关部门进一步做好世博宣传动员工作。

图5-3-2 2009年10月,市政协委员视察"迎世博倒计时200天"市容环境建设和管理情况

【迎世博倒计时100天委员专题视察】

2010年1月12日和14日,市政协组成视察组,继续就"迎世博窗口服务行业工作"、"迎世博市容环境建设和管理"、"迎世博社会动员工作"专题进行视察,分别视察了上海波特曼丽嘉酒店、上海航空假期旅行社、长宁区图书馆;瑞金南路、紫荆新苑、白莲泾市容环境,世博园区周边建筑物屋顶整治情况;七宝镇社区文化活动中心、古龙三居小区、莘庄地铁站北广场迎世博会社会动员和宣传工作情况。在听取上海市迎世博600天行动各指挥部的情况汇报后,委员们建议世博各项筹备工作要进一步强调精、细、实,要从最高的要求出发,作最坏的准备,切实提高筹备工作的质量和水平,并就视察中发现的部分具体问题提出改进意见。

图5-3-3　2010年1月,市政协委员视察"迎世博倒计时100天"社会动员工作情况

二、世博会运行准备工作情况专题视察

上海世博会于2010年4月20日起试运行。4月15日,市政协组织部分委员,就世博会运行准备工作的"世博专线运行"、"窗口服务行业工作情况"、"市容整治"、"食品安全"方面进行专题视察,履行政协民主监督职能。视察针对迎世博倒计时100天委员视察时发现的问题和提出的意见建议,采取明察与暗访相结合的方法,以高标准的角度检查世博运行前的各项准备工作情况。4个视察组分别视察了市交通港口局指挥中心的联网监控系统;世博会专用停车场、西藏南路出入口、浦明路VIP通道等周边市容环境整治情况;佘山天文台、松江欢乐谷等文化娱乐窗口及江桥批发市场,并对部分迎世博倒计时100天视察中发现的问题进行了回访。视察后,委员们对世博会各项准备工作总体表示满意,并就世博期间如何注重细节,方便广大游客;完善安检程序,提高安检效率;完善应急预案,解决突发问题;提高市民素质,塑造文明形象,以确保世博会安全、有序运行提出了

意见和建议。

三、开展世博园区运行情况民主监督活动

2010年4月下旬—10月31日上海世博会试运行和展览期间,市政协组织政协委员开展了世博园区运行情况民主监督活动。在倡导全员参与的基础上,市、区政协联动,按照委员自愿、兼顾推荐的原则,以市政协专门委员会和区县政协为组成单位,有计划地组织政协委员在试运行期、普通日展期、部分指定日的白天或晚上,以普通参观者身份进入园区。委员们在园区内通过实地观察,与游客和工作人员交流等方式,对世博园运行中的园区安检安保、展馆设施和运行、园区配套设施、软件服务保障、工作人员及志愿者对参观者的服务态度和解决问题的能力、组织者对参展者的服务等方面的工作情况开展监督评议,查找薄弱环节和安全隐患,提出意见和建议。其间,市政协委员、在沪全国政协委员,浦东、徐汇、长宁、普陀、闸北、虹口、杨浦、黄浦、卢湾、静安、宝山、闵行、嘉定、奉贤14个区的政协委员共830人次,分53批次进园视察,共提出意见建议1 827条,梳理后形成395条意见、408条建议。这些意见建议以市政协办公厅《政协简报——世博园区运行情况民主监督专刊》的形式报送上海市世博会工作领导小组办公室、市委办公厅、市政府办公厅等部门。市委、市政府领导多次批示,要求重视委员的意见建议;上海世博会事务协调局等根据委员的意见建议,及时改进工作,先后采纳落实政协委员的意见和建议200余项。此次民主监督活动促进了世博园区有序运行,得到各方好评。全国政协主席贾庆林充分肯定上海市政协围绕世博开展的民主监督活动,市委书记俞正声多次表扬市政协此项民主监督活动。

第五节　城市公共安全

城市公共安全是维护和促进经济社会稳定发展面临的重要问题,市政协始终高度关注,通过多种形式就上海城市安全问题深入调研、坦诚建言,针对各类公共安全隐患和危机处理薄弱环节提出建议,为市委、市政府决策献计出力。

一、研讨如何应对自然灾害对上海城市公共安全影响

结合总结2003年"非典"给城市工作生活带来的影响,2004年市政协将研究如何应对自然灾害对上海城市公共安全影响作为重点研究课题,侧重研究上海在重大突发性自然灾害和公共事件的应急体制、机制、法制建设问题。委员们分析上海市灾害应急管理的进展与问题,认为上海是一个人口、产业、财富等城市要素高度密集的特大型城市,任何自然灾害和人为事故在上海都会产生叠加效应。上海在建设"四个中心"、实现"两个率先"的进程中,尤其应当关注和解决防灾减灾和城市公共安全问题。2004年11月,经市政协十届三十三次主席会议审议通过,市政协向市委、市政府送交了《关于应对自然灾害对上海城市公共安全影响的若干建议》的主席会议建议案,提出了要提升上海应急联动中心的地位,使其更具权威性;进一步完善应急联动机制;建立以公安武警、消防为主体的多功能灾害应急救援队;加强公共安全(灾害)防御经费的投入等6条建议。

二、开展"上海平安建设工作"专题调研和视察

2006 年,市委政法委、市公安局等为加强平安建设,确保社会稳定,针对存在的治安"八大顽症",推进"十项实事"项目。市政协社会和法制委员会就此开展视察和调研。5 月 9 日,部分政协委员随机视察了闵行区江南星城(一期)、新时代花园、平吉二村等居民小区的住宅安全防范设施建设,实地了解平安社区、平安家庭建设情况;8 月 30 日,委员们视察了江桥蔬菜批发市场经营秩序整治,嘉定区打击"黑车"非法营运、"两怀"(怀孕、怀抱婴儿)妇女管理服务情况,普陀区街面实时监控等情况。委员们建议:上海加强平安建设,整治治安顽症要从治本入手,从源头上治理,努力形成行之有效的长效机制,避免"虎头蛇尾"现象;各职能部门要相互支持,努力形成全社会参与、多部门配合的综合治理局面;要高度重视科技防范设施建设等。视察调研后形成《关于进一步加强上海社区平安建设的若干建议》的调研报告,送市委、市政府和有关部门参考。

三、开展"应对各类突发事件对城市公共安全的影响"专题调研

2008 年初全国范围的冰冻雨雪灾害发生后,2 月 15 日,十一届市政协召开第一次委员专题座谈会,以应对突发自然灾害为题展开讨论,建言献策。委员们认为,上海作为特大型城市,任何自然灾害和人为事故都会产生放大效应。增强城市危机管理能力,保障城市公共安全,是上海落实科学发展观,实现经济社会又好又快和可持续发展的重要课题。5 月 5 日,经市政协十一届六次主席会议审议,决定将"应对各类突发事件对城市公共安全影响"作为新一届政协开局之年首项专题调研

图 5 - 3 - 4　2008 年 6 月,市政协召开"应对各类突发事件对城市公共安全影响"专题协商会

议题,协调政协各方面力量,以应对突发自然灾害为题展开视察、调研、协商讨论,提出意见建议。

5月22—26日,市政协组织部分市政协委员和在沪全国政协委员,分别就"全市人防工程和地下设施安全情况"、"消防应急工作情况"、"轨道交通换乘枢纽和地面公交运营安全"、"铁路客运和高架道路行驶安全"、"世博会场馆及相配套的重大市政工程建设工地安全"、"特种设备安全管理情况"、"防台、防汛工作情况"、"灾害性气象研究及预报"、"全市食品安全管理情况"、"地震灾害研究及预报"、"化学及易燃易爆物品生产及储藏安全"、"全市重大疫病防控情况"12个专题进行视察。在肯定成绩的基础上,委员们针对各类公共安全隐患和危机处理薄弱环节提出了进一步改进工作的56条意见和建议,报送市委、市政府及有关部门,市委、市政府领导批示要求采取措施落实整改。

6月2日,市政协召开"应对各类突发事件对城市公共安全影响"常委专题协商会,市政协主席冯国勤出席会议并讲话,市委副书记、市长韩正,市政府20多个部门的负责同志到会听取委员意见。会上,人资环建委员会主任孟燕堃作了关于"应对各类突发事件对城市公共安全影响"专题调研情况的汇报,常委们围绕维护城市安全问题建言献策,与市领导进行交流讨论。6月25日,市政协召开十一届三次常委会会议,会议审议通过《关于上海应对各类突发公共事件的若干建议》,决定将之作为常委会会议建议案报送市委、市政府。

四、开展"加强城市建设与运行安全以及安全生产对策研究"的专题调研

上海2010年"11·15"特大火灾事故发生后,同年12月2日,市政协召开"加强上海城市公共安全制度建设"专题座谈会,政协委员就吸取"11·15"特大火灾事故教训,系统规划城市公共安全工作,建立统一高效的指挥协调机制和综合防灾救灾体系,提高处置突发事件能力等提出意见建议。市政协办公厅汇总整理形成了《市政协人口资源建设委员会、社会和法制委员会、经济委员会关于吸取"11·15"特大火灾事故教训,提升城市风险管理能力的若干建议》,供市领导和有关部门参阅。

2011年2—4月,根据市委部署,在市委开展有关城市安全专题调研的同时,由市政协联手各民主党派市委、区县政协组成课题组,开展"加强城市建设与运行安全及安全生产对策研究"的平行调研,根据实际遴选10个分课题开展了为期2个月的调研工作,170多名委员与党派成员参与。课题组采取听取有关部门情况汇报、以明察暗访的形式了解和检查相关安全管理情况、收集相关文献资料进行比较研究等方法,全面了解全市城市安全的形势和存在的问题,研究解决的方法和措施,形成《市政协关于加强城市建设、运行及生产安全若干建议》的总报告和10个分报告。报告初稿形成后,6月10日,市政协召开"加强城市运行安全和生产安全"常委专题协商会,14名委员围绕以吸取"11·15"特大火灾事故教训作为城市转型、科学发展的起点,构建政府主导、部门监督、企业负责、社会支持、群众参与的公共安全管理格局,切实提高城市运行安全和生产安全的管理水平等方面建言献策。会后,经主席会议审议通过,市政协向市委、市政府报送了《市政协关于加强城市建设、运行及生产安全的若干建议》的调研报告。报告借鉴境内外大城市经验,提出要用"历史的、辩证的、发展的"观点看待城市安全运行中存在的问题,提高城市运行风险掌控、防范、处置、化解和常态管理能力,加强主动防控和风险管理等建议,得到市委、市政府的高度重视,市政府发布的相关文件采纳了市政协的意见和建议。

为了解上述市政协意见建议的落实情况,进一步促进城市安全工作,2011年10月10—12日,市政协再次就城市运行安全和生产安全情况进行专题视察,组织部分政协委员,就上海的"建筑市

场管理情况"、"危险化学品安全管理情况"、"商贸集市和老旧社区消防安全情况"、"高层建筑及玻璃幕墙安全情况"、"地铁安全运行"等专题进行实地考察,检查了解安全工作情况,及时发现尚存的薄弱环节,进一步提出意见和建议,以《政协简报》形式报送市委、市政府及有关部门研处。同年 10月 26 日,市政协十一届三十次常委会会议再次专题协商"城市安全"工作,进一步就保障全市的生产安全和运行安全建言献策,副市长张学兵出席会议,听取委员意见并进行交流互动。

第四章　特邀监督员和行风评议

应邀担任党政、司法部门特邀监督员和参加政风行风民主评议活动,是市政协支持配合市纪委、市监察委纠正部门和行业不正之风,推进政务公开,落实和深化领导干部廉洁自律的有效方式。市政协在市委、市政府及其工作部门的统筹安排下,不断完善特邀监督员的推荐、联络工作,支持和帮助政协委员参加政风行风民主评议,使之成为政协履行民主监督职能的重要形式之一。

第一节　特邀监督员工作

市政协特邀监督员工作始于 20 世纪 90 年代初,第七届市政协法制与民主建设委员会应市中级人民法院的要求,推荐一批政协委员担任该院廉政监督员(兼人民陪审员)。自 1993 年起,随着党风廉政建设和纠正不正之风、惩治腐败工作的不断加强和深入,市纪委、市监察委与市纠正行业不正之风办公室(以下简称市纠风办)组织市人大代表、政协委员和各界人士对市有关部门、行业的党风、政风、行风进行评议,也带动越来越多的政法、行政管理部门和行业开始聘请政协委员担任特邀监督员。市政协将推荐政协委员担任特邀监督员作为履行民主监督职能的有效"抓手",通过统筹推荐人员,召开座谈会沟通联系、交流经验、表彰先进等措施,推进相关工作。1996 年和 1999 年,市政协与市委统战部联合召开两次特邀监督员工作会议,并根据会议精神制定《政协上海市委员会特邀监督员工作简则》,以指导相关工作。2009 年 10 月,市政协修订上述文件,并改名为《政协上海市委员会特邀监督员工作规则》,规则进一步阐述了政协开展特邀监督员工作的依据和意义;明确了政协委员担任特邀监督员的职责、权利和义务;规范了特邀监督员的邀请、推荐、聘任和解聘的条件以及程序,使特邀监督员工作逐步制度化和规范化。

一、推荐特邀监督员

特邀监督员在聘请单位党委(党组)领导下开展工作,服从邀请单位党委(党组)的领导和工作安排,主要通过向邀请单位提出意见、批评和建议的方式开展工作,市政协负责推荐和联络工作。特邀监督员的任期采取一届一聘的原则,从第八届市政协起,每届市政协根据聘请单位的要求推荐政协委员担任各单位、部门的特邀监督员。

1993 年 2 月—1998 年 2 月,第八届市政协共推荐 111 名(151 人次)市政协委员和在沪全国政协委员担任 26 个单位、部门的特邀监督员。

1998 年 3 月—2003 年 2 月,第九届市政协共推荐 179 名(256 人次)市政协委员和在沪全国政协委员担任 41 个单位、部门的特邀监督员。

2003 年 3 月—2008 年 1 月,第十届市政协先后共推荐 200 名(246 人次)市政协委员、在沪全国政协委员和政协之友社社员担任 31 个单位、部门的特邀监督员。

2008 年 2 月—2013 年 1 月,第十一届市政协先后共推荐 166 名(167 人次)市政协委员、在沪全国政协委员和政协之友社社员担任 25 个单位、部门的特邀监督员。

表5－4－1　1993—2012年第八至十一届市政协特邀监督员聘请单位及聘请人数一览

聘请单位	监督员名称	聘请人数			
		第八届市政协	第九届市政协	第十届市政协	第十一届市政协
市高级人民法院	特邀监督员	10人	10人	10人	10人
市第一中级人民法院	人民陪审员暨特邀监督员	15人	20人	10人	10人
市第二中级人民法院	特邀监督员	8人	22人	16人	15人
市人民检察院	特约检察员	7人	6人		
市人民检察院一分院	特邀监督员		2人	4人	3人
市人民检察院二分院	特邀监督员	2人	2人	2人	3人
市公安局	警风警纪监督员		22人	19人	14人
市公安局交警总队	警风警纪监督员	2人			
市公安局地铁分局	特约监督员	2人	2人		
市公安局巡警总队	警风警纪监督员	3人			
市公安局刑侦总队	警风警纪监督员		2人	3人	
市公安局治安总队	警风警纪监督员		2人		
市消防局(市消防总队)	警风警纪监督员		11人	25人	24人
市公安局出入境管理局	特邀监督员			1人	1人
市社会治安综合治理委员会	督查员	6人	5人		
市监察委员会	特约监察员	10人	9人		
市纠正行业不正之风办公室	纠风检查员	8人	7人	51人	21人
市财税系统	特邀监督员	3人	7人	4人	6人
市审计局	特约审计员	3人	4人		
市工商行政管理局	政风行风监督员	4人	6人	7人	4人
市教育委员会	特约教育督导员	3人	6人		
中共市教育工作委员会	党风廉政监督员	2人	5人	10人	
市卫生局	特邀(行风)监督员	14人	7人	6人	2人
市市政管理委员会	特邀监督员	14人	10人	1人	
市房地资源局	特邀行风监督员	5人	4人	4人	
市城市规划管理局	政务公开社会监督员	1人	1人		
市园林绿化局(市园林局)	达标监督员	4人	2人		
市环境卫生局	特邀监督员	5人	17人		
上海电力公司(市电力工业局)	社会行风监督员	10人	8人	10人	15人

（续表）

聘请单位	监督员名称	聘请人数			
		第八届市政协	第九届市政协	第十届市政协	第十一届市政协
上海电力公司市区供电公司	社会行风义务监督员		1人		
上海电信公司（市电话局）	服务质量社会监督员	2人	3人	6人	3人
市公用事业局	社会义务监督员	3人			
市公用事业局（公交总公司）	公交特约监理员	5人	4人		
市司法局	执法（行风）督察员		5人	6人	6人
市民政局	特邀监督员		2人	1人	
市质量技术监督局	行风监督员		2人	3人	2人
市环境保护局	特邀监督员		5人	3人	6人
市水务局	特邀监督员		5人	5人	
市文广影视管理局	广播影视节目评议员		15人	15人	
上海海关	行风监督员		7人	2人	2人
上海海关走私犯罪侦察分局	行风监督员		1人	1人	
上海电讯管理局	特邀监督员		2人		
国家邮政总局上海邮政局	邮政服务社会监督员		2人		
上海市公证处	特邀监督员		1人		
市律师协会	行风监督员		2人	1人	
市安全生产监管局	政风行风监督员			4人	3人
市物价局	价格督察员			5人	5人
市人事局	国家公务员考录特邀监督员			3人	
市人力资源和社会保障局（市医保局）	特邀监督员			8人	1人
市公务员局	特邀监督员				2人
市出入境检验检疫局	特邀监督员				1人
市交通港口局	特邀监督员				5人
市城市交通行政执法总队	政风行风特邀监督员				3人

二、特邀监督员会议

为加强与特邀监督员的联系，市政协通过召开特邀监督员学习会、座谈会、工作交流会等形式，将分散在各单位、部门担任监督员的政协委员集聚于一起，通过学习交流，提高履行民主监督的能力和水平。

【第八届市政协特邀监督员工作会议】

1996 年 7 月 29 日,市政协和市委统战部联合召开特邀监督员工作会议,市政协副主席、市委统战部部长王生洪主持会议。会上,受聘担任特邀监督员的市政协委员王嘉穗、陈昌福、胡嘉福和部分聘请单位的代表分别发言,市委常委、市纪委书记张惠新,市政协主席陈铁迪出席会议并讲话,强调要充分认识人民政协履行民主监督职能的重要性,发挥特邀监督员的作用,更好地履行人民政协民主监督的职能。会议讨论通过《上海市政协特邀监督员工作简则》,推进特邀监督员工作的规范化、制度化。市委、市政府有关部门、区县政协和特邀监督员聘请单位负责人应邀出席会议。

【第九届市政协特邀监督员工作会议】

1999 年 2 月 24 日,市政协和市委统战部联合召开特邀监督员工作会议,市政协副主席朱达人主持会议。会议在听取特邀监督员代表毛增滇、彭镇秋、郑惠强等政协委员和部分聘请单位负责人的发言后,市委常委、市纪委书记张惠新,市委常委、市委政法委书记刘云耕,市政协主席王力平先后讲话,充分肯定了特邀监督员在党风廉政建设和反腐败斗争中,为完善民主监督机制作出的重要贡献,指出聘请政协委员担任特邀监督员是落实中国共产党领导的多党合作和政治协商制度的具体措施,是政协联系人民群众,开展民主监督的有效形式,强调要进一步加强特邀监督员自身建设,加强与聘请单位的联系,使特邀监督员工作再上一个新台阶。市委、市政府有关部门、区县政协和特邀监督员聘请单位负责人应邀出席会议。

图 5-4-1　1999 年 2 月,市政协、市委统战部联合举行特邀监督员工作会议

【特邀监督员学习会】

2002 年 7 月 3 日,市政协举行特邀监督员学习会,听取市综合治理委员会办公室和市检察院反贪局负责人关于全市社会治安和惩治腐败工作情况的报告,座谈总结第九届市政协开展特邀监督

员工作中取得的成绩和存在的问题。市政协副主席朱达人出席会议并讲话。

【第十届市政协特邀监督员全体会议暨学习会】

2003年8月13日,第十届市政协召开新一届特邀监督员全体会议暨学习会开学典礼。市政协副主席宋仪侨出席会议并讲话,要求特邀监督员进一步了解监督员工作的性质、任务,知法懂法,掌握监督的原则标准;要增强责任感,增强民主监督意识;要深入群众,以事实为依据实施监督,在治本上多建言献策。8月13—14日,举办第一期特邀监督员学习班,围绕了解全市党风廉政和反腐败工作的形势,掌握监督员工作的性质、任务和工作方法等问题,邀请市社会治安综合治理委员会办公室、市检察院反贪局、市纠风办负责人作报告,邀请原特邀监督员介绍经验体会并座谈讨论。12月24—26日,举办特邀监督员全体会议暨第二期学习班,参加学习班的特邀监督员听取了市纪委、市房地局负责人关于全市党风廉政建设和全市物业管理情况的报告,围绕如何做好监督员工作进行了认真的讨论。2005年7月21日和11月10日,以及2007年11月8日,市政协还先后3次召开特邀监督员全体会议,听取市党风廉政建设和惩治贪污受贿工作情况通报。

【第十一届市政协特邀监督员工作会议】

2008年9月23日,第十一届市政协召开新一届特邀监督员工作座谈会,交流开展特邀监督员工作的情况和经验,特邀监督员周骏羽、钟元秋、徐佩莉、钱仲裘、骆新等发言,市纠风办、市公安局等单位通报了情况。市政协主席冯国勤出席会议并讲话,要求从围绕中心、服务大局出发,把握好开展特邀监督员工作的原则;要站在建设社会主义民主政治的高度,进一步强化特邀监督员工作制度建设;要注意把做好特邀监督员工作与履行政协各项职能有机结合,不断提高政协履行民主监督职能的质量和实效;要加强政协和特邀监督员以及聘请单位之间的沟通联系,重视并组织好特邀监督员的学习培训;要加大对特邀监督员工作的宣传力度,进一步扩大特邀监督员履职的社会影响力。市政协副主席钱景林主持会议。市政协特邀监督员及特邀监督员聘请单位的有关负责人出席。

2009年7月10—11日和8月7—8日,市政协分别与市委政法委、市监察局联合举办2期市政协委员特邀监督员学习培训班,围绕"如何进一步做好特邀监督员工作、增强市政协特邀监督员工作实效"进行了交流研讨,118名委员特邀监督员参加。市政协主席冯国勤参加两次学习培训班并作动员报告,要求特邀监督员必须坚持党的领导,树立"监督为民"理念,按照聘请单位的工作规范、准则,客观公正实施监督,努力做一名合格特邀监督员。学习研讨班听取了市纪委、市委政法委的情况通报,分别邀请市高院、公安局、市纠风办、市工商局等聘请单位负责人作经验交流,徐佩莉、凤懋伦、邵玲玲、沈伟娟、武俊青、游闽键等委员分别就如何做好特邀监督员作交流发言。会议期间进行了分组讨论,由各聘请单位进行实务培训,与委员互动交流。

第二节　行风评议

自1993年起,随着党风廉政建设和纠正不正之风、惩治腐败工作的不断加强和深入,市纪委、市监察委与市纠风办开始组织市人大代表、政协委员和各界人士对全市部分行政执法、综合管理部门和公共服务行业的党风、政风、行风进行评议。市政协把参与市委、市政府统一部署组织的行风评议、政(事)务公开查评工作作为政协发挥民主监督作用的有效途径,一方面积极推荐委员参加,一方面通过组织参与行风评议政协委员的座谈交流、总结表彰等方式,交流经验,发扬先进,加强宣传,支持和鼓励政协委员在全市行风评议工作中发挥更大作用。

一、参加部门行风、政务公开评议活动

【视察检查党风廉政和政务公开情况】

1993 年 11 月,市政协和市纠风办联合组织 6 个视察组(其中 4 个视察组以市政协委员为主并有部分市人大代表、群众团体成员参加),由市政协副主席石祝三、市监委主任韩坤林带队,对市公安局、财税局、工商局和浦东新区、卢湾区、崇明县政府等单位党风廉政建设阶段性目标完成情况进行视察检查。

1995 年 9—11 月,市政协推荐周骏羽等 20 名政协委员组成视察组,参加由市纠风办组织的对工商和房管系统的行风、政务公开情况进行检查评议活动。

1996 年 5 月,应市纪委要求,市政协推荐王肇远等 35 名政协委员参加市党风廉政建设检查组,对全市部委办和区县政府的党风廉政建设情况进行检查,历时半个月。

1997 年 7—8 月,市政协推荐汪宗熙等 7 名政协委员参加市纪委、市监察委组织的全市部分委办局、区县领导干部廉洁自律情况的专项检查活动。

2000 年 5—11 月,市政协推荐陈德明等 15 名委员参加市纠风办组织的对全市政务公开情况进行的查评活动。

【参加行风民主评议】

1996—2002 年,市政协应邀先后推荐政协委员 198 人次,参加由市纠风办组织的对全市公安、邮电、电力、卫生、税务、公用、环卫、环保、工商、规划、房地、教育、质监、旅游、劳动保障等 15 个系统和医药购销活动的行风情况进行的民主评议活动,详见表 5-4-2。

表 5-4-2 市政协委员参加行风评议情况一览

时　间	委员参加人数	被评议单位(部门)
1996.6—10	石鸿熙等 22 名委员	市公安、邮电、电力系统
1997.6—11	苏拔英等 46 名委员	市卫生、税务、公用系统
1998.5—11	蒋凌械等 20 名委员	市环卫、环保系统
1999.4—12	张亚培等 18 名委员	市医药购销活动
1999.8—11	周骏羽等 13 名委员	市工商、规划、房地产系统
2000.5—11	庄国清等 17 名委员	市教育系统
2001.5—11	张乾等 18 名委员	市质监系统
2001.8—11	陈震雷等 15 名委员	市税务、电力系统
2002.4—11	彭镇秋等 29 名委员	市旅游、劳动保障系统

2003 年,应市纠风办要求,第十届市政协推荐 51 名委员;2008 年,第十一届市政协推荐 21 位委员担任市纠风办纠风检查员。上述委员与人大代表、各界人士统一编组,参加了 2003—2009 年

市纠风办每年 5—10 月组织的全市行风、政务公开检查评议活动。

【参与政风行风网上测评】

2010 年起,市纠风办开展政风行风网上测评活动,根据市纠风办《关于商请市政协委员参加政风行风网上测评的函》要求,市政协推荐 100 名政协委员参与"政风行风网上测评"活动,于 2010 年、2011 年、2012 年 3 次就市纠风办确定的 8 个行政执法类部门、22 个综合管理类部门和 13 个公共服务行业的政风行风情况,根据要求通过网络进行了民主评议。

二、委员参加行风评议的总结、座谈、培训工作

【市政协委员参加市行风评议、政务公开检查总结汇报暨优秀行风代表座谈会】

1999 年 12 月 28 日举行,市政协副主席朱达人出席会议并总结几年来市政协组织委员参加行风评议活动的情况,希望通过总结经验,发扬先进,加强宣传,进一步推动工作发展。会议表彰了自 1995 年以来参加市行风评议活动中被评为"优秀行风评议代表"的 11 名政协委员。

【市政协委员参加 2000 年度市行风评议和政务公开查评总结汇报座谈会】

2001 年 1 月 15 日举行,会议听取庄国清、陈德明等 10 名政协委员关于参加行风评议的情况汇报。市政协副主席陈正兴、市纠风办负责人出席会议并讲话,充分肯定政协委员辛勤的劳动和所作的贡献。

【市政协委员参加 2001 年度市行风评议、政务公开查评总结汇报座谈会】

2001 年 12 月 29 日举行,市政协副主席朱达人出席会议并讲话。会上,张乾、陈震雷等 11 位政协委员汇报了参加行风评议、政务公开查评的经验和体会。市监察委员会副主任许伟国介绍了全市行风评议和政务公开查评活动的情况,充分肯定了市政协委员工作的成绩。

图 5 - 4 - 2　2001 年 12 月,市政协举行行风评议、政务公开查评总结汇报座谈会

【2002年市政协委员参加市行风评议工作暨2003年迎春座谈会】

2003年1月14日举行,市政协副主席朱达人出席会议并讲话,总结了第九届市政协5年来政协委员参加行风评议活动所作出的贡献和经验。市纪委常委、市纠风办常务副主任许伟国介绍了全市行风评议情况,高度赞扬了政协委员认真负责的工作态度和乐于奉献的精神。会上,彭镇秋、李忠等8位政协委员就参加行风评议工作作了交流发言。

【政风行风评议工作座谈会】

2007年12月25日举行,市政协副主席宋仪侨出席会议并讲话。会上,市纪委常委、市纠风办常务副主任陈龙通报了2007年全市政风行风评议情况。市政协常委、市政风行风监督大组长郭开荣作十届市政协委员参加全市政风行风评议工作总结。

【"政协委员参加政风行风网上测评"培训会】

2010年12月2日举行,为参与市纠风办2010年政风行风网上测评活动的100名政协委员进行业务培训,市政协副主席钱景林出席并讲话。会上,市纠风办负责人通报全市开展政风行风网上测评的相关情况,并就测评内容和操作方法现场进行培训和示范,部分政协委员在现场进行了网上测评的模拟操作。

第六篇

建言献策

选择事关经济社会发展的重要问题和群众关心的热点问题，深入调查研究，既是政协委员知情明政的渠道，更是政协委员参政议政、建言献策的重要形式。

市政协恢复活动后，1982年起由部分专门委员会（工作组）选择改革开放新形势下上海经济社会发展过程中出现的新情况、新问题，以及涉及群众生活的重要问题组织专题调研，提出意见建议，通过调研报告或政协简报的形式报送市政府和有关部门。1993年第八届市政协起，在专题调研的基础上探索创新，逐步形成了建议案、委员论坛、研讨会、专题座谈会等建言献策的新形式。

全国政协于1994年修订的《政协章程》，将参政议政列为人民政协的主要职能，进一步拓展了专题调研的渠道和领域，为广大委员及所联系的各界人士参与国是、发挥专长提供了更多机会，市政协专题调研的领域进一步拓展，涉及上海经济建设、政治建设、文化建设、社会建设、生态文明建设的各个方面。各专门委员会根据各自专业特点和优势，积极组织委员开展专题调研，形成调研报告。自2004年起，第十届、十一届市政协每年在专题调研计划中，约请民主党派市委、市人民团体各自单独承担部分课题的调研工作，形成调研报告。上述专委会和党派团体调研报告，一部分提请常委会会议和主席会议深入讨论和审议通过后，作为常委会会议建议案或主席会议建议案报送市委、市政府；一部分作为专门委员会（或党派团体）专题调研报告，由市政协办公厅报送市政府有关部门作工作参考。

1993年8月，第八届市政协主席会议审议通过第一件建议案《关于加快本市平价房建设的建议》。1993—2011年，市政协形成并报送市委、市政府的常委会会议建议案和主席会议建议案共126件。建议案成为市政协就事关上海经济社会发展的重要问题经过调研后，提出意见建议，建言献策的重要形式。2011年起，市政协由常委会会议或主席会议审议通过的调研报告，不再作为建议案，改以专题报告形式报送。

1995年起，在开展专题调研的基础上，市政协通过举办论坛和研讨会的形式，组织政协委员、社会各界及海内外专家学者围绕相关专题有针对性地提出意见和建议，集聚各界智慧，提高调研质量，深化调研成果。

2003—2007年，第十届市政协召开由主席、副主席主持，以界别为基础的委员专题座谈会，围绕上海经济社会发展情况，每次设定1个主题，委员们围绕主题反映情况、提出建议。座谈会邀请市政府办公厅及相关职能部门派员参会，直接听取委员的意见建议，进一步拓展了委员参政议政的渠道，丰富了市政协建言献策的形式。

第一章　建　议　案

政协建议案,是政协就经济、政治和社会生活等方面的某些重大问题调研后的意见建议,经常委会会议或主席会议协商讨论,审议立案,以政协组织的名义和正式文件的形式,向同级中共党委、人大常委会或人民政府提出的重要意见和建议。1993—2012 年,经市政协常委会会议或主席会议审定,向市委、市政府共提出常委会会议建议案 46 件,主席会议建议案 80 件,专题报告 12 件。① 市委、市政府收到建议案后基本都予以回复,告知处理及采纳落实情况。

第一节　常委会会议建议案

一、第八届市政协常委会会议建议案

【关于率先建立现代企业制度若干问题的建议(摘要)】

建议案就全市率先建立现代企业制度提出建议:(1)统一思想、统一政策、统一领导。统一思想,应对上海率先建立现代企业制度的重要性、必要性、迫切性、可行性等问题确立共识;统一政策,应防止政出多门和各自为政的现象;统一领导,建议由市政府主要领导负责上海市国有资产管理委员会工作,担负起上海国有企业改革的领导任务,并充实其办事机构的力量。(2)加快政企分离,发挥政府是企业改革第一推动力的作用。政府机构改革的核心是转变职能,建议将资产管理、行业管理的职能从政府行政主管部门分离出来,在全市范围内组建若干个跨产业、跨地区的国有资产经营公司,将现有国有企业按照效益配置的原则,授权给有关的国有资产经营公司管理。以国有大型企业为龙头,迅速组建和健全行业协会。政府各委办转变职能以后,其主要职责是规划、协调、服务和监督,不再直接管理企业的生产经营活动。(3)以确立企业法人治理机制为核心,推进企业制度创新。要正确设计企业法人的治理机制,理顺股东会、董事会、监事会、总经理、党委、工会、职代会的相互关系。上海国有企业产权改革,除了吸收非国有资产,发展股份制企业、股份合作制企业、中外合资企业以外,更要鼓励国有企业相互参股,拓宽国有企业改革和发展的资金渠道。(4)建立和完善社会配套体系。建议尽快建立和完善产权市场;加快劳动力市场的培育和发展,大力拓展就业渠道;加快干部体制改革;加快养老、医疗、待业等社会保障体系的建立,特别是拓宽社会保障基金来源。(1994 年 8 月 19 日经市政协八届九次常委会会议审议通过。)

【关于改善上海投资环境若干问题的建议(摘要)】

建议案就进一步改善上海的投资环境提出建议:(1)充分认识改善上海投资环境的重要性和紧迫性,加强对改善投资环境工作的规划与领导。建议市政府成立专门班子,由分管副市长牵头,共同研究、规划和部署有关改善投资环境的事项。(2)提高涉外机构、服务部门的办事效率和服务

---

① 自 2011 年 3 月 28 日市政协第十一届七十九次主席会议开始,主席会议审议通过的重要调研报告不再以主席会议建议案而以专题报告的形式报送,报送范围、报送程序与建议案相同。为与各专委会的专题调研报告有所区别,故将主席会议审议通过的专题报告列入主席会议建议案部分。

质量。建议建立健全规章制度,简化外商投资企业的立项审批手续,用电、用水、用气手续和出国访问、考察、经办业务的手续;银行、海关、税务等涉外服务机构恢复六天(或七天)工作制;建立"一个口子收费"制度。(3)发展和完善为外商投资企业服务的各类中介机构。建议对现有中介机构中存在名不符实、变相垄断的情况进行清理整顿;以外资委信息咨询中心为核心,建立信息咨询网络,及时向外商投资企业传递政府有关政策法规的颁布、变动情况,增加政策的透明度;发挥行业协会的作用,通过行业协会来协调企业相互关系,指导企业规范运作,促进企业自律。(4)为外商投资提供良好的法制环境。尽快推出《上海市保护外商投资权益的规定》;梳理并逐步完善涉外经济法律规章;成立由分管外资工作的市政府秘书长牵头,经委、外资委、税务、工商、公安等政府有关部门参加的涉外经济纠纷调解中心;提高执法人员的政治素质和业务水平。(5)加快高级经理人才的培养。把培养中、高级经理人才列入全市人力资源规划和紧缺人才培训计划,多渠道、多层次、多形式地开展培训工作。(6)下决心解决全市用电矛盾。广开渠道,多方筹资,包括引进外资搞股份合作,解决电力基础设施建设的资金短缺,加快电力产业的市场化、商业化进程。(7)抓好城市绿化和环境卫生,改善生活环境。切实贯彻《环保法》,加快对水和空气污染的治理。(1995年9月29日经市政协八届十六次常委会会议审议通过。)

【关于进一步提高市民思想道德素质的几点建议(摘要)】

建议案分析了上海市民思想道德素养方面的现状和问题,认为在市委领导下,近几年来有关部门做了许多工作,取得了明显成效,但提高市民思想道德素质绝非一朝一夕之事,还有许多工作需要大家去做。建议:(1)各级领导,尤其是各地区、各单位的"一把手"要把提高市民素质的工作提上议事日程。(2)发挥全市各级干部的模范带头作用。(3)在爱国主义教育中突出国情、国格和国耻教育。(4)在职业道德教育中突出敬业精神和创业精神。(5)在开展社会公德教育中,要加强爱祖国、爱人民、爱劳动、爱科学、爱社会主义的"五爱"教育,加强关于公民权利和义务的教育。(6)"三五"普法即将全面展开,建议从提高市民素质的要求出发,研究教育的内容和形式,采取切实有效的措施,引导广大市民增强守法观念,认识遵守社会公德和职业道德的重要性和必要性。(7)提高市民素质离不开社区建设。(8)建议"文明市民"教育进入学校课堂。(9)建议新闻媒介充分发挥舆论导向作用,表扬先进,批评违法违纪现象。(10)提高市民思想道德素质归根到底要靠广大市民的自我追求。(1995年12月19日经市政协八届十八次常委会会议审议通过。)

【关于增强流通功能,拓展国内市场的建议(摘要)】

建议案认为,积极拓展国内市场,是发展上海经济的重要战略决策,目前上海产品国内市场占有率下降,既有合理因素,也有工作上的不足。上海拓展国内市场已有较好起步,但仍有不少困难和问题。建议:(1)把增强流通功能,将上海建成贸易中心作为战略目标和出发点。(2)加大科技投入,调整产品结构,实施名牌战略。(3)增强集散功能,建设一批大型交易市场,加快发展国际、国内转口贸易。(4)实施以长江经济带和全国中心城市为主体的地区战略,扩展国内市场。(5)从建立流通网络、增强功能出发,选择拓展国内市场的有效形式。(6)打破工商、内外贸分割局面,实行统一领导、统筹规划。在充分发挥工商部门、企业和地区积极性的基础上,成立市场委员会,统一管理商品流通行为,统筹规划协调国际、国内和上海市三个市场。(7)建立市场信息中心,加快生产与流通、国内与国外的信息传递。(8)拓展融资渠道,扩大资金来源。(9)加快经营管理人才的培训,制定驻外人员的鼓励政策。(10)加快相关立法,规范市场行为。(1996年7月3日经市政协八届二十二次常委会会议审议通过。）

【对我市实施可持续发展战略若干问题的意见和建议（摘要）】

建议案就上海实施可持续发展战略提出建议：（1）全市的发展和建设要进一步着眼于长江三角洲大都市圈。（2）市郊要突出杭州湾濒江临海地带的发展和建设，进一步研究拟定杭州湾濒江临海城市带的发展定位；突破县域限制，规划建设好集中城市化地区。（3）加强对市中心地区开发建设的控制与引导。要重视生态理论对建设的引导，研究制定合理开发容量，解决高层高密度开发所引发的问题。（4）保护和整治环境，避免走"先污染，后治理"的老路，进一步做到主要污染物排放量控制与环境目标之间的衔接。要加大力度减少"煤污染"，减少水体污染，倡导"清洁生产、清洁消费"，开发再生资源的利用。（5）努力向"预防为主"的新型发展模式转变。对比研究国际大都市的经验教训，避免国外曾经出现过的环境问题在全市重演；对一些重大环境问题要采取有力的防范和治理措施。要防止在市区部分污染环境企业关停并转，产品生产向市郊转移时产生新的污染，重点落实新兴开发区的污染防治措施。对郊县污染要加强治理及预防，整治交通污染要采取断然措施。（6）加强可持续发展的宣传、科教和立法、执法。（7）狠抓政府调控、科技建设和社会参与的"三位一体"系统工程的落实。（8）以新的发展观重新审视并修订相关政策和指标体系。（1997 年 7 月 11 日经市政协八届二十八次常委会会议审议通过。）

图 6-1-1　1997 年 7 月，市政协"可持续发展战略"课题组考察苏州河

【关于加快本市工业企业技术进步的若干建议（摘要）】

建议案就加快上海工业企业技术进步提出建议：（1）以发展高新技术产业为战略重点，在政府

宏观指导下,提升上海工业整体水平。发展高新技术产业必须由市政府统一规划、统筹协调,选定高新技术产业必须坚持少而精的原则;既要发展高新技术产业,又要重视高新技术的推广应用,用高新技术强化现有的六大支柱产业和改造传统产业;要培育科技成果市场,促进高新技术产业的发展和企业技术成果的有偿转让。(2)建立健全以企业为主体的企业指数进步机制。要推动大集团、大企业的技术开发中心切实发挥研究开发的作用;企业要解放思想、突破陈规,建立强有力的技术进步激励机制。(3)重视引进配套和消化吸收,探索、建立企业的创新机制。要加强宣传,积极引导,使"创新是一个民族进步的灵魂"的思想深入企业、深入社会、深入人心。认真做好引进后的消化吸收工作和创新工作;从制度和措施上保证创新机制的建立和完善。(4)切实加大企业技术进步的资金投入。在注重向高新技术产业投入的同时,兼顾其他工业企业的技术进步,给予必需的财力支撑;设立风险投资基金,以帮助从事技术研究开发和生产的企业、部门规避风险;多渠道开辟资金来源,为高新技术的研究开发和企业的技术进步创造资金条件;建立技术开发共同基金,让该项基金进入证券市场。(5)努力构筑上海工业技术进步的人才高地。向国内外招聘发展高新技术产业需要的人才,通过适当渠道在境外设立若干个新技术、新产品研究开发中心,作为收集科技信息,吸纳科技人才的工作基地;对企业主要经营者的任用考核应不同于党政干部的选拔和管理,要探索在工资报酬、福利待遇方面制定吸引、凝聚创新型人才的措施;要以行业或企业为主,组织开展职工技术培训,引导和鼓励工人群众积极参与技术革新。(1997年8月13日经市政协八届二十九次常委会会议审议通过。)

二、第九届市政协常委会会议建议案

【关于促进本市传统产业高新技术改造的若干建议(摘要)】

建议案围绕促进上海传统产业高新技术改造提出建议:(1)高度重视传统产业的高新技术改造,贯彻上海产业发展方针,以海内外市场为导向,以产品为龙头,落实传统产业的高新技术改造任务。(2)建立健全以企业为主体的技术进步机制。让企业真正成为充分自主的投资经营主体,自觉建立技术进步机制;以利益为纽带,加大产学研结合力度;充分发挥全市科技资源优势,解决中小企业研究开发能力不足的矛盾;坚持引进基础上的创新,积极建立、完善企业创新机制;发扬上海产业工人优良传统,开展"合理化建议"活动;结合企业改制,为传统产业高新技术改造注入新的活力。(3)发挥政府宏观导向作用,为传统产业的高新技术改造营造宽松的外部环境。加强传统产业高新技术改造的政策引导;认真实施《专利法》,保护企业和个人知识产权;建立一批面向传统企业的技术援助机构;充分发挥行业协会和各类咨询、中介机构在推进企业技术进步中的作用,为传统产业改造提供服务;制定优惠政策,采取奖励措施,鼓励高新技术成果转移,支持传统产业高新技术改造;将企业技术进步状况纳入企业经营者考评范围。(4)拓宽融资渠道,为传统产业高新技术改造提供宽松的资金环境;广辟渠道筹措资金,为传统产业的高新技术改造实施担保。(1998年8月31日经市政协九届三次常委会会议审议通过。)

【关于创建上海优美环境、优良秩序、优质服务的若干建议(摘要)】

建议案围绕创建上海城市优美环境、优良社会秩序和优质服务提出建议:(1)通过促进全市环境卫生、绿化、环境保护和市容管理工作,创建上海的优美环境。在城市环境卫生方面,要完善废旧物资收集、处置功能,科学规划垃圾处置设施,推进环卫产业化进程。在绿化方面,要协调好绿化建设与其他建设的关系,强化城市绿化养护与管理。在城市环境保护方面,要加强水资源保护,增加城市污水处理总量;有效监管和控制机动车辆对环境的污染;积极推行环保经济激励机制与政策。在城市市容管理方面,要构筑城市综合管理新体制,完善城市市容管理法规,强化依法治市。(2)通过加强对"窗口"场所、道路交通、社区治安、文化娱乐体育健身场所和外来人口的管理,创建上海的优良秩序。对上海"窗口"场所,如火车站、客运码头、机场等严格管理;在交通秩序管理上,加快车辆停放点的建设,切实加强对非机动车、摩托车的管理,努力解决行人乱穿马路的问题;要进一步抓好社区治安的综合治理工作;加大对文化娱乐和体育健身场所的管理执法力度。制定外来人口管理的各项政策,加强对"三无盲流"的遣返工作。(3)通过提高服务性行业质量和社区服务质量,创建上海的优质服务。服务性行业在达标的基础上,以创建文明行业为目标,建立优质服务的运行机制,充分发挥服务质量监督制度的作用,进一步促进零售商业、公用事业行业、医疗卫生行业、物业管理行业等提高服务质量。社区服务应根据便民、利民、安民、乐民原则,确立社区服务新框架;发展社区服务的社会化网络;建立适合社区服务新框架的运作机制,同时迅速出台有关社区服务的地方性法规,使社区服务有法可依。(1998年8月31日经市政协九届三次常委会会议审议通过。)

【关于构筑上海人才高地的若干建议(摘要)】

建议案回顾了上海人才集聚和经济发展的情况,认为上海当前的人才状况不容乐观,表现为专业人才总量不足,结构不合理,某些领域还存在人才质量不高的问题;专业人才老化现象严重;大量人才流向国外和南方城市。产生上述问题的原因,主要是用人的思想观念与发展市场经济的要求不相适应;上海企业缺乏培养和吸纳人才的积极性;吸引人才的机制不活,力度不够;上海经济与科技发展水平与国外发达地区的差距对上海引进海外人才产生制约。建议:(1)营造引进人才的良好环境。一是解放思想,提高对知识经济时代人才需求的认识;二是搞活机制,营造环境,发挥企业在引进人才中的主力作用;三是引进人才的数量和质量要有明确的指标。(2)进一步做好吸引海外中国专业人才的工作。一是实行政策倾斜,进一步增强吸引海外专业人才的力度。二是积极推进机制转换和体制创新,创设灵活机动的出入境管理模式,确保"来去自由";建立宽松的科研运作机制,确保"学术自由";完善专利制度,保护海外专业人才在上海创业的知识产权;广泛推行技术入股机制,使海外专业人才与企业风险共担、利益共享。三是为海外专业人士扩展形式多样的为上海发展服务的渠道,如建立海外专家咨询委员会,聘请海外杰出的中国专业人才担任上海市经济与社会发展咨询委员;建立海外专家联络委员会,协助上海联络海外学人社团,向上海市推荐项目、人才;继续发挥已在上海工作的归国学人的作用。(3)完善引进人才的运作机制。引进国内外人才要突破计划经济体制下长期形成的单一政府行为,导入市场机制,社会各方面要充分利用人才市场高效率的运作渠道。(1999年9月17日经市政协九届九次常委会会议审议通过。)

【关于上海多元化办学的若干建议(摘要)】

建议案分析了上海教育发展多元化办学的必要性和紧迫性,认为作为中国经济改革和发展龙头的上海,应该积极响应中共中央和国务院关于教育改革的决定,同样成为全国教育改革和发展的龙头。上海应积极发展各级各类教育,创建多元化办学的教育体制:政府出资办学,以义务教育和高等教育中的部分学位教育为重心;积极鼓励慈善机构、社会团体和私人举办学前教育;借助市场力量推进高中教育的普及化和高等教育的大众化。建议案提出:(1)学前教育办学体制的改革思路:除保留极少数公办学前教育机构外,多数公有学前教育机构改制为"公有民办";积极鼓励慈善机构、社会团体和私人等投资举办学前教育机构;建立质量评估机构及教育质量评估指标体系,对学前教育机构实行星级管理,根据星级标准,确定多个层次的收费标准。(2)义务教育阶段办学体制的改革思路:市、区两级政府应该在义务教育的经费投入上有实质性突破;严禁各种乱收费;政府要着力解决"薄弱学校"问题;在确保适龄儿童、少年均能就近进入公办小学和初中的前提下,允许设立少数民办小学和初中,但不搞"一校两制"。(3)高中教育办学体制的改革思路:借助市场力量多元化发展高中教育,大胆进行高中阶段"公有民办"办学的探索;改革高中教育学校结构,实现高中阶段职业教育和普通教育的一体化;适当提高高中阶段教育的学费标准。(4)高等教育办学体制的改革思路:以国家为办学主体的"211工程"大学,地方政府应该积极参与共建,在财力上加以扶持,大学自身也要寻求其他渠道和途径筹集办学资金;以市政府为办学主体的地方性高等院校,通过管理体制改革,优化资源配置;将以区政府为办学主体的社区学院,重组为专科学历层次学院;政府应该积极鼓励企业和行业举办对口的行业性高职院校;适量的民办高校是满足百姓教育需要,实现高等教育大众化的途径,应积极鼓励社会力量以各种形式举办高等教育,对以社会力量为办学主体的大学二级学院,可探索高校产业化办学的新路,对部分公办高等教育机构可进行"公有民办"的改制;中外合作形成的高等教育机构及以股份制形式举办的高等院校,是高教产业化运作的有益尝试,可在适当扩大本科及研究生教育的招生数量并仍然实行"严进严出"的基础上,放宽专科层次入学要求,适当提高学费标准,并建立助学金、奖学金和贷学金制度。(1999年9月17日经市政协九届九次常委会会议审议通过。)

【为中小学实施素质教育营造良好外部环境的若干建议(摘要)】

建议案提出,要为中小学实施素质教育营造良好外部环境。建议:(1)进一步加大宣传力度,为开展素质教育创造良好的舆论氛围。(2)努力缩小义务教育阶段学校间的办学差距,加快推进中小学校标准化建设;制订地方性的"义务教育学校设置法",以规范、明确政府责任,减少在学校设置标准上的随意性。(3)按素质教育要求,实施新一轮课程教材改革,建立与完善切实可行的学校素质教育评价机制。建议成立市课程改革专家咨询委员会,对"课改"的基本理论问题和操作环节提出咨询报告,提高"课改"的科学化水平。(4)改革高中阶段教育,多办综合性高中,改变用"中考"过早分流的不合理现状。(5)改革高考制度与办法,发挥积极的导向作用。(6)加强中小学教师队伍建设。按素质教育的要求,改革高等师范教育与在职教师培训工作。上海应该有所创新,率先建立"开放型"的教师、校长资格证书制度。(7)营造有利于培养民族创新精神的社会环境。除了教学内容和教学方法要充分体现创新精神与能力的培养,校长、教师要为此积极探索、勤奋工作外,社会环境的影响也决不可忽视。(8)其他几个值得重视的问题:一是全面推进素质教育,根本上要靠法制,靠制度保障,上海应继续完善地方性的教育法规;二是社会用人制度对于实施素质教育有着重要的导向作用;三是继续增加基础教育经费的投入,建立良好的校外教育服务体系;四是要加强素质教育的理论研究,进一步扩大基础教育的国际合作与交流。(1999年9月17日经市政协九届九次常委会会议审议通过。)

【关于上海积极参与西部大开发的若干建议(摘要)】

建议案提出,上海参与西部大开发要注意把握好四个关系,即热情参与和稳步推进的关系、行政行为和市场行为的关系、突出重点和逐步展开的关系、参与开发和自身发展的关系。建议:

（1）组织学习，加强调研，寻找结合点。有关部门要结合上海的实际，以互惠互利、共同繁荣为原则，确定参与西部大开发的重点项目和为西部开发的服务内容，将此列入上海的中长期规划，抓紧制订鼓励政策。（2）形成以"市场为导向、企业为主体、政府积极推动"的格局，做好服务工作。（3）积极参与重大基础设施建设。上海要发挥在大规模推进城市现代化建设和改造中形成的设计、施工、管理等优势，积极参与西部地区基础设施建设项目的竞标。（4）积极参与优势资源开发。上海可利用科研力量和科研成果，选择西部地区优势资源进行联合开发，发展有市场前景的特色经济和优势产业，以提高资源利用能级和附加值。（5）积极参与西部地区生态环境保护和建设。（6）与上海产业结构调整相结合，上海可把一些劳动密集型的产业，部分原材料主要来源于西部地区，以及耗能较大的行业，整体或中间产品转移到西部。（7）积极参与科教合作和人才培养。把科技教育作为与西部地区合作的重点领域；上海市各高校在扩大招生时，应兼顾扩招西部生源；组织人事部门要研究具体措施，定期互派干部挂职锻炼。（8）积极探索跨地区资本运作的新途径。上海要动员各类经济和社会组织共同参与西部地区的投资开发。如条件许可，上海可以设立西部地区基础设施建设彩票，也可以与西部地区有实力的大企业、上市公司合资组建项目公司，共同投资、开发、管理、得益。（9）提高质量，讲究信誉，加强售后服务，拓展西部市场。鼓励有实力的企业不定期地在西部地区组织上海商品展销会、展示会，扩大上海名特优产品的知名度和可信度；加强市场调研和分析，向西部地区提供更多适销对路的商品；加强与西部地区优势商品的贸易合作，促进生产要素的相互优化重组，共同拓展西部市场。（2000年7月13日经市政协九届十五次常委会会议审议通过。）

图6-1-2　2000年3月，市政协"西部开发"课题组在四川省考察

【对上海迎接"入世"所取对策的若干建议（摘要）】

建议案提出，上海是中国最大的经济中心城市，中国加入WTO，上海是最受影响、最敏感的地区之一。为此，要注意把握好以下几个关系：一是坚持抓机遇的观念，处理好机遇与挑战的关系；二是坚持发展的观念，处理好发展上海和服务全国的关系；三是坚持进一步开放的观念，处理好融入世界经济与经济安全的关系。建议：（1）适应WTO规则，立足上海实际，构筑新的经济管理体

系。制定战略规划,引导产业发展;完善经济运行监管调控体系;建立和健全适应 WTO 规则的竞争管理体系;以提高服务质量和办事效率为目标,转变政府职能。(2)营造一个与"入世"相适应的,能保障经济正常运行的社会、人文环境。加快完善社会保障体系,建议开征社会保障税和变现部分国有资产;加快建设中介服务体系,加快剥离附属于政府行政管理部门的事业性中介组织,严禁公务员兼任中介组织职务;加快教育改革,发展适应性教育;从适应经济全球化的战略高度,加快建设以现代城市物流、资金流、信息流为中心的服务体系;加速构筑国际都市型社会文化环境。(3)加大改革力度,建立创新机制,提高企业竞争实力。要进一步解放思想,突出产权改革,推进企业全面转制;要加大知识产权保护力度,建立并完善企业创新机制;要利用开放新格局,拓展对外技术合作和技术交流。(2000 年 7 月 13 日经市政协九届十五次常委会会议审议通过。)

【关于上海实施"走出去"战略的若干建议和思考(摘要)】

建议案分析了上海实施"走出去"战略的基本情况,认为实施"走出去"战略要处理好几个关系:经济领域"走出去"与其他领域"走出去"的关系;积极推进和重点突破的关系;总体规划和阶段推进的关系;企业主体地位与政府服务的关系;"引进来"和"走出去"的互动关系;鼓励"走出去"和实行有差别的区域策略的关系。建议案提出:(1)尽快疏通"走出去"通道。建议市政府积极向中央争取放宽企业跨境投资、经营的审批权限,在上海先试先行,对已经明确的审批改革措施,要加快落实到位;充分利用浦东新区的功能辐射和政策辐射优势,为全市企业"走出去"创造条件;要扩大市直属企业集团对外投资的决策权,支持有条件的民营企业"走出去",并给予享受与国有企业同等的政策。(2)加快"走出去"企业的改制步伐。建议建立市场化的用人机制,改变国有企业在海外经营者选任问题上的"照顾性"行为;最大限度给予海外子公司自主决策经营权,同时,加强对海外企业资金运行的监督。(3)加强对"走出去"企业的引导和服务。建议建立"走出去"网站,编制海外机构联络手册,出版海外投资信息报刊,整合现有研究机构力量,发挥上海人才、信息优势,为企业海外投资提供咨询服务。(4)集中优势企业资本,对外投资若干大项目。支持有条件的企业进行体制创新,采取直接投资和兼并收购相结合、实业投资和资本运作相结合等形式,集中优势企业资本,力争建立若干境外加工贸易基地、海外资源开发基地,承接对外加工承包项目等。(5)尽快建立"互补经营"运行机制。以优势企业为龙头,通过多元投资,完善企业法人治理,组建向海外拓展的联合体,实现外贸、外经、外技、外服等企业互补经营。(6)在海内外利用人才和培养人才。树立人力资源的全球观念,做到本国人与海外华人、留学生、外国人一视同仁。(7)加强对外宣传。支持在海外开办中文学校,鼓励教师到海外讲学;吸引海外学生和其他人士到中国企业实习和参观,宣传中国的文化、企业和品牌等。(8)充分利用两个市场优势,促进企业战略联盟和跨国合作。通过建立"双赢机制",发展"中中外"模式,以上海技术、人才、资本优势与中西部资源、劳动力优势相结合,联合开发海外市场;抓住中国加入 WTO 的机会,发挥中国市场潜力大和企业市场营销网络优势,形成"中外中"、"中外外"等合作发展的模式,加快与海外跨国企业合资合作,联合开发国内外市场。(2001 年 8 月 20 日经市政协九届二十一次常委会会议审议通过。)

【关于进一步转变上海政府职能的若干建议(摘要)】

建议案提出,转变政府职能,应着眼于中央对上海提出的建立比较完善的社会主义市场经济体制,率先基本实现现代化的战略目标,进一步理顺政府与市场,政府与企业,政府与行业协会、中介组织,行政手段与经济手段、法制手段等四个关系。实现从工商业城市的传统管理模式向现代化国际大都市的管理模式转变;从"政府主导型"向"市场主导型"转变;从"条块分割型"向"综合协调型"的转变。建议:(1)增强政府培育、引导、规范和监管市场的功能,推动市场配置资源功能的发挥。(2)加强综合部门建设,逐步减少专业管理部门,进一步理顺部门之间的职能关系,加强综合管理协调职能建设,提高政府统筹协调和综合管理能力。(3)按照权力与责任相统一的要求,改革政府审批制度,依照法律程序明确审批责任。(4)大力培育和发展行业组织和中介服务体系,充分发挥行业协会的作用,鼓励其健康有序发展,促进政府职能转变。(5)进一步改革国有资产管理模式,实行所有权、管理权、经营权分离。(6)完善政府决策机制,推进决策的科学化、民主化。凡政府的重大决策、重大规划、重大项目和行政规章,以及与群众、企业利益密切相关的决定,在出台前应在一定范围内听取有关方面和相关群众的意见,并列入决策程序;政府部门要进一步推进政务公开和政务信息化,提高办事效率和行政透明度。(7)按照公平、公正和国际性原则,修订完善行政规章制度。(8)拓宽视野,广纳贤才。政府选聘公务员要面向社会公开招聘,不仅面向全市,还可面向兄弟省市以及港澳台和海外留学生。(9)建立和完善政府监测体系。完善上海经济社会发展的统计指标体系;建立经济社会发展的综合信息发布制度;完善全市统一的宏观管理综合数据库;建立预测、预警指标体系,形成快速反应、及时调控的机制,提高政府施政能力和工作效率。(2001年10月10日经市政协九届二十二次常委会会议审议通过。)

【关于加强公务员道德建设的若干思考和建议(摘要)】

建议案就加强公务员道德建设提出建议:(1)加强道德教育,优化舆论氛围。公务员上岗前要接受专门的道德教育,就职前要举行忠于宪法的宣誓仪式,并在誓词上签字;对在职公务员应定期进行道德教育,编制公务员道德教育读本,尤其要突出案例分析,不断提高他们的道德选择能力,恪守公务员道德准则;宣传媒体要营造鼓励公务员遵守道德规范的良好舆论氛围。(2)细化道德准则,改进管理方式。要根据不同行业、不同部门的特点拟定具体、简明、可操作的道德行为细则,依靠制度严格管理;积极创造条件,尽快制定《上海市公务员道德行为条例》;设立公务员廉政基金,公务员退休后,根据在职期间的具体表现予以奖励。(3)依靠社会力量,加强监督力度。要加大法律监督、民主监督和舆论监督的力度,切实发挥人大、政协、民主党派、人民团体以及新闻媒体的作用;尽快制定《上海市行政程序条例》和《上海市行政监督条例》,规范公务员的行政活动;实行领导责任追究制;建立社区监督制度,公务员工作单位与公务员所居住的社区制订公务员社区联系制度,双方互通信息,定期听取居民意见。(4)开展民主评议,发挥考核作用。考察和选拔公务员要注意贯彻群众路线,重视群众对公务员道德的评议;要将公务员道德考核与奖惩直接挂钩,把考核内容与奖惩等次对应起来,并与公务员的升降留转相结合。(2001年12月12日经市政协九届二十三次常委会会议审议通过。)

【关于加强本市城镇社会救助工作的若干建议(摘要)】

建议案围绕进一步加强上海城镇社会救助工作提出建议:(1)进一步完善社会救济政策。对近几年出台的社会救济政策进行一次梳理,调整已不适应现实情况或规定中相互矛盾的内容;建立统一的实名制账户发放"社会救助金"和"社会帮困金";完善对低保中丧失和基本丧失谋生能力对象的救济政策,研究并实施这部分对象患大病重病的救济办法;调整对低保中可就业对象的救济政策,变静态救济为动态救济,促进可就业低保对象通过就业解困。(2)制定社会救济救助地方性法规。尽早出台《上海市社会救济条例》、《上海市社会捐赠条例》,同时加大社会救济工作的政策法规宣传和执法检查力度。(3)建立健全规范有序的组织管理体制。由市有关领导牵头,建立社会保障工作领导小组或建立联席会议制度,协调民政等各方面的社会救济救助工作;要充分依托社区,加强动态管理,以保证就业解困工作落实到位;成立上海社会保障工作研究中心(室),对救济工作动态和发展趋势等进行研究;结合机构改革,建立区、县社会保障(救济)中心,并保证人员编制、经费;要拓展集资渠道,设立社会救济基金,成立市、区二级专门机构从事基金的运作和管理;采用财政转移支付的办法平衡人口导入区明显加重的社会救济负担;要保留一定社会救济资金机动额度,以用于特殊对象的救急之用;尽可能加大财政投入,以满足社会救济工作的需要。(4)形成多层次的社会考核监督评估机制,加强对社会救济工作的评估和考核。(5)形成有效的培训就业互动机制。对社会办学给予政策上的支持,用工单位应优先录用经培训的对象。(2001年12月12日经市政协九届二十三次常委会会议审议通过。)

【关于加强本市行业协会、中介机构建设的若干建议(摘要)】

建议案就加强上海行业协会、中介机构建设提出建议:(1)切实转变政府职能,促进行业协会、中介机构健康发展。(2)加强法制建设,改善行业协会、中介机构发展的环境。要加快制定和出台促进行业协会、中介机构发展的地方性法规,完善司法、行政等综合监管体制。(3)建立与市场经济相适应的行业协会、中介机构生存发展机制,鼓励行业协会、中介机构以"作为"争取"地位"。(4)深化企业产权改革,优化行业协会、中介机构发展的市场基础。(5)借鉴国际经验,加强与外资企业和境外协会在沪机构的合作和引导,只要其行为符合中国的法律、法规,都应予以支持。(6)培育文化市场,加快文化领域行业协会、中介机构建设。(7)探索市场经济条件下发挥社区功能的新途径和社区服务的新形式,拓展中介机构发展新空间。(8)积极发展符合中国国情的非营利性中介组织。组织开展与港澳台地区以及海外慈善性、公益性、服务性等中介组织的交流,积极吸取他们的先进经验,探索符合中国国情,具有特色的管理机制和运作机制。(2002年10月24日经市政协九届三十次常委会会议审议通过。)

【关于崇明岛发展定位的若干建议(摘要)】

建议案提出,崇明的发展定位,一要从中国经济适应全球化趋势考虑;二要从长江三角洲地区共同发展的大局考虑,为长江三角洲地区经济联动发展构筑一个新的发展平台;三要从上海建设"四个中心"的需要考虑,为上海加快发展,实现宏伟目标拓展一个新的增长空间;四要从崇明自身发展考虑。因此,在开发定位上,应坚持开发利用和生态保护兼顾原则,处理好发展与保护的关系;坚持三岛联动、整体开发原则,有效地利用好资源;坚持规划先行原则,处理好长期发展和近期开发的关系。在功能定位上,应重点培育优良的生态环境功能;区位和资源的功能;社会和经济发展的战略储备功能。建议案建议:(1)抓紧制定崇明三岛联动发展规划,并通过市人大常委会审议,确定其法律地位。(2)尽早统一行政区划,建立崇明新区,并借鉴浦东开发经验,成立适应崇明开发的市级指挥机构。(3)尽快启动沪崇苏越江工程。(4)明确三岛功能区分,大力调整产业结构和布局。(5)努力提高城市化水平。崇明三岛沿江靠海,水土净、空气清,是理想的居住环境。(6)专题研究构建自由贸易区的有关内容,对构建自由贸易区的对策和崇明岛、外高桥保税区、金桥出口加工区在未来自由贸易区中的关系等内容作专题研究。(7)积极拓展投融资渠道,依托资本市场,构建以项目为主体的投融资体系,不断探索金融创新机制,拓宽投融资渠道。(2002年10月24日经市政协九届三十次常委会会议审议通过。)

【关于推进长江三角洲区域经济互动发展的若干建议(摘要)】

建议案就推进长江三角洲区域经济互动发展提出建议:(1)重视联手合作,加速区域经济的市场化进程。政府各有关方面要抓住机遇,树立互补、互助、互济、互进的合作思想,克服以邻为壑的心态,通过市场机制的作用实现各种资源的合理配置。(2)积极沟通协调,建立和完善互动发展新机制。上海要充分利用苏浙沪经济合作与发展座谈会形成的有利条件,在区域整体规划、重大基础设施建设、共同市场筹建等方面积极与兄弟省市沟通协调,建立基础设施共建共享共用、政策法规和措施有所衔接、重大事项互相支持的合作机制。(3)发挥中心城市的服务功能。上海各级政府部门应充分认识长江三角洲区域的合作和发展对上海市"四个中心"建设的支撑作用,以及中心城市在拉动周边地区和整个国民经济发展中的引导、服务功能,清理各项不利于区域经济互动发展的政策法规和做法,进一步确立服务全国,首先是服务周边地区的思想,为周边地区提供金融服务、产权交易、中介服务、人才交流为重点的各项服务。(4)加快建设快捷畅通的交通网络体系。上海要重视发挥宁波港、太仓港的两翼中转功能,积极研究探索组合港的运行机制,并建立与国内外物流集团的紧密合作关系,构筑跨国、跨行政区划的物流集散网络,发挥东北亚航运中心的功能和作用。在基础设施的规划建设和资金筹措过程中,要统筹各方利益,实现共建共享,同时应加强与周边城市的沟通和协调,发挥基础资源的最大效益,逐步形成基础设施的网络化,确保城市间的客货运畅通以及中心城市比较完善的辐射渠道。(5)拓展与周边城市行业协会合作的新空间。要鼓励上海市各行业协会进一步解放思想,转变观念,拓展与周边城市行业协会合作的新空间。上海要探索苏、浙、沪三地行业协会合作、联盟甚至成立统一的区域性行业总会的可行性,以促进市场因素推动区域经济互动,提升长江三角洲区域经济的综合竞争力。(6)加大"软环境"建设的合作力度。上海应会同各有关城市,通过协调城市发展规划、互通信息信用资源、联手规范市场秩序、合作治理环境污染、保护知识产权、开放文化市场、促进人才流动、发展体育事业等措施,优化区域经济互动合作的外部环境。(2002年10月24日经市政协九届三十次常委会会议审议通过。)

三、第十届市政协常委会会议建议案

【关于世博会与长江三角洲经济共同发展的若干建议(摘要)】

建议案提出,2010年上海世博会是全国的世博会,上海在承办过程中离不开全国,尤其是周边地区的鼎力支持。以世博会为契机,逐步形成长三角经济合作的新格局,对上海新一轮发展有巨大的推动作用。建议:(1)把世博会作为长三角经济发展的共同品牌。一要共同研究与拟定世博会联动运作的基本原则及行动纲领,落实各自的分工协作体系;二要共同形成一定层面上的协调机构和办事机构;三要共同启动对世博会相关合作领域的深化研究和构建;四要加强共同举办世博会的宣传;五要利用长三角的吸引力,充分发挥港澳台侨和海外人士在筹办世博会与促进长三角经济共同发展中的积极作用。(2)形成推进长三角经济共同发展的基本策略。在推进抓手上,要"先易后难、先低后高、先微观后宏观";在推进步骤上,要"循序渐进,逐步推开";在推进目标上,要努力实现功能互补、错位发展、相互配套、合作共赢。(3)积极创造经济要素双向流动的制度性条件。一是给要素流动以市民待遇,降低市场准入的门槛;二是确立双向认同的产品质量认证、技术标准、农副产品检测以及产品检验等标准体系;三是针对长三角区域内税收、统计等方面的实际状况和矛盾,共同研究对策,提出可行方案;四是主动加强政府部门与行业之间的协调。(4)注重长三角交通网络规划的衔接。一是以建设国际航运中心为抓手,联合苏浙两省的港口,尽快形成以上海港为中心、服务于整个长三角乃至全国其他区域的长三角组合港；二是以城际快速交通网络为重点，推进轨道交通的跨区域对接；三是加快陆上公路、内河航运的网络建设；四是进一步完善与提高交通管理水平，并为智能化交通的实施创造条件。（5）培育形成服务长三角的共同抓手和载体。应充分利用筹办世博会的有利条件，找准切入点，某些领域或产业合作条件成熟、利益可以共享，可率先进行合作。（6）探索长三角经济共同发展的先试先行。以世博会为契机，争取在区域内政府层面的联系制度、协调机制等架构的基础上再前进一步。（7）梳理落实长三角经济共同发展的合作协议。一是对以往的合作协议，如能全方位实施的，要落实到位，严格执行；如因条件变化不能完全落实的，也应及时沟通信息，协商善后，以充分体现合作双方的姿态和诚信。二是应该形成相应的协调和监督机制，以维护各方的权益。（2003年7月5日经市政协十届三次常委会会议审议通过。）

【关于上海郊区规划布局与发展战略的若干建议（摘要）】

建议案从上海郊区是上海新一轮发展的"主战场"、"主空间"的定位出发，回顾了上海郊区规划建设历史沿革情况，分析了郊区发展现状、存在问题及产生原因，比照国内外大都市郊区发展的经验，认为上海郊区发展存在六大差距：一是规划布局不尽合理；二是科教文水平相对较低；三是产业集聚度不够高；四是新的城镇功能形态尚未形成；五是基础设施配套相对不足；六是郊区开发的法规规章滞后，政策尚未到位。建议案认为，要实现上海郊区经济、社会、人口、资源、环境协调发展目标，从总体思路上要处理好五对关系：一是中心城区与郊区的关系；二是市、区县、镇三级政府的利益关系；三是城镇与园区的关系；四是现代化与传统特色的关系；五是近期目标与远期目标的关系。建议：（1）制定郊区综合发展规划，加强郊区规划建设管理。（2）集中建设百万人口级卫星城市，推进国际大都市建设进程。（3）适时调整行政区划，适应上海更大发展需要。（4）实施科教兴市，提升郊区发展水平。（5）加快二、三、一产次产业发展，增强上海经济实力。（6）强化土地管理，加快集约经营进程。（7）妥善解决离土农民社会保障问题，切实保护农民利益。（8）重视协调发展，确保郊区全面进步。（9）健全利益兼顾机制，实现各方共同发展。（10）坚持依法治市，确保郊区发展健康有序。（2003年10月22日经市政协十届五次常委会会议审议通过。）

【促进科技、教育、经济互动，形成"科教兴市"合力（摘要）】

建议案围绕实施"科教兴市"战略，就上海科技、教育、经济协调发展面临的主要问题提出解决思路。认为由于体制转轨的艰巨性、复杂性和长期性，部门之间体制改革不配套和发展不平衡在相当多的领域和企事业单位仍然存在，从而使科技创新原动力不足，技术转移机制不活，技术集成能力不强，缺乏具有核心竞争优势的技术群；国有大型企业缺乏具备主导竞争力的产业群，难以成为科技研发和科技成果转化的主体；教育体制、机制和模式不能适应培养创新人才的需要，缺乏具有核心竞争优势的学科和学科群。建议：（1）加强人力资源开发互动：实现教育、科技、经济共同参与人才培养；重视跨部门领导人才的组织与市场配置；全程整合科技、教育、经济方面人力资源开发。（2）创新机制互动：实行主导产业、重大项目、重点学科互动；以产权为纽带，促进多种形式的产学研合作；推动企业建立和健全技术创新中心或平台；建立行业性的技术转移中心。（3）体制改革互动：促成有利互动的领导体制改革；以资本为纽带，实行以国有资产投资为主导的多元投资主体的互动；构筑全社会资源共享的技术、体制平台。（4）非政府组织互动：大力发展能互动协调的行业协会；大力发展多种形式的中介组织和社会团体。（2003年10月22日经市政协十届五次常委会会议审议通过。）

【关于加强城市软环境建设,培育和塑造城市精神的若干建议(摘要)】

建议案就加强上海城市软环境建设,培育和塑造城市精神提出建议:(1)研究制定上海加强软环境建设的整体方案,促进社会与经济协调发展。要围绕上海世博会主题,将城市软环境建设与"硬件"建设同步规划,有针对性地选择软环境建设项目,列入政府实事工程,软环境建设的有关资金应列入年度财政预决算;要设计制定科学的软环境指标评价和考核体系,建立软环境建设责任制度,并列入领导干部的考核内容。(2)营造公正高效的市场环境,服务全国,发展上海。把政府职能转变到为市场主体服务、维护市场秩序、加强市场监管和营造良好的市场环境上来;加快覆盖社会经济生活各个方面的社会诚信体系建设;打破体制瓶颈,促进资源共享,构建科技创新和科技创业公共信息服务、知识产权服务、人力资源服务等公共服务基础平台。(3)营造规范有序的法治环境,推进依法治市,保障社会稳定。加强行政法规制定过程的程序化、民主化建设,提高透明度和公众的参与度;加快清理、修订和完善有关法规,进一步推进行政审批制度改革;高度重视动拆迁、居住物业管理、生活无着流浪乞讨人员的救助管理等与群众切身利益相关的问题;加强法制宣传教育,依法行政,公正执法,切实维护社会稳定;规范法律服务的行业管理和改善律师执业环境,进一步培育和完善法律服务市场。(4)营造和谐健康的文明环境,树立良好的城市形象。一是广泛开展培育城市精神的群众性主题活动,增强全社会的责任感;建立社情民意反映制度和重大事项社会公示、社会听证等制度;坚持"七不"规范、门前"三包"等好做法。二是努力创建学习型城市,构建终身教育体系;要进一步培育敬业精神,逐步形成职业道德评价的良好氛围。三是加快文化管理体制改革,推进以上海为中心的区域文化和世界文化的联动;用先进文化作引导,广泛开展各种群众喜闻乐见的文体活动;加快能使环境受益、又能促进经济发展的科技项目的研发和应用。四是重视对环境污染的整治,加强绿化管理,改善城市生态。(5)营造海纳百川的开放环境,善于吸纳、包容与融合各地之长,加快上海的现代化、国际化进程。要积极扶持中小企业和非公有制经济;要推进人才强市战略,抓住高端技术和高端人才,把引资、引技和引智结合起来;加强职业教育和技能培训,切实提高城市创新能力和劳动者素质;要抓紧理顺分配关系、规范分配方式、完备调节手段,形成与中国基本经济制度及上海实际相适应的分配机制;进一步加强对困难群体的扶持;要加快发展知识密集型的现代服务业,继续加强口岸建设,优化投资环境,尽快缩小与其他国际化大都市的差距,让各种劳动、知识、技术和资本竞相汇聚上海。(2003年12月22日经市政协十届六次常委会会议审议通过。)

【关于上海加快建设资源节约型城市的思考和建议(摘要)】

建议案提出,上海加快资源节约型城市建设,实现经济增长方式的转变,对上海落实科学发展观,贯彻科教兴市主战略,实现经济社会可持续发展具有十分重要的战略意义。建议:(1)转变观念,系统规划,加强领导。一要树立科学的城市发展观;二要加强政府服务理念;三要优化城市规划;四要加强领导。(2)加强宣传,营造氛围,重视教育。一是舆论宣传,二是科学普及,三是教育培训。(3)科技领先,加速转化,形成产业。一是加强节约资源的基础研究,二是加强相关应用技术的孵化和培育,三是加强项目的示范、总结和推广。(4)完备基础,建立体系,强化考核。一是建设完备的信息体系,二是创建科学的评价体系,三是强化考核体系。(5)完善法制,规范行为,增强执法力度。一要充实、完善现有法规条例,二要推行认证和市场准入制度,三要试行资源消耗标识制度,四要整合监察力量,增强执法力度。(6)探索市场机制,完善运作模式,培育中介组织。一是完善市场对资源配置的定价机制,运用价格杠杆,在市民能够承受的范围内,加快完善现有价格机制,建立一个客观反映水、电、土地等资源稀缺程度、功能质量、综合利用效率、环境治理成本等因素的合理价格体系;二是探索资源节约项目运作机制,倡导推广电力(资源)需求侧管理、合同能源(资源)管理、资源节约自愿协议的运作机制,并建立与之相对应的管理办法和扶持政策;三是建立多元化投融资机制。(7)引进先进成果,开展国际交流,掌握利用国内外两种资源的主动权。一要积极引进国外节约资源的先进成果;二要通过各种渠道开展资源节约的国际交流;三要通过"引进来"和"走出去"掌握资源利用主动权,不断提高对外开放的水平,充分利用国内外"两个市场"、"两种资源",发挥上海期货交易所的作用,努力在较短的时间内掌握利用"两种资源"的主动权,不断优化资源利用的效益和效率。(2004 年 7 月 21 日经市政协十届十一次常委会会议审议通过。)

【关于促进上海公共交通发展的若干建议(摘要)】

建议案提出,交通是城市的命脉,构筑一体化公共交通体系,是上海建设现代化国际大都市的重要条件。建议案概述了上海市公共交通发展的基本情况,分析了公交发展中遇到的矛盾和问题:一是公交优先政策没有相应落实;二是公共交通一体化目标实施不力;三是公共交通的公益性不够明确;四是公交行业的市场管理有待加强。建议:(1)进一步修编《上海城市交通白皮书》,深化对公共交通发展的战略思想。(2)进一步建立统一高效的管理体制,确保交通一体化战略实施。(3)进一步明确公共交通的公益性,加大对公共交通的扶持。(4)进一步加强以公交为导向的综合交通规划,构筑多元化交通体系。(5)进一步实行政企分开,加强公交行业的市场管理。(6)进一步深化改革,提高全社会文明程度,为公交发展创造条件。(7)进一步完善地方性法规,促进公交优先发展。(8)进一步确立以人为本理念,加快公交项目建设,为 2010 年世博会提供便捷的交通服务。(2004 年 9 月 29 日经市政协十届十二次常委会会议审议通过。)

【关于城市化进程中落实离土农民社会保障的若干建议(摘要)】

建议案提出,落实离土农民社会保障面临的主要问题:一是因非农建设使用土地而被离土的农业人员(以下简称离土农民)户籍没有转性,社会保障的落实情况较差;二是离土农民中一部分在领取了一次性的安置费后未及时参加社会保险,其日后养老、医疗等保障将成为隐患;三是离土农民中的特殊人群(包括农来农去人员、小城镇户籍人员等五大类十几种人)的社会保障基本未能落实;四是在郊区征用地过程中,由于土地被使用的先后、用途的不同等原因,导致补偿标准差异较大;五是由于"镇保"基本医疗保险主要着眼于解决参保人员的门诊大病和住院问题,不负担一般门急诊费用,因此保障水平相对较低;六是上海市郊区离土农民缺乏城市化所需的职业素质,存在众多实现就业的瓶颈,严重制约了他们顺利走向市场就业;七是解决郊区各区县征用地离土农民的社会保障问题,面临的资金压力极大。建议:(1)多渠道筹措资金,落实离土农民的社会保障,在征用土地过程中,将离土农民社会保障费用作为土地征用、户籍转性的前置条件。(2)限期解决遗留的离土农民社会保障问题。市、区(县)、乡(镇)三级财政要确保每年预算中安排专项资金,用于解决遗留的离土农民社会保障问题。(3)大力促进离土农民非农就业。(4)进一步完善离土农民的医疗保障,在政策上允许离土农民既能参加"镇保",又能继续参加农村合作医疗。(5)加强离土农民特困人群的社会救助工作,建立离土农民困难家庭数据库,加强对离土农民救助工作的动态管理。(6)切实改善离土农民社会保障工作的法制环境。(2004 年 9 月 29 日经市政协十届十二次常委会会议审议通过。)

【关于推进上海市高等教育体制、机制和投资三位一体联动改革的若干建议(摘要)】

建议案提出了深化体制、机制和投资三位一体联动改革,推进高等教育综合改革试验的思路和对策。在指导思想上:贯彻上海教育工作会议精神,按照中央对上海教育综合改革必须体现总体性、突破性的要求,以体制、机制、投资三位一体联动改革为抓手,创新机制,突破影响高等教育发展的瓶颈性障碍,搞活教育,做强教育,增强高等学校适应社会主义市场经济的能力,为上海率先基本实现现代化提供智力贡献和人才支撑。在主要原则上:要注重宏观、微观制度设计联动;教育与经济、科技、社会改革联动;管理、办学、投资的体制改革联动。在改革目标上:要初步形成高等教育中央—地方分级管理、以地方统筹为主的部市合作机制,率先实现政府职能转变和行政审批制度改革,率先实现政府通过政策制定、依法管理、信息发布、社会评价、中介组织和行政监督对教育进行宏观调控的改革;探索公办学校改制的机制、途径和方法,逐步形成以公办学校为主体,民营和混合所有制学校占一定比例的多元办学、个性化发展的办学体制新格局;改革政府拨款方式,培育开放、多元的投融资主体,形成以间接、社会化、多元化为主要特征的投融资体制和运行机制。建议:(1)促进管理体制改革,实施分类管理,加强领导统筹和舆论宣传。(2)推进办学体制改革,推进高校改制试验,推进办学主体多元化,促进产学研合作体制的多样化。选择部分学校推进混合所有制试验,探索建立具有独立法人资格的中外合作办学机构。(3)改革投融资体制。建议建立上海市教育拨款委员会,引入市场机制,建立多元融资渠道;设立多种类型的公益性社会教育发展基金,发行教育债券,探索学校融资的功能地位。(4)探索建立现代大学管理制度。坚持完善党委领导下的校长负责制,开展现代大学管理制度建设试点,推进学校内部管理体制改革;建立社会评估体制,促进办学、管学和评学分离。(2004年12月22日经市政协十届十四次常委会会议审议通过。)

【关于融入长三角,加快上海现代服务业发展的若干建议(摘要)】

建议案就融入长三角,发展上海现代服务业提出建议:(1)把现代物流业作为融入长三角的第一抓手。破除行政壁垒,组建覆盖长三角的超大型现代物流企业集团;整合物流网络,建立专业公司;建立覆盖长三角地区的配置信息中心;整合海、陆、空"三港"物流资源,建设上海现代物流业发展的集聚区;注重陆路物流和水运体系网络的建设。(2)把现代金融业作为融入长三角发展的战略方向,建设长三角统一大市场。建立联合的产权交易市场,促进其他金融市场的融入发展;探索长三角地方银行的战略联盟,联合组建长三角现代金融研发中心;加强金融中介机构和金融人才培养方面的合作;开展联合征信体系建设。(3)把现代信息、咨询服务业作为融入长三角的连接纽带。建设信息服务平台,重点开发电子政务市场和电子商务市场两大信息消费市场,开发文化传媒信息等其他信息消费市场;推进各城市间的交通卡互联互通、社会保障卡信息系统合作和互联互通;推动各类中介机构以及行业协会等向长三角融入发展。(4)把现代科教、文化业作为融入长三角的开路先锋。建设国际科技开发的亚太地区平台;联合组建"长三角传媒公司"、"长三角文化娱乐公司"、"长三角出版公司"等;推进科教医疗合作,以及人才培训的合作与服务。(5)把现代旅游、会展业作为融入长三角的示范工程。开拓集团化经营方式,积极开展旅游会展业的联手合作,拓展多方位、多层面的旅游会展合作,提高旅游产业的能级。(6)把现代商贸业作为融入长三角发展的重要领域。推动长三角区域内商贸企业的相互投资、兼并和资产重组,建立多元化投资的特大型"国际东方采购中心"和"国际商品展销中心",以及国内外商贸集聚地和订单中心;转变经营策略,把实体输出转变为品牌输出;建立品牌和知识产权联合保护机制。(2005年3月23日经市政协十届十六次常委会会议审议通过。)

【关于适应老龄化社会趋势,促进本市养老事业发展的若干建议(摘要)】

建议案提出,上海养老事业在发展中还存在一些问题和不足,主要是养老体系不够完善;养老机构供需矛盾显现,公建配套落实不够;医疗保障覆盖面不全;老年人的社会问题有所增加;老年产业与上海老龄化社会发展不相适应。建议:(1)从构建和谐社会的高度重视养老事业,将养老事业发展纳入上海市国民经济和社会发展规划,建立健全与经济社会发展相适应的养老服务体系和老年人社会救助体系;完善发展养老事业的政策法规,加大政府对养老事业的投入力度。(2)进一步完善居家养老为主、机构养老为辅的养老模式。要进一步完善居家养老的保障机制,健全居家养老服务的社区支持系统;建立社区为老服务志愿者的激励机制;充分发挥行业协会的作用,引入市场机制发展养老事业。(3)健全养老医疗保障体系。完善医疗保险制度,充分发挥社区医疗的作用,落实医保政策与养老政策配套措施;加快发展医疗与养老相结合的养老机构。(4)关爱老年人的精神生活。为老人提供服务、交流、沟通的平台;丰富老年人文化生活;倡导尊老敬老的社会公德;关注和支持老年人法律援助。(5)开拓老龄事业新领域。推进老年产业健康发展;拓宽兴办养老机构的思路;开发新的商业养老保险。(6)进一步加强居住区养老机构、老年服务设施配套建设,整合公建配套设施资源,加快老人公寓建设。(2005年5月18日经市政协十届十七次常委会会议审议通过。)

【关于进一步完善本市城镇低保制度的若干建议(摘要)】

建议案认为,城镇"低保"制度对于上海维护社会稳定和保障市民基本生活作出了积极的贡献,已成为上海市社会救助体系中一个极其重要的组成部分,但还存在一些需要进一步完善的地方:一是关于"低保"的立法相对滞后,"低保"政策与其他政策之间的衔接不尽合理,对隐瞒收入等骗保行为的处罚依据不足;二是核实"低保"对象的收入困难,差别救助不够,政府救助与"低保"对象主观能动性的发挥之间结合不紧;三是"低保"工作部门与相关部门之间的信息不通,"低保"制度与其他相关制度之间的协调不灵,各区县对"低保"支出的负担不均,"低保"工作者队伍专业化程度不高;四是对"因病致贫"家庭的救助力度不够,对贫困边缘人群关注不够等。建议:(1)树立"政府主导、政策引导、社会倡导"的救助理念,不断拓展救助渠道。(2)健全法律保障,建议国家有关部门重视和启动涉及消除贫困和促进慈善事业发展的立法工作;制定上海市有关"低保"法规,以保障和完善上海市居民最低生活权利。(3)强化"低保"管理,科学设定"低保"标准,规范资格审查,细化差别救助,统一协调管理,要形成"低保"对象能进能出的机制。(4)确立"内外"结合的"低保"原则,将落实最低生活保障与促进就业有机结合,突出就业脱贫。(5)适度增加对"低保"资金的投入。(6)完善相关配套救助,发动社会力量关注贫困边缘人群,共同参与配套救助。(7)重视"低保"支持系统建设,要建立社区支持系统,加强协调支持系统,健全社会预警支持系统。(2005年9月28日经市政协十届二十次常委会会议审议通过。)

【关于上海舞台艺术精品创作生产的若干建议和对策(摘要)】

建议案提出,上海舞台艺术精品创作生产的现状和存在的问题为:文化生态环境不容乐观;文艺院团管理主体变动频繁,体制不够顺畅;文艺院团经费申请渠道比较单一;文艺院团领导班子的选拔任用不够科学;一线创作人员尤其是优秀编创人员锐减;舞台艺术原创力急剧萎缩;舞台剧目形式大于内容;精品工程评选储备不足,后劲乏力;部分演艺剧团和创作人员急功近利、心态浮躁,缺乏文化积累意识。建议:(1)优化创作生产环境。积极改善精品创作生态环境;加强上海的文艺理论和批评工作;建立健全舞台艺术精品创作生产的良性机制;以普遍繁荣推动舞台艺术精品创作生产;全力普及舞台艺术,培养观众群体;完善文艺院团的投融资体制。(2)强化艺术原创能力。切实解决当前上海创作人才匮乏的燃眉之急;克服浮躁心态,扶持潜心创作;鼓励原创剧目,提倡"质朴"戏剧。(3)完善体制机制。进一步发挥上海市重大文艺创作领导小组的作用;培育文艺精品的"孵化"机制;突出院团的创作主体地位;尽快设立上海文艺创作专家咨询委员会;资金投入渠道应多元化。(2005年11月23日经市政协十届二十一次常委会会议审议通过。)

【关于提升2010年上海世博会文化内涵的若干建议(摘要)】

建议案提出:(1)2010年上海世博会的文化内涵,首先在于对"城市,让生活更美好"主题的阐释和开掘,提升上海世博会文化内涵的关键点,在于对世博主题文化意义的开掘。上海世博会提供的城市样本,应是世界各国城市遴选的总汇,在兼顾海内外普遍性的同时又要尽情展现中国和上海的城市形象。(2)提升上海世博会文化内涵要打出中华牌,展示中华文化的丰富性、实在性和展示性。要集中一批国内一流专家、学者,从场馆设计到布展编排,从展示内容到文字说明,作精心而又极富中华文化特色的创作。要广泛发掘并集纳民众的智慧,既要向世界征集设计,也要在全国范围征集民间创意。要重视展示内容脚本的撰写,使之真正成为精品,并可结集成书,还可译成外文版,在世博园区出售或发送,体现世博文化的世界性。(3)文化的包容性是提升上海世博会文化内涵极为重要的一环。需要在世博园区的总体思路、总体布置上鲜明、具体、醒目地贯穿主办方的文化主题,为参观者提供理念上的导向。(4)广泛组织各种短小精悍的文艺表演,遴选56个具有民族内涵的文化艺术精品节目参加演出。长达半年之久的世博会也要与诸多中国民俗节庆联系起来,上海国际艺术节、科技节、旅游节、电视节、电影节、花卉节和服装文化节等,都应为增强世博会的节日气氛出力。办博应互动,展博应延伸,要形成一个世博会场内外互为引证、互为呼应的大格局,着力培育新型旅游业态,发展黄浦江等游船旅游文化。(5)组织的文化,管理的文化,是世博会文化内涵的基本内容之一。在管理文化的人文精神中要充分体现人人平等的氛围。(6)世博园区的中国参观者,要做到文明守序、谦和礼让、举止端庄。作为主办城市的主人,更应成为这方面的表率。(7)上海世博会应在更高的理念上展示城市和谐发展的现实与未来,描绘人类光辉的前景。(2006年3月22日经市政协十届二十五次常委会会议审议通过。)

【关于推进郊区新农村建设若干问题的建议(摘要)】

建议案提出,上海郊区新农村建设的总体框架应是:形成布局科学、功能互补、特色鲜明的城镇体系;结构合理、环境友好、集群发展的产业基地;设施完善、和谐平安、乡风文明的人居环境;现代气息、理念创新、健康向上的人文素质;组织健全、法制完善、管理民主的管理构架。建议:(1)推进现代农业经营制度建设,夯实产业基础。构建与推进现代农业发展的长效机制;制定支持农民专业合作社发展的优惠政策;创新完善土地流转机制和分配制度;充分发挥国有农场的排头兵作用;积极鼓励工商资本投资现代农业。(2)推进村级经济发展,实现强村富民。加强村级经济发展的战略规划;创新村级经济的发展机制;建立"反哺"和"支持"的长效机制;重点支持经济薄弱村的发展,加强村级基层组织建设。(3)推进农村教育发展,培育新型农民。推进城乡教育均衡化发展;完善农村基础教育发展机制;大力发展农村职业教育;加快发展农村职业培训;积极推进农村成人教育。(4)推进农村医疗卫生建设,完善保障体系。建立一体化管理的城乡医疗保障体系;完善镇、村卫生机构补偿机制,实现"零基预算,收支两条线";稳定乡村医生队伍,提高服务质量;构建农村卫生服务新体系;加大城市卫生资源支援农村的力度。(5)加强农村公共文化建设,满足农民基本文化需求。制定农村文化发展规划;加强农村基层文化设施建设;努力生产农村公共文化产品;加强农村基层文化干部队伍;加大公共财政对文化的投入。(2006年5月31日经市政协十届二十六次常委会会议审议通过。)

【上海市能源发展形势分析和建议(摘要)】

建议案提出,全市能源发展和节能工作的基本思路,一是从上海特大型城市实际出发,坚持能源稳定安全、供应适应经济可持续发展,坚持能源结构调整适应经济增长方式的转变,坚持新能源的自主创新与引进消化吸收相结合;二是在国家以煤为主能源结构背景下,充分利用国内外两种资源,保持能源多元供应格局,近期适当增加煤炭使用,稳定石油供应,争取增加天然气使用,积极参与核电建设;三是把能源技术革命作为上海技术创新的重要领域和战略措施,集中力量研发新能源相关核心技术,中长期以新型能源和能源转化为方向,积极开发和使用新能源;四是以产业结构调整为重点,以推广节能技术为先导,以立法执法、加强节能管理为基础,开源节流,节能优先,强化全民节能意识,不断提高节能技术水平。建议:(1)加快实施能源发展六项重大工程,包括:加快煤炭清洁化技术的运用,适当扩大用煤总量;积极落实气源,合理高效使用燃气,提高调峰能力;大力促进可再生能源的研发和利用;整合氢能资源,有步骤地开发氢能产业;建立上海市一次能源的储备、评估和调节体系;加强能源合作与研究。(2)抓好节能降耗八项重点工作,包括:加快产业结构和用能结构的调整;加大节能技术改造的力度;重视供应侧运行节能;继续抓好需求侧管理;明确节能降耗的重点对象;加强建筑节能;加强交通节能;倡导全社会节能。(3)从政策法规和体制机制上推进全市能源发展。一是加强领导,加强规划;二是立法执法,重视管理,修订节能工作条例,制定不低于国家标准的能耗标准,加强节能法规的执行力度和监察力度;三是价格调节,政策激励,合理提高能源价格,继续实施差别化能源价格政策;四是建立节能市场机制,建立第三方节能评估、监管及仲裁程序,促进节能管理市场的完善;五是加大能源的科技投入力度;六是重视培养能源人才,建议恢复建立能源研究所;七是加强对能源期货市场的研究。(2006年5月31日经市政协十届二十六次常委会会议审议通过。)

【关于发展社会救助事业,促进和谐社会建设的若干建议(摘要)】

建议案围绕发展社会救助事业提出建议:(1)建立健全社会救助公益组织的培育发展机制,探索形成"党委领导,政府推动,公益组织运作,社会广泛参与"的上海社会救助事业发展机制。(2)加快社会救助公益事业的法规建设,根据国家颁布的《中华人民共和国公益事业捐赠法》、《社会团体登记管理条例》、《基金会管理条例》等法律法规,制定上海市的实施办法,并加快上海有关社会救助、社会募捐、志愿服务的地方立法。(3)优化社会救助事业发展的政策环境,扩大对社会困难人群的救助覆盖面,以政府转变职能、购买慈善公益组织服务的形式支持慈善公益事业的发展。制定慈善公益组织从业人员专业化、职业化的人事、职称、薪酬和社会保障等政策,为慈善公益组织发展提供必要的制度保障。(4)营造支持社会救助事业的社会氛围,积极开展公益宣传,普及公益教育,增强全社会参与社会救助的责任感。(5)强化职能部门的社会救助职责,建立政府和慈善公益组织之间、慈善公益组织之间的信息沟通制度。对慈善公益组织要建立绩效评估、信息披露、信息统计、奖惩和财政补贴等制度。(6)加强社会救助公益组织的能力建设,完善内部治理结构,加强队伍的专业化、职业化建设,探索建立行业组织,逐步淡化慈善公益组织的行政色彩。(7)夯实社会救助事业的社区基础,大力培育基层慈善公益组织,大力发展慈善义工队伍,并将担任慈善义工纳入大中小学社会实践内容。(8)进一步关注特殊人群的社会救助工作,对于大病患者、重残人员和困难老人等特殊人群要进一步加大社会救助力度。(9)充分借鉴国内外先进的社会救助经验,改进全市社会救助工作。(10)重视社会救助的理论研究,探索慈善公益事业发展的规律,形成有上海特色的发展模式。(2006年9月27日经市政协十届二十八次常委会会议审议通过。)

【关于进一步加强上海社区平安建设的若干建议(摘要)】

建议案针对上海社区平安建设方面存在的问题提出建议:(1)转变社区安全管理理念,树立社区大安全观。树立社区安全防治结合、以防为主的观念和动静结合、以动为主的管理理念,建立多个职能部门"齐治共防"的社区大安全新体系,对社区人流、物流、信息流等加强动态管理,加强社区日常巡视、检查,建立预防、发现、报告和处置等工作制度,将处置社区冲突、社区灾害事件与防范社区犯罪纳入平安建设工作范围。(2)强化社区安全管理措施,将平安建设工作纳入社区管理工作中。要扭转"重经济、轻社会"的实绩考评观念,建立社区对职能部门的平安建设考评机制,使街道和职能部门切实将工作重心放到社会管理和服务上来。按照城市管理网格化的要求,在公安、工商、民政、城管等部门已设派出机构的基础上,逐步增设税务、房管、文化、卫生、劳动、食监、药检等与人民群众生活联系紧密的行政管理部门在街道的派出机构,探索行政执法权的依法"扩容";建立社区统一信息系统,实现职能部门的社会管理和服务信息资源共享及工作协同;建立"居住人口"管理新机制,实现社区管理与服务的全覆盖;创新社区安全管理方式,增强社区安全自我救援与社会救助相结合的能力;实现社区法制宣传教育制度化,不断增强"社区人"的防范意识和能力。(3)深化社区安全法规建设。抓紧修订《上海市街道办事处条例》、《上海市居住房屋租赁管理实施办法》,研究制定《街面、小区实时图像监控系统管理办法》、《加强群防群治队伍建设与管理的办法》等,为进一步加强社区管理提供法律和政策的支撑。(2006年11月29日经市政协十届二十九次常委会会议审议通过。)

【关于保障来沪务工人员有关权益的若干建议(摘要)】

建议案就保障来沪务工人员有关权益提出建议:(1)进一步改善对来沪务工人员的就业管理和服务。建立来沪务工人员输出地和输入地政府之间协调配合的工作机制,进一步完善居住证制度,促进来沪劳动力有序流动;进一步扩大对来沪务工人员的就业服务,社区事务受理服务中心和乡镇有关机构增设为来沪务工人员提供政策和法律咨询、就业指导、社会救助等服务内容。(2)不断加强对来沪务工人员的劳动用工管理和劳动监察。严格执行劳动合同制度,建立劳动合同备案制度;规范劳务工用工制度,控制劳务用工范围,实行劳务派遣许可制度;建立保障来沪务工人员工资支付的长效机制,在来沪务工人员集中的行业和企业建立工资预备金制度,并将该项制度与企业劳动关系诚信制度结合起来;加大维护来沪务工人员权益的执法力度,健全来沪务工人员维权举报投诉制度;完善劳动争议调处仲裁机制,积极推进劳动争议仲裁机构的实体化运作,逐步推进仲裁员队伍专业化、职业化。(3)加紧完善来沪务工人员综合保险制度。改进综合保险运作方式,逐步扩大综合保险的覆盖面,并将其列入全市社会保障资金的管理监督范围;适度提高综合保险的工伤、医疗保障水平,将生育保险纳入综合保险范围;方便综合保险的转移、续保和理赔,简化理赔结算手续,扩大医药费补贴的使用范围。(4)努力拓宽对来沪务工人员的公共服务领域,根据居住证的持有年限,分别提供有梯度的公共服务。引导完成义务教育后继续留在上海、尚无工作的来沪务工人员子女参加各类职业技能培训;进一步健全来沪务工人员培训制度,所有来沪务工人员在上岗前必须进行安全生产知识培训和以《劳动法》为重点的法律知识培训。(5)拓展来沪务工人员的利益表达渠道。吸收来沪务工人员参与所在企业的民主管理;尊重来沪务工人员参与多层次社会管理的公民权利。(2007年3月21日经市政协十届三十三次常委会会议审议通过。)

【关于在长江流域经济合作发展中加快长江三角洲区域经济一体化建设的若干建议(摘要)】

建议案提出,长江流域经济合作发展需要长三角地区发挥龙头引领作用,长三角地区能不能发挥龙头作用取决于经济一体化的进程,而上海则更应发挥"一个枢纽、两个扇面"的功能作用。建议:(1)狭隘思想观念要切实转变。上海应尽快摆脱重区划、轻区域;重硬件、轻软件;重集聚、轻辐射;重政府、轻市场的旧观念。(2)区域协调机制要酝酿创新。一方面,要充分发挥现有的长江沿岸中心城市经济协调会、长三角城市经济协调会等机构的作用;另一方面,上海要以长三角区域规划的制定出台为契机,主动与江苏、浙江联手,建议国务院成立高层次的长三角区域经济协调机构。(3)基础设施规划要强化对接。构建综合交通运输大通道,尽早架起上海与长江北岸经济腹地、与杭州湾沿海城市直接沟通的桥梁,共同呼吁中央有关部委加快制定长江"黄金水道"建设规划,共同加强区域环境保护,统筹各方利益,实现共建共享,共同构建信息网络体系。(4)产业发展方向要统筹谋划。要加强产业规划的协调,拓展产业布局的空间,强化产业拓展的互动,明晰产业融入的重点。(5)上海世博会要联动运作,把筹办中国2010年上海世博会作为长三角合作发展的机遇,共同启动对世博会相关合作领域的深化研究和构建,联手宣传举办世博会对于推动社会经济发展的整体效应。(6)长三角港口群要优势互补。加快培育港口枢纽功能,加快提升服务功能,改善口岸环境,构建区域集疏运网络,积极推进区域分工合作和错位发展。(7)现代物流业要加强联手。上海要与其他地区联合组建广覆盖的超大型现代物流企业集团,形成电子配送服务中心,扩大规模效应,探索组建双方或多方参与的股份制物流企业,建立海、陆、空三大战略联盟,破除行政壁垒,拆除"路障"。(8)金融业发展要融合联动。要发挥长三角地区金融机构的主动作用,扩展浦东综合配套改革的区域效应,鼓励和推动金融机构从业务渗透、业务合作走向资本合作,共同建立联合的产权交易市场,开展联合征信体系建设。(9)科教文卫体要主动延伸。要加紧建设国际科技开发的公共服务平台,联合组建传媒、文化、娱乐和出版公司等,推进合作办学、合作办医、远程教育、远程医疗咨询、相关专业人才的市场化柔性流动,充分发挥上海体育产业优势,加紧与长三角地区其他城市共同开拓体育竞赛、体育健身、体育旅游等体育服务业市场。(2007年5月30日经市政协十届三十四次常委会会议审议通过。)

【关于积极发展上海服务外包的若干建议(摘要)】

建议案提出,上海作为中国东部地区率先发展的中心城市,应当围绕"四个中心"的建设目标,紧密结合国际服务业转移趋势和全市产业发展方向,把大力发展服务外包作为产业结构优化升级的重要突破口和现代服务业发展的新增长点。建议:(1)找准上海市服务外包的发展方向。明确上海市发展服务外包的功能定位,加强全市服务外包的产业引导,围绕"四个中心"确定服务外包发展重点,鼓励全市企业发包非核心服务业务。(2)完善全市服务外包发展的支持政策。加强服务外包立法工作,完善信息服务外包支持政策,实行企业成长激励机制。(3)积极实施大企业发展战略。加快培育一批航母级服务外包龙头企业,加强国际服务外包企业引进工作,支持企业利用海外资源开发海外市场,加大金融支持服务外包发展力度。(4)加快上海市服务外包人才建设。加大高校培养人才力度,大力引进高级专业人才,加强企业人才实务培训。(5)加强长三角地区服务外包发展合作。统筹长三角服务外包发展规划,建立长三角服务外包公共平台,加强长三角服务外包智库建设,深化长三角产业分工合作。(6)加强服务外包行业建设。大力支持相关行业协会发展,加强国际服务外包交流合作,建立服务外包相关统计制度。(2007 年 7 月 25 日经市政协十届三十五次常委会会议审议通过。)

【关于促进上海青年就业工作的若干建议(摘要)】

建议案围绕促进上海青年就业提出建议:(1)制订和实施有利于促进青年就业的法规政策。实施积极就业的产业政策,充分重视能够吸纳更多青年就业的第三产业和中小企业的发展;建立技能型人才薪酬导向机制,为优秀的技能型人才提供工资晋升、专业深造和增加养老金等制度性保障;逐年增加从德才兼备、具有实际工作经验的基层企事业单位青年骨干中招考录用公务员的比例;制定鼓励青年到郊区农村从事教育、医疗、现代农业、法律服务等工作的优惠政策和具体待遇;鼓励青年自主灵活就业,为他们提供相应的医疗、养老等社会保障。(2)加快职业教育改革的步伐。建立公共财政对职业教育的投入制度,对开设社会紧缺型专业的工科类、农业类、卫生类等中等职业学校,加大财政投入并扩大招生规模。对先进制造业、现代农业、护士、助产师等紧缺型专业的中等职业学校学生,给予减免学费、发放生活费补贴等优惠政策;利用现有工科类地方高校、高职、中职等教育资源,推行校企合作、产学结合、半工半读和定向培养的职业教育模式,通过给予政府和企业补贴、实行奖学金制度、优先录用等激励手段,选拔录用中考、高考中的优秀学生,定向培养临港产业园区企业急需的高技能人才。(3)加强青年就业市场的管理与服务。加强对企业规范化用工情况的监督和检查,严厉打击非法职业中介,维护青年就业者的合法权益。劳动保障部门网站要整合、链接各类招聘网和社会中介机构的就业信息,为青年求职者提供专业化、时效性强的权威性资讯;支持共青团等社会组织开展青年就业状况调查与监测,及时反映不同青年群体的就业意愿与诉求并提供个性化的服务。(4)营造良好的促进青年就业社会环境。在电视新闻频道开设《就业市场》栏目,宣传法规政策,报道就业市场动态,并由团市委出面、媒体参与开展每年一度的"青年创业计划竞赛"和"360 行职业技能竞赛"。(5)充分重视社区在青年就业工作中的作用。以政府购买服务的方式,开发、增设适合大学生就业的网络协管员、灾害信息员、创业咨询员、税收协管员等社区新型公益性岗位;将低保、残疾等特困家庭的大中专毕业生纳入政府援助困难群体就业的政策体系。(2007 年 9 月 26 日经市政协十届三十六次常委会会议审议通过。)

【关于积极推进崇明发展的若干建议(摘要)】

建议案分析了崇明当前发展面临的主要问题:一是对现代化生态岛的认识有待进一步提高;二是崇明发展的体制、机制有待进一步理顺;三是崇明发展总体规划有待进一步深化;四是产业支撑有待进一步加强;五是基础设施建设有待进一步加快;六是崇明县经济社会发展有待进一步扶持。建议案认为,加快推进崇明发展,一要举全市之力,支持崇明生态岛建设和发展;二要完善崇明发展的总体规划,为上海和长三角地区协调发展服务;三是加强基础设施建设,联动长三角和上海中心城区;四是借鉴国内外先进经验,发展崇明岛现代农业;五是发展长兴岛海洋装备产业基地,增强崇明工业实力;六是发展以生态旅游为主的现代服务业,提高崇明国际化水平;七是发挥浦东开发开放辐射作用,发展崇明高新技术产业;八是关注民生,妥善解决崇明的社会保障问题;九是加快政策、机制和法规创新,为崇明生态岛建设提供保障;十是保护崇明生态环境,体现长江口冲积型岛屿特色。建议案提出,当前需要重点推进以下具体工作:(1)对崇明生态环境状况作科学、全面,实事求是的监测评价,为崇明发展提供依据。(2)促成张江高新技术园区到崇明建分园。(3)探索利用国际资本参与崇明开发,促成正大集团在崇明的现代农业示范项目。(4)尽快规划并开展与世博会相结合的生态岛特色旅游。(5)积极争取将上合组织 2012 年领导人峰会安排到崇明本岛举行,上合组织常设机构和国际生态保护组织落户崇明。(6)研究并促成崇明游艇码头建设。(7)积极争取迪士尼乐园落户崇明。(8)促成崇海大桥立项和启动。(9)积极启动崇明——浦西隧道工程的可行性研究。(10)对岛内居民进行生态文明教育,提高居民建设生态崇明的自觉性和参与度。(2007 年 11 月 28 日经市政协十届三十七次常委会会议审议通过。)

【关于探索上海新农村建设形态模式的调研报告(摘要)】

建议案提出,目前上海郊区规划建设中心村有三大类型、六种目标形态模式:一是区划整合型新农村,主要有城镇社区型模式、规划集聚型模式;二是村宅改造型新农村,主要有环境整治型模式;三是产业支撑型新农村,主要有工贸驱动型模式、特色农业型模式和生态旅游型模式。建议:(1)坚持因村制宜,分类指导,科学规划各具特色的新农村形态模式。当前郊区推进新农村建设重点要编制好以下规划:中心村形态布局规划、中心村人居环境规划、中心村农民住宅规划、中心村社会设施规划。(2)坚持以人为本,围绕新农村形态模式建设,切实解决农民群众最关心、最直接、最现实的问题。进一步加快现代农业和农村经济的发展,改善村容村貌和农民生活质量,解决农民就业、医疗、保障问题。(3)坚持以工哺农、以城带乡,建立健全多元化的新农村形态模式建设投入机制。做到各级财政投一点、涉农资金扶一点、社会各界支一点、受益群众出一点、政策优惠增一点。(4)坚持软硬并举,科学考量,建立符合新农村建设规律的考评指标体系,具体可设经济发展、社会进步、环境建设、民主管理四大类 30 项考核指标。(5)加强领导,体制创新,推进新农村形态模式建设要做到思想认识到位、组织力量到位、优惠政策到位。(2007 年 11 月 28 日经市政协十届三十七次常委会会议审议通过。)

四、第十一届市政协常委会会议建议案

【关于上海应对各类突发公共事件的若干建议(摘要)】

建议案提出,公共安全是世界各国维护和促进经济社会稳定发展面临的重要问题,上海市应急管理工作有成效,也存在不少薄弱环节:全市上下,特别是领导干部公共安全的危机意识需进一步加强;全市相关应急部门资源未能有效整合,管理体制有待进一步理顺;信息不畅通和信息不对称,严重影响应急决策和效能;现有的应急预案难以适应综合性、特大型灾情事故的应对处置,针对性、衔接性、可操作性有待改进;社会志愿者队伍和社会化救助服务团体的作用未能充分发挥,社会动员机制需致力营造;法律、法规、政策尚不健全,给应急管理和处置造成困难。建议:(1)进一步增强上海全社会危机意识,结合迎奥运、迎世博,开展宣传教育,培育城市公共安全文化,营造有利于防灾减灾的社会氛围。(2)排查监控城市安全的薄弱环节,全面查漏补缺,加强防范,制定整改规划及标准,分批实施、逐步推进整改,并定期监测评估。(3)进一步理顺上海应急管理体制,着力形成统一、高效、畅通的,以预防为主,预防、处置、救援、善后相衔接的高效务实的应急管理格局。(4)加强各方协调,实行公共安全信息资源统一管理,完善应急联动合作机制。(5)规范应急指挥

系统各运行环节,健全应急管理相关的地方性法规,尽快制定《中华人民共和国突发事件应对法》实施细则,充分运用法律手段处置突发事件。(6)进一步完善"上海市突发公共事件总体应急预案"和各类应急预案,尽快研究制订世博会安全保障的综合性、全方位的应急预案。(7)重视应对灾害的科技研发,把灾害预测和灾害处置的科技研究纳入全市科学发展规划。(8)加强政府与民间组织、社会团体、专家系统的联系,整合社会各方资源,完善应急社会动员体系,扶持和发挥民间力量参与应对各类突发事件。(9)公共财政在应对公共安全的预算安排上应与专业队伍的加强和先进技术装备的配置相适应,同时要通过制定有关财政政策,推动商业保险参与公共安全建设,共同解决应对公共安全风险的资金保障。(2008年6月25日经市政协十一届三次常委会会议审议通过。)

【关于进一步加强来沪未成年人管理和权益保护的若干建议(摘要)】

建议案提出,随着大量外地来沪务工人员在沪工作、居住,流动人口服务和管理已经成为上海市社会建设、社会管理工作的一项重要内容。当前涉及来沪未成年人亟待加强的相关工作有:来沪人口登记信息数据不准确、不共享,与房屋租赁管理工作相分离,造成来沪未成年人基础信息难以掌握;受财力、人力等资源限制,义务教育及义务教育后高中阶段教育、16—18岁就业适龄人员的职业技能培训和就业服务等来沪未成年人最迫切需要的公共服务,难以满足需求;来沪未成年人多居住于社区公共服务和人文关怀相对薄弱的城乡接合部,上海市阳光社区青少年事务中心等社区服务管理尚未覆盖来沪未成年人;网吧、游戏机房等来沪未成年人易接触不良文化和人员的场所,需要进一步严加整治;来沪未成年人司法保护难题急需破解,上海市社区矫正体系工作范围局限于户籍人口,使来沪罪错未成年人的司法保护难以落实。建议:(1)进一步明确来沪未成年人保护工作的机构与职责,建立健全日常工作统一协调制度。建立市、区(县)、街镇三级流动人口及来沪未成年人信息数据库,并逐步实现跨部门、跨系统的信息互通共享。(2)树立正确的公共服务理念,将来沪未成年人视为上海未来的建设者,切实维护其合法权益。(3)在流动人口集中的区(县),率先将来沪未成年人纳入社区的政府购买服务项目,由青少年社工、综合协管员、志愿者对社区来沪青少年实施全覆盖的服务管理。加大力度实施青少年事务社工职业培训、资质认定、职业晋升、薪酬制度改革等举措,推进青少年事务社工的职业化、专业化、社会化发展。(4)进一步加强社会治安综合管理,严格禁止未成年人进入网吧、歌舞厅等有关场所。进一步完善社工联系学校工作机制,开展预防未成年人犯罪的相关工作。进一步完善中小学校法治辅导员制度,组织开展各种形式的法治宣传教育和治安整治工作。(5)充实和完善各司法机关的办案人员和机构,推进实施未成年人特殊司法程序。加强司法处置与社会帮教的衔接,逐步在全市建立覆盖至来沪未成年人的观护体系。(2008年8月27日经市政协十一届四次常委会会议审议通过。)

【关于着力推进"科技世博"的若干建议(摘要)】

建议案就中国2010年上海世博会实施《世博科技行动计划》,着力推进"科技世博"提出建议:(1)举全国之力,整合资源,全面推进科技世博项目。形成全国性的科技世博推进工作机制,明确职责,加大协调、管理和推进的执行力;深化《世博科技行动计划》,明确提出科技世博的指标体系,及时进行补充、调整、追加必要的投入,确保项目实施;整合科技资源,主动吸收和吸引国家各类科技计划的最新成果,体现国家实力。(2)市场比选,精心选择,实现科技世博与科技奥运有效对接。以"开放的理念"和"市场比选"的机制精选全市、全国甚至是世界的科技成果,运用于世博会;加快科技奥运的技术转移,精心选择科技奥运的成果,诸如反恐、安保、食品安全等成功的技术,直接或间接、局部或全部应用于上海世博会。(3)坚持科学发展,确保"亮点",中国馆与主题馆为重中之重。把技术上的先进性和文化艺术性以及表现方式结合起来,建立"亮点"评价标准和遴选机制;学习科技奥运模式,尽快落实"镇园之宝"的具体工作方案;关注和挖掘面上"亮点",16个中国企业馆要聚集战略要求,面向人类未来,注重理念表达;培育提升公众科学素养和科学精神的"亮点"。把世博会作为一个巨大的科技传播舞台,采用科技展示、参与互动、科技讲座、交流共享等方式,激发大众的创新意识,提升人民的科学素质。(4)扩大成果应用,惠及民生,催生"世博经济"新增长点。制订科技世博成果产业化规划,推动经济的长远持续发展;政府优先采购科技世博产品;展示和推介科技世博成果。在2009年11月举办的上海工业国际博览会期间,全方位、多视角展示和推介上海世博会科技世博成果,推进创新成果的产业化。(2008年10月29日经市政协十一届四次常委会会议审议通过。)

第二节　主席会议建议案

一、第八届市政协主席会议建议案

【关于加快本市平价房建设的建议案(摘要)】

建议案围绕加快上海平价房建设提出建议:(1)房地产业越发展,越要重视平价房建设。市政府应给予正确导向,实行政策倾斜,加快平价房建设,以实现20世纪末上海人均居住面积10平方米的目标。(2)合理规划,确保平价房建设用地,在服从城市建设总体规划的前提下,优先安排平价房建设用地,各区县要确保平价房建设用地的落实,不得挪用、挤占或移作他用。(3)多渠道筹措资金,投入平价房建设。将上海市房改第一步筹集的资金和房改第二步出售已住成套公房所筹集的资金一并投入平价房建设。对合作建房、联建公助建房,市政府应在土地供给、信贷、税收、市政设施配套上给予优惠。(4)制订相应政策,调动平价房建设单位的积极性。市政府应按1993年中央6号文件精神,指定有关部门迅速制订具体实施办法,确保从事商品房建设的房地产开发公司每年提供当年竣工总面积20%以上的平价房;建立一批从事平价房建设的房地产开发公司,并给予相应的政策优惠。(5)加强领导,保证平价房建设的顺利进行。(1993年8月28日经第八届市政协主席扩大会议审议通过。)

【关于本市房地产开发中动迁安置工作的若干建议(摘要)】

建议案就上海房地产开发中的动迁安置工作提出建议:(1)统一思想,正确处理好几个关系:易地安置与原地安置的比例关系;"为民行为"与"经营行为"的关系;动迁与保护私房产权的关系。(2)新区建设与旧区改造要协调发展。目前,新区动迁基地建设滞后于旧区改造,应集中更多的财力、物力加强新区动迁基地的建设。(3)加强宏观调控,合理布局,综合开发。建议市、区两级政府摸清今后一段时期各类动拆迁房的总量,编制年度动拆迁总量控制计划,使动拆迁总量与建设动迁安置房总量大体平衡。市政府有关部门要进一步协调好各区动迁基地的大市政建设,鼓励房地产开发公司建造一批与廉价房价接近的动迁用房,推动动迁安置工作顺利进行。(4)动迁安置与实施房改相结合。改变定点定向安置的办法,研究对部分被动迁居民用货币支付的形式解决其动迁安置问题。(5)增加人口迁入区收入,改善动迁居民的生活居住条件。建议市财政对当年收入增量部分,按人均支出及人口迁入因素,参照各区当年人口数分配给各区;政府收取的15%土地出让金,土地批租中的沉淀资金在使用上向人口迁入区倾斜;为加快人口迁入区学校的建设,教育经费可根据各区学生实际人数作出调整。(6)完善房屋拆迁管理法规体系,努力做到合理化、公开化、制度化,并制定量化标准。进一步细化保护私产、侨产、宗教产等合法权益的规定;健全与动迁安置有关的估价、仲裁等法律规定;细化"动拆迁操作人员的工作细则",明确奖惩,接受社会监督。(1994年11月23日经市政协八届十九次主席会议审议通过。)

【关于加强社区服务,拓展再就业渠道的几点建议(摘要)】

建议案就加强社区服务,拓展再就业渠道提出建议:(1)大力倡导人人关心社区工作的新风尚。(2)加强对社区就业工作的指导,健全办事机构,健全和规范劳动力市场,在街道办事处恢复劳动力管理科,负责协调处理本地区就业安置工作。(3)不断拓展社区服务的新领域。有关部门应及时研究市民对社区服务需求的走向,根据不同区域的特点,发展企业后勤服务、物业管理、家政服务等有特色的社区服务内容,使社区服务朝着门类齐全、专业化、产业化方向发展。(4)加强转岗培训,创造就业条件。社区要充分利用现有的培训场所与师资力量,采取较为超前的、有针对性的、不同层次的培训,以适应社会择业要求。(5)加强社区服务设施的规划建设和统筹使用。市有关部门要制定统一置换政策,鼓励各区将确已闲置不用的社会公益性设施进行合理置换,发展社区服务;鼓励市属企事业单位将确已闲置不用或使用率低的设施,通过借用或与社区联办的形式加以开发利用。(6)多渠道筹措社区服务发展资金。建议在城市基本建设投放的总盘子中提取后期管理费用;在城市维护费中抽出一点;在物业管理税收中提取一点;社区内的企事业单位支持一点;社会资金筹措一点;发动居民群众捐献一点。企业下岗人员流向社区服务业并与原企业单位脱钩的,企业应缴纳一次性转岗费,纳入社区发展资金。(7)制定和完善有关政策措施。市民政局尽快界定和推出社区服务的项目,报请批准后,请市工商、税务、物价等部门在政策上给予优惠;尽快推出街道(镇)、居委会、社会团体、经济组织和个人兴办社区服务和社会福利事业关于在用地、用房、收费标准等方面优惠政策的实施细则;社区福利事业机构的自来水、煤气、供电、房租、电话等公用事业收费和安装费应低于或等同于居民收费标准;鼓励社区服务聘用下岗待工人员,并优先聘用女35岁以上、男40岁以上的生活困难、就业愿望迫切的待工人员,有关部门应研究制定政策,逐步解决下岗再就业后的就业岗位与原供给关系相分离的问题;尽快实施再就业人员的养老保险、公积金等办法。(1996年6月23日经市政协八届四十次主席会议审议通过。)

【关于完善民间帮困救助工作的建议(摘要)】

建议案提出,民间帮困具有多方面的社会功能,应大力发展民间帮困救助事业,同时要进一步规范民间帮困的资金筹集和管理,拓展帮困形式。建议:(1)加强民间帮困基金的筹措。可由政府制定基金会和其他民间帮困救助组织的基金募集办法,并组建基金会、基金组织的联席会议,定期商讨民间帮困救助基金的有关事宜。(2)积极推动对大病重病患者的民间互助。建议市医保局、市红十字会、市民政局等单位在市社会保障委员会的统一协调下,就建立覆盖全体居民的大病重病医疗互助机制进行专题研究,确定大病重病的范围,进一步完善覆盖全体居民的民间医疗互助。(3)建立全市性的物资捐助、志愿者援助网络。在市中心建立一个规模较大的仓储式的慈善物资调剂中心,各区、各街道分别成立慈善物资调剂分中心或代办处,可以使慈善物资捐赠工作形成一个全市性的网络。(4)依托社区实施民间帮困救助工作,具体的做法可以采取像社会救助一样实行救助对象一个口子向上,救助款物一个口子向下。(5)制定民间帮困救助法规,对基金会的成立、基金筹集等作出明确的规范。(1997年9月4日经市政协八届五十四次主席会议审议通过。)

二、第九届市政协主席会议建议案

【关于加快上海郊区城镇建设的若干建议(摘要)】

建议案就加快郊区城镇建设提出建议:(1)合理布局,尽早形成科学合理的城镇空间分布及等级结构。要正确处理近期与远期、局部与整体、经济与环境之间的关系,坚持以人为本,坚持可持续发展战略,避免无序开发、恶性竞争和低水平重复建设。(2)突出重点,优先发展对形成反磁力体系起骨干作用的城镇,集中财力,迅速建立符合21世纪上海大都市郊区水平的示范城镇,引导、推动其他城镇的发展。(3)加强调控,建立鼓励和控制相结合的发展机制。(4)依托产业,提升郊区城镇的实力及发展后劲,引导市区大工业根据全市城镇体系规划和产业布局规划有序扩散,并在扩散过程中得到结构优化和提升。(5)重视环境,郊区城镇建设环境质量标准及水平的规划定位应明确高于中心城区。(6)加大投入,以政策推动为先导、市场运作为基础,推动郊区城镇的发展。(7)市郊联手,形成多方参与、共同建设的局面。(8)冲破束缚,积极推进行政区划调整,改革阻碍"三个集中"的各种不合理的规章制度。(9)加强领导,统一思想,健全与完善城镇建设的法规。(1999年10月27日经市政协九届十六次主席会议审议通过。)

【关于市政协加强民主监督工作的若干意见(摘要)】

建议案就进一步加强政协的民主监督工作提出建议:(1)提高认识,掌握原则,增强在新形势下加强民主监督的自觉性。要继续举办各种类型的学习会、研讨班,在深化理论研讨中,在开展民主监督的实践中不断增强委员的民主监督意识。(2)总结经验,发挥优势,不断完善民主监督的有效形式。要重视落实提案办理的限期反馈制度,充分发挥提案的民主监督功能;在围绕党政领导和群众关心的社会热点问题开展调研视察活动时,要强化监督意识,自觉地把调研视察与民主监督有机结合。(3)积极配合,形成合力,健全完善与其他监督形式协同运行的监督载体。要将特邀监督员工作与专门委员会工作及提案、反映社情民意等工作有机结合起来,将特邀监督员了解的情况及时向专门委员会沟通;将政协民主监督与新闻媒体的舆论监督相结合,有选择地将民主监督的做法和内容通过电视、广播、报刊进行宣传报道。(4)加强领导,规范制度,努力提高民主监督的实效。一要建立健全民主监督制度;二要充分发挥政协联系面广的优势;三要创造条件使政协委员尽可能多知情。(2001年11月28日经市政协九届三十八次主席会议审议通过。)

三、第十届市政协主席会议建议案

【关于上海加强孵化器建设和促进科技成果转化为现实生产力的若干建议(摘要)】

建议案认为,加强孵化器建设和促进科技成果转化为现实生产力,要处理好三个关系:一是政府支持和市场运作的关系,二是加强孵化和重视成果转化的关系,三是鼓励创新和优胜劣汰的关系。建议着力加强六方面工作:(1)发挥科技中介机构作用,以技术产权交易为平台,通过完善招标投标、成果推介、产权交易、技术协作、信息交流等,建立健全社会化的服务体系,推动在孵企业和孵化基地与外部要素市场包括资本市场的沟通。（2）是加强政府的引导推动,进一步完善风险投资、外商在沪设立研发中心、促进科技成果转化等政策措施,加大政府科技创新的资金投入,用好上海科技创新基金,按市场化要求运作,形成良性循环,支持更多企业科技创新。（3）拓展多元化投融资渠道,围绕孵化器这一创业平台,进一步放宽投融资渠道,包括间接融资、直接投资、企业参股并购,形成风险投资机制。（4）加大保护知识产权的力度,完善以专利技术为主的知识产权保护制度,把实施知识产权保护政策贯穿于科技创新的全过程,加大对侵权行为的处罚力度。（5）强化孵化器的孵化功能,不断完善孵化器的功能和运作,立足高新技术的发展和科技成果的转化,着重在强化服务功能上下功夫,帮助在孵企业融通资金、获取信息和了解市场需求,并探索毕业企业进一步做强做大、形成规模的路径。（6）进一步形成产学研的合力,总结和推广一些孵化基地依托高校提高服务质量的经验,加强孵化基地与高等院校、科研院所的合作,为在孵企业提供科研信息、实验设施和培训服务。（2003 年 6 月 18 日经市政协十届六次主席会议审议通过。）

【关于积极调控上海商务成本的若干建议(摘要)】

建议案提出,要辩证看待上海商务环境的优势和劣势,采取积极有效措施,调控商务成本。建议：（1）政府进一步转变观念和职能,增强服务意识。一是推行首问责任制和投诉追究制;二要注意提高工作效率;三要扩大乡镇、开发区与市职能部门一线干部的交流和监督;四是统计局等有关部门要抓紧制定商务环境(成本和效益)测评的综合指标体系。（2）推进项目审批制度改革,规范各种管理和收费。一是坚持"以人为本",充分尊重投资者的利益,将目前的项目"审批制"改为"审核制"与"备案制";二是对审批的项目,可将审批权限下放区县政府和相关园区;三是市政府及各主管部门应彻底检查各项管理和收费的合理性。（3）控制经济园区土地价格,降低企业用工成本。（4）集中做好园区的规划、整合工作。一是尽快制定全市工业园区管理条例;二是加紧整合乡镇经济园区;三是处理好产业的空间布局与城市体系的关系。（5）贯彻"科教兴市"战略,进一步提升服务业水平。一是在增强教育科研投入的同时,要整合优质教育资源,积极发展各级、各类教育事业;二是要加快发展技术、信息、设计和咨询等现代服务业,进一步提高服务业水平,降低政府管理成本。（2003 年 10 月 24 日经市政协十届十二次主席会议审议通过。）

【关于对上海流动人口管理若干问题的建议(摘要)】

建议案就上海市加强流动人口管理提出建议：（1）建立以经济杠杆为基准的外来流动人口管理新机制。建立健全市、区县、街道(乡镇)人口综合管理机构,加快户籍制度改革步伐,推行居住证制度。（2）进一步健全进城务工人员的劳动和社会保障机制,加强务工管理。努力探索、分步推进,逐步形成劳动关系一体化。市有关部门应根据劳动力市场需求情况与劳务工输出地挂钩,提供相关信息,有针对性地组织成建制务工队伍。（3）贯彻《救助管理办法》,加强救助管理。执法部门要转变观念、统一思想,正确实施《救助管理办法》,积极开展救助工作。（4）加大综合执法监察力度,加强市场管理。要注意吸纳外来人员所办企业和个体工商户加入行业协会,加强行业管理。对占用道路擅自设摊和无照经营等违法行为,要加强管理并行使行政处罚权。在对外来少数民族人员在沪经营的管理上,既要严格依法办事,加大管理力度,又要注意民族政策的特殊性。（5）加快法制建设步伐,推进依法管理。修订《上海市外来流动人员管理条例》,制订配套管理制度。建议公安、司法等部门在充分论证的基础上,向有关立法机构提出对《刑法》、《治安管理处罚条例》的修改及补充意见。（2004 年 4 月 19 日经市政协十届二十二次主席会议审议通过。）

【关于当前上海开展资源节约型城市建设的若干建议(摘要)】

建议案根据上海特大型城市的实际情况和发展特点,认为上海必须树立"资源节约型城市"的目标和共识,并尽早落实相关措施。建议:(1)迅速建立资源节约评价体系,落实资源管理责任制。争取在年底前建立3个层次的资源节约评价体系,即市、区两级政府建立城市资源节约评价体系,行业协会建立本行业资源节约评价体系,企业建立本企业资源节约评价体系。(2)加强用能监管,推行认证制度和市场准入制度。用能大户应建立专门的用能管理机构,加强企业自身用能情况的监管和指标统计,并定期向政府职能机构上报。(3)整合监察力量,增强执法力度。总结"上海节能监察中心"的经验,整合资源节约的监察队伍,延伸"上海节能监察中心"的职责,成立"上海资源节约利用监察中心",或加入全市已有的其他综合监察队伍中单列,赋予该机构更大的权力,发挥其在上海建设资源节约型城市中的监督、控制、咨询和服务作用。(4)政府和公共机构带头,率先落实资源节约措施。(5)重视舆论宣传,营造节约资源的良好氛围和意识。通过报刊、电视等传媒,大张旗鼓地做好建设资源节约型城市的舆论宣传工作。(6)加强统一领导,启动规划和管理。由市政府主要领导挂帅,打破目前条块分割、自成体系的状况,建立由主管部门和职能部门参加的资源综合管理系统,扭转上海资源管理缺位的现状。(2004年5月11日经市政协十届二十三次主席会议审议通过。)

【关于上海儿童文化建设的若干建议(摘要)】

建议案分析了上海儿童文化建设的现状及其主要原因,就促进上海儿童事业发展提出建议:要树立正确的儿童文化发展观,制定切实可行的发展规划;要加大政府投入力度,加强政府调控职能;要实施品牌战略,高起点地培育和发展上海儿童文化大市场;要加强对儿童文化场所和儿童文化产品生产的监督和管理;要搭建平台,寻找载体,创造品牌,全方位地推进儿童文化交流;要着力从事儿童文化工作者的软环境建设,建立合理的人才引进和培养机制;要建立儿童文化发展的专门研究机构,组织高层次的儿童文化发展的学术研究和交流。建议案提出近期可开展的几项具体工作:(1)建立上海儿童文化发展专门管理部门,在市政府职能部门设立儿童文化发展管理处,负责制定和实施上海儿童文化发展规划,对全市的儿童文化事业实施宏观调控,统筹协调。(2)尽快建造上海专业儿童剧场,重视并扶持儿童文学作品及儿童剧创作。(3)建立上海儿童电影放映热线。(4)建立儿童文化发展基金,以政府资金为基础,再从彩票收入中提取10%—15%作为补充。(5)校外教育机构免费向少年儿童开放,建立少年儿童网站,设立免费儿童网吧。(6)改进儿童文化艺术学习成绩与升学考试直接挂钩的做法,缩减艺术加分分数。(7)增加电台、电视台等新闻媒体的儿童专题节目,设置少儿频率、少儿频道。(8)新建与上海大都市形象相匹配的新少儿图书馆。大力发展社区公共儿童图书馆、阅览室,形成全市儿童图书馆(阅览室)网络。(2004年6月11日经市政协十届二十四次主席会议审议通过。)

【关于加强上海市中心城区人口规模调控的若干建议(摘要)】

建议案分析了进一步疏解中心城区(指上海外环以内的城区)人口的困难与矛盾,认为目前政府在实施人口目标调控中面临两难境地:一是"双增双减"的决策与政府财力的矛盾,二是发展重心转移的要求与重大建设项目的矛盾,三是加强人口调控要求与行政性人口控制手段弱化的矛盾,四是城市住宅规划标准与广大市民实际消费能力的矛盾。建议:降低上海中心城区人口总量,实现人与自然的和谐发展,在实施人口规模的调控中,要从上海经济社会发展的阶段性特点出发,本着实事求是的态度,科学规划,各方协调,有序推进。一是开展中心城区人口承载力研究,编制人口、资源、环境的综合规划;二是严格实行"双增双减"方针,最大限度压缩中心城建筑总量;三是实行郊区倾斜政策,引导中心城区产业和人口向郊区新城迁移;四是加快连接中心城与郊区的交通设施投入,为郊区新城发展提供便捷条件;五是严格控制中心城蔓延,把更多社会资源和功能配置到郊区新城。(2004年8月27日经市政协十届二十八次主席会议审议通过。)

【关于促进科技型小企业发展的若干建议(摘要)】

建议案提出,要把促进科技型小企业发展列为上海实施"科教兴市"主战略的一项重要措施。建议:(1)拓宽融资渠道,为科技型小企业解决资金困难。建议在市经委、科委已设立的创新基金基础上,进一步整合、扩展、增强创新基金,加大政府、投资公司和其他社会资金的参与度。对已进入成长发展期,长期来投资与回报比例波动不大,但缺乏周转资金,以及新产品开发后续投入需资金支持的一类科技型小企业,上海银行和上海浦东发展银行可划出一部分资金,设立专业信贷部门,扩大对科技型小企业的科技项目贷款,市财政给予适当的风险补贴。(2)降低科技型小企业税负水平。建议对初创期的科技型小企业,能够享受与外资企业同等的税收优惠政策,使之有个资本积累过程。(3)为科技型小企业发展提供技术支撑和市场化社会服务。建立面向科技型小企业的市场化社会服务体系;加大设立"产学研"联合体的力度;建立科技型小企业信息服务网;在全市各区建立创业中心,完善其网络组织体制和运行机制;加强科技型小企业行业协会建设。(4)上海应抓紧制定《上海市科技型小企业促进条例》,为上海科技型小企业的发展提供一个良好、完善的法制环境。(2004年9月15日经市政协十届二十九次主席会议审议通过。)

【关于上海改善外籍人士生活工作环境的若干建议(摘要)】

建议案分析了上海吸收外国移民的历史和改革开放20年后的现状,以及当前在沪外籍人士面临的主要问题,就改善在上海的外籍人士生活、工作环境提出建议:(1)积极解决外籍人士的医疗保险问题。一是在国家作出统一规定前,上海先行先试,设立在沪常住外籍人士医疗福利基金;二是在严格审查的基础上,有序地允许境外保险机构与双方认可的在沪医疗机构签约,由其支付患者在沪的医疗费用;三是有关部门把具有相当等级外语口语能力的医师须占医师总数的一定比例,作为验收涉外医疗服务机构的必备条件;四是加大兴办中外合资合作医疗机构的力度。(2)降低外籍人士子女教育费用,不断满足多层次需求。一是鼓励多种办学模式;二是帮助学校解决法人地位等问题,降低办学成本;三是加强指导,规范学校收费。(3)将外籍人士居住区纳入社区网格化管理体系,尽早修订居民委员会条例和社区管理规定中与之不适应之处,防止出现社区管理中的盲区和禁区。(4)简化外籍人士的办证手续,提高公共服务质量。一是对有关证件进行认真的梳理,简化办证程序,合理设置证件使用期限;二是涉及外籍人士在沪生活工作的相关信息资料应以多种方式公开,使外籍人士能及时了解;三是有关职能部门的服务公约等文件资料应以中英两种文字张榜公布于明显位置,或编撰中英文小册子免费发放。(5)适度开放外籍人士的商会组织,慎重、超前研究外籍人士的宗教问题。一是有关部门根据实际情况,对外国商会等社团组织适当有序开放,并依法加强管理;二是对涉及外籍人士的宗教活动,进行慎重、超前研究,对《上海宗教事务条例》中涉及外籍人士宗教生活的内容,应及时制订实施细则。(6)将改善在沪外籍人士生活、工作环境列为上海市重要研究课题,加强分析和研究,并作工作部署,将之作为干部培训的内容之一。(2004年10月22日经市政协十届三十一次主席会议审议通过。)

【关于加强上海公共卫生体系建设的若干建议(摘要)】

建议案就加强上海公共卫生体系建设提出建议：(1)重视公共卫生发展战略与组织保障。公共卫生体系建设要与经济建设、环境保护、人口管理、城市管理、教育科研协调配套,实施科学的公共卫生发展策略;政府要在公共卫生工作中发挥主导作用,制定周密的战略规划,打破条块分割、各自为政的格局,实现整体规划、重点推进、阶段落实;明确并落实政府应确保履行的基本健康保障的职责,这一基本健康保障应涵盖基本医疗与基本预防保健服务,应与社会经济发展水平相适应,并公平地为全体市民所享有;完善公共卫生投入机制,加快建立健全上海市的公共财政体制,实施向公共卫生事业倾斜的财政政策,保证政府经费足额投入,完善补偿机制;加强法制建设与监督执法。(2)要重视公共卫生科研与人力培养。加强公共卫生科学研究;大力推进公共卫生事业的人才培养。(3)要重视公共卫生专项建设。推进卫生系统的全行业管理;加快制定公共卫生的信息规划与实施计划;加强食品卫生管理;加强儿童卫生工作;加强传染病救治服务体系建设。(2004年11月12日经市政协十届三十二次主席会议审议通过。)

【关于上海竞技体育后备人才队伍建设的若干建议(摘要)】

建议案分析了上海市竞技体育后备人才培养存在的主要问题及原因,就加强上海市竞技体育后备人才队伍建设提出建议：(1)充分认识竞技体育后备人才队伍建设的重要意义。(2)坚持有所为,有所不为,以改革的思路发展上海竞技体育。上海要站在服务全国的高度,致力于增强竞技运动竞争力,努力为国家奥运战略多作贡献。(3)拓展后备人才队伍建设资金渠道。建议市政府研究确定一定的教育附加费比例,用于高校办运动队、中学试办二级运动队及全市青少年学生体育比赛;完善"上海市振兴体育事业基金会"。(4)建设新型的标准化体育专科学校。希望用5年左右时间,在浦东和浦西地区各建立2所与现有业余体校运行机制不同的、新型标准化竞技体育专科学校。(5)加快体育教育实质性结合步伐。一是建议由市政府协调,把学校体育(奥运项目)作为提升学生身体素质、技能素质的重要手段,列入学校综合评估,同时请教育系统会同体育部门,加快从外地引进优秀体育人才;二是建议各高校建立1个以上的高水平运动队,形成教育系统培养体育人才的有效体制和机制;三是制定激励政策,完善评价考核办法,鼓励学校系统大力培养体育人才,并改革全市性青少年体育竞赛体制。(6)进一步发挥区县政府作用,解决区县的薄弱环节和突出问题。建议通过市有关部门协调,增加区县对体育事业经费的投入;出台有关政策,大力办好区县业余体校。(7)增加教练员编制,制定引进人才政策。教育部门在承办、试办一线或二线运动队的高校、中学设置专职教练员,编制由市教委与市体育局统一商定调配;研究制定高水平教练员、优秀后备人才户口迁入上海的政策。(8)加强科学选材和育才。建议在市体育科研所选材机构的基础上,设立市体育科学选才中心。(2004年11月12日经市政协十届三十二次主席会议审议通过。)

【关于应对自然灾害对上海城市公共安全影响的若干建议(摘要)】

建议案提出,上海是一个人口、产业、财富等城市要素高度密集的特大型城市,任何自然灾害和人为事故在上海都会产生叠加效应。上海在建设"四个中心"、实现"两个率先"的进程中,尤其应当关注和解决防灾减灾和城市公共安全问题。本建议案研究的范围侧重在对上海市和国内外有重大影响的突发性自然灾害的应急体制、机制、法制等方面,并着重分析了上海市灾害应急管理的进展与问题：一是上海虽然初步建成了减灾综合管理体系,但组织上还未完全调整到位,综合减灾部门还未完全运转;二是法制建设不够完善;三是减灾经费投入未能贯彻预防为主的方针,有轻宣传教育和科学研究的现象,整个灾害防御经费的投入与上海市经济发展和实际需要相距甚远;四是防灾减灾宣传力度不够。建议:(1)提升上海应急联动中心的地位,使其更具权威性。(2)进一步完善应急联动机制。(3)建立、完善有关公共安全的法律、法规体系。(4)建立以公安武警、消防为主体的多功能灾害应急救援队。(5)加强公共安全(灾害)防御经费的投入。(6)加强宣传教育。(2004年11月26日经市政协十届三十三次主席会议审议通过。)

【关于在沪台资企业发展的若干建议(摘要)】

建议案分析了在沪台资企业投资上海的特点和未来趋势,认为其当前发展存在的问题与困难,主要是由于政府政策调整造成的土地使用矛盾、电力供应、上市融资、身份认同和国民待遇等问题。建议:(1)把握台商投资大陆的大型化、集团化趋势,在争取引进先进制造业的同时,把争取台商企业总部落户上海作为招商引资的重点工作。(2)把握台资新一轮投资大陆的产业重点,有针对性地推动台商对现代物流业的投资。(3)加强政策扶持,增强与台商在人力资本方面的合作,重视对台湾民营中小企业的引进及其经营经验的借鉴。(4)加强沪台金融合作,推动沪资进入台资企业。(5)加强和改善海关工作,通关手续应进一步简化,退税周期要设法缩短。(6)以更灵活的方式,做好台资企业服务工作。(7)加快解决在沪台胞就医、子女就读、在沪换证等问题,切实为台胞分忧解难。(2004年11月26日经市政协十届三十三次主席会议审议通过。)

【关于应对长三角气候及生态环境变化影响的若干建议(摘要)】

建议案认为,工业化、城市化过程中长三角区域气候变化对经济社会发展的影响主要表现为:气候变暖、高温增多加剧了电力供给紧张状况;光照日数的减少,高温、暴雨日数的增加等,将使长三角生态系统的生物多样性和物种品质等都受到明显影响;气候变暖使海平面升高,导致长三角海岸区遭受风暴潮影响的机会增多,程度加重;全球变暖及长三角城市群影响的放大效应,使得与之有关的一些极端气候事件,如高温热浪、洪涝、干旱的发生频率和强度可能会增加,而气候变暖和极端天气气候事件的出现,增大对气候变化敏感的传染性疾病传播可能性。建议:(1)高度重视工业化、城市化造成的温室气体等污染超排给气候带来的负面影响。(2)认真研究和解决好城市的合理布局规划。(3)在城市建设和产业发展中突出节能降耗的要求。(4)从建设资源节约型、环境友好型社会的要求出发,唤起政府和全民的节能和环保意识。(5)充分考虑上海世博会期间天气与气候变化的影响。(6)充分发挥上海区域气象中心的职能。(7)拟请市政府呼吁国家及有关部门研究创建跨省、市区域的气候变化和生态环境保护与建设的协调机制。(8)拟请市政府呼吁国家及有关部门组织力量,加强对气候变化及其影响的研究,进一步弄清长三角地区气候变化规律及其影响。(2005年6月24日经市政协十届四十二次主席会议审议通过。)

【关于积极推进发展循环经济,提高资源利用效率的若干建议(摘要)】

建议案认为,上海推进发展循环经济,首先要建立四个基本认识,即发展循环经济是建设资源节约型城市的重要手段;循环经济要在中国和上海实践,还需要做大量的基础性工作;推进发展循环经济需要循序渐进;政府的主导作用不可或缺。建议:(1)有效统筹现有机构资源,加强工作合力,全力推进循环经济和资源节约型城市建设工作。(2)加快制定和实施上海循环经济总体发展规划,加大循环经济方面的研发投入。(3)加快建立促进循环经济发展的技术支撑和制度保障。(4)加强循环经济的法规、政策建设,加大执法力度,规范企业行为。(5)推动企业提高资源利用效率,加快发展循环经济。(6)推动个人和家庭积极开展资源节约,参与循环经济建设。(7)加强舆论宣传和科普教育,推动循环经济理念深入人心。(2005年7月13日经市政协十届四十三次主席会议审议通过。)

【关于进一步提高提案办理质量的建议(摘要)】

建议案就进一步提高提案办理质量提出建议:(1)充分认识政协提案工作是一项全局性工作。建立"加强协作、形成合力、整体推进、协调高效"的办理工作机制。(2)进一步加强对提案办理工作的领导和协调。建议每年提案交办会由市委、市人大、市政府、市政协共同召开;市政府分管领导能向政协常委会报告年度提案办理情况;各承办单位领导每年选择一些代表性提案亲自协调办理。(3)加强对承办人员的思想教育和业务培训,提高提案办理和书面答复的针对性,使提案答复能针对提案内容,实事求是地提出解决办法或暂时难以解决的原因。(4)加强对提案涉及的难点问题的研究,寻求解决问题的方法和途径,并可邀请相关的提案者共同参与。(5)建立更加有效的提案办理跟踪反馈机制。(6)加大对政协提案及提案经办理取得成效的宣传力度,扩大政协提案的社会影响。(7)重视改进提案办理的几项基础性工作:建议政府有关部门进一步明确会办单位的职责和要求;进一步重视平时提案的办理工作;适时修改提案办理方法与评价体系。(2005年8月5日经市政协十届四十四次主席会议审议通过。)

【关于上海"两地婚姻"状况的分析及对策建议(摘要)】

建议案分析了上海市"两地婚姻"(指当事人一方为上海户籍,另一方为外省市户籍)情况,认为存在的主要问题是:部分外来配偶就业难;部分外来配偶缺乏生活保障,包括养老、医疗、住房等;"两地婚姻"家庭生殖健康总体水平较低。建议案就改善"两地婚姻"提出建议:(1)以人为本,对外来配偶中尚未入上海市户籍的就业困难者应给予适当救助。(2)宽严相济,适当调整外来配偶入上海市户籍条件。(3)扩大培训,提高"两地婚姻"家庭的就业能力。(4)统筹协调,将"两地婚姻"问题纳入"十一五"规划。(5)注重关爱,加强外来配偶健康服务。(6)加强教育,帮助外来配偶尽快融入上海市社会。(2005年8月5日经市政协十届四十四次主席会议审议通过。)

【关于提升上海企业自主创新能力的若干建议(摘要)】

建议案提出,提升上海企业自主创新能力,要确立"强化企业主体地位、完善产学研联盟机制、优化创新政策环境"的总体思路。建议:(1)以深化国有企业改革作为强化企业主体的突破口,主要做三项工作,即改善企业领导体制,选择有战略眼光和创新精神的企业家;改革企业考核制度;完善企业自主创新的管理机制。(2)加大对中小型科技企业的扶持力度,主要做两项工作,即以"大"扶"小",帮助中小型科技企业做强;以"小"做"大",实施科技型中小企业集聚战略。(3)完善产学研联盟机制,提高企业自主创新的能力。第一,加强产业政策和技术政策的规划导向;第二,推广产学研集群联盟新模式;第三,以"办实事"的精神,选择一批重大项目组织攻关,实现制高点与增长点有效结合;第四,充分发挥转制科研院所在自主创新体系中的骨干作用。(4)优化创新政策环境,激发企业自主创新的活力。实施知识产权战略,优化政府投入模式,调整税收和融资政策,制定对技术引进消化吸收和再创新的支持政策,培育和稳定企业优秀创新人才,以形成良好的创新动力机制,强化上海企业自主创新的主体地位。(2005年9月26日经市政协十届四十七次主席会议审议通过。)

【关于促进上海体育服务业发展的若干建议(摘要)】

建议案就促进上海体育服务业发展提出建议:(1)更新观念,抓住机遇,加快发展体育服务业。市政府有关部门应将体育服务业纳入上海经济社会发展总体格局和"十一五"规划之中。区县的体育服务业发展也应列入地区发展规划。(2)深化改革,拓展思路,促进体育服务业发展。大力发展体育竞赛表演业;抓好体育产业重点项目,开发体育无形资产;鼓励非公有资本进入体育服务业。(3)加强法规建设,制定实施体育服务业优惠政策。在"十一五"期间,应尽快调研起草《上海市体育产业发展条例》和《上海市体育服务业规范管理规定》以及相应的规范性文件;研究出台相关财税政策。有关部门应允许体育赞助计入企业生产成本,予以税前列支;加大公共财政对区县体育的投入,加快体育场馆设施建设。(4)建立体育服务业统计系统,尽快成立"上海市体育产业统计指标体系研究"课题组,研究建立全市体育服务业的指标体系。(5)加快培养体育服务业紧缺人才,构筑上海体育人才高地。建议上海体育学院与复旦大学联合成立产学研一体化的"上海体育服务业人才培训中心",并开设"上海体育服务业高层论坛"。(2005年9月26日经市政协十届四十七次主席会议审议通过。)

【关于进一步维护公民权益,构建和谐社会的若干问题及其思考(摘要)】

建议案就维护公民权益,构建和谐社会提出建议:(1)逐步建立维护公民权益,促进社会和谐的平等的权利享有机制、合理的利益协调机制、有力的社会保障机制、有效的权力控制机制和畅通的社会沟通机制等长效机制。(2)制定和完善有关法规、规章、制度,为维护公民合法权益提供保障。一是出台上海市有关促进就业、员工工资支付等方面的法规和有关预防、制止家庭暴力的法规、规章,通过立法,规定最低工资标准,规范企业必须履行为从业人员缴纳"城保"或"镇保"规定的社会保险费和福利费等法定义务,依法处罚违法行为;二是规范医疗、教育收费,要明确区分医疗和教育领域中"公共事业"和"非公共事业"的性质;三是修订《上海市女职工劳动保护办法》和《上海市老年人权益保障条例》,逐步提高企业退休人员养老待遇;四是研究有关税收法律制度的进一步修改问题,积极向中央有关部门提出建议。(3)完善社会公共政策,加大社会公共投入,加快社会事业发展。优化创业环境,促进就业;推进调节收入的社会第三次分配;调整政策,促进医药、卫生事业健康发展;要保证对基本医疗和公共卫生事业的投入和增加对教育的投入;健全相关的听证会制度。(4)创设、发布"和谐指数",加强检查监督。(2005年10月21日经市政协十届四十八次主席会议审议通过。)

【关于进一步加强上海水系建设的若干建议(摘要)】

建议案提出,上海水系的主要特点是水资源丰富、河网密布、洪涝灾害多、行洪排污量大、自然河道与人工河道并存,其主要问题为:尚未形成一个完整的水系综合规划;水系保护的重要性认识不足;建设养护资金不足;河网格局尚需进一步梳理;水环境治理有待进一步深化;管理体制需进一步理顺;法律法规尚不完善;黄浦江、苏州河上游来水水质令人担忧。建议:上海水系建设的思路和重点,应是在确保水安全(防洪安全、供水安全)的前提下,突出水源地功能,改善水质环境,拓展水交通,营造水景观。(1)进一步提升水系地位,编制全市水系综合规划;加快河网建设,增加水域面积。(2)加大治理力度,改善水体质量。(3)配合世博会筹办,强化相关河道整治。(4)优化内河航运网络,推进国际航运中心建设。(5)完善法律法规,促进依法治水。(6)加强宣传教育,形成社会共识。(7)依托流域机构,加强省际合作。(2005年11月18日经市政协十届五十次主席会议审议通过。)

【落实科教兴市主战略,推进卫生系统学科人才建设——关于卫生系统学科人才建设情况的调研报告(摘要)】

建议案提出,上海卫生系统人才建设面临的困难有:现有卫生系统人力资源不能有效满足经济社会发展和卫生事业发展的需要;开创医学新领域的领军人物相对缺乏;某些医学紧缺专科的人才供需矛盾凸显;培养自主创新能力的人才建设环境有待完善。建议:(1)重视并加快医学教育改革;解决医学教育中专业设置与社会需求之间的矛盾,招生与就业之间的矛盾,加强对全科医学、公共卫生、中医学、农村基层卫生人员的培养和培训。(2)建立毕业后教育和继续教育工程。(3)把护士队伍建设作为重要战略举措来抓,大力发展大专护理教育,适度发展本科及以上层次的护理教育。(4)建立专科医师制度,由卫生行政部门统筹建立专科医师规范培训、考核、准入的相关组织机构。(5)加强公共卫生体系学科人才建设,加强对特大型城市生物安全保障的技术研究,提高城市生物因子、核、化学突发事件应急处理能力。(6)落实相关配套措施:设立卫生系统学科人才建设专项基金;重点建设若干个人才建设基地;加快职称晋升、分配、聘用和交流、退休、干部考核等制度的改革。(2005 年 11 月 18 日经市政协十届五十次主席会议审议通过。)

【推进城乡一体化进程,建设社会主义新郊区(摘要)】

建议案围绕推进城乡一体化建设提出建议:(1)高起点地制定城乡一体化实施规划。按照上海城市总体规划和"十一五"发展规划的新要求,制定城乡一体化实施规划,其中产业发展规划应重点体现城乡产业融合发展、郊区"三业"协调发展、产业人口配套发展、薄弱地区扶持发展;城镇网络体系规划要在"一城九镇"的基础上,重点突破松江新城、安亭新城和海港新城的建设;要确定若干郊区居住形态和管理城镇化的先行区域;要从旧城改造逐步转向旧村改造;社会事业规划要按照城乡一体化要求,实现社会公用事业规划全覆盖。(2)加大郊区社会公共事业的投入和建设力度,要把公共财政对社会公共事业的投入重点放到郊区,提升郊区教育发展水平,加强郊区卫生设施的建设,提高郊区公共文化设施的建设水平。(3)建立城乡统一的劳动就业和社会保障制度。劳动就业方面,要建立市、区(县)、镇(街道)三级统一的公益性就业服务机构,积极帮助郊区居民实现充分就业;社会保障方面要建立健全与经济发展水平相适应的农村社会保障体系,按照稳定城保、推广镇保、完善农保、提高低保的要求,增加财政对农村社会保障的投入。(4)建立郊区农民增收和财富积累的长效机制。创新农村集体经济组织,推进农村社区股份合作制改造;拓宽非农就业领域,增加农民非农就业收入;在税收、贷款等方面给予优惠政策;改革农村集体土地使用制度,增加农民财产性收入;加大帮扶和财政转移支付力度,促进地区均衡发展。(5)加强城乡一体化的法制建设,确保推进城乡一体化工作顺利进行。(6)切实加强推进城乡一体化的组织领导,以点带面,稳步推进。(2005 年 12 月 21 日经市政协十届五十一次主席会议审议通过。)

【关于抓住浦东综合配套改革试点契机,推动政府经济管理职能转变的建议(摘要)】

建议案提出,转变政府经济管理职能是浦东综合配套改革的关键环节。浦东新区转变政府经济管理职能应遵循以下基本思路:以科学发展观为指导,从全国改革开放大局出发,积极借鉴国内外政府建设的成功经验,科学构建政府、企业、市场、社会之间的分工合作关系,为解决上海发展中的体制瓶颈积极创新、实现突破,为全国的改革开放先行先试。其近期目标为:加快推进政企分开、政资分开、政事分开、政府与市场中介组织分开，把政府职能切实转到经济调节、市场监管、社会管理、公共服务上来，形成与中国特色社会主义市场经济基本相适应，与国际惯例基本接轨的行为规范、运转协调、公正透明、廉洁高效的行政管理体制；总体目标为：立足于充分发挥市场配置资源的基础作用，全面推进政府经济管理职能的强化、弱化和转化，全面提高政府建设的现代化、市场化、法制化、国际化水平，建立健全制度完备、运行高效、全面接轨国际通行做法的社会主义市场经济管理体制和充分体现服务政府、责任政府、法制政府特征，高度开放的现代公共服务型政府。具体建议：(1)加快行政管理体制改革，建设公共服务型政府，进一步缩小政府经济管理事权范围，提高政府运作的现代化、标准化水平，改革政府行政效能综合评估办法。(2)强化企业主体地位，完善市场经济环境，按照市场经济要求改革投资管理体制，按"非禁即入"原则加快行政审批制度改革，改革国资国企管理体制，积极营造市场环境，加快推进区域通关一体化；强化市场监督管理，支持民营经济发展壮大。(3)大力培育民间组织，建立新型政社关系，加快推进政府与社会中介组织分开，按"加强管理、放开发展"思路支持民间组织发展，健全信息沟通机制。(4)优化市区管理体系，建立新型市区关系，参照二级市设置模式，扩大新区自主发展权。(2006年6月12日经市政协十届六十一次主席会议审议通过。)

【发挥长三角港口群作用，加快实现上海国际航运中心建设国家战略的若干建议(摘要)】

建议案提出，建设上海国际航运中心应凸显其枢纽功能和服务功能，依托长三角"两翼"的综合支撑，发挥长三角港口群的作用，在思想理念上和实践操作中处理好以下六个方面的关系：区域竞争与国际竞争的关系；硬件建设与软件建设的关系；规模扩张与综合效益的关系；成本变化与利益协调的关系；港口建设与集疏运网络的关系；市场主导与政府引导的关系。建议案就加快上海国际航运中心建设提出建议：(1)加快培育港口枢纽功能，尽早落实保税港功能。(2)加快提升服务功能，聚焦服务环境营造和服务水平提升，吸引国际相关服务业总部入驻。(3)改善口岸环境建设，落实保税港区配套政策，推进电子口岸建设和长三角"大通关"建设，实现长三角各类信息互联互通。(4)构建区域集疏运网络，推进跨区域交通基础设施建设，降低陆路集疏运成本，完善江海水运体系网络建设。(5)加强港口物流建设，构筑物流产业发展集聚区，鼓励大型物流企业跨区域发展。(6)鼓励促进企业联合，推进企业开展经济合作，通过资本联合形式进行资源整合与重组。(7)积极推进区域分工合作，促进长三角各港口形成功能分工体系。(8)完善区域协调机制，发挥上海组合港管委会及其办公室等机构或组织的协调功能与作用，设立长三角港口联合会等常设协调机构，定期会晤协商。(2006年7月10日经市政协十届六十三次主席会议审议通过。)

【关于改进提案办理结果分类标准的建议(摘要)】

建议案提出，改进提案办理结果分类标准，是新形势下提案工作创新发展的需要。现行提案办理结果分类标准(以下简称分类标准)已难以科学全面地反映当前提案的价值与办理成效，易造成提案办复与提案相关工作完成的混淆，易造成对提案质量的误解。改进分类标准，应力求使分类标准符合提案工作实际及其发展方向；真实反映提案办理的过程与结果，充分调动提案者与提案承办单位等各方积极性；力求标准明确、方法简便，易于操作。建议：(1)将提案办理结果由原"已经解决"、"正在解决"、"列入计划拟解决"、"留作参考"、"暂时难以解决"改为"采纳或解决"、"列入计划拟解决"、"留作参考"三类。(2)提案者在提出提案时注明提案类别(意见建议类或解决具体问题类)，意见建议类办理结果分类为"采纳或解决"、"留作参考"；解决具体问题类办理结果分类为"采纳或解决"、"列入计划拟解决"、"留作参考"。（3）改进提案者对承办单位提案办理情况的评价内容,在《市政协提案办理反馈意见表》上添加"答复前听取意见的方式、办理人员的态度、答复是否针对提案建议"等评价内容。（4）以改进分类标准为契机,进一步提高提案工作质量。（2006 年 8 月 11 日经市政协十届六十四次主席会议审议通过。）

【关于进一步提高上海郊区农民综合素质的调研报告（摘要）】

建议案提出,提高上海郊区农民综合素质的内涵,应主要包括思想道德素质、科学文化素质、生产技能素质、民主法制素质四个方面。现阶段的具体要求是,经过若干年的培育,把上海郊区农民培养成为"奋发有为、开拓创新,崇尚科学、讲究文明,技能良好、善于经营,明理守法、和谐相处"的新型农民。建议:（1）大力实施主体建设工程,以新郊区新农村的亲身实践提高农民的现代化素质。（2）大力实施职业技能教育工程,提高农民现代化的生产技能和就业致富的本领。（3）大力实施精神文明创建工程,全面提高郊区农民思想道德素质和精神文明水平。（4）大力实施平安建设、和谐村镇工程,提高对外来人口的管理服务和教育水平。（5）大力实施提高农民素质的保障工程,建立提高农民素质的长效机制。（2006 年 8 月 11 日经市政协十届六十四次主席会议审议通过。）

【关于上海产业梯度发展与自主创新路径选择的建议（摘要）】

建议案在分析上海产业特点和问题的基础上,围绕如何保持上海经济在今后 15—20 年持续稳定增长,提出上海产业（主要指制造业）梯度发展和各个不同时期如何选择自主创新路径的建议,即近期如何提升支柱产业,中期如何发展战略产业,远期如何培育未来产业,以及不同阶段、不同单位选择自主创新的路径。具体为:（1）近期提升支柱产业以消化吸收再创新为主,兼其他;中期发展战略产业以集成创新为主要路径,兼其他;远期培育未来产业以原始创新为主要路径,兼其他。（2）政府、企业、大学、科研院所不同阶段（时期）所起的作用不同,各有侧重。近期,提升支柱产业以企业为主体,官产学研结合;中期,发展战略产业以政府为主导（规划、协调）,企业为主体,官产学研结合;远期,培育未来产业以大学、科研院所为知识创新主体,官产学研结合,部分大型企业参与。（3）政府有关部门在各个不同阶段（时期）应加强对三类产业发展的互相协调,形成合力,同时明确分工侧重点,在政策上除了切实落实 36 条新政策外,还必须将过去鼓励引进技术政策转变为促进自主创新和鼓励技术引进并重的政策,形成上海产业发展与自主创新的良性互动,推动上海产业梯度配置新格局形成的全新政策体系。（2006 年 8 月 31 日经市政协十届六十五次主席会议审议通过。）

【关于促进上海现代物流业发展的建议（摘要）】

建议案提出,上海现代物流业发展面临的主要问题为:第三、第四方物流服务缺口较大;本土背景的物流企业发展缓慢;市场需求较大的冷链、危险品等专业物流发展水平较低;物流信息化和标准化方面缺乏有力推进;现有管理体制制约物流产业发展;现代物流业高端人才短期内极其缺乏。建议:（1）重点培育第三、第四方物流企业和本土现代物流"舰队",鼓励物流企业开展业务流程、服务模式和应用技术集成创新,建立核心物流服务品牌体系。（2）加快发展冷链物流、危险品物流等专业物流。（3）积极寻求"多式联运"的有效推进途径,促进上海"多式联运"涉及的"海铁联运"、"江海联运"无缝对接,建立与长三角乃至内地其他城市的快速货运集散网,推动构筑海港、陆港、空港的多式联运物流网络体系。（4）推动现代物流行业协会的整合和职能到位。（5）发挥管理部门在推动物流需求释放中的作用。(6)加快建立现代物流业公共信息平台及其相应标准。(7)建立物流产业发展统计评价体系,作为衡量社会物流和企业物流发展水平的标志。(8)建立专业化应用型物流人才队伍。(2006年9月16日经市政协十届六十六次主席会议审议通过。)

【关于城市重大建设与人口布局协调发展的若干建议(摘要)】

建议案着重分析了市政府规划建设意图的人口集居区集聚效果不佳的原因,提出了促进重大建设与人口优化布局相协调的六方面共12条建议,主要是6个"配套":一是重大建设规划要综合配套,将人口合理分布作为决策依据和审议程序;二是加强产业配套,适应居民就近择业;三是加强大型居住区公交配套,方便外迁居民出行;四是加强社会事业配套,优化郊区居住环境;五是加强财政制度配套,落实财政转移支付;六是加强人口和社会管理配套,适应城市发展进程。(2006年9月16日经市政协十届六十六次主席会议审议通过。)

【关于发挥上海综合优势,积极为2008年奥运会作贡献的若干建议(摘要)】

建议案提出,举办2008年北京奥运会是全国的一件大事,上海应该为北京奥运会作出贡献,但目前上海市在迎奥运工作中尚存在一些问题和不足:政府有关部门对北京奥运会的思想认识和重视程度尚待提高;宣传力度不够,市民对北京奥运会的认知度和关注度不高,迎奥运的氛围还显不足;未能很好地发挥上海市综合优势,影响了为北京奥运会作更多的贡献;参赛、办赛准备工作有待进一步加强,体育场地情况有待改进,交通、安保方面情况有待完善;在城市文化与市政建设方面尚需进一步优化;奥运旅游尚未引起有关方面足够的重视。建议:(1)市政府应以"世博与奥运会统筹规划,合理安排,互动互利"的理念,对上海迎接2008年北京奥运会工作进行合理的定位。(2)建议由市委宣传部牵头,以2007年上海举行特奥会和女足世界杯的赛事宣传为抓手,加大对2008年北京奥运会宣传力度,提高市民对北京奥运会的认知度和关注度,营造迎奥运氛围。(3)建议按国家体育总局提出的"全民健身与奥运同行"计划和上海"健康城市"三年行动计划,推动上海市全民健身运动开展。(4)贯彻"人文奥运"、"科技奥运"理念,积极参赛、成功办赛,提供良好的参赛、办赛条件。(5)建议采取有效措施,发展上海奥运体育产业,做好奥运期间的旅游服务。(2006年11月13日经市政协十届六十八次主席会议审议通过。)

【关于在沪港澳台侨人士居住社区情况的调研报告(摘要)】

建议案在分析了在沪港澳台侨人士居住社区的基本情况后建议:(1)在完善社区管理网格化的进程中,进一步加强对港澳台侨人士居住小区的有效管理,不断探索新的工作模式;以居委会为主,分工协作,定期通报情况、处理问题、研究工作;暂不具备建立居委会条件的小区,可尝试设立社工站,并将其纳入社区网格化管理范围;建立居委会与物业、警署、城管、环卫等部门协调机制,实现信息互通和相关事务的统筹协调;加快培育一支具有较高政治素质和专业技能的社工队伍,提高社区、居委会专职干部的整体素质。(2)从港澳台侨人士的特点和需求出发,转变工作理念,进一步充实、完善服务。进一步完善《上海市居住证》B证的发放办法,建立在沪港澳台侨人士的统计、管理与服务机制;适当增加持证者的权利和义务,适时开展在沪港澳台侨人士永久居留证制度实施的可行性研究;提高定点医院服务质量,实行分等、分类的服务方式;鼓励台商在上海投资建造医疗机构,推动其与台湾健保制度的衔接;港澳台侨人士子女在上海市或内地接受了完整的高中教育,可以选择参加上海卷或全国卷的高考。(3)充分调动港澳台侨人士参与社区建设的积极性,引导他们融入社区,努力构建和谐社区。完善法规,以利于他们依法参与对居住社区的管理;成立"社区协商议事会",使港澳台侨人士更好地参与对所居住社区的建设;积极推进"双向服务",培育港澳台侨人士的自我服务意识;以中国传统节日为载体,设计形式多样、个性鲜明的活动,帮助港澳台侨人士了解内地文化、人文习俗和法律法规;充分发挥政协及妇联、侨联、台联会、欧美同学会等人民团体的作用,建立与港澳台侨人士定期交流沟通的有效机制。(2006 年 11 月 13 日经市政协十届六十八次主席会议审议通过。)

【关于努力营造社会环境,促进创新型人才培养的若干建议(摘要)】

建议案调查了上海目前创新人才成长的社会环境,分析了存在的问题,就进一步优化社会环境,促进创新型人才培养提出建议:(1)政府牵头,研究制定上海市的创新发展战略,组合各方力量,从构建创新型人才成长的生态系统角度,优化创新型人才培养的社会环境。(2)积极转变政府职能,创新教育行政管理方式,给予学校更大的主动发展空间。(3)搭建更大的社会服务平台,给予学校和创新人才成长更多的专业支持与服务。搭建高等教育、职业教育和基础教育的十大服务平台:学校联盟平台;产学研联盟平台;学分互换平台;实验设备的资源共享平台;全市企业的大学生实习岗位和职业院校学生实习实训平台;青年教师挂职实践岗位平台;创新技法与创新思维训练的课程平台;各类创新大赛平台;各类社会实践与社团活动平台;数字化学习与创新的环境平台。(4)营造崇尚成功、包容失败的环境与氛围,给予学校和师生良好生态的发展环境。(5)加大投资力度,建立创新型人才发展的动力机制。(2006 年 12 月 7 日经市政协十届六十九次主席会议审议通过。)

【关于本市乡村医生人才队伍建设的若干建议(摘要)】

建议案提出,上海市乡村医生队伍面临的主要困难有:队伍严重老化,后继乏人比较突出;教育与培训尚不够规范;工作内容有待拓展、业务能力有待提高;收入与保障较差,影响工作积极性。建议:(1)重新认识乡村医生在卫生事业改革与发展中的作用,充分认识乡村医生是农村三级医疗保健网中最基层的基本力量。(2)强化政府职能,确保必要的财政投入,提供足够的经费,以保证"六位一体"构筑的顺利开展。(3)改善乡村医生的收入,建立较为完善的保障体系,改善乡村医生的工作和生活条件,推进退休和养老保险制度,消除乡村医生的后顾之忧。(4)加强乡村医生的培养,建立健全准入制度,建议在中等卫校设置以培养乡村医生为方向的专业,高等医学院面向农村定向招生、定向培养、定向分配,毕业后回原地从事乡村医生工作,为农村卫生工作补充力量。(5)加强继续教育和队伍建设,实施乡村医生培训工程,循序渐进地开展农村全科医疗服务。(6)加强城市医院对农村医疗的支持。(2006 年 12 月 29 日经市政协十届七十次主席会议审议通过。)

【关于推进建筑节能工作的若干建议(摘要)】

建议案从建筑节能降耗对上海建设资源节约型、环境友好型城市的意义出发,研究了典型居住建筑、公共建筑与工业建筑的耗能情况,提出上海建筑耗能的现状是,建筑节能工作取得初步成效;建筑能耗呈现刚性增长态势;推进建筑节能工作空间较大。建议案分析了上海建筑节能存在的主要困难与瓶颈:一是建筑节能地方性法规亟待制定;二是建筑节能的激励政策亟待制定;三是建筑节能技术标准体系亟待完善;四是建筑节能技术及产品有待进一步研发;五是建筑节能监管有待进一步加强;六是建筑节能的社会认知度、社会共识有待进一步增强。建议:(1)制定建筑节能地方性法规,完善管理制度。(2)制定建筑节能激励政策,引导企业、社会参与。(3)完善技术标准体系,建立建筑能耗数据库。(4)强化研究开发,推广适用技术、材料、产品与设备。(5)健全管理机构,强化全过程监管。(6)突出重点,加大既有建筑节能改造力度。(7)加强建筑节能宣传和人才培养。(2007年4月20日经市政协十届七十六次主席会议审议通过。)

【关于推进保障性租赁住房工作的若干建议(摘要)】

建议案分析了上海保障性租赁住房(含廉租房、公有租赁房、经济租赁房)制度在实施中存在的主要问题及原因:一是对保障性租赁住房制度的认识有待提高;二是保障性租赁住房缺乏总体建设规划;三是对保障性租赁住房的社会需求尚未全面了解;四是保障性租赁住房的财政投入不足;五是享受廉租房的准入条件过严,实物配租率极低。建议:(1)制定全市保障性住房建设专项规划。(2)扩大保障性租赁住房覆盖范围。(3)增加保障性租赁房源供给。(4)加大财政对住房保障体系的支持力度。(5)完善信息调查和核准,健全退出机制。(6)加大保障性租赁住房政策的宣传力度。(7)探索建立租赁住房租金积累账户。(8)研究非上海市户籍常住人口的住房租赁问题。(2007年7月12日经市政协十届七十九次主席会议审议通过。)

【关于积极推进崇明生态旅游业和会展业发展的建议(摘要)】

建议案在分析崇明旅游业发展的现状和面临的问题后,建议:(1)精心制定具有高起点、有特色、可操作的崇明旅游、会展业发展总体规划。在市委、市政府的直接领导和关心下,由市发展改革委和市旅游委组织一流专家学者和实际工作者共同研究,从崇明的实际出发,在保护生态环境的基础上,高起点、高品位地编制崇明旅游业、会展业发展规划,并纳入上海"十一五"规划之中。(2)加强领导和协调,确保总体规划的落实和实施,形成由市府分管领导牵头,市、县政府有关部门参加的协调机制,加强领导和组织协调。(3)加快建立和完善交通网络。要完善往返崇明的水陆联运机制,推出便捷的水陆联运线路,努力降低交通成本,并尽快开通崇明各景区之间的公共巴士,改善陆上交通状况。(4)加大力度打造旅游业和会展业的经典品牌。要突出生态旅游、湿地旅游和海洋旅游,并开展具有上海特色的长江口和三岛水上旅游。(5)给予崇明推进旅游业和会展业发展的相应政策资源,在全市可以自行调节的范围内,优先满足崇明发展旅游业和会展业建设需求的土地,鼓励大项目落户崇明,在财税政策上给予倾斜扶持。(6)抓住世博会和长江隧桥兴建契机,推进近期目标的落实和实施。在长江隧桥出口处的陈家镇地区,建设崇明旅游集散中心;确定崇明两个大型旅游服务集聚区;整合东滩湿地生态旅游区、东平国家森林公园生态旅游区和西沙湿地明珠湖生态旅游区;从崇明现状出发,现阶段会展业着重以会议业为主。(2007年8月31日经市政协十届八十一次主席会议审议通过。)

【关于积极推进体育民间组织枢纽式管理的若干建议(摘要)】

建议案提出,上海体育民间组织根据国家规定实行民政部门登记和体育总会业务管理的模式,登记和管理比较规范,但在发展中还存在一些题,主要是:体育民间组织的管理体制还不能适应形势发展的需要;缺乏必要的经费保障;政府职能转移力度不够;体育民间组织承接政府职能转移的能力有待提高;体育民间组织党建工作体制不完善,党建工作基础比较薄弱。建议:(1)将市体育总会转变成全新的市级体育民间组织管理枢纽,使之成为政府提供必要支持和保障的体育公共服务组织,形式上属于联合会,法律上属于联合性社团,具备社团法人资格。(2)逐步加大政府职能转变力度,梳理体育局与体育总会的关系,进一步明晰市体育总会的职能,将一些社会性、公益性、服务性的社会职能以转移、委托、购买服务等形式转至体育总会。(3)健全党建体制,成立市体育局党委领导下的市体育总会党委,并配备专、兼职党务工作者,加强党对上海市体育民间组织的领导。(4)着眼体育发展的长远目标,加强上海市体育体制机制改革发展战略的研究。(2007 年 10 月 12 日经市政协十届八十三次主席会议审议通过。)

【关于推进法律服务进社区工作的若干建议(摘要)】

建议案就进一步推进法律服务进社区工作提出建议:(1)将社区法律服务纳入完善社区服务的总体规划。政府应当从转变职能,加强社会管理和公共服务入手,将社区法律服务纳入完善社区服务的总体规划和市区两级公共财政预算。(2)完善社区法律服务与社区相关工作的协调机制。司法信访综合服务窗口应与社区事务受理服务中心加强信息共享,实行工作联动。(3)认真研究建立"政府购买法律服务"的长效性制度,以保证社区法律服务的可持续发展。(4)进一步发挥基层法律服务所的便民优势,特别是地处偏远的郊区乡镇基层法律服务所的服务功能应得到进一步强化。(5)强化法制宣传教育的基础作用。(6)加快培育社区法律服务志愿者队伍,将社区法律服务志愿者队伍建设作为全市志愿者队伍建设的重点项目之一。(7)逐步扩大法律援助的受援范围。通过地方立法,在目前低保人员最低生活费 1.5 倍标准的基础上,逐步扩大享受法律援助的受援对象。(2007 年 10 月 12 日经市政协十届八十三次主席会议审议通过。)

【关于推进上海国际金融中心建设的若干建议(摘要)】

建议案就推进上海国际金融中心建设提出建议:(1)积极争取中央政策支持,力争金融改革的试验权,让浦东推行更多的"先试先行"金融改革措施。(2)加强与长三角地区兄弟省市的合作,建设长三角金融贸易区,辐射全国。(3)以举办 2010 年上海世博会的契机,全面提升上海金融服务水平。(4)从金融服务增量中寻求最大份额。扩大股市规模;加强与海外股市合作,推动海外蓝筹来沪上市、集资;推出中国预托证券。(5)大力推动金融资源配置的市场化进程,大力集聚金融机构,通过做大做强金融市场,吸引国内外金融机构汇聚上海。(6)加速发展上海地方银行,努力使之成为国内地方银行的典范。(7)进一步完善政府监管机构与业界的沟通机制。(8)抓住金融业对外开放和 CEPA 机遇,加强沪港合作。(9)进一步加快金融人才的培养。(10)加强金融环境建设,增强上海的金融影响力。(2007 年 10 月 12 日经市政协十届八十三次主席会议审议通过。)

【关于积极推进洋山深水港产业链发展的若干建议(摘要)】

建议案提出,目前洋山深水港建设中存在三个主要问题:保税政策尚未落实、交通网络支撑不足、产业发展缺乏联动。建议:(1)以科学发展观统领洋山深水港产业链发展。(2)建立多角度全方位的沟通协调机制,实现联动发展。要在已有规划的基础上,发挥临港产业区独特的地理优势,利用保税港的政策优势,形成相关产业链;要加快产业规划落地,尽早形成产业发展规模;要充分发挥长三角各港口的自身优势和特点,形成长三角航运产业链;要推动建立"港桥城园"各管理主体的沟通平台及相应的联动协调机制,实现港区无缝连接。(3)加快集疏运网络构建,满足港区运作和产业发展的需要。一是加快构建洋山港货运和客运大网络;二是加快建立和完善铁路、水运网络;三是重点推进"江海联运"建设;四是采取有力措施降低陆路集疏运成本,减免道路收费。(4)重点推动和发展以现代物流业、航运服务业为核心的现代服务业。大力推进洋山保税港区建设,切实做好做强保税物流;进一步完善口岸功能,着力改善软件环境;把现代物流作为洋山港的支柱产业来发展;加快提升国际航运中心的服务能级。(5)加快推进以装备制造业、船用装备业、物流装备业为中心的先进制造业发展。充分发挥上海船用装备业和物流装备业的现有优势,立足临港产业区中的重装备园区,要努力建设成为上海装备制造业高地、国家级装备产业自主创新示范基地。(6)发挥政策优势,吸引国际航运中心的相关服务业企业总部和高级人才入驻。(7)依托长三角港口群建设,发挥洋山港在长三角"一体两翼"中的重要作用。把协调区域关系放在工作任务的重要位置;形成国际枢纽港、辅助港、干线港和喂给港合理分工的港口群;积极推进长江"黄金水道"建设。(2007 年 10 月 31 日经市政协十届八十四次主席会议审议通过。)

【关于上海发展高端服务业的建议(摘要)】

建议案分析了上海高端服务业发展存在的障碍性问题,提出上海发展高端服务业可考虑采取"集聚、开放、创新、多元、联动"的战略思路,认真处理好五个关系:区县发展与上海市整体发展的关系;外延发展与内涵发展的关系;培育大企业集团与发展中小型企业的关系;自主创新与引进的关系;高端服务业与先进制造业的关系。建议:(1)积极培育和引进专业人才,加快引进服务业所需的高层次、国际化和紧缺急需各类人才。(2)对全市高端服务业发展进行统筹规划、合理布局,打破市内行政区的划分,中心城区以建立功能区为目标,整合相关区的资源。(3)进一步深化、细化各个环节的改革,对不适应甚至有碍于服务业发展的一些政策规则加紧进行调整,同时及时补充一些相应缺乏的规章。(4)实施相关优惠政策,建议对高端服务业所需的优秀人才提供落户便利;在个调税方面采取灵活办法,给高端服务业优秀人才部分返回的优惠。(5)加强科技对高端服务业的支撑,加强高端服务业信息技术的研发,制定相关政策加以保证。(6)强化行业体系建设,建议国家统计部门推进服务业统计制度和统计指标体系的建设、修订工作,并率先在长三角地区试点。健全服务业发展的信息发布制度,促进服务行业统计信息交流,建立健全共享机制。(7)深入研究上海经济结构转型中出现的一些新问题。(2007 年 11 月 22 日经市政协十届八十五次主席会议审议通过。)

【关于上海老年护理医院情况的调研报告(摘要)】

建议案在分析上海市老年护理医院现状和存在的主要问题后建议:(1)合理规划,在区域间合理规划老年护理医院,适当增加床位数。(2)建立与改善老年人医疗护理的筹资与保障体系,改变现行福利、医保制度还不能解决老年的长期护理问题的现象,建议逐步把护理保险制度纳入全市整个社会保险体系中;重视商业保险的补充作用;政府应进一步加大对老年护理医院建设的财政投入。(3)提高医疗质量、提升服务水平。加强人才队伍培养;加强老年护理医院质量管理,建立老年护理医疗质控中心;加强老年护理医院行业管理。(4)鼓励社会资金共同举办公益性的老年护理机构。(5)健全法制保障、规范运作。(2007 年 11 月 22 日经市政协十届八十五次主席会议审议通过。)

【市政协对外友好工作地位和作用的调研报告(摘要)】

建议案分析了市政协对外友好工作的现状,提出市政协开展对外友好工作得到市政府相关部门和社会各有关方面的积极支持和帮助,但从长远发展角度着眼,还需市政府有关部门,尤其是外事管理部门进一步加大扶持力度。建议：(1)市政府及其外事部门进一步支持市政协与有关国家的相关机构(包括议会在内)、国际组织和社会团体发展长期、稳定的友好交流关系。(2)将市政协的对外友好工作纳入全市外事工作的计划之中,进一步支持与配合市政协的对外友好工作。(3)进一步支持市政协的出访工作,为政协委员出国调研、进行友好交流活动提供便利。(4)继续支持市政协开展和打造具有上海特点、政协特色的对外交流平台与品牌活动。(2007年11月22日经市政协十届八十五次主席会议审议通过。)

四、第十一届市政协主席会议建议案

【关于在上海"四个中心"建设中为中央企业新一轮发展创造更好环境的建议(摘要)】

建议案围绕上海如何为在沪中央企业新一轮发展创造更好环境提出建议：(1)建立部市合作、高层互动机制,全面系统地发挥中央企业作用。近期可考虑邀请国务院国资委等部门在上海举行规划工作会议,全面深化中央企业与上海的战略合作关系。(2)设立服务中央企业的联络机构,明确职责、充实力量,及时协调解决突出问题。可考虑两种方案：一种是设立类似上海市金融服务办的机构；另一种是在市政府综合经济部门或产业主管部门内设中央企业联络机构。(3)发挥上海医疗、教育资源优势,探索服务中央企业的具体办法。建议建立特别通道,以解决中央企业人才来沪的共性问题。(4)借助浦东综合配套改革机遇,积极吸引中央企业集聚。争取浦东综合配套改革政策向中央企业覆盖,研究出台相应政策,由浦东提供相关条件及专门区域,建设办公、商务等标志性大楼,吸引中央企业将功能性总部和业务性总部在浦东集聚。(2008年8月4日经市政协十一届十三次主席会议审议通过。)

【关于沪、港及新加坡吸引人才环境比较及有关建议(摘要)】

建议案就上海、香港、新加坡三地吸引人才环境进行了比较研究,指出了上海的优势和不足,围绕上海如何进一步改善吸引海外人才环境提出建议：(1)完善政府信息平台建设,加大对上海发展机遇的宣传。建立市政府吸引高端人才服务专用网站和一站式服务中心,为来沪工作、寻求发展的海外企业和高端人才提供服务和帮助。(2)对现行税赋试行调节措施,降低高端人才税收压力；实施奖励措施；消除部分双重征税因素；简化报税程序。(3)加速发展国际化、多元化教育,免除高端人才来沪子女就读问题的后顾之忧。增加国际学校数量,降低费用,加强与国外的教学体系接轨,在旧区改造和新区规划时,考虑国际学校布点。(4)简化出入境手续,逐步实现居住证和户口簿"两证合一"。(5)加速推进文化环境建设,对海外人士适度放开信息媒体的获取渠道。政府网站等媒体应有英语选择,公共场所、窗口行业应有双语服务,实现海外主要报刊当天能够收看,开放国家允许的境外电视频道。(6)政府与市民共同参与环保建设,实现上海更舒适、更美好的生活环境。(2008年8月4日经市政协十一届十三次主席会议审议通过。)

【关于抓住世博重大机遇,加快上海"创意城市"建设的若干建议(摘要)】

建议案就抓住世博机遇,加快上海"创意城市"建设提出建议：(1)抓住世博机遇,实施上海"创意城市"发展战略。以世博为起点,进行"创意城市"建设研究；研究制定创意产业专项政策；建立"创意城市"评价指数。(2)通过办博实践,提升上海"创意城市"层次水平。完善创意相关公共服务平台功能建设,提升平台公共服务能力；搭建国际创意人才服务平台；将世博会"城市最佳实践区"建成既是世博期间创意项目的展示平台,又是未来可长期持续建设的世界"创意城市"案例设计、演示和实践的区域;参照"世博演艺中心"的资本合作模式,促进国内外优势资本向重点创意产业领域集中;举办多层次的世博创意论坛,做大做强专题创意活动;整合与扶持上海各个领域的原创创意活动;开设创意频道等宣传窗口,营造全民参与的创意氛围。(3)利用世博园区,试点建设"创意城市"实践示范区。依托世博园,聚焦展览博览、信息服务、文化、设计咨询等重点产业,实践完整的创意产业功能布局;完善上海创意交易中心、创意产业投资资金平台、创意产业前沿情报信息平台、创意产业高端人才跟踪服务平台等公共服务平台建设;在聚焦世博园的新高度上,制定上海创意产业发展整体规划;探索创新创意产业扶持政策,培育创意社群;在世博园实践示范区内,向国家积极争取有关准入政策"先行先试"。(2008年10月27日经市政协十一届十八次主席会议审议通过。)

【关于上海体育与世博同行的若干建议(摘要)】

建议案提出,上海体育应与世博同行。建议:(1)制定上海体育与世博同行总体方案,统一部署全市的体育与世博同行工作,加强体育与世博同行的宣传。(2)将北京奥运会元素纳入上海世博展演规划,借助奥运效应扩大世博影响。(3)开展千万市民健身迎世博活动,生动演绎上海世博主题。(4)发挥长三角体育资源优势,举办国际高水平体育赛事,吸引、平衡世博游客。(5)培育市民健身团队,开展社区体育互动。(6)合理布局世博园区及周边地区的全民健身活动场地,积极发挥世博后续效应。(7)增补市体育局为世博执委会成员单位。(2008年10月27日经市政协十一届十八次主席会议审议通过。)

【关于加强社区卫生服务中心建设的若干建议(摘要)】

建议案围绕深化社区卫生综合改革提出建议:(1)明确社区隆重工作从"全面覆盖"到"均衡发展"再到"以健康管理为中心"三阶段的发展目标。当前应通过深化改革,着力推进全市社区卫生工作发展均等化、服务规范化,努力实现"降低费用、提高水平、规范功能、加强管理"的工作目标,力争全市到2010年形成更为完善的社区卫生服务体系。(2)抓好重点任务,包括:全面完成社区卫生服务机构标准化改造任务;完善收支两条线管理,明确全收全支、收支分离、区级统筹等基本要求;完善医保总额预付制度,合理确定预付基数,基金增量分配适度向社区倾斜;规范"六位一体"的社区卫生服务功能,完善基本服务项目、工作内容、规范、标准。(3)落实保障措施。建议对前一阶段全市社区卫生综合改革试点工作进行系统评估;提高社区公共卫生服务经费标准,将社区卫生药品零差率政策作为基本药物制度的一部分;加强社区卫生人才队伍建设;加强舆论宣传,让群众了解社区卫生服务的有关政策。(2008年11月10日经市政协十一届十九次主席会议审议通过。)

【关于优化世博会期间境外来宾接待工作的若干建议(摘要)】

建议案提出,世博会期间,来沪境外宾客众多,应认真做好接待工作,展示中国和上海的友好形象。建议:(1)加强领导,成立世博会境外来宾接待协调小组,建立相关沟通协调工作机制。(2)出台有关政策,细化宣传推广计划,进一步吸引普通境外来宾。(3)构建境外来宾接待网络平台,促进接待方与被接待方的信息沟通。(4)长三角地区共享人才资源和志愿者资源。(5)优化境外来宾在食、住、行、购和娱乐等环节的服务。一是加快上海航空枢纽建设的步伐,提供舒适的出入境环境;二是充分整合资源,满足境外游客住宿的需求;三是结合上海和长三角旅游特色,吸收北京奥运会经验,优化文化活动项目设置;四是积极行动,在食、购等方面提供更人性化、更安全的服务;五是注意做好世博会的对外宣传和安保工作,明确定位,尽力创造一个欢乐祥和的社会氛围。(2008年10月27日经市政协十一届十八次主席会议审议通过。)

【关于加强社会建设和管理,加快推进社区矫正试点工作的建议(摘要)】

建议案围绕加快推进社区矫正试点工作提出建议:(1)建立健全有关社区矫正的法律法规。一是建议国家有关部门及时出台有关非监禁刑原则性规定的司法解释;抓紧修改《刑法》、《刑事诉讼法》,以修正案的形式,将社区矫正纳入刑法、刑事诉讼法的内容,并允许试点城市进一步深化试点工作,允许有条件的试点城市采用高科技手段监管非监禁的社区服刑人员。二是建议国家有关部门组织专门力量研究《社区矫正法》的基本框架。三是全市应建立有关社区矫正的监督管理制度,并上升为具有可操作性的行政法规。(2)完善社区矫正试点工作体制和工作机制。一是加强社区矫正试点工作的组织领导;二是扩大对社区矫正试点工作的授权;三是建立社区矫正官队伍。(3)切实完善社区矫正工作相关社会政策。一是建立有利于社区服刑人员融入社会、重新社会化的制度框架;二是打造社会力量参与社区矫正工作新型平台。(4)抓紧建立社区矫正工作财政保障制度,按照社区服刑人员人数确定社区矫正工作业务经费划拨标准,并列入每年市财政预算。(2008年11月24日经市政协十一届二十次主席会议审议通过。)

【上海市民财富观、职业观情况调研报告(摘要)】

建议案提出,上海市民财富追求与职业取向总体良好,但也反映出以下问题:(1)新一代青年的迷茫。上海居民中年轻一代在理财与消费上具有盲目性,优厚的生活环境造成了他们"小职员"思想严重,养成了"宁当白领,不做头领"的职业惰性,创业意识激情有余、理性不足,面对席卷而来的就业压力,表现出恐慌心理,而高成本的生存压力成为"新上海人"创业的原动力。(2)企业家的社会责任。上海企业家经历了从追求经济利益到追求社会责任的社会价值观发展脉络,呼吁打造"上海"品牌,实现人才与资本的积聚效应,认同企业家的职责之一是搭建创业平台,为年轻人提供创业服务。(3)"海归派"的文化障碍。"海派"文化的社会融入性需进一步提高,中外文化差异使留学归国人员守法的成本增高,对中国国情、上海市情的不了解,使留学归国人员成为特定意义上的"劣势群体",少数政府部门的行政不作为挫伤了留学归国人员的创业热情。(4)自由职业者的新烦恼。自由职业者在求"真"与作"假"的平衡中求生存与发展,在高收入光环下承受着巨大的工作重荷,在追求职业自由独立性中期待组织关怀。建议案对市民树立正确的财富观、职业观进行了理性思考,并提出建议:一是要鼓励资本、技术和管理参与财富生产与分配,树立现代财富观;二是要保护合法收入,呼唤社会的"财富品质";三是主流媒体在此方面坚持健康导向;四是要完善社会保障体系,保障市民基本生活,防止贫富差距拉大,防止两极分化,特别是预防市民产生"仇富"心理。(2008年12月22日经市政协十一届二十二次主席会议审议通过。)

【关于进一步促进上海义务教育公平的若干建议(摘要)】

建议案提出,政府推进义务教育公平责无旁贷,应该充分发挥公共权力的作用,从政策与体制上实现义务教育资源的均衡配置,努力缩小承担义务教育学校之间的差距,在规划、制定义务教育相关政策措施中充分体现公平与发展并重、公平与优质统筹、公平与特色双赢、公平与活力协调、公平与素质教育融合的原则。建议:(1)建立并完善义务教育财政转移支付制度。加大义务教育经费的市级财政统筹力度;率先实现区县内义务教育投入的均衡;充实郊区教育资源,保证公建配套的到位与达标;改变义务教育经费政策"重点倾斜"的取向,按教育规模公平配置资源。(2)建立并健全校长和教师流动机制,推进教育资源均衡。改革教师管理体制;健全中小学教师标准;加强校本管理,形成学校特色,促进教师专业发展。(3)加强督导评估,健全义务教育均衡发展的监察制度。(4)转变政府职能,建立公共服务型政府,防止行使公权的行为失范。政府要努力保障义务教育的公平性,承担义务教育的责任和鼓励社会力量办学,鼓励学校办出特色。(2008 年 12 月 22 日经市政协十一届二十二次主席会议审议通过。)

【关于在"两个中心"建设中大力发展上海融资租赁业的建议(摘要)】

建议案分析了加快融资租赁发展对于上海应对金融危机的现实意义和建设"两个中心"的长远意义,针对存在的问题提出对策建议:(1)明确由一位市政府领导牵头加强行业管理。(2)制定产业发展规划、地方实施意见和相关法规。建议对融资租赁业重新规划定位,制定产业发展规划,提升融资租赁在市人大正在拟议的《上海市推进国际金融中心建设条例》中的能级和地位,并尽快形成《上海市鼓励发展融资租赁产业的若干意见》。(3)充分利用浦东新区综合配套改革试点的优势先行先试,一旦条件成熟,即在全市推开。(4)鼓励创造需求,鼓励企业创新。设计多种税务与杠杆租赁模式,并将税务制度、规模采购和专业化运营所带来的各种优惠和效益让利给承租人。(5)成立重量级融资租赁公司,支持大项目和战略性产业的发展。建议立即着手建立 1—2 家以战略性装备产品租赁为主的重量级融资租赁公司,并充分考虑国资、民资、央企、外资等各方面战略投资者。(6)加强融资租赁的专业研究和人才培养。建议由政府相关机构推动举办年度性融资租赁专题论坛,加大宣传力度;大力延揽国际上融资租赁专业人才,推动高校和社科院开展融资租赁专业研究,对接主要企业需求,加强人才培养,强化产学研联动。(7)积极推进行业协会等中介服务机构的建设。建议建立上海融资租赁行业协会与市政府相关机构的对接通道。积极发展为融资租赁企业提供专业服务的中介机构。(2009 年 4 月 27 日经市政协十一届三十次主席会议审议通过。)

【加强培训见习,促进大学生就业——关于发放"就业培训券"的建议(摘要)】

建议案就向大学生发放"就业培训券"提出建议:(1)对大学毕业生发放"就业培训券"的必要性与可行性。向应届大学生发放"就业培训券",是将原先政府对培训机构的补助,改变成对参加培训的大学生的补助;将原先只由培训学校完成培训,改变成由培训学校完成证书培训,企业等单位完成岗位培训(见习);将原先由有关部门认定学校,改变成由政府制定培训目录,学员自主选择培训学校;将原先只由政府颁发认定证书,改变成由行业颁发认定证书。(2)"就业培训券"的实施要点。① 适用对象:2009 年"就业培训券"的发放对象为 15.8 万 2009 年毕业的在沪高校就读应届全日制大学生和研究生。② 方案内涵:向上述对象实名发放每人最多 3 000 元固定额度的"就业培训券",其中 1 200 元为培训资助(由大学生所在高校登记发放并兑付);1 800 元为离校期限内仍未就业毕业生的岗位见习资助(由见习单位向人力资源和社会保障局兑现)。③ 资金来源:"就业培训券"的资金在原用于就业培训的资金范围内统筹整合,优化使用,其主要来源为社会失业保险基金,并统筹整合市区两级各部门、各单位用于职业技术培训的资金。④ 培训证书认定:建议由"上海市高校毕业生工作联席会议"聘请专家完成。⑤ 见习单位和见习内容的认定:由"上海市高校毕业生工作联席会议"组织专家制定见习单位和见习内容的认定条件。⑥ 经费支持:如对 2009 年应届毕业生每人发放 1 200 元培训资助,至多不超过 15.8 万人,资助金额不超过 1.896 亿元。(3)由

"上海市高校毕业生工作联席会议"进行就业培训券的统筹协调。以"就业培训券"发放为契机,逐步推进并完善相关制度建设。完善就业培训制度,积极推进职业培训;建立健全行业证书的权威性;积极推行持证与上岗相结合的聘用制度。(2009年5月11日经市政协十一届三十一次主席会议审议通过。)

【关于培育公益性社会组织,发展社区服务,创造更多就业机会的若干建议(摘要)】

建议案论证了社会组织在完善社会管理、扩大社区服务、创造就业岗位方面具有的重要作用:一是社会组织在社会管理方面大有可为;二是社会组织对扩大社区服务具有优势;三是社会组织为促进更多就业拓宽渠道。建议案指出,当前在扩大社区服务,培育社会组织方面面临的主要问题:一是社会公共事务从政府转移存在体制障碍;二是社会组织从事公共服务吸纳就业缺少政策支撑;三是部分促进就业的相关举措缺乏针对性和可操作性;四是社会上下大都未摆脱传统观念束缚。建议:(1)提高认识,创新理念,营造有利于社会组织发展的氛围。(2)促进政府主动尽职,将社区服务纳入社会发展规划。(3)完善公共财政框架,加大对社区服务的投入。(4)实施分类指导、重点扶持,逐步向产业化发展。(5)大力发展从事社区服务的社会组织,吸纳更多大学生就业。(6)政府对服务的购买与监督评估应当并重。(2009年6月15日经市政协十一届三十三次主席会议审议通过。)

【关于立足长远,着眼当前,积极扩大与促进上海居民消费的若干建议(摘要)】

建议案就促进上海居民消费提出对策建议:(1)提高消费能力。合理调整地方国民财富分配的结构比例,增加居民收入,提高消费能力;进一步健全社会保障体系,增强消费信心;引导消费理念更新,推动形成健康现代的生活、消费方式。(2)营造消费环境。提高商品供应丰富度,满足不同层次的消费需求;创新消费金融产品,拉动居民消费需求;制定实施细则,落实带薪休假制度。(3)培育消费热点。做大做强世博概念,促进形成世博相关消费热点;研究制订鼓励自住房产政策,推动住房及相关消费;制订汽车消费政策,推动汽车消费发展;拓展教育培训市场,推动教育培训消费;积极开展个性化医疗保健服务,满足医疗保健消费需求;以世博会举办为契机,提升旅游消费能级;推动信息产业发展,促进信息消费;研究制订补贴政策,推动新能源和节能产品消费。(2009年6月15日经市政协十一届三十三次主席会议审议通过。)

【突破上海生物医药产业化发展瓶颈的对策建议(摘要)】

建议案围绕突破上海生物医药产业化发展瓶颈提出建议:(1)战略目标、定位与战略思想。要有树国际标杆的勇气和眼光,充分发挥上海生物医药的研发优势,与周边地区"错位发展",抢占未来的"制高点"。(2)切实加强领导,改革体制机制,加快集成整合。建议成立高层领导小组统一协调,政府多部门参与,建立健全以企业为主体,以研发为重点的创新型管理体制与运行机制,加快推进"新药研究国家实验室"落户上海。(3)进一步优化政策环境,加快产业化进程。一是落实对生物医药产业的行业支持政策;二是落实对生物医药产业的企业支持政策;三是落实对生物医药产业的产品支持政策。(4)创新投融资体系,不断加大生物医药产业化的资金投入。一是以法定形式,增加对生物医药研发的财政预算投入;二是设立生物医药产业化、风险投资、融资担保三个专项基金;三是为生物医药产业构建一种全新的投融资体系。(5)加强培育龙头企业,促进企业成为产业化主体。(6)重视培育科技中介服务市场,促进创新成果产业化提速。(2009年6月29日经市政协十一届三十四次主席会议审议通过。)

【世博会等大型活动危机处置借鉴及上海世博会风险评估对策建议(摘要)】

建议案在分析世博会等大型活动的风险并作出评估的基础上提出建议:(1)大处着眼,树立大安全观,构建世博安保大防范体系。建议通过编制风险处置典型案例、影像资料,举办专家讲座等,进一步增强各级领导防范风险的意识,提升世博大安全观。(2)小处着手,强化常态专业应对,实施世博风险专项管理。建议通过专项管理的模式,把各类世博风险因素分解到若干具体部门,并使具体部门与各横向安全管理系统实现有效对接;排查和防范全市不稳定和不安全因素,加强世博周边社区居民、外来人员居住情况的动态排查,落实相关过渡性安置管理措施;按风险的细化类别,建立应对风险的机构及专家人才库,实施"人盯人、人盯事"预防举措。(3)完善网络信息平台,实现世博风险信息互联互通。建议依托上海城市公共安全信息平台,强化跨部门、跨区域、跨灾种的市级综合监测预警平台和预警情报发布平台,提高对水、电、气、热、交通、通信等城市生命线、基础设施以及世博园区及周边环境等风险的实时监测能力;增设"世博110",提供快速响应通道;开通世博短信,提供世博园区各类公众信息;充分重视国内外传统、新兴媒体的传播作用,规范突发事件的信息发布工作,把握新闻舆论的主动权。(4)群防群治激活能动有机体,提升世博安保基层能力。建议当前通过1—2项惠民利民政策的推行,让群众真正获得动力;大力开展培训,切实提高对世博期间突发事件特别是涉外突发事件处置过程中的判断能力和应对能力;以媒体为阵地,加强世博安全宣传。(2009年8月3日经市政协一届三十七次主席会议审议通过。)

【关于深化世博主题演绎,加强低碳技术展示的若干建议(摘要)】

建议案提出,应深化世博主题演绎,加强低碳技术展示。因为:(1)低碳理念及中国面临的挑战和机遇。应对气候变化的核心是减少以二氧化碳气体为主的温室气体排放,低碳对中国既是挑战,更是机遇。(2)低碳理念是上海世博会主题的应有之义,如能通过世博会传达世界前沿科技动态,将新能源与节能科技展现给世人,体现中国对低碳的积极态度,将会使中国馆的展示更具意义与价值。建议:一要将"低碳"作为世博主题演绎的核心内容,公开打出"低碳世博"旗帜,大力宣传;二要选取太阳能发电的最新技术作为中国国家馆展示的重点内容,并竞争"镇馆之宝";三要在世博会上发布中国或上海发展低碳经济、建设低碳城市的战略纲要、路线图和行动计划;四要发挥世博低碳主题的延伸效应,宣传上海建设低碳城市的具体实践。(2009年8月3日经市政协十一届三十七次主席会议审议通过。)

【关于加强两岸三地金融合作的建议(摘要)】

建议案就加强沪港台金融合作提出建议:(1)将加强沪港台金融合作纳入上海经济发展总体布局,成为上海国际金融中心建设的重要部分。目前沪港台经济合作取得快速发展,金融合作已有一定成果,出现有利先机,而全球金融风暴的冲击给沪港台金融业既带来了影响,也带来机遇;上海"两个中心"建设为沪港台金融合作提供了巨大发展空间,两岸关系的新发展为沪台金融合作创造了宽松的环境,沪港台金融合作已具备良好基础,加强沪港台金融合作,有助于扩展上海国际金融中心的金融辐射力,有助于加强沪港台产业合作,有助于沪港台金融的整体发展。(2)沪港台金融合作整体联动,核心是建立金融联动机制和平台。一是搭建交流平台,形成工作机制;二是共建交易平台,扩大投资品种;三是建立征信平台,实现资源共享。要加强基础协调,注重跨境对接,加强沪港台协调,联合风险控管;要加强人才培训,促进人员互动,抓住改革机遇,推动先试先行。(3)沪港全面对接,重点是金融业务和市场建设合作。要加强沪港人民币衍生工具方面、沪港金融产品市场方面、金融机构开拓市场方面、金融产品设计创新方面、商品期货市场建设方面以及两地政府金融机构方面的合作,加强香港对沪台金融合作的中介功能。(4)沪台重点突破,关键是要加大沪台金融机构合作力度。要打造沪台金融机构的合作平台,推动设立独立法人台资银行,实施沪台货币便利化兑换措施,积极探索和深化离岸金融业务、中小企业融资业务、开展财富管理业务等方面的合作,加强台资金融机构的配套服务。(2009年8月17日经市政协十一届三十八次主席会议审议通过。)

【关于进一步加强上海基层维稳工作的若干建议(摘要)】

建议案结合上海基层维稳工作实际,分析了当前该项工作面临的新情况、新问题及产生的原因,并提出相应的建议:(1)上海市基层维稳工作的基本情况:基层组织坚强有力,基础工作扎实有效,基本政策法规健全配套,基本队伍可靠管用,他们全身心投入工作,全天候承接任务,全招数沉稳应对,在维护上海市稳定大局中发挥着至关重要的作用。(2)上海市基层维稳工作面临的新情况和新问题:基层维稳工作压力加重;基层维稳成本趋高;基层维稳工作风险增大;基层维稳干部威信有所下降。(3)上海市基层维稳工作存在问题的原因:维稳工作观念和方式与维稳工作要求不相适应;基层维稳工作体制与职能不相协调;维稳工作资源整合状况与维稳所需不相匹配。(4)加强上海市基层维稳工作的若干建议:建立健全基层社会风险防范机制;建立科学合理的基层维稳工作责任体系;健全和完善基层维稳工作体制机制;改善基层维稳工作的法治环境;充分发挥社会力量在维稳工作中的积极作用。(2009年9月7日经市政协十一届三十九次主席会议审议通过。)

【关于加快推进上海社会诚信体系建设的调查和建议(摘要)】

建议案围绕加快上海社会诚信体系建设提出建议:(1)将诚信建设列为进一步加强社会建设的重要内容。在近期即将公布的市委、市政府《关于进一步加强社会建设的若干意见》中增加有关"社会建设要遵循'法治'与'德治'相结合原则"的表述;就"社会诚信建设"组织专题调研,出台有关加强社会诚信体系建设的文件;将社会诚信建设纳入上海市"十二五"规划之中。(2)发挥国家机关在社会诚信建设中的主导作用。要加大政务公开的力度,扩大政务公开的渠道,实施阳光行政;要把诚信建设与深化行政体制改革、提高政府行政效能相结合,加大力度治理领导干部的失信行为。(3)加快推进社会信用制度建设。继续推进金融领域使用信用报告的制度安排;强化政府采购、产权交易、重大工程项目招投标、金融机构高管任职等社会管理与服务领域的信用制度设计;加强诚信体系对上海市中心工作的支撑;推动信用信息进一步向实现有效交换和联网共享方向努力;积极推动信用中介服务业的发展。(4)建立"守信得益,失信受惩"的诚信奖惩机制。要进一步完善个人和企业的征信系统,从严治理违反信用的行为;明确信用处罚的主管部门,建立与失信惩戒相适应的司法配合体系。(5)进一步完善信用体系建设的法律保障。以信用信息的采集、保护及合法使用为突破口,率先出台《上海市信用信息管理条例》,将信用信息的管理上升到地方法规层面,通过立法推动和扩大信用产品的使用范围,推动各类信用市场的形成。(6)大力加强诚信文化建设。要把诚信文化作为社会主义核心价值观的重要内容,广泛深入开展宣传教育,大力培养公民的诚信意识和诚信理念,发挥道德力量在"依法治国"中的柔性作用。(2009年10月12日经市政协十一届四十一次主席会议审议通过。)

【关于迎世博城市建筑整治长效化制度化的若干建议(摘要)】

建议案以迎世博中心城区建筑立面整治工程入手,了解和评估中心城区建筑整治工程所取得的效果、投入的成本、运行的机制,探讨建立城市建筑整治长效化、制度化的可行性。建议案提出,上海应充分学习借鉴北京等城市的经验,及时总结上海筹办世博过程中好的做法,在管理体制、机制和法制等层面不断创新完善,使上海城市建筑整治与经济社会发展水平相协调,与改善民生问题相结合,通过设立"有效、有序、有限"目标,以8年左右为一个周期,均衡每年的正常维修,实现上海城市建筑整治工作的长效化、制度化。建议:(1)切实将城市建筑维修列为城市可持续发展的重要工作。(2)进一步健全相关法规制度。(3)不断拓宽城市建筑整治的筹资、融资渠道。(4)强化市、区分级管理和协调推进体制。(5)着力推动建筑维护行业健康、有序发展。(6)着力培育市民维护城市文明的主体意识。(2009年10月12日经市政协十一届四十一次主席会议审议通过。)

【关于上海城市客运交通适应世博及可持续发展的若干建议(摘要)】

建议案提出,建立和完善上海城市客运交通结构体系,既是当务之急,又是长远之策。在概述上海客运交通现状及趋势,分析上海城市客运交通面临的主要问题的基础上,建议案就上海城市客运交通适应世博与可持续发展提出对策建议:(1)以集约化为主导,积极做好世博客流疏运。(2)结合世博会筹办工作,集中力量整治重点区域和难点问题。(3)运用行政和经济杠杆,引导私家车等社会车辆均衡出行。(4)结合制订"十二五"规划,编制和完善上海城市综合交通规划。(5)强化权威、统一、高效的综合协调体制。(6)完善公共客运交通行业公益性和市场化运作机制。(7)改革客运交通票制,增强公共交通吸引力。(8)加强对非机动车的引导和管理。(9)加大对非法营运车辆的治理力度。(10)建立健全一体化的交通政策法规。(2009年10月26日经市政协十一届四十二次主席会议审议通过。)

【上海中医药临床领军人才培养的对策研究报告(摘要)】

建议案提出,上海中医药临床领军人才培养虽具有一定基础,但人才青黄不接,与外省市差距在拉大,领军人才在全国的领先地位受到挑战。在分析造成这种状况的原因后,建议案建议:(1)要充分认识扶持和促进中医药事业发展的重要性和紧迫性。(2)在《上海市发展中医条例》的实施细则中,明确加强中医药临床领军人才培养的相关内容。(3)将中医药临床领军人才建设纳入上海"人才强市"计划。(4)市、区两级政府应加大对中医药事业的财政投入。(5)由市发展改革委(市物价局)、市教委、市财政局等相关部门联合,进一步完善有利于促进中医药事业发展和中医药临床领军人才培养的配套政策,包括:在事业单位绩效工资改革中,充分考虑中医药临床专业人员的技术劳务价值,向中医药临床领军人才倾斜,由政府和所在单位双方给予中医药临床领军人才特殊津补贴;允许中医药临床领军人才及其团队开发的院内自制制剂经临床评估后,在技术协作、对口支援的医疗机构和社区卫生服务中心内调剂使用;在中小学传统文化教育中加大中医药文化与知识的宣传和普及,在高等院校教育中增设中医药文化和中医经典著作等课程,在医学院校中,加大中医药相关课程学时;加强舆论引导,大力宣传中医药临床领军人才的精神风貌和临床疗效。(2009年11月9日经市政协十一届四十三次主席会议审议通过。)

【关于加快上海数字内容产业发展的调研报告(摘要)】

建议案就加快上海数字内容产业发展提出建议:(1)在"十二五"规划编制过程中,重点加强对数字内容产业领域的考察调研,争取在体制、机制和政策上寻求新的突破;确定数字内容产业作为重点发展领域,列入上海市重点扶持发展的高新技术产业规划,形成"9+1"的高新技术产业发展格局。(2)由市委、市政府主要领导挂帅,多部门联合制定产业发展战略,明确任务和分工;由政府相关部门牵头,适时召开中国(上海)数字产业发展论坛。(3)在市国资管理等部门设专职,负责安排或协助优质的数字内容企业在国内、国际上市融资;利用国家级产业基金,积极吸引民间资本,把参股或并购战略性数字内容企业放在重要位置;联合中央相关部委加强对各类标准体系的研究力度,如电子支付、数字出版等,并争取相关政策在上海先行先试;加快建设上海版权公共服务平台,保证版权合法性流转;以应用带动科研进行软件的集成和二次开发,"十二五"期间争取在数据库、搜索引擎和新型人机界面技术等方面形成具有自主专利和知识产权的软件。(4)参照上海有关高科技、金融人才引进政策,以创业引导为主要形式吸引优秀人才落户上海;探索政府、产业、教育机构与市场培训相结合的人才培育模式,建设全国数字内容人才培养高地和国际性人才培训品牌集聚地;市级产业扶持资金与区县产业园区共同建设孵化器,搭建行业人才信息交流平台,营造和确立良好的创业氛围和创业引导机制。(5)统筹制定新一轮信息基础设施建设标准和规划,解决互联互通,三网融合;市级财税和相关产业部门重点研究、推进针对数字内容企业的地方税收政策;在数字出版、网络视听等领域为民营企业争取更多的政策许可和经营资质;向国家文化主管部门积极争取在沪建立国家信息网络内容传播监管上海分中心,为数字内容企业提供更为及时的信息和综合服务。(6)针对数字内容产业适合走集群化、集约化发展道路的特点,加快推进产业集聚区建设,重点是建设上海国家级数字内容产业振兴基地。(2009 年 11 月 23 日经市政协十一届四十四次主席会议审议通过。)

【当前上海市民生活观、幸福观调研报告(摘要)】

建议案从社会生活的视角收集、整理了上海市民当前生活状况与社会心态的相关数据与资料,研究分析了他们对经济发展、社会建设的认识及其精神状态、幸福感程度后提出建议:(1)提高上海市民经济收入水平,提升社会消费能力。(2)增加社会保障总额,提升上海市民生活安全感。(3)加强社会舆论引导,改进上海市民消费方式。(4)缩小社会收入差距,维护社会稳定。(5)推进网上信访、网络参与,建立和完善社区协商、地区协商的基层民主政治制度。(6)加强社会民生建设,提高上海市民生活质量。(7)重视社会"幸福指数",提高上海市民幸福感。(2009 年 11 月 23 日经市政协十一届四十四次主席会议审议通过。)

【关于进一步推进上海民间外交工作的建议(摘要)】

建议案分析了上海民间外交工作的基本情况,认为存在的主要问题为:缺乏开展民间外交的战略;民间外交的主体尚未得到有效组织;尚未形成"官民并举"的工作氛围;民间外交活动缺乏统筹协调机制;开展民间外交的人才缺乏。建议:(1)研究制定上海民间外交发展战略。(2)积极转变政府职能,进一步加强对民间外交工作的领导。(3)做好民间外交力量的统筹协调和整合工作。(4)做好在沪各类外籍人士的工作。(5)关注中外网民之间的交流问题。(6)加强民间外交人才队伍建设。(7)用好侨务工作渠道,开展民间外交。(8)加大友城交流工作力度。(2009 年 11 月 23 日经市政协十一届四十四次主席会议审议通过。)

【关于留学回国人员来沪工作和创业情况的调研报告(摘要)】

建议案分析了留学回国人员来沪工作和创业概况,认为面临的主要问题为:留学回国来沪工作人员在子女教育、科研资助、工龄计算、职称评定等方面长期存在一些问题,呼吁很久,但始终未能有效解决;新形势下出现的新情况和新问题,政府的服务和政策配套尚未跟上。建议:(1)切实做好留学回国来沪工作人员的基础信息采集和相关服务工作,建立留学回国来沪工作人员的基本信息的统计制度,建立市留学回国人员工作专用网站。(2)为留学回国人员在沪工作和创业营造更好的环境,尽快制定和完善《鼓励留学回国人员来上海创业和工作的规定》的相关配套政策,根据国家人事部《关于建立海外高层次留学人才回国工作绿色通道的意见》,对其中涉及的相关条款加以细化。(3)有效解决留学回国人员中普遍存在的子女就学难等问题,市教委在总结试点学校成功经验的基础上,积极向国家教育部申请,扩大部分现有学校增设国际部的试点范围。(4)完善在沪工作的留学回国人员的职称晋升、评级及科研资助等制度,其专业技术职称晋升、评级不应完全与现职单位的工作年限、业绩挂钩;适当扩大科研项目资助的范围和力度,通过政府投入与社会筹资相结合等方式建立专项基金,加大资助的力度并建立经费使用监管及结题评审、后期跟踪等制度,确保科研经费的最终产出。(5)借鉴国际先进做法,推广浦东新区先行先试的探索成果。建立留学回国人员企业培育基金,加大对直接带技术、带研发项目的高科技人才的扶持力度,并将前期资助与跟踪扶持、项目申报与绩效评估等有机结合,扩大资助额度。(2009年12月28日经市政协十一届四十六次主席会议审议通过。)

【关于世博后上海文化发展若干问题的调研报告(摘要)】

建议案提出,通过相关社会调查,无论从历史角度观察,还是从现实状况分析,调研对象对当今上海文化的发展状况总体上满意度都不高,主要表现为:一是文化发展的战略问题,作为现代化国际大都市的上海,"四个中心"建设的定位清晰并有深入的研究和扎实的措施,而对文化发展尚缺少系统研究和明确定位;二是文化原创力问题,今日上海在全国影响大的文化原创作品甚少,文化界的市侩气和平庸化导致文化原创的缺失,上海文化作品虽数量庞大,但缺乏直面现实的精品力作,在全国的影响力和辐射力日渐衰弱;三是文化生态问题,上海的文化态势在全国范围内面临严峻的挑战。报告认为,文化要发展,艺术要创新,解放思想是关键,推动上海文化发展,市委、市政府对文化要有全盘考虑。一要继续解放思想,形成鼓励创新的氛围;二要尊重艺术规律,勇于承担风险;三要将机构改革调整与文化生态的优化结合起来考虑;四要进一步提高文化产业的开放度;五是人才使用与人才政策有待反思。建议:(1)市委、市政府对文化发展要有明确的战略定位。(2)进一步改善文化生态。(3)进一步明确文化的管理体制。(4)进一步完善政府提升文化原创力的机制。(5)进一步完善政府支持文化发展的财政政策。(2010年8月16日经市政协十一届六十二次主席会议审议通过。)

【关于完善人口政策,适应经济发展方式转变的若干建议(摘要)】

建议案提出,"十二五"期间,上海人口发展对转变经济发展方式有着显著影响和挑战:一是上海市未来的人口总量仍呈递增趋势,非户籍人口还将持续增加;二是现有户籍人口年龄结构失衡,年龄结构的状态影响了城市的可持续发展;三是常住人口素质跟不上经济发展方式转变的要求;四是常住人口空间分布不尽合理。建议:(1)围绕人口规模的适度调控,加强人口信息的基础管理,完善人口迁移政策,调整申领居住证条件,促使人口有序进出。(2)围绕人口发展的基本权利,完善公共服务均等化政策,逐步将非户籍人口中的劳动者纳入上海的基本社会保险体系,建立最低工资与社会平均工资联动机制,提高上海户籍人口就业参与率。(3)围绕人口结构的战略优化,完善生育政策,改变人口长期负增长的趋势,鼓励适龄家庭足额生育,提高计划生育政策内的出生比重。争取国家生育政策调整试点。(4)围绕人口老龄化的趋势,相应调整退休政策,完善养老护老措施,培育养老事业和产业,满足老龄社会需求。(5)围绕人口素质的提高,加强人力资源开发与培训,提高人力资源水平。(6)围绕人口的合理分布,加快郊区新城镇建设,发挥产业政策对人口分布的引导和配置,努力实现人口布局与产业布局联动,要积极调节城郊人口比重,促进人口在长三角区域内的合理配置。(2010年8月16日经市政协十一届六十二次主席会议审议通过。)

【上海发展低碳经济的实施路径和对策建议(摘要)】

建议案围绕发展低碳经济提出建议:(1)在指导思想上,要紧紧围绕"转方式、调结构、促转型"这条主线,以控制碳排放和提升碳生产力为主要抓手,以深化节能减排和培育低碳产业为基本途径,坚持低碳减排与低碳发展并重,坚持政府、企业和社会各方共同参与,加快推动生产、生活方式转变,促进上海向低碳发展转型;在总体目标上,要以工业、交通、建筑等领域为重点,通过行政、经济、法律和市场等综合手段,逐步减少碳依赖、控制碳排放、增加碳中和,探索走出一条符合上海特大型城市特点的低碳发展之路;在基本原则上,要积极贯彻因地制宜、重点突破、分步实施的工作方针,统筹兼顾、协同联动、追求共赢,控制增量、削减存量、加快积累。(2)在发展低碳经济的工作措施上,一要强化各类节能技术应用的综合系统评价,科学制订扶持引导政策,鼓励促进各领域低碳发展迈向更高水平;二要提升碳监管能力,确保实现能源消费总量控制目标;三要加大技术研发力度,推动形成低碳技术自主知识产权;四要跟踪研究碳金融发展趋势,调动激发全社会共同参与低碳经济发展;五要发挥"低碳世博"辐射效应,探索尝试世博后城市发展新模式。(3)经济社会各领域低碳经济发展的建议:① 在能源领域的低碳发展方面,通过传统能源的清洁化利用,促进能源消耗向低排放、低污染转变;通过能源结构调整,促进能源供应和消费向多元化发展转变;通过能源消费总量及煤炭消费总量控制,建立节能减碳对转变发展方式和鼓励新兴产业的倒逼机制。② 在工业领域的低碳发展方面,要优先发展生产型现代服务业;要着力做强做优先进制造业;要加快发展战略性新兴产业。③ 在建筑领域低碳发展方面,要加强新建建筑节能标准的执行与审核;要以公共建筑为主,通过引入市场化机制,利用多元化的操作方式推动既有建筑节能改造走向深入。④ 在交通领域的低碳发展方面,要继续大力推进公交优先战略;要有效控制机动车污染排放,鼓励支持清洁能源车辆技术研发及应用。⑤ 在自然生态系统碳汇能力提高方面,在全市范围内积极开展植树造林及生态绿化建设,加快构建绿色廊道系统,形成连接公共绿地、公园的串联网络体系;结合崇明生态岛建设,提高湿地碳汇水平;在全市推动发展生态农业、有机农业,并尝试建立农业碳汇交易试点;加快规模化、标准化畜禽场建设,推广畜禽粪尿生态还田技术规范。⑥ 在城市低碳生活和绿色消费方面,应大力倡导"自然、节约、健康的生活方式就是低碳的最佳体现,也是为促进城市的可持续发展作出的直接贡献"的理念,并结合"绿色社区"、"绿色学校"、"绿色宾馆"的创建活动,在全市大力开展宣传、教育和实践工作。(2010年8月31日经市政协十一届六十三次主席会议审议通过。)

【建设国际美好都市——发挥世博后续效应,提升上海城市发展水平的若干建议(摘要)】

建议案结合上海世博会所展示的理念,从软实力角度分析了上海城市发展的差距,提出世博会对上海城市发展带来的五点深刻启示和提升上海城市发展水平的六点建议。（1）启示：一是通过对城市发展本质的再思考，提出人是城市的主体、人的进步是城市发展的主线；二是通过对城市发展动力的再思考，提出科技和文化应该成为新时期上海城市发展的双引擎；三是通过对城市发展能力的再思考，提出综合能力和集体意志是现代城市不可缺少的两大要素；四是通过对城市外向发展的再思考，提出要在新的起点上开展长三角的区域性合作和对外开放；五是通过对城市持久发展的再思考，提出要坚持环境生态和文明生态的双重进步。（2）建议：一是确立上海建设"国际美好都市"的主要目标，着力打造以人的和谐发展为核心的人本城市；二是显著提升上海城市国际化水平；三是以文化繁荣激发城市创新活力；四是加快创新型城市建设步伐；五是增强城市的凝聚力和融合度；六是创新管理体制机制，提升城市综合管理水平。（2010年9月13日经市政协十一届六十四次主席会议审议通过。）

【关于上海城区基层社会管理创新的若干建议（摘要）】

建议案指出，目前上海市基层社区建设存在的问题是：街道办事处职能定位比较模糊；社区党建与社区管理服务有所脱节；社区缺乏发现居民需求和协调利益的机制；社区共治与居民自治亟待"去行政化"；社区维稳的成效有待进一步提高。社会组织发展存在的问题是：从法治层面来看，法律法规的制定和修订明显滞后；从政社关系来看，存在政府职能转变迟缓的问题；从监督和管理体制上来看，有管理服务不到位的问题；从社会组织的自身情况来看，生存和发展能力较弱。建议案认为，要努力探索与中国国情和上海市情相契合的社区管理模式，积极寻求上海加强社会建设、创新基层社会管理的路径。建议：（1）健全社区建设的领导体制。（2）增强公共财政对社区建设的体制性支撑。（3）强化社区（街道）党工委在社区管理中的领导核心地位。（4）明确街道办事处在

图6-1-3　2010年11月，市政协委员调研基层社会管理创新情况

社区管理中的职能定位。（5）着力推动政府转变社会管理方式。（6）逐步推进公共服务资源配置重心下移。（7）重视社区共治和居民自治平台建设。（8）大力扶持社会组织发展。（9）建立全市统一的公共服务热线。（2010年9月13日经市政协十一届六十四次主席会议审议通过。）

【关于加强城市建设、运行及生产安全若干建议的调研报告（摘要）】①

报告共分为总报告和"轨交和大型交通枢纽安全"、"建设管理和高层建筑安全"、"大型文体娱乐场所安全"、"学校、医院安全"、"大型商场安全"、"社区安全"、"宗教场所安全"、"易燃易爆和危险化学品管理"、"境内外城市安全比较（港澳地区）"和"国外城市公共安全和应急管理"10份分报告。报告指出，上海市在跨越式发展过程中，城市人口急剧膨胀，各类要素高度集聚，城市管理更为复杂，城市运行存在不少潜在的风险隐患，主要表现为：人口迅速膨胀，人流高度集聚，城市公共设施超载运行；高层建筑和地下空间安全设防标准低、风险高，施救难度大；行业准入门槛过低，易燃易爆化学品监管难度加大；城市安全管理的信息系统尚难适应现代化管理需求；城市安全管理体制、机制、法制不够完善，监管难以到位；城市安全风险防范的社会动员有待加强。建议：（1）构建大安全体系，进一步强化城市运行的风险掌控能力。一是城市安全规划应纳入上海经济社会发展总体规划；二是建立权威的安全管理机构；三是构建统一高效的信息平台；四是建立城市运行风险评估体系。（2）夯实基础性工作，进一步提高城市运行的风险防范能力。一是完善现有的安全管理法规规章；二是提高基础设施设防标准；三是普查、整合安全保障资源。（3）完善应急机制，进一步提高城市运行的灾害处置能力。一是加强应急预案的实战演练；二是提高事故现场指挥组织能力；三是完善信息发布机制。（4）动员社会力量，进一步增强城市运行的风险化解能力。一是积极引导公民有序参与城市安全管理；二是充分发挥社会组织在城市安全管理中的积极作用；三是充分发挥保险在城市安全管理中的功能。（5）加强政府监管，进一步提升城市运行的常态管理能力。一是完善风险管理机制；二是明确安全责任主体；三是加强管理人员和从业人员安全教育培训。（2011年3月28日经市政协十一届七十九次主席会议审议通过。）

【关于提升传统产业能级，促进上海产业结构优化的若干建议（摘要）】

报告指出，在加快经济结构调整和发展方式转变的大背景下，全面认识传统产业所扮演的重要角色，选准传统产业能级提升的路径，更好地形成传统产业能级提升的协同支撑，具有十分重要的现实意义。建议：（1）重视传统产业改造提升对经济转型发展的重要基础作用。在上海转型发展中，高新技术产业和新兴产业的地位和作用不断显现，但传统产业凭借自身规模和实力所起到的支撑作用同样不容忽视，传统产业在价值提升中可以发挥重要作用，可以通过改造升级具有新的发展优势，可以为孕育、催生新兴产业提供重要土壤。（2）选准传统产业转型发展路径。一是以技术创新带动能级提升；二是以模式创新带动能级提升；三是以产业融合带动能级提升；四是以布局优化带动能级提升；五是以产业整合带动能级提升；六是以体制嫁接带动能级提升。（3）协同支撑传统产业提升改造。一是传统产业和新兴产业需要共存；二是全力支持传统产业技术创新；三是破解传统产业能级提升瓶颈；四是形成政府工作部门的全方位合力；五是重视发挥专业技能型人才作用。（2011年8月8日经市政协十一届八十四次主席会议审议通过。）

---

① 自此以下12篇为主席会议审议通过的专题报告。

【发挥产业园区在上海转型发展中的引领作用——以张江国家自主创新示范区为例（摘要）】

报告分三大部分。(1) 建立共识：转型发展靠园区，园区发展看张江，要对上海经济转型的必然性、科技创新的紧迫性、产业园区的重要性以及张江建设"国家自主创新示范区"的重要意义取得三个方面的高度共识：一是张江发展事关上海发展"全局"而不是"局部"；二是上海欲为"天下先"，亟待张江"先行先试"；三是上海转型亟须打响"张江"品牌、全力延揽人才，应借张江自主创新示范区获批之机，出台更富有吸引力的人才政策。(2) 审视瓶颈：要破除五大障碍，力推园区创新，一是园区管理重叠、交叉、脱节，存有诸多不顺；二是园区建设缺乏法规性制度保障和系统性政策支持；三是园区发展缺乏有利于企业自主创新的融资环境；四是产学研用脱节，园区创新缺乏原动力；五是缺乏自主创新的服务体系和文化氛围。(3) 建言张江：高屋建瓴、以小放大、激活全市。张江作为新晋国家级自主创新示范区，应多研究借鉴中关村和东湖两个"老"示范区的成功经验，积极联络其他两个示范区，尽快建立信息互通机制，一是张江宜从管理体制创新入手，以求"纲举目张"。建议打破原有属地管理束缚，通盘激活全市园区；二是依靠浦东，托举张江，追求自主创新和综合配套改革双示范效应；三是给张江示范区放权，努力打造"特区"；四是更新园区发展理念，保持园区活力多元，确保园区企业来源、结构多元，生态、活力多元；五是培养创业创新的文化生态及生活形态。(2011 年 8 月 22 日经市政协十一届八十五次主席会议审议通过。)

【关于加强公安派出所刑事执法法律监督的若干建议（摘要）】

报告分析了上海公安派出所刑事执法与法律监督情况，认为主要问题为：对法律监督工作的认识有待深化；法律监督工作机制尚待完善；法律监督工作方式有待改进；信息沟通渠道不够顺畅；配套保障不够有力。建议：(1) 进一步提高认识，达成刑事执法法律监督共识。公检双方应正确处理好四个关系：公安机关内部监督与检察机关法律监督之间的关系；依法监督与配合监督的关系；依法从"严"与依法从"宽"的关系；继承与创新的关系。(2) 完善监督方式，提升法律监督实效。应坚持个案监督与类案监督相结合的原则，对以下四类案件，检察机关要主动与公安派出所沟通联系，及时了解掌握案情，并加强与侦查监督、公诉、控申等业务部门的工作衔接配合，一是群众对公安派出所刑事执法活动提出申诉控告、来信来访、举报，派驻社区检察室或公安派出所认为有必要提前介入和捕前协商的案件；二是领导督办的案件；三是公安机关提请检察机关提前介入的重大、疑难案件；四是群众反映强烈、矛盾易激化，可能影响社会稳定的案件。(3) 加强协调配合，完善监督机制。一是完善监督模式；二是理顺内部关系；三是健全协调机制。(4) 加强培训交流，提升执法能力。加强基层干警的业务培训。公检双方在各自培训的同时，应加强互动交流，互通业务信息，适时选派干部对口挂职锻炼，促进相互了解，共同提高执法和监督的水平，提高综合执法能力。(5) 充实基层力量，改善执法环境。一是充实基层一线力量；二是逐步改善基层办案的工作环境和条件。(2011 年 9 月 5 日经市政协十一届八十六次主席会议审议通过。)

【上海"智慧城市"建设发展共识研究（摘要）】

报告指出，智慧城市建设如何为上海实现创新驱动、转型发展重要战略提供路径选择，为上海依托长三角城市群实现互利共赢、共同发展提供重要抓手，是当下急需深化认识、正确把握、有效展开的重大问题。建议：(1) 上海智慧城市建设必须要超越技术层面，作为城市发展思路和发展战略，作为上海转型发展的重要机遇。(2) 上海智慧城市建设必须要有新的发展模式，以价值取向和人文精神为引领进行城市系统再造。(3)上海智慧城市建设必须要为"创新驱动、转型发展"战略发挥基础性、突破性作用。(4)上海智慧城市建设必须要适应长三角城市群互利共赢的市场化需求,既有开放性,又有带动性。(5)上海智慧城市建设必须要推动政府信息资源协同共享,让政府的管理更加公正、透明和高效。(6)上海智慧城市建设必须要着力于人的发展和需求,创造宜居生活,激发社会活力。(2011年9月19日经市政协十一届八十七次主席会议审议通过。)

【关于上海生活垃圾减量化、资源化、无害化处理的调研报告(摘要)】

报告梳理了上海生活垃圾处理工作概况,分析了生活垃圾减量化、资源化、无害化(以下简称"三化")处理工作推进过程中存在的主要问题:垃圾全程分类系统未建立,垃圾减量缺乏配套机制;垃圾处理能力相对不足,资源化利用处于初级、无序状态,无害化程度仍需提高;管理体制不顺畅,市民观念习惯有待转变。建议:(1)坚持实施生活垃圾"三化"处理的长期战略,各级领导要把生活垃圾"三化"处理问题视为城市创新驱动、转型发展的重要契机,研究制订《上海生活垃圾"三化"处理白皮书》,进一步明确生活垃圾"三化"处理的目标、任务、基本思路,并形成全社会共识;要强化生活垃圾"三化"处理全过程综合管理,完善法规规章和相关标准规范。(2)建立以最终处置为主导的分类收集、运输系统,坚持以最终处置方式确定相应的收运系统;加强全过程各环节监督管理;扎实推进生活垃圾分类试点工作。(3)建立以减量化为目标的全程管理系统,重点加强餐厨垃圾源头减量;促进商售系统源头减量;推动全社会源头减量。(4)完善生活垃圾资源化利用系统,积极推进餐厨垃圾资源化利用,加快推进再生资源回收体系规范化建设,扶持生活垃圾资源化产业。(5)完善适应城市发展阶段特征的多模式处置系统,科学规划建设生活垃圾"三化"处理用地和设施,建立以公益化为引导、市场运作为基础的管理机制。(6)完善领导体制,强化社会公众参与。建立市生活垃圾"三化"处理工作领导小组,加强部门之间综合协调、条块之间综合联动,从制度上明确各方职责;加强专业队伍和社区志愿者队伍建设,激发公众对生活垃圾"三化"处理的积极性。(2011年9月19日经市政协十一届八十七次主席会议审议通过。)

【关于推进上海民营文艺表演团体可持续健康发展的调研报告(摘要)】

报告分析了上海民营文艺表演团体的现状,认为上海民营文艺表演团体发展有成绩、有特色,但还存在着社会认同度不高、税收等经济负担过重、演出和排练场所缺乏、招聘和留住人才困难、体制不顺、拓展市场不易等一系列问题,制约了上海民营文艺表演团体的进一步发展。建议:(1)加强对推进民营文艺表演团体可持续健康发展的领导,在市文化体制改革领导小组办公室设立专门小组,统筹制定上海在"十二五"期间发展民营文艺表演团体的具体目标。(2)减轻民营文艺表演团体的经济负担,研究适合民营文艺表演团体发展的税收政策。(3)探索制定支持民营文艺表演团体创办和发展的金融政策,采取行政主管部门提供适度担保的方式,协调金融机构提供贷款;设立民营文艺表演团体扶持专项资金,用于创作、演出的贴息贷款服务;允许和鼓励有条件的民营文艺表演团体建立互助基金;允许和鼓励民营剧团参加送戏下基层演出的政府采购招标。(4)建立表彰、奖励、促进民营文艺表演团体的激励机制。(5)充分发挥市文联对于民营文艺表演团体的凝聚作用和指导作用。(6)鼓励和调动民营文艺表演团体演出原创作品的积极性。(7)千方百计为民营文艺表演团体走进剧场、走近市民、扩大演出空间创造条件。(8)建立民营文艺表演团体集中示范演出基地,恢复大世界游乐场的"民间"功能,与邻近的共舞台共同规划为民营文艺表演团体汇集的场所。(2011年10月12日经市政协十一届八十八次主席会议审议通过。)

【关于推进在沪港资、台资生产性服务企业发展的若干建议(摘要)】

报告分析了在沪港资、台资生产性服务企业的现状与特点,指出需解决的主要问题:主管部门较多;政策落实较难;税费征收较高;环境建设滞后;人才支撑较弱。报告就推进在沪港资、台资生产性服务企业发展提出建议:(1)增强整体合力。要理顺机制,整合资源,一是建立全市生产性服务业发展联席会议制度;二是搭建信息互动共享平台;三是制定出台全市发展生产性服务业的指导意见。(2)优化配套政策。一是运用浦东先行先试的有利条件,降低门槛,减少税收,合理调整生产性服务业的税收政策;二是参照发达国家和城市提供资金补贴的做法,对改制重组、分离组建的生产性服务企业给予必要的财力扶持;三是创新融资服务产品,大力发展融资租赁,促进银、保、企三者合作,提高中小型生产性服务企业融资能力。(3)强化服务措施。要发挥政府、社会、行业等多方积极性,构建完善的服务体系,一是建立健全有利于在沪港资、台资生产性服务企业发展的各类服务平台;二是以制造业集群为依托,大力建立和发展技术开发中心、检验检测中心、信息服务中心、产权交易中心等配套服务机构;三是充分发挥各类中介组织的服务功能。(4)规范市场秩序。加强市场监管,营造良好环境,一是建立严格的市场监管机制;二是加大市场的整治力度;三是加快诚信体系建设。(5)提供人才保障。一是要发挥学校、社会、企业在职业教育、专业训练和岗位培训等方面的作用,形成多渠道、多行业、多层次的人才培训体系;二是实行特殊人才的宽优政策,吸引国内外高端人才来沪工作;三是引用国际人才资格认定标准,突破国内外专业人才资质互认的局限,努力营造专业人才进得来,留得住,愿发挥,有建树的创业环境。(6)加快沪港台三地互动。一是要广泛开展三地行业组织的业务交流活动;二是要利用港台资企业地区关联度大、行业追随性强的特点,抓住推介、指引、服务等三个环节,大力引进港台地区高技术、新业态的生产性服务企业入沪;三是要借助上海生产性服务业联盟的平台,吸纳港台资生产性服务企业参加,增进三地企业之间的联谊,加大境内外企业对上海市服务产业发展动态和政策的了解。(2011年10月12日经市政协十一届八十八次主席会议审议通过。)

【新形势下做好群众工作的若干建议(摘要)】

报告分析了新形势下群众工作面临的新情况新问题,就上海市做好新形势下的群众工作提出建议:(1)充分认识做好群众工作的本质要求和实现路径,努力将群众的利益诉求纳入制度化、规范化、法制化的轨道,积极创新矛盾纠纷的排解方法。要动员群众积极参与社会事务管理,形成与政府之间的良性互动,相互支撑,相互补充,实现社会的协同治理。(2)努力提高维护群众利益决策的科学性、民主性,将涉及群众利益重大政策制定、重大公共项目立项、重大民政保障工程等纳入人大审议、政协协商、党委全委会表决程序,加强社会稳定风险评估。(3)健全公共政策的社会公示制度、公众听证制度、专家论证制度,完善诉讼、仲裁、行政复议等法定诉讼程序,坚持在法治框架下解决信访矛盾,完善诉讼终结机制和信访终结机制。(4)各级政府网站应把政务公开作为引导群众民主参与、有序表达的突破口,主动问政于民、问计于民,吸纳群众的建设性意见,及时回应群众的关切。(5)工青妇等群众团体要探索枢纽式管理模式,创建具有枢纽式功能的联合性社会组织,构建以工青妇等群众团体为核心、影响力大的社会组织为骨干、各类社团组织为外延的枢纽型组织体系。(6)要大力培养和扶持专业化、公益性社会组织,打造本土化公益性社会组织的支持网络,加强孵化基地建设,给予税收优惠等,提升社会组织的专业化水平和运作能力。要制定解决社会组织从业人员待遇和职称评定的具体政策,吸引更多优秀人才从事社会组织工作。(7)推进上海市重要地方性法规(草案)到政协充分听取意见,使之制度化、规范化、程序化、常态化,充分利用政协协商议政的履职平台,有序扩大社会各界的政治参与。(2011 年 10 月 24 日经市政协十一届八十九次主席会议审议通过。)

【上海文化发展繁荣中若干重大问题的思考和对策(摘要)】

报告提出,上海既要有高度的文化自觉与自信,又要清醒地认识到上海文化正处于比以往任何时期都更紧迫的被赶超的环境之中,必须要有忧患和危机意识。报告分析了上海文化发展的优势和瓶颈,认为阻碍文化发展繁荣的深层次因素主要为:文化观念落后于时代变化、文化存量弱于城市架构、文化政策环境滞后发展、文化原创能力持续弱化、文化管理体制尚未理顺等瓶颈问题。报告认为,推进上海文化发展繁荣,必须确立"文化强市"的观念;必须强化社会主义核心价值体系和城市价值取向的引领作用;必须在全国的文化发展繁荣中有精彩作为;必须从健全国际文化大都市功能与特质的高度,扩大上海文化对外开放的核心优势;必须将上海城市价值取向贯穿到文化管理工作中;必须明确丰富人民群众精神生活是文化建设的出发点和归宿点;必须根据国际文化大都市的建设要求,锻造一支具有国际视野和专业能力的文化管理干部队伍。建议:(1)改善当前的领导体制,使之顺应文化发展变化的大局,建议成立权威、高效的市级文化管理机构,超越部门限制和条块分工,统筹思考,规划、协调和推进全市文化发展。(2)优化金融财税政策,筑好有利于文化能量喷涌的基础,建议改变文化企业营业税过高和重复缴税状况,将文化娱乐企业纳入营业税改增值税的范围。(3)以文化发展的大手笔,引领和整合城市空间布局建设,建议借鉴新加坡建设"文化与娱乐核心区"的做法,结合黄浦区环人民广场文化集聚区项目,打造上海中央文化区,集中展示代表上海水平与特色的文、商、旅结合的多元多彩文化。(4)保护和开掘原创活力,在主流文化和高端文化上打造耀眼全国的文化亮点。(5)与长三角联动发展,发挥区域文化合力的优势,建议与苏浙两省,长三角地区各城市在资源共享、人才交流、作品创作、文化产业联动发展等方面加强合作。(6)实施文教融合战略,营造生动活泼的城市文化氛围。(2012 年 4 月 16 日经市政协十一届一〇一次主席会议审议通过。)

【关于进一步加强预防职务犯罪工作的思考与建议(摘要)】

报告分析了上海职务犯罪的现状以及在预防职务犯罪方面的主要做法和成效,认为面临的主要问题,一是权力相对集中与监督制约不力的矛盾突出;二是权力寻租的空间和机会依然存在;三是预防职务犯罪工作体制机制不够完善;四是社会环境日趋复杂。建议:(1)尽快制定和颁布《上海市预防职务犯罪工作条例》。(2)成立预防职务犯罪工作咨询委员会。借鉴香港设立廉政公署咨询委员会,借助社会力量对廉政公署执法行为开展监督的经验,探索成立由人大代表、政协委员以及社会知名人士等组成的咨询委员会,在上海市预防职务犯罪领导小组的领导下开展工作。(3)探索建立领导干部财产申报和公示制度。(4)进一步完善制度与科技相结合的预防机制,充分发挥网络信息共享、电子留痕和已经建成的全国行贿档案网络查询平台的作用,增强监督实效。要将包括领导干部在内的全体公务人员的依法行政、经济责任审计结果、廉洁自律等情况纳入上海市拟建立健全的信用体系之中。(5)发挥经济责任审计在预防职务犯罪工作中的重要作用,进一步健全对各级党政领导干部的经济责任审计制度,有序推进对政府部门、国有及国有控股企业等重要和关键岗位的人员开展经济责任审计。(6)进一步规范权力的运行。进一步完善并严格执行"三重一大"集体决策制度;将决策和决策执行中的防止滥用公共权力、防止私人利益与公共利益的冲突等内容纳入公务员信用制度建设中;建立健全对"一把手"和人事、财务、审批、执法等一些重要岗位的常态化监督机制和干部交流制度。(7)探索基层纪委实行区域监督体制。在上海市选择个别区县探索建立乡镇纪委区域性监督体制,积累经验,逐步推广。(2012年7月29日经市政协十一届一○五次主席会议审议通过。)

【关于进一步推进上海法院诉调对接工作的思考与建议(摘要)】

报告分析了上海法院诉讼与调解对接(以下简称诉调对接)工作开展的基本情况和取得的成效,认为当前诉调对接工作中存在的主要问题为:诉调对接的社会共识尚未形成;诉调对接缺乏法律制度上的支撑;诉调对接中心的管理有待进一步规范;调解人员的综合素质有待提高;诉调对接工作的保障有待加强。建议:(1)进一步增进共识,扩大社会知晓度。诉调对接不仅需要人民法院不断创新方法,充分发挥调解在解决民事纠纷中的作用,也需要各级党委、政府的重视、支持以及全社会的共同参与。(2)进一步完善诉调对接工作法律制度。在实践中进一步研究、总结和完善诉调对接工作机制,把已经取得的经验上升为制度规范,积极推动上海市制订和出台诉调对接工作相关法规。(3)进一步规范诉调对接工作。市高级人民法院应根据最高人民法院《关于扩大诉讼与非诉讼相衔接的矛盾纠纷解决机制改革试点总体方案》的要求,进一步规范管理。(4)进一步加强诉调对接机构的队伍建设。人民法院在设立诉调对接专门机构的基础上,应建立一支以调解能力较强的法官、退休法律人才以及司法辅助人员为主的专职调解员队伍。(5)进一步扩大纠纷调解范围。应进一步拓宽调解渠道和化解纠纷途径,向委托和邀请协助调解的多元化纠纷解决方向发展。(6)进一步加强诉调对接工作的服务保障。充分发挥律师在案件诉调对接中的作用,有效动员法学研究的资源与能量,加强理论研究;尚未设立诉调对接机构的区县法院,要积极争取所在区县党委、政府支持,尽快设立。(2012年9月24日经市政协十一届一○九次主席会议审议通过。)

第二章 专题调研

市政协每年选择涉及上海经济建设、政治建设、文化建设、社会建设和生态文明建设方面的若干课题,组织委员深入基层、深入群众,通过实地察看、听取情况介绍、座谈讨论、研讨分析,广开言论,集思广益形成调研报告,提出意见建议。

专题调研一般由各专门委员会根据各自专业特点和优势遴选课题,每年初制定调研计划,经汇总报主席会议同意或备案后实施,年内根据形势或情况变化作适当调整。部分宏观性强、涉及面广的调研课题,由主席会议讨论后,组织多个专门委员会并邀请相关党派团体共同参与,通过从专门委员会及党派团体抽调人员组成专门班子,或由1—2个专门委员会牵头,其他专门委员会及党派共同参与等不同方式开展调研,以提高调研质量。1982—2012年,市政协及各专门委员会共形成调研报告254份(不包括转化为常委会或主席会议建议案的调研报告),以及各民主党派市委、市人民团体独立承接的十届、十一届市政协调研报告76份(十届市政协40份,十一届市政协36份)。

第一节 第五届市政协专题调研

一、关于减轻小学生学习负担问题的调研

1982年5月,市政协中小教工作组会同民进上海市委教育组,组织100多人,分成10组,历时一个半月,分别到上海市10个区调查18所小学的学生作业负担情况。调查组先后参加25个班级的教学活动,听课305节,并召开学校行政、教师、家长和学生座谈会,查阅学生的作业本和学校的教学计划,走访部分学生家长,听取反映和意见,写出专题调查报告。报告就切实减轻小学生学习负担提出6点建议:(1)要根据学生的年龄特点和认识规律来编写教材和安排教学内容。(2)要进一步改进教师的课堂教学方法。(3)建议市、区教育部门认真考虑精减会议,减少会议层次,促使学校行政领导把主要精力集中到领导教学工作上来。(4)要把教育部关于"减轻学生学习负担,调动全体学生积极性,不断提高教育质量"的相关精神向家长、社会进行广泛的宣传,学校各年级的家庭作业以不超过一个半小时为宜。(5)要重视和加强学生的课外活动,扩大学生的知识面,增强学生的体质,使学生全面发展。(6)初中入学考试试题要严格按照教学大纲所规定的内容和范围。专题调查报告分送市政府和有关部门。

二、关于上海第一家沪港合资企业"联毛"经营问题的调研

1982年9月,市政协组织部分政协委员前往上海第一家沪港合资企业——上海联合毛纺织有限公司(以下简称"联毛")进行视察调查。同年11月,市政协邀请市进出口办、市经委、市计委等12家有关单位共同商讨、采取措施,帮助"联毛"克服困难。"联毛"在有关部门支持下,利用先进技术和设备,开发新产品,打开国内外销售渠道,经过一年努力,很快扭亏为盈。1983年3月、1984年5月,市政协又两次组织委员对"联毛"进行调研后写出调查报告。报告建议:(1)现行体制跟不上对

外开放形势,建议成立一个具有一定权威、魄力和高效率的常设机构,负责处理合资企业的有关事宜。(2)有关经济法律必须进一步完善,只有法律完善,外商有安全感,外资才能源源而来。(3)原料问题将成为突出的问题,这一问题不仅"联毛"存在,其他合资企业也同样存在,应引起领导部门重视并作通盘研究。(4)"联毛"必须进一步加速技术改造和扩大外销比例。建议利用外国的特殊政策,在国外开办合资企业,进行后道工序加工,这样销售有保障,又不受配额限制。调查报告分送市政府和有关部门。

第二节　第六届市政协专题调研

一、关于科技人才流动问题的调研

1985 年 5 月,市政协科学技术研究委员会组织委员对科技人才合理流动问题进行专题调查,先后到上海科技人才开发银行和交通大学模具研究所进行调查,听取市科委科技干部处和市人事局人才交流处负责人的情况介绍,经研讨,形成调查报告。报告建议:(1)进一步重视人才流动工作,要对上海市经常性的人才交流机构设置作通盘考虑,并加强领导。(2)尽快制定人才流动的政策和实施细则。(3)广泛宣传人才流动的必要性和迫切性,着力克服人才的部门所有制、人身依附关系和人事工作中"左"的影响。(4)各单位要进一步落实知识分子政策。(5)高校、科研、军工等单位应逐步做好定编工作,实行聘任制。(6)对科技人员的辞职问题应作明文规定,实行聘任制后,单位有权聘用和解聘,科技人员也可以应聘和拒聘。(7)对技术人员要求专业对口且流向合理的应予同意。(8)对人才集中的单位,要采取多形式、多渠道的流动,可对小厂、集体所有制企业和边远地区进行智力支援。

二、关于上海市轻纺系统部分企业经营情况的调研

1985 年 5 月,市政协经济研究委员会会同民建市委、市工商联,对上海轻纺系统的上海自行车厂、上海牙膏厂等 7 家企业进行调查,并结合其他企业情况综合研讨,形成调查报告。报告建议:(1)加强思想政治工作,改进企业管理,调整产品结构。(2)对原材料价格与成品价格的逆差,国家要有缓解的有效措施。整顿流通领域,取缔倒卖性公司,加强原材料价格管理;原材料供应要有倾斜政策,重要原材料国家要管起来,解决原材料产地的地区性垄断和封锁;对质量差、能耗高、料耗大、与大企业争原料的乡镇企业,要坚决关停一批。(3)切实缓解资金紧张状况,国家要在税收和信贷政策上采取切实措施,实行扶优汰劣,确保重点企业、重点产品的生产。(4)重视企业技术改造,设立技术改造专项基金,对一些产品好、贡献大、多年把折旧基金上交国家而没有得到改造的企业,应给予优惠,帮助其技术改造,以保持上海优势,增强企业后劲和活力。

三、关于上海积极吸引外商直接投资的调研

1985 年 8 月,市政协经济研究委员会经过座谈调研,形成《关于上海积极吸引外商直接投资的建议和设想》调查报告。报告建议:(1)利用外资要做好项目规划和合作对象的选择工作,重点放在工业建设,优先考虑能生产出口创汇产品的项目、可迅速促进现有重点工厂技术改造的项目和能迅速提高基础工业的项目。(2)要加强组织领导,改进工作方法。建议成立由市长直接领导的专

门机构,加强领导,引导外商投资方向,协调各方关系。对成熟的项目,要重视可行性研究,认真作出报告,并由见证单位认可,重大项目可委托国外咨询公司做可行性研究。(3)尽快改善投资环境,在土地使用费、劳动工资、基础设施、原材料供应、合资期限等方面提供具有竞争的条件,利用外资的政策应保持连续性和稳定性。(4)抓紧搞好外汇平衡。(5)努力完善涉外法规。(6)调动国营工厂参加合资企业的积极性,贯彻"谁投资谁受益"的原则,鼓励企业合资、合作。

四、关于当前上海技术市场情况的调研

1986年3—5月,为贯彻《中共中央关于科技体制改革的决定》,扶植上海技术市场的发展,市政协科学技术研究委员会邀请市科委、经委、科技开发交流中心、市科协科技咨询服务中心和市高校科技服务中心等单位介绍上海技术市场的情况,并多次组织委员专题座谈研讨,形成调查报告。报告建议:(1)端正认识。技术市场是新事物,技术理应有偿转让,对此要在理论上予以澄清,并以有说服力的事实多作宣传。(2)发展技术市场。要把买、卖、中介三者关系理顺,坚持"放开、搞活、扶植、支持"的方针,活跃和发展技术市场,上海技术市场的交易要逐步进入网络化。(3)搞好技术市场管理。目前上海技术市场对技术商品的定价、技术贸易收入的分配、技术市场的管理还缺少统一的管理协调机构,建议及早组建上海市技术市场协调指导小组。(4)建议提请国家有关部门起草和颁布全国性的《技术合同法》、《技术市场管理法》和《技术商品鉴定法》,上海要及早制订科技咨询服务条例。(5)进一步完善技术市场的政策。虽然《中共中央关于科技体制改革的决定》中规定科技开发在近期内一律免税,但实际上税赋种类繁多,且政出多门,建议实行"科技贷款",解决新产品开发、新技术开发所需经费,并实行"风险投资"。

五、关于深化企业改革的调研

1987年11月,市政协经济研究委员会组织委员到彭浦机器厂、上棉十七厂考察,并听取凤凰自行车集团、第二纺机厂等企业有关承包经营责任制、组建企业集团和试行股份制等情况的汇报,经多次研讨,形成调查报告。报告建议:(1)加快物资管理改革,完善市场机制,发挥市场引导企业的作用,对那些社会经济效益和企业经济效益都好的企业,在原材料供应和价格等方面要给予相对稳定的待遇。(2)切实完善承包经营合同制度,真正体现国家同企业责任权利对等原则,切实执行国家对企业承包的有关规定。(3)宏观措施的制订要注意综合配套。(4)引进竞争机制,实行基数招标。报告还提出,在增强企业集团的凝聚力方面,建议尽快制定有关企业集团的法规,理顺关系,改善企业集团外部环境;打破条块分割,通过试行股份制,建立紧密型企业集团;市有关部门应对郊区工业发展和配套尽快作出规划,制订引导市区企业与郊县联营的鼓励政策。在股份制试点方面,建议抓紧股份制企业的政策配套,上海可先制订股份制试行条例,使股份制的试行规范化;及早制订《公司法》,使成立股份公司有法可依;加快和扩大股份制试行范围;允许企业集团和大中型企业实行股份制;发展股票和其他有价证券市场,发挥市场引导资金流向的作用。

六、关于切实改善企业对外经营机制,加快发展上海外向型经济的调研

1988年1—3月,市政协经济研究委员会就上海如何切实改善企业对外经营机制,加快发展外

向型经济的问题组织多次研讨活动,形成调查报告。报告建议:在不违背国家规定前提下,给予企业拥有直接使用外汇留成、自主决策投资、自行制订集资政策和内部分配政策等项的权力。目前外贸企业和生产企业普遍推行承包经营责任制,但这种承包还不是完全自负盈亏,一旦企业亏损或破产,承担经济损失的仍然是国家,能否减少以至取消对外经营企业的亏损补贴,是这部分企业实行完全自负盈亏的重要条件。在对外经营活动中,企业经营者对经营机会的敏感性、经营决策的果断性、经营形式的创造性,均与其从经营成果中分享利益的多少有直接联系,企业经营者应以其相应的个人财产作抵押,承担企业亏损,直至破产的风险。在改善企业对外经营机制的同时,也要尽快改善企业的对外经营环境。

表 6-2-1 1983—1987 年第六届市政协其他专题调研一览

序号	调研时间	调研报告标题	调 研 部 门
1	1984.5	《关于上海发展中外合营企业的几点建议》	市政协部分委员
2	1985.9	《关于本市"七五"期间搞活金融的意见》	市政协经济研究委员会
3	1985.9—11	《关于消化吸收引进技术的调查报告》	市政协科学技术研究委员会
4	1987.5	《关于上海铁路新客站商业开发问题的调研报告》	市政协经济研究委员会

第三节 第七届市政协专题调研

一、关于深化企业改革,扩大股份制试点的调研

1988 年 9—10 月,市政协经济委员会就上海深化企业改革,扩大股份制试点工作情况进行专题研讨,形成调研报告。报告建议:(1)加强股份制的宣传和研究。股份制试点是对国有企业产权制度改革的尝试,应加强对股份制企业深化企业产权改革,以及所涉及的对货币、物价、利率等方面问题的研究和宣传,以减少股份制企业试点工作的阻力。(2)改革措施要配套。建立适合股份制企业的会计制度,建立和完善适用于股份制的财税制度,建立国有资产管理机构,逐步健全有关股份制和股票市场管理等法规。(3)完善股份制企业内部管理制度。(4)关于股票增值。要允许股票随着资产增值而增值,以体现股票不同于储蓄;也可采用以股代红的方法,有利于增加企业流动资金扩大再生产。(5)增加股票上市数量。

二、关于取缔伪劣商品,保护消费者合法权益情况的调研

1989 年 4—7 月,市政协提案委员会会同法制与民主建设委员会、经济委员会和黄浦区政协,联合进行"取缔伪劣商品,保护消费者合法权益"的系列调查活动。在听取市工商局、技监局等单位的情况汇报后,实地调查华联商厦等 4 个商业单位的销售情况,并对存在的问题进行多次研讨,形成调研报告。报告认为,上海市场上的伪劣假冒商品仍然相当严重,屡禁不绝,群众极为不满。主要原因是:用高额回扣和贿赂手段,引诱采购人员采购和商店销售;地方保护主义作祟,把生产伪劣假冒商品作为地方财政收入;利用出租柜台,借用国营商店信誉,挂羊头卖狗肉,推销伪劣假冒商品;以联营为名,大量倾销低劣产品;有些三产企业无视有关法规,为伪劣假冒商品畅通提供方便。

有关部门取缔伪劣假冒商品工作上存在的主要问题是：经费短缺；查处人员编制偏紧；综合治理不力；法制不健全。报告建议：（1）打击伪劣假冒商品，首先要坚决取缔无资质生产的地下工厂。（2）加强对采购人员的思想教育和业务监督。（3）商店要承担责任，把好进货关。（4）严格执法，从严处罚伪劣假冒商品制造者。（5）健全和加强工商行政执法队伍。（6）打击取缔伪劣假冒商品是一项长期工作，要采取持久和突击相结合的方针，各有关部门要密切配合，大力协作。（7）加强舆论监督，对制假售假者予以曝光，对信得过的商店予以表扬。

三、关于加强高校教师队伍建设的调研

1990年2月，市政协教育委员会组织委员到复旦大学、同济大学等4所高校，对高校教师队伍建设问题进行专题调研，形成调研报告。报告认为，当前全市高校人才流失严重，教师梯队面临"断层"，教师队伍特别是青年教师中程度不同地存在着不稳定状况。其主要原因：一是高校教师思想政治工作薄弱；二是高校教师工资待遇偏低；三是高校教师住房紧张。报告建议：（1）大力加强高校教师的思想政治工作，对中青年教师思想教育要强调国情教育和爱国主义教育，重视学校内部、系内部、所室内部和谐的小环境建设，形成良好的学术氛围。（2）切实提高高校教师的工资待遇，解决住房问题，改进职称评定工作。（3）加强和改善对出国留学生工作的宏观调控，采取多样化的措施，拓宽国际交流的渠道。（4）抓紧研制适应新时期特点的高校教师队伍的建设规划，建设一支素质优良、结构合理、相对稳定的高校教师队伍。

四、关于部分工业企业扩大出口和利用外资情况的调研

1990年5—7月，市政协经济委员会会同民建市委、市工商联，对上海工业企业扩大出口和利用外资的情况进行调研。先后听取市经委、市外经贸委等10个委办局和公司的情况介绍，走访英雄金笔厂等28家企业，经讨论后形成调研报告。报告建议：（1）有关部门要从提高规模效益出发，调整企业的组织结构，加强专业协作和专业分工。（2）政府要加强"以产顶进"的管理，企业要加强产品宣传和营销工作，提高产品知名度。（3）有关部门要制订引进产品国产化配套计划，建立跨行业的国产化协调机制，并研究对生产优质配件的企业给予间接出口的优惠政策。（4）上海外贸企业要加强成本核算，努力降低开支，在可能条件下提高收购价格，以激发工业企业出口创汇的积极性。

五、关于上海中医药管理体制问题的调研

1990年10月，市政协组织委员先后赴江苏省学习考察中医药管理体制问题，邀请市卫生局、医药局等7个单位的专家、学者和负责人座谈研讨，形成调研报告。报告认为，自1978年以来，上海的中医药事业有较快的发展，但仍存在三方面的问题：一是市、区级综合性医院的中医科均有日渐衰退的趋势，部分教学医院和市、区级医院有特色的中医科目也在日趋萎缩；二是上海中医队伍不稳，部分优势正在逐渐丧失；三是中药管理体制不顺，条块分割，出现"经济割据"局面。报告建议：（1）建立符合中医发展规律的管理体制，成立上海市中医管理局是较好的形式。（2）建议国家对中药实行特殊政策，给予减免税，利润不上交，留作支持扶植中医药事业自身发展之用。（3）国家要制订和颁布扶植中医药事业发展的总政策和具体政策，使之与振兴中医药事业，适应国内外市场竞

争需要相配套。(4)上海在尚未成立中医管理局之前,要增加中医事业发展经费。(5)尽快理顺中药行业管理体制,恢复和发展上海中药材优势,可参照天津的经验,实行中药行业集中统一管理。

六、关于发展上海高校科技产业的调研

1991年7—8月,市政协教育委员会和九三学社市委联合组织委员对上海高校科技产业的发展问题进行专题研讨,并组团赴北京、天津、南京的高校进行学习考察,经研讨,形成调研报告。报告建议:(1)进一步提高对兴办高校科技产业重要性的认识,建立由市教卫办、科委、高教局等有关部门参加的全市性的协调组织,统一领导,全面规划,分工协作。(2)在管理体制上,高校宜采取"一校两管理"的体制,使校办科技产业的计划、物资、人事、分配、生产、销售等环节正常运行,并纳入企业管理体制的范畴,使学校和产业优势互补,双向得益。(3)增加高校科技产业的风险基金投入,市有关部门要从投资比重、管理机制、财税等方面制订相应的优惠政策。建议高校科技产业的利润和从合资单位分得的红利,纳入学校基金的部分不低于40%,纳入企业发展基金的部分不低于30%。

七、关于增强上海国有企业活力的调研

1991年7—9月,市政协经济委员会会同民建市委、市工商联、市总工会组成联合调研组,就增强上海国有企业活力问题进行专题调研。先后听取市经委系统8个工业局的情况介绍,并到机电、纺织等8个行业的16家地方国有大中型企业开展调查,经研讨,形成《关于增强国有大中型企业活力,制止经济效益滑坡的意见和建议》的调研报告。报告建议:(1)要尽可能减轻国有企业的负担。目前许多改革措施出台,实际上都要增加企业的负担,而"三资"企业、乡镇企业有优惠,唯有国有企业没有优惠,因而负担越来越重。(2)增强企业的市场观念。一些企业对市场的了解和研究工作薄弱,应采取切实措施予以加强。(3)加强计划管理和宏观调控。要进一步抓好产业结构和产品结构的调整,纠正某些行业和产品的生产能力大大超过市场需求的现象。要在总结经验的基础上,加快发展企业集团的步伐,以增强上海工业在国内外市场上的竞争力。(4)依靠科技进步,搞活企业。市有关部门要总结推广依靠科技进步搞活企业的成功经验,制订科技协作、利益共享的办法,促进科研部门与企业的双向协作。(5)加快劳动、人事、工资制度的配套改革和多余劳动力的安排。(6)加强对"三资"企业的管理,适当调整有关政策。(7)改进和加强工贸、工商之间的合作。(8)加强企业的社会主义精神文明建设。

八、关于部分"三资"企业发展情况的调研

1991年9月,市政协经济委员会组织委员对部分"三资"企业(如易初摩托车有限公司)情况进行专题调研,经考察和研讨,形成《关于合理借鉴,加强管理,适当调整和改进发展"三资"企业政策的建议》调研报告。报告建议:(1)政府有关部门要制订明确的发展"三资"企业的产业政策和宏观规划,避免盲目发展,减少国家损失。(2)建议国家和上海有关部门,对部分国营企业给予必要的扶植政策,减轻其负担,使其能在平等条件下与"三资"企业竞争,同时对一些不正当的竞争行为要立法予以制止。(3)加强对"三资"企业的管理,严格按合同办事,其产品外销计划没有完成,不得随便在国内倾销。

表 6-2-2　1988—1992 年第七届市政协其他专题调研一览

序号	调研时间	调研报告标题	调研部门
1	1988.11—1989.1	《关于中国科学院上海分院科技优势的调查报告》	市政协科学技术委员会、中科院上海分院
2	1988—1989	《上海乡镇工业情况的初步调查报告》	市政协经济委员会
3	1989.1	《关于本市副食品生产基地建设与供应问题的调查汇报》	市政协部分委员
4	1989.2	《关于本市资金紧缺情况及其对策》	市政协经济委员会
5	1989.3	《关于发挥上海高校科技优势,为振兴和发展上海经济服务的调查报告》	市政协科学技术委员会
6	1989.7—9	《关于反腐败、促廉政问题的调查报告》	市政协经济委员会、法制与民主建设委员会
7	1989.10	《关于本市医院治理整顿工作情况的报告》	市政协课题组
8	1990.3—11	《关于加强知识分子工作的调研报告》	市政协课题组
9	1990.7	《对上海人口、计划生育工作调查情况报告》	市政协医卫体委员会
10	1990.11	《关于上海饮水卫生和污物处理情况的调查报告》	市政协医卫体委员会
11	1990.11	《关于非教育部门办幼儿园问题的几点建议》	市政协教育委员会
12	1990.11	《关于郊县和农场群众文化情况的报告》	市政协文化委员会
13	1991	《关于本市律师工作的调查报告》	市政协法制与民主建设委员会
14	1991.7—8	《对上海取缔卖淫嫖娼和加强文化娱乐市场管理的意见》	市政协法制与民主建设委员会、医卫体委员会
15	1991.9—10	《关于上海农村卫生工作情况的调查报告》	市政协医卫体委员会

第四节　第八届市政协专题调研

一、关于促进上海私营经济加速发展的调研

1993 年 5—12 月,市政协经济委员会与市工商联、市工商局、上海社会科学院经济研究所等单位联合开展"上海私营经济发展与政策措施"专题调研。课题组赴市区县政府有关部门和私营企业调研,召开私营企业贷款和税收问题研讨会、私营企业发展及政策措施研讨会,并赴北京等地实地考察,形成调研报告。报告建议:(1)解放思想,转变观念,充分认识上海加快发展私营企业的重要性和必要性。(2)尽快把私营经济纳入上海经济振兴发展的整体规划,及时制定《上海私营企业条例》。(3)理顺管理体制,建立政府管理和行业自律管理组织。(4)对各种所有制经济组织一视同仁,创造平等竞争的外部环境,包括在银行贷款、税赋、市场准入条件等方面平等对待。(5)创造条件,扩大发展途径。一是把上海建成全国经济发展汇集的场所;二是运用政策把私营经济导入运行良好、健康发展的轨道;三是重点扶植有特色的外向型、科技型私营企业;四是鼓励私营企业参与国有企业的兼并租赁;五是尽快为一批"假集体"、"假全民"的私营企业摘"帽"正名,恢复其私营企业

的性质。(6) 强化管理,提高素质。一是抓紧制定和完善相应的地方法规;二是发挥工商联、个体劳协、私营企业协会的桥梁纽带作用;三是对生产经营活动、产品技术质量、财务制度等进行监督管理;四是加强执法管理部门的自身建设,提高执法能力和水平。

二、关于进一步加强农村基层卫生工作的调研

1993 年 8—10 月,市政协医卫体委员会组织政协委员与农村卫生专家,对上海市农村基层卫生工作进行调查,形成调研报告。报告认为,全市农村基层卫生工作发展不平衡,乡镇卫生院的改革存在五方面问题:一是门诊量不足,经济效益差;二是人浮于事与人才缺乏并存;三是卫生院医疗设备既旧又缺,生化检验能力较差;四是预防保健经费补偿不足,任务难以落实;五是合作医疗困难重重,难以承担风险。报告建议:(1) 市、区县、乡镇各级政府应一如既往关心支持农村医疗卫生事业的发展,卫生事业经费应向农村卫生倾斜。(2) 努力实现世界卫生组织规定的占国民经济生产总值 5% 的经费应用于农村初级保健事业。(3) 采取有力措施,适当增加郊县农民对合作医疗的投入比例,有条件的地方逐步做到年总收入的 5% 投入合作医疗。(4) 深化乡镇卫生院改革,引进竞争机制,增强自身活力,提高社会效益和经济效益。(5) 办好乡镇重点卫生院,合理布局农村医疗网点,巩固与提高“村甲级卫生室”比例,稳定乡村医生队伍。

三、关于房地产开发与城市基础设施、环境建设协调发展的调研

1993 年 8 月—1994 年 1 月,市政协城市建设委员会组织委员就上海房地产开发如何与城市基础设施建设、环境建设协调发展问题开展调研,先后走访市建委、市规划局等 10 余个部门和单位听取情况介绍,经座谈研讨,形成调研报告。报告认为,上海房地产开发为城市建设带来了活力,但与城市基础设施建设、环境建设之间尚存在着一些矛盾与问题:一是土地供应总量过大,使城市基础设施难以适应;二是对房地产开发的区位选择、规划引导和约束不够;三是建筑的容积率过高,影响城市环境;四是资金来源不足,统筹安排不强。报告建议:(1) 加强规划引导作用,改变规划“滞后”局面。在城市总体布局的框架与城市发展规模初步确立的前提下,抓紧制定当前城市用地开发序列;按城市合理布局梳理开发基地;抓紧完成和开展“城市基础设施容量”和“环境容量”的调研,确立不同地区的合理开发强度;以城市基础设施和城市环境的合理容量为基础,确定与修订房地产开发地块不同土地使用性质的有关控制指标和参数(容积率、覆盖率、建筑高度等),以获得总量平衡;抓紧编制完成城市基础设施和城市环境规划,以便安排各种管线通道。(2) 重视城市基础设施的“同步运转”。正确处理房地产开发与城市基础设施建设的轻重缓急,城市基础设施建设要先行;以道路交通建设为先导,加强综合开发,配套建设。(3) 加强调控,强化管理。严格按照“两级政府、两级管理”的分工,搞好协调,调控用地供应;认真解决统一规划与多数建设之间的矛盾;算好总账、管好资金,充分发挥有限资金的作用。

四、关于上海城市建设中中小学校地校舍资源的优化配置和保护问题的调研

1994 年 5 月,市政协教育委员会就大规模市政建设工程对中小学校地校舍资源的影响问题开展调研。调研以成都路高架工程涉及的卢湾、静安、黄浦、闸北等区为主要对象,通过访问、座谈、问

卷调查、考察以及资料分析等,形成调研报告。报告认为,全市现有中小学校地校舍虽逐年有所增长,但教育发展与校地校舍资源(以下简称教育资源)配置不足的矛盾仍比较突出,主要表现为:一是部分新建的住宅区未按规定建造公建配套学校;二是个别地区学校动迁后土地补偿不足;三是一些学校补偿重建后校地校舍面积仍未能达到标准;四是拆迁学校补偿重建计划进展缓慢,学校临时过渡时间太长。因此,适时调整和优化全市教育资源的配置,有效地解决城市发展与教育资源配置滞后的矛盾,是创一流城市、办一流教育的必行之举。报告建议:(1)各级政府和教育主管部门,以及其他有关方面应当牢固树立在实施城市建设中不仅要保护教育资源并且要优化配置教育资源的观念。(2)结合上海建设现代化一流城市的总体设想,对全市教育资源调整与优化配置问题作长远的全局性的统筹规划,要变城市建设中的被动拆迁为主动调整,逐步完善和优化配置上海的教育资源。(3)规划实施上海教育资源的调整与优化配置问题时,应当有超前的科学的考虑。(4)以法制确保教育资源在城市改造与建设过程中不仅受到保护,而且得以不断优化,同步发展,略有超前。

五、关于医疗费用实行"总量控制、结构调整"情况的调研

1994年9月,市政协医卫体委员会组织委员就上海市医疗费用实行"总量控制,结构调整"工作进展情况进行调研,形成调研报告。报告认为,现行的医疗卫生制度与管理存在的弊端主要有:一是缺乏行之有效的控制医疗费用的制约机制;二是医疗资源的浪费与部分职工基本医疗保障水平下降并存;三是社会化程度低,企业医疗费用负担重、差异大,直接影响到企业公平竞争与发展;四是医疗制度相关的政策不配套。报告建议:(1)要保障职工基本医疗,国家和企业应为职工提供医疗必需的费用保证。(2)要实行社会化管理,实行劳保医疗和公费医疗经费统一筹措和使用。(3)职工应适当分担一点医疗费用,改变职工医疗费用由国家和企业全包的做法。(4)要强化对职工医疗的监督与管理,在保障职工实现基本医疗的同时,抑制不合理的医疗消费行为。(5)要坚持配套改革、综合治理。

六、关于开发上海市老年科技人才资源的调研

1994年11月,市政协科技委员会围绕开发退休科技人才资源问题进行调研,形成调研报告。报告认为,市委、市政府对老年科技人才作用的发挥比较重视,并采取了一些措施,目前在已退(离)休的高级科技人才中,有64%的人仍不同程度地在各个领域发挥余热,但也存在一些问题:一是不少单位在对高级科技人才退休年龄的掌握上,仍然存在"一刀切"现象,致使高级科技人才过早退休离开岗位;二是在已退休高级科技人才中,所发挥的"余热"和实际存在的潜能间差距还相当大。报告建议:(1)高度重视老专家"老有所为"的作用,加强对这项工作的领导。(2)建议市委知识分子工作领导小组、市委组织部知识分子工作处、市人事局专家处把开发老年科技人才资源工作纳入各自职责范围,对在职的和退(离)休的科技人才,在政策上一视同仁,并照顾到老专家的特点,提供发挥"余热"的必要条件。(3)专业技术人员与公务员应实行分类管理。(4)建立老年科技人才信息库、老年科技人才市场和老专家科技基金,开辟老专家活动中心。

七、关于房地产开发中加强安居工程建设的调研

1995年6—8月,市政协城市建设委员会就房地产开发中如何加强"安居工程"建设问题开展专

题调研,先后走访市建委、市住宅发展局等10余个部门和单位,考察10余个已建成或在建的住宅小区,形成调研报告。报告建议:(1)要多渠道、多形式加快"安居工程"建设,包括:为从事"安居工程"的房地产开发公司创造用地条件;充分发挥企事业单位参与安居工程建设的积极性;将利用外资开发内销商品房的优惠政策扩大到安居房建设;建立居民要求解决居住困难的申请制度。(2)研究制定按城镇居民家庭收入线分配住房的政策,建立解决中低收入家庭住房的保障机制。(3)加强设计科研工作,推行监理制度和物业管理,创造居住、就业两便的条件。(4)要从实际出发,调整有关指标和划分标准。包括补充修订居住区规划的"千人指标",将居住面积调整为以使用面积为计算单位。(5)完善市政配套建设机制,规范市政配套费用标准,改进公建配套使用方法,统一市政公建配套工作,严格制止重复收费现象。

八、关于发挥行业协会作用,推进经济体制改革的调研

1996年3—9月,市政协经济委员会会同市工商联组成课题组,就经济体制改革中如何发挥行业协会作用,推进经济体制改革问题进行调研,先后走访上海工业经济学会、市民政局等单位,召开座谈会,编辑5期专题调研反映,在此基础上,形成调研报告。报告建议:(1)统一思想,提高对行业协会地位作用的认识。政府要克服部门管理的惯性,把建立行业协会作为政府职能转变的催化剂;行业协会要进一步改进工作方法和服务手段,逐步适应新时期对行业协会的要求;企业应逐步适应经济体制转轨的要求,摆脱依赖政府的习惯做法,接受行业协会的服务和指导。(2)确立目标模式,健全行业协会的组织体系。一是割断行业协会与政府的行政依附关系;二是打破部门、所有制界限,把行业协会服务的对象有效覆盖全上海;三是坚持"一业一会",避免行业协会的重复交叉。(3)加快政府职能转变,使部门行业管理的职能顺利转移到行业协会,并给予必要的扶助。(4)加强行业协会自身建设,完善行业协会的桥梁、协调、服务和自律功能。(5)推进行业协会的职能实现要分步实施,先制定实施方案,再进行试点,待取得经验后全面推广。(6)向全国人大建议,尽快制订《行业协会法》,把行业协会的组织和行为逐步纳入法制化、规范化轨道。

九、关于上海市公共图书馆建设与发展的调研

1996年4—5月,市政协文化委员会围绕上海市公共图书馆建设与发展的情况进行视察和调研,听取市文化局图美处、浦东新区社会发展局文体处等部门的工作情况介绍,视察浦东新区第二图书馆以及张杨、竹南居委会、陆家嘴和崂山街道等10余家街道和居委会图书馆,多次召开专题座谈讨论,形成调研报告。报告认为,全市还有三分之一的公共图书馆没有达标,规划中3年内全部建成图书馆四级网络的工作还十分艰巨,上海市公共图书馆事业在"九五"期间(1996—2000年)再上一个台阶存在的主要问题为:公共图书馆的建设与管理亟待立法;公共图书馆购买新书经费紧缺;公共图书馆专职队伍不稳定;公共图书馆之间事业发展不平衡。报告建议:(1)尽早审议通过"上海市公共图书馆管理办法"。(2)吁请社会各界人士都来支持公共图书馆事业的建设。(3)采取灵活性政策扶持图书馆事业的发展。(4)购书经费要每年递增,确保逐年提高图书的更新率。(5)各级公共图书馆要加强对自身和科技图书的宣传。(6)市文化局制订切实可行的计划,与有关区县政府联手,积极引导尚未达标图书馆加紧整改,努力在"九五"期间使上海市三级图书馆网络全部达标,并率先在全国建成四级图书馆网络。

十、关于推进企业股份合作制试点工作的调研

1996年5—12月,市政协经济委员会和民建市委联合组建课题组,就推进企业股份合作制试点工作情况进行专题调研。课题组走访市政府专业经济管理部门,与长宁、虹口等6个区县政协共同召开会议,听取区县体制改革主管部门及股份制试点的小企业转制情况的介绍,与上海市政府发展研究中心合作举办"加快放开搞活上海国有小企业政策"研讨会;召开部分经济界委员座谈会和区县政协经济委员会负责人会议,形成调研报告。报告建议:(1)通过新闻媒体、研讨会等多种形式,大力宣传股份合作制在转变企业经营机制、盘活存量资产、重新配置生产要素、提高竞争力、解放生产力等方面的巨大生命力,形成社会共识。(2)政企分开,使转制后的股份合作制企业享有充分的自主权。股份合作制企业要真正实行职工代表大会领导下的经营者负责制,按市场经济规律和国家宏观政策导向,进一步完善自主经营、自负盈亏、自我发展、自我约束的运行机制。(3)科学管理,逐步形成股份合作制企业独特有效的管理模式。政府有关部门可利用社会中介机构的力量为企业提供科技咨询、产品设计、市场信息、企业管理经验,引导企业不断开拓市场、开展多种经营、加强科学管理;经营者要竞争上岗,并通过职工代表大会选举;通过制度建设,让职工参与企业的经营决策。(4)在社会保障制度尚未完全到位前,应采取一些过渡性政策,如退休职工的医疗费由股份合作制企业拨款到他们所在的街道,实行专款专用;长病假职工、待退休职工的必要开支不应由改制后的新企业承担,可视为国家的一笔历史"负债"予以抵扣等。(5)尽快制定《股份合作制法》与《合作制法》,推动改制后的小企业在法制轨道上健康发展。(6)各区建立"股份合作制企业协会",为改制企业的诸如产品质量检查、行业标准修订、行业价格协调服务。(7)加快改革步伐,部分有条件的国有大中小企业改制成股份合作制企业,有关职能部门应给予必要支持;试点工作可扩大到部分有条件的中型企业;转制的有关配套政策要专题研究;扩大试点范围,如工厂办的服务性企业等。

十一、关于加大力度,推进国有企业改革的调研

1997年4—7月,市政协成立"深化国有企业改革"课题组。课题组深入大、中型国有企业调查,组织赴外省市专题考察等,形成《关于加大力度,推进本市国有企业改革的八点建议》的总报告和《关于打破条块分割局面,促进上海国有资产重组,形成新的优势的若干建议》、《关于深化改革,搞好国有控股公司的若干建议》、《关于深化企业干部任用、管理制度改革的建议》3个分报告。报告建议:(1)树立全局观念,实现全方位开放,促进资产优化组合。打破工、商、贸条条的界限和市、区、县块块的界限,真正实现跨系统、跨地区资产优化组合。(2)进一步改革政府管理机构,转变政府职能,打破条块分割。合并经委、商委、外经贸委等政府专业经济管理部门,改建成"经贸委",其职能是对上海工、商、贸各种所有制企业实行全社会的间接管理,引导企业按照市场经济运行规律开展生产经营活动,而不再直接管理国有企业。(3)继续促进和支持国有控股公司的深化改革和发展完善。抓紧落实市政府扶持大集团企业的政策,加强对实体性控股集团的资本注入和资金融通,加快建立财务公司或财务结算中心,增加控股公司的"流量资产",以利资本的运作和经营。(4)积极扶持、发展、规范市场中介组织,充分发挥行业协会作用。对现有政府部门的职能进行梳理、分解,将属于行业管理的职能转移到行业协会中去。(5)加强党对企业的领导,坚持党管干部

原则,成立国有企业工作党委,作为市委派出机构,直接领导 36 个国有控股公司的党组织,以加强党对企业的领导。要下大力气改革企业干部管理制度,统一考核、培训、选拔、任命控股公司的董事长。新成立的国有企业工作党委还可以考虑组织监事团,加强对国有控股公司和大企业集团的监督。(6) 加大“放小”的力度,为全市的经济结构调整创造条件。正确制定国有小企业的调整规划,坚决实施置换一批、改造一批、支持一批、拍卖一批、破产一批的方针。(7) 全力推动和发展产权多元化企业。政府有关部门要对现有的企业财政税务政策、企业绩效考核办法等进行梳理,使政策向有利于多元化投资方向倾斜。同时,加快产权交易市场建设,完善产权交易的中介体系、法规体系、监管体系。(8) 加快经济立法进度,加大法制管理力度。有关部门要加快制定和完善各项经济法律规范,使上海的经济工作向有序化、立法化循进。在立法以后,要加大执法力度,尤其要坚决查处行政方式干预中的权钱交易等行为。

十二、关于国有小企业改制情况的调研

1997 年 7—9 月,市政协经济委员会就“放开搞活国有小企业”开展专题调研,先后听取市轻工控股(集团)公司部门负责人、各区政协经济委员会负责人情况介绍,赴温州、义乌市考察等,形成调研报告。报告建议:(1) 转变观念,扫除障碍。一是从整体搞活国有经济的角度认识国有小企业的改制、改组和改造;二是充分认识在市场经济条件下,企业优胜劣汰是必然规律;三是打破地区、行业、所有制、境内外的界限,实施资产重组。(2) 政策扶持,法律规范。一是做好银行与企业的债权债务协调工作,允许银行以抵押贷款的方式为买断小企业产权的个人提供资金;二是政府出资和小企业筹资,共同组建为小企业服务的试验研究机构和技术指导机构;三是制定保护小企业的专门法律,反垄断和反不正当竞争,切实保护小企业在市场上的竞争地位。(3) 中介服务,扶助发展。一是成立退休经理人员服务机构,帮助小企业提高经营管理水平;二是以政府专业部门的管理和行业协会的横向协调来替代原行政部门的垂直管理;三是强化行业协会的服务功能和自律机制。(4) 配套改革,创新机制。一是建立市场化的经营者形成机制;二是健全社会保障机制;三是实施能进能出的用人机制。

表 6 - 2 - 3　1993—1997 年第八届市政协其他专题调研一览

序号	调研时间	调研报告标题	调研部门
1	1993.5—11	《人民币自由兑换和上海的金融地位》	市政协经济委员会、上海社科院部门经济研究所
2	1993.7—10	《实施“上海市公费医疗、劳保医疗人员药品报销范围”情况调查报告》	市政协医卫体委员会
3	1993.9—10	《关于上海演出设施的调查报告》	市政协文化委员会
4	1993.9—10	《上海文艺舞台演出现状和未来走向的调研报告》	市政协文化委员会
5	1993.10—12	《上海市初中招生办法改革的现状与建议》	市政协教育委员会
6	1994.6	《成都路高架工程中拆迁学校安置情况的调查报告》	市政协教育委员会
7	1994.8	《上海市学校体育的现状与对策的调查报告》	市政协医卫体委员会、市体委

(续表)

序号	调研时间	调研报告标题	调研部门
8	1994.8—9	《部分不同所有制企业民主管理状况的调研报告》	市政协民主法制社会事务委员会、市总工会
9	1994.10—11	《上海市中小学开展艺术教育的调研报告》	市政协文化委员会
10	1995.4—11	《关于推进"政企分开"的建议》	市政协经济委员会、民建市委
11	1995.4—11	《在深化企业改革中做好富余人员分流工作的建议》	市政协经济委员会、民建市委
12	1995.8	《上海市社区体育情况调查报告》	市政协医卫体委员会、市体委群众体育处
13	1995.8	《转变观念,明确目标,抓住机遇,把上海的体育产业发展到一个新水平》	市政协医卫体委员会、市体委
14	1995.9—11	《上海市旧区改造中保护古迹和优秀近代建筑的调研报告》	市政协文化委员会
15	1996.4—7	《关于上海市城区工作会议精神贯彻过程中几个问题的建议》	市政协区县政协联络委员会
16	1996.4—9	《金融体制改革的建议》	市政协经济委员会
17	1996.6	《一流城市要有一流教育——对上海市国民经济和社会发展"九五"计划与2010年远景目标纲要中有关教育问题的建议》	市政协教育委员会
18	1996.7—12	《对进一步搞好利用外资开发内销平价住宅的若干建议》	市政协城市建设委员会
19	1997.3—5	《关于发展都市文化旅游的调研报告》	市政协文化委员会
20	1997.5—8	《关于区县政协委员组成结构问题的几点建议》	市政协区县政协联络委员会
21	1997.5—8	《关于区县政协专委会组织建设和机关机构改革工作的几点建议》	市政协区县政协联络委员会

第五节 第九届市政协专题调研

一、关于优化上海市产业结构的若干建议等调研

1998年4月21日,市委书记黄菊在市政协举行的"上海经济形势分析和建议"座谈会上,就今后一个时期上海经济建设和改革发展的全局问题,提出"关于产业结构优化"、"关于所有制结构调整"、"关于经济活动和组织协调机制及其效率"以及"关于劳动力市场和人才市场建设"4个课题,希望市政协组织力量调查研究。会后,市政协成立4个调研课题组,于5—10月50多次走访市经委、市计委、市外经贸委、市外资委、市科委、市商委、市统计局、市工商局、市体改委、市税务局、市劳动人才市场等单位,召开专题座谈会近60次,并赴外省市实地考察,形成《关于优化产业结构的若干建议》、《关于优化所有制结构的若干建议》、《关于转变组织协调机制、增强快速反应能力的若干

建议》和《关于完善劳动力市场与人才市场的若干建议》4个调研报告及相关的7个分报告。根据市委的安排,市政协将上述4个课题调研情况,在市委常委会和市委务虚会议上作专题汇报,受到高度评价。

【关于优化产业结构的若干建议】

（1）进一步确立市场经济观念,逐步健全市场机制。一是树立服务观念,强调政策引导、市场调节;二是拆除"围墙",进一步确立大开发、大市场观念;三是消除平均主义观念,搞活激励机制。（2）深化企业改革,鼓励企业组织形式多样化发展,充分发挥国有企业在产业结构与产品结构创新中的主动性。一是发挥企业集体在产业结构、产品结构调整中的主力军作用;二是充分发挥中小企业特别是民营企业在产业结构、产品结构创新中的重要作用;三是充分重视国内外企业在上海市产业结构、产品结构调整中的重要作用。（3）多渠道筹集科技开发资金,建立上海市高新技术产业风险投资基金。挖掘企业内部筹资潜力,允许一些风险较大、前景看好的高新技术企业通过柜台交易发行股票融资。（4）以知识产权为纽带,制定技术投资、技术入股、技术服务、按资分配等有关规定,建立各个层次各个系统的高新技术研究开发中心,努力完善高新技术的引进、消化、创新的协调发展机制。（5）内外开发,构筑发展高新技术产业的人才高地。一是建立由多方面专家参与的市吸引高级人才政策研究小组;二是积极拓展人才市场,制定吸引国内外优秀人才的特殊政策;三是为吸引国内外专业人才来沪创业而建立专门的高新技术开发区;四是发展经营者市场。（6）注意产业结构调整与经济增长速度的相互协调。

【关于优化所有制结构的若干建议】

（1）所有制结构的调整要与产业结构优化、企业组织形式创新、经济运行状况、政府财力等要素结合起来,政策的制定和实施应具有渐进性、针对性、规范性和相对稳定性。（2）逐步建立"市场—政府"耦合型导向,即以市场导向为内在驱动,政府导向为外部规范和保障,两者相辅相成。（3）调整国有经济布局,有序实施转制工作。国有经济的调整和集中,为非公经济提供了部分发展空间,政府则可将让出部分的资金投入导向性产业、高新技术产业;国有企业除必须采取独资形式的外,都可以采取资产重组和多元投资的方式,吸引外资、内资,包括私人资本和其他社会资本。国有经济采取的主要产权形式和经营方式:一是独资形式,主要是国有资产经营公司,以及军工、造币等与经济安全和社会稳定相关的行业;二是控股形式,存在于影响上海市经济全局的支柱产业、社会福利和城市基础设施产业、金融和主导性信息产业、高新技术和高风险产业等;三是参股形式,存在于各产业的大部分竞争性领域,国有经济可进行投资和参股。（4）积极发展混合经济,创造条件加快步伐。一是对国有资产的增值和流失标准问题,不再简单套用现行的"增值法",而可采取市场招标法来衡量资产的实际价值;二是对国有、集体企业转制后的人员安置,可根据行业的平均劳动生产率,对超额安置人员的企业,按其超额安置量给予一定比例的奖励,反之则可在资本金中按比例扣除安置费;三是不同所有制经济在政策上待遇平等,除极少数行业外,应废除公开或隐形的扶持性政策,必须倾斜和优惠的,也尽可能通过市场来间接调控。（5）鼓励引导非公经济提高企业素质。一是完善对非公经济的法律规范和政策保障,提高非公经济的政治、社会地位;二是通过政府采购、订货、担保和设立风险基金等方式,引导非公经济的投资方向,鼓励其发展高新技术产业;三是为那些以解决就业为主,公益性、低收益、高风险的非公企业提供必要的贷款支持;四是积极落实私营经济市场准入政策,对非公经济目前还不能进入的一些领域,在加强监管的前提下,可考虑适当试点;五是鼓励个体私营经济以参股、联营、租赁等形式参与国有企业的重组。(6)全局考虑、统一规划、协调发展、突出重点。从上海市经济发展的全局出发,有区别、有步骤、有重点地对全市所有制结构进行调整。(7)进一步加快利用外资、内资和民间资本的步伐,扩大融资渠道,特别是吸引内地大集团和经营管理人才进入上海市场,实现资源最大限度的利用和优势互动互补,实现上海所有制结构优化的目标。

【关于转变组织协调机制、增强快速反应能力的若干建议】

(1)加快政府机构改革步伐,确保机构精简、高效、廉洁。政府机构设置要根据"小政府、大社会"的原则,加强综合协调部门,减少专业管理部门,并采取切实措施,提高公务员的素质。(2)改革行政审批制度,转变政府职能,完善调控管理体系。对中央没有要求地方审批的,或不属于政府职能以及不应当由政府直接管理的事项,上海市应取消审批,由政府部门实行间接管理,依法监督;对中央原要求地方审批的部分没有指标和额度控制的事项,可取消审批,实行审核制;对中央明确要求审批,或上海市确需继续审批的事项,应规范审批程序,改进审批方式,明确审批时限,并实行否决上报制。(3)积极探索成立"大企业工作党委"。根据"抓大放小"原则,成立"大企业工作党委",直接管理全市大集团、大企业党的工作;中小企业干部管理与资产管理的归属关系相一致。(4)按照现代企业制度要求,使企业真正成为市场竞争的主体。一是积极探索国有资产所有者监管职能与政府经济管理职能的分离,实行政企分开、政资分开;二是按照市场经济运行的原则,进一步规范和强化董事会、监事会职责;三是推进经营者择优竞争上岗,健全经营者奖惩机制。(5)加强行业协会建设,探索成立"上海市总商会"。(6)加速培育中介机构,完善中介服务体系。一是附属于政府行政管理部门的事业性中介服务组织需限期脱钩,改为独立的经济实体;二是律师事务所、会计事务所等中介组织需按照市场经济的一般规范和国际惯例改制,在赋予其应有法律地位的同时,也应让其承担相应的法律职责;三是扶持创办公证、咨询、评估、仲裁、测量和各种经济代理等支撑经济运行和快速反应的中介机构。(7)创建与快速反应相配套的决策信息系统。一是政府部门要鼓励和推动各种社会力量积极参与信息收集、归类整理、分析处理、反馈评估这四个决策信息系统的运作;二是为保证政府法规的科学性和公众性,可逐步发展社会性研究机构参与决策咨询;三是政府部门要顺应知识经济时代信息电子化、网络化的潮流,创建自己的网页,凡非保密的信息,都应向企业和社会各界公开。

【关于完善劳动力市场与人才市场的若干建议】

(1)正确处理人力资源开发管理过程中的五个关系,即政府与市场的关系,企业用人单位与市场的关系,劳动者(人才)与市场的关系,人口素质与市场的关系,全国市场与上海市场的关系。(2)完善市场体系,塑造信息互通、机制协调、互有分工、开发有序的市场格局。一是不同层次的市场具有不同的分工,对提高市场运行的效率有积极作用,不必刻意追求迅速统合;二是在关注有形的主体市场建设的同时,充分关注各种无形的、分散的、自发的市场,采取合理开发的政策,建立"隐形就业"和"隐形失业"显形化的有效机制;三是通过实行更为规范的外来劳动力用工制度,运用经济杠杆和培训、考核手段,有效控制低层次劳动力的盲目流入;四是在规范、有序和政策、资金扶持的基础上,建立特殊人员就业市场;五是充分重视市场工作人员队伍的建设,帮助他们提高职业意识和业务素质。(3)转变政府职能,强化调控功能、服务功能、扶助功能和规范功能,营造市场公平、公开、公正的竞争环境,实现市场的规范有序运作,使劳动力供给与创造就业相结合,优化人力资源结构与经济结构、所有制结构的调整相结合,使人力资源的总量、结构、布局适应国民经济与社会发展的需要。(4)健全保障机制,强化用工管理,完善工会组织。一是规范用工,健全社会保障机制;二是加强对"两金"交付的监督,重点抓好非公经济中的"两金"问题;三是建章立制,保护下岗职工的合法权利,促进他们主动通过市场再就业;四是尽快对符合规范程序、上海市确需的外来劳动力实行社会保障。(5)探索现代人才开发利用方式,形成人才激励机制,增强上海市人才高地的吸引力。一是尝试干股制、经营者参股制等按生产要素分配的人才开发激励方式;二是通过中介机构建立高级人才"职业态度调查"制度,增强对人才全方位激励和指导作用;三是成立由多方专家组成的市高级人才政策研究小组,为上海市构筑人才高地制定一系列具体配套政策;四是制定鼓励本市富余劳动力有组织地向市外、境外流动的政策,完善人才市内外、境内外双向流动机制。(6)建立风险开发机制,鼓励人才自主就业和创新,构筑人才创新体系。(7)改革劳动人事制度,缓解就业压力,推动人才流动。一是进一步完善就业和再就业预备制度,对应届高中、大学毕业生充分有序地利用社会教育资源,补充职业技术和复合型专业教育的内容;二是改革档案管理办法,依照法律和市场机制来实现劳动者自主择业的自由和用人单位自主用人的自由;三是对人才流动中所出现的一些侵权问题,从体制与法律上加以规范。(8)改革教育培训制度,建立全社会培训体系,适应经济发展需要,减少结构性失业。

二、关于上海文化产业与文化管理的调研

1998年5—8月,市政协文化委员会围绕上海市"文化产业与文化管理"问题进行调研,听取市广播电影电视局、市新闻出版局、市文化局及部分基层单位负责人有关工作情况介绍,召开专家学者座谈会,形成调研报告。报告认为,发展上海文化事业存在的问题:一是在思想观念上,长期把"文化"仅仅看作是意识形态、上层建筑,不承认、不研究其产业属性,只注重文化的社会效益,不重视它的经济效益;二是在经费来源上,主要依赖政府的投资,不注意吸纳社会办文化和研究文化资源的经营与开发;三是在管理体制机制上,政事不分,体制不顺,缺乏竞争激励机制;四是在规模效益上,文化企业规模偏小,内部建设讲究"小而全"的重复建设,形成资源浪费。报告建议:(1)拆局建委,实现政事分开。成立高效、精干、统一的市级文化管理机构,如文委或文办,也可是"大文化概念"的文化局,代表市政府统一管理全市的文化事业。(2)政府文化管理主要精力要放在完善政策法规建设上,尽快建立和健全上海市文化法规体系,改善文化投资环境。(3)继续完善文化经济政策:一是政府对文化事业可实行经济控制,有选择、有重点、有导向性地投入文化事业资金,如无偿提供土地用于文化事业项目建设、实行保证贷款优惠利率制度,积极利用外资、侨资、台资发展文化事业,进一步简化审批程序,鼓励文化投资政策等;二是政府对文化的投入要有一个比较固定的增长比例,要制订促进文化发展的优惠政策,对文化产品实行差别税利,对不同的文化部门实行"盈征亏补";三是将现享有的文化经济优惠政策延续到2010年,至少延续到2005年再作调整。

三、关于上海市社区卫生服务工作的调研

1998年6月,市政协人口和健康委员会成立调研组,开展上海市社区卫生服务工作情况调研,形成调研报告。报告认为,社区卫生服务工作在各级政府的重视关心和各有关部门的支持下得到很大发展,为上海的经济和社会发展起到保障和推动作用,但也存在认识有待统一、功能有待转化、

人才亟须培养等问题。报告建议:(1)尽快统一思想认识,明确建立功能合理、方便群众的卫生服务网络是全市社会发展的重要内容。(2)尽快制定上海市社区卫生服务总体规划与法规。(3)建立健全领导管理体制,形成市区政府领导、街道办事处组织、卫生部门实施管理,居委会参与和社会各界支持配合,职责明确,分工合理,相互协作的管理格局。(4)完善经费补偿机制,政府应加大对预防保健和健康教育的投入,建立合理的有利于病人的"双向转诊"制度。(5)培养一支高素质的医疗队伍。

四、关于上海发展高等职业技术教育的调研

1998年,市政协教育委员会组织部分委员,对上海发展高等职业技术教育问题进行专题调研,形成调研报告。报告认为:上海大力发展高等职业技术教育适应了新的社会需求,不能把高等职业技术教育列为高等教育中的低层次教育,把办"高职"认为是"差生"、"差师"、"差校"。报告建议:(1)发展高职教育应与上海市高等教育结构调整结合起来,充分利用现有高等教育资源。(2)选择少数办学基础好、产学结合、依托行业有特色的成人高校,通过改革办学体制与模式,调整专业方向和培养目标,办成独立设置的高等职业技术学校。(3)在部分普通全日制大学办高等职业技术学院。(4)选择少数依托行业有特色,办学质量与管理水平高、所办专业确有提高层次需要的中职学校,通过与高等学校的合作,试办高职班,也可以升格为高等职业技术学校或办成普通大学的二级学院。(5)探索多渠道办学。

五、关于进一步加快促进消费市场繁荣与发展的调研

1999年3—4月,针对社会消费市场需求不足的状况,为促进消费市场繁荣和发展,市政协经济委员会赴现代房地产实业有限公司、锦秋房地产公司等开展调研;同年5月,召开有政府有关部门负责人,有关党派、团体负责人和专家学者共同参加的专题研讨会,形成调研报告。报告建议:(1)必须把促进国内消费市场的繁荣、发展作为一项基本国策,上海要长期不懈地抓紧抓好。(2)吸引和鼓励民间投资,进一步推动投资需求增长。(3)适当调整税率和税种,通过减税及减少各种抑制消费的政策和因素等措施刺激有效需求。(4)加快提高上市公司的整体素质,促进证券市场发育,为扩大内需提供新的市场消费能力。(5)适当增加城镇居民的工资收入,提高人们的消费倾向和消费支出,同时分轻重缓急,有序推进养老、就业、医疗、住房、教育等五大制度的改革步伐。(6)创新开拓新的消费领域,可重点培育住房及装潢材料、新型家电、家用轿车、休闲旅游、文化娱乐、信息消费、家政服务、保健和滋补及运动产品、教育产业等。(7)转变商业营销手段,进一步挖掘、引导和扩大消费潜力,将之转化为实际消费。(8)完善消费信贷业务,建立个人信用制度,为促进消费市场繁荣、发展提供强有力的金融保障和支持。(9)进一步提高农业生产力水平,增加农民收入,激活农村市场。

六、关于上海市非公有制经济发展情况的调研

2000年初,应全国政协经济委员会要求,市政协经济委员会参与该委员会的"非公有制经济发展情况"课题调研。课题组赴浙江省温州等市,上海侨友制衣有限公司等企业考察,听取市工商局、

市工商联等单位的情况介绍,视察漕河泾开发区内的民营高科技企业等,形成调研报告。报告指出,随着上海市公有制企业改革和改制进程的加快,上海私营企业股本单一化的格局被打破,投资主体呈多元化发展的局面,私营企业已基本完成资本的原始积累,处于向资本扩大阶段发展的时期,但还存在着市场准入不宽松、吸引外省市大型私营企业落户上海的政策力度不够、企业行业规模结构不合理、管理模式落后等问题。报告建议:(1)正确认识上海非公经济发展的地位和作用。(2)加大政府对非公经济的扶持力度,包括加大政策力度,抓紧落实将企业注册的前置审批制度改为登记制度、放宽私营企业的市场准入政策、改善私营企业融资难问题等,吸引全国特别是沿海城市的非公企业落户上海。要鼓励非公企业参与国有企业的改革,依靠非公企业的灵活机制推动上海的技术创新。(3)建立上海私营企业的中介机构,主要帮助企业在更大的经济环境中明确定位。(4)减少政府对非公经济的行政干预。

七、关于促进上海老年事业发展的调研

2000年7月,市政协教科文卫体委员会与市计生委、市老龄委、市老龄科研中心的部分专家、教授组成调研组,就上海老年事业发展开展调研,先后听取市老龄委有关情况介绍,察看虹口区提篮桥街道老年人照料情况、杨浦区延吉街道等开展老年人健身活动情况,访问不同类型的家庭并座谈讨论,形成调研报告。报告认为,上海市社区老年人照料存在养老设施和服务人员不足;配套服务不够,尚未形成综合服务体系;政策措施有待进一步健全等问题。报告建议:(1)进一步加强社区养老设施建设。社区要发展多种类型的养老设施;政府要给予社区养老机构更多的优惠条件,采取措施鼓励社区吸纳下岗职工从事养老服务工作。(2)采取综合性措施,促进社区老年人照料工作。建议政府从福利彩票基金中挪出一部分,帮助最困难的老年人特别是生活完全不能自理的老年人解决困难;民政部门办的养老机构与社区医疗卫生部门应在业务上紧密联系,优势互补;由民政部门牵头,对社区养老机构工作人员开展护理知识培训;积极探索适应上海城市特点的社区老年生活护理互助办法;对年过70岁的老年人,建议政府有关部门给予其子女一定的护老假;对于健康老年人,社区要创造各种条件,鼓励老年人参加社区活动。(3)发挥社区卫生服务点作用,为老年医疗保健服务。社区卫生点的服务内容要拓展,服务质量要提高,在设置布点上应进一步调整。(4)改善市老年体育活动中心的工作环境,以适应上海老年体育进一步发展的需要。

八、关于对上海审判机关实现司法公正的调研

2001年3—11月,市政协社会和法制委员会就全市审判机关"深化司法改革,推进司法公正"的状况进行调研,形成《不断深化司法改革,努力实现司法公正——关于本市审判机关司法公正现状的调研报告》。报告认为,上海市的司法公正离追求的目标还有不小的差距,表现为:来自各方面的干扰、干预不少,难以做到审判独立;地方、部门保护主义对司法公正影响较大;公民的法制意识尚较淡薄;司法工作的透明度还不够;司法人员的素质与司法公正的要求不相适应。报告建议:(1)以实现司法公正为终极目标,进一步深化司法制度改革。(2)加强和改善党的领导,保证各级法院独立行使审判权。(3)进一步解放思想,积极探索,尽快建立和完善公开、公正、廉洁、高效的审判机制。(4)通过程序公正确保实体公正的实现,在追求司法公正的同时兼顾司法效率。(5)加强法制教育,增强法律意识,为司法公正营造良好的社会法治环境。(6)高度重视教育培训和道德、

作风建设,努力建立一支高素质的法官队伍。(7)随着中国加入世界贸易组织,上海还应充分重视参与全球化过程的公正,以适应加入世界贸易组织的要求,公正、公开、公平地审理各类涉外案件。

九、关于"十五"期间上海市博物馆业发展情况的调研

2001年4—6月,市政协教科文卫体委员会组织委员就"十五"期间上海市博物馆业发展情况进行调研,通过考察嘉定博物馆,听取筹建中的江南造船厂展示馆、东方乐器博物馆等单位的情况介绍,考察苏州市及皖南地区博物馆建设情况并座谈研讨,形成调研报告。报告认为,上海市博物馆业存在的问题为:数量偏少;种类不够齐全;发展水平参差不齐;社会化程度不高。制约上海博物馆业发展的主要因素为:各级领导对博物馆的认识不足;专业人才的培养力度不够;多头管理造成博物馆业发展的不平衡。报告建议:(1)完善法规建设。制定《上海市博物馆纪念馆管理条例》等地方法规,对博物馆的法律地位、办馆条件、审批登记、开放标准、奖惩制度等作出明确的规定。(2)"十五"期间(2001—2005年)重点发展以近代工业博览为主的各类行业博物馆。上海已有数十家行业博物馆在筹备中,其中江南造船集团展示馆、上海造币厂造币博物馆等筹建条件比较成熟,有关部门应给予支持和帮助。(3)借鉴外省市将文物建筑集中搬迁、异地保护、开放的成功经验,对上海市的部分地处偏僻、分布零散、不方便组织游客参观的博物馆或文物古建筑,采取适当集中的办法,搬迁至闹市或旅游度假区重新开放,使博物馆馆舍相对集中,实现资源共享,办出特色。(4)以相关法规来确立民办博物馆的地位,调动私人收藏者的办馆积极性。(5)理顺管理体制,实现科学规划。市政府应进一步理顺文物管理体制,将市文管委办公室划归市文广局,作为政府职能部门,管理全市的文物博物馆。(6)参照现有的文化经济政策,制定和实施上海市扶持本地博物馆业的优惠政策。(7)鼓励博物馆为社区文化建设和旅游事业发展服务,使博物馆业走上良性循环的发展道路。

十、关于进一步开发利用和保护上海水资源的调研

2001年4—10月,市政协人口资源环境建设委员会就进一步开发利用和保护上海市水资源问题进行专题调研,先后邀请从事水资源管理的专家作专题报告,听取水利部太湖流域管理局、市水务局情况介绍,组织委员考察上海水源地太湖流域水利工程建设情况和黄浦江的水环境,形成调研报告。报告认为,上海过境的水资源虽然丰沛,但存在水质污染严重,水环境状况堪忧;水资源浪费现象严重;公共供水城乡分割,水源地保护任务艰巨;流域水资源管理薄弱,治污和调水不力;对水资源的重要作用认识不足等问题。报告建议:(1)重视和加快开展长江新水源地前瞻性、战略性的专题研究。(2)尽快形成和完善上海水资源的规划体系。(3)大力推进节约用水,率先建成节水型城市。(4)加大现有水源地的保护力度。(5)加快上海市水资源保护工程的建设进程。(6)进一步理顺水资源管理体制和建立水资源可持续利用的机制。(7)加强水资源与水环境的宣传和教育,提高全社会的水忧患意识。

十一、关于海外留学人员回沪创业情况的调研

2001年7—12月,市政协港澳台侨委员会开展海外留学人员回沪创业情况的调研,形成《海外

留学人员回沪创业现状调查分析与对策》的调研报告。报告认为，留学人员回沪创业主要存在以下问题：出入境、签证手续不方便；申办企业周期太长、手续太多；社会对留学人员回沪创业重视不够，企业融资渠道较少，资金来源缺乏；留学人员携带家眷回沪，在子女入学、配偶工作等方面还不能享受国民待遇。同时因留学人员在国外时间较长，回沪后觉得许多方面不适应。因此，目前留学人员回沪创办的企业在数量上还不足以形成强大的群体，有相当的企业集中在贸易、包装、网络、风险投资等领域，真正搞技术创新和研究开发的不多；已注册的企业成活率不高。报告建议：（1）市政府要转变观念，切实强化服务意识，出台"绿卡"制度，制定《海外人才上海居住证》，给予回沪创业的留学人员必要的国民同等待遇；建立市一级"联席会议制度"，简化手续，开办留学人员专窗服务；健全留学人员创业融资体系，加大留学人员创业资金支持力度；规范市场竞争，宽容失败，宣传成功。（2）中介机构要搭建信息平台，畅通信息渠道，完善综合服务，进一步加强园区的管理职能；筹建海外留学人员创业联谊会，加强行业管理，加强留学人员之间的信息交流以及留学人员与政府的整体沟通；加强培训指导，宣传必要的政策知识，提高创业能力。（3）海外留学人员要客观估计创业风险，做好"二次本土化"的转变，要重视管理水平的提高，积极引入经营管理人才；积极与外部环境沟通，营造良好的外部环境；利用海外优势，积极筹措资金，在技术投入的同时加大资本投入的能力。（4）尽快形成有利于创新创业的文化环境和社会氛围，以市场行为为手段，以开创事业为动力，吸引海内外人才来沪。

十二、关于上海市医疗保险改革方案实施后制定的三大疾病患者减负、帮困、救助政策的调研

2001年12月，市政协教科文卫体委员会组织委员就上海医疗保障改革方案中对终末期肾病、恶性肿瘤、精神病患者的医疗费减负政策的实施情况进行调研，形成调研报告。报告认为，医疗帮困救助有效缓解了三大类疾病患者的医疗费用，保证了医保对象中三大疾病患者的基本医疗需求，保证了医疗保险改革的顺利进行和维护社会稳定。报告建议：（1）加强相关部门与企业单位的协调配合，保证医疗帮困救助的成功实施。（2）推进医疗帮困救助政策的持续运作，维护社会公平。实现三大疾病患者医疗帮困救助的可持续运作，需要保证救助资金筹集的可持续、救助网络的完善及其可持续运作，以及监督机构及其体制的建立与完善。（3）扩展医疗帮困救助的范畴，促进社会稳定。医保对象中，最困难的是低收入群体的就医，包括困难企业职工、下岗职工、失业人员、协议保留劳动关系的职工。为了保证医保对象的基本医疗需求，医疗帮困救助对象应考虑这部分人群，并出台相应的救助政策。

十三、关于上海市清真副食品供应情况及发展思路的调研

2002年4—5月，市政协民族和宗教委员会与市民族和宗教事务委员会联合成立专题调研组，就"从清真副食品供应渠道看上海清真行业的现状与发展"进行调研。调研组与市商委、市工商局、上海食品（集团）公司等10余个部门和单位部门负责人，及与静安区山海关菜场、上海八仙集团公司等清真副食品供应的经营者进行座谈，印发问卷调查表，并视察清真副食品供应点的情况，形成调研报告。报告认为，上海清真副食品公司的货源质量、卫生及清真标准可靠，但价格偏高，有时货源不足。随着市场经济的发展和外省市经营者的介入，外省市牛羊肉产地可直接送货到上海清真

副食品供应点,其进货方便,品种齐全,价格便宜,但质量、卫生及清真标准难以保证,在一定程度上影响了消费者对清真食品的信任度,降低了市场购买力,上海清真食品公司清真副食品供应的主渠道的地位和作用受到严峻挑战。在新形势下,上海清真副食品的供应必须形成"布局合理、总量适度、管理规范、政策扶持、经营自主、确保重点"的工作思路。报告建议:(1)上海清真副食品公司应接受市场经济的挑战,引进竞争机制,在清真副食品价格、品种、经营方式、服务态度等方面尽快适应市场需求,提高市场竞争力。(2)坚持清真标准,合理设置供应网点,讲究经营效益,提升经营档次,拓展供货渠道,保障清真供应。(3)规范市场秩序,加大监管力度,优化竞争环境,严格依法管理,促进行业发展。

十四、关于上海市完善终身教育体系情况的调研

2002年9月,市政协教科文卫体委员会组织委员就上海完善终身教育体系情况开展调研,形成《对上海市"完善终身教育体系,构建学习型城市"的建议》调研报告。报告认为,上海市提出"完善终身教育体系,构建学习型城市"的目标,有一定的基础和有利条件,但现况距目标仍有差距:一是目标虽已提出,但缺乏整体推进的规划与措施,体现终身教育理念为指导的教育改革和社会教育资源的统一开放工作进展不明显;二是对实施科教兴国、可持续发展战略和坚持以人为本的认识不足,相关法规有待建立和完善;三是高等教育形态与学习型社会要求还不适应,作为终身教育体系主要组成部分的成人教育尚未得到充分重视,相关的理论研究滞后等。报告认为,应对城市国际化、现代化、法制化和信息化的挑战,尚需进一步提高市民学习的主动性,为此建议:(1)加强领导,设立由市委或市政府领导负责的"完善与构建"工作的领导机构,有关部门和群众团体的代表参加。(2)加大宣传力度,提高各级领导和全体市民对"完善与构建"工作的认识。(3)从"完善与构建"的高度,深化学校教育改革。(4)发展多元形态的高等教育,深化高等教育改革。(5)大力发展各级各类、灵活多样的成人教育。(6)积极展开创建学习型组织的活动。(7)建立和健全"完善与构建"的保障体系,包括逐步建立和完善相关的法律法规;增加经费投入,改善终身教育设施;整合终身学习信息网络;逐步建立和完善终身学习成果的认可制度。(8)对弱势群体提供教育机会,重视建设与终身教育体系相适应的教师队伍,加强"完善与构建"的理论研究与学术交流。

表6-2-4 1998—2002年第九届市政协其他专题调研一览

序号	调研时间	调研报告标题	调研部门
1	1998.7—8	《呼唤高等教育改革的春天——关于本市高等教育改革的建议》	市政协教育委员会
2	1998.7—1999.1	《对上海市高教管理体制改革的建议》	市政协教育委员会
3	1998.7—1999.8	《上海市少儿住院互助基金工作情况调查报告》	市政协人口和健康委员会
4	1998.10	《深化改革,不断探索,开创上海社区卫生服务新局面》	市政协人口和健康委员会
5	1998.12	《上海市流动人口计划生育管理调研报告》	市政协人口与健康委员会、市计划生育委员会
6	1999.3—7	《宗教与社会主义社会相适应问题》	市政协学习委员会

（续表）

序号	调研时间	调研报告标题	调 研 部 门
7	1999.3—2000.5	《发展上海市中药事业的情况调查报告》	市政协教科文卫体委员会
8	1999.4	《正确理解国有经济控制力的思考》	市政协课题组
9	1999.4—5	《正确认识和处理本市新时期人民内部矛盾的调查报告》	市政协社会和法制委员会、市总工会、团市委、市妇联等
10	1999.4—6	《上海文化市场管理的调研报告》	市政协文化委员会
11	1999.4—7	《上海社区民族工作如何为两个文明建设服务》	市政协民族委员会
12	1999.4—7	《关于"法轮功"邪教组织的若干思考和建议》	市政协社会和法制委员会
13	1999.4—8	《上海轿车消费政策研究》	市政协经济委员会
14	1999.5	《关于本市农村宗教现状的调查报告》	市政协宗教委员会、市宗教局
15	1999.5—7	《关于〈劳动法〉贯彻执行情况的调查报告》	市政协社会和法制委员会、市总工会
16	1999.5—8	《关于提高农业经济效益,加速上海农业现代化步伐的若干建议》	市政协经济委员会
17	1999.6	《关于促进上海小企业发展的建议》	市政协经济委员会
18	1999.6	《加强农村卫生工作、搞好乡镇卫生院建设调研报告》	市政协人口和健康委员会
19	1999.6—2000.4	《上海市公有住房物业管理的问题和对策》	市政协环境和城市建设委员会、市房地产科学研究院
20	1999.10—11	《关于抓好上海技术创新四个重大问题的建议》	市政协科技委员会
21	2000.1—9	《风险投资和海外融资渠道的研究》	市政协教科文卫体委员会
22	2000.4—8	《加入WTO对上海电影业的影响及对策研究》	市政协教科文卫体委员会
23	2000.5	《提高上海市初中阶段教育水平的建议》	市政协教科文卫体委员会
24	2000.6	《上海教育直面WTO的对策建议》	市政协教科文卫体委员会
25	2000.8—10	《关于上海非工业类国有企业改革的思考和建议》	市政协经济委员会
26	2000.8—10	《关于上海市区县政协机构设置情况的调研报告》	市政协区县政协联络指导组
27	2000.8—11	《关于牢牢把握代表先进文化前进方向,大力推进社会主义文化建设》	市政协学习指导组
28	2000.10—2001.6	《上海国有大中型工业企业技术中心建设研究》	市政协教科文卫体委员会、上海经济技术社会发展咨询联合事务所
29	2001.4	《关于学习杭州市土地储备机制以及对上海土地储备运作机制的几点建议》	市政协人口资源环境建设委员会
30	2001.6—10	《上海市体育后备人才建设调研报告》	市政协教科文卫体委员会
31	2001.7	《上海体育彩票工作情况调查报告》	市政协教科文卫体委员会

(续表)

序号	调研时间	调研报告标题	调研部门
32	2001.8—12	《上海建设现代化国际大都市的人口合理分布研究》	市政协人口资源环境建设委员会、农工民主党市委等
33	2001.10	《关于完善上海市转制的应用开发型科研院所改革工作的若干建议》	市政协教科文卫体委员会、市科学技术协会等
34	2001.12	《上海市二级医院在医保制度改革中新情况的调查报告》	市政协教科文卫体委员会
35	2002	《促进上海科技创新的建议》	市政协教科文卫体委员会
36	2002	《全面提升上海市郊区人文水准,推进郊区现代化建设的建议》	市政协教科文卫体委员会
37	2002.3—10	《以公有制为主体,多种所有制多元化办医情况调研报告》	市政协教科文卫体委员会
38	2002.3—11	《关于"十五"期间上海高校毕业生就业态势分析及若干建议》	市政协教科文卫体委员会、市高校毕业生就业指导中心等
39	2002.3—2003.1	《入世后对上海市港澳台侨资企业的影响及若干思考》	市政协港澳台侨委员会
40	2002.4—5	《上海市"确保城市贫困群众生活"工作情况》	市政协社会和法制委员会
41	2002.4—6	《关于增加上海市农民收入的调研报告》	市政协区县政协联络指导组
42	2002.4—8	《关于区县政协界别设置、委员结构和专委会设置的调研报告》	市政协区县政协联络指导组

第六节　第十届市政协专题调研

一、关于发挥教育在提升城市综合竞争力中的作用的调研

　　2003年,市政协教科文卫体委员会成立课题组,就如何发挥教育在提升城市竞争力中的作用进行专题调研,形成调研报告。报告认为,培养大批与上海城市发展需要相适应的创新人才是上海教育的根本使命,当前存在的主要问题为:传统计划经济体制下形成的教育模式、人才培养方式不能适应和支撑上海新一轮发展对人才的需要;学校内部的管理模式、课程设置、评价方式不能适应培养创新人才的需要;与上海建设国际大都市的城市发展目标相适应的终身教育体系还没有真正建立;高等学校人才培养的方式还比较封闭,不能适应上海挑战国际竞争的人才培养需要。报告建议:(1)探索建立现代学校制度,激活学校办学活力,为创新人才培养提供制度保障。完善学校法人治理结构,使学校主体地位得以确立;改革人事管理制度,实施聘任合同制;推进社区与学校互动研究,建立社区和学校资源共享、相互配合、互相制约的学校发展机制;大力发展多种形式的中介组织,提高学校的办学积极性,促进学校之间的公开竞争。(2)政府有关部门挂帅,全社会积极参与,推动课程教材改革,培养创新人才。(3)完善终身教育体系,制定地方教育法规。(4)高等教育要加强与科研、经济部门的合作,共同培养创新人才,提高科技创新水平。

二、关于增强国有经济主导竞争力的调研

2003年,市政协经济委员会就如何增强国有经济竞争力进行专题调研,形成调研报告。报告建议:(1)国有经济调整重点应由比例下降向结构优化转变。一是基本保持国有经济在国民经济中的现有比重;二是不断调整国有经济的产业结构,真正实现其影响力、调动力、竞争力和带动力;三是丰富国有经济结构优化的调整手段。(2)国有经济的结构目标应由"宽"又"纯"向"专"和"合"转变。一是新一轮的国有经济调整在保持国有经济一定规模的前提下要收缩战线;二是应继续优化所有制结构,促进国有企业产权多元化,更好地实现国有经济的控制力;三是结构调整过程中应注意国有资本进退机制的建立,消除资本流动障碍,降低资本流动成本。(3)增强国有经济竞争力应由重产业扶持、轻技术创新向两者并重转变。一是应将技术创新和管理创新能力纳入企业的绩效考核,建立规范可行的创新能力评价体系;二是政府应针对国有企业的技术创新和管理创新加大投入力度,并向已具有一定研发能力的企业倾斜;三是正确处理高新技术产业与传统产业的关系,既鼓励国有企业发展高新技术产业,也注意运用新兴技术改造、更新、发展传统产业,实现上海市产业结构的合理均衡。(4)国企管理部门的管理方式应从直接、具体管理向间接、规范管理转变。一是国企管理部门应借鉴其他所有制企业,尤其是三资企业的有效管理模式,明确管理部门在企业经营中所应当发挥的职能;二是国企管理部门在指导国有企业资产整合时,应当明确整合的目标不仅仅是扩大规模,更是为提高企业竞争力,因此在资产整合之外应注重企业管理和文化的整合;三是要建立对国有企业经营者的激励与监管机制。

三、关于优化创新环境,提升上海企业核心技术竞争力的调研

2003年,市政协教科文卫体委员会组织委员对优化创新环境,提升上海企业核心技术竞争力进行专题调研,经多次研讨,形成调研报告。报告对上海若干重点行业和企业的核心技术竞争力进行了基本评价,并指出了存在的主要问题。在此基础上,报告建议:(1)加强宏观战略的设计与协调。建立推进"科教兴市"战略实施的全市最高领导和决策机构,建立推进"科教兴市"战略的决策咨询机构和顾问机制,积极研究推进政府科技与教育管理一体化的实施战略;明确市、区两级政府在实施"科教兴市"战略中的职责,增强市级科技管理部门的宏观管理职能,给区县政府下放更多权力;结合政府体制改革,调整现有科技管理体系中存在的多头管理、政出多门的现状。(2)战略产业的培育与产业结构调整相结合。重视战略技术的选择;加强战略技术的研究;培育战略企业。(3)以二次创新和集成创新为重点完善创新体系。创建新型的产学研联合体;推动企业建立和健全技术创新中心或平台;为中小企业搭建技术创新平台;建立企业或行业的"竞争信息库";改革大学、研究院所的科技评价指标,形成科学合理的分类评价体系;改革科研院所目前的项目管理制度,探索企业化管理模式。(4)大力发展社会科技中介组织。打造"透明政府、服务政府";鼓励民办科技中介组织的建立和发展,在科技中介领域引入竞争机制;建立行业协同竞争机制。(5)加大政府对科技的投入,完善创新政策。保证政府科技预算稳定成长;建立企业技术开发专项基金,引导企业加大对研发经费的投入;推动投融资体制创新,为企业技术创新提供资金保证;建立新产品推广基金,为中小科技企业的示范装置建设和新产品推广应用提供必要的财力支持。

四、关于推进上海中药现代化发展的调研

2003年,市政协教科文卫体委员会成立课题组,就推进上海市中药现代化发展问题进行专题调研。经座谈讨论、研究分析,形成调研报告。报告介绍了上海市中药产业的现状和特点,认为上海市中药产业存在的问题为:传统计划经济思维模式影响了企业走向市场经济的步伐;中药的技术标准较低,中药现代化标准工作亟待加强;生产成本和商务成本高,产品市场竞争能力不强;支持新药创新的管理模式需要改革,中药创新机制优势发挥不够;医产结合和产学研结合不够,投资能力明显不足。报告建议:(1)上海要适时编制中药现代化发展战略,加快体制改革,形成优势集成,培育有竞争力、规模化、集约化的大型中药企业。(2)面向市场,重点开发,推进中药创新研究。集中资金和力量,针对中药在肿瘤、心血管等部分疾病治疗领域的优势开发几个拳头产品;对医院自行研制疗效独特的、经长期临床实践证实疗效显著的院内中药制剂,应鼓励通过中药企业的委托加工,加快开发成中药新产品;对承接医院制剂研究的新药要在资金上给予必要支持,在知识产权上要明确相关政策,在新药申报上要采取加快审批的办法。(3)对中药制剂工艺进行改革创新,形成核心技术,组织行业协会和中药技术研究的中介机构,利用各种形式积极推广国内已经成熟的各种工艺技术。(4)加快建立符合中药特点的、科学的、国际公认的现代中药标准,加强中药材规范化种植和中药饮片炮制规范研究,全面提高中药材和中药饮片的质量,建立国内最大的中药饮片出口生产基地。(5)开发中医药的同时,必须注意资源及生态环境的保护,保障中药材资源的可持续利用,保障中药产业的可持续发展。(6)设立对全市中药创新平台和研发中心进行工作协调的机构。(7)建立全市发展中药现代化的综合协调机制。

五、关于上海市促进劳动就业工作的调研

2003年,市政协社会和法制委员会成立课题组,就上海促进劳动就业工作进行专题调研,课题组听取关于上海促进就业的主要工作实践及下一步再就业工作的措施,经讨论研究,形成《关于上海市促进劳动就业工作的实践和思考》的调研报告。报告建议:(1)正确了解和反映当前失业现状。要改进统计办法,使失业率能正确反映实际失业现状,使有关部门据此进行科学决策,更好地完善就业政策。(2)进一步从法规、政策上对企业减人与裁员加以必要的条件限制。(3)对有些以解决就业为主的企业,不能一概以效率来要求。(4)要防止"虚假就业"现象。目前有些部门为显示工作成绩,将"半年、三个月"短期劳务工也计入就业指标,另有重复计算等,应采取措施予以防止。(5)重视企业改制过程中的大量减人现象,防止出现随意裁员将负担推向社会,以及一面裁员、一面招收外来务工人员等情况的发生。(6)要研究"结构性"失业以后的青年失业问题。在关注"4050"工程的同时,要侧重研究青年失业问题。(7)重点解决家庭成员"双失业"问题,下决心在短期内消灭"双失业"现象。(8)不断完善社会保障机制。

六、关于推进上海博物馆事业发展的调研

2003年,市政协文史资料委员会在市文管会的支持下,以"上海博物馆文化建设"为课题进行了调研,形成《抓住机遇,科学定位,大力推进上海博物馆事业》的调研报告。报告认为,上海城市经

济持续高速的发展为上海博物馆事业的发展奠定了比较雄厚的经济基础;城市面貌变化、行业变迁的加速,凸显了近代文化遗产的价值;文化精神生活的需求与经济发展相呼应,初步形成了有利于博物馆发展的文化市场;全国博物馆事业蓬勃发展的形势,促进了上海博物馆事业发展,目前上海博物馆事业正处于较快发展的机遇期。为进一步推进上海博物馆事业发展,报告建议:(1)制订促进上海文博事业发展的地方性法规。对于私人博物馆的开馆和经营等应制定有关细则;某些专题性私人博物馆作为财产转让、馈赠和遗产继承,应规定整体性原则;对于文物价值的开发利用所产生的经济效益,应有变通措施;应规定文物保管单位须尽妥善保管文物的责任。(2)形成政府投入、鼓励民间捐资捐献和基金经营效益相结合的博物馆事业发展新机制。加大政府投入,鼓励民间捐资捐献;设立上海市博物馆发展基金,整合政府和民间投入。(3)增建和调整主干博物馆,拓展文物收藏的范围,使上海市博物馆的结构更加合理、藏品内容更加丰富。(4)建设好博物馆工作队伍,提高博物馆的文物收藏、保管、陈列和研究水平,加强自我生存和发展能力。(5)博物馆工作者应走向社会,培育和壮大参观者、爱好者、志愿者和支持者的群体。

七、关于推进上海国有控股集团股份制改革的调研

2004 年,市政协经济委员会组成课题组,对推进上海国有控股集团股份制改革问题进行专题调研。课题组实地调研了农工商(集团)公司、锦江国际集团等 6 家国有控股集团,经多次研讨,形成调研报告。报告建议:(1)创造上海国有控股集团股份制改革的良好环境。一是发挥市场的基础性作用;二是完善法律、法规、政策环境。(2)理顺市国资委和上海国有控股集团的权责关系。一是明确董事会对经营者的选择权;二是健全市国资委对国有控股集团的决策监督和追究机制;三是全国和地方人大应进一步明确国资委的责任、权利和法律地位。(3)学习国际成熟经验,进一步加快对国有控股公司不同模式的探索。按完全授权经营制度原则,加快建立各类资产经营公司,包括分行业、地域建立投资控股公司、依托重点企业建立资产经营公司、以资产重组为目标的托管公司等,要通过不同国有控股公司投资领域的调整和资本运作来完成不同领域的国资战略调整。(4)关注电气集团深化股份制改革尚存的难点问题。建议电气集团要进一步规范和完善企业经营操作和相应制度建设,保证各家股东在重大决策、资产处理等方面的平等权利,为企业实现国内、国际上市作好准备。(5)结合"十一五"规划,进一步完善国资战略调整方案。从"优先发展先进制造业、优先发展现代服务业"的全市战略考虑,上海国有控股集团应充分利用和挖掘股份制改革的体制、机制优势,通过股份制实践引进新机制、新体制、新技术等,造就一批行业"航母",加快上海产业结构升级和二、三产业协调增长。

八、关于上海私营企业市场准入问题的调研

2004 年,市政协经济委员会和市工商联组成联合课题组,围绕全市私营企业市场准入问题开展调研,形成调研报告。报告建议:(1)完善不同所有制企业平等竞争的市场环境。一是实行平等的政策待遇;二是为私营企业提供各项优质服务,特别是信息服务;三是尽快实施投资登记备案和核准管理制度。(2)完善中小企业融资体系。建立和发展包括民营银行在内的中小金融机构体系,建立和完善多层次的资本市场体系、中小企业信用体系和融资担保体系。(3)进一步开放上海的教育市场,特别是非学历教育和职业教育领域,满足迅速增长的教育需求。(4)开放医疗卫生领

域,建立适应多层次需求的差别市场。降低医疗卫生行业的进入门槛,公私营医院享受同等医疗政策,放宽医疗价格控制,建立民营医院行业协会。(5)开放基础设施和公用事业领域,提高市场化程度,积极推动民间资本进入基础设施和公用事业领域。(6)鼓励民营高科技行业发展。加大对民营科技企业技术创新的支持力度,鼓励民营科技企业与大专院校、科研院所进行合作,积极参与政府科技计划、攻关项目,投资政府颁布的高新技术产业和技术指导目录中的有关研究项目。(7)加快社会中介行业发展,建立专职管理机构,为私营企业进入市场提供优质服务。

九、关于上海发展先进装备制造业的调研

2004年,市政协经济委员会和市工业经济联合会组成课题组,对上海发展先进装备制造业问题开展调研,形成《关于本市发展先进装备制造业需要注意的问题及对策》的调研报告。报告建议:(1)突破传统,提高层次,向系统集成的工程总承包发展。上海要确立装备制造业的高端优势,向设备和工程总成套、总承包发展,以电站成套、造船、港口装备成套为试点,鼓励以大型装备制造企业为主体,联合国内外相关企业或机构,组建集系统设计、系统集成和工程总承包于一体的大型工程公司和系统成套公司,以大型成套工程项目引领装备制造业的升级突破。(2)扬长避短,寻找机会,与同行企业结成战略合作联盟。积极组建跨地区的大型企业集团,突破装备制造业在成本、技术、装备及现行国家工业管理体制方面的障碍。(3)瞄准一流水平,集中优势资源,开发拥有自主知识产权的产品。由政府有关部门或行业协会牵头,集中上海的人才、科研、教育等资源,充分利用现有的网络技术开发平台,对符合上海市重点发展的8个行业或有发展前景的产品进行技术难题攻关。(4)采取措施,创造条件,鼓励使用国产设备。建议在不违反WTO有关规则的前提下,按照国际惯例,采取措施鼓励国内重大技术装备自主制造设备的发展。(5)企业在改制转制中,要注意发挥国有经济主导作用,既要坚持"有所为,有所不为"、"抓大放小",又要十分注意发挥国有资本的主导作用和控制力。(6)在产业布局、结构调整中,注意投入产出比,建议将上海医疗器械(集团)有限公司通过产权交易或国资划拨的形式,归属于上海电气集团,为全市医疗器械制造业提供技术和资金支撑。

十、关于上海房地产(住宅)发展的调研

2004年3—6月,市政协区县政协联络指导组和人口资源环境建设委员会共同开展"上海房地产发展趋势和对策研究"课题调研。组建了由市政协委员、市规划局、市房地局和上海社会科学院、上海大学有关人员参加的课题调研组,通过座谈、走访和实地考察等,形成调研报告。报告简要回顾了上海房地产业发展情况,对发展过程存在的问题进行分析并提出:要加强住宅规划,引导市场均衡发展;要调整供房结构,加大租赁房建设和市场培育;要健全政策法规,调控房产市场健康发展;要积极宣传引导,树立理性消费观念;要严格依法办事,加强动迁工作管理;要完善行业规范,提高物业管理水平。报告建议:(1)在中心城区贯彻"双增双减"要求,严格控制高强度开发;加强税收、金融等政策调控,促进高、中低价房均衡发展;降低开发和购买成本,建造老百姓买得起的住房。(2)在郊区新城镇和外环线周边动迁安置房等大型居住区规划建设时,要发挥交通对城市发展的引导作用并结合人口和产业、社会事业发展综合考虑。(3)完善和发展租赁市场,抑制租赁房价格,实现租售并举、平衡发展;继续做好"廉租房"工作,完善住房保障体系。(4)加强调控,平衡市

场供求,抑制房价上涨的幅度与速度;完善房产交易的政策法规,抑制过量的短期投资;完善土地交易的市场机制;有关动迁法规出台要慎重,实施要避免随意性,逐步规范物业管理市场。(5)提倡适度消费、理性消费。

十一、关于进一步发展和规范上海私营经济园区的调研

2005年,市政协经济委员会就全市以区县乡镇为主设立的经济园区和以街道为主设立的招商中心等各类招商载体(统称为私营经济园区)进行调研,形成调研报告。报告分析了上海私营经济园区的现状、作用、特点和存在问题,建议:(1)上海要从战略高度重视和支持私营经济园区的发展。(2)有关部门要加强对私营经济园区的管理,建立对口管理机构,发挥行业协会的作用,建立执业资质认定体系,进一步加强经济园区规范管理。(3)相关部门要督促园区加强竞争意识,进一步完善园区对企业的监管、引导和服务的职能,不断健全管理体制和机制,提高服务水平、管理水平,努力实现管理透明化、程序系统化和期限明确化;政府应联合经济园区和园区企业,并广泛邀请社会专家、学者,共同探索一套操作性较强的监管办法;经济园区对属于扶持行业和非扶持行业的不同企业实行差别政策,加强产业引导;要加强相关服务创新产品的研究,如用原来对纳税企业的财政奖励资金设立为企业融资服务的专项担保基金等。(4)私营经济园区要根据发展实际,逐步实现政企分离,其最终方向是明确经济园区运营载体的法人地位,使运营实体成为承担经济活力后果的主体。(5)有关部门要在规范私营经济园区过程中,加强分类研究和指导。

十二、关于加快上海创意产业园区发展的调研

2005年,市政协文史资料委员会组成课题组,对市内创意产业园区现状和发展情况进行专题调研,形成调研报告。报告分析了上海创意园区发展的现状和存在问题,建议:(1)进一步提高对发展创意产业重要性和必要性的认识。(2)发挥政府宏观主导作用,成立高层次的领导或协调机构。(3)解决上海创意产业园区发展的融资问题,扩大投融资渠道,完善投融资环境。(4)健全相关法律制度,加强知识产权保护。(5)加快创意产业人才引进,在引进国际优秀人才的同时,重视本土人才的培养。(6)有条件的上海企业应抓住机遇,大胆走出去。(7)创意产业是综合性的产业,创意产业园区的发展要体现产业集聚的优势,加大集群规模效应,并确定为上海重点发展或优先发展的行业。(8)大力培养文化经纪人及引进中介机构,促进创意成果转化为经营资源。(9)打造自我品牌,注重创意产业发展本土化,增强原创力。(10)培育中小企业,为创意产业的良好发展奠定基础。(11)制订上海创意产业园区发展的总体规划并纳入上海"十一五"规划,制订创意产业的统计指标。(12)对创意产业园区的发展进行前瞻性研究。

十三、关于土地向规模经营集中情况的调研

2005年,市政协经济委员会组成课题组,通过与青浦、奉贤等区政府农业部门、相关镇政府和农业大户代表的座谈研讨,对嘉定、松江等区的实地调研,形成《关于土地向规模经营集中的若干思考与建议》的调研报告。报告指出,进一步推进"土地向规模经营集中"的总体思路应集中抓住4条主线:加快农业人口转移;加快土地置换进程;探索土地管理创新;重视发展现代农业。报告建议:

（1）建立城乡统筹的劳动和社会保障制度。探索深化城乡户籍制度改革；鼓励农民以"承包地换保障"；建立城乡统筹的劳动力市场。（2）创新完善土地流转机制和分配制度。加强土地置换，引导农户承包经营权有序、规范地进行流转；培育土地事务中介机构和农地经营企业；设立土地储备银行和土地储备基金。（3）探索建立职业农民与农业准入配套的新制度，制订规模经营农户的选择程序和退出程序。（4）着力提高规模经营的组织化程度。建立农业法人制度；鼓励对农业的多元化投入；扶持农业产业化龙头企业；培育社会中介机构；鼓励与支持多种形式的规模经营发展模式。（5）不断增强规模经营的财税金融支持。不断加大农业基本建设的投入；制订支持性的税收政策及其相对应的财政补偿政策；健全农村金融体系，健全农村合作金融机构的功能。（6）抓紧构筑规模经营的科技服务体系。提高农业科技自主创新能力；完善培养与吸引农业人才政策；制订规模经营农户的培训要求及其安排。（7）逐步建立与完善社会化服务体系。建立和完善为规模经营主体提供产前和产中服务的专业公司和专业性机构；积极发展和逐步完善社会化服务体系。（8）创建农民非农就业平台和机制。创立农民职业见习制度，形成一批农民职业见习基地；创立职业农民教学培训基地。

十四、关于在沪创业及工作的归国留学人员现状和对策的调研

2005年3月，市政协港澳台侨委员会联合市侨办、市侨联等组建课题组，对在沪创业及工作的归国留学人员现状和对策开展调研。课题组先后对张江留学生创业园、国家留学人员嘉定创业园等留学生创业园区和上海交通大学、市第一人民医院等归国留学人员较为集中的单位开展调研，召开专题座谈会，听取市人事局、市教委等部门的专题报告，分别与48位归国留学人员代表座谈，并赴大连市学习考察，形成调研报告。报告对在沪归国留学人员的现状进行分析，认为目前在沪创业及工作的归国留学人员面临的主要问题为：因上海商务成本日渐走高，归国留学人员自主创办企业的难度增大、融资困难，还存在退税不及时和归国留学人员之间缺乏交流等问题；因国内申报课题和科研经费受限、实验材料入关周期过长、子女就读困难和无法享受国民待遇等问题，使得高校、科研院所工作的归国留学人员在上海的发展受到限制。报告建议：（1）上海应将引进高层次归国留学人才作为实施"科教兴市"主战略和加快建设国际大都市的重要策略给予高度重视，并且加大吸引力度，采用更灵活、柔性方式吸引国际精英人才来沪任职，共同设计和完成项目、在中高层次专业技术和管理岗位上任职。（2）建立由市委或市政府1名副秘书长主持、市人事局等党政部门和相关团体参加的归国留学人员工作联席会议制度，负责沟通工作情况、研究政策措施、协调解决问题。（3）留学生创业园区要加强服务支撑体系建设，重点解决留学人员关心的融资和科技产品的转化问题，设立留学人员中小企业服务中心，为留学人才事业发展搭建舞台。（4）出生在中国，后在海外留学并加入他国国籍的归国留学人员与保持中国国籍的归国留学人员在创业及工作、生活方面应享受同等待遇；在浦东新区综合改革试验区，为回国1年以上的留学人员设立账户，就享受医疗、养老保险等社会保障问题先行试点。（5）政府有关部门应鼓励归国留学人员积极参与国家政治生活，为他们知情参政创造条件。

十五、关于推进上海现代农业经营制度建设的调研

2006年，市政协经济委员会与农业界别委员组成课题组，就推进上海现代化农业经营制度建

设问题进行专题调研,先后走访市农委、农工商(集团)公司等单位,赴南汇区、青浦区等地考察,并多次召开专题研讨会,形成调研报告。报告分析了上海市现代农业经营制度建设的现状与问题,建议:(1)以制度创新建立"反哺"和"支持"现代农业的长效机制。调整财政支出结构,较大幅度地增加公共财政对农业投入的比例;按照包括中心城区在内的各区县需要的农业生态承载力,建立区县政府间的财政转移支付制度;借鉴欧盟经验,建立市、区两级"农业发展基金",统一归口运作政府各部门的财政支农资金,克服目前因多头投入和重复投入造成苦乐不均与效率不佳的状况。(2)制定农民专业合作社独享的优惠政策。制定关于农民专业合作社的地方性规章,加快启动农民专业合作社领军人才培训工程,加大对农民专业合作社信贷支持,协调解决农民专业合作社用地用电问题,帮助农民专业合作社畅通销售渠道,加强对农业的媒体宣传。(3)发挥国有农场的排头兵作用。政府规划的具有国际先进水平或具有标志性意义的重大项目,应优先落户国有农场;财政专项支农资金补贴由区县承担的配套部分,由国有资产管理部门承担;强化对市域外上海市国有农场的扶持,深化国有农场社会事业属地化管理改革,采取有效措施解决历史遗留问题。(4)鼓励工商资本投资现代农业。推进国有资本进入现代农业领域,建设一批市场机制难以发挥作用或需由政府重点控制的现代农业项目,加快培育一批以现代产权制度和现代企业制度运作的新型现代农业市场主体;制定有效的产业政策和金融政策,吸引工商资本投资现代农业。(5)积极推进农产品营销经纪人队伍建设。鼓励农产品经纪人队伍的发展,加强对农产品经纪人、农业中介服务组织的培训工作;建立行业组织,加强农产品经纪人的协作联系。

十六、关于促进上海房地产平稳健康发展的调研

2006年,市政协人口资源环境建设委员会和九三学社市委联合组成课题组,通过走访、实地考察、召开座谈会等,就上海房地产发展情况开展调研,形成调研报告。报告分析了全市房地产现状、存在问题和发展趋势,建议:(1)加强行政调控市场的效能。进一步明确上海房地产业的发展战略;缓建1 000万平方米普通商品房;建立合理的房价形成机制;整顿房产中介机构;进一步拉长房地产的产业链;建立预警机制;加快培育开放规范的房屋租赁市场。(2)加快完善住房保障体系。建立多层次住房保障体系;扩大廉租房覆盖面,完善原福利性租房政策;探索在旧区改造中提供低收入家庭租赁房。(3)改善财税调节办法,实行有差别的财税政策。(4)运用金融杠杆调节。增加金融品种,鼓励自住消费;拓展房地产投融资渠道;探索商品房转为租赁房的机制。(5)研究、修订和完善房地产相关法律。尽快梳理完善现行法规;研究应急预案;研究房地产企业破产、兼并、重组的法规。(6)加强舆论导向监管。加强新闻传媒、网络舆情的监控引导。(7)寻找制度创新突破口。充分发挥浦东综合配套改革试点的优势;探索多种形式的住房建设和消费模式。

十七、关于上海农村公共文化建设情况的调研

2006年4月,市政协教科文卫体委员会成立课题组,对全市农村公共文化建设工作情况开展专题调研,经座谈交流、实地考察和赴外省市学习考察,形成调研报告。报告介绍了上海农村公共文化建设基本情况,认为从总体上看,农村公共文化事业建设不断得到加强,政府的投入力度不断加大,发展水平不断提升,但是与建设社会主义新农村的要求,与广大农民群众的精神文化需求相比较,还存在相当的差距;与统筹经济社会协调发展和促进城乡均衡发展的要求相比较,郊区农村的

公共文化事业仍然是一个薄弱环节,主要表现为:少数干部对农村文化建设的重视度不够;农村文化建设的经费投入不足;农村文化设施总量不足,功能不全,区域发展不平衡;农村文化产品不够丰富,服务不够到位;农村文化队伍的综合素质不高。报告建议:(1)加强领导,统筹规划,齐抓共管,促进发展。(2)加大公共财政的投入。(3)进一步健全和完善农村公共文化设施网络。(4)加强农村文化产品的建设。(5)加强队伍建设,培育一支适应新农村文化建设的人才队伍。

图6-2-1 2006年4月,市政协委员就"上海市农村公共文化建设情况"进行调研

十八、关于促进水上旅游业发展的调研

2006年,市政协经济委员会成立专题调研组,就促进市内水上旅游业发展开展专题调研。经调查研究、实地考察和座谈交流,形成调研报告。报告认为,当前全市水上旅游发展处于历史最好时期,但也存在各方对开展水上旅游的认识需进一步深化;各类水上旅游规划政出多门,但操作性差,难以贯彻落实;管理体制不顺,配套措施缺乏,水上旅游的管理部门众多,难以形成整体合力等问题。因此,应正确处理上海发展水上旅游与构建和谐社会的关系、历史传承与国际借鉴的关系、市场主导与政府引导的关系、陆上旅游与水上旅游的关系。报告建议:抓住2010年上海世博会大好机遇,理顺水上旅游管理体制,增强水上旅游企业竞争力,完善水上旅游基础配套设施,提高水上旅游产品档次和层次。(1)科学制定水上旅游综合发展规划。建议制定《上海市水上旅游发展总体规划》,以及地块功能开发和岸线功能配置的宏观指导性政策。(2)理顺水上旅游开发的管理体制,成立上海市水上旅游发展领导小组,实施水上旅游资源开发项目评议制度,加强水上旅游统计工作。(3)落实水上旅游发展的保障措施,完善相关管理条例,推进标准化建设,制定发展水上旅游产业政策,并向中央有关部门争取邮轮发展的相关政策。(4)加强全市水上旅游的宣传和促销,

建立境内外水上旅游宣传促销网络,加强对市民水上旅游知识的宣传,培育一批具有国际竞争力的水上旅游品牌。(5) 大力发展"三游"经济,吸引国际著名邮轮公司进驻上海,完善水上旅游公共服务体系,推动游艇经济和世博会会展经济的互动发展。(6) 强化水上旅游人力资源管理和培训,适度增加政府、企业、个人对水上旅游教育的投入,实行水上旅游从业人员持证上岗。(7) 当前要重点做好水系资源和岸线资源的建档、保护和开发工作;加强黄浦江水上旅游开发与世博会规划的互动;将苏州河建成"绿色景观走廊";将淀山湖还湖于民;丰富全市已有水上旅游产品的内涵;强化景观水系管理整治力度等工作。

十九、关于推进上海国资管理体制改革的调研

2007 年,市政协经济委员会成立课题组,就上海国资管理体制改革进行调研。课题组走访了百联、电气等大型国有企业集团,与市国资委、市委组织部等部门负责人进行座谈研讨,形成调研报告。报告指出,上海对国资管理应着眼于"管少、管精、管好",解放思想,坚持改革,大胆推进。建议:(1) 做好国有资产管理体制改革的阶段性规划。从上海实现"四个率先"、建设"四个中心"和现代化国际大都市的城市战略蓝图出发,结合国际和国内两个市场的发展趋势,在广泛讨论的基础上做好全市国有资产管理体制改革的阶段性规划。(2) 严格区分国资管理职能与公共管理职能。理顺国资委和政府公共管理部门的关系,明确国资委承担国资管理职能,进一步明确国资委的职责和权利,确保权责对等。(3) 对国有企业实施分类管理。针对不同类型的国有资产,设计不同的监管目标、监管模式、考核标准,实现"分类管理、分类指导、分类监督"。(4) 强化国资委出资人职责、落实出资人管理。推进国有企业建立完善法人治理结构,建立和完善有效的国有企业内控体系,建立对国有企业经营者的激励与监管机制。(5) 逐步建立国有企业信息公开制度。市国资委应根据国有企业的现实状况,参照现行上市公司的标准,在一定时间一定范围内公布国有企业年度合并财务报表(逐步编制年度综合报告)、所有权政策、国家给予的支持政策等。(6) 加强国资委与政府管理部门和经济监管部门的沟通协作,逐步明确分工和职责,形成发展的合力。(7) 进一步加强国有资产管理队伍的建设。逐步提高国资管理队伍的专业化水平和市场化程度。(8) 同步推进干部管理体制等有关配套改革。(9) 积极面对资本市场发展带来的机遇与挑战。适当控制国有上市公司的股权风险,充分利用资本市场拓宽国有企业的直接融资渠道。(10) 防止外资垄断性并购。

二十、关于上海市工业园区淘汰落后产能的调研

2007 年,市政协人口资源环境建设委员会联合九三学社市委组成课题组,对上海工业园区淘汰落后产能问题进行专题调研。课题组采用实地考察、访谈等多种调查方式,从淘汰落后产能的视角入手,到上海市部分工业园区进行专题调研,形成调研报告。报告在对全市工业园区的现状与存在问题进行分析的基础上建议:(1) 淘汰落后产能,完善产业结构调整。对位处于郊区、有相当制造业规模、污染严重,尤其是重化工业和高新技术产业为主的工业园区应继续推进产业结构调整,抓住国际产业转移的机遇,提升产业规模;对存在于市区的都市工业园区,则应依托全市工业园区培育和发展规模较大的产业集群,加快形成以服务经济为主的产业结构。(2) 完善淘汰落后产能的法律法规。建议有关政府部门制定《淘汰落后产能管理条例》,以确定行政机关、管理相对人以及相关各方的权利、义务,实现工业园区内落后产能淘汰有章可循、有法可依。(3) 加大工业园区环

保执法力度。虽然目前上海工业园区对入园企业实行环境影响评价等有关制度,但是执行情况有待提高。工业园区管委会、环保局等相关部门,应加大对环保执行情况的监管。(4)重视土地集约利用,提高园区的准入标准,严把进门关,建立科学的评价指标体系,对产生污染、占用大量资源的企业要坚持拒之门外。(5)设立专项发展基金,制定相关配套政策。专项发展基金的第一来源是政府的投入,包括资金投入,良好的财税、金融政策,再次是其他方面的资金来源,例如接受一些热心社会公益事业和致力于环境保护的单位与个人的捐助等。(6)建立有效的落后产能退出机制。加快制定配套政策,确保上海市工业园区淘汰落后产能目标的顺利实现。(7)加强技术改造,实施产学研结合。政府要把节能和发展循环经济作为政府科技投入、推进高技术产业化的重点领域,并将工业园区的技术改造与产学研进行融合,充分发挥大专院校、科研院所、大型企业的科研优势,促进工业园区向循环经济的方向发展。(8)采用国际节能机制,建立节能指标交易市场。建议有关部门组织专业人员进行研究,尽快建立符合中国国情的节能指标交易市场。

二十一、关于长江三角洲地区经济联动发展系列专题调研

2007年5月6日,市委书记习近平在市政协召开的长三角地区协调发展专题座谈会的政协简报上作出批示,指出:市委非常重视这项工作,希望市政协发挥人民政协智力密集的优势,把这篇文章做深、做实、做细,为市委决策提供有力的参考。为此,市政协于5月底启动了关于长三角地区经济协调发展系列专题调研。系列调研共分14个课题,分别由市政协各专门委员会和相关党派团体共同承担,其中11个课题由市政协相关专委会单独或联合有关党派团体组成课题组完成。各课题组召开了70余次调研座谈会,邀请全市近30个相关职能部门座谈,赴苏浙两省开展调研,连续

图6-2-2 2007年8月,市政协举办"长江三角洲地区经济联动发展专题研讨会"

13 次召开委员专题座谈会,听取政协委员的意见和建议。在调研的基础上,形成《关于促进长江三角洲地区交通基础设施一体化的建议》《关于引导和鼓励建立跨地区物流集团,推进长江三角洲地区现代物流合作发展的建议》《关于长江三角洲地区产业合理分工的建议》《关于推进"江海联运",发挥长江三角洲地区港口群优势的建议》《关于长江三角洲地区(太湖)流域水环境保护的建议》《关于推进长江三角洲地区产权市场一体化的建议》《关于以世博会为契机推进长江三角洲地区经济协调发展的建议》《关于共同推进长江三角洲地区文化合作与发展的建议》《关于加强长江三角洲地区市场监管工作合作与交流的建议》《关于促进长江三角洲地区科技创新合作的建议》《关于推进长江三角洲地区水上旅游合作发展的建议》《关于台资企业与长江三角洲地区经济发展的建议》《关于以立法、执法协调促进长江三角洲地区经济发展的建议》《关于创新长江三角洲地区合作协调机制的建议》,报送上海市委、市政府参考。在同年8月市政协举行的"长江三角洲地区经济联动发展专题研讨会"上,习近平对本次系列调研活动给予了高度评价。现摘要其中之一。

【关于促进长江三角洲地区交通基础设施一体化的建议】

由市政协人口资源环境建设委员会组成课题组开展调研。报告分析了长三角地区交通设施一体化推进情况和存在的主要问题,提出要以国家发展战略为依据,从区域发展大局出发,树立"共建、共享、共赢"理念,谋求长三角区域全面合作。上海要发扬"大气谦和"精神,主动与周边省市沟通,积极推进区域交通、基础设施一体化。建议:(1)加快编制长三角交通基础设施一体化规划。建议编制国家层面的区域发展规划,由国家层面发布;在区域规划指导下,强化两省一市规划对接、推进项目实施。(2)探索推进长三角交通一体化发展的协调机制。建立国家层面的协调机制;完善和强化"沪苏浙经济合作社会发展座谈会"等省市层面协调机制;探索土地点供机制,确保交通基础设施建设用地指标的落实;借鉴国外成功经验,促进企业层面的合作。(3)提高长三角交通一体化管理水平,建设有利于一体化的政策环境,构建一体化管理网络。(4)上海应率先推进的实事项目,包括推进国际集装箱枢纽港建设;完善航空枢纽港的综合交通配套;加大道路接轨力度;加快建设区域快速客运体系;努力为进沪车辆提供更多人性化服务。

二十二、关于提高上海农业组织化水平的调研

2007年,市政协区县政协联络指导组组成课题组,对提高上海农业组织化水平开展专题调研,形成调研报告。报告分析了上海市农业组织化程度的现状和问题。建议:(1)上海市提高农业组织化的发展方向,一是大力扶持和规范发展农民专业合作社,要认真贯彻实施《农民专业合作社法》,对已有的510家农民专业合作社或有限公司进行梳理,区别情况,分类指导,实行保留一批、变更一批、新建一批,规范登记,确立合作社法人地位,对新成立的农民专业合作社,要按照《上海市农业发展"十一五"规划》和"一村一品"的要求,引导规范,挖掘优势,逐步形成特色产业;二是用现代商业流通体制提升农业组织化水平,积极发展OEM(贴牌生产)农业,充分利用"超市+加工企业+合作社+生产基地"的产业链,让流通企业从传统的买卖中间商转型成为社会供应链条的组织者和管理者;三是以现代农业先行区加快提升农业规模化经营水平。要建设好郊区9个现代农业先行区、100万亩设施粮田和30万亩设施菜地,充分发挥现代农业先行区在提升农业组织化水平、建设现代农业过程中的示范带动作用;四是加快培育新型农民,扶持发展专业化经营大户,使农村分散

经营的土地向专业大户集中,提高农业生产的规模化、集约化;五是积极发展行业协会,探索试点建立农会组织。积极发展农业行业协会,成为农民合作组织的市场同盟,同时通过村级集体经济组织的改制,在有条件的地方探索建立农会组织,为农民的生产生活服务。(2)制订完善扶持政策,推进农业组织化水平的提高。要制订和完善税收优惠政策;建立各种财政补贴的贴息政策;实行差别扶持政策,支农资金主要向远郊欠发达地区倾斜;制订完善合理的小额农业贷款政策。(3)加大城乡统筹力度,鼓励社会各界以各种方式参与农业领域,提升农业组织化水平;鼓励工商企业参与农业开发;加快农业科技人员培养和体制创新。

二十三、关于加强农村公共服务建设的调研

2007年,市政协区县政协联络指导组就加强上海农村公共服务建设进行专题调研,形成调研报告。报告介绍了目前上海农村公共服务建设的情况,认为还存在以下问题:一是地区发展不平衡,远郊地区和经济薄弱村比较薄弱;二是服务水平比较低,软件管理比较薄弱;三是公共服务产品供给不足,文化、体育、信息服务以及社会保障比较薄弱;四是公共财政的支持力度不够,村级公共服务还不配套。报告建议:(1)加强教育,提高认识,增强各级干部的责任感和全社会对农村公共服务的关注度。(2)完善内涵,确定重点,进一步明确村级公共服务规划目标和指标体系,包括:加快村级路桥改造,发展公共交通,尽快实现"公交村村通";把民生问题作为公共服务的重点,进一步提高农民的社保水平;坚持城乡统筹,建设一支高素质的社会公共服务队伍;以"三下乡"为载体,建立多部门协作的现代公共服务平台;以农业现代化为目标,建立健全为农业生产服务的社会事业体系。(3)推进农村公共服务建设的若干政策建议。一是突出重点,市级财政向郊区倾斜,区级财政向"三农"倾斜;二是项目带动,凡是建设大的项目,都要有公共服务的配套内容,从制度上体现城市反哺农村的要求;三是多元投资,充分发挥行政机制、市场机制、慈善和互惠机制的作用,调动各方面的积极性,最大限度地提高农村服务设施建设的水平;四是发挥主体作用,广大农民群众是建设社会主义新农村的主体,要充分发展他们参与农村社会公共服务事业的建设;五是完善政策,各级政府应研究制定加快农村公共服务的各种优惠政策,包括融资政策、人才政策等,尤其要重视解决公共服务设施建设与建设用地指标的矛盾问题。

表6-2-5 2003—2007年第十届市政协其他专题调研一览

序号	调研年份	调研报告标题	调 研 部 门
1	2003	《关于上海高技术人才培养现状与对策建议》	市政协教科文卫体委员会
2	2003	《关于上海郊区"三个集中"深化研究》	市政协人口资源环境建设委员会
3	2003	《推动"人人运动"计划实施,提高上海市民健康素质的研究报告》	市政协教科文卫体委员会
4	2003	《关于进一步改善本市郊区投资软环境的若干建议》	市政协区县政协联络指导组
5	2003	《关于开发新桥水道战略水源地的建议》	市政协人口资源环境建设委员会、九三学社市委科技委员会
6	2003	《部分港澳台房地产商对上海房地产投资环境的若干建议》	市政协港澳台侨委员会

序号	调研年份	调研报告标题	调研部门
7	2003	《关于促进上海私营工业企业发展的若干对策》	市政协经济委员会、市工商联
8	2003	《关于上海新一轮发展中的产业政策》	市政协人口资源环境建设委员会
9	2003	《在沪港澳台侨胞子女就读现状的调查》	市政协港澳台侨委员会
10	2003	《关于加快上海养老工作发展的思考和建议》	市政协社会和法制委员会
11	2003	《加强上海科普力度，提高市民科技素养》	市政协教科文卫体委员会
12	2003	《关于本市郊区卫生工作情况的调研报告》	市政协教科文卫体委员会
13	2003	《加强传染性疾病预防，迎接世博会》	市政协教科文卫体委员会
14	2003	《非公经济发展的若干法律对策——从上海私营经济的发展谈起》	市政协社会和法制委员会
15	2003	《关于本市剧场建设情况的专题调研报告》	市政协教科文卫体委员会
16	2003	《关于上海高校在校少数民族学生情况的调研报告》	市政协民族和宗教委员会
17	2003	《关于上海市企业劳务用工现状的调研和思考》	市政协社会和法制委员会、市总工会
18	2004	《关于人才强市战略中分配制度改革的若干思考和建议》	市政协经济委员会、民建市委
19	2004	《关于完善我国未成年人法律保护体系的思考》	市政协社会和法制委员会
20	2004	《关于保护优秀历史建筑历史文化风貌区和保护中妥善安置居民问题的调研报告》	市政协文史资料委员会
21	2004	《推进上海大企业集团进一步"走出去"的若干建议》	市政协经济委员会
22	2004	《关于〈中华人民共和国行政许可法〉实施前后情况的调研报告》	市政协社会和法制委员会、民革市委
23	2004	《进市务工就业农民子女义务教育的现状及对策》	市政协教科文卫体委员会
24	2004	《关于加强本市宗教院校建设和宗教教职人员培养的建议》	市政协民族和宗教委员会
25	2004	《深化上海转制科研院所改革的若干建议》	市政协教科文卫体委员会、上海科学院
26	2005	《上海市中小学学生课业负担调查报告》	市政协教科文卫体委员会
27	2005	《关于上海科普情况的调研报告》	市政协教科文卫体委员会
28	2005	《人民币汇率变动对上海经济影响及对策研究》	市政协经济委员会
29	2005	《加强上海市标准化工作的若干建议》	市政协教科文卫体委员会、市质量技术监督局
30	2005	《本市区县和街道（乡镇）图书馆建设情况调研报告》	市政协教科文卫体委员会
31	2005	《关于进一步提高政协学习工作实效性的报告》	市政协学习委员会
32	2005	《关于新疆在沪流浪儿童违法犯罪情况的分析和建议》	市政协社会和法制委员会

(续表)

序号	调研年份	调研报告标题	调研部门
33	2005	《巩固和发展社会主义民族关系,为构建和谐上海多作贡献——本市民族关系状况的调研报告》	市政协民族和宗教委员会
34	2005	《采取切实措施认真处理宗教房产代理经租管理中的突出矛盾——本市宗教房产代理经租情况的调研报告》	市政协民族和宗教委员会
35	2005	《关于本市贯彻落实文化工作会议精神的调研报告》	市政协教科文卫体委员会
36	2005	《关于非政府组织在上海经济社会发展中的作用的若干建议》	市政协对外友好委员会
37	2006	《关于进一步加强来沪少数民族服务和管理的调研报告》	市政协民族和宗教委员会、市民族和宗教事务委员会等
38	2006	《贯彻〈宗教事务条例〉切实加强宗教活动场所内部管理的调研报告》	市政协民族和宗教委员会
39	2006	《上海市医学检验专业人力资源的调查报告》	市政协教科文卫体委员会
40	2006	《关于在发展上海网络游戏产业的过程中重视解决青少年"网瘾"问题的若干建议》	市政协文史资料委员会
41	2006	《关于进一步加强本市学习型社会建设的若干建议》	市政协学习委员会
42	2006	《上海构建终身教育体系和创建学习型城市的现状调查及对策建议》	市政协教科文卫体委员会
43	2006	《上海市中医人才建设若干问题的调研报告》	市政协教科文卫体委员会、农工党市委
44	2006	《关于促进本市社区禁毒帮教工作的若干建议》	市政协社会和法制委员会
45	2006	《关于提高本市国有企业退休高级专业技术人员养老待遇的建议》	市政协提案委员会
46	2006	《海洋综合科学实验平台建设与管理协调机制研究》	市政协人口资源环境建设委员会、市地震局等
47	2007	《人民币升值后企业如何"走出去"的若干问题》	市政协经济委员会
48	2007	《关于引导和鼓励建立跨地区物流集团,推进长江三角洲地区现代物流合作发展的建议》	市政协经济委员会、民革市委
49	2007	《关于长江三角洲地区产业合理分工的建议》	市政协经济委员会、民建市委
50	2007	《关于推进"江海联运",发挥长江三角洲地区港口群优势的建议》	市政协经济委员会
51	2007	《关于推进长江三角洲地区产权市场一体化的建议》	市政协经济委员会、民盟市委、市工商联
52	2007	《关于加强长江三角洲地区市场监管工作合作与交流的建议》	市政协社会和法制委员会
53	2007	《关于推进长江三角洲地区水上旅游合作发展的建议》	市政协经济委员会

（续表）

序号	调研年份	调研报告标题	调研部门
54	2007	《关于台资企业与长江三角洲地区经济发展的建议》	市政协港澳台侨委员会
55	2007	《关于共同推进长江三角洲地区文化合作与发展的建议》	市政协教科文卫体委员会
56	2007	《关于长江三角洲地区（太湖）流域水环境保护的建议》	市政协人口资源环境建设委员会、九三学社市委
57	2007	《关于以世博会为契机推进长江三角洲经济协调发展的建议》	市政协对外友好委员会
58	2007	《坚定方向，创新机制，加大投入，进一步提高本市回民学校办学水平——本市回民学校办学情况的调研报告》	市政协民族和宗教委员会
59	2007	《留学回国人员在本市经济社会发展中发挥作用情况的调研报告》	市政协港澳台侨委员会
60	2007	《关于本市科技创新"36条"落实情况的调研报告》	市政协教科文卫体委员会
61	2007	《上海基础教育均衡发展的现状与对策》	市政协教科文卫体委员会
62	2007	《上海加强特色应用型地方本科高校建设的建议》	市政协教科文卫体委员会
63	2007	《大力培育文化市场，促进文化产业发展，建设上海文化大都市》	市政协教科文卫体委员会
64	2007	《本市宗教界服务社会现状与发展的思考》	市政协民族和宗教委员会
65	2007	《苏州河的昨天、今天与明天》	市政协文史资料委员会

表6-2-6　2004—2007年上海部分党派团体承担第十届市政协专题调研课题一览

序号	调研年份	调研报告标题	调研单位
1	2004	《推进上海国际金融中心建设的若干建议》	民盟市委
2	2004	《关于上海社会力量办学问题的调研》	民进市委
3	2004	《关于上海文化事业和文化产业发展的政策研究》	农工党市委
4	2004	《关于上海贯彻实施〈物业管理条例〉情况的调研》	致公党市委
5	2004	《建立开放式产学研联盟，促进科技成果转化——关于科技成果转化促进问题的研究》	九三学社市委
6	2004	《关于完善上海社区管理的研究》	台盟市委
7	2005	《以长江黄金水道开发利用为契机，强化上海三个服务功能的建议》	民革市委
8	2005	《提升建筑文化品质，彰显上海城市精神——上海构建和谐社会过程中的建筑问题及其对策》	民盟市委
9	2005	《关于推进上海行业协会发展的思考与建议》	民建市委
10	2005	《适应未来几年上海人口变化的教育对策研究报告》	民进市委

（续表）

序号	调研年份	调研报告标题	调研单位
11	2005	《改善上海市流动人口卫生保健服务利用的政策研究》	农工党市委
12	2005	《上海历史建筑物业管理的探索与思考》	致公党市委
13	2005	《关于上海市科技投入和产出绩效问题的研究》	九三学社市委
14	2005	《关于现代化国际大都市社会发展规律的研究》	台盟市委
15	2005	《长江沿岸六城市2004年私营经济比较研究》	市工商联
16	2006	《上海郊区乡土文化的保护与创新及其对社会经济的促进》	民革市委
17	2006	《关于构建上海郊区一体化社会保障体系的研究》	民盟市委
18	2006	《关注人民群众利益，推进社会事业改革》	民建市委
19	2006	《影响青少年健康成长的社会环境研究》	民进市委
20	2006	《新形势下上海流动人口的调控管理与服务的研究报告》	农工党市委
21	2006	《上海人口老龄化现状及应对老龄化挑战的对策建议》	致公党市委
22	2006	《上海科技创新与区县经济发展的思路与对策》	九三学社市委
23	2006	《关于进一步发展上海海洋经济的研究》	台盟市委
24	2006	《关于完善上海新建小区管理的研究》	民盟市委
25	2006	《2006年上规模民营企业的调研报告》	市工商联
26	2006	《构建科技中介体系，促进科技成果转化——上海科技中介瓶颈和对策研究》	上海科技成果转化促进会
27	2007	《上海创意产业集聚区可持续发展问题研究》	民革市委
28	2007	《上海市高校毕业生就业的政策研究》	民盟市委
29	2007	《有效整合上海职业教育资源的对策建议》	上海中华职教社民建市委
30	2007	《关于上海房地产市场发展的思考与建议》	民建市委
31	2007	《加强学校体育工作，改善上海青少年体质健康状况》	民进市委
32	2007	《外来常住人口新生代的社会融合和社会和谐研究》	农工党市委
33	2007	《上海大学生心理健康状况分析》	致公党市委
34	2007	《发展民间公益组织，促进社会和谐——关于上海市第三部门现状调查和对策建议》	台盟市委
35	2007	《上海慈善组织民间化问题的研究》	台盟市委
36	2007	《开放形势下工商联民间商会职能研究》	市工商联
37	2007	《当代大学生科技创新现状研究》	团市委
38	2007	《关于促进长江三角洲地区科技创新合作的建议》	民进市委
39	2007	《关于以立法、执法协调促进长江三角地区经济发展的建议》	民盟市委
40	2007	《关于创新长江三角洲地区合作协调机制的建议》	致公党市委

第七节　第十一届市政协专题调研

一、关于郊区基督教活动场所权证情况的调研

2008年,市政协民族和宗教委员会成立课题组,对郊区基督教活动场所权证情况开展调研。课题组对上海市郊区基督教房产情况进行了梳理分析,实地考察了奉贤、南汇两区的基督教房产现状,多次召开座谈会进行研讨,形成《关于"本市郊区基督教活动场所权证不齐问题"的意见和建议》的调研报告。报告介绍了上海郊区基督教信徒及活动场所的分布状况和活动场所房产权证情况,分析了房产权证不齐的原因为:宗教系统基本建设管理制度滞后;有关政府及职能部门不按协议操作或"落政"不到位;宗教团体的法制意识和维权意识不强,未及时办理相关手续;政府职能部门指导和管理不到位。报告建议:(1)在指导思想上,要贯彻落实科学发展观,坚持实事求是原则。相关政府部门、宗教团体和场所负责人,要把推进解决上海市郊区基督教房产权证问题的过程,作为一次学法、普法的教育过程,一次学业务学管理的过程。(2)在政策措施上,既要依法推进,又要分门别类制定切合实际的政策措施。(3)在工作方法上,成立上海市郊区基督教房产"权证"办理推进小组。可由市民宗委、市规划和国土资源管理局牵头,会同市住房保障和房屋管理局等政府部门组成,并制定相关政策措施,提出推进解决方案。(4)在工作原则上,要坚持不搞"一刀切",具体情况具体分析。充分考虑各区场所、信徒人数以及区域面积之间的不平衡性。在推进解决房产无证问题时,可在条件相对成熟,情况相对单一的区先行试点,先易后难,总结经验,逐步推广。

二、关于新形势下提高提案质量对策措施的调研

2008年3—11月,市政协提案委员会组成课题组,就新形势下如何提高提案质量的对策措施进行专题调研。通过资料收集整理与学习、召开座谈会,对市政协十一届一次会议提案进行抽样分析,到卢湾、徐汇区政协调研,赴全国政协提案委员会及山东省政协考察等,形成调研报告。报告分析了提案质量的现状及影响提案质量的各种因素,建议:(1)进一步加强培训与宣传引导,增强委员运用提案形式履行职能的责任感和使命感,提高委员的提案质量意识和撰写能力。(2)进一步做好知情服务工作。根据委员需要,组织调研、视察等更多的知情活动;借助政府政务公开,发挥提案网络作用;加强提案线索的征集与发布;将全会前知情通报纳入全会准备工作日程。(3)进一步加强提案工作"三化"建设。改进提案审查方式,把握好审查质量关;明确提案的规范要求;完善党派团体、政协专委会有关提案工作的协作制度。(4)进一步发挥党派团体、政协专门委员会在提高提案质量方面的作用。各党派团体、政协专委会要将提高其成员的提案质量作为本职工作的重要组成部分。(5)进一步发挥优秀提案示范作用。加大对优秀提案的表彰力度,试行优秀提案分等次表彰的办法。(6)进一步提高提案办理质量。

三、关于区县政协完善民主监督机制实践与探索的调研

2009年,市政协区县政协联络指导组成立课题组,就完善人民政协民主监督机制问题开展调研。课题组深入部分区县政协,召开有实践经验者参加的调研座谈会,经总结、分析和研讨,形成调

研报告。报告阐述了政协民主监督的定义、重要意义及特点,认为当前各区县政协在履行民主监督职能方面进行了许多有益的探索,取得了一些经验,但也存在一些困难与问题:一是规范化程度不高,民主监督缺乏具体的法律、法规保障;二是少数党政领导对民主监督意识不强;三是政协自身对民主监督重视不够或对监督有"顾忌";四是监督反馈机制相对缺乏;五是政协委员参与民主监督的方式有待改进。报告建议:(1)完善相关制度和机制,为民主监督发挥实效提供保障。在总结现有成功做法的基础上,推进人民政协民主监督的规范化、制度化、程序化,在原有各项工作制度中强化民主监督内容;完善民主党派参与民主监督机制;完善委员的知情明政机制;完善民主监督的沟通机制;完善民主监督的反馈机制;完善委员举报制度。(2)认真贯彻中央、市委要求,大力推进民主监督工作。政协民主监督要选好角度、把好尺度、注重深度,着力提高质量和成效。一是要进一步探索创新民主监督新形式,如参与工作检查,进行专项工作民主评议,对重要法律、法规执行情况的调研,召开提案、建议案办理情况听证会或评议会,组织由委员参加的专项工作监督;二是要组织委员在一段时间内到有关部门开展巡视性视察等;三是要改进委员视察方式,在制度规定上增加事先不告知的视察等。

四、关于加强民事执行法律监督的调研

2009年7月,市政协社会和法制委员会会同市检察院成立课题组,对上海市民事执行法律监督问题开展专题调研。通过走访、座谈和了解分析民事执行法律监督的现状和问题,形成调研报告。报告介绍了上海市民事执行监督工作的基本情况,认为当前民事执行难、执行不规范的问题,除了社会信用制度不完善、缺乏司法权威、地方保护主义等客观因素外,主要有以下原因:一是对民事执行法律监督重要性的认识有待提升;二是民事执行法律监督的规范亟待健全;三是民事执行法律监督的工作有待加强。报告建议:(1)进一步明确民事执行法律监督的法律依据,为加强民事执行法律监督提供制度保障。目前市人大常委会、市高级人民法院与市人民检察院分别就法律监督工作出台了《关于加强人民检察院法律监督工作的决议》和《依法加强法律监督工作的若干意见》,但因无上位法的依据,均未对民事执行法律监督工作作出明确规定,建议通过市人大、市政协的渠道,向全国人大、全国政协反映这一问题,呼吁加快立法进程,在国家层面明确有关民事执行法律监督的范围和程序。(2)进一步规范民事执行法律监督的范围、程序和措施,为加强民事执行法律监督提供操作规范。明确检察机关民事执行监督的范围,规范检察机关民事执行法律监督的程序、途径和措施。(3)进一步完善检察监督的运行机制,为推进民事执行法律监督提供可靠保证。检察机关要不断深化检务公开,增强检察工作的透明度;健全民事执行监督办案制度,进一步提高民事执行法律监督的规范化水平;健全和完善内部监督机构,研究建立专门的、富有权威的内部监督机构;加强对制度执行情况的监督检查,及时发现违纪违法行为,保障民事执行监督等法律监督工作的顺利进行。

五、关于上海名人故居保护、开发、利用情况的调研

2009—2010年,市政协文史资料委员会组织委员中的有关专家,深入全市18个区县,对上海名人故居的保护、开发和利用情况进行专题调研,通过召开座谈会、实地视察、听取汇报并查阅大量史料进行总结归类,形成《关于上海名人故居的现状、问题及对策建议》的调研报告。报告认为,名人

故居保护、开发和利用可以极大提升上海的文化品位,丰富上海的文化内涵。进一步做好名人故居保护、开发和利用工作,是一项十分紧迫而又必要的任务。报告阐述了上海名人故居的现状,认为存在的主要问题为:名人故居概念和标准界定不明确、法规不健全;产权不明、经费缺乏,保护开发利用困难;政府、社会重视程度和保护工作量差距大;管理主体不一、管理水平不够,影响保护利用效率。报告建议:(1)准确定位名人故居的功能和作用,提高思想认识,加大宣传力度。(2)健全政策法规,制定保护规划,科学合理保护开发利用。制订切实可行的《上海市名人纪念设施管理办法》或《上海市名人故居保护条例》,要认真贯彻实施文物保护法规,对破坏名人故居造成严重后果的,要依法追究责任。(3)健全管理机制,明确管理主体,打造立体式管理系统。(4)多渠道筹措资金,保证名人故居保护和利用的经费投入。市政府在设立文物保护专项资金基础上,市财政应逐年加大对文物保护专项资金的投入,各区(县)财政也要相应增加投入;制定优惠政策,鼓励社会各界投资参与名人故居的保护性开发,争取国内外团体和个人对名人故居保护的援助;建立名人故居基金及相应的基金会。(5)聘请专家学者参与名人故居的调研、保护和利用,发掘故居内涵。(6)引进专业人才,培养建设文博专业队伍。建立和健全管理部门和人才队伍;建立专业人才引进和培养制度;开展对各级文博部门人员的培训;积极利用社会力量,建立文物保护工作志愿者队伍。

六、关于上海少数民族工作情况的调研

2010年,市政协民族和宗教委员会成立课题组,对全市少数民族工作情况开展调研。经学习研讨、实地走访、座谈讨论,形成《推进民族工作创新,着力建设和谐社会》的调研报告。报告分析了上海少数民族的情况,认为当前民族工作面临的新问题主要为:民族工作发展不够平衡;职能部门管理上有困难;工作体制机制尚需完善;从事民族工作的各类社会工作者关系不顺;地方民族法规滞后。报告建议:(1)进一步加强和改进党对民族工作的领导。制定《关于进一步加强本市民族工作的若干意见(2010年—2020年)》,以指导今后上海的民族工作;各级党校要开设党的民族政策理论、国家民族法律法规课程,并作为各级领导干部的年度考核内容;市委组织部、市委统战部和市民族宗教委尽快健全和完善"两部一委"工作机制,按照《上海市少数民族权益保障条例》有关规定,制定《上海市培养选拔少数民族干部和各类人才规划(2010年—2020年)》;开展全市范围的民族团结进步表彰活动。(2)完善民族工作的体制机制。规范区(县)民族事务部门定位,将区(县)民族事务部门列入政府序列;把街道、镇(乡)的民族工作归口到相应的行政部门,并作为对街道、镇(乡)社会建设工作的考核目标;完善公安、司法、信访、街道(镇、乡)等民族工作联动机制。(3)抓紧修订完善上海民族法规。修订《上海市少数民族权益保障条例》,加强对来沪少数民族的权益保障和服务管理;建议《上海市清真食品管理条例》增加政府建立清真食品扶持资金,用于支持清真副食品基本供应点的开设等内容。(4)充分发挥社会组织在民族工作中的积极作用。充分发挥上海各级少数民族联合会的桥梁纽带和助手作用,完善区(县)少数民族联合会组织构成,给市、区少数民族联合会事业编制和专项经费;发挥民族工作社工组织的协同补充作用。

七、关于重视推进部分中等收入群体安居工作的调研

2010年,市政协人口资源环境建设委员会就推进中等收入群体安居工作问题进行专题调研,通过问卷调查、座谈研讨,形成调研报告。报告认为,上海高房价的"挤出效应"日趋明显,部分专业

人才因房思迁,人心不定,安居问题已经影响上海人才高地的建设和城市综合竞争力的可持续,中等收入群体的安居难题亟待关注和解决。当前,中等收入群体安居问题较长时间得不到解决的原因,一是对解决部分中等收入人群住房困难的工作尚未形成共识;二是政策未能有效整合;三是政策落实不甚理想;四是房源筹措困难。报告建议:(1)提高认识,政府主导,将部分中等收入群体纳入"十二五"保障性住房建设专项规划。(2)多管齐下,完善政策,整合资源,增加供给。(3)租售并举,以租为主,发展代经租业务,实行专业化市场化操作。(4)多方筹措,探索建立公共租赁房、经济租赁房、经济适用房的专项基金。(5)因房而异,分层推进,为部分中等收入人群供应限价商品房。(6)规范合同管理,为部分中等收入群体安居提供法律支撑。(7)加强宣传,适当引导,转变部分中等收入人群住房消费的理念习惯。

图6-2-3 2010年3月,市政协委员就"中等收入群体安居工作"实地调研

八、关于进一步依法推进行政执法规范化的调研

2010年2—5月,市政协社会和法制委员会组成课题组,就进一步依法推进行政执法规范化开展调研。课题组先后听取市监察局、市政府法制办等近20个执法部门的情况介绍,走访了市高级人民法院,与市高院民庭等部门座谈,到浦东、闵行等区的街道和乡镇实地调研,经多次分析研讨,形成调研报告。报告分析了上海行政执法工作的基本情况,认为存在的主要问题为:执法理念有待转变;法律规范有待完善;执法机制有待规范;执法信息透明度有待增强;执法队伍建设有待加强;执法监督机制有待健全。报告建议:(1)深刻认识推进依法行政规范执法的重要意义。要高度关注政府直接介入经济活动对行政执法的影响;地方政府参与争夺资源以及土地和户籍制度改革

对行政执法的影响；人民群众日益增长的维权意识对行政执法的影响；惠民政策的持续供给能力与老百姓日益增长的需求难以满足对行政执法的影响。（2）制订"十二五"依法行政专项规划。（3）充实完善与"十二五"规划相应的立法计划。加紧与地方性法规和政府规章相配套的规范性文件的制订；推动行政程序立法；建立健全有关执法人员执法权及其人身安全的法律保障。（4）加紧落实规范行政执法的各项措施。（5）"十二五"期间建成全市统一的行政执法信息共享平台。（6）建立健全行政执法监督机制。强化监察机关和市政府法制办的法定监督职能；市和区（县）政府每年发布行政执法年报或白皮书；健全执法评估制度；改革行政复议体制机制；加强社会监督。（7）进一步推进综合执法体制改革。（8）制订"十二五"法制宣传和教育规划。将党政部门的领导干部和行政执法机关列为"新一轮普法"的重点；建立行政执法机关领导干部及其执法人员的法治学习和培训制度；强化各类媒体特别是电视节目中法制宣传的比重。

九、关于持续发挥世博影响力，提升市民文明素养的调研

2011年，市政协文史资料委员会和上海社会科学院组成课题组，对"持续发挥世博影响力，提升市民文明素养"进行专题调研。课题组先后召开5次座谈会，听取来自政府、企业、高校等部门的政协委员、专家学者和世博工作者的意见建议，对社区干部及居民代表进行问卷调查，经研究分析，形成调研报告。报告认为：世博后，市民文明素养表现有所退步，上海在提升市民文明素养方面，还存在一些问题需要正确认识和予以解决，主要表现为：从政府工作角度看，一是对提升市民文明素养的长期性与艰巨性认识不够；二是对市民文明素养的提升需靠外在约束与市民内在自律相结合的认识有差距。从志愿者工作角度看，一是对志愿服务精神的认知存在差距；二是志愿者工作的常态化机制尚未成熟。报告建议：（1）从增强政府责任角度，一是创新管理机制，促进市民文明素养提升；二是强化政府责任，努力提升公职人员自身素质；三是营造良好环境，促进市民文明素养提升。（2）从志愿事业可持续发展角度，一是营造充分理解志愿者并给予强力支持的舆论环境；二是建立健全志愿者工作管理体制与运行机制；三是发挥志愿者作用，引导市民文明习惯养成。

十、关于进一步做好上海援疆招商招工招生工作的调研

2011年2—7月，市政协民族和宗教委员会联合九三学社市委成立课题组，就进一步做好上海对口支援新疆喀什四县招商、招工、招生（以下简称"三招"）工作开展调研。课题组先后召开10余次由援疆前方工作指挥部及市商务委等有关部门负责人、部分区合作交流办负责人、部分政协委员和专家学者参加的座谈会，并赴新疆喀什地区实地考察，形成调研报告。报告分析了上海援疆"三招"工作的基本情况，认为受援地区对援疆"三招"工作的需求是：建设商贸物流基地；提升农产品附加值；促进就业；开发文化旅游产业；提升劳动力素质。报告建议：要在落实《上海市对口支援新疆喀什四县综合规划》过程中，把推动"三招"作为上海援疆工作的重要抓手，坚持"民生为本、规划为先，产业引领、市场运作，教育为重、产教结合，造血为策、机制创新，政府主导、各方参与"的工作思路，为新疆未来跨越式发展奠定扎实基础。（1）关于推进招商工作：招商引资应着眼于"六个一"，即打造一支队伍、制定一套政策、形成一个网络、搭建一批平台、建设一个基地、聚焦一批产业，做优农业、做大工业、做活服务业、做特旅游业，推动当地加快发展。（2）关于推进招工工作：招工就业应以激活当地内生发展动力为重点，以招商促招工、动员社会参与、加强技能培训为手段，以当

地就业为主、外出就业为辅,逐步推动对口四县招工就业。（3）关于推进招生工作:从当地招生和扩大在沪招生两方面着手推进,通过创新合作机制、夯实基础教育、加强职业教育、开展对口支教、扩大定向招生、加大委培力度,为当地产业发展培养和储备人才。

十一、关于加强上海宗教院校建设的调研

2012年2—5月,市政协民族和宗教委员会组成课题组,对上海部分宗教院校建设工作开展专题调研,经实地走访、座谈研讨,广泛听取意见,形成调研报告。报告分析了上海宗教院校基本概况,认为存在的主要问题,一是适应宗教院校办学规律的体制机制尚未形成;二是师资力量相对薄弱,难以满足教学需求;三是硬件设施不足,资金缺口较大,使院校建设与上海宗教界在全国的地位和影响不相适应。报告建议:（1）明确主体职责,探索教学督导。要强化宗教团体在主办宗教院校中的主体作用,政府主管部门应加强对宗教院校建设的指导与管理,建议由市民族宗教委牵头,会同市教委及有关部门、专家学者等成立"上海宗教院校督导委员会"和"上海宗教院校职称评定机构",负责对宗教院校的监督、检查和指导工作。（2）创新办学机制,提高办学质量,通过与高校合作办学,探索培养宗教人才的新机制。建议由市民族宗教委牵头,联络宗教院校与复旦大学、华东师范大学对接,落实合作办学事宜。（3）采取多种措施,稳定师资队伍。建立和健全多种激励机制,组织教师职称评定,鼓励教师通过各种途径拓展知识和能力,提升教学水平;提高教师收入,建立健全考核奖惩机制;加大引进优秀人才力度,提高教师队伍的综合素质和整体水平。（4）加大投入力度,改善办学条件。上海道教学院、上海佛学院需易地重建,希望政府给予支持;华东神学院拟建中国基督教档案史料中心,希望有关部门给予指导和帮助;华东神学院、佘山修院急需改善的硬件设施方面,也希望政府以适当方式给予一定支持。

十二、关于上海教育经费合理使用与有效监督的调研

2012年3月,市政协教科文卫体委员会会同市教科院、市教育评估院组成课题组,就上海教育经费预算的合理使用与有效监督问题开展专项调研。课题组分别邀请市财政局、市发展改革委等部门作情况介绍,深入静安、崇明等区县进行实地调研,形成调研报告。报告认为,"十一五"时期,市区（县）两级政府认真落实教育经费法定"三个增长"要求,不断加大财政性教育经费投入力度,有力促进了上海在全国"率先基本实现教育现代化"目标的实现。存在的问题主要为:现有投入强度尚不能很好适应上海城市定位需要;部分郊区教育经费因人口导入面临较大压力;因经常性经费与专项经费渠道未打通而影响了使用效益;对职业教育和终身教育的财政资金投入相对不足;对地方普通高校的经费投入力度有待加强;对民办教育的财政投入机制有待进一步完善。报告建议:继续推动基础教育优质均衡发展;切实加强地方高校经费投入;稳步提高职业教育有效投入;积极促进终身教育协调发展;努力加大对民办教育的财政扶持;深入推进教育体制改革和机制创新。报告还就教育经费预算及合理使用过程中如何发挥政协的民主监督职能提出设想:（1）协商在决策之前,将政协参与教育经费预算的协商纳入政府决策程序,建立工作制度,落实工作主体,明确工作流程。（2）监督在执行之中,进一步完善政协对教育经费使用状况的民主监督机制,组织参与重大项目立项评审,组织重大项目进度检查,开展重大项目经费跟踪。（3）评估在实施之后,建立健全政协对教育经费投入的绩效评价制度,建立对教育部门年度工作的评议制度、与经费管理使用部门的

对话机制,以及对重大教育项目的绩效评估制度。(4)为有效监督教育经费的合理使用,区县政协要形成对教育经费进行民主监督的长效机制。

表 6－2－7　2008—2012 年第十一届市政协其他专题调研一览

序号	调研年份	调研报告标题	调 研 部 门
1	2008	《上海探索多模式旧区改造专题调研报告》	市政协人口资源环境建设委员会
2	2008	《关于在沪农民工子女社会融入问题的调研报告》	市政协人口资源环境建设委员会
3	2008	《关于推进成立本市清真食品协会的若干建议》	市政协民族和宗教委员会
4	2009	《金融海啸对在沪港澳台侨资企业的影响与对策建议》	市政协港澳台侨委员会、市商务委等
5	2009	《关于上海宗教代经租(非居住)房产及相关情况的调研报告》	市政协民族和宗教委员会
6	2009	《关于上海竞技体育发展定位的若干建议》	市政协教科文卫体委员会
7	2009	《关于集聚文化优势,打造海派百老汇的调研报告》	市政协教科文卫体委员会、黄浦区政协
8	2009	《关于加强本市宗教教职人员队伍建设的建议》	市政协民族和宗教委员会
9	2010	《推进本市行政执法衔接刑事司法之实务研究》	市政协社会和法制委员会、市检察院
10	2010	《采取切实措施,促进上海歌剧院跃上新台阶》	市政协教科文卫体委员会
11	2010	《关于上海"十二五"规划编制方法的建议》	市政协学习委员会、上海图书馆、上海科学技术情报研究所
12	2010	《推进宗教工作创新　着力建设和谐社会》	市政协民族和宗教委员会
13	2012	《关于在建设"四个中心"和社会主义国际现代化大都市进程中上海人口发展战略问题的调研报告》	市政协课题组
14	2012	《关于进一步做好 2013 年本市财政预算工作的若干建议》	市政协经济委员会

表 6－2－8　2008—2012 年上海部分党派团体承担第十一届市政协专题调研课题一览

序号	调研年份	调研报告标题	调研单位
1	2008	《关于贯彻科学发展观,实施国家海洋战略的若干建议》	民革市委
2	2008	《促进上海国际航运中心海事法律服务环境建设》	民盟市委
3	2008	《关于上海实施〈劳动合同法〉的若干问题研究》	民建市委
4	2008	《中小学教师专业发展标准研究》	民进市委
5	2008	《来沪农民工融入社区管理的问题与对策建议》	农工党市委
6	2008	《融入长三角发展网络,提升上海中小企业竞争力》	致公党市委
7	2008	《当前全球金融危机对上海金融中心建设的思考与建议》	九三学社市委
8	2008	《上海台资企业发展趋势和相关对策研究》	台盟市委
9	2008	《上海私营经济发展情况抽样调查》	市工商联

（续表）

序号	调研年份	调研报告标题	调研单位
10	2009	《调整外贸结构,推进上海外贸发展的对策研究》	九三学社市委
11	2009	《关于提升上海市金融后台服务外包能级的研究》	民盟市委
12	2009	《上海外来流动人口子女教育问题研究》	民进市委
13	2009	《上海水上经济发展前景研究》	民建市委
14	2009	《上海市民营企业转型提升的实践：途径、典型及扶助政策》	市工商联
15	2009	《新形势下促进上海台资企业发展的对策建议》	台盟市委
16	2009	《台湾的社会管理研究及对本市社区管理的启示》	民革市委
17	2009	《在沪农民工就医问题及其对策研究》	农工党市委
18	2009	《进一步发挥上海华文教育资源优势的思考》	致公党市委
19	2010	《关于上海老年护理问题与建立护理保险制度的对策研究》	民盟市委
20	2010	《第九次全国私营企业抽样调查(上海地区)问卷分析报告》	市工商联
21	2010	《上海教育信息化现状与未来发展趋势研究》	市工商联
22	2010	《关于落实新医改中基本药物制度实施的调研——以社区卫生服务中心为例》	农工党市委
23	2010	《上海市民休闲方式与满意度调查研究》	致公党市委
24	2010	《关于加快上海水陆旅游资源整合的若干建议》	民建市委
25	2011	《关于在本市建立政府行政改革推进机构的建议》	民革市委
26	2011	《关于上海郊区发展状况的分析和支持建议》	九三学社市委
27	2011	《应对餐厨垃圾"三化"处理问题的政策创新研究》	民盟市委
28	2011	《大型保障房住宅社区建设对区域人口发展的影响及其对策研究》	农工党市委
29	2011	《关于提高上海旅游业软实力的若干建议》	民建市委
30	2011	《关于进一步完善本市基本公共教育服务非政府提供方式研究》	民进市委
31	2012	《实现从观光型旅游向休闲型旅游转变是上海提升旅游业产业能级的重要支点》	致公党市委
32	2012	《本市区县民主党派组织履行民主监督职能中存在问题及其对策研究》	民革市委
33	2012	《上海文化节庆与国际文化大都市建设研究》	民盟市委
34	2012	《实施上海市基本药物制度的效果评价研究——以上海市闸北区为例》	农工党市委
35	2012	《本市基础教育集团化办学模式研究》	民进市委
36	2012	《关于进一步推进生活垃圾分类减量工作的若干建议》	九三学社市委

第三章　委员论坛　研讨会　专题座谈会

1995年起,市政协选择部分社会关注的重要议题,以及专题调研中的部分课题,通过论坛和研讨会,组织政协委员、社会各界及海内外专家学者就相关专题各抒所见,以丰富参政议政形式,凸显团结和民主的主题,扩大政协的社会影响,同时也有利于集思广益,丰富和完善调研成果。1995—2012年,市政协共组织论坛30次,研讨会19次,主要内容包括:促进科技和教育发展,发展上海外向型经济,香港、澳门回归与上海发展,上海国际金融中心建设,培育城市精神等。

2003年,第十届市政协将历届市政协开展的以委员学习、谈心为主要内容的委员座谈会转变为议政性质的专题座谈会,选择全市中心工作和群众关心的热点问题,组织委员进行讨论,建言献策。邀请政府有关职能部门到会听取意见,使之成为政府部门与政协委员保持联系、听取意见的渠道。

第一节　委　员　论　坛

一、科技论坛

1995年7月19日—8月11日举行,市政协科技委员会与市科委联合举办。市政协主席陈铁迪出席并讲话,副主席杨榍出席。上海科技界、经济界有关人士200多人次,分5期展开研讨。7月19日首次科技论坛议题为:如何建立技术创新机制,如何加速高新技术成果转化;7月24日第二期论坛议题为:企业要真正成为技术开发的主体应解决哪些问题;7月28日第三期论坛议题为:如何形成多元化的科技投入体系,确保上海科技投入名列全国首位;8月1日第四期论坛议题为:如何联合各路科技力量形成上海的科技合力;8月11日举行第五期论坛,讨论市委、市政府《关于加速上海科技进步的若干意见(征求意见稿)》。其间,市科委副主任张鳌,上海光通信器材公司总经理宋伯庆,复旦大学数学系教授陈天平,全国政协委员、市政协科技委员会副主任张叔英等围绕对非重点项目也应采取有力措施扶持、帮助寻找生长点,设立中、小企业高新技术产业化的专项贷款,积极利用国内外最先进的技术和材料进行系统集成等分别发表演讲,提出建议。

二、"二十一世纪上海高等教育"论坛

1997年3月25—26日在复旦大学举行,市政协教育委员会与市教委、市教育发展基金会、市教科院联合承办。国家教委副主任韦钰发来贺信,市政协主席陈铁迪出席,副主席刘恒椽主持开幕式,副市长龚学平在开幕式上致辞,市政协副主席、市教育发展基金会会长谢丽娟致闭幕辞。会上,市教委主任郑令德、复旦大学校长杨福家、上海交通大学校长翁史烈、北京大学校长陈佳洱、西安交通大学校长蒋德明、浙江大学校长潘云鹤、香港大学校长郑耀宗、香港中文大学校长李国章、香港科技大学校长吴家玮、香港城市大学校长张信刚以及韩国浦项大学校长张水荣等分别围绕影响教育

的五大趋势、21世纪的大学教育面临的新挑战、东西方文化互相交融对教育的影响等议题发表演讲,提出建议。

三、"97香港回归与上海经济发展"论坛

1997年5月12日举行,市政协经济委员会和太平洋区域经济发展研究会联合承办。论坛就沪港两地经贸、科技、证券、信息、法律等诸多领域的发展、交流、合作前景进行探讨。上海社会科学院港澳研究室主任王道南、上海图书馆馆长马远良、申银万国证券股份有限公司总裁阚治东等围绕香港回归对上海发展的影响、沪港合作的前景、沪港证券市场之间的关系、沪港信息资源的合作与共享等议题发表演讲,提出建议。

四、"促进小企业发展"论坛

1999年6月16日举行。市政协主席王力平出席并致开幕辞,副主席朱达人主持并作总结讲话,国家经贸部中小企业司副司长狄娜等参加。市政协经济委员会副主任范大政、上海复星集团公司董事长郭广昌、上海春竹企业发展有限公司总经理张焕祥、上海市台协食品行业工委主任王耀昌等围绕为小企业营造良好的经营环境、建立扶持小企业发展创业基金、制定扶持和促进民营咨询机构发展的办法、营造小企业技术创新的公平环境、加快和改善对小企业的财政金融支持政策、加快组建和发展行业协会等议题发表演讲,提出建议。

图6-3-1 1999年6月,市政协举行"促进小企业发展"论坛

五、"人才高地与二十一世纪上海发展"论坛

1999 年 8 月 11—12 日举行。市委副书记、市政协主席王力平代表市委、市政府表示祝贺并致开幕辞。市政协副主席朱达人、谢丽娟、陈灏珠、刘恒椽、陈正兴、俞云波、黄关从等 200 余人出席。市政协副主席王生洪主持。全国政协委员、香港科技大学校长吴家玮,同济大学校长吴启迪等 13 位专家学者围绕成立"上海发展海外专家工作委员会",拨专款建立海外专业人才信息库,组织海外学人与国内有关部门开展合作研究、参与重大项目工程的预案设计,鼓励有经济实力的海外学人在国内投资办高科技企业,为留学生回国发展营造良好的生活和工作环境,发挥高校、科研机构培养和集聚人才的作用,加强与国外人才市场的交流等议题发表演讲,提出建议。

六、"WTO 与上海"论坛

2000 年 7 月 11 日举行。市政协主席王力平出席并致辞,市委领导出席并讲话,市政协副主席朱达人主持。上海外贸学院院长王新奎、市人大常委会副主任、上海社会科学院部门经济研究所所长厉无畏等 16 位市政协委员和专家学者围绕中国加入 WTO 的近期和远期影响、WTO 对上海金融业的影响和对策思考、加入 WTO 与上海经济结构调整、WTO 与上海教育发展、加入 WTO 与政府经济管理行为的转变等议题发表演讲,提出建议。论坛结束后,相关内容汇编为《入世前的思考——WTO 与上海》一书。

七、"二十一世纪创新教育"论坛

2000 年 10 月 9—10 日举行,300 余位中外教育专家出席。市长徐匡迪发来贺信,市政协主席王力平致开幕辞,副市长周慕尧代表市政府致辞。论坛分 4 个单元展开,分别由市政协副主席王生洪、谢丽娟、陈灏珠、刘恒椽主持。清华大学、浙江大学、南京大学、西安交通大学、复旦大学、上海交通大学、同济大学和台湾的淡江大学、元智大学、东海大学等著名大学校长和国务院研究室、国家教育部等教育研究单位的专家、教授,部分中学校长以及美国哈佛大学、日本早稻田大学、瑞士日内瓦大学、加拿大西安大略大学、俄罗斯莫斯科大学等国外名校的学者共 33 人,分别就创新教育与教育创新、怎样培养学生的创造力、创新人才的源泉与培养、如何培育一个创新的校园环境、教育创新的时代内涵、东方文化与创造教育、亚太地区的技术和教育革新等专题发表演讲,从不同角度论述"面向新世纪,培养新一代具有创新精神和实践能力的优秀人才"的主题思想和观点。论坛共收到论文 45 篇,会后汇编成《二十一世纪创新教育论坛》论文集。

八、"上海实施'走出去'战略"论坛

2001 年 6 月 20 日举行。市政协主席王力平、国务院发展研究中心副主任孙晓郁、副市长蒋以任出席并讲话,市政协副主席朱达人主持。市政协副主席黄跃金、刘恒椽、俞云波、黄关从等出席。市政府发展研究中心主任王战,浦东新区副区长周汉民,北美国际交流中心总裁、美国大华府华人专业团体联合会名誉会长贾浩等 15 人,围绕实施"走出去"战略要抓住机遇、抓住重点,政府如何为

企业"走出去"创造条件,海外华人专家学者在中国实行"走出去"战略中的作用,上海实施"走出去"战略的实践和政策,中国企业走出国门的法律思考等议题发表演讲,提出建议。论坛结束后,汇编成《走出国门——关于上海实施"走出去"战略的研究》一书。

九、"增强上海城市综合竞争力"论坛

2001 年 7 月 25 日举行。市政协主席王力平出席并致辞,副主席朱达人、陈正兴分别主持。国务院发展研究中心、市人大常委会、市政府发展研究中心等单位的 15 位专家学者,围绕加快上海经济发展的市场化、法制化建设,改善提高城市综合竞争力的软环境,使上海成为吸引和集聚海内外各类经济发展的优质资源,并能让这些资源的潜能获得激发的城市等论坛主题,分别从完善政府管理机制、提升法制化水平、增强上海市企业的竞争能力和发展混合所有制经济等方面作专题演讲,发表见解和思路。国务院发展研究中心研究员朱荣林和市政府发展研究中心主任王战分别对论坛演讲作评析。

十、"现代化进程中的青少年道德教育"论坛

2001 年 8 月 14—15 日举行。市政协主席王力平致开幕辞,副市长周慕尧宣读市委书记黄菊的贺信,市长徐匡迪应邀作"青少年道德教育与未来发展"专题演讲。论坛围绕全球化背景下的道德走向、公民道德与现代社会、现代社会道德教育的途径和方法、教育现代化与学校道德教育 4 个单元展开,分别由市政协副主席朱达人、王生洪、谢丽娟和刘恒椽主持。俄罗斯莫斯科大学、美国斯坦福大学、挪威奥斯陆大学和台湾、香港地区以及中国社科院、国家教育部、上海市教委、清华大学、中国人民大学、中山大学、东南大学、南京师范大学、复旦大学、上海交通大学的 27 位专家学者分别就

图 6-3-2 2001 年,市政协举行"现代化进程中的青少年道德教育"论坛

经济现代化条件下的道德价值观、多元文化社会中家庭和学校作为道德教育的补充、全球正义与道德教育、公民道德与儒家伦理、规则意识和道德教育、青少年道德教育与中国文化等作专题演讲,另有7位专家学者作书面发言。会后汇编成《现代化进程中的青少年道德教育》论文集。

十一、"干部道德建设"论坛

2001年9月14日举行。市委书记黄菊来信致贺,市政协主席王力平致辞,市委副书记罗世谦出席并讲话,市政协副主席朱达人、王生洪分别主持,市政协副主席谢丽娟、左焕琛、陈正兴、俞云波等200余人出席。闸北区委宣传部副部长徐玉庆,上海日立电器有限公司党委副书记于剑平,市纪委、市监察委宣教室主任周关东等23位市政协委员、专家学者、党政部门以及基层单位负责人,围绕在市场经济条件下干部道德建设的新情况、新问题,干部道德观念和道德规范,干部道德与法制建设,加强干部道德建设运作机制等专题发表演讲,提出意见建议。

十二、"加强行业协会、中介机构建设"论坛

2002年9月10—11日举行。市政协主席王力平、副市长严隽琪出席并讲话,市政协副主席朱达人、刘恒椽分别主持。国务院体改办经济体制与管理研究所所长助理王长仁、市行业协会发展署副署长刘庆、市政协经济委员会副主任袁采等13位市政协委员、专家学者围绕政府职能转变和中介组织的角色定位、行业协会的发展与改革、加强上海行业协会发展的若干思考、培育社会中间组织等专题发表演讲,提出建议。会后汇编成《市场化进程中的中间组织——关于加强本市行业协会、中介机构建设的建议》。

十三、"人口与发展"论坛

2002年10月29日举行,市政协人口资源环境建设委员会和市人口与计划生育委员会联合举办。市政协主席王力平出席并致辞,副市长冯国勤、国家计划生育委员会副主任王国强、联合国人口基金会驻华办事处代表泰丽雅出席并讲话,市政协副主席左焕琛、陈正兴分别主持,副主席宋仪侨、王生洪、刘恒椽、俞云波出席。论坛以"人口发展战略与现代化国际大都市"为主题,围绕上海建设现代化国际大都市目标,就上海人口综合调控中遇到的突出问题以及国际大都市发展中共同关心的人口与发展问题进行讨论研究。市政府发展研究中心主任王战、市人口和计划生育委员会主任周剑萍、原联合国人口司政策处处长布伦南·高尔文等14位市政协委员、专家学者分别就上海建设国际大都市的人口问题对策;为建设现代化国际大都市营造良好的人口环境;上海人口发展与城市综合竞争力;认识上海,发展现代化国际大都市等作专题演讲。上海交通大学21世纪发展研究院执行副院长王浣尘、华东师范大学人口所所长丁金宏、中国计划生育协会副秘书长顾宝昌分别进行点评。论坛共收到相关论文41篇,会后汇编成《人口与发展》论文集。

十四、"实施科教兴市战略"系列论坛

2003年8月30日,举办"实施科教兴市战略系列论坛——关于创新人才的培养"论坛。市政协

副主席宋仪侨致辞，副主席谢丽娟主持，市政协委员及各界人士100余人出席。来自复旦大学、上海中学、成才与就业杂志社、上海师范大学、杨浦区教育局、闸北区第八中学和上海市教育科学研究院的专家学者围绕创新教育和教育创新、创新人才的培养、教育制度和管理体制的创新等问题发表演讲、建言立论。同年11月5日，举办"实施科教兴市战略系列论坛——科技创新与上海新一轮发展"论坛。市政协副主席王荣华致辞，副主席王新奎主持。来自国务院发展研究中心、上海科学院、上海大学、华东理工大学等有关方面的专家学者围绕完善技术服务体系建设、建立促进科技创新的机制和体制、提升企业国际竞争力、科技创新与核心竞争力、科教兴市的历史地位等专题发表演讲，进行深入探讨，为科技创新与上海新一轮发展建言献策。会后形成《促进科技、教育、经济互动，形成"科教兴市"合力》课题报告，经市政协十届五次常委会会议审议后，成为常委会会议建议案。

十五、"加强城市软环境建设，培育和塑造城市精神"论坛

2003年9月18日举行。论坛结合当年度市政协相关重点课题调研进行。市政协主席蒋以任，市委常委、市委宣传部部长王仲伟出席并讲话，市政协副主席俞云波主持，市政协委员及专家学者、各界人士180余人出席。论坛围绕培育和塑造上海城市精神这一主题，从加强城市软环境建设中的经济秩序、法制建设、文化氛围、公德风尚、文明关爱等不同方面深入探讨，建言立论。论坛共发表论文14篇。在调研和论坛的基础上，形成《关于加强城市软环境建设，培育和塑造城市精神的若干建议》，经市政协十届六次常委会会议审议后，成为常委会会议建议案。

十六、"上海郊区发展"论坛

2004年4月15日举办。市政协主席蒋以任出席并致辞，副主席宋仪侨主持，副市长唐登杰出席并讲话，市政协委员、各界人士200余人出席。来自中共中央政策研究室、中国小城镇改革发展中心、上海社会科学院、江苏省社会科学院、复旦大学、上海交通大学、同济大学、华东师范大学、市规划院、市经委、宁波市政协、嘉定区政府、松江区政府等部门和单位的专家学者，围绕上海郊区的战略定位、产业发展、非农产业与非农就业、教科文卫体设施配套、环境保护和生态建设、"三农"问题，以及上海与国际大都市郊区发展的对比等发表演讲，为上海郊区发展建言立论。论坛共发表论文15篇。

十七、"上海教育综合改革试验情况"论坛

2004年9月23日举行。论坛结合当年度市政协相关重点课题调研进行。市政协副主席宋仪侨出席并致辞，副主席王荣华主持，副市长严隽琪出席并讲话，副主席王新奎作点评。来自上海市教育科学研究院、东华大学、上海师范大学、上海大学和华东师范大学的专家学者围绕如何推进教育体制、机制和投融资三位一体的整体联动改革，如何形成新型政府、学校、社会的互动关系等问题发表演讲，提出改革投融资体制、探索建立现代大学管理制度等方面的对策建议。在调研和论坛的基础上，形成《关于推进上海市高等教育体制机制和投资三位一体联动改革的若干建议》课题报告，经市政协十届十四次常委会会议审议后，成为常委会会议建议案。

十八、"城市精神"论坛(法治环境专题)

2004年9月16日举行。市政协主席蒋以任、市委宣传部部长王仲伟出席并讲话,市政协副主席俞云波主持,市政协委员、专家学者和各界人士120余人出席。与会专家学者从法治环境、法治文化和市民法律素质等不同角度,就提高上海法治化水平这一主题进行深入探讨,建言献策。论坛共发表论文10篇。

十九、"融入长三角,加快上海现代服务业发展"论坛

2005年5月12日举行。论坛结合当年度市政协相关重点课题调研进行。市政协主席蒋以任主持并讲话,副市长冯国勤、江苏省政协副主席吴冬华、浙江省政协副主席张蔚文出席并分别致辞。来自苏浙沪三地的专家学者聚焦主题,就长三角区域规划、物流基础网络体系规划、建立长三角港陆平台、构建区域公共信息平台、强化集聚辐射功能、金融服务业合作、文化合作与发展等专题发表演讲,进行广泛探讨,建言立论。在调研和论坛的基础上,形成《关于融入长三角,加快上海现代服务业发展的若干建议》课题报告,经市政协十届十六次常委会会议审议后成为常委会会议建议案。

二十、"第二届中国国际金融"论坛

2005年12月15—16日在上海国际会议中心举行,中国国际贸易促进委员会与市政协联合主办。市政协主席蒋以任出席并致辞,国内外金融领域高层人士、专家学者500余人出席。论坛以"开放合作、创新发展与风险监管——中国金融迎接2006年"为主题,重点探讨中国金融在2006年全面开放之际所面临的新情况。

二十一、"实施科教兴市战略系列论坛——自主创新与上海发展"论坛

该系列论坛在2003年举办两次后,2006年7月20日以自主创新与上海发展(产学研结合)为主题,再次在上海科学会堂举行。市政协主席蒋以任出席并致辞,副主席谢丽娟主持,副市长严隽琪出席并讲话。来自市政协教科文卫体委员会、九三学社市委、市经委、市教委、市科委、上海科学院、华东理工大学、市科技发展研究中心、上海科技投资公司、宝钢股份公司科技发展部等单位的有关专家学者围绕推进全市产学研结合,就提升企业自主创新能力、探索科技成果转化有效途径、科技风险投资等诸多问题发表演讲,进行探讨,建言立论。论坛共发表论文21篇。

二十二、"第三届中国国际金融"论坛

2006年9月1—2日在上海浦东香格里拉大酒店举行,中国国际贸易促进委员会与市政协联合主办。市政协副主席宋仪侨出席并致辞,副主席黄关从为十佳新锐金融人物颁奖。国内外金融领域高层人士、专家学者约400人出席。论坛以"全面开放后的金融创新与金融服务"为主题,重点探讨开放条件下的金融市场创新与有效监管、金融生态与区域经济发展等专题。

二十三、"关注民生"论坛

2006年10月9日举行。市政协主办,上海社会科学院、市总工会、团市委、市妇联协办。市政协主席蒋以任出席并致辞,副主席俞云波主持,副市长周太彤出席并讲话,市政协委员、专家学者200余人出席。与会者就劳动就业政策、产业与就业协调发展、民营企业就业、女性和大学生就业等问题进行深入探讨,建言献策。论坛共发表论文27篇。

二十四、"世博会与社会公众参与"论坛

2006年10月18日举行。市政协主席蒋以任、副市长杨雄出席并致辞,市政协副主席王荣华主持,市民和学生代表、在沪外资企业、外国上海商会和在沪外籍人士代表共200余人出席。上海世博会执委会专职副主任钟燕群出席并作主旨演讲。论坛倡导和动员全市社会力量和海内外华人华侨、在沪外资企业、在沪外籍人士积极参与世博会工作。与会人士结合实际,围绕主题建言献策。

二十五、"节约进社区"主题活动暨市民论坛

2006年12月23日在浦东新区三林世博家园市民中心举行,市政协与市文明办、共青团市委、浦东新区政府、浦东新区政协联合主办。市政协主席蒋以任出席并讲话,副主席谢丽娟主持,浦东新区区长张学兵出席并致辞,团市委书记马春雷作"我与节约同行"系列活动总结报告,市政协委员及市民代表300余人出席。市民吴若希、袁晶等12人在论坛上宣讲日常生活中的节能理念和成功经验。活动现场,上海泛洲净水设备有限公司、上海置本节能环保技术工程有限公司、上海吉洋节能科技有限公司等20家企业展示了节能产品。

二十六、"2007上海教育"论坛

2007年6月27—28日在中国浦东干部学院举行,市教委和市政协教科文卫体委员会联合举办。市政协主席蒋以任、副市长杨定华出席并致辞,市政协副主席王荣华主持并作专题演讲,市政协委员、有关部门领导和专家学者约300人出席。论坛以全球化背景下的城市基础教育为主题,对上海城市基础教育的现状与发展趋势、基础教育的质量标准和评价、城市基础教育面对外来人口子女教育的政策研究等4个专题进行深入探讨,建言立论。来自教育部教育发展研究中心、中国教育学会、中国教育发展战略学会、北京市教委、上海市教委,以及联合国教科文组织、联合国经济合作与发展组织、芬兰、英国、美国、澳大利亚的国内外专家学者共14人发表演讲。

二十七、"第四届中国国际金融"论坛

2007年9月21—22日在上海浦东香格里拉大酒店举行,中国经济社会理事会、上海市政协、国际银行业联合会、国际金融家协会联合主办。全国政协副主席李蒙、全国政协经济委员会主任刘仲黎、上海市政协主席蒋以任、副市长冯国勤、国际银行业联合会主席伊安·穆林出席并先后致辞。

国内外金融领域高层人士、专家学者 300 余人出席。论坛以"区域金融生态建设与企业金融服务"为主题,解析金融改革开放新政策,探讨中小企业多元化融资、金融生态建设与企业融资及区域经济发展、股指期货、投资银行和基金业的创新发展与风险管理等问题。

二十八、"我与世博同行"系列讲坛

2008 年 10 月—2010 年 4 月举行。根据市政协关于贯彻落实《市委、市政府〈关于制定实施迎世博 600 天行动计划〉的指导意见》的决议和实施方案精神,市政协创办"我与世博同行"系列讲坛,旨在发挥人民政协人才和智力优势,在政协委员和市民中宣传"城市,让生活更美好"的上海世博会主题,诠释世博会与城市发展、人民生活的关系,传播世博是"文明的世博、我们的世博;文明的盛会、我们的盛会"的理念,推动全社会广泛了解、参与、奉献世博。系列讲坛共进行 15 讲,内容包括平安世博、绿色世博、科技世博、文化世博和法治世博等多个专题,在上海图书馆"东方讲坛"、市政协机关、部分大专院校、部分区县政协有关场所陆续开展:2008 年 10 月 30 日,在上海图书馆举行市政协贯彻落实《市委、市政府〈关于制定实施迎世博 600 天行动计划〉的指导意见》启动仪式暨"我与世博同行"开讲仪式,市政协副主席周太彤、部分在沪全国政协委员、市政协委员、区县政协委员和市民代表出席,全国政协委员、市科委主任寿子琪以"世博会与科技创新"为题进行演讲。2008 年 11 月 25 日,在上海政法学院举行"世博会法律问题的思考"讲坛,市政协社会和法制委员会副主任、全国律师协会副会长、国浩律师集团事务所首席合伙人吕红兵主讲。2008 年 12 月 23 日,在上海工程技术大学举行"世博会与泛长三角经济融合发展"讲坛,复旦大学经济学院党委书记石磊主讲。2009 年 3 月 2 日,在浦东新区青少年活动中心举行"世博会与浦东"专题报告会,中共浦东新区

图 6 - 3 - 3　2008 年 10 月,市政协举行"贯彻落实迎世博 600 天行动实施方案启动仪式"

区委常委、宣传部部长陈高宏主讲。2009年3月29日,在上海图书馆举行"绿色世博四人谈",市政协常委、东方卫视传媒有限公司创意总监骆新,市政协常委、中科院上海生命科学研究院研究员沈建华,市政协委员、复旦大学城市生态规划与设计研究中心主任王祥荣,市政协人资环建委特聘委员、市环保局副局长方芳主讲。2009年4月10日,在虹口区工人文体活动中心举行"上海世博会与城市发展"讲坛,市政协副主席、上海世博会执委会副主任周汉民主讲。2009年4月15日,在嘉定区机关大楼举行"城市文化个性与上海世博会"主题演讲,全国政协第九、十届委员、中国现代文学馆馆长舒乙主讲。2009年5月8日,在市政协江海厅举行"市政协2009年度第二次委员学习会暨'我与世博同行'讲坛",外交学院教授、中国驻法国原大使、国际展览局前主席吴建民作"当前全球金融危机下的世博会对上海的意义、机遇和挑战"的报告。2009年6月18日,在上海旅游培训中心举行"迎接上海世博会,建设现代戏剧谷"主题演讲,市政协委员、中共静安区委常委、副区长方世忠主讲。2009年7月,在闵行区机关会议中心举行"世博与城市精神文明"报告会,市精神文明建设办公室副主任陈振民主讲。2009年7月,在徐汇区举行"世博战略与徐汇发展"报告会,中共徐汇区委常委、宣传部部长章卫民,徐汇区发展改革委主任彭光航,徐汇区建委主任许建华主讲。2009年9月14日,在上海图书馆举行"上海体育与世博同行"主题演讲,市政协副主席、上海世博会执委会副主任周汉民,市体育局党委书记、局长于晨,十届市政协常委、上海体育学院教授、博导徐本力,十届市政协委员、上海棋院总教练胡荣华主讲。2009年9月18日,在嘉定区政协机关举行"科技与世博"报告会,全国政协副主席万钢主讲。2009年11月10日,在长宁区机关大厦举行"数字世博讲坛",世博局有关领导、市政协委员、有关企业家主讲。2010年4月29日,在黄浦区政协浦江厅举行"世博改变我们生活"主题演讲,市政协副主席、世博局副局长周汉民主讲。

二十九、"发展社会事业,扩大就业"论坛

2009年6月16日举行,市政协人口资源环境建设委员会、复旦大学社会发展与公共政策学院联合举办。市政协副主席周太彤、复旦大学党委书记秦绍德出席并致辞,市民政局局长马伊里作主旨报告。与会市政协委员、专家学者、有关人士和复旦大学师生围绕论坛主题,从发展社区服务、培育社会组织、公益创业与新职业空间、促进在社会建设领域创业等诸多方面深入探讨、建言献策。

三十、"2010年沪台城市发展与合作"论坛

2010年9月25日举行,台盟中央与上海市政协联合主办,台盟上海市委、世界凤凰文化基金会、嘉定区政协、东方讲坛承办。全国政协副主席、台盟中央主席林文漪,市政协主席冯国勤,中国国民党副秘书长张荣恭出席并致辞。来自沪台两地的专家学者和有关方面人士100余人出席。论坛旨在充分发挥世博效应,为两岸城市发展与合作架起桥梁,共同探讨低碳城市的路径与选择,规划未来城市的可持续发展,提升两岸城市的建设和管理水平。市政府副秘书长尹弘、嘉定区政协主席周关东、同济大学经济与管理学院教授诸大建与台湾有关人士邓家基、简又新等围绕"城市垃圾收集、运输和处置"、"低碳城市的路径与选择"两个专题,就上海垃圾管理与处置、城市环境发展、上海大都市低碳发展、台湾垃圾处理、打造世博园外城市最佳实践区等作主题演讲,提出见解和建议。

第二节　研　讨　会

一、"上海金融体制改革"研讨会

1986 年 8—9 月,市政协经济研究委员会举行 5 次上海金融体制改革问题研讨会。来自经济、金融界的有关专家、银行负责人与市政协委员围绕金融体制改革应向有计划的市场经济过渡、专业银行应逐步向企业化发展、财政分配不能代替金融分配、银行与各级决策部门应建立经济制约关系、实行分层金融调控、建立中央银行资金管辖行、建立外汇市场和让外资银行进入上海等提出意见建议。会后,与会者发表的意见和建议,整理成 19 篇文稿,有的在报刊上发表,有的在全国学术会议上宣读,并分送市政府领导参阅。

二、"天目路商业网点规划布局"研讨会

1994 年 5 月 3 日举行,市政协区县政协联络委员会主办。与会者应闸北区政府、区政协邀请,围绕做好天目路商业网点布局问题进行研讨、提出建议。会议认为,开发天目路要扬长避短,围绕"小沪办(吸引外省市地区开设驻沪办事处)、大市场(利用地利优势开设一批生产资料和小商品市场)、全配套(建造一定数量的中档宾馆,集食、宿、购物于一体等配套服务)"规划好网点布局。

三、"静安区财贸系统如何建立现代企业制度"研讨会

1994 年 12 月 6 日举行,市政协区县政协联络委员会主办。与会者应静安区政府、区政协邀请,在听取静安区政府有关人员分别介绍上海梅龙镇(集团)公司、上海开开(集团)股份有限公司建立现代企业制度的情况后进行了分析研讨。会议认为,现代企业制度应该是资产多元化、经营自主化,走自己的发展道路。上海梅龙镇(集团)公司和上海开开(集团)股份有限公司的做法值得推广,梅龙镇要保持自己的特色。政府职能的转变和法律、法规的完善需要及时跟上。

四、"澳门回归展望"研讨会

1998 年 5 月 8 日举行。市政协副主席俞云波致辞,市政协港澳台侨委员会主任茅志琼主持。上海东亚研究所所长、市政协港澳台侨委员会副主任章念驰,上海国际问题研究所所长、上海东亚研究所顾问陈佩尧,上海东亚研究所秘书长胡凌炜,上海社会科学院法学所研究员费成康,上海社会科学院法学所研究员赵炳霖,上海社会科学院青少所所长苏颂兴,上海社会科学院亚太所助理研究员吴前进,上海财经大学世界经济系主任、教授朱钟棣,澳门基本法执行主席吴志良,香港《中国评论》社长郭伟峰,香港《中国评论》总编辑周建闽,上海东亚研究所特约研究员崔志鹰,上海社会科学院欧亚所所长潘光等 20 余名专家学者围绕澳门的社会、政治、经济、金融、法律、青少年及社会治安等问题探讨澳门回归及沪澳经济合作前景。

五、长江流域十省市政协长江水环境保护研讨会

2001年6月12—13日在市委党校举行。市政协主席王力平、市委副书记罗世谦出席并讲话,市政协副主席朱达人主持。副市长韩正出席并介绍上海环保工作情况,全国政协人口资源环境委员会副主任张春园介绍全国政协开展"南水北调"的调研情况,国家环保总局、长江水利委员会长江流域水资源保护局分别作有关长江水环境保护的专题报告。来自重庆、四川、湖北、湖南、江西、安徽、江苏、上海、武汉、南京等省市政协和环保部门的代表50余人,围绕长江流域如何贯彻落实国务院提出的"一控双达标"及保护长江水环境问题,结合各地区实际情况进行研讨,从体制、资金、立法、治理手段和策略、宣传教育五个方面提出进一步健全长江全流域保护管理,保护长江水环境的对策建议。

六、长江三角洲区域经济互动发展研讨会

2002年8月28日举行,上海市政协、国家经贸委经济研究中心、上海社会科学院联合举办。市政协主席王力平、副市长姜斯宪出席并讲话,市政协副主席朱达人、黄关从分别主持。国家经贸委经济研究中心主任王忠明,市政府发展研究中心咨询部主任张兆安,长江流域发展研究院教授、博士生导师朱荣林,国务院发展研究中心发展战略和区域经济研究部部长李善同,市政协经济委员会副主任袁恩桢,中国人民银行上海分行政策研究室主任王欣欣等分别作"长江三角洲已进入更高层次的新一轮发展高潮——浅论长江三角洲与珠江三角洲、黄河三角洲的比较优势"、"长江三角洲经济一体化正当其时"、"培育主体,运作产权,整合产业是区域经济互动发展的一项系统工程"、"长江三角洲的地位、发展水平、问题与挑战及提高整体竞争力的措施"、"积极推进长江三角洲区域经济的互动发展"、"加强长江三角洲金融合作的对策思考"等专题发言。会后编发《合作与共赢——关于长江三角洲区域经济互动发展的若干建议》一书。在此基础上,市政协形成《推进长江三角洲区域经济互动发展的建议》专题报告,经市政协九届三十次常委会会议审议后成为常委会建议案。

七、"世博会与长江三角洲经济共同发展"研讨会

2003年6月12日举行。研讨会结合市政协当年相关重点课题调研进行。市政协主席蒋以任、副市长姜斯宪出席并致辞。市政协委员、有关方面专家学者100余人出席。与会者围绕以世博会为契机,推进长江三角洲经济合作和上海未来发展主题进行深入研讨,发表论文20篇。在调研和专题研讨会的基础上,形成《关于世博会和长江三角洲经济共同发展的若干建议》课题报告,经市政协十届三次常委会会议审议后成为常委会会议建议案。

八、"孵化器成果的辐射效应"研讨会

2004年5月28日举行。研讨会结合市政协当年相关重点课题调研进行。市政协委员、有关方面专家学者70余人出席。与会者从孵化器发展存在的问题和对策、加强孵化器成果辐射效应、国

有企业接受孵化器成果辐射、风险投资与孵化器成果的辐射效应等方面建言献策。在调研和专题研讨会的基础上,形成《关于上海加强孵化器建设和促进科技成果转化为现实生产力的若干建议》课题报告,经市政协十届六次主席会议审议后成为主席会议建议案。

九、"适应老龄化社会趋势,促进养老事业发展"研讨会

2005 年 3 月 31 日举行,市政协主办,九三学社市委、市民政局、市老龄工作委员会办公室协办。研讨会结合市政协当年相关重点课题调研进行。市政协主席蒋以任出席并致辞,副主席俞云波主持,副市长周太彤出席并讲话。市政协委员、专家学者与有关人士 300 余人出席。与会者就完善社会经济条件、完善城乡养老保险、建设社区养老服务网络、推动养老机构良性运作、发展养老服务事业等问题进行深入探讨、建言立论,共发表论文 40 余篇。在调研和研讨会的基础上,形成《关于适应老龄化社会趋势,促进本市养老事业发展的若干建议》课题报告,经市政协十届十七次常委会会议审议后,成为常委会会议建议案。

十、"培育发展住房租赁市场"研讨会

2005 年 6 月 23 日举行,市政协与九三学社市委联合举办。市政协主席蒋以任出席并致辞,副市长杨雄出席并讲话,市政协副主席、九三学社市委主委谢丽娟主持。国家建设部总经济师兼住宅与房地产业司司长谢家瑾作题为"完善住房租赁市场体系,规范发展住房租赁市场"的主题发言。来自天津市房地局、上海社会科学院、上海市房地产科学研究院、复旦大学、上海交通大学、上海财经大学、同济大学、华东师范大学、上海工程技术大学、上海建纬律师事务所、上海豪都房地产开发公司、虹口房地产集团等部门和单位的专家学者围绕"培育发展住房租赁市场"主题,从总体思路、建设和管理体制、运行机制、国内外模式比较、法制政策保障等方面进行探讨,建言立论。研讨会共发表论文 14 篇。

十一、"上海能源形势发展和对策研究"专题研讨会

2006 年 5 月 8 日举行。研讨会结合市政协当年相关重点课题调研进行。市政协主席蒋以任主持,副市长周禹鹏出席并讲话,市政协委员、专家学者与有关方面人士 100 余人出席。会议听取课题组的情况汇报,分析能源发展形势,讨论完善能源对策,提出加快实施能源发展 6 项重大工程、抓好节能降耗 8 项重点工作、从政策法规和体制机制上推进全市能源发展等建议。在调研和研讨会的基础上,形成《上海市能源发展形势分析和若干建议》课题报告,经市政协十届二十六次常委会会议审议后,成为常委会会议建议案。7 月 26 日,市委常委会听取了课题组的专题汇报。

十二、沪港现代服务业发展研讨会

2006 年 5 月 27 日在深圳举行,上海市政协主办,香港沪港经济发展协会协办。全国政协副主席董建华、上海市政协主席蒋以任、香港特别行政区政府署理财政司司长叶澍,以及广东省政协领导出席致辞。上海市副市长胡延照作主旨演讲,上海市政协副主席宋仪侨主持会议开幕式。会议

分金融服务业、物流服务业、会展旅游业、专业服务业 4 个专题进行研讨。与会市政协委员、专家学者、企业家 19 人分别围绕推进沪港金融机构合作、寻求现代服务业发展新突破、共同拓展国际会展市场、强化沪港专业服务合作等问题发言,共商现代服务业发展大计。

十三、"上海房地产发展"研讨会

2006 年 6 月 22 日举行,市政协与九三学社市委联合举办。市政协副主席宋仪侨出席并致辞,市政协副主席、九三学社市委主委谢丽娟主持,市政协委员及各界人士 190 余人出席。来自上海社会科学院、复旦大学、市房地产科学研究院、同济大学、市租赁行业协会、市公积金管理中心、建纬律师事务所等单位的市政协委员、专家学者围绕贯彻中央新一轮房地产宏观调控政策,促进上海房地产市场的平稳、健康发展,就如何完善住房保障体系框架、积极启动房屋融资租赁业、建立健全有利于房地产发展的法制环境等问题进行深入探讨、建言献策。

十四、"社会主义荣辱观与中国优秀传统文化"研讨会

2006 年 8 月 10 日举行。市政协主席蒋以任出席并讲话,副主席王荣华主持,副主席宋仪侨出席。市政协委员和专家学者姜义华、朱贻庭、余源培、李培栋等作主题发言。与会者针对人生价值、社会风气、健康人格、道德自律等社会现实问题,就践行社会主义荣辱观、继承中国优秀传统文化进行深入探讨、建言立论。

十五、"长江三角洲地区经济联动发展"专题研讨会

2007 年 8 月 6 日举行。研讨会在市政协部分专委会和民主党派市委联合开展市政协重点课题《长江三角洲地区经济联动发展》的调研,形成《关于促进长江三角洲地区交通基础设施一体化的建议》、《关于引导和鼓励建立跨地区物流集团,推进长江三角洲地区现代物流合作发展的建议》、《关于长江三角洲地区产业合理分工的建议》等 14 份调研报告,并报送市委、市政府后召开。市委书记习近平出席研讨会并讲话,市政协主席蒋以任主持。市政协委员、专家学者及市政府有关部门负责人共 300 余人出席。与会者分别就长江三角洲地区的交通基础设施一体化、现代物流合作发展、产业分工、江海联运、水环境保护、产权市场一体化发展、文化合作与发展、市场监管、科技创新合作等 14 个专题进行深入探讨、建言献策。

十六、"深化收入分配制度改革"研讨会

2007 年 10 月 11 日举行,市政协主办、上海社会科学院与市政协社会和法制委员会承办。市政协主席蒋以任出席并讲话,市政协委员和有关人士 200 余人出席。来自上海社会科学院、市总工会、上海财经大学的专家学者以及市发展改革委、市国资委、市农委、市统计局负责人在会上发言。与会者分别就事关人民群众切身利益的社会收入分配问题及其解决思路和对策,就如何构建科学、合理、公平、公正的社会收入分配体系进行深入探讨、建言献策。

十七、"推进崇明发展"研讨会

2007年11月13日举行。研讨会结合市政协当年相关重点课题调研进行。市政协主席蒋以任出席并致辞,副主席王荣华主持,市政协委员及有关方面人士180余人出席。来自市规划局、复旦大学、华东师范大学、市经委、张江高科技集团、市政府发展研究中心、上海社会科学院等单位的市政协委员、专家学者共12人围绕推进崇明生态岛发展、深化实施三岛总体规划、推进崇明高新技术发展、推进崇明生态旅游业和会展业发展等方面发言,进行深入探讨、建言献策。在调研和研讨会的基础上,形成《关于积极推进崇明发展的若干建议》课题报告,经市政协十届三十七次常委会会议审议后,成为常委会会议建议案。

十八、"临港新城产业发展战略"研讨会

2007年11月21日在临港豪生大酒店举行,市政协与上海临港新城管委会、南汇区政协、上海临港经济发展(集团)有限公司联合举办。市政协副主席宋仪侨、黄关从出席并讲话。市政协委员、专家学者围绕积极推进洋山港产业建设、加快发展南汇现代服务业等课题进行探讨、建言献策。上海临港新城管委会、上海临港经济发展(集团)有限公司、上海电气(集团)总公司、中国船舶工业集团公司、上海汽车(集团)股份有限公司乘用车公司等单位负责人在会上作专题发言。

十九、"弘扬世博精神,推动转型发展"研讨会

2011年10月17日在原上海世博会博物馆举行。市政协主席冯国勤出席并致辞,副主席、市公共外交协会副会长周太彤作主题发言,市政协对外友好委员会副主任杨洁勉主持专题发言。市政协对外友好委员会副主任施德容、经济委员会副主任张维华、市政协委员吴建中、上海博物馆馆长陈燮君、市政协人资环建委员会常务副主任黄健之、市规划国土局总工程师俞斯佳分别就"世博会与城市转型发展"、"世博精神传承"、"世博会引领城市更美好"等作专题发言。市政协委员、上海公共外交协会理事近百人出席。会前,与会人士参观了上海世博会纪念展。

第三节 专题座谈会

2003—2007年,第十届市政协共召开委员专题座谈会150次,涉及专题近百个,现选录其中15个专题。

一、"如何推进'科教兴市'战略"专题座谈会

2003年3月18日召开,这是十届市政协第一次议政性质的委员专题座谈会。市政协主席蒋以任主持,市教委、市外经贸委有关负责人到会听取意见建议。赵昌平等10余位委员分别围绕发动社会力量推动科教兴市,集中高科技人员搞一些精品、大项目和重点工程,进一步发挥科学家、经济学家在决策过程中的作用,重视推进中小企业的信息化建设,建立多元化的风险投资渠道,推进产

学研结合等反映情况、建言献策。委员们认为,科教兴市不是用科学技术的光环去包装一个传统观念,而是用科教的智慧去突破传统的观念,创造一个新的世界;科学技术创造必须要有个性,个性只要能够融入社会共性,就应该重视和保护;义务教育阶段要考虑教师资源的合理配置,以准公务员机制来保证学生得到优秀教师的培养和教导。

二、"进一步完善社会劳动就业保障体系"专题座谈会

2003年5月20日召开,市政协主席蒋以任主持,市民政局有关负责人到会听取意见建议。陈惠莹等6位委员分别围绕进一步拓展社会保障制度、建立一种在公共财政框架下的劳动就业和社会保障体系等反映情况、建言献策。委员们认为,没有社会保障体系,改革的速度上不去,而没有改革,社会保障体系也建立不起来,两者是相互交织的。要从社会公正的角度出发,把社会保障作为一个基本机制去认识,作为社会经济发展的支柱结构来建设。市场经济条件下,政府不能直接提供就业岗位,但有责任创造更多的就业机会,这应成为从政策上促进就业的一种导向。

三、"人口布局与老龄化对策措施"专题座谈会

2003年12月29日召开,市政协主席蒋以任主持,市民政局、市人口计生委有关负责人到会听取意见建议。查波等8位委员分别围绕降低中心城区人口密度、建立和完善为老服务信息平台、加快推进养老设施建设、开展老年人社会公益活动、提高为老服务质量、减轻老年人医疗费用负担等反映情况、建言献策。委员们认为,上海的人口布局应从两方面入手:一是引导农村人口向城镇集中,二是引导中心城区人口向郊区扩散转移;要引导有意愿、有能力的老年人参加一些力所能及的社会公益活动;老年人的健康问题,不能光靠医院,需要进一步发展社会福利事业,加强养老院和志愿者队伍建设。

四、"上海各类紧缺人才需求及培养引进对策"专题座谈会

2004年3月2日召开,市政协副主席宋仪侨主持,市委组织部、市人事局、市劳动保障局有关负责人到会听取意见建议。王建磐等10位委员分别围绕改革基础教育课程、完善高等教育专业设置、加大基础教育领军人才培养力度、营造高级人才集聚的氛围等反映情况、建言献策。委员们认为,领军人才的培养是当前教育发展最关键的问题,要加大对优秀教师的宣传力度,营造重视人才、留住人才和用好人才的良好社会氛围,构筑人才合理流动的平台和机制。

五、"构筑国际大都市一体化交通体系"专题座谈会

2004年8月31日召开,市政协主席蒋以任主持,市建委等有关部门负责人到会听取意见建议。周和平等10位委员分别围绕加大城市交通一体化建设的研究力度、加强城市交通一体化方面的法规建设、推进城市交通信息化建设、明确城市交通一体化建设的发展政策、推进城市轨道交通建设、大力发展汽车租赁业等反映情况、建言献策。委员们认为,构筑国际大都市一体化的交通必须要有与之相适应的管理法规;落实一体化交通的核心是发展公共交通,其最基础的突破口是解决交通信

息化问题;交通是一个城市或一个地区的永恒主题,对交通问题要不断研究、不断总结、不断规划、不断调整,使其能适应人、自然和社会的和谐发展。

六、"上海'十一五'规划工作研讨"专题座谈会

2004年11月2日召开,市政协副主席宋仪侨主持,市发改委等有关部门负责人到会听取意见建议。华裕达等12位委员围绕提高对"十一五"规划指导思想重要性的认识、"十一五"规划的进一步细化和完善、上海"十一五"发展的主线、进一步提高上海城市竞争力等反映情况、建言献策。委员们认为,上海"十一五"规划一个很重要的方面是要理顺上海和全国,特别是长三角之间的关系;在提高城市竞争力方面,上海在"十一五"期间要抓住两个主要问题,一是市场经济的形成,二是城市创新能力的提高;"十一五"规划中应更加关注上海社会事业发展和体制改革问题。

七、"构建社会主义和谐社会"专题座谈会

2005年上半年,市政协围绕构建社会主义和谐社会主题,分别召开了"构建社会主义和谐社会的思路"、"关于妇女合法权益保障"、"本市社区建设"等8次委员专题座谈会。市政协主席蒋以任、副主席宋仪侨分别主持会议,市社会保障局、市民政局、市信访办等有关部门负责人分别到会听取意见建议。葛剑雄等80余位委员分别围绕构建社会主义和谐社会的思路、加强妇女合法权益保障、建设和谐社区、进一步完善社会保障制度等反映情况、建言献策。委员们认为,构建和谐社会既是一个理论问题,也是一个实践问题;既是一个目标,也是一个不断追求的过程,与每个阶段的经济、文化相联系;社会保障的可持续发展是构建和谐社会的必要条件;要不断提高对于妇女权益的认识,把妇女权益的保障提高到构建和谐社会的高度来认识;要把人文关怀、亲情关怀体现在社区工作当中;要给不同的利益阶层提供诉求的管道,并把这个管道延伸到基层;改善党群关系,要从群众反映最强烈的现象改起,从群众最关心的事情做起,从融洽群众的感情着眼;要重视弘扬中国的优秀历史文化传统,并使之成为青年思想意识上的支撑点;上海要克服"老大自居"的思想,真正研究好为全国服务的问题。

八、"加快现代化基础设施体系建设"专题座谈会

2005年8月16日召开,市政协副主席宋仪侨主持,市发改委、市建设交通委有关部门负责人到会听取意见建议。王国俭等12位委员分别围绕加强建筑节能设计与能耗分析技术的研究,进一步增强城市规划的前瞻性、系统性和科学性,以科学发展观指导城市基础设施建设,坚持"建管并举,重在管理"的城市建设理念,拓展民间资本进入城市基础设施建设渠道等反映情况、建言献策。委员们认为,在城市基础设施建设方面,要循序渐进地提高国内的自主创新能力;基础设施体系的理解有两个方面,一是市政设施建设,二是市政设施管理,两者不可偏废;在坚持政府主导的前提下,应进一步拓展民间资本进入城市基础设施建设的渠道,真正形成政府主导、各方参与、市场运作的城市基础设施建设格局。

九、"促进各区域互动协调发展"专题座谈会

2005年11月23日召开,市政协主席蒋以任主持,市财政局、市规划局有关负责人到会听取意见建议。唐豪等10余位委员分别围绕"十一五"期间上海区域发展的原则、上海郊区新农村建设、上海的区域功能划分、教育在各区平衡发展中的重要意义、政府在招商引资中的作用、财税体制改革等反映情况、建言献策。委员们认为,政府应搭建和健全区域之间的合作机制,并加强统筹的协调控制;财税体制应该有一个大的改变,市、区政府两级财政的格局应打破;上海要按照功能分成不同方位、不同功能的几个区域,并搞好功能定位,错位竞争、协同发展;郊区应大力发展第二产业,中心城区要重视发展现代服务业,并注重产业链之间的整合。

十、"关于建设创新型国家"专题座谈会

2016年2月7日、15日和3月19日,市政协围绕"建设创新型国家"主题,分别召开了"如何建设创新型国家"、"上海在建设创新型国家中的思路"、"如何建设创新的人文环境"3次委员专题座谈会,市政协主席蒋以任、市政协副主席宋仪侨分别主持。张兆安等30余位委员分别围绕建立适合创新的体制机制、制定和完善鼓励企业创新发展的政策措施、进一步明确上海在建设创新型国家中的思路、加快培养创新型人才、营造适合创新的社会人文环境等反映情况、建言献策。委员们认为,创新什么、突破什么、靠什么支撑、如何引领,上海应有非常明确的目标;要在全社会提倡创新,营造鼓励创新、勇于创新的社会氛围,营造宽松的创新环境;建设创新型社会要以系统集成创新为主,因为这最直接面向市场、最能产生经济效益;建立创新型城市和国家,不仅是技术的创新,还包括观念、文化的创新和体制机制的创新;企业是创新的主体,关键是要制定一套鼓励企业创新的政策体系;以切实解决科学和技术问题,能为国民经济发展作出贡献为标准,建立创新的评价体系。

十一、"树立社会主义荣辱观,践行社会道德"专题座谈会

2006年5月9日召开,市政协主席蒋以任主持,市精神文明办有关负责人到会听取意见建议。毛时安等12位委员分别围绕进一步加强社会主义荣辱观、道德观建设,加大"八荣八耻"的宣传力度,加强对农民工的组织管理和爱护等反映情况、建言献策。委员们认为,公德胜于私德是现代国家的精神基础,只有确立起这个理念,中国在国际上的地位才能得以确立,综合国力才能真正强大;荣辱观、道德观建设要从教育着手,教育建设和文化建设要先行;要让"八荣八耻"进入课堂,使广大学生成为践行社会主义荣辱观的最活跃群体;在道德重塑和重建的过程中,应该对中华文化遗产进行梳理,优秀的传统文化遗产应得到进一步传承和发扬。

十二、"建设社会主义新农村"专题座谈会

2006年5月17日召开,市政协主席蒋以任主持,市农委有关负责人到会听取意见建议。周德海等10余位委员分别围绕上海郊区新农村建设的意义、如何在上海建设社会主义新农村、加强农村文化建设、培养社会主义新农民等反映情况、建言献策。委员们认为,要充分调动农民的积极性,

发挥以农民为本的主体作用,使之真正参与到新郊区、新农村建设中来;要建立工业反哺农业的长效机制,加大、加强、加快支持郊区新农村建设;要加紧培养新一代掌握建设新农村本领的新型农民;上海郊区的新农村建设应做到长计划、短安排并逐步到位。

十三、"全力办好2010年上海世博会"专题座谈会

2007年3月26日召开,市政协主席蒋以任主持,上海世博局有关负责人到会听取意见建议。道书明等10余位委员分别围绕进一步加大世博会的宣传力度、如何确保世博会期间的交通顺畅、加快事关世博会的城市基础设施建设进度、提高市民文化和道德素养、改善市民居住条件、营造全民参与世博会的氛围等反映情况、建言献策。委员们认为,要在各部门、单位和市民中提倡无私奉献的精神,在参与中不讲条件、不计报酬,真正把办博作为己任;要办好世博会,交通运力非常重要,一定要做好运力应急方案;要加强对世博主题的宣传,利用办世博的契机加强城市建设和开发,把城市建设得更美好,让生活更美好。

十四、"实施公交优先交通发展战略解决市民出行难"专题座谈会

2007年4月12日召开,市政协主席蒋以任主持,市港口交通局、市建设交通委、市财政局有关负责人到会听取意见建议。曹晓兰等10余位委员分别围绕进一步加大财政对公共交通的投入、强化公共服务理念、处理好公共交通的公益性和市场化之间的关系、降低公交卡押金等反映情况、建言献策。委员们认为,公共交通是公共产品,不能把公交事业完全推向市场,政府财政应加大对公共交通事业的投入;上海公交目前最大的困惑不在于经营,而是缺乏将公交管理变成公交服务的理念;公交卡的售卡、退卡应联为一体,既能减少成本,又能方便市民。

十五、"进一步完善社会保障体系"专题座谈会

2007年10月11日召开,市政协主席蒋以任主持,市劳动保障局有关负责人到会听取意见建议。吴岭等11位委员围绕加大对弱势群体的社会保障力度、适当调低企业社会养老金缴纳标准、确保养老保障基金的保值增值、完善农村合作医疗、以创业带动就业、加大劳动监察力度等反映情况、建言献策。委员们认为,要在充分调研的基础上,使社会保障真正做到城乡全覆盖;进一步理顺体系,让农村合作医疗成为一项基本制度;要建立以创业带动就业、以培训促进青年就业的责任体系;要构建和完善社会保障的监管体系并落实责任;应尽快出台上海社会保障体系的实施细则。

表6-3-1　2003—2007年第十届市政协委员专题座谈会一览

序号	时　间	主持人	座 谈 议 题
1	2003.3.18	蒋以任	如何推进科教兴市战略
2	2003.3.25	蒋以任	世博会与上海发展
3	2003.4.1	蒋以任	贯彻科教兴市战略,提高四个竞争力
4	2003.4.8	蒋以任	如何在政协工作中切实贯彻落实团结和民主主题

(续表)

序号	时 间	主持人	座 谈 议 题
5	2003.4.8	蒋以任	上海郊区布局和发展战略
6	2003.4.22	蒋以任	塑造新世纪上海城市精神
7	2003.5.13	蒋以任	进一步加强非典型肺炎防范工作
8	2003.5.20	蒋以任	进一步完善社会劳动就业保障体系
9	2003.5.27	蒋以任	进一步加强食品卫生和安全监督管理工作
10	2003.6.3	蒋以任	国有资产管理和国有企业改革
11	2003.7.1	蒋以任	加强法制建设,进一步推进依法治市
12	2003.7.15	蒋以任	加快上海国际金融中心建设
13	2003.7.29	宋仪侨	上海产业结构调整和布局问题
14	2003.8.5	蒋以任	进一步改善上海投资环境
15	2003.8.12	蒋以任	在实施科教兴市战略中教育如何进一步改革创新
16	2003.9.2	蒋以任	改革文艺体制增强原创性,推进上海的文化"精品"战略
17	2003.9.11	蒋以任	关于上海社区管理情况
18	2003.9.16	蒋以任	加快上海服务业发展
19	2003.9.22	蒋以任	进一步深化政协工作和推进政治文明建设的思考和建议(一)
20	2003.9.23	王荣华	关于民族和宗教工作
21	2003.9.27	蒋以任	进一步深化政协工作和推进政治文明建设的思考和建议(二)
22	2003.9.29	蒋以任	进一步深化政协工作和推进政治文明建设的思考和建议(三)
23	2003.10.13	蒋以任	进一步深化政协工作和推进政治文明建设的思考和建议(四)
24	2003.10.14	蒋以任	发展体育事业和促进全民健身运动
25	2003.10.30	蒋以任	建立城市应急联动机制
26	2003.11.4	蒋以任	进一步促进非公有制经济发展
27	2003.11.11	蒋以任	信息化带动工业化,提升上海产业能级
28	2003.11.18	蒋以任	行政管理如何适应《行政许可法》
29	2003.12.3	蒋以任	重视环境保护,加强环保立法和执法
30	2003.12.29	蒋以任	人口布局与老龄化对策措施
31	2004.1.6	蒋以任	开展科普教育,提高市民科学素质
32	2004.2.10	蒋以任	关于上海公共卫生体系建设问题
33	2004.2.17	蒋以任	关于上海高校布局和结构问题
34	2004.3.2	宋仪侨	上海各类紧缺人才需求及培养引进对策
35	2004.3.9	宋仪侨	上海社会力量办学的情况和问题

（续表）

序号	时　　间	主持人	座　谈　议　题
36	2004.3.16	蒋以任	行政管理如何适应《行政许可法》
37	2004.3.23	蒋以任	认真落实科学发展观，把上海建成资源节约型城市
38	2004.3.30	宋仪侨	加强和改进未成年人思想道德建设
39	2004.4.13	蒋以任	促进消费增长，扩大国内需求
40	2004.4.20	宋仪侨	统筹城乡发展，促进城乡二元经济结构转变
41	2004.4.27	宋仪侨	本市科技工作（基础性、应用性、产业化）的现状及发展趋势
42	2004.5.11	蒋以任	进一步推进上海文化事业的发展
43	2004.5.18	蒋以任	妥善解决农村土地承包问题
44	2004.5.25	蒋以任	进一步整顿和规范市场经济秩序
45	2004.6.1	蒋以任	如何在上海城市规划和建设中做好"双增双减"工作
46	2004.6.15	蒋以任	推进公共卫生体系建设和实施健康城市三年行动计划
47	2004.6.22	蒋以任	上海贯彻落实中央宏观调控措施情况
48	2004.6.29	王荣华	关于高校扩招与教育质量问题
49	2004.7.13	蒋以任	进一步改善投资环境，加大招商引资力度
50	2004.7.20	蒋以任	贯彻团结民主主题，切实履行政协职能
51	2004.7.27	蒋以任	上海经济形势分析与对策
52	2004.8.3	王荣华	关于中小学生营养午餐问题
53	2004.8.10	王荣华	关于外来人口子女教育问题
54	2004.8.24	宋仪侨	关于党的执政能力与政协职能问题
55	2004.8.31	蒋以任	构筑国际大都市一体化交通体系
56	2004.9.7	蒋以任	促进司法公正，维护司法权威
57	2004.9.14	蒋以任	落实人才强市战略与分配制度改革
58	2004.9.21	宋仪侨	纪念人民政协成立 55 周年
59	2004.9.28	宋仪侨	围绕上海文化发展战略目标，加快上海文化发展
60	2004.10.12	宋仪侨	上海教育综合改革试点情况
61	2004.10.21	蒋以任	关于制定上海"十一五"规划的思路
62	2004.10.26	王荣华	如何推进工商行政管理体系
63	2004.11.2	宋仪侨	上海"十一五"规划工作研讨
64	2004.11.16	宋仪侨	上海"十一五"规划工作研讨——人口资源环境建设工作
65	2005.2.23	宋仪侨	构建社会主义和谐社会的思路
66	2005.3.7	宋仪侨	构建社会主义和谐社会——关于保障妇女合法权益

（续表）

序号	时 间	主持人	座 谈 议 题
67	2005.3.16	蒋以任	构建社会主义和谐社会——社区建设
68	2005.3.30	蒋以任	构建社会主义和谐社会——进一步完善社会保障制度
69	2005.4.13	宋仪侨	构建社会主义和谐社会——关于阶层和谐、界别和谐
70	2005.4.20	宋仪侨	构建社会主义和谐社会——关于党政和谐及党群关系
71	2005.5.11	蒋以任	构建社会主义和谐社会——加强思想道德建设
72	2005.5.25	宋仪侨	构建社会主义和谐社会——促进地区经贸合作发展
73	2005.6.8	蒋以任	上海如何进一步加强自主知识产权创新能力
74	2005.6.22	宋仪侨	关于人民币汇率制度改革可能带来的影响和对策
75	2005.6.29	蒋以任	关于完善上海低保制度问题
76	2005.7.13	左焕琛	关于上海药品生产和监管问题
77	2005.7.20	宋仪侨	上海体育产业在现代服务业中的地位和作用
78	2005.7.26	宋仪侨	提升城市综合服务功能，全力办好世博会
79	2005.8.3	蒋以任	注重转变经济增长方式，推动产业结构升级
80	2005.8.16	宋仪侨	加快上海现代化基础设施体系建设
81	2005.8.24	蒋以任	上海"十一五"规划工作研讨——建立资源节约型城市
82	2005.9.7	蒋以任	统筹上海社会经济协调发展，构建和谐社会
83	2005.9.14	宋仪侨	上海食品安全监督管理工作
84	2005.9.21	宋仪侨	关于社会救助工作
85	2005.9.27	蒋以任	上海市文化事业发展
86	2005.10.19	蒋以任	浦东综合配套改革试点情况
87	2005.10.26	宋仪侨	上海"十一五"规划编制工作研讨（一）
88	2005.10.31	蒋以任	上海"十一五"规划编制工作研讨（二）
89	2005.11.3	蒋以任	结合上海"十一五"规划制定做好明年有关工作
90	2005.11.9	宋仪侨	如何形成一批拥有知识产权和知名品牌、国际竞争能力较强的优势企业
91	2005.11.23	蒋以任	如何促进各区域互动协调发展
92	2006.2.7	蒋以任	关于建设创新型国家问题
93	2006.2.15	宋仪侨	上海在建设创新型国家中的思路
94	2006.3.1	宋仪侨	贯彻落实科学发展观，全面推进社会主义新农村建设（一）
95	2006.3.9	宋仪侨	贯彻落实科学发展观，全面推进社会主义新农村建设（二）
96	2006.3.29	宋仪侨	上海在建设创新型国家中的思路——创新的人文环境
97	2006.5.9	蒋以任	树立社会主义荣辱观，践行社会公共道德

（续表）

序号	时　间	主持人	座　谈　议　题
98	2006.5.17	蒋以任	关于上海如何建设社会主义新农村问题
99	2006.6.7	蒋以任	聚焦国家战略,促进上海科技创新
100	2006.6.13	蒋以任	完善上海郊区农村社会保障制度
101	2006.6.28	宋仪侨	维护社会稳定,推动平安体系建设
102	2006.7.5	宋仪侨	上海上半年经济社会工作情况(一)
103	2006.7.12	蒋以任	上海上半年经济社会工作情况(二)
104	2006.8.23	蒋以任	上海市中心城区社区卫生工作情况
105	2006.8.30	蒋以任	构建社会主义和谐社会——完善上海社会救助机制
106	2006.9.6	蒋以任	民族宗教工作与和谐社会
107	2006.9.20	蒋以任	做好化解人民内部矛盾工作
108	2006.10.11	蒋以任	构建社会主义和谐社会——加强上海平安建设
109	2006.10.27	宋仪侨	学习贯彻新《义务教育法》
110	2006.11.8	宋仪侨	加快发展文化事业和产业,满足群众文化需求
111	2006.12.8	蒋以任	构建社会主义和谐社会——解决看病难、看病贵问题
112	2006.12.18	蒋以任	征求对《市政协十届五次会议常委会工作报告(征求意见稿)》的意见(一)
113	2006.12.27	蒋以任	征求对《市政协十届五次会议常委会工作报告(征求意见稿)》的意见(二)
114	2007.1.17	蒋以任	如何进一步开展政协民主监督工作
115	2007.3.1	蒋以任	为上海经济社会发展献策
116	2007.3.7	宋仪侨	促进妇女事业发展,构建社会主义和谐社会
117	2007.3.15	宋仪侨	进一步推进文化事业发展
118	2007.3.20	王荣华	加大调整力度,加快形成以服务经济为主的产业结构
119	2007.3.26	蒋以任	全力办好2010年上海世博会
120	2007.4.5	谢丽娟	大力推进环境保护,加强上海环境监管和执法
121	2007.4.12	蒋以任	实施公交优先交通发展战略,解决市民出行难
122	2007.4.18	蒋以任	加快推进长三角经济联动发展,不断提高区域国际竞争力
123	2007.4.28	蒋以任	加快科技创新,提高自主创新能力
124	2007.5.9	宋仪侨	建立健全上海住房保障体系
125	2007.5.16	蒋以任	加速发展上海服务外包业务
126	2007.5.22	蒋以任	完善公共财政及公共权力的监督机制
127	2007.5.29	蒋以任	完善上海社会救助机制,构建社会主义和谐社会
128	2007.6.5	宋仪侨	推进长江三角洲地区现代化物流合作发展

(续表)

序号	时 间	主持人	座 谈 议 题
129	2007.6.6	蒋以任	促进长江三角洲区域交通基础设施一体化
130	2007.6.12	王荣华	加快长三角太湖流域水环境保护工作
131	2007.6.13	蒋以任	推进长江三角洲区域产权市场协调发展
132	2007.6.20	蒋以任	加强长江三角洲地区市场监管工作的合作与交流
133	2007.6.21	蒋以任	优化长江三角洲地区产业结构,促进合理分工
134	2007.6.27	宋仪侨	促进长三角地区水上旅游合作发展
135	2007.7.2	蒋以任	推动江海联运,进一步发挥长江三角洲地区港口群优势互补
136	2007.7.3	蒋以任	加强长江三角洲地区文化合作与发展
137	2007.7.4	宋仪侨	台资企业与长江三角洲地区经济发展
138	2007.7.10	蒋以任	以世博会为契机,推动长江三角洲地区经济协调发展
139	2007.7.11	黄关从	积极促进上海与长江三角洲地区的创新合作发展
140	2007.7.17	俞云波	加强长三角地区经济一体化中的立法和执法工作,建立健全长江三角洲地区合作机制
141	2007.7.25	宋仪侨	转变经济发展方式,提高经济运行质量和效益
142	2007.8.1	谢丽娟	努力建设资源节约型、环境友好型城市
143	2007.8.8	蒋以任	加快推进上海社会建设
144	2007.8.14	蒋以任	加强文化建设,树立社会主义核心价值观
145	2007.8.22	宋仪侨	加强党的自身建设,建立健全惩治和预防腐败体系
146	2007.8.28	蒋以任	进一步推进国有资产管理体制改革
147	2007.9.6	王荣华	关于促进青年就业问题
148	2007.9.12	宋仪侨	落实节能减排,建设资源节约、环境友好型城市
149	2007.9.19	宋仪侨	推进上海社会救助事业发展
150	2007.10.17	蒋以任	进一步完善上海社会保障体系

第七篇

提案和反映
社情民意

提案和反映社情民意都是市政协履行民主监督、参政议政职能的重要形式。前者随人民政协的成立发展而诞生、发展;后者是 20 世纪 90 年代人民政协适应改革开放新形势而探索创新的履职形式。

　　第五届市政协提案工作延续一至四届市政协工作规程,提案限于在全会期间提出。1985 年,市政协六届十一次常委会会议决定委员除在大会期间提出提案外,平时也可提出提案,并设立提案工作委员会(后改称提案委员会)负责提案的日常工作。1989 年,市政协鼓励和支持各党派团体以本党派团体的名义提出集体提案。1990 年,市政协常委会审议通过《政协上海市委员会提案工作条例》(以下简称《提案工作条例》),明确政协提案的性质、地位,规范了提案从提出到办理各环节的程序和要求,保证了提案工作的健康发展。1991 年,市政协启动评选优秀提案和提案承办先进单位,激励委员多提提案、提好提案;1993 年,提出每位委员每年至少提出 1 件提案的要求,使提案数量逐年增加;1998 年,提出要在稳定提案数量的基础上更加注重提高质量,明确提案应做到有情况、有分析、有具体的建议;2000 年,提出提案要围绕中心、服务大局、讲求质量、注重实效,上述措施,使提案自 1998 年起稳定在每年 1 000—1 100 件左右,提案质量不断提高。2004 年,市政协提出提案工作是政协的一项全局性工作,要求政协委员、各党派团体、各专委会都应积极提出提案,参与提案办理和促进办理工作,使提案取得实效,并确定主席、副主席每人每年促进办理 1—2 件提案;2008 年,进一步提出提案工作要树立"共同意识",增强提案工作合力,提高提案工作科学化水平。根据上述要求,1993—2012 年,市政协先后 7 次修改《提案工作条例》,广大政协委员、各党派团体和政协专委会根据《提案工作条例》,积极提出提案,注重提案质量,参与促进提案办理的相关活动,力求提案取得实效。

　　为做好提案办理工作,市政府分别于 1988 年、1991 年、2003 年和 2009 年 4 次印发关于办理市人大代表书面意见及市政协提案的文件,规范办理提案的责任、期限、程序和要求,市委于 2012 年召开政协提案办理工作会议,进一步就全市党政部门认真办理提案提出要求。在各方面的共同努力下,1979—2012 年,市政协共收到并经审查立案的提案 30 798 件,约 75% 的提案内容得到解决和采纳。政协提案成为党政部门决策民主化、科学化的重要推动力,成为党和政府改进作风、创新管理、为民办实事的重要依据。

　　反映社情民意信息工作从 1995 年第八届市政协起逐步开展,主要内容是收集和筛选政协委员及社会各界的意见、建议和诉求,通过政协简报的形式报送全国政协、市党政领导及有关部门参阅。第九届市政协建立了由领导挂帅、具体部门承担、专门人员负责的工作责任制,并于 1999 年创办了《社情民意》、《建言》等信息专刊,2002 年起开展反映社情民意信息先进单位和先进个人评选表彰活动。第十届市政协于 2004 年创办《社情民意(专报)》,于 2005 年制定《政协上海市委员会反映社情民意信息工作条例》,进一步对反映社情民意信息工作提出了总体要求和具体操作规范,并通过互联网开发了链接政协委员、各民主党派市委、市有关人民团体、各区县政协的统一的信息汇集网络系统。2008 年,第十一届市政协成立专职从事社情民意信息工作机构,增创供市主要领导参阅的《挚友诤言》专刊。经过近 20 年的探索实践,反映社情民意信息工作机制逐步完善,信息数量逐年增多,质量不断提高。1995—2012 年,市政协共收到各类信息 24 300 余条,经筛选编辑、报送各类信息专刊 2 796 期,并将部分应由国家层面参阅或处理的内容提交全国政协信息局。上述信息,许多引起中央及市领导,以及各相关部门的重视,成为各级领导了解民情、汲取民智、执政为民的重要渠道,成为党政部门改进作风、深入群众、扎实工作的重要动力。

第一章　提　　案

政协提案是政协委员,参加政协的党派、团体、界别以及市政协专门委员会(以下统称提案者)向政协全体会议或者常委会提出的、经提案委员会或提案审查委员会审查立案后交承办单位办理的书面意见和建议。随着政协工作的发展,提案已形成较为规范的工作机制和运作流程,主要包括:提案的提出、审查立案、分类和分理交办;提案的办理、反馈和促进办理;优秀提案的评选和表彰等。

第一节　提案的提出、审查立案和分理交办

一、提案的提出

【提案的基本要求】

根据《提案工作条例》,提出提案应坚持严肃性、科学性和可行性,围绕国家大政方针在上海的贯彻落实,上海的经济、政治、文化和社会发展中的重要问题,以及人民群众关心的问题提出意见和建议,努力做到实事求是,有情况、有分析、有具体的建议。

【提案者范围】

(1) 市政协委员,包括在 1982 年市政协五届四次会议前,参加市政协全体会议的列席人员(五届四次全体会议后,根据会议通过的《关于改进提案工作的意见》第四条"列席人员如有建议和意见,可用书面提出,交大会秘书处转请有关单位研究处理,不列为提案"的规定,从此列席人员的意见建议不再作为提案来处理)可以个人或联名提出提案。(2) 参加市政协的各民主党派和人民团体,可以本党派、团体的名义单独或联名提出提案,市政协各专门委员会也可以专门委员会的名义单独或联名提出提案。(3) 市政协的组成界别可以本界别名义提出提案,全体会议期间可以小组或联组名义提出提案。(4) 在沪全国政协委员可以个人或联名方式提交有关涉及上海工作的提案,也可与市政协委员联名提出提案。

【提案的提交方式】

提案须使用市政协统一印制的提案用纸,一事一案,由提案者根据规定格式填写提案案由、提案者基本信息和提案正文。委员联名提出提案,发起人作为第一提案者,签名列于首位;以党派、团体和政协专门委员会名义提出的提案,由该组织负责人署名并加盖公章;以界别、小组或联组名义提出的提案,应由召集人签名。2000 年起,市政协在"上海政协"网站开辟"提案提交系统",提供同样式电子表格,鼓励提案者运用网络提交提案,至 2006 年,提案已基本实现网络提交和查询。从 2006 年起,提案委员会将提案分为"意见建议类"和"需解决具体问题类",由提案者根据内容在提交时标注,同时请提案者根据内容是否经过调研、是否本人撰写、是否转呈他人材料等不同情况,在封页注明提案来源。

二、提案的审查和立案

【提案审查】

市政协自开展提案工作起即对提案有审查立案的规定,对经审查不能立案的提案,与提案人协商撤回。1985年,市政协根据全国政协提案工作座谈会的精神,决定从六届三次全体会议起对委员提出提案采取"不限制内容,不限制人数,不限制时间"的原则,不再对其内容进行审查。1988年,参照全国政协关于加强提案工作的新要求,市政协从七届一次全体会议起恢复提案的审查立案制度,由提案委员会或提案审查委员会本着尊重和维护提案者民主权利、保证提案质量的原则,对提案进行提案者资格、提案内容以及提案格式审查,经审查符合条件的予以立案。

【不立案范围】

1981年,市政协五届三次会议通过《提案审查委员会工作方案》,规定"凡属要求解决个人方面的问题,党派团体内部事务和部队工作方面的问题,单位之间工作中的矛盾和争论,均不列为大会提案,作为意见和建议处理"。1982年,五届四次会议通过《关于改进提案工作的意见》,提出了提案立案的标准和不立案的范围,规定"属于日常工作中对个别人或个别单位的意见,属于解决个别人或个别单位的具体问题等,由大会秘书处转请有关单位研究处理,不立为提案"。1988年通过的《市政协提案工作条例(试行)》提出,凡涉及国家机密、指名举报揭发、涉及司法诉讼具体案件和纯属反映个人或亲友要求的不予立案。2000年修订的《提案工作条例》进一步明确提案有下列情形之一的,不予立案:涉及党和国家秘密的;国家明令禁止的;中共党员反映党内有关组织、人事安排等方面意见的;民主党派成员反映本组织内部问题的;进入民事、刑事、行政诉讼以及仲裁程序的;属于学术研讨的;要求为本人或者亲属解决个人问题的;宣传推介具体作品、产品的;指名举报的;内容没有具体建议的;内容不属于上海市工作范围的;其他不宜作为提案处理的。

三、提案的分理交办

【提案分理】

根据《提案工作条例》,经审查立案的政协提案,交党政部门办理,具体的承办单位按照归口管理的原则,根据提案内容和党政部门的职责分工确定,凡涉及需2个或2个以上承办单位办理的,应确定主办单位、会办单位或者合办(由2个以上单位各自分别办理)单位。为落实提案分理工作,市政府办公厅派员参加市政协全会的大会秘书处提案组工作,与市政协提案委员会共同确定大会期间提案的主办、合办、会办单位;全会闭幕期间政协提案的分理,由市政府办公厅建议提案处与市政协提案委员会商定。

【提案交办】

1985年前,市政协提案由市政协办公厅(1982年前为秘书处)根据大会提案审查委员会提出的分理意见,直接转送市委、市人大常委会、市政府有关工作部门及市检察院、市高级法院办理。从

1985 年开始,每年市人大、政协会议闭幕后,由市人大常委会办公厅、市政府办公厅、市政协办公厅联合召开各政府部门领导和承办人员参加的专门会议,布置市人大代表书面意见和政协提案办理工作,并邀请非政府系统的承办单位参加,使交办工作前进了一步,但提案仍以市政协的名义交办。1987 年起,对交由政府部门办理的提案(占交办提案数的 90% 以上),采取以市政府办公厅的办理通知形式转发有关承办单位,不再以市政协的名义交办。2009 年,贯彻市委召开的政协工作会议精神,市委办公厅、市人大常委会办公厅、市政府办公厅、市政协办公厅首次联合召开市人大代表书面意见和政协提案办理工作会议,部署全市党政各系统的提案办理工作,进一步推动了提案办理水平的提高。

第二节 提案的数量和类别

一、提案数量

1977 年市政协恢复活动后,从 1979 年五届二次会议起,政协委员积极运用提案形式履行政协职能,第五届市政协期间共收到并立案(下同)的提案 1 416 件,是"文化大革命"前第一至四届政协提案总数的 3.5 倍。第六届市政协共收到提案 2 083 件。第七届市政协共收到提案 5 613 件,其中从 1990 年起,参加市政协的各党派团体、市政协专门委员会可以本党派团体和专门委员会的名义提交集体提案,当年收到党派团体提案 21 件;1991 年增至 96 件;1992 年达 104 件。第八届市政协共收到提案 5 858 件,其中党派团体和专门委员会提案 638 件。第九届市政协共收到提案 5 658 件,其中党派团体和专门委员会提案 686 件。第十届市政协共收到提案 5 307 件,其中党派团体和专门委员会提案 675 件,同时从 2007 年起,提交界别提案 9 件。第十一届市政协共收到提案 5 051 件,其中党派团体和专门委员会提案 729 件,界别提案 21 件。

二、提案类别

为方便提案的分理、交办和统计,市政协将提案统一按内容分为经济、市政交通(1998 年后改为城市建设和管理)、教科文卫体、综合(包括政法、统战、劳动、人事、民政等方面)四大类。

表 7-1-1 1977—2012 年第五至十一届市政协提案数量和分类统计

年	届	次	立案提案件数	党派、团体、专门委员会	个人或联名提案	界别提案	提案分类(件)			
							经济建设	城市建设和管理(政交通)	教科文卫体	综合
1977	第五届	一	(无)	—	—	—	—	—	—	—
1979		二	372	—	372		71	62	139	100
1981		三	576	—	576		86	108	184	198
1982		四	257	—	257		45	40	96	76
1982		五	211	—	211		34	33	98	46
		合计	1 416	—	1 416		236	243	517	420

（续表）

年	届	次	立案提案件数	党派、团体、专门委员会	个人或联名提案	界别提案	提案分类（件）			
							经济建设	城市建设和管理（政交通）	教科文卫体	综合
1983	第六届	一	200	—	200		26	38	85	51
1984		二	273	—	273		47	71	85	70
1985		三	456	—	456		107	118	114	117
1985		四	（无）				—	—	—	—
1986		五	567		567		157	114	150	146
1987		六	587		587		107	163	162	155
		合计	2 083		2 083		444	504	596	539
1988	第七届	一	813		813		204	163	194	252
1989		二	982		982		226	233	254	269
1990		三	1 286	21	1 265		319	321	315	331
1991		四	1 207	96	1 111		270	337	271	329
1992		五	1 325	104	1 221		376	313	350	286
		合计	5 613	221	5 392		1 395	1 367	1 384	1 467
1993	第八届	一	954	105	849		211	274	231	238
1994		二	996	113	883		258	258	178	302
1995		三	1 258	143	1 115		285	333	239	401
1996		四	1 405	135	1 270		341	319	285	460
1997		五	1 245	142	1 103		264	322	297	362
		合计	5 858	638	5 220		1 359	1 506	1 230	1 763
1998	第九届	一	1 114	143	971		277	253	256	328
1999		二	1 112	142	970		204	353	265	290
2000		三	1 195	139	1 056		250	411	276	258
2001		四	1 208	126	1 082		269	361	253	325
2002		五	1 029	136	893		236	296	238	259
		合计	5 658	686	4 972		1 236	1 674	1 288	1 460
2003	第十届	一	1 019	897	122		246	273	247	253
2004		二	1 051	898	153		264	285	243	259
2005		三	1 077	927	150		276	279	248	274
2006		四	1 108	961	147		258	285	303	262
2007		五	1 052	890	153	9	247	256	269	280
		总计	5 307	4 573	725	9	1 291	1 378	1 310	1 328

(续表)

年	届	次	立案提案件数	党派、团体、专门委员会	个人或联名提案	界别提案	提案分类(件)			
							经济建设	城市建设和管理(政交通)	教科文卫体	综合
2008	第十一届	一	963	815	147	1	210	268	275	210
2009		二	1 049	891	154	4	260	238	285	266
2010		三	1 104	952	149	3	242	335	284	243
2011		四	965	825	136	4	204	225	251	285
2011		五	970	818	143	9	197	226	287	260
		总计	5 051	4 301	729	21	1 113	1 292	1 382	1 264

注：六届四次会议只召开1天,没有组织和征集提案。

第三节　提案的办理和促进办理

一、提案办理

提案办理是承办单位接受提案后,对提案内容进行分析研究,提出处理方案,经与提案者沟通联系后给予答复,并在工作中予以落实的过程,提案办理是提案取得实效的关键环节。承办市政协提案的单位,包括市委、市政府相关委办局,市人大常委会和市政协的相关部门以及市检察院、市高级法院等100多个单位和部门。

【提案办理的制度和规定】

1981年前,市政协对提案办理工作的要求未见诸专门的文字规定,只在市政协秘书处(后为办公厅)致承办单位的转办函中提出"请参照市政府办公厅关于办理市人大代表议案和意见建议的通知精神办理"。1981年4月,市政协五届四次会议主席团通过《关于改进提案工作的意见》,首次提出了提案办理的基本要求。1988年5月,市政府办公厅发出《上海市人民政府关于市人大代表意见和市政协委员提案处理工作的若干规定》,对政协提案办理工作从领导责任、经办要求、办理期限、工作方法以及检查总结等方面作出规定。1991年3月,市政府办公厅又发出《上海市人大代表书面意见和政协提案办理工作暂行办法》,细化完善了提案办理的责任、要求、期限、程序等问题,促进了提案办理的规范化。2003年,市委办公厅、市政府办公厅联合转发《市政协办公厅关于进一步做好本市提案办理工作的意见》。2007年,市政府办公厅发出《上海市人民政府关于办理市人大代表书面意见和政协提案办法》,进一步就增强对提案办理在发展社会主义民主政治中的作用的认识;加强在办理过程中与提案者的沟通交流,努力提高办理质量;认真落实提案答复中承诺采纳或解决的问题,增强提案办理实效等做出规定。2009年,市政府办公厅、市政协办公厅根据提案办理工作实践和面临的新情况联合发文,再次明确提案办理的总体要求,并就按规定期限办结提案、加强提案综合分析、主动采纳与落实提案的合理建议、增强提案答复的针对性、加强提案办理后的跟踪检查等作出规定。2012年,中共中央办公厅、国务院办公厅印发《关于进一步加强人民政协提案办理工作的意见》,市委办公厅、市政府办公厅印发了贯彻中办、国办文件的《实施意见》。

【承办责任】

根据提案办理的文件精神,提案办理根据内容确定主办、会办、合办单位,提案办理由主办单位负责办理和答复提案者,会办单位应在规定时间内,将涉及本单位工作的问题提出书面办理意见送主办单位参考,凡提案确定为2个或2个以上单位合办的,由各单位就各自涉及的问题进行研究办理并分别答复提案者。

提案办理工作实行领导负责制。由办理单位主要领导亲自过问办理工作或主持重点提案的办理工作,分管领导具体负责,提案办理责任部门和联络员负责本单位办理的提案的交办、督促和与政协的工作联系。

1988年,市长朱镕基批示市政府各承办单位要"首长负责,认真对待,抓紧办理"。1993年,市委书记吴邦国在台盟市委《建议市党政主要领导亲自阅批民主党派提案》的提案上批示:"同意台盟上海市委的意见。今后凡各民主党派的重要提案,除送中共上海市委、市政府主要领导阅批外,一些重要内容亦可分别列入市委书记办公会议或市长办公会议专题研究办理。"自此以后,市委办公厅、市政府办公厅对市政协报送的部分民主党派市委的提案,采取了摘报、领导批示后跟踪督办等相应措施予以落实。2000年后,市委主要领导每年阅批部分重要提案,市长、副市长每人每年牵头办理1—2件综合性强、涉及多部门办理或群众关注的重要提案,推动了提案的办理和落实。

【办理期限】

根据《提案工作条例》和市政府办公厅文件精神,承办单位在接受提案后,会办单位应在1个月内提出办理意见送主办单位,主办单位应从收件起2个月内办复,如提案涉及情况复杂,办理难度较大,可适当延长1个月,个别办理确有困难、不能在3个月内办复的提案,应报请市政府办公厅、市政协提案委员会同意后,向提案者说明,同时制订计划,采取措施,加紧办理。2011年12月起,办理期限由原2个月延长至3个月,对确属问题复杂,办理难度大的提案,办复期可再延长3个月。

【办理答复】

提案办理和答复的主要程序是:(1)承办单位收到提案后,对提案的背景和建议进行研究,提出初步办理意见,主动采纳与落实提案中的合理建议,制定有关措施推进相关工作。(2)走访提案者,目的是通报办理情况,充分听取提案者意见,讨论交流提案解决办法。对以民主党派、人民团体、政协专门委员会名义提出的集体提案,走访应由承办单位的领导参加;对多位委员联名提出的提案,可视提案内容走访第一提案人,或采取邀请全体或部分委员座谈等形式;对部分内容相近的提案,走访可采取召开归并办理座谈会等形式进行集中沟通交流。(3)书面答复。提案经研究提出办理意见,并与提案者沟通联系后,以书面形式答复提案者。提案答复采用统一格式,分为标题、正文、办理单位及联系方式,同时在答复件首页右上角按照提案办理结果分类标准标注办理结果。书面答复应由承办单位分管领导审核签发,并加盖本单位公章。

【提案办理结果分类】

根据提案承办单位的办理情况,市政协1993年前将办理结果分为4类,即解决、列入计划解决、留作参考、暂时不能解决。1993年开始,提案办理结果改为5类,即已经解决、正在解决、列入计划逐步解决、留作研究参考、因客观条件限制难以解决。2006年,针对提案内容变化,前瞻性、宏观性提案数量增多,以及将提案分为建议类和解决具体问题类的新情况,将办理结果分类修改为"采纳"与"解决"并重的3类:采纳或解决、列入计划拟解决、留作参考。新分类标准2007年纳入新修订的市政协《提案工作条例》和市政府办公厅发布的《上海市人民政府办理市人大代表书面意见和政协提案办法》,并得到了全国政协的肯定和采纳。

【提案者反馈】

1985年市政协六届三次全体会议后,提案委员会向提案者发出征询提案办理工作的反馈意见表,收集提案者对其所提提案办理情况的意见。反馈意见分为满意、基本满意、不满意,如提案者对办理工作不满意则由承办单位进行再处理和再答复。2004年,提案委员会修改反馈意见表,将对提案办理情况反馈分为两个方面:一是对办理态度,设满意、基本满意、一般、不满意4项;二是对办理结果,设同意、基本同意、理解、不同意4项,并增加了"答复前听取意见的方式、办理人员的态度、答复是否针对提案建议"的内容。采用新的反馈形式后,提案者对办理结果不同意或对办理态度不满意的,由市政府办公厅、市政协提案委员会研究后提出处理意见,需要重新办理的转交承办单位再次办理。

二、提案的促进(督促)办理

市政协通过提案委员会与各提案承办单位保持经常性联系和沟通,采取跟踪调研、协商座谈、检查评议等多种方式,促进(督促)提案的办理和落实。

图7-1-1 2006年6月,市政协委员赴市城市交通管理局促办重点提案

【协调办理】

根据《提案工作条例》，1990年起，提案委员会每年遴选若干事关党和政府重要工作、广大群众关心或同专题较多的提案跟踪办理情况，组织提案者与承办单位协商座谈，促进问题的解决和落实。从2000年开始，提案委员会建议承办单位对多件同类问题的提案采用归并办理的方法，通过召开委员座谈会，进行双向交流和沟通，简化办理环节，提高工作效率。同时，了解和掌握提案办理后提案者的反馈意见，对于提案答复反馈不满意的，在分析研究的基础上，协助有关单位做好再办理、再答复工作。

【检查监督】

市政协将跟踪提案办理情况作为委员视察的内容之一。2001年委员年中视察专门安排由市政协领导带队对市卫生局、市医保局、市房地资源局、市环保局等单位的提案办理工作进行视察，就政府系统进一步提高办理质量提出建议。2004年，市政协在对市工商局工作开展专项视察评议时，将提案办理情况列为评议内容。同年，提案委员会对市房地资源局和医保局自市政协十届一次会议以来的提案办理工作进行了跟踪调查与评议。2007年，为进一步贯彻市委办公厅、市政府办公厅联合转发的《市政协办公厅关于进一步做好本市提案办理工作的意见》精神，市政协组织专题工作视察组，对市教委、市公安局、市财政局、市规划局提案办理情况进行专题工作视察，通过听取汇报、邀请对上述单位提过提案的委员座谈、分析"提案办理情况反馈表"等方式，向上述单位提出总体评价和意见建议，并由市政协领导带队，向市政府分管领导汇报，推动全市的提案办理工作。

从十届市政协起，市政协办公厅与市政府办公厅合作，实施提案办理"回头看"。2005年与2007年两次对十届市政协提案办理情况进行集中复查，共跟踪办理提案1689件，对其中922件办理取得新进展的提案，向提案者进行了再次答复；2010—2012年，连续3年梳理第五至十一届市政协提案11824件，对386件提案办理取得新进展的予以再次答复。

【主席、副主席督(促)办重点提案】

从八届市政协起，提案委员会每年遴选若干件重要提案，建议主席、副主席领衔督促办理。① 2004年4月，市政协十届二十二次主席会议审议通过《政协上海市委员会关于主席、副主席促进办理重点提案实施办法》，规定每位主席、副主席每年促进办理一两件重点提案，并邀请提案者、相关专门委员会和党派团体共同参与。2003—2007年，十届市政协主席、副主席共促办重点提案或提案专题51个；2008—2012年，十一届市政协促办(督办)重点提案或提案专题53个。

表 7-1-2 1993—2012年市政协主席、副主席督(促)办重点提案一览

届别	时间	市政协领导		促进办理的提案或提案专题
第八届市政协	1993.4	主席	陈铁迪	建议扶植上海核电设备制造企业，确立在国内外核电建设竞争中的优势
		副主席	石祝三、郑励志	
	1993.4	副主席	石祝三	"推动加快平价房建设，支持上海住房体制改革"提案专题
	1994.4	主席	陈铁迪	"推动上海农业发展"提案专题
	1994.5	副主席	郑励志	"推动高新技术产业发展"提案专题

---

① 2000—2011年称为促进办理。

（续表）

届别	时 间	市政协领导	促进办理的提案或提案专题
第八届市政协	1995.12	副主席　石祝三	关于在上海建造第三代同步辐射光源的建议
	1996.4	主　席　陈铁迪	关于重视下岗待业人员再就业和基本生活保障的建议
	1997.5	副主席　陈正兴	
	1996.5	副主席　陈正兴	"关于规范上海民用饮用水市场"提案专题
	1997.4	副主席　陈正兴	建议扶植和支持民营科技企业发展
第九届市政协	1998.9	副主席　谢丽娟、陈正兴	关于严禁秸秆焚烧污染大气的建议
	2001.7	副主席　谢丽娟	
	1999.5	副主席　陈正兴	关于上海发展高新技术产业风险投资法制需求的建议；关于改善高新技术产业风险投资环境的建议
	1999.12	副主席　谢丽娟	跟踪1995年提案"关于在上海建造第三代同步辐射光源的建议"的办理情况
第十届市政协	2003.8	主　席　蒋以任	发展经济和促进就业的若干建议
	2003.8	副主席　黄关从	拓宽融资渠道，鼓励、支持和引导民间投资
	2003.9	副主席　王荣华	加强再生资源利用和旧家电回收的建议
	2003.9	副主席　谢丽娟	建议进一步推动本市科普工作发展
	2003.10	副主席　石四箴	推进民办教育发展的建议
	2003.11	副主席　王生洪	加强本市无障碍设施的建设和管理的建议
	2003.11	副主席　俞云波	关于上海城市化进程中离土农民安置和保障工作的若干建议
	2003.12	主　席　蒋以任　副主席　宋仪侨、谢丽娟、俞云波、王荣华	关于进一步加强社区物业管理的建议
	2003.12	副主席　王新奎	关于加强国有资产管理体制改革的建议
	2004.6	主　席　蒋以任	关于加快上海现代服务业发展的建议
	2004.6	副主席　谢丽娟	关于调整本市住房供应结构的建议
	2004.6	副主席　俞云波	关于发展本市民营文化企业的若干思考
	2004.6	副主席　俞云波	关于优化服务产业，培育总部经济的建议
	2004.6	主　席　蒋以任　副主席　王荣华	加快上海国际金融中心建设的建议
	2004.7	副主席　王荣华	建议将上海中心图书馆服务体系向全市延伸作为上海市实事工程
	2004.8	副主席　黄关从	关于深化国企分配制度改革，规范职务消费的建议
	2004.9	副主席　黄关从	关于进一步推进上海国有资产财政管理体制改革的建议
	2004.9	副主席　王生洪	关于推进本市义务教育均衡化发展的几点建议
	2004.10	副主席　王生洪	关于做好台生工作，促进祖国统一大业的建议
	2004.12	副主席　石四箴	加快上海先进装备制造业发展的建议

（续表）

届别	时　间	市政协领导	促进办理的提案或提案专题
第十届市政协	2005.4	副主席　宋仪侨	发展循环经济,建设资源节约型城市
	2005.4	副主席　俞云波	"进一步改善港澳台侨人士在沪生活环境"提案专题
	2005.4	副主席　王生洪	"发展上海产学研战略联盟"提案专题
	2005.4	副主席　黄关从	"促进民营经济健康发展"提案专题
	2005.5	副主席　谢丽娟	跟踪2004年提案"关于调整本市住房供应结构的建议"的办理情况
	2005.6	副主席　左焕琛	建议进一步完善农村村级医疗预防保健体系
	2005.6	主　席　蒋以任 副主席　王荣华	"建议建立健全食品安全体系"提案专题
	2005.6	副主席　沈红光	建议进一步改善上海就业环境,促进离土农民和大学生就业
	2005.7	副主席　王新奎	应对"走出去"战略面临的新挑战,降低上海外向型经济的风险的建议
	2005.9	副主席　石四箴	"进一步做好本市交通排堵保畅工作"提案专题
	2006.3	副主席　王生洪	"加强城市精神文明建设,迎接世博会召开"提案专题
	2006.4	副主席　王生洪	关于推进上海自主创新体系建设的建议
	2006.4	副主席　宋仪侨	"提高就业质量,规范劳动用工制度"提案专题
	2006.6	副主席　黄关从	积极促进上海现代物流业发展的建议
	2006.6	副主席　王荣华	"促进本市公共交通事业发展"提案专题
	2006.6	副主席　沈红光	建议进一步贯彻党的宗教政策,促进有关宗教政策的落实
	2006.9	副主席　黄关从	"加强上海公共安全建设"提案专题
	2006.9	主　席　蒋以任	建议进一步改善台商在沪投资环境
	2006.9	副主席　谢丽娟	建议在公共场所建立百万摄像监控探头
	2006.10	副主席　左焕琛	"关于推进本市郊区农村卫生工作发展"提案专题
	2006.10	副主席　王新奎	建议加快在本市推广建筑节能措施
	2006.11	副主席　石四箴	"建议加强沪台间农业合作"提案专题
	2007.4	副主席　王生洪、谢丽娟	关于本市义务教育均衡发展的建议
	2007.5	副主席　俞云波	认真贯彻《归侨侨眷权益保护法》,加快解决"落政后代经租侨房"租赁矛盾
	2007.5	副主席　左焕琛	关于加强食品药品安全监管的建议
	2007.6	副主席　黄关从	关于尽快恢复蔡元培故居原貌的建议
	2007.7	副主席　宋仪侨	"关于本市郊区文化事业建设发展"提案专题
	2007.8	主　席　蒋以任	"加快培养高技能人才"提案专题
	2007.8	副主席　王荣华	"降低市民公交出行成本"提案专题
	2007.9	副主席　谢丽娟	"营造良好创新环境,加快建设创新型城市"提案专题
	2007.11	副主席　王新奎	"努力构建上海青年创业服务体系"提案专题

届别	时　间	市 政 协 领 导		促进办理的提案或提案专题
第十一届市政协	2008.4	主　席	冯国勤	关于提升上海经济贸易仲裁服务的建议
		副主席	李良园、吴幼英	
	2008.5	副主席	李良园、吴幼英	关于解决虹桥机场出场旅客疏运困难的建议
	2008.5	副主席	钱景林	关于办好本市中学民族班的几点建议
	2008.5	副主席	朱晓明	关于推进学习型城市建设中社会教育的对策建议
	2008.6	副主席	朱晓明、高小玫	关于积极应对老龄化社会的建议
	2008.6	副主席	李良园、吴幼英	关于进一步改善本市投资环境的建议
	2008.6	主　席	冯国勤	关于加大政策投入力度，扶持农民专业合作社发展的建议
		副主席	李良园、吴幼英	
	2008.6	副主席	蔡　威	加强对小区业委会规范与制约的建议
	2008.6	副主席	周太彤	"加快市区旧区改造工作"提案专题
	2008.6	副主席	周汉民	关于加强非物质文化遗产保护与传承的建议
	2008.6	副主席	王新奎	关于推进浦东新区生产性服务业发展的建议
	2008.7	副主席	钱景林	关于防止未来10年内上海制造业高级人才严重短缺的若干建议
	2009.4	主　席	冯国勤	加快上海国际贸易中心建设，进一步提高对外开放水平的建议
	2009.4	副主席	钱景林	关于加大重大专项项目支持力度和规范地方配套政策的建议
	2009.4	副主席	周太彤	建议制定地方性政策，扶持融资租赁业发展
	2009.5	主　席	冯国勤	关于加强本市劳动争议仲裁工作的建议
	2009.5	副主席	高小玫	转变经济发展方式，推进上海节能减排工作的建议
	2009.5	副主席	李良园、吴幼英	"拓展就业渠道，缓解就业压力"提案专题
	2009.5	副主席	朱晓明	关于完善港口集疏运体系，促进上海国际航运中心建设的建议
	2009.5	副主席	蔡　威	建议加快郊区河道水环境整治
	2009.5	副主席	李良园	提升上海市食品安全水平，完善上海食品安全保障体系的建议
	2009.5	副主席	周太彤	"多渠道解决中小企业融资难问题"提案专题
	2009.6	副主席	周汉民	"创建世博协同服务平台"提案专题
	2010.5	主　席	冯国勤	"稳步推进上海虹桥商务区建设"提案专题
	2010.5	副主席	钱景林	"推进科技政策在中小企业的落实"提案专题
	2010.6	副主席	高小玫	关于推广垃圾分类收集装置，力行节能减排的建议
	2010.6	副主席	王新奎	加快专业性电子商务平台建设，促进国际贸易中心建设的建议
	2010.6	副主席	蔡　威	建议打破体制分割，建立城乡统筹的医疗保险制度
	2010.6	副主席	周太彤	关于加快郊区市镇建设，推进城乡一体化发展的建议
	2010.6	副主席	李良园	"进一步推进本市养老事业发展"提案专题
	2010.6	副主席	朱晓明	加强金融审判工作，推动金融中心建设的建议

（续表）

届别	时　间	市 政 协 领 导	促进办理的提案或提案专题
第十一届市政协	2010.6	副主席　周汉民	结合低碳经济发展形势,加快形成上海能源安全新战略的建议
	2010.7	副主席　吴幼英	关于继续推动解决"落政后代经租侨房"资金到位问题的建议
	2011.5	副主席　蔡　威	"完善食品安全监管体制"提案专题
	2011.5	副主席　吴幼英	"建立健全城市管理常态长效机制"提案专题
	2011.5	副主席　钱景林	"发挥世博后续效应,促进文化创意产业发展"提案专题
	2011.5	副主席　李良园	"加快郊区新城建设"提案专题
	2011.5	副主席　王新奎	"大力推进'智慧城市建设'"提案专题
	2011.5	副主席　姜　樑	"稳步提升上海国际航运中心的航运服务功能"提案专题
	2011.5	副主席　高小玫	"大力推进社区建设"提案专题
	2011.6	副主席　周汉民	"全面推进住房保障体系建设"提案专题
	2011.7	副主席　周太彤	"推进国资国企改革"提案专题
	2012.5	副主席　吴幼英	"加强社区文化活动中心建设"提案专题
	2012.5	主　席　冯国勤	"稳步推进增值税制度改革"提案专题
	2012.5	副主席　周汉民	"大力发展文化产业"提案专题
	2012.5	副主席　姜　樑	"进一步推进生活垃圾的'三化'处理"提案专题
	2012.6	副主席　王新奎	"完善金融服务市场环境"提案专题
	2012.6	副主席　吴志明	"加强实有人口综合服务和管理"提案专题
	2012.6	副主席　钱景林	"加强技术创新体系建设"提案专题
	2012.6	副主席　高小玫	"积极完善为老服务体系"提案专题
	2012.6	副主席　蔡　威	"提高医保管理水平"提案专题
	2012.6	副主席　李良园	"加强饮用水源保护"提案专题
	2012.9	主　席　冯国勤 副主席　周太彤、吴幼英、姜　樑	关于结合考虑世博场馆后续利用,建设上海友好城市纪念公园的建议

第四节　工作会议和工作研讨

从第八届市政协起,为进一步加强提案工作,发挥提案在履行政协职能中的重要作用,市政协通过召开工作会议和研讨会议,不断推进政协提案工作的新发展。

一、工作会议

【提案工作会议】

1999 年 7 月 13 日,第九届市政协召开提案工作会议。市委副书记、市政协主席王力平主持会议并讲话,市政协副主席兼提案委员会主任陈正兴作"锐意进取,服务大局,不断提高提案工作质量"的报告,提出要深入调查研究,努力提高提案质量,进一步发挥党派团体和市政协专门委员会提案的优势,进一步提高提案委员会服务质量的要求。市政府秘书长黄跃金作了题为"适应政协提案工作发展的要求,努力提高办理提案的质量"的讲话,提出政府部门要进一步统一认识,改进工作方法,严格制度,努力提高办理质量和水平。九三学社市委,市工商联,市政协委员徐本力、彭镇秋,市政协区县政协联络委员会和市工商行政管理局作交流发言。部分市政协委员,上海市各民主党派、工商联和有关人民团体、区县政协、市政协各专门委员会,以及市政府有关委办局负责人出席会议。会后编发《上海市政协提案工作会议材料选编》。

2003年11月6日,第十届市政协召开2003年提案工作会议,回顾十届一次会议以来提案工作情况,交流探讨新形势下推进提案工作创新发展的思路和经验。市政协主席蒋以任出席会议并讲话,副主席王生洪主持会议,副主席兼提案委员会主任王荣华作题为"解放思想、与时俱进,促进提案工作新发展"的报告;市政府秘书长杜家毫在会上就政府部门进一步重视政协提案,加强提案办理工作讲话;民建市委、民进市委、市政协民族和宗教委员会、市公安局、市建设和管理委员会、闸北区政协以及市政协委员屠海鸣、章继浩等进行交流发言。市委办公厅、市政府办公厅、市人大常委会人事代表委员会和市政协有关部门的负责人,部分市政协委员,上海市各民主党派和市工商联、区县政协、部分提案承办单位等有关方面负责人出席。会议确定今后原则上每年召开1次提案工作会议。2004年11月17日、2005年12月5日、2006年12月21日,市政协连续3年召开提案工作会议(其中2006年为提案、社情民意信息工作会议),总结当年、部署次年的提案工作,表彰优秀提案获奖者。市政协主席蒋以任出席会议并讲话。

2008年11月24日,第十一届市政协召开提案工作会议,回顾总结2008年提案工作情况,提出

图7-1-2　1999年7月,市政协召开提案工作会议

进一步加强和改进提案工作的总体思路和具体要求。市政协主席冯国勤,市委常委、常务副市长杨雄出席会议并讲话,市政协副主席朱晓明宣读关于评选市政协优秀提案荣誉奖、2008年度优秀提案奖获奖名单和表彰决定并授奖,副主席兼提案委员会主任李良园作市政协关于2008年提案工作情况的报告,副主席吴幼英主持会议,台盟市委、市发改委、市公安局等在会上作交流发言。

【提案办理工作会议】

2012年9月27日由市委、市政府和市政协在市委党校联合召开。会议贯彻中共中央办公厅、国务院办公厅《关于进一步加强人民政协提案办理工作的意见》,部署上海市提案办理工作。会议提出,要进一步完善办理机制,形成职责明确、重点突出、督办有力、落实到位的格局;要加强提案综合分析,提出带有普遍性、宏观性的政策措施;要注重增进沟通协商,在沟通中增进理解,在协作中解决问题,促进提办双方增进共识、形成合力;要加强宣传报道,营造全社会关注、支持提案办理工作的舆论氛围。市政协主席冯国勤主持会议并就贯彻落实会议精神提出要求,副主席李良园作提案办理工作情况报告,市委副书记殷一璀、常务副市长杨雄出席会议并讲话。会议表彰了36家第十一届市政协提案办理工作先进单位,市委宣传部、市发改委、市教委、黄浦区政府、市劳动和社会保障局、市建设交通委作交流发言。部分市政协委员、各提案承办单位负责人和承办人员出席会议。

二、工作研讨

【"提高提案质量和办理质量"工作研讨会】

1994年11月18日举行,市政协副主席毛经权出席会议并讲话。研讨会贯彻全国政协第三次提案工作座谈会精神,围绕如何提高提案质量,如何促进提案办理取得实效等问题进行交流探讨,总结政协提案工作的经验,探讨在新形势下进一步提高提案工作质量,发挥提案在履行政协职能中作用的方法和途径。市政协委员,各民主党派市委、市人民团体负责人,区县政协负责人,市委督查办,市政府办公厅建议提案处负责人以及部分论文撰稿者出席会议。会议征集研讨论文50篇,会后经提案委员会审阅评选获奖论文15篇,并编发《政协提案工作研讨论文选编》。

【"完善提案工作机制,提高提案工作质量"研讨会】

2005年7月12日举行,市政协主席蒋以任出席并讲话,全国政协提案委员会副主任傅志煌、副市长冯国勤参加会议并致辞,市政协副主席兼提案委员会主任王荣华主持会议。研讨会从理论与实践、思路与对策、当前与长远的结合上,围绕新形势、新情况下提案工作如何突破瓶颈和障碍,破解部分反复出现的困难和问题,促进提案工作健康发展进行探讨。会上,提案委员会作了主题发言,九三学社市委、市政协经济委员会、市政协委员林尚立、殷啸虎、庄子群、台盟市委、闸北区政协、宝山区政协、上海社会科学院刘杰等分别发言。市政协各专委会负责人,部分市政协委员,各民主党派市委、市工商联、区县政协负责人出席会议,市委办公厅、市委研究室、市政府办公厅有关负责人,部分提案承办单位负责人,以及江苏省、浙江省政协提案委员会负责人应邀出席。

【"增强'共同意识',提升提案工作科学化水平"提案工作座谈会】

2010年11月30日举行,市政协主席冯国勤,市委常委、常务副市长杨雄出席并讲话,市政协副主席吴幼英主持会议。会议学习贯彻胡锦涛总书记在庆祝人民政协成立60周年大会上的重要讲话,全国政协第六次提案工作座谈会,以及上海市政协工作会议精神,围绕增强"共同意识",使做好提案工作成为提案者、承办者、领导者、提案工作者和宣传者的共同责任、共同任务和共同目标,以增强提案工作合力,提高提案工作科学化水平进行交流。会议共收到交流发言稿(论文)72篇,魏建、李飞康、屠海鸣、李世耀、严胜雄、邹传纪、徐海峰、夏根福、刘凯、李骏修等10位同志分别代表政协委员、党派团体、界别、专委会、区县政协和提案承办单位作交流发言,会议还印发了朱树英、殷啸虎等委员的书面发言18篇。

第五节　评 选 表 彰

1991年1月,市政协七届三十二次主席会议决定开展评选优秀提案和承办提案先进单位的活动,讨论通过了相应的评选办法,并于当年启动评选,届内共评选了2批优秀提案和1次承办提案先进单位。第八届市政协依据评选办法,届内组织了5次优秀提案评选表彰和4次承办提案先进单位评选表彰活动。第九届市政协采用5年集中评选的办法,于2002年底举行了届内优秀提案的评选和表彰活动,并根据修改后的《提案工作条例》,不再评选承办提案先进单位。第十届市政协共组织了4次优秀提案评选表彰活动。第十一届市政协在每年评选1次优秀提案的基础上,经主席会议研究同意,增设优秀提案特别奖和优秀提案荣誉奖,不定期进行评选和表彰,届内还评选表彰了承办提案先进单位。

一、优秀提案评选

【优秀提案奖】

根据1991年市政协关于优秀提案评选条件和2000年优秀提案评选办法,市政协评选优秀提案的标准是:内容围绕大事,涉及热点问题;情况准确,分析透彻,建议可行或具前瞻性,能产生或预期将产生效益,对决策具有重要参考价值。确定优秀提案评选数额不超过评选年限内提案总数的2%,从第十届市政协起增加为不超过5%。

1991—2012年,市政协共开展优秀提案评选活动17次,评选优秀提案967件。

优秀提案评选后,市政协通过召开优秀提案表彰会、提案工作总结表彰会、在全会预备会议上表彰等不同形式,表彰优秀提案的获得者,并颁发获奖证书。

表7-1-3　市政协优秀提案评选及表彰形式一览(共967件)

届次	评选时间	审 批 会 议	评选优秀提案数量	表 彰 方 式
第七届市政协	1991.1	七届三十二次主席会议	七届政协提案51件	召开优秀提案表彰大会
	1991.12	七届四十一次主席会议	七届政协提案33件	召开优秀提案表彰大会
第八届市政协	1993.12	八届九次主席会议	八届一次会议提案32件	召开优秀提案表彰大会
	1994.12	八届二十次主席会议	八届二次会议提案35件	市政协八届三次全体会议开幕会议上表彰
	1995.12	八届三十三次主席会议	八届三次会议提案43件	召开优秀提案表彰大会
	1996.12	八届四十五次主席会议	八届四次会议提案42件	召开优秀提案表彰大会
	1997.12	八届五十六次主席会议	八届五次会议(包括少量1—4次会议)提案35件	在八届市政协工作总结暨优秀提案表彰大会上表彰

（续表）

届次	评选时间	审 批 会 议	评选优秀提案数量	表 彰 方 式
第九届市政协	2002.10	九届四十八次主席会议	九届政协提案115件	在九届市政协工作总结表彰大会上表彰
第十届市政协	2004.11	十届三十二次主席会议	十届一次、二次会议提案66件	在2004年提案工作会议暨优秀提案表彰会上表彰
	2005.11	十届四十九次主席会议	十届三次会议提案53件	在2005年提案工作会议上表彰
	2006.12	十届六十九次主席会议	十届四次会议提案67件	在2006年提案、社情民意信息工作会议上表彰
	2007.12	十届八十五次主席会议	十届五次会议（包括少量1—4次会议）提案108件	在第十届市政协工作总结大会上表彰
第十一届市政协	2008.11	十一届十九次主席会议	十一届一次会议提案54件	在2008年提案工作会议上表彰
	2009.12	十一届四十六次主席会议	十一届二次会议提案63件	在市政协十一届三次会议预备会议上表彰
	2010.12	十一届七十次主席会议	十一届三次会议提案61件	在市政协十一届四次会议预备会议上表彰
	2012.1	十一届九十二次主席会议	十一届四次会议提案55件	在市政协十一届五次会议预备会议上表彰
	2012.11	十一届一百十一次主席会议	十一届五次会议提案54件	在第十一届市政协工作总结大会上表彰

【优秀提案荣誉奖】

2008年,第十一届市政协决定增设优秀提案荣誉奖,为非常设奖项,结合（纪念）重大事件评选,由主席会议决定。2008年11月,结合市政协纪念改革开放30周年活动,经十一届十八次主席会议审议,评选殷体扬委员1981年提出的《建议筹设开发浦东建设和规划机构》、陆子芬、俞颖生委员1981年联名提出的《请积极准备建立浦东新区,建设成为新型国际城市楷模》、袁随善委员1986年提出的《上海的港口发展应当面向世界,不要局限于黄浦江内选址,而要符合航运趋势,通过技术民主,制定长远开发综合规划,使上海成为真正的世界大港》、谢希德、杨福家、王志勤、奚同庚、蒋锡夔、曹珊珊和金柱青7名委员1995年联名提出的《关于在上海建造第三代同步辐射光源》4件提案为优秀提案荣誉奖,并在2008年提案工作会议上向优秀提案荣誉奖的获得者（或家属）授予荣誉证书。

【优秀提案特别奖】

2009年,第十一届市政协修订优秀提案评选办法,决定增设优秀提案特别奖,规定优秀提案特别奖应符合优秀提案的标准,并成效更加显著且受到各方面公认。经2010年12月市政协十一届七十次主席会议、2012年11月十一届一百十一次主席会议两次审议,共评选优秀提案特别奖17件,分别在市政协十一届四次会议预备会议和第十一届市政协工作总结大会上予以表彰。

表 7-1-4 2008—2012 年十一届市政协优秀提案特别奖一览

审批会议	提案号	提案案由	提案者
2010 年 12 月市政协十一届七十次主席会议	1110847	关于上海世博会积极争取参加美国"大型玫瑰花车巡游"的建议	沈伟娟、陈小平、陈志龙、张癸、李飞康
	1120118	律师全程跟踪旁站,确保依法规范运作——政府投资基础设施工程由律师全程提供法律服务的建议	朱树英
	1130125	关于加强对消费卡管理的建议	民革市委
	1130127	关于出台本市《营业税差额征税管理办法实施细则》,促进上海现代服务业发展的建议	市工商联
	1130339	关于向上海市民赠送世博会门票的建议	李飞康
2012 年 11 月市政协十一届一百一十一次主席会议	1110152	关于提升上海经济贸易仲裁服务的建议	九三学社市委
	1110436	关于学习借鉴香港住房保障体系经验,加快本市保障性住房建设的建议	屠海鸣、陈宗达、邓日燊、陈泽武、林旭明
	1110487	上海人口出生高峰带来入园、入托紧张	袁圆
	1110629	关于推进上海光源应用的建议	孙正心、何建华、阮康成、林真意、何序新、张培志、范铠、徐洪杰
	1120807	关于建立和完善本市农业生态补偿机制的建议	市政协农业界
	1121035	关于结合考虑世博场馆后续利用问题,建设上海友好城市纪念公园的建议	市政协对外友好委员会
	1121042	关于细化落实沪府 44 号文,进一步完善本市大型居住区配套建设的若干建议	市政协人口资源环境建设委员会、区县政协联络指导组
	1130369	关于重建上海儿童的专属剧场的建议	蔡金萍、李蓉蓉、毛时安、张民权、钱程、陈磊、程海宝、马莉莉
	1131089	为在全市社区普及生活垃圾分类处理,建议先实施家庭厨余、果皮垃圾与其他生活垃圾的分类处理	市妇联
	1140118	关于加强特大型城市防风险能力建设的若干建议	市政协人口资源环境建设委员会
	1140174	医保衔接民政,为低保人员就医提供便捷	致公党市委
	1150001	关于健全市级财政预算公开制度,扩大民主监督的建议	乐景彭、史丽雯、方怀瑾、邢普

二、评选表彰承办提案先进单位

1991 年 10 月,市政协根据七届三十二次主席会议的决定,首次评选承办政协提案的先进单位,办公厅向全体政协委员、各民主党派和人民团体发出《关于推荐提案承办工作先进单位的通知》,组织推荐承办提案先进单位。提案委员会汇总政协委员和党派团体推荐情况,按评选条件提出备选名单,并征求有关方面的意见后形成评审方案,提请主席会议审议通过,当年评选承办提案工作先进单位 19 个。此后,市政协于 1994 年 1 月评选表彰承办提案先进单位 18 个;1995 年 2 月评选表彰承办提案先进单位 13 个和先进个人 14 名;1996 年 1 月评选表彰承办提案先进单位 14 个和先进个人 18 名。

1997 年起,根据新修订的《提案工作条例》,市政协不再评选承办提案先进单位和先进个人。

2012 年,根据中共中央办公厅、国务院办公厅印发的《关于进一步加强人民政协提案办理工作的意见》和市政协 2009 年修订的《提案工作条例》,市政协评选上海市高级人民法院等 35 家单位为提案办理工作先进单位;授予上海世博会事务协调局提案办理工作先进单位特别奖。2012 年 9 月,市委、市政府和市政协联合召开政协提案办理工作会议,会上对上述先进单位进行了表彰。

第六节　优秀提案选录

一、经济建设类

【建议筹设开发浦东建设和规划机构】

在 1981 年市政协五届三次全会上,殷体扬委员提出"建议筹设开发浦东建设和规划机构";陆子芬、俞颖生委员提出"请积极准备建立浦东新区,建设成为新型国际城市楷模"的提案。两件提案提出,浦东地区距沪西市区只有一江之隔,空地较多,面积广大,濒临江边,要充分发挥上海市应有的功能,疏导浦西,建设浦东。提案建议对浦东地区作出总体规划,设置浦东区,划定区界、面积,以新型国际城市楷模进行开发建设。浦东区的土地应由市统一拥有,凡要在浦东开设工厂都要付出一定的土地使用费,或一次付出地价,从而把这些从土地上的收入,作为开发浦东、建设浦东的资金。同时,着手延安东路陆家嘴隧道建设计划的完成和着手设计建桥方案,方便浦东、浦西的联系,有土地、有人才、有资金,配合交通、居住、生活设施逐步建设,应有条件俱备,何患事之不成。希望全市人民全力支持,促使此项工作及早实现。

两份提案从充分发挥上海应有功能的高度,分析了浦东的地理、环境、交通等诸多发展潜力,在 1981 年即建议市政府设立开发浦东的专门机构,还提出了浦东开发资金的筹措、建桥方案的设计等具体措施。所提建议前瞻性强,符合党和国家的重大决策,符合当时上海改革开放的实际,具有重要参考价值。2008 年,上述两件提案获优秀提案荣誉奖。

【关于在高桥地区组建石化联合企业的建议】

范新发、龚祖德委员在 1981 年市政协五届三次全会上提出,将上海炼油厂与高桥化工厂组建成高桥联合化工企业,将使经济结构、产品结构、工业组织结构合理化,可为轻、纺、电子、建材行业提供更多的短线化工和塑料产品。上炼和高化两厂有近万名职工,技术队伍庞大,设备条件较好,某些技术不仅在国内领先,在国际上也属先进水平,联合经营后完全有条件在短期内形成一个有竞争力的石油化工联合企业。

市委、市政府对此提案十分重视,在调查论证的基础上,报经国务院批准,于 1981 年 11 月正式成立由七厂一所(上海炼油厂、高桥化工厂、上海农药厂、染化十五厂、化纤二厂、洗涤剂厂、高桥热电厂和石化研究所)组建的联合企业,定名为上海高桥石油化工公司。

【关于筹建上海市证券管理委员会的建议】

民盟上海市委在 1992 年市政协七届五次全会上提出,上海证券市场正在加速拓展,在经济体制改革、社会文化心理、社会管理体制等各方面，对社会各界、各阶层正在产生越来越深广的影响。证券市场已经超脱出本身作为金融市场一个部件的地位，而成为一个社会系统工程。实践表明，由中国人民银行上海市分行独任管理全权的管理体制，已难以承担由此产生的重大责任。一个拥有更广泛权威的统一的地方性证券管理权力机构的设立，是客观战略目标的根本保证，是在社会主义市场经济体系中发展证券市场的必要条件。因此，建议市政府着手组建上海市证券管理委员会。提案还对上海市证券管理委员会的职权、组成、领导关系和机构设置提出了具体的建议。

市计划委员会办理答复称：建议很好，市领导和有关委办领导已经认识到解决这个问题的必要性并进行了探讨、研究，市长黄菊最近批示同意成立市证券管理委员会，并已筹建。提案中提出的证券管理委员会的职能和机构设置等建议，将在筹建过程中认真加以考虑。

【在郊区建设现代农业的建议】

姚元绶、姚永靖委员在1993年市政协八届一次全会上提出，为贯彻落实市委、市政府制定的"城乡一体化，两个立足点，三业协调发展，建设四个基地"的郊区工作方针，建设现代化城郊型农业，建议：（1）全市要统一规划，有计划地调整农村产业结构，努力发展精细农业、创汇农业、旅游农业和生态农业，建设一批名、特、优农副业生产基地，使郊区农业逐步实现现代化、外向型、园林化的特大型城市城郊型农业。（2）郊区农副业生产要走农工商一体化之路，成立农副业企业集团（公司）或股份制农业，实行企业化管理，发展农副产品加工业，使农副产品实现净包装、小包装上市，建立农副产品市场。（3）科教兴农，推广应用农业科技成果，采用先进生产技术，通过人才培养，做到培养一批人才，推广一项先进技术，开发一个项目，发展一方经济。

市农业委员会办理答复称，委员建议对促进郊区现代农业的建设有积极作用。郊区现代农业的建设，将优化农副业结构，在继续抓好粮食、棉花、油菜等传统大宗产品的同时，努力发展市场需要的名特优稀小宗产品；要加强农业基础设施建设，因地制宜调整种植结构，提高种植业经济效益，增强农业发展自身的经济实力，逐步建立起良性循环的机制。

【收过江费的负面效应及解决矛盾的若干建议】

郑华耀、童文贤、李再琼等委员在2000年市政协九届三次全会上提出，随着浦东新区的发展，黄浦江过江收费的负面作用已不容忽视，建议早日取消过江收费，并提出下述方案供选择：一是通过市人大立法的形式，向全体市民告知收取过江费的期限，过了期限则一律免收；二是利用国务院将要出台的"费改税"举措，把过江费纳入汽油税之中；三是发行交通债券或彩票；四是通过一定时期的税收统筹来解决矛盾。

提案受到市领导的重视和市民的关注，市政府将合理解决越江收费问题提到议事日程，市计委会同市建委、物价局、财政局、市政局及上海久事公司多次研究，并报经市政府批准，从2000年5月1日起取消了车辆通行黄浦江越江隧道和大桥的收费。

【用明信片作为上海著名旅游景点门票的建议】

台盟市委在2002年市政协九届五次全会上提出：（1）配合申办世博会，建议用明信片作为上海著名旅游景点门票，扩大宣传，推动上海旅游业发展和申博工作开展，请市旅游委与市邮政局进行协商，确定相关的发行计划。（2）在全市范围内进行上海十大旅游景点的推荐，确定第一批发行明信片的10个景点，然后请上海乃至国内外的摄影家、摄影爱好者拍摄投稿，评选录用后可制作其他景点的明信片。提案希望这件有利于旅游者、集邮者,有利于上海旅游事业发展,有利于扩大上海影响,有利于上海申办世博会的好事能够早日实现。

市旅游委根据提案的建议,在市邮政局的配合下,经与部分旅游景点商讨研究,采纳了提案建议。2002 年 8 月 27 日,有关部门在上海城市规划馆举行了邮资明信片景点门票项目实施签约仪式,上海城市规划展示馆、上海野生动物园、上海动物园、东平国家森林公园、上海大观园、上海植物园等 13 个景点确定首批使用邮资明信片作为景点门票。

【加快上海现代物流产业发展的建议】

民建市委在 2002 年市政协九届五次全会上提出,根据上海"十五"规划纲要,为更好推动现代物流产业的发展,建议:(1)加大政府对物流产业发展的宏观引导、政策支持和整体协调力度,营造和完善现代物流人才成长的机制和环境。(2)制定和完善有利于现代物流发展的政策法规体系,增强有关法律法规的透明度和可操作性。(3)利用信息港的资源优势,加快物流产业信息化配置的步伐,推动上海现代物流产业率先"走出去"的发展战略,积极推进第三方物流的大发展,鼓励上海物流产业实现跨区域的市场经营。(4)强化物流行业的自律规范,发挥行业协会的管理和协调作用。(5)提高上海物流的集散和辐射功能,构筑水、铁联运"绿色大通道"。

市发展计划委员会办理答复称,提案的部分建议在《上海市"十五"现代物流产业发展重点专项规划》中吸纳,有些建议已经纳入了近期重点推进的工作。上海市将以商贸流通、航运航空为依托,充分发挥海陆空枢纽和大口岸的综合优势,以积极发展第三方物流、整合现有物流资源为重点,加快推进现代物流业发展。

【关于提升上海经济贸易仲裁服务的建议】

九三学社市委在 2008 年市政协十一届一次全会上提出,全市经济贸易仲裁中介服务不断发展,受理案件数量不断上升,但与国际著名的仲裁机构相比,差距仍然较大。为提升上海经济贸易仲裁服务,建议:(1)制定相关政策法规,从制度上推进仲裁中介服务的规范发展。(2)加大宣传力度,提高公众对仲裁的认识,让企业、广大群众了解仲裁的受案范围、程序和特点。(3)提高现有仲裁员的专业素养,从高校、律师协会、各专门领域选拔一批懂业务、熟悉法律、精通外语的复合型、高素质人才担任仲裁员,引进国际著名的仲裁员担任上海仲裁机构的仲裁员,提高上海仲裁机构在国际上的影响。(4)仲裁机构可由商会和行业协会共同管理和监督,仲裁委员会的领导成员可通过仲裁员民主选举产生。

上海仲裁委办理答复称,提案对推广仲裁法律制度、促进上海法制环境建设具有良好的推动作用。采纳提案建议,将继续积极争取相关政府管理部门及行业协会的支持;以仲裁委员会换届为契机,对仲裁员队伍进行全面的审核,拓宽视野,优化结构;加强与国内外知名仲裁机构的交流与合作,探索仲裁机构运行的新机制。

【关于建立和完善本市农业生态补偿机制的建议】

市政协农业界在 2009 年市政协十一届二次全会上提出,为保护水源生态环境,上海市在黄浦江中上游及淀山湖周边地区采取了禁养畜禽和关闭畜禽养殖场的措施,还种植了大片水源涵养林,由于这些地区本身条件所限,在经济发展、农民增收上带来困难。建议尽快建立和完善农业生态补偿机制,以解决这些地区经济发展和农民生活、农民增收的问题。在制定具体方案时,既要考虑对这些地区的生态补偿，也要考虑对地区内农民的补偿。

市发展改革委答复采纳提案建议，表示市农委已将推进基本农田生态补偿列入委内重点工作，并建立了工作推进机制。至年底，经市政府批准形成了相关文件，建立了相应的生态补偿机制，并将黄浦江水源涵养林等涉及"失地"农民统一纳入"镇保"范围。

【关于在两岸三地金融合作中加强沪台金融合作的建议】

市政协港澳台侨委员会在2010年市政协十一届三次全会上提出，随着沪港台经济合作的不断深入，应对沪台金融合作进行战略性规划，把上海率先建成沪台金融政策的先行先试区、金融机构合作的中心集聚区和金融业务的创新实验区。建议：（1）打造沪台金融机构的合作平台。以打造重点机构平台为切入点，注重银行业合作、农村金融服务合作、保险业合作、证券业合作。（2）争取政策突破，推动在上海成立独立法人机构的台资银行，全面经营人民币个人业务，确保已在上海设立代表处的3家台湾银行落户上海。（3）实施沪台货币便利化兑换措施，建立两岸货币兑换清算机制，可先从沪台货币兑换的便捷化措施着手。（4）积极探索离岸金融业务的合作。（5）深化中小企业的融资业务合作。（6）联合开展财富管理业务的合作。（7）加强对台资金融机构的配套服务。

市金融办办理答复认为，提案涉及面广，调研充分，政治性、政策性、前瞻性强，契合上海的相关工作，全市正在成立由金融办牵头，多家相关部门组成的推进沪台金融合作工作小组，进一步推进各项具体工作。

【关于健全市级财政预算公开制度，扩大民主监督的建议】

乐景彭、史丽雯、方怀瑾等委员在2012年市政协十一届五次全会上提出，全市财政预决算应成为人民政协政治协商、民主监督的重要内容，建议市财政局在每年"两会"之前到市政协通报年度专项资金和重大项目资金预算及使用等相关情况，向政协委员提供预算编制的相关资料，支持政协委员参与对当年度专项资金、重大项目投资预算的前评估，及对上年度重大项目、重大项目投资执行情况的后评估。提案认为，这对推进财政公开和打造阳光财政具有重要意义，有利于切实保障公民的知情权、参与权和监督权，促进依法理财、民主理财和科学理财。

市财政局办理答复称，积极采纳提案建议，将从健全会前通报制度、增加提供相关材料和完善协同理财机制等三方面建立相关制度，并邀请市政协委员以专家身份参与部分市级财政专项资金的事前评审，参与涉及民生的重要项目的财政评审工作调研。

【关于解决小微型企业融资难的建议】

任忠鸣、邓康委员在2012年市政协十一届五次全会上提出，实体经济的小型企业和微型企业融资难问题是人们关注的焦点之一，为改善小微企业的融资环境，建议：（1）市政府积极推动政府部门改革试点，成立专门针对小微企业的服务机构，采取补贴等措施，有效降低小微企业融资成本。（2）创新担保方式，试点小微企业主个人无限责任信用担保贷款制度，允许小微企业企业主通过个人信用提供无限责任信用担保直接获得一定的信用额度，信用额度可参照小微企业企业主的学历、年龄、个人信用、企业注册资本、企业存续年限、企业主提供的房产等固定资产市场价值等，一次申请，可以循环使用。

市金融办办理答复称，提案为相关单位开拓思路，创新服务方式和加大对小微企业扶持力度提供了重要借鉴，表示下阶段将完善区域性融资服务网络，落实信贷风险分担机制，逐步加大对小微企业的专项资金扶持力度,引导各类金融机构加大对小微企业的支持,引导非银行金融机构加强对小微企业的融资服务。

二、城市建设和管理类

【关于缓和上海住房矛盾,加快推行住房商品化的建议】

胡世俊委员在1984年市政协六届二次全会上提出,上海居民住房困难情况由来已久,虽然每年造了不少住宅,但由于欠账太多,矛盾依然一年比一年突出,对社会安定团结不利。为此,建议加快推行住房商品化,运用各种渠道,采取多种方式建造商品房出售。

市房地产管理局办理答复称:全市住房矛盾确实很突出,自中共十一届三中全会以来,在调动多方面积极性的前提下,全市已建造了大批住宅,解决了一部分居民的住房困难问题。在通过各种渠道,搞"联建公助"、建造"青年公寓"和侨汇商品房方面,也进行了一些有益的尝试。全市已决定从各系统新建住宅中,提取20万平方米,作为商品房供出售之用。出售商品房的试行办法,已经市政府核准,并将推动各系统建房单位做好售房准备工作,准备就绪即可实施。

【关于上海港口发展的建议】

袁随善委员在1986年市政协六届五次全会上提出,虽然上海的港口吞吐量已近亿,但大船进不来,每日候潮、候卸的船众多,如果不把眼光放远,只在黄浦江上游或两岸搞计划,而不认真、客观地分析形势,将来上海可能失去作为世界大港的优势。建议市政府召集各有关方面,再拨出一定科研经费,对上海港口发展进行选址,不要局限于黄浦江内选址,而要符合航运趋势,通过技术民主,制定长远开发综合规划,使上海成为真正的世界大港。

提案借鉴国际主要港口的成功经验,客观分析了当时上海港的优势与不足,详细论证了在黄浦江上游建港的局限性,初步描绘了建设"国际航运中心"的雏形,与上海改革开放的方向、思路不谋而合。2008年,该提案获优秀提案荣誉奖。

【关于公交车开进虹桥机场的建议】

袁桃园委员在1986年市政协六届五次全会上提出,虹桥机场每天有七八千人进出机场,但由于公交车不进机场,群众感到不便,反映很大。建议将公交车延伸到机场,既方便旅客和接送的人,也方便民航职工和附近居民的交通。在市政协1988年七届一次全会上,袁桃园委员再次提出此提案。

提案由市公用事业管理局办理,经市政协提案委员会与市交通工作党委多次协调,并报副市长倪天增认同,统一了各方面的认识,相关建议得到落实。1991年12月,新辟的505路专线车开进虹桥国际机场,受到广大市民的欢迎。

【合理绿化布局,改善上海城市热岛效应的建议】

谈雄伟委员在1998年市政协九届一次全会上提出,由于全球气候变暖,加上人口稠密,上海的热岛效应对生产建设和居民生活带来很大的影响。解决城市热岛问题,增加绿化覆盖率是主要途径之一。建议:(1)提高上海城区,尤其是5个热岛中心的绿化覆盖率,营造城市楔形绿地和环城绿化带。(2)提倡和发展屋顶绿化与垂直绿化,见缝插绿,提高绿化覆盖率,同时结合各区的旧城区改造工程辟建小区绿地。(3)在大气污染较重地区建设由耐污染树种构成的高大隔离林带,结合城市道路改造,增加行道树种植量,并选择适合上海气候特点的多品种树种。

市园林局办理答复采纳提案建议,认为绿化发展必须抓住城市改造、发展和更新的机遇,合理调整布局,尤其要攻克市中心增绿的难点。上海绿地系统规划中确定用"人均公共绿地"、"人均绿地"、"绿化覆盖率"、"绿地率"指标全面衡量绿地水平,还将鼓励发展垂直绿化、屋顶绿化。上海的地理位置确实要重视绿色通道引风入城,已将此项工作列入当年研究和制定规划的工作要点。对提案建议的行道树种植问题,先解决补植工作,并做好行道树发展规划,将上海行道树的特色和功能充分发挥。

【拓宽武宁路桥的建议】

陈先国、沈原梓、廖骏德委员在 2000 年市政协九届三次全会上提出,横跨苏州河的武宁路桥桥宽 14 米左右,机动车与非机动车混行,而桥北武宁路车道为六快二慢,桥南武宁南路、长寿路车道也为六快二慢,武宁路桥已成为瓶颈路段,桥上车速缓慢,交通伤亡事故时有发生,拓宽势在必行。建议有关方面尽快拓宽武宁路桥,以缓解该路段的交通阻塞情况。

提案得到市领导和市建委、市城市规划局重视,武宁路桥改建工程提前列入 2000 年计划,市长徐匡迪、副市长韩正等亲自到现场协调,武宁路桥拓宽工程 2000 年底开工,于 2001 年底竣工,提案建议得到落实。

【关于苏州河底泥疏浚问题的若干建议】

市政协人资环建委员会在 2003 年市政协十届一次会议后提交提案提出,苏州河环境综合整治是上海迄今为止规模最为庞大的水环境治理工程,而其污染底泥始终是影响苏州河水质的主要二次污染源,底泥疏浚已成为关系苏州河环境综合整治成效的一个重要问题。提案建议尽快全面评估苏州河调水工程实施以来底泥对上覆水质的影响程度和影响机制,在前期工作的基础上,对苏州河干流市区段底泥目前的污染状况、空间分布和沉积特征作进一步的详细勘探和研究,并与一期工程实施以前的情况进行对比,以确定合理的底泥疏浚工艺和疏浚方案,提出科学的底泥清除深度。在底泥处置技术上进一步探索无害化、资源化、低成本的底泥处置工艺和方案,并对苏州河防汛墙改造工程进行可行性研究,探索底泥疏浚和处置工程与防汛墙改造工程的联动机制。

市苏州河环境综合治理办公室办理答复称,提案对苏州河环境综合整治工程和苏州河底泥疏浚的情况非常熟悉,对苏州河底泥疏浚需尽快开展等几方面工作提出的建议具有针对性,拟将提案建议作为工作的重要参考依据,采纳提案建议,立项进行专题研究。

【关于改善上海轨道交通车站周边交通环境示意图的建议】

杨荣华委员在 2005 年市政协十届三次全会上提出,对照日本东京地铁的周边环境示意图,上海地铁周边交通环境示意图的内容和制作从规范程度、详细程度、街道门牌标示、标识规范化、英文标识、公交线路标示、内容及时更新等存在不小的差距,为此提出改进建议:(1)示意图要增加比例尺度,示意图内容要详尽,除标出周边道路还应标出道路上标志性建筑物的门牌号,以便根据大小号及单双号查明方向。(2)地铁站周围的机关办公楼、银行、邮局、旅馆、大型商场、博物馆、公交车站、公共厕所等都应标出并使用规范的标识,公交车站在示意图里不仅要标明车站的位置,更要标明公交线路的名称。(3)示意图应增加英文标示。(4)示意图要根据周边环境事项变化而及时更新。

市建设交通委办理提案后认为，提案借鉴国外相关资料，提出了很好的建议，表示要对此进行充分研究，并将之纳入地铁车站相关技术规范修编工作中，进一步加以考虑。地铁公司采纳了提案意见，对已建地铁车站的周边交通环境示意图加以修改完善，方便了市民。

【关于清理建设工程项目名目繁多的评比达标表彰事项的建议】

陈柳宏委员在 2012 年市政协十一届五次全会上提出，建设工程项目名目繁多的评比达标表彰事项，牵制了工程项目管理人员的很大精力，建议严格按照国务院办公厅及市政府办公厅文件精神，清理规范评比达标表彰事项，通过制定项目考核等级参数，减少重复评选类项；实行文明工地属地评选，减少多层次重复评选；项目奖项实行竣工成品一次考评，除上海市白玉兰奖、国家级鲁班奖项外，减少甚至取消分部位、分专业的各类奖项。

市建设交通委办理答复称，提案受到市领导的高度重视，分管副市长等予以批示，市建设交通委已组成工作小组开展调研，将严格贯彻落实市清理办关于开展评比达标表彰活动的各项要求，梳理目前开展的评比活动，并进一步加强监督检查，凡没有列入保留目录的项目，在未得到市有关部门批准的情况下，不得开展评比达标表彰活动，并已叫停部分评优活动。

三、教科文卫体类

【关于举办"上海科技节"的建议】

胡嘉福等 14 名委员在 1990 年市政协七届三次全会上提出，科学技术是第一生产力，科学技术发展的速度、普及的广度、应用的深度，直接关系着上海的人口素质、经济效益、城市面貌和生活质量，关系到振兴上海战略目标的实现。为让市民了解科学技术、支持科学技术、参与科学技术，形成"尊重科学、尊重知识、尊重人才"的社会风尚，建议从 1991 年起，每年（或每两年）在夏末秋初举办一次全市性的"上海科技节"活动。在"上海科技节"上，可以组织大型科技成果展示；举办各种国际、国内专业科技会议；交流产业界科技应用的经验；集中表彰在科研、发明方面作出贡献的科学家和科技人员；电视台、电影院、文化馆等场所汇展各种科技、科幻作品；向市民，重点向中学生开放一批科研所、实验室和重大建设工程；邀请海内外专家学者和企业家来沪作科技观光、旅游；生产企业举行技术革新和技术操作比赛；在青少年间进行创造发明比赛；历年举行的"科普之夏"也可成为科技节的一项重要内容。提案建议"上海科技节"由市政府领导，由市科委和有关群众团体及各科研院所、高等院校等单位联合举办，组织工作可委托市科协承办。

市科学技术委员会对提案进行了研究，赞成提案所提建议，并向市政府写了专题报告。经市长专题会议讨论通过，决定于 1991 年 10 月举办首届"上海科技节"，以后每两年举办 1 次。

【关于在上海建造第三代同步辐射光源的建议】

谢希德、杨福家、王志勤、奚同庚、蒋锡夔、曹珊珊、金柱青 7 名委员在 1995 年市政协八届三次全会上建议，在上海建造一台性能一流、规模中等并有适当发展余地的第三代同步辐射光源。这一大型科研工程建成后，科学和产业开发寿命至少 30 年，上海将成为全国乃至世界的多学科前沿研究中心，并借以发展一系列具有巨大辐射效应的高新技术产业群。提案提出，国家科委等正酝酿建立中国的第三代同步辐射光源，希望上海能给予部分经费支持，使之落户上海。

提案得到市政府主要领导的重视,市政府在与中科院、国家科委及有关专家进行深入探讨后,该项目最终于 1999 年 5 月落址上海张江高科技园区。这是当今世界上最先进的第三代同步辐射光源之一,能量居世界第四,数以百计的科学家可同时开展生命、材料、信息、环境等交叉学科的前沿研究,为上海打造具有巨大辐射效应的高新技术产业群,成为全国乃至世界的多学科前沿研究中心奠定了坚实的基础。2008 年,该提案获优秀提案荣誉奖。

【加强语言文字管理,尽快制定相应法规的建议】

上海八个民主党派市委和市工商联在 1995 年市政协八届三次全体会议上联合提出,要进一步加强语言文字管理,建议在全国《语言文字法》制定与公布之前,先针对上海情况,着手制定上海市语言文字管理的地方性法规,在法规未制定实施之前,授权市语言文字工作委员会全面负责此项工作。建议市各级党政机关、社会团体的广大干部要率先垂范,在公务和社会活动中坚持讲普通话、写规范字,书籍、报刊、广播、电视、文艺演出不仅应当语言文字规范,而且应当广泛开展相应的宣传活动。

市教育委员会(市语言文字工作委员会)办理答复称,采纳提案建议,1995 年已将推动上海市语言文字管理立法列为重要工作之一。表示在前几年开展对报纸、电视台、电台语言文字工作检查的基础上,今后将进一步组织定期检查,以做到语言文字规范化;继续开展已经进行了几年的中小学语言文字检查评估工作,广泛发动大、中、小学生积极参与社会上的语言文字工作。

【加强上海市近代优秀建筑保护以及增补上海市优秀近代保护建筑名单的建议】

郑时龄委员在 2001 年市政协九届四次全会上提出,上海有着保存相对完好,具有百花齐放、五彩缤纷建筑风格的优秀历史建筑。为加强近代优秀建筑的保护,建议:(1)完善并制定列入上海市近代优秀保护建筑的标准。(2)提高保护意识,完善管理体制,成立市级协调领导小组和专门的工作小组,统一管理有关档案。(3)在政府的预算中拨出一定的经费,建立优秀建筑保护基金,作为保护近代优秀建筑的专项经费。(4)对上海遗留的历史建筑进行普查,准备第四批和以后将要颁布的优秀近代建筑保护单位名单,将保存和保护近代优秀建筑列入各级政府部门的实事工程。(5)谨慎进行旧住宅改造,避免在改造过程中大面积地破坏城市路网结构。(6)切实整治好对建筑形象造成破坏的广告、店招、空调设备等。(7)对近代优秀保护建筑的维修、装修和改建要由经过评估的专门施工单位负责,在有关机构监督下进行。

市规划局会同市房地资源局办理答复称,提案所提问题,确是上海城市保护中需进一步着手的工作,所提建议切中要害,将认真研究和采纳。近两年,市规划局、市房地局、市文管会正在共同拟定《上海市历史风貌地区和保护建筑管理条例》,并已列入市人大常委会立法计划。另外,市房地资源局与市建委正在研究拟定一批具有保护建筑施工资质的单位,以加强这方面的资质管理;对保护建筑普查工作,市房地资源局已列入 2001 年工作计划。

【关于建立学校食品卫生安全监管体系的建议】

农工党市委在 2003 年市政协十届一次全会上提出,为了改善全市中小学用餐的卫生安全,建议:(1)尽快制定地方性法规,对学校学生食堂、就餐场所、专业食品营养卫生人员配备提出强制性的要求。(2)教育行政部门在中小学校达标建设中,应把学校的食堂硬件建设纳入其中,并把食堂的软件建设列入教育督导内容,严格对学校食堂的安全、卫生管理。(3)卫生、工商管理部门应将供应学生盒饭的生产单位列为特殊行业进行管理,提高市场准入条件。(4)各区县可建立多个学校生鲜食品采购中心,从源头上对于学校食堂的食品进行质量控制,引入市场竞争机制,在质量和价格等多方面优化学校的食品供应。

市卫生局和市教委办理答复称,重视和采纳提案建议,市卫生局拟修订《上海市盒饭卫生管理办法》和《上海市学校食堂管理办法》,各级卫生监督机构将进一步加大对全市学生盒饭的监管力度。教育部门将根据卫生局的上述两个《办法》的有关规定,拟定落实食堂布局、专业食品营养卫生人员的配置要求等,并纳入"学校卫生管理软件"和教育督导、评估、考核指标。

【关于推进本市义务教育均衡化发展的几点建议】

民进市委在 2004 年市政协十届二次全会上提出,上海市义务教育事业在发展过程中还存在区域之间(包括区县、城乡和乡镇之间)生均教育经费差异过大、学校之间资源配置(包括硬件和软件资源)差异过大等问题。为促进义务教育均衡化发展,建议:(1)加快编制和出台有关上海市义务教育经费的相关条例。(2)建立上海市义务教育均衡化发展专项基金,资金来源以市级财政为主,把城乡教育费附加主要用于义务教育事业的发展,每年从市级财政中划出一定的比例,用于全市义务教育的均衡化建设,并建立科学规范的市和区县两级政府财政转移支付制度,逐步创造条件,向市、区县、乡镇三级义务教育财政责任体制过渡。(3)建立部分区县的教育对口支援制度,把民工子女简易学校纳入区县政府的管理范围等。

市教委办理答复称,提案提出的意见和建议与政府的工作思路基本吻合,部分建议已吸纳到当年召开的上海市教育工作会议的有关文件中,对促进相关工作起到了良好的作用。

【关于设法恢复生产和使用廉价经典药的建议】

民革市委在 2005 年市政协十届三次全会上提出,1997 年以来,国家有关部门多次降低药品价格,老百姓获得实惠不少,但降价的一个意外是导致那些临床上长期使用、价格低廉、疗效较好的所谓廉价经典药往往被市场之手拒之门外。为恢复生产和使用廉价经典药,建议:(1)药价调整可采取有升有降的办法,充分体现药品的价值和供求关系,切忌一刀切。(2)抑制药厂低水平重复建设,给廉价高效药生产厂家以政策倾斜。(3)减少药品流通环节。(4)提高公众合理用药意识,确立某些廉价高效药在临床使用上的优先地位。

市食品药品监管局办理答复称,提案立足市政府亟待解决的问题提出建议,促进了相关工作。在多方努力下,市有关部门已制定了一些政策措施,保证部分临床上需要、价格低廉、疗效好的廉价经典药的生产和销售。提案答复后不久,市内第一批市场紧缺断供的廉价经典药生产面世,提案得到了初步落实。

【保护规范沪语刻不容缓】

毛时安、马莉莉、钱程等 32 名委员在 2010 年市政协十一届三次全会上提出,沪语是上海文化的重要载体,是上海地方文化中最重要、最鲜明的特色之一,目前沪语的生存现状令人担忧,长此下去,几代人以后,沪语的消失并非危言耸听,保护规范沪语已刻不容缓。建议:(1)市政府和全社会从中华文化"和而不同"的文化多样性发展的战略高度,重视沪语的保护和推广。(2)将沪语教育纳入上海乡土教育的相关课程,并有一定的课时要求。(3)在有广大上海观众的"新闻坊"节目播报市民日常事、身边人的社会新闻时,用相对规范、纯正的沪语播报,在滑稽类电视节目使用沪语时要注意沪语口音的标准。(4)以沪剧作为艺术、感性的载体,推广沪语。

市委宣传部办理答复称,提案为保护规范沪语工作提供了有益的思路,采纳提案建议,将进一步加强对上海方言的传承和研究工作,明确将沪语保护工作列入文化领域的保护和传承范畴,在开展"上海方言保护性调查"的课题研究的基础上,采取措施,进一步开展保护和推广沪语工作,并努力营造良好的舆论环境氛围。

【关于重建上海儿童的专属剧场的建议】

蔡金萍、李蓉蓉、毛时安等委员在 2010 年市政协十一届三次全会上提出,上海曾有专门为少年儿童演出的"儿童艺术剧场",但 20 世纪 90 年代为支持延安路高架建设而拆除,至今已近 20 年,上海仍没有儿童的专属剧场,建议有关部门给予关注,重建儿童艺术剧场。同时,希望重建儿童艺术剧场时,预留出足够的、合理而科学的、创新和富有预见性的改进空间,让儿童剧院能以最基本、标准、很好、一流的步骤成为留给未来的主人的最好场馆,并为所有童心永存的人所记忆和迷恋。

提案得到市委宣传部的重视和采纳,并多年协调促进提案建议的落实。经专家论证和市主要领导决策,为充分发挥世博会场馆后续建设的作用,适应新时期儿童文化发展特点,选址世博会浦西园区原通用汽车馆进行上海儿童艺术剧场的建设。2011 年,中福会与世博发展集团完成项目建设合作备忘录的签约仪式,该项目被列为 2012 年市重大建设工程,于 2013 年竣工投入使用。

四、综合类

【关于狠煞奢侈浪费之风要有具体法规和检查办法的建议】

马骥委员在 1988 年市政协七届一次全会上提出,现今用公款吃喝,用公款旅游,用公款随意赠送礼品等不正之风颇盛,群众对此看在眼里,气在心中。要社会风气正,首先要各级党政领导正,一级带一级,一级抓一级,否则改革可能失败,党会脱离群众,政府成为官僚机构,后果不堪设想。为此建议要有具体法规和检查办法。

市政府办公厅办理答复称:所提建议很好。市政府要成为全心全意为人民服务的、廉洁的、高效的政府,局以上领导干部带头保持和发扬艰苦奋斗的优良传统,作出表率,是改善政风的关键。市政府对政府机关局级以上领导干部发扬艰苦朴素作风作出了若干规定,其主要内容为:关于招待宴请,标准从简,一律四菜一汤,并严格控制陪餐人员。下基层检查工作或作调查研究,需在基层就餐时,一律吃客饭,并按规定付费。领导干部在参加礼仪活动和会议时不得收受礼品,参加外商投资企业的开工、开业、纪念等庆祝活动也不例外,不得以试用、鉴定等名义收受样品和礼品。对难以拒收的礼品,可在收下后交本单位统一处理。对违反规定者,第一次书面检查,第二次通报批评,第三次给予行政处分。对性质严重、影响很坏的突出问题,由市监察局进行查处。

【关于妥善解决企业富余人员出路问题的建议】

市工商联在 1992 年市政协七届五次全会上提出,目前上海国有大中型企业正在深化劳动制度改革,其根本特征是打破铁饭碗,把企业推向市场,从而根治人浮于事、效益低下的"通病"。但企业中富余人员的出路问题是深化改革的一大难题,也是实行全员劳动合同制必须越过的关隘。如何妥善安排富余人员,建议:(1)不能把解决富余人员问题单一地推向社会,要以本企业为核心,广开就业门路,争取把大部分富余人员在企业内部消化。(2)社会要大力兴办第三产业,要使发展三产和企业劳动用工制度改革相配套。（3）要尽快建立和健全有关法规,如社会待业保险、职业培训、职业介绍等,要研究将封闭的劳务市场改变成开放式的可能性,把竞争机制引入劳动就业领域。

市劳动局办理答复称,所提建议正确可行,其中第一条建议已在实际工作中加以实施;对第二条建议已向市有关部门提出,要结合发展生产和调整结构通盘考虑富余人员的出路;对第三条建议市劳动局将认真研究,努力加强和改进相关工作。

【建议使用没有拼缝的国旗】

尹达新委员在 1998 年市政协九届一次全会上提出,庄严的五星红旗是中华人民共和国神圣的标志,但由于国旗制作的原因,一些国旗的红色布料上带有拼缝。为了保证五星红旗的庄严和完整,建议:（1）生产符合规格的国旗专用布料,制作没有拼缝的国旗。（2）停止有拼缝国旗的使用,以没有拼缝的国旗更新。

提案引起有关部门重视,黄浦区美丽华集团所属上海旗篷厂是定点生产国旗的专业企业。为生产无拼缝国旗,该厂在原来研制的基础上又组织专业技术攻关组,经过努力,终于攻破原料关、设备关、工艺关,成功制作一号（192 毫米×288 毫米）和二号（160 毫米×240 毫米）等规格的独幅国旗,填补了中国制旗业的一项空白。1998 年 8 月,首批 300 面独幅一号国旗和 100 面独幅香港区旗,分别送到北京和香港。不久,第一面特大号独幅国旗（330 毫米×500 毫米）在上海旗篷厂诞生,10 月 1 日,天安门广场升起了首面特大号无拼缝国旗。1999 年 4 月,国家技术监督局公布新的国旗制作标准,规定"国旗旗面不允许有拼接"。

【建议取消"沪 0"车牌】

章继浩委员在 2003 年市政协十届一次全会上提出,公安系统车牌现有警字牌照和"沪 0"牌照两种,建议取消"沪 0"专用牌照。理由是:公安系统在执行公务需紧急通行时可用警字牌照,执行不公开任务时只要在悬挂普通牌照的车辆上配以警灯和警笛,以便需要时紧急通行,取消"沪 0"牌照,除了取消驾车者的特殊观念外,对公安工作不会有大的影响,而且使驾驶员在非紧急情况下能更自觉遵守交通规则,同时也可避免公安系统以外的其他政府机关或特殊行业取得"沪 0"牌照。

提案得到市公安局高度重视。提案办理期间,该局对全市使用"沪 0"车牌的车辆进行了全面清理整顿,并在深入调研的基础上拟定了改革和加强公安机关车辆管理工作的实施方案。2004 年 1 月 1 日,上海正式取消"沪 0"车牌。

【关于高温季节对高温、露天作业的职工适当缩短工作时间的建议】

市总工会在 2005 年市政协十届三次全会上提出,盛夏季节,职工在高温、露天作业条件下进行繁重的体力劳动,对人体生理功能有不同程度的影响,在一定条件下还可能引起中暑,也易引发安全生产事故。虽然有关部门对此已非常重视,采取了一些措施,但为了实现对劳动者最大限度的保护,必须科学地制定"不安全温度"标准,把危害劳动生命安全的高温量化成具体数字,当环境温度超过警戒线时,应对在高温季节下从事高温和露天作业的职工进行特别保护。建议在气温大于等于 35 摄氏度和大于等于 37 摄氏度的情况下,适当缩短职工的工作时间,以保证职工的充分休息和减少疲劳,提高工作效率,降低事故的发生。

市劳动保障局办理答复称,提案针对高温季节因露天作业而引发的中暑和生产安全事故上升等现象,提出在气温处于 35 摄氏度至 37 摄氏度之间时应适当调整、缩短工作时间的建议,促进了劳动保障相关工作。此后,市经委、市劳动保障局等六部门联合发出《关于做好当前高温期间防暑降温和安全生产工作的通知》,文件吸纳了提案建议的内容。

【关于向上海市民赠送世博会门票的建议】

李飞康委员在2010年市政协十一届三次全会上提出,举世瞩目的上海世博会即将召开。在筹备世博会的近10年里,上海人民为世博会的筹办和建设作出了牺牲和贡献。为了感谢上海市民识大体、顾大局的良好品质,为了表达对上海市民的敬意,为了给上海市民提供一个学习了解世界各国先进科学技术和优秀文化的机会,为了增加上海市民的荣誉感和责任感,推动上海更好更快地实现第三次腾飞,建议上海市政府向全体上海市民赠送世博会单日参观门票1张,对象为拥有上海市户籍的市民;参观日期以及具体参观时间段均由世博会组委会统一协调安排,原则上放在展期内的客流低谷时段;参观赠票可按系统有组织发放,任何人不得出售牟利,其他细节可在充分听取市民意见后,加以完善。

市政府办公厅办理答复称,提案反映了广大市民的期盼,针对性强,有利于上海世博会的成功举办。经上海市世博会运行工作领导小组同意,世博会期间将以市委、市政府名义向全市常住人口家庭致一封感谢信,同时附赠"一票一卡"(上海世博会非指定日门票1张,上海世博会交通纪念卡1张),作为一项重要的惠民措施,感谢广大市民对上海世博会筹办、举办的支持和奉献。

【关于加紧制定和尽快出台《上海市预防职务犯罪工作条例》的建议】

市政协社会和法制委员会在2012年市政协十一届五次全会上提出,目前全国已有多地颁布了预防职务犯罪的地方性法规,上海此项工作在理论研究、工作方法、内部规范及各部门的协调配合等方面也已积累了一定的经验,建议加紧制定和尽快出台《上海市预防职务犯罪工作条例》,其内容应包括:(1)规定各级机关、企事业单位、社会团体和广大人民群众都是预防职务犯罪的主体。(2)将单位开展预防职务犯罪工作的情况作为对领导干部、领导班子考核和文明单位评比的重要内容。(3)各级机关、企事业单位和国家工作人员有协助配合监督机关调查的义务。(4)成立市预防职务犯罪领导小组,主要职责是对预防职务犯罪工作进行统一规划和部署,研究解决预防职务犯罪工作中的重大问题。(5)进一步理顺纪检监察机关、检察机关、预防腐败局、审计机关在惩治和预防职务犯罪工作中的关系。提案还附上《上海市预防职务犯罪工作条例》的建议稿。

市人民检察院办理答复称,市检察院领导高度重视提案的建议,成立了由副检察长负责,相关部门参加的工作小组,落实提案的建议,并对提案中《上海市预防职务犯罪工作条例》(建议稿)的主要内容,如何组织实施,如何与相关法律法规的衔接及具体推进计划进行了研究,就下一步工作提出了建议,市检察院领导还先后赴市人大常委会及市委政法委调研并听取意见。答复表示,在汇总各方意见后,将对《上海市预防职务犯罪条例》(建议稿)进一步修改完善,通过一定途径报送市人大常委会研究。

第二章　反映社情民意

　　了解和反映社情民意,是政协委员、政协各参加单位及各界人士围绕国家大政方针的贯彻落实,国家和上海政治、经济、文化和社会生活中的重要问题以及人民群众关心的问题,通过市政协办公厅内部刊物,向市委、市人大常委会、市政府领导及其工作部门以及全国政协信息局反映重要情况,提出意见和建议的行为,是政协履行职能的重要方式。市政协反映社情民意信息工作,包括社情民意信息的征集和处理工作,以及相关工作研讨和评优表彰等活动。

第一节　社情民意信息的征集

　　信息征集是政协反映社情民意信息工作的基础环节,市政协通过向政协委员发送意见征询表、开发信息网上征集平台、建立特邀信息员和信息联络员队伍、召开座谈会等各种形式,向在沪各级政协委员、党派团体及其成员广泛收集社情民意信息,使信息数量逐步增多。第八至十一届市政协收到的信息数量分别为 100 余件、800 余件、4 600 余件和 18 800 余件。

一、信息的来源和主要内容

【信息的来源】

　　市政协社情民意信息的主要来源,一是市政协委员和在沪全国政协委员提供的信息;二是各民主党派市委、市有关人民团体向各自成员收集,经筛选后提供的信息;三是各区县政协收集筛选后提供的信息;四是政协之友社提供的信息;五是市政协信息工作部门专题约稿和专人采访的信息等。

【信息的主要内容】

　　收集和反映社情民意作为政协委员和各界人士反映群众意见的一种形式,信息内容可涉及方方面面,但突出政协特色,体现统战性特点,重视反映统一战线内部代表性人士的重要意见和建议,重视反映社会上其他渠道不易反映或没有反映的问题和意见,广泛、及时、准确地反映社会的真实情况和群众的呼声,提供有价值的意见和建议。重点是:(1)对国家和上海经济建设、政治建设、文化建设、社会建设、生态文明建设等各方面重要问题的意见建议。(2)社会各界别具有代表性的意见以及需要引起关注的少数特殊群体的诉求。(3)经济社会发展过程中具有苗子性、倾向性、警示性的现象和问题。(4)对重要时事、重大突发事件的实情分析和对策建议。(5)统一战线和人民政协工作中的有关问题。

二、信息收集的渠道和方式

　　从 1995 年起,市政协收集社情民意信息主要通过定期向委员寄发《社情民意征询表》形式,并逐步开通语音信箱、电子邮件信箱等方法。2005年,市政协开发社情民意信息网上平台,与政协委员、各民主党派市委、市有关人民团体、各区县政协建立了统一的信息汇集网络系统,政协委员及各有关单位信息报送基本通过互联网运转。为积极收集社情民意信息,市政协要求政协委员密切联系群众,认真收集和反映社会各阶层的意见和主张;各专门委员会在其开展的活动中,注意收集、整理委员和各界人士反映的重要情况和意见建议,形成社情民意信息;信息处理工作部门通过定期访谈委员,以及对政协委员来信来访中反映的热点和倾向性问题进行归纳分析,遴选社情民意信息内容;通过聘请社情民意特邀信息员、信息联络员、召开市民座谈会等,扩大信息来源,提高信息质量。

【特邀信息员】

2005年市政协十届四十次主席会议通过的《市政协反映社情民意信息工作条例》提出,选聘部分有较强参政议政能力,善于了解和反映社情民意的政协委员为反映社情民意特邀信息员(以下简称特邀信息员),并由办公厅行文聘请。2006年3月,经各民主党派市委、市工商联、市有关人民团体及市政协各专门委员会推荐,市政协聘请王圣民等32名市政协委员和在沪全国政协委员为十届市政协特邀信息员。2008年12月,经各方面推荐,市政协聘请凤懋伦等62名市政协委员和在沪全国政协委员为十一届市政协特邀信息员。2010年1月,经政协之友社六届四次理事长会议推荐,市政协增聘丁法章等8名政协之友社社员为十一届市政协特邀信息员。

【信息联络员】

为加强与各民主党派市委、市工商联等有关人民团体,各区县政协以及政协之友社的联系,征集社情民意信息,2005年经市政协专职秘书长会议同意,市政协办公厅正式聘请由各民主党派市委、市有关人民团体、区县政协和市政协各专委会推荐的44人为市政协反映社情民意信息联络员并颁发聘书,市政协信息工作部门通过健全定期例会制度,总结交流工作,提出工作要求,使信息联络员队伍工作逐步走向规范化。

【市民座谈会】

十届市政协探索通过召开市民座谈会形式,深入联系群众,倾听群众意见,增辟政协了解社情民意的渠道。座谈会不设专题,每次邀请10多位市民进行座谈,直接听取他们对市内各方面工作的意见和建议,会后将意见建议整理汇总后,以《社情民意》或《社情民意(专报)》形式报送市委、市政府领导和有关部门参考。2003年4月23日,市政协首次召开市民反映社情民意座谈会,会议由市政协主席蒋以任主持,副主席宋仪侨、王荣华、市委办公厅、市政府办公厅有关同志参加会议。座谈会上,11位市民就防控"非典"、环保管理、社保管理、住房政策、网吧管理等方面的问题反映了群众的意见和建议。2005年6月13日,蒋以任、王荣华等市政协领导前往闸北区大宁街道举行第九次市民座谈会,与居住在该街道的12位居民代表进行座谈,听取基层群众的意见和呼声,这也是市民座谈会首次走出政协大院在社区召开。同年9月28日,市政协市民座谈会采用"欢迎来政协作客"活动形式进行,13位市民应邀在政协观看了《上海市政协2004年工作成果展示》资料片,列席了市政协十届二十次常委会会议,旁听了常委会会议建议案的审议过程,参观了上海科技成果转化促进会科技成果展示厅,与市政协领导进行了座谈交流并共进晚餐。2003年4月—2007年9月,市政协共召开市民座谈会17次,近200位市民与政协领导座谈交流,市委、市政府有关部门负责人也经常到会听取意见,座谈会还得到了上海市新闻媒体的关注,电视台对部分场次进行了录播。

图 7‑2‑1　2007 年 3 月,市政协召开社情民意座谈会

第二节　社情民意信息的处理

市政协对收到的社情民意信息,根据内容进行筛选,遵循一事一报的原则,以办公厅名义编发信息刊物报送市委、市政府领导及有关部门,或直接转送市党政部门参阅,对信息内容应由国家相关部门处理或参考的信息,报送全国政协信息局。

1995 年,市政协社情民意信息主要通过秘书处编发的《政协委员意见建议》、《政协委员反映》专报形式反映,1995—1998 年,共编发《政协委员意见建议》13 期,《政协委员反映》75 期。1999 年,九届市政协创办《社情民意》、《建言》等内部专刊,分别刊载政协委员建议和对宏观问题的思考。2003 年,十届市政协保留《建言》,将《社情民意》分为《社情民意》和《社情民意(专报)》。2008 年,十一届市政协在原有基础上,将《社情民意(专报)》更名为《社情民意(特刊)》,增设《挚友诤言》。

《社情民意》　主要向党政部门反映人民群众关注的热点和难点问题,人民群众对党和政府工作的意见和建议。信息报送市委办公厅、市政府办公厅和市委、市政府相关职能部门,对可以公开的社情民意信息,征得反映者同意,通过新闻媒体进行宣传报道。

《社情民意(专报)》、《社情民意(特刊)》　主要向市党政领导反映事关决策的真实情况及意见建议;有识之士反映的一些倾向性、警示性、前瞻性的意见和对社会敏感问题的反映;对突发事件的实情分析和对策建议等。根据内容报市委、市政府主要领导或分管领导,并送相关职能部门。

《挚友诤言》　主要反映那些不宜公开又事关决策的重要情况和意见,重大突发事件的对策建议;政协各界别及代表性人士就全市经济社会发展中重要问题发表的意见和建议等,报送市委、市政府主要领导。

《建言》　主要刊登政协委员、各党派团体及其成员、各区县政协及其委员等对全局性或事关全局的一些重要工作的前瞻性和理论性思考;政协各界别围绕全市经济社会发展发表的意见和建议;针对全市重大战略部署和社会关注问题的文稿或报告等。报送市党政领导和有关部门领导参考。

第九至十一届市政协期间,共计编发《社情民意》1 831 期,《社情民意(专报)》《《社情民意(特刊)》)357 期,《建言》443 期,《挚友诤言》77 期。

表 7-2-1 1999—2012 年第九至十一届市政协社情民意信息刊物数量一览(单位:期)

届 别	年 份	《社情民意》	《社情民意(专报)(特刊)》	《建 言》	《挚友诤言》
第九届市政协	1999	77		9	
	2000	105		17	
	2001	146		16	
	2002	113		17	
	总计	441		59	
第十届市政协	2003	79		11	
	2004	103	27	23	
	2005	106	37	18	
	2006	108	35	13	
	2007	124	26	20	
	总计	520	125	85	
第十一届市政协	2008	127	21	23	15
	2009	184	69	42	32
	2010	260	62	52	20
	2011	186	42	86	6
	2012	240	38	96	4
	总计	870	232	299	77

第三节 工 作 会 议

第十、十一届市政协为加强反映社情民意信息工作,届内分别召开反映社情民意信息工作会议,交流工作经验,探索发展思路和途径。

一、市政协反映社情民意工作座谈会

2004 年 7 月 15 日,市政协举行反映社情民意工作座谈会,市政协副主席王荣华主持会议。会议学习新修订的政协章程,总结市政协开展反映社情民意工作的情况,探索新形势下进一步加强反映社情民意工作的新思路、新措施。市政协主席蒋以任出席会议并讲话,要求充分认识反映社情民意信息工作的重要意义,准确把握反映社情民意信息工作的基本原则,发挥政协整体合力,体现政协特色。市政协副主席宋仪侨在会上传达了全国政协常委会会议关于加强反映社情民意工作的精神,农工党市委、杨浦区政协、市政协对外友好委员会等作交流发言。部分市政协常委、委员,市政协各专委会负责人、各民主党派市委、有关人民团体、区县政协负责人以及社情民意信息联络员等出席会议。

二、市政协反映社情民意信息工作会议

2008年12月24日，市政协举行反映社情民意信息工作会议，市政协秘书长陈海刚主持会议。会议总结十一届市政协成立以来反映社情民意信息工作基本情况，研究部署2009年反映社情民意信息工作。市政协主席冯国勤出席会议并讲话，提出要认真贯彻中共中央关于加强人民政协工作的意见，切实增强做好社情民意信息工作的紧迫性，发挥政协信息在建立和完善社会舆情汇集和分析机制中的独特作用；要充分发挥政协委员的主体作用、党派团体的骨干作用、专委会的集体作用、区县政协的组织作用，共同推动社情民意信息工作；要健全工作机制，进一步完善反映社情民意信息工作的制度规范。会议表彰了2008年度市政协反映社情民意信息工作先进单位和先进个人并授奖；向新聘请的62名第十一届市政协特邀信息员颁发了聘书；民盟市委、市政协人口资源环境建设委员会、静安区政协，以及特邀信息员和信息联络员代表等在会上作交流发言。市政协反映社情民意特邀信息员，市政协各专委会负责人，各民主党派市委、有关人民团体、区县政协负责人以及社情民意信息联络员等出席会议。

图7-2-2　2008年12月，市政协召开反映社情民意信息工作会议

第四节　评　选　表　彰

为进一步加强政协反映社情民意信息工作，市政协于2002年首次开展九届市政协优秀社情民意和优秀建言评选活动。从2006年起，每1—2年评选表彰1次反映社情民意信息工作先进单位和先进个人。2012年，根据新修订的《政协上海市委员会反映社情民意信息工作评选表彰办法》，

评选优秀社情民意信息并对作者进行表彰。

一、评选优秀建言和优秀社情民意

2002年10月,市政协从1999年以来编入《社情民意》的450余条信息和编入《建言》的60余篇稿件中,评选九届市政协优秀社情民意信息26条、优秀建言8篇,并于2003年1月在九届市政协工作总结表彰大会上予以表彰。

表7-2-2　2002年第九届市政协优秀《社情民意》一览

序号	反 映 者	标 题
1	陈慧莹	《部分职工对社保局9号文件反映强烈》
2	吴复民	《恢复社区内公用事业收费代办点》
3	章继浩	《目前外汇管理体制方面存在漏洞》
4	市政协研究室	《家庭装饰业的归口管理不要政出多门》
5	过传忠	《依法拆除虹桥路996弄的违法建筑》
6	许根俊	《本市一批旧人行天桥应及时修缮》
7	张 彤	《在长阳路眉州路口增设红绿灯》
8	奕纪梁	《国际航空信件实际收费和规定标准不一致》
9	章和轼	《改善威海路汽配街的环境》
10	张应湘	《取消转播中央电视台三、五、六、八台的加密收费》
11	吴仲信	《加强乡镇撤并中资产的规范管理》
12	市政协研究室	《当前群众关注的一些热点问题》
13	陈德明	《上海的报关业务要尽快跟上经济发展需要》
14	谈雄伟	《邮局、药房、物业管理等服务行业应调整工作时间》
15	马百龄、徐君权	《对实行计划生育的医疗支出应予免费》
16	单子恩、王增月	《建议保留莫干山饭店等近代优秀建筑》
17	顾爱玉	《为残疾青年继续升学创造条件》
18	朱邦贤	《关于成立上海市药物依赖研究与评估中心的建议》
19	彭镇秋	《整治卫星接收设施工作要有序进行》
20	杨浦区政协	《小企业改制要重视土地使用权的评估》
21	尹达新	《人民广场应使用无拼缝的国旗》
22	吴绍中	《"阳光纠纷"已成为房产开发中的矛盾焦点》
23	陆德纯	《要引导走出去企业多在免税地进行注册》
24	吕美顺	《过渡期内医保账户清算也要严格依法办理》
25	于英川、徐君权	《应从教育角度来分析"2030"现象》
26	市政协民族和宗教委员会办公室	《入世对民族和宗教工作的影响》

表 7-2-3 2002 年第九届市政协优秀《建言》一览

序号	作 者	标 题
1	杨祥海、郭揆常	《抓紧做好本市天然气利用的准备工作》
2	郭士征	《对解脱我国养老基金困境的综合思考》
3	陈昌福	《关于进一步推进海外华文教育的建议》
4	虹口区政协	《发挥城市轨道交通车站优势　促进车站周边地区经济发展》
5	民建市委	《加快上海北外滩的开发与建设》
6	杨祖德	《上海就业形势分析和若干建议》
7	长宁区政协	《关于对青年失业问题的思考和建议》
8	农工民主党市委	《关于本市医保改革中存在的问题及进一步完善的建议》

二、评选反映社情民意工作先进单位和先进个人

根据《政协上海市委员会反映社情民意工作条例》的有关规定,2006—2011 年,市政协根据各信息报送单位(部门)、政协委员信息报送数量和采用情况而取得的信息得分高低,共评选反映社情民意工作先进单位和先进个人 5 次,分别予以通报表彰并授奖,评选结果见表 7-2-4。

表 7-2-4 2006—2011 年市政协反映社情民意工作先进单位和先进个人一览

年度	先 进 单 位			先进个人
	一等奖	二等奖	三 等 奖	
2006	民建市委调研部	民革市委研究室、民进市委参政议政部、台盟市委宣传研究处、浦东新区政协办公室、市政协港澳台侨委员会办公室	民盟市委联络部、农工党市委参政议政部、致公党市委参政议政部、九三学社市委办公室、市妇联办公室、徐汇区政协办公室、闸北区政协办公室、杨浦区政协办公室、静安区政协办公室、嘉定区政协办公室、市政协教科文卫体委员会办公室、市政协社会和法制委员会办公室	市政协委员朱全忠、欧国苏、屠海鸣及 6 名信息联络员
2007	民建市委调研部、九三学社市委参政议政部、民进上海市委参政议政部	民盟市委联络部、市政协经济委员会办公室、嘉定区政协办公室	致公党市委参政议政部、农工党市委参政议政部、民革市委研究室、台盟市委宣传研究处、市工商联调研部、市政协专委会综合办公室、市政协社会和法制委员会办公室、徐汇区政协办公室、静安区政协办公室、闵行区政协办公室、卢湾区政协办公室	市政协委员朱全忠、庄子群、黄发荣及 7 名信息联络员
2008	民建市委调研部、民盟市委参政议政部	九三学社市委参政议政部、民进市委参政议政部、静安区政协办公室、上海政协之友社办公室	民革市委研究室、致公党市委参政议政部、农工党市委参政议政部、台盟市委宣传研究处、市工商联调研部、徐汇区政协办公室、闵行区政协办公室、市政协民族和宗教委员会办公室、市政协人口资源环境建设委员会办公室	市政协委员张文龙、屠海鸣及 6 名信息联络员

（续表）

年度	先 进 单 位			先 进 个 人
	一等奖	二等奖	三 等 奖	
2009	民盟市委、市政协经济委员会	民革市委、民建市委、九三学社市委、卢湾区政协、市政协社会和法制委员会	民进市委、农工党市委、致公党市委、台盟市委、市侨联、静安区政协、宝山区政协、闵行区政协、市政协学习委员会、市政协提案委员会、市政协教科文卫体委员会、市政协对外友好委员会	市政协委员凤懋伦、任先正、庄子群、孙荣华、沈建华、张群、张怀琼、陈柳宏、柴俊勇、屠海鸣
2010—2011	民盟市委、静安区政协、市政协人口资源环境建设委员会	民革市委、民建市委、九三学社市委、黄浦区政协、宝山区政协、市政协经济委员会、市政协教科文卫体委员会	民进市委、农工党市委、致公党市委、台盟市委、市侨联、浦东新区政协、普陀区政协、闵行区政协、金山区政协、市政协提案委员会、市政协社会和法制委员会、上海政协之友社	市政协委员凤懋伦、任先正、庄子群、安琦、吴光伟、冷培恩、沈建华、陈志兴、陈柳宏、柴俊勇、殷啸虎、高美琴、屠海鸣，在沪全国政协委员蒋洪，上海政协之友社社员丁法章及10名信息联络员

三、评选优秀社情民意信息

2012年11月，根据新修订的《政协上海市委员会反映社情民意工作条例》，市政协评选十一届市政协优秀社情民意信息58件，并于2012年12月在第十一届市政协工作总结大会上授奖。

表7－2－5　2012年第十一届市政协优秀社情民意信息一览

序号	反映者	标题
1	沈园东	《重视加强对网络学院的监督管理》
2	白 江	《关于完善我国核能安全立法的相关建议》
3	蒋 洪	《预算审批权应得到充分的法律保障》
4	冯德康	《建立完善对"家庭支出型贫困"群体的社会救助体系》
5	殷啸虎	《关于进一步完善政治协商制度的建议》
6	孙南申	《尽快建立我国自然灾害保险制度》
7	王中发	《建议出版"轨道交通与公交车辆换乘"指南》
8	张光杰	《关于进一步开展保理业务的建议》
9	蔡泉源	《关于进一步规范私营企业协会收费问题的建议》
10	蒋德海	《以"富士康"事件为鉴，进一步完善我国劳动管理制度》
11	沈建华	《建议世博会主要建筑所用电缆采用阻燃电缆》
12	梁 鸿	《推进服务于全科医师家庭责任制的医疗联合体协同机制》
13	凤懋伦、方修仁	《世博会开幕前拟引起重视的两个问题》
14	王家振	《建议实施危化品气瓶电子标签跟踪技术》

（续表）

序号	反 映 者	标　　题
15	夏以群	《建议将少儿住院基金与少儿医保合并管理》
16	陈绍行	《关于进一步健全罕见病医疗救助机制的建议》
17	高美琴	《关于解决台湾人士在大陆重复参保问题的建议》
18	李碧影	《关于在养老机构配备全科医疗服务的建议》
19	刘幸偕	《积极支持复杂经济形势下中小企业的转型发展》
20	市总工会	《本市环卫一线保洁工作休息场所(道班房)建设亟须加强》
21	市妇联	《大力扶持实行员工管理制的家政企业》
22	潘　敏	《大力发展信息服务业,助推传统制造业提升能级》
23	由文辉	《关于加强电动自行车管理的建议》
24	陈　威	《大陆在台就读学生的"同等权益"应予以关注》
25	张　癸	《调整IT发展战略,积极参与全球新一轮互联网竞争》
26	程晓明	《第一批"世博礼包"组织发放中遇到的问题》
27	陈红春、方宇清、蓝海燕	《将本市中心城区居民住宅二次供水设施改造的后继工作落到实处》
28	刘晓明、李关德、罗华荣	《地方政协现有界别设置亟须优化》
29	徐汇区政协医药卫生界	《"医保预付制"实行过程中需要注意的问题》
30	叶国平	《建议本市尽快立法,对刑事诉讼期间缺乏监护的未成年人实行国家监护》
31	邵印麟、陈　莉	《医保挂号后零费用情况一律予以处罚的做法不尽合理》
32	陆　忠、彭加华	《关于更好地为"失独"家庭服务的思考与建议》
33	杨柏钧	《建议设置全市出租车统一电话叫车系统》
34	乐　蓉	《校园饮料自动售货机应当取消》
35	谢延平	《"空中急救"亟待引起国内民航业的重视》
36	闵行区政协	《本市大型保障性住房基地建设与后续管理中存在的问题及对策建议》
37	周关东	《关于完善政协委员协商推荐制度的几点建议》
38	李　琴	《呼吁减轻基层单位年终岁末考核评比的负担》
39	吴晓慧	《废弃磁卡对环境污染的危害不能小视》
40	农工党青浦区支部	《关于调整个体诊所备药目录的建议》
41	滕卫华、沈俭英	《本市新一轮土地确权中面临的问题及对策》
42	崇明县政协	《农村建房安全监管工作亟待加强》
43	柴俊勇	《关于共同做好血友病感染者相关工作的建议》
44	许佩琴	《关于加强预防职务犯罪的教育的建议》

(续表)

序号	反 映 者	标 题
45	史丽雯、孙荣华、方怀瑾	《妥善做好台资企业动迁安置工作》
46	奚君羊	《建议筹建上海金融事务咨询中心》
47	毛佳樑、蔡建国、傅新华等8人	《关于调整上海市提篮桥监狱使用功能的建议》
48	陈柳宏	《进一步提升政府公信力,让听证会全过程更透明》
49	李芬华	《重视社会综合管理在人口科学发展中的作用》
50	市政协社会和法制委员会	《关于加快推进"诚信上海"建设的若干建议》
51	市政协教科文卫体委员会	《对消除高层建筑玻璃幕墙安全隐患的建议》
52	照 诚	《发挥宗教和顺文化在社会主义文化繁荣发展中的积极作用》
53	祝君波	《实行公益性文化消费"一卡通",促进市民文化生活》
54	屠海鸣	《台北市推进文化发展举措值得上海借鉴》
55	市政协对外友好委员会	《关于建设上海国际友好城市公园的建议》
56	市政协区县政协联络指导组	《关于苏州河两岸综合开发的意见建议》
57	陈凯先、沈建华	《关于加强用药安全的建议》
58	丁法章、杜淑贤、罗华荣	《对改进上海世博会宣传的几点建议》

第八篇

文史资料和
新闻宣传

政协的文史资料工作是在 20 世纪五六十年代全国政协主席周恩来的倡导下开展起来的,是政协委员及其所联系的社会各界人士对重要历史事件和历史人物的记述,是历史当事人、见证人和知情人"亲历、亲见、亲闻"的第一手资料,具有"存史、资政、团结、育人"的重要作用。

1977 年,市政协恢复活动后,在全国政协的指导下,依靠广大政协委员及各界人士积极开展新中国成立前上海文史资料的征集、编辑和出版工作,编辑出版的文史资料选辑和专辑,因其鲜明的统战性、史料性和可读性,产生了一定的社会影响。1987 年后,文史资料征集对象逐步从统战系统的政协委员和代表性人士,扩大到有长期革命经历的老干部、对国家和民族作出贡献的港澳台侨知名人士及新中国成立后一些重大事件的当事人、见证人;征集内容的时间跨度延伸至新中国成立后,并有序延伸至改革开放前后。文史资料的体裁和题材更加多样,不仅有文字资料,还有摄影资料和音像资料;不仅有资料性的史料,还有知识性的史料。

市政协历来十分注重新闻宣传工作,采取多种措施扩大政协工作的宣传效应:一是通过加强与全市主要新闻媒体的联系合作,及时宣传报道市政协的重要工作、重要会议和重要活动,在有关媒体开设专栏、专题节目等,宣传政协的履职成果以及政协委员履职的作为和风采,宣传报道市政协经常性的工作活动情况,并选择集中视察等市政协重大活动举办新闻发布会、记者招待会通报情况,扩大政协的社会影响。二是通过市政协创办的报纸、杂志和网站,更为详尽地宣传和报道政协履行职能的各项工作及其成效。1984 年 7 月,市政协创办《上海政协报》(1987 年 1 月改名为《联合时报》)。2000 年 3 月,市政协创办内部刊物《浦江纵横》,2011 年 7 月改为公开发行。2000 年 12 月,市政协网站"上海政协"开通。

为加强和推进新闻宣传工作,市政协自 1993 年起,落实专人负责联系主要新闻媒体记者,开展人民政协的日常宣传。2003 年起,市政协先后制定了《关于进一步加强和改进市政协宣传工作的意见》《上海市政协宣传工作制度》《上海市政协新闻宣传工作小组工作制度》《上海市政协新闻发言人制度》《上海市政协新闻宣传策划制度》等,逐步形成较为规范的宣传工作运作机制。

第一章　文　史　资　料

市政协文史资料工作委员会(1988年改为文史资料委员会)负责市政协文史资料的征集、研究、编辑和出版工作,其编辑出版的《上海文史资料选辑》为内部刊物,1985年下半年起改为公开发行,2011年7月再次调整为内部刊物。从1978年11月—2012年底,累计编辑出版《上海文史资料选辑》、《统战工作史料专辑》等共147辑,其中1978年11月—1992年12月,编辑出版文史资料选辑和专辑共63辑,约1 200万字;1993年12月—2002年12月,编辑出版文史资料选辑和专辑共39辑,约1 813万字;2003年2月—2012年底,编辑出版文史资料选辑和专辑共45辑,约1 218万字。

市政协还结合文史资料工作的特点,开展重要活动、重大纪念日的史料征集工作,并举办一些具有历史纪念意义的座谈会、展览会等。此外,改革开放初期,为适应社会对外文资料的需求,市政协于1978年成立编译工作委员会(后改为编译组),至1994年共翻译出版16部800多万字的外文著作。

第一节　征集和编辑

一、征集

市政协文史资料委员会根据上海的历史特点,以"亲历、亲见、亲闻"为原则,从政治、军事、经济、文化、教育、科技、民族、宗教、华侨、社会等各个方面征集史料,时间跨度从清末到中华人民共和国成立直至改革开放。征集范围除文字外,还包括图片、日记、函电、诗文等,并明确征集的史料要具体真实,要有亲身经历,要有史料价值;不限体裁,不求完整,不拘观点(简称"三要"、"三不")。

【征集原则】

史料征集要选准角度,保持特色;全面规划,突出重点;先易后难,由远及近;方式多样,因人而异。重点专题征集与普遍征集相结合。注重选择有重要历史背景的重要历史人物、贴近社会生活重大历史事件、结合重大历史事件纪念活动等开展征集工作。

【征集对象】

文史资料工作开展初期,征集对象主要为上海统战系统内有丰富经历和历史知识的高龄政协委员、有代表性的社会知名人士。1978年市政协恢复工作以后,政协委员中增加了一批有长期革命经历的中共老同志,扩大了征集对象。1987年,根据第五次全国政协文史资料工作会议的精神,将港澳台和旅居海外对国家民族作出贡献和有重要建树的知名人士也列为征稿对象。以后,根据全国政协文史资料委员会的意见,进一步明确征集对象是各级政协委员、政协之友社社员以及与政协有联系的各界人士,并重视向近现代史上许多重大事件的当事人或见证人,以及各界社会知名人士征稿。

【征集方法】

1978年市政协恢复文史资料工作后,采取成立征集小组、制定选题大纲、发放《征集史料情况调查表》、派员帮助写作有困难的老人收集资料和记录整理等方式征集史料。1993年起,除继续采用上述征集方式外,还与各区县政协、各民主党派市委、市政府有关部门以及外省市政协合作征集史料。2003年起,选择一些曾在历史上作出重大贡献且年事已高的代表人物,由市政协派员采取录音、录像等手段,进行史料抢救,在征集文字资料的同时,开展口述资料的征集工作。

【征集内容】

1978—1992年,市政协文史资料以征集新中国成立前革命史料为主。1978年成立了工人运动、店员职工运动、青年运动、妇女运动、民主运动以及文化、教育、科技、郊区、宗教、地下交通和军警12个征集小组,通过组稿、座谈,共征集到史料110多万字。1982年,重点征集统战工作方面的史料,邀请100多位老同志参加征集工作,共征集到史料60万字,内容涉及统战、政治军事、民主党派、社会团体、工商经济、文化教育和新闻出版等方面。在这期间,前后为纪念抗日战争胜利40周年、纪念曹荻秋逝世10周年、纪念陈毅逝世20周年以及潘汉年平反,陆续开展征集"一·二八"、"八一三"及上海各界人士抗日救亡活动和有关陈毅、曹荻秋、潘汉年在上海工作的史料,共征集史料100多万字。1993—2002年,市政协文史资料工作根据新中国成立前史料日趋枯竭的情况,加强与区县政协、民主党派合作,加强与全国政协及兄弟省市政协合作,进一步扩大征集史料,并把重点放在新中国成立后的重大事件和重要活动方面,10年间,共征集各类史料超过700万字。其间,又开展了库存史料的清理工作,完成了12卷本的《上海文史资料存稿汇编》。2003—2012年,市政协文史资料工作以"结合重要活动和重大纪念日,征集新中国成立以来各时期的文史资料"为方针,有组织、有主题进行征集,10年间,共征集各类史料近千万字。

二、编辑

1978年起,文史资料委员会采取拟定选题大纲和编辑提纲、排定系列专题、建立资料库、召开史料征集和编辑工作研讨会等方式,为征集和编辑工作提供重要依据。在编辑中注重核查史实,鉴别真伪,确保史料的真实性。

【编辑综合性选辑】

由于征集到的稿件内容广泛,涉及上海近现代政治、军事、经济、文化、教育等各个方面。为兼顾多方面的内容,《上海文史资料选辑》以综合性选辑为主。同时,由于征集到不少珍贵的历史照片、名人手迹、书信等,从1979年第24辑起,上海文史资料选辑和专辑都开始选刊图片资料;1987年第57辑开始,选辑设立不固定专栏,如"怀念柳亚子先生"、"抗战史话"等,相对集中有关稿件,以方便各方面运用史料。

【编辑革命史专辑】

1978年后,许多曾在上海统战系统工作或长期从事统战工作的老同志撰写了大量亲身经历的革命史料,除散见于综合性选辑外,文史资料委员会于1979年编辑《上海解放三十周年专辑》上、中、下三册,比较全面地反映解放上海战役的情况和上海解放前夕各界人士为迎接解放在各条战线开展革命斗争的事迹。1981年编印《辛亥革命七十周年》专辑,收入曾参加同盟会和辛亥革命的老人追随孙中山进行革命活动等史料,国家副主席宋庆龄为该专辑题签。1984年编辑《上海解放三十五周年》专辑,编入亲身参加接管上海和改造上海的老同志撰写的实录。1985年编辑《抗日风云录》上、下册,收入部分参加"一·二八"、"八一三"抗战将领撰写的参战实况和上海各条战线开展抗日救亡运动的史料,第六届市政协主席李国豪为该专辑题签。1991年编辑人物专辑《风范永存——忆陈毅市长》,反映陈毅在上海工作期间的建树,特别是在开展统战工作方面与各界上层人士之间肝胆相照、荣辱与共的感人事迹,全国人大常委会副委员长周谷城为该专辑题签。

【编辑旧上海系列专辑】

根据全国政协第四次文史资料工作会议关于把已经征集的资料,按照历史阶段、历史事件和历史人物进行分类集中,形成专题的要求,文史资料委员会于1986—1992年编辑出版旧上海系列专辑。编辑内容包括:经济方面的《旧上海的外商与买办》、《旧上海的金融界》、《旧上海的房地产经营》等;文化方面的《戏曲菁英》上、下册和《体坛先锋》、《艺苑寻踪》等;教育方面的《解放前上海的学校》;科技方面的《海上医林(中医篇)》;人物方面的《上海人物史料》等;社会方面的《旧上海的帮会》等。

【编辑统战工作史料专辑】

1982—1991年,文史资料委员会配合市委统战部统战工作史料征集组,编辑《统战工作史料专辑》10辑,比较集中地展示了各界知名人士邹韬奋、杜重远、金仲华、陈同生、沈体兰等人的生平事迹,以及他们在中共领导下团结各界人士开展革命斗争的史料。

【编辑外国侨民史料和资料性读物专辑】

1993年后,市政协的文史资料工作在题材和体裁上有新的开拓,编辑出版有关外国侨民的史料专辑《犹太人忆上海》、《大韩民国临时政府在上海》等;编辑出版大型摄影画册《上海新姿》;资料性和常识性读物《香港回归祖国手册》、《澳门回归祖国手册》等。

【编辑人物纪念性专辑】

1993—2003年,文史资料委员会先后编辑出版《叶楚伧纪念集》、《金仲华纪念文集》、《顾维钧传》、《靖任秋纪念集》、《沈体兰纪念文集》、《曹聚仁先生纪念集》、《师表——谢希德纪念集》等。

【编辑区县史料专辑】

1993—2012年,市政协文史资料委员会与宝山、闸北、卢湾、静安等区县政协合作编辑出版《史海拾贝》、《文史撷英》、《宝山史话精选》以及上海文史资料选辑(闸北卷)、上海文史资料选辑(卢湾卷)、上海文史资料选辑(青浦卷)等。

【编辑民主党派史料专辑】

1993—2012年,市政协文史资料委员会与民主党派市委合作,相继编辑出版《浩气长存》、《民革党员与新中国》以及上海民盟专辑、上海民建专辑、上海九三学社专辑、上海台盟专辑、上海致公党专辑等。

【编辑上海文史资料存稿汇编专辑】

1999—2002 年,市政协文史资料委员会按照全国政协文史资料委员会关于"整理库存资料"的要求,组织 10 余位专家,经过 3 年的努力,在市政协近 5 000 万字的库存资料中遴选出 440 万字,认真审读、反复推敲,编辑《上海文史资料存稿汇编》12 卷,挖掘了上海库存文史资料丰厚的历史文化底蕴,充分发挥了文史资料的功能。

【编辑文化名人画传专辑】

2003—2012 年,先后编辑出版《张瑞芳画传》、《追望大道——陈望道画传》、《史海丹心——周谷城画传》、《卿云糺缦——苏步青画传》、《敬业乐群——谢希德画传》等。

【编辑音像史料制品】

1995 年起,市政协和上海音像资料馆合作,以录音录像形式,记录上海历史和上海文化名人事迹,拍摄制作《淞沪抗战》、《韩国临时政府在上海》、《肝胆相照现忠诚——记工商业者孙廷芳先生》、《春秋六六育南模——记老教育家赵宪初》、《贺绿汀》、《明旸法师》、《真禅法师》、《点燃希望的人——记希望工程倡导者施惠群》、《郑超麟谈中共早期史》等音像制品。

此外,1993 年后,市政协还与市政府有关部门合作,编辑出版《接管上海亲历记》、《体坛五十年》、《航天风云录》、《建国后上海大案要案纪实》;与全国政协文史资料委员会合作编辑出版《城市接管亲历记》、《新中国地方戏剧改革纪实》、《肝胆相照见真情》、《建国初期留学生归国纪实》、《中华百年名碑》、《改造战犯纪实》;与兄弟省市政协合作编辑出版《汪伪群奸祸国纪实》、《侵华日军暴行总录》。1997 年后,文史资料委员会将编辑出版有关专辑与举行纪念活动相结合,如在出版发行《风雨同舟半世纪》、《光辉历程》、《我与中国共产党》以及编辑出版金仲华、沈体兰、陈同生、靖任秋、谢希德、曹聚仁等人物文史资料专辑时,举行首发式座谈活动;在制作音像资料后也举行首播式座谈活动。

第二节 出 版 和 发 行

一、出版

1978 年市政协恢复文史资料工作后,《文史资料选辑》从第 21 辑起由上海人民出版社出版,专辑均标明书刊名和各辑序号。从 1983 年第 42 辑开始,《文史资料选辑》更名为《上海文史资料选辑》,以区别于各地出版的文史资料选辑,并从该辑开始只标明总辑号,不再标明分年辑号。

1986 年,经市政协办公厅申报市新闻出版局批准,自《上海文史资料选辑》第 53 辑、《统战工作史料专辑》第 6 辑起,改为期刊出版。为了缩短出版周期,自 1991 年《上海文史资料选辑》第 68 辑开始,以及《统战工作史料专辑》第 10 辑,由市政协文史资料编辑部直接向上海新华印刷厂发稿排印。

图 8-1-1　市政协征集出版的部分文史资料

二、发行

1978—1985 年,市政协《文史资料选辑》为内部发行,由上海新华书店内部书刊发行组向全国各地新华书店征订,通过内部发行渠道发行,其中 1981 年出版的《辛亥革命七十周年》纪念专辑曾单独公开发行。从 1985 年编辑出版的《抗日风云录》起,全部公开发行。《统战工作史料专辑》自第 5 辑起也公开发行。

1986 年,市政协建立文史书刊发行网,作为新华书店发行渠道的补充,代销文史资料选辑,以扩大文史资料选辑的发行面,进一步发挥文史资料的社会效益。发行网由各区县政协委派的 30 人组成,其后不断调整充实。文史资料工作部门还与部分省市政协文史工作部门、文史书店建立相互代销关系,开拓外省市销售业务。

2011 年,经市政协十一届七十七次主席会议决定,《上海文史资料选辑》自 2011 年 7 月起,由公开出版发行改为内部资料。

表 8-1-1　1978—1983 年五届市政协文史资料编辑出版物一览

序号	总辑数	书　刊　名	出版日期	发行范围	协　作　单　位
1	21	《文史资料选辑》	1978.11	内部发行	
2	22	《文史资料选辑》	1979.2	内部发行	
3	23	《文史资料选辑》	1979.3	内部发行	

(续表)

序号	总辑数	书　刊　名	出版日期	发行范围	协作单位
4	24	《上海解放三十周年专辑(上)》	1979.5	内部发行	
5	25	《上海解放三十周年专辑(中)》	1979.5	内部发行	
6	26	《上海解放三十周年专辑(下)》	1979.5	内部发行	
7	27	《文史资料选辑》	1979.10	内部发行	
8	28	《文史资料选辑》	1979.12	内部发行	
9	29	《文史资料选辑》	1980.4	内部发行	
10	30	《文史资料选辑》	1980.5	内部发行	
11	31	《文史资料选辑》	1980.8	内部发行	
12	32	《文史资料选辑》	1980.9	内部发行	
13	33	《文史资料选辑》	1980.11	内部发行	
14	34	《文史资料选辑》	1981.2	内部发行	
15	35	《文史资料选辑》	1981.6	内部发行	
16		《辛亥革命七十周年专辑》	1981.8	公开发行	
17	36	《文史资料选辑》	1981.10	内部发行	
18	37	《文史资料选辑》	1981.12	内部发行	
19	38	《文史资料选辑》	1982.3	内部发行	
20	39	《文史资料选辑》	1982.6	内部发行	
21	40	《文史资料选辑》	1982.10	内部发行	
22	41	《文史资料选辑》	1982.12	内部发行	

表 8－1－2　1983—1988 年六届市政协文史资料编辑出版物一览

序号	总辑数	书　刊　名	出版日期	发行范围	协作单位
1	42	《上海文史资料选辑》	1983.5	内部发行	
2	43	《上海文史资料选辑》	1983.8	内部发行	
3	44	《上海文史资料选辑》	1983.11	内部发行	
4	45	《上海文史资料选辑》	1984.4	内部发行	
5	46	《上海解放三十五周年专辑》	1984.4	内部发行	
6	47	《上海文史资料选辑》	1984.9	内部发行	
7	48	《上海文史资料选辑》	1985.2	内部发行	
8	49	《上海文史资料选辑》	1985.5	内部发行	
9	50	《抗日风云录(上)》	1985.8	公开发行	
10	51	《抗日风云录(下)》	1985.8	公开发行	

（续表）

序号	总辑数	书 刊 名	出版日期	发行范围	协 作 单 位
11	52	《上海文史资料选辑》	1986.1	公开发行	
12	53	《上海文史资料选辑》	1986.3	公开发行	
13	54	《旧上海的帮会》	1986.8	公开发行	
14	55	《上海文史资料选辑》	1986.11	公开发行	
15	56	《旧上海的外商与买办》	1987.2	公开发行	
16	57	《上海文史资料选辑》	1987.2	公开发行	
17	58	《上海文史资料选辑》	1988.1	公开发行	

表 8－1－3　1988—1993 年七届市政协文史资料编辑出版物一览

序号	总辑数	书 刊 名	出版日期	发行范围	协 作 单 位
1	59	《解放前上海的学校》	1988.7	公开发行	
2	60	《旧上海的金融界》	1988.8	公开发行	
3	61	《戏曲菁英（上）》	1989.9	公开发行	
4	62	《戏曲菁英（下）》	1989.12	公开发行	
5	63	《上海文史资料选辑》	1989.12	公开发行	
6	64	《旧上海的房地产经营》	1990.3	公开发行	
7	65	《体坛先锋》	1990.6	公开发行	
8	66	《上海文史资料选辑》	1991.7	公开发行	
9	67	《海上医林(中医篇)》	1991.8	公开发行	
10	68	《风范永存——忆陈毅市长》	1991.11	公开发行	
11	69	《上海文史资料选辑》	1992.4	公开发行	
12	70	《上海人物史料》	1992.7	公开发行	
13	71	《艺苑寻踪》	1992.11	公开发行	
14	72	《八五自述(徐国懋)》	1992.12	公开发行	

表 8－1－4　1993—1998 年八届市政协文史资料编辑出版物一览

序号	总辑数	书 刊 名	出版日期	发行范围	协 作 单 位
1	73	《文史荟萃》	1993.12	公开发行	
2	74	《上海文史资料选辑》	1993.12	公开发行	
3	75	《文史杂忆》	1994.5	公开发行	
4	76	《旧上海的交易所》	1994.12	公开发行	
5	77	《血肉长城》	1995.7	公开发行	上海政协之友社

(续表)

序号	总辑数	书 刊 名	出版日期	发行范围	协 作 单 位
6	78	《犹太人忆上海》	1995.8	公开发行	上海犹太研究中心
7	79	《叶楚伧纪念集》	1995.12	公开发行	
8	80	《文史集粹》	1996.7	公开发行	
9	81	《光辉历程》	1996.9	公开发行	
10	82	《上海的宗教》	1996.11	公开发行	
11	83	《史海拾贝》	1996.12	公开发行	长宁区政协文史资料委员会
12	84	《金仲华纪念文集》	1997.1	公开发行	
13		《香港回归祖国手册》	1997.5	公开发行	
14	85	《浩气长存》	1997.12	公开发行	农工党市委
15	86	《大韩民国临时政府在上海》	1997.12	公开发行	上海大韩民国临时政府旧址管理处
16	87	《接管上海亲历记》	1997.12	公开发行	
17		《上海新姿》	1997.12	公开发行	
18	88	《文史撷英》	1998.1	公开发行	杨浦区政协文史资料委员会

表 8 - 1 - 5 1998—2003 年九届市政协文史资料编辑出版物一览

序号	总辑数	书 刊 名	出版日期	发行范围	协 作 单 位
1	89	《体坛五十年》	1998.10	公开发行	
2	90	《航天风云录》	1998.11	公开发行	
3	91	《建国后上海大案要案纪实》	1998.12	公开发行	市政协社会和法制委员会
4		《顾维钧传》	1998.12	公开发行	
5	92	《靖任秋纪念集》	1999.9	公开发行	
6	93	《风雨同舟半世纪》	1999.9	公开发行	上海政协之友社
7	94	《民革党员与新中国》	1999.9	公开发行	民革市委
8		《20 世纪上海文史资料文库》	1999.9	公开发行	
9	95	《沈体兰纪念文集》	1999.11	公开发行	民盟市委、市体育总会、昆山周庄镇政府、上海市继光(麦伦)中学校友会
10	96	《曹聚仁先生纪念集》	2000.6	公开发行	上海鲁迅纪念馆
11	97	《师表——谢希德纪念集》	2000.12	公开发行	

（续表）

序号	总辑数	书　刊　名	出版日期	发行范围	协　作　单　位
12	98	《我与中国共产党》	2001.6	公开发行	上海政协之友社
13	99	《为了美好的明天》	2001.6	公开发行	
14	100	《戎马书生》	2001.12	公开发行	
15		《上海文史资料存稿汇编》	2001.12	公开发行	
16	101	《情系中华》	2002.1	公开发行	市欧美同学会
17	102	《宝山史话精选》	2002.1	公开发行	宝山区政协学习和文史资料委员会
18		《全国政协文史资料存稿选编（21、22卷）》	2002.8	公开发行	
19	103	《上海文史资料选辑》	2002.10	公开发行	
20	104	《回眸同业公会》	2002.12	公开发行	市工商联
21	105	《宗教往事》	2002.12	公开发行	市政协民族和宗教委员会

表 8 - 1 - 6　2003—2008 年十届市政协文史资料编辑出版物一览

序号	总辑数	书　刊　名	出版日期	发行范围	协　作　单　位
1	106	《碧海同舟——民国海军赴美赴英受训接舰纪实》	2003.3	公开发行	市欧美同学会
2	107	《上海文史资料选辑》	2003.11	公开发行	
3	108	《丰子恺年谱》	2003.12	公开发行	上海大学图书馆
4		《张瑞芳画传》	2003.12	公开发行	
5		《上海360°》	2003.12	公开发行	
6	109	《上海文史资料选辑》	2004.4	公开发行	
7	110	《上海文史资料选辑（闸北卷）》	2004.12	公开发行	闸北区政协
8	111	《上海文史资料选辑（卢湾卷）》	2004.12	公开发行	卢湾区政协
9	112	《上海文史资料选辑（静安卷）》	2004.12	公开发行	静安区政协
10	113	《上海文史资料选辑》	2004.12	公开发行	
11		《追望大道——陈望道画传》	2005.5	公开发行	
12		《史海丹心——周谷城画传》	2005.5	公开发行	
13		《卿云纠缦——苏步青画传》	2005.5	公开发行	
14		《敬业乐群——谢希德画传》	2005.5	公开发行	
15	114	《上海文史资料选辑（青浦卷上册）》	2005.11	公开发行	青浦区政协

（续表）

序号	总辑数	书　刊　名	出版日期	发行范围	协　作　单　位
16	115	《上海文史资料选辑(青浦卷下册)》	2005.11	公开发行	青浦区政协
17	116	《上海文史资料选辑(民进专辑)》	2005.11	公开发行	民进市委
18	117	《上海儿女在黑龙江(上册)》	2006.2	公开发行	
19	118	《上海儿女在黑龙江(下册)》	2006.3	公开发行	
20	119	《上海文史资料选辑(民盟专辑)》	2006.9	公开发行	民盟市委
21	120	《上海文史资料选辑(嘉定卷)》	2006.10	公开发行	嘉定区政协
22	121	《上海文史资料选辑(民建专辑)》	2006.11	公开发行	民建市委
23	122	《上海文史资料选辑(黄浦卷上、下册)》	2007.1	公开发行	黄浦区政协
24	123	《上海文史资料选辑(金山卷上、下册)》	2007.1	公开发行	金山区政协
25	124	《上海文史资料选辑(九三学社专辑)》	2007.3	公开发行	九三学社市委
26	125	《上海文史资料选辑(农工党专辑)》	2007.4	公开发行	农工党市委
27	126	《上海汽车工业五十年(上、下卷)》	2007.11	公开发行	上海汽车工业(集团)总公司

表 8-1-7　2008—2012 年十一届市政协文史资料编辑出版物一览

序号	总辑数	书　刊　名	出版日期	发行范围	协　作　单　位
1	127	《上海文史资料选辑(工商联专辑)》	2008.2	公开发行	市工商联
2	128	《上海文史资料选辑(民革专辑)》	2008.4	公开发行	民革市委
3	129	《波澜壮阔三十年(上、下册)》	2008.12	公开发行	
4	130	《上海文史资料选辑(南汇卷)》	2009.1	公开发行	南汇区政协
5	131	《上海文史资料选辑(致公党专辑)》	2009.10	公开发行	致公党市委
6	132	《回首 60 年(上、下册)》	2009.10	公开发行	
7	133	《上海名人故居博览》	2009.12	公开发行	
8		《上海历史人文地图》	2010.1	公开发行	上海师范大学中国近代社会研究中心
9	134	《宁波旅沪同乡会纪》	2010.9	公开发行	上海市宁波经济建设促进会
10	135	《外滩金融史话》	2010.12	公开发行	黄浦区政协
11	136	《上海文史资料选辑(台盟专辑)》	2010.12	公开发行	台盟市委
12	137	《外滩文化史话》	2011.6	公开发行	黄浦区政协

序号	总辑数	书　刊　名	出版日期	发行范围	协作单位
13	138	《辛亥百年拾遗》	2011.8	内部发行	民革市委
14	139	《上海文史资料选辑》	2011.12	内部发行	
15	140	《我与政协工作有缘》	2012.3	内部发行	
16	141	《扬帆奋进二十年——纪念邓小平同志"南方谈话"专辑》	2012.7	内部发行	
17	142	《"雪域高原的格桑花"：上海市第五批援藏干部"三亲"史料专辑》	2012.10	内部发行	市文史资料研究会
18	143	《上海文史资料选辑》	2012.10	内部发行	

表 8-1-8　1982—1991 年上海统战工作史料专辑一览

序号	书　刊　名	出版日期	发行范围	协作单位
1	《统战工作史料专辑》	1982.11	内部发行	
2	《统战工作史料专辑》	1983.6	内部发行	
3	《统战工作史料专辑》	1984.2	内部发行	
4	《统战工作史料专辑》	1985.6	内部发行	
5	《统战工作史料专辑》	1986.4	公开发行	
6	《统战工作史料专辑》	1986.10	公开发行	
7	《统战工作史料专辑》	1987.12	公开发行	
8	《统战工作史料专辑》	1989.12	公开发行	
9	《统战工作史料专辑》	1990.3	公开发行	
10	《统战工作史料专辑》	1991.10	公开发行	

三、出版物首发式

【《金仲华纪念文集》首发式】

1997 年 4 月 1 日,市政协文史资料委员会举行纪念金仲华诞辰 90 周年座谈会暨《金仲华纪念文集》首发式。市政协副主席赵定玉出席并讲话。金仲华的女儿金立勤作"踏着父亲的足迹前进"的发言。市委老领导王一平、杨堤等出席。

【《浩气长存》首发式】

1998 年 4 月 2 日,市政协文史资料委员会和农工党上海市委联合举行《浩气长存》首发式。市政协副主席陈正兴,农工党上海市委、市政协文史资料委员会、龙华烈士纪念馆等单位和部门负责人出席。

【《20世纪上海文史资料文库》首发式】

1999年9月16日,市政协文史资料委员会举行《20世纪上海文史资料文库》首发式。市人大常委会副主任张圣坤,市政协副主席郑励志、陈灏珠、刘恒椽、黄关从等出席。

【《风雨同舟半世纪》首发式】

1999年9月16日,市政协文史资料委员会和政协之友社联合举行《风雨同舟半世纪》首发式。市政协副主席朱达人、郑励志、刘恒椽,市政协老领导李国豪、毛经权、杨樀、张瑞芳、吴增亮等出席。

【《沈体兰纪念文集》首发式】

1999年12月11日,市政协文史资料委员会举行《沈体兰纪念文集》首发式。市政协副主席朱达人等出席。

【《靖任秋纪念集》首发式】

1999年12月14日,市政协文史资料委员会举行《靖任秋纪念集》首发式。靖任秋之子靖叔平等发言。靖任秋生前老战友、老同事叶尚志等出席。

【《曹聚仁先生纪念集》首发式】

2000年6月26日,市政协文史资料委员会和市文史研究馆、上海鲁迅纪念馆联合举行曹聚仁先生诞辰100周年座谈会暨《曹聚仁先生纪念集》首发式。市政协主席王力平,副主席朱达人,浙江省政协副主席、中共浙江省委统战部部长李青及上海文史研究馆、上海市文物管理委员会、上海鲁迅纪念馆等单位和部门负责人出席。

【《我与中国共产党》首发式】

2001年6月25日,市政协文史资料委员会和政协之友社联合举行庆祝中国共产党诞辰80周年座谈会暨《我与中国共产党》首发式。市政协副主席朱达人,市委、市政协老同志杨堤、杨樀、张瑞芳、严东生、陈铭珊等出席。

【《为了美好的明天》首发式】

2001年7月10日,市政协文史资料委员会举行《为了美好的明天》首发式。《为了美好的明天》是市人民委员会原副秘书长、办公厅主任,市委统战部原副部长、六届市政协秘书长、新四军老战士范征夫撰写的战斗、工作、生活的回忆文章。市政协副主席陈正兴出席并讲话。作者范征夫,市委统战部、市政协文史资料委员会等部门负责人出席。

【《上海文史资料存稿汇编》首发式】

2002年1月28日,市政协文史资料委员会举行《上海文史资料存稿汇编》首发式。全国政协文史资料委员会主任朱作霖出席并讲话。市政协副主席朱达人、王生洪、刘恒椽、左焕琛、陈正兴、俞云波、黄关从等出席。

图 8-1-2　2002 年 1 月,市政协举行《上海文史资料存稿汇编》首发式

【《情系中华》首发式】

2002 年 3 月 26 日,市政协文史资料委员会举行《情系中华》首发式。《情系中华》刊有钱伟长、李国豪、谢希德、严东生、张承宗、冯德培、谈家桢、杨振宁、王应睐、顾毓琇等 80 人撰写的 78 篇史料。市政协副主席朱达人出席并讲话。

【《戎马书生》首发式】

2002 年 4 月 12 日,市政协文史资料委员会举行《戎马书生》首发式。《戎马书生》是纪念市委统战部原部长、第四届市政协副主席、新四军老战士陈同生的专辑。陈同生的女儿陈淮淮等发言。市政协副主席朱达人出席并讲话。

【上海现代文化名人画传系列丛书《张瑞芳画传》和大型摄影画册《上海 360°》首发式】

2004 年 1 月 5 日,市政协文史资料委员会举行上海现代文化名人画传系列丛书《张瑞芳画传》和大型摄影画册《上海 360°》首发式。市政协主席蒋以任,副主席宋仪侨、王荣华等出席。

【《追望大道——陈望道画传》、《史海丹心——周谷城画传》、《卿云糺缦——苏步青画传》、《敬业乐群——谢希德画传》首发式】

2005 年 5 月 26 日,市政协文史资料委员会举行上海现代文化名人画传系列丛书《追望大道——陈望道画传》、《史海丹心——周谷城画传》、《卿云糺缦——苏步青画传》、《敬业乐群——谢希德画传》首发式。全国政协文史和学习委员会主任王蒙,市政协副主席王生洪、王荣华等出席。

【《平凡人生——王季愚传略》出版座谈会】

2006年4月28日,市政协举办《平凡人生——王季愚传略》出版座谈会。市政协主席蒋以任出席并讲话。九届市政协主席、政协之友社理事长王力平,市政协副主席宋仪侨、谢丽娟、王荣华等出席。

【《上海文史资料选辑(上海农工党专辑)》首发式】

2007年4月25日,市政协文史资料委员会举行《上海文史资料选辑(上海农工党专辑)》首发式。市政协副主席、农工党市委主委左焕琛等出席。

【《上海新时空》摄影画册首发式】

2010年4月16日,市政协举行《上海新时空》摄影画册首发式。市政协主席冯国勤出席并讲话。市政协副主席李良园、吴幼英等出席。

【《"雪域高原的格桑花":上海市第五批援藏干部"三亲"史料专辑》首发式】

2012年12月13日,市政协举行《"雪域高原的格桑花":上海市第五批援藏干部"三亲"史料专辑》首发式。市政协副主席吴幼英等出席。

第三节　编　译　工　作

1978年3月,市政协五届二次常委会会议审议通过,成立市政协编译工作委员会并设立编译组。1983年市政协六届一次会议后,编译工作委员会改为市政协文化研究委员会编译组。1988年后,编译组一度中断活动。1991年起恢复,改属市政协学习委员会。1994年后,编译组不再开展活动。

市政协编译工作委员会(编译组)的工作宗旨是:根据新时期的总任务,联系、团结和调动统一战线范围内能够从事外文翻译工作的社会力量,翻译社会科学、自然科学和文艺方面的外文书刊,为实现社会主义现代化服务。进入20世纪90年代,在继续坚持这个工作宗旨的同时,为适应人民政协参政议政的需要,将向有关部门推荐部分可供改革开放和经济建设参考的国外社会科学著作作为工作内容之一。

市政协编译组选定翻译的材料,是上海译文出版社、上海翻译出版公司、上海科技出版社和上海社会科学院情报所、世界经济研究所、上海国际问题研究所等单位推荐可供翻译的外文书刊和资料,再由市政协编译组讨论研究后确定。1978—1994年,编译组共翻译外文著作16部800多万字。

表8-1-9　市政协编译组翻译出版的主要书目一览

书　　名	编　著　者	出版单位	出版年月	译　　者
《艾奇逊回忆录》(上册)	〔美〕迪安·艾奇逊	上海译文出版社	1978.4	《国际问题资料》编辑组、伍协力*
《艾奇逊回忆录》(下册)	〔美〕迪安·艾奇逊	上海译文出版社	1978.4	协力*
《七姊妹——大石油公司及其创造的世界》	〔英〕安东尼·桑普森	上海译文出版社	1979.6	伍协力

（续表）

书　名	编 著 者	出版单位	出版年月	译　者
《今后二百年——美国和世界的一幅远景》	［美］赫尔曼·卡恩威廉·布朗	上海译文出版社	1980.9	上海市政协编译工作委员会
《台湾的经济发展 1860—1970 年》	［美］何保山	上海译文出版社	1981.1	上海市政协编译工作委员会
《世界能源——展望 2020 年》	［英］伊斯雷尔·贝科维奇	上海译文出版社	1983.10	上海市政协编译工作委员会
《国际事务概览》（1962 年）	［英］D. C. 瓦特	上海译文出版社	1983.12	上海市政协编译工作委员会
《香港的劳资关系与法律》	［英］乔·英格兰约翰·里尔	上海翻译出版公司	1984.12	寿进文、唐振彬
《香港的银行与货币》	饶余庆	上海翻译出版公司	1985.5	寿进文、杨立义
《国际事务概览》（1963 年）	［英］D. C. 瓦特	上海译文出版社	1985.9	上海市政协编译工作委员会
《西方教育词典》	［英］德·朗特里	上海译文出版社	1988.3	陈建平、杨立义、邵霞君、杨寿宁、杜维坤
《现代经济学词典》	［英］戴维·W. 皮尔斯	上海译文出版社	1988.12	宋承先、寿进文、章雷、唐雄俊、唐振彬
《华夏丹青》	柯灵等	市政协华夏画苑	1992	杨立义（汉译英）
《发现者》（社会篇）	［美］丹尼尔·布尔斯廷	上海译文出版社	1992.1	戴子钦、寿进文、沈云鸥、顾名奋、杜维坤、于瑞熹、仝茂海、江小波
《石油风云》	［美］丹尼尔·耶金	上海译文出版社	1992.2	徐荻洲、寿进文、姚梓良、杨立义、史美范、王厚康、刘士箴、汤国维、胡毓源
《国家的作用——21 世纪的资本主义前景》	［美］罗伯特·赖克	上海译文出版社	1994.9	徐荻洲、汤国维、寿进文、周敦仁

注＊：伍协力系市政协编译工作委员会编译组的一个别名。

第二章 新闻宣传

市政协的新闻宣传工作随着政协工作范围的不断扩大、工作领域的不断拓展和工作内容的不断丰富,在实践中不断发展。1993年起,市政协进一步注重加强人民政协的新闻报道工作,落实专人负责联系主要新闻媒体记者,开展人民政协的日常宣传。2000年起,在《文汇报》等市主要媒体开辟政协工作专题专栏,同时充分发挥《联合时报》、《浦江纵横》和"上海政协"网站的宣传作用,不断扩大政协的社会影响。2003年起,为进一步加强和规范新闻宣传工作,市政协先后制定了相关的工作制度。

第一节 措施与制度

一、措施

为加强人民政协的新闻报道工作,市政协采取了一系列措施。如加强与市新闻媒体的联系合作,加强全会期间的新闻报道,开展网上人民政协知识竞赛、常委会会议网上直播、好新闻评选等。2008年11月,市政协成立宣传工作小组,进一步加强对新闻宣传工作的领导,规范市政协的新闻宣传工作。

【加强与新闻媒体的联系合作】

1993年起,市政协加强与市主要新闻媒体的联系合作,通过各种媒体及时宣传报道市政协的重要工作、重要会议、重要活动,不断扩大政协的社会影响。2000年7月起,在日常性的宣传报道基础上,逐步在媒体开辟专栏、专题。如《文汇报》"人民政协"专栏、东方广播电台"政协之声"、《解放日报》"代表委员之窗"、《新民晚报》"代表委员直通车"、《支部生活》"政协之窗"等。

【加强政协全会期间的新闻报道】

1993年起,市政协每次全会召开前都举行新闻发布会,邀请上海、中央驻沪及香港新闻媒体记者参加全会采访报道。2004年起,通过东方网站对市政协全体会议开幕会议作图文直播;2010年起,通过上海电视台新闻频道对市政协全体会议开幕会议作实况转播。市政协全会召开期间及前后,主要新闻媒介集中宣传人民政协。据不完全统计,1993—2012年,市政协第八、九、十、十一届委员会的20次全会,参加报道工作的记者达3 000余人次,通过各类媒体发表的有关政协工作的新闻报道达20 000余篇(条)。

【制作政协全会专题片】

自1998年起,市政协在每年全会召开前,制作一部介绍政协工作的专题片,通过上海电视台、东方网、新民网、上海政协网播出并在全会会场播放,广泛深入地宣传政协工作,扩大政协工作的影响。专题片主要回顾市政协一年或一届的主要工作、取得的成果和成效、展示政协委员在履职过程

图8-2-1 2010年3月,第十一届市政协副主席、上海世博会事务协调局副局长周汉民在
全国政协十一届三次会议"世博专题"记者会上回答媒体提问

中的作为和风采等。如2008年《新世纪新步伐——十届上海市政协工作回顾》,全面回顾了十届市
政协在履行政治协商、民主监督和参政议政三项职能中所取得的成效,以及在反映民意、团结各界
等方面所做的大量工作;2010年《团结民主凝民智——2010年上海市政协围绕"五个确保"履职纪
实》,全面反映了市政协动员各界委员围绕"五个确保"所取得的成果;2012年《使命与智慧的交
响——十一届上海市政协工作履职纪实》,充分展示了十一届市政协5年来的履职成果。

【开展网上人民政协知识竞赛】

2004年和2009年,市政协分别与市电信公司、东方网等联合举办"'上海电信杯'人民政协知识
网上竞赛"、"人民政协知识网上竞答"活动,30 000余名各行各业的网友参与,成为宣传政协工作、
普及政协知识的重要阵地。

【开展常委会会议网上直播】

2011年起,市政协努力创新新闻报道方式,充分发挥网络媒体优势,直播政协重要履职会议,
扩大政协工作社会影响。先后联系新民网、东方网对市政协关于世博会筹备工作的常委专题协商
会,市政协十一届二十七次、二十八次、三十次常委会会议进行图文网络直播,在第一时间让广大市
民了解到政协委员协商议政情况。

【参与全国政协好新闻评选】

自1992年起,全国政协办公厅每年评选一次宣传中国共产党领导的多党合作和政治协商制度

的好新闻。2010年后改为每两年评选一次。每次评选,市政协和上海主要新闻媒体领导组成上海地区评选小组,协商推荐上海地区参加全国政协评选政协好新闻的作品。从1994—2012年,在上海地区推荐的作品中,2005年《文汇报》刊登的通讯《"绝对信任"宠坏洋品牌》、2007年新华社采写的新闻《把"金点子"变成"金蛋"》、2008年新华社采写的新闻《上海政协委员喜欢"杀回马枪"、"找岔子"》、2012年上海广播电台播出的新闻《建筑市场如何杜绝赶工期》等4件作品获得一等奖;1993年《新民晚报》刊登的通讯《我是一个兵》、1996年上海东方电视台播出的新闻专题《"两会"热门话题谈加强精神文明建设》、1999年上海人民广播电台播出的通讯《发生在这次修宪背后的故事》等12件作品获得二等奖;2003年上海人民广播电台采制的广播专题《用母爱呼唤出爱耳日》、2010年《解放日报》刊登的新闻《"华为"为何与上海失之交臂》等20件作品获得三等奖。1999年起,全国政协好新闻评选活动开始设立好新闻组织奖。市政协获得第八届、第九届、第十一届、第十二届好新闻组织奖。

【开展市政协好新闻评选活动】

从1994年起,市政协在向全国政协推荐政协好新闻作品的同时,开展上海市政协好新闻评选活动。1994—2012年,《解放日报》的综述《发挥各界才智推进上海发展》、《文汇报》的消息《上海私企何以无全国名牌》、《新民晚报》的评论《城市交通建设为啥老是"差口气"》、上海电视台的电视新闻《为城市发展建言献策》、东方电视台的电视新闻《从身边入手,上海市政协聚焦社情民意》、东方电台的广播新闻《委员批评上海房价过高》、《东方早报》的新闻《市政协首邀30名市民参加大会开幕式》等288件作品获得上海市政协好新闻奖。

二、制度

随着人民政协事业的发展,市政协履行职能的外延和内涵不断扩大,新闻报道工作的内容和任务日益增长。为加强和规范新闻宣传工作,自2003年起,市政协先后制定了一系列关于新闻宣传工作的制度。

【《关于进一步加强和改进市政协宣传工作的意见》】

2003年4月,市政协十届四次主席会议审议通过《关于进一步加强和改进市政协宣传工作的意见》,要求努力提高宣传工作质量,密切与宣传部门的联系与合作,建立与市委宣传部和上海市主要新闻媒体的经常联系制度,运用大众媒体,拓展宣传领域,扩大统战、政协工作的社会影响,并对市政协的宣传载体《联合时报》《浦江纵横》以及政协网站的工作提出要求。

【《上海市政协宣传工作制度》】

2005年6月,市政协第46次专职秘书长办公会议审议通过《上海市政协宣传工作制度》,再次强调加强政协宣传工作的领导,明确研究室宣传处作为职能处室,协调、规划、组织、落实政协宣传具体工作,并要求努力提高宣传工作质量、建立队伍、畅通信息、加强与宣传主管部门和各媒体的联系,并提出市政协各职能部门的宣传职责。

【《上海市政协新闻发言人制度》】

2008年10月,市政协党组会议审议通过《上海市政协新闻发言人制度》,要求进一步加强和改进市政协的新闻宣传工作,充分运用新闻发言人制度宣传中国共产党领导的多党合作和政治协商制度,宣传市政协组织及政协委员履行政治协商、民主监督、参政议政职能和各项工作,规范市政协新闻信息的发布,营造公开透明的信息环境,满足广大人民群众对政协新闻信息的需求,便于组织新闻媒体有计划、有重点地开展报道,形成有利于人民政协事业发展的良好社会氛围。制度明确了发言人人选、发布内容和发布方式。

【《上海市政协新闻宣传策划制度》】

2009年11月,市政协新闻宣传职能部门制定《上海市政协新闻宣传策划制度》,要求根据市政协年度工作要点,各专门委员会年度工作安排和市委宣传部年度宣传工作重点,制订市政协全年新闻宣传报道工作计划,做到有计划、有重点、按步骤开展报道;根据中央和市委宣传工作的重点和口径,依据市政协全年新闻宣传报道工作计划,月度工作安排,制定市政协当月新闻宣传报道方案,方案中明确计划报道的工作、刊播的媒体、发稿的时间等,并对开阔新闻宣传策划思路等提出要求。

第二节　主要媒体的专栏专题

随着人民政协事业的推进,上海的主要新闻媒体在日常性宣传报道的基础上,逐步开辟了一些宣传报道政协工作的专栏、专题。

一、《文汇报》"人民政协"专栏

2000年7月,市政协在《文汇报》开辟"人民政协"专栏(不定期),至2012年共刊出80余期。专栏集中宣传中国共产党领导的多党合作和政治协商制度,重点宣传三方面工作:(1)市政协各阶段的重要工作。如市政协开展编制"十二五"规划大讨论的专版,宣传市政协组织委员为编制上海"十二五"规划建言献策的综合情况;《沪港澳委员会聚深圳共商现代服务业大计》、《描绘上海郊区新农村蓝图》等,反映市政协围绕中心服务大局的工作。(2)市政协各专门委员会专题调研情况和成果。如《市政协专题调研注重实效》、《构建沪上和谐新社区》、《拒绝"摊大饼"找准上海优势》等,反映了市政协有关专门委员会调查研究的实效。(3)委员履行职能的作为和风采。如《南浦大桥下违章建饭店被拆》、《沪甬长途客运面貌改观》、《非法招工必须根治》、《东方书报亭又显靓丽》等,展示政协委员开展民主监督的成果。2005年4月1日,《文汇报》创办了反映政协委员和人大代表观点的专栏"共识共鸣",至2012年,共发表反映委员观点的报道30余期。

二、东方广播电台"政协之声"

2000年7月25日,市政协与东方广播电台联办的谈话类直播专题节目"政协之声"开播。该节目基本每月1期,一般安排在每月第三个星期二的12:10—13:00,在792千赫和104.5兆赫同时播出。至2012年,共播出150余期。"政协之声"由市政协委员、民主党派成员、专家学者作为嘉宾,围绕政协的地位、职能、作用,党和政府的中心工作,经济和社会生活的新现象、新举措以及市民关心的热点、难点问题等,通过嘉宾、主持人、听众对话交流的形式,宣传党的方针、政策,改革发展的新探索,为政府和有关部门的决策提出建设性的思路和建议,并解答听众提出的问题。播出内容包括：多党合作和政治协商、西部开发、教育改革、法律援助和法律仲裁、再就业工程与大学生就业、改革开放 30 年上海城市变化以及城市轨道交通建设、北京奥运会期间公共安全问题、世博会对市民价值观的影响等。

三、上海人民广播电台新闻频率"市民与社会"

自 2004 年起，市政协与上海人民广播电台合作，由新闻频率"市民与社会"节目不定期邀请市政协领导担任嘉宾，就政协工作与听众进行直播交流。主要内容有人民政协事业的发展和进步、市政协履行职能的有关情况、听取市民群众对政协工作的意见建议等。如 2004 年 9 月 17 日，十届市政协主席蒋以任应邀担任嘉宾，就"如何更好地推进政协建设"话题与听众进行直播交流。向听众介绍了人民政协性质、任务及其在我国政治体制中的作用，以及人民政协成立 55 年来在制度建设方面的发展和进步，并回答市民提出的有关问题。2008 年 2 月 3 日，十一届市政协主席冯国勤接受"市民与社会"节目采访，向市民介绍了市政协十一届一次会议的召开情况，就政协如何更好地履行政治协商、民主监督、参政议政职能，以及今后的工作打算等与市民进行交流，并听取听众对政协工作的建议。

第三节　报 刊 和 网 站

一、《联合时报》

《联合时报》为上海市政协机关报，其办报宗旨和编辑方针为：宣传中国共产党领导的多党合作和政治协商制度，立足统战，面向社会，发扬民主，广开言路，交流信息，联络友谊。

【历史沿革】

1984 年 7 月，市政协创办《上海政协报》，1985 年 1 月国内公开发行，每周星期五出版。1987 年 1 月改名为《联合时报》。1988 年 7 月，由 4 开 4 版改为对开 4 版。1993 年 1 月起，向国外发行。2006 年 1 月，《联合时报》扩版，由对开 4 版扩为对开 8 版，并由周报扩至每周 2 刊，每周星期二、星期五出版，并由黑白版改为彩色版，从 2005 年起，《联合时报》创办全会日报，在每年市政协全会期间每天出报 1 期，在全国"两会"期间出版特刊，以加强报道的广度和深度。

【栏目设置】

《联合时报》设新闻版和副刊版。

新闻版　第一版为要闻，第二版为综合新闻。主要宣传报道市政协履行政治协商、民主监督、参政议政职能的情况及其在国家和地方的政治、经济、科技、文化、教育及社会生活等各方面发挥的重要作用；贯彻中国共产党和各民主党派"长期共存、互相监督、肝胆相照、荣辱与共"的方针，民主党派、工商联成员和无党派人士积极广泛地参政议政，为建设中国特色社会主义所作的贡献；坚持"和平统一、一国两制"的方针，加强与港澳台、海外侨胞的团结联谊，努力促进中华民族的大团结；贯彻党和政府的民族政策、宗教政策、侨务政策和知识分子政策；政协委员、党派成员和其他各界人士在本职工作中的先进事迹；民主党派工作；基层统战和政协工作；政协委员、党派团体、各界人士和社会群众关心的热点问题；统战部门和政协机关的自身建设；从统一战线和人民政协这两个立足点延伸和辐射到社会上各个方面的新闻;从政协民主监督和报纸舆论监督相结合的角度,对不良现象进行批评等 16 个方面内容。

副刊版　为体现办报方针,《联合时报》先后开辟《群言》、《史苑》、《海风》、《愉园》、《往事》、《丽都苑》、《民营经济》、《两岸三地》、《财经视角》、《理论经纬》、《民族与宗教》、《特稿》、《珍藏》、《论语·专栏》等副刊。

《群言》和《论语·群言》为言论性副刊。《上海政协报》创办之时,即设有《群言》副刊。1987 年《群言》改版,明确为言论性副刊,刊发各界人士就经济、政治、文化教育、社会生活等问题撰写的各种体裁的言论,不拘一格,广开言路,发扬民主。《群言》曾开设政协委员、社会各界人士的专栏,如冯英子的"西窗闲话"、诸尚一的"四照阁随笔"、凌河的"井下谭"、江曾培的"书坛徜徉录"等。2009 年 2月,报纸改版,推出《论语·群言》,邀请市政协领导和上海各民主党派负责人及城市各界精英撰稿。

《史苑》和《往事》为文史副刊。初无刊名,1986 年取名《史苑》,一般发表鲜为人知、与现实有一定联系的文史资料。《史苑》自 1987 年 7 月起,固定为双周一大版,并一度与当时为贯彻统战工作向海外拓展的精神而增辟的《港台与海外》副刊合并,取名《海风》。1988 年 7 月,《史苑》内容从《海风》分出。1993 年 9 月,《史苑》改版,推出《往事》,其稿件内容包括从辛亥革命到 20 世纪 80 年代中国在政治、经济、科教、文化、社会生活等各方面发生的历史事件,以作者亲历为主。

《海风》为新闻副刊,主要从政治、经济和社会生活等多个角度介绍港澳台和海外华侨、华人的情况,并发挥市政协委员经常赴海外参加学术会议、考察、探亲访友等优势,逐渐增加了内地人士海外之行的所见所闻所感;还开设了作者个人专栏,以较深的触角和眼光介绍旅外之感。《海风》每季度编发 1 期台情介绍、分析、研究专版。

《愉园》和《丽都苑》为文化生活副刊。1988 年 7 月新辟。《愉园》遵循"名人写、写名人"的原则,主要反映各界人士高雅健康、丰富多彩的文化生活。1996 年 6 月,《愉园》改版为文化艺术类副刊《丽都苑》,设有"名人剪影"、"梧桐清音"、"书画廊"等栏目,仍保持《愉园》"名人写、写名人"特点,注重深度,注重统战特色,注重服务特色。

《论语·专栏》为言论性副刊,2008 年新辟。先后特邀曹景行、葛剑雄、过传忠、李天扬、李锐、柴俊勇、陆谷孙等知名人士撰稿。设有"景行斜道"、"茶未凉"、"柴生感悟"、"景庭"、"周论·河畔居随笔"、"博客·蓝色评论"等专栏。

【经营管理】

《联合时报》的每期发行数,平均保持在 3 万份左右。为开展报纸的发行工作,报社加强与各区县政协、统战部,各民主党派、人民团体、市工业系统集团、公司统战部,各大专院校统战部的联系,形成报纸的发行网络,每年举行 1 次发行工作会议,表彰奖励发行工作先进单位和个人,以推动报纸的发行工作。2004 年,《联合时报》发行进入沪上 15 家大型医院的干部病房、东航及上航的主要航班飞机。2006 年,《联合时报》陆续新建 1 600 个"政协之窗"报栏,覆盖全市 1 000 多个社区、100余家医院和全部高校。

联合时报社在确保良好社会效益的前提下举办各种活动,以扩大社会影响。1987 年,与市侨办、中国银行上海分行、华侨商店等单位联合举办侨务知识有奖竞赛;1988 年,与上海市海外联谊会、香港亚洲电视台等单位联合在上海体育馆举办 4 场"龙之夏"海内外影视歌星演唱会;同年举办"人民保险杯"《我爱上海》为主题的征文活动;1990 年 8 月,与上海市新闻摄影学会联合主办"氯碱杯"《奋进中的上海》摄影大赛;2005 年,为纪念抗战胜利 60 周年,举办向抗日老战士赠送书画活动;

2007 年在上海书展搭制展台,组织"政协书系"的展览,展出由市、区两级政协和该报组织出版的政协和政协委员的书籍,并组织签名售书活动。

《联合时报》还配合统一战线和人民政协工作举行多次专题征文活动,并将征文中有价值的来稿,以及政协提案、社情民意信息中的典型案例编辑成书,先后出版发行相关书籍 14 种,取得了良好效果。

报社的主要收入来自广告经营。报社派广告业务员与有关经营单位联系,在《联合时报》上刊登广告,按规定收取广告刊登费。

表 8-2-1　1989—2007 年《联合时报》出版书籍一览

序　号	书　　名	出 版 年 份
1	《嘤嘤集》	1989
2	《政协委员手记》	1994
3	《锦秋人生》	1999
4	《风雨同舟八十载》	2002
5	《我与九届市政协》	2003
6	《2005 上海政协纪事》	2005
7	《2006 上海政协纪事》	2006
8	《画说提案》	2006
9	《使命与天职》	2006
10	《艺缘》	2006
11	《善行天下》	2006
12	《2007 上海政协纪事》	2007
13	《心动苏州河》	2007
14	《文化人生》	2007

二、《浦江纵横》

【历史沿革】

2000 年 7 月,市政协《浦江纵横》创刊,为 16 开 4 印张全彩印杂志,属内部资料性刊物,当年出版 3 期。2001 年改为双月刊,2003 年 8 月起改为月刊。2011 年 7 月起,改为公开出版发行。《浦江纵横》杂志的主管单位为上海市政协办公厅,2000 年 7 月—2011 年 7 月,主办单位为上海市政协联合时报社;2011 年 7 月起,主办单位为市政协文史资料委员会。编辑部在《浦江纵横》编辑委员会领导下进行工作。

【功能定位】

《浦江纵横》杂志是宣传上海政协组织及统战系统坚持中国共产党领导的多党合作和政治协商

制度,推进履行政治协商、民主监督、参政议政职能,弘扬团结和民主主题的综合性的月刊。阅读对象主要为市政协委员、在沪全国政协委员、上海各区县政协负责人、各民主党派市委负责人以及各有关单位负责人和统战工作者。《浦江纵横》杂志确立了 4 项主要功能。(1)对外宣传:宣传市政协的工作,宣传党的统战政策,宣传政协委员的个人成就和履职实绩。(2)反映情况:反映社情民意,反映政协专委会课题调研成果。(3)提供信息:帮助读者了解市政协各项工作进展情况,国内外形势与有关政策。(4)交流:为委员提供一个交流学习心得、发表真知灼见、抒发感想的平台。

【栏目设置】

《浦江纵横》的栏目设置随时代的发展及政协工作的深入时有增删。2000 年 7 月—2011 年 6 月公开发行以前,《浦江纵横》先后开设 32 个栏目,主要有:

"特约文章"　特约市政协和各民主党派领导撰稿,宣传中国共产党领导的多党合作和政治协商的基本政治制度,贯彻落实党的统一战线工作,探讨如何与时俱进地履行政协职能,阐述市政协各时期工作的思路。

"本期视点"　围绕每期杂志的中心议题,就市政协重大调研课题或社会热点问题,组织委员和专家发表见解,或由该刊记者采访后撰写综述文章。先后就"西部大开发"、"实施'走出去'战略"、"增强上海城市综合竞争力"等课题刊发系列文章。

"言论"、"建言"　每期约请市政协委员和各界人士就政治、经济、文化教育、社会生活等各方面问题,发表见解,不拘体裁,广开言路,发扬民主。

"社情民意"　反映人民群众关心的社会热点问题、市民的切身利益及日常生活中遇到的困难,提出解决办法,反映百姓呼声和心愿,开通言路,疏解矛盾。

"学习园地"　约请市政协委员和理论工作者撰文,交流学习中国特色社会主义基本理论的体会;研讨新时期爱国统一战线工作和人民政协理论的发展、中国共产党领导的多党合作和政治协商制度的优越性以及人民政协的重要地位及其重要作用。

"时事谈"　约请相关方面专家撰文,为政协委员及读者解读国际时事政治、国家大政方针和社会热点问题。

"新思路"　约请各级统战、政协工作者共同探索人民政协面临的新情况新问题,交流统战、政协工作的新经验、新思路。

"四面来风"　报道市政协在开展人民外交方面的工作及宣传海外华裔著名人士的成就,联系海外作者与读者。

"人物"、"肖像"　宣传市政协委员和各方面代表人士的事迹与成就。

2011 年 7 月,《浦江纵横》公开发行后,对栏目设置作了相应调整。主要栏目有:

"本期专题"　每期围绕 1 个专题,组织 3—5 篇文章,分别从不同角度阐述主题。先后有加强社会管理、纪念中国共产党成立 90 周年、纪念辛亥革命 100 周年等专题。

"理论探讨"　刊发具有前瞻性、宏观性和创新性观点的理论文章,或与政协工作有关的研究探讨性理论文章。如《拓展公民有序政治参与的内涵和渠道》等。

"经济观察"　刊发有关经济(宏观、微观)方面的分析和评论文章。如《人民币国际化可以分三步走》、《月饼票与票证经济》等。

"调查研究"　对社会热点的观察、调查及思考,如《自主权招生的初衷与现实距离》、《对我国应急管理顶层设计的思考》等。

"诤言"、"观点"　刊发时评、群言、建言类文章;短小精悍的观点性语句以及博客类文章,如《构建公益制度》《法院判案要顾及社会风尚的取向》等。

"社会广角"　关注社会热点,刊发多视角、有观点、有见地的时评文章,如《民生热中的冷思考》《国民幸福感与公权力责任》等。

"人物"、"肖像"　宣传市政协委员和各方面代表人士的事迹与成就。

"文化视野"　刊发文化艺术类文章,如《外国文化名人眼中的近代上海》《上海大剧院迎来艺术之吻》等。

"学人笔记"　刊发对往故制度或现象的解析等方面的文章,如《古代官员的公务笔记》等。

三、"上海政协"网站

【历史沿革】

"上海政协"网站创建于 2000 年。2003 年、2006 年、2009 年先后 3 次改版。2010 年,为进一步提高政协网站宣传效果,对部分栏目再次进行调整。开设了"政协年鉴"栏目,在"委员直通车"上新设了"市政协每月工作安排"栏目,调整了"意见征询平台"、"委员交流平台"的设置。2012 年又对"委员直通车"和要闻发布形式进行了改版调整。

【功能定位】

(1) 宣传窗口,通过"政协网站"对外宣传市政协工作,扩大政协履职的社会影响,发挥宣传阵地的作用,为社会公众了解政协工作提供服务。(2) 服务平台,依托"政协网站"的"网上提案"和"委员直通车"等,为委员和政协参加单位知情、交流、履职提供服务。(3) 沟通桥梁,利用网络互动交流特点,架设委员联系社会各界的桥梁,为市民解疑释惑,提供法律服务。

【栏目设置】

"上海政协"网站设 33 个栏目、35 个分页面。主要栏目有:

"政协要闻"　市政协重要会议、重要活动及各专门委员会履职情况和成果的报道。

"议政献策"　下设"委员之声"、"提案选登"、"社情民意"、"建言"4 个小栏目,主要集中宣传委员和政协参加单位积极履行政协职能的内容和成效。

"委员新论"　主要选编市政协委员、在沪全国政协委员在报纸、杂志上发表的文章,目的是为了更好地发挥委员的主体作用,让社会公众更多了解委员履职的真知灼见。

"热点专题"　集中呈现市政协阶段性工作的重点、亮点。如"建党 90 周年"、"辛亥百年"、"市政协十二届一次全会"、"全国政协十二届一次全会"等专题。

"网上提案"　凭电子身份认证登录,涵盖了提案从提交到办结的整个流程,具有提交、修改、预审、分理、办理、反馈、查询、统计等功能,收录了市政协十届一次会议以来所有的提案。

"委员直通车"　凭用户名和密码登录,系统采用实名制。服务对象为市政协委员、在沪全国政协委员、民主党派市委、相关人民团体、区县政协、政协各专门委员会和机关各部门。由社情民意递交平台、资料查阅、意见征询、互动交流、每月工作安排、会议活动预告(网上报名)等栏目组成,其中:

"资料查阅"　可浏览、下载领导讲话、《政协简报》、《社情民意》、《建言》、调研报告、文件资料、全会资料和提案线索等。

"意见征询"　市政协相关部门可以此平台，通过网络就某专题征询委员的意见和建议，就有关法规规章条例的修订征求委员意见，并发布会议及活动通知，通过网络接受委员报名。

"互动交流"　委员之间、委员与各专门委员会之间可在网上交流、探讨工作，提出自己的观点和建议。可发表新的主题、议题，也可以对已发表的主题进行跟帖、回复。

"社情民意信息提交"　委员和各报送单位可提交、检索社情民意信息，查阅社情民意信息采用情况等。

"在线访谈"　定期邀请市政协领导和委员通过在线访谈形式，围绕政协工作重点、调研课题和社会热点等内容与市民进行网上交流，是倾听民声、反映民意、汇聚民智的途径。

"委员在线法律咨询"　一般为每月 1 次，由市政协社会和法制委员会主办，邀请律师委员在线为市民提供法律帮助，是密切政协与社会各界联系的探索，也是了解社情、服务市民的举措。

第九篇

团结合作

大团结大联合是政协组织的重要特征,市政协通过开展民族、宗教、港澳台侨、对外友好等工作,努力促进团结和睦,围绕历史事件和人物举行纪念活动,广泛团结各界人士,不断增进共识,汇聚力量。同时,加强与全国政协和兄弟省市政协的联系合作,相互交流,共同提高。

　　市政协贯彻执行和宣传党的民族政策和宗教政策,组织少数民族与宗教界委员及民族宗教界人士学习时事政治、法律法规,学习民族宗教问题的基本理论、基本政策,以巩固共同思想基础。根据民族、宗教的不同特点,组织开展参观考察、调查研究、座谈研讨、交流联谊等各项活动,积极反映在沪少数民族人士的意见和要求,维护少数民族的合法权益,促进民族团结;协助和监督落实宗教政策,促进宗教与社会主义社会相适应,支持和鼓励宗教界为上海经济社会发展和社会和谐作贡献。

　　市政协贯彻"一国两制"的方针,推动上海与香港、澳门的交流合作。1984年,第六届市政协首次安排港澳地区爱国人士为市政协委员(以下简称港澳委员),此后人数逐步增多,1989年,第七届市政协增设"港澳同胞"界别。市政协通过组织港澳委员回沪视察考察、参加相关调研活动,政协领导密切与港澳委员联系,设置港澳委员活动召集人等方式,加强与港澳委员的联系。市政协还加强与对台、侨务工作部门及相关群众团体的联系与合作,宣传和贯彻执行对台政策和侨务政策,反映港澳台同胞及海外侨胞的意见建议,支持他们在促进祖国统一、振兴中华和参与上海经济社会发展中发挥作用。

　　市政协按照国家对外工作总体部署开展对外友好活动。1983年起根据全国政协的安排,接待部分来自海外的华侨、华人和国际友好人士,1999年首次以市政协名义接待来访的国外团组。1993—2012年,累计接待国外友好团组167批近2000人次。2003年后,市政协进一步发挥联系广泛的特点和优势,通过协助全国政协承办国际性会议和活动;组织"上海360°"图片展在友好城市展出;召开以各国驻沪领事馆官员、友好城市驻沪代表、外国商会在沪代表为对象的情况通报会;加强与在沪外籍人士联系等方式,积极开展对外友好交流活动,努力营造有利的外部环境。2011年2月,第十一届市政协发起成立全国第一个省(直辖市、自治区)级开展公共外交的社会团体——上海公共外交协会①,进一步拓展了人民政协对外友好交流的领域和范围。

　　市政协主动接受全国政协的指导,认真安排好来沪视察调研的全国政协领导和团组,主动联系在沪全国政协委员;加强与各省(直辖市、自治区)政协的联系和合作,积极参加和承办各类政协工作交流会、研讨会,1989—2012年共承办政协工作交流会23次。市政协还通过各种途径,为上海对口支援的贵州、云南、西藏、新疆等地的经济社会建设和政协工作发展,以及2008年汶川地震后对口援建城市都江堰的灾后重建提供智力支持和物质援助。

　　选择中国近现代重大历史事件和重要人物举行纪念活动,以铭记历史,缅怀先辈,珍惜当今,弘扬爱国主义精神,是人民政协的优良传统。市政协恢复活动后,通过纪念大会、座谈会、研讨会、展览会等多种形式,组织重大历史事件和重要人物的纪念活动。在每年元旦、春节、元宵、中秋等传统节日,视情举办形式不同,规模不等的联欢联谊活动,营造团结祥和的节日氛围,并于2000年形成规范,即每年举办上海各界人士新年音乐会、上海各界人士元宵戏曲联欢晚会和上海各界人士中秋联欢晚会3次重大节庆活动。

---

①　详见第十一篇第五章《上海公共外交协会》。

第一章　民族和宗教工作

第一节　民　族　工　作

市政协围绕民族政策的贯彻执行、改善在沪少数民族人士生活、发展民族教育、培养少数民族人才等方面积极建言献策,协助党和政府推动相关工作,促进民族和谐。

一、促进民族团结和谐

市政协民族委员会根据上海作为少数民族散居地区的特点和实际,将促进民族和谐作为重要工作内容,通过传达学习全国民族工作会议精神、邀请市领导和有关部门负责人通报上海民族工作情况、举办援藏干部先进事迹报告会,以及与宗教界人士共同开展各项纪念节庆活动等方式,促进民族团结和睦。同时,结合上海市民族工作实际,就进一步加强民族团结进行研讨调研,提出意见建议。

【调研上海社区民族工作如何为两个文明建设作贡献】

1999 年 4—7 月,民族委员会组织委员开展"上海社区民族工作如何为两个文明建设作贡献"的调研,视察了解黄浦区金陵东路街道创建"民族团结促进会"及协调处理民族稳定工作和南市区老西门街道社区民族工作的情况,并与部分街道民族工作干部座谈交流如何从机制上形成社区民族工作网络,在此基础上形成《上海社区民族工作如何为两个文明建设服务》的调研报告,就发挥社区作用,促进民族团结建议:各级领导要高度重视社区民族工作;加强政府的协调功能,建立条块结合、各方参与的社区民族工作机制;鼓励少数民族知识分子参与社区民族工作等。

【调研上海市民族关系状况】

2005 年 11 月,市政协民族和宗教委员会根据全市少数民族外来人口不断增加的实际,就"巩固和发展社会主义民族关系,为构建和谐上海多作贡献——本市民族关系状况"开展专题调研,通过实地考察、问卷调查、专题研讨形成调研报告。报告认为,上海目前已有 53 个少数民族,外来少数民族人士来沪求学、务工、经商日益增多,民族关系成为上海和谐稳定的不可忽视的问题。报告建议,要加强对党的民族理论和方针政策的宣传教育;进一步完善民族工作的属地化管理机制;抓紧修订《上海市少数民族权益保障条例》;加强对行政执法部门及社区干部有关民族政策、民族知识的教育培训。

【研讨民族工作与构建和谐社会关系问题】

2006 年 11 月 3 日,市政协民族和宗教委员会与市民族和宗教事务委员会、市少数民族联合会联合举办"民族工作与构建和谐社会"研讨会,会议主题是上海少数民族如何为促进民族和睦与社会和谐作贡献。会上,14 名少数民族代表人士和民族工作干部作了"民族工作与民族和谐"、"城市少数民族社团的定位和发展方向"、"散居区少数民族在构建和谐社会中面临的三大考验"、"发挥少数民族高级专业人才在构建和谐社会中的作用"等专题发言。2010年,市政协民族和宗教委员会就"推进民族工作创新,着力建设和谐社会"专题进行调研,经过实地走访、座谈讨论,形成调研报告,报告针对上海少数民族人数日益增多的实际,围绕上海构建和谐社会,就进一步加强和改进党对民族工作的领导,进一步修订完善保障少数民族权益的法规规章及民族工作的体制机制,进一步发挥社会组织在民族工作中的积极作用等提出意见建议。

【调研来沪少数民族服务和管理情况】

2006年8—11月,市政协民族和宗教委员会与市民族和宗教事务委员会、市少数民族联合会联合就"来沪少数民族的服务和管理"进行专题调研,形成《关于进一步加强来沪少数民族服务和管理》的调研报告。报告分析了来沪少数民族人士在沪生活、工作的基本情况及对城市管理带来新的挑战,就进一步加强对上述群体的服务与管理提出建议:(1)提高思想认识,共同推进民族和谐建设。(2)健全居住证管理体制,准确掌握来沪少数民族人口信息,切实加强综合调控和管理工作。(3)探索社区构建民族和谐的方法和途径,在少数民族联合会(民族联)内建立来沪少数民族管理机构,采取政府购买服务的方式,进一步发挥民族联的作用。(4)加强市政府有关部门与少数民族输出地之间的联系和合作。

二、维护在沪少数民族合法权益

【参与《上海市少数民族权益保障条例》等法规规章的修订讨论】

1993年12月7日和1994年9月12日,市政协民族委员会与市人大常委会华侨民族宗教事务委员会两次联合组织委员、人大代表座谈讨论《中华人民共和国散居少数民族和建立民族乡的少数民族权益保障法(草案修改稿)》和《上海市少数民族权益保障条例(草案)》,委员们就促进少数民族地区的科技发展、保护少数民族经济与文化、改善在沪少数民族居住环境及加强少数民族干部培养等问题提出修改意见和建议。1995年2月27日,民族委员会召开学习《上海市少数民族权益保障条例》座谈会。委员们认为,该条例对保障散居地区少数民族权益、巩固发展各民族团结和睦关系有重要意义,要在社会上广泛宣传,同时指出《条例》应有实施细则和明确的监督机制、执法主体。

【推动落实《上海市少数民族权益保障条例》,促进上海市清真"三食"业健康发展】

市政协民族和宗教委员会多次组织市政协委员对上海清真"三食"业(清真饮食业、清真食品业、清真副食品业)的现状和前景进行调查和分析,提出建议,促进清真"三食"业适应市场经济发展,满足有清真习俗的少数民族同胞的需要。

1996年10月9日,市政协民族委员会与市民族事务委员会联合召开贯彻执行《上海市少数民族权益保障条例》(以下简称《条例》),促进上海清真"三食"业健康发展的研讨会,针对上海清真"三食"企业规模小、效益差、转制慢、网点布局不合理等情况,提出要认真贯彻《条例》精神,在保持现有清真"三食"业网点的前提下,在人流密集的车站、码头、闹市地区补齐清真"三食"网点;要引导和帮助清真"三食"企业向市场经济转轨,开拓既适应民族习惯又符合更多市民需求的食品种类,扩大销售范围,提高管理水平。1999年3月和2000年3月,在《条例》实施4周年和5周年之际,民族委员会通过视察部分清真"三食"供应企业,召开清真"三食"网点布局及供应工作等情况座谈会,就解决清真"三食"供应网点布局困难及降低清真食品生产企业产品成本,提高企业经济效益,增强市场竞争能力和产品技术开发能力等问题提出意见建议,促进问题的解决。

2002年4—5月,市政协民族和宗教委员会与市民族和宗教事务委员会联合成立"从清真副食品供应渠道看上海清真行业的现状与发展"专题调研组,通过座谈讨论,问卷调查,外出考察学习,形成《上海市清真副食品供应情况及发展思路》的调研报告。报告提出了上海清真副食品供应要"布局合理、总量适度、管理规范、政策扶持、经营自主、确保重点"的总体思路,建议:(1)坚持清真标准,合理设置供应网点;讲究经营效益,提升经营档次;拓展供货渠道,保障清真供应。(2)上海清真副食品公司应接受市场经济的挑战,引进竞争机制,提高市场竞争力。(3)主管部门要规范市场秩序,加大监管力度,优化竞争环境,严格依法管理,促进行业发展。

2006年7月,市政协民族和宗教委员会对"本市城市建设中清真'三食'网点布局调整情况"进行考察,针对全市尚有5个区没有清真饮食或副食品基本供应点的问题,建议政府有关职能部门按照党的民族政策给予相应的支持和扶植,尽快落实供应网点;对于因市政建设、动拆迁等减少的供应点,建议应遵循同等条件"拆一还一"、"就近、及时、便于经营"的原则,及时补足。2008年11月,民族和宗教委员会组织委员考察铁路上海站、铁路上海南站以及虹桥机场等地清真食品网点布局情况,促进全市重要交通枢纽地区清真食品供应网点的合理布局。

2010年3—4月,市政协民族和宗教委员会联合市人大常委会华侨民族宗教事务委员会,开展了"本市'两场两站'和世博园区附近商业旅游中心地区清真食品网点建设及穆斯林宾客接待准备情况"的专题视察,先后赴虹桥机场、浦东机场、铁路上海站、铁路上海南站等地,实地查看这些交通枢纽地区的清真食品网点建设情况,并建议采取切实措施,保证世博会期间清真食品供应和提升清真接待服务水平,满足世博会期间穆斯林宾客的需要。

三、促进民族教育发展

【考察上海回民中学】

1999年1月27日,市政协民族委员会、教育委员会组织部分委员,围绕上海回民中学的定位、作用和发展方向等问题进行考察。委员们就进一步贯彻民族政策、创建民族教育特色、树立现代教育理念、提高教学质量、构筑教育人才高地等问题提出建议,希望回民中学成为本市民族教育的窗口,为社会培养输送更多各方面、各层次急需的少数民族优秀人才。

【调研上海高校在校少数民族学生情况】

2003年6月,市政协民族和宗教委员会组织课题组,就"上海高校在校少数民族学生情况"进行专题调研。课题组在复旦大学、交通大学、同济大学、华东师范大学、华东理工大学、上海外国语大学、上海财经大学、东华大学8所高校向少数民族学生发放问卷3000份(占在沪高校在校少数民族学生总数的48.8%),并分别召开由高校统战部部长、学工部部长、辅导员、教师和少数民族学生等各种对象参加的座谈会,了解全市高校在校少数民族学生(包括博士生、硕士生、本科生和专科生)的基本情况,还实地考察了上海高校的清真食堂、学生宿舍等,针对存在的问题提出建议:要充分认识做好高校少数民族学生工作的重要性,进一步改进和完善少数民族学生预科教育和委托培养制度,为民族地区发展多作贡献;要进一步加强学校管理,为少数民族学生健康成长提供良好环境;重视少数民族学生干部的培养,开展健康有益的文化娱乐活动,弘扬民族文化,促进民族团结等。

上述建议转化为民族和宗教委员会集体提案 3 件,提交政府部门处理。

【调研上海民族学校办校情况】

2007 年 3—5 月,市政协民族和宗教委员会组织课题组,就"本市民族学校办校情况"进行专题调研。课题组先后听取了市教委、市民族和宗教事务委员会的专题介绍,实地考察了全市回民中学、回民小学、回民幼儿园等 6 所学校,分别召开少数民族代表人士座谈会、6 所学校所在地区教育局领导及部分师生座谈会,在总结经验、梳理问题的基础上,形成专题调研报告。报告就促进回民学校发展建议:提高认识,明确工作重点,坚持办学方向,使回民学校成为培养少数民族优秀人才的重要基地;加大投入,建立回民学校教育专项资金,积极改善回民学校办学条件;制定回民学校教师优惠政策和鼓励措施,有计划地培养和重用少数民族优秀教师,提高教育质量和办校水平。

【推进"阳光育人"计划】

2007 年 4 月,市政协民族和宗教委员会、市少数民族联合会、上海协进高级管理培训学院共同发起公益性教育活动——"阳光育人"计划。该活动计划以贯彻党的民族政策,培养少数民族学生成为社会优秀人才为目标,选择在沪高校部分家庭贫困的少数民族优秀学生,一方面在经济上给予资助,帮助完成学业;一方面由优秀企业经营者、专家(以下简称导师),以及在读硕士、博士志愿者(导师助理)与受助学生签约,进行"一对一"或"二对一"结对,帮助指导学生人生发展,提高学生综合素质和社会适应能力,直到完成大学学业。"阳光育人"计划每年举行 1 期,每期入选在校少数民族学生 10—15 人。自 2007 年 4 月启动至 2012 年底,已连续开展 6 期,65 位来自社会不同行业的导师,51 位在校硕士、博士研究生导师助理结对帮助了 71 位学生,其中前三期"阳光育人"计划入选的学生已顺利完成学业。

图 9 - 1 - 1　2012 年 6 月,"阳光育人"计划第六期签约仪式

第二节　宗 教 工 作

市政协发挥宗教界政协委员作用,巩固共同思想基础;引导宗教界人士划清与邪教组织的界限,自觉抵制邪教组织活动,维护宗教的纯洁性;支持和协助政府落实宗教政策,依法管理宗教事务,促进宗教与社会主义社会相适应;发挥宗教界人士在上海经济建设和社会发展中的作用。

图 9‒1‒2　2010 年 4 月,由中国宗教界和平委员会主办、上海市政协民族和宗教委员会协办的
"城市,让生活更美好——祈祷世博会圆满成功"活动在艺海剧院举行

一、巩固共同思想基础

市政协结合宗教界委员的特点,通过学习座谈交流、专题报告会、情况通报会等多种形式,引导宗教界委员和宗教界爱国人士了解党和国家重大方针政策、时事政治、法律法规、人民政协知识,提高对新时期宗教工作长期性、复杂性、重要性的认识;开展宗教理论、法规政策的学习,巩固共同思想基础;通过重大事件、重要人物纪念活动,激励爱国、爱教情怀;组织国内外形势、现代科学发展等各类专题学习报告会,以开阔视野,凝聚共识,服务于上海经济社会发展。

【纪念中共中央《关于我国社会主义时期宗教问题的基本观点和基本政策》发布 10 周年研讨会】

1992 年 11 月 19 日,市政协宗教委员会、市宗教局、市民委、市宗教学会和上海社科院宗教研究所联合举办。宗教界市政协委员、宗教爱国人士及宗教理论研究工作者出席会议,副市长谢丽娟出席并讲话。与会人士认为,中共中央 1982 年发表的《关于我国社会主义时期宗教问题的基本观点和基本政策》,是建设有中国特色社会主义理论的组成部分,是指导中国宗教工作的纲领性文件,对宗教工作具有长期的指导意义,上海宗教工作应坚决按中央文件精神办事,一方面要继续贯彻宗教信仰自由政策,坚决抵制敌对势力的渗透;另一方面要认识宗教工作的长期性和重要性,重视宗教工作干部队伍的建设。

【上海宗教界学习中共十五大精神大型座谈会】

1997 年 12 月 9 日,市政协宗教委员会与市委统战部、市民委、市宗教局、市宗教学会、上海社科院宗教研究所联合召开。市宗教界代表人士觉醒、史孝进、金幼云、陆薇读、陆剑鸣以及市宗教局、市宗教学会、上海社科院宗教研究所分别作"坚持佛教走与社会主义社会相适应的道路"、"深刻领会十五大精神,回顾历史,展望未来"、"以十五大精神为指针,使上海伊斯兰教工作向 21 世纪迈步"、"浅谈天主教与社会主义社会相适应"、"高举'三自'爱国旗帜,坚定走爱国爱教道路"、"改革开放形势下宗教问题初探"、"发扬优良传统,迎头赶上时代——上海宗教百年回顾与展望"、"关于民国前期上海宗教的历史回顾"等专题发言。

【纪念中共十一届三中全会召开 20 周年活动】

1998 年 10—12 月,市政协宗教委员会、民族委员会与市委统战部、市民委、市宗教局联合开展。一是从 10 月 8 日起开展"宗教界人士看上海"活动,30 多位宗教界人士分 3 次先后参观了浦东贝尔电话设备制造有限公司、南汇康桥工业开发区和现代农村生活区、位育寄宿制高级中学、新中华机器厂等并进行座谈讨论,进一步感受改革开放后上海经济社会的发展情况;二是于 11 月 10 日举行"上海市宗教界纪念中国共产党十一届三中全会 20 周年演讲会",全市各宗教 13 位教职人员及信徒分别作主题演讲;三是于 12 月 14—18 日举办"上海宗教界纪念中国共产党十一届三中全会 20 周年图片展",反映 20 年来全市宗教界贯彻落实中国宗教政策,实践"爱国爱教"、"独立自主,自办教会"、"乐于公益事业"的情况,市委副书记、市政协主席王力平,市政协副主席王生洪、陈灏珠、刘恒椽、陈正兴、俞云波、黄关从等观看图片展;四是于 12 月 14 日召开"上海宗教界纪念中国共产党十一届三中全会 20 周年座谈会",市政协副主席王生洪出席会议并讲话,市宗教界代表人士金鲁贤、金幼云、陈莲笙、觉醒、沈德溶、王永平、马伯龄等分别作专题发言。

【庆祝中国共产党成立 90 周年文艺汇演】

2011 年 6 月 18 日,市政协民族和宗教委员会、市民族和宗教事务委员会联合举办"与党同行共建和谐——本市民族宗教界庆祝中国共产党成立 90 周年文艺汇演",市政协主席冯国勤,市委常委、市委统战部部长杨晓渡等观看演出。市佛教协会、市道教协会、市伊斯兰教协会、天主教上海教区、市基督教三自爱国会、市基督教教务委员会等分别表演了大型鼓乐《吉祥中国》、新疆舞《丰收时节》、诗朗诵《同心同行共建和谐》、男声独唱《你是这样的人》、道教音乐《春景融合》、大合唱《游子情思》、大合唱《共和国之恋》等节目,热情歌颂中国共产党成立 90 年来领导人民创造的辉煌成就,展示宗教界人士坚定不移跟党走,共建和谐社会的精神风貌。

【城市,让生活更美好——祈祷世博会圆满成功】

2010 年 4 月 10 日,由中国宗教和平委员会(简称中宗和)主办,上海市政协民族和宗教委员会协办的"城市，让生活更美好——祈祷世博会圆满成功"活动在上海艺海剧院举行。上海市佛教、道教、伊斯兰教、天主教、基督教 300 余位教职人员和信众分别按照各自宗教仪轨祈祷，表达了宗教界和广大信教群众为共创文明世博、和谐世博作贡献，期盼世博会圆满成功的美好愿望。

二、支持和协助政府贯彻宗教政策，依法管理宗教事务

【举办宗教民族知识系列讲座】

1989 年 12 月、1990 年 5 月、1996 年 7 月，市政协宗教委员会、民族委员会联合举办 3 期由全市新闻出版、影视戏剧和文艺创作单位副总编、副编审等参加的宗教民族知识系列讲座，旨在提高宣传系统的采编人员对党的宗教民族政策及宗教信仰常识的认知，避免在书籍、报道、影视戏剧中出现伤害信教群众感情的问题。讲座安排市政府民族宗教部门负责人讲解党的民族宗教政策，市天主教、基督教、伊斯兰教、佛教、道教等宗教团体的负责人介绍各教的历史和现状，放映各教宗教活动的录像，并参观有关宗教场所。

【参与《上海市宗教事务条例》等法规的制定和修订】

1994 年 2 月 26 日，市政协宗教委员会与市宗教局联合组织宗教界委员学习讨论国务院发布的《中华人民共和国境内外国人宗教活动管理规定》、《宗教活动场所登记办法》，并参加《上海市保护宗教信仰自由条例(草案)》(以下简称《条例草案》)的修订讨论。委员们在学习国务院文件的基础上，就《条例草案》提出了增加赋予宗教团体申请建立宗教活动场所的权利、规范宗教团体登记制度、建立健全基层宗教团体的会计制度等内容以及部分文字的修改意见。

1995 年 4 月 12 日和 9 月 21 日，市政协宗教委员会与市人大常委会华侨民族宗教事务委员会两次联合组织政协委员和人大代表座谈讨论《上海市宗教事务暂行条例(草案)》。委员们提出，条例要做到保护和管理相结合、原则性和灵活性相结合、前瞻性和可行性相结合，尽可能切合实际，提法得体。1996 年 3 月，《上海市宗教事务条例》(以下简称《条例》)正式颁布实施。2004 年 9 月，市政协民族和宗教委员会组织宗教界委员听取市人大常委会关于计划修改《条例》的情况介绍并两次组织讨论，委员们支持及时修订《条例》，建议修订要体现时代特征和上海特点，为宗教事务管理提供法律依据，具有引导性和可操作性，以确保宗教信仰自由，并提出应增加反对邪教、抵御渗透，保证合法宗教活动不受侵犯和干扰等建议。

【推进宗教教职人员纳入城镇社保体系】

为推进宗教教职人员纳入上海城镇职工社会保障范围，2001 年，宗教界委员史孝进、妙灵、徐圣洁等提出提案，认为宗教界作为社会的组成部分，教职人员也应该可以参加社会保障，包括养老保险、医疗保险等。此后，宗教界委员又连续提出相同内容的提案。根据宗教界委员的提案，从2003 年起，市政协民族和宗教委员会邀请各宗教团体负责人召开专题座谈会，了解宗教教职人员参加社保的愿望和诉求；召开宗教方面的专家学者研讨会，研究党的宗教方针政策、宗教教义教规，为宗教教职人员参加社会保障排除思想障碍；协助政府职能部门召开专题座谈会，商研宗教教职人员参加社保的可行性和操作方案。2004 年 11 月，民族和宗教委员会会同提案委员会，就全市宗教教职人员参加社会保障提案办理进行跟踪视察，并以专报形式，向市委、市政府、国家宗教局等反映情况，提出建议，得到各方的重视和支持。2005 年，市人大常委会修订的《上海市宗教事务条例》增

加了关于宗教教职人员参加社会保险的内容,规定"符合参加本市社会保险基本条件的宗教教职人员,可以参照本市有关规定自愿参加社会保险"。随后,市有关部门选择道教为试点启动了该工作。2007年7月9日,市政协民族与宗教委员会再次组织考察调研,全面了解工作进展情况并提出意见建议,推进工作的全面落实。

【跟踪上海宗教房产代理经租管理问题】

2005年,针对宗教界反映强烈的宗教房产代理经租问题,市政协民族和宗教委员会组织宗教界委员赴各宗教团体了解情况,走访市、区房屋土地资源局及有关物业公司,与有关专家进行探讨,形成调研报告和《关于扩充宗教代理经租房产大修理基金,缓解大修理基金严重匮乏的建议》、《关于尽快制定宗教房产代理经租管理若干规定的建议》两份提案,并配合提案委员会进行跟踪促办。2006年6月,市政协副主席沈红光主持召开"贯彻党的宗教政策、促进有关宗教政策的落实"重点提案办理专题协商会,跟踪了解上述两份提案办理情况,促进问题的解决。在市政府的重视下,市房地资源局将宗教房产代理经租管理工作列入2006年工作内容,提出了相关的实施办法;市民族和宗教事务委员会多次召集有关宗教团体,对代理经租宗教房产大修资金严重匮乏问题进行沟通研究;市财政局提出解决代理经租宗教房产大修资金问题的具体意见,并经批准从市财政安排了部分维修经费,补充宗教代理经租房产大修基金的不足,使问题基本得到解决。

三、促进宗教与社会主义社会相适应

【上海宗教界人士参加社会主义现代化建设经验交流会】

1984年1月19日由市政协宗教工作组、市宗教局联合举行。会上,天主教徒、第二医学院教授、皮肤病专家朱仲刚,基督徒、市纺织局总工程师马东侠,佛教徒、原元丰毛纺厂副厂长唐淞源,基督徒、上海灯泡厂工程师王菊珍,基督徒、里委工作者王莲芳,佛教徒、台胞欧国藩,天主教徒、教师艾祖虹等分别汇报了在本职岗位努力工作,为社会主义现代化建设贡献力量的成就和体会。

【"宗教与社会主义社会相适应"理论研讨会】

1994年12月1日,市政协宗教委员会与市宗教局、市宗教学会、上海社会科学院联合举行,市政协副主席、市委统战部部长赵定玉出席并讲话。会上,全市宗教界代表人士明旸、真禅、陈莲笙、马人斌、陆薇读、傅先伟,以及市宗教局、市宗教学会、市宗教研究所等相关人员分别作了"发扬佛教国际交流优良传统的做法和体会"、"广做慈善事业"、"加强管理,提高素质,适应社会主义"、"伊斯兰教在中国的存在和发展"、"关于天主教与社会主义社会相适应的几点看法"、"坚持走独立自主自办教会的道路,实现宗教与社会主义社会相适应"等研讨发言。

【"宗教与社会主义精神文明"研讨会】

1996年12月10日,市政协宗教委员会与市宗教局、市民委、上海社会科学院宗教研究所、上海宗教学会联合举办,全市宗教界代表人士龚秋生、傅先伟、明旸、陈莲笙、金幼云等分别作"加强精神文明建设,坚持爱国爱教道路"、"积极推进基督教为精神文明建设作贡献"、"引导佛教与社会主义社会相适应"、"上海道教正在努力适应当今社会"、"发挥伊斯兰教优良道德传统,促进精神文明建设"等研讨发言。会议认为,宗教界要倡导一切有利于国家统一、社会进步、民族团结的思想道德;

倡导遵纪守法、文明礼貌、服务人民的社会公德；倡导爱国爱教、团结进步、护国利民的宗教教德；倡导和睦相处、互敬互爱、尊老爱幼的家庭美德。

【"宗教教职人员教育和培养"专题座谈会】

2004 年 10 月 28 日举行，市政协副主席、市委统战部部长沈红光出席并讲话。会上，市政协"本市宗教院校办学情况"课题组，市宗教界代表人士白润生、华耀增、慧明、复旦大学哲学系教研室主任余源培、普陀区委统战部部长夏斯德、华东师范大学宗教文化研究中心主任刘仲宇等 11 位委员和专家学者发言。与会者认为，要充分认识加强宗教教职人员教育和培养工作的紧迫性及重要性；要重视教育的政治导向，把爱国爱教的政治教育和各教的道德资源相结合，注重宗教神圣性和宗教教职人员自律的教育，充分发掘宗教道德资源中的伦理内涵；要加强对宗教院校的领导，充分发挥宗教院校的作用，合理利用好全市丰富的国民教育资源，为宗教教职人员的教育和培养服务。

【"宗教与构建和谐社会"理论研讨会】

2005 年 10 月 27 日，市政协民族和宗教委员会与市民族和宗教事务委员会联合举行，市政协副主席、市委统战部部长沈红光出席会议并讲话。会上，上海市宗教界代表人士觉醒、史孝进、白润生、邢文之、华耀增、曹圣洁等分别作"努力适应时代，紧跟发展步伐"、"上海佛教界应当为构建和谐社会作出自身积极努力"、"发扬道教和同慈爱传统，为构建和谐社会作贡献"、"发扬爱心，为构建和谐社会服务"、"加强中国基督教自身建设，努力为构建和谐社会作贡献"等研讨发言。

第二章 港澳台侨工作

第一节 港澳委员工作

市政协加强与港澳委员的联系,组织港澳委员参加全体会议、常委会会议、年中市人大常委会扩大会议及其他相关会议;安排港澳委员回沪进行视察活动;邀请市党政领导会见并听取港澳委员对上海经济建设和社会发展,以及加强沪港澳合作交流等方面的意见建议,支持和鼓励港澳委员积极参政议政,为促进港澳地区繁荣发展和上海建设现代化国际大都市贡献智慧和才干。

一、加强与港澳委员的联系

市政协重视港澳委员工作,港澳台侨委员会以"搭建交流平台,畅通沟通渠道,提高履职成效,做好服务保障"为目标,建立与港澳委员的经常性联系制度,认真做好服务保障工作,支持和鼓励港澳委员履行政协职能。

【搭建市领导与港澳委员联系平台】

1988年起,市政协每年组织港澳委员回沪视察。每次视察期间,市政协领导都向港澳委员通报中央和市委重要会议精神,介绍当年市政协工作情况,邀请市委、市政府领导会见来沪视察的港澳委员,听取他们对上海工作的意见和建议。市政协关心港澳委员在沪投资企业发展情况,将港澳委员的在沪企业列入政协领导到基层调研、港澳台侨委员会专题考察的范围,了解情况,听取意见,力所能及地为他们排忧解难,依法维护他们的合法权益。从1993年起,每年市政协全会期间,安排1—2次港澳委员专题座谈会,市委、市政府、市政协领导参加会议,听取港澳委员发言并进行互动交流。

表 9-2-1 1993—2012 年市政协全会期间市领导与港澳委员座谈一览

时 间	全会届次	出席座谈会的市委、市政府领导	出席座谈会的市政协领导
1993.2.15	市政协八届一次全体会议	市委书记 吴邦国	市政协八届一次会议主席团常务主席 陈铁迪、赵定玉
1993.2.18		市委副书记、市长 黄菊	市政协八届一次会议主席团常务主席 陈铁迪、毛经权
1994.2.20	市政协八届二次全体会议	市委副书记、市长 黄菊	市政协主席 陈铁迪 副主席 毛经权、赵定玉
1995.2.18	市政协八届三次全体会议	市委书记、市长 黄菊 市委副书记、副市长 徐匡迪	市政协主席 陈铁迪 副主席 毛经权、石祝三、赵定玉、郭秀珍
1996.2.3	市政协八届四次全体会议	市委常委、副市长 赵启正	市政协主席 陈铁迪 副主席 毛经权、赵定玉、王生洪
1996.2.6		市委常委、副市长 华建敏	市政协副主席 毛经权、王生洪

（续表）

时　间	全　会　届　次	出席座谈会的市委、市政府领导	出席座谈会的市政协领导
1997.2.19	市政协八届五次全体会议	市委副书记　孟建柱 市委常委、副市长　赵启正	市政协主席　陈铁迪 副主席　赵定玉、王生洪
1998.2.13	市政协九届一次全体会议	市委副书记、市长　徐匡迪	市委副书记、市政协九届一次会议 主席团常务主席　王力平 主席团常务主席　王生洪
1999.2.3	市政协九届二次全体会议	市委副书记、市长　徐匡迪	市委副书记、市政协主席　王力平 副主席　朱达人、王生洪
2000.2.16	市政协九届三次全体会议	市委常委、副市长　韩正	市委副书记、市政协主席　王力平 副主席　朱达人
2001.2.7	市政协九届四次全体会议	市委领导	市政协主席　王力平 副主席　朱达人
2002.2.23	市政协九届五次全体会议	市委常委、常务副市长　蒋以任	市政协副主席　朱达人
2003.2.16	市政协十届一次全体会议	市委副书记、副市长　韩正	市政协十届一次会议主席团常务主席　王生洪
2004.1.13	市政协十届二次全体会议	副市长　姜斯宪	市政协副主席　宋仪侨
2005.1.18	市政协十届三次全体会议	副市长　唐登杰	市政协副主席　宋仪侨
2006.1.17	市政协十届四次全体会议	市委常委、副市长　周禹鹏	市政协副主席　宋仪侨
2007.1.31	市政协十届五次全体会议	市委常委、常务副市长　冯国勤	市政协副主席　宋仪侨
2008.1.27	市政协十一届一次全体会议	市委副书记、市长　韩正 市委常委、市委统战部部长　杨晓渡 副市长　唐登杰	市政协十一届一次会议主席团常务主席　冯国勤、朱晓明、李良园
2009.1.15	市政协十一届二次全体会议	市委常委、常务副市长　杨雄	市政协副主席　李良园、吴幼英
2010.1.29	市政协十一届三次全体会议	市委常委、副市长　屠光绍	市政协副主席　李良园、吴幼英
2011.1.19	市政协十一届四次全体会议	市委常委、常务副市长　杨雄	市政协副主席　李良园
2012.1.14	市政协十一届五次全体会议	市委常委、副市长　屠光绍	市政协副主席　吴幼英

【走访港澳委员】

1991年6月，市政协副主席毛经权率市政协访问团访问香港期间，专程看望了港澳委员并进行座谈。1993—2002年10年间，应港澳委员和港澳地区有关团体的邀请，市政协主席陈铁迪，副主席毛经权、朱达人等先后率团赴港澳地区访问，在港澳期间，政协领导广泛接触港澳委员，考察港澳委员创办与管理的企业，听取港澳委员对推进上海经济建设和社会发展的意见和建议。2003—2012年，市政协主席蒋以任、冯国勤，副主席宋仪侨、李良园、吴幼英及港澳台侨委员会领导又先后赴港澳地区,看望港澳委员和港澳地区代表人士,与港澳委员交流座谈和联谊,通报全市政治、经济、社会和文化建设的情况和市政协的工作情况,征询委员对政协工作的意见建议。

【设立港澳委员召集人】

为支持港澳委员在政协全会闭会期间相互加强联系,履行职能,市政协根据港澳委员的意愿建立了港澳委员召集人制度,并推荐确定召集人人选,明确港澳委员在全会闭会期间可由召集人负责独立组织活动。十届市政协在决定设立各界别活动召集人时明确,港澳委员虽不是单独一个界别,但鉴于其地域等特殊因素,参照界别形式设立召集人,负责独立开展活动。十一届市政协期间,经主席会议同意,将港澳委员召集人设定为港澳台侨委员会副主任,并增设了港澳委员的副召集人。

二、港澳委员视察考察

【港澳委员回沪视察】

为使港澳委员了解上海各方面工作的情况,更好地履行政协职能,1988—2001年,市政协每年组织港澳委员回沪,就上海经济和社会发展情况以及港澳委员关心的问题,选择1—2个专题进行视察。从2002年起,港澳委员每年回沪参加市政协年终集中视察活动,除个别年份外,不再单独组团视察。

表9-2-2　1988—2010年港澳委员组团回沪视察情况一览

视察时间	视察内容
1988.11.10—13	听取上海市政建设、科技、对外经济贸易等方面情况介绍,视察上海飞机制造厂麦道工程、秦山核电站、中国科学院硅酸盐研究所、漕河泾新兴技术开发区、上海电视台、铁路上海新客站、延安东路越江隧道、青浦福泉山古墓出土文物等,并参加纪念孙中山诞辰122周年活动。
1989.11.3—6	考察了解上海国有企业发展和吸引外资情况,朱镕基市长向委员们介绍国内形势及上海经济社会发展情况,欢迎港澳委员来沪投资。
1990.11.1—4	听取浦东开发开放的情况介绍,实地考察浦东地区,并举行专题座谈会就浦东开发的规划和发展问题建言献策。
1991.10.31—11.3	视察上海第二纺织机械厂等国有大中型企业,了解上海抗洪救灾相关情况。
1992.10.25—28	视察上海房地产、证券交易、金属期货市场和地铁工程建设情况。
1993.11.1—3	视察杨浦大桥、罗山路立交桥、上海地铁等市政工程,以及外高桥保税区、上海证券交易所、闵行区马桥乡旗忠村等。
1994.10.30—11.1	视察东方明珠电视塔、松江大江集团有限公司、马桥镇、日立电器有限公司、水仙能率有限公司、嘉定嘉华山庄和马陆私营经济开发区等。
1995.10.22—25	围绕全市"进一步改善投资环境"情况,视察陆家嘴金融贸易区、松江工业开发区和部分合资企业。
1996.10.27—28	围绕"迎1997,促进沪港经济共同繁荣"专题,视察浦东新区陆家嘴金融贸易区、浦东机场筹建部、广播大厦等,参加市政协"拓宽融资渠道"与"提高城市文明程度"专题研讨会。
1997.10.10—12	围绕"为国有企业改革献计献策"专题,视察部分国有企业,并与企业领导、职工座谈研讨。
1998.10.28—30	听取上海利用外资情况介绍,视察贝尔公司、上海孙桥现代农业开发区和进才中学。其间,捐赠港币116万元,用于资助遭受长江特大洪水灾害地区重建学校。

（续表）

视察时间	视察内容
1999.10.25—27	围绕"贯彻和落实十五届四中全会精神,为努力开创上海国有企业改革发展新局面和构筑上海人才高地、推进多元化办学建言献策"主题,视察金星电视机总厂、张江高科技园区开发公司、上海家化联合发展有限公司、白玉兰学校、沪东外国语学校等。
2000.10.12—14	围绕"浦东新区的科技创新和教育"专题,听取上海科技、教育的发展情况,视察张江高科技园区中的软件开发中心、留学生创业中心,以及金桥开发区、上海通用汽车公司和建平中学等。
2001.11.12—14	围绕"上海重大工程建设和民营企业发展"专题,视察上海复旦金仕达计算机有限公司、国家人类基因组南方研究中心、上海新高潮集团有限公司等。
2005.12.4—5	围绕全市"国际航运中心建设情况、崇明岛生态保护和规划发展情况"专题,视察东海大桥、洋山深水港和建设中的临港新城、崇明东平国家森林公园、东滩湿地、前卫村等。
2010.9.13—16	参观 2010 年上海世博会,考察崇明县经济社会发展情况。

【港澳委员赴外省(自治区)考察】

2002—2012 年,市政协先后 7 次组织港澳委员赴外省(自治区)考察,了解内地经济社会发展情况及投资环境,为港澳委员参与内地经济建设,支持教育事业发展创造条件。

表 9-2-3　2002—2012 年市政协港澳委员赴外省(自治区)考察情况一览

考察时间	带队领导	考察地区	考察内容
2002.10.27—11.5	市政协副主席朱达人	湖北省、云南省	考察宜昌市、荆州市、葛洲坝和长江三峡工程、云南西双版纳地区基础教育,并向西双版纳傣族自治州景洪镇小学和丽江仁和傈乡学校捐赠人民币共 40 万元,用于兴建教学楼。
2003.12.2—7	市政协副主席俞云波	贵州省	了解西部地区发展和建设情况,考察贵阳市金阳新区和花溪区、安顺平坝县等,并向花溪捐赠人民币 55 万元,用于设立贫困学生助学专项基金和修建希望小学。
2004.9.3—7	市政协副主席宋仪侨	黑龙江省	考察振兴东北老工业基地的情况,先后赴牡丹江、哈尔滨和大庆市实地考察,并向海林市、宾县捐赠人民币共 56 万元,用于新安镇朝鲜族中心小学和宾县鸟河乡万发小学建造新校舍。
2006.11.10—14	市政协副主席黄关从	江西省	考察南昌、井冈山、赣州、景德镇等地经济社会发展情况,并向井冈山市拿山乡、景德镇浮梁县洪源镇捐款人民币共 64 万元,援建 2 所希望小学。
2009.6.25—27	市政协副主席李良园	陕西省	考察延安、西安两市,参观枣园、宝塔山等革命历史旧址,秦始皇兵马俑博物馆等世界文化遗产,在黄帝陵举行"人文初祖"轩辕黄帝祭拜仪式,并向延安黄陵县侯庄乡中心小学和宝塔区贯屯学校捐资人民币共 40 万元,用于改建学校学生宿舍和操场。
2011.8.25—27	市政协主席　冯国勤 副主席　吴幼英	内蒙古自治区	考察呼和浩特、满洲里和呼伦贝尔等市优化经济结构、保护生态环境、开发旅游资源等情况,并向满洲里胜利学校和兴安盟科尔沁右翼前旗巴达仍贵学校捐资人民币 40 万元及 5 台电脑,用于改善部分学校信息化教学条件。
2012.6.11—13	市政协主席　冯国勤 副主席　吴幼英	山西省	考察太原市、忻州市、晋中市经济结构转型升级及文化旅游产业发展情况等,并向五台县沱阳中学、耿镇学校捐款人民币共 80 万元及 10 台电脑等教学用品,用于改善教学条件。

第二节 港澳侨工作

市政协积极参加"五侨"联席会议①，沟通情况，协同工作。举行报告会、学习会、研讨会、座谈会，学习宣传香港、澳门《基本法》，听取和反映港澳同胞及海外侨胞的意见建议，支持他们参与上海经济建设和社会发展的各项工作，探索和推进沪港澳合作交流。为使在沪侨胞、侨商能更好地参与全市经济、政治、社会事务，2002年起，市政协邀请部分海外华侨华人、留学生代表列席市政协全会的开、闭幕会议，2011年起扩大至在沪华侨华人企业家代表。

一、学习宣传和研讨活动

【《中华人民共和国香港特别行政区基本法》系列讲座】

1996年6月20日—7月11日，市政协台港澳侨联谊委员会、学习委员会与市法学会联合举办。讲座共4讲，分别邀请复旦大学教授李昌道、同济大学副教授蒋晓伟、中国法学会法理研究会干事庄金峰教授、市法学会港澳台法律研究会总干事赵炳霖教授主讲《基本法》起草过程和基本内容，并解答委员提出的问题。市政协委员、各民主党派市委有关人士和各区县政协的有关人员150余人参加。

【"台港澳侨迎香港回归"座谈会】

1997年6月10日由市政协与解放日报社联合召开。市政协主席陈铁迪出席并讲话，市政协副主席赵定玉主持会议，市委统战部部长、市政协副主席王生洪，解放日报社总编辑秦绍德等出席会议。会上，全国政协委员、香港东方石油有限公司董事长刘浩清，市政协委员、香港港陆国际集团有限公司主席陆宗霖，市政协委员、澳门兴南置业发展有限公司常务董事金寿南，市政协委员、香港美新微电子（集团）有限公司总裁曲光辉等14位港澳台知名人士从历史、现实、地理等各个不同侧面阐述了沪港两地合作发展，优势互补，共创繁荣的重要性及方法、途径。

【"迎回归，跨世纪，沪港携手创未来"演讲会】

1997年6月25日，市政协与上海教育电视台联合举办，市政协主席陈铁迪出席并致辞，市委副书记孟建柱，市政协副主席王生洪、赵定玉、谢丽娟、陈正兴等出席。会上，市政协副主席厉无畏、复旦大学校长杨福家、香港科技大学校长吴家玮、法学家李昌道、文学家余秋雨、上海博物馆副馆长汪庆正、作家宗福先、香港实业家胡晓明、香港实业家陆宗霖等沪港两地的专家学者分别作专题演讲，二胡演奏家闵惠芬演奏《寒鸦嬉水》。

【"澳门回归展望"讨论会】

1998年5月8日召开，市政协副主席俞云波出席并致辞。会上，上海东亚研究所所长章念驰、上海国际问题研究所所长陈佩尧、上海社科院法学所研究员费成康、澳门基金会执行主席吴志良、香港《中国评论》社长郭伟峰等20余名专家学者发言，围绕澳门的社会、政治、经济、金融、法律、青

---

① "五侨"为市侨办、市侨联、市人大民族宗教和侨务工作委员会、市政协港澳台侨委员会、致公党市委。

少年及社会治安等问题探讨澳门回归及沪澳经济合作前景。

1999年12月10日,市政协召开"沪港澳台侨人士迎澳门回归"座谈会,市政协副主席朱达人出席并讲话。市政府参事室主任、复旦大学教授李昌道,上海东亚研究所所长章念驰,上海社会科学院法学研究所宪法研究室主任费成康,澳门兴南置业发展有限公司常务董事金寿南,香港怡昌行亚洲有限公司董事总经理李焯麟等发言。

【《中华人民共和国澳门特别行政区基本法》系列讲座】

1999年3月31日—4月7日,市政协与市法学会联合举办。讲座共4讲,上海社科院法学研究所宪法研究室主任费成康,市政府参事室主任、复旦大学教授李昌道,澳门基金会主席吴志良博士和港澳台法学研究会教授赵炳霖等分别介绍澳门的现状、澳门回归期的过渡问题、《澳门基本法》知识等情况。11月30日,市政协召开"澳门回归与澳门基本法"报告会,市政府参事室主任、复旦大学教授李昌道主讲,就澳门问题的由来、《澳门基本法》的主要内容及其与《香港基本法》的异同等问题作了报告。

【沪港经济合作与发展研讨会】

由市政协港澳台侨委员会、上海社会科学院港澳研究中心和"香港明天更好"基金共同举办,2007—2012年每年举行1次。来自上海、香港的政府官员、商界人士、专家学者先后就香港回归10周年经济社会发展及沪港合作前景;应对金融危机,促进经济转型发展;发挥世博后续效应,推动沪港两地经济互动发展与合作共赢,进一步增强上海城市创新能力;"十二五"期间中国经济发展面临的机遇与挑战以及未来5年沪港经济合作的新特征、新趋势等问题开展探讨,市政协领导每年出席研讨会开幕式并致辞。

表9-2-4 2007—2012年沪港经济合作与发展研讨会一览

时 间	主 题	开幕式致辞领导和嘉宾	主旨演讲和主要演讲嘉宾
2007.6.1	"庆香港回归十周年,推动沪港两地合作"高峰论坛	上海市政协主席 蒋以任 副主席 王荣华 香港特区政府行政会议召集人梁振英 "香港明天更好"基金执行主席陈启宗	上海市常务副市长 冯国勤 香港基本法委员会副主任、原香港特区律政司司长 梁爱诗 "香港明天更好"基金执行主席 陈启宗
2008.12.19	"金融海啸,经济转型,沪港发展"研讨会	上海市政协主席 冯国勤 上海社会科学院院长 王荣华 "香港明天更好"基金执行主席陈启宗	中国金融公司首席经济学家 哈继铭 香港特区政府经济顾问 郭国全 上海市政府发展研究中心主任、研究员周振华
2009.8.21	"沪港国际贸易中心互动发展"研讨会	上海市政协主席 冯国勤 上海社会科学院院长 王荣华 "香港明天更好"基金执行主席陈启宗	上海市政府副秘书长、市商务委主任沙海林 香港恒生银行副董事长兼行政总裁 高美懿 香港万顺昌集团有限公司董事长兼行政总裁 姚祖辉
2010.10.21	"世博后沪港经济发展合作"研讨会	上海市政协副主席 李良园 上海社会科学院常务副院长 左学金 "香港明天更好"基金执行主席陈启宗	上海市发展改革委副主任、研究员 肖林 香港浸会大学当代中国研究所所长、讲座教授 薛风旋 香港特区政府规划署副署长 凌嘉勤

（续表）

时　间	主　题	开幕式致辞领导和嘉宾	主旨演讲和主要演讲嘉宾
2011.11.15	"'十二五'和2015年的沪港发展"研讨会	上海市政协主席　冯国勤 上海社会科学院常务副院长　左学金 "香港明天更好"基金执行主席 陈启宗	上海市政协副主席　王新奎 国务院港澳办港澳研究所经济研究室主任 蔡赤萌 上海市政府发展研究中心主任、研究员 周振华
2012.10.11	"沪港创新发展与城市治理"研讨会	上海市政协主席　冯国勤 上海社会科学院院长　王战 "香港明天更好"基金执行主席 陈启宗	上海社会科学院院长　王战 "香港明天更好"基金执行主席　陈启宗

【华侨华人经理人座谈会】

2006年起，市政协与市政府侨办合作，共同召开由就职于国际跨国企业在沪机构的华侨华人高级经理人参加的座谈会，旨在联系团结一批在跨国企业工作的经验丰富、熟知国际惯例的高级华侨华人经理人，发挥其智慧、知识、专业技能和经验，为上海改革开放和现代化建设献计出力。座谈会每年召开1次，根据主题内容，邀请市政府有关部门负责人参加，直接听取意见和建议，会后将与会者的发言综合整理后，以《政协简报》方式报送市政府及有关部门参阅。2006—2012年，共召开华侨华人经理人座谈会7次。

图9-2-1　2003年1月，市政协对外友好委员会、港澳台侨委员会与
市政府侨务办公室联合召开华侨华人经理人座谈会

表 9 - 2 - 5　2006—2012 年市政协"华侨华人经理人座谈会"一览

届　别	时　间	出席会议的市政协领导	座　谈　会　主　题
第十届 市政协	2006.1.11	市政协主席　蒋以任 副主席　俞云波	围绕上海"十一五"规划,就上海如何落实科教兴市主战略与科技创新,增强国际竞争力,以及筹办上海世博会等问题提出意见建议。
	2007.1.23	市政协主席　蒋以任 副主席　俞云波	就上海如何营造良好的科技创新环境、扶植科技成果转化、有效保护知识产权、方便海外归国人员在沪生活、畅通海外归国人员参与社会活动的渠道等提出意见建议。
第十一届 市政协	2008.5.13	市政协主席　冯国勤 副主席　李良园、吴幼英	围绕上海如何改善吸引海内外高端人才环境等问题提出意见建议。
	2009.6.3	市政协主席　冯国勤 副主席　李良园	围绕上海如何进一步加快发展现代服务业、先进制造业;建设国际金融中心、国际航运中心;加大海外宣传力度等问题提出意见建议。
	2010.6.17	市政协主席　冯国勤 副主席　吴幼英	围绕"抓住世博机遇,促进'后世博'上海经济社会发展"主题,以及制定"十二五"规划等提出意见建议。
	2011.5.20	市政协主席　冯国勤 副主席　吴幼英	围绕"提升传统产业能级,促进产业结构优化"主题座谈讨论,提出意见建议。
	2012.6.20	市政协主席　冯国勤 副主席　吴幼英	围绕"进一步推动上海创新驱动、转型发展"主题,就上海加快推进战略性新兴产业;为各类人才在沪创业发展提供便捷畅通、人性化服务;增强上海对创新资源的吸引力等提出意见建议。

二、合作交流

市政协重视与港澳台侨代表人士的联系,1988—2012 年,每逢元旦、元宵、中秋等中国传统节日,邀请在沪港澳台侨代表人士参加市政协组织的节庆文化活动。香港和澳门回归祖国前后,港澳各界人士来沪参观、考察频繁,市政协加强与港澳地区爱国人士的联系和交流,向港澳人士介绍上海改革开放的方针、政策,帮助港澳同胞充分了解上海的发展变化,促进沪港两地优势互补、共同繁荣。

【接待来访】

从 1992 年起,市政协配合全国政协和上海有关部门,接待多批次全国政协港澳委员团组或个人、重要的海外华侨华人团组及知名人士来沪访问和考察,其中包括:

1992 年 11 月,市政协首次邀请以香港中华厂商联合会会长梁钦荣为团长的香港中华厂商联合会访问团来沪考察投资环境。

1996 年 5 月 15—18 日,以全国政协委员、港事顾问、镜报文化企业有限公司董事长施子清为团长的香港企业家考察团来沪考察。市政协主席陈铁迪等会见考察团一行。

2001 年 9 月 12—16 日,由全国政协委员、澳门特别行政区立法会主席曹其真为团长的澳门中华总商会妇女委员会来沪参观考察,市政协主席王力平会见代表团全体成员。

2005年10月23日,出席全国政协"海外侨胞列席全国政协全体会议纪念活动"的海外侨胞回国考察团在北京活动结束后来沪参观考察,其成员分别来自美国、法国、巴拉圭、日本等11个国家。市政协主席蒋以任会见考察团全体成员。

2010年5月25—28日,香港特别行政区全国政协委员考察团一行197人,由全国政协副主席郑万通率领来沪参观上海世博会,并考察了松江区及洋山深水港,中共中央政治局委员、上海市委书记俞正声,市政协主席冯国勤,市委副书记殷一璀等会见考察团全体成员。

2010年10月1—13日,来自35个国家和地区的近90名出席全国政协"海外侨胞列席全国政协全体会议十周年"纪念活动的海外嘉宾,由全国政协副主席陈奎元率领来上海考察,中共中央政治局委员、上海市委书记俞正声,市政协主席冯国勤等市领导会见来沪嘉宾。

2011年11月1—5日,以全国政协副主席何厚铧为团长的澳门特别行政区全国政协委员考察团来沪考察,中共中央政治局委员、上海市委书记俞正声,市长韩正,市政协主席冯国勤等会见了考察团一行。

【澳门青年来沪实习培训】

2011年11月,全国政协副主席何厚铧在率团来沪考察期间,提议选派一批澳门青年人才到上海学习实践。经全国政协港澳台侨委员会、澳门地区全国政协委员、上海市政协、澳门中联办、澳门基金会和上海市有关部门精心筹备,2012年9—12月,28名来自澳门特别行政区企业、协会、学校的优秀青年来沪,进行为期3个月的学习实践活动,内容涉及当代中国政治制度、"一国两制"和特别行政区制度、经济体制改革与展望、贸易中心建设、服务型政府建设、社区管理体制改革创新等,并开展两地青年交流研讨,到市和区政府机关、街道、企业进行多岗位实践。9月15日和12月12日,学习实践活动开班式和结业式分别在上海行政学院和市政协举行,全国政协副主席何厚铧、全国政协港澳台侨委员会副主任杨崇汇、上海市政协主席冯国勤、澳门中联办副主任徐泽、澳门基金会主席吴志良出席并讲话。

第三节　对　台　工　作

市政协将对台工作作为促进中华民族大团结的重要内容,学习和宣传"和平统一、一国两制"方针,加强与在沪台胞台属的联系,关心台胞台属在沪工作、生活情况,配合有关方面加强与台湾地区各界人士的联系,促进两岸友好交往,为实现统一祖国、振兴中华的目标贡献力量。

一、学习宣传对台方针政策

【对台宣传组稿与展览】

1977—1985年,市政协延续以往工作方式,组织对台宣传稿,开展对台宣传工作。组稿内容主要有:对台湾有影响人士的广播讲话,在沪台胞和去台人员亲属的家信,留沪的原国民党军政人员的回忆录,介绍祖国锦绣河山和城乡建设新气象的文章等。稿件主要通过中央人民广播电台、海峡之声广播电台、中国新闻社以及港澳和海外的一些报刊进行宣传,有些稿件被有关部门用高空气球向台湾、澎湖、金门、马祖等岛屿飘送。

1983年,市政协举办"上海市对台宣传展览",市委领导陈国栋、胡立教、汪道涵、杨堤等出席开幕式。市委第一书记陈国栋希望展览能加深社会各界对党和政府对台方针政策的理解，并认真落实好这方面的政策，一些来自台港澳和海外的人士参观了展览。1984 年，市政协在上海人民公园举办"统一祖国人人有责图片展览"，参观人数超过 20 万人次，国内 20 多个省市和民革中央、台盟总部派人来沪参观。

【学习《台湾问题与中国的统一》白皮书座谈会】

1993 年 9 月 9 日召开。座谈会上，与会委员认为，白皮书全面系统地分析了台湾的历史和现状，用无可辩驳的历史事实证明台湾自古以来是中国不可分割的一部分；白皮书提出解决台湾问题的立场、观点和方法具有可操作性，表明中国政府解决台湾问题、统一祖国的深切诚意，委员们还就进一步做好祖国统一工作提出建议。

【学习《为促进祖国统一大业完成而继续奋斗》讲话座谈会】

1995 年 2 月 6 日召开，市政协主席陈铁迪出席会议并讲话，市政协副主席毛经权、石祝三、郑励志等出席会议。座谈会上，委员们表示要以江泽民总书记重要讲话为契机，推动两岸关系的进一步发展，造福于中华民族，建议政协发挥联系广泛、渠道众多的优势，广泛团结爱国人士，推动和促进沪台两地经济合作和人员来往，共同促进祖国统一。1996—2002 年以及 2004—2005 年的每年 1月，市政协、市台办、台盟市委、市台联等单位都联合召开上海市各界人士纪念江泽民《为促进祖国统一大业完成而继续奋斗》讲话发表的大会、报告会或座谈会。

【上海各界人士纪念台湾光复 50 周年座谈会】

1995 年 10 月 26 日由市政协与市委统战部、市台办联合召开，市委副书记王力平出席并讲话，市政协主席陈铁迪主持会议。会上，台盟市委主委郑励志，市社联副主席、市台研会副会长姜义华，团市委书记钟燕群，市台联副会长张荣仁分别代表民主党派，台湾问题的专家学者，人民团体和在沪台胞、台属发言，表示完成祖国统一大业是中华民族的根本利益所在，是中国人民的共同愿望，是中国人民的神圣使命和崇高目标。市人大常委会、市政协、市委统战部有关领导以及上海市老领导、驻沪三军负责人等出席会议。

【"庆澳门回归，盼祖国统一"茶话会】

1999 年 12 月 16 日由市政协与市台办、市侨办联合举行，副市长周慕尧出席并讲话。与会人士指出，香港、澳门已相继回归祖国，促进两岸和平统一是包括台湾同胞在内的全体炎黄子孙的共同心愿，希望台湾当局顺应历史潮流与民意，共议统一。部分市政协委员，在沪港澳台侨及各界人士出席。

【纪念黄埔军校建校 80 周年大会】

2004 年 6 月 24 日举行，市政协副主席宋仪侨出席会议并致辞。会上，有关民主党派、社会团体和部分在沪黄埔同学及其后代，来自台港澳及海外黄埔同学等共同回顾黄埔军校历史，表示要继承发扬黄埔精神，全力推进两岸关系健康发展，为促进祖国统一，实现中华民族伟大复兴谱写新的光辉篇章。

二、促进两岸友好交往

【接待台湾来沪访问团组】

从 1988 年开始,市政协受全国政协委托,接待由台湾各方面人士组成的访问团来沪参观考察。1988—1992 年,先后接待了台湾中国统一联盟名誉主席胡秋原偕夫人一行、台湾中国民主和平统一访问团、台湾中国统一联盟大陆访问团、台北知名人士访问团、台湾政界人士访问团、台湾青年中国党访问团、台湾促进两岸交流访问团等 11 个团组,还多次接待了以个人名义来上海访问的台湾知名人士。1993—2002 年,随着两岸经济、文化交流逐渐频繁,市政协接待台湾团组增加,共计接待了包括台湾知名人士章孝严、台湾工党主席郑昭明等人士及来自台湾的各类访问团、参访团、考察团 70 余批次。2003—2012 年,市政协先后接待台湾重要团组 90 多批次,包括以许文彬为团长的台湾"乙酉年清明公祭轩辕黄帝典礼"访问团;以"两岸民意代表交流基金会"董事长饶颖奇为团长,由国民党、亲民党、台联党等多个党派和无党派人士组成的台湾民意代表交流参访团;以李海天为团长的台湾侨联总会大陆参访团;台湾大学生参访团;台北女议员代表团;台湾知名人士陈立夫先生弟弟陈祖烈一行等。

【举办沪台合作交流论坛】

为推进沪台经济文化交流,市政协港澳台侨委员会分别联合台盟市委、市台办、市台联以及上海社会科学院和台北市文化基金会,于 2009—2011 年连续 3 年举办沪台合作交流论坛。2009 年 9 月 11 日,举办"传承中华文化——第三届沪台民间交流论坛",以中华文化的传承和发展为主题,邀请沪台两地文化界的代表人士围绕传承中华文化、增强民族意识进行深入研讨。国台办有关负责人应邀出席论坛,市政协主席冯国勤出席并致辞,台北市文化局局长李永萍、台湾民进党前主席许信良、台湾著名导演李冰出席并作主旨演讲。2010 年 9 月 25 日,举办"沪台城市发展与合作"论坛,围绕"城市垃圾收集、运输和处置"、"低碳城市的路径与选择"两个专题建言立论。全国政协副主席、台盟中央主席林文漪,上海市政协主席冯国勤,中国国民党副秘书长张荣恭出席并致辞。上海市政府副秘书长尹弘,嘉定区政协主席周关东,同济大学经济与管理学院教授褚大建,台湾有关人士邓家基、简又新作主题演讲。2011 年 9 月 11 日,举办"沪台租赁业合作与发展"论坛,市政协主席冯国勤出席开幕式并致辞,市政协副主席吴幼英、市台联会长林明月出席会议并讲话,中国国民党荣誉主席吴伯雄夫人戴美玉等嘉宾应邀出席。两岸租赁业专家学者、企业界人士、相关业务部门人士到会,围绕积极开拓租赁市场、优化管理体制和政策开展交流研讨。

三、加强与在沪台胞的联系

市政协重视与在沪学习、工作的台湾同胞的联系,通过组织委员考察台资企业、学校,政协领导走访台商了解情况,邀请部分台商参加政协活动,电话问候、节日慰问等多种方式,有重点地了解定居上海及在沪经商、求学台胞的工作、学习、生活情况,积极反映他们的意见和诉求。2002 年,市政协首次邀请部分在沪台商参加九届五次会议的开、闭幕会议,并逐步形成惯例。

2002 年,市政协港澳台侨委员会为进一步加强与台湾新老朋友的联系和交往,有重点地与定居上海以及在沪经商、工作的台胞建立联系,并通过他们联络其他台胞,决定成立港澳台侨委员会台胞联络组,参照港澳台侨委员会的活动制度开展活动,成员由港澳台侨委员会和市台办、市台联共同推荐。台胞联络组首批成员共 14 人,后逐步扩大到 20 人。从 2003 年起,台胞联络组成员每年参加市政协全体会议的开、闭幕会议,部分成员还参加全会期间市领导参加的港澳委员座谈会。市政协领导每年参加台胞联络组 1—2 次座谈会,直接听取他们的意见和建议。

第三章 对外友好交流

第一节 友好交流活动

市政协利用联系广泛的优势,按照国家对外工作总体部署,积极开展对外友好交流活动,与全国政协、中国经济和社会理事会(以下简称经社理事会)等组织合作,协助承办国际性会议或活动;通过召开情况通报会、举办图片展等形式,积极介绍中国和上海经济社会发展和政协工作情况,宣传上海城市形象;加强与在沪外籍人士的联系,听取并反映他们对上海经济社会发展的意见和建议,为促进上海的改革开放和社会主义现代化建设服务。

一、协助承办国际性会议和活动

【经社理事会和类似组织国际协会管委会上海会议】

2005 年 10 月 18 日在上海国际会议中心举行,本次会议根据全国政协、中国经社理事会的要求,由上海市政协协助承办。来自中国、毛里求斯、喀麦隆、突尼斯、塞内加尔、马里、比利时、法国、西班牙、意大利、卢森堡、巴西 12 个成员国,韩国、越南、老挝 3 个观察员国家的 50 多位代表出席会议。会议由全国政协副主席、经社理事会和类似组织国际协会主席、中国经社理事会主席王忠禹主持,上海市政协主席、中国经社理事会副主席蒋以任代表中国作了"让世界摆脱贫困是我们共同的责任"的主题发言。会议审议了协会未来两年的工作要点和章程修改草案,组建了"国际扶贫发展基金"研究工作组,通过了国际协会 2006 年韩国年会主要议程,研究了国际协会、教育界、非政府组织三方合作培训计划,探讨了国际协会 2007 年北京会议主题及有关工作。

【中欧经贸问题联合研究小组研讨会】

根据全国政协要求,由上海市政协协助承办的中国经社理事会和欧盟经济社会委员会圆桌会议经贸问题联合研究小组首次研讨会于 2010 年 7 月 22—24 日在上海举行。7 月 21 日晚,上海市政协主席、中国经社理事会副主席冯国勤会见参加研讨会的部分中欧双方代表,并介绍上海经济社会发展和世博会运行情况。22—23 日上午,中欧双方与会代表应邀出席在世博会比利时馆/欧盟馆举办的欧盟委员会"欧盟贸易日"活动;23 日下午,中欧圆桌会议经贸问题联合研究小组研讨会举行开幕式,中国经社理事会副主席王胜洪主持会议,上海市政协副主席周太彤、欧盟经济社会委员会外事委员会主席菲利普·翰莫罗-德罗兹、中国商务部欧洲司司长孙永福、欧盟委员会贸易总司司长茂洛·拉斐勒·佩特西尼分别致辞;23 日下午—24 日,中欧双方代表围绕"贸易和发展"、"贸易和气候变化"、"投资与合作"进行了主题报告和座谈讨论。会议期间,中欧双方代表还参观了上海世博会。

【承办第二届国际协会"夏季学校"培训活动】

由经社理事会和类似组织国际协会、中国经社理事会主办,上海市政协承办的第二届国际协会

"夏季学校"培训活动于 2012 年 9 月 16—22 日在上海行政学院开班,这是该活动首次在亚洲和发展中国家举办,来自 27 个国家、地区和组织的 49 名 35 岁以下的青年学员围绕各国共同关注的"可持续发展"主题,通过专题讲座、实地考察、分组讨论、学习交流、专题辩论等方式,全面了解中国和上海推进可持续发展的举措和成效,亲身感受中国和上海的发展进步,加深对中国和上海的认知。中国经社理事会副主席、上海市政协主席冯国勤出席欢迎仪式并致辞。

二、召开情况通报会

根据上海国际交流频繁、外国驻沪领馆众多的特点,市政协自 2005 年起召开各国驻沪领事馆官员、友好城市驻沪代表、外国商会在沪代表、在沪外国企业负责人、部分白玉兰奖获得者等外籍人士参加的情况通报会,介绍市政协履行政治协商、民主监督、参政议政主要职能的情况,宣传中国共产党领导的多党合作和政治协商制度。2005—2012 年,市政协共举办情况通报会 7 次。

表 9 - 3 - 1　2005—2012 年市政协情况通报会一览

届次	时　间	地　点	通　报　会　内　容	相　关　活　动
第十届市政协	2005.9.1	锦江饭店小礼堂	市政协副主席宋仪侨介绍市政协历史沿革及组织机构情况,通报市政协近年来通过专题议政、委员视察、提案、反映社情民意信息、专题调研、特邀监督员等多种形式履行职能的情况。	
	2006.9.25	兴国宾馆	市政协副主席宋仪侨介绍市政协贯彻《中共中央关于加强人民政协工作的意见》,进一步提高履行职能水平,以及拓展人民外交工作,加强与各国人民的友好往来的情况。	
	2007.10.24	市政协玉兰厅	市政协主席蒋以任致辞,副主席宋仪侨介绍十届市政协五年来履行政协职能和开展对外友好交流工作的情况。	会前参观了在市政协议事中心展示厅陈列的"上海360°"暨市政协对外友好工作小型图片展
第十一届市政协	2008.12.9	锦江饭店小礼堂	市政协主席冯国勤致辞,副主席周太彤介绍十一届市政协一年来工作和履职情况,有关专委会负责人介绍常委会会议建议案《着力推进"科技世博"的若干建议》的主要内容。	
	2009.12.2	市政协议事中心	市政协副主席周太彤介绍市政协一年来履行职能和开展对外友好交流工作情况,有关专委会负责人介绍主席会议建议案《关于深化世博主题演绎,加强低碳技术展示的若干建议》的主要内容。	会前,与会人士参观了由市政协主办的"上海——城市的记忆"油画展
	2010.12.9	浦西洲际酒店	市政协主席冯国勤致辞,副主席周太彤介绍市政协围绕上海世博会安全运行、"十二五"规划编制等全市重点工作履行职能的情况,上海世博局局长洪浩出席并向各国驻沪机构人士给予世博会的支持表示感谢。	
	2012.12.6	市政协议事中心	市政协主席冯国勤致辞,副主席周太彤通报一年来上海经济社会发展、市政协年度重点工作以及上海公共外交协会工作情况。	

三、举办"上海 360°"图片展

2004 年,市政协编辑出版了反映上海新面貌的《上海 360°》摄影画册。2005 年,上海市对外友好协会提议,由该协会与市政协合作,以《上海 360°》画册为基础,增加"航拍上海"的精华内容和有关上海人民生活、重大事件的摄影等,形成"上海 360°"图片展,根据上海对外工作的需要,赴部分友好国家或城市展出。

【赴东欧三国举办"上海 360°"图片展暨经贸论坛】

2006 年 6 月 18—26 日,市政协与市对外友好协会、市国际贸易促进会联合组团,由市政协副主席俞云波带队,分别在斯洛文尼亚民俗艺术博物馆、捷克布拉格城市会议中心、匈牙利布达佩斯亚洲中心举办"上海 360°"图片展,展览分"上海概况"、"世界的上海"、"和谐的上海"、"经典的上海"、"前进的上海"五个部分,直观地展示 20 世纪 90 年代以来上海在经济发展、城市建设、社会进步等方面所取得的成就,展示上海的城市历史和城市精神。展览期间,还分别举办斯洛文尼亚—上海经贸论坛、捷克—上海经贸论坛、匈牙利—上海经贸论坛,上海与东欧三国企业家分别就共同关心的问题进行交流与探讨。

【赴英国举办"上海 360°"图片展】

根据上海市政府与英国伦敦市政府达成的"双边友好交流备忘录",两地市政府于 2007 年在伦敦联合举办"中国在伦敦——上海周"系列活动。应市政府外事办公室邀请,2 月 14—20 日,市政协会同解放日报报业集团和伦敦市政府在伦敦市政厅共同举办了为期 1 周的"上海 360°"图片展。本次展览在保持原有版面的基础上增加了筹办 2010 年上海世博会的内容。上海市政协副主席俞云波、伦敦市市长列文斯通、中国驻英国大使查培新等出席开幕式并为展览剪彩。英国《卫报》以两个整版的篇幅通栏刊登了图片展的照片,英国市民赞叹上海改革开放以来发生的巨大变化,并对 2010 年上海世博会有了更深认知。

【赴瑞典举办"上海 360°"图片展】

2007 年 6 月 8—20 日,为配合参加瑞典"哥德堡"号仿古船从中国返航仪式,市政府外事办公室邀请市政协在瑞典哥德堡市举办"上海 360°"图片展,图片展共展出 16 块图版、43 幅照片,围绕上海改革开放和经济社会发展主线,分列哥德堡在沪情景、上海世博会筹办、上海城市新貌三个主题内容,受到了哥德堡市民众的欢迎。

【赴博茨瓦纳、南非、菲律宾举办"上海 360°"图片展】

为积极宣传 2010 年中国上海世博会,应南部非洲上海世博会推广组织委员会、南非豪登省议会,博茨瓦纳出口发展投资局、博茨瓦纳中华福建同乡会和菲华商联总会的邀请,市政协在以往"上海 360°"图片展的基础上,结合 2010 年上海世博会内容进行补充和调整后,于 2009 年 5—6 月在博茨瓦纳哈博罗内、南非约翰内斯堡及开普敦、菲律宾首都马尼拉等四地分别举办"上海 360°"图片展暨上海世博会宣传推广活动,市政协副主席吴幼英率团参加展出及世博会宣传推广活动。活动期间,多家中外电视台,40 多家中外平面媒体和 200 多家中外主流网络媒体对此次推广活动进行了报道。

四、加强与在沪外籍人士联系交流

【中日经济交流恳谈会】

2006 年 3 月,市政协与日本商工俱乐部联合召开面向全市日资商社、企业高管人士、日企驻沪办事处首席代表的"推动日中经济交流恳谈会",市政协主席蒋以任在会前会见了商工俱乐部的常务理事,副主席石四箴出席会议并致辞。会上,市外经贸委负责人介绍了上海最新的投资政策、信息,以及为改善投资环境所做出的努力和提供的服务,并听取与会者的意见,了解在沪外商企业发展中需要解决的问题。会议得到了日方的热烈欢迎和积极回应。

【"上海航空枢纽应对世博会期间客流高峰的举措"在沪外籍人士座谈会】

2008 年 7 月 10 日,市政协对外友好委员会在市政协议事中心白玉兰厅组织召开了"上海航空枢纽应对世博会期间客流高峰的举措"在沪外籍人士座谈会。邀请部分驻沪领馆官员,外资航空公司驻沪代表以及在沪外资国际旅行社负责人就上海航空枢纽建设和 2010 年上海世博会期间访沪客流集中情况的解决,优化境外来宾接待工作等议题提出建议,并与市政协领导、委员进行交流座谈。市政协副主席周太彤出席。

【在沪部分日籍人士代表恳谈联谊会】

2009 年 2 月 24 日在"盛融"号游轮上举行。市政协对外友好委员会以对日韩友好小组的名义,邀请在沪部分日籍人士代表、对日研究机构学者参加。联谊会上,市有关部门认真听取了解在沪日企存在的困难与需求,介绍上海的投资环境和各级政府为支持在沪日企渡过难关所采取的各项措施,以坚定在沪日企保增长、保就业、保发展的信心,共度经济危机下的艰难时刻。联谊会上还介绍了 2010 年上海世博会筹办进展情况。

【全市旅游行业在沪外籍人士座谈会】

2009 年 4 月,市政协对外友好委员会邀请 30 位沪上星级宾馆的外籍高管、国际宾馆连锁集团和境外旅行社驻沪代表召开全市旅游行业外籍人士座谈会,寻求在全球金融危机大背景下旅游行业应对之策,提振全市旅游市场,为筹办上海世博会营造更好的环境和氛围。

【在沪德籍人士恳谈会】

2010 年 3 月,市政协对外友好委员会对德友好交流小组召开在沪德籍人士恳谈会。邀请上海世博局、上海海关、市商务委等部门的负责人向在沪德资企业代表通报上海经济社会发展情况和世博会期间有关服务企业的措施。

【召开在沪日籍人士座谈会】

2011 年,日本发生"3·11"大地震,引发大规模海啸等次生灾害和核泄漏危机,市政协召开在沪日籍人士座谈会,通过情况交流、商量对策、表达关怀,使在沪日籍人士深切感受到上海方面的关心。

【"中国企业'走出去'"外籍人士座谈会】

2012年3月22日，结合全国政协外事委员会"中国企业走出去中的公共外交"调研组来沪开展调研活动，召开"中国企业'走出去'"外籍人士座谈会，与会人员就中国企业当前面临的机遇和挑战发表看法，外籍人士对中国企业提出了很多有价值的政策建议。

第二节　外事接待和出访

改革开放以来，市政协积极参与全市各类外事活动，邀请和接待境外来访团组和知名人士，组织代表团对外进行友好访问，建立和发展与境外有关机构、社会团体、各界知名人士长期稳定的交流关系。

一、接待境外来访团组和知名人士

市政协根据形势的发展，从加强对海外华侨社团及华侨、华人、新移民代表人士的联络与交往，到逐步参与外事接待和出访工作。

第五至八届市政协期间，先后与泰国、新加坡、菲律宾、法国、意大利、美国、日本、澳大利亚、德国、加拿大等国侨团建立了联系，根据全国政协的安排和要求，接待了部分来自海外的华侨、华人和国际友好人士。1993—1997年，第八届市政协先后接待72个国家和地区的来访团组。

1998—2002年，第九届市政协接待国外来沪访问团组和有关人士54批，其中1999年10月接待的泰国九属会馆首长来沪访问团，是首次以市政协名义邀请来访的国外团组。

2003—2007年，第十届市政协进一步拓展联系渠道，共接待包括哥伦比亚参议长巴尔加斯、奥地利联邦议会副议长哈泽尔巴赫、乌克兰最高苏维埃主席莫罗兹、阿尔巴尼亚议会议长托帕利、印度尼西亚人民协商会议主席希达亚特、白俄罗斯国民会议共和国院外事和国家安全委员会主席切尔基涅茨等率领团组在内的外国访问团组及外国友好人士共50批587人次；参加或安排各类外事活动741次。

2008—2012年，第十一届市政协注重发挥自身特色，与外国议会、国际组织、重要智库、各界人士等广泛交往，共接待加纳共和国议长塞基·休斯、加拿大蒙特利尔银行集团总裁兼首席执行官邓伟信、意大利伦巴第大区议会副主席恩佐·鲁基尼、尼日利亚前总统奥巴桑乔、俄罗斯前总理普里马科夫、罗马尼亚参议院议长米尔恰·杰瓦讷、越南祖国阵线中央委员会常委阮文坡、巴基斯坦参议院主席奈克、约旦参议院秘书长哈拉夫率、匈牙利布达佩斯市议会公共秩序与安全委员会主席贝拉·达尼利兹、纳米比亚全国委员会主席卡佩雷、加拿大蒙特利尔银行集团总裁兼首席执行官邓伟信、刚果（布）经济社会理事会主席塔苏阿、约旦参议院议长米斯里、韩国济州特别自治道议会议长文大林、俄罗斯公众院国际事务委员会主席尼科诺夫、加纳议会第一副议长阿伽霍等率领的外国访问团组及外国友好人士共46批527人次；参加或安排各类外事活动675次。

二、对外进行友好访问

市政协通过自行组团或参加全国政协相关团组、市有关团组等形式，组织政协委员、市区县政协工作者出访，宣传中国共产党领导的多党合作和政治协商制度，增进同各国相关组织和人民的友谊。1992年9月29日—10月10日,应南源永芳集团公司董事长姚美良的邀请,市政协副主席王兴率上海市政协联谊访问团出访马来西亚和新加坡,这是市政协首次以政协名义组团出访。1993—1997年八届市政协期间,共组织15个团组75人次分别出访欧洲、亚洲、美洲的19个国家;1998—2002年,九届市政协共组织50个团组205人次出访52个国家;2003—2007年,十届市政协共组织出访和参访团组85批499人次;2008—2012年,十一届市政协共组织出访和参访团组113批471人次。

第四章 合作交流

第一节 工作交流

　　市政协主动接受全国政协的指导,遵守和执行政协章程及全国政协的决议;市政协领导列席全国政协常委会会议,参加全国政协召开的各类专题会议,就专题工作或带领相关专委会赴京向全国政协领导汇报工作;安排好全国政协领导和相关团组来沪考察调研;加强与在沪全国政协委员的联系,为委员在沪履行职能提供服务。

　　市政协加强与各省(直辖市、自治区)政协的联系,每年由市政协领导率队组织若干学习考察团组前往兄弟省市政协学习考察,接待各省市政协领导和考察团组来沪,参加和承办省市政协间的研讨、交流会议,相互切磋交流,共同提高。

一、接待全国政协领导和考察团组

【接待全国政协领导来市政协视察指导工作】

　　1988年12月27日,全国政协主席李先念、副主席王任重来市政协视察工作,会见了市政协主席谢希德及出席七届六次主席会议的全体成员并座谈。

　　1996年3月31日,全国政协主席李瑞环来市政协视察指导工作,考察了机关办公场所,听取了市政协主席陈铁迪关于政协工作情况的汇报。

　　2005年9月11日,全国政协主席贾庆林来市政协视察工作,视察了上海科技成果转化促进会展示厅,听取了市政协主席蒋以任关于政协工作的情况汇报,会见了市政协、市委统战部和各民主党派市委、市工商联负责同志及部分机关干部。

　　35年来,市政协还先后接待和配合市委、市政府接待历届全国政协副主席来沪视察并汇报市政协工作情况,其中包括赛福鼎·艾则孜(来沪视察时间:1993年5月31日)、丁光训(1993年7月28日)、霍英东(1995年5月1日)、马万祺(1995年10月8日)、阿沛·阿旺晋美(1996年12月20日)、叶选平(1997年8月2日)、董建华(2005年7月22日)等。

【接待全国政协考察(调研)团组】

　　市政协认真接待全国政协团组来沪视察(考察)或调研。1982—2012年共接待或配合市政府接待全国政协来沪视察(考察)和调研团组83个,其中由全国政协副主席带队团组19个。

表 9-4-1　1986—2011年由全国政协副主席带队的考察团来沪考察调研一览

时　间	名　　称	带队副主席	调研(考察)内容
1986.5.13	全国政协、中央统战部调查组	杨成武	调研、检查上海"落政"工作
1994.5.21	全国政协教育文化委员会调查组	钱伟长	来沪对"当前文化市场管理工作情况"和"落实中共中央〔1992〕9号文件,对宣传文化系统税收和上缴利润返还情况"进行专题调查

（续表）

时间	名称	带队副主席	调研（考察）内容
1997.10.8	全国政协民族和宗教委员会参观考察团	阿沛·阿旺晋美	以沿海城市"改革开放与经济发展"为主题在沪参观考察
1998.9.22	全国政协视察团	王文元	视察上海高新技术发展情况
1999.6.5	全国政协视察团	张克辉	视察上海经济社会发展情况
1999.9.9	全国政协调研组	李贵鲜	在沪调研"土地整理——土地资源与可持续发展"专题
1999.10.14	全国政协调研组	胡启立	在沪调研"人口信息管理系统工程建设"专题
2002.9.2	全国政协常委视察团	陈锦华	视察上海经济社会发展情况
2004.4.16	全国政协经济委员会考察团	阿不来提·阿不都热西提	考察上海"统筹城乡发展"工作的情况
2004.5.24	全国政协考察团	张思卿	考察上海"公益性文化设施建设和发挥作用"情况
2005.6.11	全国政协科协、科技界委员视察团	张梅颖	视察上海建立健全科技创新体系情况
2006.5.31	全国政协视察团	阿不来提·阿不都热西提	视察上海"农民工子女义务教育工作"情况
2008.6.11	全国政协调研组	张梅颖	调研"医学教育改革与基层卫生人才培养"专题
2008.10.23	全国政协考察团	阿不来提·阿不都热西提	考察上海改革开放30年来经济社会发展的成就情况
2009.10.8	全国政协委员视察团	孙家正	视察中国2010年上海世博会筹备情况
2010.5.25	香港特别行政区全国政协委员考察团	郑万通	参观上海世博会，考察上海经济社会发展情况
2010.10.11	全国政协海外侨胞考察团	陈奎元	考察上海经济社会发展情况，参观中国2010年上海世博会
2011.5.16	全国政协教科文卫体委员会调研组	王志珍	调研"科技评价体系及奖励制度改革问题"专题
2011.11.1	澳门特别行政区全国政协委员考察团	何厚铧	考察上海经济社会发展情况

二、联络在沪全国政协委员

1977年全国政协恢复活动后，每届均有百余名全国政协委员居住或工作在上海（简称为在沪全国政协委员），市政协加强与在沪全国政协委员的联系，做好服务和保障工作，支持全国政协委员在围绕中国改革开放和社会主义现代化建设履行职能的同时，积极参与上海政协工作，为促进上海经济社会发展建言献策，作出贡献。一是从第五届市政协起，明确在沪全国政协委员列席市政协全体会议并编入会议分组，参加除选举以外的全部会议活动。从第六届市政协起，在沪全国政协委员列席市政协常委会会议，可根据自身专业特点参加市政协的一个专委会（工作组）。二是明确在沪全国政协委员可根据自愿的原则,参加市政协的各项学习知情活动,每年全国政协全会前组织相应的知情和会前准备活动,为委员在全国政协会议期间履行职能提供服务。三是1990年第七届市政协制定《提案工作条例》,明确在沪全国政协委员可以个人或联名方式提交有关涉及上海工作的市政协提案;1995年全国各级政协开展社情民意工作后,在沪全国政协委员除向全国政协信息局提交社情民意信息外,也可以向市政协办公厅提交社情民意信息。四是从1988年第七届市政协每年组织委员年底集中视察起,即将在沪全国政协委员列入委员年终、年中集中视察参加人员范围,由委员根据视察专题自愿报名参加。

三、组团赴兄弟省市政协学习考察

改革开放以来,为学习借鉴兄弟省市先进经验,促进上海经济社会建设和政协工作的新发展,上海市政协经常组团赴兄弟省市学习考察,其主要内容:一是考察了解各地改革开放和经济社会发展情况,回沪后结合上海实际就促进相关工作提出意见和建议;二是学习兄弟省市关于政协工作的经验,改进市政协工作;三是结合政协课题调研议题,前往兄弟省市考察调研,丰富充实调研内容;四是受全国政协委托,组织在沪全国政协委员每年1次赴外省市考察调研。市政协组团出访,根据内容分别由主席、副主席或专委会主任、课题组负责人带队,其中由市政协主席带队组团赴外省市学习考察共22次。

表9-4-2　1992—2012年市政协主席带队赴外省市(自治区)学习考察一览

时　间	带队领导	考察团组	考察地点及内容
1992.5.20—27	谢希德	市政协学习考察团	赴江苏省苏州、无锡、常熟三市考察苏南地区发展集体经济的情况
1994.6.22—23	陈铁迪	市政协学习考察团	赴江苏省张家港市学习考察
1994.10.15—25	陈铁迪	在沪全国政协委员	赴陕西省考察调研
1996.5.20—25	陈铁迪	市政协提案、城建、教育委员会部分委员	赴浙江省宁波市、舟山市学习考察
2000.8.19—27	王力平	在沪全国政协委员	赴青海省、甘肃省考察调研
2001.10.30—11.8	王力平	在沪全国政协委员	赴湖南省、湖北省考察调研
2002.10.14—17	王力平	在沪全国政协委员	赴安徽省考察调研
2002.10.19—23	王力平	在沪全国政协委员	赴江西省考察调研
2002.12.17—19	王力平	市政协学习考察团	赴浙江省温州考察政府职能转变、行业协会建设、民营企业发展情况
2004.10.9	蒋以任	市政协学习考察团	赴辽宁省学习考察,实地考察沈阳、丹东、抚顺、鞍山等地
2004.11.28—12.1	蒋以任	在沪全国政协委员	赴福建省考察调研
2005.4.23—26	蒋以任	市政协学习考察团	赴云南省学习考察,实地考察昆明、思茅、西双版纳等地
2005.9.19—23	蒋以任	在沪全国政协委员	赴湖南省考察调研

（续表）

时　间	带队领导	考 察 团 组	考察地点及内容
2006.12.15	蒋以任	市政协学习考察团	赴贵州省学习,实地考察贵阳、安顺等市
2007.1.19—21	蒋以任	市政协学习考察团	赴江苏省学习考察,实地考察南京、淮安、连云港、盐城等地
2007.9.9—13	蒋以任	市政协学习考察团	赴吉林省学习考察,实地考察吉林市、延边州、珲春市
2009.4.11—16	冯国勤	在沪全国政协委员	赴贵州省考察调研
2011.5.5—9	冯国勤	市政协学习考察团	赴广西壮族自治区学习考察
2011.7.28—8.3	冯国勤	在沪全国政协委员	赴新疆维吾尔自治区考察调研
2011.8.25—27	冯国勤	市政协港澳委员	赴内蒙古自治区考察
2012.6.11—13	冯国勤	市政协港澳委员	赴山西省考察
2012.9.17—22	冯国勤	在沪全国政协委员	赴湖南省考察调研

四、承办政协工作交流会议

从20世纪80年代末起,全国各省市政协间开始通过召开地区性政协工作交流会、协作会等形式加强工作交流,这些会议一般由相关省市政协轮流承办。上海市政协从1989—2012年承办此类会议23次,并应邀参加了外省市政协承办的相应会议。

【华东地区第七次政协文史资料工作协作会议】
1989年10月10—14日在上海举行,华东六省一市政协领导及文史资料委员会负责人出席。为纪念周恩来总理倡导开展政协文史资料工作30周年,此次会议的一项重要议程,是由上海市政协文史资料委员会根据第六次协作会议决定而负责筹办的华东地区政协文史资料工作成果展览正式展出。成果展通过图表、照片和1989年6月前华东六省一市政协出版的文史书刊,展示了华东地区政协文史资料工作30年来取得的成果和发挥的作用。上海市政协主席谢希德、副主席毛经权会见了与会代表并共同参观了展览。

【八省市政协海外联谊工作研讨会】
1989年10月17—20日在上海举行,来自京津鲁苏浙闽粤沪8个沿海省市政协分管祖统工作的副主席和有关方面负责人出席会议。上海市政协主席谢希德、副主席毛经权参加会议并讲话,全国政协有关部门负责人应邀参加会议。会议交流了各省市政协开展祖国统一、海外联谊工作的情况和经验,研讨了努力开拓海外联谊工作的方法和途径。

【华东六省一市政协第一次提案工作座谈会】
1990年10月22—26日在上海举行,华东六省一市政协分管领导和提案委员会负责人参加会议。上海市政协副主席毛经权、王兴出席会议并讲话,全国政协提案委员会负责人应邀参加会议。

会议交流了全国政协提案工作会议以来各地开展提案工作取得的经验和体会,研讨了新形势下如何进一步搞好提案工作的方法和措施。

【1991年华东六省一市政协工作交流会】

1991年10月17—21日在上海举行,这是华东地区政协首次举行的政协主要领导之间的交流会,华东地区六省一市政协负责人出席会议。中共上海市委副书记陈铁迪到会祝贺,市政协主席谢希德在开幕式上致辞。会议期间,各省市政协交流了贯彻落实中共中央文件精神,加强党的领导,组织政协委员学习知情,积极履行政治协商、民主监督职能,以及加强机关自身建设方面的做法和经验,并实地考察了上海浦东的开发情况。

【华东六省一市政协后勤工作交流会】

1991年11月6—9日在上海举行,华东六省一市政协办公厅及有关方面负责人出席会议。上海市政协副主席吴增亮出席并讲话。会议交流了各地政协贯彻1990年全国政协后勤系统工作经验交流会精神的情况和经验,研究了如何坚持"为政协工作服务、为政协委员服务、为政协机关服务"宗旨,推进后勤工作改革的相关事宜。

【华东、中南地区政协学习工作研讨会】

1996年10月30日—11月1日在上海举行,华东、中南地区13个省、市、自治区政协领导及学习委员会负责人出席会议,上海市政协副主席赵定玉、河南省政协副主席胡悌云、福建省政协副主席周厚稳共同主持会议。会议交流了各地政协开展学习工作的经验和体会,探讨了新形势下政协学习工作的地位和作用,以及如何解放思想,找准位置,明确任务,开拓政协学习工作新局面等问题。

【华东地区政协第十四次文史资料工作协作会议】

1997年11月4—7日在上海举行,华东六省一市政协领导及文史资料委员会负责人出席会议,全国政协文史资料委员会和北京、天津、辽宁、河北等省市政协有关负责人应邀参加。上海市政协副主席赵定玉出席开幕式并致辞,副主席陈正兴作会议小结。会议围绕"文史工作与市场经济"专题进行研究探讨。

【全国暨部分省市政协清理库存文史资料工作研讨会】

2000年1月25—28日在上海举行,全国政协文史资料委员会负责人和上海、北京、辽宁、江苏、浙江、安徽、湖北、四川、陕西等省市政协文史资料委员会负责人,以及参加清理库存文史资料审稿工作的上海市有关专家学者参加会议。上海市委副书记、市政协主席王力平会见了与会代表,市政协副主席朱达人出席会议开幕式并致辞。会议交流总结了各省市政协清理库存文史资料审稿工作的情况和经验,研讨了清库中遇到的共性问题。

【华东六省一市政协第八次提案工作座谈会】

2000年5月22—25日在上海举行,华东六省一市政协领导和提案委员会负责人出席会议,全国政协和北京、天津、重庆三直辖市政协提案委员会负责人应邀参加。上海市政协副主席朱达人出席座谈会并介绍上海经济社会发展概况以及市政协工作情况,市政协副主席兼提案委员会主任陈正兴作专题发言,市政府办公厅负责人介绍政府部门办理政协提案的经验和体会。与会代表围绕如何提高提案质量、提案办理质量和提案工作机构服务质量等问题进行了交流和讨论。

【2000年华东六省一市政协工作座谈会】

2000年9月18—20日在上海举行,华东六省一市政协以及南京、宁波、杭州、厦门、青岛、济南等市政协的主要领导出席会议。中共上海市委书记黄菊到会祝贺并介绍上海改革和发展情况,市政协主席王力平主持会议,副主席朱达人作交流发言。会议围绕政协工作如何适应新形势,围绕中心、服务大局,积极履行职能,开拓政协工作新局面进行交流和探讨。

图9-4-1　2000年9月,市政协举办华东六省一市政协工作座谈会

【全国部分城市政协秘书工作会议】

2001年11月23—25日在上海举行,北京、天津、上海、重庆及南京、武汉、长春、沈阳、哈尔滨、济南、广州等17个城市政协的有关负责人出席会议。上海市政协副主席朱达人出席会议并讲话,全国政协秘书局局长傅志煌出席会议。会议就政协档案工作、信息化建设,以及如何拓宽政协履行职能渠道等问题进行了交流和探讨。

【京津沪渝政协研究室工作交流会】

2004年10月11日在上海举行,北京、天津、重庆、上海四直辖市政协研究室负责人出席会议。上海市政协副主席宋仪侨出席会议并讲话,全国政协研究室副主任陈惠丰等应邀参加会议。会议围绕"如何进一步开展新时期政协的理论研究工作,不断探索政协工作的新思路与新方法"进行交流和研讨。

【京津沪渝政协第二次提案工作座谈会】

2006年9月6—7日在上海举行,北京、天津、重庆、上海四直辖市政协提案委员会负责人出席会议。上海市政协副主席、提案委员会主任王荣华出席会议并讲话。会议围绕贯彻《中共中央关于加强人民政协工作的意见》精神,结合提案工作的实践与创新,就新形势下做好提案工作的理论思考和工作设想进行交流讨论。

【华东地区政协第二十一次文史资料工作协作会议】

2006年9月12—14日在上海举行,华东六省一市政协文史资料委员会负责人出席会议。上海市政协主席蒋以任会见了与会代表,市政协副主席王荣华出席会议并讲话,全国政协学习和文史委员会副主任龚心瀚等应邀出席。会议交流了各地开展文史资料工作的经验,就征编新中国成立后的文史资料工作进行了研讨。

【华东六省一市政协第十五次提案工作座谈会】

2008年9月9—11日在上海举行,华东六省一市政协领导及提案委员会负责人出席会议。上海市政协主席冯国勤出席会议并致辞,全国政协提案委员会副主任毛林坤应邀出席并讲话,政府有关负责人到会介绍上海经济社会发展概况及政府系统办理政协提案工作情况。会议围绕贯彻《全国政协关于加强和改进提案工作的意见》精神,交流华东六省一市政协提案工作情况和经验,研究探讨不断提高提案工作质量的思路和举措。

【华东六省一市政协接待工作座谈会】

2008年9月21—23日在上海举行,华东六省一市政协分管领导和接待部门负责人出席会议,全国政协办公厅服务局负责人应邀参加会议。上海市政协副主席周太彤会见了与会人员。会议就建立华东六省一市政协接待工作合作机制,进一步加强联系与协作,实现资源共享,提升接待工作水平,开创政协接待工作新局面等进行了交流和切磋。

【京津沪渝苏浙皖川八省市政协研究室第六次工作交流会】

2010年6月2—4日在上海举行,北京、天津、重庆、江苏、浙江、安徽、四川、上海八省市政协研究室负责人出席会议,中国人民政协理论研究会秘书长原冬平应邀参加会议并介绍人民政协理论研究情况。会议交流了各地履职实践及开展政协理论研究的经验和体会,探讨了提高政协工作科学化水平和加强研究室自身建设的方法。

【京津沪渝政协人口资源环境建设委员会第二次工作研讨会】

2010年6月7—9日在上海举行,北京、天津、重庆、上海四直辖市政协人资环建委员会负责人出席会议。上海市政协主席冯国勤出席会议并致辞,全国政协人口资源环境委员会副主任李金明应邀参加会议并讲话,市政协副主席周太彤主持会议。会议围绕科学制定"十二五"城市发展规划,研究特大型城市适应经济发展方式转变的人口、资源、环境政策,发展循环经济、低碳城市等问题进行交流和讨论。

【全国部分省市政协第三次地方政协联络工作研讨会】

2010年9月1—4日在上海举行,全国政协办公厅负责人,来自北京、天津、重庆、河南、四川、福建、上海七省市政协的分管领导和从事地区政协联络工作部门的负责人出席会议,上海市政协主席冯国勤出席会议并致辞。会议学习贯彻胡锦涛总书记在庆祝人民政协成立60周年大会上的讲话精神,交流开展地方政协联络工作的举措和经验,探讨加强地方政协联络工作面临的重要问题。

【京津沪渝政协第六次提案工作座谈会】

2011年7月15日在上海举行,北京、天津、重庆、上海四直辖市政协领导和提案委员会负责人出席会议。上海市政协主席冯国勤出席开幕式并致辞,全国政协提案委员会副主任刘志忠、毛林坤应邀参加会议并讲话。会议围绕"提高提案工作科学化水平,发挥提案在反映民意、汇集民智、扩大公民有序政治参与中的作用"主题进行交流探讨。

【京津沪渝直辖市政协主席第三次工作研讨会】

2011年7月16日在上海举行,北京、天津、重庆、上海四直辖市政协主要领导出席会议。上海市政协主席冯国勤主持会议,北京市委副书记、政协主席王安顺,天津市政协主席邢元敏,重庆市政协主席邢元敏(女)出席并作交流发言。会议围绕"加强人民政协自身建设,发挥界别特点和优势"主题,交流发挥界别作用,倾情履职为民的思路和措施。会议期间,上海市委书记俞正声会见全体与会代表,市委副书记殷一璀,市委常委、市委秘书长丁薛祥,第九届上海市政协主席王力平等参加。

【华东六省一市政协第十七次工作座谈会】

2011年10月28日在上海举行,华东六省一市政协领导以及南京、宁波、杭州、厦门、青岛、济南等市政协负责人出席会议。上海市政协主席冯国勤出席会议并致辞。会议围绕"学习贯彻中共十七届六中全会精神,充分发挥人民政协履职优势,推进社会主义文化建设"主题进行交流研讨。

【直辖市暨部分省区市政协社会和法制委员会工作联系会议】

2012年5月22—24日在上海举行,北京、重庆、上海、河北、山西、内蒙古、辽宁、吉林、黑龙江、云南、浙江、江苏、新疆及三亚等地政协社会和法制委员会负责人出席会议。上海市政协副主席周太彤出席会议并致辞。会议交流各地政协社法委围绕创新社会管理、促进法制体系建设、维护社会和谐稳定等方面履行政协职能,强化民主监督的做法和经验,探索新形势下进一步提高工作科学化水平的路径和方法。

第二节　对　口　联　系

20世纪90年代以来,市政协加强与贵州、云南、西藏、新疆、四川等省、自治区政协的联系和合作,发挥政协组织优势,动员广大政协委员,通过各种途径为上海对口支援地区的经济社会建设和政协工作发展,以及2008年汶川地震后对口援建城市都江堰的灾后重建提供智力支持和物质援助。

一、在沪全国政协委员考察贵州乌江流域经济开发情况

1998年9月9—18日,受全国政协委托,以全国政协委员、市政协副主席王生洪为团长的在沪

全国政协委员视察团视察贵州省乌江流域经济开发情况。视察组在听取情况介绍、实地考察了解的基础上，以调研报告和全国政协提案等形式向中央有关部门和贵州省政府提出建议：（1）加大资金投入，进一步帮助实施"贵州乌江扶贫工程"。（2）建设渝怀铁路从铜仁过境至怀化枢纽接轨的方案应早决策，早建设。（3）对乌江流域水电站的建设统筹规划，早日上马。（4）梵净山已被联合国教科文组织确定为"人与生物圈保护区网"成员之一，拟早日列为国家级风景旅游区。（5）多渠道筹措资金，充分发挥国有企业、集体企业、乡镇企业、私营企业、外资企业各自优势，发挥中央部委及省、市、县、乡各级政府的积极性。（6）在深化国有企业改革中，要发挥大型国企的作用，给予特殊政策，帮助三线企业稳定技术骨干队伍；三线企业应主动与地方合作，充分利用地方劳动力、土地的优势，做到优势组合，优势互补。（7）加大对贵州的宣传力度，让全国、全世界了解贵州，了解乌江流域，推动贵州经济上一个台阶。

二、加强与西藏自治区政协暨日喀则地区政协的联系

【组织在沪全国政协委员赴西藏自治区考察】

2002年7月31日—8月7日，以市政协副主席宋仪侨为团长的在沪全国政协委员视察团视察西藏自治区。在听取情况介绍、实地考察了解的基础上，视察团就进一步促进西藏自治区经济社会发展向全国政协和中央有关部门提出建议：（1）国务院有关部门协助西藏自治区政府组织专家调研，编制符合西藏经济社会实际和发展规律，涵盖经济、科技、教育、文化、卫生等各个领域，具有可操作性的西藏经济社会发展中长期规划。（2）把交通建设作为促进西藏发展的先导，加强公路、铁路、航空等运输通道的建设，加快形成县级交通网络，鼓励国内航空公司参与西藏航空事业的发展，通过多元化投资，筹建西藏航空公司，加快林芝地区机场建设，推进西藏支线航空的发展。（3）实施"科教兴藏"战略，根据西藏群众居住分散的特点，加快普及九年义务教育，努力形成有西藏特点的义务教育体制和机制，扩大内地城市举办藏族班，吸收藏族中小学生就读的规模，增加援藏干部中科教干部的比例。（4）进一步提高对口支援的水平，要尊重受援地区群众的生活习惯，保护西藏的传统文化。既要积极引进资金和项目，更要传送经过正反经验教训得出的发展理念，着力形成良性循环的机制体制，增强西藏长远发展的后劲和实力。

【接待西藏日喀则地区政协来沪考察】

为支持上海对口支援工作，市政协加强与西藏日喀则地区政协的工作交流。2010年7月，应市政协邀请，由西藏日喀则地区政协主席琼巴带队的日喀则政协学习培训考察团一行20人应邀来沪考察并参观上海世博会，市政协副主席周太彤会见了考察团一行。在沪期间，考察团与市政协经济、人口资源环境建设、民族和宗教、提案等专门委员会进行了工作交流，参观了上海世博会，考察了磁悬浮列车、东方明珠电视塔、上海城市历史发展陈列馆、上海城市规划馆等，较全面地了解了上海经济社会发展和政协工作的有关情况。

2011年11月18—24日，西藏日喀则地区政协第二批学习培训考察团一行21人，由日喀则地区政协副主席次仁贡布带队来沪学习培训。在沪期间，市政协副主席周太彤会见了考察团一行，市政协有关领导，文史资料委员会、民族和宗教委员会负责人等分别介绍了上海经济社会发展和政协工作、文史资料委员会工作、组织和服务政协委员履行职责等情况，两地政协文史资料委员会达成合作收集编撰"上海援藏工作文史资料"工作意向。在沪期间，考察团一行还先后参观了"辛亥革命

在上海"文献文物展、红色记忆——纪念中国共产党成立 90 周年档案展、上海城市记忆展和上海世博会纪念展,考察了洋山深水港、磁悬浮列车、上海城市规划馆、上海市档案馆外滩新馆、上海城市历史发展陈列馆等。

2012 年 12 月 6—12 日,西藏日喀则地区政协副主席卢连连、迦玫·念扎率 21 名政协委员来沪学习考察。在沪期间,考察团成员听取了上海市社会主义学院负责人所作的关于政协委员如何履行政协职能的专题讲座,瞻仰了中共一大会址,考察参观了洋山深水港、磁悬浮列车展示馆、上海科技馆、上海城市规划馆、上海世博会纪念馆、东方明珠电视塔、黄浦江夜景等。

三、参与上海与云南省对口帮扶工作

2005 年 4 月 23—26 日,市政协主席蒋以任率团赴云南省学习考察,此行主要受市委、市政府委托,向云南省捐赠帮扶资金,并考察了解云南省经济社会发展及政协工作情况,进一步推进沪滇合作交流。学习考察团在云南昆明举行了上海云南"2005 年度第一批对口帮扶项目援助资金"捐赠仪式,蒋以任主席代表上海市委、市政府向云南省捐赠对口帮扶项目资金 5 000 万元,云南省省长徐荣凯代表云南省接受捐赠,副省长孔垂柱致辞并表示诚挚谢意。在沪滇对口帮扶地区之一的思茅,学习考察团与思茅市政府举行了"2005 年度对口帮扶项目援助资金"捐赠仪式,市政协副主席谢丽娟代表上海市委、市政府向思茅市捐赠帮扶资金,考察团还参观了上海思茅妇幼保健中心、人才培训中心、公共卫生中心等帮扶项目,并向援滇干部表示亲切慰问和衷心感谢。同时,市政协积极响应上海对口交流会议的号召,组织政协委员筹集 200 万元资金,向云南红河、思茅、文山和迪庆四州市各捐赠 50 万元,用于筹建脱贫奔小康温饱村,希望能改善试点村的生产、生活、医疗、教育条件,为村民不断提高生活水平、共奔小康提供必要的保障。

四、援建四川地震受灾地区都江堰市北街小学

2008 年 5 月 12 日四川汶川特大地震以后,市政协积极响应中央和市委号召,发动政协委员为受灾地区救助捐款。上海近 6 000 名各级各界政协委员心系地震灾民,纷纷慷慨解囊,募捐赈灾。在沪全国政协委员、世茂集团董事长许荣茂以世茂集团名义捐款 1 000 万元;市政协委员、香港环球国际集团董事总经理叶温金燕夫妇捐款 100 万港元;市政协委员、香港力康生物医疗科技控股有限公司董事长沈钦华捐赠价值 17 万元的 100 台医疗器械;市政协委员、香港维多利亚学校总校长孔美琪捐款 50 万元;市政协委员、香港乐天陶社社长郑祎及澳门彩虹集团总裁萧婉仪各捐款 10 万元;90 岁高龄的中科院院士、工程院院士,第六、七届市政协副主席严东生委托工作人员转交捐款 2 万元;93 岁高龄的第五届市政协副秘书长李云委托子女捐出 1 万元。

5 月 22 日,市政协文艺界和教育界政协委员联合发出《灾区重建——上海政协委员定向捐建学校倡议书》。5 月 23 日起至 7 月,近 900 名在沪全国政协委员、市政协委员、区县政协委员、政协之友社社员、市政协港澳台侨委员会特聘成员响应倡议,纷纷捐款,总额达 355 万元。为落实政协委员向灾区定向捐建学校的意愿,8 月 21—22 日,市政协副主席周太彤一行 5 人前往都江堰市实地考察,经与上海市对口支援都江堰市灾后重建指挥部磋商,选择建于 20 世纪初的都江堰市北街小学灾后异地重建作为市政协援建项目,该项目由指挥部统筹落实资金、组织施工和全过程管理,由政协组织委员参与优化完善设计方案,筹集的 355 万元捐款定向投入该重建项目。8 月 29 日,市政协

图 9‒4‒2 2008 年 9 月，市政协举行援建都江堰市北街小学奠基仪式

主席冯国勤出席上海市政协援建都江堰市北街小学设计方案征求意见专题会议，听取援建指挥部和同济大学建筑设计院对设计方案的汇报，就进一步完善设计方案提出具体要求。9 月 8 日，十一届十五次主席会议专题研究部署此项援建工作，要求有关部门抓紧修改完善设计方案，确保援建项目 9 月开工，2009 年 7 月竣工。9 月 25—26 日，市政协主席冯国勤、副主席周太彤率部分政协委员赴都江堰市举行上海市政协援建都江堰市北街小学奠基仪式，冯国勤在奠基仪式上致辞。2009 年该援建工程顺利竣工后，8 月 31 日，市政协代表团在都江堰市举行北街小学落成纪念石和体育馆揭幕仪式，冯国勤在揭幕仪式上致辞并为纪念石揭幕。9 月 1 日，完成重建的都江堰市北街小学开学。

五、加强与新疆维吾尔自治区政协暨喀什地区政协工作委员会的联系

【与新疆维吾尔自治区政协签订友好合作协议】

为贯彻落实中央新疆工作座谈会精神，加强两地政协交流合作，上海市政协与新疆维吾尔自治区政协商定制定友好合作签约。2011 年 11 月 11—14 日，新疆维吾尔自治区政协主席艾斯海提·克里木拜一行来沪出席沪疆两地政协友好合作协议签约仪式，并考察上海经济社会发展情况，市委书记俞正声会见了考察团部分成员，交流了上海援疆工作情况。11 月 12 日，上海市政协与新疆维吾尔自治区政协友好合作签约正式署约在市政协举行，上海市政协主席冯国勤、新疆维吾尔自治区政协主席艾斯海提·克里木拜出席并致辞。两地政协友好协议提出，本着"发挥优势、服务大局、友好合作、促进发展"的原则，建立友好合作长效机制。双方商定，围绕新疆维吾尔自治区推进跨越式发展和长治久安，加快建设喀什特殊经济开发区等综合性、全局性、前瞻性重大问题和上海对口援疆工作中的现实问题，联合开展专题调研，努力为两地经贸合作牵线搭桥；发挥政协人才智力优势，成立援疆园区经济专家顾问组；加强上海、新疆两地政协的沟通交流，共同开展人民政协理论研究，

共同组织新疆维吾尔自治区政协常委、机关干部和上海对口援疆的喀什地区政协工作委员会以及莎车、叶城、泽普、巴楚四县政协领导在沪学习培训、考察交流。

【接待新疆维吾尔自治区政协暨喀什地区政协工作委员会及四县政协学习培训考察团】

2011年11月10—16日,新疆维吾尔自治区政协、喀什地区政协工委和莎车、叶城、泽普、巴楚四县政协一行44人来沪学习培训考察。考察团出席了两地政协友好合作签约仪式暨学习培训考察开班仪式,听取了上海市政协有关领导关于上海经济社会发展和政协工作情况、上海市政府民族宗教委有关负责人关于上海民族和宗教工作情况的介绍。在沪期间,考察团瞻仰了中共一大会址,考察了上海洋山深水港、上汽集团通用汽车厂、上海城市规划馆、喀什四县对口援建规划展等,部分学习培训考察团成员还看望了在沪就读的新疆喀什地区学生,了解喀什学生在沪学习生活情况。

根据两地政协合作协议,2012年8月12—17日,由新疆维吾尔自治区政协部分常委、新疆各地州市政协(地区政协工委)及莎车、泽普、巴楚县政协有关领导组成的新疆政协学习培训考察团一行29人来沪考察。上海市政协主席冯国勤会见了考察团全体成员,市政协、市民族宗教委有关负责人分别介绍了上海经济社会发展和政协工作情况,以及民族和宗教工作情况,并与考察团进行了工作交流。在沪期间,考察团瞻仰了中共一大会址,参观考察了上海市城市规划馆、上海世博会纪念馆、上海科技馆、东方明珠电视塔、辰山植物园、磁悬浮列车展示馆及上海世博园月亮船、意大利中心等。

2012年10月15—20日,新疆喀什地区政协工委及莎车、泽普、巴楚、叶城四县政协学习培训考察团来沪,这次学习考察由市政协牵头协调,浦东新区政协具体承办。市政协主席冯国勤会见了考察团全体成员,浦东新区政协领导介绍了新区经济社会发展和政协工作情况。在沪期间,考察团听取了关于新时期发挥人民政协作用的专题报告,瞻仰了中共一大会址,参观考察了上海市城市规划馆、浦东张江高科技园区、上海科技馆、中华艺术宫、东方明珠电视塔等。

第五章　重要纪念和节庆文化活动

第一节　历史事件纪念活动

市政协组织历史事件纪念活动,主要选择历史事件的逢 5 周年、逢 10 周年时进行,内容包括纪念辛亥革命、中国共产党成立、抗日战争胜利、中华人民共和国成立、人民政协成立、改革开放等。

一、辛亥革命纪念活动

【纪念辛亥革命 70 周年茶话会】

1981 年 10 月 10 日举行,市政协领导和各民主党派负责人张承宗、靖任秋、刘靖基、吴若安、周谷城等和部分辛亥革命老人、辛亥革命先烈亲属及各界人士 170 多人出席会议。会前,部分市政协委员、民主党派人士和辛亥革命先烈亲属祭扫了位于市内闸北公园的辛亥革命先驱宋教仁墓。

【上海市各界人士纪念辛亥革命 80 周年大会】

1991 年 10 月 10 日在上海展览中心友谊会堂举行。市政协主席谢希德主持会议,市委书记吴邦国出席会议并讲话,全国政协副主席苏步青,市领导陈铁迪、张定鸿、毛经权、叶公琦、谢丽娟、王兴、董寅初、徐以枋及驻沪部队领导,在沪全国政协委员、市政协委员和各民主党派负责人,辛亥革命先烈的亲属、后裔,部分在沪的台港澳同胞、海外侨胞以及外国驻沪总领事馆官员 1 000 多人出席会议。

【上海市各界人士纪念辛亥革命 90 周年大会】

2001 年 10 月 10 日在市委党校礼堂举行,大会由市政协主席王力平主持,市委书记黄菊出席会议并讲话,市人大常委会副主任、民革市委主委厉无畏,共青团市委书记陈靖先后发言。市领导徐匡迪、龚学平、刘云耕等及驻沪部队负责人,在沪全国政协委员,市政协委员和各民主党派、人民团体负责人,部分辛亥革命先驱后裔,在沪港澳台人士以及各界代表人士 1 700 余人出席。

【纪念辛亥革命 100 周年系列活动】

2011 年 8 月 26 日,市政协、民革市委联合主办,上海中山学社、市文史研究馆、市历史学会、上海孙中山故居纪念馆承办的"辛亥革命与上海"国际研讨会在衡山饭店举行,全国政协副主席、民革中央常务副主席厉无畏发来贺词,民革中央副主席修福金、市政协副主席周太彤出席开幕式并讲话,市政协副主席、民革市委主委高小玫致开幕辞,来自海内外的 90 余名专家学者深入探讨上海在辛亥革命中的地位作用,以及辛亥革命对上海发展的深远影响。2011 年 10 月 9 日,上海市各界人士纪念辛亥革命 100 周年大会在上海展览中心友谊会堂举行,市政协主席冯国勤主持会议,市委书记俞正声出席会议并讲话,市政协副主席、民革市委主委高小玫,团市委书记潘敏在纪念大会发言。市领导韩正、刘云耕等及有关部委办负责人,在沪全国政协委员,市政协委员,全市各民主党派、有关人民团体负责人,孙中山先生亲属,辛亥革命先驱后裔,在沪港澳台人士及各界群众约 1 200 人出席大会。会前,市领导参观了"辛亥革命在上海"文献文物展、辛亥百年美术作品展。2011年10月9—16日,由市政协主办,民革市委、市档案局(馆)等承办的纪念辛亥革命100周年"辛亥革命在上海"文献文物展、辛亥百年美术作品展在上海展览中心西二馆展出,共2万多人次参观展览。2011年10月,市政协文史资料委员会与民革市委共同编辑的《上海文史资料选辑·辛亥百年拾遗》出版,共收录文章87篇、近40万字。

图9-5-1　2011年10月,市政协举行上海市各界人士纪念辛亥革命100周年大会

二、中国共产党成立纪念活动

【纪念中国共产党成立70周年座谈会】

1991年6月25日由市政协和市委统战部联合举行,市政协主席谢希德主持会议。市政协副主席、市委统战部部长毛经权在会上就坚持和完善中国共产党领导的多党合作和政治协商制度讲话。上海各民主党派和各界人士代表郑励志、王洪昌、陈昌福、尚丁、濮之珍、刘恒椽、卢鹤绂、王天铎、赵宪初、徐以枋、孙廷芳、沈国雄以及老同志陈沂、张承宗等先后发言。市政协副主席王兴、赵超构、吴增亮、陈铭珊等出席会议。

【纪念中国共产党成立75周年座谈会】

1996年6月26日由市政协、市委统战部与解放日报社联合举行,市政协主席陈铁迪主持会议。市人大常委会副主任、民建市委主委陈铭珊,副市长、农工党市委副主委左焕琛,市伊斯兰教协会名誉会长马人斌,民革市委秘书长过传忠,上海浦东钢铁(集团)公司总经理、无党派人士田定宇,上海光机所所长徐至展,上海昆剧团演员梁谷音分别发言。市政协副主席王生洪、赵定玉、谢丽娟、郑励志、陈灏珠、刘恒椽、陈正兴、厉无畏以及市政协老领导王一平、杨堤、李国豪,各民主党派市委、市工商联、人民团体负责人和无党派人士代表出席会议。

【纪念中国共产党成立 80 周年座谈会】

2001 年 6 月 17 日由市政协与市委统战部联合举行,市政协主席王力平出席会议,副主席朱达人主持会议,市委副书记罗世谦出席会议并讲话。民盟市委原主委、中国科学院院士谈家桢,六届市政协主席、中国工程院院士李国豪,市政协副主席、九三学社市委主委谢丽娟,市政协副主席、台盟市委主委石四箴,上海外贸学院院长王新奎,农工党市委顾问黄器周,上海市基督教教务委员会主席曹圣洁,华东师大教授庞延斌先后发言。部分市政协委员,各民主党派市委、市工商联、人民团体负责人和无党派人士代表出席会议。

三、抗日战争胜利纪念活动

【纪念抗日战争胜利 40 周年座谈会】

1985 年 8 月 13 日,市政协举行纪念抗日战争胜利 40 周年和"八一三"淞沪会战 48 周年座谈会。市政协副主席吴文祺主持会议并讲话。市政协副主席张瑞芳,市纪委原书记王尧山,民革市委副主委史说,上海黄埔同学会会长宋瑞珂,抗战时期新闻出版界人士陆诒、徐铸成等先后在会上发言。市政协副主席杨恺、赵超构、唐君远等及各界人士 50 余人出席会议。

【纪念西安事变 50 周年座谈会】

1986 年 12 月 8 日举行。市政协副主席杨士法参加会议并介绍西安事变始末,原张学良将军警卫二营营长孙铭九、原十七路军团长王汝昭、原国民党政府财政部次长夏晋熊等在会上发言,各界人士 60 余人出席会议。

【纪念"七七"卢沟桥事变 50 周年座谈会】

1987 年 7 月 6 日举行,市政协副主席徐以枋主持会议,市政协副主席杨士法、民革市委副主委李赣驹、市台胞联谊会会长郭炤烈、上海黄埔军校同学会会长宋瑞珂在会上发言。市委副书记吴邦国,市政协副主席毛经权、董寅初、张瑞芳等及社会各界人士 80 多人出席会议。

【纪念"一·二八"淞沪抗战 60 周年座谈会】

1992 年 1 月 28 日举行,市政协副主席徐以枋主持会议,市委副书记陈铁迪出席并讲话,市政协主席谢希德,副主席毛经权、杨楣、吴增亮、陈铭珊和老同志陈沂、张承宗等出席会议。会上,市政府参事室主任史说,上海黄埔军校同学会会长宋瑞珂,曾参加"一·二八"淞沪抗战战地采访的新闻界人士陆诒,原十九路军参谋、复旦大学教授朱伯康,"一·二八"淞沪抗战时任上海市民义勇军大队长王屏南之子王宇钦等先后发言。

【上海各界人士纪念抗日战争和世界反法西斯战争胜利 50 周年座谈会】

1995 年 8 月 16 日由市政协与市委统战部联合举行,市委书记黄菊、市长徐匡迪等党政军领导及全市各民主党派、人民团体负责人,抗日将士后裔等各界人士共 300 余人出席。市政协主席陈铁迪主持会议。市政协副主席、市委统战部部长王生洪,原中共上海地下党负责人张承宗,民主党派代表、作家柯灵,"一·二八"淞沪抗战时任上海市民义勇军大队长王屏南之子王宇钦,原十九路军参谋、复旦大学教授朱伯康,工商界代表、市工商联副会长郭秀珍等先后发言。新四军历史研究会副会长范征夫、抗日名将谢晋元之子谢继民、宗教界代表明旸法师、抗日名将张自忠之孙张庆安、抗日名将戴安澜之子戴复东、著名民主人士杨杏佛之子杨小佛、在上海被日伪暗杀的《大美晚报》副经理李骏英之子李昌道作书面发言。

【纪念抗日战争胜利60周年研讨会】

2005年8月12日举行,市政协主办,上海社会科学院、上海市社会科学界联合会等承办。市政协主席蒋以任,市委常委、市委宣传部部长王仲伟出席会议并讲话,市政协副主席、上海社会科学院院长王荣华主持会议并致闭幕辞。会上,市社会科学界联合会副主席奚洁人、武克全,市历史学会副会长苏智良作主题发言。

四、中华人民共和国、人民政协成立纪念活动

【纪念人民政协成立40周年大会】

1989年9月21日举行,市委书记、市长朱镕基到会祝贺,市政协副主席毛经权主持会议,市委副书记吴邦国和市政协主席谢希德出席并讲话。全国政协副主席刘靖基、苏步青,市党政领导陈国栋、朱达人、庄晓天,市政协副主席王兴、赵超构、徐以枋,市政协老领导王一平、李国豪、赵行志以及各界人士1500余人出席会议。会上,曾经出席全国政协第一届全体会议的全国政协委员白杨、市政协副主席陈铭珊、全国政协委员惠永正先后发言。

【庆祝中华人民共和国成立50周年座谈会】

1999年9月28日由市政协与市委统战部联合举行,市政协副主席陈正兴主持会议,市政协副主席、市委统战部部长王生洪出席会议并讲话。市人大常委会副主任任文燕、张圣坤,市政协副主席谢丽娟、郑励志、陈灏珠、俞云波、黄关从,在沪全国政协委员、市政协委员,各民主党派市委、市工商联、人民团体负责人,各界代表和上海统战系统各单位负责人等出席会议。会上,全国政协委员、民进市委主委刘恒椽,全国政协委员、台盟市委主委石四箴,全国政协委员、上海基督教三自爱国会主席沈德溶,市政协委员、上海生命科学研究中心室主任贺林,市政协原常委、辞书出版社编审尚丁,市政协常委、上海伟龙企业有限公司总经理陈志龙,全国政协委员、华东师范大学生物系教授庞延斌先后发言。

【纪念人民政协成立60周年系列活动】

2009年8—10月,市政协举办纪念人民政协成立60周年系列活动。8月3日—9月21日,市政协举办人民政协知识网上竞答活动,网民15 000余人参赛。8月15日,庆祝人民政协成立60周年委员摄影展在市政协丽都厅开幕,市政协主席冯国勤,副主席李良园、吴幼英出席开幕仪式。参展的100幅优秀摄影作品体现了上海各界人士对祖国的热爱和对人民政协的真挚情感。8月21日,市政协与上海文化广播影视集团在上海大剧院联合举办"风雨同舟颂华章——纪念人民政协成立60周年诗歌朗诵会"。市领导俞正声、韩正、刘云耕、冯国勤等与各界人士1000余人出席。9月17日,市政协与市委统战部在上海展览中心友谊会堂联合召开上海各界人士庆祝人民政协成立60

周年暨纪念中国共产党领导的多党合作和政治协商制度确立 60 周年座谈会,市政协主席冯国勤,市委统战部部长杨晓渡出席会议并讲话,市政协副主席、民革市委主委高小玫,市政协原副主席毛经权、谢丽娟,各界人士代表陈群、刘幸偕、觉醒、陈志兴、周关东等在会上发言。9 月 24 日,"团结民主,传承创新——上海市政协 60 年"展览会在市政协文化俱乐部开幕,展览分"风雨同舟、六十春秋"、"政治协商、共议大事"、"民主监督、诤友真言"、"参政议政、重在实效"、"海纳百川、人才荟萃"5个部分,再现了新中国成立 60 年来上海市政协为建设上海现代化国际大都市、发展社会主义民主政治所作的努力和贡献。10 月 22 日,市政协举行人民政协成立 60 周年理论研讨会暨中心组学习会,市政协主席冯国勤、中国人民政协理论研究会秘书长原冬平出席并讲话。与会政协委员和专家学者林尚立、刘杰、邓伟志、齐卫平、周关东、余源培等围绕"民主协商是人民政协工作基本使命"、"论人民政协的整合执政资源功能"、"科学发展观与人民政协的职能拓展"、"完善和改进人民政协民主监督工作机制的若干设想"等主题发言。

五、改革开放纪念活动

【纪念中国共产党十一届三中全会 20 周年座谈会】

1998 年 12 月 8 日由市政协与市委统战部联合举行,市委副书记、市政协主席王力平主持会议并讲话。会上,市政协副主席、市委统战部部长王生洪作"在邓小平理论指引下,不断开创上海统战工作新局面"的主题发言,市人大常委会副主任叶叔华,民建市委主委黄关从,天主教上海教区主教金鲁贤,复旦大学教授李昌道等发言。市政协副主席谢丽娟、陈灏珠、刘恒椽、陈正兴,部分在沪全国政协委员、市政协委员,市委统战部、各民主党派市委、市工商联、人民团体负责人及各区县政协主席等出席会议。

【纪念改革开放 30 周年系列活动】

2008 年 8—11 月,市政协与上海社会科学院联合举办纪念改革开放 30 周年系列讲座,围绕经济、政治、文化、社会建设四个方面组织讲座 4 次,分别邀请全国政协副主席、民革中央常务副主席厉无畏,中央党校党建教研部主任、世界政党比较研究中心主任王长江,复旦大学国际关系与公共事务学院教授林尚立,上海社会科学院常务副院长左学金,复旦大学图书馆馆长葛剑雄,上海社会科学院文化产业研究中心主任花建,市文联副主席叶辛,复旦大学教授顾晓鸣等 8 人作主题演讲。9 月 17 日,市政协举行纪念改革开放 30 周年外籍人士座谈会,市政协主席冯国勤出席会议并讲话,会议邀请曾参与上海对外开放实践、为浦东开发开放作出贡献的外籍人士回顾亲身经历,总结体会,并就吸引人才、教育改革、改善环境、节约能源、法制建设等问题提出意见建议。12 月 8 日,"风雨同舟,肝胆相照——上海政协与改革开放 30 年"展览会在市政协文化俱乐部开幕,市政协主席冯国勤出席并致辞,市政协原主席陈铁迪、王力平、蒋以任为展览会剪彩。展览从"团结奋进破万难"、"参政议政热浪涌"、"科学和谐谱新篇"三个方面,以图片、文字、实物、多媒体、屏幕等形式,展示了改革开放 30 年市政协及各民主党派、人民团体履行职能、建言献策的丰硕成果和历史贡献。12 月 18 日,市政协与市委统战部联合召开上海各界人士纪念改革开放 30 周年座谈会,市政协主席冯国勤、市委统战部部长杨晓渡出席并讲话,市政协副主席朱晓明主持会议。市政协副主席、民革市委主委高小玫,市政协副主席、民建市委主委周汉民,台盟市委主委杨健,上海欧美同学会会长严东生,市佛教协会会长、玉佛寺方丈觉醒法师,市工商联副主席、上海市段和段律师事务所执行合伙人段祺华等分别发言。

图 9 - 5 - 2　2008 年 12 月,市政协召开上海各界人士纪念改革开放 30 周年座谈会

第二节　历史人物纪念活动

市政协恢复活动后,延续历届政协的传统,组织各界人士通过各种方式纪念近现代史上著名爱国人士和无产阶级革命家,纪念曾经生活或工作在上海的重要民主人士和社会贤达。

一、纪念金仲华活动

1978 年 8 月 12 日,上海市革委会和市政协在上海革命公墓为在"文化大革命"中被迫害致死的原副市长、四届市政协副主席金仲华举行骨灰安放仪式。1983 年 4 月 4 日,市政协举行纪念金仲华逝世 15 周年座谈会,市政协副主席张承宗主持会议并讲话。市人大常委会副主任周谷城,市政协副主席赵祖康,新闻界知名人士赵超构、陈虞孙、王维等在会上发言,市政协副主席宋日昌和各界人士及金仲华亲属等 30 多人出席会议。1989 年 4 月 3 日,上海各界人士集会万国公墓,举行金仲华墓落成仪式,市政协副主席毛经权主持仪式,市委副书记杨堤讲话,全国政协副主席刘靖基,副市长庄晓天,市政协副主席赵超构、杨恺、严东生及金仲华亲属、生前好友等出席。2007 年 4 月 1 日,市政协举行纪念金仲华诞辰 100 周年座谈会,市政协副主席王荣华出席并讲话。会前,与会者在金仲华墓前进行了谒陵仪式。

二、纪念黎照寰活动

1978 年 11 月 22 日,市政协为在"文化大革命"中曾遭受迫害,因病逝世的四届市政协副主席黎照寰举行追悼会。1988 年 1 月 13 日,市政协举行黎照寰诞辰 100 周年纪念会。市政府顾问汪道涵、市人大常委会副主任吴若安出席会议,市政协副主席、市委统战部部长毛经权出席会议并讲话,副主席徐以枋主持会议。会上,民革市委名誉主委赵祖康委托副主委陆玉贻代读书面发言,上海交通大学校长翁史烈、黎照寰夫人蔡慕莲等发言。上海市各民主党派负责人及各界人士 100 多人出席会议。

三、悼念茅盾(沈雁冰)座谈会

1981 年 4 月 25 日,市政协会同市文联、作协上海分会联合举行悼念茅盾(沈雁冰)座谈会,市政协副主席张承宗主持会议。著名作家和各界知名人士柯灵、许杰、王西彦、桑弧、罗竹风、茹志鹃、陈伯吹、沈德溶、唐君远、陆诒、贺绿汀、吴强等先后在会上发言。

四、纪念杜重远诞辰 85 周年座谈会

1983 年 4 月 29 日,市政协举行纪念杜重远诞辰 85 周年座谈会,市政协主席李国豪主持会议,中共中央政治局委员王震来沪出席并代表中共中央讲话。会上,市政协副主席张承宗介绍杜重远的爱国献身精神,辽宁省政协副主席卢于绩,全国政协常委、副秘书长杨拯民,中央统战部副部长李定发言。中共中央顾问委员会委员吕正操,上海市委第一书记陈国栋、第二书记胡立教,辽宁省政协主席宋黎,以及杜重远亲属等共 200 人出席会议。

五、纪念杨杏佛活动

1983 年 9 月 10 日,市政协举行上海各界人士纪念杨杏佛殉难 50 周年座谈会,市政协副主席张承宗主持会议,市委第一书记陈国栋出席会议并讲话。民革市委主委赵祖康,民进市委主委吴若安,杨杏佛长子、全国政协委员杨小佛在会上发言。大会宣读了全国人大常委会副委员长严济慈、胡愈之,全国政协副主席刘澜涛、周建人的书面发言。市政协副主席杨士法、靖任秋和各界人士 100 多人出席会议。1987 年 9 月 22 日,上海市各界人士集会万国公墓,举行杨杏佛墓落成仪式,市政协副主席毛经权主持仪式,市委副书记杨堤讲话。全国政协副主席刘靖基,市政协副主席杨士法、徐以枋、周璧,市各民主党派负责人及杨杏佛亲属、生前好友等出席。

六、纪念明代科学家徐光启逝世 350 周年座谈会

1983 年 11 月 8 日,市政协举行上海市各界人士纪念明代科学家徐光启逝世 350 周年座谈会。上海市各界人士纪念徐光启逝世 350 周年筹委会主任、市政协主席李国豪主持会议,市委书记、市长汪道涵出席会议并讲话。历史学家周谷城、数学家苏步青、天文学家叶叔华、市委宣传部部长王元化、市天主教爱国会主任张家树、市文管会副主任方行等在会上发言。市政协副主席和上海各民主党派负责人张承宗、杨士法、赵祖康、宋日昌、徐以枋、唐君远、董寅初、吴文祺以及出席在上海举行的徐光启逝世 350 周年学术讨论会的专家学者和徐光启后裔 150 多人出席会议。

七、纪念邹韬奋逝世 40 周年座谈会

1984 年 5 月 5 日,市政协举行纪念邹韬奋逝世 40 周年座谈会,市政协主席李国豪主持会议,市委第二书记胡立教出席会议并讲话,全国政协常委萨空了来沪代表全国政协参加会议并讲话。市政协副主席张承宗,韬奋夫人沈粹缜,上海新闻出版界代表吉少甫、陆诒等在会上发言,史良、胡愈之、夏征农等作书面发言。市政协副主席卢于道、赵超构和各界人士 200 多人出席会议。同日,市政协副主席张承宗、全国政协常委萨空了及各界人士 60 多人冒雨祭扫了韬奋墓。

八、纪念史量才殉难 50 周年座谈会

1984 年 11 月 17 日,市政协举行纪念史量才殉难 50 周年座谈会,全国人大常委会副委员长胡厥文为纪念会题词,市政协副主席董寅初主持会议,市政协副主席张承宗出席并讲话。市新闻界代表王维、马达等发言,市人大常委会副主任赵祖康、科学家高士其作书面发言。市政协副主席吴文祺、市各民主党派和有关人民团体负责人、新闻界代表和史量才亲属等 100 多人出席会议。

九、纪念沈钧儒诞辰 110 周年座谈会

1985 年 1 月 2 日,市政协和民盟市委联合举行纪念沈钧儒诞辰 110 周年座谈会,民盟市委主委谈家桢主持会议,市政协副主席张承宗出席并讲话。民盟市委副主委赵超构、上海社会科学院顾问潘念之等发言。民盟中央副主席苏步青,中共上海市委顾问张祺,市政协副主席杨士法、卢于道等各界人士 200 多人出席会议。

十、纪念邓演达诞辰 90 周年座谈会

1985 年 3 月 1 日,市政协和农工党市委联合举行纪念邓演达诞辰 90 周年座谈会,市政协副主席张承宗主持会议,市委顾问委员会筹备组组长钟民代表市委出席会议并讲话。农工党市委副主委吴文祺、夏高阳、许士林,邓演达生前好友孙序裳,上海黄埔同学会会长宋瑞珂等发言。市政协副主席杨士法、市人大常委会副主任吴若安等各界人士 200 多人出席会议。

十一、上海各界人士纪念孙中山诞辰大会

1986 年 11 月 11 日,市政协在北京影剧院(现美琪大戏院)举行上海市各界人士纪念孙中山诞辰 120 周年大会,市政协主席李国豪主持会议。中共中央书记处候补书记郝建秀、全国政协副主席刘靖基出席会议,市委副书记、市长江泽民出席会议并讲话。民革市委主委徐以枋、民盟市委主委谈家桢、致公党市委主委董寅初代表上海各民主党派和工商联发言。市委、市人大、市政府、市政协领导,驻沪部队、市高级人民法院、市人民检察院、各民主党派、人民团体负责人,孙中山的亲属、当年追随孙中山参加革命的先烈后裔,以及专程来沪参加纪念活动的港澳同胞、海外侨胞等各界人士 1 600 余人出席会议。

1996年11月11日,市政协在上海展览中心举行上海各界人士纪念孙中山先生诞辰130周年大会,市政协主席陈铁迪主持会议,市委书记黄菊出席会议并讲话。民革市委主委厉无畏、台盟市委主委郑励志代表各民主党派市委和市工商联发言。全国政协副主席董寅初,市委、市人大、市政府、市政协领导,驻沪部队、市高级人民法院、市人民检察院、各民主党派、人民团体负责人,各界代表人士以及孙中山先生亲属孙穗芬、孙穗芳,当年追随孙中山先生革命活动的先烈后裔共800余人出席纪念大会。

2006年11月12日,市政协在上海展览中心举行上海市各界人士纪念孙中山先生诞辰140周年大会,市政协主席蒋以任主持会议,市委代理书记、市长韩正出席会议并讲话。民革市委主委厉无畏、台盟市委主委石四箴代表各民主党派市委和市工商联发言,共青团市委书记马春雷代表上海各社会团体发言。市委、市人大、市政府、市政协领导,各民主党派、人民团体负责人,各界代表人士以及部分孙中山先生后裔共500余人出席会议。

十二、纪念陈望道诞辰100周年座谈会

1991年1月17日,市政协举行纪念陈望道诞辰100周年座谈会,全国政协副主席、复旦大学名誉校长苏步青为纪念会题词:"传布共产党宣言千秋巨笔,阐扬修辞学奥蕴一代宗师。"市政协主席谢希德主持会议,市委副书记陈至立出席会议并讲话。市政协副主席毛经权、复旦大学校长华中一、市人大常委会副主任谈家桢、市文联主席夏征农和中共义乌市委书记郑尚金在会上发言。全国政协副主席刘靖基、苏步青,市政协副主席赵超构、杨栖,各界代表人士及陈望道亲属共350多人出席会议。

十三、纪念吴耀忠先生、张家树主教诞辰100周年,圆瑛法师诞辰115周年大会

1993年12月3日,市政协与市宗教事务局联合举行纪念上海宗教界爱国人士吴耀忠先生、张家树主教诞辰100周年,圆瑛法师诞辰115周年大会,市委统战部部长、市政协副主席赵定玉主持会议,全国政协副主席、中国基督教三自爱国运动委员会主席丁光训,市委常委、市政协主席陈铁迪出席会议并讲话。上海市基督教三自爱国运动委员会名誉主席罗冠宗,天主教上海教区主教金鲁贤,全国佛教协会副会长、上海佛教协会名誉会长明旸,市宗教事务局负责人分别发言。副市长龚学平,市政协副主席毛经权、刘恒椽等出席会议。会议高度评价了三位贤达诚于信仰、忠于神职,同时又不墨守成规,不断注意使教会顺应时代潮流,从时代进步中去体现宗教真谛的爱国爱教精神。

十四、纪念周恩来诞辰100周年座谈会

1998年2月28日,市政协与市委统战部联合举行纪念周恩来诞辰100周年座谈会,市委副书记、市政协主席王力平出席会议并讲话,市政协副主席、市委统战部部长王生洪主持会议。民进市委主委刘恒椽,九三学社市委主委谢丽娟,台盟市委主委郑励志,中国基督教全国三自爱国运动委员会主席罗冠宗,市工商联副会长万国森,著名电影表演艺术家秦怡,曾担任周恩来外事翻译的民革党员聂雅真等发言。市政协、市委统战部、各民主党派市委负责人及各界代表人士出席座谈会。

十五、纪念邓小平诞辰 100 周年座谈会

2004 年 8 月 17 日,市政协与市委统战部联合举行纪念邓小平诞辰 100 周年座谈会,市委常委、市政协副主席、市委统战部部长沈红光主持会议,市政协主席蒋以任出席并讲话。民革市委主委厉无畏,上海世博会事务协调局副局长周汉民,上海基督教三自爱国运动委员会主席傅先伟,台盟市委副主委、市台联会副会长梁国扬,上海社会科学院副院长左学金,浦东新区政协主席林泉璋,上海复星高科技(集团)有限公司副董事长梁信军等发言。市政协副主席宋仪侨、谢丽娟、左焕琛、俞云波、黄关从、石四箴、王荣华,市各民主党派、工商联负责人及各界代表人士,各区县政协、统战部负责人,市政协和市委统战部老同志等 300 多人参加座谈会。

第三节 节庆文化活动

市政协举办节庆文化活动主要包括每年的迎新联谊活动、元宵联谊活动和中秋联谊活动。

一、迎新联谊活动

市政协 1977 年恢复活动后,每逢春节经常邀请台胞台属和原国民党军政人员以及台港澳侨人士在沪的亲友参加各类迎春茶话会、座谈会。1979 年春节时值全国人大常委会发表《告台湾同胞书》不久,市政协组织大型文艺联欢会,邀请在沪台胞台属共庆春节;1985 年春节期间,举行上海市各界人士春节联欢对台广播大会。1992—1999 年,市政协参照全国政协的做法,将原迎春联欢改为每年元旦举行上海市各界人士迎新茶话会,届时市委、市政府、市人大、市政协领导,各民主党派市委、市工商联和有关人民团体的负责人,无党派爱国人士的代表,部分在沪全国政协委员、市政协常委、政协之友社理事及上海市副市级以上的离退休老领导等出席。茶话会由市政协主席或受主席委托的副主席主持,市委书记或副书记代表市委、市政府讲话,民主党派市委负责人代表各民主党派、工商联发言。茶话会上还组织表演部分文艺节目。

从 2000 年起,市政协组织的"上海市各界人士迎新茶话会"改为"上海市各界人士新年音乐会",每年 1 月 1 日在上海大剧院举行(2011 年起提前至前一年的 12 月 31 日举行)。市委、市人大、市政府、市政协领导,市纪委、市高级人民法院、市人民检察院负责人,各民主党派市委、市工商联和有关人民团体的负责人,无党派爱国人士代表,在沪全国政协委员,市政协委员,市委、市政府的有关部、委、办、局领导,上海政协之友社的理事及上海市副市级以上的离退休老领导等出席。部分在沪港澳台侨同胞和海外人士及各界知名人士,各省、市、自治区政府驻沪办事处负责人等应邀出席。音乐会由市政协主席作新年致辞,专业音乐团体进行文艺演出。

二、元宵联谊活动

1994 年起,市政协把组织各界人士共度元宵佳节作为联络感情、促进团结、增进友谊的重要形式,每年元宵佳节邀请市民主党派负责人、各界代表人士共度元宵,市党政军领导及离退休的老领导偕夫人出席元宵联谊活动。1994—1998 年(其中 1997 年因悼念邓小平逝世没有举行),元宵联谊

活动在市政协文化俱乐部进行,活动规模较小,项目每年有所不同,分别有舞会、卡拉OK、京剧清唱、棋牌、灯谜、剪纸、捏面、画像、藏画欣赏、名家说画、题字作画和各种有奖竞猜游戏等。1999年元宵联谊活动安排在市政协机关各会场及文化俱乐部举行,活动内容包括一场大型文艺演出和其他各类娱乐活动,市委、市人大、市政府、市政协领导,市政协委员,在沪全国政协委员,各民主党派、工商联、有关人民团体负责人1000余人参加。2000年起,元宵联欢活动一般安排在市内的剧场、会场举行,内容以各剧种的戏剧表演为主,并根据会场条件酌情安排部分娱乐项目,出席范围为:市党政军领导,在沪的全国政协委员、市政协委员,各民主党派、人民团体负责人,市委、市政府部分委办局的负责人,在沪港澳台同胞和海外人士等。

图9-5-3 2011年2月,市政协举行上海各界人士元宵晚会

三、上海各界人士中秋联欢晚会

1983年前,市政协每年举行中秋联欢活动,出席对象为市政协有关领导、部分政协委员、去台人员亲属和原国民党军政人员,以"天上月圆,人间团聚"、"祖国人民盼统一"为主题,规模较小。自1983年起,市政协每年举行"上海市各界人士中秋联欢晚会",出席范围逐步扩大并形成规范,即市委、市人大、市政府、市政协领导以及有关部门负责人,在沪全国政协委员、市政协委员、政协之友社理事,上海市各民主党派和工商联、人民团体负责人,在沪台胞、侨胞,民族、宗教界等代表人士,部分在沪过节的港澳台同胞及海外人士等。中秋联欢晚会以联谊为主,由市政协主席致辞,表示节日问候,然后进行文艺演出,部分年份也视情安排一些综艺游戏活动。

第十篇

自身建设

加强自身建设是政协事业发展的基本要求,贯穿在市政协各项工作之中,其中加强组织建设、增进委员思想共识和提高履职能力等在其他篇章已予记述,本篇主要记述开展界别活动、委员服务与联络联谊,专门委员会建设和市区县政协联系合作,加强工作总结和理论研究,以及健全完善工作制度等方面的内容。

　　由界别组成是人民政协组织的显著特色,市政协恢复活动后,在全会分组、专委会人员构成等方面注意体现界别特色。2006年起,为贯彻《中共中央关于加强人民政协工作的意见》精神,市政协制定了发挥界别作用的意见,确定了各界别的活动召集人和专门委员会联系和协调界别活动分工,并通过召开界别召集人会议探索界别活动的形式和内容。

　　政协委员是政协工作的主体。市政协不断完善和拓展联络委员的机制和渠道,加强与政协委员联系,了解委员情况,尊重委员意愿,为委员履行职能创造良好的氛围和条件。1993年,建立《市政协领导与委员之间约见制度》;2000年,在新创建的"上海政协"网站设置"委员直通车"交流平台;2002年,开设"委员接待日",由主席、副主席轮值接待委员;2004年,利用"委员直通车"定期举办市政协领导与委员网上交流活动;2008年,建立主席会议成员、常务委员联系委员制度。同时,市政协不断探索委员履职的服务和管理方式,自2006年起开展委员履职情况的统计、分析和反馈工作,使委员了解自己履职情况,使推荐单位了解所推荐委员在政协的工作情况。市政协还积极营造宽松和谐的氛围,根据委员需求,恢复了建于1961年的"政协画室"(后改名"华夏画苑"),组建了市政协艺术团、京昆与地方戏曲室,以及委员艺术沙龙等,并鼓励和支持委员积极投身于各项社会公益活动。

　　政协专门委员会(包括五至六届政协工作组,九至十一届政协指导组)是政协组织委员进行经常性活动的工作机构。市政协于1987年制定专委会工作简则,1998年制定专委会工作条例,就专委会的性质、职责、任务、活动方式进行规范。在此基础上,1999年,第九届市政协调整专委会组织结构、增设专委会专职副主任、设置各专委会独立办事机构,并召开专委会主任例会开展工作交流和探索。第十、十一届市政协延续上述做法,在实践中不断加强专委会建设。

　　加强对区县政协工作的联络指导,是《政协章程》明确的要求,也是政协自身建设的重要内容。市政协遵循"指导、联络、服务"的宗旨,通过举行学习座谈会、交流研讨会、联合调研、区县政协主席例会、市政协领导走访区县政协等方式,互通信息,反映意见,交流探讨,取长补短,以增强上海地区政协工作的活力。

　　市政协加强工作总结和理论研究,自1994年第八届市政协起,通过不定期召开政协工作研讨会、经验交流会,交流探讨政协工作;第八至十一届市政协届满时,均召开市政协工作总结大会;第十、十一届市政协每年年底召开一次总结当年、部署明年的工作会议。为加强政协工作理论研究,1994年8月,市政协成立政协工作研究小组;2003年9月,成立上海人民政协理论与实践研究咨询组;2007年11月,发起成立上海市人民政协理论研究会,通过研讨会、论文征集与评比、重点课题研究等形式开展理论研究活动。

　　为促进政协工作的制度化、规范化、程序化,自1988年第七届市政协起,历届市政协先后制定和修订市政协各项制度共20件,主要包括:关于履行政协职能的相关规定;各项议事、会议制度;专项工作或活动制度。

第一章 界别活动和委员联络联谊工作

第一节 界 别 活 动

开展界别活动,是政协加强自身建设的重要内容,市政协不断探索开拓界别活动的方法和形式,制定和完善界别活动的工作保障机制,努力发挥界别在联系群众、协调关系、化解矛盾、增进和谐中的作用。

一、界别活动保障机制

【制定《关于发挥市政协界别作用的意见》】

为贯彻《中共中央关于加强人民政协工作的意见》中关于发挥政协界别作用的精神,2006年4月,市政协十届五十八次主席会议审议通过《关于发挥市政协界别作用的意见(试行)》,提出要注重政协界别的特点和优势,通过开展界别活动,体现政协的组织特色,发挥界别作为党和政府密切联系群众的重要渠道作用,为委员发挥主体作用构建平台,并就开展界别活动的组织形式、活动方式、活动内容、组织保障等提出了指导性意见。2011年11月,市政协十一届九十一次主席会议对《关于发挥市政协界别作用的意见》进行修订,进一步细化了界别活动的活动方式,提出要把界别提案、反映社情民意作为发挥界别整体优势的重要手段,把开展界别协商、议政、调研和视察作为发挥界别专业优势的重要平台;把组织界别委员深入基层、联系群众、反映群众意见诉求作为新时期人民政协做好群众工作的重要基础;把加强发挥界别作用的经验总结和理论研究作为人民政协理论建设的重要内容,并明确市政协每年召开1次界别活动召集人联席会议,研究工作、沟通信息、交流经验、部署任务。

【界别活动召集人】

根据《关于发挥市政协界别作用的意见》精神,市政协在各界别设界别活动召集人(特邀界暂不设召集人,港澳委员虽非界别,但设召集人),名单由主席会议讨论确定,召集人工作职责是:负责界别活动计划的拟定及组织实施;团结和带动本界别委员参政议政、建言献策,负责组织界别座谈会、界别专题议政会、界别社情民意、界别视察、界别调研、界别提案、界别联谊等界别活动;组织和推动本界别委员协助党和政府做好理顺情绪、化解矛盾的工作等。

经2006年5月12日市政协十届五十九次主席会议、2008年3月市政协十一届三次主席会议分别审议通过,第十、十一届市政协各界别的界别活动召集人见表10-1-1。

表10-1-1 2003—2012年第十、十一届市政协界别活动召集人名单一览

界 别	界别活动召集人	
	第 十 届	第 十 一 届
中 共	杨奇庆	陈海刚
民 革	项斯文	李世耀

（续表）

界　　别	界别活动召集人	
	第　十　届	第　十　一　届
民　　盟	周燮鹏	冯德康
民　　建	朱易安（女）	王志雄
民　　进	刘奕民	吴毅
农工党	祝墡珠（女）	祝墡珠（女）
致公党	张恩迪	张立军
九三学社	侯志俭	黄鸣（女）
台　　盟	高美琴（女）	高美琴（女）
无党派人士	李鸣	李鸣
共青团、青联	马春雷	徐枫（女，2009 年 2 月 23 日离任）；潘敏（2009 年 2 月 23 日担任）
总工会	吴申耀	吕永杰（2009 年 2 月 23 日离任）；肖堃涛（2009 年 2 月 23 日担任）
妇　　联	张静（女）	赵英（女，2012 年 1 月 15 日离任）；朱鸣（女，2012 年 1 月 15 日担任）
工商联	张亚培	唐豪
科　　协	孙正心	孙正心（2010 年 3 月 15 日离任）；曹振全（2010 年 3 月 15 日担任）
台　　联	林明月（女）	林明月（女）
侨　　联	俞位恩	沈伟娟（女，2011 年 2 月 21 日离任）；李葳平（女，2011 年 2 月 21 日担任，2011 年 12 月 19 日离任）；沈敏（女，2012 年 1 月 15 日担任）
文学艺术界	郭开荣	毛时安
科技界	吴捷	陈志兴
社会科学界	左学金	潘世伟
经济界	陈步林	徐建国
农业界	陈文泉	严胜雄（女）
教育界	薛喜民	王奇
体育界	金国祥	于晨（2011 年 2 月 21 日离任）；李毓毅（2011 年 2 月 21 日担任）
新闻出版界	钟修身	孙颙
医药卫生界	刘俊	王龙兴
对外友好界	汪均益	吴金兰（女）
社会福利和社会保障界	叶明忠	孟燕堃（女，2011 年 2 月 21 日离任）；马伊里（女，2011 年 2 月 21 日担任）
少数民族界、宗教界	马定华	杨奇庆（2011 年 2 月 21 日离任）；曹斌（2011 年 2 月 21 日担任）
港澳委员	杜惠恺	杜惠恺；曹其东（副召集人）；龚权（副召集人）

【专门委员会联系和协调界别活动分工】

根据《关于发挥市政协界别作用的意见》精神,界别活动主要依托专门委员会开展,其中各民主党派界别的活动由各民主党派市委负责组织安排,市政协机关做好联系和服务工作。各专委会及机关联系和协调界别活动的具体分工如下:

经济委员会:联系工商联、经济、农业界。

教科文卫体委员会:联系科协、文学艺术、科技、教育、体育、医药卫生界。

社会和法制委员会:联系共青团、青联、总工会、妇联、社科、社会福利与社会保障界。

民族和宗教委员会:联系少数民族、宗教界。

文史资料委员会:联系新闻出版界。

港澳台侨委员会:联系台联、侨联界,港澳委员。

对外友好委员会:联系对外友好界。

区县政协和委员联络办公室(2008 年 7 月改为委员工作服务办公室):联系中共、各民主党派、无党派人士界。

二、界别活动的主要方式

市政协不断探索界别活动形式,在全体会议期间委员按界别安排座次,提交界别大会发言,按界别编组参加专题会议;平时组织界别委员座谈会,开展界别调研、考察和参观活动,提交界别提案、界别社情民意信息,开展界别委员联谊活动等。

【提案】

2005 年修订的《提案工作条例》确定政协各界别可以本界别名义提出提案。2007 年,市政协十届五次会议收到界别提案 9 件,第十一届市政协期间收到界别提案共 21 件。

【大会发言】

十一届市政协一至五次会议期间,共形成界别大会发言 42 篇,市政协在全会大会发言时增加了界别发言的名额。

【专题座谈会】

九届市政协将主席会议成员定期召开界别委员座谈会作为发挥界别作用的一种尝试,一般一周安排 1 次座谈会,邀请 1—2 个界别的委员参加。十届市政协延续了组织每周 1 次的界别委员座谈会,每次邀请 1 个或若干个界别的委员参加的方式,但突出了议政的特点,每次 1 个主题,并邀请市委、市政府有关同志参加,努力使之成为党和政府舆情汇集和分析机制的重要方面。同时,各专委会也结合委员会工作,将经常召开界别委员座谈会列入工作计划。

【调查研究】

界别调研一般与专委会调研结合进行,通过领导点题、协商议题、委员选题等形式,充分调动界别委员积极性,发挥界别专业特色开展协商、调研活动。2011 年 7—11 月,市政协开展以界别活动召集人为组长、本界别委员参加、依托党派团体和专委会自行开展的界别专题调研,围绕市委、市政府重点工作及各界别委员关注的民生问题,围绕加强政协自身建设问题,就关于贯彻《中华人民共和国律师法》执行情况,推进社区老年医疗和老年护理体系建设、贯彻《中共中央、国务院关于深化医药卫生体制改革的意见》情况,建筑市场整顿专项检查情况,《关于规范本市劳务派遣用工的指导意见》实施情况,关于实施《中华人民共和国妇女权益保障法》有关"两病筛查"落实情况,贯彻落实国务院办公厅通知精神、加快推行关于合同能源管理、促进节能服务产业发展情况,以及关于如何发挥界别在政协活动中的作用,如何发挥政协界别优势做好参政议政工作,民主党派界别在政协加强民主监督的形式与效果等专题进行调研,形成相应的调研报告和界别提案,集中反映了政协各界别的意见、建议和诉求,为政协在专题调研中如何发挥界别作用积累了经验。

【参观考察与联谊活动】

各界别根据自身特点,选择本界别委员关心的问题,组织界别的参观考察活动,以进一步知情明政;在部分节庆日举行界别联谊活动,增进界别委员的相互了解,提升界别的影响力、凝聚力。

三、界别活动召集人会议

【十届市政协界别活动召集人会议】

2006年5月24日举行,市政协主席蒋以任主持会议并讲话,要求充分认识开展界别活动的重要性,正确掌握开展界别工作的原则,正确处理界别活动与专委会工作的关系、与政府职能部门的关系、各界别之间的关系。会议通报了《关于发挥市政协界别作用的意见(试行)》起草情况及主要内容,以及界别活动召集人产生的有关情况,并就如何开展界别活动进行座谈交流。政协各界别活动召集人、各专委会负责人等出席会议。

【十一市政协界别活动召集人联席会议】

2009年11月17日举行,市政协副主席钱景林主持会议。会议以胡锦涛总书记在庆祝人民政协成立60周年大会上重要讲话精神和上海市政协工作会议精神为指导,交流研讨如何进一步发挥界别作用问题。会议通报了十一届市政协开展界别活动的有关情况,交流了开展界别活动的经验和体会,并围绕贯彻中央和市委关于人民政协开展界别活动有关精神,探讨了开展界别活动的新方法、新途径,市政协主席冯国勤出席会议并讲话,要求把加强政协界别工作作为扩大公民有序政治参与的重要渠道,围绕中心、服务大局,坚持创新、积极探索,加强实践、稳步推进,积极有效地开展界别活动,切实发挥政协界别优势和作用,不断提高政协履职的能力和水平。市政协各界别活动召集人、各专委会负责人等参加会议。

2011年9月7日,市政协召开界别活动召集人联席会议,通报近年来发挥界别作用,开展界别活动的主要工作情况,市政协副主席钱景林主持会议。市政协主席冯国勤出席会议并讲话,要求充分认识新时期、新阶段界别工作的新任务、新要求,积极探索发挥界别作用、开展界别活动的新方式、新途径,健全界别工作的长效机制;强调要把做好群众工作贯穿于界别工作始终,把服务界别群众作为界别工作的出发点和落脚点,把完善界别群众利益和诉求表达功能作为界别工作的切入点,把加强和创新社会管理作为界别工作的重要着力点,使界别活动更有起色,界别作用发挥得更加富有成效。市政协各界别活动召集人、各专委会负责人等参加会议。

　　2012年12月14日,市政协召开界别活动召集人联席会议,市政协副主席钱景林主持会议。会议总结了十一届市政协发挥界别作用、开展界别活动的总体情况,界别活动召集人结合各自界别5年来工作情况交流了经验和体会,并针对当前界别工作中存在的问题提出了改进意见和建议。市政协主席冯国勤出席会议并讲话,要求认真总结经验,深化和规范界别活动的形式和内容,努力推进界别工作的"三化"建设。市政协各界别活动召集人、各专委会负责人等参加会议。

图10-1-1　2009年11月,市政协召开界别活动召集人联席会议

第二节　委员联络与服务工作

　　市政协建立健全委员联络服务体系,通过领导联系委员、利用互联网络联系交流、开展履职情况统计等多种方式,加强与委员的沟通和联系,鼓励和支持委员发挥其在本职工作的带头作用、政协工作的主体作用、界别群众中的代表作用。为加强委员联络和服务工作,2003年8月,第十届市政协在办公厅设立委员工作处,负责委员的联络和服务工作,2006年3月调整为区县政协和委员联络办公室。2008年7月,第十一届市政协将此项工作交由办公厅委员工作服务办公室承担。

一、市政协领导联系委员

【市政协领导约见委员】

　　1993年5月,经市政协八届三次主席会议审议,建立市政协领导与委员之间约见制度,作为市政协领导加强与委员联系的措施和委员反映群众意愿的渠道。约见制度贯彻双向交流的原则,可由主席、副主席约见政协委员,也可由委员以电话或书面形式提出约见要求,经办公厅协调安排,约谈地点由双方商定。对约谈交流过程中委员提出的意见、批评和建议,由办公厅根据内容转请市党政机关和政协有关部门研处,委员要求答复的应给予反馈。2000年4月,第九届市政协在原制度基础上,制定了《上海市政协领导与委员之间约谈制度》,进一步规范了约谈的内容、方式、反馈及承办部门等内容。

【委员接待日】

2002年5月,为进一步加强市政协领导与政协委员的联系,深入了解委员的工作、生活情况和意愿诉求,经市政协九届四十四次主席会议讨论通过,决定开设"委员接待日",两周1次,由主席、副主席轮值,同时安排秘书长或相关副秘书长参与接待。市政协办公厅在每月初《政协简报》的"每月工作回顾"专版预告当月两次委员接待日的参加领导和具体时间,委员通过填写送交《委员接待日联系单》,由办公厅安排并反馈预约情况。2002年6月5日,市政协举行首次"委员接待日",市政协主席王力平参加约见接待。2003年5月,经市政协十届五次主席会议审议,决定继续定期开设"委员接待日"。2003年6月10日,十届市政协举行第一次"委员接待日",市政协主席蒋以任参加约见接待。

【主席会议成员联系委员】

2008年5月,市政协十一届六次主席会议审议通过《市政协主席会议成员、常务委员联系委员办法》,确定主席、副主席和秘书长每人分别联系10名左右的委员,了解委员工作、学习和生活,帮助解决或反映委员及其界别群众关心的问题和有关意见、建议。联系方式采取约请、走访委员和委员所在单位、不定期召开委员谈心会、电子邮件或网上交流等。2008年7月1日,市政协主席冯国勤召开首次所联系委员座谈会。至2012年底,第十一届市政协主席会议成员开展各种方式的联系委员活动共79次。

二、常委恳谈会

第十届市政协领导为加强与政协常委的联系,沟通情况、融洽感情、增进共识,充分发挥常委在政协工作中的骨干作用,从2004年上半年起举办常委恳谈会。恳谈会以界别为基础,每次邀请10位左右常委参加,由市政协主席主持,并根据与会常委界别请相关副主席参加。恳谈会不设主题,气氛宽松随意,常委们可以对社会热点发表议论,可以对政协工作提出意见建议,也可以交流个人专业领域中工作成果及个人生活的兴趣爱好。恳谈会一般分为两部分,前半部分进行座谈,后半部分主要为餐叙。从2004年4月举办首次常委恳谈会至2006年4月,市政协共举办常委恳谈会13次,基本覆盖了全体常委。2009年,第十一届市政协围绕上海"四个中心"建设举办了3次有主题、议政性质的常委恳谈会。

三、利用互联网络联系交流

【委员直通车】

2000年,市政协创建"上海政协"网站,并在网站内创建"委员直通车"栏目,为政协委员服务。

委员凭用户名和密码登录。"委员直通车"设有公告栏(可查询市政协月、周会议活动安排)、资料查询(政协简报、简报专刊、社情民意、建言、学习资料等,可下载)、交流平台(可发帖和回复)等功能。"委员直通车"随政协网站 2003 年、2006 年、2009 年 3 次改版,功能不断增加,包括:主席信箱、社情民意提交平台、学习园地、资料查询、意见征询、互动交流、生日祝贺等。

【政协领导与委员网上交流】

2004 年 5 月,市政协十届二十三次主席会议审议通过《市政协领导与委员网上交流暂行办法》,决定利用"委员直通车"内互动交流功能,定期举办市政协领导与委员网上交流活动。网上交流活动形式分为两种:一是围绕全市相关重要工作、政协工作及自身建设等确定主题开展交流,并事先在网上发布;二是无主题交流,由委员提出问题,市政协领导予以答复或交流。网上交流活动一般每月举行 1 次,每次以 1 位主席或副主席为主,秘书长、副秘书长等相关人员参加,政协委员凭用户名和密码进入市政协网页"委员直通车"栏目的交流平台,通过领导与委员互发帖子形式进行交流互动。2004 年 2 月 24 日,市政协主席蒋以任就政协专委会工作,以及加强政协提案、调研、宣传等专项工作与政协委员进行了第一次网上交流活动。

四、委员履职管理

【履职统计】

第十届市政协自 2006 年起健全政协委员管理制度,对政协委员履职和出席活动情况进行统计,开发了会议电子实时签到系统。第十一届市政协进一步完善委员履职和出席活动情况统计方法,一是年初预告委员履职统计工作要求,并向委员提供《市政协委员履职工作手册》,方便委员日常记录履职信息;二是完善会议活动预告,在市政协网站"委员直通车"栏目中预告政协会议活动的当月计划表和一周安排表,便于委员早作准备,统筹安排;三是通过政协机关工作部门按照"谁承办会议活动,谁负责统计入库"原则,将委员参加政协会议和活动的情况全部录入"政协信息平台会议活动安排系统";四是每年 2 次以书面形式反馈委员履职信息,并在明细列表预留"备注"栏目,供委员核对和补充。在此基础上,汇总《市政协委员履职和出席活动情况反馈表》。

【履职统计反馈】

《市政协委员履职和出席活动情况反馈表》形成后,市政协一是反馈委员本人,使委员了解自己一年来在政协履职和出席活动的情况;二是通报委员推荐单位,使委员推荐单位能及时了解委员履职和出席活动情况;三是提供市委组织部、市委统战部参考。同时,市政协重视了解政协委员在本职工作中发挥带头作用的先进事迹,第十一届市政协对委员获得市级以上奖项和荣誉的,以办公厅名义寄发贺信,在政协网站上发帖予以祝贺,并组织宣传他们取得的成绩。

【履职情况分析】

市政协办公厅委员工作服务办公室每年 2 次对委员履职和出席会议活动情况进行汇总分析,提出有针对性的改进服务工作的建议。在此基础上,政协定期向党委有关部门和委员推选单位(大口党委)、党派团体和界别、各专委会(指导组)等通报委员履职和参政议政情况,加强信息沟通,形成服务委员履职工作合力,并在政协换届时将委员履职统计分析数据作为对委员"进、退、留、转"提出建议的依据,供有关方面参考。

五、颁发"爱心奖"

2005年,第十届市政协为鼓励政协委员在构建和谐社会中积极奉献爱心,决定设置"爱心奖",表彰长期热心捐赠于扶贫、帮困、助学、安老等社会公益事业并作出突出贡献的政协委员。2005年12月、2006年1月,市政协两次举行"爱心奖"颁奖仪式,市政协主席蒋以任等向获奖的童锦泉、许荣茂等11位市政协委员和在沪全国政协委员颁奖。

图10-1-2　2006年1月,市政协举行政协委员"爱心奖"颁奖仪式

六、编辑《使命与责任——政协委员履职百例》

为交流政协委员的履职经验,宣传人民政协在服务经济社会发展大局、建设社会主义民主政治中的重要作用,2011年,市政协编辑出版《使命与责任——政协委员履职百例》。全书以一人一事一例的形式,共收录119位市政协委员、在沪全国政协委员和区县政协委员的履职故事、履职感言,客观、真实反映了政协委员围绕中心、服务大局的履职实例、履职风采和履职经验体会。市政协主席冯国勤作了"前言"。

第三节　委员艺术沙龙

市政协发挥政协委员中文化艺术人才众多、兴趣爱好广泛的特点和优势,通过文化艺术交流形式加强委员与委员、委员与社会各界人士的联系联谊。

一、华夏画苑

华夏画苑前身为成立于 1961 年的市政协画室,"文化大革命"中停止了活动。市政协恢复活动后,画室活动相应恢复,并于 1987 年 2 月改名为华夏画苑。华夏画苑的组成人员为市政协委员、政协之友社社员、区县政协委员及民主党派中的书画家和少数非政协委员的著名书画家,其活动宗旨是:广泛团结上海书画界人士;加强与港澳台及海内外书画界朋友的联系,加强与各省市政协书画室的联谊;继承和发扬中华民族书画艺术,繁荣创作。画苑组织书画家交流思想、切磋书画技艺,并开展丰富多彩的书画专业活动。

图 10‑1‑3　华夏画苑的画家们联手作画

【举行节庆纪念笔会】

逢重要节庆日或市政协重要活动,华夏画苑的书画家们经常欢聚一堂,联袂作画祝贺,包括:纪念中国共产党成立 60 周年、纪念辛亥革命 70 周年、纪念鲁迅诞辰 100 周年、祝贺第五届全国运动会在上海举行、纪念上海解放 35 周年、祝贺首届东亚运动会在上海举行、祝贺上海市慈善基金会成立、纪念人民政协成立 50 周年、纪念中国共产党成立 80 周年、庆贺上海申办 2010 年世博会成功等。

【举办专题书画展】

1982—2011 年,华夏画苑共举办专题画展 13 次,其中 1990 年举办的"朱屺瞻百岁画展"在海内外引起强烈反响;1991 年举办的"朱一雄教授山水画展"为华夏画苑打开了联系海外华人书画家的交流窗口。

表 10 - 1 - 2　1982—2012 年市政协华夏画苑(市政协画室)专题书画展一览

序号	时间	展出地点	展　出　内　容
1	1982	福州、厦门	访闽画展
2	1983	昆明	赴闽写生画展
3	1984	成都	赴滇画展
4	1985	上海市政协	市政协画室画展
5	1985	合肥	上海名画家画展
6	1988	上海市政协	华夏画苑书画展
7	1990	上海美术馆	朱屺瞻百岁画展
8	1991	上海市政协	美籍华人朱一雄教授山水画展
9	1997	上海市政协	迎接香港回归祖国书画联展
10	1999	上海市政协	庆祝人民政协成立 50 周年绘画展
11	2001	上海市政协	庆祝中国共产党成立 80 周年书画展
12	2002	中国画院	当代国画优秀作品展——上海作品预展
13	2011	上海市政协	庆祝中国共产党成立 90 周年书画展

华夏画苑还加强与全国政协、兄弟省市政协相关团体的联系,合作举办专题画展。1999 年 10 月,华夏画苑与天津市政协书画艺术研究会在上海朱屺瞻艺术馆联合举办"天津泓艺书画艺术展"。2002 年 5 月,画苑与山东省政协联谊书画院在上海美术馆举办"杨自力书画展"。2002 年 12 月,在北京全国政协礼堂举行"当代国画优秀作品展——上海作品展",全国政协主席李瑞环、副主席经叔平,国家文化部部长孙家正等出席画展开幕式。

【与港台书画艺术交流】

应香港上海实业有限公司邀请,1993 年 7 月,华夏画苑组织沈柔坚、乔木、程十发、徐昌酩、张桂铭、韩天衡、汤兆基 7 位画家赴港举办"上海七家国画观摩展"。1996 年 8 月,华夏画苑与市美术家协会、台北现代艺术家协会在上海美术馆联合举办"台北现代画展"。共展出 23 位台北画家的 46 幅现代画作品,李锡奇、朱为白、夏阳等 12 位台北现代画家应邀出席开幕式,并在讨论会上与上海同行研讨交流现代画艺术。

【出版书画专刊和大型画册】

华夏画苑于 1982 年出版《赴闽书画专刊》,1983 年出版《赴滇书画专刊》,1985 年出版《访蜀书画专刊》,1986 年出版《上海市政协画室画册》,1992 年华夏画苑出版汉英对照、装帧精美的《华夏丹青》大型画册,并举行首发式。1999 年出版《海上丹青——人民政协五十周年》中英文对照画册,2002 年出版《上海当代国画优秀作品集》。

【参加华东六省一市政协书画精品巡回展】

2002 年,华东六省一市政协共同发起举办"华东六省一市政协书画精品巡回展"。2002 年 11

月,"华东六省一市政协书画精品巡回展——安徽省首展"在合肥市亚明艺术馆开幕,华夏画苑遴选了收藏的 24 位著名画家作品参展,引人瞩目。上述作品还先后于 2003 年 10 月在山东济南、2004年 10 月在江苏南京、2005 年 6 月在浙江杭州、2005 年 10 月在福建福州、2006 年 5 月在江西南昌参展。2006 年 10 月 25—27 日,由上海市政协承办的"华东六省一市政协书画精品巡回展"在上海中国画院举行,六省一市政协精心挑选的 200 幅佳作在沪展出。25 日上午,画展举行开幕式,市政协副主席宋仪侨参加并致辞,华东各省市政协有关领导、书画家及嘉宾出席并观展,展览会期间,书画家们还参加了画苑组织的交流笔会。

二、市政协艺术团

1992 年,第七届市政协创办市政协艺术团,成员由政协委员、上海政协之友社社员、民主党派中的文艺界人士组成,旨在活跃政协委员文化生活,宣传社会主义精神文明,加强海内外联系,扩大人民政协的影响。1992 年 10 月 18 日,艺术团在上海展览中心举行成立大会,市政协副主席兼艺术团团长张瑞芳代表市政协和艺术团讲话,副市长刘振元到会祝贺,全国政协副主席赵朴初为艺术团题写团名。会后举行首场文艺演出,张瑞芳、白杨、秦怡、范瑞娟、王正屏、筱文艳、乔奇、姚慕双、周柏春、孙泰等政协委员中的著名艺术家表演了精彩节目。

艺术团从 1993 年起每年在市政协举办的上海各界人士元旦迎新茶话会(至 1999 年止)、元宵联欢联谊活动(1994 年起)、中秋联欢晚会上进行文艺演出,并在上海各界人士庆祝人民政协成立45 周年联欢晚会(1994 年 9 月)、上海各界人士庆祝中国共产党成立 75 周年——《共度好时光》特别节目(1996 年 6 月,与市委统战部、东方电视台联办)、上海各界人士庆祝人民政协成立 50 周年文艺晚会(1999 年 9 月)等市政协举办的专场文艺晚会上演出节目,同时在每年高温季节,艺术团部分成员跟随市政协领导下基层慰问时表演。

1996 年 11 月,市政协在艺术团下成立合唱团,市政协主席陈铁迪等 40 余位政协委员、政协之友社社员参加。合唱团不定期开展活动,并于 1997 年 1 月在上海各界人士元旦迎新茶话会上首次登台演唱《团结在爱国主义旗帜下》;1997 年 9 月在上海各界人士中秋联谊晚会上演唱《祝福您香港》;1999 年 9 月在上海各界人士庆祝人民政协成立 50 周年文艺晚会上演唱《奔向二十一世纪》。

2003 年起,市政协艺术团(含合唱团)不再活动。

三、委员沙龙

委员沙龙原是市政协根据委员建议,借用沙龙形式举行的委员学习座谈活动,第十届市政协拓展委员沙龙内容,使之成为政协建设温暖和谐的"委员之家"的活动平台。沙龙以委员兴趣为导向、委员自愿报名参加为基础,以丰富委员业余生活、陶冶情操、提升修养为宗旨,增强政协的吸引力和凝聚力。

从 2004 年起,市政协依托文化俱乐部先后组织了爱歌艺术沙龙、京剧艺术沙龙、摄影艺术沙龙、文物鉴赏沙龙、音乐欣赏艺术沙龙、钓鱼沙龙,国际标准舞培训班、书法艺术学习班以及太极拳、桥牌等多项活动,吸引了众多政协委员参加。至 2007 年底,共开展各类活动近 300 次,委员约4 500 人次参加。第十一届市政协先后成立了书画沙龙、歌咏沙龙、京剧沙龙、摄影沙龙、电影沙龙和桥牌沙龙等。5 年中共举办各类活动 400 余次,近万人次参加。9 年间,歌咏沙龙、京剧沙龙的成员多次参加上海市各界人士元宵联欢晚会、中秋联欢晚会的演出。

四、市政协京昆与地方戏曲室

2006年11月,市政协成立京昆与地方戏曲室,市政协主席蒋以任,全国政协委员、中国戏剧家协会主席、著名京剧表演艺术家尚长荣,全国政协委员、著名昆曲表演艺术家、上海昆剧团团长蔡正仁共同为京昆与地方戏曲室揭牌。京昆与地方戏曲室隶属于教科文卫体委员会,以发挥政协人才聚集、联系广泛、渠道畅通的优势,努力团结有志于戏曲艺术的抢救、传承、创新和繁荣的各方面人士,为推动和繁荣全市戏曲事业做好宣传、推动和服务工作。京昆与地方戏曲室组织政协委员中的著名戏曲艺术家、戏曲理论家和戏曲爱好者开展各种形式的联谊活动,支持有关戏曲艺术的理论探讨、学术研究、剧本创作、文艺评论以及艺术普及工作;结合市政协元宵、中秋节庆等活动,组织戏曲专场演出,以及戏曲艺术的推介、观摩和赏析活动;建立与港澳台地区及海外戏曲界人士的联系,促进相互间的艺术交流,为海外戏曲艺术的推介提供服务平台。2007年10月,京昆与地方戏曲室与上海华夏文化经济促进会联合举行京剧艺术欣赏讲座。2010年8月,全国政协京昆室、上海市政协京昆与地方戏曲室联合举办庆祝上海世博会的"'中华神韵'国粹京剧经典演唱会"。京昆与地方戏曲室还参加了苏浙沪三地的京昆与地方戏曲研讨交流活动。

第二章 专门委员会建设

第一节 机 构 与 任 务

一、委组机构设置

第五、六届市政协期间,根据第四届市政协通过的《政协上海市委员会工作组组织细则》,分别设立 17 个、16 个工作委员会或工作组。从第七届市政协起,参照全国政协设置专门委员会的做法,每届政协设置若干专门委员会,不再设置工作组。七届至九届市政协设立的专门委员会分别为 15 个、14 个、14 个。1999 年 12 月,第九届市政协本着精简、高效的原则,将届初设立的 14 个专委会调整为 8 个专委会和 2 个指导组。第十、十一届市政协各设立 10 个专委会和 1 个指导组。

图 10 - 2 - 1 2008 年 4 月,市政协举办上海市政协常委、专委会(指导组)
负责人和界别活动召集人学习培训班

二、职责任务

第五、六届市政协期间,根据《政协上海市委员会工作组组织细则》,工作委员会和工作组的基本任务,一是对国家和上海经济社会发展的法律法规、方针政策和重大措施进行讨论,提出意见;二是宣传党和国家的政策、法令,并对社会主义建设的计划和成就进行宣传;三是结合重大时事政治

表 10 - 2 - 1　1978—2012 年第五至十一届市政协委组机构设置一览

届次	设置年月	委组数	委组名称
第五届	1978.3	7委	学习委员会、对台宣传工作委员会、文史资料工作委员会、编译工作委员会、国际问题研究工作委员会、调查研究工作委员会、信访接待工作委员会
第六届	1980.1	9委 8组	学习委员会、对台宣传工作委员会、文史资料工作委员会、经济研究委员会、市政建设研究委员会、科学技术组、法制研究委员会、编译工作委员会、国际问题研究工作委员会、信访接待工作委员会、文艺组、新闻出版组、高教组、中小教组、医药卫生组、体育组、妇女组、民族宗教华侨组
第七届	1983.4	11委 5组	学习委员会、对台宣传工作委员会、文史资料工作委员会、提案工作委员会、经济研究委员会、市政建设研究委员会、科学技术研究委员会、法制研究委员会、咨询工作委员会、文化研究委员会、教育卫生研究委员会、体育组、民族宗教组、区县政协联络组
第八届	1988.4	15委	学习委员会、祖国统一联谊委员会、文史资料委员会、提案工作委员会、经济委员会、市政建设委员会、科学技术委员会、法制与民主建设委员会、文化委员会、教育委员会、医卫体委员会、民族委员会、宗教委员会、区县政协联络委员会、浦东开发专门委员会
第九届	1993.3	14委	学习委员会、台港澳侨联谊委员会、文史资料委员会、提案委员会、经济委员会、城市建设委员会、科技委员会、民主法制社会事务委员会、文化委员会、教育委员会、医卫体委员会、民族委员会、宗教委员会、区县政协联络委员会

（续表）

届次	设置年月	委组数	委组名称
第九届	1998.3	14委	学习委员会　港澳台侨委员会　文史资料委员会　提案委员会　经济委员会　环境和城市建设委员会　科技委员会　社会和法制委员会　文化委员会　教育委员会　人口和健康委员会　民族宗教委员会　区县政协联络委员会
第九届	1999.12	8委2组	学习指导组　港澳台侨委员会　文史资料委员会　提案委员会　经济委员会　人口资源环境建设委员会　社会和法制委员会　教科文卫体委员会　民族和宗教委员会　区县政协联络指导组
第十届	2003.2	10委1组	学习指导组　港澳台侨委员会　文史资料委员会　提案委员会　经济委员会　人口资源环境建设委员会　社会和法制委员会　教科文卫体委员会　民族和宗教委员会　区县政协联络指导组　对外友好委员会
第十一届	2008.2	10委1组	学习指导组　港澳台侨委员会　文史资料委员会　提案委员会　经济委员会　人口资源环境建设委员会　社会和法制委员会　教科文卫体委员会　民族和宗教委员会　区县政协联络指导组　对外友好委员会

说明：(1) 第五届政协期间，信访接待工作委员会1982年2月撤销。

(2) 第六届政协期间，对台宣传工作委员会1985年10月改名为祖国统一工作委员会；咨询工作委员会1985年10月撤销；体育组、民族组、宗教组、华侨组、区县政协联络组于1987年9月改名为体育工作委员会、民族工作委员会、宗教工作委员会、华侨工作委员会、区县政协联络委员会。

(3) 第十届政协期间，2005年9月将学习指导组更名为学习委员会。

问题进行学习、讨论和研究;四是加强与各界人士的联系,广泛听取各方面的意见,了解情况,发现问题,认真分析研究,提出处理的意见或建议。

从第七届市政协起,根据《上海市政协各委员会工作简则》、《政协上海市委员会专门委员会工作条例》,专门委员会是在常委会和主席会议领导下履行政协职能,分类进行工作,组织委员开展经常性活动的工作机构,其主要任务是:(1) 组织政协委员开展各种形式的学习知情活动;(2) 就上海经济、政治、文化、社会发展情况及群众关心的问题,通过开展协商讨论、视察考察、专题调查和专题研讨等活动,以及提交提案、建议案等方式,向市党政机关以及其他有关组织提出意见和建议;(3) 加强与政协委员和社会各界人士的联系,多形式、多渠道汇集各种信息,反映社情民意,为党和政府决策提供参考;(4) 宣传和推动民族政策和宗教政策的贯彻执行,团结兄弟民族和宗教界人士,为社会主义建设贡献力量;(5) 加强与港澳同胞、台湾同胞、海外侨胞的联系,积极宣传"一国两制"基本国策,推动"三胞"政策的落实,促进祖国统一大业的实现;(6) 开展人民外交活动,加强国际交往,增进与各国人民的友谊;(7) 开展文史资料的征集、研究、编辑和出版工作,为社会主义精神文明建设服务;(8) 加强同党政部门、民主党派、人民团体和兄弟省市、区县政协的联系与协作,开展各种智力支援和咨询服务活动。

1999 年,市政协将部分专门委员会改为指导组,其工作的职责任务与专门委员会基本相同。

各专门委员会根据上述任务,结合自身的特点,有所侧重地承担各项工作。

【学习委员会(学习指导组)】

具体承担市政协中心组、委员学习活动日、委员学习会、报告会等各项学习活动的组织、策划、实施等方面工作,帮助政协委员学习领会党的方针政策,及时了解国内外形势,了解国情、市情,更好地统一思想,增进共识,提高履行职能的水平。

【提案委员会】

负责提案的征集、审查立案和办理情况的跟踪、检查、督促,并加强与市委办公厅、市人大常委会办公厅、市政府办公厅及各提案承办单位的联系和协作,推动提案的办理和落实。

【经济委员会】

广泛联系经济界别的委员和有关人士,反映关于推进上海改革和加快经济建设的意见和建议,组织各种活动,为政协委员在经济领域知情参政、建言献策和履行政协职能创造条件。

【人口资源环境建设委员会】

广泛联系有关人口、资源、环境、市政建设等方面的委员和有关人士,反映关于人口调控、资源利用、环境保护、城市建设管理等方面的意见和建议,努力为政府决策科学化、促进社会和谐发展献计出力。

【教科文卫体委员会】

广泛联系教育、科技、文化、卫生和体育界别的委员和有关人士,为委员知情明政、履行政协职能创造条件,组织上述各界别的委员发挥专业优势开展各项活动,围绕上海改革发展目标建言献策。

【社会和法制委员会】

广泛联系社会和法律界别的委员和有关人士,组织委员围绕完善法治环境,推进民主法制建设,促进社会发展和进步积极建言献策,协助党和政府进一步做好协调关系、化解矛盾工作,为维护社会稳定献计出力。

【民族和宗教委员会(民族委员会、宗教委员会)】

宣传和推动民族政策和宗教政策的贯彻执行,就涉及民族、宗教方面政策、法规的贯彻执行情况开展调查研究,提出意见和建议。团结少数民族和宗教界人士,为经济发展和社会进步献计献策。

【港澳台侨委员会】

加强与港澳委员的联系,组织港澳委员参加市政协全会和回沪视察。加强与港澳台各界人士的联系,关心他们在沪工作、生活等事宜,反映他们的意见、建议和诉求。宣传"和平统一、一国两制"的基本方针和政策。拓展海外联络渠道,开展对港澳台同胞和海外侨胞的联谊活动。

【对外友好委员会】

发挥人民政协作用,积极主动开展人民外交工作,宣传中国独立自主的和平外交政策,开拓对外交流交往渠道,就上海对外开放和外事工作提出意见和建议。配合全国政协外事委员会和市有关外事部门,承办有关外事工作任务及重大外事接待事项。

【文史资料委员会】

根据统一战线和人民政协工作的特点进行关于中国近、现代史资料的征集、研究和出版。加强与区县政协、各民主党派、有关人民团体和全国政协、外省市政协的史料业务联系与协作。

【区县政协联络指导组(区县政协联络委员会)】

以"指导、联络、交流、服务"为宗旨,通过学习交流、工作研讨、联合调研、总结经验等多种形式,开展各项活动,密切与区县政协的联系,沟通信息、指导工作、共同提高。

第二节　工作规则和活动方式

1987 年 9 月,市政协六届二十三次常委会会议审议通过《政协上海市委员会各委员会工作简则》。在此基础上,1998 年 6 月,市政协九届二次常委会会议审议通过,并经 2005 年 9 月、2010 年12 月两次修订的《政协上海市委员会专门委员会工作条例》,对市政协专门委员会的组织构成、工作制度、活动形式等进行了规范。

一、组织结构

【专委会委员构成】

专委会的组成人员,按照有利于联系和服务各界别、各方面人士,自愿、协商和便于组织经常性活动的原则,统筹安排。五至八届市政协期间,专委会由部分委员组成。从第九届市政协开始,要求每位市政协委员原则上都应参加一个与其专业相应的专委会,并参与其活动。2011年12月后,调整为"委员根据本人意愿选择参加专委会"。同时,根据工作需要,各专委会可以聘请部分政府部门、民主党派和人民团体的负责人以及有代表性、有参政议政能力的社会人士作为特聘成员,但特聘成员人数一般不超过该专委会中政协委员数的四分之一。

【专委会主任、副主任】

各专门委员会设主任1人,副主任若干人,根据需要可设常务副主任,1999年九届市政协起增设专职副主任。专委会主任由市政协副主席或常委担任,其任免由主席会议审议提名,报请常务委员会会议审议决定;常务副主任、副主任一般由市政协常委或委员担任,根据需要,个别副主任可由在沪全国政协委员或专委会特聘成员担任;专职副主任由机关在职干部担任,专委会常务副主任、副主任、专职副主任任免由主席会议审议决定。

专委会日常工作由主任或主任委托的常务副主任主持,副主任按照分工协助主任开展工作;专职副主任协助主任和常务副主任处理该委员会日常事务。

【专委会办事机构】

市政协机关根据精简、统一、效能的原则,设立相应单一或综合的专委会办公室作为办事机构,为专委会开展履职工作、组织有关活动服务。1999年起,专委会办事机构改为每个专委会对应设立1个办公室,并由该专委会的专职副主任受主任委托分管办公室工作。

二、工作规则

《政协上海市委员会专门委员会工作条例》明确,市政协各专门委员会根据全体会议、常委会会议精神,以及市政协年度工作要点,每年初制定年度工作计划,提请主席会议审议后实施,并于年度末向常委会提交年度工作总结报告;专委会在开展工作过程中,对于政协委员和各界人士的意见建议,应以调研报告、提案、社情民意信息等形式及时报送有关部门研究处理;要主动加强与市委、市人大常委会、市政府各有关部门以及各民主党派、人民团体和区县政协的联系,沟通情况,交流信息;对于常委会会议、主席会议确定的综合性重点调研课题,相关专委会要共同参与、注重质量、按时完成。为加强专委会工作,由市政协主席或主席委托的副主席主持召开专委会主任联席会议,布置任务、研究工作、沟通信息、交流经验。

三、活动方式

专门委员会根据每年确定的工作计划开展活动,主要包括:组织学习和知情活动、开展课题调研、组织专委会专题会议和视察考察、参与提案和反映社情民意信息工作、开展界别活动及走访联谊等。

【学习和知情活动】

2005年8月,市政协主席会议审议通过《关于进一步加强专门委员会学习的意见》,明确专委会要组织委员学习马列主义、毛泽东思想、邓小平理论、"三个代表"重要思想;学习宪法、法律法规;学习党和国家的重大方针政策;学习统一战线和人民政协的基本理论;学习时事政治和经济、科技、文化等方面知识。各专委会根据不同的专业特点,定期或不定期邀请党政对口部门负责人来政协通报有关方面的工作情况,并适当进行交流,帮助委员了解情况,掌握政策,积极履行政协职能。

【专委会专题议政会】

专委会受政府相关部门邀请,或根据委员关心的重要问题提出建议,选择政府部门工作中重要决策、重大项目以及涉及群众切身利益的公共政策在决策前和执行过程中的情况,由专委会组织部分对协商议题比较熟悉的专业领域的委员,与政府部门进行协商交流,提出意见建议。

【课题调研】

专门委员会根据专业优势和特点,围绕全市工作大局及经济社会发展的情况和群众关心的热点问题等,选择若干课题开展调查研究,组织委员深入实际、深入基层,了解情况,发现问题,分析论证,研究对策,在此基础上形成书面报告,提出意见和建议。课题调研每年由各专委会制订计划,报主席会议审议后实施,对部分事关上海市发展全局,涉及面广,综合性强的重要调研课题,经主席会议审定后,采取由多个专委会联合组成课题组,或由一个专委会牵头,其他专委会协助参与等方式开展调研。课题调研后形成的报告,有的经常委会会议、主席会议审议后,作为常委会、主席会议建议案报送市委、市政府,有的经主席会议审议后作为专题调研报告报送市委、市政府或有关部门,有的以专委会调研报告形式经市政协办公厅送市委、市政府有关部门。

【视察考察】

一是专委会根据政协统一安排,组织委员参加年终、年中集中视察,做好组织、协调、服务工作;二是各专委会选择与专委会工作相关的问题,组织委员会委员就一些阶段性的重点工作及人民群众关注的热点问题,结合课题调研、提案促办等,通过明察暗访等各种形式进行考察活动,提出意见建议,突出监督参政的特点;三是经政府部门邀请,对部分专项工作进行检查评议,发挥民主监督的作用。

【提案和反映社情民意】

专委会在开展各项活动时,对于活动过程中发现的问题及提出的意见建议,除形成专题报告、调研报告外,有的经研究分析后,转化为提案或社情民意信息,并根据专委会专业特点,参与相关重点提案的督促(促进)办理工作。

【开展界别活动】

政协界别活动主要依托专门委员会开展,专委会根据市政协主席会议确定的"专门委员会联系和协调界别活动分工"精神,组织开展界别活动。

【走访联谊】

专委会负责人在组织各种经常性活动之外,走访委员会委员,倾听委员心声,了解委员所思所想;在部分重要节庆日、纪念日开展委员会联谊活动,以加强委员间的联系,联络感情,增进友谊。

第三节　工作交流

为加强各专委会之间工作交流,从第八届市政协起,市政协在每届任期内召开1—2次专委会工作会议,总结交流专委会工作,市政协主要领导出席会议并提出工作要求,与专委会负责人相互交流,沟通情况、探讨问题,共同提高专委会履行政协职能的能力和水平。此外,八届市政协运用专委会领导经常合署办公的形式,从九届市政协起运用专委会主任例会等方式,促进各专委会之间的联系与合作。

一、专门委员会工作会议

【第八届市政协专门委员会工作会议】

1993年6月17—19日举行,市政协主席陈铁迪参加会议并讲话,市政协副主席石祝三主持会议。会议针对市政协换届后,新一届政协专委会领导大多数从党政系统转岗而来的实际,就如何转变工作思路,发扬民主,加强团结,求同存异,广交朋友,广开言路,适应政协工作特点进行学习和讨论,围绕专委会工作如何选好角度,抓住特点,扬长避短,发挥优势进行研讨,并交流下半年各专委会调研选题等。各专委会主任和办公室主任参加会议。

【第九届市政协专门委员会工作会议】

1999年8月16日举行,市政协主席王力平主持会议并讲话。会上,市政协副主席朱达人作了主题报告,各专门委员会负责人作交流发言。会议提出,专委会工作要进一步体现团结民主主题,围绕中心、服务大局;要提高开展工作的主动性,深入调研,反复论证,求同存异,积极探索新情况新问题,为上海的改革、发展、稳定作贡献;要加强专门委员会自身建设,推进专门委员会工作的规范化、制度化。

【第九届市政协专门委员会(指导组)工作经验交流会】

2002年1月21日举行,市政协主席王力平出席会议并讲话,市政协副主席朱达人主持。会议总结交流九届市政协各专委会(指导组)的工作经验,就如何切实发挥专委会在履行政协职能中的基础作用专题,研究和探索专委会工作规律和活动方式。会上,8个专门委员会及学习指导组、区县政协联络指导组负责人在会上分别发言,结合各自工作特点和工作实践,总结交流了主要工作经验和体会。

【第十届市政协专门委员会(指导组)负责人学习会】

2003年3月1日举行,市政协主席蒋以任出席并讲话,市政协副主席宋仪侨主持。会上,九届市政协经济委员会、民主和法制委员会、教科文卫体委员会的负责人分别介绍了各自开展专委会工作的经验和体会,与会的各专委会负责人讨论了蒋以任在学习会上的讲话,就新一届政协开局之年各专委会、指导组的工作计划和调研课题进行了交流和研究。

【第十届市政协专门委员会(指导组)工作会议】

2004年2月25日举行,市政协主席蒋以任出席会议并讲话,市政协副主席宋仪侨作市政协专委会工作报告,市政协副主席王荣华主持。会议总结交流政协换届一年多来专委会(指导组)工作情况,研究探讨在新形势下围绕中心、服务大局、贯彻团结民主主题,加强专委会的自身建设,进一步提高专委会履职能力和水平,为推进社会主义民主政治建设,为促进全市各项工作健康发展献计出力的思路和设想。

【第十一届市政协专门委员会(指导组)工作会议】

2008年7月23日举行,市政协主席冯国勤出席会议并讲话,市政协副主席朱晓明主持。会议交流新一届市政协开展专门委员会工作的体会和设想,探讨做好专委会工作的理论和实践问题。人口资源环境建设、经济、提案、教科文卫体、港澳台侨等委员会的主任分别作交流发言。会议提出,要深刻认识政协专委会的重要地位和基础作用,加强和改进对专委会工作的领导,为专委会工作开展创造良好条件,不断提高专委会工作水平,努力增强政协履行职能的实效。

【第十一届市政协专门委员会(指导组)工作座谈会】

2010年8月3日举行,市政协主席冯国勤出席会议并讲话,市政协副主席朱晓明主持。会上,各专委会(指导组)负责人围绕学习贯彻《中共中央关于加强人民政协工作的意见》和《中共上海市委关于进一步加强人民政协工作的实施意见》精神,分别汇报了完善学习、调研、视察、开展界别活动等工作机制,联系和指导区县政协,加强与政府部门沟通联系等方面的经验和体会。会议提出,要高度重视中央和市委文件贯彻落实情况的总结检查,认真对照分析,不断提高专委会组成人员政治和业务素质,积极探索专委会履行职能的方式方法,增强工作活力和成效。

二、专门委员会主任例会

从第九届市政协起,市政协专委会主任例会逐渐规范,九届市政协共举行例会31次,十届市政协共举行21次,十一届市政协主要通过常委会会议、主席会议加强对专委会工作的领导和协调,因此专委会主任例会相应减少。

表10－2－2　1999—2012年市政协专委会主任例会时间及主要内容一览

届别	时　间	出席领导	主　要　议　题
第九届市政协	1999.6.11	副主席　朱达人	交流各专委会工作情况,讨论召开专委会工作会议有关事宜
	1999.7.1	副主席　朱达人	讨论市政协党组向市委全会汇报的《市政协上半年工作情况和下半年工作打算(未定稿)》
	1999.7.26	副主席　朱达人、陈正兴	传达有关文件精神,揭批"法轮功"邪教组织
	1999.8.24	副主席　朱达人	讨论专委会工作的规范化、制度化建设及专委会组织机构调整问题
	1999.10.25	副主席　朱达人、陈正兴	交流专委会工作情况,通报专委会调整方案
	1999.11.24	副主席　朱达人	传达中央经济工作会议和中国加入WTO有关文件精神,讨论修改市政协常委会工作报告(征求意见稿)
	1999.12.17	副主席　朱达人	传达有关文件精神,讨论专委会2000年工作思路

（续表）

届别	时间	出席领导	主要议题
第九届市政协	2000.1.12	副主席　朱达人	传达有关文件精神,交流各专委会2000年工作计划
	2000.2.23	副主席　朱达人	协调落实2000年专委会各项主要工作
	2000.3.22	副主席　朱达人	传达学习江泽民总书记在全国人大九届三次会议上海代表团讨论时的讲话精神
	2000.4.26	副主席　朱达人、陈正兴	协调各专委会参与市政协"WTO与上海"专题调研进展情况
	2000.5.25	副主席　朱达人	传达学习江泽民总书记在江苏、浙江、上海考察工作时的讲话精神
	2000.7.28	副主席　朱达人	交流各专委会工作情况
	2000.9.6	副主席　朱达人	传达有关文件精神,讨论《关于推进市政协工作发展的若干意见(草稿)》
	2000.10.18	副主席　朱达人	传达学习中共十五届五中全会和市委七届七次全会精神
	2000.11.17	副主席　朱达人	讨论交流各专委会2001年调研课题、工作思路
	2000.12.20	副主席　朱达人	学习全国统战工作会议精神,研讨2001年市政协工作思路,商讨市政协九届四次全会准备工作
	2001.4.11	副主席　朱达人、陈正兴	讨论政协工作如何突出界别作用,如何开展以民主监督为特征的视察活动
	2001.5.16	副主席　朱达人	传达有关文件精神,协调2001年委员年中视察任务
	2001.7.3	副主席　朱达人	通报市政协近期工作,总结2001年委员年中视察工作
	2001.9.5	副主席　朱达人、陈正兴	讨论《市政协关于加强和深化反映社情民意工作的若干意见(草案)》
	2001.10.13	副主席　朱达人、陈正兴	学习"三个代表"重要思想,交流做好2001年专委会工作总结和2002年重点课题选题工作情况,商议2001年委员年终视察有关事宜
	2001.11.7	副主席　朱达人	讨论2001年市政协工作总结和2002年工作要点(初稿),酝酿2002年市政协常委会会议建议案选题
	2001.12.18	副主席　朱达人、陈正兴	讨论市政协常委会工作报告(征求意见稿)和2002年常委会调研课题
	2002.2.27	副主席　朱达人	布置落实2002年专委会工作
	2002.4.11	副主席　朱达人、陈正兴	讨论市政协党组向市委常委会的汇报稿(征求意见稿),交流各专委会近期工作安排
	2002.5.23	副主席　朱达人	协调市政协2002年委员年中视察工作
	2002.6.25	副主席　朱达人、陈正兴	通报2002年常委会会议建议案课题工作进展情况,交流各专委会上半年工作总结和下半年工作打算,讨论九届市政协五年工作总结相关事宜

（续表）

届别	时 间	出席领导	主 要 议 题
第九届市政协	2002.7.31	副主席 朱达人、陈正兴	讨论九届市政协五年工作总结事宜,听取对下届市政协界别设置和委员构成的意见建议,布置优秀建议案等奖项的评选工作
	2002.11.20	副主席 朱达人	学习中共十六大精神,布置市政协2002年委员年终视察工作,讨论九届市政协优秀建议案、调研报告、建言、社情民意信息的建议名单
	2003.1.3	副主席 朱达人、宋仪侨、陈正兴	讨论2003年市政协建议案、重要研究课题的选题建议
第十届市政协	2003.4.15	主 席 蒋以任 副主席 宋仪侨、王荣华	学习胡锦涛总书记在中共十六届二中全会上的讲话和全国"两会"党员负责人会议上的讲话精神,交流各专委会开局情况,讨论修订《政协上海市委员会专门委员会工作条例》等
	2003.5.29	副主席 宋仪侨、王荣华	传达学习市委领导到市政协调研座谈时的讲话精神,通报2003年委员年中视察安排情况,讨论专委会如何加强与市政府委办局工作联系等问题
	2003.7.21	副主席 宋仪侨	学习胡锦涛总书记在"三个代表"重要思想理论研讨会上的讲话精神,座谈交流进一步做好专委会工作的思路、设想,听取"实施'科教兴市'战略"、"培育和塑造城市精神"论坛的筹备工作情况,布置举办"委员沙龙"有关工作
	2003.8.26	副主席 宋仪侨	听取"上海郊区规划布局和发展战略"课题情况汇报并进行讨论
	2003.11.3	副主席 宋仪侨、王荣华	学习中共十六届三中全会精神,交流专委会2004年工作思路,通报有关政协工作课题调研情况
	2004.3.8	主 席 蒋以任 副主席 宋仪侨	讨论2004年市政协重点调研课题
	2004.3.31	副主席 宋仪侨、王荣华	传达胡锦涛总书记在全国"两会"党员负责干部会议上的讲话精神,通报2004年开展课题调研、视察、界别活动、民主评议、反映社情民意信息等工作情况
	2004.5.9	副主席 宋仪侨	传达有关文件精神,通报2004年市政协重点调研课题进展工作情况
	2004.7.26	副主席 宋仪侨、王荣华	传达全国政协十届六次常委会会议精神,交流专委会上半年工作情况和下半年工作思路,通报华东六省一市第十一次政协工作座谈会情况
	2004.12.15	主 席 蒋以任 副主席 宋仪侨	学习胡锦涛总书记在人民政协成立55周年大会上的讲话精神,讨论2005年专委会工作思路
	2005.5.31	副主席 宋仪侨	通报上半年专委会工作情况,讨论修改《政协上海市委员会专门委员会工作条例(修订草案)》
	2005.7.29	副主席 宋仪侨	交流各专委会上半年工作情况和下半年工作思路

(续表)

届别	时间	出席领导	主 要 议 题
第十届市政协	2005.10.27	副主席　宋仪侨	讨论市政协 2005 年委员年终视察方案,布置重点课题调研工作
	2006.2.27	副主席　宋仪侨	学习《中共中央关于进一步加强人民政协工作的意见》,交流各专委会 2006 年的工作计划,通报市政协《关于进一步发挥界别作用的意见(试行)》起草情况
	2006.6.7	副主席　宋仪侨	传达学习全国政协秘书长郑万通在市委常委学习会上所作的"关于学习贯彻《中共中央关于加强人民政协工作的意见》"专题辅导报告内容,讨论如何进一步增强专委会工作的实效性
	2006.9.8	副主席　宋仪侨、王荣华	通报"关于改进提案办理结果分类标准"课题调研情况和 2006 年市政协专项视察工作情况,讨论《上海市政协专项视察实施办法(草案)》
	2006.12.29	副主席　宋仪侨	交流各专委会 2007 年工作思路
	2007.2.26	主　席　蒋以任副主席　宋仪侨	听取市政协理论与实践研究咨询组汇报民主监督研究课题成果,布置 2007 年市政协民主监督工作有关事宜
	2007.4.29	副主席　宋仪侨、王荣华	传达学习《全国政协关于加强和改进提案工作的意见》,交流研讨专门委员会如何进一步做好提案工作
	2007.5.21	主　席　蒋以任副主席　宋仪侨	研究布置关于开展"促进长三角地区联动发展"课题调研有关工作
	2007.10.7	主　席　蒋以任副主席　宋仪侨	交流十届市政协专委会工作情况
第十一届市政协	2009.2.5	秘书长　陈海刚	讨论《2009 年市政协重点工作安排》(草案)
	2010.2.21	主　席　冯国勤副主席　周太彤、李良园、钱景林	讨论市政协 2010 年重点工作,听取关于开展联合调研和常委会会议进行专题协商的筹备工作情况汇报

第三章　区县政协联络指导工作

第一节　学习交流

学习交流是市政协对区县政协进行联络指导的重要方式。市政协及区县政协联络指导组（区县政协联络委员会）通过学习会、交流会等方式，组织区县政协主席学习邓小平理论、"三个代表"重要思想和科学发展观，学习中央有关人民政协工作的重要文件，学习统一战线和人民政协理论，加深对坚持和完善中国共产党领导的多党合作和政治协商制度的认识。结合区县政协工作实际，学习政协章程和政协工作知识，明确新时期人民政协的性质、地位、作用、任务，以及做好政协工作的方法和途径。

一、学习邓小平理论、"三个代表"重要思想和科学发展观

1989 年 6 月后，市政协贯彻中央和市委关于确保上海稳定的方针，及时向区县政协传达中央和市委的有关重要精神，区县政协联络委员会深入区县政协进行走访，召开区县政协和区县民主党派负责人座谈会，发挥政协在巩固和发展安定团结政治局面中的作用。

2000 年 11 月和 2001 年 11 月，市政协两次召开区县政协学习交流会，学习江泽民"三个代表"重要思想，市政协主席王力平出席并讲话，部分区县政协作交流发言，表示要认真学习贯彻"三个代表"重要思想，发挥政治核心作用，积极引导政协委员贯彻党的路线、纲领、方针、政策，认真履行政协职能。

2004 年 12 月，市政协召开市区县政协专题学习交流会，区县政协主席围绕学习贯彻胡锦涛在庆祝人民政协成立 55 周年大会上讲话精神，进一步推进政协工作新发展作了交流发言，市政协主席蒋以任主持会议并讲话。

二、学习统一战线和人民政协理论

1990 年 7 月，新一届区县政协成立后，市政协举办区县政协领导干部学习会，市政协副主席、市委统战部部长毛经权出席会议作学习动员，市政协副主席王兴作关于政协工作的报告，各区县政协领导在学习会上认真学习全国统战工作会议精神，人民政协性质、地位、作用、任务和工作原则，以及党的对台政策、民族政策和宗教政策。

1993 年 5 月，市政协举办区县政协主席学习会，学习《中共中央关于坚持和完善中国共产党领导的多党合作和政治协商制度的意见》，市政协主席陈铁迪出席并讲话，市政协副主席、市委统战部部长赵定玉作"20 世纪 90 年代上海统战工作与任务"的报告。

1998 年 5 月，市政协区县政协联络委员会与学习委员会联合举办区县政协主席学习研讨会，学习邓小平理论和中央领导有关统一战线和人民政协的论述，市政协副主席朱达人主持会议并讲话，市委统战部部长、市政协副主席王生洪出席会议并作"学习邓小平统一战线理论，把人民政协事业推向新世纪"的报告。

1999 年 4 月，区县政协联络委员会举办邓小平统一战线理论学习会，各区县政协主席、副主席

参加学习,市政协主席王力平出席并讲话,市政协秘书长吴汉民作"学习运用邓小平新时期统一战线和人民政协理论的实践与思考"的报告。

2012年2月,市政协召开第三期人民政协理论专题研讨班交流会暨2012年区县政协主席例会(扩大),市政协主席冯国勤出席会议。会议针对区县政协年初换届后,部分新任政协主席到岗不久的情况,结合研讨班专题研讨成果,学习人民政协工作基本知识,交流如何尽快适应政协主席岗位要求,熟悉政协工作性质,为新一届区县政协工作开好局、起好步的体会,并就如何加强市、区(县)政协工作的联合、联动提出意见和建议。

三、学习政协章程和全国政协文件精神

1994年3月,市政协举行区县政协主席专题学习班,学习全国政协新修订的《政协章程》,领会章程将参政议政作为政协三项主要职能之一的意义和影响,进一步研究探讨在社会主义现代化建设新时期,政协找准位置,选好角度的方法和途径。

1995年5月,市政协举办区县政协主席、常务副主席学习班,市政协副主席赵定玉出席并讲话。学习班学习《全国政协关于政治协商、民主监督、参政议政的规定》,研讨贯彻文件精神,促进政协履行政治协商、民主监督、参政议政职能制度化、规范化、程序化的方法措施,并就《政协上海市委员会关于政治协商、民主监督、参政议政的规定(征求意见稿)》提出意见建议。

2004年5月,市政协召开市区县政协学习贯彻《政协章程》座谈会,市政协主席蒋以任出席会议。会议结合区县政协工作实际,座谈如何根据新修订的《政协章程》,拓展政协工作的新领域,提高政协工作的新水平,推进政协工作的新创新。

四、学习《中共中央关于加强人民政协工作的意见》

2006年3月,市政协召开市区县政协负责人专题学习会,学习贯彻《中共中央关于加强人民政协工作的意见》,各区县政协主席等参加会议。

2010年7月,市政协召开区县政协主席例会,各区县政协主席、副主席出席,会议学习交流贯彻落实《中共中央关于加强人民政协工作的意见》和《中共上海市委关于进一步加强人民政协工作的实施意见》的情况,总结在工作实践中形成的经验和做法,分析面临的新情况、新问题,提出进一步推进政协工作改革创新发展的意见建议。

第二节　工　作　探　讨

通过举行研讨会、交流会、主席例会等方式,组织区县政协间开展工作交流,就共同关心的问题进行研究探讨,取长补短,促进工作,是市政协及区县政协联络指导组(委员会)指导区县政协工作的重要途径。

一、区县政协工作交流会和研讨会

1983—2002年,第六至九届市政协及区县政协联络委员会(指导组)根据人民政协发展的新形

势、新情况、新问题,围绕市、区(县)政协实践工作中的经验和需要研究探讨的问题,召开区县政协工作经验交流会、研讨会共 11 次,分别就各区县政协开展工作中共同关心的政协如何发挥政协党组核心作用,把握团结民主主题,与时俱进,开拓创新,推进政协工作新发展;如何促进履行职能的规范化、制度化,为两个文明建设献计出力;如何使政协真正成为各民主党派、人民团体及各界人士团结合作、参政议政的重要场所,切实发挥民主党派和人民团体在政协的作用;如何进一步加强民主监督工作;如何进一步重视和加强专委会工作,发挥委员参政议政的积极性;如何进一步做好视察、调研、提案等政协经常性工作;如何加强政协的自身建设等问题进行交流和研讨。2003 年 12 月和 2011 年 11 月,第十、十一届市政协分别召开区县政协工作经验交流会,其经常性工作交流和研讨主要通过区县政协主席例会的方式进行。

图 10‐3‐1　2000 年 6 月,市政协举办区县政协工作交流研讨会

表 10‐3‐1　1983—2012 年区县政协工作经验交流会、研讨会一览

时　间	会议名称	出席领导	出席人员	主　要　议　题	备　注
1983.6	区县政协工作经验交流会	副主席　宋日昌	区县政协负责人	交流开展区县政协工作的经验和体会	
1985.8	区县政协工作经验交流会	副主席　杨恺	区县政协负责人	交流政协如何为两个文明建设献计出力	编印《上海市区县政协工作经验交流材料汇编》
1987.7	区县政协工作研讨会	副主席　徐以枋	各区县政协负责人和市统战理论研究会成员	传达全国政协召开的地方政协委组工作会议精神,研讨新形势下如何进一步履行政协职能问题	
1988.10	区县政协委组工作交流研讨会		各区县政协负责人及部分委组负责人	交流政协委组工作经验,研讨如何促进履行政协职能经常化、制度化	

(续表)

时间	会议名称	出席领导	出席人员	主 要 议 题	备 注
1992.3	政协工作理论研讨会	副主席 王兴	区县政协和各民主党派区委负责人	研讨如何使政协真正成为各民主党派、人民团体及各界人士团结合作、参政议政的重要场所	区县政协联络委员会与学习委员会联合召开,会后编印《人民政协工作研讨会论文选编》
1992.12	区县政协工作交流研讨会	副主席 王兴	区县政协主席	学习中共十四大文件精神,研讨围绕经济建设这一中心发挥政协作用的新思路	
1993.12	区县政协工作交流研讨会		区县政协主席	交流研讨政协工作如何配合党和政府的中心工作履行职能,如何切实加强民主监督,如何加强自身建设	
1996.11	政协工作研讨会	主 席 陈铁迪副主席 陈正兴	部分区县政协主席	交流探讨政协如何重视专委会工作,发挥民主党派和人民团体在政协的作用,发挥委员参政议政的积极性	
1998.12	区县政协工作交流研讨会		区县政协主席	交流研讨政协如何发挥委员作用,搞好视察调研、提案等工作,为区县经济和社会发展献计出力	
1999.10	区县政协工作交流会	主 席 王力平副主席 朱达人、陈正兴	区县政协主席及有关负责人	交流各区县政协在履行职能,促进政协工作制度化、规范化及加强机关建设等方面的经验和体会	
2000.6	区县政协工作交流研讨会	主 席 王力平副主席 朱达人、黄跃金、陈正兴	区县政协主席	就发挥政协党组核心作用,发挥政协团结各界的渠道作用,加强政协自身建设,推进政协工作规范化、制度化等专题进行交流研讨	
2003.12	区县政协工作交流会	主 席 蒋以任副主席 宋仪侨、王荣华	区县政协主席及有关负责人	就把握团结民主主题,切实履行政协职能,与时俱进,开拓创新,推进政协工作新发展进行交流探讨	
2011.10	区县政协工作经验交流会	主 席 冯国勤副主席 钱景林	区县政协主席及有关负责人	交流总结当届区县政协五年来的工作经验和体会,深化对新形势下政协工作特点和规律的认识,探索政协工作履行职能的新方式和新途径	

说明:市政协区县联络委员会(指导组)负责人参加表内各次会议。

二、区县政协主席例会

2003—2012 年,市政协及其区县政协联络指导组通过召开区县政协主席例会,加强与区县政协的联络和指导,市政协主席或分管副主席出席会议。主席例会的主要内容,一是传达和学习中共中央和全国政协重要会议、重要文件精神，研究贯彻的措施和方法；二是共同学习政协工作理论和知识；三是总结交流区县政协工作经验，研究和探讨政协工作共同关心的问题；四是通报市政协工作要点和研究部署需市、区（县）政协共同参与的工作。主席例会由市政协区县政协联络指导组组长或副组长主持，在市政协及各区县政协轮流召开，市政协区县政协联络指导组成员、各区县政协主席出席。

表 10-3-2　2003—2012 年区县政协主席例会一览

时　间	会议地点	出席领导		会议主要议题
2003.4.9	市政协	主　席 副主席	蒋以任 宋仪侨	学习贯彻中共十六大和全国政协十届一次会议精神，座谈交流如何开展新一届区县政协工作
2003.6.4	长宁区政协	副主席	宋仪侨	传达市委领导到政协调研时讲话精神和市政协近期主要工作
2003.10.14	浦东新区政协	副主席	宋仪侨	交流各区县政协 2003 年课题调研情况
2004.3.25	青浦区政协			交流各区县政协 2004 年工作要点，商讨区县政协联络指导组 2004 年主要工作和调研课题，通报市政协 2004 年主要工作
2005.3.31	闵行区政协	副主席	宋仪侨	交流各区县政协年度主要工作，通报区县政协联络指导组组织跨区视察及课题调研情况
2005.7.6	黄浦区政协	副主席	宋仪侨	学习交流各区县政协贯彻《中共中央关于进一步加强中国共产党领导的多党合作和政治协商制度建设的意见》的情况
2005.12.5	市政协			交流落实市政协工作会议精神情况，汇报"改善城乡二元结构，推进城乡一体化进程"课题调研情况
2006.9.6	松江区政协	副主席	宋仪侨	结合区县政协换届，总结交流政协工作经验和体会
2007.4.9	市政协			交流新一届区县政协的开局工作情况及下阶段工作设想
2007.7.23	嘉定区政协	主　席 副主席	蒋以任 宋仪侨	交流上半年各区县政协工作情况，探讨如何推进区县新一届政协工作的深入发展
2008.4.8	市政协			学习贯彻全国人大、政协会议和胡锦涛关于政协工作的重要讲话精神，交流 2008 年各区县政协工作思路
2008.7.25	普陀区政协	副主席	钱景林	贯彻落实中央 5 号文件精神，交流探讨如何促进界别活动在政协履行职能中发挥重要作用
2008.11.13	青浦区政协			交流各区县政协组织政协委员支持、参与"迎世博 600 天行动计划"的工作方案或设想
2009.4.9	嘉定区政协	主　席 副主席	冯国勤 钱景林	探讨交流区县政协工作如何围绕中心、服务大局，为"四个确保"的贯彻落实资政建言
2009.7.24	市政协			交流探索区县政协坚持团结民主主题，围绕中心、服务大局，履行职能的方式方法
2009.8.12	市政协			就市委即将召开的"上海市政协工作会议"有关准备情况听取意见
2010.2.5	市政协			总结区县政协联络指导组 2009 年工作，交流各区县政协 2010 年工作打算
2010.7.22	市政协			学习交流贯彻落实《中共中央关于加强人民政协工作的意见》和《中共上海市委关于进一步加强人民政协工作的实施意见》的情况

（续表）

时　　间	会议地点	出席领导	会议主要议题
2010.12.22	市政协		通报区县政协联络指导组 2010 年工作情况；交流各区县政协 2011 年工作打算
2011.7.8	市政协		通报市委换届领导小组关于区县政协换届工作有关精神和市政协关于区县政协换届工作调研报告的情况
2012.2.24	市委党校海兴教学楼	主　席　冯国勤 副主席　周太彤、钱景林、周汉民	学习交流如何尽快适应政协主席岗位要求，熟悉政协工作性质，为新一届区县政协工作开好局、起好步，以及如何加强市区县政协工作的联手、联合、联动
2012.8.22	杨浦区政协		交流区县政协工作情况，通报市政协区县政协联络指导组五年工作总结

第三节　联　合　调　研

围绕人民政协工作，选择市区县政协共同关心的若干专题联合开展调研，是市政协和区县政协联络指导组（委员会）加强工作指导的重要方式。

一、调研贯彻落实《中共中央关于坚持和完善中国共产党领导的多党合作和政治协商制度的意见》情况

1990 年 9 月—1991 年 1 月，为进一步推动区县党委和政协贯彻落实《中共中央关于坚持和完善中国共产党领导的多党合作和政治协商制度的意见》和《中共中央关于加强统一战线工作的通知》精神，结合《政协上海市委员会关于政治协商、民主监督经常化、制度化暂行规定》的制定，市政协区县政协联络委员会与部分区县政协联合组成调查组进行系列调研。9 月 10—11 日，调查组召开区县政协工作交流研讨会，交流各区县政协在贯彻执行中的具体做法和经验，研讨如何进一步落实中共中央文件精神。会后，调查组分成 4 个小组深入区县政协，分别召开各区县民主党派负责人和党政有关部门负责人座谈会共 40 多次，广泛听取各界人士对所在区县党委和政协贯彻实施上述文件情况的意见，并进行分析研讨。1991 年 1 月，市政协主席谢希德，副主席王兴、吴增亮等分头与部分区县党政领导就如何进一步贯彻中央文件精神，发挥政协作用交换意见，在此基础上形成调研报告报送市委。

二、调研区县政协组织结构和机构设置问题

1997 年 5—8 月，市政协区县政协联络委员会联合区县政协，就"区县政协委员的组成结构"、"区县政协专门委员会组织建设"和"区县政协机关机构改革"等问题进行研讨，形成《关于区县政协委员组成结构问题的几点建议》和《关于区县政协专委会组织建设和机关机构改革工作的几点建议》。上述建议报经市政协领导同意，作为市政协机构改革方案的附件报送市编制委员会。2000

年8—10月,市政协区县政协联络指导组开展区县政协机构设置和人员编制的专题调研,通过走访区县政协、召开相关座谈会、发放情况调查表等方式了解情况,并学习北京、天津和重庆等市政协的经验,提出上海区县政协机构设置和领导干部的职数、机关人员编制等五个方面的调整建议,形成《关于上海市区县政协机构设置情况的调研报告》,报送市委,抄送市委组织部、市编制委员会。2002年4—8月,区县政协联络指导组就新一届区县政协的界别设置和委员结构进行调研,围绕新一届政协的委员总数比例、界别设置、委员结构调整等问题提出意见建议,形成《关于区县政协界别设置、委员结构和专委会设置的调研报告》,报送市委统战部,抄送市委组织部。

三、调研区县政协履行政治协商、民主监督、参政议政实施情况

2008年4—9月,市政协区县政协联络指导组联合各区县政协组成课题组,就"把政治协商纳入决策程序"工作进展情况进行调研,课题组梳理各区县政协关于政治协商方面的相关文件和规章制度,在履行政治协商职能方面的情况、经验和问题,赴北京、天津部分区政协学习考察,在此基础上提出了进一步推进政治协商工作的思路和设想,形成《区县政协"把政治协商纳入决策程序"实施情况》的调研报告。2009年4—12月,区县政协联络指导组联合各区县政协组成课题组,就政协完善民主监督机制问题开展调研,深入区县政协了解开展民主监督工作情况,总结区县政协在推进民主监督工作中遇到的困难与问题,围绕完善相关制度和机制建设,为民主监督发挥实效提供保障;完善民主监督的沟通机制和反馈机制;提高民主监督质量等问题提出建议,形成《区县政协完善民主监督机制实践与探索》的调研报告。2010年3—9月,区县政协联络指导组联合各区县政协组成课题组,就提高参政议政实效开展课题调研,归纳总结各区县政协引导委员参政议政实践中形成的经验和面临的困难和问题,形成《关于区县政协提高参政议政实效的探索与思考》的调研报告,就加大对人民政协参政议政工作实效的宣传;建立完善参政议政的各项制度;提高政协委员参政议政能力;提高机关工作科学化水平等提出建议。以上三份调研报告形成后均报送市委领导及有关部门。

四、调研区县政协换届工作和加强政协建设问题

2011年3—5月,为贯彻落实《中共中央关于加强人民政协工作的意见》和《中共上海市委关于进一步加强人民政协工作的实施意见》精神,加强区县政协建设并配合市委做好区县政协换届工作,市政协区县政协联络指导组联合各区县政协开展专题调研,通过走访部分区县政协,召开部分区县政协主席座谈会,问卷调查区县政协的组织建设情况,听取部分区委领导对政协工作的意见等,形成调研报告报送市委。报告总结了区县政协的工作经验和存在的问题,就结合政协换届,进一步加强区县政协工作提出了意见和建议。

第四章 工作总结和制度建设

第一节 工作研究与总结

第五至七届市政协期间,市政协每年结合年终起草新一年政协常委会工作报告,总结当年工作情况,研究新一年工作设想。从第八届市政协起,进一步重视政协工作的总结和研究工作,联系工作实践,通过召开工作总结会、交流会、研讨会等形式,不断总结探索政协履行职能及加强自身建设的经验和措施,推动工作创新和制度创新,促进各项工作的深化和细化。

一、第八届市政协工作研究和总结

第八届市政协贯彻新修订的《政协章程》精神,不断增强研究和总结政协工作经验的意识,于届中进行政协工作专题研讨,在即将届满时开展5年工作的交流和总结活动。

【市政协工作研讨班】

1994年7月20—23日举行,市政协主席陈铁迪,副主席石祝三、赵定玉出席并讲话。研讨班专题研讨政协自身工作发展问题,理论与实践结合,就社会主义市场经济条件下如何进一步加强人民政协工作,提高参政议政水平开展热烈的讨论。各区县政协、各民主党派和人民团体负责人及从事统战理论研究的学者等参加研讨,研讨班共收到18篇论文和工作总结。

【市政协工作经验交流会】

1997年4月,市政协八届五十次主席会议通过《关于总结经验的工作计划》,提出把总结八届市政协5年工作作为当年的重要任务,认真总结和研究在新的历史条件下,人民政协如何根据自身的性质、特点更好地履行职能,为政协今后的发展留下宝贵财富。会后组建经验总结工作小组,制订工作计划,动员全体政协委员、各专门委员会、机关各部门、各区县政协全面推进总结工作。1997年9月9日,市政协举行"上海市政协工作经验交流会",市政协主席陈铁迪主持,市委副书记孟建柱出席会议并讲话。会上,市政协副主席、民进市委主委刘恒椽,民建市委副主委王宇平,市政协经济委员会副主任李懋欢,虹口区政协主席刘新昌,松江县政协主席尹逢德等围绕履行政协职能的经验和体会分别作专题发言。部分市政协委员及在沪全国政协委员,市政协各专门委员会负责人,各民主党派、工商联、人民团体、区县政协负责人等200余人出席。会后编发《八届市政协工作经验总结汇编》,辑录论文83篇。

【八届市政协工作总结暨提案表彰大会】

1998年1月8日举行,市政协副主席王生洪主持会议,市委领导参加会议并讲话,市政协主席陈铁迪作八届市政协工作总结报告。报告指出,八届市政协5年工作中,认真学习贯彻邓小平关于统一战线和人民政协工作理论,政治协商逐步走向规范,民主监督有所加强,参政议政有新的进步,民主党派、人民团体的作用进一步发挥。会议举行了 1997 年优秀提案表彰授奖仪式,部分政协委员、民主党派代表以及提案承办单位代表作交流发言。市政协委员及在沪全国政协委员,各民主党派、工商联、人民团体、各区县政协负责人,部分提案承办单位有关负责人出席会议。

二、第九届市政协工作研究和总结

第九届市政协将工作总结与理论研究相结合,一方面重视从实践中总结经验并上升至理论,另一方面重视以理论引领工作实践,促进履行职能各项工作的深入发展。届内先后于 1998 年 7 月举行邓小平人民政协理论学习研讨会,编辑出版了《依据·指南——学习邓小平人民政协理论文集》;2000 年 11 月举行加强民主监督工作研讨会①;2003 年初召开九届市政协工作总结表彰大会。

【九届市政协工作总结表彰大会】

2003 年 1 月 18 日举行,市政协副主席黄跃金主持会议。会议全面总结九届市政协工作成果和基本经验,表彰九届市政协优秀建议案、调研报告、提案、建言和社情民意信息。市政协主席王力平出席会议并作了题为"把握中国特色,适应时代要求,符合上海特点,以与时俱进精神推进政协工作的发展"的讲话,结合市政协 5 年来的工作实践,阐述了人民政协的性质、地位与作用;加强党对政协工作的领导;加强团结、发扬民主、联系群众;注重学习;服务大局、与时俱进;以政协委员为主体,以专委会为基础等问题。会上,副主席朱达人作了"和谐舒畅、活跃有序、与时俱进,在探索中推进政协工作的不断发展"的九届市政协工作总结报告,宋仪侨副主席宣读表彰名单。市政协委员、在沪全国政协委员、各区县政协负责人及部分提案承办单位代表出席会议。

三、第十届市政协工作研究和总结

第十届市政协在重视日常工作研究的基础上,每年年终召开一次工作务虚会,学习有关重要会议和重要文件精神,总结当年,研究和部署次年工作,届末召开总结大会,全面总结本届政协工作。

【政协工作务虚会】

2003 年 12 月 19 日,市政协举行 2004 年工作务虚会,学习贯彻市委八届四次全会精神,研究市政协 2004 年工作要点。市政协主席蒋以任主持会议并讲话,就市政协 2004 年工作如何进一步突出团结民主主题,开拓创新,集思广益,围绕完善社会主义市场经济体制的总任务,围绕全市经济社会发展的总目标,围绕科教兴市的主战略积极履行职能提出要求。

2004 年 12 月 25 日,市政协举行 2005 年工作务虚会,市政协主席蒋以任主持并讲话。会议根据胡锦涛总书记在庆祝人民政协成立 55 周年大会上的讲话和市委八届六次全会精神,研究探讨 2005 年市政协工作思路、工作重点,围绕专委会工作、委员主体作用发挥、政协工作的深化与创新以及机关建设等方面提问题、理思路、出点子。

2005 年 12 月 17 日,市政协举行 2006 年工作务虚会,回顾总结 2005 年工作,研究制订 2006 年工作计划。市政协主席蒋以任主持并讲话,提出要深入学习市委八届八次全会精神,明确上海未来

---

① 详见本篇第五章第一节。

5年发展目标,围绕中心、服务大局,开拓工作思路,创新工作方法,继续为上海发展作贡献;要培养科学作风,提高干部自身素质,推动2006年各项工作迈上新台阶。

2006年12月24日,市政协举行2007年工作务虚会,讨论和研究2007年工作。市政协主席蒋以任主持并讲话,要求2007年政协工作一要鼓劲,保持积极向上、开拓进取、奋发有为精神状态;二要聚焦,围绕中心,聚焦工作重点,推动全局工作;三要提升,有新举措、新进展、新成效。

【十届市政协工作总结大会】

2008年1月10日举行。市政协主席蒋以任出席会议并作了题为"积极主动,求真务实,努力创新,不断拓展政协工作的新空间"的讲话,市政协副主席宋仪侨作十届市政协工作总结报告,副主席王荣华主持会议。会议回顾总结十届市政协5年主要工作成果和基本经验,表彰2007年度优秀提案、反映社情民意信息工作先进单位和先进个人。会议认为,十届市政协5年来,始终保持高昂的精神状态,始终坚持积极主动的工作理念,始终坚持开拓创新的工作思路,始终坚持锲而不舍的工作韧性,始终坚持把团结民主贯穿于政协的各项工作,始终坚持求真务实的工作作风,把握机遇、乘势而上,不负重托、不辱使命,使政协工作在上海改革开放和现代化建设中发挥了重要作用。市政协委员,在沪全国政协委员,各民主党派、有关人民团体及区县政协负责人参加会议。

四、第十一届市政协工作研究和总结

第十一届市政协在开展日常性工作研讨的同时,每年年终召开一次政协工作交流研讨会议,总结当年,研究次年工作,探讨提高政协工作科学性、有效性的思路和方法。在届末召开委员大会,全面总结5年工作。

【政协工作学习交流会】

2008年11月20—21日举行,主题为"学习实践科学发展观,开创政协工作新局面"。市委书记俞正声出席会议并讲话,市政协主席冯国勤主持会议。会议交流了政协工作学习实践科学发展观,努力提高履行职能各项工作的科学性、有效性的经验体会和理性思考,讨论研究了今后一个时期履行政协职能的工作思路和2009年工作任务,提出要认清形势、明确任务,在特殊时期以特殊精神和特殊努力,为"确保经济平稳较快增长、确保社会和谐稳定"建言献策、凝聚人心。会上,市政协研究室主任徐海鹰作"关于以科学发展观指导政协工作的几点思考"的主题发言,市政协各专委会负责人、部分政协委员共29人在会上作交流发言。

【政协工作务虚会】

2009年12月9—10日举行,主题为"贯彻市委政协工作会议精神,推进政协事业新发展"。市政协主席冯国勤主持会议,市委副书记殷一璀出席并讲话。会议根据市委政协工作会议精神,分析研究政协工作面临的新情况、新任务、新要求,谋划2010年工作思路、重点、方法和措施,各专门委员会(指导组)负责人在会上作交流发言。

【政协工作学习讨论会】

2010年11月18日、22日,市政协举行2010年政协工作学习讨论会,主题为"贯彻中共十七届五中全会及九届市委十三次全会精神,推动人民政协事业新发展"。市委书记俞正声出席会议并讲话,市政协主席冯国勤主持会议,会议围绕上海经济社会发展面临的新形势、新特点,分析研究政协工作面临的新情况、新要求,谋划 2011 年工作的总体思路、主要任务和措施。各专门委员会(指导组)负责人在会上作交流发言。

2011 年 11 月 17 日,市政协举行 2011 年政协工作学习讨论会,主题为"贯彻中共十七届六中全会及九届市委十六次全会精神,提高人民政协工作科学化水平"。市委书记俞正声出席并讲话,市政协主席冯国勤主持会议,会议听取了部分专委会主任关于 2011 年工作成效及 2012 年工作的思考和建议的交流发言,分析了政协工作面临的新形势,研究了新一年政协工作的总体设想和初步打算。

【第十一届市政协委员大会】

2012 年 11 月 28 日在世博中心举行。市政协主席冯国勤出席会议并作题为"凝心聚智、探索创新、认真履职,为建设社会主义现代化国际大都市贡献力量"的十一届市政协工作总结报告,市委副书记殷一璀出席会议并讲话,市政协副主席吴志明主持会议。会议指出,政协工作要把坚持中国共产党的领导作为确保正确政治方向的根本保证,把团结和民主作为贯穿工作全过程的鲜明主题,把推动"四个中心"建设和创新转型作为服务大局的履职重点,把促进各界有序政治参与、发展协商民主作为发挥政协制度优势的重要任务,把凸显委员"三个作用"作为增强政协生机活力的有力依托,把树立使命感责任感作为推动政协事业创新发展的内在动力。会议还宣读了市政协关于表彰 2012 年优秀提案、优秀提案特别奖和优秀社情民意信息的决定。市政协委员,在沪全国政协委员,各民主党派、有关人民团体及区县政协负责人参加会议。会议当天,市政协在世博中心举办"十一届市政协委员沙龙活动回顾暨书法、摄影作品展",展出政协委员书法、摄影作品 59 件。

第二节　工　作　制　度

在工作研究和总结的基础上加强制度建设,是政协自身建设的重要内容。第七至十一届市政协制定的各项制度,根据内容基本分为三大类:一是关于履行政治协商、民主监督、参政议政主要职能的相关规定;二是政协各项议事、会议制度;三是履行政协职能,开展各项专项工作或活动的条例或制度。

一、履行政治协商、民主监督、参政议政主要职能的相关制度

【政协上海市委员会关于政治协商、民主监督经常化、制度化的暂行规定】

1988 年 4 月,市政协成立《政协上海市委员会关于政治协商、民主监督的暂行规定》(简称《暂行规定》)起草小组,通过学习中共中央有关文件和《政协章程》,参照《政协全国委员会关于政治协商、民主监督的暂行规定》,并多次召开委员座谈会进行商讨研究,征求市委、市人大常委会、市政府有关部门的意见后,形成《暂行规定(草案)》。1989 年 2 月,市委召开上海市政协工作会议,《暂行规定(草案)》作为会议文件提交会议讨论,广泛听取各部委办、区县党政领导和区县政协负责人的意见,并进一步作了修改。同年 4 月,经市政协七届十次主席会议审议,决定将文件名称改为《政协上海市委员会关于政治协商、民主监督经常化、制度化的暂行规定》,并经七届五次常委会会议审议通

过。同年 8 月,市委发布文件予以转发。《政协上海市委员会关于政治协商、民主监督经常化、制度化的暂行规定》共 14 条,内容主要包括：政协的主要职能；政治协商、民主监督的目的；政治协商的主要内容和主要形式；民主监督的主要内容和主要形式；开展政治协商、民主监督相关活动的前期准备、实施方法和成果转化；发挥政协委员、专门委员会在履行政治协商、民主监督职能中的作用；加强对政协履行政治协商、民主监督各项活动的宣传报道等。

【政协上海市委员会关于政治协商、民主监督、参政议政的规定】

1998 年,全国政协修订《政协章程》,印发《政协全国委员会关于政治协商民主监督参政议政的规定》,将参政议政增列为政协主要职能之一,中共上海市委为此印发关于贯彻落实政协章程的〔1995〕68 号文件。市政协学习贯彻政协章程和市委文件精神,结合工作实践,在原《政协上海市委员会关于政治协商、民主监督经常化制度化的暂行规定》的基础上,经 1998 年 6 月市政协九届二次常委会会议通过,制定《政协上海市委员会关于政治协商、民主监督、参政议政的规定》。规定共 17 条,主要内容包括：制定的目的和依据；政治协商、民主监督、参政议政的目的；政治协商的基本定义、主要内容和主要形式；民主监督的基本定义、主要内容和主要形式；参政议政的基本定义、性质和活动方式；尊重和保护政协委员民主权利,为委员履行职能创造良好条件；建议案、调研报告报送方式及要求；加强机关自身建设,为委员履行政协职能提供有效服务等。

二、会议、议事制度

【政协上海市委员会会议(活动)的若干规定】

原名为《政协上海市委员会会议(活动)制度》,1988 年 5 月经市政协七届一次主席会议审议通过,内容包括全体会议、常务委员会会议、主席会议、秘书长会议、专委会主任联席会议、区县政协主席联席会议、秘书长办公厅主任办公会议、厅务会议等 8 项。(1) 全体会议：规定全体会议原则上每年召开 1 次,由常委会召集和主持,职权包括选举常委会组成人员；听取和审议常委会工作报告；讨论本会重大工作方针、任务并作出决议；参与对国家和上海大政方针的讨论,对党和政府工作提出建议和批评。(2) 常务委员会会议：每 2—3 个月举行 1 次,主席或由主席委托的副主席主持,职权主要为协商决定政协参加单位、委员名额和人选及召开全体会议的有关事宜；听取和讨论市经济社会发展情况及有关政策、涉及人民生活重大问题的报告；听取各专门委员会工作报告和委员考察工作汇报；审议重要建议案或调研报告；审议政协工作机构的设置变化及有关人事问题等。(3) 主席会议：每月举行 1 次,由主席召集并主持,负责处理常务委员会的重要日常工作。(4) 秘书长会议：负责贯彻主席会议提出的各项工作任务,由秘书长召集并主持。(5) 专门委员会主任联席会议,由各专门委员会正副主任组成,主席、副主席或秘书长召集并主持,主要内容为交流专委会工作；商议提交常委会会议审议的有关议题或重要建议案；研究决定专委会带有共性的问题。(6) 区县政协主席联席会议,由各区、县政协主席组成,区县政协联络委员会正副主任和各区、县政协秘书长参加,一般每半年举行 1 次,由市政协主席、副主席或秘书长召集并主持,内容为交流工作,研讨共性问题。(7) 秘书长、办公厅主任办公会议,由驻会的正副秘书长和办公厅正副主任参加,主要研究、决定和处理本会机关工作的重大问题和重要工作。(8) 厅务会议,办公厅正副主任、各处室正副处长参加,主要根据秘书长会议和秘书长、办公厅主任办公会议所作的决定和工作要求,布置落实机关的日常工作。1998 年 3 月,经市政协九届一次主席会议审议,将上述文件改名为《政协上海市委员会会议(活动)的若干规定》,文件进一步明确了全体会议、常委会会议、主席会议、秘书长会议、专职秘书长会议等各类会议的组成人员、主要内容及职权、会议的主持和召集等,新增市政协与民主党派(工商联)秘书长联席会议内容,明确该联席会议由市政协与各民主党派、工商联秘书长组成,视情况可扩大列席范围,通常每季度举行1次,内容主要为通报市政协有关工作情况,协调市政协重要会议和活动中涉及民主党派、工商联的有关事项,交流调查研究、参政议政的有关信息,讨论研究近期工作带有共性的问题;新增中心组学习会和委员学习活动日内容,规定了中心组学习会的性质、出席范围、学习内容及主持人,委员学习活动日的举办时间、活动内容、出席范围、主持人及承办责任部门等。

【政协上海市委员会常务委员会工作规则】

原名为《政协上海市委员会常务委员会议事规则(试行)》,于1991年10月经市政协七届十九次常委会会议审议通过。内容包括:一是规定了常务委员会会议的出席范围、议程日程、主要任务;二是规范了由常委会会议审议的重要建议案、委员协商和人事任免的主要内容及审议程序;三是规范了常委会会议的分组讨论、委员发言、选举表决办法,会议简报的编辑报送以及会议的保密要求等。1995年5月,经市政协八届十五次常委会会议审议通过,改名为《政协上海市委员会常务委员会工作条例》(以下简称《条例》),内容共18条,着重明确常委会的职权,规定常委会的权利和义务;提出常委会会议的主要内容,明确提请常委会协商讨论的议题,应事先组织常委进行深入调查研究或召开部分常委专题座谈会,以提高常委会协商议政的质量;规定要保障常委的民主权利,并对常委履行职责提出要求。1998年6月,市政协九届二次常委会会议对《条例》进行修订,进一步明确了常委会的工作原则、职权,常委会会议的人员组成、主要任务、工作程序及保密范围,保障常委会成员民主权利,以及常委会组成人员应提高自身素质和履行职能的能力等。2003年2月,市政协十届一次常委会会议对《条例》再次进行修改,在保留基本框架和总体内容的基础上,增加了贯彻"三个代表"重要思想等重要内容。2005年5月,市政协十届十七次常委会会议又一次对《条例》进行修订,将《条例》结构改为总则、常务委员会会议、文件、附则共4章21条,同时改名为《政协上海市委员会常务委员会工作规则》。2008年2月,市政协十一届一次常委会会议对该规则进行修订,将原4章21条修改为总则、工作原则、工作职权、议事制度、文件、附则6章23条,增加了"常务委员会要发挥协调关系、汇聚力量、建言献策、服务大局的重要作用"的条款。2009年6月,市政协十一届十一次常委会会议再次修订规则,在保留文件6章23条框架的基础上,增加了"常委会会议听取专门委员会工作汇报"、"常委会会议决定的事项或内容,由主席会议组织落实"等内容。

【政协上海市委员会全体会议工作规则】

2005年5月市政协十届十七次常委会会议审议通过,内容共分总则、会议的准备、会议的举行、会议的提案和建议案、选举和表决、附则等6章37条,就全体会议的指导思想、工作方针、目标任务;会议的主要形式,开闭幕会议、分组讨论会的主要任务,专题会议、联组讨论的组织方式;全会期间提案的提出和审查;提出建议案的条件和方式;选举与表决的程序和方法等予以规范。

【政协上海市委员会主席会议工作规则】

2005年4月市政协十届三十九次主席会议审议通过。规则共17条,明确主席会议负责处理常务委员会的重要日常工作,提出主席会议的根本准则、工作依据、工作方针和主要任务;主席会议组成人员履职的思想和行为要求;主席会议的频次、出席对象、召集与主持人选、议题安排、审议讨论议题程序、方法,以及议题通过后的实施方式等。2008 年 1 月,市政协十一届一次主席会议对部分内容进行文字修改,并将全文 17 条款按内容分别归入总则、工作原则、工作任务、议事制度、文件、附则共 6 章之中。

【政协上海市委员会秘书长会议议事要则】

原名为《政协上海市委员会秘书长会议工作规则》,2006 年 8 月经市政协十届六十四次主席会议审议通过。规则共 10 条,明确秘书长会议的主要任务是协助主席、副主席组织实施全体会议、常委会会议、主席会议决定的各项事项,对参加政协的各民主党派、有关人民团体、无党派人士共同关心的问题进行协商,向主席会议、常委会会议提出意见和建议;规定了会议的召集和主持人,出席、列席人员范围,会议议题安排、审议讨论议题程序、方法及议题讨论通过后的实施方式等内容。2009 年 6 月,市政协十一届三十二次主席会议审议将规则改名为《政协上海市委员会秘书长会议议事要则》。

三、专项工作制度

【专门委员会工作】

《政协上海市委员会专门委员会工作条例》 原名为《上海市政协各委员会工作简则(试行)》(以下简称《简则》),1987 年 9 月市政协六届二十三次常委会会议通过,1988 年 7 月,市政协七届二次常委会会议对《简则》进行修订,并决定继续试行。《简则》共分为总则、任务、组织、制度四个部分,提出专委会是常委会领导下履行政治协商、民主监督职能,分类进行工作,开展经常活动的具体组织形式,明确了专委会的工作任务和组织构成。1995 年 9 月,市政协八届十五次常委会会议对《简则》进行修订,明确专委会是在常委会领导下组织委员开展经常性活动的工作机构,是开展政治协商、民主监督、参政议政活动的重要组织形式,并对专委会主任、副主任人选要求作出规定。1998 年 6 月,市政协九届二次常委会会议决定将《简则》改名为《政协上海市委员会专门委员会工作条例》(以下简称《条例》),《条例》设总则、组织结构、工作任务、工作制度、附则共 5 章 21 条,在基本保留《简则》内容的基础上,增加了"每个政协委员原则上都应参加专门委员会,并参与其活动"以及非政协委员的专委会委员"一般不超过专委会中政协委员总数的四分之一"的规定。2005 年 9 月,市政协十届二十次常委会会议对《条例》进行修改,使之在指导思想、工作任务、工作制度等内容的文字表述与全国政协《专门委员会通则》保持一致,并增加了专委会设置专职副主任及其职责任务,以及专委会每年年初将工作计划提请主席会议审议,年度末向常委会提交工作报告的内容。2010 年 12 月,市政协十一届二十二次常委会会议再次审议修改《条例》,将《条例》全文改为 6 章 29 条,主要修改内容:一是在专委会工作性质方面增加了"是发挥委员主体作用的重要载体"的表述;二是将专委会工作任务从原来的 1 条分解充实为 7 条,提出了总体要求和组织学习,参与协商议政、民主监督和调研活动,做好提案工作,反映社情民意信息,发挥界别作用,促进团结工作等六个方面的具体要求;三是将原"每位市政协委员应参加一个专委会"的要求改为"一般可根据本人意愿选择参加专委会";四是对专委会领导及成员的配置及任免程序进行了进一步规范;五是将原"组织结构"中内容进行分解,增设《办事机构》一章。

【委员视察】

《政协上海市委员会视察工作简则》　1988年7月市政协七届二次常委会会议审议通过。内容共8条,提出:视察的目的是了解国家方针政策贯彻执行情况,研究改革开放和两个文明建设中出现的新情况、新经验、新问题并向党政领导和有关部门提出意见建议;视察办法包括根据需要由市政协统一组织政协委员每年组织1—2次集中视察,各委员会根据各自工作特点和需要组织专题视察以及委员自由选题进行视察;视察结束后,各视察组应写出视察报告或提出书面的意见、建议,由市政协办公厅报领导参考或转有关部门研究处理;视察接待应从简等的问题。

《政协上海市委员会关于履行民主监督职能,开展专项视察工作的意见》　2006年12月市政协十届六十九次主席会议审议通过,意见包括专项视察工作的重要性、专项视察工作的目的、专项视察工作的原则、专项视察工作的实现形式、专项视察工作的领导机构、专项视察队伍的组成、专项视察的组织工作七个方面共24条。提出了政协专项视察以市政府有关职能部门某一专项工作为视察对象,对政府职能部门依法行政情况和办理政协提案情况以及此项工作实施情况开展的民主监督活动;专项视察要坚持科学发展观,服务经济社会服务大局,体现团结民主主题和政协特色,讲求实效等内容。

《上海市政协关于加强和改进委员视察工作的意见》　2009年7月市政协十一届三十五次主席会议审议通过,意见包括进一步明确和认识委员视察的定位和作用、探索和创新委员视察的工作机制、深化和拓展委员视察成果、强化和发挥政协委员的主体作用四个方面共15条。提出了委员视察是政协履行职能的一项政治活动,是履行政协民主监督职能的主要形式之一;要提高委员视察工作实效,规范视察工作程序,认真选好视察题目;要改进视察组织方式,加强视察工作领导;要提高视察报告质量,完善视察后沟通、反馈和跟踪机制,重视视察成果转化和加强视察工作宣传等内容。

【提案工作】

《政协上海市委员会提案工作条例》　1988年10月,市政协七届三次常委会会议原则通过,经过一年多的试行,于1990年3月市政协七届十次常委会会议审议正式通过。《政协上海市委员会提案工作条例》(以下简称《提案工作条例》)全文包括总则、提案委员会、提案的提出、提案的审查、提案的办理等内容,就提案的性质地位、提案委员会组建方法及职责、提案提出的方式和要求、提案审查的程序和立案的标准、提案办理的期限和要求、提案办理的跟踪和落实等作出规范。1993年3月,参照新修订的《政协全国委员会提案工作条例》,结合上海实际,市政协八届一次常委会会议修订《提案工作条例》,增加了不断提高提案质量和提案办理质量,切实发挥提案在履行政治协商、民主监督职能中的作用;评选优秀提案和先进承办单位;提案委员会每年在市政协全会报告上次会议以来的提案工作情况,半年向常委会和主席会议报告一次提案工作等内容。1995年5月,市政协八届十五次常委会会议再次审议修改《提案工作条例》,增加了提案经审查不予立案的范围及不立案件处理方法的条款。1998年6月,市政协九届二次常委会会议对《提案工作条例》部分文字表述进行修改规范。2000年10月,市政协九届十六次常委会会议修改《提案工作条例》,补充了关于提高提案质量、提案办理质量、提案工作机构服务质量,以及提案应当经常化的内容。2005年7月,十届十九次常委会会议审议修订《提案工作条例》,在总则部分增加了提案"是一项涉及全局性的工作"的表述。2007年9月,市政协十届三十六次常委会会议再次修改《提案工作条例》,将提案办理结果分类由原"解决"、"正在解决"、"列入计划解决"、"留作参考"、"暂时难以解决"五类修改为"采纳与解决"、"列入计划拟解决"、"留作参考"三类。由于第十一届市政协在实践中确立了"把做好提案工作成为提案者、承办者、领导者、提案工作者和宣传者的共同责任、共同任务和共同目标,以增强提案工作合力"的"共同意识"观念,2011年12月,市政协十一届三十一次常委会会议又一次修订《提案工作条例》,增加了"提案工作应树立'共同意识'"的内容。

根据《提案工作条例》有关条款,1998年8月,市政协九届六次主席会议审议制定《政协上海市委员会重要提案产生办法(试行)》和《政协上海市委员会提案审查办法(试行)》。2000年4月,因相关内容并入新修订的《提案工作条例》,经市政协九届二十二次主席会议审议,上述两文件废止。

《政协上海市委员会优秀提案评选办法》 1998年8月,市政协九届六次主席会议审议制定《政协上海市委员会优秀提案产生办法(试行)》。2000年4月,市政协九届二十二次主席会议审议修改为《政协上海市委员会优秀提案评选办法》,对优秀提案评选对象和评选数额、评选条件和评选程序以及表彰名义等作出规范。根据评选办法,优秀提案一般每届评选1—2次,评选数额不超过评选年限内提案总数的2%,提出优秀提案评选标准是围绕大事,涉及热点问题;情况准确,分析透彻,建议可行或具前瞻性,能产生或预期将产生效益,对决策具有重要参考价值。2009年10月,市政协十一届四十二次主席会议对上述评选办法进行修订,将优秀提案评选周期改为每年评选1次,评选数额改为评选年度内提案总数的5%,必要时可视情增加和减少,并增设优秀提案特别奖和优秀提案荣誉奖,规定优秀提案特别奖应符合优秀提案的标准,并成效更加显著且受到各方面公认;优秀提案荣誉奖为非常设奖项,一般结合(纪念)重大事件,由市政协主席会议决定并授权提案委员会组织评选,报主席会议审定。

【反映社情民意信息工作】

《政协上海市委员会关于进一步加强反映社情民意工作的试行意见》 原名为《政协上海市委员会关于加强反映社情民意工作的若干意见(试行)》,2001年11月经市政协九届三十八次主席会议审议通过。意见总结市政协开展反映社情民意工作的实践,就把握反映社情民意工作的原则和要求,完善反映社情民意工作的工作机制等提出指导意见。2004年5月,市政协十届十次常委会会议审议修改上述意见并改名为《政协上海市委员会关于进一步加强反映社情民意工作的试行意见》,参照全国政协有关文件精神,提出要充分认识政协反映社情民意工作的重要性;把握反映社情民意工作的原则;拓宽社情民意渠道,广辟社情民意信息来源;完善反映社情民意工作机制,健全反映社情民意工作网络,规范社情民意信息的编审、报送程序等要求。

《政协上海市委员会反映社情民意信息工作条例》 2005年5月,市政协十届四十次会议在《政协上海市委员会关于进一步加强反映社情民意工作的试行意见》的基础上,结合反映社情民意信息工作实践,审议通过《政协上海市委员会反映社情民意信息工作条例》(以下简称《条例》),《条例》共13条,就政协反映社情民意信息工作的性质特点、工作内容、工作机制、评选表彰做出规定,提出反映社情民意信息工作应抓住重点、体现特色、真实准确、讲求实效;明确建立特邀信息员和信息联络员制度,邀请若干政协委员为特邀信息员,在各民主党派、有关人民团体、市政协专委会和区县政协聘请信息联络员。2010年12月,市政协十一届二十二次常委会会议对《条例》进行修订,将《条例》分为总则、信息内容和工作要求、信息收集和反映、信息处理和反馈、工作机构和队伍建设、附则共6章20条,进一步明确政协收集和反映社情民意信息的主要范围,以及不宜作为政协社情民意信息的具体内容,并明确了政协委员、党派团体、政协专委会、区县政协在政协反映社情民意信息工作中的作用和参与方法等。

《政协上海市委员会反映社情民意信息工作评选表彰办法》　原名为《政协上海市委员会反映社情民意先进单位和先进个人评选表彰办法》(以下简称《评选办法》),2006年6月经市政协十届六十二次主席会议审议通过。《评选办法》确定以市政协办公厅名义每年评选表彰反映社情民意信息工作先进单位和先进个人,先进个人包括优秀特邀信息员、优秀信息联络员、反映社情民意信息积极分子,评选范围为向市政协提供信息的党派团体、市政协专委会和区县政协的工作部门,并确定了评选先进的方法和程序。2009年,市政协十一届三十八次主席会议修订《评选办法》,将评选表彰的主办由市政协办公厅调整为市政协,评选表彰对象由党派团体、专委会和区县政协的工作部门调整为党派团体、专委会和区县政协。2012年2月,十一届九十九次主席会议再次对《评选办法》进行修订并更名为《政协上海市委员会反映社情民意信息工作评选表彰办法》,评选表彰项目在原评选奖项上增加优秀社情民意信息一项,并决定每年评选1次,每届表彰2次,还进一步完善了以来稿采用得分为主要依据的评选方法和程序。

【特邀监督员工作】

《政协上海市委员会特邀监督员工作规则》　原名为《政协上海市委员会特邀监督员工作简则(试行)》,1996年7月市政协第一次特邀监督员工作会议制定,1999年3月经第二次特邀监督员工作会议讨论修改,并征求部分聘请单位的意见后发至市政协特邀监督员和聘请单位试行半年。2000年4月,根据试行一年来的实际情况并再次修订后,《政协上海市委员会关于特邀监督员工作简则》正式施行。简则分为总则、特邀监督员、邀请部门、组织、附则共5章22条,就政协特邀监督员的含义、特邀监督员工作的作用意义;特邀监督员工作的权利和要求;邀请特邀监督员的方法步骤及市政协相关工作职责等进行了规范。2009年10月,市政协十一届四十二次主席会议审议修改并更名为《政协上海市委员会特邀监督员工作规则》,规则分为总则,特邀监督员的职责、权利和义务,特邀监督员的推荐、聘任和解聘,联系工作机制,附则5章14条,阐明了政协特邀监督员的概念,明确特邀监督员工作是政协履行民主监督职能的重要形式,从市政协角度提出了特邀监督员的职责、权利和义务;规范了特邀监督员邀请、推荐、聘任和解聘的条件以及程序,提出"党派优先、专业相近、履职积极"的推荐原则;明确政协加强与特邀监督员联系的主要职责、内容和形式等。

【宣传工作】

《关于进一步加强和改进市政协宣传工作的意见》　2003年4月经市政协十届四次主席会议审议通过。意见围绕进一步加强政协宣传工作提出6点意见:(1)加强政协宣传工作的领导,建立宣传工作领导小组。(2)努力提高宣传工作质量,及时、准确、充分报道政协履职活动。(3)密切与宣传部门的联系与合作,办好《文汇报》的"人民政协"专版、东方广播电台的"政协之声"专题节目等,鼓励和支持各新闻媒体根据自身的不同定位,采写具有各自特色的报道,市政协每年开展1次"市政协好新闻"的评奖活动。(4)市政协《联合时报》要改进文风、活跃版面,使报纸宣传有广度、有深度、有亮点,《浦江纵横》杂志由双月刊改为月刊,并逐步过渡为公开发行,"上海政协"网站要根据信息传媒及时、快捷的特点,增强网站在宣传统战、政协方面的作用。(5)发挥政协专委会、政协委员等各有关方面在市政协宣传中的作用。(6)建立市政协新闻发言人制度。为贯彻上述意见,市政协又先后制定《市政协宣传工作制度》、《市政协新闻发言人制度》、《市政协新闻宣传策划制度》等。

【对外友好】

《市政协关于积极开展对外友好工作的若干意见》　2003年10月市政协十届十一次主席会议审议通过。意见分为对外友好工作的指导思想与工作目标、对外友好工作的工作重点、开展对外友好工作的措施等三个方面,提出市政协开展对外友好工作的工作重点为:学习国家的对外方针政策,宣传中国共产党领导的多党合作和政治协商制度,以人民外交丰富友城交流的形式和内容;加强与海外华人、华侨和留学生的广泛联系,推进侨务工作和留学生工作;加强与包括非政府组织在内的民间团体之间的交流;抓好课题调研等,提出市政协加强对外友好工作要夯实基础、统筹管理、分工协作,加强与有关部门的联系,积极主动地广交朋友等措施要求。

【界别工作】

《关于发挥市政协界别作用的意见》　2006年4月市政协十届五十八次主席会议审议通过并试行。意见围绕政协在履行职能中体现界别特色、突出界别优势、发挥界别作用,提出指导思想、组织形式、活动方式、活动内容、组织实施、其他等六个方面20条意见,包括界别活动的主要形式为界别委员座谈会,界别调研、考察和参观,界别提案、大会发言、社情民意信息,开展界别联谊活动;界别活动主要依托专委会开展、民主党派界别活动由各党派自行安排、建立界别活动召集人制度及召集人工作职责、港澳地区政协委员在全会闭幕期间参照界别开展活动等,并附市政协各专委会联系和协调界别活动分工和市政协机关联系有关界别活动的职能部门。2011年11月,市政协十一届九十一次主席会议对《关于发挥市政协界别作用的意见》进行修订,将全文改为充分认识发挥界别作用的重要意义、注重发挥界别在推进市政协工作中的重要作用、建立健全界别活动的组织保障、努力探索界别活动的方式方法、有序组织界别活动的实施、其他等六个方面22条意见,在保留原文件内容的基础上,提出要积极为界别活动创造条件,把界别提案、反映社情民意信息作为发挥界别整体优势的重要手段,把开展界别协商议政、调研和视察作为发挥界别专业优势的重要平台,把组织界别委员深入基层、联系群众、反映意见诉求作为政协做好群众工作的重要基础等。

第五章 理 论 研 究

市政协理论研究工作随着人民政协理论的确立和深化起步并深入开展。20世纪90年代前,以学习、理解中共中央历代领导集体关于人民政协的思想、观点和重要论断为重点。90年代后,政协理论研究工作主要集中在总结经验、历史梳理、知识普及和工作思考等方面。1994年8月,市政协成立政协工作研究小组,由部分政协委员和机关干部组成,主要任务是通过学习思考研究,出思路、出观点,为政协工作服务。进入21世纪后,政协理论研究工作逐步深入,并从政协内部逐步面向社会。2003年9月,市政协成立上海人民政协理论与实践研究咨询组,聘请来自高校、党校及有关院所的专家学者参加,借助社会各界力量推动政协理论工作。2007年11月,在咨询组的基础上,市政协发起成立上海市人民政协理论研究会,从此政协理论研究的内容不断丰富,探索更加深入,理论研究的形式也日益多样,主要为研讨会、论文征集与评比、重点课题研究。

第一节 研 讨 会

理论研讨会主要有两个类型:一类是汇报展示工作研究、理论研究成果的交流会;一类是某课题在研究过程中,对研究初期成果作讨论分析评估,规模较小。本节编入的主要是前一类型的研讨会。

一、专题研讨会

【邓小平人民政协理论学习研讨会】

1998年7月28日举行,市政协副主席王生洪主持会议。会议总结交流学习贯彻《中共中央关于坚持和完善中国共产党领导的多党合作和政治协商制度的意见》的体会和经验。市委副书记、市政协主席王力平作题为"深入学习邓小平理论,努力使政协工作达到中共十五大要求的新水平"的主题讲话。市政协副主席朱达人,市委党校原副校长严家栋,市政协副主席、致公党市委主委俞云波,市社联党组书记王邦佐,徐汇区政协主席董健,全国政协委员、市政府参事室主任李昌道在会上作交流发言。同年10月,根据理论研究和工作实践成果,市政协编辑出版《依据·指南——学习邓小平人民政协理论文集》,全书辑录有关论文65篇。

【上海市政协民主监督研讨会】

2000年11月6日举行,市政协副主席朱达人主持会议,市政协主席王力平出席并讲话。会议围绕"民主监督的理论和实践"、"提高民主监督的力度和实效"、"运用各种载体加强民主监督"等问题交流研讨。市政协副主席谢丽娟、刘恒椽,市政协委员和在沪全国政协委员毛增滇、马克烈、薛明仁、吴仲信、王福庆、董健、葛文卿、吴绍中、陆柱、于剑平等作研讨发言。

【上海市人民政协理论与实践研究咨询组调研成果汇报会】

2004年10月19日举行,市政协副主席宋仪侨主持会议,市政协主席蒋以任、全国政协研究室

图 10-5-1　2010 年 11 月,上海市人民政协理论研究会联合市法学会、市政治学会、市社会学学会
召开"扩大公民有序政治参与,推进社会主义民主政治建设"理论研讨会

副主任李松晨出席并讲话。会议围绕"人民政协在社会主义政治文明建设中功能拓展和观念创新"、"落实协商在决策之前的规范化、制度化、程序化"、"完善政协的民主监督"等政协理论和实践问题交流汇报,复旦大学国际关系与公共事务学院副院长林尚立、复旦大学哲学系教授余源培、上海社会科学院民主政治研究中心研究员刘杰、市委党校副校长李琪、致公党市委原副主委陈昌福、民革市委原副主委过传忠、华东师范大学法政系教授齐卫平、复旦大学社会系主任谢遐龄、社会主义学院副院长彭镇秋作研讨发言。

【上海市政协"协商民主"研讨会】

2006 年 9 月 11 日举行,市政协副主席宋仪侨主持会议,市政协主席蒋以任出席并讲话。会议围绕协商民主对于社会主义政治文明建设的重要意义,就协商民主的特点、内容、方式和途径等展开研讨。市社联副主席王邦佐、复旦大学国际关系与公共事务学院教授浦兴祖、市人大常委会研究室主任周锦蔚、华东政法大学图书馆馆长殷啸虎、民革市委原副主委过传忠作研讨发言。

【"扩大公民有序政治参与,推进社会主义民主政治建设"理论研讨会】

2010 年 11 月 29 日举行。由上海市人民政协理论研究会、上海政治学会、上海市社会学学会、上海市法学会联合举办。市政协秘书长、上海市人民政协理论研究会会长陈海刚主持会议,市政协主席、研究会名誉会长冯国勤出席并讲话。会上,上海社会科学院政治研究中心主任刘杰、华东师范大学政治学系主任齐卫平、复旦大学社会学系教授胡守钧、华东师范大学教授张淑芳、市政府法制办副主任刘平、市社联研究员徐中振、华东政法大学政治学研究院教授袁峰、复旦大学国际关系与公共事务学院教授浦兴祖围绕"人民政协在扩大公民有序政治参与中的作用"、"当前公民有序政治参与的阻碍"、"公民有序政治参与的途径"等专题作主题发言,上海市政治学会会长桑玉成、上海市社会学学会名誉会长邓伟志作研讨点评。

【"中国特色社会主义政党制度与政治发展道路"理论研讨会】

2011年6月28日举行。由上海市人民政协理论研究会、上海市政治学会、上海市社会学学会、上海市法学会、上海市中共党史学会联合举办。市政协秘书长、上海市人民政协理论研究会会长陈海刚主持会议,市政协主席、研究会名誉会长冯国勤出席并讲话。会上,华东政法大学政治学与公共管理学院院长张明军、复旦大学副校长林尚立、上海大学社会学系教授邓伟志、华东政法大学法律学院教授朱应平、复旦大学国际关系与公共事务学院教授郭定平围绕"符合中国国情的政党制度选择"、"人民政协在中国共产党领导与执政中的地位和作用"、"党风是扩大统一战线的法宝"、"完善和制约监督机制对中国政治发展的重要性及其路径选择"、"中国共产党的民主化战略:比较政治学的视野"等专题作主题发言,上海市中共党史学会会长张云、上海市人民政协理论研究会副会长李琪、上海市社会学学会会长李友梅、上海市法学会副会长陈金鑫、上海市政治学会会长桑玉成作研讨点评。

【"拓展协商民主促进创新转型"理论研讨会】

2012年7月19日举行。由上海市人民政协理论研究会、上海政治学会、上海社会学学会、上海市法学会、上海市统一战线理论研究会联合举办。市政协秘书长,上海市人民政协理论研究会会长陈海刚主持会议,市政协主席、研究会名誉会长冯国勤出席并讲话。会上,同济大学教授周敏凯、华东政法大学教授陈俊、上海大学社会学院教授沈瑞英、上海市社会主义学院教授杨爱珍、华东政法大学政治学系教研室副主任易承志围绕"协商民主内涵分析与人民政协制度创新"、"协商民主与社会组织发展"、"人民政协协商民主的意义和原则"、"拓展协商民主促进转型发展"等专题作主题发言,上海市政治学会副会长商红月、上海市法学会副会长陈金鑫、上海市社会学学会副会长张文宏、上海市统一战线理论研究会副会长姚俭建、上海市人民政协理论研究会副会长兼秘书长徐海鹰作研讨点评。

二、年度研讨会

【上海市人民政协理论研究会第一次理论研讨会】

2007年11月8日举行,市政协副主席宋仪侨主持会议。会议围绕"以科学发展观指导政协工作"、"推进新的社会阶层有序参与民主政治建设"、"十届市政协工作的探索与实践"等专题展开讨论,上海社会科学院民主政治研究中心研究员刘杰、华东政法大学图书馆馆长殷啸虎、上海社会科学院邓小平理论研究中心副研究员周罗庚、复旦大学哲学系教授余源培等在会上作研讨发言。

【上海市人民政协理论研究会第二次理论研讨会】

2009年4月1日举行,市政协秘书长、研究会会长陈海刚主持会议,市政协主席、研究会名誉会长冯国勤出席并讲话。会议围绕"民主是民主党派的生命线"、"政治协商制度蕴藏着社会主义民主生长的巨大空间"、"把政治协商纳入决策程序的思考"、"发挥人民政协协调关系汇聚力量的思考和实践"等专题展开讨论,上海大学教授邓伟志、华东师范大学政治学系主任齐卫平、市政协文史资料委员会副主任陈军、奉贤区政协主席韦源作研讨发言。

【上海市人民政协理论研究会第三次理论研讨会】

2010 年 4 月 14 日举行,市政协秘书长、研究会会长陈海刚主持,市政协主席、研究会名誉会长冯国勤出席并讲话。会议围绕"人民政协在我国政治体制中的定位"、"人民政协应当成为汇聚和引领民意的强大力量"、"科学发展观与人民政协工作的资源开发"等专题展开讨论。复旦大学发展研究中心主任谢遐龄、华东政法大学政党理论研究所所长蒋德海、华东师范大学政治学系副主任郝宇青作研讨发言。

【上海市人民政协理论研究会第四次理论研讨会】

2011 年 4 月 28 日举行,市政协秘书长、研究会会长陈海刚主持,市政协主席、研究会名誉会长冯国勤出席并讲话。会议围绕"进一步发挥党派界别在人民政协中作用的对策研究"、"政治协商制度的法制化"、"人民政协是拥有潜力的政治减压阀"、"发挥人民政协在社会建设中的重要作用"等专题展开讨论。九三学社市委副主委黄鸣、上海社会科学院法学所副所长殷啸虎、华东师范大学政治学系学员陈茜、青浦区政协副主席顾峰作研讨发言。

【上海市人民政协理论研究会第五次理论研讨会】

2012 年 4 月 11 日举行,市政协秘书长、研究会会长陈海刚主持,市政协主席、研究会名誉会长冯国勤出席并讲话。会议围绕"人民政协体现中国特色包容性政治"、"发挥政协的社会利益表述功能与途径"、"对协商民主各主体间的信息对称和知情权"、"政协就政府专项工作开展民主评议的实践与思考"、"人民政协在信访矛盾化解工作的重要作用"等专题展开讨论。复旦大学哲学学院教授余源培、中共上海黄浦区委党校副校长钱胜、上海体育大学教授徐本力、浦东新区政协副秘书长胡志萍、虹口区行政学院教研室助教吴浩作研讨发言。

第二节　理论课题研究

上海市人民政协理论与实践研究咨询组和上海市人民政协理论研究会根据中央及市委对政协工作的要求,结合市政协工作实际,每年确定若干课题组织会员开展研究。从 2009 年起,研究会采用课题招投标办法,由会员根据课题指南选报课题。投标的课题经专家评审后确定为重点课题或资助课题。

一、上海市人民政协理论与实践研究咨询组历年研究课题

【2004 年研究课题】

(1) 政协在上海政治文明建设中如何进一步开拓工作领域和发展空间;

(2) 政协在参与上海改革和完善决策机制,推进决策科学化、民主化进程中,如何落实协商在决策之前的规范化、制度化、程序化;

(3) 政协与市人大、市政府在市委"总揽全局、协调各方"格局中各项工作的侧重点、优势互补的结合点与扬长避短的创新点;

(4) 在完善社会主义市场经济体制中,政协如何扩大团结面和联系面,促进上海形成调动一切积极因素大统战格局;

（5）政协怎样借鉴和运用人类政治文明的有益成果,拓展民主监督工作领域,加强民主监督功能;

（6）如何进一步加强与政协委员联系,充分发挥政协委员集体智慧,更好地体现政协委员的主体作用;

（7）政协如何进一步做好在沪港澳台同胞工作,发挥港澳委员作用,不断壮大爱国统一战线;

（8）政协如何进一步做好民族宗教工作,适应国际大都市民族宗教工作的需要;如何进一步加强非公经济工作,开拓上海非公经济发展的新局面。

【2005 年研究课题】

（1）新形势下密切党群关系的方法措施;

（2）在加强党的执政能力建设中如何充分发挥人民政协重要作用;

（3）在政协工作中如何更好体现中国共产党的领导核心作用;

（4）关于政协科学、民主、依法参政问题;

（5）在构建社会主义和谐社会中发挥政协作用探讨;

（6）关于中国共产党在人民政协与各民主党派、各界代表人士进行政治协商的有关问题;

（7）政协如何进一步发挥界别作用,拓展联系社会各界的渠道;

（8）政协专题调研如何进一步体现综合性、全局性、前瞻性,发挥政协优势和特点;

（9）政协如何进一步做好人民外交工作,拓展对外友好交流渠道探讨。

【2006 年研究课题】

（1）关于我国社会主义民主两种形式的特点和定位;

（2）政协工作如何体现科学发展观;

（3）如何理解和坚持人民政协的工作原则;

（4）关于新形势下社会矛盾的特点、根源及处理方法;

（5）特大型城市政协工作规律;

（6）在政协工作中如何进一步发挥民主党派作用;

（7）如何在知情、沟通、反馈环节上完善政协的民主监督作用;

（8）如何进一步发挥政协常委会会议的作用;

（9）如何提高政协视察的实效性。

二、上海市人民政协理论研究会课题研究

【2009 年研究课题】

重点课题：

（1）以科学发展观指导人民政协工作的理论思考(由华东师范大学政治学系主任齐卫平领衔研究);

（2）在政协工作中创新加强团结、发扬民主的方式方法(由中共上海黄浦区委党校副校长王绍基、松江区政协主席陈先国分别领衔研究)。

【2010 年研究课题】

重点课题:

(1) 多党合作与政治协商基本理论研究(由市委党校当代中国政治研究中心主任程竹汝领衔);

(2) 现阶段进一步发挥党派界别在人民政协中作用的对策研究(由九三学社市委副主委黄鸣领衔);

(3) 人民政协扩大公民有序政治参与的方式和路径研究(由静安区政协主席刘晓明领衔)。

资助课题:

(1) 发挥民主党派在人民政协中的重要作用(由民盟市委理论与盟史研究会会长殷啸虎牵头);

(2) 论完善和改进人民政协在扩大公民有序参与中的平台作用(由上海政法学院副院长关保英牵头);

(3) 关于改革开放以来上海政协事业发展的特点(由市政协研究室理论处承担)。

【2011 年研究课题】

重点课题:

(1) 发挥政协界别作为扩大社会各界有序政治参与的重要渠道作用(由民盟市委理论与盟史研究会会长殷啸虎、民盟市委副主委方荣共同领衔);

(2) 新时期改进和完善人民政协界别工作的思考(由闵行区政协主席吴申耀领衔);

(3) 发挥政协的社会利益表达功能(由中共上海黄浦区委党校副校长钱胜领衔)。

【2012 年研究课题】

重点课题:

上海转型发展中政协工作的探索创新(由华东政法大学政治学教研室副主任易承志领衔)。

资助课题:

(1) 发挥政协中民主党派界别为社会主义文化建设服务的共性与特性(由民进市委副主委许政涛牵头);

(2) 发挥政协开放平台优势,扩大公民有序政治参与(由静安区政协主席郑健麟牵头);

(3) 发挥政协委员在本职工作中的带头作用,政协工作中的主体作用,界别群众中的代表作用(由闸北区政协秘书长刘尚宝牵头);

(4) 政协委员在引导网络舆论方面的重要作用(由中共上海虹口区委党校副教授张家禾牵头)。

第三节　论文征集和评奖

上海市人民政协理论与实践研究咨询组和上海市人民政协理论研究会在开展课题研究的同时,广泛征集有关人民政协工作理论和实践的研究论文。

一、上海市人民政协理论与实践研究咨询组论文征集

2003 年上海市人民政协理论与实践研究咨询组成立至 2007 年上海市人民政协理论研究会成

立，共征集并发表论文48篇。

表 10 - 5 - 1　2003—2007 年市人民政协理论与实践研究咨询组征集论文一览

年份	论　文　题　目	作　者
2003	《人民政协在社会主义政治文明建设进程中的发展空间》	林尚立
	《"三个代表"重要思想与政治协商之"纲"》	倪正茂
	《当代中国的民主本质上是一种协商性民主》	殷啸虎
	《当前政协专委会在工作实践中需要把握的几个问题》	宋立桐
2004	《把握团结民主主题，开拓政协工作新局面》	余源培
	《学习贯彻政协章程，充分发挥社会各阶层作用》	殷啸虎
	《学习贯彻政协章程，进一步优化政协委员队伍构成》	过传忠
	《政协工作要为非公经济人士发挥作用搭建平台》	齐卫平
	《关于民主监督的有关问题》	王邦佐
	《政协与协商民主》	浦兴祖
	《充分发扬社会主义民主，努力推进政协工作发展》	宋立桐
	《学习贯彻政协章程，推进履行职能的制度化、规范化、程序化》	林尚立
	《关于政协履行职能制度化、规范化、程序化之我见》	严家栋
	《在市委"总揽全局、协调各方"格局下发挥人大政协职能作用，推进政治文明建设》	周锦蔚
	《进一步完善"决策前协商制度"的几点思考》	刘　杰
	《推进履行政协职能制度化、规范化、程序化之我见》	陈昌福
	《推进履行职能制度化、规范化、程序化的几点浅见》	宋立桐
2005	《正确认识和处理人民内部矛盾是构建和谐社会的主题——对人民政协在构建和谐社会中作用的思考》	余源培
	《协调各方利益关系、促进社会公平正义》	殷啸虎
	《对人民政协事业体现现代性的解读》	关保英　梁　玥
	《充分发挥政协优势，为构建和谐社会贡献力量》	倪正茂
	《贯彻落实〈意见〉要从抓好学习入手》	严家栋
	《推动我国政治发展的重要文件》	林尚立
	《对人民政协中政治协商问题的几点认识》	过传忠
	《加强和改善党对人民政协工作的领导是全面加强党的执政能力建设的重要内容》	周罗庚
	《学习中央文件，推动本市政协制度创新》	浦兴祖
	《关于市政协密切联系群众的几点想法》	王邦佐
	《进一步发挥人民政协界别作用》	彭镇秋
	《加强界别工作势在必行》	宋立桐
	《论市政协在社区建设和发展中的作用》	关保英　梁　玥
	《探索和发展政协"泛界别"存在的留学人员群体作用的思考》	陈昌福

(续表)

年份	论 文 题 目	作 者
2006	《对人民政协定位的认识》	谢遐龄
	《关于学习贯彻中央五号文件的几点建议》	宋立桐
	《学习文件,对参政议政加深认识》	彭镇秋
	《以〈中共中央关于加强人民政协工作的意见〉为指导,提升人民政协工作水平》	齐卫平
	《关于改进政协委员遴选工作的建议》	费成康
	《论人民政协在建设法治国家中的地位》	关保英
	《充分发挥民主党派在人民政协政治协商中的作用》	陈昌福
	《学习〈中共中央关于加强人民政协工作的意见〉的一些体会》	余源培
	《坚持用科学发展观指导政协工作》	王邦佐
	《按唯物辩证法推进政协工作科学发展》	宋立桐
	《新形势下我国社会矛盾的主要特点》	周罗庚
	《关注社会矛盾,积极建言献策》	彭镇秋
	《新形势下社会矛盾处理方法》	关保英
2007	《加深对"两种民主形式"若干问题的理解》	齐卫平 童庆平
	《影响政协课题调研实效性的八个环节》	沈善初
	《由界别设置和调整引发的若干问题的思考》	过传忠
	《关于拓宽民主监督渠道的思考与建议》	倪正茂 浦兴祖 彭镇秋

二、上海市人民政协理论研究会的论文征集和评奖

上海市人民政协理论研究会成立后,2008年起每年在征集研究论文的基础上,经过专家评审组对论文作者匿名评审,评选优秀论文。

2008年共收到应征论文90篇,评选一等奖3篇、二等奖8篇、三等奖16篇;

2009年共收到应征论文84篇,评选一等奖3篇、二等奖7篇、三等奖15篇;

2010年共收到论文84篇,评选一等奖2篇、二等奖9篇、三等奖14篇;

2011年共收到论文96篇,评选一等奖3篇、二等奖7篇、三等奖13篇;

2012年共收到论文80篇,评选一等奖3篇、二等奖7篇、三等奖14篇。

表10-5-2 2008—2012年上海市人民政协理论研究会获奖论文一览

年份	奖类	论文题目	作者
2008	一等奖	《"把政治协商纳入决策程序"的几点思考》	陈 军
		《人民政协团结和民主的当代实践与中国民主政治》	张培基
		《健全政协提案工作机制,进一步发挥委员履职有效性的新举措》	吴瑞君

（续表）

年份	奖类	论文题目	作者
2008	二等奖	《论政协制度在我国政治制度框架中的地位》	于秋兰
		《关于发挥政协界别重要作用的若干思考》	刘尚宝
		《关于政协界别问题的思考》	李世嘉
		《论政治协商制度在社会主义民主生长中的地位》	齐卫平
		《关于人民政协法治化问题的若干思考》	殷啸虎
		《民主是民主党派的生命线》	邓伟志
		《关于拓宽民主党派基层组织成员参政议政渠道的研究》	庄子群　刘　艳
		《优势独具　大有可为——关于政协开展人民外交活动的思考》	徐海清
	三等奖	《发挥宗教界在经济社会发展中积极作用的思考》	市政协民族和宗教委员会
		《政协文史资料系统应当肩负起为共和国存史的使命》	范向东
		《上海民族和谐与人民政协作用》	彭高成
		《发展人民政协的协商民主，推进社会主义民主政治建设》	李俊民
		《政协应在推进机制改革中作出更大贡献》	徐方瞿
		《对政协工作方法的一些思考》	邢　宪
		《谈政协收集和反映社情民意的四个环节》	王建运
		《浅析人民政协参与公共决策的能力》	吴昌飞
		《相互尊重，充分交流，增进理解——加强提案办理工作的一个环节》	朱希尹
		《发挥人民政协协调关系、汇聚力量作用的思考和实践》	韦　源　杨林才
		《公民有序政治参与的实现形式探索》	关保英
		《政协实践科学发展观的思考》	宋立桐
		《谈谈人民政协的发言权》	沈善初
		《参政议政的实效是参政党的灵魂》	蒋德海
		《关于发挥委员主体作用的几点思考》	管云昌
		《充分发挥政协委员主体作用的实践与思考》	张建中
2009	一等奖	《关注人民政协在我国政治体制中的定位问题》	谢遐龄
		《创造协商是人民政协工作基本使命》	林尚立
		《论坚持人民政协独特的组织属性》	浦兴祖
	二等奖	《完善和改进人民政协民主监督工作机制的若干设想》	周关东
		《浅谈在人民政协工作中创新实现团结民主两大主题的方式方法》	王彝伟
		《论人民政协的法制化趋势》	熊衍元
		《人民政协应成为汇聚和引领民意的强大力量》	蒋德海
		《关于政协界别工作理论学习认识》	李墨龙

(续表)

年份	奖类	论文题目	作者
2009	二等奖	《科学发展观与人民政协的职能拓展》	齐卫平
		《论人民政协的整合执政资源功能》	刘　杰
	三等奖	《论人民政协完善政策的功能》	朱应平
		《科学认识人民政协主题表达的时代内涵》	尚红娟
		《关于人民政协工作若干问题的思考》	过传忠
		《关于突出人民政协民意功能的实践与思考》	张布尔
		《科学发展观与人民政协工作的资源开发》	郝宇青
		《"政协新闻"的实践与探索》	王建运
		《人民政协任务的历史定位与发展》	殷啸虎
		《关于新形势下进一步加强和改进提案工作的对策和建议》	闸北区政协提案委员会
		《对建立提案结案报告制度的探索与思考》	闵行区政协课题组
		《发挥政协在社会建设中的作用》	邓伟志
		《〈共同纲领〉的显著特点及其重大意义》	顾行超
		《论政协宣传》	宋立桐
		《实现政协协商民主的政治目标,必须营造一个和谐、民主的政治环境》	徐本力
		《正确处理八个关系——从政体会点滴谈》	李昌道
		《深入开展人民政协理论研究需要把握的三个重点》	杨静漪
2010	一等奖	《再论政治协商制度的法治化》	殷啸虎
		《立法协商应成为民主立法的重要环节》	顾宇珠
	二等奖	《地方性法规(草案)在政协听取意见工作的实践与思考》	苏建萍　孙　挺
		《人民政协:拥有潜力的"政治减压阀"》	袁文君　陈　茜
		《论社会主义核心价值体系中的民主党派信仰建设》	方研翔
		《政协在促进公民网络政治参与中的作用》	袁　峰
		《人民政协应重视文化统一战线工作》	余源培
		《浅析最广泛爱国统一战线理论"有责任使各个方面都有利"的实践品质》	李墨龙
		《什么是政协的"界别"》	周关东
		《人民政协是扩大公民有序政治参与的重要渠道》	朱应平
		《论人民政协权能的契合及其限度》	丁长艳
	三等奖	《扩大有序政治参与和拓宽政协制度渠道》	浦兴祖
		《政协委员产生机制探析》	陆小芸

（续表）

年份	奖类	论文题目	作者
2010	三等奖	《政协应在建设法治政府中发挥更大的作用》	蒋德海
		《公民意识教育与有序政治参与》	吴　铎
		《关于发挥人民政协在社会建设中重要作用的思考》	顾　峰
		《政协界别潜在优势与公民有序参与的引导》	姚俭建
		《关于人民政协工作向社会延伸的几点思考》	王彝伟
		《人民政协特约监督员工作面临的问题与对策思考》	牛艳香
		《阐述政协委员主体作用的一个新命题》	施蔷生
		《人民政协理论新的创新发展及其意义》	顾行超
		《发展社会团体　促进有序参与》	胡守钧
		《新形势下人民政协需重点研究的一个问题》	陆孝民
		《人民政协对中国共产党长期执政的经验与启示》	李炜永
		《试论参政党内部监督机制的几个问题》	潘庆云
2011	一等奖	《发挥政协的社会利益表达功能与途径的研究》	钱　胜
		《多党合作和政治协商制度应当在党的执政理念转变和执政方式创新的伟大工程中作出更大贡献》	潘庆云
		《人民政协体现中国特色包容性政治》	余源培
	二等奖	《对协商民主各主体间的"信息对称"和"知情权"的几点思考》	徐本力
		《周恩来人民政协思想体系浅析》	毛建平
		《政党类型、社会结构与政党制度——中国政党制度的谱系学考察》	肖存良
		《多党合作政治制度自我完善的基础工程》	王彝伟
		《什么是政协之"政"》	周关东
		《将反腐败纳入政协民主监督》	蒋德海
		《人民政协与共产党执政》	顾行超
	三等奖	《人民政协协商民主在中国民主政治中的地位和作用研究》	梁晓宇
		《在社会变革中提高少数民族界别政协委员履职能力的思考》	彭高成
		《人民政协党派界别民主监督的效果探析》	台盟上海市委
		《进一步提升各民主党派在人民政协中履职空间的若干思考》	杨建党　彭严严
		《充分发挥人民政协在促进大学生有序政治参与中的重要作用》	吕　晨
		《民主监督职能的新拓展》	浦东新区政协研究室
		《通力合作的七十年：与中共合作中民盟参政议政的回顾与前瞻》	陈　俊
		《关于政协在社会转型时期的凝聚力和向心力的研究》	施蔷生
		《政协反映社情民意工作研究述评》	李炜永

（续表）

年份	奖类	论文题目	作者
2011	三等奖	《论资源优势视角下人民政协在化解信访矛盾中的重要作用》	吴 浩
		《政治宽容、现代政治与社会主义和谐社会的构建》	杜 欢
		《政治协商应该成为各民主党派与人民政协的同一职能——关于新时期民主党派基本职能的思考》	陆孝民
		《进一步提升人民政协提案的民主政治功能》	黄福寿
2012	一等奖	《人民政协政治协商主体建设的理论与实践——以上海市1993—2009年的政治协商主体建设为例》	肖存良
		《人民政协参与地方立法协商的目标与路径》	殷啸虎
		《对优化政协委员构成体系和产生机制的几点思考》	徐本力
	二等奖	《人民政协似一种公共领域在国家政治体制中发挥独特功效——人民政协与中国特色社会主义政党制度》	陆孝民
		《试探人民政协理论研究的视角与思路》	顾行超
		《浅析参政党市（区）组织民主监督的政治性和组织化》	致公党静安区委
		《政协反映社情民意几个思维模式》	王建运
		《统一战线"同心"思想研究》	梁晓宇 何玉平
		《发挥政协委员"三个作用"推动政协工作科学发展——关于发挥政协委员"在本职工作中的带头作用、政协工作中的主体作用、界别群众中的代表作用"的研究与思考》	闸北区政协
		《新形势下人民政协制度与功能的双重转变》	丁长艳
	三等奖	《人民政协参与社会管理的理论和实践探索浅议》	静安区政协专门委员会办公室
		《民主党派的报刊应该多发监督的声音》	杨 格
		《我国参政党领导人才素质结构模型及其培训开发研究》	吴文艳
		《"协商民主"呼唤人民政协的制度创新》	王彝伟
		《人民政协与推动文化发展繁荣》	孙荣祥
		《民主党派基层组织建设案例研究——以九三学社闵行区委员会为例》	谭文琦
		《中共二大"统一战线"思想的历史演进：以中共和民主党派的合作体制的发展历程为视角》	忻 华
		《宗教与建构一个好社会的思考》	范丽珠
		《怎样认识和理解人民政协履行职能的主体》	周关东
		《以协商民主促进群体性事件的解决》	王元力
		《界别——政协的生命力之源》	刘廷章
		《人民政协社情民意工作与党的领导力》	陈永弟
		《人民政协如何推动民主党派有效参政议政问题探析》	台盟上海市委
		《立足创新着力完善构建"一体两翼"的工作机制》	浦东新区政协专委会工作二处

第十一篇

社会团体

人民政协是党和政府联系群众的渠道,政协委员在各自界别具有一定的影响力。市政协恢复活动后,顺应经济社会发展趋势和社会各界要求,发挥政协委员联系广泛的优势,陆续发起成立了一些社会团体,以团结社会各界人士、服务经济社会发展、服务人民政协事业发展。1987年2月,经市委批准成立上海政协之友社;1995年12月,发起成立上海华夏经济促进会,后改名为上海华夏文化经济促进会;2003年9月,发起成立上海科技成果转化促进会;2007年12月,发起成立上海市人民政协理论研究会;2011年2月,发起成立上海公共外交协会;2011年11月,发起成立上海市文史资料研究会。

第一章　上海政协之友社

上海政协之友社(以下简称政协之友社)经市委批准于1987年2月成立,是市政协领导的爱国统一战线性质的社团组织。政协之友社的宗旨是:以马克思列宁主义,毛泽东思想、邓小平理论、"三个代表"重要思想和科学发展观为指导,坚持党的基本路线,解放思想,实事求是,与时俱进,加强与社员的联系,组织学习,联络感情,增进友谊,反映社情民意,团结全体社员,共同为上海的改革开放、经济发展和社会和谐献计出力。

第一节　组　织　机　构

政协之友社最高权力机构为全体社员大会,理事会是全体社员大会闭会期间的领导机构,由理事长、副理事长、总干事和理事组成。理事会成员人选由上届理事会提名,经社员大会选举产生,每届任期5年。从第三届理事会起,增设名誉理事长、名誉副理事长和名誉理事。为便于市政协加强对政协之友社的领导,章程规定可商请市政协同意,提名1位市政协副主席为政协之友社副理事长。

图 11-1-1　2007年2月,上海政协之友社召开成立20周年庆祝大会

一、上海政协之友社第一届理事会理事长、副理事长、总干事名单(1987.2—1988.6)

理　事　长：李国豪

副理事长：杨士法

总　干　事：罗冠宗

二、上海政协之友社第二届理事会理事长、副理事长、总干事名单(1988.6—1993.4)

理　事　长：李国豪

副理事长：杨士法　徐以枋　吴文祺

总　干　事：罗冠宗

三、上海政协之友社第三届理事会名誉理事长、理事长、副理事长、总干事名单(1993.4—1998.4)

名誉理事长：李国豪

理　事　长：谢希德(女)

副理事长：杨士法　王　兴　张瑞芳(女)　郭秀珍(女)

　　　　　毛经权(1996年3月任职)　　杨　橹(1996年3月任职)

总　干　事：蒋澄澜

四、上海政协之友社第四届理事会名誉理事长、名誉副理事长、理事长、副理事长、总干事名单(1998.4—2003.2)

名誉理事长：李国豪

名誉副理事长：杨士法　张瑞芳(女)

理　事　长：谢希德(女,2000年3月逝世)

副理事长：朱达人　毛经权　石祝三　王　兴　赵定玉　郭秀珍(女)　杨　橹

　　　　　郑励志(2001年2月任职)　陈灏珠(2001年2月任职)

总　干　事：蒋澄澜

五、上海政协之友社第五届理事会名誉理事长、名誉副理事长、理事长、副理事长、总干事名单(2003.2—2008.12)

名誉理事长：李国豪(2005年2月逝世)

名誉副理事长：杨士法　严东生　张瑞芳(女)　杨　橹　郭秀珍(女)

理　事　长：王力平

副理事长：朱达人　宋仪侨　毛经权　石祝三　王　兴(2004年3月离职)

　　　　　赵定玉　吴增亮(2005年3月离职)　郑励志(2005年3月离职)

　　　　　陈灏珠(2005年3月离职)　　　刘恒椽　陈正兴

总　干　事：蒋澄澜

六、上海政协之友社第六届理事会名誉理事长、名誉副理事长、理事长、副理事长、总干事名单(2008.12—)

名誉理事长：王力平

名誉副理事长：杨士法(2010年3月逝世)　严东生　　张瑞芳(女,2012年6月逝世)

　　　　　杨　橹　郭秀珍(女,2010年8月逝世)　王　兴　吴增亮　郑励志

陈灏珠　朱达人　毛经权　石祝三　赵定玉　刘恒橡(2012 年 1 月逝世)
陈正兴
理　事　长：蒋以任
副 理 事 长：宋仪侨　朱晓明　王生洪　谢丽娟(女)　左焕琛(女)　俞云波
黄关从　石四箴(女)　王荣华
总　干　事：杨奇庆(2011 年 3 月任职)

第二节　会　议

一、政协之友社成立大会及一届社员大会

1986 年 8 月,市委批准同意成立上海政协之友社。同年 11 月,市政协六届四十次主席会议决定成立由市政协副主席杨士法任顾问、市政协秘书长陈福根任组长的筹备组,开展建立政协之友社的各项筹备工作。1987 年 1 月,市政协六届四十二次主席会议审议通过政协之友社第一届理事会成员名单,李国豪任理事长。同年 2 月 5 日,政协之友社在南京西路 722 号礼堂召开第一届理事会第一次会议暨政协之友社成立大会,政协之友社筹备组顾问杨士法主持,理事会全体成员及各民主党派市委、有关人民团体、各区县政协负责人等 150 余人出席。会议宣读了全国政协和市政协第二、三、四届主席,全国人大常委会副委员长陈丕显的贺电,市政协主席李国豪宣布政协之友社正式成立,专程来沪的全国政协副主席吕正操为政协之友社社牌揭幕,全国政协副主席刘靖基、市委副书记杨堤及全市各民主党派、有关人民团体负责人等在会上致辞祝贺。会议听取了筹备组组长陈福根关于筹备工作情况的报告,讨论通过了《上海政协之友社章程》、社徽图案和政协之友社 1987年工作要点。同年 11 月 17 日,政协之友社召开第一届社员大会,副理事长杨士法主持,市政协主席、理事长李国豪致辞,市政协副主席、市委统战部部长毛经权出席并讲话,总干事罗冠宗报告政协之友社成立 9 个月来工作情况及年底岁初工作安排,社员 500 余人出席。

二、政协之友社第二届社员大会

届内共举行 5 次。二届一次社员大会于 1988 年 6 月 30 日举行,一届副理事长杨士法主持,理事长李国豪致辞,市政协主席谢希德出席并讲话,总干事罗冠宗报告一年多来的工作和今后工作安排。会议审议通过《上海政协之友社章程(修正案)》,选举产生政协之友社第二届理事会,李国豪继续当选理事长。二届二次社员大会于 1989 年 10 月 9 日举行,理事长李国豪主持,市政府顾问汪道涵应邀出席并作形势报告,总干事罗冠宗报告一年多来工作情况和今后工作安排。二届三次社员大会于 1990 年 5 月 11 日举行,理事长李国豪主持。副理事长杨士法传达市人大九届三次会议和市政协七届三次会议精神,市政协秘书长陈福根通报市政协 1990 年度工作要点,总干事罗冠宗报告半年工作情况和今后工作安排。二届四次社员大会于 1991 年 5 月 13 日举行,理事长李国豪主持,副理事长杨士法传达市人大九届四次会议精神,市政协秘书长陈福根传达市政协七届四次会议精神并通报市政协近期工作,总干事罗冠宗报告一年来工作情况和今后工作安排。二届五次社员大会暨庆祝政协之友社成立 5 周年大会于 1992 年 2 月 15 日举行,副理事长杨士法主持,理事长李国豪作理事会 5 年工作报告,全国政协副主席苏步青、市政协主席谢希德、市委统战部副部长赵定

玉出席并讲话,社员代表孟波、富润生发言,上海国际问题研究所原所长陈启懋在会上作了国际形势报告。

三、政协之友社第三届社员大会

届内共举行5次。三届一次社员大会于1993年4月16日举行,第二届副理事长杨士法主持,理事长李国豪作第二届理事会工作报告。会议审议通过《上海政协之友社章程(修正案)》,推举李国豪为名誉理事长,选举产生政协之友社第三届理事会,新当选的理事长谢希德致辞,市政协副主席毛经权出席并讲话,市政协秘书长马松山通报市政协近期工作。三届二次社员大会于1994年4月20日举行,副理事长杨士法主持,副理事长王兴作理事会工作报告,理事长谢希德讲话,市政协主席陈铁迪出席并讲话,市政协副主席赵定玉传达市政府第十二次扩大会议精神。会议审议通过《上海政协之友社章程(修正案)》,增补了理事会部分成员。三届三次社员大会于1995年4月8日举行,副理事长杨士法主持,副理事长张瑞芳作理事会工作报告,理事长谢希德传达全国"两会"精神,市政协副主席王生洪出席并讲话,社员代表林德明、任纪龄发言。三届四次社员大会于1996年3月15日举行,副理事长杨士法主持,副理事长王兴作理事会工作报告,理事长谢希德传达全国"两会"精神,市政协副主席王生洪出席并讲话。会议增补毛经权、杨樨为第三届理事会副理事长。三届五次社员大会暨庆贺政协之友社成立10周年大会于1997年4月10日举行,副理事长王兴主持,理事长谢希德作理事会一年来工作情况和政协之友社10年工作回顾的报告,市政协主席陈铁迪出席并讲话。会上,总干事蒋澄澜宣读市委、市政府、市政协领导的贺信和题词,社员代表沈诒、林铮墉、杨佩景发言。

四、政协之友社第四届社员大会

届内共举行6次。四届一次社员大会于1998年4月24日举行,第三届理事长谢希德主持,第三届副理事长王兴作第三届理事会工作报告,市政协副主席朱达人出席并讲话。会议审议通过《上海政协之友社章程(修正案)》,推举李国豪为名誉理事长,杨士法、张瑞芳为名誉副理事长,选举产生了第四届理事会,谢希德继续当选理事长。四届二次社员大会于1999年3月23日举行,副理事长王兴主持,副理事长毛经权作理事会工作报告,市政协副主席、副理事长朱达人传达全国"两会"精神并讲话。会议增补理事会部分成员。四届三次社员大会于2000年3月24日举行,副理事长王兴主持。会议首先为悼念因病逝世的第三、四届理事长谢希德默哀,副理事长石祝三作理事会工作报告,市政协副主席、副理事长朱达人传达全国"两会"精神并讲话。社员代表叶伯初、濮之珍发言。四届四次社员大会于2001年2月22日举行,副理事长赵定玉主持,副理事长王兴作理事会工作报告,市政协主席王力平出席并讲话。市政协副主席、副理事长朱达人介绍国内外形势及市政协工作情况。社员代表梁光璧、罗宗英发言。会议增补郑励志、陈灏珠为四届理事会副理事长,增补理事会部分成员。四届五次社员大会于2002年3月20日举行,市政协副主席、副理事长朱达人主持,副理事长赵定玉作理事会工作报告。市政协主席王力平出席传达全国"两会"精神并讲话。四届六次社员大会于2003年1月21日举行,副理事长朱达人主持,副理事长王兴作理事会5年工作报告。会后组织联谊活动。

五、政协之友社第五届社员大会

届内共举行 5 次。五届一次社员大会于 2003 年 2 月 26 日举行,第四届副理事长朱达人主持。市政协主席蒋以任出席并讲话,第四届副理事长王兴作第四届理事会工作报告。会议审议通过《上海政协之友社章程(修正案)》,推举李国豪为名誉理事长;杨士法、严东生、张瑞芳、杨槱、郭秀珍为名誉副理事长,选举产生第五届理事会。会上,新当选的理事长王力平代表新一届理事会讲话。五届二次社员大会于 2004 年 3 月 23 日举行,市政协副主席、副理事长宋仪侨主持,副理事长朱达人作理事会工作报告,理事长王力平传达全国政协十届二次会议精神,市政协主席蒋以任出席并讲话。会议审议通过调整五届理事会部分成员名单。五届三次社员大会于 2005 年 3 月 24 日举行。会议首先为悼念因病逝世的政协之友社第一、二届理事长李国豪默哀,理事长王力平主持会议并传达全国政协十届三次会议精神,市政协主席蒋以任出席并讲话,副理事长朱达人作理事会工作报告。会议审议通过调整五届理事会部分成员名单。五届四次社员大会于 2006 年 3 月 23 日举行,理事长王力平主持并传达全国政协十届四次会议精神,市政协主席蒋以任出席并讲话。副理事长朱达人作理事会工作报告。会议审议通过调整五届理事会部分成员名单。五届五次社员大会于 2007 年 3 月 22 日举行,理事长王力平主持并传达全国政协十届五次会议精神,副理事长朱达人作理事会工作报告,会议审议通过调整理事会部分成员名单。

六、政协之友社第六届社员大会

至 2012 年底共举行 4 次。六届一次社员大会于 2008 年 12 月 24 日举行,第五届理事长王力平主持,市政协主席冯国勤出席并讲话,第五届副理事长朱达人作第五届理事会工作报告。会议审议通过《上海政协之友社章程(修正案)》,选举产生了第六届理事会,新当选的理事长蒋以任代表新一届理事会讲话。在随后召开的六届理事会一次会议上,聘请王力平为名誉理事长,杨士法、严东生、张瑞芳、杨槱、郭秀珍、王兴、吴增亮、郑励志、陈灏珠、朱达人、毛经权、石祝三、赵定玉、刘恒椽、陈正兴为名誉副理事长。六届二次社员大会于 2010 年 3 月 19 日举行,理事长蒋以任主持并传达全国政协十一届三次会议精神,市政协副主席、副理事长朱晓明出席并讲话,副理事长宋仪侨作理事会工作报告,副理事长王荣华传达全国人大十一届三次会议精神,会议审议通过增补六届理事会部分理事名单。六届三次社员大会于 2011 年 3 月 17 日举行,理事长蒋以任主持会议并传达全国政协十一届四次会议精神,市政协副主席周太彤出席并讲话,副理事长宋仪侨作理事会工作报告,副理事长王荣华传达全国人大十一届四次会议精神。会议审议通过增补六届理事会部分理事和总干事名单。六届四次社员大会于 2012 年 3 月 20 日召开,理事长蒋以任主持会议并传达全国政协十一届五次会议精神,市政协副主席李良园出席并讲话,副理事长宋仪侨作理事会工作报告,副理事长王荣华传达全国人大十一届五次会议精神。会议表彰 2011 年反映社情民意信息工作先进集体和个人,审议通过增补六届理事会部分理事名单。

第三节　主　要　活　动

政协之友社是全国首创的以历届政协委员为主体具有统一战线性质的社会团体。政协之友社依照章程,边探索、边实践,逐步形成了"学习提高,团结联谊"为主题的工作特色,努力为人民政协事业和上海经济社会发展出力。

一、组织学习,增进共识

政协之友社自成立起,就把学习放在各项工作的首位,紧密联系国内外形势,开展内容广泛的学习活动。一是认真学习党和国家的路线方针政策,了解改革发展大局。在中共中央及中共上海市委召开重要会议后,及时组织学习会、报告会,或学习传达会议精神,或邀请有关专家学者解读会议文件,把握精神实质。二是开展形势任务的学习。每逢国际国内发生重大事件时,组织学习讲座,邀请有关专家分析原因和发展趋势,帮助开阔视野,以正视听。三是学习有益老年人身心健康的知识。根据老年人特点和社员爱好,邀请有关方面专家学者讲授一些修身养性和陶冶情操,培育爱好兴趣的知识。政协之友社经过多年的探索和实践已形成多层次的学习平台。一是理事会成员组成的理事学习会,一般2—3个月组织1次,至2012年底,已组织50余次;二是以界别或专业组成的学习组,自1989年组建以来,从最初4个学习组,已发展到9个学习组,根据理事会要求,学习组一般每月组织1次学习研讨活动,至2012年底,各学习组开展的学习活动达500余次;三是全体社员参加的社员学习日活动,基本上每季度组织1次,以学习报告会为主,至2012年底,已举行130余场。此外,由理事会或各学习组组织的有关法律、金融、文化、娱乐、保健等方面的知识讲座80余次,还组织社员参加市政协组织的学习报告会。

二、议政献策,反映民意

政协之友社充分发挥社员经验丰富的优势,在市政协的支持和协调下,量力而行,有序参与一些参政议政活动。第一至五届政协之友理事会组成人员每年都以列席人员身份全程参加市政协全会,听取市政协常委会工作报告、市政府工作报告和其他有关工作报告,并编入全会小组参与讨论上海的大政方针和群众关注的热点问题,发言内容摘入会议简报,报送市党政领导。2008年起,因市政协压缩全会规模,理事会成员不再全程列席会议,但仍参加全会的开闭幕会议及大会发言等有关会议。政协之友社围绕全市工作大局和经济社会发展的重点,力所能及地开展部分调研活动。1998年,组织开展全市老龄工作问题的调研,形成《重视上海人口老龄化问题刻不容缓》报告,对做好老龄工作提出10条建议,市委书记黄菊、市长徐匡迪都在报告上批示,要求在研究相关工作中吸纳报告建议,并作相应的部署。在编制市经济社会发展"十五"、"十一五"、"十二五"规划时,政协之友社通过组织学习会和讨论会,边学习边讨论,及时把一些有价值的意见报送市政协,为完善规划献计献策。此外,政协之友社部分社员在市政协统筹安排下还参加市政协有关调研、视察和特邀监督员工作等。从第五届政协之友社起,逐步把议政献策的重点放在做好反映社情民意信息工作上,充分发挥老同志离开一线后有更多时间了解社会、熟悉基层的优势,在社员中广泛开展反映社情民意信息工作。六届政协之友社完善反映社情民意信息工作机制,建立信息员队伍,制定有关工作制度,召开反映社情民意信息工作会议,并在社员大会上表彰反映社情民意信息工作先进集体和个人。自政协之友社开展这项工作以来,共向市政府报送社情民意500余条,其中25%左右被采用,经摘编后报送全国政协或市委、市政府有关部门,有的被评为市政协优秀社情民意信息。

三、节庆活动，弘扬传统

政协之友社发挥社员阅历丰富的优势，举办一些重大节庆、重要事件的纪念活动，振奋精神，弘扬传统。自建社以来，先后围绕庆祝新中国和人民政协成立 50 周年、55 周年、60 周年；庆祝中国共产党成立 70 周年、75 周年、80 周年、85 周年、90 周年；纪念上海解放 40 周年、45 周年、50 周年、60 周年；纪念抗日战争胜利 50 周年、60 周年；纪念红军长征 70 周年；纪念改革开放 30 周年；庆祝香港、澳门回归；纪念辛亥革命 100 周年以及政协之友社成立 20 周年、25 周年等，举办各类庆祝和纪念活动，包括举办书画展，诗歌朗诵会，召开座谈会、报告会，开展征文活动等，并整理编辑了《血肉长城》《光辉历程》《战地重访》《我与中国共产党》《风雨同舟半世纪》《风正一帆悬》《我与政协之友社》等一批爱国主义教育资料。

四、敬老联谊，促进团结

政协之友社开展适应老年人特点的联谊活动。每年对适逢 70 周岁和 75 周岁的社员寄送生日贺卡，对 80 周岁以上逢五逢十寿诞的社员上门祝寿。每年重阳节，举行集体敬老祝寿会，为适逢 70 周岁和 75 周岁社员集体祝寿。1990—2012 年出席祝寿活动的社员及家属共 3 600 多人次。此外，政协之友社还经常开展走访、探望等敬老活动。自第五届政协之友社起，创建京剧、评弹、书画、桥牌、歌咏、音乐欣赏、摄影、交谊舞、钓鱼、保龄球 10 个兴趣小组，各组一般每月活动 1—2 次，除自娱自乐外，还与其他类似团队联谊交流，相互切磋，增进友谊。10 余年来，各兴趣小组活动共 2 400 余次，参与人数达 5 万余人次。从 1999 年起，组织社员及家属到郊区或邻近省市短期休养，每次时间 3—5 天，共有 5 000 余人次先后参加。

五、奉献爱心，服务社会

1997 年 11 月，政协之友社及各区县政协之友社共同发起为延安老区教育事业献份爱心、办件实事的倡议，得到广大社员的热烈响应，至 1998 年 8 月，共集资 117 万余元，先后在延安捐助和兴建边墙村小学、小刘沟村小学、师范附小特色教学楼和曲里小学。2008 年四川汶川特大地震后，广大社员积极投入"送温暖，献爱心"的热潮，除了向所属单位和社区捐款外，还积极通过政协之友社捐款。多次组织社员中的医务专家、教授，深入街道、社区及敬老院、老年公寓等提供医疗咨询服务，受诊人数达 800 多人次。

第二章　上海华夏文化经济促进会

上海华夏文化经济促进会(以下简称华夏),原名上海华夏经济促进会,成立于1995年12月,2002年2月更名。华夏是市政协经济委员会、教科文卫体委员会等联合全市文化、经济界人士发起,为加强与海内外友好人士在文化经济领域的交流合作而成立的社团组织。华夏的宗旨是:遵守国家宪法、法律和法规,以经济建设为中心,坚持党的四项基本原则,坚持改革开放,高举中国特色社会主义旗帜,以邓小平理论、"三个代表"重要思想和科学发展观为指导,继续解放思想,坚持改革开放,推动科学发展,促进社会和谐。发挥政协人才荟萃和联系广泛的优势,增进上海文化、经济界人士同海内外文化经济界人士,特别是港澳同胞、台湾同胞、海外侨胞和各国友好人士之间的了解和友谊,推动在文化、经济方面的交流和合作,促进上海及周边地区的文化、经济发展和社会繁荣,共建和谐社会。

第一节　组 织 机 构

华夏最高权力机构是会员大会,执行机构是理事会,由会员大会选举产生。理事会设常务理事会,由会长、常务副会长、副会长和秘书长组成,在理事会闭会期间行使部分理事会职权。理事会设秘书处为办事机构,下设经济交流合作部、文化交流合作部、对外交流合作部和办公室。

图11-2-1　1995年12月,上海华夏经济促进会举行揭牌仪式

一、上海华夏经济促进会第一届理事会名誉会长、顾问、会长、副会长、秘书长名单（1995.12—2002.1）

名誉会长：汪道涵

顾　　问：张承宗　郑励志　黄关从　毛经权　赵定玉　郭秀珍（女）　裴先白　顾传明
　　　　　　刘振元　庄晓天

会　　长：张俊杰

副 会 长：丁　力　王洪昌　吴传瑞　沈若雷　沈思明　李晓航　李懋欢　金柱青
　　　　　　孟庆令　茅志琼（女）　陈金邦　陈显钊　陆益平　张绍樑　张兰生　叶仲午
　　　　　　葛步洲　董绍诚　谢企华（女）

秘 书 长：吴传瑞（1999 年下半年离职）　周公侠（1999 年下半年任职）

二、上海华夏文化经济促进会第二届理事会名誉会长、名誉顾问、顾问、会长、常务副会长、副会长、秘书长名单（2002.1—2007.4）

名 誉 会 长：汪道涵

名 誉 顾 问：张雨文　金如新　李和声

顾　　　　问：毛经权　赵定玉　郑励志　张俊杰　宋有朋

会　　　　长：朱达人

常务副会长：孟庆令　蒋澄澜　孙　刚

副 会 长：毛应梁　叶仲午　刘　勤（女）　冯士能　华裕达　肖哲夫　陈祥麟　陈福根
　　　　　　张亚培　张声华　张沛萍　范大政　周公侠　金永昌　易庆瑶（2004 年 8 月逝世）
　　　　　　周振柏　赵　凯　郑令德（女）　俞位恩　陶人观　钱云龙　黄耀文　董绍诚
　　　　　　程锡元　薛明仁（2006 年 3 月逝世）

秘 书 长：费金林（2003 年 3 月离职）　周公侠（2003 年 3 月任职，同年 8 月离职）
　　　　　　顾锡铃（2003 年 8 月任职）

三、上海华夏文化经济促进会第三届理事会名誉会长、顾问、会长、常务副会长、副会长、秘书长名单（2007.4—）

名 誉 会 长：蒋以任

顾　　　　问：毛经权　赵定玉　郑励志　张俊杰　朱达人　孟庆令　蒋澄澜　孙　刚

会　　　　长：宋仪侨

常务副会长：陈祥麟　金闽珠（女）　蒋澄澜（2012 年 1 月离职）
　　　　　　乐景彭（2012 年 5 月任职）

副 会 长：叶仲午　冯士能　吕淑萍（女）　华裕达　李关良　杨奇庆　吴　岭（女）
　　　　　　何志明　汪均益　沈钦华　张亚培　张声华　张维华　张衡德　陆益平
　　　　　　陈田忠　陈步林　范大政　范鸿喜　季国强　金国祥　周振柏　赵　凯
　　　　　　胡镇寰　钟修身　施恭旗　姜光裕　费金林　夏毓灼　钱云龙　陶人观
　　　　　　曹　臻　屠海鸣　董绍诚　董浩林　程锡元　谢企华（女）　鲍炳新
　　　　　　蔡来兴　管维镛　戴　柳

秘 书 长：张亚培（2010 年 7 月离职）

费金林(2010年7月任职,2011年7月离职)

季国强(2011年7月任职)

第二节 会 议

一、上海华夏经济促进会成立大会

1995年12月9日召开。市政协主席陈铁迪出席并致辞祝贺,副主席毛经权及市政府、市政协老领导张承宗、裴先白等出席,张承宗、毛经权为促进会揭牌。会员代表、有关中介团体代表、政协机关部分处室、事业单位代表200余人出席大会。首届一次会员大会通过《上海华夏经济促进会章程》并选举产生华夏第一届理事会。在这次大会上,理事会为适应不同专业领域的咨询任务,与上海工业投资咨询公司等9家单位签约建立特约中介服务关系。

二、上海华夏文化经济促进会二届一次大会

2002年1月22日召开。大会通过更改会名为上海华夏文化经济促进会的决定,审议通过《上海华夏文化经济促进会章程(修正案)》和理事会工作报告,选举产生华夏第二届理事会。市政协主席王力平出席并讲话。市政协有关部门及会员代表200余人出席。

三、华夏文化经济促进会三届一次大会

2007年4月18日召开。大会审议通过理事会工作报告并选举产生华夏第三届理事会。新当选的会长宋仪侨代表新一届理事会发言。市政协主席蒋以任出席并讲话。市政协及有关部门领导和会员代表150余人出席。

第三节 主 要 活 动

华夏依照章程努力服务会员,发挥自身优势,促进经济、文化方面的对外交流合作,为推进上海经济文化事业的发展发挥积极作用。

一、推进经济合作

开展中介咨询服务,先后与日本日兴证券株式会社建立中介咨询合作关系,举办日本株式会社"无害农药"、"土壤改良剂"产品推介会;联手上海博佳房地产开发有限公司和上海现代(集团)公司合作策划《上海航头国际建材商贸城》项目咨询会;与上海电信公司推广企业信息化签订合作协议,推进信息化项目和集成业务项目;牵线引进英国研制的高科技激光多媒体立体球状投影幕;为部分小企业推进了一批节油、节煤新材料、新技术的成果转化运用等。推进跨地区合作交流,协办芜湖汽车零部件产品招商推介会,组织会员单位去芜湖考察合作项目,促成一批合作成果,包括上汽集团联合电子延锋伟世通公司扩大了在当地的生产规模,在当地新建了试车场,沪港国际咨询集团在

芜湖成立分公司等。

二、促进文化繁荣

组织弘扬民族文化的系列活动,先后主办和协办金秋京剧演唱会,京剧知识普及读物《京剧春秋图说》首发式,昆剧艺术家艺海春秋五十载暨中国昆曲库 CD、DVD 的发行专场演出,周少麟编著的纪念艺术大师周信芳《海派父子》图书首发式等。策划并参与举办专题研讨会、论文集、演唱会组成的振兴京剧艺术系列活动;在高校举行"华夏之根"大型民族交响音乐会;组织沪港澳台共同参与,由书画、研讨会、演唱会组成的"东方金秋"文化艺术系列活动;参与组织"张守富诗词书法作品展及研讨会"、"华夏神韵"沪台两地美术展、苏浙沪优秀青年评弹电视大赛等,并积极推动民族文化走向境外,先后策划组织上海本土戏剧大型滑稽戏《七十二家房客》赴日本交流演出,评弹系列品牌新篇《四大美人》在中国香港演出。组织有影响、有特色的专题活动,主办和协办以"华夏情"命名的系列活动,其中有:"华夏情——海外华人华侨画家与上海作家笔墨交流展"、"华夏情——沪台两地书法交流展"、"美哉·上海,共和国 60 年礼赞——上海'十字街头'巨变"摄影楹联书法展、"回眸世博·精彩难忘"摄影展等。主办和协办以"华夏杯"命名的系列活动,其中有:华夏"新航星杯"迎奥运乒乓球团体赛、"华夏科维杯"沪港澳台桥牌友谊赛、华夏"电信杯"迎世博沪港澳台乒乓球邀请赛、华夏"上海通用汽车杯"迎世博龙舟赛、"华夏杯"羽毛球团体赛、"华夏杯"迎奥运游泳锦标赛等。还举办国际风云人物系列讲座,先后组织"我眼中的奥巴马"、"我眼中的普京"等专题讲座;华夏举办的"华夏之夜"电影专场,每月 1 次,得到会员单位及业内人士的欢迎。

三、开展对外交流

组织"东方妙韵"主题文化交流活动,先后应法国苏浙同乡会、菲律宾沪苏浙联谊会及加拿大有关方面邀请,组织有关艺术团体以"东方妙韵"为专题的华夏情、枫叶情、椰岛情专场赴法国、加拿大、菲律宾等访问演出。参与友好城市间的对外交流活动,受市政府外办委托,先后接待韩国釜山市立歌舞团来沪访问演出,并率会员单位上海武术队、上海民族乐团、上海歌剧院舞剧团和上海杂技团等演员赴韩国首尔进行回访演出;组织上海中学生赴韩国釜山开展中韩青少年交流活动,并接待韩国青少年访问团回访;接待韩国郑信慧舞蹈团,并率上海戏剧学院舞蹈学院师生组成的文化交流访问团赴韩国釜山回访交流;接待韩国釜山"打路"国乐打击乐团来沪访问演出,并率上海戏剧学院舞蹈学院和上海武术队组成的访问团赴韩国釜山回访演出。华夏还为庆祝中澳、中新建交 40 周年,组织由上海民族乐团、上海音乐学院、上海戏剧学院、上海越剧院、滑稽剧团和杂技团等会员单位组成的上海文化交流访问团,赴新西兰奥克兰市和澳大利亚悉尼市进行访问演出。组织会员单位进行商务学习考察,先后组织会员单位到欧洲、美洲等国家及菲律宾考察,并与当地的华人组织、商会等社团建立合作关系。

四、为会员提供信息服务

结合形势组织专题报告会,先后主办或协办"沪港经济合作"、"金融风险防范"、"学习'中华人民共和国合同法'"、"国学与国运"、"走进世博园"等报告会。结合经济社会发展组织信息讲座,先后主办或协办"世纪之交中国和上海经济发展趋势"、"新能源发展趋势"、"中国房地产业分析和预测"、"后股权分置时代的资本市场创新与国有资产管理改革"、"宏观调控与市场走势——上海楼市住房保障前景展望"等讲座。组织开拓思路的研讨活动,先后主办或协办"开拓海外市场"、"企业改组在美国"、"美国高新技术"、"跨世纪经营战略"、"设计创新与后世博"、"工业设计与设计之都"等论坛、研讨会。此外,还不定期举办文物艺术品鉴赏、京剧艺术欣赏、玉器知识讲座等会员沙龙。

第三章　上海科技成果转化促进会

上海科技成果转化促进会(以下简称科促会)成立于2003年9月,是由市政协联合全市科技、教育、经济、金融技术中介等领域的单位和有关社会团体等,为促进科技成果转化、产业化服务的非营利、联合性的社团组织。科促会的宗旨是:遵守国家宪法、法律、法规和国家政策,遵守社会道德风尚;发挥政协人才库、智囊团作用及联系广泛的优势,为企业、高校、科研院校、金融单位、中介机构和社会团体间就科技信息、科研成果、市场信息、投融资等方面的交流合作搭建平台,促进高新技术、先进适用技术的转移和科研成果的转化、产业化,服务科技型中小企业。科促会的工作方式是:坚持科技特点、社团特征、政协特色,为促进科技成果转化搭平台、架桥梁、做红娘、求实效。

科促会2006年6月被市社团管理局评为"上海市先进民间组织";2009年9月被国家科技部确认为"国家技术转移示范机构";2011年10月被中国技术市场协会评为"金桥奖先进集体奖";2011年10月被上海市经信委确认为"上海市中小企业公共服务平台";2012年11月被中国产学研合作促进会授予"2012年中国产学研合作促进奖",被欧洲联盟委员会的工业与企业总司确认为"欧洲企业服务网络中国华东中心成员单位"。

2008年12月,科促会发起成立上海市促进科技成果转化基金会,属地方性非公募基金会。基金会的宗旨是贯彻落实科学发展观和科教兴市战略,鼓励科技创新,扶持和资助可转化的科技成果项目,促进产学研互动发展,为促进科技成果向现实生产力转化服务。

图11-3-1　2012年12月,上海科技成果转化促进会召开产学研合作优秀项目奖表彰会

675

第一节　组 织 机 构

《上海科技成果转化促进会章程》规定：科促会由单位会员、个人会员组成。科促会的最高权力机构是会员大会；理事会是会员大会的执行机构，由会员大会选举产生，在会员大会闭会期间领导本会开展日常工作，对会员大会负责。理事会设常务理事会，由会长、副会长、秘书长及部分理事组成，由理事会选举产生，在理事会闭会期间行使理事会部分职权，并对理事会负责。理事会设立秘书处为办事机构，下设办公室、咨询部、联络部。

一、上海科技成果转化促进会第一届理事会名誉会长、会长、第一副会长、常务副会长、副会长、秘书长名单(2003.9—2011.6)

名 誉 会 长：蒋以任

会　　　　长：王荣华

第一副会长：周鹤龄

常务副会长：张其标

副 会 长：丁文江　龙启虎　孙正心　李念政　杨玉良　陈祥麟　金 运　徐乐江
　　　　　　梅建政　管维镛　蔡敏勇　辜昌基　薛喜民　张培基(2006年7月任职)

秘 书 长：管维镛(2006年2月离职)
　　　　　　陈之进(2006年2月任职)

二、上海科技成果转化促进会第二届理事会名誉会长、名誉副会长、第一副会长、常务副会长、副会长、秘书长名单(2011.6—)

名 誉 会 长：蒋以任

名誉副会长：宋仪侨　谢丽娟(女)　杨玉良

会　　　　长：王荣华

第一副会长：周鹤龄

常务副会长：王 奇

副 会 长：张其标　孙正心　文新春　冯树荣　华仁长　张文军　张培基　桂永浩
　　　　　　陈祥麟　胡茂元　钮晓敏　徐乐江(2012年2月离职)　曹振全　蔡敏勇
　　　　　　史丽雯(女)　黄健之　陈志兴　张培璋　卢金雄(2012年2月任职)

秘 书 长：王 奇(兼)

三、上海市促进科技成果转化基金会理事会理事长、第一副理事长、常务副理事长、副理事长、秘书长名单(2008.12—)

理 事 长：蒋以任

第一副理事长：王荣华

常务副理事长：周鹤龄

副 理 事 长：张其标　孙正心　张培璋

秘 书 长：张其标(兼)

第二节　会　　议

一、上海科技成果转化促进会成立大会

2003 年 9 月 29 日召开。市政协副主席、科促会筹备组组长王荣华主持。上海市社团管理局副局长姚凯代表市民政局宣读了"关于同意筹办上海科技成果转化促进会的批复",科促会筹备组副组长周鹤龄向大会作了科促会的筹备工作报告。会议讨论通过了筹备组工作报告和《上海科技成果转化促进会章程》,选举产生了科促会第一届理事会。市政协主席、科促会名誉会长蒋以任出席会议并讲话,新当选的理事代表和会员单位代表在会上发言。

二、上海科技成果转化促进会第二届会员大会

2011 年 6 月 15 日召开。科促会会长王荣华主持。会议宣读了全国政协副主席、科技部部长万钢,市委副书记、市长韩正给大会的贺信。会议听取副会长孙正心所作的科促会理事会换届筹备工作的报告、常务副会长张其标所作的科促会第一届理事会工作报告、副会长张培基关于科促会《章程》修改情况的说明和秘书长陈之进关于科促会财务收支的报告,听取第一副会长周鹤龄关于科促会换届人事安排的意见及其说明,审议通过上述报告并选举产生第二届理事会。科促会名誉会长蒋以任、市政协副主席钱景林出席并讲话。

第三节　主　要　活　动

科促会以促进科技成果转化、产业化为目标,以实施"联盟计划、助推计划"为主体,以开展相关活动为依托,以专家委员会为智力支撑,以合作服务为纽带,以信息服务为手段,努力促进科技成果的转化和产业化。

一、为市政协专题调研提供智力支持

围绕市委、市政府、市政协有关重要工作,发挥政协委员和专家队伍在促进科技发展成果转化方面建言献策作用,参与市政协有关专题调研。2004—2012 年,共组织了 38 个课题(分课题)的调研,形成了 60 余万字的书面报告,拓展了市政协的课题调研视野,为市政协科技类的专题调研提供了重要的依据和参考。

二、为中小微企业解决科技难题

科促会构建的"联盟计划"、"助推计划"、"科技成果展示厅"、"科技与投资沙龙"、"技术转移实践区"等 10 余个载体形成的服务体系,为中小微企业牵线搭桥,解决了一批科技难题,提高了企业的产业能级。2004—2012 年,"联盟计划"共向企业招标 896 项,其中 376 项获资助,资助资金 3 870.9 万元。有 173 个项目已解决难题并通过验收。2012 年推出的"助推计划",高校有 19 个项

目入选资助,累计技术转移金额 854 万元。

三、为推进科技成果转化拓展渠道

科促会组合资源、加强合作、协同创新,与有关单位"联合、联动、联办",共同促进科技成果转化、产业化。与市政协有关专委会联系和合作,联合举办"建设资源节约型社会主题展"、"资源节约型科技成果项目展"、"上海节能科技成果主题展"、"迎世博共创绿色人居环境——垃圾资源化利用技术研讨会"、"中英产业技术合作交流会"等 10 余次宣传推广活动。与市有关委办局联系和合作,与市教委科发中心联合开展"助推计划",与大部分高校都建立了合作关系;经市科委批准,承办"上海产学研合作优秀项目奖"的评选;受市经信委委托,开展"制定制造业创意产业发展规划战略研究"的课题调研;与市政府合作交流办联合开展"加强科技交流,促进合作发展"主题交流活动。加强与市有关社团组织的联系和合作,与市教育发展基金会联合开展"联盟计划";与市科协等联合举办 11 次"科技创新沙龙";与市节能协会联合举办"迎绿色奥运,倡导人人节能"2 008 米巨幅签名活动;与市工经联联合举办"上海行业与高校技术成果双边交流参观活动"、"大力发展上海制造创意产业战略研究"研讨会等,发挥了服务社会、促进科技成果转化的作用。

第四章 上海市人民政协理论研究会

上海市人民政协理论研究会(以下简称研究会)成立于 2007 年 11 月。研究会是从事中国共产党领导的多党合作和政治协商制度、人民政协理论研究和宣传的学术团体。研究会的宗旨是:以马列主义、毛泽东思想、邓小平理论、"三个代表"重要思想和科学发展观为指导,坚持党的基本理论、基本路线、基本纲领、基本经验和基本要求,坚持理论联系实际的原则和"百花齐放、百家争鸣"的方针,努力探讨人民政协理论和实践中的重要课题,积极开展中国共产党领导的多党合作和政治协商制度、人民政协理论与实践的研究,为巩固和发展最广泛的爱国统一战线,促进人民政协事业的发展,为上海改革开放和现代化建设作出贡献。

第一节 组 织 机 构

研究会最高权力机构是会员大会,理事会是会员大会的执行机构,由会员大会选举产生,在闭会期间领导本会开展日常工作,对会员大会负责。理事会设常务理事,由理事会选举产生,在理事会闭会期间行使理事会部分职权,并对理事会负责。

图 11 - 4 - 1 2007 年 11 月,上海市人民政协理论研究会召开成立大会暨第一次理论研讨会

上海市人民政协理论研究会第一届理事会名誉会长、顾问、会长、副会长、秘书长名单
(2007.11—)

名誉会长:蒋以任 杨晓渡 宋仪侨 谢丽娟(女) 冯国勤(2009 年 4 月任职)

朱晓明(2009年4月任职)　周太彤(2009年4月任职)

顾　　问：王邦佐　王　战　邓伟志　孙关宏　周富长　周　箴　曹沛霖　童世骏

会　　长：杨奇庆(2009年4月离职)　陈海刚(2009年4月任职)

副 会 长：缪晓宝(2009年4月离职)　周骏羽(2009年4月离职)

　　　　　张　丽(女,2009年4月离职)　　管维镛(2009年4月离职)

　　　　　朱志诚　李　锐(2009年4月离职)　桑玉成　李　琪

　　　　　张喆人(2009年4月任职)　　　　徐海鹰(2009年4月任职)

　　　　　林尚立(2009年4月任职)　　　　孟荣强(2009年4月任职)

　　　　　齐全胜(2009年4月任职)　　　　周关东(2011年4月任职)

秘 书 长：李　锐(2009年4月离职)　　　徐海鹰(2009年4月任职)

第二节　会　　议

一、上海市人民政协理论研究会成立大会

2007年11月8日召开,市政协副主席宋仪侨主持。会议听取市政协秘书长杨奇庆关于上海市人民政协理论研究会筹备工作情况的报告、市政协副秘书长朱志诚关于《上海市人民政协理论研究会章程(草案)》的情况说明,讨论通过《上海市人民政协理论研究会章程》和《上海市人民政协理论研究会理事会选举办法》,选举产生第一届理事会,市政协秘书长杨奇庆当选会长。市政协主席、研究会名誉会长蒋以任,中国人民政协理论研究会秘书长原冬平出席并讲话。

二、上海市人民政协理论研究会一届二次会员大会

2009年4月2日召开,会议分两个时段进行。前一时段由会长杨奇庆主持,副会长朱志诚向会议报告一届二次理事会关于增补名誉会长,调整会长、副会长人选等决议情况,新聘任的名誉会长及新当选的会长、副会长与会员见面。后一时段会议由新任会长陈海刚主持,会议听取副会长李锐关于研究会2008年工作的报告,副会长徐海鹰关于2009年工作安排的报告。副会长李琪宣布2008年度论文评奖结果,并向优秀论文作者颁奖。市政协主席、名誉会长冯国勤出席并讲话。

三、上海市人民政协理论研究会一届三次会员大会

2010年4月14日召开,会长陈海刚主持。会上,副会长朱志诚报告一届三次理事会关于增加研究会会员和增补研究会副秘书长的决定,副会长徐海鹰作2009年工作总结和2010年工作安排的报告,副会长李琪宣布2009年论文评奖结果,并向优秀论文作者颁奖。市政协主席、名誉会长冯国勤出席并讲话。

四、上海市人民政协理论研究会一届四次会员大会

2011年4月28日召开,会长陈海刚主持。会上,副会长朱志诚报告一届四次理事会关于部分

副会长、常务理事和理事变动,以及增加会员、增补副秘书长的决定,副会长徐海鹰作 2010 年工作总结和 2011 年工作安排的报告,副会长李琪宣布 2010 年论文评奖结果,并向优秀论文作者颁奖,市政协主席、名誉会长冯国勤出席并讲话。

五、上海市人民政协理论研究会一届五次会员大会

2012 年 4 月 11 日召开,会长陈海刚主持。会上,副会长朱志诚报告一届五次理事会关于部分常务理事、理事变动的决定,副会长徐海鹰作 2011 年工作总结和 2012 年工作安排的报告,副会长李琪宣布 2011 年论文评奖结果,并向优秀论文作者颁奖,市政协主席、名誉会长冯国勤出席并讲话。

第三节　主　要　活　动

研究会以政协委员为骨干,加强与有关学术团体的合作,从多学科的角度,开展对人民政协理论的研究;坚持理论联系实际,根据政协工作的实际情况,开展课题研究;宣传和普及人民政协理论,开展征文评奖等主题活动。

一、搭建多学科理论研讨平台

在市社联等的支持下,研究会会同中共党史学会、统一战线理论研究会、政治学会、社会学学会、法学会等,先后组织"扩大公民有序政治参与、推进社会主义组织建设"、"中国特色社会主义政党制度与政治发展道路"、"拓展协商民主、促进创新转型"等专题研究,在分组研讨的基础上,由各学会推荐专家学者在专题研讨会作主题发言,各学会负责人作点评。发挥了多学科互补交叉优势,拓展政协理论研究的广度,调动了多学科专家参与政协理论研究的积极性,扩大了政协理论的社会影响。

二、开展有关课题研究

研究会根据政协工作实际情况,每年确定 2—3 个重点课题,面向社会公开招标,由专家组评审确定中标课题组,并进行课题中期评估和最终评审。2009—2012 年,共开展重点课题和资助课题 14 项,重要课题成果不仅受到市政协领导和有关部门重视,还多次被全国政协采用作为内参材料。2011 年为迎接中国共产党成立 90 周年,组织有关高校、社科研究机构的专家学者编撰出版《中国共产党与人民政协》专著,从党领导人民政协事业发展角度,探索中国共产党执政和人民政协的内在联系,该书已成为一些统战、政协知识学习培训班的教材。

三、宣传和普及政协理论

开展论文征集及评奖活动。先后选择人民政协成立 60 周年、中国共产党成立 90 周年、辛亥革命 100 周年、推进人民政协履行职能制度建设等专题,开展论文征集。2008—2012 年,共收到征集

论文 344 篇,并由专家组匿名评审,评出一、二、三等奖,获奖论文编入《人民政协理论与实践研究》年度论文集。开展"政协委员与大学生面对面活动",普及政协理论与知识。先后在复旦、同济、交通大学举办,请政协委员与高校学生围绕"人民政协与我国社会主义民主政治发展"等主题进行交流。加强与新闻媒体结合,做好政协理论研究成果和宣传。先后在《人民政协报》、《联合时报》、《社会科学报》发布研究成果,还经常性在全市新闻媒体和国家级媒体刊发理论研究活动的报道。

第五章 上海公共外交协会

上海公共外交协会成立于2011年2月,是市政协为探索发挥人民政协在对外交往中的作用,联合上海从事公共外交工作的相关企事业单位、社会团体和个人自愿组成的专业性的非营利性社会团体。协会的宗旨是:服务国家整体外交大局和上海经济社会发展,延续和拓展上海世博会对外交往成果,传播和推动公共外交,增进中国人民与世界各国人民的理解和合作,向世界传播真实的中国和上海的形象,为上海发展争取良好的国际环境贡献力量。

第一节 组 织 机 构

上海公共外交协会的最高权力机构是会员大会。理事会是大会的执行机构,由会员大会选举产生,每届任期5年。理事会设常务理事会,由会长、副会长、常务理事和秘书长组成,经理事选举或表决产生,行使理事会部分职权,对理事会负责。理事会设办公室、国际联络组、信息与合作交流组等办事机构。

图11-5-1 2011年2月,上海公共外交协会召开成立大会

上海公共外交协会第一届理事会顾问、会长、副会长、秘书长名单(2011.2—)

顾　问:赵启正　王胜洪

会　长:冯国勤

副会长：周太彤　吴幼英(女)　周汉民　陈海刚　李丰华　李铭俊　宋　超
　　　　吴金兰(女)　姚　明(2011年12月任职)　朱咏雷(2012年6月任职)

秘书长：吴金兰(女)

第二节　会　议

一、上海公共外交协会成立大会暨第一次会员大会

2011年2月25日举行,市政协副主席周太彤主持。会议分两个时段进行,第一时段会议听取市政协秘书长陈海刚关于上海公共外交协会筹备工作情况的报告,审议通过《上海公共外交协会章程》和第一届理事会成员人选名单。随后大会休会,召开理事会第一次会议,表决通过会长、副会长和常务理事人选名单和聘请顾问名单等。第二时段会议首先宣读理事会会议通过的会长、副会长和秘书长名单,全国政协外事委员会主任赵启正宣读全国政协主席贾庆林的贺信并代表全国政协外事委员会致辞,副市长唐登杰宣读市委书记俞正声的贺信,市委副书记殷一璀出席并讲话,市政协主席、新当选的会长冯国勤和顾问赵启正为上海公共外交协会揭牌。

二、上海公共外交协会一届二次会员大会

2012年6月28日举行,副会长周太彤主持。会议分两个时段进行,第一时段会议听取副会长陈海刚关于协会成立以来的工作情况的报告,审议通过增补理事成员名单和《上海公共外交协会章程(修正案)》。随后大会休会,召开理事会一届三次会议,审议通过增补副会长、常务理事名单。第二时段会议通报理事会第三次会议关于增补副会长、常务理事的决议,姚明等5位会员在会上作了交流发言,市政协主席、会长冯国勤出席会议并讲话。

第三节　主 要 活 动

上海公共外交协会加强与市政协有关专委会和市政府有关部门的合作,努力加强与外国议会、国际组织、重要智库及各界人士的联系,积极探索开展多种形式的公共外交活动。拓展境外传播平台,与市政府新闻办合作,与国外有关城市开展"城市形象片互换播映"交流项目,已与美国芝加哥、休斯敦签约并开播,通过双方的政府网站、有线电视网、社区大屏幕介绍各自城市的形象。与香港有关媒体合作,宣传上海形象,已在香港《文汇报》开辟"公共外交专版",先后出版6期。传播公共外交理念,与市政协有关专委会合作,举办"走出去与转型发展"大使系列对话活动,邀请从事外交工作专家和领导介绍有关国家的政情、社情、商情,增进社会各界对外部世界的了解;举办"文化强国和公共外交"对话会,邀请驻外使馆人员与全市文化界人士商讨国际文化交流;举办"国际形势报告会",邀请外交部边海司负责人介绍中国周边海洋问题政策;与温州市公共外交协会合作,在全国政协培训中心举办为期6天的"公共外交的理论和实践"培训班,开展公共外交知识和理念的培训。开展公共外交活动,与市政协有关专委会合作,举办公共外交座谈会、研讨会。主要有"日本大地震与中国公共外交"座谈会、"延续世博效应,拓展公共外交"座谈会、"弘扬世博精神,推动转型发展"研讨会。协会还积极创造条件,参与有关国际交流,先后参加意大利"米兰上海周"、英国威尔顿庄园公共外交论坛;为纪念辛亥革命100周年,在日本长崎举办"戴敦邦绘辛亥革命历史人物画展"。

第六章 上海市文史资料研究会

上海市文史资料研究会(以下简称研究会)成立于2011年11月,由市政协文史资料委员会发起,全市有志于文史资料研究的学者、文史工作者和文史爱好者自愿组成的学术团体。研究会的宗旨是:遵守国家宪法、法律、法规和有关政策,遵守社会主义道德风尚,坚持实事求是原则,扩大统一战线的对象和统一战线工作的影响,广泛团结有志于文史资料研究的各界人士,深入开展学术研究,抢救"三亲"史料,推动文史工作的发展,发挥文史资料在社会主义文化建设中的积极作用。

第一节 组 织 机 构

研究会的最高权力机构是会员大会,理事会是大会的执行机构,由会员大会选举产生,每届任期4年,换届延期最长不超过1年。理事会由会长、副会长、秘书长及理事组成。

图 11 - 6 - 1　2011 年 11 月,上海市文史资料研究会召开成立大会

上海市文史资料研究会第一届理事会名誉会长、执行会长、副会长、秘书长名单(2011.11—)

名誉会长:吴幼英(女)　孙　颙

顾　　问:李名慈

执行会长:朱敏彦

副 会 长：熊月之　吴建中　苏智良　陈汝南

秘 书 长：陈汝南

第二节　会　议

一、上海市文史资料研究会成立大会暨第一次会员大会

2011年11月21日举行，会议分两个时段进行。第一时段会议由市政协文史资料委员会副主任朱敏彦主持。会议听取朱敏彦作的研究会筹备工作的报告，审议通过《上海文史资料研究会章程》和第一届理事会成员人选名单。随后大会休会，召开理事会第一次会议，表决通过了第一届理事会执行会长、副会长、秘书长建议名单及聘请名誉会长、顾问等决议。第二时段会议由秘书长陈汝南主持，会议首先宣读了理事会通过的执行会长、副会长和秘书长名单，新当选的执行会长朱敏彦代表新一届理事会讲话，市政协文史资料委员会主任孙颙致辞，市政协副主席、名誉会长吴幼英出席会议并讲话。

二、上海市文史资料研究会一届二次会员大会

2012年10月20日举行，市政协文史资料委员会副主任王建华主持。研究会执行会长朱敏彦在会上报告研究会自2011年11月成立以来的工作，并提出下一年度的工作打算。会议围绕"上海国际金融中心建设的历史记忆和现状研究"主题进行研讨，10位专家学者作交流发言。市社联党组书记、副主席沈国明出席会议并讲话。

第三节　主 要 活 动

举办学术研究会，2012年10月，研究会发起并联合市政协文史委、市社科规划办公室、当代上海研究所举办"上海国际金融中心建设的历史记忆和现状研究——上海市文史资料研究会学术年会"，全市文史界、金融界、社科界的专家学者及有关部门负责人共80余人出席，10多位专家学者就金融档案史料收集整理研究、近代上海金融史、上海金融中心建设等专题作学术交流。参与上海名人故居保护和利用的调研，2012年12月召开"名人故居保护和利用"研讨会，同济大学副校长伍江、同济大学中国城市保护与研究中心主任阮仪三、复旦大学哲学学院利徐学社社长李天纲、华东师范大学民俗文化中心主任陈勤建等专家学者作研讨发言。参与征集编辑文史资料，完成30多万字的《雪域高原的格桑花——上海市第五批援藏干部"三亲"史料专辑》。弘扬优秀文化遗产，参与举办纪念徐光启诞辰450周年系列活动，包括"忆上海先贤，明爱国之志——明末爱国科学家徐光启诞辰450周年纪念会"、"颂宗师风范，承经世之志——纪念明末爱国科学家徐光启诞辰450周年研讨会"等。

第十二篇

人　物

本篇记述第五至十一届市政协中 4 名主席、35 名副主席的人物传略^①,以及其他 4 名主席、34 名副主席的主要经历。同时记述第五至十一届市政协主席、副主席、秘书长、常务委员、委员名单;副秘书长,各专门委员会(工作组、指导组)主任(组长)、副主任(副组长)名单。

---

① 为 2012 年 12 月 31 日前逝世的第五至十一届主席、副主席。

第一章 传 略

第一节 主 席

谢希德 女,汉族,1921年3月生,福建泉州人,大学学历,博士,中国共产党党员。政协上海市第七届委员会主席(任期:1988.4—1993.2)。

图 12 - 1 - 1 谢希德

1946年从厦门大学数理系毕业后赴上海沪江大学任教。1947年赴美国斯密斯女子文理学院、麻省理工学院学习,专攻理论物理,1951年获麻省理工学院博士学位,后在麻省理工学院从事研究工作。1952年回国,历任上海复旦大学讲师、副教授、教授,1956年被国务院调北京大学联合筹建半导体专业组,1958年回复旦大学任半导体教研室主任兼中科院上海技术物理研究所副所长。1978年起历任复旦大学副校长、校长,中科院学部主席团成员,中科院学部委员,中国物理学会副理事长,上海市科协主席。1988年4月任第七届市政协主席,2003年起任上海政协之友社第三、四届理事长。

1956年5月加入中国共产党,1982年、1987年当选中共第十二、十三届中央委员会委员。任第八、九届全国政协常委。

著名固体物理学家、教育家,中国半导体物理学科和表面物理学科开创者和奠基人,著有《分子力学》、《量子力学》、《固体物理》等。1986年、1987年、1990年、1992年先后获国家教委科技进步二等奖。1989年当选为第三世界科学院院士,1990年当选为美国文理科学院外国院士。

2000年3月4日因病逝世。

李国豪 汉族,1913年4月生,广东梅县人,大学学历,工学博士,中国民主同盟盟员、中国共产党党员。政协上海市第六届委员会主席(任期:1983.4—1988.4)。

图 12 - 1 - 2 李国豪

1936年同济大学土木系毕业后留校担任钢结构课助教,1938年赴德国达姆斯培特工业大学留学。1946年回国,历任上海工务局结构处工程师,上海康益工程公司工程师,同济大学教授、系主任、训导长、工学院院长,1949年参加中共地下党领导的大学教授联谊会。新中国成立后,任上海同济大学教务长、副校长,1955年当选为中国科学院技术科学部学部委员(院士)。1957年任国家科委力学、建筑学科组组长。1958年任南京长江大桥技术顾问委员会主任。1977年起历任同济大学校长、名誉校长,上海市科协主席,中国土木工程学会理事长,中国科协常委,上海宝山钢铁总厂技术顾问委员会首席顾问,上海南浦大桥建桥专家组组长。1983年4月任第六届市政协主席,其间于1987年创建上海政协之友社,并担任第一、二届上海政协之友社理事长,第三、四、五届上海政协之友社名誉理事长。

1953年5月加入中国民主同盟,1958年任民盟上海市委第三届副主委。1956年加入中国共产党,是第七届全国政协常委。

著名桥梁工程与力学专家,其创建悬索桥按变位理论的实用计算方法,为国际桥梁力学界所引用,被誉为"悬桥李"。专著《桁梁扭转理论——桁桥梁的扭转、稳定和振动》获国家自然科学奖。曾获国家科技进步一等奖和联邦德国歌德奖章暨大十字勋章。

2005 年 2 月 23 日因病逝世。

王一平 汉族,1914 年生,山东荣成人,中专学历,中国共产党党员。政协上海市第五届委员会主席(任期:1979.12—1983.4)。

1932 年在山东省立第七(文登)乡村师范学校学习,同年加入中国共产党,1936 年在西安东北军从事抗日救亡活动,1937 年进入延安抗日军政大学和中共中央党校学习。1938 年后,历任八路军山东纵队连政治指导员,团政治处主任,山东纵队政治部组织科科长,一支队(旅)政治部主任,山东纵队四支队政委、泰山军分区政委、沂蒙军分区政委兼地委书记,山东军区第四师政委。1946 年后,任华东野战军第八纵队政治部主任、副政委、政委,第三野战军第 26 军政委、第 22 军政委,第八兵团政治部主任。

图 12 - 1 - 3 王一平

1952 年后,历任中共上海市委委员、市委组织部部长、市委常委、组织部部长,市委常委兼中国科学院上海办事处主任、上海社会科学联合会副主席、上海博物馆馆长、市委常委、市委秘书长、市委书记处候补书记、市委书记处书记兼秘书长。1973 年任市革委会副主任,1977 年任市委书记、市革委会副主任,1979 年任市委书记、副市长。1979 年 12 月任第五届市政协主席。

中共第十一届中央委员,第十二、十三届中央顾问委员会委员。

2007 年 2 月 27 日因病逝世。

彭 冲 汉族,1915 年 3 月生,福建漳州人,中国共产党党员。政协上海市第五届委员会主席(任期:1977.12—1979.12)。

20 世纪 30 年代前期在漳州从事党的地下工作和学生运动,于 1933 年 3 月加入中国共产主义青年团,1934 年 8 月转为中国共产党党员,先后担任中共漳州地区地下党团支部书记、党支部书记。1937 年任中共漳州地区工作委员会组织部部长,发起组织了民众救国服务团,参与领导漳州地区抗日救亡运动,同年 10 月参加新四军,担任新四军第二支队政治部宣传队副队长。1938 年 6 月,任新四军第二支队政治部秘书,同年 9 月任新四军高淳办事处主任,同年 11 月任中共安徽省当涂县委书记。1939 年 7 月任新四军二支队政治部民运科科长。1940 年后,历任新四军江南指挥部

图 12 - 1 - 4 彭 冲

新三团政治处主任,新四军六师 18 旅 53 团、52 团政治处主任,独立团政治委员兼中共江苏泰州县委书记。1945 年 6 月后,历任新四军第 1 师 18 旅、华中野战军第 6 师 18 旅和华东野战军第 6 纵队 18 师 52 团政治委员。1947 年 9 月后,历任第六纵队第 18 师政治部主任、第 24 军 72 师副政委。新中国成立后,历任福建省委秘书长、统战部部长兼龙溪地委书记,中共中央华东局统战部副部长,中共江苏省委秘书长,南京市市长,中共南京市委第一书记。1974 年起任中共江苏省委第一书记兼南京军区第二政治委员、江苏省革委会主任。1976 年 10 月粉碎"四人帮"后,根据党中央部署到上海工作,历任中共上海市委第三书记、市革委会第二副主任,市委第一书记、市长。1977 年 12 月任第五届市政协主席。

中共第九、十届中央候补委员,第十一届中央委员、中央政治局委员、中央书记处书记、中央政

法委员会第一副书记,第十二、十三届中央委员;第五届全国政协副主席;第五、六、七届全国人大常委会副委员长。

2010年10月18日因病逝世。

第二节　副 主 席

黄赤波　汉族,1912年生,湖北大冶人,中国共产党党员。政协上海市第五届委员会副主席(任期:1977.12—1978.10)。

1930年参加中国工农红军,1931年加入中国共产党。历任红军三军团战士、侦察员、连队党支部书记,参加过二万五千里长征。1936年任红十五军团保卫局组长、军委会直属队特派员。1937年,调任西北保卫局、陕甘宁边区政府保安处侦察科科员、组长、代科长。1940年起,历任新四军第六支队苏豫皖边区党委社会部部长、保安处处长,盐阜行政公署保安处处长,苏北行政公署公安局局长,山东潍坊特别市公安局局长。1949年5月起,历任中共苏南区委委员、苏南行政公署公安局局长、苏南行政公署第二副主任、政法委员会主任、江苏省公安厅厅长。1953年起,历任上海市公安局副局长、局长、党组书记,兼上海市人民检察署检察长、市委政法工作部副部长,1959年当选市委常委。1977年12月任第五届市政协副主席。

图12-1-5　黄赤波

1978年10月20日因病逝世。

梁国斌　曾用名邓耀南,汉族,1910年2月生,福建长汀人,中学学历,中国共产党党员。政协上海市第五届委员会副主席(任期:1977.12—1979.12)。

1928年参加革命工作,1929年加入中国共产党。1930年后,先后任福建长汀县肃反委员会主席,清流县保卫局长,中共汀州市委书记,福建省国家保卫局侦察部部长、特委保卫局长,军分区肃反委员会主席。参加中央苏区历次反"围剿"。1934年红军长征后留在根据地坚持游击战争。1937年任中共闽西南省委驻龙岩办事处主任,1939年春,调皖南新四军军部,先后任新四军军部教导队科长、江北指挥部军法处处长、淮南路东保安处处长、新四军政治部锄奸部部长、保卫部部长等职。

图12-1-6　梁国斌

解放战争时期,任中共中央华东局社会部副部长兼华东军区保卫部部长、中共中央华东社会部部长等职。1949年5月上海解放后,任上海市军事管制委员会公安部副部长。1949年7月,奉命随中国人民解放军第十兵团南下解放福建。1949年8月,任中共福建省委常委、省公安厅厅长。1951年调任华东军政委员会公安部副部长、中共中央华东局社会部部长、华东行政委员会公安局局长兼华东公安部队政委。1954年任最高人民检察院副检察长、党组副书记,公安部副部长。1965年任中共上海市委书记处书记,副市长。1977年12月起历任第五届市政协副主席、上海市第七届人大常委会副主任、中共上海市委顾问。

1980年3月5日因病逝世。

卢于道　曾用名日新,汉族,1906年生,浙江鄞县人,大学学历,博士,九三学社社员。政协上海市第四、五、六届委员会副主席(任期:1964.9—1985.8)。

1926年南京东南大学生物系暨心理系毕业,赴美国芝加哥大学攻读神经生理学,获解剖学科哲学博士学位。1930年回国,历任上海医学院教授、中央研究院心理研究所研究员、中国科学社生物研究所教授。1942年任复旦大学教授、生物系主任。1949年上海解放后,历任复旦大学生物系主任、理学院院长、研究生部主任。1959年任上海市科协副主席。1964年9月起任第四、五届市政协副主席。

1949年9月作为特别邀请人士参加中国人民政治协商会议第一届全体会议,是第二、三届全国政协委员,第一、三届上海市政协常委。

1945年参与发起并加入九三学社,历任九三学社中央监事,第三、四、五届中央常委,第六、七届中央副主席,九三学社上海分社常务监事,第三、四、五、六、七、八、九、十届主委。

图12-1-7 卢于道

中国著名解剖学家,著有《神经解剖学》、《中国人之大脑皮层》等。

1985年8月4日因病逝世。

杨 恺 汉族,1920年生,浙江慈溪人,大专学历,中国共产党党员。政协上海市第六届委员会副主席(任期:1985.7—1986.8)。

1936年参加上海职业界救国会,从事抗日救亡运动。1937年在延安陕北公学学习。1938年在新四军战地服务团从事民运工作。1940年加入中国共产党,历任新四军政治部宣传部编辑,新四军苏北、苏中三分区政治部宣教科科长、团政治处主任,华东野战军第23军宣教部部长。上海解放后,历任华东军政大学政治部宣传部部长,中国人民解放军军事学院政治部宣传部部长、政治部副主任。1966年任中共中央华东局宣传部副部长。1973年任上海交通大学党委书记。1977年起历任上海市人民政府教卫办主任兼党组书记、市革委会副主任、上海市副市长、市人民政府顾问、上海电视大学校长。1985年7月任第六届市政协副主席。

图12-1-8 杨 恺

1957年获二级独立自由勋章和二级解放勋章。

1986年8月4日因病逝世。

刘良模 汉族,1909年生,浙江镇海人,大学学历,中国民主同盟盟员,政协上海市第五、六届委员会副主席(任期:1979.12—1988.4)。

1932年自上海沪江大学社会学系毕业,任中华基督教青年会全国协会学生部干事、青年会军队服务部江浙支部主任,组织上海基督教青年会人士开展救亡活动。1940年赴美国费城宾夕法尼亚大学攻读社会学,并参加进步活动。1949年9月应邀回国。1950年参加发起中国基督教三自爱国运动,任中华基督青年会全国协会副会长。中国基督教三自爱国运动委员会成立后,任副主席、顾问,上海市基督教三自爱国运动委员会副主席。1979年12月起任第五、六届市政协副主席。

图12-1-9 刘良模

1945年7月加入中国民主同盟,历任民盟中央第二、三届候补委员,第四届委员,第五届顾问。1949年9月作为宗教界民主人士候补代表参加中国人民政治协商会议第一届全体会议,是第三届全国政协委员,第四、五、六届常委。

1988年8月2日因病逝世。

吴若安 女,汉族,1890 年生,江苏金山(今属上海市)人,大专学历,中国民主促进会会员。政协上海市第四、五届委员会副主席(任期:1964.9—1979.12)。

1908 年在务本女塾毕业后留校任教,1911 年起历任上海南洋女子中学、务本女子师范、同济大学教师。1937 年任南洋女子中学校长。抗日战争胜利后,接受中共地下党组织教育,参加中共外围组织,积极投入各项爱国民主活动,先后担任上海中教研究会理事、小教进修会理事、校长互助会主席和上海教联主席,协助中共地下党团结教职员工,与国民党反动派斗争。1949 年上海解放后,历任民立女子中学、第十女子中学校长,1956 年后历任上海市教育局副局长、顾问,中国红十字会上海分会名誉会长。1964 年

图 12 - 1 - 10 吴若安

9 月起历任第四、五届市政协副主席。1979 年 12 月起任上海市第七、八届人大常委会副主任。

1951 年 6 月加入中国民主促进会,历任民进中央第四届委员,第五届常委,第六、七届副主席,民进中央参议委员会第一、二届副主席;民进上海市理事会第三届副主任理事,民进上海市委第四、五、七、八、九届主委,第十届名誉主委。

1990 年 6 月 10 日因病逝世。

吴文祺 汉族,1901 年生,浙江海宁人,大学学历,中国农工民主党党员。政协上海市第六届委员会副主席(任期:1983.7—1988.4)。

1919 年起任上海商务印书馆编辑兼国文函授部教员。1925 年参加中国共产党,后失去组织联系。1926 年任中央军校武昌分校政治教官。1927 年起,历任厦门集美中学、上海浦东中学教师,燕京大学、中国大学、北平师范大学讲师,上海暨南大学教授。1945 年兼任《前线日报》副刊主编。上海解放后,历任暨南大学文学院院长、复旦大学中文系教授兼语言研究室主任、中国科学院语言研究所学术委员、中国语言学会理事、上海语文学会副会长。1983 年 7 月任第六届市政协副主席。

图 12 - 1 - 11 吴文祺

1953 年加入中国农工民主党,历任农工民主党中央第七、八届委员,第九届常委,第十届咨监委员;农工民主党上海市委第二、三届常委,第四、五、六届副主委,第七届名誉主委。

语言文字专家,曾任《辞海》编委会副总主编和语言文字分科主编、《汉语大词典》副主编,著有《新文学概要》、《近百年来的中国文艺思潮》等。

1991 年 3 月 12 日因病逝世。

赵超构 笔名林放,汉族,1910 年 5 月生,浙江瑞安人,大学学历,中国民主同盟盟员。政协上海市第六、七届委员会副主席(任期:1983.4—1992.2)。

1934 年自中国公学大学部政治经济系毕业,历任南京《朝报》编辑,重庆《新民报》主笔。1946 年参与筹建《新民报》上海版晚刊,任上海《新民报晚刊》总主笔、总编辑。1947 年 5 月,《新民报》上海版被勒令"永久停刊",1948 年冬遭国民党当局迫害避居香港,1948 年进入解放区。上海解放后返沪,历任《新民报晚刊》(1964 年改为《新民晚报》)社长。1978 年 3 月起历任上海辞书出版社副社长、上海市出版局顾问、中华全国新闻工作者协

图 12 - 1 - 12 赵超构

会副主席、中国晚报工作者协会会长、上海市文联副主席。1983年4月起任第六、七届市政协副主席。

1949年9月作为中华全国新闻工作者协会筹备会的正式代表参加中国人民政治协商会议第一届全体会议,是第六、七届全国政协常委,上海市第七届人大常委会委员。

1955年加入中国民主同盟,历任民盟中央第四届委员、第五届常委、第六届参议委员会常委;民盟上海市委第四、五届常委,第六、七、八、九届副主委。

中国著名新闻记者,专栏作家,1944年曾参加中外记者团访问延安,发表系列通讯《延安一月》,向大后方人民介绍延安真实情况。著有杂文集《世象杂谈》、《未晚谈》、《林放杂文选》等。

1992年2月12日因病逝世。

唐君远 曾用名唐增源,汉族,1901年生,江苏无锡人,大学学历,无党派人士。政协上海市第五、六、七届委员会副主席(任期:1979.12—1992.10)。

1924年自苏州东吴大学毕业,历任无锡丽新染织厂考工员、考工主任、厂长,协新毛纺织染厂厂长、经理,上海昌兴纺织印染总公司工务主任兼信昌毛纺织公司经理。1949年5月上海解放后,兼任上海毛纺织工业同业公会主任委员。1954年、1955年,无锡和上海丽新、协新各厂先后公私合营。唐君远先后任公私合营丽新纺织印染整理股份有限公司董事长、上海毛麻纺织工业公司经理。1979年起历任上海投资信托公司副董事长、上海爱建股份有限公司监事长和沪港经济发展协会名誉会长。1979年12月起任第五、六、七届市政协副主席。

图 12 - 1 - 13　唐君远

第三、四、五、六届全国政协委员,全国工商联常委,江苏省工商联副主委,上海市工商联第二、三届常委,第四、五、六、七届副主委,第八届名誉副主委。

1992年10月16日因病逝世。

李干成 曾用名李慈,汉族,1909年生,江苏涟水人,大学学历,中国共产党党员。政协上海市第五届委员会副主席(任期:1977.12—1983.4)。

1929年在上海建设大学求学时加入中国共产主义青年团(1930年转为中国共产党党员),同年冬离校从事共产党地下工作,历任共青团上海闸北区委宣传部部长、中共宿迁县委书记、共青团吴淞区委书记、共青团河南省委书记、共青团上海沪西区委书记。1932年被国民党当局逮捕入狱,1937年7月出狱。1937年11月后历任涟水县抗日同盟会理事长、涟水县抗日义勇队队长、政治部主任,中共泗沭县委书记,中共宿迁县委书记。

图 12 - 1 - 14　李干成

1945年2月任中共淮海地委组织部部长、中共淮海区第二中心县委书记。1949年4月苏南解放后,历任苏州专区专员、中共苏州地委常委、中共常州地委书记。1953年调上海工作,历任上海市市政建设委员会副主任,中共上海市政交通工作部部长,市基本建设委员会副主任、党组书记。1958年12月任市委常委、副市长。1976年11月任中共上海市委顾问。1977年12月任第五届市政协副主席。

1993年4月14日因病去世。

梅嘉生 汉族,1913年生,江苏丹阳人,中学学历,中国共产党党员。政协上海市第六届委员会副主席(任期:1983.4—1985.7)。

1937年"七七"事变后回家乡组织游击队，任丹阳游击支队大队长。1938年随部队编入新四军。1939年加入中国共产党，历任新四军江南人民抗日义勇军挺进队第四支队支队长、挺进纵队第三团团长，新四军苏皖支队副司令员，南通保安旅副旅长，新四军第一师第三旅参谋长、第四分区参谋长兼启海警卫团团长、第二军分区司令员，苏中公学教育长。抗战胜利后，历任苏中军区副参谋长，苏中军区第一军分区副司令员，新四军第一师参谋长，华东野战军第四纵队参谋长，第23军副军长，华东军大第三纵队队长。新中国成立后，历任解放军赴越南军事顾问团参谋长、第一副团长，海军航空兵副司令员兼参谋长，海军东海舰队副司令员，海军副司令员。1955年被授予少将军衔。曾获二级独立自由勋章、一级解放勋章、独立功勋荣誉章。1983年4月任第六届市政协副主席。

1993年9月4日因病逝世。

图12-1-15 梅嘉生

周 璧 汉族，1919年生，山西平定人，高中学历，中国共产党党员。政协上海市第六届委员会副主席(任期：1985.7—1988.4)。

1936年10月在山西太原参加革命工作，1937年7月加入中国共产党，历任中共昔阳县委书记，中共元氏中心县委书记，中共榆次中心县委书记。1945年后，历任中共太行区第一地委书记兼军分区政委，太行区南下临时党委宣传部部长。1949年新中国成立后，历任中共福建省委副秘书长、常委、秘书长。1952年8月调上海工作，历任上海市总工会秘书长、党组副书记，上海第二重工业局局长，中共上海市委轻工业部部长，中共吴淞区区委书记，上海市冶金工业局党委书记兼局长，市工业生产委员会副主任、主任兼党组书记。1977年任上海石化总厂筹建指挥部核心小组组长。

图12-1-16 周 璧

1978年后历任市工业交通办主任，市经济委员会主任兼党组书记，上海实事公司董事长。1985年7月任第六届市政协副主席。

上海市第七届人大常委会委员，上海企业管理协会会长，上海企业家协会会长，中国企业管理协会副会长，中国企业家协会副会长。

1993年10月16日因病逝世。

王致中 曾用名陆锦桓，汉族，1909年生，浙江东阳人，中学学历，中国共产党党员。政协上海市第四、五届委员会副主席(任期：1964.9—1983.4)。

1928年9月加入中国共产主义青年团，任共青团桐乡县特别支部书记和中共地下交通员，1929年4月被捕，1930年4月在狱中加入中国共产党，任狱中地下特别支部委员。1936年西安事变后出狱，赴延安中央党校学习。1938年起，历任中共湖北省委工人部干事、中共宜昌中心县委书记、中共川东省委工人部部长兼重庆市委书记、中共川康特委书记。1949年5月后，历任中共上海市委组织部组织处副处长、黄浦区区委书记。1953年任市委统战部副部长，其中1958年10月—1964年9月兼任市政协第二、三届秘书长。1964年9月任第四届市政协副主席。1976年3月任卢湾区区委书记。1977年12月任第五届市政协副主席。

图12-1-17 王致中

第三、四、五届全国政协委员。

1993 年 12 月 9 日因病逝世。

赵祖康 曾用名赵静侯,汉族,1900 年 9 月生,上海松江人,大学学历,中国国民党革命委员会党员。政协上海市第五届委员会副主席(任期:1977.12—1983.4)。

图 12-1-18 赵祖康

1922 年自交通大学唐山工程学院土木工程系毕业,历任青岛商埠督办公署工务所工务员,交通部韶赣国道工程局测量队技佐,广西梧州市工务局技正兼设计课长、局长。1930 年赴美国康乃尔大学研究院留学。1931 年回国后,历任全国经济委员会公路处专员、公路处副处长、代处长,交通部公路总管理处处长,军委会运输统制局工务处处长,交通部公路总局副局长,上海市工务局局长。1949 年 5 月 24 日代理上海市市长。1949 年 5 月上海解放后,历任上海市人民政府工务局局长,市市政建设委员会副主任兼工务局局长,上海市规划建筑管理局局长,1957—1967 年、1977—1983 年任上海市副市长,1977 年 12 月任第五届市政协副主席,1983 年起任上海市第八、九届人大常委会副主任。

1951 年加入中国国民党革命委员会,历任民革中央第三、四届委员,第五、六届副主席,第七、八届名誉副主席;民革上海市委第一、二届副主委,第三、四、五、六、七届主委,第八、九届名誉主委。

公路工程与市政工程专家,长期从事于中国公路的创建事业,致力于道路、交通辞典的研究和编写工作,曾主编《英汉道路工程词汇》。

1995 年 1 月 19 日因病逝世。

龙 跃 曾用名龙志坚,汉族,1912 年 10 月生,江西万载人,中学学历,中国共产党党员。政协上海市第五、六届委员会副主席(任期:1979.5—1985.7)。

1930 年参加中国工农红军,1931 年 4 月加入中国共产主义青年团,1933 年 5 月加入中国共产党。参加过中央苏区五次反"围剿"斗争和浙南三年游击战争,先后任宣传员、保卫组长、军分区政治部主任、浙南特委委员兼鼎平县委书记、特委组织部部长兼共青团委书记、闽浙边临时省委委员等职,参与创建浙南游击根据地。抗日战争时期,担任新四军闽浙边留守处副主任、中共浙南特委书记,中共浙江省委委员,中共闽浙赣省委常委、组织部部长,解放战争时期,先后任中共闽浙赣区(省委)党委常委,解放军浙南游击队司令员兼政委。

图 12-1-19 龙 跃

1949 年 5 月后,历任中共温州地委书记、温州军分区政委,中共浙江省委委员、省农委副书记、副主任,省供销合作总社主任,省合作事业管理局局长。1953 年调上海工作,历任中共上海汽轮机厂党委书记、中共上海市委工业生产委员会副主任。1973 年起先后任上海压缩机厂党委书记、上海柴油机厂党委书记。1979 年 5 月起任第五、六届市政协副主席。

1949 年 9 月作为华东解放区的正式代表参加中国人民政治协商会议第一届全体会议,是第五届全国政协委员。

1995 年 2 月 1 日因病逝世。

冯德培 汉族,1907 年 2 月生,浙江临海人,大学学历,博士,无党派人士。政协上海市第五届委员会副主席(任期:1977.12—1983.4)。

1926 年自复旦大学生物学院毕业,1929 年起先后在美国芝加哥大学,英国伦敦大学、剑桥大学、牛津大学从事生理学研究,获博士学位。1934年回国,历任北平协和医学院、(内迁重庆的)上海医学院教授,中央研究院研究员,医学研究所筹备处代主任。新中国成立后,历任中科院生理生化研究所所长,生理研究所所长、名誉所长,中科院华东分院副院长,中科院上海分院副院长,中科院副院长兼生物学部主任,中科院学位委员会主任,中国生理学会理事长,上海欧美同学会会长。1955年当选为中科院学部委员,并先后当选英国、加拿大、美国生理学会荣誉会员,美国国家科学院外籍院士,第三世界科学院院士,1981年起连任三届国际生理科学联合会理事。1977年12月任第五届市政协副主席。

图 12-1-20 冯德培

第五、六、七届全国政协常委。

著名生理学家、神经生物学家,中国神经肌肉生理学研究的开拓者,国际生理学界将其发现的"拉长效应"称为"冯氏效应",载入科学史册,著有《肌肉、神经和突触》论文选集。

1995年4月10日因病逝世。

宋日昌 曾用名秉铎,汉族,1906年3月生,安徽颍上人,大学学历,中国共产党党员。政协上海市第五、六届委员会副主席(任期:1979.5—1985.7)。

1927年加入中国共产党,同年跟随叶挺将军参加南昌起义。1936年西安事变后从日本回国,投身于抗日救亡运动,1937年参加牺牲救国同盟会。1938年2月重新加入中国共产党。抗日战争时期,先后在八路军一二〇师、新四军四师、一师工作,历任豫皖苏联防委员会民政处处长、苏中行政公署民政处处长、苏南行政公署副主任。解放战争时期,历任山东省人民政府民政厅副厅长、支前委员会政治部部长、胶东行政公署代理主任、

图 12-1-21 宋日昌

华东野战军先遣纵队政治部主任、合肥市军管会副主任、皖北行政公署主任兼支前委员会司令。1950年后历任华东军政委员会民政部部长、华东行政委员会副秘书长兼民族事务委员会主任。1954年9月起任上海市副市长。1958年后兼市委农业委员会副主任,市人委农业办公室主任。1979年5月起任第五、六届市政协副主席。

1995年9月5日因病逝世。

靖任秋 曾用名大康,汉族,1905年生,江苏铜山人,中国共产党党员。政协上海市第五、六届委员会副主席(任期:1979.5—1985.7)。

1925年加入中国共产党,1926年由组织派遣考入黄埔军校四期学员,1927年任中央军校武汉军分校政治部党务股股长,后调任叶挺部队24师政治部组织科科长,参加北伐战争和南昌起义。1928年任上海总工会工军委委员、中共上海闸北区委委员,后长期在西安、北京等地从事中共地下秘密工作。1941年被国民党逮捕。1943年越狱后在山东、河北继续从事策反工作。1944年进入解放区,历任晋冀鲁豫中央局联络部副部长,第二野战军第十纵队参谋长、桐柏军分区参谋长,曾参与策动国民党高树勋所部在邯郸起义。新中国成立后,任天津市人民政府委员兼市公用局、港务

图 12-1-22 靖任秋

局局长。1952年调北京工作,任中共交通部党组成员、交通部内河运输管理总局局长。1961年调上海工作,历任中共中央华东局经济委员会副主任、上海市工业交通办公室副主任、市委统战部副

部长。1977 年 12 月起历任第五届市政协副主席兼秘书长、第六届市政协副主席。

1996 年 5 月 3 日因病逝世。

周谷城 汉族，1898 年 9 月生，湖南益阳人，大学学历，中国农工民主党党员。政协上海市第三、四、五届委员会副主席（任期：1962.7—1979.12）。

图 12 - 1 - 23 周谷城

1917 年入北京高等师范学院英文系学习，1921 年毕业后历任湖南长沙第一师范学校教员、湖南省农民协会顾问兼省农民运动讲习所讲师、全国农民协会筹备会秘书，投身湖南农民运动。1927 年大革命失败后到上海为商务印书馆《东方杂志》、《教育杂志》等撰稿译书，并在暨南大学及其他私立大学兼课。1930 年后，历任中山大学教授、社会系主任，暨南大学教授、历史系主任。1942 年后历任复旦大学教授、历史系主任、教务长。在校期间，从事民主进步活动，参与组织上海大学教授联谊会。1949 年 5 月上海解放后，任复旦大学教授、上海历史学会会长、全国历史学会执行主席。1962 年 7 月起任第三、四届市政协副主席。1977 年 12 月任第五届上海市政协副主席。1979 年 12 月任上海市第七届人大常委会副主任。1983 年起任第六、七届全国人大常委会副委员长。

1949 年 9 月作为无党派民主人士候补代表参加中国人民政治协商会议第一届全体会议，是第五届全国政协常委。

1930 年曾加入中国国民党临时行动委员会（农工民主党前身），1952 年加入中国农工民主党，历任农工民主党中央委员会委员、中央委员会主席团委员，第九届中央委员会副主席、主席，第十届名誉主席；农工民主党上海市委第一、二、三、四、五、六届主任委员。

著名历史学家、社会学家，著有《中国通史》、《世界通史》、《中国社会史论》等。

1996 年 11 月 10 日因病逝世。

张承宗 汉族，1910 年 6 月生，浙江镇海人，大学学历，中国共产党党员。政协上海市第五、六届委员会副主席（任期：1977.12—1985.7）。

图 12 - 1 - 24 张承宗

1935 年 4 月在上海加入"中华民族武装自卫委员会"，投身抗日救亡运动，同年 12 月参与组织"职业青年救国大同盟"，并任第四大队队长，1937 年 8 月加入中国共产党。抗日战争时期，受党派遣，先后在上海敌占区、新四军淮南根据地工作。历任中共上海地下党银业界总支书记、金融界委员会书记、职业界委员会委员兼宣传部部长，中共江苏省委情报委员会书记，中共中央华中局城工部秘书兼干部科科长。"八一三"事变后，协助华中局城工部部长刘晓领导上海、南京、杭州等敌占区的地下工作，配合新四军开展敌后武装斗争。解放战争时期回到上海，任中共上海地下党市委委员。1947 年 11 月起任中共地下党上海市委书记，负责工人、职员、教员、学生、警察和郊区等方面的党群工作，配合人民解放军解放和接管上海。上海解放后，历任中共上海市委组织部副部长，中共普陀区委书记，华东纺织工业管理局党委书记、局长，兼上海市纺织局党委书记、局长，市科委常务副主任。1962 年任副市长兼秘书长。1973 年任普陀区委副书记、书记。1977 年 11 月起历任市革委会副主任、市文物保管委员会主任、上海市第七届人大常委会副主任、市委统战部部长，同年 12 月起任第五、六届市政协副主席，其间还兼任上海宋庆龄基金会副主席及中国福利会副理事长、沪港经济发展协会名誉会长等职。

第五、六届全国政协委员。

1996 年 12 月 20 日因病逝世。

刘靖基　曾用名伯寅,1902 年 9 月生,汉族,江苏常州人,中专学历,中国民主建国会会员。政协上海市第二、三、四、五、八届委员会副主席(任期:1958.10—1979.12;1993.2—1997.2)。

图 12 - 1 - 25　刘靖基

1919 年起任苏州苏纶纱厂、上海宝成纱厂业务员,业务部主任,经理。1930 年任常州大成纺织染厂经理。1936 年任南京江南水泥厂常务董事、副董事长,1938 年创设安达纱厂,任安达纱厂董事兼总经理。1942 年任上海棉纺同业公会收花处常务理事、总经理。抗战胜利后,任南京江南水泥厂副董事长、董事长,全国纺织业联合会常务理事。1949 年 5 月上海解放后,历任安达纱厂总经理、华东区原棉联购处总经理、大隆机器厂董事长,在棉纺同业中率先申请公私合营,在上海及全国都产生了很大影响。1956 年后任上海市棉纺工业公司经理。1979 年后历任上海市投资信托公司董事长,上海市爱建公司董事长兼总经理、爱建金融公司董事长,中国贸易促进会上海分会顾问。1958 年 10 月起任第二、三、四届市政协副主席。1977 年 12 月任第五届市政协副主席。1979 年 12 月起任上海市第七、八、九届人大常委会副主任,1993 年 2 月任第八届市政协副主席。

第二、三、四届全国政协委员,第五届常委,第六、七、八届副主席;第五、六届全国人大常委会委员;上海市协商委员会第一、二、三届常委。

1951 年加入中国民主建国会,历任民建中央第一届委员,第二、三、四届常委,第五、六届顾问;民建上海市分会常委,民建上海市委第一、二、三、四届副主委,第五、六届主委,第七、八届名誉主委;全国工商联常委、副主席、名誉副主席;上海市工商联常委、主委。

1997 年 2 月 15 日因病逝世。

徐以枋　曾用名徐驭群,汉族,1907 年 11 月生,浙江平湖人,大学学历,中国国民党革命委员会党员。政协上海市第六、七、八届委员会副主席(任期:1983.4—1998.1)。

图 12 - 1 - 26　徐以枋

1928 年自上海复旦大学土木工程系毕业,进入杭州市工务局工作,同年应邀调任江苏省建设厅技佐、技士。1930 年任上海特别市工务局技士,1933 年调至南京,历任全国经济委员会公路处副工程师,兼任技士、督察工程师,交通部公路总管理处技正、主任督察工程师。川滇西路工务局副局长,川康公路管理局副局长。1946 年后,历任上海市工务局处长、主任秘书、副局长。1949 年上海解放后,任上海市人民政府工务局副局长,1955 年任市政工程局局长,1958 年任市城市建设局局长兼市政工程设计院院长,1982 年任市城乡建设委员会顾问。1983 年 4 月起任第六、七、八届市政协副主席。

第五届全国政协委员,第六、七届常委,第二、五届上海市政协常委。

1956 年加入中国国民党革命委员会,历任民革中央第五、六、七届委员,第八、九届监察委员会常委;民革上海市委第三、四届常委,第五、六、七届副主委,第八、九届主委。

土木工程专家,抗战时期曾奉派协助江西省公路局加固宁赣干道沿线桥梁,协助云南省抢建修通国际通道滇缅公路,参加和领导了川康乐西公路、川滇西路、康青公路、南疆公路的建设。新中国成立后,先后参与重庆长江大桥、上海泖港大桥、南浦大桥、杨浦大桥等的建设工作。1980 年获国家优秀设计奖和优秀工程银质奖,1982 年获国家优秀设计奖。

1998 年 1 月 7 日因病逝世。

赵宪初 曾用名赵型,汉族,1907 年 10 月生,浙江嘉善人,大学学历,中国民主促进会会员。政协上海市第七届委员会副主席(任期:1988.4—1993.2)。

1928 年交通大学电机工程学院毕业后,长期在上海市南洋模范中学任教,历任教师、教务主任、副教导主任、副校长,1979 年任校长,1984 年任名誉校长,其间于 1977 年 12 月起当选第五、六届上海市政协常委,1981 年 5 月—1983 年 4 月任徐汇区副区长。1988 年 4 月,任第七届市政协副主席。

1955 年 10 月加入中国民主促进会,历任民进中央参议委员会第一、二届委员,第三届常委;民进上海市委第七、八、九届副主委,第十届主委,第十一届名誉主委。

图 12 - 1 - 27　赵宪初

毕生致力于教育事业,是中国数学学会理事、上海市数学学会副理事长。1978 年被评为上海市第一批特级教师。著有《赵宪初教育文集》、"数理化自学丛书"中的《代数》(第一分册)、《怎样列方程解应用题》、《一元二次方程》等。

1998 年 4 月 17 日因病逝世。

苏步青 汉族,1902 年 9 月生,浙江平阳人,大学学历,博士,中国民主同盟盟员,中国共产党党员。政协上海市第五届委员会副主席(任期:1977.12—1979.12)。

1924 年日本东京高等工业学校数学系毕业,后入该校研究生院,1931 年获理学博士后回国,历任浙江大学理学院数学系副教授、教授、系主任,浙江大学训导长、中央研究院研究员、院士兼学术委员会常委。1949 年 5 月杭州解放后,任浙江大学教授、教务长,并主持了筹建中国科学院数学研究所的工作。1952 年因全国高校院系调整调复旦大学,历任数学系主任、教务长、副校长。1978 年 4 月任复旦大学校长,1983 年 2 月任名誉校长,中科院学部委员,国务院学位委员会委员,中国科协名誉委员。1977 年 12

图 12 - 1 - 28　苏步青

月起历任第五届上海市政协副主席、上海市第七届人大常委会副主任、第五、六届全国人大常委会委员,第七、八届全国政协副主席。中科院学部委员,国务院学位委员会委员,中国科协名誉委员。

1951 年 9 月加入中国民主同盟,历任民盟中央第二、三届委员,第四、五届副主席,第八、九届中央名誉主席,民盟第一、二、三届中央参议委员会主任;民盟上海市支部第二届常委,民盟上海市委第四、五、六届副主委。于 1959 年 3 月加入中国共产党。

著名数学家,专长微分几何,创立了国内外公认的微分几何学派。撰有《微分几何学》、《射影曲面概论》等专著 10 部。对"K 展空间"几何学和射影曲线的研究,荣获 1956 年国家自然科学奖;开展的计算几何在航空、造船、汽车制造等方面的应用研究成果,先后获得 1978 年全国科学大会奖,1985 年、1986 年三机部和国家科技进步奖。1998 年获何梁何利基金科学与技术成就奖。

2003 年 3 月 17 日因病逝世。

陈铭珊 汉族,1916 年 1 月生,浙江萧山人,大学学历,中国民主建国会会员。政协上海市第七届委员会副主席(任期:1988.4—1993.2)。

1937 年上海雷士德工业学院夜校肄业,任上海南洋药房职员、副经理,1939 年任万国药房副经理,1942 年起任信谊药厂副经理、经理。1947 年兼任上海市新药商业同业公会理事,第三区制药工业同业公会理事,上海市化妆品同业公会候补理事。

1949 年上海解放后,任信谊药厂经理,1954 年任公私合营上海第七制药厂厂长,1979 年后任市医药局顾问、上海市工商界爱国建设公司常务董事、爱建股份有限公司董事长。1988 年 4 月任第七届市政协副主席。1993 年 2 月任上海市第十届人大常委会副主任。

第五届全国政协委员,第六、七、八届常委;第二、三、四、五、六届上海市政协常委。

图 12-1-29　陈铭珊

1953 年加入中国民主建国会,历任民建中央第一、二届委员,第三届常委,第四、五、六届副主席,第七、八届名誉副主席;民建上海市委第二、三、四、五、六届副主委,第七、八届主委,第九、十届名誉主委。全国工商联第五届委员会顾问,上海市工商联副主委。

2003 年 7 月 19 日因病逝世。

许文思　汉族,1925 年 3 月生,台湾高雄人,大学学历,中国共产党党员,中国台湾民主自治同盟盟员。政协上海市第五届委员会副主席(任期:1979.12—1983.4)。

1947 年自日本北海道帝国大学理学部毕业,在日本北海道札幌加森制药厂工作任药剂师,1949 年参加东京中国留日科学技术协会,任常任干事,同年加入日本共产党(1950 年转为中国共产党)。1950 年回国,历任中央卫生部生物制品研究所技士,上海第三制药厂技术员、工程师、科长、总工程师、副厂长。1975 年起历任上海医药工业研究院革委会副主任、研究员、院长、名誉院长,上海市侨联副主席。1979 年 12 月任第五届市政协副主席。1983 年 4 月起任上海市第八、九、十届人大常委会委员。

图 12-1-30　许文思

1977 年 7 月加入台湾民主自治同盟,历任台盟中央委员,第四、五届评议委员会副主席;台盟上海市第四届支部主委。

微生物药物学家,中国工程院院士,中国药学会理事,国务院学位委员会药学评议组成员,长期致力于抗生素研究开发和产业化工作,获 1955 年、1956 年上海市劳动模范,1957 年全国先进工作者称号。其带领研究人员开展的红霉素、制霉菌素、灰黄霉素、青霉素发酵新工艺等研究获得成功且投入生产,1957 年起先后获国家发明奖、国家新产品奖、国家科技进步奖。

2004 年 8 月 18 日因病逝世。

巴　金　原名李尧棠,汉族,1904 年 11 月生,四川成都人,大学学历,无党派人士。政协上海市第五届委员会副主席(任期:1977.12—1983.4)。

1925 年南京东南大学毕业。1927 年赴法国、日本留学。1928 年开始从事写作。1935 年后历任上海文化生活出版社、平明出版社总编辑。1949 年上海解放后,历任上海《文艺月报》《收获》《上海文学》主编,中国作家协会副主席、主席,全国文联副主席,中国作家协会上海分会主席,上海市文联副主席、主席。1977 年 12 月任第五届上海市政协副主席。1983 年 3 月起任第六、七、八、九、十届全国政协副主席。

图 12-1-31　巴　金

1949年9月作为中华全国文学艺术界联合会正式代表参加中国人民政治协商会议第一届全体会议,是第五届全国人大常委会委员,

著名文学家,著有《激流三部曲》(《家》、《春》、《秋》)、《爱情三部曲》(《雾》、《雨》、《电》)、《随想录》,译有《父与子》等,获意大利但丁国际奖、法国荣誉勋位三级勋章。2003年,国务院授予"人民作家"荣誉称号。

2005年10月17日因病逝世。

谈家桢 汉族,1909年9月生,浙江宁波人,大学学历,博士,中国民主同盟盟员。政协上海市第五届委员会副主席(任期:1979.12—1983.4)。

1930年苏州东吴大学生物系毕业,1932年燕京大学研究院毕业,获硕士学位,任东吴大学生物系讲师。1934年赴美国加州理工学院生物学部博士班学习,获博士学位。1937年回国,历任浙江大学生物系教授、系主任、理学院院长。1952年因国务院进行高校院系调整调至上海复旦大学,历任复旦大学教授兼生物系主任、副校长,在复旦大学建立了中国第一个遗传学专业,创建了第一个遗传学研究所并担任遗传学研究所所长。1984年任复旦大学校长顾问。1986年兼任宁波大学名誉校长,1988年兼任上海农学院名誉院长。

图 12-1-32 谈家桢

1979年12月起历任第五届市政协副主席,上海市第八、九届人大常委会副主任,是第三届全国政协委员,第五、六、七届常委。

1951年参加中国民主同盟,历任民盟中央第五、六、七届副主席,民盟上海市委第七、八、九、十届主委。

著名遗传学家,中科院学部委员,中国遗传学会副会长、会长、名誉会长,美国国家科学院外籍院士,意大利国家科学院院士,第三世界科学院院士,纽约科学院名誉终身院士。著有《谈谈摩尔根遗传学》、《原子时代的遗传学》等。

2008年11月1日因病逝世。

赵行志 汉族,1917年8月生,江苏武进人,大学学历,中国共产党党员。政协上海市第五届委员会副主席(任期:1977.12—1983.4)。

1938年在延安陕北公学抗大一分校学习,同年加入中国共产党。1939年起历任八路军山东纵队政治部会计、民运干事、组织干事、山东军区政治部组织部干事、后勤部党总支书记、组织部副科长。1945年12月起任华东军区组织部干部科科长、特务团政治处副主任、警卫旅二团政委。1949年参加接管上海工作,历任上海市军管会文管会秘书主任、华东军政委员会财政部人事处处长、上海市人民政府人事处处长、市人事局副局长、市人委文教办公室副主任、中共上海市委教育卫生工作部副部长、市委外事小组副组长。1961年12月—1966年10月任中国驻日内瓦总领事。

图 12-1-33 赵行志

1970年12月—1976年11月历任外交部亚非司核心组副组长、中国驻喀麦隆大使、驻伊拉克大使。1977年1月后,历任中共上海市委常委、市革委会副主任、市委书记、副市长,1986年任市顾问委员会副主任,其间于1977年12月任第五届市政协副主席。

2009年2月20日因病逝世。

董寅初　曾用名董旭,汉族,1915 年 9 月生,安徽合肥人,大学学历,中国民主建国会会员,中国致公党党员。政协上海市第六、七届委员会副主席(任期：1983.4—1993.2)。

1938 年上海交通大学企业管理系毕业,在上海《大美晚报》任翻译,后到香港邮政汇金局任职,并兼任香港《申报》的翻译和编辑。1939 年 8 月赴印度尼西亚雅加达任《天声日报》编辑。1940 年创办《朝报》,任经理兼总编辑。1942 年因参加抗日被日军逮捕入狱,1945 年恢复自由,任印尼雅加达中华侨团总会总干事兼华侨治安总会主任。1947 年回上海定居,担任印尼建源公司上海分公司总经理、上海中国酒精厂厂长。1949 年上海解放后,历任上海市国际贸易联营公司副总经理、上海溶剂厂经理、上海轻工业品进出口公司经理、上海市对外贸易促进会副主任、上海华建公司董事长兼总经理。上海市侨联第一、二、三届副主席,第四届主席,第五、六届名誉主席,中华全国侨联第三届常委,第四、五届顾问。1983 年 4 月起任第六、七届市政协副主席。

图 12 - 1 - 34　董寅初

第五届全国政协委员,第六届常委,第八届副主席;第七届全国人大常委会委员。

1951 年加入中国民主建国会。1980 年加入中国致公党,历任致公党中央委员会第七届委员,第八届副主席,第九、十届主席,第十一届名誉主席;致公党上海市支部委员会主任委员,致公党上海市委第一届主委,第二、三届名誉主委。

2009 年 6 月 23 日因病逝世。

杨宣武　曾用名杨润之,汉族,1914 年 5 月生,陕西延川人,中国共产党党员。政协上海市第五届委员会副主席(任期：1979.5—1983.4)。

1928 年加入中国共产主义青年团,投身革命,1934 年转为中国共产党党员。1935 年起历任延川县杨家圪台乡苏维埃政府主席,延水县工会秘书长兼文化教育部部长,中共子长县委秘书长,中共宁县县委书记兼统战委员会书记,参与创建陕北党组织、陕北苏区和陕北红军的斗争。1945 年后,历任中共永和县委书记、县长,山东省支援前线委员会秘书主任,中共中央华东局秘书主任,华东财办党委书记。1949 年 3 月起,历任山东省民政厅厅长、党组书记,中共中央山东分局纪律检查委员会副书记兼山东省人民政府监察委员会副主任、党组书记,山东省高级人民法院院长、党组书记,中共山东省委常委、山东省副省长,中共山东省委书记处候补书记兼济南市委第一书记、济南市军分区党委第一书记兼政委。1979 年 5 月任第五届上海市政协副主席。

图 12 - 1 - 35　杨宣武

2009 年 11 月 25 日因病逝世。

杨士法　汉族,1917 年 11 月生,河北宁河人,大学学历,中国共产党党员。政协上海市第六届委员会副主席(任期：1983.4—1988.4)。

1935 年参加"一二·九"抗日救亡运动。1936 年参加民族解放先锋队,同年加入中国共产党,任中共北平大学农学院支部委员、书记,负责民先工作。1937 年 7 月起历任中共山东临沂县委书记,中共鲁南特委统战部部长,鲁南四地委组织部部长,鲁南三地委副书记、代书记,鲁南一地委书记兼军分区政委。1949 年新中国成立后,历任中共鲁中南区委宣传部部长,中共临沂地委书记兼临沂军分区政委,中共上海市沪西区产业党委

图 12 - 1 - 36　杨士法

书记,上海市工业局局长、党委书记,中共上海市委工业工作部副部长,工业生产委员会副书记,重工业工作部部长,工业工作部部长兼杨浦区委第一书记,市委组织部部长兼市委监察委员会书记。1972年后任上海第一钢铁厂党委书记,上海市机电二局党委书记兼局革委会主任。1976年11月后,历任市革委会工交组负责人、市科委主任、市革委会副主任、市委常委、副书记、副市长。1983年4月任第六届市政协副主席。

2010年3月2日因病逝世。

郭秀珍 女,汉族,1917年1月生,浙江宁海人,大学学历,无党派人士。政协上海市第八届委员会副主席(任期:1993.2—1998.2)。

1938年起在沪江大学、成都齐鲁大学学习。1944年后任成都华西医学院助理编辑、重庆清华中学生物教师。1946年到上海,任上海建华银行职员。1949年上海解放后,历任上海华昌钢精厂副经理、上海市铝制品工业公司副经理。1962年任上海市工商业联合会副主委。1978年起任上海市工商业联合会第八届副会长、常务副会长,第九届会长、第十届名誉会长。1993年2月任第八届市政协副主席。

爱国工商界人士,曾任第二、三、五届全国政协委员,第六、八届常委;第七届全国人大常委会委员;中华全国工商业联合会第六、七届副主席;第四、五届上海市政协常委。

图 12-1-37 郭秀珍

2010年8月11日因病逝世。

刘恒椽 汉族,1931年1月生,浙江上虞人,大学学历,终身教授,中国民主促进会会员。政协上海市第八、九届委员会副主席(任期:1993.2—2003.2)。

1949—1952年就读于圣约翰大学,后经院系调整在1953年7月毕业于华东师范大学化学系。1953年9月起历任华东师范大学助教、讲师、副教授、教授,化学系主任、学术委员会主任、有机合成研究室主任、校务委员会副主任。2002年受聘为终身教授。

第七、八、九届全国政协委员,1993年2月起任第八、九届上海市政协副主席。

图 12-1-38 刘恒椽

1987年5月加入中国民主促进会,任民进上海市委第十届副主委、第十一、十二届主委,第十三届名誉主委。民进中央第八届委员,第九、十届常委。

长期从事有机化学学科研究,其研究成果先后获得国家创造发明奖2项、上海市重大科技成果奖2项、上海市科学大会奖1项、上海市科技进步奖1项、国家教委优秀科技成果奖1项、国家经委和冶金部先进集体奖1项、国家机械工业部及机械科学研究院重大科研成果奖6项、上海市决策咨询研究政策建设成果奖1项。曾任国务院学位委员会、国家科技奖励评审委员会、上海市科技进步奖励评审委员会、上海市高校高级职称评审委员会、上海市教委学科专业评审委员会、上海市科委科研项目成绩突出中青年科研人员评审组、上海市青年明星计划评审组等的专家。

2012年1月21日因病逝世。

张瑞芳 女,汉族,1918年6月生,北京人,大专学历,中国共产党党员。政协上海市第六、七届委员会副主席(任期:1985.7—1993.2)。

1937年北平国立艺术专科学校西洋画系肄业,同年参加革命工作,随北平学生战地移动剧团在各地演出,曾演出《放下你的鞭子》等剧目。1938 年前往重庆并加入中国共产党,先后任重庆怒吼剧社、重庆中华剧艺社、中国青年剧社演员,在《屈原》《家》等 20 多部话剧中担任主要角色。1946 年参加接收"满洲映画协会",并任东北(长春)电影制片厂特约演员。新中国成立后,历任北京电影制片厂、北京中国青年艺术剧院演员,上海海燕电影制片厂演员组组长,上海电影制片厂演员剧团团长、名誉团长。1985 年 7 月任第六、七届市政协副主席。

图 12‐1‐39 张瑞芳

第三、五、六、七届全国政协委员,全国妇联第四届执行委员,中国文联委员,中国电影表演艺术学会会长,中国电影家协会常务理事、名誉理事。上海电影家协会副主席、主席。

著名表演艺术家,因主演电影《李双双》获全国电影第二届百花奖最佳女演员奖,其他代表影片有《家》、《母亲》、《南征北战》、《聂耳》、《泉水叮咚》。获全国和上海市三八红旗手、上海市文教先进工作者等称号。

2012 年 6 月 28 日因病逝世。

第二章 简 介

第一节 主 席

陈铁迪 女,1935 年 12 月生,汉族,湖南长沙人,大学学历,副教授,1952 年 1 月加入中国共产党。政协上海市第八届委员会主席(任期:1993.2—1998.2)。

1952—1957 年在同济大学工业与民用建筑结构专业学习,并任同济大学党委委员。1957 年起历任南京工学院助教、讲师,同济大学数力系讲师、材料力学实验室负责人、教研室党支部书记、数力系党总支书记、校党委副书记。1983 起历任市委常委、市教卫工作党委书记、市人大常委会副主任、市委副书记。

第八届全国政协委员,上海市第十一届人大常委会主任。

图 12-2-1 陈铁迪

王力平 1940 年 3 月生,汉族,四川安岳人,大学学历,讲师,1966 年 3 月加入中国共产党。政协上海市第九届委员会主席(任期:1998.2—2003.2)。

1965 年 8 月任黑龙江大学数学系政治辅导员,先后参加黑龙江省绥滨县"四清";宁安、鸡东、绥芬河等县整党建党宣传队;黑龙江省哈尔滨市招生办公室工作。1971 年 7 月起历任黑龙江大学 DJS—5 机房教师、副主任、数学系科研秘书,上海机械学院电机系教师,上海工业大学讲师、计算机系副主任、教务处副处长,上海工业大学党委委员、党委办公室主任、党委副书记。1985 年 1 月起历任市教卫工作党委副书记,市委常委、秘书长,市委副书记、市委政法委书记。

第九届全国政协委员,上海政协之友社第五届理事长。

图 12-2-2 王力平

蒋以任 1942 年 10 月生,汉族,上海市人,大学学历,教授级高级工程师,1970 年 12 月加入中国共产党。政协上海市第十届委员会主席(任期:2003.2—2008.1)。

1966 年 9 月起历任上海内燃机研究所技术员,上海柴油机厂技术员、党总支干事、宣传科干事、副科长、政治部副主任、副厂长兼设计科科长。1983 年 8 月起历任上海市机电一局党委副书记,市汽车拖拉机工业联营公司党委书记,市工业工作党委副书记,市机电局党委书记,市经委副主任、主任,市人民政府副秘书长。1993 年 2 月起历任副市长,市委常委、副市长,常务副市长。

第十届全国政协委员、第十一届常委;上海政协之友社第六届理事长。

图 12-2-3 蒋以任

冯国勤 1948 年 9 月生,汉族,上海市人,中央党校大学毕业,经济师、中学一级教师,1972 年 9

月加入中国共产党。政协上海市第十一届委员会主席（任期：2008.1—2013.1）。

1969 年 12 月起历任上海严桥中学教师、教工团支部书记、语文组副组长、校党支部副书记、副校长（主持工作），高行中学党支部书记。1986 年 12 月起历任中共奉贤县委副书记、书记，嘉定县委书记，市委副秘书长，市政府秘书长、办公厅主任、市级机关工作党委书记。1996 年 10 月起历任副市长、市级机关工作党委书记、市郊区工作党委书记，市委常委、副市长，常务副市长，上海行政学院院长。

第十一届全国政协委员。

图 12-2-4　冯国勤

第二节　副　主　席

叶叔华　女，1927 年 6 月生，汉族，广东顺德人，大学学历，无党派人士。政协上海市第六届委员会副主席（任期：1983.4—1988.4）。

1949 年在香港德贞女子中学执教。1951 年回沪后历任中国科学院上海天文台实习研究员、助理研究员、副研究员、研究员、研究室副主任、主任，副台长、台长、台学术委员会主任。中国科学院学部委员，国务院学位委员会天文学科评议组成员，上海地球物理学会理事长，中国天文学会副理事长、名誉理事长，中国科协副主席、上海市科协主席。1988 年起任第二十、二十一届国际天文学会联合会副主席。

第五届全国政协委员；第七、八、十届全国人大常委会委员，上海市第九、十、十一届人大常委会副主任。

图 12-2-5　叶叔华

毛经权　1930 年 9 月生，汉族，江苏嘉定（今属上海市）人，大学学历，1949 年 1 月加入中国共产党。政协上海市第六、七、八届委员会副主席（任期：1985.7—1996.2）。

1951 年起历任同济大学助教、讲师、教研室主任、副教授，上海铁道学院副教授、系主任、教授、副院长。1983 年起历任上海市教卫工作党委副书记、市人民政府教卫办公室主任，市委常委、市委统战部部长，上海市海外联谊会会长。

第七、八届全国政协委员。

图 12-2-6　毛经权

杨　槱　1917 年 10 月生，汉族，江苏句容人，大学学历，1956 年加入九三学社。政协上海市第六、七、八届委员会副主席（任期：1986.4—1996.2）。

1940 年在英国格拉斯哥大学造船系毕业回国，历任昆明同济大学讲师，重庆民生机器厂副工程师，重庆商船专科学校教员，上海交通大学副教授、教授。1946 年后，历任上海江南造船厂工程师，海军青岛造船所工务课课长，上海海军机械学校教务组组长，上海同济大学教授、造船系主任。新中国成立后，历任大连造船厂建厂委员会处长，工程师，大连中苏造船公司副总工程师，大连工学院教授、造船系主任，上海交通大学教授、副教务长、教务长、造船系主任、船舶及海洋工程研究所所长，中科院学部委员。

图 12-2-7　杨　槱

第七、八届全国政协常委。历任九三学社中央委员、常委、副主席,九三学社上海市委委员、副主委、主委。

严东生 1918年2月生,汉族,浙江杭州人,大学学历,博士,1956年加入九三学社,1960年3月加入中国共产党。政协上海市第六、七届委员会副主席(任期:1987.4—1993.2)。

图12-2-8 严东生

1939年起历任燕京大学助教,中国大学讲师,开滦煤矿耐火材料厂工程师。1946年赴美国留学,获美国伊利诺大学博士学位。1950年回国,历任开滦煤矿化工研究所副所长,中科院冶金陶瓷研究所室主任,上海硅酸盐研究所所长,中科院上海分院副院长,上海科技大学教授、副校长、名誉校长,中国科学院副院长、党组副书记、书记、特邀顾问,国务院科技领导小组成员,国务院学位委员会委员,中科院学部委员。

中共第十二届中央委员、中央纪律检查委员会委员;第六、七届全国政协常委。

王 兴 1923年11月生,汉族,山东利津人,高中学历,1945年7月加入中国共产党。政协上海市第七届委员会副主席(任期:1988.4—1993.2)。

图12-2-9 王兴

1945年5月参加革命工作,历任中共山东滨县四区区委宣传干事,中共中央华东局统战部、社会部干事,华东公安部机要秘书。新中国成立后,历任华东公安部副科长,上海市人民检察院办公室副主任、研究室主任,市公安学校副校长,上海市人民检察院办公室主任、副检察长、检察长,最高人民检察院咨询委员,市法学会副会长,市犯罪学学会会长。

吴增亮 1925年2月生,汉族,江苏常州人,大学学历,1942年加入中国共产党。政协上海市第七届委员会副主席(任期:1988.4—1993.2)。

1942年后历任中共上海地下党交通大学支部书记、总支书记,中共上海地下党学生运动委员会委员,徐龙区委书记。上海解放后,历任共青团上海市委常委,共青团华东工委青工部部长,华东电业管理局处长、党组成员,国家计委、国家建委副处长,上海市机电一局副处长,江西"三线"建设第二指挥部机械组副组长,山东莱芜张家洼工程指挥部副指挥,上海宝钢工程指挥部党委常委、副指挥,上海市建委副主任。

图12-2-10 吴增亮

郑励志 曾用名添火,1924年9月生,汉族,台湾台北人,大学学历,1949年11月加入中国台湾民主自治同盟,1980年4月加入中国共产党。政协上海市第七、八、九届委员会副主席(任期:1988.4—2001.2)。

1939年任台湾亿兆商会店员。1946年起任台湾水产公司会计室课员,基隆水产试验所会计课课长。1949年10月进华北军政大学、华东革命大学学习。1951年后历任台湾民主自治同盟总部、中共中央华东局统战部、中兴海运公司政治处、上海海运局政治部干事。1961年后历任复旦大学经济系助教,世界经济研究所助教、讲师、副教授、教授、副所长、所长、校务委员会委员,日本研究中心主任。

第七届全国政协委员,第八、九届常委。历任台盟中央常委,台盟上海

图12-2-11 郑励志

市委主委。

陈灏珠　1924 年 11 月生，汉族，广东新会人，大学学历，1988 年 1 月加入中国农工民主党。政协上海市第七、八、九届委员会副主席（任期：1989.4—2001.2）。

图 12 - 2 - 12　陈灏珠

1949 年起历任上海中山医院、上海第一医学院内科学院内科主治医师、讲师、主任、副教授、教授，上海市心血管病研究所副所长、所长兼心脏内科主任。国务院学位委员会临床医学学科评议组成员、召集人，全国心血管病防治领导小组顾问，中华医学会心血管病学会副主委，上海医学会心血管病学会主委。

第七届全国政协委员，第八、九届常委。历任农工民主党中央副主席，农工民主党上海市委代主委、主委。

石祝三　1929 年 12 月生，汉族，浙江鄞县人，大专学历，1946 年 6 月加入中国共产党。政协上海市第八届委员会副主席（任期：1993.2—1996.2）。

1948—1949 年任华中情报部泰州工作组庶务。1949 年起历任上海市公安局社会处内勤、政保二处副协理员、办公室科长，市公安局政法干校教研室负责人、办公室主任，市公安局办公室副主任。1973 年起历任上海市公安局政保四处负责人、党总支副书记，办公室副主任、主任，市公安局党组副书记、副局长兼市公安专科学校党委书记、校长，市委常委、市委政法委书记，市人民检察院检察长、党组书记。

图 12 - 2 - 13　石祝三

赵定玉　1933 年 3 月生，汉族，上海宝山人，大专学历，高级工程师，1956 年 3 月加入中国共产党。政协上海市第八届委员会副主席（任期：1993.2—1998.2）。

1956 年起历任上海英雄金笔厂工人、工程师、试验室副主任、技术组负责人、生产组负责人，中共英雄金笔厂党委书记。1983 年起历任市工业党委副书记、书记，市委统战部副部长、部长。

第八届全国政协委员。

图 12 - 2 - 14　赵定玉

图 12 - 2 - 15　王生洪

王生洪　1942 年 6 月生，汉族，江苏南通人，大学学历，教授，1977 年 6 月加入中国共产党。政协上海市第八、九、十届委员会副主席（任期：1995.2—2008.1）。

1965 年 7 月起历任上海科技大学精密机械系助教、副教授、系副主任、副校长、教授。1986 年 5 月任上海市人民政府教卫办主任、市教卫工作党委副书记（其间，先后兼任上海大学校长，市高等教育局局长、党组书记)。1994 年 9 月起历任市委统战部部长,复旦大学校长。

第九、十届全国政协委员。

谢丽娟 女,1936 年 3 月生,汉族,浙江湖州人,大学学历,副主任医师,1981 年 7 月加入九三学社。政协上海市第八、九、十届委员会副主席(任期:1996.2—2008.1)。

1961 年 8 月上海第二医学院医疗系毕业,历任上海市卢湾区中心医院住院医师、主治医师、副院长。1984 年 3 月起历任卢湾区副区长,副市长。1998 年 9 月当选为全国妇女联合会副主席。

第八届全国政协委员,第九、十届常委。历任九三学社中央副主席,九三学社上海市委主委。

图 12 - 2 - 16　谢丽娟

陈正兴 1937 年 1 月生,汉族,浙江宁波人,大学学历,高级工程师,1965 年 12 月加入中国共产党。政协上海市第八、九届委员会副主席(任期:1996.2—2003.2)。

1954 年 8 月起历任上海市自来水公司浦东水厂助理技术员、技术员,公司营业所用户改困组技术员,南市水厂生产技术科技术员,公司"七二一"工大党支部副书记兼专业教员,公司科研室技术员,公司副经理。1983 年任上海市建设委员会副主任、市交通市容管委会副主任。1991 年任市政府副秘书长兼市政管理委员会副主任、办公室主任,市防汛指挥部副指挥。

图 12 - 2 - 17　陈正兴

厉无畏 1942 年 11 月生,汉族,浙江东阳人,硕士研究生学历,1981 年 8 月加入中国国民党革命委员会。政协上海市第八届委员会副主席(任期:1996.2—1998.2)。

1959 年起先后在安徽省宿县宿东煤矿筹备处、上海市海宁路二小、南湖中学、上海横浜房管所、大华造纸厂、上海百花塑料制品厂、上海车辆配件七厂任职。1982 年起历任上海社会科学院部门经济研究所工业经济研究室科研人员,数量经济与统计理论研究室副主任、主任,部门经济研究所所长助理、副所长、所长。

第九届全国政协常委,第十一届副主席;第十届全国人大常委会委员。历任上海市第十一、十二届人大常委会副主任;民革中央副主席、常务副主席,民革上海市委主委。

图 12 - 2 - 18　厉无畏

朱达人 1936 年 9 月生,汉族,江苏常州人,大专学历,1960 年 3 月加入中国共产党。政协上海市第九届委员会副主席(任期:1998.2—2003.2)。

1951 年 7 月参加中国人民解放军,历任军委三部二局三处三科科员,总参谋部三部二局四处科员、参谋,二局政治部干事,山西省忻县军分区政治部宣传科干事。1975 年 5 月起历任上海压缩机厂动力车间工人、设备动力科党支部副书记,政治部办公室主任,宣传科科长,政治部副主任。1979 年 12 月起历任上海通用机械公司办公室主任,市机电一局纪委副书记、书记,市纪委常委、副书记,市委常委、市公安局党委书记、局长兼上海武警总队第一政委,市委政法委副书记。

图 12 - 2 - 19　朱达人

俞云波　1936年1月生,汉族,福建福清人,大学学历,二级大检察官,1980年1月加入中国致公党。政协上海市第九、十届委员会副主席(任期: 1998.2—2008.1)。

1952年4月由印度尼西亚回国,先后在福建福清联合中学、福建闽侯一中、中国人民大学中共党史系中共党史专业学习。1960年9月起历任共青团山西省委团校教师,山西人民出版社编辑,山西财经学院教师,复旦大学国际政治系讲师、副教授。1985年12月起历任致公党上海市委副秘书长、副主委,1991年4月任市人民检察院副检察长。1996年11月当选全国归国华侨联合会副主席。

图 12 - 2 - 20　俞云波

第七、八届全国政协委员,第九、十届常委。历任致公党中央常委、副主席,致公党上海市委副主委、第一副主委、主委。

黄关从　1938年1月生,汉族,广东中山人,大学学历,教授级高级工程师、高级经济师,1995年12月加入中国民主建国会。政协上海市第九、十届委员会副主席(任期: 1998.2—2008.1)。

1963年2月起历任上海第二纺织机械厂技术员、高级工程师、教授级高级工程师,设计科科员、科长、技术副厂长、厂长。1992年任中国纺织机械制造厂厂长,中国纺织机械股份有限公司董事长、总经理。1994年后历任太平洋机电(集团)有限公司副董事长兼总裁、董事长、高级顾问,上海中华职业教育社主任。

图 12 - 2 - 21　黄关从

第九、十届全国政协常委。历任民建中央副主席,民建上海市委副主委、主委。

黄跃金　1953年4月生,汉族,辽宁凤城人,大学学历,副研究员,1974年1月加入中国共产党。政协上海市第九、十届委员会副主席(任期: 2000.2—2003.9)。

1968年10月起在黑龙江海林县密江"五七"干校插队,县水泥厂工人、化验室主任。1972年3月至同济大学建材系学习。1975年8月起历任同济大学团委副书记、书记,校党委青年工作部副部长,共青团上海市委副书记、书记,中共虹口区委副书记、区长。1995年7月起历任市政府副秘书长、市建设工作党委副书记、市建委主任、市市政管理委员会副主任,市政府秘书长兼办公厅主任。2000年1月任市委常委、市委统战部部长、市社会主义学院院长。2003年9月调中央统战部工作。

图 12 - 2 - 22　黄跃金

第九、十届全国政协委员。

左焕琛　女,1940年9月生,汉族,湖南湘阴人,大学学历,教授、博士生导师,1987年3月加入中国农工民主党。政协上海市第九、十届委员会副主席(任期: 2001.2—2008.1)。

1962年7月起任上海第一医学院助教、讲师、副教授、解剖教研组副主任。1984年9月起任上海医科大学基础医学部副主任、基础医学院副院长、解剖学教授,基础医学院院长兼基础医学研究所所长、解剖教研室教授、博士生导师,上海医科大学(复旦大学上海医学院)解剖教研室教授、博

图 12 - 2 - 23　左焕琛

士生导师。1995 年起历任上海市卫生局副局长、副市长。

第八、九届全国政协委员,第十、十一届常委。历任农工民主党中央副主席,农工民主党上海市委副主委、主委。

石四箴 女,1940 年 4 月生,汉族,台湾台南人,大学学历,博士,教授。1975 年 5 月加入中国共产党,1996 年 10 月加入台湾民主自治同盟。政协上海市第九、十届委员会副主席(任期:2001.2—2008.1)。

图 12-2-24 石四箴

1961 年 7 月起历任上海第二医学院附属广慈医院口腔内科住院医师,上海第九人民医院口腔内科住院医师、主治医师、副主任医师、教研室副主任、科主任。1987 年 1 月起历任上海第二医科大学口腔医学院副院长兼儿童口腔医学教研室主任、教授、博士生导师,上海铁道医学院口腔医学系主任、口腔医学院院长。2000 年 4 月起任同济大学口腔医学院院长兼儿童口腔医学研究所所长,同济大学口腔医学院名誉院长、儿童口腔医学研究所所长。

第九届全国政协委员,第十、十一届常委。历任台盟中央常委,台盟上海市委副主委、主委。

宋仪侨 1943 年 2 月生,汉族,河北南宫人,大专学历,高级经济师、工程师,1980 年 6 月加入中国共产党。政协上海市第九、十届委员会副主席(任期:2002.2—2008.1)。

1963 年 8 月起历任上海无线电八厂成品车间助理技术员、技术科助理工程师、厂设计科副科长,上海市电子元件工业公司技术科副科长,工程师,上海无线电八厂党委委员,上海无线电八厂厂长,上海电子元件工业公司副经理,上海仪表电讯工业局党委副书记、副局长、局长。1992 年 12 月起历任市委副秘书长兼办公厅主任,市委常委、市委秘书长兼办公厅主任,上海东湖集团董事长、党委书记。

图 12-2-25 宋仪侨

图 12-2-26 王荣华

王荣华 1946 年 2 月生,汉族,江苏仪征人,中央党校研究生学历,教授,1974 年 7 月加入中国共产党。政协上海市第十届委员会副主席(任期:2003.2—2008.1)。

1968 年 8 月,上海印刷机械一厂工人。1973 年 9 月在复旦大学数学系数学专业学习,任系党总支委员、系学生会主席。1977 年 2 月起历任上海轻工机修公司宣传科干部,上海出版印刷公司党委办公室干部,复旦大学团委副书记、书记,学生工作部部长,复旦大学党委委员、常委、副书记。1993 年 6 月起历任市委副秘书长、市教卫工作党委书记、市教卫党校校长、市政府副秘书长、市教育工作党委书记、市教育党校校长。2004 年 7 月任上海社会科学院党委书记、院长。

　　王新奎　1947年1月生,汉族,浙江定海人,博士研究生学历,教授,无党派人士。政协上海市第十、十一届委员会副主席(任期:2003.2—2013.1)。

　　1968年8月,上海长征农场职工。1971年8月,华东师范大学师资培训班学习。1972年5月任上海比乐中学教师。1978年2月起为华东师范大学历史系学生、复旦大学世界经济专业硕士研究生。1982年7月起历任上海对外贸易学院教师、经济系副主任、国际贸易研究所所长。1993年9月起历任上海对外贸易学院副院长、院长,上海WTO事务咨询中心总裁,市政府参事室主任。

　　第十一届全国政协常委;上海市第十、十一届人大常委会委员。全国工商联副主席,上海市工商联会长。

图12-2-27　王新奎

　　沈红光　1950年11月生,汉族,浙江奉化人,中央党校大学学历,1971年3月加入中国共产党。政协上海市第十届委员会副主席(任期:2004.2—2006.10)。

　　1968年12月,云南省西双版纳东方农场职工。1970年4月起历任解放军0281部队战士、放映员、电影组组长,解放军35218部队宣传科新闻干事。1979年11月起历任南市区委宣传部干部、副科长,副部长,南市区委常委、组织部部长。1992年起历任市监察局副局长,市纪委常委、副书记,市监察委副主任,市委副秘书长、市纪委副书记。2003年12月起历任市委常委、市委统战部部长,市委常委、市委组织部部长。

图12-2-28　沈红光

　　朱晓明　1947年10月生,汉族,浙江海盐人,在职研究生学历,博士,教授级高级工程师,1974年12月加入中国共产党。政协上海市第十一届委员会副主席(任期:2008.2—2011.1)。

　　1968年8月起,上海标准材料二厂工人,上海机配件公司工会、材料组干部。1978年4月在上海纺织工业专科学校学习。1981年7月起历任上海纺织机械二厂技术股干部、副股长,上海针织二十厂厂长,上海市纺织工业局局长助理、副局长,浦东金桥出口加工区开发公司党委书记、总经理,浦东新区管委会副主任。1995年7月起任上海市政府副秘书长、市外经贸工作党委副书记、市外经贸委(市外资委)主任,2003年2月任上海市第十二届人大常委会副主任。

图12-2-29　朱晓明

　　周太彤　1952年12月生,汉族,福建永春人,在职研究生学历,硕士,高级经济师,1977年7月加入中国共产党。政协上海市第十一届委员会副主席(任期:2008.2—2013.1)。

　　1969年4月起历任黑龙江省格球山农场班长、排长,宣传干事、团总支书记。1979年9月起历任上海黄浦区烟酒公司营业员、企业整顿办公室成员,黄浦区烟酒公司经理,黄浦区财贸办副主任,黄浦区计经委主任,黄浦区区长助理、副区长,黄浦区区委常委、副书记,黄浦区代区长、区长。1996年6月起历任上海市体改委副主任、党组书记,市政府副秘书长。1998年3月任市政府副秘书长兼市体改办主任、党组书记。2003年2月任副市长。

图12-2-30　周太彤

李良园 1952年6月生,汉族,浙江鄞县人,在职研究生学历,高级经济师、工程师,1980年12月加入中国共产党。政协上海市第十一届委员会副主席(任期:2008.2—2013.1)。

1969年3月在江西省宁冈县插队务农。1973年7月起历任上海闸北区福北仪表厂工人、仪器车间主任、技术组组长,闸北区集体事业管理局副局长,闸北区委宣传部部长,闸北区区长助理、区外经办主任,闸北区委常委、副区长、区委副书记、代区长、区长,卢湾区区委书记、区人大常委会主任。1998年8月起历任市综合经济工作党委副书记、市计划委员会主任,市综合经济工作党委书记、市发展计划委员会主任。2003年4月任市政府副秘书长、市发展计划委员会党委书记、主任。2007年3月任市委副秘书长、市政府秘书长、市孙中山宋庆龄文物管理委员会主任。

图12-2-31 李良园

钱景林 1950年8月生,汉族,上海市人,中央党校大学学历,高级政工师,1970年1月加入中国共产党。政协上海市第十一届委员会副主席(任期:2008.2—2013.1)。

1968年9月起历任黑龙江生产建设兵团战士、会计、副指导员、兵团政治部组织处干事,黑龙江省农场总局政治部秘书。1979年3月起历任上海市虹口手表零件厂工人,虹口区海门街道工业公司秘书,虹口区红旗五金厂党支部副书记、厂长,海门街道工业公司副经理兼红旗五金厂党支部书记,虹口区委组织部干部科干部、副科长,组织部副部长,虹口区集体事业管理局党委书记,虹口区委常委、组织部部长,虹口区副区长,徐汇区委常务副书记、书记。2000年5月后历任黄浦区、南市区"撤二建一"联合工作党委书记,黄浦区委书记、区人大常委会主任。

图12-2-32 钱景林

吴幼英 女,1946年6月生,汉族,江苏吴县人,大学学历,中学一级教师,2001年5月加入中国致公党。政协上海市第十一届委员会副主席(任期:2008.2—2013.1)。

1971年2月起历任北京市朝阳区星火中学教师,上海思南中学、兴业中学教师。1986年2月起历任上海卢湾区政协副秘书长兼办公室副主任,区政协副主席,卢湾区副区长,卢湾区人大常委会副主任。2003年7月任市监察委员会副主任。

第十、十一届全国政协委员。历任致公党中央常委,致公党上海市委副主委、主委。

图12-2-33 吴幼英

周汉民 1957年4月生,汉族,浙江镇海人,在职研究生学历,硕士,教授,2004年10月加入中国民主建国会。政协上海市第十一届委员会副主席(任期:2008.2—2013.1)。

1975年4月在上海徐汇区中心医院工作。1979年1月为上海对外贸易学院外贸经济系学生。1983年1月起历任上海对外贸易学院国际经济法系教师、系主任,研究生部主任,国际经贸研究所所长,法学院院长,上海对外贸易学院副院长。2000年8月起历任上海市浦东新区副区长(其间,兼任中国驻国际展览局代表、2010年上海世博会申办工作领

图12-2-34 周汉民

导小组办公室副主任)，上海世博会事务协调局副局长，上海社会主义学院院长，上海中华职业教育社主任。

第十届全国政协委员、第十一届常委。历任民建中央委员、副主席，民建上海市委副主委、主委。

蔡 威 1959年11月生，汉族，浙江萧山人，在职研究生学历，博士、主任医师、教授，博士生导师，1999年7月加入中国农工民主党。政协上海市第十一届委员会副主席(任期：2008.2—2013.1)。

图 12-2-35 蔡 威

1983年8月起历任上海第二医学院附属新华医院儿外科主治医师、副主任医师、主任医师，儿外科副主任(其间，1995—1998年任美国哈佛医学院附属Boston儿童医院、附属麻省总医院和美国麻省理工学院访问学者)、副院长，市儿科医学研究所所长。2001年12月起历任上海第二医科大学教务处处长、副校长，上海交通大学医学院副院长，上海市卫生局副局长，上海交通大学副校长。

第十届全国政协委员，第十一届常委。历任农工民主党中央委员、常委、副主席，农工党上海市委副主委、主委。

高小玫 女，1961年3月生，汉族，陕西渭南人，在职研究生学历，博士，教授级高级工程师，1987年12月加入中国国民党革命委员会。政协上海市第十一届委员会副主席(任期：2008.2—2013.1)。

图 12-2-36 高小玫

1982年9月在江苏苏南煤机厂工作。1983年10月为北京钢铁学院金属材料专业硕士研究生。1986年7月起历任上海钢铁研究所研究中心副主任，上海市经委科技处主任科员、副处级调研员，市经委投资与技改处副处长，上海建材集团总公司总工程师。2006年6月起历任上海市知识产权局副局长，市科协副主席。

第十一届全国政协常委。历任民革中央委员、常委，民革上海市委副主委、主委。

姜 樑 1953年5月生，汉族，浙江宁波人，在职大专学历，高级政工师，1974年1月加入中国共产党。政协上海市第十一届委员会副主席(任期：2011.1—2013.1)。

图 12-2-37 姜 樑

1970年6月起历任云南生产建设兵团一师一团战士、班长、司务长、副指导员、指导员，云南省景洪农场十分场副场长、九分场党委书记、场党委副书记。1979年4月起历任上海市南市区露香园路街道党委秘书、政宣组负责人，共青团南市区委书记，南市区区长助理，南市区委常委、区委宣传部部长，南市区委副书记、政法委书记，长宁区委副书记、长宁区副区长、区长，上海市政府副秘书长、市委副秘书长。2009年5月起历任浦东新区区委副书记、浦东新区代区长、区长，上海综合保税区管委会副主任，上海国际旅游度假区管委会第一副主任，上海临港产业区管委会副主任。

吴志明 1952年2月生，汉族，江苏扬州人，在职研究生学历，管理学硕士，副总警监，1986年3月加入中国共产党。政协上海市第十一届委员会副主席(任期：2012.1—2013.1)。

1968年9月起在辽宁省复县复州乡、安徽省滁县沙河集乡东圩村插队。1975年3月起历任上海铁路公安局蚌埠铁路公安处蚌埠站派出所民警,蚌埠铁路公安分局刑侦科干事、副科长,蚌埠铁路公安处处长助理,南京铁路公安处副处长、代处长、处长、党委副书记。1995年7月起历任上海铁路公安局党委副书记、局长,上海市公安局党委副书记、副局长,市公安局党委书记、局长,上海公安高等专科学校校长,武警上海市总队第一政委。2002年5月起历任市委常委,市公安局党委书记、局长,上海公安高等专科学校校长,武警上海市总队第一政委,市委政法委书记,市政法党校校长。

图 12 - 2 - 38　吴志明

第三章　名　　录

第一节　市政协主席、副主席、秘书长、
常务委员、委员名录

一、第五届委员会

【主　席】　彭　冲(1979年12月28日离任)
　　　　　　王一平(1979年12月28日担任)

【副主席】

赵行志　张承宗　梁国斌(1979年12月28日离任)　苏步青(1979年12月28日离任)

巴　金　李干成　赵祖康　黄赤波　冯德培　刘靖基(1979年12月28日离任)

吴若安(女,1979年12月28日离任)　王致中　周谷城(1979年12月28日离任)　卢于道

宋日昌(1979年5月9日增补)　靖任秋(1979年5月9日增补)

龙　跃(1979年5月9日增补)　杨宣武(1979年5月9日增补)

谈家桢(1979年12月28日增补)　刘良模(1979年12月28日增补)

许文思(1979年12月28日增补)　唐君远(1979年12月28日增补)

【秘书长】　吴若岩(1979年12月28日离任)
　　　　　　靖任秋(1979年12月28日兼任)

【常务委员】

马人斌	万景亮	王　涛	王　维	王丹凤(女)	王永芳	王关昶	王希孟	王桂根
王兼士	王献廷	邓锡铭	叶进明	申葆文	乔　奇	孙力余	孙更舵	关子展	许文思
刘侠任	汤蒂因(女)	朱道南	李　广	李　珩	李子宽	李时庄	李学海	李继成
李锐夫	李鸿寿	李楚材	陆　诒	吴　建	吴自良	吴兆洪	吴志超	吴鼎铭	杨　钦
杨仁声	杨平澜	杨光池	杨实人	杨佩景(女)	杨宣武	张　祺	张文韬	张汇文
张家树	张镜人	张耀辉	束世澂	寿进文	陈一诚	陈传熙	陈铭珊	沈家麟	沈善炯
沈德滋	狄景襄	苏德隆	杭　苇	林田烈	林兆耆	林德明	周同庆	周宗祥
茅惠芳(女)		罗君惕	罗冠宗	郑均培	季慕卿	胡汝鼎	洪佐尧	洪念祖	姚国桐
姚惠泉	荣独山	赵宪初	赵维梁	赵超构	钟望阳	唐　云	殷之文	徐以枋	徐国懋
顾廷龙	贾亦斌	郭秀珍(女)		高怡生	袁随善	章文骐	黄宗英(女)		黄铭新
曹舜琴(女)		童大坝	董方中	董春芳	韩仰山	谢光华	温仰春	傅全香(女)
蒋学模	蓝　瑛	靖任秋	虞浦帆	熊大纪	蔡东园	蔡承新	蔡晬盎(女)		谭抒真
漆琪生	薛楚书	霍锡祥	魏　明					

1979年12月28日增补

于　伶	方　行	王聿先	白备伍	刘文学	吴　强	张作人	陈士法	陈元钦	陈启懋
陈其五	陈宗烈	陈修良(女)		陈虞孙	苏延宾	林　立	周　岚(女)		周煦良

罗代周　武和轩　赵　先（女）　　姚　耐　曹漫之　黄文东　黄逸峰　舒　文　蔡　园
戴　弘　魏克明　瞿道文

1981 年 4 月 17 日增补

李　广　扬　帆　程　元　董寅初　阚中一

1982 年 4 月 4 日增补

范征夫　王西彦

【委　员】

中国共产党上海市委员会

万景亮　王致中　王德祥　叶进明　孙力余　孙更舵　关子展　李　广　李德鸿　张文韬
张承宗　肖　卡　吴　建　吴若岩　狄景襄　赵行志　彭　冲　韩仰山　蔡东园

中国国民党革命委员会上海市委员会

史　说　阮玄武　刘侠任　张汇文　周旧邦　武和轩　胡世奎　赵祖康　侯砚圃　欧元怀
贾亦斌　徐以枋　徐国懋

中国民主同盟上海市委员会

苏步青　苏延宾　寿进文　吴兆洪　李锐夫　李鸿寿　陈伯吹　赵书文　顾用中　翁曙冠
谈家祯　储一石　谭抒真

中国民主建国会上海市委员会

文先俊　刘靖基　汤蒂因（女）　　李伯龙　陈铭珊　金曰英（女）　　宗之琥　祝公建
荣鸿仁　姚惠泉　董幼娴（女）　　董春芳　漆琪生

无党派爱国人士

王云阶　巴　金　冯德培　师　陀　李子宽　束世澂　吴自良　陈灏珠　张佐周　郭泉清
唐　云　黄绍芬　程博洪

中国民主促进会上海市委员会

方学武　朱　有　吴若安（女）　　陈云涛　陈穗九　张兆祯　张乃璇　赵宪初　钱　潮

中国农工民主党上海市委员会

申葆文　冯冠华　李泰云　吴文祺　陈宗贤　周谷城　倪伟思　黄器周　魏指薪

九三学社上海分社

刁友道　王祖骥　王鸣岐　卢于道　夏宗辉　顾恺时　笪移今　程达肯　谢光华

台湾民主自治同盟上海市支部

林田烈　洪山海

中国共产主义青年团上海市委员会

朱兰英（女）　　孙君莲（女）　　陆朴鸽　杨杭春（女）　　郑均培　周正环
范显义（女）　　柯晓明　　徐冠菊（女）

上海市总工会

王关昶　王叫娣（女）　　王桂根　王福清　韦登富　计秀英（女）　　石云发　卢大保
吕押宝　李杏娣（女）　　张荣生　张关福　宋世萍（女）　　肖良初　陈　健
陈素英（女）　　沈笑莲（女）　　尚国友　竺桂宝（女）　　郑雅文（女）　　周炳坤
俞玉祥　顾和林　夏璜宝（女）　　程念梁　黄家梁　潘兴祥

上海市妇女联合会

丁阿毛（女）　　叶锦云（女）　　关　建（女）　　朱雪琴（女）　　何宇珍（女）

李美金（女）　　庞诗宜（女）　　段颖如（女）　　殷增雪（女）　　曹舜琴（女）

农民

王彩珍（女）　　江　峰　许绶泰　李守咨　李炳均　张秀兰（女）　　季德章　胡德琴

赵志良　黄振兴

上海市青年联合会

毛桂耀　田为栋　朱福荣　许立达　苏进琪　黄跃金

上海市工商业联合会

丁　忱　王兼士　王式就（女）　　王嘉振　贝竹韵　贝焕章　孔绶蕙　车懋章　甘源涵

叶炳祥　齐维礼　刘孟承　刘隽快　许建中　许秀珍（女）　　许资新　汤所均　朱保洪

吴志超　吴元康　吴振珊　何裕棠　李名岳　李柏华　陈育三（女）　　陈发源　杜学展

邹剑雄　宋耀章　张春申　张敏智（女）　　季慕卿　姚国桐　姚清德　洪念祖　胡世俊

胡伯翔　徐昭侯　顾庆丰　顾叔平　郭秀珍（女）　　郭志明　袁丕烈　诸德耀　钱序葆

强锡麟　黄山涛　彭佩瑛（女）　　童伯型　谢润泉　韩志明　褚荣生　蔡承新

文学艺术界

万籁鸣　孔罗荪　王西彦　王丹凤（女）　　王少楼　石筱英（女）　　乔　奇　孙　泰

孙　瑜　孙浩然　刘如曾　刘荣根　汤晓丹　杨仁声　朱烁渊　何占豪　何兆璋　李仲林

李名强　李玉茹（女）　　陈传熙　陈鲤庭　言少朋　张充仁　张雪父　邵滨孙　林圣清

林风眠　单晓天　金　焰　查瑞根　钟望阳　胡登跳　俞子涛　姚时晓　姚庆雄　郭洪生

顾廷龙　盛特伟　盛草婴　黄宗英（女）　　黄　歌　曹秀文（女）　　鲁　韧　舒　适

谢稚柳　傅全香（女）　　蒋　伟　蓝　瑛　魏鹤龄

科学技术界

丁　力　丁维钰（女）　　马瑞德　王　琪　王蘅文（女）　　王德宝　毛学鸣　邓锡铭

孙增在　朱积煊　朱世琳　朱麟五　阴士良　杜叶祥　杨庆龄　杨平澜　杨立洲　沈允钢

沈善炯　沈昭文　吴民达（女）　　张开圻　张作人　张宝书　张绶庆　陈江涛　李　珩

李学海　李芳馥　李国安　汪时雍　汪厚基　周文俊　周宗祥　罗士苇　郑　勉　赵德仁

徐伟敏　高怡生　钱洪昌　夏凯龄　殷之文　曹凤山　梅斌夫　黄维敬　黄耀曾　龚祖德

琚定一　童大埙　羡书城　虞浦帆　蔡晔盎（女）　　熊大纪　潘鼎新　薛楚书

社会科学界

王亚夫　王惟中　叶锦涛　石啸冲　冯　契　孙怀仁　许宝华　吴　泽　吴斐丹　李佐长

沈　毅　陈文彬　赵善诒　徐　仑　郭绍虞　戚叔含　蒋学模　蔡尚思

教育界

马荫良　万嘉若　方　重　王季愚（女）　　冯子来　冯纪忠　史秉璋　刘云英（女）

乔利群（女）　　朱伯康　杨　钦　吴佩芳（女）　　闵淑芬（女）　　陈元镐　陈伯鸿

陈南生　苏德隆　张闻骏　李汝勤　沈德滋　杭　苇　金　意　金寿山　周同庆　苗迪青

林胜兴　赵景深　胡家骏　俞颖生　徐寿昌　徐常太　徐贵宝（女）　　徐丰彦　袁开基

袁雅芬（女）　　桑　桐　龚建章　曾名干　程俊英（女）　　董承良　楼鸿棣　魏　明

魏建猷

体育界

王永芳　朱亚爱（女）　　　沈家麟　陈恒慈　陈功成　何家统　周士彬　周绍昆　梅福基
黎宝骏

新闻出版界

王　维　方　健　刘火子　陈念云　何公超　杨荫深　赵超构　赵家璧　洪　荒　顾济之
程大千

医药卫生界

丁济民　王希孟　王大增　乐文照　朱君铎　齐家仪　李鸿儒　宋　杰　陈大中　佘亚雄
何永照　何尚志　张镜人　张佩珠（女）　　　沈六吉　杨永璇　金为翘（女）　　　林兆耆
郑效文　荣独山　赵君琇（女）　　　顾绥岳　顾文华　倪葆春　郭秉宽　诸维祥　黄宗仁
黄铭新　谭世熹　魏锡华

对外友好团体

陈启懋　杨佩景（女）　　　林德明

社会救济福利团体

刘安古　张　祺　韩　忠

少数民族

王菊蓉（女）　　　全爱月（女）　　　罗君惕　金致远　富润生　董光华

归国华侨

刘念智　吴鼎铭　胡纪常　奕纪梁　洪佐尧　赵维梁

宗教界

马人斌　尹　襄（女）　　　朱大卫　孙彦理　李思德　沈保智　张家树　陈善祥（女）
罗冠宗　真　禅　戚庆才

特别邀请人士

于　伶　王　涛　王　斌　王　篯　王子澄　王公道　王亚山　王应仲　王佩贞（女）
王献廷　王慰农　毛智凤（女）　　　邓文庆　史　蒂（女）　　　申玉洁　田寄山　田厚卿
厉声树　叶吉益（女）　　　丛烈光　吉　铿　朱人杰　朱宝华　朱道南　朱照宏　刘师汉
刘海粟　刘夏峰　刘棣怀　许文思　许德良　汤　铺　汤彦威　孙铭九　孙锦顺
李　云（女）　　　李　丽（女）　　　李干成　李文辉　李庆书（女）　　　李进守　李时庄
李承祜　李继成　李楚材　李瑞林（女）　　　杜　湘　汪之江　汪运先　吴　灏　吴之翰
吴邦伟　吴志翔　吴厚德　吴嵩德　张　坚（女）　　　张　琼（女）　　　张　亮　张子源
张天仁　张至煜　张绵盛　张鲁伯　张耀辉　陆　诒　陆道炎　杨　宽　杨光池　杨宗儒
杨宣武　杨洪才　杨实人　陈　波　陈一诚　陈玉成　陈林祥　陈梅芳（女）　　　沈文范
沈迈士　沈百英　沈志文　沈霁春　邵丙钧　邵晋藩　邵家麟　应元岳　劳远盛　何培材
何德奎　宋瑞珂　肖文新　周　正　周予同　周国强　周锡保　郑　英（女）　　　郑定竹
郑祥勋　茅惠芳（女）　　　金汉珍（女）　　　金兆均　林雨水　林俊卿　林梦日　范滋德
罗胜旺　孟繁俊　似振源　胡汝鼎　胡铁生　赵一雪　赵传家　赵阔明　俞庆庆　宣恩金
骆正琛　闻茂康　荣绛蓉（女）　　　郝隆年　施子京　侯克忠　柯德琼　祝世康　姜尔敬
徐　援　徐　强　徐禹民　徐铸成　徐德新　徐震堮　袁子清　袁泽兴　袁随善　倪国坛
桑钟焙　郭增望　陶学煦　钱慕韩　秦秉忠　梁国斌　黄赤波　黄明亮　黄鸣驹　章文骐

章荑荪　曹仲英　曹锡华　戚叔玉　董方中　董廷瑶　董涤尘　蒋月泉　蒋孝毅(女)
葛正权　温仰春　靖任秋　嵇汝运　曾光叔　韩学章(女)　　蔡用之　谭　明　颜成嵩
薛邦祺　薛兆圣　薛佛影　霍锡祥

1979 年 12 月 18 日增补

宋日昌　龙　跃　王一平　舒　文　周　岚(女)　　白备伍　诸尚一　顾毓琇　胡寄窗
吴永刚　许　杰　冯英子　吴中一　曾联松　应野平　周煦良　李振麟　许士林　戴天右
石光海　赵　先(女)　　杨延修　唐君远　陈元钦　方　行　任德耀　童芷苓(女)
范瑞娟(女)　　吴　强　谢　晋　韩　非　周柏春　罗祖道　张友端(女)　　徐元森
支秉彝　范新发　蔡体铨　沙汉丈　黄逸峰　姜庆湘　姚　耐　周原冰　段力佩　陆子芬
裘沛然　林朝权　魏克明　陈虞孙　李俊民　王聿先　黄文东　石林玉灿　　杨东岳
朱仲刚　胡诞宁　陈善明(女)　　王正屏　金幼云　刘良模　江文汉　郑建业
袁蕴常(女)　　明　旸　叶尚志　陈修良(女)　　李景林(女)　　曹漫之　陈仁珊
陈其五　江　华　林　立　石　光　罗代周　杨修范　傅学群　刘文学　陈士法　蔡　园
瞿道文　王　凡　戴　弘　杨锡山　梁兆安　周仲洁　潘序伦　庄　俊　陈裕光　李立侠
杨通谊　陈宗烈　郑超麟　金爱德　朱立波(女)　　张雪澄

1980 年 7 月 4 日增补

任国常　程　元　阙中一　陈公培

1981 年 4 月 4 日增补

李　广　董寅初　严庆祥　夏晋熊　章志鸿　许德纪　蒋汉文　冯之浚　钱君匋　陈失因
张敬荣　扬　帆　夏高阳　奚振邦

1982 年 3 月 24 日增补

范征夫　李赣驹　刘景春　张孟闻　连瑞琦　顾可权　叶鸿宝　孙照明　沈祖械　郭炤烈
张觉亚　马仲文　蒋家祥　尚　丁　江绍基　曹裕丰　薛映晖　王辛笛　王孟英(女)
汤丰祥　吴　元　吴青霞(女)　　胡时渊　赵清阁(女)　　淦　泉　黄宝慧(女)

二、第六届委员会

【主　　席】　李国豪
【副主席】　张承宗(1985 年 7 月 23 日离任)　宋日昌(1985 年 7 月 23 日离任)
　　　　　　梅嘉生(1985 年 7 月 23 日离任)　杨士法　靖任秋(1985 年 7 月 23 日离任)　卢于道
　　　　　　赵超构　徐以枋　龙　跃(1985 年 7 月 23 日离任)　叶叔华(女)　刘良模　唐君远
　　　　　　董寅初　吴文祺(1983 年 7 月 9 日增补)　毛经权(1985 年 7 月 23 日增补)
　　　　　　杨　恺(1985 年 7 月 23 日增补)　周　璧(1985 年 7 月 23 日增补)
　　　　　　张瑞芳(女,1985 年 7 月 23 日增补)　杨　櫂(1986 年 4 月 29 日增补)
　　　　　　严东生(1987 年 4 月 27 日增补)
【秘书长】　范征夫(1986 年 4 月 29 日离任)　陈福根(1986 年 4 月 29 日担任)
【常务委员】
　　　　　　丁　忱　万学远　马飞海　马仲文　方　行(1985 年 7 月 23 日离任)
　　　　　　王关昶(1986 年 4 月 29 日离任)　王西彦　王辛笛　王希孟

王学清（1985年7月23日离任）　王兼士　王嘉振　冯之浚　冯子来　冯英子　冯纪忠

叶　元　叶尚志　白　彦　乔　奇　江绍基　刘人寿　刘文学（1985年7月23日离任）

刘浩天　刘景春　朱世琳　阮雪榆　孙成伯（1986年4月29日离任）　孙怀仁

沈佩华（1985年7月23日离任）　沈祖械　沈善炯　沈德滋　寿进文　苏德隆　李立侠

李时庄（1985年7月23日离任）　李思德　李振麟　李秩国　李鸿寿　李楚材　李赣驹

杜　前　扬　帆（1985年7月23日离任）　杨　钦　杨仁声　杨平澜　杨通谊

吴　强（1985年7月23日离任）　吴文祺　吴元龙　吴自良　吴鼎铭　何家统　佘亚雄

陆　灏　陆慕云（1986年4月29日离任）　陈元钦　陈传熙　陈启懋　陈宗烈　陈铭珊

陈虞孙（1985年7月23日离任）　陈鲤庭　陈灏珠　张　碧（1986年4月29日离任）

张汇文　张觉亚　张镜人　张甦平（1985年7月23日离任）

杭　苇（1985年7月23日离任）　宗之琥　林占峰　林田烈

罗白桦（1985年7月23日离任）　罗君惕　罗祖道　罗冠宗　金幼云　季慕卿

周　岚（女,1986年4月29日离任）　周旧邦　周宗祥　周煦良　洪　腾（女）　洪念祖

洪铭声　施如璋（女）　赵宪初　赵家璧　赵维梁　郝隆年　荣独山　胡世奎　胡汝鼎

胡铁生（1985年7月23日离任）　姚惠泉　高怡生　夏凯龄　夏高阳　郭炤烈　唐　云

袁随善　真　禅　顾开极　顾廷龙　钱宝钧　翁心钧　殷之文　商　易　章文骐

黄宗英（女）　曹舜琴（女,1986年4月29日离任）　曹漫之（1986年4月29日离任）

曾联松　童大埙　童芷苓（女）　谢　晋　谢光华　韩克辛（1985年7月23日离任）

蒋家祥　董承良　董春芳　嵇汝运　程博洪　傅全香（女）　裘沛然　虞浦帆　詹守成

漆琪生　谭抒真　谭其骧　蔡东园（1985年7月23日离任）　蔡晬盎（女）　熊大纪

燕　明（1986年4月29日离任）

1984年3月30日增补

王正屏

1985年7月23日增补

戈悦宽（女）　石　奇　应　飞　杨叔铭　吴　康　邹凡扬　陈　浩　陈福根　胡辛人

钦本立　夏明芳　倪　振

1986年4月29日增补

王乃粒　王振义　牛恩美（女）　江　华　许德馨（女）　杨思正　范家增　宗福先

姜义华　诸德耀　曹匡人　黄富荣　蒋明道　裴静之

【委　员】

中国共产党上海市委员会

马飞海　王凌青　白　彦　龙　跃（1985年7月23日离任）　叶尚志　杨士法　杨叔铭

宋日昌（1985年7月23日离任）　张承宗（1985年7月23日离任）

张甦平（1985年7月23日离任）　李国豪　李德鸿　陈庭槐

陆慕云（1986年4月29日离任）　周　岚（女,1986年4月29日离任）　周炳坤

罗白桦（1985年7月23日离任）　范征夫（1986年4月29日离任）　夏明芳

韩克辛（1985年7月23日离任）　董家邦　靖任秋（1985年7月23日离任）

蔡东园（1985年7月23日离任）

中国国民党革命委员会上海市委员会

丁日初　阮玄武　张汇文　张国魁　李赣驹　周旧邦　胡世奎　徐以枋　诸尚一　郭增望
顾毓琭　章念驰　商继宗　程子敏

中国民主同盟上海市委员会

王林谷　许　杰　寿进文　李鸿寿　尚　丁　郑怀美(女)　　赵书文　赵超构　徐　鹏
顾用中　钱宝钧　翁曙冠　盛慕杰　谭抒真

中国民主建国会上海市委员会

文先俊　汪　熙　吴中一　吴沈钇　李伯龙　陈铭珊　宗之琥　金曰英(女)　　荣鸿仁
姚惠泉　夏炎德　董幼娴(女)　　董春芳　漆琪生

无党派爱国人士

王　箴　王云阶　叶叔华(女)　　师　陀　孙怀仁　张佐周　张孟闻　张敬荣　吴自良
陈灏珠　郭泉清　黄绍芬　程博洪　曾联松

中国民主促进会上海市委员会

方学武　朱　有　张乃璇　张兆祯　陈云涛　陈穗九　李楚材　周煦良　赵宪初　钱　潮

中国农工民主党上海市委员会

许士林　吴文祺　李振麟　陈德尊　林超鸿　高令山　顾可权　倪伟思　夏高阳　蒋孔阳

中国致公党上海市支部

叶鸿宝　林秀清(女)　　董寅初

九三学社上海分社

刁友道　王鸣岐　王祖骧　卢于道　洪铭声　夏宗辉　顾恺时　谢光华　程达肯　戴天右

台湾民主自治同盟上海市支部

林　亮　林田烈　范新发

中国共产主义青年团上海市委员会

万学远　李承昌　吴学模　严裕民　杨新根　汪翔云　罗大伟　祝杜林　高林弟

上海市总工会

马　骥　王玉玺　王关昶(1986年4月29日离任)　史瑞林　朱文英(女)　　刘安祖
庄泉根　许桂宝(女)　　陈　浩(女)　　陈华革　陈志存　陈信华　杨宝珠(女)
杨炳奎　尚国友　金宝华　胡云芳(女)　　胡燮富　倪海宝(女)　　顾寿雄　顾和林
曹金剑　童友志　缪龙江

上海市妇女联合会

邓昭仁(女)　　叶锦云(女)　　朱曼殊(女)　　朱雪琴(女)　　李美良(女)
周宙之(女)　　庞诗宜(女)　　姚念玖(女)　　殷增雪(女)
曹舜琴(女,1986年4月29日离任)　谭佩幸(女)

农　民

毛坤澜　王树桂　江　峰　朱梦章　李守咨　张秀兰(女)　　周文俊　季德章　徐林祥
燕　明

上海市青年联合会

叶学勇　米慧珠(女)　　张小舒　林占峰　贾　宁　祝希娟(女)

上海市工商业联合会

丁 忱　王式就（女）　　王兼士　王嘉振　贝竹韵　贝焕章　包文华　叶炳祥　甘源涵

刘本裕　朱天民　孙丕晋　孙照明　吴元康　吴志超　何裕棠　沈祖械　李名岳　李柏华

陈元钦　陈育三（女）　　陈武卿　余益年　严庆祥　宋耀章　张春申　张敏智（女）

杨少振　杨延修　季慕卿　郎继芳（女）　　姚思伟　姚清德　洪念祖　胡世俊　唐君远

唐志尧　顾庆丰　徐昭侯　徐鹏飞　诸德耀　钱序葆　夏晋熊　陶敏之（女）　　章志鸿

黄山涛　强锡麟　彭佩瑛（女）　　谢润泉　韩志明　傅振军　詹守成　褚荣生

上海市台胞联谊会

林仁和　林朝权　郭炤烈

文学艺术界

方 行（1985 年 7 月 23 日离任）　王个簃　王元化　王西彦　叶 栋　司徒汉　石钟琴（女）

石筱英（女）　　毕 克　乔 奇　孙 泰　孙浩然　刘如曾　汤晓丹　朱逢博（女）

沈 浮　吴 强（1985 年 7 月 23 日离任）　吴贻弓　杨仁声　何兆璋　李名强　李炳淑（女）

陈传熙　陈伯鸿　陈铭志　陈鲤庭　张充仁　张雪父　余红仙（女）　　闵惠芬（女）

应野平　林圣清　周柏春　洪 腾（女）　　范瑞娟（女）　　姚时晓　胡晓平（女）

唐 云　钱时信　徐丽仙（女）　　商 易　黄佐临　黄宗英（女）　　曹秀文（女）

盛特伟　鲁 韧　舒 适　韩 非　谢 晋　蒋 伟　温可铮　傅全香（女）

童芷苓（女）　　童祥苓　筱文艳（女）　　詹同渲　廖炯模

科学技术界

丁 力　万庆萱　王 清（女）　　支秉彝　石金虎　厉声树　任 坚　孙庆烜　孙增在

朱 泰　朱世琳　朱宗馨　刘育民　刘学范　刘应虎　刘洪昌　阴士良　许松龄　许顺生

沙汉丈　汪之江　汪时雍　汪厚基　杜叶祥　杜棣华（女）　　杨平澜　杨立洲　杨庆龄

杨钧陶　沈昭文　沈善炯　吴逸平　张 碧（1986 年 4 月 29 日离任）　张友端（女）

张尔柏　张宝书　张则陆　张觉亚　张绍梁　张楚生　陈 迈　陈用仁　陈念贻　陈瑞铭

李时庄（1985 年 7 月 23 日离任）　李国安　李秩国　陆忠良　纽经义　邵常坎　周志武

周宗祥　罗士韦　宗少彧　姒振源　范滋德　洪山海　姜尔敬　赵一民　胡良志　钱世传

钱洪昌　徐德新　奚正修　奚振邦　高怡生　倪晋山　谈孚雄　顾沛钺　顾重威　夏凯龄

殷之文　秦治纯　袁随善　曹源康　黄占鳌　黄维敬　黄耀曾　梅斌夫　龚志望　龚祖德

嵇汝运　鲍浩贤　鲍城志　虞浦帆　熊大纪　廖世勋　谭华爵　蔡晬盎（女）　　戴元法

社会科学界

马仲文　方 重　王亚夫　王惟中　王建民　冯 契　冯之浚　丘日庆　石啸冲　朱宁远

朱华荣　朱伯康　许宝华　吴 泽　沈 毅　杨 宽　杨思正　杨锡山　李立侠　李树棠

陆志仁　郑英年　周原冰　赵清阁（女）　　徐雪筠（女）　　顾福佑　曹漫之　蒋学模

蔡尚思　魏建猷

教育界

丁维钰（女）　　马瑞德　戈以荣　王志德　毛智凤（女）　　冯子来　冯纪忠　叶季明

史秉璋　艾维超　孙 桐　朱宝华　朱照宏　朱鸿鹗　刘涌波　许德纪　阮雪榆　邬信鹤

杨 钦　陆 桂　陆泳德　陆善涛　吴佩芳（女）　　陈南生　陈珊钧　陈骐声　张作人

张闻骏　李汝勤　李进守　沈德滋　闵淑芬（女）　　杭 苇（1985 年 7 月 23 日离任）

周志宏　郑广裳　苗迪青　林胜兴　罗祖道　范广洲　赵景深　赵德仁　胡家骏　骆正深
徐　燕（女）　　徐常太　徐震锷　袁　瑢（女）　　袁雅芬（女）　　诸培南　钱谷融
曹锡华　童大埙　曾名干　琚定一　蒋汉文　蒋家祥　韩肇连　楼鸿棣　谭其骧　戴鸣钟

体育界

朱亚爱（女）　　　孙锦顺　杜　前　陈功成　陈恒慈　何家统　周士彬　胡荣华　梅福基
董承良　黎宝骏

新闻出版界

冯英子　刘火子　何　允　何公超　陆　灏　李俊民　杜淑贞（女）
陈虞孙（1985 年 7 月 23 日离任）　杨荫深　赵宏本　赵家璧　徐开垒　钱君匋　高肖笑（女）
夏其言

医药卫生界

王大增　王希孟　卢振东　齐家仪　朱仲刚　江绍基　宋　杰　陈大中　陈梅芳（女）
佘亚雄　李鸿儒　何永照　何尚志　张天仁　张涤生　张镜人　陆道炎　杨济秋　吴善芳
苏德隆　金汉珍（女）　　金为翘（女）　　郑效文　荣独山　赵君琇（女）　　胡诞宁
闻茂康　倪国坛　倪葆春　陶学煦　都康平　顾绥岳　郭秉宽　麻世迹　黄宗仁　黄群华
曹裕丰　董廷瑶　楼方岑　雷学熹　裘沛然　蔡用之　谭世熹　薛兆圣　薛映晖

对外友好团体

陈启懋　杨佩景（女）　　　林德明

社会救济福利团体

孙成伯（1986 年 4 月 29 日离任）　任德耀　李庆书（女）　　　张佩珠（女）

少数民族

王正屏　田　民　金幼云　金致远　罗君惕　赵福侯　董光华　富润生

归国华侨

陈失因　杨玉环（女）　　　张持平　吴鼎铭　郑竞辉　洪佐尧　奕纪梁　赵维梁　欧阳本伟

宗教界

尹　襄（女）　　　朱大卫　江文汉　孙彦理　李思德　陈善祥（女）　　　明　旸　罗冠宗
郑建业　金鲁贤　施如璋（女）　　　真　禅　袁蕴常（女）　　　戚庆才　淦　泉

特别邀请人士

王　凡　王　斌　王子淦　王辛笛　王聿先　王佩贞（女）
王学清（1985 年 7 月 23 日离任）　王孟英（女）　　　仇金泉　方去疾　史　蒂（女）
叶　元　冉　虹　冯　健（女）　　　江　华　朱　刚　朱　锷（女）　　　朱微明（女）
刘　咏　刘人寿　刘文学（1985 年 7 月 23 日离任）　刘师汉　刘良模　刘浩天　刘海粟
刘景春　任百尊　孙光迪　孙铭九　吕美华（女）　　　李　云（女）　　　吴　灏　吴元龙
吴光汉　吴青霞（女）　　　邱国渭　束昭生　张兰祺　张至煜　张雪澄　张逸城（女）
张赞臣　张脉槎　陆　诒　陆文达　扬　帆（1985 年 7 月 23 日离任）　杨小佛　杨宗儒
杨振玉　杨国英（女）　　　杨国亮　杨通谊　陈士法　陈公培　陈玉成　陈林祥
陈波浪（女）　　　陈尚修　陈宗烈　陈裕光　沈立真（女）
沈佩华（1985 年 7 月 23 日离任）　宋瑞珂　郑　英（女）　　　郑小秋　郑定竹　郑拾风
郑超麟　罗　军（女）　　　金爱德　林雨水　林俊卿　林梦日　单晓天　胡守富　胡汝鼎

胡时渊　胡铁生(1985年7月23日离任)　赵一雪　赵传家　郝隆年　侯克忠　洪瑞钊
徐　强　徐丰彦　徐景灿(女)　袁桃园　郭洪生　顾开极　顾廷龙　顾树桢　高华杰
翁心钧　翁泽永　秦秉忠　梁兆安　黄定慧(女)　黄祖康　章文骐　曹仲英
梅嘉生(1985年7月23日离任)　戚正元　戚叔玉　龚锦涵　曾光叔　董涤尘　傅学群
谢衷明　谢继民　谢稚柳　阙中一　雷兴翰　蔡　园　潘序伦　黎波涛　戴　弘

1984年3月17日增补

乐嘉基　蒋锡夔　汤丰祥　马荫良　刘浩清　陈从周　陆久之　陆礼华(女)

1985年7月17日增补

毛经权　石　奇　杨　恺　陈福根　周　璧　张瑞芳(女)　戈悦宽(女)　胡辛人
邹凡扬　吴　康　应　飞　陈　浩　钦本立　倪　振

1986年4月15日增补

裴静之　范家增　陆玉贻　濮之珍(女)　杨　槱　赵安泰　俞云波　蒋明道
许德馨(女)　黄富荣　王建磐　方孟伟　陈金邦　吕也博　顾宗棠　王安忆(女)
宗福先　石晓华(女)　程乃珊(女)　王乃粒　涂克仁　郭礼和　吴绍中　陈鹏生
姜义华　陈　和　王振义　牛恩美(女)　朱大年　曾溢滔　曹匡人　陈德川(女)
黄祖贻　曾祥福　蒋恩慈　张铁志　王定甫　严隽鸿(女)　罗宗英　秦振中　翟贵肇
刘维德

1987年4月14日增补

严东生　王泽华　王剑伟　陆达权　金孔章(女)　林辉实　顾小坤　顾乾麟
熊知行(女)

三、第七届委员会

【主　席】 谢希德(女)

【副主席】 毛经权　王　兴　赵超构　徐以枋　唐君远　董寅初　张瑞芳(女)　杨　槱
严东生　吴增亮　陈铭珊　郑励志　赵宪初　陈灏珠(1989年4月22日增补)

【秘书长】 陈福根

【常务委员】

马克烈　马海良　戈以荣　王　欣　王元化　王中达　王永吉　王正屏　王辛笛　王雪渔
王剑伟　王新奎　王赞舜　石　奇　石印玉　叶　元　叶伯初　丘　峰　冯纪忠　冯英子
朱照宏　刘　吉　刘亮珠(女)　刘浩清　刘景春　江绍基　江景波　池志强　汤兆基
许德馨(女)　阮雪榆　孙　刚　杜淑贞(女)　杨思正　杨叔铭　杨通谊　李思德
李国瑞　李楚材　李赣驹　吴　康　吴自良　亚　雄　应　飞　邹凡扬　汪　熙　沈　诒
沈以藩　沈祖械　沈冠群　沈家麟　张乾源　张德龙　张耀忠　陆玉贻　陆达权　陆钟毅
陆泳德　陈　浩　陈启懋　陈念云　陈家伦　陈家麟　陈德川(女)　陈穗九　陈灏珠
林田烈　林圣清　林辉实　范希平(1990年4月26日离任)　范家增　欧阳仁荣　尚　丁
罗宗英　罗祖道　罗冠宗　金幼云　郑谷兰　郑拾风　郑毓蕃　宗之琥　宗福先　屈时敬
练　淦　胡世奎　郝隆年　荣正平　荣鸿仁　赵安泰　赵家璧　赵焕章　洪　腾(女)
洪铭声　姜义华　桂世茂　真　禅　袁国英(女)　顾宗棠　夏明芳　夏高阳

徐鹏飞(1991年4月26日离任)　　郭炤烈　郭景坤　唐齐千　梅镇彤(女)　　　黄　浦
黄宏嘉　黄宗英(女)　　黄贵显　黄富荣　曹匡人(1990年4月26日离任)　龚岳亭
商　易　康克非　梁于藩　梁玉书　巢　峰　董承良　蒋大介　蒋兰荪　蒋明道　蒋慰孙
嵇汝运　程博洪　傅全香(女)　　童芷苓(女)　　　蓝　瑛　雷传湛　裴沛然　虞颂华
詹守成　詹同渲　魏　瑚(女)

1990年4月26日增补

孙金富　孙曾一　赵定玉

1991年4月26日增补

沈国雄　顾乾麟

【委员】

中国共产党上海市委员会

王　兴　毛经权　叶伯初　孙　刚　严东生　束昭生　吴增亮　沈思明　张　开
张瑞芳(女)　　张德龙　张俊杰　张耀忠　陈念云　陈渭清　陈福根　范家增　赵志良
徐鹏飞(1991年4月26日离任)　黄　浦　　曹匡人(1990年4月26日离任)　　董鼎荣
谢希德(女)

中国国民党革命委员会上海市委员会

丁日初　王天厚　李赣驹　张国魁　陆玉贻　武重年　屈时敬　胡世奎　徐以枋　诸尚一
商继宗　程子敏　雍新生(女)　　瞿世镜

中国民主同盟上海市委员会

马克烈　王克忠　王林谷　江逢霖　何声武　何宗海　言兴朋　陆泳德　欧阳仁荣
尚　丁　周永康　郑怀美(女)　　胡仁明　赵超构

中国民主建国会上海市委员会

王汝涌　王鸿文　朱德瀛　吴沈钇　汪　熙　陈庆梁　陈铭珊　林　帆　金人仲　宗之琥
顾宗棠　徐萱寿(女)　　唐齐千　蔡国杰

无党派民主人士

王慧敏(女)　　冯纪忠　刘亮珠(女)　　吴自良　汪龙文　陈家麟　金文敬(女)
徐元森　黄仲琪(女)　　蒋至丰　蒋吟珠(女)　　程博洪　虞颂华　蔡振铺

中国民主促进会上海市委员会

邓伟志　刘征泰　杨德壬　李楚材　陈云涛　陈穗九　范一辛　赵宪初　夏文蕙(女)
徐志璋

中国农工民主党上海市委员会

王宣渭(女)　　许士林　陈灏珠　林超鸿　周骏羽　夏高阳　蒋孔阳　濮之珍(女)

中国致公党上海市委员会

林秀清(女)　　林铮墉　俞云波　董寅初

九三学社上海市委员会

王祖骥　杨樨　李昌道　陈仁彪　赵安泰　洪铭声　顾恺时　夏宗辉　倪正茂　徐孝礼

台湾民主自治同盟上海市委员会

林　亮　范新发　欧国藩　郑励志

中国共产主义青年团上海市委员会

王伊宁　王智勇　李智平　肖堃涛　吴建荣　陆晓光　陈戍源

范希平(1990 年 4 月 26 日离任)　曹佩琴(女)

上海市总工会

马　骥　王玉玺　方国民　庄泉根　杜家毫　杜爱娣(女)　　杨世贵　吴友宝(女)

吴学模　吴爱仙(女)　　吴耀忠　何敬忠　余长寿　沈光照　张辛豹　张尚达　陈少东

郁永健　胡云芳(女)　　胡公明　郭国胜　蒋明道　鲁巧英(女)　　谢鸿印

上海市妇女联合会

王觉成(女)　　叶锦云(女)　　朱雪琴(女)　　许德馨(女)　　杨丽华(女)

张素胤(女)　　林　华(女)　　荣智和(女)　　裘锦兰(女)　　蔡　竞(女)

农民

王家梁　邓国坤　杨　容(女)　　杨新民　汪　森(女)　　陈南生　钱裕龄　黄富荣

曹秀文(女)　　蔡立勃

上海市青年联合会

王永吉　王建磐　许德明　李亚平　胡上融(女)　　洪建一

上海市工商业联合会

王安定　王兼士　王雪渔　王嘉振　贝竹韵　贝焕章　方孟伟　石培钧　包文华　戎嘉芳

吕也博　朱天民　朱镜清　孙丕晋　李昌允　李柏华　吴中一　余益年　沈本涵　沈祖械

张士德　张敏智(女)　　陆孟津　陈　信　陈大钧　陈元钦　陈金邦　陈武卿　郑善忠

郎继芳(女)　　荣鸿仁　赵志芳(女)　　姜允熹　袁垒堂　顾永熙　夏晋熊　钱绍忠

唐志尧　唐君远　陶敏之(女)　　黄山涛　章志鸿　章和轼　董春芳　蒋鸿礼　鲁家善

詹守成　端木锡华　薛槃若

上海市台胞联谊会

林仁和　林朝权　郭炤烈

文学艺术界

万国强　王安忆(女)　　王辛笛　王诗槐　王增月(女)　　戈永良　方增先　艾明之

石钟琴(女)　　石晓华(女)　　叶　栋　司徒汉　毕　克　乔　榛　朱逢博(女)

任纪龄(女)　　华国璋　刘　捷　刘景锜　杨在葆　李　忠　李名强　李炳淑(女)

余红仙(女)　　闵惠芬(女)　　沈　津　张应湘　陈　多　陈古魁　陈铭志　林圣清

范瑞娟(女)　　金复载　周柏春　郑拾风　单子恩　宗福先　赵焕章　侯润宇

洪　腾(女)　　姚　瑜(女)　　袁国英(女)　　钱时信　郭洪生　桑　弧

黄宗英(女)　　黄葆慧(女)　　商　易　蒋正平　程乃珊(女)　　傅全香(女)

童芷苓(女)　　童祥苓　温可铮　筱文艳(女)　　詹同渲　廖炯模

科学技术界

丁　力　卫志明　王汝鹏　王嘉穗(女)　　毋望远　甘治国　厉声树　朱家桢　任　坚

刘　吉　刘　植　刘学范　刘维德　刘锡明　庄恩及　江乃雄　池志强　许松龄　许顺生

许懋昌　李文裕　李忠萌　李国瑞　严森泰　吴逸平　汪　垣(女)　　汪之江　沙汉丈

沈冠群　张尔柏　张则陆　张芝琪　张绍梁　张清月(女)　　张乾源　陆广中　陆仲文

陆敬业　陈　凯　陈用仁　陈正华　陈启华　陈念贻　邵敏望　林以德　林招云(女)

罗宗英　周尔智　郑崇直　宗少彧　练　淦　胡永钫　胡锦华　赵一民　赵夏令(女)
钟淳昌　钮经义　俞士谔　俞建虹(女)　　施教耐　洪山海　姚慰城　秦寿根　桂世茂
顾沛钺　柴扬业　钱世传　徐至展　徐美香(女)　　徐尧洲　郭礼和　郭景坤　高凯生
谈孚雄　梅镇彤(女)　　黄占鳌　曹源康　龚志望　龚岳亭　龚惠兴　盛百正　脱天禄
蒋兰荪　蒋锡夔　嵇汝运　虞浦帆　廖世勋　谭佩幸(女)　　戴元法　魏　瑚(女)

社会科学界

王宇平(女)　　王建民　王定甫　王新奎　方诗铭　朱华荣　杨思正　杨锡山　李树棠
李洪曾　吴　越　吴绍中　张铁志　张琪玉　姚廷纲　席克正　徐雪筠(女)　　黄　磊
黄贵显　龚方震　彭万林　蒋恩慈　傅季重　蓝　瑛　颜光华

教育界

丁维钰(女)　　马文华　马瑞德　王大璞(女)　　王志德　王季卿　王源身(女)
王德孝　戈以荣　毛智凤(女)　　方仁念(女)　　叶仰林　叶松年　史秉璋　乐嘉基
朱世昌　朱照宏　邬学文　江景波　汤毓骏　许时明(女)　　许宝孝　阮雪榆　孙　桐
李良佑　李国莹　肖　刚　吴孟明　张和豪　张绍麟　张建中　陈之航　陈允吉　陈益康
林胜兴　范广洲　范祖尧　罗小未(女)　　罗祖道　周　翔(女)　　郑谷兰　郑毓蕃
胡家骏　赵德仁　赵维信(女)　　姜义华　姚元绥　钱谷融　徐　燕(女)　　诸培南
桑国光　黄宏嘉　黄源深　彭运鹗　蒋大骅　蒋慰孙　曾名干　阚　敏　谭玉钧　燕国材

体育界

丛学娣(女)　　沈家麟　陆钟毅　陈文堉　陈功成　周士彬　梅福基　黄增基

新闻出版界

卢辅圣　冯英子　刘培康　邹凡扬　张自强　张林岚　陈　和　林笃桢　郑景纯(女)
郑硕人　赵家璧　顾国安　徐开垒　巢　峰　樊天益

医药卫生界

马和琛　王大增　王光正(女)　　王赞舜　孔宪涛　叶学勇　朱大年　朱仲刚　仲剑平
江绍基　杨明训　李根渊　佘亚雄　谷华运(女)　　张天仁　陆道炎　陈　仪(女)
陈家伦　陈德尊　陈梅芳(女)　　金为翘(女)　　金汉珍(女)　　郑效文　胡诞宁
荣烨之　赵君琇(女)　　顾正中　倪国坛　陶祥龄(女)　　黄宗仁　黄鹤年　康克非
麻世迹　蒋大介　曾溢滔　谢蓉葆(女)　　雷学熹　裘沛然　戴尅戎

对外友好团体

孙　铢(女)　　陈启懋　林德明

社会救济福利团体

王爕琴(女)　　杜淑贞(女)　　宋捷文　韩　伍

少数民族

王正屏　王秉钺　石松耀　田　民　金幼云　金致远　赵福侯　雷德培

归国华侨

丘　峰　杨玉环(女)　　陈德川(女)　　郑竞辉　奕纪梁　唐恩余　梁玉书　梁黎海
戴兰馥(女)

宗教界

尹　襄(女)　　孙彦理　李文敁(女)　　李思德　沈以藩　陈尚修　陈莲笙

陈善祥(女)　明　旸　罗冠宗　胡建宁　真　禅　唐国治　黄祖贻　龚秋生

特别邀请人士

于书元　马作云　马海良　王　欣　王　凡　王士彬　王元化　王中达　王安坚　王汝珍
王宏杰　王治平　王泽华　王孟英(女)　王剑伟　王能宰　方　克　孔祥勉　石　奇
石印玉　叶　元　左茂松　卢丽娟(女)　田长荫　史奇珪　冯　达　任　意　任国章
刘守祥　刘树印　刘浩清　刘景春　江上昭　汤兆基　安志洁(女)　许松寿(女)
阮武昌　牟曙光　杨国英(女)　杨叔铭　杨钧陶　杨通谊　苏　荣　李启龄(女)
李俍民　李晋五　严隽鸿(女)　吴　康　吴月兰(女)　吴仲信　吴光汉
吴青霞(女)　吴薛忠　岑中坚　余为江　应　飞　汪萃祥　汪铭昌　沈　杰　沈　诒
沈承恩　宋中文　宋瑞珂　张　彪　张公绰　张脉榁　张就道　张德全　陆达权　陆建新
陈　平　陈　浩　陈　敏　陈玉焘　陈民权　陈孝运　林田烈　林辉实　林黛文(女)
罗乾富　竺培英(女)　金孔章(女)　周志全　周明权　周泉根　孟宪晋　胡天盛
胡问遂　胡蔚英　荆春旺　郝隆年　荣正平　侯焕文(女)　施叔华　洪永清　姜其昌
姚昆田　袁桃园　顾小坤　顾秋葵　顾乾麟　夏明芳　徐　琪　徐　新　徐可式　徐汉良
徐其华　唐文洲　唐仑千　涂克仁　诸詠芬(女)　黄定慧(女)　黄国璇(女)
黄崇武　黄锦林　曹　黎　梁于藩　谢继民　雷传湛　詹金源　蔡子强　管仁欣
熊知行(女)　樊明章　戴镇南

1989 年 4 月 6 日增补

蔡　琰　郭天玲(女)　金海秋(女)　万国森　王裕强　叶海磐　荣毅珍(女)
陶匡正　崔建平　王志高　王伯昌　王道民　卢莹辉(女)　朱慰良　宋　斌　陈从周
陈观法　陈寿鹏　李铁玖　吴慧娟(女)　林万骥　赵定玉　柴肇安　曹新妹(女)
储大泓　蒋以任　叶仲午(1989 年 4 月 14 日增补)

1990 年 4 月 4 日增补

孙金富　孙曾一　梁谷音(女)　胡嘉福

1991 年 4 月 11 日增补

梁泰平　周　雯(女)　沈国雄　陈占美　周锡雨　唐英年　王　瑚　尹逢德　刘德懋
沈纪忠　沈原梓　沈蕴新(女)　张宗德　张效良　陆　瑾(女)　陈月明　陈坤元
陈绍经　苏新泉　周关根　周兆熊　姚引书(女)　姚永靖　徐正林　徐宜尔(女)
徐通方　郭祖禄　黄玉凤(女)　曹月建　童炳坤

四、第八届委员会

【主　席】 陈铁迪(女)

【副主席】 毛经权(1996 年 2 月 7 日离任)
石祝三(1996 年 2 月 7 日离任)　刘靖基　徐以枋　杨　槱(1996 年 2 月 7 日离任)
郑励志　陈灏珠　赵定玉　刘恒椽　郭秀珍(女)　王生洪(1995 年 2 月 22 日增补)
谢丽娟(女,1996 年 2 月 7 日增补)　陈正兴(1996 年 2 月 7 日增补)
厉无畏(1996 年 2 月 7 日增补)

【秘书长】 马松山(1996 年 2 月 7 日离任)　吴汉民(1996 年 2 月 7 日增补)

【常务委员】

丁法章 马克烈 马松山(1996年2月7日增补) 王永吉 王仲伟 王宇平(女)
王建中 王剑伟(1994年2月22日离任) 王肇远 王耀羲(1996年2月7日增补)
戈以荣 方宗伟 方增先(1996年2月7日增补) 孔祥勉(1996年2月7日增补) 孔繁树
石印玉 石鸿熙 卢辅圣 叶仲午(1995年2月22日增补) 田定宇 过传忠
朱家珠(女) 汤兆基 许德馨(女) 阮雪榆 孙 刚
孙金富(1994年2月22日增补) 孙曾一 严家栋(1994年2月22日增补) 杨 森
杨思正 杨振玉(1996年2月7日增补) 杨福家 李国瑞 李思德 李根渊 李晓航
李新洲 李懋欢 李赣驹 吴仲信 吴敏华(女) 何添发 汪宗熙 汪道彰 沈冠群
沈祖械 张圣坤 张亚培 张则陆 张绍樑 张俊杰 陆玉贻 陆钟毅 陈 瑜(女)
陈家伦 陈福根 陈德川(女) 邵嘉裕 茅志琼(女,1996年2月7日增补)
林玉凤(女) 林辉实 欧阳仁荣 尚 丁 明 旸(1997年2月22日增补) 罗宗英
罗冠宗 金幼云 金杜青 周芝石 郑谷兰 郑毓蕃 宗福先
孟庆令(1997年2月22日增补) 赵云俊 赵安泰 赵焕章 俞云波
余红仙(女,1996年2月7日增补) 施惠群 姜义华 洪碧荣 祝嘉铭 姚锡棠
袁 采(1996年2月7日增补) 袁国英(女) 真 禅 夏秀蓉(女) 顾永熙
顾乾麟 钱雪元 徐本力 徐福生 高凯生 郭本瑜 郭景坤 唐齐千 黄 磊 黄永碇
黄荣魁 黄贵显 黄瑞霖 龚秋生(1996年2月7日增补) 龚岳亭 彭镇秋 葛步洲
蒋凌械 曾溢滔 詹同渲 詹金元(1995年2月22日增补) 谭玉美(女) 樊天益
薛 潮(1996年2月7日增补) 濮之珍(女) 瞿 钧(1994年2月22日增补)

【委 员】

中国共产党上海市委员会

马松山 王传馥(1996年1月15日增补) 王肇远 毛经权(1996年2月7日离任)
石祝三(1996年2月7日离任) 刘凤瑞 孙 刚 吴汉民(1996年1月15日增补)
何全刚 汪宗熙 沈 恭 张 龙 张 祥 张元民 陈正兴(1996年1月15日增补)
陈铁迪(女) 陈福根 茅志琼(女,1996年1月15日增补) 居欣如(女)
孟庆令(1997年1月24日增补) 赵定玉 施惠群 秦德超 袁 采 徐欣达 徐济尧
殷文龙 屠德铭

中国国民党革命委员会上海市委员会

厉无畏(1996年1月15日增补) 过传忠 朱畅蟾 许 庆 严诚忠 严淼泰 李赣驹
张国魁 陆玉贻 陈大慈(女) 陈天平 项斯文 姜蕙馨(女) 贺成杰 徐以枋

中国民主同盟上海市委员会

马克烈 马国琳 王克忠 江逢霖 时俭益 何宗海 言兴朋 欧阳仁荣 尚 丁
周永康 周芝石 胡仁明 顾世洧 徐方瞿

中国民主建国会上海市委员会

王宇平(女) 冯雅芬(女) 吴仲信 沈本涵 张攻非 陆孟津 陈庆樑 林 帆
金人仲 徐萱寿(女) 殷善锷 唐齐千 彭镇秋 蔡国杰

无党派民主人士

王慧敏(女) 孔繁树 田定宇 江东亮 李宝德 吴仲梁 汪 垣(女) 张兆奎

林招云(女)　　　郑谷兰　洪碧荣　徐君权　蒋德馨　蔡　森

中国民主促进会上海市委员会

毛　琦　刘恒橼　杨德壬　余源培　沈剑英　张静娴(女)　　　夏文蕙(女)　　　徐志璋
谭玉美(女)　　　熊衍元

中国农工民主党上海市委员会

李根渊　陈灏珠　林超鸿　周骏羽　倪家泰　郭天玲(女)　　　常泽民　梁谷音(女)
蔡　琰　濮之珍(女)

中国致公党上海市委员会

陈昌福　郑　强　俞云波　顾利霞(女)

九三学社上海市委员会

孙曾一　杨　櫹(1996年2月7日离任)　何克诚　沈蓉芬(女)　陈仁彪　陈行祥
范滇元(1997年1月24日增补)　赵安泰　夏慧荣(女)　　　倪正茂　徐孝礼
谢丽娟(女,1996年1月15日增补)

台湾民主自治同盟上海市委员会

许佩琴(女)　　　范新发　林　亮　郑励志　潘孝彰(1996年1月15日增补)

中国共产主义青年团上海市委员会

王仲伟(1995年1月26日离任)　王　群(女,1995年1月26日增补)
尹　弘(1995年1月26日离任)　乐强毅(1995年1月26日离任)　李智平
冷旭生(1995年1月26日增补)　宗　明(女)　　　姜建勤(1995年1月26日增补)
阎祖强　黄鸿强　韩　敏(1995年1月26日离任)　程　彪
薛　潮(1996年1月15日增补)

上海市总工会

王泽盛　王秋月(女,1995年1月26日增补)　王根林　王根强
王耀羲(1996年1月15日增补)　毛志海　全康康　江晨清　苏忠伟　杨　森　李绍胜
吴仕明　吴耀忠　张守祜(1995年1月26日离任)　张尚达　陈安杰　易楚芬(女)
周佩瑛(女)　　　周梅君(女)　　　胡公明　施振华　郭国胜　黄雄心　宿星耀　蒋宝兴
谭军梅(女)

上海市妇女联合会

王惠娟(女)　　　刘瀛萍(女)　　　宋忆宁(女)　　　张素胤(女)　　　陈秋芳(女)
林玉凤(女)　　　周　雯(女)　　　赵从云(女)　　　彭　靖(女)　　　缪林凤(女)

农　民

王　健(女)　　　甘治国　石鸿熙　刘至嘉　吴彤章　宋声平　姚元绥　顾德福　钱裕令
郭慰众　黄桢旺　褚　侃(女)

上海市青年联合会

王永吉　刘中民　李亚平　张未名　胡上融(女)　　　徐世平

上海市工商业联合会

万国森　毛永龄　方孟伟　石培钧　叶海磐　史济民　戎嘉芳　孙叶才　孙安民
李　涛(女)　　　李家彰　沈祖械　张文蔚　张亚培　张雪雄　陈志诚　陈国樑　周　健
周文彬　荣毅珍(女)　　　胡如珊　胡伯鸿　姜允熹　顾永熙　倪　越(女)

郭秀珍（女）　　　陶敏之（女）　　　崔建平　章和轼　蒋鸿礼　鲁家善　蔡品杰

上海市科学技术协会

马在田　王永康　刘维德　汤钊猷　阮雪榆　孙敬良　杨福家　李国瑞　李敦厚　何成武
沈　劢　张瑞琨　陆　柱　范崇惠　胡嘉福　姚诗煌　敖世洲　钱雪元　徐正泰　奚同庚
薛福田

上海市归国华侨联合会

叶　朱（女）　　　朱士明　庄国清（1996 年 1 月 15 日增补）　李景来　何添发
陈德川（女）　　　俞彭年　奕纪梁　唐恩余　梁玉书

上海市台胞联谊会

石四箴（女）　　　黄瑞霖　梁素卿（女）

经济界

丁　力　马海良　王　铿　王伟国　王汝珍　王漫然　孔庆源　白晓江　华　原　刘同钜
刘鸿超　江辅舆　许元龙　孙永源　杨铨谟　李　基　李再琮　李庆伍　李晓航　李懋欢
肖哲夫　何关善　沈若雷　沈思明　张绍樑　张俊杰　张铁志　陈金邦　陈显钊　郁子冲
周鸣高　郑健龄　荣正平　夏善晨　顾国良　顾明良　钱学中　高凯生　黄绪正　曹涵清
曹源康　彭运鹗　葛步洲　蒋荣仙（女）　　　程鸿兴　舒朵云（女）　　　蔡云飞　蔡俊澄
颜光华　薛钟甦

文学艺术界

王安忆（女）　　　王诗槐　王建中　王增月（女）　　　方增先　石钟琴（女）
石晓华（女）　　　达式常　毕　克　朱逢博（女）　　　乔　榛　华国璋　刘安古　严顺开
苏乐慈（女）　　　杨遗华　李炳淑（女）　　　余红仙（女）　　　汪庆正　张应湘
陈　瑜（女）　　　陈古魁　陈铭志　金复载　单子恩　宗福先　赵基阳　赵焕章　俞逊发
袁国英（女）　　　顾卓宇　钱时信　钱惠丽（女）　　　黄葆慧（女）　　　曹　雷（女）
梁伟平（1996 年 1 月 15 日增补）　蒋正平　童祥苓　温可铮　詹同渲
鲍芝芳（女，1996 年 1 月 15 日增补）　廖炯模

科学技术界

卫志明　马锡元　王以忠　王汝鹏　王志勤　王嘉穗（女）　　　乐卫忠　毕学谟　吕也博
任铃子　华锦芳　庄恩及　刘玉田　刘锦春　江乃雄　许泽民　许登堡　严启人　苏拔英
杨以雄　李念政　吴月兰（女）　　　吴兴世　吴其勇　吴薛忠　闵健行　汪道彰　沈冠群
沈联达　宋伯庆　张仲南（女）　　　张应葆　张维忠　陆广中　陆敬业　陈　星　陈元光
陈剑辉　邵敏望　林以德　林建基　金　灏　金文敬（女）　　　金杜青　周定中　周翊钟
郑崇直　赵施龙　俞士谔　姜林宗　姚慰城　秦　萱（女）　　　耿毓修　顾正中
徐为华（女）　　　徐迪民　徐美香（女）　　　高小峻　郭礼和　郭景坤　唐长馥（女）
谈雄伟　黄永碇　曹珊珊（女）　　　戚盛豪　龚岳亭　龚惠兴　章　鲁　章树荣　蒋鸿翼
程庆阳　曾昭明　裔　勇　蔡俊超　蔡靖宇　蔡增任　阚　敏　颜景霖　潘慧珍（女）
戴玉琳

社会科学界

王定甫　方诚国　左学金　丘仰东　冯正权　任　意　刘天华　苏东水　杨思正　李培栋
吴绍中　张琪玉　张新华（1994 年 1 月 4 日增补）　陈允吉　陈佩尧　陈鹏生　武克全

武重年　林丙义　费成康　姚廷纲　姚祖萌　姚锡棠　袁恩桢　奚洁人　郭忠言　黄　磊
黄贵显　章念驰　彭万林　管梅谷

教育界

丁维钰(女)　　万善正　马文华　王大璞(女)　　王志德　王季卿　王源身(女)
王德孝　毛智凤(女)　　卜松泉　方禹之　叶仰林　乐嘉基　朱世昌　朱泰隆　朱　毅
伍贻康　刘　植　许宝孝　李兆民　李国莹　李洪曾　李燕生　吴让泉　吴光伟　吴信法
汪寿明　张圣坤　张连官　张和豪　张绍麟　陆　苹(女)　　陈寿鹏　林纬华　林胜兴
郑惠强(1994年1月4日增补)　郑毓蕃　赵维信(女)　　姜义华　夏秀蓉(女)
徐尧洲　徐　燕(女)　　高敦岳　郭本瑜　郭时平　诸培南　黄源深　章　颎　蒋大骅
蒋凌棫　谢万钧　谢荣国　谢遐龄　端木时夏　　谭玉钧　燕国材

体育界

冯世銮(女)　　朱承塘　李宗铺　陆钟毅　陈文埼　祝嘉铭　姚　娟(女)　　徐本力
黄瑞馨(女)

新闻出版界

丁法章　卢辅圣　史中兴　刘景锜　江曾培　李名慈　张自强　张行端　陈　和　郑硕人
赵昌平　查蓓莉(女)　　徐荣生　徐福生　樊天益

医药卫生界

孔宪涛　石仰山　朱大年　朱世能　朱家珠(女)　　刘永良　刘宽仁(女)　　刘鸿斌
严隽鸿(女)　　杨庆铭　杨明训　李宏为　吴长龙　吴银根　张一楚　张学忠　张宝仁
张婴元(女)　　陈　仪(女)　　陈家伦　陈瑞冠　陈德尊　荣烨之　姚沁薇(女)
袁惠章　顾芷芳(女,1995年1月26日增补)　徐志工(女)　　黄荣魁　曹新妹(女)
曾溢滔　谢蓉葆(女)

对外友好团体

郑玉在(女)　　赵云俊　晏小宝

社会救济福利团体

许德馨(女)　　邵延令　翁孙光　韩　伍

少数民族

王秉钺　方宗伟　乐　霆　沙启庆(女)　　金幼云　赵福侯　哈木堤　雷德培

宗教界

尹　襄(女)　　史奇珪　孙彦理　李文𫍯(女)　　李思德　沈承恩
陈志民(1996年1月15日增补)　陈尚修　陈莲笙　妙　灵(1997年1月24日增补)
明　旸　罗冠宗　胡建宁　真　禅　徐圣洁(女,1996年1月15日增补)　唐国治　龚秋生

港澳同胞

王剑伟(1994年2月22日离任)　王绪亮(1994年1月26日增补)　孔祥勉
叶仲午(1995年1月26日增补)　史习陶(1994年1月26日增补)
过介磐(1994年1月26日增补)　曲光辉(1995年1月26日增补)
朱培根(1994年1月26日增补)　刘铁成　杜惠恺(1996年1月15日增补)
张　宇(1995年1月26日增补)　张曾基　陆宗霖(1994年1月26日增补)　陈占美
陈泽武　陈宗达(1994年1月26日增补)　林辉实　金天任　金寿南　周亦卿　周明权

周锡雨　赵诚安　胡晓明　胡葆琳(女)　　　袁天凡　顾乾麟　唐仑千　唐英年

曹其东(1995 年 1 月 26 日增补)　裘锦兰(女)　　　詹金源(1995 年 1 月 26 日增补)

特别邀请人士

丁志坚(女)　　　于根生(1993 年 6 月 7 日增补)　王　凡　王　昌

王生洪(1995 年 1 月 26 日增补)　王新生　戈以荣　毛瑞康　尹逢德

邓国坤(1993 年 6 月 7 日增补)　石印玉　叶　元　叶连均(1993 年 6 月 7 日增补)　朱星祥

华国万(1993 年 6 月 7 日增补)　刘明生(1993 年 6 月 7 日增补)　刘效琨　刘耄龄　刘靖基

刘新昌(1993 年 6 月 7 日增补)　江执中　汤兆基　许松寿(女)

孙　滨(1996 年 1 月 15 日增补)　孙金富(1993 年 6 月 7 日增补)

严家栋(1994 年 1 月 4 日增补)　苏竹君(女)　　　杜子炎　杨　容(女)

杨振玉(1995 年 3 月 22 日增补)　李大战　李小棠(1996 年 1 月 15 日增补)　李仁杰

李传祜　李国荣　李保庆　李晋五　李铁玖　李新洲　吴　岭(女,1993 年 6 月 7 日增补)

吴建权　吴振球　吴敏华(女)　　　吴慧娟(女)　　　何兆源

何慧娟(女,1993 年 6 月 7 日增补)　汪云山　沈原梓　宋秀英(女,1993 年 6 月 7 日增补)

宋瑞珂　张则陆　张志群(1996 年 1 月 15 日增补)　张宗德　张海溪　张慧珠(女)

陆　瑾(女)　　　陈文炳　陈观法　陈志荣(1993 年 6 月 7 日增补)

陈金龙(1993 年 6 月 7 日增补)　陈恒平(1996 年 11 月 12 日增补)　陈祖范　陈雪兰(女)

邵嘉裕　罗宗英　竺培英(女)　　　金　蔚(女)　　　金长荣(回族,1993 年 6 月 7 日增补)

金维新　金麟孙　周兆熊　周关根(1993 年 6 月 7 日增补)　周丽珍(女)　　　赵学敏

胡宗正　胡德才(1994 年 8 月 19 日离任)　侯焕文(女)　　　施叔华

施新土(1993 年 6 月 7 日增补)　姚永靖(1993 年 6 月 7 日离任)　夏国伟

夏嘉平(1994 年 1 月 4 日增补)　顾金生　徐可式　徐宜尔(女)　　　徐澄宇

翁祖泽(1995 年 1 月 26 日增补)　郭思永　郭焰烈　郭洪生　郭祖禄　唐震安

凌志俭(1993 年 6 月 7 日增补)　陶石鑫(1993 年 6 月 7 日增补)

黄振兴(1993 年 6 月 7 日增补)　曹安生(1993 年 6 月 7 日增补)　盛重庆　章念祖

梁光璧(女,1993 年 6 月 7 日增补)　梁国扬(1996 年 1 月 15 日增补)　屠惠秋

董　健(1993 年 6 月 7 日增补)　蒋锡夔　蒋澄澜　程晓顺(1994 年 8 月 19 日增补)

傅先伟　傅克诚(女,1996 年 1 月 15 日增补)　童清仁(1993 年 6 月 7 日增补)　曾路夫

谢如方(1993 年 6 月 7 日增补)　鲍凯歌　颜梅华　潘　洁(女)

瞿　钧(1994 年 1 月 4 日由民进界调整至特别邀请人士)

五、第九届委员会

【主　席】　王力平

【副主席】　朱达人　黄跃金(2000 年 2 月 18 日增补)　宋仪侨(2002 年 2 月 26 日增补)　王生洪
　　　　　谢丽娟(女)　　　郑励志(2001 年 2 月 11 日离任)　陈灏珠(2001 年 2 月 11 日离任)
　　　　　刘恒椽　左焕琛(女,2001 年 2 月 11 日增补)　陈正兴　俞云波　黄关从
　　　　　石四箴(女,2001 年 2 月 11 日增补)

【秘书长】　吴汉民

【常务委员】

丁法章　于英川　马克烈　王以忠　王龙兴　王安忆（女，2001年2月11日增补）　王福庆
毛应梁　方宗伟　方增先　孔祥勉　尹继佐　石印玉　左学金　叶仲午　叶建农
过介磐（2000年2月18日增补）　过传忠　朱冰玲（女）
朱颂华（2001年2月11日离任）　朱家珠（女）　华裕达　华耀增
刘　勤（女，1999年2月5日增补）　汤兆基　许　庆　阮雪榆　孙　刚
孙国华（女，1998年12月30日离任）　杜惠恺（2001年2月11日增补）　李名慈　李佳能
李忠萌　李国瑞　李俊谦（2002年2月26日增补）　李炳淑（女）　李根渊　李新洲
严诚忠　吴申耀　吴仲信　吴承磷（2001年2月11日增补）　余红仙（女）　余永梁
余源培　汪道彰　沈祖炜　张　皙（女）　张亚培　张良仪　张志群　张景云
陈　竺（2000年2月18日增补）　陈　荣（1999年2月5日增补）　陈　靖　陈　瑜（女）
陈志龙　陈昌福　陈秋芳（女）　陈勇福　陈莲笙　陈德川（女）　邵嘉裕
易庆瑶（2000年2月18日增补）　林　华　林有锦　林辉实　范大政　范滇元　欧阳仁荣
欧国苏　金长荣　金永昌　金幼云　周光炎　周杏英（女，2001年2月11日增补）
周剑萍（女）　郑令德（女）　郑崇直　宗福先　孟庆令
茅志琼（女，2001年2月11日离任）　查蓓莉（女）　赵宇梓　赵丽宏　赵国通　侯志俭
段祺华（1999年2月5日增补）　俞位恩（2001年2月11日增补）　施德容
洪林珍（女，2001年2月11日增补）　洪碧荣　姜义华　姜蕙馨（女）　袁　采　顾永熙
钱云龙　钱雪元　徐方瞿　徐本力　徐佩莉（女，1999年2月5日增补）　郭礼和　高凯生
高韵斐　陶人观　黄　城　黄耀文　曹珊珊（女）　龚秋生　章继浩　韩正之　彭镇秋
蒋澄澜（2001年2月11日增补）　傅克诚（女，1999年2月5日增补）　童永歙　谢遐龄
雷啸霖（2001年2月11日增补）　照　诚（2002年2月26日增补）　詹金源
蔡建国（2002年2月26日增补）　薛明仁

【委　员】

中国共产党上海市委员会

王力平　王生洪　王福庆　王鹤鸣　尹继佐　朱达人　刘凤瑞　庄国清　孙祖尧
李明轩（2001年1月15日离任）　李俊谦（2002年1月18日增补）　严其汾　吴汉民
吴祥明　沈世纬（2001年1月15日增补）　宋仪侨（2002年1月18日增补）　张　乾
张志凯（1999年12月29日离任）　陈文禄（2001年1月15日增补）　陈正兴　周文玄
周鹤龄　孟庆令　郭开荣　陶人观　黄跃金（2000年1月31日增补）　董绍诚　蒋澄澜
谢绳武　蔡世民（1999年12月29日增补）　薛明仁

中国国民党革命委员会上海市委员会

马鄂云（女）　过传忠　任先正　许　庆　许冀煌　孙柏年　李世耀　严诚忠　陈天平
罗华荣（女）　项斯文　姜蕙馨（女）　贺成杰　郭士征
葛剑雄（2000年10月31日增补）　鲍均贤

中国民主同盟上海市委员会

马克烈　计镇华　乐胜利　吕冬发　朱植宙（1999年12月29日增补）　时俭益　吴炳朝
沈月新（女）　张　文　欧阳仁荣　周一芬（女）　周燮鹏　郑开慧　顾丽苹（女）
徐方瞿　崔惠平（2000年10月31日增补）　谢遐龄

中国民主建国会上海市委员会

白晓江　杨大安　李　忠(女)　　李　基　严定邦　吴仲信　张攻非　陈　坚
陈龙武(1998 年 12 月 30 日增补)　陈宏民　陈秋芳(女)　　胡国胜
赵增川(2000 年 10 月 31 日增补)　夏善晨　黄关从　彭镇秋

无党派民主人士

于英川　江小民　江东亮　汤兆基　杨祖德　李大战　张　益　赵国通　姚　基　顾鸿达
徐君权　翁思庆　黄　城　黄源深

中国民主促进会上海市委员会

毛　琦　刘恒椽　岑国桢　余源培　张静娴(女)　　邵光宇　林庚金　金良年　赵丽宏
夏文蕙(女)　　黄　震(2000 年 10 月 31 日增补)　熊衍元

中国农工民主党上海市委员会

丁金宏　左焕琛(女,2001 年 1 月 15 日增补)　朱邦贤　朱冰玲(女)　　刘旦初　李根渊
陈灏珠(2001 年 2 月 11 日离任)　周廷魁　周骏羽　祝壎珠(女)　　姚俭建
顾国柱(2000 年 10 月 31 日增补)　梁谷音(女)

中国致公党上海市委员会

冯　涛(2000 年 10 月 31 日增补)　忻元龙　俞云波　顾利霞(女)　　徐维铭　葛永乐

九三学社上海市委员会

叶舜发(1999 年 12 月 29 日离任)　杨雄里(2000 年 10 月 31 日增补)
李定国　张良仪　金　瑜(女)　　周允中(1999 年 12 月 29 日增补)　郑祖康　胡学超
侯志俭　顾亚平(1998 年 6 月 24 日增补)　倪正茂　曹正文　谢丽娟(女)

台湾民主自治同盟上海市委员会

石四箴(女,2001 年 1 月 15 日增补)　石学耕　许佩琴(女)
张莉菁(女,2000 年 10 月 31 日增补)　林真意(女)　　郑励志(2001 年 2 月 11 日离任)
潘孝彰

中国共产主义青年团上海市委员会

李智平　邱力萍(女)　　宋嘉禾　陈　刚　陈　靖　郑　勇
顾洪辉(1999 年 12 月 29 日增补)　曹明喆(1999 年 12 月 29 日离任)　曹锡康　蔡　忠

上海市总工会

于剑平　马新生　王少炯　王秋月(女)　　吉永华　吕健康　朱从余　全康康
孙　梵(女)　　吴申耀　吴徽章　汪孝安(2001 年 1 月 15 日增补)　宋美红(女)
张尚达　陆伟庄　陈　旭　陈惠莹　季学玉　钟锡林　俞浩铨　凌耀松　陶祥根　蒋宝兴
蔡根发　谭军梅(女)

上海市妇女联合会

马百龄(女)　　王惠娟(女)　　冯雅芬(女)
孙国华(女,1998 年 12 月 30 日离任)　杨詠曼(女,2001 年 1 月 15 日增补)　宋忆宁(女)
胡葆琳(女)　　赵从云(女)　　徐佩莉(女,1998 年 12 月 30 日增补)　聂祖仪(女)
黄莉萍(女)　　彭　靖(女)　　裘锦兰(女)　　缪林凤(女)

上海市青年联合会

吕耀东　刘　杰　吴冲锋　陆　卫　胡晓明　姜　标　姚祖辉(2001 年 1 月 15 日增补)

袁　鸣(女)　　　袁天凡　　高韵斐

上海市工商业联合会

王以忠　王有刚　方孟伟　乔光生　乔志刚(2001年1月15日增补)　华　原　孙叶才
孙安民　李维德　邹德礼　张　刚(2001年1月15日增补)　张　磊　张亚培　张雪雄
张健民(1999年12月29日离任)　陈　荣　陈平田　陈志龙　陈国梁　陈庭贤　武剑华
郁为泽　郑承志　郑淑贤(女)　　胡伯鸿　段祺华　桂秋白　倪　越(女)　　　顾仁达
顾永熙　顾维民　徐锦鑫(2001年1月15日增补)　陶新康(2001年1月15日增补)
章和轼　程秉海　傅建华　童锦泉(1999年12月29日增补)
郭　翔(2002年1月18日增补)

上海市科学技术协会

王永康　计国桢　刘海涛　庄松林　阮雪榆　杨秉辉　张文琴(女)　　　张其标　陆　柱
陈勇福　郑时龄　施裕宗　姚诗煌　袁震东　敖世洲　钱雪元　徐康武　奚同庚　郭礼和
盛子寅　谢　玮(2001年1月15日增补)　潘迎捷

上海市归国华侨联合会

刘幸偕(2001年1月15日增补)　李景来　陈德川(女)　　　陈德明　俞位恩　贺　林
袁　采　唐恩余　唐震安　梁玉书

上海市台湾同胞联谊会

杨　健(2000年10月31日增补)　林伟华(女)　　　欧国苏　梁素卿(女)

农业界

叶增基　朱全忠　朱颂华(2001年2月11日离任)　杨　容(女)　　　宋声平
金精良(2001年1月15日增补)　郑建中　钟政用　顾德福　龚学德　蒋泗良　鲍凯歌
翟世强

经济界

马海良　马雪萍(女)　　　王伟国　王志雄　王宗发　王宗南　王恒道　王绪亮　毛应梁
邓日燊(2001年1月15日增补)　孔祥勉　叶仲午　过介磐　朱培根　朱锡铭
任美君(女)　　　刘育长(2001年1月15日增补)　刘铁成　许元龙　杜惠恺　杨祥海
李民权　李再琮　李忠萌　李佳能　肖哲夫(1998年6月24日增补)　沈若雷　沈思明
张　宇　张立仁　张　祥(1998年6月24日离任)　陈占美　陈金邦(女)　　　陈宗达
陈泽武　陈恒平(2001年1月15日离任)　陈政千(2001年1月15日离任)
范　铠(2001年1月15日增补)　范大政　金　鑫(2001年1月15日增补)　金寿南
周　路　周亦卿　周鸣高　周锡雨　封亚培　荣智权　俞辛樵　姜波克　费立夫　顾　青
顾国良　原所聚　钱云龙　徐允正　徐柏章　郭炳江(2001年1月15日增补)　郭耀平
高凯生　唐仑千　唐仡俊　唐英年　诸　清　陶顺根　黄庆荣　黄彦正　黄建清　曹其东
屠海鸣(2002年4月28日增补)　屠德铭　彭运鹗　蒋荣仙(女)
粟刚兵(2001年1月15日增补)　程鸿兴　曾纪骝　鲍沫西　詹金源　薛钟甦　戴元永
戴金象(2001年1月15日增补)　魏怡华(女)　　　朱永康(2002年1月18日增补)

文学艺术界

于本正(2001年1月15日增补)　王永吉　王安忆(女)　　　王诗槐　王梦云(女)
王增月(女)　　　尤继舜(2001年1月15日增补)　方增先　石钟琴(女)

石晓华(女)　　　乔　榛　朱逢博(女)　　　达式常　孙　滨　杨遗华　苏乐慈(女)

李炳淑(女)　　　严顺开　吴　竞(女)　　　余红仙(女)　　　汪庆正　张　渊(女)

张应湘　张显平　陈　瑜(女)　　　陈古魁　林　华　金复载　单子恩　宗福先　赵国华

赵基阳　俞逊发　施大畏(2001 年 1 月 15 日增补)　钱　苑　钱惠丽(女)　　　徐建融

黄葆慧(女)　　　曹　雷(女)　　　梁伟平　蒋正平　童祥苓　鲍芝芳(女)

魏　松(2001 年 1 月 15 日增补)

科学技术界

丁　山　卫　明　卫志明　王志一　王国俭　王纯尧　邓华龙　乐卫忠　吕美顺(女)

华仁长　华裕达　刘　勤(女)　　　江乃雄　汤志平　许泽民　孙兴旺　孙松鹤　杨以雄

杨桂生(2002 年 1 月 18 日增补)　杨景懋　劳爱娜(女)　　　李国瑞　连天峰　吴今明

余　琛　汪　垣(女)　　　汪道彰　沈冠群　张　彤　张应葆　张振华　张爱民　张景云

陆敬业　陆嘉明　陆德纯　陈　竺(1999 年 12 月 29 日增补)　陈学良　邵敏望　林建基

范滇元　欧阳康　金由辛　金熙杰　周振柏　周振惠　郑崇直　胡大邦　施福恢

洪克中(女)　　　洪碧荣　姜林宗　费衡甫　姚　政　顾文兴　夏祖讽　钱森申　倪语星

徐迪民　徐美香(女)　　　徐益超　翁孟勇　郭撰常　高小峻　高尔生　唐长馥(女)

唐志祥　谈雄伟　曹珊珊(女)　　　戚盛豪　韩生廉　葛锡锐　董建顺　蒋天纵　蒋鸿翼

童文贤　富允弼　雷啸霖　虞启敖　蔡俊超　裴　钢(2001 年 1 月 15 日增补)　阚　敏

颜景霖

社会科学界

王联斌　左学金　冯正权　伍贻康　刘天华　汤云为　苏东水　李　琪　李亚平　吴光伟

吴绍中　沈祖炜　张泓铭　张桂娟(女)　　　张新华　陈鹏生　武克全　武重年　林丙义

周育民　赵宇梓　费成康　袁恩桢　顾国安　顾晓鸣　徐小迅(女)　　　章念驰　章树荣

章继浩　彭万林　戴炜栋

教育界

丁毓珠(女,2001 年 1 月 15 日增补)　万善正　马　骁　王大璞(女)　　　王建磐　孔祥羽

尹达新　叶建农　边陈之娟(女)　　　朱　毅　朱泰隆　刘京海(2001 年 1 月 15 日增补)

江　明　许宝孝　杨思远　杨素英(女)　　　李　鸣　李国莹　李洪曾　李新洲

严壮志(1999 年 12 月 29 日增补)　吴大器　吴文源(女)　　　吴立昌　吴让泉　吴永祥

邹　申(女)　　　汪寿明　汪叔阳　张大同　张功镀　张兆奎　张连官　张曾基

陆　苹(女)　　　陈康民　邵士信　邵嘉裕　林纬华　金礼福　周洪琪(女)

郑令德(女)　　　郑华耀　郑惠强　胡启迪　赵兴华　赵维信(女)　　　姜义华　顾大僖

顾爱玉(女,2001 年 1 月 15 日增补)　徐尧洲　高敦嶽　黄桐凯(1999 年 12 月 29 日离任)

龚幼民　韩正之　傅坚敏(女)　　　童永歆　谢万钧　谢荣国

蔡建国(2002 年 1 月 18 日增补)　廖昌永(2001 年 1 月 15 日增补)　薛京伦　薛喜民

体育界

叶蓓伦(女)　　　李建新　邱丕相　张臣吉　林有锦　金永昌　胡荣华　徐仁惠(女)

徐本力

新闻出版界

丁法章　卢辅圣　冯士能　刘景锜　江俊绪　孙　刚　李名慈　张行端　陈　和　陈文炳

查蓓莉(女)　　　赵昌平　钟修身　徐海清　盛重庆

医药卫生界

石鉴玉　朱大年　朱世能　朱家珠(女)　　　刘宽仁(女)　　　杨明训　吴长龙　吴银根

张　晳(女)　　　张一楚　张广仁　张定国　张婴元(女)　　　陈　仪(女)

陈绍行(女)　　　陈炳文　范关荣　周　梁　周光炎　周剑萍(女)　　　胡昌奇　施　杞

袁惠章　贾伟平(女)　　　顾芷芳(女)　　　凌昌全　曹新妹(女)　　　路长林　廖万清

戴玉琳

对外友好团体

吴承磷(2001 年 1 月 15 日增补)　陈佩尧　茅志琼(女,2001 年 2 月 11 日离任)　　　赵恒灿

社会福利团体

李　涵　李　静(女)　　　胡敏浩　施德容　徐凤建(1998 年 12 月 30 日增补)

少数民族

马人斌　王秉钺　方宗伟　乐　霆　沙启庆　金幼云　赵福侯　哈木堤

宗教界

王良全(1999 年 12 月 29 日增补)　史孝进　史奇珪　华耀增　李文觖(女)　　　沈承恩

陈志民　陈莲笙　妙　灵　金　蔚(女)　　　周肖吾　胡建宁　倪　勇　徐圣洁(女)

龚秋生　照　诚(2002 年 1 月 18 日增补)

特别邀请人士

马定华　王　昌(1998 年 6 月 24 日增补)　王　铿　王　雷　王乃粒　王龙兴　王金重

王美新(女,1998 年 12 月 30 日增补)　王韵兰(女,1998 年 6 月 24 日增补)

王汝宽(2002 年 1 月 18 日增补)　毛荣发　邓国坤　孔繁树　石印玉　叶连均　叶建英

叶菁权(1998 年 6 月 24 日增补)　叶维华(2000 年 10 月 31 日增补)　史习陶　曲光辉

仲永根(1998 年 12 月 30 日增补)　刘明生　刘毓海(2001 年 1 月 15 日增补)

刘瀛萍(女,1998 年 6 月 24 日增补)　齐允海　池洪臣(1998 年 6 月 24 日增补)

孙登龙(1998 年 6 月 24 日增补)　杜子炎　杨　森(2001 年 1 月 15 日增补)　李小棠

李国栋　李明高　李铁玖　李葳萍(女,1998 年 6 月 24 日增补)

李新福(1998 年 6 月 24 日增补)　李赣驹　严世芸(2001 年 1 月 15 日增补)　吴　岭(女)

吴念农　吴思远　吴复民(女,1998 年 6 月 24 日增补)　吴慧娟(女,1998 年 6 月 24 日增补)

余永梁　邹蜜蜂(女)　　　沈　思(女,2001 年 1 月 15 日增补)　华国万

沈树华(2001 年 1 月 15 日增补)　沈效良　沈原梓　沈善初(2000 年 7 月 13 日增补)

宋秀英(女)　　　张则琼　张志群　张胜军　张茵青(女)

张家品(1998 年 6 月 24 日增补)　张德昌(1998 年 6 月 24 日增补)

张慧珠(女,1998 年 6 月 24 日离任)　陆宗兴　陆宗霖　陆象娟(女,1998 年 6 月 24 日增补)

陈先国(2000 年 10 月 31 日离任)　陈志清(1998 年 6 月 24 日增补)　陈昌福　陈剑华

陈震雷(1998 年 6 月 24 日增补)　邵煜栋　林荫亚(女,1998 年 6 月 24 日增补)　林辉实

易庆瑶(1999 年 12 月 29 日增补)　金天任　金长荣　周　雯(女)

周杏英(女,2001 年 1 月 15 日增补)　周明权　周祖安(女,1998 年 6 月 24 日增补)　胡刚毅

胡宗正　施兰章　洪林珍(女,2001 年 1 月 15 日增补)　姜金余(1998 年 6 月 24 日增补)

姚全福　袁以星　顾金生　夏毓灼(2001 年 1 月 15 日增补)

倪受汤(2000年10月31日增补) 徐福生 晏小宝(1998年12月30日增补)

翁蕴珍(女,1998年6月24日增补) 郭林本 郭焀烈 高荣华 高叔平 唐金官

黄玉凤(女,1998年6月24日增补) 黄企洲 黄振兴 黄森林(1998年6月24日增补)

黄耀文 龚 权(2002年4月28日增补) 章念祖 梁国扬 韩 敏

葛文卿(1998年6月24日增补) 董 健 蒋一鸿(1998年6月24日增补) 傅克诚(女)

蔡 铮(1998年10月30日离任) 廖骏德 谭莘芸(女,2001年1月15日增补)

六、第十届委员会

【主 席】 蒋以任

【副主席】 宋仪侨 黄跃金(2003年12月22日离任)

沈红光(2004年1月15日增补,2007年1月26日离任) 王生洪 谢丽娟(女)

左焕琛(女) 俞云波 黄关从 石四箴(女) 王荣华 王新奎

【秘书长】 吴汉民(2004年1月5日离任) 杨奇庆(2004年1月15日增补)

【常务委员】

于 晨 卫志明 马春雷 王龙兴 王海兵 王禄宁(女,2004年1月15日增补)

乐景彭(2007年2月1日增补) 冯德康 史孝进 左学金

龙启虎(2005年12月28日离任) 白润生 石印玉 乔 榛 乔志刚 任先正

华耀增(2005年12月28日离任) 刘 俊 刘幸偕 刘奕民 刘桂林 刘铁成 吕 元

孙正心 孙超才 朱易安(女) 朱树英 江上舟 邢文之(2006年1月19日增补)

严定邦 严诚忠 余红仙(女) 余源培 吴申耀 吴光伟 吴冲锋 张 晢(女)

张文蔚 张亚培 张志群 张泓铭 李 鸣 李名慈 李克让 李克欣 李忠萌 李念政

李炳淑(女) 李维屏(2004年1月15日增补) 李新洲 杜惠恺 杨代葳 汪均益

沈祖炜 苏忠伟 邵嘉裕 邹传纪(2007年2月1日增补) 陈 竺 陈 荣 陈 瑜(女)

陈士杰 陈文泉(2007年1月10日离任) 陈文禄 陈志龙 陈步林 陈祥麟 周亦卿

周肖吾(2005年12月28日离任) 周杏英(女,2007年1月10日离任) 周秀芬(女)

周剑萍(女) 周鹤龄 周燮鹏 孟燕堃(女,2007年2月1日增补) 宗福先 林 华

林有锦 林明月(女) 范 铠 范大政(2007年1月10日离任) 范滇元 金长荣

金由辛 金国祥 金闽珠(女) 侯志俭 俞位恩 姚俭建 姜义华 施德容

查蓓莉(女) 段祺华 洪林珍(女) 祝墡珠(女) 胡大邦 胡晓明 赵国靖

钟修身 项斯文 倪正茂 唐 豪 徐方瞿 徐本力 徐益超

徐佩莉(2003年12月22日离任) 袁 园(女,2006年1月19日增补) 郭开荣 郭礼和

郭炳江 顾明亮 夏毓灼(2007年1月10日离任) 高凯生 高叔平 曹其东 章念驰

章继浩 黄 珹 黄 震 程锡元 葛均波 葛剑雄 董浩林(2006年1月19日增补)

傅克诚(女,2005年12月28日离任) 谢绳武 韩正之 照 诚 雷啸霖 蔡建国

魏 松(2007年2月1日增补)

【委 员】

中国共产党上海市委员会

王生洪 王荣华 王海兵

王禄宁(女,2003年12月22日增补,2005年12月28日由妇联界调整至中共界)

吕淑萍(女)　　　龙启虎(2005年12月28日离任)　乔野生(2005年12月28日增补)

刘春先(2003年12月22日增补,2005年12月28日离任)　江上舟　杜春才　杨　军

杨奇庆(2004年1月10日增补)　杨建荣(2005年12月28日增补)

杨登华(2005年12月28日离任)　李佳能(2005年12月28日离任)

沈红光(2003年12月27日增补,2007年1月26日离任)　沈善初(2005年12月28日离任)

沈懋兴　宋仪侨　张明德　张家品(2005年12月28日离任)　陈士杰　陈金海　金炳荣

周　荣(2005年12月28日增补)　周鹤龄　孟德恕(2005年12月28日增补)

赵国君(女,2005年12月28日离任)　姜　洋　顾明亮　徐海峰(2007年1月10日增补)

黄汉文　黄玉凤(女,2007年1月10日离任)　黄跃金(2003年12月22日离任)　盛家荣

董浩林(2005年12月28日增补)　蒋以任　道书明　蔡世民(2003年12月22日离任)

中国国民党革命委员会上海市委员会

方　方(女)　　　朱建国　任先正　李世耀　李忠萌　邱华云　陈天平　陈永亮

罗华荣(女)　　　周和平　周忠菲(女)　　　项斯文　郭士征　葛剑雄　董　波　蒋　健

解　放(女)

中国民主同盟上海市委员会

马莉莉(女)　　　王　勇　王家东　计镇华　田伟生　乐胜利　冯德康　朱植宙　李海量

吴冲锋　吴建荣　沈恒根　陈大康　周燮鹏　徐方瞿　黄发荣　曹欣渊(女)

中国民主建国会上海市委员会

白晓江　朱易安(女)　　　庄子群　杨大安　李忠铮　严定邦　吴光伟　吴惠源　邹军利

张立仁　陈宏民　陈鸿德　胡可一(2003年12月22日增补)　赵增川　夏善晨　黄关从

葛俊杰

无党派民主人士(2007年1月10日更名为无党派人士)

丁晓枚　王跃林　王新奎　任自中　李　鸣　沈祖炜　张琳琳(女)

陈　群(2005年12月28日由教育界调整至无党派民主人士界)

陈克权　郑　龙　桂水发　钱耀忠　翁思庆　翁新楚　黄　文

中国民主促进会上海市委员会

刘奕民　吴长福　岑国桢　余源培　张文龙　张静娴(女)　　　陈强努　金良年　黄　震

黄山明　屠　杰　程霄玉(女)　　　熊衍元

中国农工民主党上海市委员会

丁金宏　邓　康　左焕琛(女)　　　朱邦贤　刘仲苓　沈荣祥　周骏羽　洪建国

祝墡珠(女)　　　姚俭建　顾国柱　梁　鸿　梁谷音(女)

中国致公党上海市委员会

王宗尧　冯　涛　李松坚(2007年1月10日撤销委员资格)　忻元龙　张恩迪

钟祥财(2007年1月10日增补)　俞云波　顾利霞(女,2007年1月10日离任)

董敏华(2007年1月10日增补)

九三学社上海市委员会

华　峰　李忠湧　吴健生　季　萍(女,2007年1月10日增补)　金　瑜(女)

周允中(2007年1月10日离任)　胡学超　胡忠泽　侯志俭　顾亚平　倪正茂　曹正文

谢丽娟(女)　　　　谢荣兴

台湾民主自治同盟上海市委员会

石四箴(女)　　　　石学耕　吴　敏(女)　　　　余碧娥(女)　　　　张莉菁(女)

林真意(女)　　　　高美琴(女)

中国共产主义青年团上海市委员会

马春雷　王　桢　麦　挺　吴仁杰　陆　莺(女)　　　　陆培明　武　舸　林尚立

金　梅(女)

上海市总工会

于剑平　马　强　王少炯　王逢祥　吕健康　朱从余　杨伟健　杨宝琴(女)

杨爱华(女)　　　　苏玉芳(女,2007 年 1 月 10 日离任)　吴　敏(女)　　　　吴力坚　吴申耀

吴建融　汪孝安　宋美红(女)　　　　陈　旭(2005 年 12 月 28 日离任)　陈柳宏　陈惠莹

周　炜(女)　　　　顾永才　夏玲英(女)　　　　陶雪华(女)

黄　绮(女,2005 年 12 月 28 日增补)　黄肇达(2007 年 1 月 10 日增补)　谢中全　黄鸿强

蔡根发

上海市妇女联合会

马百龄(女)　　　　杨詠曼(女)　　　　何静芝(女)　　　　宋忆宁(女)

郑　祎(女,2005 年 12 月 28 日增补)　张　静(女,2005 年 12 月 28 日增补)　张培琳(女)

金　佩(女)　　　　徐佩莉(2003 年 12 月 22 日离任)　孟燕堃(女,2007 年 1 月 10 日增补)

翁文磊(女)　　　　高境梅(女)　　　　彭　靖(女)　　　　傅正建(女)　　　　裘锦兰(女)

谭莆芸(女)　　　　缪林凤(女)

上海市青年联合会

王圣民(女)　　　　乔志刚　刘慧敏　李佳鸣(女)　　　　何猷龙　沈晓明　林旭明

林建康(2005 年 12 月 28 日增补)　姚祖辉　徐　军　黄江天(2005 年 12 月 28 日增补)

黄豆豆　黎瑞刚

上海市工商业联合会

王岳祥　朱政平　刘幸偕　孙安民　苏　霖　李念政　李维德　邹德礼　宋长根　张　刚

张亚培　陈　荣　陈平田　陈志龙　陈庭贤　陈海汶　陈惠琴　武剑华

林凯文(2003 年 12 月 22 日增补)　郁为泽　周跃进　郑承志　郑淑贤(女)　　　　胡成国

胡伯鸿　段祺华　施有毅　姚金泉　桂秋白　顾维民　钱建蓉　徐锦鑫　唐　豪　陶新康

蒋学明　童锦泉　谢　毅　潘玉明　魏中浩

上海市科学技术协会

卫志明　王晓东　兰先德(2008 年 1 月 8 日撤销委员资格)　朱炎苗

庄松林(2005 年 12 月 28 日离任)　孙正心(2007 年 1 月 10 日由科学技术界调整至科协界)

孙德炜　沈小宇(2005 年 12 月 28 日增补)　杨广生　时俭益

张其标(2005 年 12 月 28 日离任)　陆　卫　陈凯先　陈积芳　郁　竑

郑时龄(2007 年 1 月 10 日离任)　施志健　姚诗煌　钱　锋　徐洪杰　郭礼和　葛均波

谢　玮　潘迎捷

上海市归国华侨联合会

王依婷(女)　　　　李克欣　沈伟娟(女)　　　　尚　健

周小弟(2007年12月26日撤销委员资格) 胡里清(2005年12月28日增补) 俞位恩 贺 林 唐恩余 梁玉书(2005年12月28日离任) 薛洪玉(女)

上海市台湾同胞联谊会

卢丽安(女) 杨 健 林伟华(女) 林明月(女) 欧国苏

农业界

王智勇(2007年1月10日增补) 朱全忠 杨长锁 李建颖

陈文泉(2007年1月10日离任) 尚 云 南 民 钟政用 洪 涛 姚志展 唐祖德

唐海根(2007年1月10日撤销委员资格) 龚学德

经济界

丁建勇(2003年12月22日增补) 万建华 马兆楠 马银芳(2007年1月10日增补)

王华庆(2005年12月28日增补) 王均金(2005年12月28日增补) 王志雄 王宗发

王忠明 王晓平(女) 王绪亮 邓日燊 邓国坤 尹 灏(2007年1月10日离任)

孔令成(2005年12月28日增补) 厉家俊 叶毅干 史丽雯(女,2007年1月10日增补)

乐景彭(2007年1月10日增补) 邢 普 吕耀东 刘育长 刘炳章(2005年12月28日增补)

刘铁成 江 敏 孙鉴政 杜光远(2007年1月10日增补) 苏忠伟 李立峰 李克麟

李亮佐 吴志诚(2005年12月28日增补) 吴国庆 余 力(2007年1月10日增补)

沈祥荣 宋振东 宋超麒 张 全(2005年12月28日增补) 张 宇 张文蔚 张兆安

张志熔 张建华 张爱民 张桂娟(女) 张曾基 陈步林 陈国余 陈宗达 陈泽武

陈祥麟 范大政(2007年1月10日离任) 金 鑫(2005年12月28日离任) 金大建

金寿南 周亦卿 胡宗正 胡楚南 封亚培 荣智权 赵国靖 钟华君(女) 姚 原

袁天凡 袁光铭(2005年12月28日增补) 顾 青(2007年1月10日离任) 夏大智

钱建中 徐柏章 郭炳江 高凯生 唐仑千(2005年12月28日离任) 唐英年 凌孔山

黄庆荣 黄建清 曹其东 屠海鸣 董绍诚 董增平 粟刚兵 童文贤

焦自纯(2005年12月28日增补) 曾乐才 鲍沫西 詹金源 蔡 佳(女) 熊成培

戴元永 戴伟钟 蒋卫东(2005年12月28日离任)

文学艺术界

于本正(2007年1月10日离任) 马晓辉(女) 王永吉 王诗槐 尤继舜 毛时安

石钟琴(女) 史 敏(女) 达式常(2005年12月28日离任) 乔 榛 江海洋

杨遗华 杨燕迪 苏乐慈(女) 李小林(女,2007年1月10日增补) 李炳淑(女)

李蓉蓉(女) 严顺开 吴 竞(女) 吴慧明(女)

何 麟(2005年12月28日增补) 何赛飞(女,2007年1月10日增补) 余丹红(女)

余红仙(女) 张 渊(女) 张显平 张曦仑 陈 瑜(女)

陈燮阳(2003年12月22日由特别邀请人士调整至文艺界,2005年12月28日离任)

陈燮君 林 华 金复载 宗福先 荣广润 赵志刚 赵国华 俞逊发 洛 秦 钱 程

钱惠丽(女) 徐建融 徐惠新 曹 丁 曹 雷(女)

曹可凡(2005年12月28日增补) 梁伟平 蒋正平 魏 松

科学技术界

马新生 王 华(女) 王 育 王向朝 王国俭 王绍华

王秋玉(女,2005年12月28日增补) 火恩杰 尹京苑 卢永锦(2005年12月28日增补)

包起帆　冯永祥(2005 年 12 月 28 日离任)　华耀良　刘　清(2007 年 1 月 10 日增补)

江来珠　许中伟　阮康成　孙超才　孙敏卿(女)　　麦永懿　杨玉良　杨荣华　李关良

李守臣　李韶平　吴　捷　吴声雷(2005 年 12 月 28 日离任)　吴家睿　何序新　何建华

沈以华　沈志平　沈建华　张　峰　张启华　张金仓　张培志(2005 年 12 月 28 日增补)

陆益平　陈　竺　陈　琪(女)　　陈志兴(2005 年 12 月 28 日增补)　陈妙法

陈建华(2007 年 1 月 10 日离任)　陈益樑　邵亦波　武俊青(女)　　范　铠　范滇元

季　琦　季晓烨　金由辛　金东寒(2005 年 12 月 28 日增补)　金忠贤　金荣得　周鸣方

周哲玮　周崇道　茅关兴　胡大邦　钟元秋(女)　　俞力航　姚　基　顾国强　钱仲裘

徐迪民　徐益超　郭　翔　郭揆常　郭耀平　高小峻　高承勇　黄　珹　龚　诚　常　清

常兆华　韩生廉　蒋天纵　蒋鸿翼　辜昌基　程　东　程锡元　曾纪骝　雷啸霖

蔡宏伟(2005 年 12 月 28 日离任)　蔡家琪　裴　钢

社会科学界

王小耘　左学金　冯正权　朱树英　刘天华　汤志平(2005 年 12 月 28 日离任)　杨　钢

李　琪　李　锐(2007 年 1 月 10 日增补)　肖沪卫　吴友富(2005 年 12 月 28 日增补)

吴绍中　吴振标　邹传纪　汪寿明　沈国权　张　颖(女)　　张泓铭　张新华　陈　军

陈　江　陈建安　武克全　周育民　姜波克　费成康　顾晓鸣

晏小宝(2007 年 1 月 10 日由特别邀请人士调整至社会科学界)　徐小迅(女)

徐葵君(女)　　徐毅松(2005 年 12 月 28 日增补)　黄仁浩　黄源深　章念驰　章继浩

游　伟　臧广陵　廖长江(2005 年 12 月 28 日增补)　熊月之

戴炜栋(2005 年 12 月 28 日离任)

教育界

丁毓珠(女)　　王秀美(女)　　王建磐　王祥荣　印　杰　边陈之娟(女)

叶温金燕(女)　　朱守正　朱传琪　任忠鸣　刘京海　祁学银　孙兴旺　杨以雄　杨思远

李　进　李新洲　李瑞阳　严壮志　严诚忠　吴大器　吴文源(女)　　邹　申(女)

汪叔阳　沈　灏　张　帆(女)　　张　扬(女)　　张大同　张功镀　张民生　张怀琼

张康庭　陆　苹(女)　　陈英南　陈康民　邵光宇　邵志勇　邵嘉裕　林正国　季国强

周　箴(2007 年 1 月 10 日增补)

周秀芬(女,2005 年 12 月 28 日由无党派民主人士界调整至教育界)　周应祺　周洪琪(女)

郑华耀　姜义华　耿文秀(女)　　耿海成(2003 年 12 月 22 日增补)　袁　园(女)

顾大僖　顾爱玉(女)　　钱世超　钱君律　徐　枫(女)　　殷啸虎　常　青　韩正之

蒋伟忠　傅坚敏(女)　　谢绳武　鲍凯歌(2003 年 12 月 22 日离任)　蔡建国　谭文松

薛喜民(2007 年 1 月 10 日离任)

体育界

于　晨(2007 年 1 月 10 日由科协界调整至体育界)　叶蓓伦(女)　　李建新　邱丕相

沈建青　张臣吉　林有锦　金国祥　胡荣华　徐本力

新闻出版界

毛用雄　卢辅圣　邬鸣飞(2007 年 1 月 10 日离任)　杨展业　李名慈　李蓓蓓(女)

陈　昕　查蓓莉(女)　　钟修身　顾国良　徐海清　翁经义　郭开荣

高韵斐(2007 年 1 月 10 日由特别邀请人士调整至新闻出版界)　雷国芬(女)

缪国琴(女)

医药卫生界

马树新　王龙兴(2005年12月28日由特别邀请人士调整至医药卫生界)　王红阳(女)
石印玉　叶胜龙　冯希平　吕　元　刘　俊　孙宝贵(2007年7月31日撤销委员资格)
严世芸(2005年12月28日离任)　沈一基(女)　　张　皙(女)
张一楚(2007年1月10日离任)　张庆华　张胜年　陆宗兴　陈绍行(女)　　陈炳文
范关荣　金亦民(2007年1月10日增补)　周　梁　周剑萍(女)
郑民华(2007年1月10日增补)　查　波　赵　强　宣正荣　贾伟平(女)　　倪语星
徐玲玲(女)　　郭家钢　凌昌全　曹新妹(女)　　蔡继红(女)

对外友好界

汪均益　陆秉孙(2005年12月28日增补)　陈先进　俞新天(女)
姚全福(2005年12月28日由特别邀请人士调整至对外友好界)
景　莹(女,2005年12月28日由经济界调整至对外友好界)

社会福利与社会保障界

叶明忠　施德容　徐凤建　黄红蓝(女)　　章桂红(女)　　蔡金萍(女)

少数民族

白润生　白敬真　乐　霆　金石琦　金国新　哈木提　高向东　曹　斌

宗教界

丁常云　王良全(2005年12月28日离任)　马达钦(2005年12月28日增补)　艾祖炯
史孝进　邢文之　吉宏忠(2003年12月22日增补)　光　慧(2005年12月28日增补)
华耀增(2005年12月28日离任)　沈宝肃　沈承恩(2005年12月28日离任)
沈学彬(2005年12月28日增补)　陈志民　周肖吾(2005年12月28日离任)
定　慧(女,2003年12月22日增补)　周富根　胡建宁(2005年12月28日离任)
徐玉兰(女,2005年12月28日增补)　徐圣洁(女)
陶倍融(女,2005年12月28日增补)　照　诚

特别邀请人士

丁善华(2005年3月23日离任)　马定华　王安德(2005年12月28日离任)
王汝宽(2007年1月10日离任)　王沪鹰　王美新(女)　　王韵兰(女)
王雅萍(女)　　毛荣发　孔耀洲　艾柏英　叶龙蜚　叶维华(2007年1月10日离任)
卢志强　史习陶　兰书金　吕凤太　曲光辉　朱永康　刘桂林
刘晓明(2007年1月10日增补)　刘瑞旗(2003年12月22日增补)
刘毓海(2007年1月10日离任)　刘瀛萍(女)　　齐　奇　齐允海　关栋天　关百豪
许福明　孙大明　孙金富(2007年1月10日离任)　杜惠恺
杨　森(2007年1月10日离任)　杨代葳　李小棠　李文连(2007年1月10日增补)
李民权　李玉华(女)　　李克让　李俊民　李维屏(2003年12月22日增补)　李焯麟
李德桢　李赣驹(2005年12月28日离任)　吴　岭(女)
吴汉民(2004年1月10日起从中共界调整至特别邀请人士)
吴柏森(2007年1月10日离任)　吴柏铭(2005年3月23日增补)　吴思远
沈　思(女,2005年12月28日离任)　沈秋余(2007年1月10日离任)　沈树华　沈效良

张　敏　张　旗　张布尔(2007年1月10日增补)　张汝皋　张声华　张丽丽(女)
张志群　张金泉　张茵青(女)　　张胜军　张浩亮　张海棠　张德才　张慧珠(女)
陆建铭　陆象娟(女)　　陈文禄　陈正恭(2005年12月28日增补)
陈先国(2007年1月10日增补)　邵煜栋　林爱娟(女,2007年1月10日增补)　范陈杰
罗云芳(女)　　金天任　金长荣　金闽珠(女)　　金福安　周永年
周关东(2007年1月10日增补)　周杏英(女,2007年1月10日离任)　周明权　周德海
胡晓明　胡镇寰　郝铁川　荣如德(2005年12月28日离任)
赵　矛(2007年1月10日增补)　赵国雄　洪林珍(女)
姜耀中(2003年12月22日离任)　袁佳平　顾建中　夏斯德
夏毓灼(2007年1月10日离任)　徐圆圆(女,2007年1月10日增补)　翁蕴珍(女)
郭建华　高叔平　黄森林　黄霄鹰(女)　　曹一丁(2004年1月10日离任)
曹晓兰(女)　　龚　权　梁源凯　梁国扬(2005年12月28日离任)　葛文卿　董有福
蒋一鸿　程云华(女)　　傅克诚(女,2005年12月28日离任)
潘介生(2007年1月10日增补)

七、第十一届委员会

【主　席】　冯国勤
【副主席】　朱晓明(2011年1月18日离任)　吴志明(2012年1月15日增补)　周太彤　王新奎
　　　　　　李良园　钱景林　吴幼英(女)　　周汉民　蔡　威　高小玫(女)
　　　　　　姜　樑(2011年1月20日增补)
【秘书长】　陈海刚
【常务委员】
　　丁志坚(女)　　于　晨(2010年12月22日离任)　马泽华(2012年1月15日离任)
　　马伊里(女,2009年1月16日增补)　王　伟(2008年12月17日离任)　王龙兴　王乐齐
　　王向朝　王如路　王志雄　王绪亮　毛时安　毛佳樑(2009年1月16日增补)
　　方　方(女)　　尹京苑　左学金　史一兵　史丽雯(女,2012年1月15日离任)　史孝进
　　史美伦(女)　　白润生　乐景彭(2012年1月15日离任)　冯德康
　　邢文之(2012年2月22日离任)　吕　元　吕永杰(2008年12月17日离任)　朱邦贤
　　朱守正　朱易安(女)　　朱树英　任先正　刘幸偕　刘铁成
　　江上舟(2010年12月22日离任)　江海洋　许政瞪(2012年1月15日离任)
　　许培星(2009年1月16日增补)　阮康成　孙　雯(女)　　孙　颙
　　孙正心(2012年1月15日离任)　孙超才　杜惠恺　杨　健　杨展业　杨志刚　杨国雄
　　杨奇庆(2010年12月22日离任)　杨建荣(2009年12月23日离任)　杨燕迪　李　鸣
　　李小林(女)　　李丰华　李文辉(2010年1月30日增补)　李世耀　李名慈
　　李芬华(女,2011年1月20日增补)　李克欣　李建颖　李亮佐　李宣海　李新洲
　　李毓毅(2011年1月20日增补)　严胜雄(女,2011年1月20日增补)
　　肖堃涛(2009年1月16日增补)　吴　毅　吴中海　吴光伟　吴冲锋
　　吴金兰(女,2011年1月20日增补)　吴建中(2012年1月15日增补)　吴爱忠　何　麟

何卫国　何建华　邹传纪(2010年12月22日离任)　沃伟东　沈建华

沈泽江(2010年1月30日增补)　沈祖炜　宋　超　张　宁(女)　张立军

张示明(2012年1月15日增补)　张志群　张维华　陈代杰　陈志龙　陈宏民

林　野(2011年1月20日增补)　林尚立　林明月(女)　范　铠

季文冠(2011年1月20日增补)　金　芳(女)　金亦民(2011年1月20日增补)

周秀芬(女)　郑　龙　郑　韶　郑民华　宗福先(2010年12月22日离任)

孟燕堃(女,2010年12月22日离任)　胡　卫　胡成国　胡茂元　胡晓明　封亚培

赵　英(女,2012年1月15日离任)　赵国靖　钟元秋(女,2012年1月15日离任)

施南昌(2012年1月15日增补)　施德容(2012年1月15日离任)　祝墙珠(女)

姚　明(2012年1月15日增补)　姚祖辉　贺锡强(2010年12月22日离任)　骆　新

袁　园(女)　夏兴华(2009年12月23日离任)　钱世超　钱君律

徐　枫(女,2008年12月17日离任)　徐凤建　徐建国　徐海清(2011年1月20日增补)

徐静琳(女)　徐毅松　殷啸虎(2011年1月20日增补)　翁新楚　奚君羊　郭　翔

郭炳江　高叔平　高美琴(女)　唐　豪　黄　文(2010年1月30日增补)

黄　鸣(女)　黄　绮(女)　黄红蓝(女)　黄峰平　曹　斌　曹其东　曹振全

龚　权　常　清　梁　鸿　敬忠良　韩正之　韩慰军(2012年1月15日增补)

董浩林(2010年12月22日离任)　蒋　健(2010年1月30日增补)

程九龙(2012年1月15日增补)　道书明(2012年1月15日增补)　谢　玮　谢炳国

谢玲丽(女,2011年1月20日增补)　照　诚　褚以琳(女)

管维镛(2012年1月15日离任)　缪晓宝　潘　敏(2009年1月16日增补)

潘福仁(2011年1月20日增补)　薛沛建　魏　松

【委　员】

中国共产党上海市委员会

马云安(2010年12月22日增补)　王乐齐　王秋玉(女)　冯国勤

史丽雯(女,2012年1月15日离任)　江上舟(2010年12月22日离任)

冯小敏(2011年12月21日增补)　成作民(2008年2月20日增补,2011年12月21日离任)

乔野生(2010年12月22日离任)　朱志诚(2009年12月23日增补)

朱英磊(2011年12月21日增补)　朱晓明(2011年1月18日离任)

江宪法(2011年12月21日增补)　孙建国(2011年12月21日增补)　李良园　李宣海

吴　捷(2011年12月21日增补)　吴志明(2011年12月21日增补)

杨奇庆(2010年12月22日离任)　应新龙(2010年12月22日增补)

沈志先(2010年12月22日增补)　沈泽江(2009年12月23日增补)　张　宁(女)

张长东(2008年12月17日增补)　张止静(女)　张培基(2011年12月21日增补)

张建新(2010年12月22日增补)　卑根源　孟德恕(2008年12月17日离任)　周　荣

周　箴(2011年12月21日离任)　周太彤　周厚文(2010年12月22日增补)　周富长

姜　樑(2011年1月14日增补)　钱仲裴(2010年12月22日离任)　钱景林

夏兴华(2009年12月23日离任)　徐海峰(2010年12月22日离任)

徐宪和(2011年12月21日增补)　曹一丁　黄健之　程志强　管维镛　缪晓宝　潘福仁

中国国民党革命委员会上海市委员会

刘小兵　吕　元　任先正　沈海彬(女)　　　朱建国　李世耀　李栋樑　李惠萍(女)

陈益樑(2010年1月24日由科学技术界调整至民革上海市委)　　杨逢珉(女)

罗华荣(女)　　　周和平　周忠菲(女)　　　高小玫(女)　　　屠大维　彭颖红　臧志军

中国民主同盟上海市委员会

方　荣　王　勇　王家东　冯德康　田伟生　朱植宙　陈大康　吴冲锋　吴建荣　张伟荣

张显平　郑　韶　周秀芬(女)　　　常　青　章　鲁　游　伟　廖　瑛(女)

中国民主建国会上海市委员会

万雯娟(女)　　　王光东　王志雄　江　宪　许珊燕(女)　　　庄子群　陈　其　陈宏民

陈启刚　陈秋芳(女)　　　汪　亮　吴光伟　其　实　郑安国　周汉民　钱雨晴(女)

魏　建

中国民主促进会上海市委员会

邓　莹　孙甘露　李名慈　吴　毅　吴长福　吴范宏　吴焕淦　张　峰　张文龙　洪　涛

胡　卫　郭坤宇　黄山明　程霄玉(女)

中国农工民主党上海市委员会

丁金宏　邓　康　刘仲苓　朱邦贤　冷培恩　张广仁　张怀琼　金如颖(女)　　　　洪建国

赵　强　祝墕珠(女)　　　黄林鹏　蒋伟忠　蔡　威

中国致公党上海市委员会

马　进　凤懋伦　任忠鸣　吴幼英(女)　　　张立军　钟祥财　龚新高　董敏华

九三学社上海市委员会

华　峰　陈义汉　李忠湧　沈　洁(女)　　　吴健生　周　锋　顾亚平　桑　标

徐静琳(女)　　　曹正文　黄　鸣(女)　　　黄勇平　敬忠良　谢荣兴

台湾民主自治同盟上海市委员会

孙荣华　李碧影(女)　　　陈　宁(2010年12月22日增补)　杨　健

林真意(女,2010年12月22日离任)　姚小远　高美琴(女)　　　廖志豪

无党派人士

王艳芹(女)　　　刘琼瑜(女)　　　邢　普　陈克权　李　鸣

汪孝安(2010年1月24日由特别邀请人士调整至无党派人士界)　沈金良　沈祖炜

张　峰　郑　龙　高承勇　贾继锋　翁新楚　徐　清　景益鹏

中国共产主义青年团上海市委员会

文选才　刘玉祥　刘庆元　陆培明　杨　洁(女)　　　徐　枫(女,2008年12月17日离任)

黄豆豆　梁信军　潘　敏(2008年12月17日增补)　穆　青

上海市总工会

马　强　王　勇　王行泽　王逢祥　王晓华(2009年12月23日增补)　刘　波

吕永杰(2008年12月17日离任)　乔　皓　陈柳宏　李虹鸣(女)

李桂生(2009年12月23日离任)　肖堃涛(2008年12月17日增补)

汪金德(2011年12月21日离任)　吴金韵(2009年12月23日增补)

吴建融(2009年12月23日离任)　吴诗仲(2011年12月21日离任)　杨伟健　杨宝琴(女)

杨爱华(女)　　　张　娣(女)　　　范佳健　周　炜(女,2011年12月21日离任)

郭友龙　陶丽娟（女）　　夏玲英（女）　　黄　平（2009 年 12 月 23 日离任）
黄　绮（女）　黄效喜（2009 年 12 月 23 日增补）　黄肇达　蔡根发

上海市妇女联合会

叶温金燕（女）　　孙　静（女）　　朱　鸣（女,2011 年 12 月 21 日增补）　朱易安（女）
李中宁（女）　　李佳鸣（女）　　吴　薇（女）　　杨詠曼（女）
陈　丽（女,2009 年 12 月 23 日增补）　金　佩（女）　　林莉华（女）　　查志华（女）
姜丽萍（女）　　赵　英（女）　　萧婉仪（女）　　傅燕君（女）

上海市青年联合会

王圣民（女）　　史一兵　刘纪明　何猷龙　邱达根　张永康　张静静（女）
陈　赟（2010 年 12 月 22 日增补）　郑洪波（2009 年 12 月 23 日离任）　侯福宁　骆　新
姚祖辉　麻生明　颜奕萍（女）

上海市工商业联合会

丁建勇　王岳祥　王新奎　王德培　尹文明　刘幸偕　汤　亮　朱政平
纪德法（2009 年 12 月 23 日增补）　陈邓华　陈志龙　李维德　沈文达　苏　霖　沃伟东
杨桂生　张胜飞　张德安　单文慧（女）　　金　亮
金卫国（2011 年 6 月 27 日撤销委员资格）　金福音　林凯文　武剑华
周跃进（2009 年 8 月 26 日撤销委员资格）　周新卫　胡成国　南存飞　施有毅　桂秋白
郭　卫　钱建蓉　唐　豪　徐锦鑫　崔建华　黄关松　蒋志权　潘玉明　潘跃进　魏中浩

上海市科学技术协会

丁文江　王晓东　由文辉　左建平　江世亮　许政暟（2012 年 1 月 15 日离任）　牟伯中
孙正心（2012 年 1 月 15 日离任）　孙德炜　陈　楠（女）　　陈晓亚　何建华　陆　卫
沈小宇　张　华　张秀华（女）　　张培志　邹云增　郁　竑　郑青山　俞　涛
徐美华（女）　　景　莹（女,2011 年 12 月 21 日增补）　谢　玮

上海市台湾同胞联谊会

甘　平　卢丽安（女）　　刘　艳（女）　　张企龙　林明月（女）

上海市归国华侨联合会

王飞麟　左学金　朱自强　陈小平　李飞康　李克欣
李葳萍（女,2010 年 12 月 22 日增补,2011 年 12 月 21 日离任）
沈伟娟（女,2010 年 12 月 22 日离任）　沈　敏（女,2011 年 12 月 21 日增补）　张　癸
贺　林　袁　刚

文学艺术界

马小娟（女）　　马莉莉（女）　　马晓辉（女）　　方世忠（2010 年 12 月 22 日离任）
方亚芬（女）　　毛时安　王甫建　王丽萍（女,2011 年 12 月 21 日增补）　史　敏（女）
关栋天　江海洋　吕　京　陈妍音（女）　　迟黎明　何　麟　何赛飞（女）
李小林（女）　　李亦中　李蓉蓉（女）　　吴　冕（女）　　吴思远
杨益萍（2010 年 12 月 22 日增补）　杨燕迪　余丹红（女）　　张　军　张民权　张国恩
张建亚　张咏华（女）　　季萍萍（女）　　郑　祎（女）
宗福先（2010 年 12 月 22 日离任）　贺寿昌　洛　秦　姚　珏（女）　　赵志刚
俞晓天（2009 年 12 月 23 日增补）　姜　薇（2010 年 12 月 22 日增补）　高韵斐　钱　程

徐家华(女)　　　徐惠新　曹可凡　康爱石　程海宝　蔡金萍(女)　　　穆端正　戴小京
魏　松

科学技术界

王　华(女)　　　王　育　王文海(2010年12月22日增补)　王如路　王向朝
王承馥(女)　　　王建磐(2011年12月21日离任)　王明弹　王绍华　王振富　王辉平
尹京苑　包起帆　卢永锦　江来珠　刘炳章　戎光道(2008年2月20日离任)　阮康成
孙超才　许中伟　陈沈良　陈志兴　何序新(2008年12月17日撤销委员资格)　何祖华
李　菁　李守臣(2010年12月22日离任)　李海平(2010年12月22日离任)　麦永懿
沈以华　沈志平　沈建华　沈钦华　宋志棠　汪崇建　吴青峰　肖　毅　辛春华(女)
严鸿华　杨庆根　杨丽敏(女)　　　杨志刚　杨荣华　应名洪(2008年2月20日离任)
张广生(2008年12月17日增补)　张庆华　张启华
张阿根(2008年2月20日增补,2010年12月22日离任)　张金仓　张其林　张维华
张嘉毅(2010年12月22日增补)　范　铠　范贤彪(2010年12月22日增补)　季晓烨
金国伟　金国伟　金忠贤　林洪扬　武俊青(女)　　　周　赤
周保春(2009年12月23日增补)　周哲玮　查　波　封松林　胡茂元　姜波克　柳京京
郭　青(女)　　　郭　翔　徐洪杰　徐雪红(女)　　　奚自立
曹　耘(2010年1月24日由特别邀请人士调整至科学技术界)　曹振全　龚　诚　黄天印
黄劲草　梁文耀　脱　宁(女)　　　程　东　董美娣(女)
焦自纯(2010年4月28日撤销委员资格)　曾乐才
蔡安定(2009年12月2日由特别邀请人士调整至科学技术界)
蔡家琪(2010年12月22日离任)

社会科学界

马　驰　王国平　王祥荣　王慧敏(女)　　　安翊青(女)　　　吕红兵　孙周兴　朱树英
朱敏彦(2011年12月21日离任)　刘　建(2011年12月21日增补)
刘江江(女,2011年12月21日增补)　陈　江　李　承　李　琪　李　新
李文辉(2009年12月23日增补)　李培龙　吴军营(2010年12月22日增补)　吴建中
肖沪卫　杨建荣(2009年12月23日离任)　杨洁勉　余啸波(2010年12月22日增补)
张　颖(女)　　　张　毅　邹传纪(2010年12月22日离任)　金　芳(女)　　　金志明
武克敏　林国平(2010年12月22日增补)　周宗直(2010年12月22日离任)　郝铁川
洪纽一　胡　光　胡苏云(女)　　　施南昌　顾晓鸣(2011年12月21日离任)　夏金华
徐以骅(2011年12月21日增补)　徐海鹰(2008年12月17日增补)　徐毅松　殷啸虎
黄仁浩　黄江天　梁　鸿　程九龙　游闽键　廖长江　熊月之　潘世伟　戴建国

经济界

于建敏(女)　　　马俊贤(2011年12月21日增补)　马新生(2011年12月21日增补)
邓日燊　方怀瑾　孔令成　王　幼(女)　　　王开国　王　江(2011年12月21日增补)
王建平(2011年12月21日增补)　王新培(2011年12月21日增补)　王宗发
王信才(2010年12月22日离任)　王绪亮　王景麟　乐景彭(2012年1月15日离任)
龙启虎(2011年12月21日离任)　卢卫民　丘智健　申华淑(女)　　　史美伦(女)
过振华　江小民　刘铁成　刘涟清(2011年12月21日增补)　刘瑞旗

刘銮鸿　吕传芳(女)　　吕耀东　祁红卫　孙　立　孙敏卿(女)　　孙维敏(女)

孙鉴政　许世坛　朱建弟　刘桂平(2009 年 12 月 23 日增补)　陈　辛　陈　超(女)

陈先进　陈国余　陈茂波(2012 年 8 月 29 日离任)　陈泽武　陈宗达　陈海刚　陈海汶

陈继武(2010 年 12 月 22 日增补)　陈振鸿　李丰华　李立峰　李亮佐　李惠德

沈希明(2011 年 12 月 21 日增补)　沈祥荣　吴　强　吴志诚　吴菲菲(女)　　杨国雄

杨荣燊　肖　星(2010 年 12 月 22 日增补)　余　力　张　宇　张建华　张惠民　张曾基

张黎明(2010 年 12 月 22 日增补)　范　洁(女)　　范亚祥

欧阳英鹏(2009 年 12 月 23 日由中共界调整至经济界)　季　琦　季文冠

金　鑫(2011 年 12 月 21 日离任)　金明达　林建康　郁为泽(2010 年 6 月 29 日离任)

郑　鑫(2009 年 12 月 23 日离任)　周立群(2008 年 12 月 17 日增补)

周振华(2011 年 12 月 21 日增补)　周维正　昊　云(2009 年 12 月 23 日离任)

胡正衡(2009 年 12 月 23 日增补)　封亚培　荣智权　施德容(2012 年 1 月 15 日离任)

赵　欢(2011 年 12 月 21 日离任)　赵国靖　赵解元　钟元秋(女,2012 年 1 月 15 日离任)

姜亚新(2010 年 12 月 22 日增补)　高　平(2011 年 12 月 21 日增补)　郭　明　郭炳江

唐祖德　翁　巍　席时平　徐建国　袁天凡　袁光铭　曹其东　常　清　康定选　梁　东

屠海鸣　蒋　颖(女)　　谢　多(2009 年 12 月 23 日离任)

谢黎明(2010 年 12 月 22 日增补)　蔡文青(女)　　滕华新(2009 年 12 月 23 日离任)

薛全荣(2011 年 12 月 21 日增补)

农业界

王智勇　刘　健　许复新　陈　琪(女)　　李建颖　陆　瑜　邵玲玲(女)　　吴爱忠

严胜雄(女)　　杨志明　赵才标　唐克轩

教育界

于　申　方　方(女)　　方之江　方建安　孔美琪(女)　　王　奇　卢永毅(女)

石惠新(女)　　叶才福　叶银忠　左　伋　安　琦　刘民钢　祁学银　孙兴旺

许晓鸣(2012 年 12 月 26 日撤销委员资格)　许舒亚(2009 年 12 月 23 日增补)　朱守正

朱家文　陈　玲(女)　　陈　磊(女)　　陈建安　杜淑贤(女)　　李　进　李行伟

李新洲　沈　灏(2011 年 12 月 21 日离任)　沈恒根　苏文骏　吴　钧　吴友富　严壮志

张　帆(女)　　张　焰(女)　　张大同　张文军　张民选　张佳敏(女)

邹　申(女)　　金　力　林尚立　周光耀　宓一鸣　胡寿根　胡忠泽　耿文秀(女)

钱世超　钱君律　桑秀藩　翁铁慧(女,2010 年 12 月 22 日离任)　夏　峰

徐　皓(2011 年 12 月 21 日离任)　徐国民　袁　园(女)　　奚君羊　梁治安　章义和

曹珍富(2011 年 12 月 21 日增补)　童世骏(2011 年 12 月 21 日增补)　傅坚敏(女)

韩正之　喻碧波　蔡生力　谭文松　潘迎捷　薛明扬(2010 年 12 月 22 日增补)

体育界

于　晨(2010 年 12 月 22 日离任)　孙　雯(女)　　李　皓　李建国

李毓毅(2010 年 12 月 22 日增补)　张　蓓(女)　　周建明　徐根发

黄卫方(2010 年 12 月 22 日离任)　章建成

新闻出版界

毛用雄(2010 年 12 月 22 日离任)　孙　颙　陈　军　陈　昕　何建华　李　珺(女)

李蓓蓓(女)　　吴芝麟(2010年12月22日增补)　邱孟瑜(女)　　杨　健　杨展业
金良年　胡传海　胡劲军　祝君波　袁岳滨(2010年12月22日增补)　徐海清
焦　扬(女)　　薛沛建

医药卫生界
方唯一　王　杰　王龙兴　冯希平　齐　聪(女)　　孙建琴(女)　　许燕玲(女)
朱正纲　朱同玉　陈代杰　陈绍行(女)　　何教忠　杨金坤　张鹭鹭(女)
范关荣(2011年12月21日离任)　金天任　金亦民　茅关兴　郑民华　周　梁　郭家钢
凌昌全　倪语星　徐建光　徐玲玲(女)　　徐爱娣(女)
诸葛立荣(2010年12月22日离任)　黄峰平　程蔚蔚(女)　　韩慰军　童晓文
谢玲丽(女)

对外友好界
丁志坚(女)　　马银芳　朱永康　王国贤(2011年12月21日增补)　汪小澍　吴玉华
吴金兰(女)　　杨国强(2011年12月21日增补)　张　宏
张伊兴(女,2011年12月21日增补)　崔明华　鹿金东　道书明　褚以琳(女)　　臧广陵

社会福利与社会保障界
马伊里(女,2008年12月17日增补)　王　伟(2008年12月17日离任)
王禄宁(女,2011年12月21日增补)　艾柏英　叶明忠
刘嘉音(女,2011年12月21日增补)　李　珊(女)　　李明磊
孟燕堃(女,2010年12月22日离任)　周海洋　黄红蓝(女)

少数民族
白润生　花以友　克祖蒙(女)　　杨迈军　金国新　高向东　曹　斌　雍　丽(女)

宗教界
马达钦　艾祖炯　史孝进　光　慧　吉宏忠　刘　斌　邢文之(2012年2月22日离任)
许玉英(女)　　沈宝肃　定　慧(女)　　周富根　姚树良　徐玉兰(女)　　谢炳国
照　诚　蔡慰慰(女)

特别邀请人士
丁晓枚(2010年12月22日离任)　马泽华(2012年1月15日离任)　马景煊　王为群(女)
王加木　王讯谟(2011年12月21日离任)　王雅萍(女)　　韦　源
毛佳樑(2009年1月11日由社会科学界调整至特别邀请人士)　石宝珍(女)
田金生(2009年12月23日增补)　朱宁一(2010年12月22日增补)　关百豪　刘利荣
刘其龙(2011年12月21日离任)　刘春景　刘南山　刘晓明
刘瀛萍(女,2010年12月22日离任)　曲光辉　许虎清
许佩琴(女,2010年12月22日增补)
许培星(2009年1月11日由经济界调整至特别邀请人士)
陈先国(2011年12月21日离任)　陈建兴　杜光远(2010年12月22日离任)　杜惠恺
何卫国　李　锐(2011年12月21日离任)　李文连　李玉华(女,2010年12月22日离任)
李关德(2011年12月21日离任)　李芬华(女,2010年12月22日增补)　李俊民　李梦麟
李焯麟　李德桢　陆建铭(2011年12月21日离任)　沈文弟　沈懋兴　宋　超　吴中海
吴申耀　吴延安　严玉麟　杨绍信　张　华(女,2011年12月21日增补)

张　丽(女,2009年12月23日增补)　张　敏(女,2011年12月21日离任)

张　静(女,2011年12月21日离任)　张布尔　张示明(2010年12月22日增补)　张先汉

张兴淮(2008年2月20日增补)　张志群　张宝妮(女)　　　张海棠

张喆人(2010年12月22日增补)　张慧珠(女)　　　范陈杰(2010年12月22日离任)

房剑森(2011年12月21日离任)　季晓鹰　林　野(2010年12月22日增补)　林旭明

林泉璋　林爱娟(女,2011年12月21日离任)　周关东(2011年12月21日离任)

周瑞猛(2011年12月21日增补)　周德勋(女,2011年12月21日离任)

郑　雷(2008年12月17日增补)　贺锡强(2010年12月22日离任)

姚　明(2011年12月21日增补)　施建华(2011年12月21日增补)　胡剑波　胡晓明

要　塞(2010年12月22日增补)　赵　矛(2011年12月21日离任)　赵国雄

柴俊勇(2008年12月17日增补)　高叔平　顾正权(2008年12月17日离任)　顾建中

袁　文(2011年12月21日增补)　唐庆年　桂晓民(2011年12月21日增补)　夏斯德

徐凤建　徐金记(2011年12月21日增补)　徐佩莉(女)

徐圆圆(女,2011年12月21日离任)　曹雪涛(2011年12月21日离任)　龚　权

黄霄鹰(女,2010年12月22日离任)

黄　文(2010年1月24日由无党派人士界调整至特别邀请人士)　康大华

蒋　勇(2011年12月21日增补)

蒋　健(2010年1月24日委员界别由民革上海市委调整至特别邀请人士)　程云华(女)

董浩林(2010年12月22日离任)　缪国琴(女)　　　潘介生

潘永华(2010年12月22日增补)　潘祖明　薛洪玉(女)　　　戴群华(女)

第二节　市政协副秘书长、专门委员会(工作组、指导组)主任(组长)、副主任(副组长)名录

一、第五届委员会

【副秘书长】丁忱　江华　陈波　张兆祯　寿进文　李振麟　罗冠宗　施如璋(女)
钟望阳　贾亦斌　夏宗辉　曹舜琴(女)　李云(女,1978年8月担任)
杨延修(1979年5月担任)　徐国懋(1980年5月担任)
范征夫(1981年11月担任)

【工作委员会主任、副主任和工作组组长、副组长】
学习委员会
主　任　梁国斌(1980年1月离任)　靖任秋(1980年1月担任)
副主任　王致中　刘靖基　吴建　赵超构　李佐长
调查研究工作委员会
主　任　李干成
副主任　卢于道　吴若岩　狄景襄
文史资料工作委员会
主　任　周谷城

副主任 李培南 陈虞孙 张 祺 徐 仑 李子宽 宋日昌（1980年1月担任）
　　　　陈修良（女，1980年1月担任） 蔡东园（1982年2月担任）

编译工作委员会

主 任 巴 金

副主任 寿进文 丁 忱 李振麟 刘良模 周煦良 方学武

对台宣传工作委员会

主 任 赵祖康

副主任 韩仰山 贾亦斌（1980年5月离任） 许文思 武和轩 夏 琳
　　　　王敬春（1980年1月担任） 徐国懋（1982年2月担任）
　　　　李本文（1982年2月担任）

国际问题研究委员会

主 任 张承宗（1982年2月离任） 谈家桢（副主任，1982年2月起改任主任）

副主任 苏步青 王应睐 冯德培 刘良模 林德明 张耀辉（1978年8月担任）

信访接待工作委员会

主 任 黄赤波 杨宣武（1980年1月担任）

副主任 吴若安（女） 关子展 叶进明

市政建设研究委员会

主 任 李干成

副主任 赵祖康 杨宣武（1982年2月担任） 陈 植 叶进明 徐以枋

经济工作研究委员会

主 任 唐君远

副主任 黄逸峰 姚 耐 丁 忱 寿进文（1982年2月担任） 杨延修（1982年2月担任）

法制研究委员会

主 任 宋日昌

副主任 卢于道 曹漫之 韩学章（女） 张汇文

文艺组

组 长 钟望阳

副组长 施如璋（女） 周煦良 方 行 桑 弧 乔 奇 傅全香（女） 唐 云
　　　　吴 强 杨仁声（1982年2月担任）

高教组

组 长 李锐夫

副组长 寿进文 谢光华 蒋学模 童大坝 朱麟五 李振麟（1982年2月担任）

中小教组

组 长 杭 苇

副组长 张兆祯 赵宪初 吴佩芳（女）

科学技术组

组 长 熊大纪

副组长 陈 波 夏宗辉 袁随善 阮雪榆 殷之文

医药卫生组

组　长　王聿先

副组长　李振麟　黄铭新　荣独山　张镜人

新闻出版组

组　长　赵超构

副组长　方学武　徐铸成　草　婴

民族宗教华侨组

组　长　罗冠宗

副组长　罗君惕　马人斌　赵维梁

妇女组

组　长　曹舜琴(女)

副组长　郭秀珍(女)　　　何宇珍(女)

体育组

组　长　沈家麟

副组长　徐国懋　王永芳　林朝权　苏延宾　王菊蓉(女)

二、第六届委员会

【副秘书长】　罗冠宗　江　华(1986年4月离任)　郭焰烈　李赣驹　佘　英(1986年4月离任)

翁曙冠　王洪昌　陶敏之(女)　　陈穗九　濮之珍(女,1986年4月离任)

叶　元　叶学勇　李铁玖(1986年4月担任)　张叔英(1986年4月担任)

周骏羽(1986年4月担任)

【工作委员会主任、副主任和工作组组长、副组长】

学习委员会

主　任　刘良模　罗冠宗(副主任,1985年10起任主任)

副主任　白　彦　马飞海(1984年3月离任)　朱宁远　陈启懋　翁曙冠(1984年3月担任)

李楚材(1984年3月担任)　陈铭珊(1984年3月担任)

石　奇(1985年10月担任)

经济研究委员会

主　任　唐君远

副主任　周　岚(女,1986年5月离任)　寿进文　董家邦　陆慕云(1986年5月离任)

姜庆湘　燕　明(1986年5月离任)　丁　忱(1983年5月担任)

王洪昌(1983年5月担任)　钦本立(1985年10月担任)

沈祖械(1985年10月担任)

市政建设研究委员会

主　任　徐以枋

副主任　韩克辛(1985年10月离任)　罗白桦(1985年10月离任)　顾开极

李　云(女,1986年5月离任)　陶敏之(女,1983年5月担任,1984年3月离任)

张绍梁(1984年3月担任)　倪　振(1985年10月担任)

潘承嘉(1986 年 2 月担任,同年 9 月离任)

法制研究委员会

主　任　宋日昌(1985 年 10 月离任)　杨士法(1985 年 10 月担任)

副主任　张汇文　陈庭槐　王凌青　曹漫之(1986 年 5 月离任)　江　华
　　　　陈鹏生(1986 年 9 月担任)

对台宣传工作委员会(1985 年 10 月改名为祖国统一工作委员会)

主　任　靖任秋(因健康原因 1985 年 5—10 月由张承宗担任)　陈福根(1985 年 10 月担任)

副主任　武和轩　李赣驹　李本文(1983 年 7 月离任)　徐国懋　郭焰烈
　　　　江　华(1983 年 5 月担任)　林田烈(1983 年 5 月担任)
　　　　怀耀生(1983 年 7 月担任,1986 年 2 月离任)　唐　仁(1985 年 10 月担任)
　　　　季　挺(1986 年 2 月担任)　姚昆田(1986 年 2 月担任)　范恒盛(1986 年 2 月担任)

文史资料工作委员会

主　任　陈虞孙(1985 年 10 月离任)　吴文祺(1985 年 10 月担任)

副主任　刘人寿　徐铸成　杜淑贞(女)　　　佘　英(1986 年 12 月离任)
　　　　马飞海(1984 年 3 月担任)　吴　康(1985 年 10 月担任)
　　　　费福泉(1985 年 10 月担任)　张脉槎(1986 年 9 月担任)

咨询工作委员会

主　任　董寅初

副主任　张甦平　寿进文　李振麟　沈祖械　冯之浚　袁随善(1983 年 5 月担任)
　　　　濮之珍(女,1983 年 5 月担任)　陶敏之(女,1984 年 3 月担任)

科学技术研究委员会

主　任　杨士法

副主任　叶叔华(女)　　　张　碧(1986 年 5 月离任)　熊大纪　夏宗辉　阮雪榆　殷之文
　　　　叶学勇(1983 年 5 月担任)　沈佩华(1983 年 10 月担任,1985 年 10 月离任)
　　　　戈悦宽(1985 年 10 月担任)　冯之浚(1985 年 10 月担任)
　　　　袁随善(1985 年 10 月担任)

文化研究委员会

主　任　赵超构

副主任　杨仁声　方　行(1985 年 10 月离任)　吴　强(1985 年 10 月离任)　唐　云
　　　　叶　元　陆　灏(1983 年 5 月担任)　王西彦(1984 年 3 月担任)
　　　　闵孝思(1986 年 2 月担任)

教育卫生研究委员会

主　任　夏明芳

副主任　李锐夫　杭　苇(1985 年 10 月离任)　王希孟　翁曙冠　张兆祯
　　　　胡辛人(1985 年 10 月担任)

体育组(1987 年 9 月改为体育工作委员会)

组　长　杜　前

副组长　徐国懋　王永芳　林朝权　王菊蓉(女)

民族组(1987 年 9 月改为民族工作委员会)

组　　长　罗君惕(1984年1月逝世)　金幼云(副组长,1984年3月起任组长)

副组长　富润生(1984年3月担任)

宗教组(1987年9月改为宗教工作委员会)

组　　长　罗冠宗

副组长　施如璋(女)　　　李思德　真　禅

华侨组(1987年9月改为华侨工作委员会)

组　　长　张持平(1986年5月离任)

　　　　　杨玉环(女,1984年3月任副组长,1986年5月任组长)

副组长　陈失因　赵维梁　奕纪梁

区县政协联络组(1987年9月改为区县政协联络委员会)

组　　长　范征夫

副组长　陈穗九　王洪昌　秦秉忠　陶敏之(女,1985年10月担任)

　　　　　袁雅芬(女,1986年2月担任)

提案工作委员会(1985年4月设置)

主　　任　宋日昌(1985年10月离任)　杨　恺(1985年10月担任,1986年8月逝世)

　　　　　周　璧(1986年9月担任)

副主任　徐以枋　叶尚志　周　岚(女,1986年5月离任)　张　碧(1986年5月离任)

　　　　　陈穗九　糜欣祥(1986年9月担任)

三、第七届委员会

【副秘书长】　罗冠宗　李铁玖　郭炤烈　李赣驹　翁曙冠　王洪昌　陶敏之(女)　　　　陈穗九

　　　　　　叶　元　张叔英　周骏羽　俞云波(1989年1月担任,1991年4月离任)

　　　　　　蒋澄澜(1992年7月担任)　梁玉书(1992年7月担任)

【专门委员会主任、副主任】

学习委员会

主　　任　张耀忠(1989年11月离任)　赵定玉(1989年11月担任)

副主任　俞云波(1991年4月离任)　孙　刚　范征夫　石　奇

提案委员会

主　　任　王　兴

副主任　陈穗九　曹匡人(1990年4月离任)　宗之琥　陆玉贻　欧阳仁荣　　　　范新发

　　　　　赵志良　夏高阳(1989年11月担任)　郑拾风(1991年10月担任)

　　　　　林铮墉(1991年10月担任)　林德明(1991年10月担任)

　　　　　赵安泰(1991年10月担任)

文史资料委员会

主　　任　吴　康

副主任　马飞海　刘人寿　徐铸成　陆　诒　张脉楦　姜义华　糜欣祥

经济委员会

主　　任　吴增亮

副主任 范家增 寿进文 沈祖械 蒋以任 姜庆湘 陶敏之(女) 丁 力
　　　　张耀忠(1989 年 11 月担任) 丁日初(1990 年 3 月担任)

市政建设委员会

主 任 徐以枋

副主任 倪 振 叶伯初 张绍樑 王洪昌 王泽华(1991 年 10 月担任)

科学技术委员会

主 任 池志强

副主任 魏 瑚(女) 沈 诒 王 欣 阮雪榆 郭景坤 张叔英

文化委员会

主 任 张瑞芳(女)

副主任 叶 元 邹凡扬 冯英子 严廷昌 刘培康 姚 瑜 闵孝思
　　　　卢莹辉(女,1990 年 3 月担任)

教育委员会

主 任 夏明芳

副主任 翁曙冠 张德龙 江景波 蒋家祥 任民鉴

医卫体委员会

主 任 陈灏珠

副主任 沈家麟 王希孟 张镜人 裘沛然 周骏羽 陈尚修 梅福基

法制与民主建设委员会

主 任 梁于藩

副主任 蒋明道 张 开 周志全 江 华 诸尚一 许德馨(女) 李树棠 许德明

祖国统一联谊委员会

主 任 陈福根

副主任 季 挺(1991 年 10 月离任) 郭炤烈 李赣驹 梁玉书(1992 年 7 月离任)
　　　　杨玉环(女) 欧国藩(1991 年 10 月离任) 陈祥元(1991 年 10 月担任)
　　　　何添发(1992 年 7 月担任)

民族委员会

主 任 金幼云

副主任 哈宝信 王菊蓉(女) 田 民

宗教委员会

主 任 罗冠宗

副主任 真 禅 李思德 马人斌 沈以藩 王宏逵

区县政协联络委员会

主 任 陈福根

副主任 李铁玖 黄富荣 陈玉焘 任国章(1991 年 10 月离任)
　　　　尹逢德(1991 年 10 月担任) 刘德懋(1991 年 10 月担任)
　　　　施叔华(1991 年 10 月担任) 黄玉凤(女,1991 年 10 月担任)

浦东开发专门委员会(1992 年 7 月设立)

主 任 毛经权

副主任　叶伯初　梁玉书　李佳能　鲁家善　王新奎

四、第八届委员会

【副秘书长】　李铁玖　蒋澄澜　周骏羽　梁玉书　叶　元　欧阳仁荣　　　　王宇平（女）
　　　　　　陈昌福　梁国扬（1995 年 12 月担任）

【专门委员会主任、副主任】

学习委员会

主　任　赵定玉

副主任　石鸿熙（1996 年 3 月离任）　过传忠　陈昌福　陈佩尧　姚锡棠　蒋澄澜

提案委员会

主　任　石祝三（1996 年 3 月离任）　陈正兴（1996 年 3 月担任）

副主任　吴仲信　汪宗熙　陆玉贻　范新发（1996 年 3 月离任）　欧阳仁荣　　　罗宗英
　　　　梁玉书（1996 年 3 月离任）　葛步洲　许佩琴（女，1996 年 3 月担任）
　　　　薛　潮（1996 年 3 月担任）

文史资料委员会

主　任　施惠群（1996 年 1 月逝世）　石鸿熙（1996 年 3 月担任）

副主任　李培栋　何兆源　尚　丁　金维新　姜义华

经济委员会

主　任　张俊杰

副主任　丁　力　王洪昌　李晓航　张亚培　周芝石　唐齐千　陶敏之（女）
　　　　彭镇秋（1996 年 3 月担任）　李懋欢

城市建设委员会

主　任　张绍樑

副主任　张　龙　张仲南（女）　　　洪碧荣　顾明良　耿毓修　屠德铭

科技委员会

主　任　金柱青（1996 年 3 月离任）　汪道彰（1996 年 3 月担任）

副主任　张叔英　胡嘉福　赵施龙　黄永碇　金柱青（1996 年 3 月担任）

文化委员会

主　任　孙　刚

副主任　叶　元　王建中　史中兴　秦德超　袁国英（女，1996 年 3 月离任）
　　　　徐济尧（1996 年 3 月担任）　汤兆基（1996 年 3 月担任）

教育委员会

主　任　蒋凌械

副主任　方禹之　伍贻康　江景波　林纬华　夏秀蓉（女）　　　谭玉美（女）

医卫体委员会

主　任　黄荣魁

副主任　石印玉　祝嘉铭　袁惠章　谢蓉葆（女）

民主法制社会事务委员会

主 任 王肇远

副主任 毛瑞康 许德馨(女) 陈鹏生 林玉凤(女) 杨 森 俞云波
　　　　孙金富(1996年3月担任) 王耀羲(1996年3月担任)

台港澳侨联谊委员会

主 任 何添发(1996年3月离任) 茅志琼(女,1996年3月担任)

副主任 李赣驹 陈福根 赵云俊 郭炤烈 黄瑞霖 王宇平(女)
　　　　梁玉书(1996年3月担任) 袁 采(1996年3月担任) 张志群(1996年3月担任)

民族委员会

主 任 金幼云

副主任 方宗伟 王秉钺

宗教委员会

主 任 罗冠宗

副主任 何全刚 真 禅 陆薇读 金幼云 陶人观(1996年3月担任)

区县政协联络委员会

主 任 吴敏华(女)

副主任 马松山(1996年3月担任) 尹逢德 李仁杰 吴 岭(女) 施叔华 谢如方

五、第九届委员会

【副秘书长】 蒋澄澜(2002年8月离任) 周骏羽 梁玉书(2001年10月离任) 欧阳仁荣
　　　　　　梁国扬 过传忠 郑淑贤(女) 刘毓海(2000年10月担任)
　　　　　　龙启虎(2002年8月担任)

【专门委员会主任、副主任】(1998年3月—1999年12月)

学习委员会

主 任 朱达人

副主任 尹继佐 过传忠 刘凤瑞 张爱民 余源培 陈佩尧 陈昌福 武克全 蒋澄澜

提案委员会

主 任 陈正兴

副主任 王福庆 伍贻康 华国万 许佩琴(女) 孙祖尧 吴仲信
　　　　陈德明(1998年5月担任) 欧阳仁荣 宗福先 钱雪元 梁玉书

经济委员会

主 任 孟庆令

副主任 毛应樑 刘 勤(女) 朱颂华 汤云为 张亚培 严诚忠 范大政 袁恩桢
　　　　彭镇秋 董绍诚

专职副主任 费金林(1998年7月担任)

环境和城市建设委员会

主 任 钱云龙

副主任 李佳能 吴祥明 张泓铭 陈政千 洪克中(女) 施兰章 洪碧荣 姚 政

富允弼　薛钟甦

科学技术委员会

主　任　华裕达

副主任　孙松鹤　汪道彰　张景云　陈勇福　顾文兴　徐迪民

文化委员会

主　任　孙　刚

副主任　王鹤鸣　石晓华(女)　冯士能　孙　滨　汤兆基　李民权　余红仙(女)

汪庆正　赵丽宏　李名慈(1999年3月担任)　郭开荣(1999年3月担任)

教育委员会

主　任　郑令德(女)

副主任　于英川　叶建农　吴念农　汪叔阳　林纬华　胡启迪　谢绳武　薛喜民

人口和健康委员会

主　任　金永昌

副主任　王龙兴　石印玉　李根渊　张臣吉　周剑萍(女)　施　杞　袁惠章　黄彦正

彭　靖(女)

社会和法制委员会

主　任　薛明仁

副主任　马克烈　王龙兴　孙国华(女)　吴申耀　陈　靖　陈鹏生　金长荣　施德容

顾金生　徐佩莉(女,1999年3月担任)

民族委员会

主　任　金幼云

副主任　王秉钺　方宗伟　朱全忠　沙启庆(女)　哈木提

宗教委员会

主　任　华耀增

副主任　马人斌　马定华　妙　灵　陈莲笙　龚秋生

文史资料委员会

主　任　陶人观

副主任　张　乾　姜义华　高韵斐　郭开荣(1999年3月离任)　傅建华

徐福生(1999年3月担任)

港澳台侨委员会

主　任　茅志琼(女)

副主任　李赣驹　张志群　姚全福　袁　采　郭炤烈　章念驰　庄国清(1998年5月担任)

区县政协联络委员会

主　任　黄耀文

副主任　刘明生　吴　岭(女)　董　健　沈效良(1998年8月担任)

翁蕴珍(女,1998年8月担任)

【专门委员会主任、副主任和指导组组长、副组长】(1999年12月—2003年2月)

提案委员会

主　任　陈正兴

常务副主任　王福庆(副主任,2001年4月任常务副主任)

副主任　伍贻康　华国万　许佩琴(女)　·　孙祖尧　吴仲信　陈德明　欧阳仁荣
　　　　宗福先　钱雪元　梁玉书

专职副主任　朱希尹(2002年2月担任)

经济委员会

主　任　孟庆令

副主任　毛应梁　刘　勤(女)　　朱颂华(2001年2月离任)　汤云为　张亚培　严诚忠
　　　　范大政　袁恩桢　袁　采(2001年4月担任)　彭镇秋　董绍诚
　　　　陈震雷(2000年6月担任)　吴复民(女,2002年4月担任)

专职副主任　费金林

人口资源环境建设委员会

主　任　钱云龙

常务副主任　王　雷(2001年3月担任)

副主任　李佳能　洪碧荣　周剑萍(女)　　吴祥明　陈政千(2001年1月离任)　薛钟甦
　　　　施兰章　富允弼　张泓铭　洪克中(女)　　姚　政

专职副主任　孙钟炬(2003年1月担任)

教科文卫体委员会

主　任　郑令德(女)

常务副主任　华裕达　孙　刚　金永昌

副主任

(教育)　于英川　叶建农　吴念农　汪叔阳　林纬华　胡启迪　谢绳武　薛喜民

(科技)　孙松鹤　汪道彰　张景云　陈勇福　顾文兴　徐迪民　高叔平(2001年3月担任)

(文化)　王鹤鸣　石晓华(女)　　冯士能　孙　滨　汤兆基　李民权　李名慈
　　　　余红仙(女)　　汪庆正　郭开荣　赵丽宏

(医卫体)　王龙兴　石印玉　李根渊　张臣吉　施　杞　袁惠章　黄彦正　彭　靖(女)
　　　　　林荫亚(女,2000年6月担任)

专职副主任　王海林(2002年10月担任)

社会和法制委员会

主　任　薛明仁

副主任　马克烈　王龙兴　吴申耀　陈　靖　陈鹏生　金长荣　施德容　顾金生
　　　　徐佩莉(女)　　易庆瑶(2000年6月担任)

专职副主任　吴大鸿(2002年10月担任)

民族和宗教委员会

主　任　金幼云

常务副主任　华耀增

副主任

(民族)　王秉钺　方宗伟　朱全忠　沙启庆(女)　　哈木提

(宗教)　马人斌　马定华　妙　灵　陈莲笙　龚秋生

文史资料委员会

主　任　陶人观

常务副主任　丁法章(副主任,2001年4月起任常务副主任)

副主任　张　乾　姜义华　高韵斐　徐福生　傅建华

专职副主任　施福康(2002年2月担任)

港澳台侨委员会

主　任　茅志琼(女,2001年2月离任)　俞位恩(2001年4月担任)

常务副主任　庄国清(副主任,2001年4月起任常务副主任)

副主任　李赣驹　张志群　姚全福　袁　采(2001年4月离任)　郭炤烈　章念驰

学习指导组

组　长　朱达人

副组长　刘凤瑞　尹继佐　过传忠　张爱民　余源培　陈佩尧　陈昌福　武克全　蒋澄澜
　　　　钟修身　刘毓海

区县政协联络指导组

组　长　黄耀文

副组长　刘明生　吴　岭(女)　　沈效良　翁蕴珍(女)　　董　健

六、第十届委员会

【副秘书长】　周骏羽　梁国扬(2005年7月离任)

　　　　　　刘毓海(2007年1月离任)　龙启虎(2005年3月离任)　张亚培　项斯文　周燮鹏

　　　　　　黄　震　张　丽(女,2004年7月担任)　管维镛(2005年5月担任)

　　　　　　朱志诚(2007年5月担任)　缪晓宝(2007年9月担任)

【专门委员会主任、副主任和指导组组长、副组长】

学习委员会(2005年9月前为学习指导组)

主　任(组长)　宋仪侨

常务副主任(常务副组长)　武克全

副主任(副组长)　刘毓海(2005年9月离任)　苏忠伟　李　琪　吴绍中　余源培　张爱民
　　　　　　　　金福安　郝铁川　俞新天(女)　　顾明亮　张　旗(2007年2月担任)

提案委员会

主　任　王荣华

常务副主任　梁玉书(2006年3月离任)
　　　　　　陈文禄(副主任,2006年3月起任常务副主任)

副主任　冯德康　朱易安(女)　　刘仲苓　陆象娟(女)　　罗华荣(女)　　宗福先
　　　　徐迪民　高美琴(女)　　唐　豪　蔡建国　熊衍元　梁玉书(2006年3月担任)
　　　　施耀新(2007年2月担任)

专职副主任　朱希尹

经济委员会

主　任　陈祥麟

常务副主任 张亚培

副主任 刘幸偕 严诚忠 吴光伟 吴复民(女) 汪均益 张文蔚 张明德 陈文泉
陈步林 范大政 金大建 周杏英(女) 郑淑贤(女) 董绍诚 程锡元
道书明 董洁林(2006年3月担任) 焦自纯(2006年3月担任)
乐景彭(2007年2月担任) 吴 岭(女,2007年2月担任)
罗云芳(女,2007年2月担任) 翁蕴珍(女,2007年2月担任)
朱全忠(2007年2月担任)

专职副主任 费金林

人口资源环境建设委员会

主 任 李佳能(2006年3月离任) 周剑萍(女,常务副主任,2006年3月起任主任)

副主任 马春雷 王忠明 火恩杰 左学金(2006年3月离任) 刘桂林 杨 军 陈妙法
金忠贤 查 波 徐柏章 黄玉凤(女) 盛家荣 蔡家琪
李佳能(2006年3月担任) 葛文卿(2007年2月担任)

专职副主任 孙钟炬

教科文卫体委员会

主 任 周鹤龄

(教育)

常务副主任 薛喜民(2007年2月离任)
季国强(副主任,2007年2月起任常务副主任)

副主任 王韵兰(女) 汪叔阳 张民生 谢绳武 李瑞阳(2004年8月担任)
袁 园(女,2004年8月担任) 曹晓兰(女,2004年8月担任)
薛喜民(2007年2月担任)

(科技)

常务副主任 张其标(2006年3月离任)
孙正心(副主任,2006年3月起任常务副主任)

副主任 于 晨 吴 捷 何建华 林真意(女) 阮康成 高叔平 裴 钢
辜昌基(2004年8月担任) 王建磐(2006年3月担任)
张其标(2006年3月担任) 胡镇寰(2007年2月担任)

(文化)

常务副主任 郭开荣

副主任 李民权 李名慈 余红仙(女) 吴振标(2004年8月担任)
邵煜栋(2004年8月担任) 缪国琴(女,2004年8月担任)

(医卫)

常务副主任 刘 俊

副主任 王龙兴 石印玉 项斯文 祝墡珠(女) 马 强(2004年8月担任)
张浩亮(2004年8月担任) 张胜年(2006年6月担任) 沈一基(2006年6月担任)

(体育)

常务副主任 金国祥

副主任 张臣吉 徐本力 李 鸣(2004年8月担任)

专职副主任　王海林(2006 年 12 月离任)　唐桂鹤(2007 年 4 月担任)

社会和法制委员会

主　任　洪林珍(女)

常务副主任　张声华

副主任　王海兵　叶明忠　吴申耀(2007 年 2 月离任)　邹传纪　张金泉　张家品　金长荣
　　　　段祺华　施德容　倪正茂　徐凤建　徐佩莉(女)　　彭　靖(女)　　熊仿杰
　　　　马春雷(2006 年 3 月担任)　张　静(女,2006 年 3 月担任)
　　　　左学金(2006 年 3 月担任)　孟燕堃(女,2007 年 2 月担任)
　　　　曹伟达(2007 年 2 月担任)

专职副主任　吴大鸿(2007 年 4 月离任)　苏建萍(女,2007 年 10 月担任)

民族和宗教委员会

主　任　沈善初(2006 年 3 月离任)
　　　　马定华(常务副主任,2006 年 3 月起任主任)

副主任　马百龄(女)　　朱全忠　史孝进　白润生　华耀增(2006 年 3 月离任)　哈木提
　　　　照　诚　沈善初(2006 年 3 月担任)　邢文之(2006 年 5 月担任)
　　　　高向东(2006 年 5 月担任)　周富根(2006 年 5 月担任)
　　　　陈志民(2006 年 5 月担任)　火恩杰(2007 年 2 月担任)

专职副主任　高小兰(女,2005 年 10 月担任)

文史资料委员会

主　任　钟修身

副主任　陈燮君　姜义华　高韵斐　黄汉文

专职副主任　施福康

港澳台侨委员会

主　任　金闽珠(女)

常务副主任　俞位恩

副主任　吕淑萍(女)　　李赣驹(2006 年 3 月离任)　林明月(女)　　姚全福　顾　明
　　　　章念驰　杜惠恺(2005 年 2 月担任)　杨　森(2005 年 2 月担任)
　　　　杨建荣(2005 年 2 月担任)

专职副主任　沙　怡(女,2004 年 8 月担任)

对外友好委员会(2003 年 8 月设立)

主　任　江上舟

常务副主任　汪均益(副主任,2005 年 3 月起任常务副主任)
　　　　　　姚全福(副主任,2005 年 3 月起任常务副主任)

副主任　俞新天(女)　　吕淑萍(女)　　刘锦屏(2005 年 8 月担任)
　　　　吴金兰(女,2005 年 8 月担任)　杜玉英(女,2007 年 2 月担任)
　　　　陆秉孙(2007 年 7 月担任)

专职副主任　戴文华(副主任,2004 年 4 月起任专职副主任)

区县政协联络指导组

组　长　陈士杰

常务副组长　吕凤太

副组长　吴　岭(女,2007年2月离任)　沈效良　翁蕴珍(女,2007年2月离任)

李文连(2007年2月担任)　李俊民(2007年2月担任)

周关东(2007年2月担任)　赵　矛(2007年2月担任)

范陈杰(2007年2月担任)　吴申耀(2007年2月担任)

七、第十一届委员会

【副秘书长】　张　丽(女)　　管维镛(2011年12月离任)　朱志诚(2012年8月离任)　冯德康

李名慈　李定国　高美琴(女)　　张喆人(2008年8月担任)

徐海鹰(2011年12月担任)　张培基(2012年8月担任)

【专门委员会主任、副主任和指导组组长、副组长】

学习委员会

主　任　朱晓明(2011年2月离任)　宋　超(常务副主任,2011年10月起任主任)

副主任　王国平　李　琪　李　锐(2011年12月离任)　何卫国　钟祥财

成作民(2009年2月担任,2011年12月离任)　柴俊勇(2009年2月担任)

周关东(2011年5月担任,同年12月离任)

提案委员会

主　任　李良园

常务副主任　叶明忠　黄　鸣(女,副主任,2011年12月起任常务副主任)

副主任　毛佳樑(2009年2月离任)　凤懋伦　刘仲苓　李栋樑　李碧影(女)　　陈宏民

杲　云(2009年12月离任)　罗华荣(女)　　金如颖(女)　　郑　韶

宗福先(2011年2月离任)　徐美华(女)　　唐　豪　黄山明　董敏华

缪国琴(女)　　刘晓明(2012年4月担任)

专职副主任　朱希尹(2008年8月离任)　朱　钢(2008年8月担任)

经济委员会

主　任　乐景彭(2012年1月离任)

许培星(2009年2月起任副主任,2011年5月起任常务副主任,2012年1月起任主任)

常务副主任　史丽雯(女,2012年1月离任)　张广生(2012年1月担任)

副主任　马泽华(2012年1月离任)　王开国　刘幸偕　杨国雄　严胜雄(女)　　吴光伟

吴冲锋　张　宁(女)　张维华　欧阳英鹏　　季文冠(2011年2月离任)

金明达　胡茂元　贺锡强(2011年2月14日离任)　徐建国　唐　豪

董浩林(2011年2月离任)　焦自纯(2010年4月离任)　道书明

龙启虎(2008年9月担任,2011年12月19日离任)

金　鑫(2008年9月担任,2011年12月离任)

钱仲裘(2008年9月担任,2011年2月离任)　张广生(2009年2月担任)

王志雄(2011年5月担任)　朱宁一(2011年5月担任)

余　力(2011年5月担任)　林　野(2011年5月担任)

姜亚新(2011年5月担任)　蒋志权(2011年5月担任)

李俊民(2012年2月担任)　沈文弟(2012年2月担任)
康大华(2012年2月担任)　马新生(2012年4月担任)
刘桂平(2012年4月担任)　周振华(2012年4月担任)
方　平(2012年4月担任)　奚君羊(2012年4月担任)
薛全荣(2012年4月担任)

专职副主任　费金林(2009年3月离任)　林　峻(2010年6月担任,2011年11月离任)
　　　　　　黄　玮(2011年11月担任)

人口资源环境建设委员会

主　　任　孟燕堃(女,2011年2月离任)　谢玲丽(女,2011年2月担任)

常务副主任　徐海峰(2011年2月离任)　黄健之(2011年2月担任)
　　　　　　毛佳樑(2009年2月起任副主任,2011年5月起任常务副主任)

副主任　王　育　王信才(2011年2月离任)　左学金　严鸿华　沈建华　金忠贤　查　波
　　　　骆　新　夏兴华(2009年12月离任)　徐凤建　蔡家琪
　　　　刘南山(2011年5月担任)　徐雪红(女,2011年5月担任)
　　　　蒋志权(2012年2月担任)　许虎清(2012年2月担任)

专职副主任　孙钟炬(2012年2月离任)　高小兰(女,2012年2月担任)

教科文卫体委员会

主　　任　孙正心(2012年1月离任)　李宣海(2012年1月担任)

常务副主任　周　篪(2011年12月离任)　王　奇　陈志兴　卑根源　王龙兴
　　　　　　于　晨(2011年2月离任)　李毓毅(2011年2月担任)

副主任　马莉莉(女)　　王建磐(2011年12月离任)　毛时安　艾柏英　阮康成
　　　　李　鸣　何建华　沈祖炜　张民选　林真意(女,2011年2月离任)　范　铠
　　　　季晓烨　郑民华　胡　卫　俞　涛　祝墡珠(女)　　贺寿昌　袁　园(女)
　　　　徐　皓(2011年12月离任)　徐建光　徐海清　黄峰平　章建成　韩正之
　　　　韩慰军　薛沛建　穆端正　黄卫方(2008年9月担任,2011年2月离任)
　　　　范关荣(2009年5月担任,2011年12月离任)　曹振全(2010年3月担任)
　　　　杨益萍(2011年5月担任)　张止静(女,2011年5月担任)
　　　　张海棠(2011年5月担任)　洪纽一(2011年5月担任)
　　　　桑秀藩(2011年5月担任)　李文连(2012年4月担任)
　　　　朱自强(2012年4月担任)

专职副主任　唐桂鹤

社会和法制委员会

主　　任　缪晓宝

常务副主任　邹传纪(2011年2月离任)　潘福仁(副主任,2011年2月起任常务副主任)
　　　　　　李芬华(女,2011年5月担任)

副主任　史一兵　吕永杰(2009年2月离任)　吕红兵　杜光远(2011年2月14日离任)
　　　　周骏羽　赵英(女)　　徐枫(女,2009年2月离任)　黄　文　黄　绮(女)
　　　　程九龙　潘世伟　潘　敏(2009年2月担任)　肖堃涛(2009年2月担任)
　　　　李培龙(2011年5月担任)　吴中海(2011年5月担任)

　　　　　　　　朱　鸣(女,2012 年 1 月担任)　吴军营(2012 年 4 月担任)

专职副主任　苏建萍(女)

民族和宗教委员会

主　任　杨奇庆(2011 年 2 月离任)　季文冠(2011 年 2 月担任)

常务副主任　曹　斌

副主任　史孝进　白润生　邢文之(2012 年 2 月离任)　周富根　高向东　谢炳国　照　诚
　　　　花以友(2011 年 5 月担任)　王雅萍(女,2012 年 2 月担任)
　　　　杨迈军(2012 年 2 月担任)

专职副主任　高小兰(女,2012 年 2 月离任)　张广仁(2012 年 2 月担任)

文史资料委员会

主　任　孙　颙

副主任　朱敏彦(2011 年 12 月离任)　吴诗仲(2011 年 12 月离任)　陈　军　金良年
　　　　高韵斐　黄　平(2009 年 12 月离任)　祝君波(2009 年 5 月担任)
　　　　李道林(2010 年 3 月担任,同年 12 月离任)

专职副主任　陈汝南(2009 年 4 月担任,2012 年 2 月离任)　王建华(女,2012 年 5 月担任)

港澳台侨委员会

主　任　丁志坚(女)

常务副主任　马银芳

副主任　杜惠恺　杨建荣(2009 年 12 月离任)　李世耀　沈伟娟(女,2011 年 2 月离任)
　　　　张立军　林明月(女)　　林真意(女,2011 年 2 月离任)　崔明华
　　　　李文辉(2010 年 3 月担任)　李葳萍(女,2011 年 5 月担任,同年 12 月离任)
　　　　李碧影(女,2011 年 5 月担任)　沈　敏(女,2012 年 1 月担任)
　　　　张宝妮(女,2012 年 2 月担任)　张伊兴(女,2012 年 4 月担任)

专职副主任　沙　怡(女)

对外友好委员会

主　任　江上舟(2011 年 2 月离任)　吴金兰(女,常务副主任,2011 年 2 月起任主任)

常务副主任　李丰华(副主任,2011 年 2 月起任常务副主任)

副主任　杨洁勉　李丰华　汪小澍　陈先进　施德容(2012 年 1 月离任)　褚以琳(女)
　　　　于　申(2011 年 5 月担任)　王禄宁(女,2012 年 4 月担任)

专职副主任　戴文华(2008 年 9 月改任副主任,2009 年 8 月离任)
　　　　　　丁欢欢(2009 年 2 月担任,2011 年 11 月离任)
　　　　　　孙小双(女,2012 年 2 月担任)

区县政协联络指导组

组　长　王乐齐

副组长　李文连　李俊民　吴申耀　林泉璋　范陈杰(2011 年 2 月离任)
　　　　周关东(2011 年 5 月离任)　赵　矛(2011 年 12 月离任)
　　　　韦　源(2012 年 2 月担任)　陈建兴(2012 年 2 月担任)
　　　　张　华(女,2012 年 2 月担任)　施建华(2012 年 2 月担任)

附　录

中共上海市委关于进一步加强人民政协工作的实施意见(摘要)

(2009 年 9 月 25 日)

《中共中央关于加强人民政协工作的意见》(中发〔2006〕5 号)颁发以来,本市各级党委认真贯彻落实,人民政协事业取得新的进展。为深入贯彻《中共中央关于加强人民政协工作的意见》,全面落实胡锦涛同志在庆祝中国人民政治协商会议成立 60 周年大会上重要讲话精神,进一步加强新时期本市人民政协工作,现提出如下实施意见。

一、充分发挥人民政协在上海改革开放和社会主义现代化建设中的重要作用

中国共产党领导的多党合作和政治协商制度是我国的一项基本政治制度。人民政协是中国人民爱国统一战线的组织,是中国共产党领导的多党合作和政治协商的重要机构,是我国政治生活中发扬社会主义民主的重要形式,是我国政治体制的重要组成部分,在我国政治生活中具有不可替代的作用。政协工作要高举中国特色社会主义伟大旗帜,以邓小平理论和"三个代表"重要思想为指导,深入贯彻落实科学发展观,坚持中国共产党的领导,坚持在宪法和法律范围内开展工作,坚持社会主义初级阶段的基本路线、基本纲领、基本经验,坚持团结和民主两大主题,坚持把推动科学发展作为履行职能的第一要务,坚持把实现和维护最广大人民的根本利益作为出发点和落脚点,坚持以改革创新精神推进人民政协事业,永葆人民政协的生机和活力。

当前上海处于经济社会转型的关键时期,面临新形势、新机遇、新挑战,要保持经济持续健康发展,保持社会和谐稳定,必须凝聚社会各方面的智慧和力量,增强城市发展活力,调动广大人民群众积极性。在这一过程中,必须发挥好人民政协协调关系、汇聚力量、建言献策、服务大局的重要作用。人民政协要高举爱国主义和社会主义旗帜,继承和发扬优良传统和宝贵经验,创新工作方式方法,推进政治协商、民主监督、参政议政的制度化、规范化、程序化,推进人民政协事业不断发展。要充分发挥人民政协在发展社会主义民主中的重要作用,认真贯彻中国共产党同各民主党派长期共存、互相监督、肝胆相照、荣辱与共的方针,运用人民政协这一政治组织和民主形式,扩大公民有序政治参与,广泛吸收各党派、各团体、各民族、各阶层、各界人士参与协商议政,巩固和发展中国特色社会主义的共同政治基础,形成上海加快实现"四个率先"、加快建设"四个中心"和社会主义现代化国际大都市的广泛共识;要充分发挥人民政协在推动科学发展中的重要作用,围绕中心、服务大局,充分调动政协各参加单位和广大政协委员的积极性、主动性、创造性,为上海转变发展方式、破解发展难题、实现科学发展建睿智之言、献务实之策;要充分发挥人民政协在促进社会和谐中的重要作用,坚持把发扬民主、增进团结、协调关系、化解矛盾作为履行职能的重要着力点,努力促进政党关系、民族关系、宗教关系、阶层关系、海内外同胞关系的和谐,形成广泛大团结大联合,不断巩固和发展上海民主团结、生动活泼、安定和谐的政治局面。

二、切实把人民政协的政治协商纳入决策程序

人民政协的政治协商是中国共产党领导的多党合作的重要体现,是党和国家实行科学民主决策的重要环节,是党提高执政能力的重要途径。把政治协商纳入决策程序,就本地区的重要问题在决策之前和决策执行过程中进行协商,是政治协商的重要原则,各级党委要高度重视,统一部署和协调。要充分发挥人民政协的制度优势,探索扩大重大问题协商求同的路径和范围;要实行民主协商、平等议事、求同存异、体谅包容的原则,广开言路、集思广益,尊重多数、照顾少数,促进决策的科学化、民主化。

政治协商的主要内容是:本地区的大政方针以及政治、经济、文化和社会生活中的重要问题,包括政府工作报告,国民经济与社会发展规划,财政预决算报告,人民法院、人民检察院工作报告;城市建设总体规划和重大公共政策。各党派参加政协工作的共同性事务,政协内部的重要事务以及有关爱国统一战线的其他重要问题。及其他重大问题,要在政协充分听取意见。

政治协商的主要形式有:政协全体会议,常务委员会会议,主席会议,常务委员专题协商会,政协党组受同级党委委托召开的协商会议,根据需要召开由政协各组成单位和各界代表人士参加的内部协商会议。

三、切实完善人民政协的民主监督机制

人民政协的民主监督是我国社会主义监督体系的重要组成部分,是在坚持四项基本原则的基础上通过提出意见、批评和建议的方式进行的政治监督。各级党委和政府要把推进人民政协民主监督、完善民主监督机制作为加强社会主义民主政治建设的重要内容,认真倾听来自人民政协的批评和建议,自觉接受民主监督。

民主监督的主要内容是:宪法、法律、法规的实施情况;重大方针政策的贯彻执行情况;本地区国民经济与社会发展规划以及财政预算的执行情况;城市建设总体规划和重大专项规划的实施情况;重大工程的建设情况;涉及人民群众切身利益的重大突发性事件的解决情况;国家机关及其工作人员履行职责、遵纪守法、廉洁从政等方面的情况;参加政协的单位和个人遵守政协章程以及执行政协决议的情况;其他需要监督的重要情况。

民主监督的主要形式有:政协全体会议、常务委员会会议、主席会议向同级党委和政府提出建议案;各专门委员会提出建议或有关报告;委员视察、委员提案、委员举报、大会发言、反映社情民意或以其他形式提出批评和建议;参加有关部门组织的调查和检查活动;政协委员应邀担任司法机关和政府部门特约(特邀)监督员等。

发挥市政协民主监督作用的主要措施是:

完善情况通报制度。市委和市政府领导同志向市政协常务委员会通报本市经济社会发展中的有关情况。市纪检监察部门每年向市政协常务委员会通报一次本市党风廉政建设和反腐败工作情况。

完善工作沟通制度。建立市委和市政府有关部门与市政协专门委员会的联系制度,定期召开会议,加强沟通交流。在提案和建议案的处理过程中,市政协应与有关部门主动协调,推进工作。

完善处理答复制度。对市政协全体会议、常务委员会会议、主席会议提出的建议案,市委和市政府要认真研究、积极采纳、及时反馈。

畅通民主监督渠道。根据党委统筹安排,政协每年有选择地对若干重大问题进行专项视察;对地方性法规和重大政策执行过程中以及执行后的情况开展监督评议;安排政协委员参加有关部门组织的政风行风评议、政务公开、干部作风建设、执法检查、专项检查等活动。政协党组要及时向同级党委报告民主监督中的重要情况。

进一步完善特约(特邀)监督员制度。司法机关和政府部门要根据工作需要,聘请政协委员担任相关行业和工作特约(特邀)监督员。要进一步规范特约(特邀)监督员推荐聘任制度、学习培训制度、履职管理制度和联系制度。政协和相关单位要加强沟通,支持特约(特邀)监督员开展民主

监督。

四、切实提高人民政协的参政议政实效

人民政协的参政议政是人民政协履行职能的重要形式,也是充分反映民意、广泛集中民智、切实改进工作、提高党的执政能力的有效方式和重要途径。各级党委和政府要加强与人民政协的联系和沟通,为人民政协参政议政创造良好条件。党委和政府有关部门要密切同政协专门委员会的协作和配合,对其工作提供必要的支持和帮助。

人民政协要通过调研报告、提案、建议案或其他形式,对本市政治、经济、文化和社会生活中的重要问题以及人民群众普遍关心的热点、难点问题,向党委和政府提出意见和建议。

市政协参政议政的主要途径是:

开展调查研究。市委每年可选择若干重大问题交由市政协组织调研。市政协可根据市委和市政府重点工作,选择具有综合性、全局性、前瞻性的重大课题开展专题调研。

了解社情民意。市政协要运用包容各界、联系广泛、人才聚集的有利条件,充分利用互联网等现代信息技术,积极建设网上交流和社情民意汇集平台,了解和反映社会不同阶层、不同群体的愿望和要求。市委和市政府领导同志以及有关方面负责人要积极参加市政协举行的专题会、议政会、协商会等,广泛听取各方意见。

加强提案办理。进一步完善市委办公厅、市人大常委会办公厅、市政府办公厅、市政协办公厅联合交办政协提案的会议制度,提高提案办理质量。

五、切实抓好人民政协的自身建设

各民主党派和无党派人士是人民政协的重要组成部分。要支持各民主党派和无党派人士参与重大方针政策的讨论协商及其履行职责的各种活动;支持人民政协各专门委员会与各民主党派和无党派人士协同开展调研、视察、民主监督。要尊重和保障各民主党派在政协的各种会议上以本党派名义发表意见的权利;尊重和保障各民主党派和无党派人士开展视察、提出提案、举报、反映社情民意以及参与调查和检查活动的权利。要保证民主党派成员和无党派人士在政协委员、常务委员和政协领导成员中占有较大比例,民主党派成员和无党派人士在政协专门委员会负责人中应有适当数量;政协机关中应有一定数量的民主党派成员和无党派人士担任专职领导职务,充分发挥其作用。根据需要,可邀请非中共的政协副主席列席政协党组有关会议。

发挥人民政协界别优势和政协专门委员会作用。要适应经济社会发展的实际情况,扩大团结面,增强包容性,把有代表性、有社会影响力、有参政议政能力并热心政协事业的各界代表人士吸纳到政协组织中来。要切实发挥政协界别作为扩大社会各界有序政治参与的重要渠道作用,积极探索开展界别活动的新方法、新途径,充分调动各界别参政议政积极性。要通过政协界别渠道密切联系群众、了解社情民意,努力协调关系、释疑解惑、化解矛盾、理顺情绪,增进社会各阶层和不同利益群体的和谐。要提高专门委员会组成人员政治和业务素质,积极探索专门委员会工作新思路、新方式,切实增强工作活力和成效。

加强政协委员队伍建设。要完善委员推选制度,优化委员构成,强化委员学习培训,促进委员提高整体素质,遵守政协章程,履行委员职责,密切联系群众,积极参加政协组织的会议和活动,切实发挥在本职工作中的带头作用、政协工作中的主体作用、界别群众中的代表作用。要尊重委员首创精神,依法保护委员各项民主权利,鼓励和引导委员深入实际、走向基层、贴近群众,讲真话、讲实话,使委员的意见和建议得到充分表达。政协要实行主席会议成员和常委联系委员制度;建成委员之家,为委员履行职责做好服务工作;定期将委员履行职责情况向党委相关部门和委员所在单位通

报,激发委员履行职责的动力和活力。政协委员所在单位和相关部门要为其发挥作用提供方便和支持,保障其各项待遇不因参加政协活动而受到影响。

加强政协机关建设。要着力提高全局观念、服务意识,完善各项制度和工作程序,增强政务性服务能力和统筹协调能力,努力建设学习型、服务型、创新型、和谐型机关,为人民政协有效履行职能、顺利开展工作提供有力保障。各级党委要把政协机关干部纳入干部队伍建设的总体规划,探索建立优秀后备干部到政协机关挂职锻炼制度、政协机关干部与其他机关干部双向交流制度,进一步优化政协干部队伍的知识结构和年龄结构。要根据政协工作的实际情况,解决好政协机构设置、干部配备、人员编制、工作经费等问题。

六、加强和改善党对人民政协的领导

把政协工作纳入各级党委重要议事日程。要按照党总揽全局、协调各方的原则,进一步加强和改善党对人民政协的领导,支持人民政协依照章程独立负责、协调一致地开展工作。要把政协工作作为党委年度工作安排、检查、考核、督查的重要内容。市委和区县党委一届任期内召开一次政协工作会议,专门研究部署政协工作。市委和区县党委常委会每年两次听取政协党组的工作汇报,及时研究并统筹解决政协工作中的重大问题。党委和政府都要明确一名负责人联系政协工作。政协党组成员、党员秘书长和副秘书长、专门委员会党员主任列席同级党委全会;政协党组书记列席同级党委常委会;其他政协党组成员参加同级党委常委会有关议题的讨论;政协主席、副主席和秘书长、专门委员会主任参加同级党委中心组学习会;根据需要,政协有关副主席和专门委员会主任参加或列席同级党委有关专题会议、政府工作会议以及其他重要会议。

发挥政协组织中共产党员的先锋模范作用。政协委员中的共产党员和政协机关中的共产党员要增强政治责任感,努力提高自身修养和能力,积极贯彻党的方针政策,带头遵守政协章程,继承和发扬党的统一战线和人民政协的优良传统,广交、深交党外朋友,努力成为主动履行职责的模范、合作共事的模范、发扬民主的模范、求真务实的模范、廉洁奉公的模范。

加强人民政协的宣传和理论研究工作。政协党组和党委宣传部门要把对人民政协的宣传纳入总体工作安排,进一步完善政协新闻发布制度,发挥好新闻媒体的作用,有计划、有重点地宣传中国共产党领导的多党合作和政治协商制度,宣传人民政协的性质、地位、作用,宣传政协委员的真知灼见,以及各级政协组织履行职能的情况,形成有利于人民政协事业发展的良好社会氛围。各级党委要重视人民政协理论建设,把人民政协理论研究纳入马克思主义理论研究和建设工程、纳入哲学社会科学发展规划,作为中心组学习的重要内容,列入党校、行政学院和社会主义学院的教学计划。

各级党委要结合各自实际,切实贯彻落实本实施意见。

政协上海市委员会全体会议工作规则

(2005 年 5 月 18 日上海市政协十届十七次常委会会议审议通过)

第一章 总 则

第一条 为进一步推进中国人民政治协商会议上海市委员会全体会议(以下简称全体会议)的制度化、规范化和程序化建设,根据《中国人民政治协商会议章程》,制定本规则。

第二条 全体会议是中国人民政治协商会议上海市委员会(以下简称政协上海市委员会)围绕团结和民主两大主题,履行政治协商、民主监督、参政议政职能的最高形式。

第三条 全体会议以马克思列宁主义、毛泽东思想、邓小平理论和"三个代表"重要思想为指导,坚持社会主义初级阶段的基本路线和基本纲领,坚持中国共产党领导的多党合作和政治协商制度,在热爱中华人民共和国、拥护中国共产党的领导、拥护社会主义事业、共同致力于中华民族伟大复兴的政治基础上,贯彻"长期共存、互相监督、肝胆相照、荣辱与共"的方针,树立科学发展观,促进参加中国人民政治协商会议的各党派、无党派人士的团结合作,促进各界人士大团结大联合,促进社会主义物质文明、政治文明和精神文明的协调发展,构建社会主义和谐社会,进一步巩固和发展爱国统一战线,为中华民族的伟大复兴而奋斗。

第四条 全体会议坚持民主、求实、团结、鼓劲的方针,广开言路,求同存异,民主协商,集思广益,鼓励委员充分发表意见和建议。

第五条 政协上海市委员会的参加单位、委员名额和人选及界别设置,须在每届第一次全体会议举行一个月前,经上届政协上海市委员会主席会议审议同意后,由常务委员会协商决定。

每届委员会任期内,有必要增加或者变更参加单位、委员名额和人选时,经本届主席会议审议同意后,由常务委员会协商决定。

第六条 政协上海市委员会全体会议举行前召开预备会议,全体委员参加。政协上海市委员会每届任期五年,从该届委员会第一次全体会议预备会议开始。如遇非常情况,由常务委员会以全体组成人员的三分之二以上的多数通过,得延长任期。

第七条 全体会议每年举行一次。常务委员会认为必要时,得临时召集之。

第八条 全体会议须有三分之二以上的委员出席,始得举行。

第九条 全体会议的主要任务:

(一)执行中国人民政治协商会议章程,监督章程的实施;

(二)选举政协上海市委员会的主席、副主席、秘书长和常务委员,决定常务委员会组成人员的增加或者变更;

(三)贯彻国家的大政方针,协商讨论本市政治、经济、文化和社会生活中的重大问题,提出建议和批评;

(四)听取和审议常务委员会工作报告、提案工作情况的报告和其他报告;

(五)讨论本会重大工作方针、任务并作出决议。

第十条 全体会议由常务委员会召集并主持。每届第一次全体会议由预备会议选举产生的主席团主持。

第二章　会议的准备

第十一条　根据主席会议的提议,常务委员会为全体会议进行下列准备工作:

(一)审议通过全体会议议程草案和日程;

(二)审议常务委员会工作报告、提案工作情况的报告和其他报告,提请全体会议通过;

(三)审议常务委员会组成人员增加或者变更的建议名单;

(四)通过全体会议秘书长和副秘书长名单;

(五)审议提请全体会议审议的建议案草案;

(六)会议的其他准备事项。

第十二条　在全体会议举行一个月之前,由主席会议向常务委员会提出全体会议的议程草案和日程草案的建议。

第十三条　每届第一次全体会议预备会议由上届常务委员会授权主席会议主持,主要任务为通过第一次全体会议的议程和日程,通过本次会议主席团、主席团会议主持人、秘书长和提案审查委员会名单。

主席团会议由主席团会议主持人主持,主要任务是通过主席团常务主席名单,审议提请全体会议通过的决议,决定全体会议的其他事项。

主席团常务主席会议由主席团会议主持人主持,主要任务是审议提请主席团会议审议的各项文件。

主席团和主席团会议主持人、主席团常务主席、秘书长工作至会议选举产生本届委员会主席、副主席、秘书长、常务委员为止,提案审查委员会工作至本次会议结束为止。

第十四条　全体会议设立会议秘书处,秘书处由秘书长和副秘书长组成,办理常务委员会或主席团、主席会议或主席团常务主席会议交付的事项和处理会议日常事务。

第三章　会议的举行

第十五条　全体会议采取大会和分组会议、联组会议或专题会议等形式进行。

第十六条　全体会议开幕会的任务:

(一)通过会议的议程;

(二)听取政协上海市委员会常务委员会工作报告;

(三)听取政协上海市委员会常务委员会提案工作情况的报告;

(四)听取其他报告或说明。

第十七条　全体会议闭幕会的任务:

(一)通过会议的各项决议和报告;

(二)决定常务委员会组成人员的增加或者变更;

(三)通过政协上海市委员会的建议案;

(四)其他事项。

第十八条　全体会议听取并讨论政府工作报告及其他报告,提出意见和建议。

第十九条　全会期间安排不少于一次的全体会议进行大会发言。各党派、团体、界别、专门委员会、委员个人或联名均可提交书面发言材料,申请大会发言。大会发言人选由会议秘书处按照有关规定确定。

第二十条　全体会议各次大会的执行主席、主持人由主席会议协商决定。每届第一次全体会议的执行主席、主持人由主席团会议协商决定。

第二十一条　分组会议按界别组织。分组会议由本组委员推举的召集人主持。

分组会议的主要任务：

（一）审议常委会工作报告、提案工作报告；

（二）讨论政府工作报告、计划草案报告、预算草案报告；

（三）讨论市高级人民法院工作报告、市人民检察院工作报告；

（四）审议会议决议，提请全体会议通过；

（五）讨论下一年市政协工作要点和调研题目。

第二十二条　联组会议或专题会议可由同一界别的委员小组合并而成，也可由不同界别的委员小组合并而成。联组会议或专题会议的主持人由主席会议协商决定。每届第一次全体会议的联组会议或专题会议的主持人由主席团会议协商决定。

第二十三条　全体会议邀请中共上海市委、上海市人大常委会、上海市人民政府、驻沪部队和上海市高级人民法院、上海市检察院领导同志出席，邀请中共上海市委有关部门、上海市人民政府有关部门和有关人民团体负责同志列席。也可根据情况邀请其他人士列席。

第二十四条　全体会议可邀请有关方面人士和市民代表旁听，也可邀请各国驻沪领事馆官员旁听。

第二十五条　全体会议举办新闻发布会。设新闻发言人。

全体会议开幕会议、闭幕会议邀请中外记者采访；联组会议或专题会议、大会发言、分组会议可视情况邀请记者采访。

第二十六条　委员应按照会议日程积极参加全体会议的各次会议和各项活动，因病或其他特殊情况不能出席会议和参加活动时，须请假。

第四章　会议的提案和建议案

第二十七条　各党派、团体、界别、专门委员会和委员、委员小组或联组均可提出提案。

提案的审查工作由提案委员会或提案审查委员会负责。

第二十八条　全体会议期间，提案委员会或提案审查委员会可选择若干提案作为重点提案协商办理。

第二十九条　全体会议可就涉及经济和社会发展的重大事项、人民群众普遍关心的热点问题，向中共上海市委、上海市人大常委会、上海市人民政府提出建议案。

第三十条　全体会议期间，参加政协的党派、团体或占总数四分之一以上的委员联名，可提出建议案草案。建议案草案经主席会议审议通过后，由常务委员会决定是否提请全体会议审议。

第五章　选　举　和　表　决

第三十一条　每届第一次全体会议选举产生本届政协上海市委员会主席、副主席、秘书长和常务委员，组成常务委员会。常务委员会组成人员从本届委员中选举产生。选举工作由会议主席团领导。

第三十二条　主席、副主席、秘书长和常务委员的建议人选由主席团审议后提交各委员小组充分酝酿讨论。主席团根据委员的意见,确定正式候选人名单,提交大会选举。

第三十三条 全体会议选举采用无记名投票方式。选举时须有三分之二以上的委员出席。候选人得到的赞成票超过全体委员的半数方可当选。

第三十四条 每届第一次全体会议的选举办法,由主席团会议审议决定。其他各次全体会议的选举参照第一次全体会议的选举办法执行。

第三十五条 全体会议的决议和建议案,应经全体委员过半数通过。

第六章 附 则

第三十六条 本规则经常务委员会会议通过后实行。

第三十七条 本规则的解释权属于常务委员会。

政协上海市委员会常务委员会工作规则

(2009年6月24日上海市政协十一届十一次常委会会议修订)

第一章 总 则

第一条 为进一步推进中国人民政治协商会议上海市委员会常务委员会(以下简称常务委员会)工作的制度化、规范化和程序化建设,根据《中国人民政治协商会议章程》,制定本规则。

第二章 工 作 原 则

第二条 常务委员会由主席、副主席、秘书长和常务委员组成,主持政协上海市委员会的会务。主席主持常务委员会工作,副主席、秘书长协助主席工作。

第三条 常务委员会以中华人民共和国宪法为根本准则,以中国人民政治协商会议章程为依据,高举中国特色社会主义伟大旗帜,以邓小平理论和"三个代表"重要思想为指导,深入贯彻落实科学发展观,坚持解放思想,坚持改革开放,推动科学发展,促进社会和谐。坚持和完善中国共产党领导的多党合作和政治协商制度,贯彻"长期共存、互相监督、肝胆相照、荣辱与共"方针,围绕团结和民主两大主题,认真履行政治协商、民主监督、参政议政职能,巩固和壮大最广泛的爱国统一战线,调动一切积极因素,为构建社会主义和谐社会和促进我国政治建设、经济建设、文化建设和社会建设协调发展服务,为实现中华民族伟大复兴而奋斗。

第四条 常务委员会组成人员要认真执行中国人民政治协商会议章程和政协上海市委员会及常务委员会的规定、决议,参加常务委员会的活动,加强同各方面人士的联系,广交朋友,及时反映委员和群众的意见和要求。

第三章 工 作 职 权

第五条 常务委员会职权:

(一) 协商决定下届政协上海市委员会的参加单位、委员名额和委员人选及界别设置。协商决定本届政协上海市委员会增加或者变更的参加单位、委员名额、人选及界别设置;

(二) 召集并主持政协上海市委员会全体会议;每一次全体会议前召开全体委员参加的预备会议,选举第一次全体会议主席团,由主席团主持第一次会议;

(三) 在非常情况下决定政协上海市委员会是否延长任期。由常务委员会以全体组成人员的三分之二以上多数通过,得延长任期;

(四) 组织实现中国人民政治协商会议章程规定的任务和政协全国委员会所做的全国性决议;

(五) 执行政协上海市委员会全体会议决议;

(六) 政协上海市委员会全体会议闭会期间,审议通过提交中共上海市委、上海市人大常委会、上海市人民政府的重要建议案;

(七) 常务委员会组成人员增加或者变更时,常务委员会提出建议名单,由政协上海市委员会全体会议决定;

（八）根据秘书长提名,任免政协上海市委员会副秘书长;

（九）决定政协上海市委员会工作机构的设置和变动,并任免其领导成员;

（十）根据中国人民政治协商会议章程决定对参加政协的单位和个人的处分事项。

第四章 议事制度

第六条 常务委员会会议由主席或主席委托的副主席召集并主持。

第七条 常务委员会会议出席范围为常务委员会组成人员。列席人员为不是常务委员的政协上海市委员会副秘书长,各专门委员会(指导组)主任(组长),办公厅正副主任、研究室正副主任、专委会专职副主任及机关处以上负责人。视会议内容和需要,可邀请在沪全国政协委员,各区县政协主席,各民主党派市委、市工商联负责人和部分委员列席。

常务委员会举行会议时,视会议内容和需要,邀请有关党政部门负责人、其他有代表性的人士和市民代表参加。

第八条 常务委员会会议主要议题:

（一）审议政协上海市委员会会务和常务委员会工作中的重大事项;

（二）协商讨论本市重大方针政策及社会生活中的重大问题,听取中共上海市委、上海市人民政府以及有关部门的负责人对有关重要问题的报告或说明,提出建议和意见;

（三）选择经济社会发展中的重要问题和人民群众普遍关心的问题,以专题议政形式,提出意见建议;

（四）审议提交政协上海市委员会全体会议的文件;

（五）审议重要的建议案、视察报告和其他报告;

（六）听取专门委员会工作汇报。

第九条 常务委员会会议一般每两月召开一次,也可根据需要适时召开。

第十条 常务委员会会议的议程草案和日程由主席会议拟定,于会前半个月将会议有关事项通知常务委员会组成人员。

第十一条 常务委员会会议必须有全体组成人员的三分之二多数出席方能举行;会议要发扬社会主义民主,对议题进行充分协商讨论,全面反映委员发表的各种意见和建议;会议的议案或其他需要表决的事项,须经常务委员会全体组成人员过半数通过方能生效。

第十二条 常务委员会会议根据需要可以采取全体会议和分组会议相结合的方式。根据会议议题,按界别编组。

第十三条 在常务委员会全体会议上,根据需要可安排发言。各党派、团体、专门委员会、委员个人或联名均可提交发言材料,申请发言,由会议统筹安排。

第十四条 根据需要,可举行专题座谈会,就某项专门问题进行协商座谈,提出建议和意见。专题座谈会邀请有关常务委员和其他有关人员参加。

第十五条 常务委员会组成人员因病或其他特殊原因不能出席会议时,须请假。

第十六条 常务委员会会议闭会期间,由主席、副主席、秘书长组成的主席会议主持常务委员会日常工作。

第五章 确定事项的落实

第十七条 常务委员会确定的事项或内容,由主席会议组织落实。

第十八条　常务委员会通过的文件,提出的建议、意见和批评,须经主席或主席委托的副主席、秘书长签发,以政协上海市委员会文件或办公厅文件形式送达有关方面或部门。

第十九条　常务委员会会议、常务委员专题座谈会,一般应作新闻报道,并由办公厅编发会议简报或会议纪要。

第六章　附　　则

第二十条　本规则经常务委员会会议通过后施行,其解释权和修改权属常务委员会。

政协上海市委员会主席会议工作规则

(2008 年 1 月 31 日上海市政协十一届一次主席会议修订)

第一章 总 则

第一条 为进一步推进中国人民政治协商会议上海市委员会主席会议的制度化、规范化和程序化建设,根据中国人民政治协商会议章程及有关规定,制定本规则。

第二章 工 作 原 则

第二条 中国人民政治协商会议上海市委员会主席、副主席、秘书长组成主席会议,负责处理常务委员会的日常工作。主席主持常务委员会的工作,副主席、秘书长协助主席工作。

第三条 主席会议以中华人民共和国宪法为根本准则,以中国人民政治协商会议章程为依据,在马克思列宁主义、毛泽东思想、邓小平理论和"三个代表"重要思想指引下,贯彻落实科学发展观,高举中国特色社会主义伟大旗帜,弘扬爱国主义,坚持中国共产党领导的多党合作和政治协商制度,贯彻"长期共存、互相监督、肝胆相照、荣辱与共"的方针,围绕团结和民主两大主题,认真履行政治协商、民主监督、参政议政职能,巩固和发展最广泛的爱国统一战线,调动一切积极因素,为构建社会主义和谐社会和促进我国政治建设、经济建设、文化建设和社会建设协调发展服务,为实现中华民族的伟大复兴而奋斗。

第四条 主席会议组成人员要认真执行中国人民政治协商会议章程和政协上海市委员会、常务委员会、主席会议的规定、决议,切实履行职责,加强同各方面人士的联系,广交朋友,及时反映人民群众的意见和愿望,积极参加政协上海市委员会、常务委员会、主席会议举行的会议和活动。

第三章 工 作 任 务

第五条 主席会议的主要任务:

(一)学习中华人民共和国宪法,学习中国人民政治协商会议章程和有关规定,学习建设中国特色社会主义的基本理论、基本路线、基本纲领和基本经验,学习贯彻中央和本市重要文件和会议精神,学习统一战线和人民政协的理论和政策,学习经济、科技、法律和现代管理知识;研究部署学习工作。

(二)审议本届政协上海市委员会增加或者变更参加单位、委员名额和人选,以及副秘书长、专门委员会(指导组)主任(组长)人选,提请常务委员会协商决定。审议政协上海市委员会办公厅、研究室正副主任,专门委员会专职副主任的任免事项。审议下届政协上海市委员会的参加单位、委员名额和人选及界别设置,提请常务委员会协商决定。

(三)根据中国人民政治协商会议章程和有关规定,安排协商活动,决定协商形式和内容。

(四)对本市的重大方针政策以及社会生活中的重大问题进行讨论,提出建议、意见或建议案。

(五)审议以常务委员会或主席会议名义向中共上海市委、上海市人大常委会、上海市人民政府提出的重要建议案。

（六）召集并主持常务委员会会议,拟定会议的议程草案和日程,审议提交会议审议的文件。

（七）受常务委员会的委托,主持下一届第一次全体会议预备会议。

（八）审议政协上海市委员会及其常务委员会的工作计划、工作报告和重要活动方案,审议政协上海市委员会代表团的出访报告和委员视察报告（书面）,听取专门委员会的工作汇报和委员视察工作汇报,决定专门委员会（指导组）副主任（副组长）人选。政协委员参加专门委员会和专委会特聘成员人选向主席会议备案。

（九）执行常务委员会会议的决议;根据常务委员会的授权,履行常务委员会的部分职权。

（十）研究涉及政协上海市委员会全局性的工作,对政协上海市委员会及全体会议、常务委员会的制度化、规范化、程序化建设提出建议,指导区县政协的工作。

（十一）协调政协各参加单位之间的关系,促进团结合作。

（十二）处理常务委员会的其他日常工作。

第四章　议　事　制　度

第六条　主席会议由主席或主席委托的副主席召集并主持。

第七条　主席会议的议题由主席或副主席、秘书长提出,由主席或主席委托主持会议均副主席确定。

第八条　主席会议一般每两周举行一次,必要时可临时举行。

第九条　主席会议举行前,办公厅应将会议时间、地点、主要议题等事项和提交会议审议的重要文件,送达主席会议组成人员;临时举行的会议临时通知。

第十条　主席会议举行时,政协上海市委员会副秘书长,专门委员会（指导组）主任（组长）,机关副局级及以上干部列席,如专门委员会主任由副主席兼任的,或该专门委员会主任请假,则由常务副主任列席;根据工作需要可邀请与会议议题有关的其他人员列席;协商讨论重大问题时,可邀请有关部门负责人到会通报情况、听取意见。

第十一条　主席会议须在全体组成人员过半数出席时方能举行。

第十二条　主席会议协商讨论问题,要充分发扬民主。讨论决定问题,必须坚持少数服从多数的原则;对于少数人的不同意见,应当认真考虑。如对重要问题发生争论,双方人数接近,除在紧急情况下必须按多数意见执行外,应当暂缓作出决定,待进一步调查研究、交换意见、统一认识后再作决定。

第十三条　主席会议决定问题时,一般以分项审议方式通过,必要时也可以合并审议通过。

第十四条　对提请主席会议审议通过的文件,提请人应在主席会议审议时作出说明。

第五章　文　　　件

第十五条　主席会议审议通过的文件,需继续提请常务委员会会议审议通过的,在常务委员会会议表决通过前作出说明;主席会议审议通过即发生效力的文件,由主席或主席委托的主席会议其他成员签发,以政协上海市委员会文件或办公厅文件的形式送达有关方面或部门。

第十六条　主席会议应作会议记录并编发会议纪要。会议纪要由主席或主席委托的主席会议其他成员签发。

第六章　附　　　件

第十七条　本规则经政协上海市委员会主席会议通过后实行。

政协上海市委员会专门委员会工作条例

(2010 年 12 月 22 日上海市政协十一届二十二次常委会会议修订)

第一章 总 则

第一条 根据《中国人民政治协商会议章程》、《中国人民政治协商会议全国委员会专门委员会通则》,制定本条例。

第二条 政协上海市委员会(以下简称市政协)设立若干个专门委员会和区县政协联络指导组(以下简称专委会)。专委会是在常务委员会和主席会议领导下的工作机构。

第三条 专委会要以邓小平理论和"三个代表"重要思想为指导,深入贯彻落实科学发展观,遵循"长期共存、互相监督、肝胆相照、荣辱与共"的方针,紧紧围绕团结和民主两大主题,切实履行政治协商、民主监督、参政议政的职能。

第四条 专委会工作是政协工作的重要基础,是发挥委员主体作用的重要载体。专委会要根据《中国人民政治协商会议章程》的要求、市政协全体会议和常务委员会会议提出的各项任务,从实际出发开展工作,探索团结民主的方式方法,探索履行职能的方式方法,积极为委员履行职责创造条件,充分发挥专委会在政协工作中的基础作用和联系界别、联系委员的桥梁纽带作用。

第二章 组 织 制 度

第五条 专委会的组成,应当按照有利于联系和服务各界别、各方面人士,自愿、协商和便于组织经常性活动的原则,统筹安排。

第六条 每届专委会的设置一般应在当届政协第一次常务委员会会议上确定。届中变动,由主席会议提议,经常务委员会会议审议通过。

第七条 专委会由市政协委员为主组成。市政协委员和在沪全国政协委员一般可以根据本人意愿选择参加专委会。根据工作需要,专委会可以聘请政府部门、民主党派和人民团体的负责人以及有代表性、有参政议政能力的人士作为特聘成员。特聘成员人数一般不超过专委会中市政协委员总数的五分之一。

第八条 专委会设主任(区县政协联络指导组设组长,以下统称主任)1 人,副主任(区县政协联络指导组设副组长,以下统称副主任)若干人(含常务副主任)专委会主任、副主任原则上由市政协委员担任。专委会可设专职副主任。

第九条 专委会组成的委员人选,报主席会议备案。委员参加专委会一般不重复交叉。专委会特聘成员由专委会主任会议提出建议人选,秘书长会议讨论同意,报主席会议备案。特聘成员参加专委会一般不重复交叉。

专委会主任由主席会议审议提名,提请常务委员会会议审议通过;副主任由主席会议审议决定。专职副主任按干部管理权限任免。

第十条 参加专委会的委员需要调整时,应由本人提出申请,报主席会议备案。

第十一条 专委会根据工作需要,可以设立若干个工作小组开展工作。工作小组组长一般由专委会主任或副主任兼任。小组设置和小组成员,由专委会主任会议讨论决定。

第三章　工　作　任　务

第十二条　专委会要组织委员认真学习贯彻中国特色社会主义理论体系,学习人民政协理论和统一战线理论,准确把握推动科学发展、促进社会和谐对人民政协提出的新要求,不断优化知识结构,开拓工作思路,提高政治业务素质,增强履职能力,提升专委会工作水平。

第十三条　专委会应对本市制定重要地方性法规和重大政策以及重要问题决策,组织委员与相关部门在政协进行协商讨论,提出意见建议;对地方性法规、政府规章和重大政策执行情况以及本市重点工作开展情况,组织委员视察等,进行民主监督;对本市大政方针以及经济社会发展中的重要问题、人民群众普遍关心的热点难点问题,深入开展调查研究,提出意见建议。

第十四条　专委会要结合专题调研、视察考察,视情将有关成果,通过提案及时加以反映,并注重发挥专业优势,改进提案工作服务水平,促进提高提案工作质量。

第十五条　专委会要团结联系委员及各族各界人士,及时了解基层情况以及不同阶层、不同群体的愿望和诉求,积极反映社情民意信息。

第十六条　专委会应根据界别特点,联系、协调、服务有关界别活动,注重发挥好界别作为扩大社会各界有序政治参与的重要民主渠道、党和政府密切联系群众的重要团结渠道及决策机关广集民智的重要咨询渠道的作用。

第十七条　专委会应积极运用包容各界、联系广泛、人才聚集的有利条件,维护社会和谐、民族团结和宗教和睦,促进祖国和平统一,加强对外友好往来与合作。

第四章　工　作　制　度

第十八条　主席会议成员按照工作分工侧重联系有关专委会,副秘书长按照分工协助联系。按照市政协年度重点工作安排或受主席委托,副主席或秘书长统筹协调若干个专委会合作事宜和落实政协重点工作。

第十九条　专委会的日常工作由主任或主任委托的常务副主任主持,副主任按照分工协助主任开展工作;专职副主任协助主任和常务副主任处理该委员会日常工作。专委会主任列席主席会议。

第二十条　专委会主任会议一般每季度召开一次,专委会全体会议一般每半年召开一次,根据工作需要也可临时召开。

第二十一条　主席或主席委托的副主席、秘书长,根据工作需要召开专委会主任联席会议,研究工作,布置任务,沟通信息,交流经验。

第二十二条　专委会应根据市政协全体会议或常务委员会会议精神,以及市政协年度工作要点和重点工作安排制定年度工作计划,并提请主席会议审议。年度末应向常务委员会报告工作。

第二十三条　对市政协年度重点工作安排确定的综合性专题调研等重要任务,牵头负责的专委会要加强统筹协调,协同配合的专委会要积极参与,按照要求抓好实施,注重质量,按时完成。

第二十四条　专委会工作应发扬社会主义民主,听取委员意见,进行充分协商。充分运用信息网络,及时为委员通报信息、提供咨询,为委员知情明政、发挥履职主体作用服务。

第二十五条　专委会应主动与中共上海市委、市人大常委会和市政府的有关部门以及各民主党派市委、有关人民团体、区县政协有关部门和大专院校、科研院所建立联系制度,定期召开会议,沟通情况,交换意见,加强协作,联合开展专题调研和有关活动等。

第二十六条 提请主席会议审议的专委会年度工作计划等重要文件,须经该委员会全体会议或主任会议讨论通过。专委会其他重要事项由该委员会主任会议在民主协商的基础上讨论决定。以市政协办公厅名义发出的专委会文件,按规定的程序办理。

第五章 办 事 机 构

第二十七条 市政协机关根据精简、统一、效能的原则,设立相应的专委会办公室作为办事机构,为专委会开展履职工作、组织有关活动服务。

专委会专职副主任受主任委托分管该委员会办公室工作。

第二十八条 市政协办公厅秘书处等有关处室协助相关副秘书长为专委会开展工作发挥综合、协调、服务作用。

第六章 附 则

第二十九条 本条例从常务委员会会议审议通过之日起施行。

政协上海市委员会提案工作条例

(2011 年 12 月 21 日上海市政协十一届三十一次常委会会议修订)

第一章 总 则

第一条 为发挥政协提案(以下简称提案)在履行政治协商、民主监督和参政议政职能中的重要作用,根据《中国人民政治协商会议章程》、《中国人民政治协商会议全国委员会提案工作条例》和有关规定,结合上海市政协工作实际,制定本条例。

第二条 提案是政协委员,参加政协的党派、人民团体和其他界别,政协专门委员会(指导组)(以下统称提案者)向政协全体会议或常务委员会提出的、经提案审查委员会或提案委员会审查立案后,交承办单位办理的书面意见和建议。

提案是履行政协职能的重要方式,是坚持和完善中国共产党领导的多党合作和政治协商制度的重要载体,是发扬中国特色社会主义民主的重要形式,是协助中国共产党和国家机关实现决策民主化、科学化的重要渠道。

第三条 提案工作以马克思列宁主义、毛泽东思想、邓小平理论和"三个代表"重要思想为指导,深入贯彻落实科学发展观,坚持走中国特色社会主义政治发展道路,遵循"长期共存、互相监督、肝胆相照、荣辱与共"的方针,充分发扬民主,广开言路,调动一切积极因素,为促进上海改革开放和社会主义现代化建设,为推进祖国和平统一大业、维护世界和平与促进共同发展服务。

第四条 提案工作坚持围绕中心、服务大局,提高质量、讲求实效的方针,加强制度化、规范化、程序化和信息化建设,提高提案质量、办理质量和服务质量。

第五条 提案工作是政协的一项全局性工作,应树立共同意识,建立密切协作、合力推进的工作机制,不断增强工作实效。

第六条 政协全体会议听取和审议常务委员会关于提案工作情况的报告;审议提案审查委员会或提案委员会关于提案审查情况的报告。

第七条 每届政协第一次会议成立提案审查委员会,由主任、副主任和委员若干人组成,成员从本届政协委员中产生,由第一次会议预备会议决定。提案审查委员会负责第一次会议期间提案的审查工作,并向全体会议报告提案审查情况。

第二章 提 案 委 员 会

第八条 每届政协第一次会议闭会后,经常务委员会会议审议通过,成立提案委员会,在常务委员会和主席会议领导下,负责提案工作。提案委员会由主任、副主任和委员若干人组成。提案委员会组成人员的任命和调整,依据《政协上海市委员会专门委员会工作条例》的有关规定办理。

第九条 提案委员会的职责:

(一)起草常务委员会关于提案工作情况的报告。向全体会议报告提案审查情况。向常务委员会会议、主席会议报告工作;

(二)制定政协全体会议期间提案工作方案和提案委员会年度工作计划;

（三）组织征集提案,做好知情明政服务;

（四）对收到的提案进行审查立案,协商确定承办单位;

（五）对提案办理工作进行检查和督促,及时了解提案提出与办理双方的意见建议,服务、协助、推进承办单位认真办理提案。做好重点督办提案等组织服务工作;

（六）对提案进行综合分析,采取多种形式向中共上海市委、市人大常委会、市人民政府和其他有关部门反映其中的重要意见和建议;

（七）组织优秀提案、先进承办单位的评选与表彰;

（八）协助组织提案工作的宣传报道;

（九）加强与政协委员,民主党派、人民团体和其他界别,政协其他专门委员会(指导组)的联系与协作;

（十）加强与中共上海市委办公厅、市人大常委会办公厅、市人民政府办公厅以及各承办单位的联系;

（十一）接受全国政协提案委员会的工作指导;加强与本市各区(县)政协提案委员会的联系,互通情况,交流经验,帮助指导;

（十二）组织提案工作研究,制定和完善提案工作制度。

第十条　提案委员会全体会议一般每季度举行一次,必要时可以临时召集;提案委员会主任会议根据工作需要举行。

第十一条　以提案委员会名义形成的重要文件,须经提案委员会全体会议或主任会议讨论通过,并由提案委员会主任或主任委托的副主任审定、签发。

第十二条　提案委员会下设办公室,负责处理提案工作日常事务。

第三章　提案的提出

第十三条　提案的提出方式:

（一）市政协委员,可以个人名义或联名方式提出提案;

（二）参加市政协的党派、人民团体和其他界别,可以本党派、团体、界别名义或联名方式提出提案;

（三）市政协专门委员会(指导组),可以本专门委员会(指导组)名义或联名方式提出提案;

（四）在沪全国政协委员,可以个人名义或联名方式提出有关涉及上海工作的提案。

第十四条　提案的基本要求:

（一）提案应围绕党和国家大政方针在上海的贯彻落实,上海的经济、政治、文化、社会以及生态文明建设中的重要问题,人民群众普遍关心的问题建言献策;

（二）提案应坚持严肃性、科学性、可行性,在调查研究的基础上提出,注重质量,实事求是,做到有情况、有分析、有具体建议;一事一案,简明扼要;

（三）委员联名提出的提案,发起人作为第一提案人,签名列于首位;以党派、人民团体和政协专门委员会(指导组)名义提出的提案,须由该组织主要负责人签名并加盖公章;以界别名义提出的提案,须由该界别活动召集人签名;

（四）提案应按规定格式提出。

第十五条　提案根据内容分为意见建议类和解决具体问题类,由提案者在提交提案时选择所属类别,提案委员会在提案立案审查时予以确认或调整。

第十六条　提案可以在政协全体会议期间提出，也可以在闭会期间提出。

第十七条　提案委员会应加强闭会期间的提案征集工作。提案者可将有关调研报告或者在政协全体会议、常务委员会会议和专题协商会议上的发言按照要求转化为提案。

第四章　提案的审查和处理

第十八条　提案审查委员会或提案委员会本着尊重和维护提案者的民主权利、保证提案质量的原则，严格依照提案审查的具体要求和程序，对收到的提案进行认真审查，符合本条例规定的，予以立案。

对内容相同且符合提案标准的提案，作并案处理，原提案第一提案者均为并案后提案的第一提案者。并案处理情况应及时告知提案者。

第十九条　经审查，有下列情形之一的，不予立案：

（一）涉及党和国家秘密的；

（二）国家明令禁止的；

（三）中共党员、民主党派成员反映本组织内部问题的；

（四）指名举报的；

（五）执纪执法机关正在审查的违纪违法问题；

（六）进入民事、刑事、行政诉讼程序或行政复议、仲裁程序，尚未结案的；

（七）为本人或者亲属解决个人问题的；

（八）属于学术研讨的；

（九）宣传、推介具体作品、产品的；

（十）内容空泛，没有具体建议的；

（十一）内容不属于本市工作范围的；

（十二）其他不宜作为提案的。

不予立案的提案，在向提案者说明并征求意见后，提案委员会根据不同情况作适当处理。可通过委员采信、社情民意信息等方式转送有关部门研究处理或参考；内容不属于本市工作范围的，可通过其他渠道予以反映。提案者也可自行撤案。

第二十条　经审查立案的提案，根据提案内容和有关单位的职责分工，按照归口管理的原则，从有利于建议落实的角度出发，确定承办单位。凡涉及两个或两个以上承办单位办理的提案，应确定主办单位和会同办理单位或者合作办理单位。如提案者对提案分理有异议，提案委员会应积极做好服务协调工作。

第二十一条　政协全体会议期间，经审查立案的提案，通过市办理工作会议，集中送交有关单位办理；政协全体会议闭会期间，经审查立案的提案，经与有关部门协商后，及时送交有关单位办理。

第五章　提　案　的　办　理

第二十二条　承办提案的中共上海市委有关部门、市人大常委会办公厅、市人民政府有关部门、市政协办公厅、市高级人民法院、市人民检察院、中央在沪单位、各区（县）人民政府、有关人民团体等，根据法律、法规、政策和有关规定办理提案。

（一）提案办理工作应完善制度、严格程序、保证质量。承办单位应针对提案所提建议提出办理意见,进行书面答复。书面答复应明确、具体、有针对性,对未予采纳的要说明情况。答复应按规定的格式行文,须经本单位负责人审定,加盖公章,并根据提案办理情况,按照"解决或采纳、列入计划拟解决、留作参考"三个类别,在提案答复件首页上注明。

(二)承办单位收到提案后,应在三个月内对提案办理情况进行书面答复。确属问题复杂、办理难度较大的提案,须经提案委员会同意延长办理期限,延长期一般不超过三个月。

(三)委员提案、委员联名提案,办理复文寄送提案者;党派、人民团体、政协专门委员会(指导组)提案,办理复文寄送提案单位;界别提案,办理复文寄送界别活动召集人。中共上海市委有关部门、市高级人民法院、市人民检察院、有关人民团体承办的提案,办理复文抄送中共上海市委办公厅;市人民政府有关部门、中央在沪单位和区(县)人民政府承办的提案,办理复文抄送市人民政府办公厅。所有办理复文均抄送市政协提案委员会。

(四)涉及两个或两个以上单位会同办理的提案,主办单位应主动协商,会同办理单位应积极配合,及时将会办意见函告主办单位,由主办单位答复提案者。合作办理的提案,由各承办单位就涉及本单位职责的事项分别或联合答复提案者。

(五)在提案办理过程中,提案者应积极配合承办单位工作。在收到提案正式答复后,应在一个月内向提案委员会反馈对提案办理的意见。

(六)承办单位应主动加强与提案者的沟通,共商解决问题的方法,并征询提案者对办理复文的意见。如提案者对办理结果不满意,提案委员会应加强协调,建议承办单位重新研究,作进一步的答复。

(七)办理党派、人民团体和其他界别,政协专门委员会(指导组)提案,在书面答复前,应由承办单位领导征求该党派、人民团体和政协专门委员会(指导组)负责人或该界别活动召集人的意见。

(八)承办单位对内容相关的同类型提案可进行归并办理。提案委员会应积极提供协助服务。

(九)承办单位对承诺采纳的建议或列入计划拟解决的问题,应重视检查落实,并及时向提案者反馈。

第二十三条 承办单位应在每年12月1日前向提案委员会报送年度办理工作书面总结。

第六章 提 案 的 督 办

第二十四条 提案的督办由提案委员会组织实施,发挥政协专门委员会(指导组)提案工作联席会议的协调作用。

第二十五条 提案督办工作应分层次、多形式,搭建协商平台,形成合力,促进交流、交锋与交融。提案办理过程中,可以采取由提案委员会或其他专门委员会(指导组)、提案者、承办单位相结合的协商座谈、实地考察、专题调研、走访等方式,推动提案办理工作,保证办理质量。提案办复后,提案委员会等可组织形式多样的跟踪活动,了解进展情况,促进建议落实。

第二十六条 对围绕本市经济社会发展的重大问题、人民群众普遍关心的重要问题和对推动工作有重要作用并具有较强可行性的提案,提案委员会可以选作重点督办提案,经主席会议审议后,由主席会议成员重点督办,并以点带面,推动提案办理工作。

第二十七条 对于党派、人民团体和其他界别,政协专门委员会(指导组)提案和其他反映重要问题的提案,提案委员会有选择地报送主席或副主席阅批后,转报中共上海市委、市人民政府有关领导。

第二十八条 提案者可以通过提案委员会向承办单位了解提案办理情况,参与提案的办理和跟踪。

　　第二十九条　对于承办单位未按期办复的提案,提案委员会应及时催办。

第七章　提案工作的表彰

　　第三十条　优秀提案分设优秀提案奖、优秀提案特别奖、优秀提案荣誉奖三个奖项,由政协上海市委员会表彰。优秀提案由提案者、承办单位推荐,经提案委员会初选后报主席会议审定。优秀提案的评选表彰按照相关规定执行,由提案委员会具体实施。

　　第三十一条　对于提案办理工作成绩突出的承办单位,可评选为先进承办单位,由政协上海市委员会表彰。评选表彰工作由提案委员会具体实施,并制定相关细则。

第八章　附　　则

　　第三十二条　本条例经政协上海市委员会常务委员会会议审议通过后施行。提案委员会可结合实际情况,制定相应实施细则。

　　第三十三条　本条例由政协上海市委员会常务委员会负责解释。

政协上海市委员会反映社情
民意信息工作条例

(2010 年 12 月 22 日上海市政协十一届二十二次常委会会议修订)

第一章 总 则

第一条 为了发挥反映社情民意信息工作在人民政协履行职能中的重要作用,根据《中国人民政治协商会议章程》、《中国人民政治协商会议全国委员会反映社情民意信息工作条例》和《中国人民政治协商会议全国委员会关于加强和改进反映社情民意信息工作的意见》精神,结合本市政协工作实际,制定本条例。

第二条 反映社情民意信息,是人民政协组织政协委员、参加政协的各单位和各族各界人士,围绕党和国家大政方针,本市经济、政治、文化、社会发展等方面的重要问题和人民群众普遍关心的热点问题,以及统一战线和人民政协工作中的有关问题,通过政协组织部信息刊物向党政领导及有关部门反映情况和问题,提出意见和建议,协助党和政府汇集分析社会舆情,进行民主科学决策的一项经常性、基础性工作,是人民政协履行民主监督、参政议政职能的重要形式。

第三条 反映社情民意信息工作要以邓小平理论和"三个代表"重要思想为指导,深入贯彻落实科学发展观,围绕中心,服务大局,解放思想,实事求是,为推进经济社会持续协调发展,促进社会主义民主政治建设,构建社会主义和谐社会服务。

第四条 反映社情民意信息工作要坚持团结和民主两大主题,尊重政协委员、参加政协的各单位和各界别、政协各专门委员会(指导组)的积极性,发挥政协包容各界、联系广泛、人才聚集的特点和优势,广泛收集和反映社会不同阶层、不同界别的愿望和诉求,扩大社会各界人士有序政治参与,在协助党和政府完善社会舆情汇集和分析机制中发挥独特作用。

第二章 信息内容和工作要求

第五条 收集和反映社情民意信息的主要内容:

(一) 对国家和本市经济建设、政治建设、文化建设、社会建设,以及生态文明建设等各方面重要问题的意见建议;

(二) 社会各界别具有代表性的意见以及需要引起关注的少数特殊群体的合理诉求;

(三) 经济社会发展过程中具有倾向性、警示性的现象和问题;

(四) 对重要时事、重大突发事件的实情分析和对策建议;

(五) 统一战线和人民政协工作中的有关问题。

第六条 下列事项不作为收集和反映社情民意信息的内容:

(一) 国家明令禁止的;

(二) 已进入刑事、民事、行政诉讼或者行政复议、仲裁程序尚未结案的,以及审理结案后对刑事处罚、行政处罚有异议的具体案件;

(三) 为本人或者亲属解决个人问题的;

（四）在公共媒体上已发表的观点论文；

（五）宣传推介具体作品、产品或明显具有商业广告性质的；

（六）其他不宜作为社情民意信息的。

第七条 反映社情民意信息要突出重点、体现特色、真实准确、讲求时效。

第三章 信息收集和反映

第八条 各民主党派、有关人民团体是政协收集和反映社情民意信息的重要单位。要加强与各民主党派和有关人民团体的联络与协作，充分发挥党派团体组织及其成员在反映社情民意信息工作中的作用。市政协办公厅根据工作需要，可在各民主党派市委、市有关人民团体机关聘请反映社情民意信息联络员。

第九条 反映社情民意信息是政协委员履行职责的重要方式。政协委员要密切联系群众，特别是本界别群众，了解民情，体察民意，集中民智，广泛收集、积极表达和反映各种意见和主张。市政协建立信息特邀委员制度，聘请若干名市政协委员、在沪全国政协委员及政协之友社社员为信息特邀委员或特邀信息员。

第十条 反映社情民意信息是市政协各专门委员会（指导组）的工作任务。各专门委员会（指导组）要将履行政协职能的各项活动与反映社情民意信息紧密结合，主动策划，统筹协调，在组织会议、委员视察、专题调研、界别活动、提案等工作中，收集、整理政协委员和社会各界人士反映的重要情况和意见建议，形成社情民意信息。各专门委员会（指导组）办公室指定专人担任反映社情民意信息联络员。

第十一条 建立健全市、区（县）政协反映社情民意信息工作协作机制，促进本市各级政协反映社情民意信息工作的联系、交流与合作。市政协办公厅在各区（县）政协机关聘请反映社情民意信息联络员。

第十二条 充分运用互联网等现代信息技术，推进反映社情民意信息工作的开展。市政协机关与市政协委员、各民主党派市委、市有关人民团体、各区（县）政协建立统一的信息汇集网络系统，以保证社情民意信息传递安全、畅通、快捷。

第十三条 尊重和保障政协委员、参加政协的各民主党派、有关人民团体以及各族各界人士依照国家宪法、法律法规和政协章程反映社情民意信息的民主权利。

第四章 信息处理和反馈

第十四条 市政协办公厅主办反映社情民意信息内部刊物，根据社情民意信息内容分别报送市委、市政府、市政协领导，全国政协办公厅，市委、市政府办公厅及本市有关部门。对部分可以由有关部门直接处理的信息，转送有关部门或以其他形式报送。

第十五条 加强社情民意信息的综合分析，定期对社情民意信息进行专题梳理和综合评估，提出分析综述报告。

第十六条 建立健全反映社情民意信息的跟踪和反馈机制，促进政协社情民意信息进入党政领导机关决策的信息收集、受理和反馈程序。对部分重要的社情民意信息进行跟踪了解。定期通报和反馈社情民意信息的采用情况、处理意见和党政领导有关批示及落实情况。

第十七条 市政协办公厅制定反映社情民意信息工作激励和评比指标体系，评选和表彰反映社情民意信息工作先进单位和先进个人。

第五章　工作机构和队伍建设

第十八条　市政协机关设立反映社情民意信息工作机构,负责社情民意信息的收集分析、编辑报送、跟踪反馈,以及有关组织、协调、服务工作。

第十九条　重视反映社情民意信息工作队伍建设,要加强从事反映社情民意信息工作人员的政治和业务培训,为开展反映社情民意信息工作创造条件。政协反映社情民意信息工作机构的工作人员要努力提升自身政治素质和业务能力,不断提高工作水平和效率。

第六章　附　　则

第二十条　本条例从常务委员会会议审议通过之日起施行。

政协上海市委员会关于加强和
改进委员视察工作的意见

(2009 年 7 月 13 日上海市政协十一届三十五次主席会议审议通过)

根据《中共中央关于加强人民政协工作的意见》和全国政协关于加强和改进委员视察工作意见精神,现就市政协加强和改进委员视察工作提出以下意见。

一、进一步明确和认识委员视察的定位和作用

(1)委员视察是人民政协履行职能的一项政治活动,是政协履行民主监督职能的主要形式之一。做好委员视察工作对推进社会主义民主政治建设,具有重要意义。

(2)委员视察是人民政协在全体会议闭会期间,组织委员深入实际、深入基层、深入现场,对党和国家重大方针政策的贯彻落实,对经济社会发展中重大项目的规划建设,对人民群众普遍关注的重大问题的研究解决,进行巡视察看,咨政建言,反映社情民意,开展民主监督。在新形势下,要进一步深化认识,解放思想,创新思维,创新制度,创新工作方式,切实加强和改进委员视察工作。

二、探索和创新委员视察的工作机制

(3)提高委员视察工作实效。人民政协开展委员视察工作,要体现民主监督的特点和要求,坚持全局性、针对性、监督性、实效性,做到科学安排、精心组织、周到服务,努力做好委员视察工作。

(4)规范视察工作程序。市政协年初要结合本市工作重点,制订委员视察计划。视察计划提交市政协主席会议审定后,由市政协办公厅统筹安排并提前函告市委办公厅、市政府办公厅及有关部门。各专门委员会(指导组)根据工作分工和所联系界别负责具体实施。因工作需要增加的视察专题,由有关部门提出方案,经分管副主席审核后,按照委员视察的有关程序进行。每年年末,要向常委会会议书面报告年度委员视察工作主要情况。

(5)认真选好视察题目。要围绕中心、服务大局,选择党和政府重视、人民群众关心、政协委员关注并有条件深入研究,具有针对性和监督性的专题。视察选题要重视参加政协各党派团体和委员的建议,听取各专门委员会的意见,做好与市委、市政府相关部门的协商沟通;要与政协重要会议议题相衔接,与政协重点提案促办和专题调研相结合。每年突出重点,选择若干个专题开展委员视察。

(6)改进视察组织方式。委员视察以专题形式组织,一个专题可视情成立一个或多个视察组,视察队伍要精干。要建立有效的委员参与机制,采取委员自愿报名与统一协调相结合的办法。委员可根据视察专题向视察承办部门报名参加视察;政协有关部门按专题,根据提出相关提案或关注视察专题的委员情况,组织好委员视察。全体委员都可通过政协网站围绕视察专题反映情况、提出建议,政协有关部门要注意收集委员的意见建议。同时,要重视发挥党派、界别和区县政协作用,增强委员视察的合力。

(7)精心安排视察活动。组织委员视察要做到早谋划、早准备,提前向委员寄发视察相关材料;委员要按照视察安排,通过联系界别群众和参加政协的调研、考察等活动,认真了解情况,提前做好准备。委员视察过程包括听取情况介绍、实地察看、座谈讨论等。必要时可以进行暗访,将明察与暗访相结合,更好地体现政协履行民主监督职能的有效性。

(8)加强视察工作领导。视察组组长原则上由主席、副主席担任,另设副组长若干人。视察组组长、副组长领导视察组活动,决定视察组重大事项,负责审核视察报告等。秘书长、副秘书长根据视察工作需要参加相关专题视察。

三、深化和拓展委员视察成果

(9)提高视察报告质量。视察报告是体现视察成果的主要形式。视察报告力求反映问题准确,分析透彻,切忌片面性;提出建议符合实际,具有可操作性。视察组要及时形成视察报告,以市政协办公厅文件形式报市委、市政府及有关部门。

(10)完善沟通、反馈和跟踪机制。视察组要在委员充分讨论、达成共识的基础上,加强与相关部门和单位的联系沟通,及时交换意见,反映委员发现的问题和提出的意见建议;被视察单位要及时向政协办公厅反馈采纳委员意见建议和整改落实情况。市政协可适时组织委员对被视察单位进行回访,推动意见建议的落实。要及时向参加视察的委员通报视察报告及落实情况。

(11)重视视察成果转化。要把委员视察与提案、专题调研、反映社情民意等工作紧密结合起来。认真梳理委员在视察中提出的意见建议,通过政协各种履职形式,及时做好委员视察成果的转化工作,进一步增强委员视察工作实效。

(12)加强视察工作宣传。把委员视察体现的民主监督与舆论监督结合起来,可视情邀请新闻媒体记者随行采访报道,扩大委员视察的社会影响。要宣传委员视察的作用和委员参与视察的积极性,还要宣传被视察单位主动接受监督,积极整改落实的情况,形成积极的社会导向,协助市委、市政府共同做好工作。要加强视察宣传报道的组织工作,进一步健全委员视察工作新闻发布会制度。

四、强化和发挥政协委员的主体作用

(13)政协委员是视察工作的主体。政协委员要从人民群众根本利益出发,从党和国家工作大局出发,以高度的责任感积极参加视察工作,遵守视察纪律和有关规定,切实履行委员职责。

(14)做好委员视察服务。组织委员学习理论、把握政策、探索规律,不断提高履行视察工作职责的能力和水平。要加强政协机关工作人员的业务培训,努力提高组织协调和服务能力,为委员视察提供更多、更好的服务保障。

(15)注重委员视察工作的理论研究。委员视察作为人民政协工作实践的重要组成部分,要继续探索委员视察工作的内在规律,不断深化认识委员视察工作的定位、作用、内容和方式,开展理论研究,为更好地开展委员视察工作提供有力的理论指导。要根据人民政协面临的新形势、新任务,及时总结视察工作的实践经验,不断推进视察工作制度化、规范化、程序化建设,为委员视察工作提供制度保证。

市政协关于进一步发挥界别作用的意见

（2011 年 11 月 21 日上海市政协十一届九十一次主席会议修订）

为深入贯彻落实《中国人民政治协商会议章程》、《中共中央关于加强人民政协工作的意见》等中央和市委有关文件精神,进一步加强政协自身建设,在履行职能中更好地体现界别特色、突出界别优势、发挥界别作用,现提出以下意见。

一、充分认识发挥界别作用的重要意义

（1）由界别组成是人民政协组织的显著特色。人民政协的界别是保障、扩大社会各界有序政治参与的重要民主渠道,是党和政府密切联系群众的重要团结渠道,是决策机关广集民智的重要咨询渠道。

（2）充分发挥界别作用,着力体现好界别组织的结构优势,有利于人民政协团结、包容社会各界人士,汇集各方面聪明才智,积极有序参与国是,促进党和政府决策的科学化、民主化;有利于界别委员密切联系群众,了解和反映社会不同阶层和不同群体的愿望和诉求,协助党和政府协调关系、化解矛盾、理顺情绪,增进社会各阶层和不同利益群体的和谐;有利于加强政协协调关系、化解矛盾、理顺情绪,增进社会各阶层和不同利益群体的和谐;有利于加强政协自身建设,提高委员界别意识,构建委员发挥主体作用的平台,提升政协工作科学化水平。

二、注重发挥界别在推进市政协工作中的重要作用

（3）充分发挥界别作用,是人民政协履行职能,实现团结民主主题的重要形式,是发挥委员在本职工作中带头作用、政协工作中的主体作用、界别群众中的代表作用的重要途径。在推进市政协各项工作中,要切实发挥界别的重要作用。

（4）把界别提案、反映社情民意信息作为发挥界别整体优势的重要手段,注意从界别提案中遴选列入促办的重点提案。

（5）把开展界别协商、议政、调研和视察作为发挥界别专业优势的重要平台,支持界别从自身特点和优势出发,选择围绕党和政府的中心工作和人民群众关心的热点难点问题,开展形式多样的履职活动。

（6）把组织界别委员深入基层、联系群众、反映意见诉求,不断拓展和畅通联系基层和群众的有效渠道作为新时期人民政协做好群众工作的重要基础,重视听取界别委员提出的意见建议,努力成为党和政府舆情汇集和分析机制的重要方面。

（7）积极探索界别活动的方式方法,把加强发挥界别作用的经验总结和理论研究作为人民政协理论建设的重要内容。

三、建立健全界别活动的组织保障

（8）市政协界别活动在主席会议领导下进行,由各界别活动召集人组织实施。

（9）每个界别 1 名界别活动召集人,根据工作需要,可设 1—2 名界别活动副召集人,协助界别活动召集人开展工作。各民主党派和人民团体界别活动召集人人选,由各民主党派和人民团体提名,其他界别活动召集人人选经协商提名。界别活动副召集人人选由界别活动召集人提名。界别活动召集人、副召集人建议人选,经主席会议审议确定。界别活动召集人一般应在市政协专门委员会担任主任或副主任职务,并在全体会议期间担任分组会议召集人。

(10)界别活动召集人负责本界别活动计划的拟定及组织实施。根据需要,组织开展界别活动,团结和带动本届别委员积极履行政治协商、民主监督、参政议政职能,切实做好联系群众、团结群众服务群众的工作,反映本届别群众的意见和诉求,促进社会稳定和谐。

(11)各民主党派界别活动主要依托各民主党派开展。市政协专门委员会工作范围可涵盖的界别,界别活动主要依托专门委员会开展。特别邀请人士界别原则上不单独组织界别活动,委员可根据自己的工作领域,选择参加相应的界别活动。

(12)鉴于港澳地区委员地域特殊性等因素,在全会闭会期间,参照界别形式,由召集人和副召集人负责独立开展活动。

四、努力探索界别活动的方式方法

(13)市政协主席或分管副主席每年主持召开一次界别活动召集人联席会议,研究工作、沟通信息、交流经验、部署任务,推动界别工作不断发展。各界别每年应召开全体会议,组织开展经常性的界别活动。

(14)各界别应积极探索有效发挥界别作用的方法和途径,通过界别提案、大会发言、视察、调研、反映社情民意信息。以及联谊等形式发挥界别作用。根据会议内容,邀请相关界别的委员参加议政会、座谈会、列席主席会议、常委会会议,开展界别专题协商等。

(15)逐步建立界别工作激励机制,探索开展委员向界别述职活动,提升委员界别意识,增强委员履职的责任感和使命感。

(16)各界别应加强与党委、政府相关部门和社会组织的联系,积极争取工作支持,联合开展界别活动。加强与区县政协相应界别的沟通联系,拓宽联系界别群众的渠道。

五、有序组织界别活动的实施

(17)市政协分管副秘书长协助分管副主席具体负责市政协界别活动的统筹协调工作,市政协机关有关职能部门做好具体联络和服务界别活动等工作。

(18)各专门委员会要把支持和协助界别组织开展活动作为专委会工作的一项重要内容,列入工作计划,做好联系、服务和协调工作,切实把发挥界别作用作为专委会体现专业性、扩大联系面、增强凝聚力的重要反面。专门委员会专职副主任协助界别活动召集人开展界别活动,办公室负责做好具体服务工作。

(19)各民主党派界别活动由各民主党派自行组织安排,市政协机关有关职能部门做好联络和服务工作。中共和无党派人士界别活动,由市政协机关有关职能部门协助界别活动召集人,做好组织协调和具体服务工作。

(20)要加强界别活动的宣传报道,充分利用各类媒体,特别是市政协报刊和网站,宣传各界别委员履行职能、联系群众、服务社会的事迹,提高界别的社会影响力。

(21)要积极为界别活动创造条件,努力提供经费等方面的支持和保障。

六、其他

(22)本意见经主席会议审议通过后实施。

索　引

说明：

1. 本索引按主题索引、人名索引和图表索引分类制作。正文中完整的信息单元均可检索。序、凡例、编纂说明和附录中的内容未作索引。

2. 主题索引按主题词汉语拼音字母顺序排列，人名索引按人名首字汉语拼音字母顺序排列。图表索引采用主题索引方法。

3. 索引标目后的阿拉伯数字表示该标目所在页码。同一标目在书中多次出现的，在标目后用不同的页码标引出处。

4. 索引中单位或机构名称采用规范简称。

5. 每条索引除篇目外，均为单一主题。篇名不制作索引词。

一、主题索引

2008 年奥运会　　172,389

WTO 与上海　　36,158,461,628

A

安居工程建设　　420,421

澳门青年来沪实习培训　　572

B

"八五"计划　　22,140,199,205,224,236

办公厅　　8,33,41,46,66,77—84,132,134,138,139,141,145,149,154,158,166,167,170,174—176,183,185,190,191,202,203,214,218,222,259,277—279,281—293,300—302,331,339,341,352,487,488,490—493,498,499,502,503,509,512,514—517,530,538,543,548,584,586—588,610—613,622,625,642,645,647,707,711,712

宝山区政协　　56,101,102,499,522,535

宝山县政协　　124

保护规范沪语　　511,512

保护消费者权益情况　　303

保障性租赁住房　　173,391

北京奥运会上海赛区　　176,207,302

编辑出版物　　531—536

编制　　9,22,27,36,39,44,46,47,53,57,58,60,66,77,78,83—85,146,155,158,172,178,186—188,205,206,218,223,225,228—230,234,237,255,257,300,323,326,334,360—362,374,376,381,382,385,391,399,401,402,416,419,436,443,445,453,457,480,506,511,545,577,590,636,637,668

博物馆业发展　　430

C

产业结构优化　　187,189,372,406,424,425,571

产业梯度发展　　172,388

长江三角洲地区经济联动发展　　10,51,362,444,445,472

长江三角洲经济共同发展　　41,163,168,363,470

长江三角洲区域经济互动发展　　39,156,157,160,363,470

长江水环境保护　　38,184,186,470

长宁区政协　　89,90,299,521,534,635

长三角一体化发展　　61,232

常委恳谈会　　43,56,57,612

常务委员会工作规则　　164,170,176,177,643

诚信体系建设　169,185,207,301,365,400,409

承办第二届国际协会"夏季学校"　576

承办政协工作交流会议　585

城市发展总体规划　26,223

城市公共安全　10,52,53,170,182,189,339－341,374,382,399,406

城市建设规划　15,143,226,227

城市建筑整治　185,401

城市软环境建设　41,163,168,365,464

城市综合竞争力　38,153,155,159,161,257,434,454,462,463,549

城乡一体化　57,171,239,299－301,313,386,496,504,635

城镇低保制度　368

崇明岛发展定位　39,157,160,362

崇明县政协　108－110,523

出版物首发式　537

川沙县政协　122,123

创新型国家　47,476,480

创新型人才培养　390

创意产业园区　439

创意城市　183,394,395

促进高新技术成果转化　34,243

促进科技成果转化　168,378,379,449,450,471,675－678

促进科技、教育、经济互动　163,168,364,464

促进小企业发展　7,34,460,461

促进行业协会发展　244

促进宗教与社会主义社会相适应　554,559,562

D

大会发言　6,10,131,132,134,135,137－139,143,144,152,153,160－162,174－176,199,594,609,648,668

党风廉政和政务公开　348

邓小平理论　157,195,196,598,625,631,649,651,663,670,679

低碳技术　399,404,577

低碳经济　187,399,404,497

第八届市政协常委会会议建议案　353

第八届市政协工作研究和总结　638

第八届市政协会议　143

第八届市政协委员视察　281

第八届市政协主席会议建议案　376

第八届市政协专题调研　418

第八届委员会　71,72,88,90,91,93,95,96,98,100,109,111,113－119,122,123,141,142,704,706,709,710,730,760

第九届市政协常委会会议建议案　356

第九届市政协工作研究和总结　639

第九届市政协会议　152

第九届市政协委员视察　285

第九届市政协主席会议(成员)赴基层调研　305

第九届市政协主席会议建议案　378

第九届市政协专题调研　424

第九届委员会　72,73,88,90－93,95,97,98,100,109,111,114－117,119,706,710,735,761

第六届市政协会议　131

第六届市政协委员视察　274

第六届市政协专题调研　413

第六届委员会　68,87,89,91,93,94,96,98,100,102,109,111,113－118,120－124,126,130－132,689,692－695,703,707,721,756

第七届市政协会议　137

第七届市政协委员视察　277

第七届市政协专题调研　415

第七届委员会　4,70,88,89,91,93－96,98,100,109,111,113,115－118,120－124,137,138,689,700,708,726,758

第三产业发展　274

第三代同步辐射光源　283,494,501,509,510

第十届市政协常委会会议建议案　363

第十届市政协工作研究和总结　639

第十届市政协会议　161

第十届市政协委员视察　290

第十届市政协主席会议(成员)赴基层调研　312

第十届市政协主席会议建议案　378

第十届市政协专题调研　434,449

第十届委员会　74,88,90,92,93,95,97,99,101,110,111,116,118,119,165,706,712,713,741,764

第十一届市政协常委会会议建议案　374

第十一届市政协工作研究和总结　640

第十一届市政协会议　174

第十一届市政协委员视察　299

第十一届市政协主席会议(成员)赴基层视察调

研　324

第十一届市政协主席会议建议案　394

第十一届市政协专题调研　451,457

第十一届委员会　64,75,88,90,92,94,95,97,101,
110—112,167,707,713—715,747,767

第五届市政协会议　127

第五届市政协委员视察　273

第五届市政协专题调研　412

第五届委员会　67,87,89,91,92,94,96,98,100,
102,103,109,110,113—115,117,118,120—122,
124,127,128,130,690,691,694,696,700—703,
717,754

动迁安置工作　146,148,149,376,524

都江堰市北街小学　185,591,592

对口帮扶工作　591

多元化办学　154,158,283,357,567

E

儿童文化建设　169,294,380

F

反映社情民意工作　51,159,164,169,170,518,521,
522,628,646,659

反映社情民意工作先进单位和先进个人　521

房屋拆迁　244,256,377

分组讨论　6,130,132—135,138—140,147,154—
156,161,163—166,174,175,177—180,198,199,
203,215,259,347,577,643

风险评估对策　185,399

奉贤区政协　108,651

奉贤县政协　114,115

孵化器成果　470,471

服务外包　166,173,372,373,458,481

妇女儿童　4,242,280

G

改革开放纪念活动　598

干部道德建设　38,463

港澳台侨人士居住社区　172,389

港澳委员回沪视察　149,554,564,566

港澳委员召集人　181,566

港口建设　235,387

高等职业技术教育　428

高端服务业　173,393

高教体制改革　275

高科技园区　30,40,287,309,313,314,319,510,
567,593

革命史专辑　528

各类突发公共事件　182,341,374

工业结构调整方案　235,236

工业企业技术进步　355

工作制度　184,347,371,452,456,526,542,606,
623,634,644,668

公共服务建设　446

公共交通卡经营　9,50,166,173,297,334,335

公共图书馆　421

公共卫生临床中心　173,297,298

公共卫生体系建设　170,291,382,478,479

公共文化建设　370,441

公交、地铁票价　257

公交票价　257,336

公交体制改革　257

公交优先　258,283,334,335,366,404,477,481

公务员道德建设　156,159,361

公益性社会组织　398,409

公用事业改革　290

构筑上海人才高地　154,158,357,567

股份合作制试点　422

股份制试点　19,236,414,415,422

关贸总协定　233

归国留学人员　440

归侨侨眷权益　4,242,495

规模经营集中　439

国籍法　4,240

国有企业改革　147,150,200,282,287,353,384,
422,433,478,566,567,590

国有资产管理　278,290,353,361,415,441,443,
478,482,494,674

H

行风民主评议　343,348

行风评议　34,35,334,343,347—350

航运中心建设　44,56,172,209,299,385,387,496,
567

行业协会　7,157,234,243,244,276,297,333,334,
353,354,356,360—364,367,368,373,379—381,
388,397,421—423,426,436,438,439,446,449,460,
463,472,505,584

行业协会、中介机构建设　40,156,160,362,463

合资合营企业　274

核心技术竞争力　435

虹口区政协　44,51,54,56,59,94,95,521,638

沪港合资企业　412

沪港经济合作与发展研讨会　569

沪台金融合作　383,399,400,506

华侨华人经理人座谈会　56,58,63,570,571

华夏画苑　19,29,541,606,615—617

环境保护法　15,240

环境保护条例　243

黄浦区政协　21,59,97—99,299,415,457,468,522,536,635

婚姻法　4,240,242

婚姻介绍机构　243

J

机动车额度拍卖资金　50,166,173,297,334,335

机构　3—5,20,22,30,52,66,68,69,72,73,75,77—79,81—85,126,128,132,145,148,155,157,158,160,172,182,229,231,234—238,241,243,244,250,252,255,256,260,265,268,273,276,278—280,288,289,292,293,297,298,302,333,335,353,354,356—358,360,362,363,367—369,371—375,377—383,385—387,389,391—395,397,399—402,406,408—411,413—415,422,423,426,427,429,431—433,435—441,452,456,458,460,461,471,472,484,503—507,510—512,523,556,570,577,579,580,587,606,622,624,627,636,637,642,644—646,663,670,675,676,679,681,683,685

机构改革　35,36,146,167,205,207,228,234,235,353,362,403,424,426,636

机构改革方案　43,54,77,234,235,636

机关服务中心　66,78,82,83

基层群众文化活动　287

计划生育　40,129,230,242,295,404,418,432,463,520

纪念黄埔军校建校 80 周年大会　573

纪念台湾光复 50 周年　573

技术引进　274,276,384,388

加快改造提升传统产业　303

加强城市建设与运行安全　10,188,341

加强民主监督工作　378,633,639

加强人民政协工作　8,57,171,182,187—189,202—204,215,322,519,577,588,606,607,627,630,632,635,637,638,656

嘉定区政协　104,105,298,325,468,521,536,574,635

嘉定县政协　121,122

建筑节能　173,246,370,390,391,404,475,495

交通排堵　43,207,258,495

交通票价　258

郊区城镇建设　158,378

教育综合改革　44,46,164,170,225,265,294,367,464,479

教职人员纳入城镇社保体系　561

节能减排工作进展　303

节能降耗指标　167,173,296,297,303

节约进社区　466

界别活动　9,52,171,182,184,186,188,215,566,606—611,619,624,625,627,629,635,648

界别活动保障机制　607

界别活动的主要方式　609

界别活动召集人会议　610

金融合作　185,399,470,506

金融中心建设　47,56,161,173,210,231,238,292,299,300,392,397,399,449,457,459,478,494,496,686

金山区政协　105,106,299,522,536

金山县政协　119,120

京昆与地方戏曲室　49,606,618

经济发展长远规划　16,223

经济贸易仲裁服务　52,496,502,505

经济适用住房　244,300

经济主导竞争力　435

经社理事会和类似组织国际协会　46,50,576

静安区政协　99—101,519,521,522,535,654,660

"九五"计划　27,28,144,146,206,236,424

旧区改造　37,48,54,225,256,278,282,288,305—308,310,313,317,319,324,327,376,394,424,441,457,496

旧上海系列专辑　529

居委会建设　49,267

居住物业管理条例　243

举办沪台合作交流论坛　574

K

开发浦东建设和规划机构　501,503

抗日战争胜利纪念活动　596

科技人才流动问题　413

科技世博　54,176,183,375,376,467,577

科技型小企业发展　169,381

科技自主创新　237,293,440

科学发展观　48,54,162,177,181,183,197,207,
225,229,235,256,292,340,365,386,392,451,457,
475,479,480,598,631,640,645,651－653,656－
658,663,670,675,679

可持续发展战略　147,150,355,378,432

跨区视察　290,298,635

扩大出口　139,142,227,233,280,416

扩大机电产品出口　279

扩内需、调结构、保增长　9,177,238

L

劳动力市场与人才市场　154,158,425,426

老年护理医院　173,393

老年事业发展　429

离土农民社会保障　164,169,364,366

理论研究会的论文征集和评奖　656

理论与实践研究咨询组　42,168,606,630,649,652,
654,655

立法规划　228,244

联合时报　19,84,136,148,182,526,542,544,546－
548,647,682

联合时报社　66,82,84,141,142,547,548

联组讨论　6,131,133,137,138,141,143,144,152,
153,643

廉租住房　255,300

两岸综合开发工作　44,237

临港新城产业发展　51,473

流动人口管理　25,169,379

"六五"计划和"七五"设想　223

卢湾区政协　110－112,299,521,522,535,714

律师事务所　274,426,471,472

落实政策情况　17,133,135,329－331

落实宗教房产政策情况　330

M

民法　4,240－242

民间帮困救助　147,150,377,378

民间外交工作　186,402

民主党派史料专辑　529

民族工作条例　20,241

民族教育发展　557

民族团结和谐　555

闵行区政协　52,103,104,299,323,324,521－523,
635,654,658

名人故居保护　288,452,453,686

N

南汇区政协　51,112,473,536

南汇县政协　113,114,308

南市区政协　115,116

能源发展形势　165,171,293,370,471

农村基层卫生工作　7,419

农村文化工作　173,297

农村养老保险　166,296,297

农业生态补偿　502,505

农业组织化水平　445,446

P

平价房建设　7,24,282,352,376,493

浦东改革开放　282

浦东新区开发　278,282

浦东新区政协　25,28,86,87,148,159,299,466,
521,522,593,603,635,652,659,660

浦江纵横　36,182,189,191,526,542,544,548,
549,647

普陀区政协　91,92,522,635

Q

祈祷世博会圆满成功　58,560,561

企业民主建设　139,142,280

亲历、亲见、亲闻　5,526,527

青浦区政协　107,108,298,535,536,635,652

青浦县政协　116－118

青少年保护条例　242,243

青少年道德教育　38,159,462,463

清真副食品供应　431,432,557

清真食品　244,289,294,432,453,457,556,557

区县史料专辑　529

区县政协工作交流会和研讨会　632

区县政协主席例会　325,606,632－635

区域互动协调发展　476,480

取消"沪0"车牌　513

全国政协领导和考察团组　582

全体会议工作规则　164,170,643

群众艺术馆　21,265

R

燃气行业改革　36,261,262

人才高地　34,356,385,425,427,454,461,557

人才环境　182,394,571

人才培育　237,299,402

人口布局与老龄化　474,478

人口发展战略　230,457,463

人民政协知识竞赛　542,543

"人民政协"专栏　542,545

人物纪念性专辑　529

融资租赁业　184,397,472,496

S

"三个代表"重要思想　36,42,163,167,168,196,
197,217,625,628,629,631,643,655,663,670,679

三年大变样　282

三年行动计划　230,231,296,389,479

三年治理整顿计划　21,227

"三五"普法　287

商务成本　41,168,291,379,436,440

"上海360°"图片展　554,578

上海公共外交协会　60,61,189,473,577,662,
683,684

上海华夏文化经济促进会　618,662,670—672

上海郊区规划布局　163,168,364,629

上海经济发展战略　18,224,233

上海科技成果转化促进会　41,450,516,582,662,
675—677

上海科技节　509

上海世博会规划　42,228,233

上海市农业布局　231

上海市人民政协理论研究会　51,606,649—654,
656,662,679—681

上海市文史资料研究会　62,190,662,685,686

上海文史资料存稿汇编专辑　530

上海文艺院团建设　302

上海县政协　120,121

上海政协之友社　19,136,141,148,150,521,522,
533—535,603,617,662—667,689,706

少数民族工作　453

少数民族合法权益　556

社会救助工作　166,167,173,207,297,298,361,
366,371,480

社会救助事业　370,482

社会劳动就业保障体系　474,478

社会主义精神文明建设　29,134,136,143,147,150,
152,198,199,228,275,417,622

社情民意信息刊物数量　518

社区矫正　183,375,396

社区平安建设　166,340,371

社区卫生服务中心　49,166,183,295,296,304,313,
395,401,458

生产性服务企业　190,409

生活垃圾　58,190,246,295,301,312,408,458,
497,502

生态环境　170,359,362,368,374,383,391,436,
505,567

生态旅游业和会展业发展　391,473

生物医药产业化　56,185,398

"十二五"规划　58,60,178,186—188,218,225,300,
301,323,326,400—402,455,457,545,571,577,668

"十五"规划　155,206,225,505

十一届三中全会　15,32,33,197,507,560,598

"十一五"规划　46,47,225,229,265,384,385,391,
437,439,445,475,479,480,571

实施素质教育　154,358

食品安全监管　44,263,264,296,301,333,334,497

世博会门票　502,514

世博会文化内涵　165,171,369

世博会运行准备工作　338

世博园区运行情况民主监督　187,188,339

市领导与港澳委员联系平台　564

市民思想道德素质　149,354

市民与社会　546

市民座谈会　297,516

市证券管理委员会　503,504

市政协会议培训中心　66,82—84

市政协理论研究工作　649

市政协领导约见委员　148,611

市政协情况通报会　49,51,54,64,170,577

市政协新闻发言人制度　526,544,647

市政协宣传工作制度　526,544,647

市政协艺术团　23,142,148,606,617

暑期、春季专题学习会　214

水环境整治　291,496

水环境治理　38,206,267,289,385,508

水上旅游业　442

水系建设　171,385

水资源　225,262,263,357,385,430,470

私营经济园区　292,439

松江区政协　106,107,298,299,635,653

松江县政协　118,119,638

苏州河底泥疏浚问题　508

苏州河综合整治　36,292

苏州河综合治理　266

诉调对接工作　191,411

T

讨论上海经济如何上新台阶　236

特邀监督员工作会议　8,28,33,150,343,346,347,647

特邀信息员　515,516,519,646,647

提案办理　7,9,30,43,51,52,55,56,166,167,169-173,176-179,182,185,189-192,291,378,384,387,388,451,484,488,490-493,498,499,503,513,561,562,587,645,657

提案办理工作会议　484,488,499,503

提案办理结果分类　172,387,491,630,645

提案的促进(督促)办理　492

提案的分理交办　487

提案的审查和立案　487

提案的提出　486,643,645

提案工作会议　34,44,54,63,69,149,158,183,497-499,501,586

提案类别　387,488

提案数量　484,488,492,500,501

提案数量和分类统计　488

提高提案质量和办理质量　499

体育服务业发展　171,385

体育后备人才队伍　170,294,382

体育民间组织枢纽式管理　173,391

通报情况　6,204,248,254,389,526

统战工作史料专辑　527,529-531,537

图书馆新馆　22,264,283

推动转型发展　61,473,684

拓展再就业渠道　150,377

W

外国侨民史料和资料性读物专辑　529

外籍人士生活工作环境　170,381

外事接待和出访　580

外向型经济　227,414,459,495

完善提案工作机制　46,499

未成年人管理和权益保护　375

委员接待日　156,160,167,606,612

委员沙龙　216,617,629,641

委员学习活动日　4,23-51,63,200,203,214,218,219,622,643

委员直通车　542,550,606,612,613

委员专题座谈会　10,40,58,171,217,222,231,266,340,352,445,473,475-477,564

委组机构设置　68,69,71-73,75,77,619

文化发展　55,58,133,175,178,180,187,190,225,231,235,266,285,314,370,380,403,410,427,479,512,524,660

文化改革发展　62,176,180,235,266,269,324

文化俱乐部　66,82-84,136,148,216,218,598,604,617

文化名人画传专辑　530

文化事业改革发展　208,266

稳增长、调结构、促转型　180,239

我与世博同行　54,467,468

吴淞区政协　123,124

五讲四美　17,128,130,273

X

西部大开发　155,158,159,358,359,549

西藏自治区政协　590

先进装备制造业　317,438,494

现代服务业发展　45,48,170,239,291-293,367,372,465,471,472,494,502

现代科学知识报告会　211

现代农业　29,33,284,288,313,316,320,369,373,374,439-441,445,504,566

现代企业制度　7,24,28,145,146,148,205,282,283,290,353,426,441,469

现代物流业发展　172,318,367,388,495,505

现代装备业建设　291

宪法　3,5,15,17,42,129,130,200,212,241,242,

361,569,625,670,675,685,748

乡村医生人才队伍　390

消费者合法权益　21,415

协商《上海农村集体土地使用权流转试点意见》　236

辛亥革命纪念活动　594

新疆维吾尔自治区政协　62,189,592,593

新农村建设　33,165,167,171,173,292,293,299,319,321,322,325,369,374,476,477,480

信息联络员　515,516,519,521,522,646,647

信息中心　66,82,84,85,354,367

星火计划　19,277

行政审批制度改革　38,234,365,367,387

行政性工业公司改革　276

形势任务报告会　208

徐汇区政协　57,87—89,298,299,451,521,523,649

学习参考资料　215,219

学习茶座　217,218

学习负担　412

学习培训班　9,52,53,62,182,215,216,347,619,681

学习研讨会　32,157,183,202,215,631,639,649

循环经济　45,170,229,292,383,384,444,495,588

Y

研究室　35,41,42,44,58,60,63,66,77,79,81,163,176,181,197,200,202,209—211,213,214,282,460,461,464,470,499,520,521,544,569,570,587,588,640,649,650,654,659,693,704,707,708,710

杨浦区政协　96,97,518,520,521,534,636

洋山深水港　173,315,392,567,572,591,593

养老保险制度　31,45,251,390

养老事业发展　45,164,170,368,471,496

一体化交通体系　474,479

医改实施情况　303

医疗保险制度改革　26,27,31,36,146,206,248—250,252,287,288

"医疗、医保、医药"联动改革　250

义务教育　48,50,184,230,241,263,266,292,357,358,371,375,396,397,447,474,481,495,511,583,590

义务教育均衡化　296,494,511

音像史料制品　530

迎世博600天行动计划　10,176,183,185,299,336,

467,635

迎世博倒计时100天　338

迎世博倒计时200天　57,186,337,338

迎世博倒计时300天　185,336

迎新联谊活动　603

优化产业结构　154,158,424,425

优化所有制结构　158,424,425,435

优秀传统文化　472

优秀建言和优秀社情民意　520

优秀近代保护建筑　510

优秀社情民意信息　191,520,522,641,647,668

优秀提案奖　186,188,190,191,499,500

优秀提案荣誉奖　499—501,503,507,510,646

优秀提案特别奖　188,191,500—502,641,646

游行示威法　21,241

预防职务犯罪　191,410,514,523

元宵联谊活动　25,603,604

运价油价联动机制　56,259

Z

在沪全国政协委员　5,8,15,17,29,32,33,36,39,40,44,46,55,61,63,66,78,82,84,128,130,132,133,135,147—149,157,169,170,187,189,203,204,218,219,273,277,278,281—293,299—301,331,336,339,341,343,467,486,515,516,522,549,550,554,582—585,589—591,594,597,598,603,604,614,624,638—641,649

在沪台资企业　170,237,291,318,383

增强"共同意识"　500

闸北区政协　92—94,298,498,499,521,535,654,658,660

征集和编辑　528

政风行风网上测评　349,350

政协工作会议精神　46,57,141,185,203,204,488,500,610,635,640

政协好新闻评选　183,543,544

政协领导与委员网上交流　164,169,606,613

政协章程　3,5,7,8,16,42,43,127,129,130,168,202,203,215,352,518,582,606,631,632,638,641,642,655

政协之声　542,545,647

政治协商、民主监督、参政议政　5—7,26,149,154,202,203,545,546,549,577,632,637,641,642,644

知识讲座　28,42—44,46,50,214,218,219,668,674

职工医疗改革　248

智慧城市　175,190,232,238,301,407,408,497

中共十八大　64,181,191,192,201

中共十二大　130,198

中共十六大　40,42,200,215,217,629,635

中共十七大　51,197,201

中共十三大　20,134,198,199

中共十四大　23,141,199,634

中共十五大　200,228,560,649

中国共产党成立纪念活动　595

中国国际金融　47,49,51,465,466

中国特色社会主义基本理论　195,214,549

中华人民共和国、人民政协成立纪念活动　597

中欧经贸问题联合研究小组研讨会　59,576

中秋联欢晚会　25,150,168,185,187,189,554,604,
　617,618

中外合资经营企业法　241

中小学校地校舍　419,420

中心城区人口规模调控　169,380

中心组学习会　4,25,48,52,57,214,598,643

中央企业　182,303,394

中药现代化　436

终身教育　306,365,432,434,448,456

重要措施　9,233,239,381

主席会议工作规则　170,181,184,643

住房公积金　254

住房建设规划　229

住房制度改革　31,32,145,253—255

住房租赁市场　46,471

专门委员会办事机构　66,77,79,81,82

专门委员会工作会议　158,626

专门委员会工作条例　154,157,163,165,167,168,
　170,178,188,622—624,629,644

专门委员会主任例会　627

专题工作视察　9,50,51,167,173,297,298,335,493

专题会议　53,161,162,174—176,183,189,222,
　509,582,592,609,624,643

专题讨论　6,57,153,156,161,224,227,240—242,
　248

专项视察　9,49,61,165,166,170—173,290,296,
　297,332—334,493,630,645

转变上海政府职能　156,159,360

资源节约型城市　164,169,291,365,380,383,479,
　480,495

自主创新能力　47,171,225,324,384,386,465,
　475,481

宗教房产代理经租　171,448,562

宗教民族知识　561

宗教院校建设　191,447,456

综合性选辑　528

综合执法　36,267,285,379,407,455

"走出去"战略　156,159,294,306,360,461,462,495

组建石化联合企业　503

组织协调机制　7,158,424,426

二、人名索引

A

阿不来提·阿不都热西提　42,48,54,583

阿伽霍　580

阿沛·阿旺晋美　29,582,583

艾斯海提·克里木拜　592

艾祖虹　562

安琦　522,752

安子介　28

奥巴桑乔　580

B

巴金　16,67,701,717,718,755

白江　522

白润生　563,741,746,747,753,766,769

白杨　597,617

包昌华　92

包迪生　96

包燕春　93

鲍炳新　671

鲍士用　100

鲍友德　134

鲍振东　211

贝尔纳·埃桑贝尔　27

贝拉·达尼利兹　580

比耐尔　31

彼得·罗曼　27

毕吉耀　58,210

卞晋平　44

伯恩森　59

薄瑞光　30

布伦南·高尔文　463

C

蔡赤萌　570

蔡建国　524,736,739,741,745,764

蔡金萍　502,512,746,751

蔡来兴　25,671

蔡敏勇　676

蔡慕莲　600

蔡泉源　522

蔡威　77,86,175,179,181,323—327,496,497,715,

747,749

蔡晓虹　170

蔡琰　70,730,732

蔡一鸣　100

蔡又新　106

蔡铮　119,741

蔡正仁　618

蔡子强　101,124,730

蔡宗锷　109

蔡祖康　94

曹斌　608,746,748,753,769

曹荻秋　528

曹海红　80

曹建明　212

曹景行　547

曹聚仁　36,529,530,534,538

曹黎　103,114,730

曹漫之　211,718,721,722,724,755,757

曹沛霖　680

曹其东　608,735,738,741,744,748,752

曹其真　38,571

曹珊珊　501,509,733,736,739

曹绳武　98

曹圣洁　563,596

曹舜琴　129,717,719,722,723,754,756

曹伟达　107,298,766

曹晓兰　477,747,765

曹行知　55

曹一丁　74,97,747,748

曹月建　90,730

曹云辉　106

曹耘　76,751

曹振全　608,676,748,751,768

曹臻　671

差猜·春哈旺　25

柴俊勇　38,46,47,253,522,523,547,754,767

柴晓苗　92

柴肇安　118,730

常泽民　96,732

陈爱群　113,114

陈宝善　94

陈炳辉　86

陈炳生　91

陈伯吹　600,718

陈步林　608,671,741,744,765

陈昌福　346,521,595,650,655,656,732,736,740,
760,761,764

陈超　212,752

陈德明　348,349,520,738,761,763

陈锷　118

陈凤楼　113

陈福根　69,70,142,665,671,721,722,726,727,
731,757,759,761

陈高宏　468

陈观法　90,730,735

陈国栋　131,198,572,573,597,600

陈海刚　77,519,607,630,650－652,680,681,684,
747,752

陈汉刚　110

陈灏珠　71－73,137,143,306,461,538,560,595,
597,598,664－667,709,718,722,723,726,727,730,
732,735,737,759

陈恒平　72,735,738

陈红春　523

陈红太　211

陈淮淮　539

陈会龙　119

陈惠丰　587

陈惠琴　115,116,743

陈慧莹　520

陈济琳　89

陈继明　109

陈佳洱　459

陈坚　92,737

陈建平　105,541

陈建兴　90,753,769

陈剑华　99,116,740

陈金邦　671,726,728,733,738

陈金龙　120,735

陈金鑫　651

陈锦华　16,39,128,129,204,223,583

陈靖　61,594,736,737,762,763

陈军　651,656,745,752,769

陈俊　651,659

陈凯　212,728

陈凯先　524,743

陈奎元　59,572,583

陈磊　502,752

陈莉　523

陈力群　88

陈立夫　574

陈莲笙　29,560,562,729,734,736,740,762,763

陈濂　112

陈良保　106,119

陈林祥　122,123,720,725

陈霖　94

陈柳宏　509,522,524,743,749

陈龙　121,122,350

陈龙法　105

陈龙武　73,737

陈茂波　76,752

陈民权　98,730

陈铭珊　70,137－140,538,595－597,700,717,718,
722,723,726,727,756

陈南岗　86

陈佩尧　25,28,209,469,568,733,740,760,761,764

陈丕显　665

陈琦　92

陈启懋　666,717,720,722,725,726,729,756

陈启宗　569,570

陈茜　652,658

陈勤建　686

陈群　598,742

陈汝　88

陈汝南　686,769

陈绍经　88,730

陈绍行　523,740,746,753

陈盛余　106,119

陈天平　459,731,736,742

陈田忠　671

陈铁迪　23－32,72,138,143－147,153,346,459,
493,494,564,565,568,571,573,582,584,586,594－
596,598,602,617,626,631,634,638,666,672,706,

730,731

陈庭贤　　106,107,119,738,743

陈通　　100

陈同生　　5,15,529,530,539

陈望道　　22,530,535,539,602

陈威　　523

陈维德　　91

陈文泉　　74,608,741,744,765

陈先国　　73,92,107,299,508,653,740,747,753

陈显钊　　671,733

陈香梅　　27

陈祥麟　　671,676,741,744,764

陈小平　　502,750

陈晓亚　　213,750

陈燮君　　473,744,766

陈燮阳　　74,212,744

陈雄　　118

陈沂　　16,142,195,197,595,596

陈怡　　97

陈益樑　　76,745,749

陈毅　　22,528,529,533

陈寅　　172

陈永超　　106

陈永弟　　660

陈永亮　　112,742

陈虞孙　　599,717,721,722,725,755,757

陈玉成　　118,720,725

陈玉焘　　100,730,759

陈跃华　　212

陈云林　　210

陈泽武　　502,734,738,744,752

陈振民　　468

陈震雷　　99,348,349,740,763

陈正兴　　28,36,71—73,144,152,153,305—312,
349,461—463,494,498,537,538,560,568,586,595,
597,598,627—629,634,664,665,667,710,730,731,
735,736,760—762

陈之进　　676,677

陈植　　226,755

陈至立　　26,137,138,143,147,205,228,602

陈志诚　　118,119,732

陈志龙　　86,87,502,597,736,738,741,743,748,750

陈志清　　107,117,118,740

陈志荣　　98,735

陈志兴　　522,598,608,676,745,751,768

陈竺　　73,736,739,741,745

陈滋英　　30,209

陈子兴　　30

陈宗达　　502,734,738,744,752

陈宗烈　　129,717,721,722,725

陈祖烈　　574

成祖荫　　92,93

成作民　　76,748,767

程海宝　　502,751

程和　　114,139,265,631

程十发　　212,616

程锡元　　671,741,745,765

程霄玉　　99,742,749

程晓明　　523

程晓顺　　71,735

程云华　　108,747,754

程竹汝　　654

池洪臣　　106,740

迟岳峰　　108

种衍仁　　123

褚大建　　197,574

褚以琳　　110,748,753,769

茨威利·姆基泽　　59

丛日升　　97

崔卫中　　108

崔志鹰　　469

D

戴德丰　　52

戴殿科　　116

戴华　　122

戴焕禧　　91

戴金辉　　102

戴柳　　671

戴美玉　　574

戴庆武　　102

戴群华　　87,112,754

戴志伟　　88

道书明　　477,742,748,753,765,767

邓国坤　　104,105,122,728,735,740,744

邓家基　468,574

邓康　506,742,749

邓力群　16,198

邓伟信　53,580

邓伟志　598,651,657,658,680,727

邓小平　21,24,25,32,43,128,139,140,142,157,
195,196,198,199,203,215,537,598,603,625,631,
632,638,639,649,651,663,670,679

邓演达　5,18,601

邓颖超　132,203

邓曰燊　502

狄娜　460

迪吕弗勒　50

丁长艳　658,660

丁忱　69,719,721,724,754—756

丁德兴　103

丁法章　72,73,516,522,524,731,734,736,739,764

丁光训　24,582,602

丁国华　122,123

丁金宏　463,737,742,749

丁乐伦　101,124

丁力　211,671,719,724,728,733,759,760

丁人峻　31

丁善华　74,746

丁文江　676,750

丁锡满　198

丁晓枚　76,742,753

丁薛祥　44,49,235,253,589

丁正淦　93

丁志坚　77,100,735,747,753,769

董浩林　75,671,741,742,748,754,767

董建华　46,471,582

董健　88,649,735,741,762,764

董君舒　54,176,179,207,208

董绍诚　671,736,744,761,763,765

董寅初　69,70,132,137,143,144,152,185,594,
596,600—602,703,718,721,723,726,727,757

杜欢　660

杜惠恺　608,741,746,747,753,766,769

杜家毫　498,728

杜林　113

杜善金　95,96

杜淑贤　524,752

杜玉英　102,766

杜重远　17,529,600

杜子炎　88,735,740

段力佩　100,721

段祺华　598,736,738,741,743,766

段玉祥　91

E

恩佐·鲁基尼　580

F

樊明章　91,730

范陈杰　110,747,754,767,769

范大政　460,671,736,738,741,744,761,763,765

范滇元　72,732,736,739,741,745

范鸿喜　671

范铠　502,738,741,745,748,751,768

范丽珠　660

范瑞德　49

范瑞娟　617,721,724,728

范希平　52,57,169,252,726,728

范向东　657

范新发　503,721,723,727,732,758,760

范征夫　67—69,80,133,135,142,538,597,718,
721,722,754,758

方柏华　86,87

方春申　96

方芳　468

方厚贤　112—114

方怀瑾　502,506,524,751

方克　111,730

方伦贵　97

方群平　115

方荣　654,749

方世忠　468,750

方行　133,600,717,721,724,755,757

方修仁　522

方研翔　658

方冶华　110

方宇清　523

房剑森　107,754

菲德尔·卡斯特罗·鲁斯　40

费成康　469,568,569,656,734,739,745

费金林　671,672,761,763,765,768

费孝通　19

费振翼　110,111

冯德康　522,608,741,742,747,749,764,767

冯德培　67,539,696,717,718,755

冯国勤　31—34,37—39,41,42,45,49,51—63,76,
　174—181,185,204,206,207,236,239,252,257,286,
　305,323—328,341,347,463,465,466,468,473,496,
　497,499,519,540,546,560,565,567,569—572,574,
　576,577,585,588,589,592—594,597,598,610—
　612,614,627,630,632,634—636,640,641,650—
　652,667,679—681,683,684,706,747,748

冯海林　102

冯绍雷　31,209

冯士能　671,739,762,763

冯树荣　676

冯英子　547,721,722,725,726,729,759

冯之浚　211,212,721,722,724,757

冯志新　117

凤懋伦　347,516,522,749,767

伏依杰霍夫斯基　31

傅鼎生　35,50,212,213

傅家驹　124

傅烈成　111

傅锡昌　123

傅先伟　562,603,735

傅新华　524

傅志煌　499,587

富润生　666,720,725,758

G

干春晖　210

干戈　123

冈崎彬　27

高雷平　105

高美琴　522,523,608,743,748,749,764,767

高美懿　569

高士其　601

高向东　93,746,753,766,769

高小玫　58,77,175,179,323—327,496,497,594,
　598,715,747,749

高新民　210

高雪春　91,92

高韵斐　74,736,738,745,750,762,764,766,769

杲云　171,752,767

戈悦宽　69,722,726,757

阁叻　25

葛步洲　671,731,733,760

葛德涵　122

葛佛祥　124

葛剑雄　73,212,475,547,598,736,741,742

葛淑珊　49

葛文卿　95,649,741,747,765

葛曰刚　104

龚德庆　111

龚金祥　123

龚镜澄　109

龚秋生　562,730,731,734,736,740,762,763

龚权　608,741,747,748,754

龚心瀚　588

龚学平　23,28—30,145,153,161,162,205,206,
　285,459,594,602

龚祖德　503,719,724

辜昌基　676,745,765

辜振甫　24

顾爱玉　520,739,745

顾宝昌　463

顾传明　671

顾传训　138,281

顾德福　107,732,738

顾德平　108

顾迪光　90

顾峰　108,652,659

顾汉贻　105,106,120

顾佳德　102

顾家宁　98

顾建新　109

顾建中　107,112,747,754

顾锦清　211

顾丽苹　90,736

顾青　109,738,744

顾秋葵　114,730

顾维钧　529,534

顾维民　101,738,743

顾卫丞　100

顾锡铃　88,671

顾晓鸣　598,739,745,751

顾行超　658—660

顾宇珠　658

顾毓泉　539

顾元龙　123

顾兆清　120,121

顾震沧　118,119

关百胜　98

关保英　654—657

管仁欣　113,730

管维镛　80,671,676,680,748,764,767

管云昌　107,108,657

圭多·波戴斯达　58

桂秋白　99,116,738,743,750

桂永浩　676

桂祖光　96,97

郭大华　107

郭定平　651

郭广昌　460

郭国全　569

郭健　124

郭健吾　120

郭开荣　350,608,736,741,745,762,763,765

郭揆常　521,739,745

郭立　90

郭士征　521,736,742

郭伟峰　469,568

郭秀珍　72,132,564,597,664,667,671,704,717,
719,730,733,756

郭震东　114

郭祖禄　93,730,735

过传忠　520,547,595,650,655,656,658,731,736,
760,761,764

H

哈迪·米夫塔赫　37

哈继铭　569

哈拉德·莱森贝格　55

哈拉夫率　580

哈泽尔巴赫　580

韩佃运　118

韩俊　211

韩坤林　348

韩世耀　101,102,124

韩天衡　616

韩哲一　15,128—130,204,227

韩正　27,31—34,36—39,42,43,45—48,50—54,
57,60,62,161,162,165,166,174—178,180,204,
206—208,232,239,254,259,261,266,267,286,341,
470,508,565,572,594,597,602,677,739

郝恩　123

郝建秀　601

郝立志　103

郝铁川　40,200,747,751,764

郝宇青　652,658

何存化　121

何方明　27

何根法　105

何厚铧　572,583

何慧娟　104,735

何建华　502,745,748,750,752,765,768

何仁初　100

何香凝　17

何秀凤　96

何序新　76,502,745,751

何玉平　660

何志明　671

贺林　597,738,744,750

贺绿汀　530,600

洪百年　94

洪浩　45,48,177,233,256,259,263,577

洪家淳　123

洪永清　111,730

侯克忠　94,720,726

侯瑞　119,120

侯砚圃　110,111,718

侯志俭　608,736,737,741,742

胡德才　71,735

胡华清　89

胡嘉福　346,509,730,733,760

胡剑雄　104

胡锦涛　44,57,163,164,166,169,170,182,185,
186,197,201,202,323,499,589,610,629,631,
635,639

胡立教　127,131,198,572,600,601
胡凌炜　469
胡茂元　676,748,751,767
胡启立　35,583
胡秋原　574
胡荣华　468,725,739,745
胡瑞邦　26,31
胡世俊　507,719,724
胡守钧　650,659
胡松春　87,112
胡悌云　586
胡天盛　91,730
胡蔚英　88,730
胡晓明　568,735,737,741,747,748,754
胡延照　55,177,208,252,471
胡耀邦　198
胡毅平　112
胡育诚　116
胡愈之　600,601
胡镇寰　108,671,747,765
胡志萍　652
胡宗正　88,735,740,744
花建　36,598
华大勋　114,115
华国锋　127
华国万　33,86,140,735,740,761,763
华建敏　26,144,205,564
华剑林　96
华民　35,38,197,209
华仁长　676,739
华耀增　563,736,740,741,746,762,763,766
华裕达　475,671,736,739,762,763
华原　112—114,733,738
黄长兴　121
黄承刚　89
黄赤波　67,691,717,720,755
黄崇武　95,730
黄发荣　521,742
黄福寿　660
黄歌　130,719
黄关从　48,73,75,305—322,461,465,470,473,
　　482,494,495,538,560,567,597,598,603,665,671,

711,735,737,741,742
黄冠球　109
黄汉文　80,742,766
黄和招　109
黄健之　57,213,473,676,748,768
黄锦林　124,730
黄菊　6,20,22,24,29,31,33,137—141,143—145,
　　152,153,157,164,166,203,205,424,462,463,504,
　　564,587,594,596,602,668
黄军龙　93,94
黄康源　106,107
黄茂生　109
黄美如　95
黄鸣　608,652,654,748,749,767
黄蓬能　114
黄奇帆　38
黄企洲　90,741
黄器周　596,718
黄仁伟　45
黄荣魁　27,731,734,760
黄森林　101,741,747
黄文　76,742,748,754,768
黄文涛　46,209
黄霄鹰　88,89,747,754
黄雄　110
黄雅才　95
黄耀文　671,736,741,762,764
黄耀忠　92
黄玉凤　74,104,121,730,741,742,759,765
黄跃金　40,73—75,257,260,305,306,308—312,
　　314,315,461,498,634,639,711,719,735,736,
　　741,742
黄云飞　98
黄振兴　109,110,719,735,741
惠印林　122
慧明　563
霍曼　50
霍英东　26,582

J

基万莫尼拉　39
吉少甫　601
吉晓辉　49,253

吉一鸣　89

季国强　671,672,745,765

季铭　94

季挺关　134

季义军　113

贾庆林　46,54,60,163,171,178,183,184,203,339,
582,684

江绵恒　45,197

江上昭　100,730

江上舟　210,741,742,747,748,766,769

江淑仙　114,115

江泽民　3,19,20,26,31,33,35—39,42,45,131,
132,134,137,140,141,147,156,158,196,197,199,
200,202,203,205,215,217,573,601,628,631

江曾培　547,734

江芷千　100

姜光裕　671

姜金余　115,740

姜樑　76,77,497,715,747,748

姜平　51,61,62,179,208,240

姜其昌　94,730

姜守品　95

姜舒亚　112

姜斯宪　34,38,42,234,243,252,313,470,565

姜义华　472,573,722,726,729,731,734,736,739,
741,745,758,760,762,764,766

姜云生　118,119

蒋澄澜　80,664,666,671,735,736,758,760,
761,764

蒋德海　522,652,657,659

蒋德明　459

蒋洪　522

蒋健　76,742,748,754

蒋凌棫　348,731,734,760

蒋锡夔　501,509,726,729,735

蒋晓伟　568

蒋一鸿　99,741,747

蒋以任　24,28,30,32,33,37,39—51,75,145,146,
161—167,174,204—206,232,282,313—322,461,
464—466,470—482,494,495,498,499,516,518,
539,540,546,565,569,571,572,576,577,579,582,
584,585,588,591,597,598,602,603,610,612—614,

618,626,629—632,634,635,639,640,649,650,665,
667,671,672,676,677,679,680,706,730,741,
742,759

蒋月泉　212,721

蒋卓庆　237

焦自纯　76,744,751,765,767

姐甘拉娅妮·瓦塔娜　25

金炳华　196

金伯勒　124

金芳　44,212,748,751

金国强　108

金国祥　608,671,741,745,765

金家如　113

金久恒　98

金凯平　28,41

金立勤　537

金亮　90,750

金麟孙　96,735

金鲁贤　560,598,602,725

金闽珠　671,741,747,766

金如新　671

金如颖　112,749,767

金寿南　568,569,734,738,744

金卫国　76,750

金伟　94

金文华　103,104

金以镭　97

金因及　111

金永昌　30,671,736,739,762,763

金幼云　560,562,721,722,725,726,729,731,734,
736,740,758,759,761—763

金运　360,676

金仲华　5,15,20,30,529,530,534,537,599

金柱青　501,509,671,731,733,760

经叔平　616

靖任秋　67—69,128—130,529,530,534,538,594,
600,697,717,721,722,754,757

觉醒　560,563,598

K

卡弗契奇　61

卡佩雷　580

阚光曜　101

阚敏　104,729,733,739

康碧翠　54

康大华　102,754,768

康涛　118

康裕敏　117

柯灵　541,597,600

孔长松　80

孔垂柱　591

孔美琪　591,752

孔耀洲　99,746

寇华　87,88

L

拉巴特尼科夫　50

拉哈曼　48

兰先德　75,743

蓝海燕　523

乐嘉基　68,90,726,729,734

乐景彭　75,502,506,671,741,744,747,751,
765,767

乐蓉　523

冷培恩　522,749

冷溶　41,163,197

冷旭生　89,732

黎照寰　5,15,20,599,600

黎重光　87

李柏华　98,719,724,728

李保庆　97,735

李碧影　523,749,767,769

李冰　574

李伯强　91

李昌道　209,568,569,597,598,649,658,727

李昌鉴　202

李昌钰　55,213

李焯麟　569,746,753

李储文　208

李传祜　100,735

李德铭　80,142

李德水　62,211

李定　600,737,767

李敦贤　92,93

李方　123

李飞康　500,502,514,750

李芬华　524,747,753,768

李丰华　684,747,752,769

李逢悟　29

李干成　67,694,717,720,754,755

李赣骥　111

李根渊　116,729,731,732,736,737,762,763

李关德　101,523,753

李关良　671,745

李广　67,68,717,718,721

李贵鲜　34,583

李桂生　76,749

李国豪　17,69,131—134,141,224,529,538,539,
595—597,600,601,663—667,689,721,722

李国华　97

李国荣　116,735

李国章　459

李海天　574

李和声　671

李季孚　96

李继山　124

李金明　588

李君如　196

李俊民　89,99,299,657,721,725,746,753,767,769

李俊谦　73,736

李峻　100

李浚洲　116

李骏修　500

李骏英　597

李良园　49,77,153,175,177—179,267,323—327,
496,497,499,540,565,567,569,571,597,630,667,
714,747,748,767

李懋欢　72,638,671,731,733,760

李蒙　466

李梦麟　104,753

李名慈　685,734,736,739,741,745,747,749,762,
763,765,767

李明　114,118,740

李明轩　73,736

李鸣　608,739,741,742,747,749,765,768

李铭俊　684

李墨龙　657,658

李念政　676,733,741,743

李培栋　472,733,760

李培林　60

李培龙　27,751,768

李鹏　199

李琪　650,651,680,681,739,745,751,764,767

李琴　523

李青　538

李仁杰　90,735,761

李蓉蓉　502,512,744,750

李锐　81,181,547,680,718,745,753,757,767

李瑞环　28,203,582,616

李若清　121

李善同　470

李世嘉　657

李世耀　500,607,736,742,747,749,769

李寿成　33

李树棠　212,724,729,759

李松晨　650

李松坚　74,742

李松年　43

李天纲　686

李天扬　547

李铁玖　80,86,730,735,740,756,758—760

李琬若　26

李葳平　608

李葳萍　111,740,750,769

李维屏　95,741,746

李炜永　659

李文辉　77,720,747,751,769

李文连　97,746,753,767—769

李锡奇　616

李先念　20,141,203,582

李小鲁　94

李晓航　671,731,733,760

李新福　102,740

李学广　121

李亚伟　91

李逸平　233

李永萍　574

李友梅　210,651

李玉华　111,112,746,753

李毓毅　608,747,752,768

李云　591,720,725,754,756

李再琼　504,733,738

李肇星　60

李智平　212,728,732,737

李忠　350,736—738,742

李忠杰　197,210

李忠湧　86,87,742,749

李忠铮　88,89

厉家俊　102,744

厉无畏　72,461,568,594,595,598,602,603,710,
730,731

梁爱诗　569

梁城涛　95

梁谷音　595,730,732,737,742

梁光璧　100,666,735

梁国斌　67,68,691,717,720,754

梁国扬　80,210,603,735,741,747,760,761,764

梁鸿　522,742,748,751

梁立群　92

梁钦荣　23,30,571

梁泰平　70,730

梁天博　122

梁晓宇　659,660

梁信军　603,749

梁于藩　134,208,727,730,759

梁玉书　86,727,729,733,738,744,758—761,
763,764

梁玥　655

廖骏德　92,508,741

廖有猷　121,122

廖仲恺　17

列文斯通　578

列文勋爵　56—58,60,62

林爱娟　92,747,754

林春明　121

林德明　666,717,720,725,729,755,758

林积昌　25

林嘉钰　91

林静　89

林明月　574,608,741,744,748,750,766,769

林泉璋　86,87,299,603,754,769

林尚立　499,598,650,651,655,657,680,743,748,

752

林寿堂　119

林天泗　97

林文漪　468,574

林旭明　502,743,754

林荫亚　116,740,763

林真意　502,737,743,749,765,768,769

林铮墉　666,727,758

凌桂明　212

凌河　547

凌嘉勤　569

凌嘉瑞　98,99

凌志俭　103,735

刘邦云　94

刘炳先　110

刘成义　110,111

刘春景　90,753

刘大櫆　91

刘德懋　111,730,759

刘峰　115

刘凤瑞　196,731,736,761,764

刘桂香　101

刘国新　63,211,213

刘海涛　213,738

刘浩清　69,568,726,730

刘恒橡　72,73,144,153,305－312,459,461－463,
538,560,595,597,598,602,638,649,664,665,667,
704,730,732,735,737

刘红薇　46

刘吉　156,213,726,728

刘杰　499,598,650,651,655,658,737

刘靖基　15,67,68,72,131,132,137,594,597,599－
602,665,699,717,718,730,735,754

刘俊　608,741,746,765

刘凯　500

刘澜涛　600

刘良模　68,69,127,129,197,692,717,721,725,
755,756

刘敏　113

刘明模　100

刘明生　102,735,740,762,764

刘其龙　106,753

刘勤　671,736,739,761,763

刘庆　463

刘仁麟　96

刘尚宝　654,657

刘少林　120

刘守祥　101,124,730

刘树印　121,730

刘铁民　210

刘廷章　660

刘伟国　102

刘蔚　109

刘晓明　101,523,654,746,753,767

刘效琨　101,735

刘新昌　95,638,735

刘幸偕　89,523,598,738,741,743,747,750,765,
767

刘亚池　109,110

刘亚平　124

刘艳　657,750

刘奕民　88,608,741,742

刘英　87

刘瀛萍　95,97,732,740,746,753

刘毓海　80,81,740,746,761,764

刘云耕　39,43,153,162,164－166,174,175,207,
267,268,346,594,597

刘振元　137,138,205,212,617,671

刘志伟　93

刘志忠　589

刘仲黎　466

刘仲苓　99,742,749,764,767

刘仲宇　563

刘祖荣　104

柳亚子　528

龙启虎　74,80,676,741,742,751,761,764,767

龙婉丽　108

龙永图　42,209

龙跃　67,69,696,717,721,722

卢汉龙　210

卢鹤绂　595

卢金雄　676

卢卡•泽亚　57

卢丽娟　94,95,730

卢天林　212

卢先福　44,200

卢学谨　101

卢于道　67,69,601,691,717,718,721,723,754,755

卢于绩　600

卢志强　94,746

鲁平　20

鲁迅　534,538,615

陆炳歧　121

陆道南　120

陆道炎　211,720,725,729

陆德纯　520,739

陆谷孙　547

陆国贤　134

陆汉生　119

陆加平　81

陆家溪　93

陆嘉书　114

陆建铭　107,108,747,753

陆建新　122,730

陆剑鸣　560

陆瑾　109,730,735

陆慕云　129,722,756

陆圣乃　105

陆士杰　113

陆薇读　560,562,761

陆象娟　105,740,747,764

陆小芸　658

陆孝民　659,660

陆诒　596,600,601,717,720,725,758

陆益平　671,745

陆泳德　87,88,724,726,727

陆玉贻　600,726,727,731,758,760

陆志伟　120

陆忠　523

陆柱　649,733,738

陆子芬　501,503,721

陆宗霖　568,734,740

吕晨　659

吕红兵　467,751,768

吕健民　113

吕美顺　520,739

吕淑萍　671,742,766

吕永杰　608,747,749,768

吕正操　600,665

吕志　41

罗冠宗　80,133,139,602,664,665,717,720,722,
725,726,730,731,734,754,756,758,759,761

罗华荣　101,523,524,736,742,749,764,767

罗世谦　36－38,49,153,164－166,206,207,234,
463,470,596

罗永祥　109,110

罗援　63,211

罗云芳　104,299,747,765

罗竹风　600

罗宗英　666,726,728,731,735,760

骆令瞻　94,95

骆新　347,468,748,750,768

M

马百龄　520,737,743,766

马伯龄　560

马春雷　466,602,608,741,743,765,766

马达　601

马德修　87,88

马定华　608,740,746,762,763,766

马东侠　562

马尔奉　104,105,122

马鸿南　98

马骥　512,723,728

马捷利　49

马进　112,749

马克烈　70,122,649,726,727,731,736,762,763

马莉莉　502,511,742,750,768

马列克·奇奥科夫斯基　56

马龙发　98

马人斌　67,562,595,717,720,740,756,759,762,
763

马松山　72,666,730,731,761

马腾达　100

马万祺　27,582

马骁　95,739

马秀升　93

马伊里　77,468,608,747,753

马银芳　74,744,753,769

马永明　　100

马远良　　460

马云安　　76,748

马振犊　　61,213

马作云　　93,730

麦若彬　　22

毛长生　　119

毛佳樑　　76,524,747,753,767,768

毛建平　　659

毛经权　　24,69,70,72,133,134,137—141,143,145,
　146,201,499,538,564,565,573,585,594—600,602,
　631,664—667,671,672,707,721,726,727,730,
　731,759

毛均高　　96,97

毛坤澜　　113,723

毛林坤　　588,589

毛乾龙　　94

毛仁涓　　122

毛荣发　　104,740,746

毛时安　　476,502,511,512,608,744,747,750,768

毛霞龄　　91

毛应梁　　671,736,738,763

毛泽东　　15,23,132,195,625,663,679

毛增滇　　346,649

毛智凤　　94,95,720,724,729,734

茅洪源　　110,111

茅志琼　　73,469,671,731,736,740,761,762,764

茂洛·拉斐勒·佩特西尼　　576

梅凤池　　121

梅公毅　　91

梅嘉生　　69,694,721,726

梅建高　　104

梅建政　　676

孟波　　666

孟德恕　　76,742,748

孟建　　210

孟建柱　　23—26,35,144,145,147,205,234,264,
　565,568,638

孟庆令　　671,731,736,761,763

孟荣强　　81,680

孟宪晋　　122,730

孟祥青　　60,197,210

孟燕堃　　341,608,741,743,748,753,766,768

糜欣祥　　80,758

米猜·立初攀　　27

米尔恰·杰瓦讷　　580

米朋杰　　118

米斯里　　580

闵惠芬　　568,724,728

闵孝思　　80,757,759

明旸　　72,530,562,597,602,721,725,730,731,734

缪晓宝　　680,748,764,768

莫罗兹　　50,580

牟曙光　　117,730

N

奈克　　56,580

南存飞　　107,750

南登峰　　103

尼科诺夫　　580

倪鸿福　　24,25,28,31,122

倪家泰　　208,732

倪世雄　　37,209

倪天增　　18,132,133,137,138,205,227,274,507

倪维斗　　50

倪维年　　197

倪向军　　106

倪映文　　106,119

倪振雄　　118,119

倪正茂　　655,656,727,732,737,741,742,766

聂雅真　　602

牛艳香　　659

钮晓敏　　676

O

欧国藩　　562,727,759

欧国苏　　521,736,738,744

欧亨尼奥·布雷戈拉特　　35

欧阳英鹏　　76,752,767

P

潘承嘉　　80,756

潘光　　36,48,209,469

潘汉年　　528

潘介生　　112,747,754

潘君祥　　212

潘敏　　523,594,608,748,749,768

潘念之　601

潘庆云　659

潘世伟　197,608,751,768

潘晓明　96

潘孝伟　103

潘云鹤　459

潘正华　112,114

庞延斌　596,597

裴静之　69,133,722,726

裴先白　16,671,672

彭冲　15,67,68,127,128,204,690,717,718

彭高成　657,659

彭光航　468

彭加华　523

彭淑妥　95

彭希哲　211,213

彭严严　659

彭友今　19

彭真　241

彭镇秋　346,348,350,498,520,650,655,656,731,736,737,760,761,763

皮埃尔·布克　37

皮埃尔·布雷　26

濮之珍　595,666,726,727,731,732,756,757

浦兴祖　650,655—658

浦泳　121

浦雨龙　92

普利马科夫　59

Q

齐奇　49,746

齐全胜　81,680

齐卫平　598,650,651,653,655—658

齐允海　90,299,740,746

钱潮　100,718,723

钱乘旦　197

钱程　502,511,744,750

钱德敏　116

钱洪　91,92

钱景林　53,77,175,178,323—328,347,350,496,497,610,611,630,634—636,677,714,747,748

钱绍忠　98,728

钱胜　652,654,659

钱世勤　97

钱伟长　18,132,161,187,539,582

钱永铭　38

钱云龙　671,736,738,761,763

钱运录　54

钱正平　114

钱正心　100

钱仲裘　347,745,748,767

乔保庆　112

乔明华　80

乔木　616

乔奇　617,717,719,722,724,755

乔野生　74,742,748

乔志刚　73,738,741,743

切尔基涅茨　580

秦秉忠　124,720,726,758

秦大河　46,212

秦定杰　105

秦绍德　468,568

秦怡　602,617

庆昌宪　28

琼巴　590

邱佩玲　117

邱维廉　53

裘筱卿　97

仇永鸣　109,110

曲光辉　568,734,740,746,753

曲里征　118

瞿钧　71,72,731,735

R

饶颖奇　574

热木吐拉·尼牙孜　95

任凤文　124

任国璋　123

任纪龄　666,728

任文燕　597

任先正　522,736,741,742,747,749

任忠鸣　506,745,749

戎光道　76,751

戎洁　115

荣宝椿　89

荣漱仁　91

荣毅珍　100,730,732

茹志鹃　600

阮崇武　18,132,133,204,205

阮康成　502,745,747,751,765,768

阮文坡　580

阮仪三　686

芮爱娣　99

芮杏文　18,131,132,205

S

萨空了　17,601

塞基·休斯　52,580

赛福鼎·艾则孜　24,582

桑弧　600,728,755

桑玉成　650,651,680

沙海林　59,181,569

沙麟　27,206

单意基　100

单子恩　520,728,733,739

善根　112

商红月　651

尚长荣　618

尚丁　595,597,721,723,726,727,731,760

尚红娟　658

邵本权　106

邵礼达　110

邵玲玲　347,752

邵印麟　523

邵永飞　112

邵煜栋　86,740,747,765

邵志勇　97,745

邵自红　87,112

佘厚方　118

沈祓章　139

沈彬如　114,115

沈粹缜　601

沈德溶　560,597,600

沈德咏　167,207

沈丁立　210

沈国明　42,200,686

沈国雄　71,595,727,730

沈海山　118

沈红光　74,75,177,207,316—319,495,562,563,

603,713,741,742

沈红慧　107,108

沈纪忠　117,730

沈俭英　523

沈建华　468,522,524,745,748,751,768

沈杰　120,730

沈钧儒　5,18,601

沈峻波　211

沈骏　54,58,62,256

沈堃　87

沈懋　120

沈懋兴　76,742,753

沈敏　608,750,769

沈敏康　94

沈钦华　591,671,751

沈秋余　102,746

沈荣华　210

沈柔坚　616

沈瑞英　651

沈若雷　671,733,738

沈善初　73,99,656,657,740,742,766

沈思明　671,727,733,738

沈体兰　529,530,534,538

沈伟娟　347,502,608,743,750,769

沈文弟　106,753,768

沈晓明　54,56,57,60,62,178,208,266,743

沈孝锟　115

沈效良　105,106,299,740,746,762,764,767

沈雁冰　16,600

沈诒　666,726,730,759

沈瑛　92,93

沈友声　123

沈园东　522

沈沅　101

沈原梓　91,92,508,730,735,740

沈云娟　105

沈蕴新　117,730

沈增善　124

盛金山　91

盛士琰　116

施德容　473,736,740,741,746,748,752,762,763,

766,769

施恭旗　671

施桂馨　109

施鸿鄂　212

施惠群　530,731,760

施慧丽　124

施俭　110

施建华　110,754,769

施蕾生　659

施群　109

施叔华　96,97,730,735,759,761

施文德　109

施新土　119,735

施雪怀　212

施耀新　101,764

施永兴　117

施兆发　109

施子清　571

石宝珍　94,753

石定环　47,200

石汉　119

石宏藏　116

石鸿熙　348,731,732,760

石鉴玉　99,740

石磊　48,52,209,467

石培钧　100,728,732

石奇学　123,124

石庆明　102

石四箴　73,75,313,317,320,322,494,495,579,
596,597,602,603,665,712,733,735,737,741,743

石仰山　98,734

石祝三　27,72,143,144,146,275,348,493,494,
564,573,626,638,664—667,709,730,731,760

史德保　26

史蒂　113,720,725

史久华　87,88

史丽雯　76,77,502,506,524,676,744,747,748,767

史良　601

史量才　5,18,601

史淑霞　120

史说　596,718

史孝进　560,561,563,740,741,746,747,753,766,
769

史兴华　96

寿子琪　467

舒乙　468

宋斌　109,730

宋伯庆　459,733

宋超　684,748,753,767

宋基栋　93

宋立桐　655—658

宋庆龄　16,529,698,714

宋日昌　67,69,127,129,131,132,599,600,633,
697,717,721,722,755,757,758

宋瑞珂　596,601,720,725,730,735

宋若侠　96

宋秀英　107,117,118,735,740

宋仪侨　49,73,75,161,306,311—322,347,350,
463—465,471—476,478—482,494,495,516,518,
539,540,565,567,573,577,587,590,603,617,626,
629,630,634,635,639,640,649—651,664,665,667,
671,672,676,679,680,712,735,736,741,742,764

宋有朋　671

苏拔英　348,733

苏步青　67,68,137,141,143,530,535,539,594,
597,600—602,665,700,717,718,755

苏惠俊　94

苏惠渔　212

苏建萍　658,766,769

苏宁　210

苏颂兴　469

苏文贵　92

苏新泉　114,115,730

苏玉芳　88,743

苏智良　597,686

孙宝贵　74,746

孙登龙　97,740

孙福运　114

孙刚　671,726,727,731,736,739,758,760,762,763

孙关宏　680

孙季奇　117

孙家正　56,583,616

孙金富　70,71,727,730,731,735,746,761

孙葵君　94

孙堃镕　123

孙立坚　211

孙鲁朗　118

孙铭九　596,720,725

孙南申　522

孙荣华　522,524,749

孙荣祥　660

孙穗芳　602

孙穗芬　602

孙泰　617,719,724

孙廷芳　132,530,595

孙挺　658

孙喜官　124

孙相贺　31

孙小双　80,769

孙晓郁　461

孙序裳　601

孙永福　576

孙增　226

孙镇　122

孙正心　74,502,608,676,677,741,743,747,750,
765,768

孙中山　19,23—25,29,38,49,134,136,147,150,
529,566,594,601,602,714

T

塔苏阿　580

泰丽雅　463

谈家桢　68,212,539,596,601,602,702,717,755

谈雄伟　507,520,733,739

谭妙全　99

谭文琦　660

谭西三　91

汤蒂因　132,717,718

汤洪良　104

汤宪洪　124

汤兆基　616,726,730,731,735—737,760,762,763

唐登杰　177,208,232,238,464,565,684

唐恩余　105,106,120,729,733,738,744

唐国良　86

唐海根　74,744

唐豪　476,608,741,743,748,750,764,767

唐嘉年　63

唐金官　112,114,741

唐君远　68—70,596,600,694,717,721,724,726,
728,755,756

唐丽光　109

唐慎斋　89

唐士良　119,121

唐寿千　88

唐淞源　562

唐文洲　103,730

唐星　96

陶昌琪　90

陶德发　101

陶敏之　80,724,728,733,756—760

陶人观　671,736,761,762,764

陶石鑫　123,735

陶维平　105

滕瑞政　114

滕卫华　523

滕一龙　31,33,35,37,40,42,44

田长荫　101,124,730

童炳坤　103,730

童锦泉　614,738,743

童清仁　104,735

童世骏　213,680,752

童文贤　504,739,744

涂克仁　100,211,212,726,730

屠光绍　55,58,59,180,182,207,266,565

屠海鸣　73,498,500,502,521,522,524,671,738,
744,752

屠惠秋　103,735

屠旅南　93

托帕利　580

W

瓦西姆·萨贾德　25

万钢　468,677

万国森　116,602,730,732

万桑·马里诺　28

汪宝礼　123,124

汪道涵　23,127,129,131,204,208,227,332,572,
599,600,665,671

汪解民　122

汪均益　212,233,608,671,741,746,765,766

汪铭昌　98,730

汪品先　　51,197,213

汪庆正　　568,733,739,762,763

汪显　　123

汪小帆　　104

汪孝安　　76,737,743,749

汪欣　　112－114

汪永清　　43,200

汪云山　　95,735

汪宗熙　　348,731,760

王安顺　　43,46,48,50,161,162,164－166,204,207,
　235,589

王安忆　　73,726,728,733,736,738

王邦佐　　649,650,655,656,680

王伯昌　　96,730

王昌　　73,93,735,740

王长江　　598

王崇基　　133

王丹凤　　130,717,719

王道南　　460

王德宝　　211,719

王德仁　　101,102,124

王福庆　　649,736,761,763

王刚　　54,57,186

王国俭　　475,739,744

王国强　　463

王国青　　100,101

王海涛　　98

王宏杰　　116,730

王洪昌　　100,595,671,756,758－760

王洪权　　115

王洪泉　　86

王瑚　　103,730

王浣尘　　463

王汇　　113

王季愚　　540,719

王家杰　　122,123

王家振　　522

王嘉康　　111

王嘉穗　　346,728,733

王建华　　686,769

王建磐　　474,726,728,739,745,751,765,768

王建吾　　87

王建运　　657,658,660

王剑伟　　71,726,730,731,734

王鉴　　128,204

王金定　　197

王金福　　91

王菁　　110

王菊珍　　562

王磊　　197

王力平　　25,26,28,29,31－33,35－40,73,152－
　157,203,205,206,305－312,346,460－463,470,
　497,538,540,560,565,571,573,584,586,587,589,
　594,596,598,602,612,626,631,632,634,639,649,
　664,666,667,672,706,735,736

王立君　　110,111

王莲芳　　562

王良全　　73,740,746

王琳　　121

王龙兴　　608,736,740,741,746,747,753,762,763,
　765,768

王禄宁　　75,741,742,753,769

王美新　　106,119,740,746

王美瑶　　121

王蒙　　50,213,539

王孟浩　　103,104

王乃粒　　69,722,726,740

王南群　　98

王能宰　　114,730

王佩贞　　115,720,725

王鹏飞　　124

王屏南　　19,24,596,597

王奇　　608,676,752,768

王企璋　　101

王强　　107

王泉生　　119

王任重　　141,582

王荣华　　75,161,162,174,313－322,464,466,472,
　473,478,479,481,482,494,495,498,499,516,518,
　539,540,569,588,597,599,603,627,629,630,634,
　640,665,667,676,677,712,741,764

王汝宽　　73,740,746

王汝昭　　596

王绍基　　653

王生洪　33,71—73,75,152,305—311,313—317,319—322,346,461—463,494,495,498,538,539,560,564,565,568,589,595—598,602,631,638,649,665,666,709,730,735,736,741

王胜洪　576,683

王胜扬　104

王师俊　89

王士彬　121,730

王述惕　93

王树泉　133

王四妹　95

王天铎　595

王廷弼　90

王为群　110,753

王维　599,601,717,720

王伟　166,733,747,753

王文璧　89,90

王文济　119

王文元　32,583

王西彦　600,718,719,721,724,757

王相臣　119

王祥荣　468,745,751

王祥秀　120

王欣欣　470

王新华　110,211

王新奎　75,77,179,181,212,314—318,322—324,326,327,461,464,494—497,570,596,713,726,729,741,742,747,750,760

王新生　91,735

王兴　20,70,137—139,581,585,594,595,597,631,634,636,664,666,667,708,726,727,758

王秀珍　17

王绪亮　71,734,738,744,747,751

王宣　118,727

王训国　90

王雅萍　90,99,746,753,769

王雅琴　98

王雁秋　96

王尧山　596

王尧章　121

王耀昌　460

王一平　16,68,127,128,537,595,597,690,717,721

王漪　105

王仪　106,119

王彝伟　657,659,660

王以忠　86,733,736,738

王永平　560

王宇平　638,729,731,760,761

王宇钦　596,597

王元　210

王元化　600,724,726,730

王元力　660

王跃林　90,742

王韵兰　101,740,746,765

王增月　520,728,733,738

王战　28,39,461—463,570,680

王兆钢　102

王振中　93

王正公　115

王正屏　69,617,721,722,725,726,729

王志高　104,121,730

王志勤　501,509,733

王志雄　86,608,738,744,747,749,767

王志珍　583

王治平　93,730

王致中　67,695,717,718,754

王中发　522

王忠明　470,744,765

王忠禹　576

王仲伟　41,166,176,207,268,464,465,597,731,732

王子华　94

王祖扬　123

韦钰　459

韦源　108,651,657,753,769

魏建　500,749

魏君玉　89

魏荣成　100

温家宝　168,182

文大林　580

文新春　676

翁史烈　459,600

翁铁慧　253,752

翁蕴珍　111,299,741,747,762,764,765,767

翁志勋　107,117,118

沃克罗尤　53

沃伟东　101,748,750

邬露露　111,112

吴柏铭　74,746

吴邦国　6,22,24,137,138,140,143,166,205,228,
275,491,564,594,596,597

吴炳煌　111

吴伯雄　574

吴昌飞　657

吴辰　105

吴传瑞　671

吴大千　117

吴冬华　465

吴铎　659

吴复安　110

吴复民　520,740,763,765

吴根明　96

吴光伟　522,734,739,741,742,747,749,765,767

吴光裕　33,35,37,39,40,44,49

吴汉民　72—75,632,730,731,735,736,741,746

吴浩　652,660

吴厚成　100

吴慧娟　95,730,735,740

吴寄楠　209

吴家玮　459,568

吴建民　42,55,209,210,468

吴建中　77,473,686,747,751

吴捷　608,745,748,765

吴金兰　608,684,747,753,766,769

吴敬琏　53,213

吴力坚　99,743

吴岭　112—114,477,671,735,740,746,761,762,
764,765,767

吴明然　100

吴木君　114

吴念祖　266

吴启迪　461

吴前进　469

吴强　600,717,721,722,724,752,755,757

吴庆培　109

吴仁山　117

吴瑞君　656

吴若安　67,68,594,600,601,693,717,718,755

吴若希　466

吴若岩　67,68,128,717,718,754

吴绍中　520,649,726,729,733,739,745,764

吴哨　114

吴申耀　104,608,654,736,737,741,743,753,762,
763,766,767,769

吴彤章　119,120,732

吴伟国　97

吴文娟　90

吴文丽　104,121

吴文祺　69,596,600,601,664,693,718,721—
723,757

吴文艳　660

吴祥明　28,736,761,763

吴晓慧　523

吴晓灵　54,213

吴新超　106

吴修平　24

吴学范　103

吴阳刚　100

吴耀忠　602,728,732

吴耀宗　24

吴毅　608,747,749

吴幼英　77,111,174,323—328,496,497,499,540,
565,567,571,574,578,597,684—686,714,747,749

吴元康　103,719,724

吴增亮　70,138—140,203,538,586,595,596,636,
664,667,708,726,727,758

吴肇基　119

吴志高　91

吴志良　469,568,569,572

吴志明　41,42,53,56,76,77,181,201,268,324,
328,497,641,715,747,748

吴仲信　115,116,520,649,730,731,736,737,760,
761,763

伍江　686

武大伟　61,210

武俊青　347,745,751

武克全　597,733,739,745,761,764

武韬　49

X

希达亚特　580

奚洁人　196,597,734

奚君羊　524,748,752,768

奚同庚　501,509,733,738

奚宗沂　111

习近平　8,10,50,51,188,444,445,472

夏德润　122

夏高阳　601,721—723,726,727,758

夏根福　104,500

夏晋熊　596,721,724,728

夏克强　27,28,30,206,257,260

夏丽卿　35

夏迈群　120

夏省书　120,121

夏斯德　92,563,747,754

夏兴华　76,748,768

夏阳　616

夏一鸣　121

夏以群　523

夏禹龙　211

夏毓灼　671,740,741,747

夏征农　16,195,601,602

项俊波　47

项斯文　607,731,736,741,742,764,765

项伟民　80

项志新　118

小林二郎　28

筱文艳　617,724,728

肖存良　659,660

肖堃涛　608,728,747,749,768

肖林　569

肖扬　32

肖哲夫　671,733,738

谢安山　33

谢伏瞻　44,200

谢宏兴　117

谢继民　96,597,726,730

谢家瑾　471

谢晋元　597

谢筠　92

谢丽娟　32,37,72,73,75,137,138,161,279,305—

322,459,461—466,471,472,481,482,494,495,540,

559,568,591,594—598,602,603,649,665,676,679,

709,710,730,732,735,737,741,742

谢企华　671

谢如方　111,735,761

谢希德　20,22,23,70,138—141,199,203,501,509,

529,530,534,535,539,582,584—586,594—597,

602,636,664—666,689,726,727

谢遐龄　650,652,656,657,734,736

谢辛　37

谢延平　523

谢毓敏　87

解放　86,742

辛鸣　64,201

忻华　660

忻伟明　102

邢贲思　200

邢连珠　117

邢普　502,744,749

邢文之　76,563,741,746,747,753,766,769

邢宪　657

邢元敏　589

熊澄宇　213

熊光楷　55,210,213

熊建平　173,259

熊衍元　116,657,732,737,742,764

熊月之　686,745,751

修福金　594

须敬　91

须一平　211

徐本力　468,498,652,658—660,731,734,736,739,

741,745,765

徐昌酩　616

徐澄宇　111,735

徐方瞿　97,657,731,736,741,742

徐枫　76,608,745,748,749,768

徐光启　17,63,135,600,686

徐国杰　95

徐海峰　500,742,748,768

徐海清　657,740,745,748,753,768

徐海鹰　81,640,651,680,681,751,767

徐汉良　118,730

徐恒兴　　118

徐虹　　106

徐洪杰　　502,743,751

徐建国　　608,748,752,767

徐剑萍　　90

徐景贤　　17

徐静琳　　102,748,749

徐君权　　520,732,737

徐可式　　113,730,735

徐匡迪　　25,140,141,143—145,150,152,153,156,
　　199,205,461,462,508,564,565,594,596,668

徐乐江　　676

徐礼满　　101

徐麟　　63,179,185,208,238,267,323

徐梅　　81

徐美玉　　100

徐明祺　　212

徐乃霖　　121

徐佩莉　　73,347,736,737,741,743,754,762,763,
　　766

徐平华　　210

徐其华　　120,730

徐琪　　88,730

徐琴珠　　96

徐识　　89

徐守如　　124

徐通方　　86,123,730

徐伟人　　90

徐孝礼　　96,727,732

徐新　　117,730

徐宜尔　　116,730,735

徐以枋　　69,70,72,131—133,135,136,138,594—
　　597,600,601,633,664,699,717,718,721,723,726,
　　727,730,731,755,756,758,759

徐寅生　　212

徐永生　　119

徐玉庆　　463

徐泽　　572

徐振明　　122

徐正林　　109,730

徐助秋　　211

徐铸成　　596,720,756—758

许德明　　283,728,759

许根俊　　520

许虎清　　95,753,768

许建华　　468

许杰　　600,721,723

许经武　　105

许练沙　　98

许培星　　76,747,753,767

许佩琴　　93,523,732,737,753,760,761,763

许荣茂　　591,614

许士林　　601,721,723,727

许士骐　　96

许维清　　100

许伟国　　92,349,350

许文彬　　574

许文思　　68,701,717,720,755

许晓鸣　　76,752

许信良　　574

许璇黎　　108,115

许政涛　　654

薛潮　　60,731,732,760

薛德初　　115

薛风旋　　569

薛俊英　　92

薛明仁　　649,671,736,762,763

薛沛建　　43,239,748,753,768

薛喜民　　608,676,739,745,762,763,765

薛以廷　　109

学诚　　59,213

Y

严定邦　　94,737,741,742

严东生　　69,70,138,538,539,591,598,599,664,
　　667,708,721,726,727

严根泉　　101,102

严济慈　　600

严家栋　　649,655,731,735

严隽琪　　42,46,156,207,265,463—465

严胜雄　　77,500,608,747,752,767

严佑民　　15,226,227

严振超　　91

颜文郁　　122

杨爱珍　　651

杨柏钧　523

杨秉辉　212,738

杨成武　19,582

杨崇汇　572

杨道骧　115,116

杨德妹　87,112

杨堤　141,537,538,572,595,599,600,665

杨多良　55

杨逢珉　89,749

杨福家　459,501,509,568,731,733

杨格　660

杨怀志　107

杨建党　659

杨建文　200

杨健　598,738,744,747,749,753

杨洁勉　34,48,209,210,473,751,769

杨静漪　658

杨恺　69,131,596,633,692,721,726,758

杨林才　108,115,657

杨佩景　666,717,720,725

杨奇庆　74,75,607,608,665,671,680,741,742,
747,748,769

杨荣华　508,745,751

杨润民　113

杨士法　69,132,134,596,600,601,663－667,703,
721,722,757

杨文保　120

杨文渊　97

杨祥海　521,738

杨晓渡　39,40,44,178,180,206,250,263,290,560,
565,598,679

杨杏佛　5,17,19,135,597,600

杨雄　42－44,50,57,62－64,177－179,181,207,
225,232,238,239,258,466,471,499,565,737

杨宣武　67,703,717,720,755

杨雪兰　31

杨延辉　106

杨榗　69,70,72,137,143,459,538,596,599,602,
664,666,667,707,721,726,727,732

杨玉良　676,745

杨云珠　107

杨振宁　197,539

杨振武　58,178,180,208,231

杨振玉　71,725,731,735

杨峥　80

杨拯民　18,600

杨智敏　80

杨忠　119

杨宗儒　110,720,725

杨祖德　521,737

姚俭建　104,651,659,737,741,742

姚金梧　123

姚凯　677

姚龙涛　108

姚明　684,748,754

姚明宝　264

姚慕双　617

姚顺兴　105

姚诵尧　87

姚天珍　87

姚秀平　97

姚引书　120,730

姚永靖　120,504,730,735

姚元绥　504,729,732

姚振尧　109,110

姚祖辉　569,737,743,748,750

野田毅　47

业露华　212

叶伯初　666,726,727,759,760

叶楚伧　529,534

叶公琦　133,205,594

叶国华　209

叶国梁　95,96

叶国平　523

叶红　92

叶建英　102,740

叶菁权　115,740

叶连均　71,105,106,108,120,735,740

叶明忠　608,746,753,766,767

叶尚志　538,721,722,758

叶叔华　69,131,132,598,600,707,721,723,757

叶澍　471

叶维华　92,740,746

叶温金燕　591,745,750

叶小文　62,201

叶选平　582

叶勋　63,213

叶肇恺　107,118

叶仲午　70,72,671,730,731,734,736,738

伊安·穆林　466

伊肯　63

伊万·加伏帕罗维奇　27

仪靖远　90

易承志　651,654

易庆瑶　671,736,740,763

易先良　63,213

奕纪梁　520,720,725,729,733,758

殷恕　123

殷体扬　501,503

殷啸虎　210,499,500,522,650—652,654,655,657,658,660,745,748,751

殷一璀　46,50,53,56,57,164,165,174,175,177,178,181,204,207,208,215,231,249,265,268,499,572,589,640,641,684

殷之文　211,717,719,722,724,755,757

尹柏炎　99

尹传和　114

尹达新　513,520,739

尹逢德　118,119,638,730,735,759,761

尹弘　468,574,732

尹继佐　26,29,34,38,147,196,200,736,761,764

尹文明　104,750

尹卓　61,211

应勇　60,62—64

由文辉　523,750

游闽键　347,751

于晨　74—76,468,608,741,745,747,752,765,768

于根生　117,735

于建嵘　210

于剑平　463,649,737,743

于秋兰　657

于英川　520,736,737,762,763

于运联　94

于忠　92

余秋雨　568

余源培　196,472,563,598,650—652,655,656,658,

659,732,736,737,741,742,761,764

余子清　212

俞可平　201

俞位恩　608,671,736,738,741,744,764,766

俞新天　40,43,209,746,764,766

俞毅伯　98

俞颖生　501,503,719

俞云波　73,75,305—321,461,463—466,469,471,482,494,495,538,560,567,568,571,578,597,603,649,665,711,726,727,731,732,735,737,741,742,758,761

俞蕴乾　96

俞正声　8,51,52,54,57,59,61—63,174—176,188,204,215,339,572,589,592,594,597,640,641,684

郁为泽　76,738,743,752

喻国明　213

袁采　463,731,736,738,761—764

袁恩桢　470,734,739,761,763

袁峰　650,658

袁国梁　117

袁佳平　110,747

袁晶　466

袁丕烈　98,719

袁随善　501,507,717,720,722,724,755,757

袁桃园　507,726,730

袁玮　89

袁文君　658

袁雅芬　110,111,719,725,758

袁以星　171,740

袁圆　502

原冬平　42,57,176,202,203,588,598,680

圆瑛　24,602

约翰·纳尔逊　62

约翰·派厄　28

Z

昝泰昌　109

曾光叔　100,721,726

曾美娇　98

曾庆红　279

曾文忠　102

查培新　578

翟振武　211

张鳌　459

张宝妮　94,754,769

张彪　109,730

张布尔　108,658,747,754

张长东　76,748

张承宗　15,67,69,127－133,136,539,594－596,
599－601,671,672,698,717,718,721,722,755,757

张春园　470

张德昌　105,740

张定鸿　594

张恩迪　608,742

张尔柏　89,90,123,724,728

张公绰　89,730

张光杰　522

张广仁　94,740,749,769

张葵　502,523,750

张桂铭　616

张国栋　116

张海棠　51,210,747,754,768

张浩亮　102,112,747,765

张衡德　671

张怀琼　522,745,749

张焕祥　460

张晖明　210

张惠新　24,25,37,205,206,346

张慧珠　97,102,735,740,747,754

张家禾　654

张家惠　87,89

张家品　74,93,740,742,766

张家树　24,600,602,717,720

张建中　657,729

张健民　107,117,118,738

张晋臣　114

张静　87,608,737,742,743,754,766

张菊林　107,117,118

张俊杰　671,727,731,733,760

张开明　108

张克辉　34,583

张兰祺　115,116,725

张兰生　671

张磊　120,738

张立军　608,748,749,769

张丽　80,680,753,764,767

张丽丽　94,298,747

张连城　90

张梅颖　46,53,583

张民权　502,750

张敏　105,746,754

张明军　651

张培基　80,656,676,677,748,767

张培璋　676

张培志　502,745,750

张沛萍　671

张其标　676,677,738,743,765

张琪　108,729,733

张祺　601,717,720,755

张旗　88,298,380,747,764

张乾　348,349,736,762,764

张秋俭　201

张群　522

张人凤　96

张仁瑞　116

张荣恭　468,574

张荣华　87

张荣仁　573

张汝皋　107,747

张汝良　120

张瑞芳　69,70,131,137,530,535,538,539,596,
617,664,666,667,704,721,726,727,759

张瑞钟　117

张森　113

张绍樑　671,731,733,759,760

张声华　671,747,766

张圣坤　538,597,731,734

张士德　94,728

张叔英　459,756,758－760

张淑芳　650

张水荣　459

张思卿　43,583

张泰昌　107

张同英　115

张彤　520,739

张维华　473,671,748,751,767

张蔚文　465

张文宏　651

张文军　676,752

张文龙　521,742,749

张闻天　29

张显平　86,739,744,749

张祥　73,731,738

张效良　91,730

张心端　117

张新宇　89,90

张信刚　459

张兴国　94

张学兵　47,61,171,179,342,466

张学聪　111

张亚培　348,608,671,731,732,736,738,741,743,760,761,763－765

张一尘　97

张应魁　117

张应湘　520,728,733,739

张永昌　115

张永生　118

张友隽　98

张幼文　210

张雨文　671

张语民　96

张云　651

张兆安　470,476,744

张兆田　87,112

张喆人　680,754,767

张震言　122

张正翔　108

张志恩　95,96

张志群　25,27,30,209,232,268,735,736,740,741,747,748,754,761,762,764

张宗德　98,730,735

张祖诒　98

章博华　27,209

章和轼　520,728,733,738

章继浩　498,513,520,736,739,741,745

章念驰　209,469,568,569,723,734,739,741,745,762,764,766

章念祖　99,116,735,741

章孝严　574

章宇慧　105

赵炳霖　469,568,569

赵昌平　473,734,740

赵超构　69,70,135,595－597,599,601,602,693,717,720,721,723,726,727,754,756,757

赵达　101

赵定玉　72,144－146,537,562,564,565,568,586,595,602,631,632,638,664－667,671,709,727,730,731,758,760

赵干城　209

赵浩生　27

赵剑萍　105

赵凯　671

赵矛　99,299,747,754,767,769

赵朴初　617

赵启正　24,47,59,138,140,205,209,282,564,565,683,684

赵淑君　91

赵雯　176,207

赵宪初　70,530,595,700,717,718,722,723,726,727,755

赵行志　16,67,127－130,597,702,717,718

赵英　608,748,750,768

赵祖康　67,129,130,599－601,696,717,718,755

照诚　524,736,740,741,746,748,753,766,769

真禅　530,562,720,722,725,726,730,731,734,758,759,761

郑昌明　89

郑超麟　530,721,725

郑谷兰　98,99,726,729,731,732

郑华耀　504,739,745

郑辉华　27

郑惠强　346,734,739

郑健麟　654

郑励志　27,70,72,73,137,143,305－309,493,538,573,595,597,602,664,666,667,671,708,726,727,730,732,735,737

郑令德　459,671,736,739,762,763

郑梅欣　87

郑荣柏　89,90

郑荣贵　88

郑荣治　28

郑尚金　602

郑时龄　510,738,743

郑万通　56,202,572,583,630

郑新立　42,200

郑信慧　673

郑耀宗　459

郑昭明　574

钟修身　608,671,740,741,745,764,766

钟燕群　107,466,573

钟元秋　347,745,748,752

钟正光　28

钟正斋　92

周柏春　130,617,721,724,728

周璧　69,132,600,695,721,726,758

周波　58,171,230

周丹枫　98

周德海　107,298,476,747

周德勋　102,754

周恩来　526,585,602,659

周而复　130

周富长　680,748

周公侠　671

周谷城　67,68,129,529,530,535,539,594,599,
　　600,698,717,718,754

周关东　105,298,463,468,523,574,598,657—660,
　　680,747,754,767,769

周关根　113,115,730,735

周国瑾　101

周汉民　55,58,77,175,177,179,180,207,212,323,
　　324,326—328,461,468,496,497,542,598,603,636,
　　684,714,747,749

周和平　474,742,749

周鹤龄　676,677,736,741,742,765

周宏培　122

周宏仁　43,212

周建闽　469

周建人　600

周剑萍　463,736,740,741,746,762,763,765

周锦蔚　197,650,655

周骏羽　347,348,680,727,732,737,742,756,758—
　　761,764,768

周抗　15

周罗庚　651,655,656

周敏凯　651

周慕尧　26,32,33,35,37,154,206,248,461,
　　462,573

周启章　92

周起渭　110,111

周瑞金　210

周瑞良　98

周少麟　673

周太彤　36,40,42—45,48,50,51,53,77,175,177—
　　181,206,236,250—253,257,263,323—328,466—
　　468,471,473,496,497,576,577,579,588—592,594,
　　630,636,667,680,684,713,747,748

周天勇　210

周文彪　97

周文海　124

周小弟　74,744

周燮鹏　91,92,608,736,741,742,764

周新卫　110,750

周旭东　92

周禹鹏　33,37,39,41—43,45,47,164,206,207,
　　225,228,232—234,240,252,258,263,264,471,565

周曰庠　117

周跃进　76,743,750

周兆熊　115,730,735

周振柏　671,739

周振华　45,209,211,569,570,752,768

周箴　76,680,745,748,768

周祖安　110,740

朱邦贤　520,737,742,747,749

朱宝渊　101

朱保和　124

朱保洪　87,719

朱伯康　596,597,719,724

朱达人　73,140,147,152,153,203,305—312,346,
　　347,349,350,460—463,470,538,539,565,567,569,
　　586,587,596,597,626—629,631,634,639,649,
　　664—667,671,710,735,736,761,764

朱德华　112

朱繁泉　91

朱洪希　89

朱华谷　96

朱家泽　87

朱建民　89

朱理　115

朱丽瑛　100

朱联书　87

朱亮　102

朱敏彦　685,686,751,769

朱鸣　608,750

朱南如　211

朱鹏程　122

朱屺瞻　21,60,615,616

朱琴芬　105

朱权　101,124

朱全忠　108,521,738,744,762,763,765,766

朱荣林　462,470

朱镕基　3,20－22,137－139,141,199,205,228,
491,566,597

朱树英　500,502,741,745,747,751

朱为白　616

朱慰良　120,730

朱希尹　657,763,764,767

朱晓明　77,174,176,177,323－326,496,499,565,
598,627,665,667,680,713,747,748,767

朱秀章　120

朱学毓　113

朱贻庭　472

朱易安　608,741,742,747,750,764

朱应平　651,658

朱咏雷　684

朱正谊　93

朱志诚　76,80,680,681,748,764,767

朱钟棣　469

朱仲刚　562,721,725,729

朱作霖　538

诸连观　105,106,120

诸尚一　547,721,723,727,759

诸詠芬　89,730

祝君波　524,753,769

祝塘珠　608,737,741,742,748,749,765,768

祝希娟　130,723

庄德润　111

庄国清　348,349,733,736,762,764

庄解　115

庄金峰　568

庄礼彬　119

庄利平　112

庄晓天　137,138,140,205,597,599,671

庄子群　499,521,522,657,742,749

宗福先　568,722,726,728,731,733,736,739,741,
744,748,750,761,763,764,767

宗光耀　34

邹传纪　51,500,741,745,748,751,766,768

邹德礼　88,738,743

邹蜜蜂　104,740

邹荣　35

邹容　5,16,212

邹韬奋　5,18,135,529,601

邹秀珍　123

邹雪君　123

邹治平　120

左焕琛　29－32,35,37,73,75,146,206,248,249,
252,286,305,306,310－322,463,480,495,538,540,
595,603,665,711,735,737,741,742

左茂松　93,730

左学金　209,211,213,569,570,598,603,608,733,
736,739,741,745,747,750,765,766,768

三、图表索引

H

图 10-1-3　华夏画苑的画家们联手作画　615

S

表 8-1-9　市政协编译组翻译出版的主要书目一览　540
表 5-4-2　市政协委员参加行风评议情况一览　348
表 7-1-3　市政协优秀提案评选及表彰形式一览(共 967 件)　500
图 8-1-1　市政协征集出版的部分文史资料　531

1

表 7-1-1　1977—2012 年第五至十一届市政协提案数量和分类统计　488
表 8-1-1　1978—1983 年五届市政协文史资料编辑出版物一览　531
表 10-2-1　1978—2012 年第五至十一届市政协委组机构设置一览　620
表 4-1-3　1978—2012 年上海市政协对部分国家和地方法律法规进行的其他协商议政活动一览　245
表 4-1-2　1978—2012 年上海市政协有关改革发展重要措施的其他协商议政活动一览　239
表 4-2-3　1978—2012 年上海市政协有关公用事业和食品安全方面的其他协商议政活动一览　264
表 4-2-4　1978—2012 年上海市政协有关教育、文化与社会事业方面的其他协商议政活动一览　268
表 4-1-1　1978—2012 年上海市政协有关经济社会发展规划的其他协商议政活动一览　232
表 4-2-1　1978—2012 年上海市政协有关劳动就业与社会保障方面的其他协商议政活动一览　252
表 4-2-2　1978—2012 年上海市政协有关住房与交通出行方面的其他协商议政活动一览　259
表 3-1-1　1978—2012 年市党政领导到政协通报情况一览　204
表 3-1-3　1978—2012 年市政协现代科学知识报告会一览　211
表 3-1-2　1978—2012 年市政协形势任务报告会一览　208
表 1-1-1　1981—2012 年上海市政协办公厅正副主任一览　80
表 8-1-8　1982—1991 年上海统战工作史料专辑一览　537
表 10-1-2　1982—2012 年市政协华夏画苑(市政协画室)专题书画展一览　616
表 6-2-1　1983—1987 年第六届市政协其他专题调研一览　415
表 8-1-2　1983—1988 年六届市政协文史资料编辑出版物一览　532
表 10-3-1　1983—2012 年区县政协工作经验交流会、研讨会一览　633
图 5-3-1　1983 年 7 月,市政协"落政"检查组检查"落政"情况　329
表 9-4-1　1986—2011 年由全国政协副主席带队的考察团来沪考察调研一览　582
表 6-2-2　1988—1992 年第七届市政协其他专题调研一览　418
表 8-1-3　1988—1993 年七届市政协文史资料编辑出版物一览　533
表 9-2-2　1988—2010 年港澳委员组团回沪视察情况一览　566
表 8-2-1　1989—2007 年《联合时报》出版书籍一览　548
表 9-4-2　1992—2012 年市政协主席带队赴外省市(自治区)学习考察一览　584
表 6-2-3　1993—1997 年第八届市政协其他专题调研一览　423
表 8-1-4　1993—1998 年八届市政协文史资料编辑出版物一览　533
表 5-4-1　1993—2012 年第八至十一届市政协特邀监督员聘请单位及聘请人数一览　344
表 9-2-1　1993—2012 年市政协全会期间市领导与港澳委员座谈一览　564
表 7-1-2　1993—2012 年市政协主席、副主席督(促)办重点提案一览　493

图 11-2-1　1995 年 12 月,上海华夏经济促进会举行揭牌仪式　670

图 5-1-1　1996 年 6 月,市政协委员视察学校　284

图 4-2-3　1997 年 5 月,市政协召开燃气业体制改革方案协商座谈会　260

图 6-1-1　1997 年 7 月,市政协"可持续发展战略"课题组考察苏州河　355

表 6-2-4　1998—2002 年第九届市政协其他专题调研一览　432

表 5-2-1　1998—2002 年第九届市政协主席会议(成员)赴基层视察调研一览　306

表 8-1-5　1998—2003 年九届市政协文史资料编辑出版物一览　534

图 5-1-2　1998 年 6 月,市政协委员调研居民小区情况　286

图 3-1-1　1998 年 7 月,市政协举行邓小平理论研讨会　196

表 7-2-1　1999—2012 年第九至十一届市政协社情民意信息刊物数量一览(单位:期)　518

表 10-2-2　1999—2012 年市政协专委会主任例会时间及主要内容一览　627

图 5-4-1　1999 年 2 月,市政协、市委统战部联合举行特邀监督员工作会议　346

图 6-3-1　1999 年 6 月,市政协举行"促进小企业发展"论坛　460

图 7-1-2　1999 年 7 月,市政协召开提案工作会议　498

2

图 6-1-2　2000 年 3 月,市政协"西部开发"课题组在四川省考察　359

图 10-3-1　2000 年 6 月,市政协举办区县政协工作交流研讨会　633

图 9-4-1　2000 年 9 月,市政协举办华东六省一市政协工作座谈会　587

图 5-4-2　2001 年 12 月,市政协举行行风评议、政务公开查评总结汇报座谈会　349

图 4-2-1　2001 年 2 月,市政协召开医疗保险制度改革协商会　249

图 6-3-2　2001 年,市政协举行"现代化进程中的青少年道德教育"论坛　462

表 1-1-2　2002—2012 年上海市政协研究室正副主任一览　81

表 9-2-3　2002—2012 年市政协港澳委员赴外省(自治区)考察情况一览　567

图 3-2-1　2002 年 11 月,市政协组织学习中共十六大精神　216

图 3-2-3　2002 年 1 月,市政协举办委员学习活动日　218

图 8-1-2　2002 年 1 月,市政协举行《上海文史资料存稿汇编》首发式　539

图 4-2-2　2002 年 2 月,市政协委员调研市政建设情况　258

表 7-2-3　2002 年第九届市政协优秀《建言》一览　521

表 7-2-2　2002 年第九届市政协优秀《社情民意》一览　520

表 6-2-5　2003—2007 年第十届市政协其他专题调研一览　446

表 6-3-1　2003—2007 年第十届市政协委员专题座谈会一览　477

表 5-2-2　2003—2007 年第十届市政协主席会议(成员)赴基层视察调研一览　314

表 10-5-1　2003—2007 年市人民政协理论与实践研究咨询组征集论文一览　655

表 8-1-6　2003—2008 年十届市政协文史资料编辑出版物一览　535

表 10-1-1　2003—2012 年第十、十一届市政协界别活动召集人名单一览　607

表 10-3-2　2003—2012 年区县政协主席例会一览　635

图 9-2-1　2003 年 1 月,市政协对外友好委员会、港澳台侨委员会与市政府侨务办公室联合召开华侨华人经理人座谈会　570

表 5-1-1　2004—2007 年第十届市政协平时视察一览　294

表 5-1-2　2004—2007 年第十届市政协委员跨区视察情况　298

表 6-2-6　2004—2007 年上海部分党派团体承担第十届市政协专题调研课题一览　449

表 9-3-1　2005—2012 年市政协情况通报会一览　577

表 7 - 2 - 4   2006—2011 年市政协反映社情民意工作先进单位和先进个人一览   521

表 9 - 2 - 5   2006—2012 年市政协"华侨华人经理人座谈会"一览   571

图 10 - 1 - 2   2006 年 1 月,市政协举行政协委员"爱心奖"颁奖仪式   614

图 6 - 2 - 1   2006 年 4 月,市政协委员就"上海市农村公共文化建设情况"进行调研   442

图 5 - 2 - 2   2006 年 5 月,市政协领导赴杨浦区调研旧区改造情况   314

图 5 - 2 - 1   2006 年 6 月,市政协领导赴市残疾人联合会调研   312

图 7 - 1 - 1   2006 年 6 月,市政协委员赴市城市交通管理局促办重点提案   492

表 9 - 2 - 4   2007—2012 年沪港经济合作与发展研讨会一览   569

图 11 - 4 - 1   2007 年 11 月,上海市人民政协理论研究会召开成立大会暨第一次理论研讨会   679

图 11 - 1 - 1   2007 年 2 月,上海政协之友社召开成立 20 周年庆祝大会   663

图 7 - 2 - 1   2007 年 3 月,市政协召开社情民意座谈会   517

图 6 - 2 - 2   2007 年 8 月,市政协举办"长江三角洲地区经济联动发展专题研讨会"   444

表 6 - 2 - 7   2008—2012 年第十一届市政协其他专题调研一览   457

表 5 - 2 - 3   2008—2012 年第十一届市政协主席会议(成员)赴基层视察调研一览   324

表 6 - 2 - 8   2008—2012 年上海部分党派团体承担第十一届市政协专题调研课题一览   457

表 10 - 5 - 2   2008—2012 年上海市人民政协理论研究会获奖论文一览   656

表 8 - 1 - 7   2008—2012 年十一届市政协文史资料编辑出版物一览   536

表 7 - 1 - 4   2008—2012 年十一届市政协优秀提案特别奖一览   502

图 6 - 3 - 3   2008 年 10 月,市政协举行"贯彻落实迎世博 600 天行动实施方案启动仪式"   467

图 7 - 2 - 2   2008 年 12 月,市政协召开反映社情民意信息工作会议   519

图 9 - 5 - 2   2008 年 12 月,市政协召开上海各界人士纪念改革开放 30 周年座谈会   599

图 10 - 2 - 1   2008 年 4 月,市政协举办上海市政协常委、专委会(指导组)负责人和界别活动召集人学习培训班   619

图 5 - 3 - 4   2008 年 6 月,市政协召开"应对各类突发事件对城市公共安全影响"专题协商会   340

图 9 - 4 - 2   2008 年 9 月,市政协举行援建都江堰市北街小学奠基仪式   592

图 5 - 3 - 2   2009 年 10 月,市政协委员视察"迎世博倒计时 200 天"市容环境建设和管理情况   337

图 10 - 1 - 1   2009 年 11 月,市政协召开界别活动召集人联席会议   611

图 10 - 5 - 1   2010 年 11 月,上海市人民政协理论研究会联合市法学会、市政治学会、市社会学学会召开"扩大公民有序政治参与,推进社会主义民主政治建设"理论研讨会   650

图 6 - 1 - 3   2010 年 11 月,市政协委员调研基层社会管理创新情况   405

图 5 - 3 - 3   2010 年 1 月,市政协委员视察"迎世博倒计时 100 天"社会动员工作情况   338

图 8 - 2 - 1   2010 年 3 月,第十一届市政协副主席、上海世博会事务协调局副局长周汉民在全国政协十一届三次会议"世博专题"记者会上回答媒体提问   543

图 4 - 1 - 1   2010 年 3 月,市政协就"十二五"规划进行专题讨论   226

图 6 - 2 - 3   2010 年 3 月,市政协委员就"中等收入群体安居工作"实地调研   454

图 3 - 2 - 2   2010 年 4 月,市政协举办学习茶座   217

图 9 - 1 - 2   2010 年 4 月,由中国宗教界和平委员会主办、上海市政协民族和宗教委员会协办的"城市,让生活更美好——祈祷世博会圆满成功"活动在艺海剧院举行   559

图 9 - 5 - 1   2011 年 10 月,市政协举行上海市各界人士纪念辛亥革命 100 周年大会   595

图 11 - 6 - 1   2011 年 11 月,上海市文史资料研究会召开成立大会   685

图 11 - 5 - 1   2011 年 2 月,上海公共外交协会召开成立大会   683

图 9 - 5 - 3   2011 年 2 月,市政协举行上海各界人士元宵晚会   604

图 4 - 1 - 2　2011 年 3 月,市政协召开"关注价格走势,谋划有效应对"常委专题协商会　　239

图 11 - 3 - 1　2012 年 12 月,上海科技成果转化促进会召开产学研合作优秀项目奖表彰会　　675

图 9 - 1 - 1　2012 年 6 月,"阳光育人"计划第六期签约仪式　　558

表 7 - 2 - 5　2012 年第十一届市政协优秀社情民意信息一览　　522

编 后 记

　　2013年，根据上海市政府《上海市第二轮新编地方志书编纂规划》、市地方志编纂委员会《〈上海市志(1978—2010)〉编纂实施方案》的部署和要求，市政协承担了编纂《上海市志·人民政协分志(1978—2010)》的任务。2013年5月，市政协十二届五次党组会议决定，成立《上海市志·人民政协分志(1978—2010)》编委会及编纂办公室，落实编纂人员。2013年10月，《上海市志·人民政协分志(1978—2010)》编委会召开第一次全体会议，正式启动编纂志书的各项工作。

　　在编委会的统筹安排和有序推进下，《上海市志·人民政协分志(1978—2010)》编纂办公室积极实施编纂工作。至2014年底，初步完成收集和撰写资料长编工作；2015年底，完成志书初稿的总纂工作；2016年底，完成内部专家评议工作；从2017年3月起，提交市地方志办公室，进入评议、审定、验收阶段。

　　编纂工作主要经历了四个阶段。一是确定框架结构阶段。根据政协5年一届的实际情况，经市地方志办公室同意，市政协此次编志的截止时间延长至市政协十一届委员会任期(2013年1月)结束。按照全面、客观记载上海政协围绕团结民主主题，履行政治协商、民主监督、参政议政职能的主要活动、主要工作和重要成果的要求，多次修改，形成了分志的篇目结构，内容由序、凡例、编纂说明、概述、大事记、正文、附录、编后记等组成，其中正文分篇、章、节、目四级。二是收集及制作资料长编阶段。按照市地方志办公室"先制作资料长编，后编纂志书"的要求，以"先近后远、先简后繁、力求资料全面、真实、准确"为原则，开展资料长编的收集和制作工作。其中，1978—2002年的资料基本沿用已经出版的《上海人民政协志(1949—1993年)》和《上海人民政协志(1993—2003年)》，对该阶段的资料长编，着重在梳理、补缺和纠错上下功夫。2003—2013年资料是新征集的。经过编纂人员的辛勤工作，总量约500万字的资料长编于2014年底基本完成。三是志书初稿编写阶段。2015年初开始，编纂人员按照"分工负责、集中讨论、把握进度、注重质量"的要求，在资料长编的基础上用近1年的时间完成85万字的文字初稿，并通过座谈和书面形式广泛征求政协老领导和机关干部的意见，努力达到框架脉络清晰、文字表述规范的要求，对有疑义之处反复斟酌核实，确保志书的质量。四是志书修改及评议阶段。2016年上半年，在志书初稿的基础上，编纂办公室对志书文字内容进行了认真修改，并完成配图及增补序言、附录、人物等相关工作。2016年下半年，编纂委员会召开了两次专家评审会，邀请曾在市、区政协工作过的老领导、老同志，政协委员中的史学专家，市地方志办公室的相关同志，采用"分散审阅、集中评议"的方式，对志书进行全面评审，继而根据专家们提出的意见建议再次进行专篇专章、逐字逐句修改，形成约85万字的评议稿，2017年3月报送市地方志办公室评议。2017年4月，根据市地方志办公室组织的专家评议会意见，再次对志书作了梳理、订正、修改。2017年6月报送市地方志办公室审定验收。

　　志书编纂得到了市政协领导的高度重视。市政协主席吴志明为本志作序，市政协副主席周太彤、姜樑、姜平先后担任编委会主任。编委会每年召开 1—2 次全体会议,对编纂工作重要的节点都给出明确的指导和有力的支持,对篇目结构、重要章节的编写原则和方式、工作进度等都进行集体研究,确定方向。志书编纂得到了市地方志办公室的有力指导。市地方志办公室有关同志密切关注《上海市志·人民政协分志(1978—2010)》的编纂工作,多次就电子卡片的制作、资料长编的制作、志书的编修技巧等上门指导,相互交流探讨。志书编纂也得到了市政协机关各处室和区县政协的大力支持,特别在收集撰写资料长编阶段,各处室按照分工要求,专人负责资料收集工作,尤其是秘书处档案室同志不厌其烦,耐心细致,帮助查找资料,为编纂工作提供了大量原始资料;区县政协也及时提供组织篇的有关资料。同时,前人编纂的两部《上海人民政协志》为志书编纂提供了大量资料和有益借鉴。

编志工作,功在当代,利在千秋,要经得起历史的检验。全体编纂人员深知意义重大,不敢懈怠,不敢马虎,但鉴于能力水平有限,尽管尽于最大努力,肯定存有谬误之处,敬请读者批评、指正。

《上海市志·人民政协分志(1978—2010)》编纂办公室

2017 年 9 月

图书在版编目(CIP)数据

上海市志.人民政协分志：1978～2010 / 上海市地
方志编纂委员会编.—上海：上海人民出版社,2017
ISBN 978 - 7 - 208 - 14861 - 1

Ⅰ.①上… Ⅱ.①上… Ⅲ.①上海－地方志②中国人
民政治协商会议－地方委员会－概况－上海－1978－
2010 Ⅳ.①K295.1②F426.5

中国版本图书馆 CIP 数据核字(2017)第 262104 号

责任编辑　黄玉婷　龚　权　范　晶
封面设计　严克勤

上海市志·人民政协分志(1978—2010)
上海市地方志编纂委员会　编
世 纪 出 版 集 团
上海 人民出版社 出版
(200001　上海福建中路 193 号　www.ewen.co)
世纪出版集团发行中心发行
上海中华商务联合印刷有限公司印刷
开本 889×1194　1/16　印张 55.25　插页 13　字数 1,390,000
2017 年 11 月第 1 版　　2017 年 11 月第 1 次印刷
ISBN 978 - 7 - 208 - 14861 - 1/K·2700
定价 288.00 元